当代交通运输领域
重要著作译丛
IMPORTANT TRANSLATIONS FOR
CONTEMPORARY TRANSPORTATION

交通心理学手册

HANDBOOK OF
TRAFFIC PSYCHOLOGY

Edited by Bryan E. Porter

[美]布莱恩·E.波特 编

杨艳群 郑新夷 冯 洋 周 全 译

人民交通出版社股份有限公司
北京

Handbook of Traffic Psychology. Bryan E. Porter. ISBN:978-0-12-381984-0.

Copyright © 2011 Elsevier Inc. All rights reserved with the exception of Chapter 32 which is in the Public Domain.

No part of this publication may be reproduced,stored in a retrieval system or transmitted in any form or by any means electronic, mechanical, photocopying, recording or otherwise without the prior written permission of the publisher.

Permissions may be sought directly from Elsevier's Science & Technology Rights Department in Oxford, UK; phone(+44)(0)1865 843830; fax(+44)(0)1865 853433; email: permissions@ elsevier. com. Alternatively, visit the Science and Technology Books website at www.elsevierdirect.com/rights for further information.

This edition of Handbook of Traffic Psychology is published by Bryan Porter arrangement with ELSEVIER INC.,a Delaware corporation having its principal place of business at 360 Park Avenue South, New York, NY 10010, USA

未经出版商事先书面许可,不得以任何形式或通过任何电子、机械、复印、录音或其他方式复制、存储在检索系统中或传输本出版物的任何部分。

可直接向英国牛津爱思唯尔科技权利部寻求许可:电话(+44)(0)1865 843830;传真(+44)(0)1865 853333;电子邮件permissions@ elsevier.com。或者访问科技图书网站www.elsevierdirect.com/rights了解更多信息。

本版《交通心理学手册》由Bryan Porter与ELSEVIER INC.合作出版,ELSEVIER INC.是一家特拉华州公司,其主要营业地位于美国纽约州纽约市帕克大道南360号,邮编:10010。

注　意

对于因产品责任、疏忽或其他原因,或因使用本文材料中包含的任何方法、产品、说明或想法而对人员或财产造成的任何伤害和/或损害,出版商不承担任何责任。特别是由于医学的快速发展,应该对诊断和药物剂量进行独立验证。

图书在版编目(CIP)数据

交通心理学手册/(美)布莱恩·E.波特（Bryan E.Porter）编;杨艳群等译.—北京:人民交通出版社股份有限公司,2023.11

ISBN 978-7-114-12835-6

Ⅰ.①交… Ⅱ.①布…②杨… Ⅲ.①交通运输—应用心理学—手册 Ⅳ.①U-05

中国版本图书馆 CIP 数据核字(2016)第 041437 号
著作权合同登记号:图字 01-2023-3309

Jiaotong Xinlixue Shouce
书　　名:交通心理学手册
著　作　者:[美]布莱恩·E.波特
译　　者:杨艳群　郑新夷　冯　洋　周　全
策划编辑:刘永超
责任编辑:屈闻聪
责任校对:赵媛媛　刘　璇
责任印制:张　凯
出版发行:人民交通出版社股份有限公司
地　　址:(100011)北京市朝阳区安定门外外馆斜街3号
网　　址:http://www.ccpcl.com.cn
销售电话:(010)59757973
总　经　销:人民交通出版社股份有限公司发行部
经　　销:各地新华书店
印　　刷:北京虎彩文化传播有限公司
开　　本:787×1092　1/16
印　　张:43.75
字　　数:1025千
版　　次:2023年11月　第1版
印　　次:2023年11月　第1次印刷
书　　号:ISBN 978-7-114-12835-6
定　　价:140.00元

(有印刷、装订质量问题的图书,由本公司负责调换)

中文版序

今年7月，我过90岁生日。席间，福州大学杨艳群教授告诉我，他主持翻译了一本《交通心理学手册》，请我作序。老朽已是行将入土之身，却欣然应允。我很高兴，乐见交通工程学科发展。谢谢杨教授为交通工程书库增添新书。

交通心理学研究的成果，对提高交通安全程度、减少交通事故造成的人民生命财产损失、提升交通运营效率，大有裨益。交通安全是交通研究的永恒主题，如爱情是文学艺术创作的永恒主题。交通事故统计表明，有90%以上的事故是人因造成的，所以应广泛研究人的交通心理活动、人的交通行为。该手册是一本鲜见的很有价值的参考书。

这本手册囊括6部分内容，分35章解析，是介绍西方学者交通心理学研究成果的指南类书籍。作者系统整合了30余位不同国家的学者的研究成果，介绍了交通心理学知识架构、理论依据、研究方法，详述了交通心理研究中的主要变量、影响交通安全的行为，分析了各类道路使用者的特性，提出了降低道路交通事故风险的对策，探讨了交通安全与公共卫生及政策等的交互作用。作者旨在为人们了解和从事该领域工作提供"怎么做"的信息，值得交通安全、交通工程设计、交通执法、交通心理等领域的学者和从业人员用心研读。

一提到翻译，勾起了一些回忆。翻译是考验译者水平的工作。翻译文学艺术作品，可被视为再创作。翻译科技书籍，也非易事，不能按字行文。时有这些情况：对原文的意思明白，可是用中文如何表述，需苦苦思索，久久不得其解；遇到字典查不到的名词，怎么译；原著有勘误，怎么处理……所以，译者应具有厚重的专业素养，深刻理解原著，熟悉两种文字特点，知识面广。如此，方可产生"信、达、雅"的译著。

杨艳群教授本科就读于福州大学公路与城市道路专业，1997年考入北京工业大学交通运输规划与管理专业，研修交通工程，是我的研究生，2000年获硕士学位。读研期间，表现出思维敏捷、做事稳妥、长于攻关的特点。执教前，曾在中国公路学会做过咨询、外联、技术研发、翻译、编辑工作。记得艳群送我一本《中国桥谱》，书中载有中国各种结构桥梁的发展史，以及不同时代的名桥，中英文对照。英文简明、确切、契合，翻译工作正是出自艳群之手。2005年，经福州大学推荐，福建省委组织部遴选，艳群任福建南平高速公路有限公司科技副总经理，负责科研、工程管理工作，几经辗转，于2009年回到福州大学任教，任交通安全与交通心理团队负责人，协同组建了福州大学交通心理与行为国际联合实验室，任中方主任，专事研究交通安全与交通规划、交通心理与行为，成果满满。由此看来，艳群主持翻译这本交通心理学手册，是有背景、有需求之举。

祝艳群沿着选定的方向，做出更多成果。

希望读者喜爱这本手册。

杂乱地写了这些文字，是为序。

任福田

2023年10月

译者序

本书是欧道明大学(Old Dominion University)的布莱恩·E. 波特(Bryan E. Porter)教授编写的《Handbook of Traffic Psychology》[爱思唯尔(Elsevier)出版社 2011 年出版]的中译本。原著由 30 余位不同国家学者撰写而成,是交通心理学的指南类书籍。

为了便于国内同行了解交通心理学知识架构、理论依据、研究方法等内容,在福州大学支持下,土木学院交通系杨艳群教授和人文学院应用心理学系郑新夷副教授协同负责组织翻译了本书。

本书的翻译及出版已得到 Elsevier 出版社的许可,由人民交通出版社股份有限公司出版发行,译者负责本书内容的准确性及后续修订事宜。

译者团队主要由福州大学交通心理与行为国际联合实验室组成,包括学者和研究生等 20 余人。自 2016 年 5 月开始,参与本书翻译和审校的人员为:杨艳群、郑新夷、冯洋、周全、王宇、王林伟、林杰、陈铭、吴新立、李明桃、田贺铭、陈玥等,福州大学人文学院应用心理学系 2016 级和 2017 级的本科生在学习本书的过程中,对翻译工作也有贡献,加拿大多伦多都会大学(Toronto Metropolitan University)的赛义德·伊萨(Said Easa)教授及福建理工大学的祝站东博士也参与了部分审校工作。

人民交通出版社股份有限公司的刘永超副主任、屈闻聪编辑等为本书的顺利出版付出了辛勤劳动,同时,译者对所有提出指导性建议和意见的专家、学者以及其他工作人员表示衷心的感谢!

本书包括 6 个部分 35 章,内容丰富,涉及面广。每章后的参考文献较多并占了较大篇幅,考虑到这些文献的重要性,本书也一并列出。在为业界增加一本中文参考书感到欣慰的同时,译者也为译文中可能存在的瑕疵,特别是任福田先生所指出的"信、达、雅"的问题感到担忧。在此恳请同行批评指正。

译者

2023 年 10 月

前　言

在编纂本书时,我的设想是将这个领域最新的研究成果和未来需要解决的问题放入一部作品中。为此,我拜访了各种人,有正在学习应用程序及方法的优秀本科生,有需要最新综述研究资料和问题建议的研究生,还有在这个领域能获得整个州的参考文献和背景资料的学者和专家。我相信,本书最终一定能起到真正意义上的"指南"作用——为人们了解和从事该领域工作提供"怎么做"的信息。本书甚至也能作为交通心理学课程的教科书。

本书主要有六大部分:①理论、概念和方法;②交通心理研究中的关键变量;③影响道路交通安全行为的主要问题;④弱势交通群体和问题出行者;⑤降低道路交通事故风险的主要对策;⑥交叉领域研究事务。每一章节都是独立的,这样可以满足想从某个问题或话题开始研究的读者的需求。每一部分中的章节内容都有不同的目的,有时可能会引起不同需求读者的兴趣。本书的信息来源于全球五大洲12个国家,涵盖包括心理学、工程学、医学、政治科学和大众健康学在内的各个学科。

本书的第一部分向读者呈现交通心理学总架构(Groeger)、理论依据(Fuller)以及实践方法。分别探讨了个案控制(Híjar,Pérez-Núnez 和 Inclán-Valadez)、自评报告(Lajunen 和 Ozkan)、直接观察(Eby)、车内设备(Klauer Perez 和 McCafferty)、刺激法(Carsten Jamson)与交通事故数据设置法(Kweon)。交通心理学的新学生或希望考虑不同方法的经验丰富的学者将会从中受益。

第二部分探究了大量变量,包括神经科学在驾驶中的影响(Glendon 研究了年轻驾驶人;Schultheis 和 Manning 研究了老年驾驶人),神经科学在不久的将来将成为交通领域重要的组成部分。本部分还探究了视觉研究模式(Crundall 和 Underwood),社会、个性和效应(Hennessy)以及心理健康问题(Taylor),最后回顾了个体、环境和文化(Ozkan 和 Lajunen)以及人因作用(Oppenheim 和 Shinar)。在这些章节中,读者可以了解到从个体到个体与社会大系统互动的最新信息和研究热点。

第三部分将会受到对特定行为感兴趣的读者的青睐。这个部分介绍了已知和未知的导致车辆碰撞、人员伤残甚至死亡的主要问题行为。这些行为是交通安全研究的关键部分，而不仅是交通心理学的研究内容。本部分主要包括安全(Vivoda 和 Eby)、破坏驾驶(Dunaway、Will 和 Sabo)、超速(Berry、Johnson 和 Porter)、闯红灯(Retting)、分心驾驶(Regan 和 Hallett)和疲劳驾驶(May)等研究内容。

弱势道路使用者是第四部分关注的焦点，交通心理学及其他相关学科对降低易感人群伤害的问题很感兴趣，这些人群经常受到不同程度的伤害，或者没有得到应有的保护。本部分还关注在不同程度上给交通系统带来问题的群体。这部分介绍的主要对象有儿童和青少年(Will)、年轻驾驶人(Huang 和 Winston)、老年驾驶人(Freund 和 Smith)、行人(Van Houten)、自行车骑行者(Walker)、摩托车骑行者(Houston)和职业驾驶员(Rosenbloom)。

交通心理学家常常要为降低道路风险出谋划策以及提供安全评估措施。第五部分介绍已经受到广泛关注的主要对策，尤其是驾驶人教育和培训(Keskinen 和 Hernetkoski)、规劝和动机训练(Anderson)及强制措施(Porter)。这一部分对于该领域的读者或者从事交通科学研究的人员及政府部门的工作人员来说很实用，特别是针对问题的对策讨论。

本书的第六部分介绍了交叉学科研究对交通安全的贡献。主要讨论了交通心理学与公共健康(Sleet、Dellinger 和 Naumann)、公共政策(Elvik)的交叉内容。通过减少私人交通工具的使用或选择其他交通方式，尤其是公共交通工具来保护环境，已经成为该领域的研究热点(Stradling)。另外，本书以非洲为例综述了交通心理学在世界范围的伤残预防中的杰出贡献(Peltzer)。

鉴于这项工作的雄心勃勃，我要感谢我的家人 Debbie、Amanda 和 Sadie，还有我的学生给予的极大耐心和支持；感谢欧道明大学给予我巨大的实质性帮助，例如用于帮助组织项目的为期一学期的研究；感谢爱思唯尔(Elsevier)的出版商 Nikki Levy 及编辑 Barbara Makinster 的大力支持；最后，我要感谢我的同事们，包括 David W. Eby、Ian Glendon、Raphae Huguenin、Geoffrey Underwood 和 Kelli England Will，在本书编写过程中，他们提出了宝贵的意见。

最后，经过无数的计划和行动，我非常高兴能与对交通心理学感兴趣的你们一起分享这些成果。我对于自己所研究的领域能为降低交通事故率、交通伤残率和死亡率做出重要贡献而感到无比激动，对于能为我的同事以及想了解这门学科的人提供一个分享经验的交流平台而感到无比荣幸，同时也对自己能为这个领域提供信息资源并取得圆满成功感到无比自豪。我谨代表本书所有作者希望你们能喜欢这本书，也希望这本书能满足你们的需求。

布莱恩·E. 波特
欧道明大学

目 录

第一部分 理论、概念和方法

第1章 道路安全中的几个"E原则" ... 3
1.1 简介 ... 3
1.2 教育(Education) ... 3
1.3 执法(Enforcement) ... 4
1.4 工程(Engineering) ... 6
1.5 暴露(Exposure) ... 7
1.6 驾驶胜任力和适应性的检查(Examintaion of Competernce and Fiteness) ... 8
1.7 应急响应(Emergence Response) ... 9
1.8 评估(Evaluation) ... 10
1.9 小结 ... 11
致谢 ... 11
本章参考文献 ... 12

第2章 驾驶控制理论——从任务难度动态平衡到风险稳态应变 ... 18
2.1 简介 ... 18
2.2 任务-能力交互(TCI)模型 ... 19
2.3 任务难度稳态:针对危险阈限的临时影响力 ... 25
2.4 顺从度 ... 26
2.5 危险稳态理论 ... 27
2.6 驾驶目标的替代概念 ... 30
本章参考文献 ... 31

第3章 交通心理学病例控制研究 ... 37
3.1 简介 ... 37
3.2 流行病学研究设计 ... 38
3.3 病例对照研究 ... 39
3.4 小结 ... 52
本章参考文献 ... 52

第4章 自评报告的工具和方法 ... 56
4.1 简介 ... 56
4.2 自评报告可用于哪种交通调查 ... 56

4.3　交通事故、未遂交通事故和里程的自评报告 …………………………… 61
　　4.4　驾驶自评报告的效度 …………………………………………………… 65
　　4.5　小结 ……………………………………………………………………… 73
　　本章参考文献 …………………………………………………………………… 73
第5章　交通心理学中的自然观察技术 …………………………………………… 78
　　5.1　简介 ……………………………………………………………………… 78
　　5.2　技术 ……………………………………………………………………… 79
　　5.3　在交通心理学中的应用 ………………………………………………… 82
　　5.4　如何设计一个社区安全带使用情况调查 ……………………………… 85
　　5.5　小结 ……………………………………………………………………… 89
　　本章参考文献 …………………………………………………………………… 89
第6章　自然驾驶研究与数据编码和分析技术 …………………………………… 95
　　6.1　介绍 ……………………………………………………………………… 95
　　6.2　交通冲突技术 …………………………………………………………… 96
　　6.3　大规模检测车辆研究理念 ……………………………………………… 96
　　6.4　自然驾驶研究的生命周期 ……………………………………………… 97
　　6.5　小结 ……………………………………………………………………… 108
　　本章参考文献 …………………………………………………………………… 109
第7章　作为交通心理学研究工具的驾驶模拟器 ………………………………… 111
　　7.1　简介 ……………………………………………………………………… 111
　　7.2　什么是驾驶模拟器？ …………………………………………………… 111
　　7.3　为什么使用驾驶模拟器？ ……………………………………………… 112
　　7.4　移动还是静止 …………………………………………………………… 114
　　7.5　使用什么样的模拟器？ ………………………………………………… 115
　　7.6　模拟器作为研究工具的有效性 ………………………………………… 117
　　7.7　使用模拟器存在的问题：模拟器病 …………………………………… 120
　　7.8　实验设计 ………………………………………………………………… 121
　　7.9　小结 ……………………………………………………………………… 121
　　本章参考文献 …………………………………………………………………… 122
第8章　交通事故数据集与分析 …………………………………………………… 125
　　8.1　简介 ……………………………………………………………………… 125
　　8.2　数据 ……………………………………………………………………… 125
　　8.3　数据分析 ………………………………………………………………… 131
　　致谢 ……………………………………………………………………………… 135
　　本章参考文献 …………………………………………………………………… 135

第二部分　交通心理研究中的关键变量

第9章　神经系统科学和年轻驾驶人 ……………………………………………… 139
　　9.1　年轻驾驶人 ……………………………………………………………… 139

9.2　来自神经系统科学研究的证据 ………………………………………… 139
　9.3　与驾驶联系的神经系统发育的关键方面 ……………………………… 144
　9.4　讨论和小结 ………………………………………………………………… 149
　致谢 ……………………………………………………………………………… 154
　本章参考文献 …………………………………………………………………… 154

第10章　神经科学和老年驾驶人 …………………………………………… 157
　10.1　神经科学和老年驾驶人 ………………………………………………… 157
　10.2　医疗问题和老年驾驶人 ………………………………………………… 160
　10.3　老年驾驶人的其他注意事项 …………………………………………… 165
　10.4　小结 ……………………………………………………………………… 166
　本章参考文献 …………………………………………………………………… 167

第11章　驾驶视觉注意——驾驶研究中的眼动测量 …………………… 172
　11.1　引言 ……………………………………………………………………… 172
　11.2　驾驶人是否会看重要的信息 …………………………………………… 173
　11.3　瞥视（Glance）持续时间的测量 ……………………………………… 176
　11.4　扫视范围度量 …………………………………………………………… 178
　11.5　小结 ……………………………………………………………………… 182
　本章参考文献 …………………………………………………………………… 183

第12章　驾驶中的社会、个性和情感构造 ………………………………… 187
　12.1　引言 ……………………………………………………………………… 187
　12.2　人格因素和驾驶结果 …………………………………………………… 187
　12.3　驾驶结果的环境 ………………………………………………………… 195
　12.4　小结和展望 ……………………………………………………………… 200
　本章参考文献 …………………………………………………………………… 201

第13章　心理健康与驾驶 …………………………………………………… 210
　13.1　心理健康的影响 ………………………………………………………… 210
　13.2　心理健康对驾驶的影响 ………………………………………………… 210
　13.3　驾驶对心理健康的影响 ………………………………………………… 214
　13.4　小结 ……………………………………………………………………… 220
　本章参考文献 …………………………………………………………………… 220

第14章　个体与环境：交通文化 …………………………………………… 234
　14.1　个体与环境：行为与事故 ……………………………………………… 234
　14.2　交通文化：目标与机制 ………………………………………………… 241
　14.3　小结 ……………………………………………………………………… 245
　本章参考文献 …………………………………………………………………… 247

第15章　人的因素和人机工程学 …………………………………………… 253
　15.1　引言 ……………………………………………………………………… 253
　15.2　来自驾驶人位置的视角：以驾驶人为中心的设计影响 ……………… 254
　15.3　驾驶变量影响驾驶人和交通工具的交互作用 ………………………… 260

15.4	车辆变量影响驾驶人-车辆的交互作用	263
15.5	环境变量	268
15.6	小结	270
	本章参考文献	271

第三部分　影响交通安全行为的主要问题

第 16 章　影响安全带使用的因素　281

16.1	引言	281
16.2	有效性	282
16.3	方法	282
16.4	国际上的安全带使用情况	284
16.5	美国的安全带使用情况	286
16.6	影响安全带使用的因素	287
16.7	小结	295
	致谢	295
	本章参考文献	296

第 17 章　醉酒驾车　303

17.1	引言	303
17.2	背景	304
17.3	大规模预防醉酒驾车的措施	308
17.4	大规模干预醉驾的非政策性项目	309
17.5	大规模预防醉驾的政策和法律举措	315
17.6	预防醉驾的多元社区系统方法	318
17.7	小结	320
	本章参考文献	320

第 18 章　超速行驶——一种质量控制方法　330

18.1	引言	330
18.2	超速研究作为质量控制举措	331
18.3	超速行驶的后果:事后分析	333
18.4	超速行驶的原因	336
18.5	在实践中关注全局:有可能提高超速行驶的质量吗?	344
	本章参考文献	346

第 19 章　穿越交通控制　352

19.1	交通事故:关注的基本点	352
19.2	违规频率	353
19.3	驾驶人特征	355
19.4	驾驶人的态度	357
19.5	驾驶人对执法的反应	358
19.6	小结	359

本章参考文献 359
第 20 章　驾驶人分心——定义、机理、影响和调节 362
　20.1　引言 362
　20.2　驾驶人分心：定义 362
　20.3　驾驶人注意力不集中：定义 363
　20.4　驾驶人注意力不集中的一种模型 364
　20.5　分心的来源和类型 366
　20.6　调节因素 368
　20.7　干扰和干扰理论 369
　20.8　对驾驶表现的影响 370
　20.9　对安全的影响 371
　20.10　控制分心 373
　20.11　小结 373
　　致谢 374
　　本章参考文献 374

第 21 章　疲劳驾驶 379
　21.1　引言 379
　21.2　事故统计和全国调查 380
　21.3　疲劳驾驶的原因 381
　21.4　高风险人群 383
　21.5　对策和检测/警告技术 386
　21.6　小结和展望 388
　　致谢 389
　　本章参考文献 389

第四部分　易受伤害的道路使用者和各类驾驶人问题

第 22 章　儿童和"青少年" 397
　22.1　引言 397
　22.2　道路交通事故的全球经济差异 398
　22.3　保护儿童的优先考虑与标准管理的地区差异 398
　22.4　防止儿童交通事故的关键策略 399
　22.5　保护机动车儿童乘员的建议 400
　22.6　小结 409
　　本章参考文献 409

第 23 章　年轻驾驶人 415
　23.1　引言 415
　23.2　美国对青少年驾驶人的流行病学研究：交通事故的风险和保护因素 416
　23.3　从发展和社会心理的角度对青少年驾驶人的探讨 423
　23.4　发育不良对青少年驾驶人的影响 428

23.5　制定循证干预措施以促进青少年安全驾驶的建议 …… 432
　　23.6　小结 …… 437
　　致谢 …… 437
　　本章参考文献 …… 438

第24章　老年驾驶人 …… 447
　　24.1　引言 …… 447
　　24.2　老年驾驶人面临的挑战 …… 447
　　24.3　小结与建议 …… 460
　　本章参考文献 …… 461

第25章　行人 …… 467
　　25.1　问题的本质 …… 467
　　25.2　多层面项目的需要 …… 468
　　25.3　工程 …… 468
　　25.4　教育 …… 469
　　25.5　执法 …… 470
　　25.6　关于行人安全的具体问题 …… 472
　　25.7　小结 …… 479
　　本章参考文献 …… 480

第26章　自行车骑行者 …… 485
　　26.1　引言 …… 485
　　26.2　自行车、汽车和公众接受度 …… 486
　　26.3　骑行、基础设施和驾驶人注意力 …… 487
　　26.4　骑自行车的少数群体地位、刻板印象和驾驶人行为 …… 489
　　26.5　自行车骑行者的人格特点 …… 490
　　26.6　小结 …… 491
　　本章参考文献 …… 491

第27章　摩托车骑行者 …… 495
　　27.1　引言 …… 495
　　27.2　摩托车驾驶和安全性趋势 …… 496
　　27.3　交通事故的特征 …… 498
　　27.4　摩托车事故的相关调查 …… 500
　　27.5　理解骑行行为 …… 502
　　27.6　小结 …… 506
　　本章参考文献 …… 507

第28章　职业驾驶员 …… 514
　　28.1　引言 …… 514
　　28.2　货车驾驶员 …… 515
　　28.3　公交车驾驶员 …… 520
　　28.4　出租汽车驾驶员 …… 523

28.5 小结	525
本章参考文献	525

第五部分　降低道路交通事故风险的主要对策

第29章　驾驶人教育和培训	533
29.1　引言	533
29.2　无理论基础的驾驶教育和培训	534
29.3　新驾驶人的典型事故与驾驶教育的目标和内容之间的关系	536
29.4　基本驾驶许可模式和在不同模式背后的前提假设	541
29.5　如何将驾驶人许可模型有效运用到实践中	546
29.6　驾驶教育的目标和内容：GDE	551
29.7　驾驶人教育和培训的未来	552
本章参考文献	553
第30章　说服和动机信息	560
30.1　引言	560
30.2　文献回顾	560
30.3　巩固基础	561
30.4　第一步：了解需要和受众	563
30.5　第二步：分类假设	564
30.6　第三步：准备计划	568
30.7　第四步：构建内容	570
30.8　第五步：计划、试点测试及完善	572
30.9　第六步：实施	573
30.10　第七步：回顾、完善和革新	574
30.11　小结	577
本章参考文献	577
第31章　强制执法	579
31.1　引言	579
31.2　执法系统	580
31.3　执法的理论基础	581
31.4　执法技术：现场执法还是自动执法	584
31.5　执法的成效在于减少危险行为	585
31.6　执法有效性：减少事故和伤亡	587
31.7　执法有效性所面临的挑战	587
31.8　未来的研究思路	589
31.9　小结	592
致谢	593
本章参考文献	593

第六部分　交叉领域研究事务

第 32 章　道路交通安全与公共卫生学的交集 601
- 32.1　引言 601
- 32.2　交通伤害问题的历史及负担 601
- 32.3　公共卫生学视角 602
- 32.4　记录进展 607
- 32.5　应用公共卫生学和交通心理学提高交通安全水平 608
- 32.6　未来的机遇和挑战 609
- 32.7　小结 613
- 本章参考文献 613

第 33 章　公共政策 619
- 33.1　政策制定的分析模型 619
- 33.2　交通心理学在政策制定中的潜在贡献 620
- 33.3　提高道路交通安全：对交通安全措施的概述和讨论 625
- 33.4　讨论与小结 630
- 本章参考文献 632

第 34 章　出行方式的选择 634
- 34.1　引言和历史介绍 634
- 34.2　交通运输对环境的影响 636
- 34.3　英国人对汽车使用和气候变化的价值观和态度 638
- 34.4　改变的成本 639
- 34.5　出行经历 640
- 34.6　对汽车使用和环境的态度 644
- 34.7　取代汽车的可持续发展型交通工具 647
- 34.8　需求型行为的改变 648
- 34.9　小结 650
- 本章参考文献 651

第 35 章　撒哈拉以南非洲的道路使用行为 659
- 35.1　引言 659
- 35.2　方法 661
- 35.3　结果 662
- 35.4　小结 674
- 本章参考文献 674

第一部分 理论、概念和方法

第1章 道路安全中的几个"E原则"

约翰·A.格鲁格(John A. Groeger)
爱尔兰,科克,科克大学(University College Cork, Cork, Ireland)

1.1 简介

1895年,医学研究理事会的Ivan Brown介绍我进入隶属于应用心理学联盟的机构工作。Ivan在道路交通安全领域的专业知识十分丰富,而且他通过不懈努力和卓越的成就造就了数十年来英国这个研究领域的格局。如果说Ivan塑造了英国交通安全研究的格局,Talib Rothengatter(2009年去世)则将交通心理学行为研究的形式和内容赋予了整个欧洲乃至欧洲以外地区。1987年,我与Talib Rothengatter第一次合作,这次合作是欧盟资助下的极其有远见的GIDS项目(Michon,1993)的一部分。如果他们两个来写本章节的概述,应该会比我所希望的做得更好。

虽然我仍然对于复杂技术活动下的认知基础感兴趣,但是在Ivan看来,交通安全才是他的研究核心。他是我遇到的第一个在交通安全研究中援引"三E"作为法则的人。直到最近,我才了解到"三E"的内涵,原来它指的是"教育、执法和工程"。堪萨斯州安全委员会的董事Julien H. Harvey于1923年在托皮卡(Topeka)做了一次报告,在报告中,他介绍了将"三E"原则展现在一个三角形关系中的理论(Damon,1958)。从那时起,"三E"原则在交通安全研究中成为核心观点,并经常被研究者在论文中提及。我也同样秉持着这样的核心原则,尝试概述在近年来的交通安全文献中其他一些我认为重要的影响因素。

1.2 教育(Education)

"三E"原则的一个主要优点是简单明了。然而,在各种情况下,框定每个"E"的界限会缩小安全的范围和程度。这在"教育"原则上体现得淋漓尽致。

教育意味着给那些缺乏知识和技能的人提供他们所需的指导。在交通安全方面,它并非仅限于发展个人能力的层面,而是指"驾驶人培训"和"公众培训"这样更广泛的活动。

"驾驶人培训"在北美运用得更广泛,涵盖想要独立驾驶前所需要的准备学习和工作。根据法律法规要求,它包括通过不同的课堂或线上渠道传播驾驶方面的基础知识,例如:实践教学中要求驾驶人执行包括交通规则、车辆驾驶等在内的操作内容(Lonero,2008)。尽管驾驶人培训表面上有一定效果,但是在过去几十年里的诸多评论中,它对于安全方面的直接作用显得不甚充分且模棱两可(Brown、Groeger和Biehl,1987;Christie,2001;Ker等,2005;Mayhew和Simpson,2002;Roberts和Kwan,2001)。在某种程度上,驾驶人培训中能够具体提升驾驶人驾驶技巧和知识水平的因素更加引人注意。举例说来,有许多证据表明,在经过培训之后,驾驶人的驾驶技术由于驾驶教练或成年人的陪同而提升,我们将之称作"车轮背后的经验"(Groeger,2000;Groeger 和 Clegg,2007;Hall 和 West,1996)。然而,很少有证据表明,驾驶人的驾驶知识和驾驶态度能通过课堂和自主学习的方式获得提升。一项研究表明,在伪随机分配的群体中,无论被试者是通过光盘自主学习还是采用网络支持性教学以及课堂学习的方式,事后他们的驾驶测试成绩都是相似的(Masten 和 Chapman,2004)。遗憾的是,这项研究并没有设计驾驶知识水平的课前评估,因此各被试组间在课程前的驾驶知识水平的可比性仍然无法获知,更无法和课后驾驶能力的提高相联系。尽管如此,这项研究表明,教学设置本身并不会产生比在家学习更好的学习效果。随后发表的一些研究在驾驶人的安全教育方面的贡献则更加突出。

大众传媒的宣传也是一种可能对道路交通安全做出贡献的方式。在讨论宣传媒体的作用时,我发现那些改变行为的宣传模式以宣扬"那些行为是反社会的,并且有可能受到法律制裁的"等形式来强调道路交通安全的重要性。关于通过媒体宣传酒后驾驶后果(例如夜间车辆之间的相撞)的两项元分析取得了令人印象深刻的效果:这种宣传减少了将近13%的酒后驾驶(Elder 等,2004;Tay,2005a)。虽然这令人印象深刻,但事实上,近几十年,世界上只有十几项研究能够通过同行评议,以证明相关测试结果的说服力。

对于酒后驾驶和超速的宣传,其效果还是存在差异的(Tay,2005b),这种差异体现出评估宣传教育效果的复杂性,其中很重要的一点是:无论媒体宣传的内容是什么,即使是精心设计和有针对性的宣传,也不一定能避免或制止不安全的驾驶行为。Tay 的研究也强调了信息内容的重要性,因为不同类型的不安全/非法行为方式可能不会同样支持"反应效能"(即提供及时有效的回避策略)。许多其他研究调研了各种信息内容、传递和预测试以及观察者效应、故意违规等各种因素的重要性。这些研究通常把行为意图作为研究对象,而不是测量真实行为的变化。研究允许在宣传中加入一些威胁信息,从而使不同群体对信息产生恐惧(Cauberghe、De Pelsmacker、Janssens 和 Dens,2009;Lewis、Watson 和 Tay,2007;Lewis、Watson 和 White,2008,2010)。这类研究在信息的内容、传递方式方面具有相当大的潜力,因为它们为发挥这些信息的潜力提供了连贯的研究线索。然而,因为它们只研究驾驶人训练过程,因此在实际驾驶安全的效益方面,这些研究考虑的因素和其他变量的量化仍将是一个很大的挑战。

我们不得不承认教育对道路交通安全的贡献。同时,也有许多研究者或多或少地从这些研究中获益,还有的人将继续传承这些研究的成果。因此,担负着教育任务的我们最终有责任完善这些理论、方法,以及把研究结果提供给政策制定者、安全专家和整个社会。

1.3 执法(Enforcement)

很少有研究能像 Tay(2005b)那样证明执法对道路安全的核心作用,该研究表明,每月进行的呼气酒精测试次数和被捕驾驶人的百分比与每月严重交通事故数量的减少在统计学意义上相关。

执法可能是迄今为止决定犯罪行为被逮捕可能性的最重要因素,因此它对威慑至关重要。传统威慑理论提出：当处罚的可能性很高或处罚严厉且立即执行时，犯罪行为更难以发生（Taxman 和 Piquero，1998）。传统威慑理论强调对于个人的直接惩罚。但在这种情况下，传统威慑理论忽略了一个潜在的事实，即当犯罪分子积累了足够的避免惩罚的经验之后，反而会增加犯罪行为。（Stafford 和 Warr，1993）。Piquero 和 Paternoster（1998）的研究为经典威慑理论提供了实证支持，他们发现，酒后驾车的意愿受到个体考虑接受惩罚和避免惩罚的博弈心理和个体经验的影响。个体感觉会受到惩罚的可能性越高，威慑效应越强。此外，他们的研究还证明了"不醉驾的道德观可有效防止驾驶犯罪行为"（第3页）。同时，个体间犯罪行为的差异取决于罪犯曾经的犯罪经历和逃避犯罪的经验，经验与避免获罪的行为有关（Piquero 和 Pogarsky，2002）。Watling、Palk、Freeman 和 Davey（2010）的研究尝试将这种分析从"酒后驾驶"扩展到"吸毒后驾驶"的层面。他们发现，避免惩罚和替代避免惩罚是未来吸食毒品后驾车的重要预测倾向因素，但是需要注意的是，如果媒体仅宣传吸食毒品后驾驶将被逮捕的案例，这样的报道仍然不具有大众威慑力。可能的原因是那些高冲动性的个体对毒品的使用已经高度认同，而宣传报道对这些违法行为的惩罚不具有更高的威慑效应。

由于检查和处罚在替代性认知中产生的威慑力，对公众的宣传加强了违法必究概念的效果，使其深入人心。Miller、Blewden 和 Zhang（2004）在施行"未满20岁驾驶人酒精零容忍制度"期间对强制性路上呼气测试（CBT）进行试行研究。研究期间，媒体对 CBT 进行宣传，同时在其试行中利用更多的警力来产生影响和作用。他们的报告显示，由于宣传，原本的夜间交通事故数量减少了22.1%，并且预计未来还会减少13.9%，而且由于严厉的执法，酒驾者数量进一步减少了27.4%。这个结果使得持续了多年的夜间高事故率减少了一半，效率大大超过了原本的生命干预措施。

然而 Miller 等（2004）的研究表明，增加有意图的执法机关惩处力度以提高威慑力，使犯罪的频率递减，并不能产生制约犯罪的效果，这种观点具有更加广泛的影响力。McCarthy（1993）的报告称，在农村增加州际公路的车速限制导致在低速交通环境中醉酒驾车事故率普遍提升。Blais 和 Dupont（2005）强调了警方严格执法能够普遍为道路交通安全做出贡献的观点。他们回顾世界上侧重于更宽泛罪行执法过程的研究（包括随机呼气测试、酒驾检查站、随机道路表、摄像雷达、混合方案和闯红灯摄像机），得出结论：干预导致伤害事故数量出现了介于23%和31%之间的平均降幅。另一方面，执法不严的后果体现在一个关于交通法规执法与机动车事故死亡率的交叉试验研究中（Redelmeier、Tibshirani 和 Evans，2003）。这些研究者发现，近期的定罪对个别驾驶人有一定的保护作用，这使得驾驶人在被定罪后的一个月内，与平时相比发生致命事故的概率降低了约35%，这种保护作用在驾驶人被定罪后的几个月迅速下降。这种保护的好处不分年龄阶段、违规经历和其他个人特征，效果都是一致的，这种保护效果在被扣分的超速驾驶中较之于不扣分的状况尤为显著。作者总结说，执法"在机动车辆使用率很高的发达国家中有效降低致命事故的频率"。因此，不一致的执法可能导致全世界每年成千上万人丧命（第2177页）。

随着技术的发展，采用了超速驾驶、闯红灯等违规行为的自动化检测手段后，执法能力较之于传统的警务检测有了显著的进步。除了路边建立的交通警示牌以外，隐藏起来的实际监控设备、可能提高的处罚力度、自动化的监测系统都大大提升了交通管制的威慑力。有大量的证据证明：高速摄像机的设置不仅减少了超速驾驶，也减少了高速行驶的车辆之间的交通事故(Pilkington 和 Kinra, 2005)。一项元分析表明,"20%~25%交通事故减少的原因可以归结为在特定的站点安装固定并且显眼的摄像头,自动记录违规行为的系统"(Thomas、Srinivasan、Decina 和 Staplin, 2008, 第 117 页)。Retting、Ferguson 和 Hakkert(2003)开展了闯红灯摄像机的元分析发现,虽然追尾事故的频率增加,但是在信号灯交叉口的位置,伤亡事故的频率大幅降低,尤其是直角碰撞事故。其他研究表明,虽然违规行为减少了,但是从整体上说,闯红灯摄像机的效应是值得商榷的(Erke, 2009; Wahl 等, 2010)。

自动化执法系统的问题之一是,有些人是无证驾驶,使得闯红灯摄像机无法识别驾驶人的信息,造成无证驾驶人的驾驶违规行为增加。同时,令人触目惊心的是,各种调查研究发现,无证驾驶人的数量在不断增加。比如,一项基于调查的研究,用匿名问卷的方式询问持有临时驾驶证的样本人群(在英国,这样的驾驶人驾驶时必须由另一个合格的驾驶人陪同)是否在未取得驾驶证的时候就开始驾驶机动车,以及他们当时的驾驶水平(Knox、Turner、Silcock、Beuret 和 Metha, 2003)。这种方法估计出了约有 476300 名无证驾驶人。2006 年 3 月 31 日,英国警方随机拦下了 5793 辆车,检查驾驶人是否获得了驾驶执照,发现 1.6%的驾驶人无证上路。类推到英国约 3100 万名驾驶人,估计约有 48 万名无证驾驶的驾驶人。从这些研究中,我们也看到了各种方法的缺点。尽管研究信息收集方式是匿名的,并且没有透露那些曾经无证驾驶人的信息,调查证据最终只能基于那些可以被理解的、低回收率的问卷或访谈。警方的随机调查结果显示,以持证驾驶人的数量来估计无证驾驶人的总量显然会导致低估结果。除了无证驾驶影响了自动化执法外,有证据显示,无证驾驶人在驾驶 3~9 次之后,有更大的可能会卷入导致人身伤害或死亡的事故中(Knox 等, 2003)。虽然这些研究发现的事故比例可能会高于对特定驾驶人群体的调查结果(Blows 等, 2005),但这些在普通人群中获得的比例还是与一项研究获取的比例很接近(De Young、Peck 和 Helander, 1997)。

正如对于传统执法的研究认为教育是通过大众媒体宣传来增强威慑作用,这些关于自动化执法模式的研究强调了执法和工程效果之间越来越多的相互作用。"工程"作为"三 E"原则之一,将在下一部分中得到阐释。

1.4 工程(Engineering)

一般说来,与安全相关的工程包括改善车辆、提高可靠性、提高车辆制动性能以及增加对车内乘员的保护措施等。此外,与道路相关的工程包括路面设计的改善、道路质量的提升、在恶劣条件下减少路况的恶化(Elvik 和 Greibe, 2005)、更安全的路侧建筑设置(Elvik, 1995)、取缔混乱警示牌等。

在过去的几十年,安全工程设施的改善已经大大提升了车内乘员的安全水平。这些改善得益于各种安全研究。比如,关于车内儿童座椅的对比研究发现,较之于儿童在座椅上单独地使用安全带,使用安全带助推器能更好地将儿童固定在座位上,它减少了 4~7 岁儿童在交通事故中 59%的受伤情况(Durbin、Elliott 和 Winston, 2003)。而美国国家公路交通安全管理局(NHTSA)称,儿童安全座椅在有效地减少婴儿死亡数量方面具有 71%的效果,对于幼儿具有 54%的效果(NHTSA, 2009a, 2009b)。研究还发现,降低年幼的孩子坐在汽车前排座位上的概率,增加了他们的安全系数(Durbin、Elliot、Arbogast、Anderko 和 Winston, 2005);

坐在后排座椅的儿童在事故中受伤的可能性比坐在前排的儿童少了50%~66%（Arbogast、Kallan 和 Durbin,2009）。在没有安全带的情况下,安全气囊可减少14%的致命伤害（Durbin 和 Kallan 等,2003）,而在系安全带的情况下,也有11%的安全系数的提升（Braver、Ferguson、Greene 和 Lund,1997;NHTSA,2009a,2009b）。安全带的使用使得正面碰撞所导致的死亡率大幅降低（Crandall、Olson 和 Sklar,2001;Evans,1986）。然而,尽管这种减少是稳健的,但应该承认的是,安全带与安全气囊都只能够在乘员受伤不太严重的情况下挽救伤者,否则以上的数字是毫无意义的（Hutt 和 Wallis,2004;Smith 和 Hall,2005）。

虽然增加乘客保护措施能够提高驾驶环境的安全性,为驾驶过程提供保障,但是,相比之下,车内环境和道路基础设施的工程设计对于驾驶任务的安全执行会产生更深远的影响。因为,即使是最发达的安全保护系统的市场覆盖率仍然不高,而大多数设想的系统几乎没有达到可以进行现场试验的阶段。车辆的安全改造早就被证实有利于道路交通安全,比如,在车内设置的远程信息处理和传递技术的开发就是来自专家研究的成果（Kulmala,2010）。因此,假如这种系统安装在欧盟的所有车辆中的话,其预期的安全效益将会得到提升。对事故死亡率降低最有影响的系统是电子稳定控制系统（能够降低17%的死亡率）、车道保持支持系统（能够减少15%的死亡人数）和超速行驶警告系统（在事故高发阶段能够降低大约13%的死亡率）。其他电子系统包括报告天气环境、路况障碍或拥堵状况的系统,这些系统还会在可能要发生碰撞时警告驾驶人进行紧急制动,在低能见度的条件下提醒驾驶人附近有障碍物、即将遇到的红灯,或者协助驾驶人在前照灯范围以外预判夜间出现的行车障碍。

关于未来发展的安全影响评价是个从理论到方法的挑战,特别是这些安全因素要基于一些基本的假设,比如驾驶人如何适应未来的各种巨大变化,包括道路环境的变化、如何与那些拥有相同电子辅助系统的车辆相互通信等。虽然我们不怀疑工程设计给人类带来的益处,但我们更希望的是尽快建立完善的工程系统。

目前为止,我们讨论了 Harvey 的"三 E"原则对于道路交通安全的贡献以及尚待完善的概念。同时我们也认为,还有一些其他的"E"原则,同样可以作为交通安全领域的参考。

1.5 暴露❶（Exposure）

尽管在暴露概念中,负面结果是以某种方式按可能的结果指数加权的,但道路安全统计通常用人数,或按人口规模、车辆数量或单位行驶距离加权的人数衡量伤害和死亡情况,以便至少在某种程度上探讨发生交通事故的相对概率。我们更详细地考虑这些事故数据便能够发现一些规律,例如,相对于其他驾驶人,年轻的、没有经验的驾驶人在周末、夜间或清晨会发生更多的事故,同时当年轻的驾驶人有几个年龄相仿的乘客陪同时,比单独出行或两人同行更有可能发生事故。发现特定的"倾向"模式,对于理解此类事件发生的原因以及设计应对措施至关重要。原则上这一主张可能证明将暴露作为安全的一个额外的"E"是合理的,有两个例子可能特别有说服力。

多年来,我一直对遗传学、认知和睡眠之间的联系很感兴趣,但是当我反复阅读一些关

---

❶ 译者注:"暴露"为流行病学中的概念,意为机体在外环境中接触某些因素,以及机体本身具有的特征。

于年轻驾驶人卷入交通事故过多的文献时,我发现了某些交通事故的特定原因(Groeger,2006)。这可能是由个体在白天和夜晚活跃程度不同的基因决定的。当睡眠被剥夺时,尤其是当人在清晨需要完成任务时,人们的这些特定的遗传基因呈衰弱状态(Groeger 等,2008)。在学习或工作周,青少年觉得他们能够获得的睡眠时间远远少于他们的期望(Groeger、Zijlstra 和 Dijk,2004)。因此我推断,当青少年在前一天晚上没有提前上床休息的时候,他们在第二天清晨更容易发生交通事故(Groeger,2006)。有证据表明,调查在特定时段出行的年轻驾驶人的数据,发现十几岁的年轻驾驶人与二十几岁的驾驶人相比更容易在清晨引发交通事故(Groeger,2006)。Sweeney、Giesbrecht 和 Bose(2004)按照年龄和昼夜对交通事故发生频率的影响因素进行排序,并就此做出非常详细和具体的预测。如果我们的试验支持这个假设,就可以开发出关于缺乏经验的驾驶人被卷入交通事故的统计方式。

年轻的、缺乏经验的驾驶人发生交通事故时,有特殊的风险模式,这是分级驾驶许可证(GDL)干预措施的重要依据。虽然在世界上 GDL 有各种各样的实践,但是它们的基本原则是相同的:高风险的驾驶行为(比如高速行驶、夜间行车等)会被推迟到驾驶人年龄较大时。在过去的 10 年中,积累了 GDL 显著减少事故伤亡的证据,而且某些交通事故减少的原因可以直接归结为减少或延迟发放驾驶证。但是,Masten 和 Foss(2010)的研究却显示,与有人监督驾驶相比,16 岁的驾驶人在领取驾驶证后的前 5 年无人监督驾驶时发生第一次事故的可能性更小,这个结果也许对年轻男性驾驶人是一个福音。另外一项元分析进一步分析了GDL 是如何减少事故的(Vanlaar 等,2009)。研究跟踪了 3 个阶段:第一个是学习驾驶阶段,事故因素包括对青少年夜间驾驶的限制和驾驶教育等;在第二个是中间阶段,研究的事故因素包括驾驶教育、夜间驾驶的限制是否(由于工作原因)被取消、乘客限制以及当乘客是驾驶人的家人时这种限制是否被取消,更重要的是,是否有结业考试。其中应该特别注意两个非常有影响力的因素,首先,在减少驾驶条件的限制之前的研究结果与大幅度降低事故风险相联系。因为年轻和缺乏经验都有可能导致事故的发生。正如我所猜测的那样,基于年龄分组进行降低风险的干预将有效降低事故发生的可能性(Groeger 和 Banks,2007)。其次,Vanlaar 和他的同事们借助元分析提出了更有说服力的证据,证明驾驶培训比其他已经获知的各种因素更能够为交通安全做出贡献。这些情况在控制了年轻、缺乏经验的驾驶人等重大变量时,仍然能够发生作用。此外,青少年驾驶人的父母对驾驶行为的限制的确为道路交通安全水平的提高作出了重大贡献(Simons-Morton、Ouimet 和 Catalano,2008)。

1.6 驾驶胜任力和适应性的检查(Examintaion of Competernce and Fiteness)

也许是因为测试引发的政治和社会问题,人们往往忽视影响道路交通安全最重要的变量——驾驶人评估。在大多数关于驾驶人培训和测试的讨论中似乎形成一致的观点:驾驶证可以颁发给合格的驾驶人。但是这个标准似乎有些武断(Baughan、Sexton、Maycock、Chin 和 Quimby,2005;Lonero,2008;Mayhew,2007)。有研究发现,驾驶理论达到标准无法为实际驾驶能力的提高提供帮助。例如,在英国,开展纷繁的驾驶理论考试后,道路驾驶考试合格率几乎没有发生变化(Wells、Tong、Sexton、Grayson 和 Jones,2008)。Wells 等人对理论水平和实际的驾驶能力之间的关系进行了透彻的分析,他们分析了受测者的年龄、学费、操作实践水平,结果发现,男性和女性对于危险知觉理论的理解没有差异,甚至他们在不同驾驶阶段的理论考试结果也没有差异。由此可以推论,驾驶理论考试也许并不会提升驾驶人的操作技巧,在交通安全方面它似乎甚至不如延迟发放驾驶证有效。英国的另一项研究提出了一个客观的问题:驾驶人考试的结果是否可靠? Baughan 和 Simpson(1999)请受测者在结束驾驶人考试后的几天内自愿进行了实际上路的驾驶测试。结果显示,这次测试与驾驶人考试只呈现了64%的一致性,这表明相当数量的驾驶人及参加测试者的测试结果与驾驶人考试结果之间缺少一致性。研究结论还表明,实际驾驶测试的可信度和有效性还有提高空间,比如采用重复测试而非一次性的测试,引入更加客观的电子测量驾驶系统等方法,不仅能够识别那些考试表现和实际驾驶情况一致的驾驶人,还能够对驾驶证的发放有一定的延缓效果,这对于提高安全性更有意义。此外,正如前面提到的,将考试与 GDL 制度结合在一起能够在一定程度上提升安全性,尤其是要求驾驶人在限制条件减少的情况下还能正常驾驶,这样的驾驶能力才是我们需要的。在我看来,为了提高道路交通安全水平,改良测试驾驶能力的工具是最需要尽心探索的领域。

值得讨论的是,传统的驾驶人评估方法不具有足够的可靠性和有效性,特别是对于那些有着各种驾驶风险特质的驾驶人来说,这些评估方法还是有局限性的。比如,各项调查数据表明,有心脏疾病或脑卒中病史的老年驾驶人更有可能发生交通事故(McGwin、Sims、Pulley 和 Roseman,2000)。Sagberg 的研究也证实了驾驶人患非药物性糖尿病和抑郁症是发生交通事故的潜在因素。McCarron、Loftus 和 McCarron(2008)报告称,在连续转院的病例中,大约40%有心脏病或轻微脑卒中病史的驾驶人在发病后一个月继续驾驶。这些结果证明了医院应该设立与交通密切相关的医疗部门,同时也说明了应该建议患病驾驶人自愿停止驾驶。鉴于许多因素(年长、驾驶经验丰富、减少长距离驾驶时间和次数等)都和较低的交通事故风险相关,简单地取消那些患有心脏疾病的人、未经治疗的糖尿病患者、脑卒中患者等上路驾驶的资格,似乎是不公平的。但遗憾的是,目前即使尽最大可能地评估驾驶技能与安全性相关的因素,评估方法和内容还是受到限制。

有研究已经发现一些处理这个棘手问题的方法。实际上,研究导致危险的因素比研究安全因素更容易被接受,虽然我们不得不承认,这种方法只是整个复杂交通事故系统的一部分(Hunter 等,2009;Schultheis、DeLuca 和 Chute,2009)。作为交通安全专家,我们不能剥夺部分个体自由驾驶机动车的权利,也不能通过剥夺某些人的权利来减少交通事故的发生。可以采用其他介入形式:如对前驾驶人及其家庭成员进行访谈或提供支持;增加前驾驶人使用其他交通工具的机会;为前驾驶人制定恢复方案,评估其重新上路的可能性。当然,受限于本领域有限的理论研究和实践操作,最后这个重新上路的可能性评估是最棘手的。

1.7 应急响应(Emergence Response)

几十年来,交通事故医疗界已经普遍认同这样的观点:在交通事故中受到严重伤害的个体是否能够恢复,在很大程度上取决于其是否在受伤后 1h 内被送到医院获得救治。但是"黄金1小时"的观点在某些研究中被认为是无效的(Brooke Lerner 和 Moscati,2001;Newgard 等,2010)。尽管如此,仍然有充足的证据表明,在危及生命的交通事故中受伤、延误治疗,都可能导致病人到达医院后死亡的可能性增加(Hoffman,1976)。研究表明,与第一时间到达医院的伤者相比,延迟获得治疗的伤者的死亡率是前者的 3.3 倍(Gomes 等,2010)。Sampalis、Lavoie、Williams、Mulder 和 Kalina(1993)进行了统计学研究,结果显示,事故伤者在受伤 1h 后到达医院与统计学意义上的调整后相对死亡率相关($OR = 3.0$)。还有一项基于 1400 例以上的交通事故病例的分析表明,在约 1h 的治疗延迟时间的基础上减少 10min,就可以降低 1/3 的死亡率。

1.8 评估(Evaluation)

评估,在道路安全性中也许是最重要的"E"原则。在前述的教育、执法、工程、暴露、驾驶适应性和胜任力检查、应急响应部分中,阐明了各种能够公开公正地评估安全干预措施有效性的方法。在过去一个世纪的研究中,人们对于道路安全有效性的评估方法提出了各种观点。

因为我们期望通过干预达到交通安全的预期结果,所以,在许多观点中,"黄金时间标准"的观点对于减少伤亡人数,特别是死亡人数具有非常重大的意义。统计交通事故并将其与一些"解释"变量联系起来是道路交通安全评价的基础。这些解释变量可能反映出干预措施的目的性(例如加大处罚力度、强制驾驶人参加培训和使用安全带),或反映出社会其他发展(如经济的活动、迁移和燃料的短缺)带来的一些变化。Lord 和 Mannering(2010)非常详细地描述了伤亡数据的分布。因为从本质上说,交通事故是罕见的事件,这符合泊松分布的一般假设。这种假设要求交通事故的平均频率和方差在其频率水平上是等价的,但是这些统计中的方差数据经常和现实中交通事故数据不一样,导致了统计估计的偏差。其实,这种技术方法是在特定的时间或空间背景下使用的。由于我们对于信息变化的捕捉和我们感兴趣的变量是影响这个统计数据的关键,Lord 和 Mannering 试图建立交通事故的次数和每月降水量的相关模型,将其作为例子来阐述这个问题。实际上,交通事故的频率是远远小于降水量分布假设的。时间和空间背景也可能是相互关联的,导致对其他变量的解释能力评估不准确。此外,还有一些其他的变量因素,包括损伤严重程度和交通事故类型的相关性、某些交通事故类型的漏报、变量低于均值和样本的大小、遗漏其他潜在的解释变量,以及 Lord 和 Mannering 所说的"内生"变量,即解释变量随因变量而变化(例如,评估冰面警示标志在防止与冰雪相关的交通事故方面的有效性,警告标识牌更有可能被放置在此类事故发生过的地方)。这些问题是我们感兴趣的因变量所固有的,我们试图对其施加因果影响。至少可以说,发现和推断因果关系是成问题的。

Ezra Hauer(2010)发表的一篇有见地的论文考虑了评价公路安全因果关系的两种研究方法,即交叉研究和前后对比研究。他认为用这两种方法推断事故因果关系是有难度的,甚至认为是不可能做到的。Hauer 的研究采用的是交叉回归方法,他对比了不同类型的交通干预方式和交通事故频率的关系,交通事故干预方式采用的是 Lord 和 Mannering 在 2010 年提出的在空间和时间背景下结合其他环境对于交通安全的干预方法,结果发现,交叉实验的研究既不能否定其他的调查结果,也不能和它们相互印证。另外一种研究方法是前后对比研究,Hauer 认为,这种实验控制可以推论出因果,说明实验结果是受到某些因素的影响的。比如，交通标志中的禁停标志是否有安全效应，取决于采用十字路口设计后的车辆通行质量和数量、可以控制的车道数量、设置标志的交叉口和没有设置标志的交叉口的比较等一系列因素。如果在实验设计中没有很好地根据因素性质来设置任务变量，那么所研究的任务变量是否是直接导致观察变量变化的原因就是不可推测的。Hauer 认为，这是因为在有限的道路条件下，存在许多变量的交互作用。

Hauer(2010)继续做了深入的探讨。他认为，道路安全研究者致力于研究的各种评估方法是基于道路安全理论的，这些理论虽然薄弱，但也是不可缺少的。这引起许多杰出统计学家的讨论，在 William G. Cochran 和 Ronald Fisher 爵士的讨论中，后者认为，许多复杂理论设想的因果关系是在观察研究中最有力的武器。Hauer 断言，如果一个应用研究没有理论基础就是空中楼阁。Hauer 的评论敦促人们尽快建立相关理论，从单纯的描述性研究过渡到预测研究。Fisher 建议要拓展理论，而且要尽可能多地设想各种可能发生的后果，这种建议符合道路交通安全环境研究的趋势。虽然在统计交通事故数量和分析事故原因的时候存在着一定的困难，但是可以通过各种代替仪器来监测这些动态的数据。比如，车载信息系统和路侧监控系统的使用，可以为交通事故评估提供比以往更加广泛和精确的评估工具，这样的研究工具几乎可以真正获取具有代表性的样本数据。这些数据真实反映了那些不幸发生交通事故的驾驶人的真实状况。Shankar 等(2008)提供了一种在道路交通安全研究中充分体现自然主义概念的数据收集方式。阐述这些变量与安全之间，以及与预期和非预期的驾驶行为模型之间的联系的理论符合 Fisher 的要求，并且能够产生更加具有成本效益的、可靠的、具备可扩展性的评估方式。

虽然我对最后这个"E"原则的批评比其他任何一个都多，但是它很有可能对未来道路交通安全做出最重要的贡献。如果没有评估，就无法衡量任何对于道路交通安全的干预措施的贡献，就没有测试人员可以检验对于"这些干预措施是如何生效的和为什么有效"的预测，决策者就没有机会实施这些被证明有效的干预措施，道路交通安全专家也没有机会优化这些措施。

1.9　小结

在本章中，我探讨了 Harvey 的"三 E"原则对道路交通安全的贡献。虽然"三 E"原则已经提出了一个世纪，但我认为 Harvey 的理论依然是分析道路交通安全干预措施的一个非常有用方法。除此之外，我认为还有其他影响因素：暴露、驾驶胜任力和适应性的检查、应急响应、评估。我认为这些额外的"E"原则不会像 Harvey 所确定的那样长久流传，我也不会鼓励其他人沿着这条路走。探索这些安全要素的目的是承认这些要素对当下和未来的贡献。每一个要素之间都是相互关联的，都比最初的要素更加复杂。这种研究方法和理论的复杂性来源于学科内部，以及"安全"的终极目标所依赖的跨学科领域的交集。

≫ 致谢

感谢爱尔兰科学基金会(09/RFP/NES2520)和爱尔兰道路交通安全主管部门对本文的

大力支持。本章的一个版本已经在阿曼苏丹交通安全峰会上公开了。

本章参考文献

ARBOGAST K B, KALLAN M J, DURBIN D R, 2009. Front versus rear seat injury risk for child passengers: Evaluation of newer model year vehicles[J]. Traffic Injury Prevention, 10(3): 297-301.

BAUGHAN C J, SEXTON B, MAYCOCK G, et al, 2015. Novice driver safety and the British practical driving test. (Report No. RR652) [R]. Crowthorne: Transport Research Laboratory.

BAUGHAN C J, SIMPSON H. Consistency of driving performance at the time of the L-test, and implications for driver testing. InG. B. Grayson (Ed.), Behavioural research in road safety IX[R]. Crowthorne: Transport Research Laboratory, 1999.

BLAIS E, DUPONT B, 2009. Assessing the capability of intensive police programmes to prevent severe road accidents: A systematic review[J]. British Journal of Criminology, 45: 914-937.

BLOWS S, IVERS R Q, CONNOR J, et al, 2005. Unlicensed drivers and car crash injury[J]. Traffic Injury Prevention, 6(3): 230-234.

BRAVER E R, FERGUSON S A, GREENE M A, 1997. Reductions in deaths in frontal crashes among right front passengers in vehicles equipped with passenger air bags [J]. Journal of the American Medical Association, 278(17): 1437-1439.

BROOKE LERNER E, MOSCATI R M, 2001. The golden hour: Scientific fact or medical "urban legend"? [J]. Academic Emergency Medicine, 8(7): 758-760.

BROWN I D, GROEGER J A, BIEHL B, 1987. Is driver training contributing enough towards road safety? [J]. In J. A. Rothengatter, & R. A. de Bruin (Eds.), Road users and traffic safety: 135-156.

CAUBERGHE V, DE PELSMACKER P, JANSSENS W, et al, 2009. Fear, threat and efficacy in threat appeals: Message involvement as a key mediator to message acceptance[J]. Accident Analysis and Prevention, 41: 276-285.

CHRISTIE R, 2001. The effectiveness of driver training as a road safety measure: A review of the literature[R]. Melbourne: Royal Automobile Club of Victoria.

COCHRAN W G, 1965. The planning of observational studies of human populations[J]. Journal of the Royal Statistical Society: Series A(General), 128: 234-266.

CRANDALL C S, OLSON L M, SKLAR D P, 2001. Mortality reduction with air bag and seat belt use in head-on passenger car collisions. American Journal of Epidemiology, 153(3): 219-224.

DAMON N, 1958. The Action Program for Highway Safety[J]. Annals of the American Academy of Political and Social Science, 320(1): 15-26.

DEYOUNG D J, PECK R C, HELANDER C J, 1997. Estimating the exposure and fatal crash rates of suspended/revoked and unlicensed drivers in California[J]. Accident Analysis and Prevention, 29(1):17-23.

DURBIN D R, ELLIOTT M, ARBOGAST K B, et al, 2005. The effect of seating position on risk of injury for children in side impact collisions[J]. Pediatrics, 115:305-309.

DURBIN D R, ELLIOTT M R, WINSTON F K,2003. Belt positioning booster seats and reduction in risk of injury among children in vehicle crashes[J]. JAMA, 289:2835-2840.

DURBIN D R, KALLAN M, ELLIOTT M, et al, 2003. Risk of injury to restrained children from passenger air bags[J]. Traffic Injury Prevention, 4:58-63.

ELDER R W, SHULTS R A, SLEET D A, et al, 2004. Effectiveness of mass media campaigns for reducing drinking and driving and alcohol-involved crashes: A systematic review [J]. American Journal of Preventive Medicine, 27:57-65.

ELVIK R, 1995. The safety value of guard rails and crash cushions: A meta-analysis of evidence from evaluation studies [J]. Accident Analysis and Prevention, 27(4):523-549.

ELVIK R, GREIBE P, 2005. Road safety effects of porous asphalt: A systematic review of evaluation studies [J]. Accident Analysis and Prevention, 37(3):515-522.

ERKE A, 2009. Red light for red-light cameras? A meta-analysis of the effects of red-light cameras on crashes [J]. Accident Analysis and Prevention, 41(5):897-905.

EVANS L,1986. The effectiveness of safety belts in preventing fatalities [J]. Accident Analysis and Prevention, 18(3):229-241.

GOMES E, ARAÚJO R, CARNEIRO A, 2010. The importance of pre-trauma centre treatment of life-threatening events on the mortality of patients transferred with severe trauma [J]. Resuscitation, 81(4):440-445.

GROEGER J A, 2000. Understanding driving: Applying cognitive psychology to a complex everyday task[M]. Hove: Psychology Press.

GROEGER J A, 2006. Youthfulness, inexperience and sleep loss: The problems young drivers face and those they pose for us. Injury Prevention, 12:19-24.

GROEGER J A, BANKS A P,2007. Anticipating the content and circumstances of skill transfer: Unrealistic expectations of driver training and graduated licensing? [J]. Ergonomics, 50: 1250-1263.

GROEGER J A, CLEGG B A,2007. Changes in the rate of driving instruction: Learning to drive and the power law of practice[J]. Applied Cognitive Psychology, 21(9):1229-1244.

GROEGER J A, VIOLA A U, LO J C Y, et al, 2008. Early morning executive functioning during sleep deprivation is compromised by a PERIOD3 polymorphism [J]. Sleep, 31(8): 1159-1167.

GROEGER J A, ZIJLSTRA F R H, DIJK D J,2004. Sleep quantity, sleep difficulties and their perceived consequences in a representative sample of some 2000 British adults [J]. Journal of Sleep Research, 13:359-371.

HALL J, WEST R,1996. Role of formal instruction and informal practice in learning to drive

[J]. Ergonomics, 39(4): 693-706.

HAUER E, 1997. Observational before-after studies in road safety[J]. Oxford: Pergamon.

HAUER E, 2010. Cause, effect and regression in road safety: A case study [J]. Accident Analysis and Prevention, 42:1128-1135.

HOFFMAN E, 1976. Mortality and morbidity following road accidents [J]. Annals of the Royal College of Surgeons of England, 58: 233-240.

HUTT J R B, WALLIS L A, 2004. Injuries caused by airbags: A review[J]. Trauma, 6(4): 271-278.

KER K, ROBERTS I, COLLIER T, et al, 2005. Post-licence driver education for the prevention of road traffic crashes: A systematic review of randomised controlled trials [J]. Accident Analysis and Prevention, 37(2):305-313.

KNOX D, TURNER B, SILCOCK D, et al, 2003. Research into unlicensed driving: Final report (Road Safety Research Report No. 48)[R]. London: Department for Transport.

KULMALA R, 2010. Ex-ante assessment of the safety effects of intelligent transport system[J]. Accident Analysis and Prevention, 42:1359-1369.

LEWIS I, WATSON B, TAY R, 2007. Examining the effectiveness of physical threats in road safety advertising: The role of the third person effect, gender, and age [J]. Transportation Research Part F: Traffic Psychology and Behaviour, 10:48-60.

LEWIS I, WATSON B, WHITE K M, 2008. An examination of message-relevant affect in road safety messages: Should road safety advertisements aim to make us feel good or bad? [J]. Transportation Research Part F: Traffic Psychology and Behaviour, 11:403-417.

LEWIS I, WATSON B, WHITE K M, 2010. Response efficacy: The key to minimizing rejection and maximizing acceptance of emotion-based anti-speeding messages [J]. Accident Analysis and Prevention, 42(2):459-467.

LONERO L P, 2008. Trends in driver education and training [J]. American Journal of Preventive Medicine, 35:316-323.

LORD D, MANNERING F, 2010. The statistical analysis of crash-frequency data: A review and assessment of methodological alternatives [J]. Transportation Research Part A: Policy and Practice, 44(5):291-305.

MASTEN S V, CHAPMAN E A, 2004. The effectiveness of home-study driver education compared to classroom instruction: The impact on student knowledge and attitudes [J]. Traffic Injury Prevention, 5(2):117-121.

MASTEN S V, FOSS R D, 2010. Long-term effect of the North Carolina graduated driver licensing system on licensed driver crash incidence: A 5-year survival analysis [J]. Accident Analysis and Prevention, 42(6):1647-1652.

MAYHEW D R, 2007. Driver education and graduated licensing in North America: Past, present, and future [J]. Journal of Safety Research, 38(2):229-235.

MAYHEW D R, SIMPSON H M, 2002. The safety value of driver education and training [J].

Injury Prevention, 8(2):3-8.

MCCARRON M O, LOFTUS A M, MCCARRON P, 2008. Driving after a transient ischaemic attack or minor stroke [J]. Emergency Medicine Journal, 25(6):358-359.

MCCARTHY P S, 1993. The effect of higher rural interstate speed limits in alcohol-related accidents [J]. Journal of Health Economics, 12(3):281-299.

MCGWIN G, JR SIMS R V, PULLEY L E, et al., 2000. Relations among chronic medical conditions, medications, and automobile crashes in the elderly: A population-based case-control study [J]. American Journal of Epidemiology, 152(5):424-431.

MICHON J A(ED.), 1993. Generic intelligent driver support[M]. London:Taylor & Francis.

MILLER T, BLEWDEN M, ZHANG J F, 2004. Cost savings from a sustained compulsory breath testing and media campaign in New Zealand [J]. Accident Analysis and Prevention, 36(5):783-794.

National Highway Traffic Safety Administration, 2009a. Children:Traffic safety facts(Report No. DOT HS 810-987)[R]. Washington, DC:U.S. Department of Transportation.

National Highway Traffic Safety Administration, 2009b. Occupant protection: Traffic safety facts (Report No. DOT HS 810-991)[R]. Washington, DC:U.S. Department of Transportation. Washington, DC: Department of Transportation.

NEWGARD C D, SCHMICKER R H, HEDGES J R, et al, 2010. Emergency medical services intervals and survival in trauma: Assessment of the "golden hour" in a North American prospective cohort[J]. Annals of Emergency Medicine, 55(3):235-246.

PILKINGTON P, KINRA S, 2005. Effectiveness of speed cameras in preventing road traffic collisions and related casualties: Systematic review [J]. British Medical Journal, 330:331-334.

PIQUER A R, PATERNOSTER R,1998. An application of Stafford and Warr's reconceptualization of deterrence to drinking and driving [J]. Journal of Research in Crime and Delinquency, 35(1):3-39.

PIQUERO A R, POGARSKY G, 2002. Beyond Stafford and Warr's reconceptualization of deterrence: Personal and vicarious experiences, impulsivity, and offending behavior [J]. Journal of Research in Crime and Delinquency, 39(2):153-186.

HUNTER J, DE VRIES J, BROWN Y, et al, 2009. Handbook of disabled driver assessment [M]. Ljubljana: Institute for Rehabilitation.

REDELMEIER D A, TIBSHIRANI R J, EVANS L, 2003. Traffic-law enforcement and risk of death from motor-vehicle crashes: Case crossover study [J]. Lancet, 361 (9376):2177-2182.

RETTING R A, FERGUSON S A, HAKKERT S A,2003. Effects of redlight cameras on violations and crashes: A review of the international literature [J]. Traffic Injury Prevention, 4:17-23.

ROBERTS I G, KWAN I,2001. School-based driver education for the prevention of traffic crashes [J]. Cochrane Database of Systematic Reviews, 2001(4), CD003201, doi: 10.1002/

14651858. CD003201.

SAGBERG F, 2006. Driver health and crash involvement: A case-control study [J]. Accident Analysis and Prevention, 38(1):28-34.

SAMPALIS J S, LAVOIE A, WILLIAMS J I, et al, 1993. Impact of on-site care, prehospital time, and level of in hospital care on survival in severely injured patients [J]. Journal of Trauma, 34: 252-261.

SÁNCHEZ-MANGAS R, GARCIÁ-FERRRER A, DE JUAN A, et al, 2010. The probability of death in road traffic accidents. How important is a quick medical response [J]. Accident Analysis and Prevention, 42(4):1048-1056.

SCHULTHEIS M T, DELUCA J, CHUTE D L(EDS.), 2009. Handbook for the assessment of driving capacity[M]. San Diego: Academic Press.

SHANKAR V, JOVANIS P, AGUERDE J, et al, 2008. Analysis of naturalistic driving data: Prospective view on methodological paradigms [J]. Transportation Research Record, 2061: 1-9.

SIHVOLA N, LUOMA J, SCHIROKOFF A, et al, 2009. In-depth evaluation of the effects of an automatic emergency call system on road fatalities[J]. European Transport Research Review, 1,99-105.

SIMONS-MORTON B G, OUIMET M C, CATALANO R F, 2008. Parenting and the young driver problem[J]. American Journal of Preventive Medicine, 35(3):294-303.

SMITH J E, HALL M J, 2005. Injuries caused by seatbelts[J]. Trauma,7(4):211-215.

STAFFORD M C, WARR M,1993. A reconceptualization of general and specific deterrence [J]. Journal of Research in Crime and Delinquency,30:123-135.

SWEENEY M, GIESBRECH T, BOSE J, 2004. Using data from the 2001 National Household Travel Survey to evaluate accident risk[M]. Paper presented at the 30th annual International Traffic Records Forum, Nashville, TN, July 25-27 2004.

TAXMAN F S, PIQUERO A R, 1998. On preventing drunk driving recidivism: An examination of rehabilitation and punishment approaches[J]. Journal of Criminal Justice, 26:129-143.

TAY R, 2005a. General and specific deterrent effects of traffic enforcement [J]. Journal of Transport Economics and Policy, 39(2),209-223.

TAY R, 2005b. The effectiveness of enforcement and publicity campaigns on serious crashes involving young male drivers: Are drink driving and speeding similar? [J]. Accident Analysis and Prevention, 37: 922-929.

THOMAS L J, SRINIVASAN R, DECINA L E, et al, 2008. Safety effects of automated speed enforcement programs: Critical review of international literature [J]. Transportation Research Record, 2078:117-126.

VANLAAR W, MAYHEW D, MARCOUX K, et al, 2009. An evaluation of graduated driver licensing programs in North America using a meta-analytic approach[J]. Accident Analysis and Prevention, 41(5):1104-1111.

WAHL G M, ISLAM T, GARDNER B, et al, 2010. Red light cameras: Do they change driver behavior and reduce accidents? [J]. Journal of Trauma: Injury, Infection and Critical Care, 68(3):515-518.

WATLING C N, PALK G R, FREEMAN J E, et al, 2010. Applying Stafford and Warr's reconceptualization of deterrence theory to drug driving: Can it predict those likely to offend? [J]. Accident Analysis and Prevention, 42: 452-458.

WELLS P, TONG S, SEXTON B, et al, 2008. Cohort II: A study of learner and new drivers: Volume 1 Main Report (Road Safety Research Report No. 81)[R]. London: Department for Transport.

第 2 章 驾驶控制理论——从任务难度动态平衡到风险稳态应变

雷·富勒(Ray Fuller)
爱尔兰,都柏林,三一学院都柏林分校(Trinity College Dublin,Dublin,Ireland)

2.1 简介

驾驶可以被描述为在一个不稳定的环境中的控制任务,这个环境是由驾驶人相对于一个确定的轨道和静止及移动的物体的运动所创造的。这个任务包括路线选择和跟踪的要求,为支持导航目标而进行的机动协调,以及对转向和速度的持续调整(Allen、Lumenfeld 和 Alexander,1971)。图 2-1 显示了一名驾驶人在蜿蜒的乡村小道上的速度调整,每隔 5s 采样一次。了解驾驶人行为的一个基本问题是如何理解产生这种速度变化的控制过程。

驾驶控制理论是关于驾驶控制行为预测的理论,这里的预测是基于驾驶人知觉加工的信息筛选过程。驾驶人在对各种信息的标准进行比较后,采取了以结果为导向的,针对目标行为,通过不断操控车辆来达到控制结果的行动(图 2-2)。

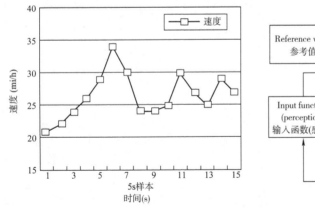

图 2-1 乡间小路上的驾驶速度变化

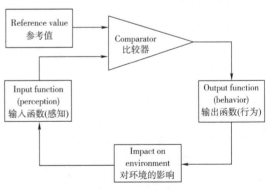

图 2-2 图解反馈

Ranney 在 1994 年综述了驾驶行为发展模型,其中对动机和认知模型的驾驶行为做出了区分,他认为控制理论的应用性涵盖了动机理论。但是,从各种文献描述中可以推断,控制理论不仅包括动机维度(标准的设置)和认知维度(知觉过程),同时它的特征既体现在风险动态平衡理论(RHT)上(Wilde,1982),也展示出零风险理论(Summala,1986)、监控模型(Vaa,2007)、舒适区模型(Summala,1986)和任务-能力交互(TCI)模型(Fuller,2000)的各种特点。正是这些模型的运用,我们才得以清楚地看到这些理论近几年的发展。然而根据控制系统的参考标准的划分,所有的这些模型均有不同的状态。本章描述 TCI 模型的概念及其标准的发展。最后,为了理论简洁性,我们将探讨由 Vaa 和 Summala 等学者提出的各种参考标准是否能融入发展的 TCI 模型中。

2.2 任务-能力交互（TCI）模型

TCI 模型的目标是强调安全性对于驾驶人动机决策的影响。它可以识别驾驶人在驾驶过程中的感知过程和控制行动的局限性，因此驾驶人需要在这些限制中不断地创造和保持驾驶的条件，即驾驶人必须确保在其能力范围内，具有满足驾驶任务要求的驾驶水平（图 2-3）。如果驾驶人感觉可控的机会减少，就是因为完成驾驶任务的难度超过了其自身的驾驶能力。了解这些驾驶行为的因素，有助于我们在满足更多交通出行需求的同时，实现安全可靠的驾驶。

从驾驶人的角度来看，失控和交通事故（或偏离路径）的统计概率并不能构成一些潜在的影响变量，正如风险动态平衡理论（RHT）（Wilde，1982）所述。一旦驾驶人开始驾驶车辆，除非他们不断调整以避免让汽车产生交通事故，发生交通事故的概率统计量基本上是

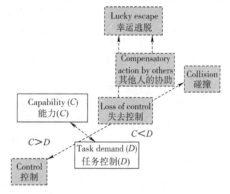

图 2-3 任务-能力交互模型的起点（2000）：在驾驶任务需求和驾驶能力之间的有限能力概念

100%。因此，我最早的理论探索主要集中在回避危险结果的驾驶人决策（Fuller，1984a）。然而，这个概念只提供了一部分的解释，正如其他文献中讨论的（Fuller，2005a；Michon，1989）。

2.2.1 驾驶任务难度

驾驶任务的难度和任务需求驾驶能力之间的分离程度是负相关的。原则上，驾驶人的驾驶能力越强，感觉到的驾驶任务难度越小，反之亦然。在一般情况下，需求和能力之间是等价分离的（图 2-4）。在驾驶能力相对稳定的情况下，对驾驶任务需求的改变将直接影响任务难度。在典型的情况下，任务的难度相当于工作量，假设资源需求（以信息处理和响应速度为指标）与可用时间成反比，任务的难度将等同于工作量，并且可以部分地以碰撞时间和越线时间来定义（Wickens 和 Hollands，2000）。

由于任务要求或工作量的增加，可能用于处理额外事件的认知资源在减少。驾驶员更容易受到错误行为的后果和紧急情况下的高需求的影响。Young、Mahfoud、Walker、Jenkins 和 Stanton（2008）在模拟器上证明了在驾驶时吃喝对于驾驶的影响。他们发现，尽管人们知道驾驶时候吃喝会增加驾驶人的主观活动工作量，但是先前的研究认为吃喝行为并不影响对驾驶人的驾驶表现的测量。比如，当一辆车很意外地出现在正在吃喝的驾驶人面前时，驾驶人回避危险的能力会因为认知资源的分散而降低。笔者的结论是，虽然驾驶人在正常行驶时可以吃喝，但突然出现意外情况时，会受到其认知反应极限的影响。

图 2-4 驾驶任务难度与驾驶人能力和工作要求之间的分离程度成反比

2.2.2 驾驶任务需求

驾驶任务需求同时具有信息输入和响应输出的特点,对应于确定前方情况的要求和适当操纵车辆的要求。它产生于许多因素,包括车辆性能和信息显示特征、路线选择、环境的物理特征(如能见度和路面)、以及其他道路使用者的存在和行为。从安全的角度来看,可以根据任务信息获取的难度、可辨别性、车流量和车辆实际轨迹中的潜在冲突数量来考虑任务需求。人们也可以从与汽车操控相关的可控性(见2.2.3)、路面质量、可用于决策和响应的时间(在任何给定的情况下,时间随着速度的增加而减少)来考虑。

2.2.3 驾驶人能力

驾驶人的能力取决于驾驶人的基本生理特征、受教育水平、培训情况和经验。这些因素提供了行动的条件规则,以及实时的心理表现或模拟情况,使自上而下或前馈的控制决策成为可能(见2.2.4.3)。这项原则提升了驾驶人在面对预期变化时的信息采集能力和适应变化能力,并最终体现在驾驶人对于车辆的速度和方向的控制上。人们还可以通过使用车辆控制功能来提升车辆的性能,例如利用防抱死制动系统(ABS)、电子稳定性控制系统(ESC)和全球定位系统(GPS)来支持路线和车道的选择。然而,它们的基本模式差别不大,可以理解为减少驾驶人用于车辆控制的认知资源,以更好地满足道路驾驶任务需求(如在早期的模型中),从而提升整体的驾驶能力。

Fastenmeier 和 Gstalter(2007)使用任务分析方法设立了道路/交通情景和驾驶行为要求的拓扑理论,他们称之为驾驶任务的行为需求情景分析(SAFE)。其中,道路/交通情景被定义为"驾驶员作为一个时间和空间单位所经历的交通现实的一个有界限的部分"。

行为需求是驾驶人综合判断各种道路、交通情景的条件后,在认知和精神活动上的具体表现。Fastenmeier 和 Gstalter(2007)指出了有意识信息加工系统和下意识信息加工系统的区别:有意识信息加工系统是在一定时间内对有限信息的序列性加工、推理和决策的过程;下意识信息加工是并列式、独立系统,负责完成个体和环境之间互动和持续加工的模拟过程。这个模拟过程为驾驶人提供前馈控制,随时检测目标结果与预期结果的偏离程度。可以说,他们的理论为确定驾驶任务需求和驾驶能力需求提供了微观和方法层面上的重要架构,然而,应该注意的是,在特定时间内,驾驶能力是受到驾驶人易感性影响的,比如驾驶人的疲劳情况和情绪状态等。

2.2.4 任务难度的动态平衡

TCI模型控制理论概念的核心是任务难度稳态假说(Fuller,2005a),这个假说主张驾驶人在驾驶时不断做出实时决策,保持对于驾驶任务在一定界限内的感知,主要(但不完全)体现在调整行驶速度上(图2-5)。因此,下雪、雨夹雪或黑暗的驾驶环境提高了驾驶任务的难度,驾驶人就会适当地降低驾驶的速度(Kilpeläinen Summala,2007)。在驾驶任务的难度提升的时候,大部分驾驶人会降低他们的驾驶速度,如在雾中(98%)、大雨(96%)以及在不熟悉的道路上(88%)(Campbell 和 Stradling,2003)。驾驶人通常会在途经交叉口时降低车速;另外,他们在驾驶中使用电话时减速更为常见(Liu 和 Lee,2005)。驾驶人在驾驶车辆进入狭窄的小路时也会选择降低车速(Lewis-Evans 和 Charlton,2006;Uzzell 和 Muckle,2005)。在 Lewis-Evans 和 Charlton 的模拟研究中发现,驾驶人对于狭窄的道路给出较低的可见性评价和较高的风险评估,但是那时驾驶人并不了解道路的具体状况,这表明驾驶人的判断或决策是发生在潜意识水平层面上的。

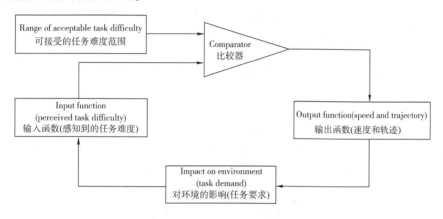

图 2-5 任务难度的自动平衡

很显然,有时候,速度并不是驾驶人可以借以调节驾驶任务难度的唯一的变量。例如,对时间的预判可以进行类似的应用。在一项研究中,调查发现,长时间驾驶货车的驾驶员,对于交通状况的预判能力随着疲劳程度的上升而下降(Fuller,1984b)。

当驾驶任务难度下降时,比如在夜间空无一人的车道上,驾驶人的驾驶速度必然会提升(Broughton,2005;Lam,2003)。驾驶速度的代偿效应也在 Larsen(1995)的研究中呈现。他研究了驾驶人在限速 50km/h 的区域驾驶时的自由速度。他观察了速度为 49.2~60.2km/h 的机动车的行驶速度,发现最高的平均行驶速度与 Larsen 认为最轻松的驾驶条件有关。

2.2.4.1 校准

驾驶人在驾驶过程中的代表性控制因素在不断地改变(图 2-5),这表明感知任务的难度由任务的要求与驾驶人感知能力的交互作用决定(图 2-6)。驾驶人对于驾驶精确性的认识被称为驾驶人的校准能力。很显然,如果驾驶人在低估了驾驶任务的同时高估了自己的能力,其付出的感知水平将小于任务难度所需要的感知水平的客观情况。不幸的是,这两种倾向在新驾驶人中很普遍(de Craen,2010;Fuller 和 Bates 等,2008),他们的校准不佳可能解释了在新驾驶人群体中高交通事故率的原因。Harré 和 Sibley(2007)研究发现,无论采取传统的外显方法还是内隐方法测量驾驶能力,年轻男性驾驶人比其他驾驶人群体的自我评价更高,特别是从内隐测量中发现,年轻男性驾驶人对自我能力和驾驶积极词汇的连接比对他人和驾驶积极词汇的连接更快。用内隐测量方法可以避免因为参与者的社会期许效应导致的研究结果偏差。

年轻驾驶人似乎没有很好地校准那些分散他们驾驶时注意力的事件或者能够降低他们驾驶能力的事件。Horrey、Lesch 和 Garabet(2008)让年轻的和年长的驾驶人在封闭赛道上边使用手持电话或免持手机边完成驾驶任务。虽然驾驶人对于使他们分心驾驶的因素给予较差(但是正确)的评价,但是,所有驾驶试验证实,他们的主观估计和分心程度没有关联。有些驾驶人主观估计,分心的状态对于驾驶状况影响最小,但是客观的结果是分心状态的影响最大,这些人通常是年轻男性驾驶人。回顾那些由年轻驾驶人造成的交通事故[Organisation for Economic Co-operation and Development(OECD),2006]得出结论,在18~20岁的驾驶人中发生与注意力不集中相关的交通事故的数量是年龄在34岁以上驾驶人的4倍。

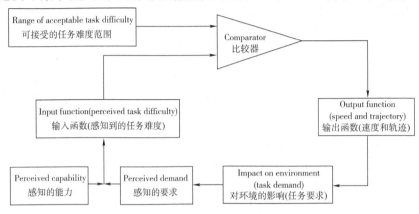

图2-6 感知到的任务难度伴随感知能力和感知要求而生

高估自身驾驶能力并低估路况驾驶任务难度导致校准错误的驾驶人会消耗更多的驾驶感知资源,同时遭遇更多的驾驶能力和驾驶任务要求相冲突的情况。这样的结果在Patten、Kircher、Östlund、Nilsson和Svenson(2006)的试验中得到验证。他们在缺乏驾驶经验的驾驶人参与实际驾驶中的外围检测任务的试验中发现,经验不足的驾驶人明显有较长的反应时间和更高的错误率(虽然可能受对线路的熟悉程度和性别因素等的影响)。

2.2.4.2 任务难度动态平衡的证据

任务难度动态平衡的概念并不是TCI模型所独有的,Summala(2007,第19页)也论证了类似的情况。从时间和线路上考虑,他的研究表明,在更广阔的道路上,驾驶人有更加充分的时间和注意力来处理其他附属驾驶任务(Wikman、Nieminen和Summala,2008;Wikman和Summala,2005);同样,在一系列弯曲道路上,驾驶人对于附属驾驶任务的可用感知容量减少(Summala,2007)。

有研究表明,驾驶人尽量在一定时间内保持驾驶任务的困难水平,即任务难度动态平衡。Godthelp(1988)的研究证明了这个理论。他发现,驾驶人在开放的道路条件下不断修正他们的路径,在必要的时候,驾驶人仍然可以重新恢复到原先令他们舒适的驾驶状态。Godthelp还发现,在较大范围的驾驶速度内,时间和驾驶轨迹长度的比例基本上是恒定的。在实地考察中,Van der Horst(2007)要求驾驶人在他们认为可以停在一辆静止的客车模拟车尾前的最后时刻紧急制动。他同样发现,碰撞的发生时间与接近速度是不相关的。另外,在一项汽车追尾事故的模拟研究中,Van der Hulst、Meijman和Rothengatter(1999)发现,当驾驶人预计前面的车辆将要减速的时候,他们会同样调整并保持较低的行进速度,这意味着两辆车能保持的安全距离(碰撞时间)相对一致。

2.2.4.3 迟滞和自上而下的前馈控制

有证据表明,在一定条件下,存在驾驶中平衡的迟滞效应(即响应延迟),在这个过程中,驾驶人的调整比任务需求的时间滞后。因此,举例来说,Andrey、Mills、Leahy 和 Suggett(2003)发现,每年第一次下雪那天特别容易发生交通事故。

另一方面,驾驶能力的一个关键组成部分是对接下来可能发生的事的有效心理表述。自上而下控制或前馈控制决定了驾驶人可以通过预见变化来调整任务的需求。这也可以表明,在模型中不仅包括实际感知的过程需求,也包括驾驶人认为的预期任务需求(图2-7)。根据 Saad、Delhomme 和 Van Eslande(1990)的研究,缺乏经验的驾驶人根据驾驶任务调整驾驶状态的能力比较弱,与年长的驾驶人相比,年轻驾驶人在驾车接近路口时更少调整自己的驾驶速度。在这个基础上,de Craen(2010)的研究表明,当驾驶任务需要驾驶人提速的时候,经验丰富的驾驶人比刚刚拿到驾驶证的驾驶人表现得更好。研究的真正挑战是如何加快新驾驶人对于预期任务难度管理的进展,以及如何在纷繁复杂却实际上没有意义的反馈中保持驾驶状态。

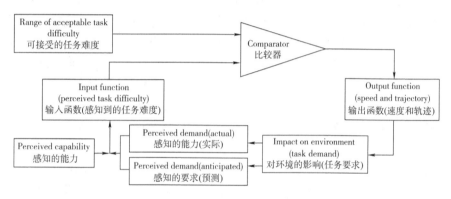

图 2-7 实际感知的要求和预测的要求图示

此外,从很大程度上来说,驾驶人的行为影响了其将要面对的驾驶环境。这就是驾驶人需要提前预计前方的交通状况以及预测未来驾驶行为的原因。缺乏经验的驾驶人正是在这方面有所欠缺,由此导致较高的交通事故率。

2.2.4.4 首选任务需求的边界

完成驾驶人的优先任务的最低需求是维持安全的驾驶行为并且避免疲劳驾驶,比如困倦和打盹。而驾驶的上限需求则是由驾驶人的感知能力、投入驾驶任务的动机水平或驾驶目标等变量决定的。驾驶目标能够对驾驶人的驾驶速度产生影响,但是,如果驾驶人的实际驾驶速度高于这种预期,那么很有可能是因为驾驶人将要迟到,或者试图弥补之前浪费的时间,这将提高任务的要求,同时提高驾驶人处理驾驶任务的难度。

2.2.4.5 任务难度与风险体验

TCI 模型的另一特点是,当驾驶人感受到风险时,他们以同样的方式感受到任务的难度(Fuller、McHugh 和 Pender,2008)。在 Fuller 等的研究中,被试者被要求对视频中以不同驾驶速度行驶在公路上车辆的驾驶风险做等级评分,同时还要记录任务难度的等级评分、失控的可能性和发生事故的可能性。通过重复性测试后发现,任务难度评价和风险感知等级的典型相关性为 $r=0.97$。然而,风险感知和实际风险的统计结果没有体现出相关性,因此可以推论,风险感知和实际风险的统计是不相同的,但是风险感知可以预测任务的难度。之后,许多研究者(Kinnear、Stradling 和 McVey,2008;Lewis-Evans 和 Rothengatter,2009)都在不同样本群体中复制这些研究,结果很相似。

由于驾驶人意识到失控的结果可能带来惩罚,因此,感知到的风险与知觉任务难度高度相关就显得毫不奇怪了。如果在任务难度动态模型中把任务难度作为"比较器"的元素来考虑,它将通过元认知加工过程,把驾驶目标与驾驶子任务的偏离程度分离出来。其中,驾驶子任务主要与速度选择有关,受时间的限制,对于行驶方向的控制、信息加工等都需要及时反应。因此,驾驶子任务可能出现的时间不足的问题,比如定向控制的失败、信息采样所需的时间不足、应对紧急事件的时间不足等,都可能引发驾驶恐惧或焦虑反应,随之而来的是可能的惩罚后果。这些问题为未来的研究确定了一个研究方向,即越线时间、碰撞时间或者是其他可能引发事故的因素将在多大程度上导致恐慌。

2.2.4.6 首选任务需求和难度的个体差异

越来越多的证据表明,驾驶人的个性特点决定了对驾驶任务难度的需求。纳皮尔大学的 Steve Stradling 的一项研究("减少不安全高速行驶引发的事故"项目,HUSSAR)采访了英国全国的样本驾驶人。研究人员向一部分受访者展示一张有一条单车道农村公路的图片,并要求他们提供两个速度:什么速度他们将正常驾驶,什么速度会使他们处于安全边缘。首选速度有很大的差异:近81%的样本分布在 30mile/h 附近(36~64mile/h)(注:1mile/h 约合 1.609km/h)的范围中。此外,有7%的人的首选速度低于 36mile/h,11%的人的首选速度超过 64mile/h。被认为会使他们处于安全边缘的速度则有很大不同:大多数(61%)参与者认为是小于 65mile/h 的速度;20%的人认为是介于 65mile/h 和 74mile/h 之间的速度,11%的人认为是 75~84mile/h 的速度,6%的人认为 85mile/h 或更高的速度不安全(Stradling 等,2008)。

尽管在首选速度和安全边缘速度上,个体之间有较大差异,但这两者仍有一致性:安全边缘速度比首选速度增加了14%以上。此外,风险和压力没有随着速度的变化而变化:在同一路段驾驶时,无论快慢,对风险的感觉是相似的。这表明,尽管在速度选择上有所不同,驾驶人觉察到的任务难度其实是相似的。

HUSSAR 项目还证实,基于一个 12 年的文献回顾、全国调查和 4 个重点小组,Musselwhite(2006)的早期发现确定了4种不同的驾驶人群体:我们分别称他们为低风险型、高风险型、投机取巧型和反应型(Fuller、Bates 等,2008)驾驶人。在这篇文章里,风险是指驾驶人能接受的任务难度上限(例如,觉察到的任务需求和感知能力之间的最小差距)。

低风险型驾驶人遵守车速限制,如果他们意识到他们的行驶速度比速度极限快,就会降低速度,而且他们不太可能因为一时的影响而以超过 30mile/h(50km/h)的速度驾驶,即使他们是在赶时间。他们是典型的老驾驶人,经验丰富,代表着约40%的驾驶人。

高风险型驾驶人有积极的态度,以高风险行为和寻求刺激的目的来使用汽车(Machin 和 Sankey,2008),他们往往作为一个青年亚文化群体的一部分,将驾驶作为消遣活动(Møller 和 Gregersen,2008),与低风险型形成鲜明的对比。他们都是高速驾驶,更易违法;更极端的是,他们喜欢超速和其他形式的危险驾驶行为。因此,这一群体成员更易发生交通事故也就不足为奇了。他们通常为年轻、经验不足的男性,驾驶校准不良,约14%的驾驶人为此类型。

至少有一些驾驶风格的起源可以追溯到驾驶人的童年早期。在 Vassallo 等（2007）的开创性论文中，特别关注了识别高风险驾驶行为的纵向前兆，研究者认为三种驾驶人群体在 19 岁和 20 岁时就能被识别出来，如超速驾驶、酒后驾驶、吸毒驾驶、疲劳驾驶、不使用安全带。高风险群体成员占 1135 个年轻成年人样本的 7%，他们大部分为男性（77%），并被发现参与了更多的超速驾驶及交通事故。与其他人相比，他们更反社会，在行为和朋友选择上更有侵略性、更不负责任，表现出了较少的换位思考，更可能参加不良的活动。然而，更加有趣的发现是，具有反社会行为的特定群体之间的分化和侵略性，早在年龄 5～8 岁时候便出现了，并且在整个童年和青春期持续。这一发现是否意味着，在他们开始上学的时候就能确定他们是属于高风险驾驶人群体？如果是这样，早期干预将意味着什么呢？

不像高风险型驾驶人，投机取巧型驾驶人由于个人缘故不会追求高行驶速度。他们往往根据条件调整速度，而不是遵守限速规定，在他们认为安全时候也会超速。他们利用各种机会开到前面去。约 23% 的驾驶人可以被归类为投机取巧型，而且男性比女性多。另一方面，女性驾驶人更多是反应型驾驶人，她们更倾向于避免不安全的高速驾驶和冒险行为，不会驾驶得很快。这类驾驶人通常都受情绪状态影响，在愤怒或者赶时间情况下会开更快。与此相一致的是在 Bjorklund（2008）所做的一项问卷调查中的发现，女性驾驶人在被阻挡时或者在无序的交通环境下更容易烦躁。由 Lustman 和 Wiesenthal（2008）提供的证据表明，在类似的情况下，女性驾驶人在感觉到低水平的愤怒时，比男性更有侵略性。

素质对驾驶人风险和速度选择的（潜在）影响受到社会和认知变量的控制，这些变量形成了计划行为理论（TPB）的核心，尤其是目的、态度和可觉察到的社会规范 3 个核心因素。然而，这些变量的测量和实际行为的测量之间的关联性并不十分强烈，或许只能解释大约 25% 的行为变化。因此，这个理论不能构建一个解释驾驶行为影响因素的全面模型，尤其不能解释驾驶人在实际驾驶过程中做出的速度决策。因此，Paris 和 Ven den Broucke（2008）在计划行为理论评估中总结道：

"安全驾驶的认知因素在 TPB 理论中应该有更多的阐述，包括较少的认知意识因素，比如个体身份和习惯行为，以及外部的特征因素，如行动的外部线索、强化或道路设计。"（第179 页）

2.3 任务难度稳态：针对危险阈限的临时影响力

除了特质因素导致驾驶行为的差异以外，一系列研究表明，还有许多因素会暂时性地提高驾驶人的危险阈限。这些因素包括愤怒和攻击性、道路竞争、为了获得"肾上腺素激增"的快感刺激、权力的感觉、社会影响力、迟到的压力以及想知道车能开多快等（Fuller、Bates 等，2008）。例如，Ellwanger（2007）阐述了年轻驾驶人"疏忽性"的驾驶反应，比如加速、攻击性驾驶以及冒险，都与个体在道路驾车时将沮丧感归因于他人的故意行为密切相关。Jamson（2008）的研究表明，驾驶人在情绪唤起状态下会与前车靠得更近。同样地，King 和 Parker（2008）的研究也表明，高愤怒水平与攻击性和高速公路违法驾驶行为相关，而且，发生交通事故的驾驶人比无交通事故的驾驶人表现出更多的愤怒和敌意。

这些可能对驾驶人准备接受的任务难度水平有直接影响的因素的证据，意味着任务难度稳态(Homeostasis)的假说并不完全令人满意,更合适的概念是应变稳态(Allostasis)。稳态是指在负反馈循环系统中面对外部变化时维持目标条件的过程,而应变稳态是指适应更动态的目标条件,被定义为维持一定水平的生物条件,这些条件根据个人的需要和情况而变化(Kalat,2008)。因此,我们在这里真正应该讨论的是任务难度应变稳态。

举一个根据稳态条件的需要和环境改变的例子,比如研究什么条件下救援车辆更容易发生事故。对于救火车和救护车而言(Gormley、Walsh 和 Fuller,2008;Walsh、Hannigan 和 Fuller,2008),在蓝色灯光条件下(开启蓝色灯光对危急情况做出反应,同时经常伴随警笛)比在非蓝色灯光条件下出现更多的交通事故。开启蓝色灯的救援车辆每发生 3 起交通事故时,只有一起无蓝色灯光交通事故。这个数据反差表明,救援车辆驾驶员对于有无时间压力具有自己的控制能力。驾驶人对于一些重要的驾驶任务途中驾驶任务需求水平的提高持相当开放的态度:

"如果你站在法官面前,当有三个孩子在房子中时,你可以证明以某一速度驾驶是合理的。如果是一个燃烧的垃圾桶,你就无法证明这样的驾驶行为是合理的。——3 号参与者"

一份对救护车驾驶员的问卷调查发现,驾驶员更倾向于在蓝色灯光开启的状态下,冒最大的驾驶风险去开救护车。因此,在这样的条件下,驾驶员接受的驾驶难度参照标准发生了改变,保持着应变稳态而不是稳态。

2.4 顺从度

为了使得这个动态模型更加完整,应该把驾驶人性格的"顺从度"考虑进来(图 2-8)。在任务难度稳态过程中的决策输出可能是可实现的速度,但它可能超过了路段的法律限制。因此,我们需要将驾驶人的性格考虑进来,以便从完全基于任务难度的速度选择转换到法律限制下的速度处理。

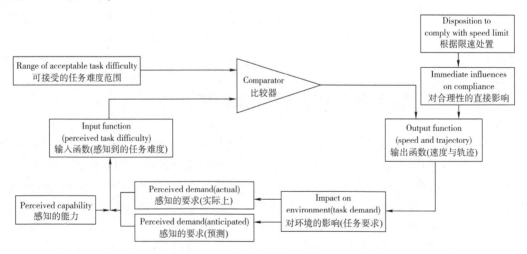

图 2-8 考虑驾驶人性格的感知要求和预测

结果表明,驾驶人特质中值得考虑的变量是有限的,这些变量无论是否是个体的特质状态,都能暂时性地影响顺从度(见 2.2.4.6;Fuller、Bates 等,2008)以及短暂的对顺从度的影响(Stradling 等,2008)。

个体认知风格差异可能与在一定限制下的非顺从程度(或是其他形式的违规行为)有关。个体是否更倾向于关注潜在的积极结果、减少可能的伤害性结果或者是更加关注伤害性结果的减少,将增加出现积极结果的可能性。Lev、Hershkovitz 和 Yechiam(2008)的研究发现,在赌博性的任务中,与损失相比交通违法者更关注收益,这意味着他们在超速时会更加关注获得快感,而不是超速带来的伤害或是惩罚。有趣的是,这些人的性格更加外向,更喜欢追求感官刺激。

尽管在是否服从交规方面存在着个体差异,但不管原因如何,违规超速都是一种普遍的现象:无论何时,大约50%的驾驶人在超速驾驶。值得重视的是,对于大多数驾驶人而言,这种行为并不表明某种形式的对规则的轻视,而是表示他们试图保持驾驶任务难度,即调整任务需求至他们认为的合理水平,因此,他们对于被抓并被处以罚金感到愤怒,以及对于其他人的轻微违规没有被惩罚导致社会一致性的缺失感到不满。在之前谈到的 HUSSAR 项目中,所有的4个群体都不认为超速行驶是不安全的,而认为是道路限速太低导致了超速行为。

2.5 危险稳态理论

与速度有关的普遍情绪是恐惧或者沮丧。恐惧与更高水平的驾驶任务难度(驾驶人的危险阈限)相关,沮丧与低驾驶任务水平相关,情绪的差异是由驾驶目标导致的奖励或是惩罚而唤起的。在恐惧方面,在1964年,Taylor 对驾驶人的自主行为进行观察,发现驾驶能唤起驾驶人所期望的一定水平的焦虑,并且通过驾驶来保持。Mesken、Hagenzieker、Rothengatter 和 de Waard(2007)研究了在真实路况下驾驶汽车的被试人员,并且让其在关键点上提供自评报告。他们发现,焦虑是最常见的路面情绪,与驾驶安全事件直接相关,而且直接影响到感知风险(及心跳速率)的增加。

在 HUSSAR 项目中(Stradling 等,2008),在对开放式的路面环境做出反应的情况下,驾驶人对于危险的感知与任务难度系数正相关($r=0.64$),并且与感到的安全边缘负相关:安全边缘速度越高,危险感越低。大多数参与者(76%)表示,如果他们开得比平常快,他们会更少感到控制感,会认为任务变得更难(67%),也会觉得更危险(75%)。

在感知到的任务难度和危险感之间的联系方面,我们之前提到的数字录像研究结果(Fuller、McHugh 等,2008)表明,我们现在可以将危险稳态理论(RAT)纳入模型中(比归入 TCI 模型假设任务难度稳态更精准)。由于术语的改变,需要强调的是,我们并非简单地将假设性的稳态等同于危险稳态(Wilde,1982)。在 Wilde 的模型中,危险概念依据统计性危险感觉(Simonet 和 Wilde,1997)。统计性危险并不存在于 RAT 模型中,而统计性危险在驾驶人决策中的作用也得到了 Vaa 在关键性 RHT 分析中的论证(Vaa,2007,第 214~266 页)。另外,在 RHT 模型中,危险水平的决策(Wilde 的术语中的"目标危险")来源于对于安全和危险行为选择的收益-支出分析,而非在 RAT 模型中提到的感知到的能力、出行目标、动机或者意向性和暂时性因素等。

2.5.1 感觉在决策中的作用

人们对于感觉在决策中的作用有一段很长的研究历史,参见19世纪早期William James 和Carl Lange的情绪研究,以及在20世纪Zajonc的研究中"感觉"概念的发展(Zajonc,1980)等。尽管如此,直到最近,认知革命的兴起才带动了对感觉在决策中的作用研究。然而,伴随着Damasio(1994,2003)的"躯体标记假说"的提出,情绪和感觉在认知中的重要性在他的研究中得以强调。在讨论这个假设之前,有必要简略考虑动机感觉的基础。

感觉与奖赏或者惩罚的结果有关,与我们需求或者回避的事物有关。它们是我们已有的价值和我们寻求的目标的动力。因此,尽管我们关于如何实现目标的决定可能与认知过程有关,感觉却为我们选定目标,促使我们在目标之间选择,并且鼓励或者激励我们实现目标。

驾驶目标与此并无不同,它们也是受到感觉的驱动,而且必须同时考虑到与实现移动目标有关的积极的、接近的感觉(目的地、旅程,或者两者兼备),以及与事故有关的消极的、回避性动机的感觉。

一旦确定目标,在某种程度上,我们可以让认知操作中来指导决策,以便促使我们实现目标。然而,在感觉认知中,目标的接近和回避之间有一个重要的不同。在前者中,感觉(积极的)随着目标的接近而加强,并在目标达到时被完全体验;在后者中,感受(消极)会随着回避目标的实现而减少。人们在成功回避目标时很少会体验到消极感觉(驾驶时几乎所有情况都是如此),因此,在人们的印象中,危险感在决策中并不重要(Lewis-Evans 和 Rothengatter,2009)。正如Carver和Scheier所述(1981,第199页),"自我控制在正常差异还原过程中的相对影响是不间断的,而且可以毫不费力地进行";然而,"当差异不能轻易减少时,情感过程就变得重要了"(第360~361页)。尽管有这样的断言,值得强调的是引发回避反应的刺激必须保持情绪特征,否则,它们将会成为无法引发回避反应的中性的刺激性阴影。驾驶人仍然有与要回避的事物有关的危险感觉,即决定回避目标的因素。然而,当操作与要回避的事物有安全余地时,这些感觉就不会被强化,而且可能不会进入意识中。

Summala的零危险假设良好地阐述了这样的情况,假设表明危险感觉只会在安全边缘收缩到某种程度时出现。Summala(2007)的模型表明,动作行为会持续性地受到主观危险/恐惧的监控,但这只在达到某种阈值时才发挥作用。然而,他的观点显然是站不住脚的:危险感觉必须持续发挥作用,以促使驾驶人维持在安全边缘,尽管他们具备"轻微影响"的特质,正如Slovic、Finucane、Peters和MacGregor(2002)的研究描述的。缺乏持续性的由道路交通环境中的元素所引发的情绪,以及当前状态和目标状态之间的差异,驾驶人就没有做决策的依据。(为了测试驾驶中的这种现象,您可以闭上眼睛,注意在行驶过程中危险感觉的快速出现。注意:从安全角度看,不推荐进行这个测试。)

有趣的是,在爱尔兰的一项道路安全研究中获得的证据表明,更年轻的驾驶者更加不愿意去思考(因此也不会去感知)最严重的危险行为的结果(Gormley和Fuller,2008)。在一项对参加2007年爱尔兰世界拉力锦标赛的1039名男性驾驶人的访谈调查中,我们提出以下事故情景,并要求受访者列出他们认为可能发生的结果(受访者在17~19岁、20~22岁、23~25岁和26~28岁4个年龄组中的分布大致相同):

"现在我要向你描述一起交通事故,当我结束描述之后,我需要你告诉我你认为可能发生什么结果:

"'约翰,一个20岁的年轻人,喜欢高速驾驶,向同伴表明他可以加速到极限车速。在一个雨天,他和两个同伴在车里,他转弯时开得太快,失去了控制,并且以120km/h的速度猛烈撞上了一棵树。'

"你认为这起交通事故可能有什么结果?"

在分析中,我们关注受访者的反应。3种主要的结果按照顺序依次为死亡、重伤以及汽车或者财产损失。各年龄组之间在报告任何可能性的结果方面并没有差异。然而,年轻驾驶人组明显不太认为结果可能是死亡。与此一致的是,Israeli Defense Forces、Taubman-Ben-Ari(2008)关于年轻驾驶人超速驾驶的研究表明,生命代价是任何冲动驾驶行为的预测因素。Glendon(2008)在关于大脑成像和决策的综述性研究中指出,在青春期晚期,大脑表现出较低水平的功能发展,而这可能意味着年轻人不能良好地感知即将发生的危险。与此相关的观察是,情绪与认知整合功能似乎是由杏仁体和海马体介导的,在这一时期仍然在发育。

2.5.2 躯体标记假设

在躯体标记假设中,Damasio提出了经验元素,包括客观事物、个体、情景,都能自动引发个体情绪性的反应。虽然只有较弱的情绪激发,但这些元素无论是内部刺激还是外部刺激,都在大脑中留下标记。Damasio提出,在任何需要决策的情景下,"可以使用积极或者消极的信号标记帮助人们做出行动决策,从而增加行动结果预期与过去经验一致的可能性"(Damasio,2003,第148页)。这种情绪信号可以提高推理过程的效率,通常不能替代推理过程。然而,当我们立刻拒绝一个会导致某些灾难的选项时,推理也许是"几乎多余的"。因为情绪信号与躯体记忆相关,Damasio由此提出了一系列躯体标记假设的观点。他认为,人们通过经验学习,躯体标记可以与刺激物和刺激物的模式联系起来。当消极的躯体标记与某种未来结果的图像相联系时,它就会发出警报。Slovic等(2002)把这种类似的概念定义为"情绪启发式"。

该理论最重要的结论是,情绪不仅影响理性的行动,也会直接影响认知操作[参见Fuller(2007)对于Damasio提出的概念的完整论述]。请注意,正如之前讨论过的,躯体标记形式的情绪反应不仅源于驾驶人的外部刺激,也源于感知到的在当前状态和目标状态之间差异。这些差异包括:任务的要求超过极限(产生有意识的焦虑、风险或者恐惧的感觉),以及进展目标受挫(引发有意识的沮丧、愤怒或者狂怒的感觉)。

Summala(2007)的研究验证了躯体标记假设与驾驶人决策的相关性,结果表明,"在驾驶动态情景和时间有限的交互作用下,快速情绪启发将扮演着重要的角色"(第198页),而且,它对于驾驶人安全的潜在作用也得到了Fuller(2005b,2007)的研究的验证。可能由于压制情绪反应活动(例如,通过酒精、抑郁、否认、脱敏,或在决策结果不确定的条件下;van Dijk和Zeelenberg,2006),或是由于其他情绪(例如愤怒和兴奋)的淹没效应,人们可能感觉不到风险的增加。如果危险被驾驶人感知到,可能会被错误地归结于与驾驶不相关的任务(例如来自与乘客的交际)。此外,经验可能不足以提供将特殊情境与危险感觉联系起来的学习机会(例如新驾驶人)(Kinnear 等,2008;Wickens、Toplak 和 Wiesenthal,2008)。Fuller(2005c)讨论了这些问题和应进一步研究的相关问题;另外,Wickens 等(2008)报告了一项关于情绪和认知决策作为驾驶人处置特征的对比作用的研究。

2.6 驾驶目标的替代概念

谈到什么是构成驾驶人驾驶时的控制目标,Vaa(2007)在针对驾驶人的"控制模型"中发展了躯体标记假设的含义。他表示,驾驶人可能会在不同程度的意识下适应现有的道路和交通现状,从最初的无意识调整,发展到完全有意识的行为决策,是一个连续的过程。他提出,尽管危险感知被描述为驾驶人的一大自我平衡目标,但其他感觉也可能成为目标。他提出的"其他感觉"是对于危险或者难度的回避、顺从或者不顺从、唤起、感觉、愉悦以及放松。

正如在 RAT 中讨论的,驾驶人对于危险或者难度的回避,与任务难度以及危险感知明显相关,这也是"顺从"既可以作为个性动机特征影响驾驶,也可以是即时行为反应的表现的原因。然而,Vaa 提出的监管模型认为,驱动驾驶行为的决策受到多方面目标刺激的影响,而与 RAT 理论中危险阈限的知觉受到个性动机特征或即时行为反应影响的描述不一致。与其说个体动机特征或即时反应属于目标刺激,不如把它们认为是消极反馈控制环路中的危险感觉目标刺激,因此,驾驶人需要更多的刺激以唤醒危险阈限感知,并保持这种驾驶状态。同时,驾驶人如果想要放松就会造成相反的结果。

Summala 的理论发展也表现出了更加一致的结论。当他和 Risto Näätänen 第一次提出这个概念时,他认为,只有当感觉到的风险超过风险阈限的时候,驾驶人的主观风险觉知控制才会发生作用(Näätänen 和 Summala,1976)。随后,Summala 继续发展其理论,认为影响驾驶人行为的不是单目标量,而是系列目标变量(Summala,2007)。他引用了"舒适领域"的总括概念来表明与驾驶人驱动目标有关的系列变量,"我们假设驾驶人一般会将每个变量保持在舒适区的某个范围内(或者高于某个阈限水平)"(第201页)。舒适被定义为一种一般的情绪或者情感,"令人愉快,但不是特别令人兴奋、紧张或者被激活"(第201页)。

Summala(2007)的研究中包含的目标变量是空间和时间余裕,以及与控制有关的心理负荷,甚至还包括顺从的个性动机。这些变量可以转化为任务难度的目标范围概念(以碰撞时间和越线时间来操作),以及对于 RAT 模型中的顺从度造成的影响。此外,Summala 还增加了其他几种目标变量,包括与热状态、座位、震动、眩光、速度的变化和进展速度有关的舒适度。显然,Summala 的模型从早期特别关注控制与碰撞的因素,发展到开始关注与驾驶决策有关的所有动机。从 RAT 的角度,"眩光"及"速度改变和进展速度"可能被归入任务需求(以及任务难度)维度中。然而,Summala 的其他舒适动机可能是那些与健康动机有关的次级因素。驾驶人如果优先处理温度、调节座位舒适度或振动,就很难安全地长途驾驶。正如 Carver(1994)所指出的,"某些种类的差异比其他的要求更多、更重要……比如,个人的人身安全受到威胁的经历可能压倒其进行其他重要活动的意图"(第389页)。

尽管如此,Summala 提出的这些建议丰富了我们对于潜在的驾驶人动机方面的认知概念,即使它们与我们关于碰撞发生原因的认知的关联还是未知的。RAT 关注驾驶人做决策的过程,特别是动机如何影响系统安全的结果。然而,原则上它可以扩展到 Summala 提出的多种动机。它们的影响可能会被纳入 RAT 系统中,作为自上而下的控制层次决策的次级参考目标。因为通常必须优先考虑安全的结果,所以人们必须在做出危险稳态决定后进入决策过程,或许此时这些结果在系统中对于顺从度的影响已经产生了作用。

然而,Summala 的扩展目标变量引起了一系列问题:正如他所说,当控制系统有多种参考标准时,它们之间如何相互作用? 例如,它们是按照 RAT 中的建议,以串行的顺序实施,其中顺从标准作为任务难度目标的次级指标,还是它们可以平行操作? 如果是后者,那么进一步的问题仍然是它们各自的输出最终如何被整合到行为决策中。当任务难度要求加速,而合规性要求减速时,个体系统如何解决这个矛盾?

或许这里要得出的主要结论为,尽管在概念化过程中出现了关于驾驶人在决策中的目标差异,但这些明显紧张的关系实际上可能反映了一个隐藏的共识。至少,从 RAT 的角度来看,这就是我试图证明的。

RAT 提出,驾驶人控制决策的动机是在可接受的范围内保持危险感觉(以及任务难度),尽管在大多数时间这些感觉会低于可以意识到的水平。对于危险感觉和任务难度的可接受范围可能会受到不同因素的影响,例如出行目标、情绪状态,因此存在与年龄、经验、性别和性格相关的个人偏好水平的明显差异。约束驾驶人的自由来管理这个过程就会不可避免地引发由于车速的限制以及障碍物造成交通拥挤的情况,而迫使驾驶人在较低任务需求水平下驾驶。自由同样可能受到规范性限速要求的限制。

伴随着 RAT 以及 Vaa 和 Summala 提出的相关概念的发展,目前学术界已经承认了感觉在决策中的首要地位。正如莎士比亚的《哈姆雷特》中雷欧提斯所说的,"戒惧是最安全的方策"("Best safety lies in fear",朱生豪译版),这一认识开辟了一系列新的、令人兴奋的、有前景的研究方向。

 本章参考文献

ÅBERG L, WALLÉN WARNER H,2008. Speeding—Deliberate violation or involuntary mistake? [J]. European Review of Applied Psychology, 58,23-30.

ALLEN T M, LUMENFELD H, ALEXANDER G J, 1971. Driver information needs [J]. Highway Research Record, 366: 102-115.

ANDREY J, MILLS B, LEAHY M, et al, 2003. Weather as a chronic hazard for road transportation in Canadian cities[J]. Natural Hazards, 28(2-3):319-343.

BJÖRKLUND G M,2008. Driver irritation and aggressive behaviour [J]. Accident Analysis and Prevention, 40:1069-1077.

BROUGHTON J,2005. Les vitesses en Grande-Bretagne[R]. In R. Delorme(Ed.). Les regimes français et brittanique du régulation du risqué routière: La vitesse d'abord. Paris: Centre Pour la Recherche Économique et ses Applications. :29-38

CAMPBELL M, STRADLING S, 2003. Factors influencing driver speed choices [C]. In

Behavioural research in road safety: Thirteenth seminar: 233-244. London: Department for Transport.

CARVER C S, 1994. Cognitive processes and self-regulation: Determinants of concentration and distraction [J]. Applied Psychology: An International Review, 43(3): 387-391.

24 PART I I Theories, Concepts, and Methods Carver, C S, Scheier, M F, 1981. Attention and self-regulation: A control-theory approach to human behavior[J]. New York: SpringerVerlag.

DAMASIO A R, 1994. Descartes' error: Emotion, reason and the human brain [M]. New York: Putnam.

DAMASIO, A R, 2003. Looking for Spinoza: Joy, sorrow and the feeling brain [M]. London: Heinemann.

DE CRAEN S, 2010. The X-factor. A longitudinal study of calibration in young novice drivers [D]. Delft, The Netherlands: TRAIL Research School.

ELLWANGER S J, 2007. Strain, attribution, and traffic delinquency among young drivers: Measuring and testing general strain theory in the context of driving [J]. Crime and Delinquency, 53(4):523-551.

FASTENMEIER W, GSTALTER H, 2007. Driving task analysis as a tool in traffic safety research and practice [J]. Safety Science, 45(9):952-979.

FULLER R, 1984a. A conceptualisation of driving behaviour as threat avoidance [J]. Ergonomics, 27:1139-1155.

FULLER R, 1984b. Prolonged driving in convoy: The truck driver's experience [J]. Accident Analysis and Prevention, 16:371-382.

FULLER R, 2000. The taske capability interface model of the driving process[J]. Recherche Transports Scéurité, 66:47-59.

FULLERR, 2005a. Towards a general theory of driver behaviour [J]. Accident Analysis and Prevention, 37: 461-472.

FULLER R, 2005b. Control and affect: Motivational aspects of driver decision-making [C]. In L. Macchi C Re, P C Cacciabue (Eds.), Proceedings of the international workshop on modelling driver behaviour in automotive environments. Luxembourg: Office for Official Publication of the European Communities:45-52.

FULLER R, 2005c. Driving by the seat of your pants: A new agenda for research [C]. In Behavioural research in road safety 2005, fifteenth seminar. London: Department for Transport:85-93.

FULLER R, 2007. Motivational determinants of control in the driving task [C]. Cacciabue (Ed.), Modelling driver behaviour in automotive environments: Critical issues in driver interactions with intelligent transport systems. London: Springer-Verlag:165-188.

FULLER R, BATES H, GORMLEY M, et al, 2008. The conditions for inappropriate high speed: A review of the research literature from 1995 to 2006 (Road Safety Research Report No. 92) [R]. London: Department for Transport.

FULLER R, MCHUGH C, PENDER S, 2008. Task difficulty and risk in the determination of driver behaviour [J]. European Review of Applied Psychology, 58:13-21.

GLENDON I, 2008. Changes in brain structures of younger and older drivers: Meeting the challenge[C]. Paper presented at the 4th International Conference on Traffic and Transport Psychology, Washington DC, August 31—September 4, 2008.

GODTHELP J,1988. The limits of path error neglecting in straight lane driving [J]. Ergonomics, 31:609-619.

GORMLEY M, FULLER R,2008. Investigation of high risk behaviour in Irish young male drivers [R]. Ballina: Report to the Road Safety Authority, Government Offices.

GORMLEY M, WALSH T, FULLER R,2008. Risks in the driving of emergency service vehicles [J]. Irish Journal of Psychology, 29(1-2):7-18.

HARRÉ N, SIBLEY C G,2007. Explicit and implicit self-enhancement biases in drivers and their relationship to driving violations and crash risk optimism [J]. Accident Analysis and Prevention, 39(6):1155-1161.

HORREY W J, LESCH M F, GARABET A, 2008. Assessing the awareness of performance decrements in distracted drivers [J]. Accident Analysis and Prevention, 40(2): 675-682.

JAMSON S L,2008. Reducing the anger and anxiety experienced at motorway roadworks [C]. Paper presented at the 4th International Conference on Traffic and Transport Psychology, Washington DC, August 31-September 4, 2008.

KALAT J W,2008. Introduction to psychology (8th ed.). New York: Thomson. Kilpeläinen M, Summala H, 2007. Effects of weather and weather forecasts on driver behaviour [J]. Transportation Research Part F, 10:288-299.

KING Y, PARKER D, 2008. Driving violations, aggression and perceived consensus [J]. European Review of Applied Psychology, 58: 43-49.

KINNEAR N, STRADLING S, MCVEY C, 2008. Do we really drive by the seat of our pants [R]? In L. Dorn (Ed.), Driver behaviour and training, Vol. 3: 34-365, Aldershot: Ashgate.

LAM L T,2003. Factors associated with fatal and injurious car crash among learner drivers in New South Wales, Australia[J]. Accident Analysis and Prevention, 35: 333-340.

LARSEN L,1995. Factors affecting drivers' choice of speed[M]. Madrid: IAAP Symposium.

LEV D, HERSHKOVITZ E, YECHIAM E, 2008. Decision making and personality in traffic offenders: A study of Israeli drivers [J]. Accident Analysis and Prevention, 40(1):223-230.

LEWIS-EVANS B, CHARLTON S G, 2006. Explicit and implicit processes in behavioural adaptation to road width [J]. Accident Analysis and Prevention, 38: 610-617.

LEWIS-EVANS B, ROTHENGATTER T, 2009. Task difficulty, risk, effort and comfort in a simulated driving task: Implications for risk allostasis theory [J]. Accident Analysis and Prevention, 41:1053-1063.

LIU B-S, LEE Y-H, 2005. Effects of car-phone use and aggressive disposition during critical driving maneuvers [J]. Transportation Research Part F:Traffic Psychology and Behaviour, 8: 369-382.

LOEWENSTEIN G F, WEBER E U, HSEE C K, et al, 2001. Risk as feelings [J]. Psychological Bulletin, 127: 267-286.

LUSTMAN M, WIESENTHAL D, 2008. Narcissism and aggressive driving: Is inflated self-esteem a road hazard ? [R]. Paper presented at the 4th International Conference on Traffic and Transport Psychology, Washington DC, August 31-September 4, 2008.

MACHIN M A, SANKEY K S, 2008. Relationships between young drivers' personality characteristics, risk perceptions, and driving behaviour [J]. Accident Analysis and Prevention, 40(2):541-547.

MESKEN J, HAGENZIEKER M P, ROTHENGATTER T, et al, 2007. Frequency, determinants, and consequences of different drivers' emotions: An on-the-road study using self-reports, (observed)behaviour, and physiology [J]. Transportation Research Part F, 10:458-475.

MICHON J A, 1989. Explanatory pitfalls and rule-based driver models [J]. Accident Analysis and Prevention, 21: 341-353.

MØLLER M, GREGERSEN N P, 2008. Psychosocial function of driving as predictor of risk-taking behaviour [J]. Accident Analysis and Prevention, 40(1):209-215.

Musselwhite E C, 2006. Attitudes towards vehicle driving behaviour: Categorising and contextualising risk [J]. Accident Analysis and Prevention, 38:324-334.

NAÄÄTÄNEN R, SUMMALA H, 1976. Road user behaviour and traffic accidents [R]. Amsterdam/New York: Authors

Organisation for Economic Co-operation and Development, 2006. Young drivers: The road to safety[R]. Paris: Organisation for Economic Co-operation and Development.

Organisation for Economic Co-operation and Development/European Conference of Ministers of Transport, 2006. Speed management[R]. Paris: Organisation for Economic Co-operation and Development.

PARIS H, VAN DEN BROUCKE S, 2008. Measuring cognitive determinants of speeding: An application of the theory of planned behaviour [J]. Transportation Research Part F, 11: 168-180.

PATTEN C J D, KIRCHER A, ÖSTLUND J, et al, 2006. Driver experience and cognitive workload in different traffic environments [J]. Accident Analysis and Prevention, 38: 887-894.

RANNEY T A, 1994. Models of driving behavior: A review of their evolution [J]. Accident Analysis and Prevention, 26: 733-750.

SAAD F, DELHOMME P, VAN ESLANDE P, 1990. Drivers' speed regulation when negotiating intersections [R]. In M. Koshi (Ed.), Transportation & traffic theory. Amsterdam: Elsevier: 193-212.

SIMONET S, WILDE G J S, 1997. Risk: Perception, acceptance and homeostasis [J]. Applied

Psychology: An International Review, 46:235-252.

SLOVIC P, FINUCANE M L, PETERS E, et al,2002. Risk as analysis and risk as feelings. Some thoughts about affect, reason, risk and rationality [C]. Paper presented at the annual meeting of the Society for Risk Analysis. New Orleans: Louisiana. December 10,2002.

STRADLING S, BROUGHTON P, KINNEAR N, et al, 2008. Understanding inappropriate high speed: A quantitative analysis (Road Safety Research Report No. 93) [R]. London: Department for Transport.

SUMMALA H,1986. Risk control is not risk adjustment: The zero-risk theory of driver behavior and its implications. In Reports (No. 11) [R]. Helsinki: University of Helsinki Traffic Research Unit.

SUMMALA H, 2007. Towards understanding motivational and emotional factors in driver behaviour: Comfort through satisficing [J]. Cacciabue (Ed.), Modelling driver behaviour in automotive environments: Critical issues in driver interactions with intelligent transport systems (pp. 189-207). London: Springer-Verlag. TaubmaneBen-Ari, O. (2008). Motivational sources of driving and their associations with reckless driving cognitions and behavior. European Review of Applied Psychology, 58:51-64.

TAYLOR D H,1964. Drivers' galvanic skin response and the risk of accident [J]. Ergonomics, 7:439-451.

UZZELL D, MUCKLER, 2005. Simulating traffic engineering solutions to predict changes in driving behaviour [J]. Transportation Research Part F:Traffic Psychology and Behaviour, 8: 311-329.

VAAT,2007. Modelling driver behaviour on basis of emotions and feelings: Intelligent transport systems and behavioural adaptations [J]. Cacciabue (Ed.), Modelling driver behaviour in automotive environments: Critical issues in driver interactions with intelligent transport systems:208-232. London: Springer-Verlag.

VAN DER HORST R,2007. Time-related measures for modeling risk in driver behaviour [J]. In P. Cacciabue (Ed.), Modelling driver behaviour in automotive environments: Critical issues in driver interactions with intelligent transport systems. London: Springer-Verlag:235-252.

VAN DER HULST M, MEIJMAN T, ROTHENGATTER T,1999. Anticipation and the adaptive control of safety margins in driving [J]. Ergonomics,42(2):336-345.

VAN DIJK E, ZEELENBERG M, 2006. The dampening effect of uncertainty on positive and negative emotions [J]. Journal of Behavioral Decision Making, 19: 171-176.

VASSALLO S, SMART D, SANSON A, et al, 2007. Risky driving among young Australian drivers: Trends, precursors and correlates [J]. Accident Analysis and Prevention, 39: 444-458.

WALSH T, HANNIGAN B, FULLER R,2008. Risk and the driving of emergency service vehicles [R]. Behavioural research in road safety 2008. London: Department for Transport.

WICKENS C D, HOLLANDS J G,2000. Engineering psychology and human performance [J] 3rd ed. Upper Saddle River, NJ: Prentice Hall.

WICKENS C M, TOPLAK M E, WIESENTHAL D L, 2008. Cognitive failures as predictors of driving errors, lapses, and violations[J]. Accident Analysis and Prevention, 40:1223-1233.

WIKMAN A S, NIEMINEN T, SUMMALA H, 2008. Driving experience and time-sharing during in-car tasks on roads of different width[J]. Ergonomics, 41(3): 358-372.

WIKMAN A S, SUMMALA H, 2005. Aging and time-sharing in highway driving[J]. Optometry and Vision Science, 82(8):716-723.

WILDE G J S, 1982. The theory of risk homeostasis: Implications for safety and health[J]. Risk Analysis, 2:209-225.

YOUNG M S, MAHFOUD J M, WALKER G H, et al, 2008. Crash dieting: The effects of eating and drinking on driving performance[J]. Accident Analysis and Prevention, 40(1):142-148.

ZAJONC R B, 1980. Feeling and thinking: Preferences need no inferences [J]. American Psychologist, 35:151-175.

第3章 交通心理学病例控制研究

玛莎·希亚尔(Martha Híjar)[1],里卡多·佩雷斯-努涅斯(Ricardo Pérez-Núnez)[1],克里斯蒂娜·因科兰-瓦拉迪兹(Cristina Inclán-Valadezy)[2]

1 墨西哥,莫雷洛斯,库埃纳瓦尔,国家公共卫生研究所(National Institute of Public Health, Cuernavaca, Morelos, Mexico)

2 英国,伦敦,伦敦政治经济学院(London School of Economics and Political Science, London, UK)

3.1 简介

尽管大多数国家的城市化和工业化的影响表现出某种程度的不可避免性,然而在高收入国家,虽然机动化程度不断提高,但道路交通事故导致的死亡人数大幅降低。有证据表明,对世界上多数人口而言,道路交通伤害的负担仍在急剧增加(Ameratunga、Hijar 和 Norton,2006)。道路交通风险源于人们需要出行的不同原因及一系列因素,这些因素决定了人们使用什么交通运输系统、如何使用、为什么使用以及在什么时候使用(Tingvall,1997)。

暴露是道路交通安全方面的风险因素,它被视为不同使用者或给定人口密度在交通系统里的移动量、特定暴露下发生事故的可能性、发生事故后受伤的可能性以及受伤的后果。尽管消除所有的风险是不可能的,但我们可以降低人们所承受的人身伤害的严重性,或尽量降低伤害强度和致死的风险。

全球协调一致的方法必须考虑更广泛的道路交通事故的社会负担(致命和非致命的结果),尤其要专注于保护道路弱势交通群体(如电动自行车、人力自行车驾驶人及行人)。全球公共健康政策和议程必须高度重视,寻找应对这个问题的影响的方式(Ameratunga 等,2006)。

大量文献指出,从全球来看,一部分道路使用群体,尤其是行人与机动和非机动两轮车使用者,是交通事故的最大受害者(Peden 等,2004;Razzak 和 Luby,1998)。同时,他们在交通事故后有更大的残疾风险(Mayou 和 Bryant,2003)。在资源较少的环境中,乘坐正式和非正式公共交通工具的乘客构成了另一个重要的道路使用群体,在道路交通事故数据上具有一定的共同特征。

道路使用者所犯的错误可能引发交通事故,但不一定是其根本原因。此外,人的行为不仅受个人的知识和技能控制,同时也受环境的制约(Khayesi,2003)。如道路设计和道路状况、车辆性能、交通法规以及交通法规的执行情况等间接的影响因素,在许多重要方面影响着道路使用行为。因此,信息或宣传本身一般不会减少道路交通事故(Allsop,2002;欧洲道路安全行动纲领,2003;伦敦运输部交通拥挤收费影响监测组,2003)。错误是人类行为的一部分。在道路交通安全方面,人类行为的某些方面是可以改变的。然而,改变眼前的环境而非专注于改变人类的行为,也能够有效地减少驾驶错误(Wang 等,2003)。

本章介绍了如何利用流行病学的病例对照设计方法,来研究道路交通事故伤害问题。本章首先大致描述了流行病学的研究设计。随后定义了"病例"和选择病例的替代方案。之后,介绍了"对照"的定义并解释了如何识别和选择对照组。通过对匹配和分层形式匹配策略的缺点进行讨论,提出了匹配原因。接着,本章分析了病例对照研究和在这种研究中使用的因果联系方法,论证了病例对照研究中应该包括病例的数量。同时,提出了几种病例对照研究的变体。后面,文章指出了典型问题和主要偏见,尤其是在道路安全研究和分析中的病例对照研究的特征。本章的最后,讨论了病例对照研究的优缺点。

3.2 流行病学研究设计

流行病学的目的是描述和解释人口健康动态:确定其构成因素,理解支配人口健康的力量,以此来维护和提高人口健康水平(Hernández-Ávila 和 López-Moreno,2007)。因此,它不只是关注疾病或其他与健康相关事件,也要识别导致事件发生的因素,这也已经成为现代流行病学关心的焦点(dos Santos-Silva,1999b)。一般来说,在道路交通安全的研究中,研究人员试图回答以下问题:

(1)酒后驾驶是否增加了路人受伤的风险(Haddon、Valien、McCarroll 和 Umberger,1961)?

(2)在车辆事故中,安全带的使用是否能降低严重道路交通伤害的风险(Híjar-Medina、Flores-Aldana 和 Lopez-Lopez,1996)?

(3)什么样的环境因素可能增加行人和骑自行车者的道路交通伤害风险(Kraus 等,1996)?

Hernández-Ávila 和 López-Moreno(2007)使用一个多维的方法对流行病学研究进行分类(表3-1),包括以下内容:

(1)暴露分配:观察、实验、准实验研究法。
(2)每个研究进行的测量数量,以验证暴露及其影响发生的变化(纵向与交叉研究设计)。
(3)研究对象的选择标准(无标准随机选择、具有暴露意义的选择、具有一定效果的选择)。
(4)研究开始和结果发生方式的时间关系(回顾性、前瞻性、混合性或双向性)。
(5)所有变量的分析单位(个体、群体或人群)。要注意的是,在道路交通安全研究中的个体概念并不是指单独的一个人,还指一些研究的分析单位,如街道(Kraus 等,1996)、街道交叉口(Koepsell 等,2002)、事故现场(Wintemute、Kraus、Teret 和 Wright,1990)等。

流行病学研究的多维分类　　　　表3-1

研究类型	暴露分配	个体观察数量	研究对象的总体选择标准	分析的时序性	分析单位
试验	控制(随机)	两个或更多	无标准随机选择	预测	个体或小组
假设实验	方便起见	两个或更多	无标准随机选择	预测	群体
同期组群	超出研究者控制范畴	两个或更多	具有暴露意义的选择	预测或回顾	个体

续上表

研究类型	暴露分配	个体观察数量	研究对象的总体选择标准	分析的时序性	分析单位
实验组与对照组	超出研究者控制范畴	一个或更多	具有一定效果的选择	预测或回顾	个体
交叉概率	超出研究者控制范畴	一个	无标准随机选择	回顾	个体
生态学	超出研究者控制范畴	两个或更多	无标准随机选择	回顾	群体或人群

来源：Hernández-Ávila 和 López-Moreno（2007）。

以前的分类将流行病学根据每个研究设计提供的暴露变量和健康利益的因果关系的证据强度来对流行病学研究进行分类（Hernández-Ávila 和 López-Moreno，2007）。从这个意义上看，建立因果关系最好的研究设计就是随机实验设计。为了严格的医学干预，"黄金标准"就是双盲、随机对照试验。这种研究设计涉及对研究对象不同干预措施（治疗或条件）的随机分配，以比较治疗组和未接受治疗的对照组。参加者、照顾者或者结果评估者无法知道他们正在采用是哪种干预措施。虽然这些研究可能是测试干预措施有效性的理想选择，但在许多实例中，试验是不可能的、不切实际的或者是不道德的。例如，为了估计不同物质对驾驶能力的影响而让随机分配的研究对象接触酒精，通常被认为是不道德的。

鉴于此，研究设计的选择受许多因素的影响。Robertson（1992）认为这个决定取决于分析单位（人、车或是环境）。

下一节提供了病例对照研究的通用定义，并且讨论了道路安全领域的病例对照研究案例。

3.3 病例对照研究

3.3.1 定义和特征

病例对照研究是一种抽样策略，在这种策略里，研究人群是根据感兴趣的事件（例如健康状况、疾病和死亡）的存在（病例）或者不存在（对照）来选择的（Lazcano-Ponce、Salazar-Martinez 和 Hernandez-Avila，2001）。这些研究的根本目的是通过比较两组（病例组和对照组）的特征来确定感兴趣的事件之间的因果关系。如图 3-1 所示，病例对照研究从确定研究人群开始；在这里确定的病例的暴露状态都是可追溯的。对照组的研究对象从整个产生病例的人群中产生（Rothman 和 Greenland，1998）。一旦对照组的暴露状态确定了，两组之间的比较结果可能能够证明，病例组对于特定因素的暴露比对照组高（风险因素）或者低（保护因素），或者与对照组一样（无关联证据）（dos Santos-Silva，1999a；Hernández-Ávila 和

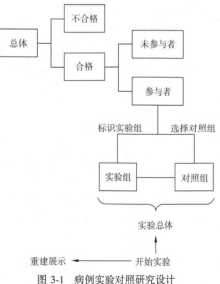

图 3-1 病例实验对照研究设计

来源：Hernández-Ávila 和 López-Moreno（2007）。

López-Moreno,2007)。同时我们要记住,病例对照研究中的暴露分配是研究者无法控制的。

道路交通安全中的病例对照研究的一个较好的例子是 Jones、Harvey 和 Brewin(2005)的研究。该研究旨在探讨急性应激障碍和创伤后应激障碍(PTSD)的参与者的症状表现,研究是否有人在交通事故后遭受外伤性脑损伤。该研究选择作为"病例"的人员为被诊断患有创伤性脑损伤(TBI)的道路交通事故幸存者。对照组的组成人员是道路交通事故后没有患 TBI 的人(Jones 等,2005)。确定了对照组的暴露状态之后,两组之间的比较可能证明病例组对一个特定因素的暴露比对照组高(风险因素)或者低(保护因素),或者与对照组一样(无关联证据)(dos Santos-Silva,1999a;Hernández-Ávila 和 López-Moreno,2007)。这项研究发现,在遭受创伤三个月后,非 TBI 组(对照组)与 TBI 组(病例组)的 PTSD 症状表现并无明显差异。

假设一群体研究框架可以概念化为病例对照研究(Rothman 和 Greenland,1998)。尽管在实践中,这个群体或者研究的基础难以定性(Wacholder、McLaughlin、Silverman 和 Mandel,1992),但病例对照研究可以基于感兴趣的特殊群体,而非基于一般人群(Rothman 和 Greenland,1998)。

何时使用病例对照研究

病例对照研究是疾病或健康状况病因学研究的首选方法之一。它可以将多种暴露因素同时纳入分析,并且相对高效、成本较低(os Santos-Silva,1999a)。因此,这是一个能确认风险和保护因素,并且能为随后的研究提供假设的符合成本效益的方式(Lazcano-Ponce 等,2001)。病例对照设计作为一种有效的采样技术,用于测量一个群体中的暴露-疾病关联(Wacholder 等,1992)。另外,它通常用于比较少见的或有漫长导入期的疾病研究(dos Santos-Silva,1999a)。

正在进行的一项研究就是一个例子,它的病例对照研究测量的就是暴露在不同风险因素下的结果(Yu、Wang 和 Chen,2005)。该研究旨在探讨影响有事故历史的驾驶人和参照对象受到交通事故伤害的风险因素。这项研究包括生理、心理和行为危险因素,发现诸如疲劳和早起等因素都与交通事故伤害的发生有关。

必须强调的是,在大多数病例对照研究中,受到交通事故伤害的人(行人和驾驶人)一直是分析的单位,而那些主观上能改变的伤害控制因素被忽视了。同时,病例对照设计还可以提供与环境因素有关的有力证据(Robertson,1992)。

3.3.2 病例的定义

从前面的例子可以看出,病例的定义实际上可以是研究者所希望的任何样子:来自特定性别或年龄组的受伤的人,或者特定的道路使用者——行人、骑自行车者、骑电动自行车者或者汽车乘员。无论病例是谁,病例的定义都隐含着病例的人群来源,对照组成员也应从中抽取(Rothman 和 Greenland,1998)。从这个层面说,用精确的标准来定义病例是非常重要的。

强烈推荐使用客观文件证明病例确实有正在研究的疾病或健康状况问题。如果无法做到这点,另一种方法就是将病例分为"确定""很可能"或者"可能"。但如果分析表明相对风险从确定类别降低到可能类别,那么这个分类很可能有误。由于这个原因,该分类方法为研究人员提供了评估结果受所分析疾病的错误分类影响的机会(dos Santos-Silva,1999a)。

总体来说,病例有两种类型:突发病例和普通病例。突发病例是指新病例,这些病例在特定时段内(或者在一个预先设定的时间段内)出现在研究人群中。最近确诊病例对过去事件和暴露的记忆都更加准确。出于这个原因,突发病例相对于普通病例来说是首选。另外,突发病例也不大可能因为疾病而改变习惯(暴露)。普通病例就是在特定时间段(或者更短的时间)内特定人群中存在的所有病例(新出现的以及之前存在的)(dos Santos-Silva,1999a)。普通病例在无法确定发病的具体日期时尤其有用。然而,因为病程较短的病人由于康复或者死亡而退出研究,所以病程较长的病人往往代表人数过多。除非正在研究的暴露与康复或者生存无关,否则在设计病例对照研究时,应该优先考虑突发病例(dos Santos-Silva,1999a)。

病例识别和选择

病例的选择应优先考虑内部有效性而非外部有效性(dos Santos-Silva,1999a)。内部有效性是指在选定研究对象过程中或者在测量感兴趣的变量过程中不出现错误;为了实现内部有效性,研究群体必须可比较(Hernandez-Avila、Garrido 和 Salazar-Martinez,2000)。外部有效性是指一项研究将所观察到的结果推广到基础群体的能力。外部有效性的先决条件是实现内部有效性。这就是内部有效性优于外部有效性的原因(Hernandez-Avila 等,2000)。

此外,病例选择的人群应该只包括那些在研究前就存在疾病或不良健康状况的合理可能性的人(dos Santos-Silva,1999a)。确保病例的组成是一个相对同质的群体,能增加检测到重要病因关系的可能性。能将结果推广到整个人口中,不如建立一种病因与疾病的因果关系,即使这个关系仅适用于一小部分群体(dos Santos-Silva,1999a)。

在理想的情况下,病例选择应遵循纵向研究的范式。建议选择最近诊断的病例(突发病例)。不太推荐使用普通病例,除非同等条件下其他必要条件都已满足或有特殊理由(见表3-2;Lazcano-Ponce 等,2001)。

选择病例的选项　　　　　　　　　　　　　　　　　表3-2

选项	特征
使用暴露期长或潜伏期长的突发病例	如果所研究的病例是偶然发生的,且之前有长期暴露,则 OR 趋于与 RR 相似
使用暴露期较长的普通病例	如果疾病不影响暴露状况,并且有较长的暴露期,则 OR 与 RR 相似。可以包括流行的病例,特别是当没有新的病例时(低流行状况),疾病的致死率低,而且暴露不改变疾病的临床结果(生存)
使用暴露期非常短的突发病例	当风险期较短且使用事故病例时,OR 与 RR 相似
使用普通病例	当病例流行率低时,只有当结果与选择、条件或暴露前的生存无关,并且疾病不影响暴露状态时,OR 才更接近 RR
使用死亡病例	只有在通过使用高质量的二级数据来源(如医疗记录和职业信息来源)可以量化的暴露中,才有理由引入死亡病例

注:OR 是 Odds Ratio(概率)的首字母缩写;RR 是 Relative Risk(相对风险)的首字母缩写。
来源:Lazcano-Ponce 等(2001)。

在已发表的道路交通事故伤害文章中,常用的病例都是住院病例(Celis、Gomez、

Martinez-Sotomayor、Arcila 和 Villasenor，2003；Tester、Rutherford、Wald 和 Rutherford，2004）、市公安机关登记在案的病例（Lightstone、Peek-Asa 和 Kraus，1997；von Kries、Kohne、Bohm 和 von Voss，1998）以及有过死因登记的病例（Wintemute 等，1990）。各种来源的组合也同样常见（Stevenson、Jamrozik 和 Burton，1996）。

即使所有病例都在医院确定，它们仍旧可以被合理地假设为代表区域或者特定研究人群的病例，例如，当身体状况很差或者疾病严重到需要住院时。对于严重的道路交通事故伤害病例，因为受伤程度严重，并且因为治疗的迫切需要，消除了一些常见的限制条件，其卫生服务模式不同于大多数其他疾病（Híjar-Medina 和 Vázquez-Vela，2003）。但是，在医院或急诊室治疗的轻伤病例不能被视为研究的基础代表。

当报告病例对照研究结果时，必须说明哪些病例没有包括在研究中，即使它们符合所有纳入标准。应具体说明排除的理由和对应的病例数。这些信息可以评估研究结果受选择偏见影响的程度（dos Santos-Silva，1999a）。

3.3.3 对照的定义

对照是指没有相关条件的、作为参照病例的个体。对照组的目的是要确定来源人口中暴露与未暴露分母的相对量（而非绝对量）大小。根据分母的相对量大小，可以估计发病率（或者发病比例，取决于数据的性质）的相对大小（Rothman 和 Greenland，1998）。因此，病例对照研究产生了相对影响措施的估计（Rothman 和 Greenland，1998）。

重要的是，要注意对照组应该符合所有的病例定义的资格标准，但与所分析的疾病诊断、结果或者健康状况有关的标准除外（dos Santos-Silva，1999a）。

3.3.3.1 对照的识别和选择

从概念上说，可以假设所有病例对照研究都限定在一个特定人群中（dos Santos-Silva，1999a）。这就是所谓的"研究基础"，当他们有资格成为病例的时候，这也可以被认为是病例的基础群体或者群体来源的成员（Wacholder 等，1992）。然而，合适的研究基础的确定是病例对照研究设计中对照选择的最主要挑战（Wacholder 等，1992）。由于这个原因，选择对照组是病例对照研究最困难的部分（dos Santos-Silva，1999a）。对照组是从同一个群体基础里面选择出来作为实验对照的病例，是通过一个病例选择的独立机制选出来的（Hernández-Ávila 和 López-Moreno，2007）。

有些作者为对照选择设置了一些基本原则以减少偏见，包括以下几点：

(1) 病例组合对照组应该是"代表相同的人口基数经验"（Wacholder 等，1992，第1020页）。

(2) 不允许混淆，防止对结果的估计被打乱。

(3) 对照组必须从他们的暴露状态中进行独立采样，以确保他们代表群体基数（Rothman 和 Greenland，1998）。

(4) 测量感兴趣的病例暴露情况的准确度必须同对照组的准确度一致，除非不准确的结果可以通过分析加以控制（Wacholder 等，1992）。

(5) 选择对照组的概率应与受试者保持有资格发生研究中事件或情况的时间成比例。这意味着，不仅所有对照组都有发生病情的风险，而且在早期阶段被选为对照组的受试者也可能在后期成为病例(Lazcano-Ponce 等,2001 年)。

(6)研究的实施应该是为了在固定的时间和资源支出的情况下尽可能多地了解被调查的问题(Wacholder 等,1992)。这被称为效率原则,它要求在选择时考虑成本和有效性。统计效率是指从每个受试者获得的信息量,更广泛地说,包括完成研究所需的时间和精力(Lazcano-Ponce 等,2001;Wacholder 等,1992)。

(7)同时适用于病例组和对照组的一条排他原则就是有效性,因为它简单地提炼了研究基数的范围(Wacholder 等,1992)。

从某种程度上讲,如果这些原则都实现了,那么病例对照研究的结果就更加可信。这些原则的客观目的是减少或者消除选择偏见、混淆偏见和信息偏见(Wacholder 等,1992)。完全遵守原则就像实验室内完美的实验条件一样难以实现。有时候,一个原则会同另一个原则起冲突。事实上,容忍对原则的轻微违反往往是研究一种特定暴露与疾病的关联的唯一途径。这种研究还可以提供有价值的信息,尤其当违法行为的影响可以被测量的时候(Wacholder 等,1992)。

大多数用于病因学研究的对照组来源连同它们的优缺点都呈现在表 3-3 中。同时,道路交通伤害的研究通常使用的对照组都来自医院和社区。如前所述,最普遍和最实用的确认道路交通事故伤害病例的方法就是通过医院或者急诊室。虽然医院覆盖了所有被研究的人群,而且个人没有准入障碍,但考虑他们是否能够代表所有道路交通事故受伤的人员是非常困难的。如果不是这样,他们可能只代表某家医院或急诊室的道路交通事故处理人员。然而,有时候可能很难在这种设计下确认对照组。例如,受伤电动自行车骑车人或者汽车驾驶人的一个好的对照组是怎样的?一种解决方案是选择相同医疗机构的病人,看看谁在信息质量方面更具有可比性,因为他们也一直生病住院(Wacholder、Silverman、McLaughlin 和 Mandel,1992a)。当要求对照组提供体液或者接受身体检查时,他们也是最方便的选择(Wacholder 等,1992a)。

用于病因学研究的对照组来源及其优缺点　　　　　　表3-3

类型	优点	缺点
人群对照组	相同的研究基础。确保对照组与病例系列来自同一来源的人群。 排除项。基础的定义可以包括要排除的内容。 外推至基础人群。为了计算绝对风险或可归属风险,对照组中的暴露分布可以很容易地推算到基础人群中	如果无法完整确定所有病例,或者由于抽样框架的不适合或不足,甚至无法对研究基础人群进行近似随机抽样,则不适用。 不便之处:基础的定义可以包含排除。 回忆偏差:先前住院病例的反应可能反映了由于疾病导致的暴露改变,如溃疡后少喝咖啡或含酒精饮料,或生病后对过去习惯的认知发生改变。 缺乏合作的动力
随机拨号	在某些情况下,可以接近于从人口中随机抽样	联系每个合格对照组人员的概率不一定相同,因为住户中居住的人数和有人在家的时间各不相同。 与家庭接触可能需要在一天中的不同时间和一周中的不同日子打很多电话。 区分商业电话号码和住宅电话号码很困难

续上表

类型	优点	缺点
邻里对照组	能方便地替代以人口为基础的抽样控制。 控制环境或社会经济混杂因素	如果一个人在附近受伤,知道受伤情况的控制人员可能会因为否认个人脆弱性或其他心理因素而提供误导性信息。 过度匹配。 可能会引入选择偏差,因为不能假设对照组代表了从中提取病例的基本人群
学校名册	当所研究的人口为学龄儿童时,尤其有用	在逃学率高的情况下有选择偏差
医院或疾病登记处对照组	信息质量的可比性。 方便性。 可以控制诸如社会经济特征、种族和宗教等因素。 通常情况下,他们往往愿意参与研究并提供完整和准确的信息	同一医院内不同疾病的集聚区可能不同。 伯克森偏差(Berkson's Bias):由于选择了与暴露相关因素不同的研究对象而导致的偏差。 对照组的疾病可能与暴露(风险因素)有关
从人口登记处获得的其他患者	具有可比性的信息质量。 愿意参与并提供完整准确的信息	伯克森偏差:由于选择了与暴露相关因素不同的研究对象而导致的。 对照组的疾病可能与暴露(风险因素)有关
来自医疗机构的对照组	当很难找到与获得医疗护理或转诊到专门诊所的病例相当的控制措施时,这是一个有用的策略	医疗实践控制可能会危及研究基础原则,因为对照组的暴露分布可能与研究基础人群不同
朋友对照组	更方便、更便宜的对照组来源。 在访谈过程中,只需付出很少的额外努力,就可以从案例中获得的朋友或同事列表中选择对照组。朋友可能以类似的方式使用医疗系统。 此外,由于病例和朋友对照组通常具有相似的社会经济背景,因此社会阶层造成的偏见减少了。 尽管存在严重缺陷,但朋友对照组在某些特殊情况下可能是有用的,例如在与友谊特征无关的暴露研究中,就像在遗传决定的代谢紊乱研究中一样	对于与社交能力有关的因素,如群居性或可能是吸烟、饮食或饮酒,暴露的代表性可信度很低,因为善于社交的人比孤独者更有可能被选作对照。 "友好对照"偏见:善于交际的人比孤独者更有可能被选为对照对象。孤独者虽然不在任何人的名单上,但也会成为一个案例。 一个不太严重的问题是,使用朋友对照组可能导致过度匹配,因为朋友在生活方式和感兴趣的职业暴露方面往往是相似的。 一些案例可能不愿意提供朋友的名字
亲戚对照组	当遗传因素混淆了暴露的影响时,病例的血缘亲属被用作对照组的来源,以在遗传背景上进行匹配。 如果寻求成人环境风险因素的匹配,配偶可能是一个合适的对照组	病例和对照组可能在各种遗传和环境因素上过度匹配,这些因素不是风险因素,但与研究中的暴露有关
系列病例对照组	只需要对病人进行研究,而且可以很容易地处理复发的情况	对于主要关注更稳定的时间相关协变量的慢性病研究,仅使用疾病登记中可能发现的一系列疾病研究,需要完整准确的暴露史,并强烈假设感兴趣的暴露与总体死亡率无关。这种研究设计也可能比更传统的研究具有更低的效率

续上表

类型	优点	缺点
代理受访者和已故的对照组	当受试者死亡或病重无法回答问题时,或对有感知或认知障碍的人来说是有用的。 为广泛的暴露信息类别提供准确的回答,有时甚至比索引对象提供的信息更好	因为代理受访者往往会比健康对照者更多地被用于病例,所以可能会违反可比准确性原则。 更详细的信息通常不太可靠。 可能违反可比准确性原则

Wells等(2004)采用了另一种确定合适的对照组的策略。他们从路边150个调查点随机抽了一些摩托车骑行者的样本。在接近调查现场时对摩托车骑行者进行拍照,让他们停下来,并邀请其参加研究。当调查地点或条件使得让摩托车骑行者停下来过于危险时,则对车辆进行拍照然后跟踪他们的车牌信息。虽然报告的作者称只有42名(3%)驾驶人拒绝参加,但是在其他环境下参与率会更低(Wells等,2004)。

然而,这是确定受伤行人对照组的最好方法吗?其实,考虑到有70%的行人受伤害事件都发生在居住地周围,邻里对照组更受推崇(Fontaine 和 Gourlet,1997;Muhlrad,1998)。这样,邻里对照组代表就是样本对照组的完美选择。从这个意义上说,当确定一个病例后,居住在同一个社区的一个或多个对照组成员将会被确定然后纳入研究。这种对照组就和邻里的病例相匹配,便捷地替代以人口为基础的抽样对照组(Rothman 和 Greenland,1998)。

邻里对照的方法被Celis等(2003)使用。他们在1~14岁儿童的样本中确定对照组,来研究行人受伤的个案,病例的确定是在检察长的办公室和急诊室的登记处。一旦离开一个病例的房子,采访者就敲其左边房子的门,并询问是否有1~14岁孩子住在这里;如果答案是肯定的,就请求批准面谈。如果有一个以上孩子住在房子里,将随机抽取他们中的一个作为对照组。如果那家人没有孩子,或者不接受访问,那么其左边的房子就是下一个目标。

如果病例是精确定义和确定的群体里面所有病例的代表样本,而且对照组样本也直接来自这个群体,那么就说这个研究是基于这个群体的。如果可能的话,这是最理想的选择(Rothman 和 Greenland,1998)。

正如前面提到的病例,重要的是要说明对照组不参加的理由。并在可能的时候,提供关于他们的社会人口学特征(年龄、性别等)的更多信息(dos Santos-Silva,1999a)。

3.3.3.2 匹配

病例组和对照组选择的基本问题如下:在分层样本中,什么应该随着假设原因变化,什么必须保持不变?匹配是一种对照组选择方法,这个方法有时候可以通过避免出现病例组和对照组的混杂变量分配不同的情形,来提高估计暴露结果估计的效率(表3-4;Wacholder、Silverman、McLaughlin 和 Mandel,1992b)。匹配是基于病例的一个或者多个特征选择对照组,例如性别、年龄和社会经济地位。

匹配理由 表3-4

原因	理由
不可测的混杂变量	有很多可辨认但无法量化的变量,如邻居或电话交流,可以作为环境或社会经济混杂的难以衡量的因素。在这样一个变量的匹配平衡情况下,对于病例组和对照组来说有很多未知的混杂因素

续上表

原因	理由
提高统计效力	匹配可以确保有足够的对照组,以在一个选定的亚组中评估效果或识别其相互作用
时间相似性	在不匹配的研究中,获得病例组和对照组的时间相似性是困难的
可行性	匹配可能是最可行的获得对照组的办法
对混杂因素控制的完全性	完美匹配,伴随着匹配的分析,作为一个连续的混杂因素的共同作用下的乘法模型的结果。可替代策略,如回归的混杂因素调整,如果其效果被错误分析(例如错误的假设线性),可能会导致偏见。分类可能会导致一些混杂,但这一般并不是很重要
功效	匹配减少了由于病例组和对照组之间分布的强大的危险因素造成的严重效率损失。匹配应考虑需要控制混杂效应的风险因素,但并不是科学研究的兴趣所在。匹配和疾病的风险无关的变量是没有意义的,这只能降低研究的效率。年龄、性别、种族通常用作匹配变量,因为它们通常是强大的混杂因素。它们的影响在描述性流行病学中是众所周知的

道路交通事故伤害的文献的另一个例子是 Haddon 等 1961 年发表的研究结果。他们证明了酒精在行人伤害中扮演的重要角色。他们测量受到致命伤的行人和随机在同一地点抽取的行人的血液酒精含量。这些人在一天的同一时间,在一周的同一天行走,并与受致命伤的人向同一个方向移动。因此,环境因素对病例组和对照组来讲都是一样的,并不能解释在病例组和对照组中发现的水平差异(Robertson,1992)。

1)匹配和分层的形式

匹配有两种形式:个人匹配和频率匹配(Lazcano-Ponce 等,2001)。个体匹配指的是一个或多个对照组的选择,这些人要与相对应的病例组有相同的或者大致相同值的匹配因素。该匹配因素不应该是所研究的暴露因素。频率匹配或配额匹配会导致病例组和选定的对照组的匹配因素平等分布(Wacholder 等,1992b)。由于病例组和对照组有相似的匹配因素,健康结果的不同可能归因于其他因素(dos Santos-Silva,1999a)。

2)匹配的缺点

匹配也有一些缺点。在某些情况下,匹配由于要求额外招募对照组而增加了采样的成本和复杂性。另外,当找不到匹配的对照组,尤其是匹配几个变量时,这种策略可能导致病例的排他性(Wacholder 等。1992b)。由于当病例组需要被确认、病例组和潜在的对照组要在选择对照前获得复杂的匹配变量,匹配可能会耽误研究(Wacholder 等。1992b)。

此外,匹配也可能出现方法论问题。当根据一个倾向于掩盖疾病和相关暴露之间联系的特征来选择对照组时,就会出现过度匹配的问题(dos Santos-Silva,1999a)。在一个替代疾病或疾病后果的因素上进行匹配,或在一个不完全测量的暴露的相关因素上进行匹配,也会导致过度匹配和偏差(Wacholder 等,1992b)。

一般来说,"过度匹配"指的是因造成偏差或降低效率而适得其反的匹配。在暴露和疾病之间的因果关系中,对一个中间变量进行匹配会使点估计值向下偏移,因为暴露对疾病的影响在中间变量调整之后(以其为条件),小于未经调整的影响(Wacholder 等,1992)。即使在选择对照组时没有使用匹配,例如在特定的研究中使用了过于同质的人口基数,也会导致过度匹配(Wacholder 等,1992b)。

因此,如果一个变量的作用值得怀疑,最好的策略不是匹配,而是在统计分析中调整其作用(dos Santos-Silva,1999a)。即使在设计中没有匹配或分层,也可以考虑进行分层或匹配分析。然而,在设计阶段的匹配降低了调查者在分析过程中的灵活性(Wacholder 等,1992b),因为不能再研究匹配因素的影响(dos Santos-Silva,1999a)。

对于不经常发生在案例地点的活动,如使用"全地形"车或雪地车,可能无法选择在同一地点、一天中的某个时间、一周中的某一天等从事相同活动的人。在行人交通事故中受伤的儿童可能没有年龄相近的兄弟姐妹作为家庭内的对照,在同一社区内的儿童可能可以作为对照,但这取决于感兴趣的因素(Robertson,1992)。

3.3.3.3 对照组数量

1) 对照组与病例组的比例

对照组数量的测定是设计病例对照研究的另一个重要方面。考虑对照组与病例组的比例很重要。Wacholder 等(1992b)认为,当对照组与病例组比例增加到 4 以上时,除非暴露的影响很大,否则精密度仅有一点点上升空间。在一般情况下,在病例对照研究中提高精度的最好方式是通过在空间上或时间上增加病例的数量,而不是增加对照组数量,这是因为额外病例的精确度上升空间比额外对照大(假设在研究中对照组已经比病例组多)。在匹配和分层研究中,最有效的分配固定数量对照组的方式就是让对照组与病例组的比例大约相等(Wacholder 等,1992b)。

2) 对照组的数目

一些研究人员建议要选择一个以上的对照组,以便优势互补(Rothman 和 Greenland,1998)。这样,整个对照组一致的结果是令人满意的。问题是,当结果不一致的时候,调查人员必须选择正确的结果,放弃其他结果(Wacholder 等,1992b)。Wacholder 等建议,通常最好的策略就是在设计阶段就决定哪一个对照组是优先考虑的。但是,当每一个对照组都有不同目的时,多组对照组就可能互相有帮助,例如,当一个对照组为一个特定的混杂因素提供对照时,第二个对照组就可以作为一种复制形式。

3) 一个对照组服务多种疾病

使用一个对照组对照一个以上病例组可以节省财力和人力。系统误差对每个对照组的影响可能是相同的,但是有了更多的对照组,就会提高点估计的精度(Wacholder 等,1992b)。

3.3.4 病例对照研究分析:因果关系方法

病例对照研究使用概率来估计研究中某一因素(暴露)和所研究事件(健康状态或疾病)之间的关系密切程度。这种方式表明了病例组与对照组之间暴露的相对频率,如图 3-2 所示。病例中暴露的 OR 与对照组中暴露的 OR 的商数相当于暴露的 OR。

在这种研究形式中,不能同时估计暴露和非暴露个体的疾病发生率,因为他们是根据所研究的条件存在与否而不是根据其暴露状态来选择的(除了一些病例对照研究的变体,如嵌套式病例对照、病例群体和病例交叉设计)。另外,当发病频率很低时,尽管不直接计算相对风险,OR 仍旧是发病率或者相对风险的无偏差估计(Lazcano-Ponce 等,2001)。

OR 的值在 0 与无穷大之间振荡。从病例对照研究中获得的 OR 表明与对照组相比,研究中暴露在一个因素中的病例组概率高于多少(OR>1)或低于多少(OR<1)(dos Santos-Silva,1999a)。前者被视为风险因素,而后者被视为保护因素。

OR一旦估计出来,则对于计算点估计值的可变性措施十分有用。在估计过程中,样本大小是置信区间的范围和精确度的一个重要决定因素。图3-2显示怎样计算这些措施。

	暴露	非暴露	总计
病例组	a	b	$n1$
对照组	c	d	$n0$
总计	$m1$	$m0$	N

病例组中暴露的普遍性 $=\dfrac{a}{n1}$ 对照组中暴露的普遍性 $=\dfrac{c}{n0}$

病例组的暴露概率 $=\dfrac{\frac{a}{n1}}{\frac{b}{n1}}=\dfrac{a}{b}$ 对照组的暴露概率 $=\dfrac{\frac{c}{n0}}{\frac{d}{n0}}=\dfrac{c}{d}$

$$OR=\dfrac{\frac{a}{b}}{\frac{c}{d}}=\dfrac{a\cdot d}{b\cdot c}$$ 95%置信区间 $=e^{\ln(OR)\pm1.96\times SE}$

标准误差$(SE)=\sqrt{\dfrac{1}{a}+\dfrac{1}{b}+\dfrac{1}{c}+\dfrac{1}{d}}$

图3-2 非匹配的病例对照研究的分析
来源:Hernández-Ávila and López-Moreno(2007)。

OR通常被解释为研究状态下的暴露和事件之间的因果关系。如果因果关系成立,还需要一些条件。对照组与病例组一样,应该是相同基数群体的部分和代表样本。大多数病例对照研究都是可追溯的,因此,一个完美的因果关系不能总是被验证,因为暴露前要估计疾病或者健康状态(Hernán-dez-Ávila和López-Moreno,2007)。这种情况也会引入其他的错误或者偏见(Lazcano-Ponce等,2001)。

3.3.5 病例对照研究亚型

表3-5描述了一些最重要的流行病学研究中病例对照研究的变体。

病例对照研究的变体   表3-5

亚型	特点
病例队列研究	研究中,如果总体来源是一个队列,并且无论个人为队列贡献多少个人时间,队列中的每个人都有平等的机会作为研究中的对照组。这是进行病例对照研究的一个合乎逻辑的方式,尤其是用发病的比例,而不是一个比率衡量效果时。与先前的发展相类似,可以写出在特定风险期间患病的平均风险(或比例)。病例队列设计的一个优点是,它允许通过一个队列进行病例对照研究,都使用相同的对照组。正如可以通过测量单一队列的各种疾病的发病率,人们可以使用一个单一的对照组进行一组关联病例队列研究
巢式病例对照研究	使用风险组抽样方法确定某一特定队列中发生的疾病病例的研究,并从该队列中在该病例发生时尚未发生疾病的人群中选择指定数量的匹配对照。抽样可假设为嵌套在动态队列中,研究对象在队列中停留的时间可变,暴露值随时间变化而不同

续上表

亚型	特点
累积（"流行性"）病例对照研究	研究的目的是消除在选择对象开始之前就结束的风险（即一些流行性疾病）。在这种情况下，调查人员可能会从消除累积病例后剩下的那部分人口中选择对照，也就是说，从非病例中选择对照（那些在流行病结束时仍然没有患病的人）
病例单项研究	在研究中，病例是用来估计或测试假设效果的唯一主体。例如，有时是采用理论思考，构建一个先验暴露分布的总体来源，并运用在观测对照系列中。在基因研究中这种情况很常见，因为用遗传的基本规律，结合遗传研究若干假设，可以推导出个人或父母选定的基因型分布。这也可能是某些领域研究遗传和环境因素共同作用（相互作用）不使用对照对象的原因
病例交叉研究	对病例使用一个或多个（预测）时间段匹配"对照期"。将发病时的病例的暴露状态与早期同一个体的暴露状态分布进行比较。这种比较取决于这样一种假设，即暴露或混杂因素都不会随时间而系统地变化。只有一组有限的研究主题适用于案例交叉设计。个体的暴露必须随时间变化变化。与交叉研究一样，暴露也必须有一个短的诱导时间和瞬时效应，否则，在遥远过去的暴露，可能成为近期发病的原因（"携带"效应）
两阶段抽样	在对照系列研究中，包括相对大量的个体（可能每个体都在整体中）、暴露的信息以及有限的其他相关变量的信息。对照子样本（病例），通过同样的方式获得一些详细信息。当取得暴露信息相对廉价，但获得协变信息更加昂贵时，这是有用的。当整体信息已经被收集，但更需要协变信息，即队列研究中需要更多的信息时，就在基线处收集
死亡率比例研究	当研究群体中有死亡的病例时，对照组不是从整体来源直接选择的。如果组内的暴露分布是类似的总体来源，对照组序列是可以接受的，因此，应该被限制的是对照系列分类，而不是不相关的暴露

3.3.6　病例对照研究中的问题

3.3.6.1　偏见

由于病例对照研究通常是可追溯的，它们特别容易在筛选和信息收集过程中引入错误。因此，这种研究不适合作为找到因果关系的方法（表3-6；Hernández-Ávila 和 López-Moreno，2007）。尽管如此，在一些情况下，使用病例对照研究可以提高因果关系分析的效果（Hernández-Ávila 和 López-Moreno，2007）。

病例组和对照组研究中最普遍的偏差来源　　表3-6

选择偏差
无反应
信息偏差
测量错误
访问者偏差（观察者偏差）
受访者偏差
记忆偏差（回忆偏差）
混淆偏差

来源：Hernández-Ávila 等（2000）。

在流行病学研究中,误差在测量变量中是不可避免的,尤其当信息是用回顾性方式获得的时候(Wacholder 等,1992)。这种差异通常存在但不常见,除非是在可预测的情况下,缺少辅助材料或者测量的条件非常糟糕,和真实情况相差甚远,或者很少与之相关联。另外,不同误差对关联估计的影响通常是不可避免的(Wacholder 等,1992)。

对于基于调查的病例对照研究,人们普遍关注的一个问题是病例对以前接触的回忆与对照组不同。病例可能会花时间思考他们患病的可能原因,可能会在记忆中寻找过去的接触,甚至夸大或捏造接触,或者可能试图否认对疾病的责任。因此,有人建议使用患病对象的对照组来达到同等的准确性。虽然信息的准确性以及这种准确性在病例和对照组之间的差异是选择对照组的考虑因素,但也必须关注选择可能与暴露有关的条件的对照组(Wacholder 等,1992b)。除非在分析中可以控制不准确的影响,否则病例测量相关暴露的准确度应该与对照组的准确度相当(可比准确度原则)(Wacholder 等,1992)。

当被选择的对照组具有与病例相同的混杂因素值时,效率原则可能与去混杂原则相冲突,从而限制了混杂变量的可变性,这反过来又降低了效果估计的精确度。当控制混杂因素对于减少偏倚至关重要时,必须服从效率原则(Wacholder 等,1992)。研究者为量化急性酒精消费和伤害风险之间的关系而进行了一项研究(Watt、Purdie、Roche 和 McClure,2004),在其他潜在混杂因素(即通常的酒精摄入量、冒险行为和物质使用,即使用处方/非处方药或非法物质)的情况下,使用了三种独立的酒精消费措施。一项以医院为基础的病例对照研究,对 488 个病例与 488 个对照组在性别、年龄组、邻里以及受伤的日期和时间方面进行了匹配。结论是,即使考虑到环境和其他风险因素,急性酒精消费也会显著增加受伤的风险。

值得注意的是,Watt 等(2004)并没有报告在医院里面诊断的多种疾病组合对酒精使用的影响,或者酒精使用对受伤或生病时寻求医疗护理的影响。因此,酒精对受伤的影响被高估或者低估的程度是不确定的。

此外,在 Watt 等(2004)的研究中,酒精与伤害之间的关系似乎被通常的饮酒模式、冒险行为和物质使用所混淆了。研究这些因素的一种方法是复制这些病例对照研究,并测量那些与酒精使用、其他行为或者两者混合作用有关的假设的生物学因素。在这种研究中会遇到两个主要问题。首先,尽管那些被选作对照组的人很少拒绝用呼吸测试法测量酒精含量,但是他们可能不会接受血液或者其他生物标本的测试要求。其次,在假设病例组与对照组的差异表明因果关系之前,必须有可靠证据证明创伤不能改变假设的生物学因素。

3.3.6.2　代表性在病例对照研究中是否是难题

正如 Rothman 和 Greenland(1998)所写的,尽管人们非常强调所选择的病例应该是所有病例的代表,但是这样的建议可能具有误导性,因为有时候病例(以及对照组)可能由于研究兴趣的需要,而被限定为某一种类型。研究可能只关注女性或者最严重病例,甚至是某一特定群体(老人、学生等)。这样看来,病例的定义将会隐含地定义病例组来源人群,这样对照组就应从这些人群中抽取。对照组应该代表这样的病例组来源人群,而不是整个非患病人群。在这种情况下,实现代表性既不容易也不可取,完美有效的病例对照研究将成为可能(Rothman 和 Greenland,1998)。

研究基数原则要求基数的代表性,但不一定要求一般人群的代表性。一般人群的代表性对于估计疾病的流行率、可归属风险或基于样本的人群中的变量分布至关重要。然而,在对暴露和疾病之间的关系进行分析研究时,不需要代表性。在任何亚群中发现的关联本身就可能是有意义的;在一个有代表性的人群中,仅限于一个群体的关联可能会因为在其他群体中的影响较弱,或者因为暴露的分布不同而被掩盖。另一方面,如果研究基础定义得很窄,可能会错过对关联强度变化的检测(效应修正)。如果有理由相信某项效应在某一特定亚组中最强,那么排除其他亚组可能是证明该效应的最佳策略;因此,对心肌梗死可能的风险因素的影响的研究可能将研究对象限制在以前患过心肌梗死的人(Wacholder 等,1992)。

3.3.7 病例对照研究的优缺点

当决定使用哪一种流行病学方法时,表 3-7 所强调的病例对照研究最重要的优点和缺点都应该被考虑在内。

病例对照研究的优点和缺点　　　　　　　　　　　　表 3-7

优点	缺点
对于足够的罕见疾病,病例对照研究是高效和可行的(Lazcano-Ponce 等,2001;Rothman 和 Greenland,1998)。这也使疾病的潜伏期延长(dos Santos-Silva, 1999a; Hernández-Ávila 和 López-Moreno,2007;Lazcano-Ponce 等,2001)	对于对照研究来说,对于罕见病例(Rothman 和 Greenland,1998),除非暴露占有相当大的比例,否则效率不高(dos Santos-Silva,1999a)
相对容易执行(Rothman 和 Greenland,1998)	有时很难对从中选出病例进行定义(Hernández-Ávila 和 López-Moreno,2007)
尤其是相比于队列研究,既不很昂贵,也不费时(dos Santos-Silva, 1999a; Hernández-Ávila 和 López-Moreno, 2007; Rothman 和 Greenland,1998)	鉴于在大多数的情况下暴露是通过测量来量化、追溯或重建的,信息偏差是常见的问题(López-Moreno,2001)。这有时取决于对暴露水平的精确测量程度(暴露偏差)(dos Santos-Silva, 1999a; Hernández-Ávila 和 López-Moreno, 2007)
与其他的流行病学研究设计相比,需要较少的研究目标。例如,前瞻性队列研究需要大量的个体和较长时间,以确保有足够的病例(dos Santos-Silva,1999)	选择偏差是常见的(dos Santos-Silva, 1999a, Hernández-Ávila 和 López-Moreno;López-Moreno,2001)。有以下几种原因: 很难找到一个适当的对照组; 感兴趣的暴露以不同方式决定了不同的病例组和对照组的选择(诊断偏差)
可以在同一时间内分析研究中疾病或健康状况的几个危险因素(dos Santos-Silva, 1999a; Hernández-Ávila 和 López-Moreno,2007;Lazcano-Ponce 等,2001)	不可能同时估计发病率或流行性的暴露和非暴露(Hernández-Ávila 和 López-Moreno,2007)
当代表性和同质性假设同时得到满足时,允许真实的相对风险估计(Lazcano-Ponce 等,2001)	可能很难建立暴露与疾病之间的时间关系(反向因果关系)(dos Santos-Silva, 1999a; Hernández-Ávila 和 López-Moreno,2007)
	缺乏代表性(除了当研究对象是基于整体时)(dos Santos-Silva,1999a)

续上表

优点	缺点
	当研究的疾病被连续测量时没有用处（Lazcano-Ponce 等，2001）
	如果感兴趣的条件是高度流行的（超过5%），那么 OR 就 RR 的可靠估计（Lazcano-Ponce 等，2001）

3.4 小结

纵观全世界，无论机动化水平如何，提高所有道路使用者的安全水平、降低现在对弱势交通群体的不公平和道路交通事故受伤风险都是非常有必要的。道路交通安全工作必须以证据为基础，有充足的资金及合适的、可持续的资源。为此，最好方法就是研究出一个包括不同关键因素的方法，让政策制定者、决策者、专家和从业者都意识到交通事故伤害问题迫切需要解决。这就要求整合道路交通安全策略与其他策略。

在众多研究预防道路交通事故伤害的相关需求中，鼓励国家层面发展跨学科专业知识、加强区域合作和信息交流显得很有必要，这样才能实现利益最大化。发展这样的专业知识非常重要。本章充分阐明采用病例对照设计的优势和局限性。它们对于研究道路交通事故伤害起因和确定以下内容都很重要：

（1）道路交通事故伤害的起因和相关因素；
（2）增加或降低风险的因素；
（3）可能通过干预措施改变的因素。

本章参考文献

ALLSOP R E, 2002. Road safety. Britain in Europe [C]. Paper presented at the 12th Westminster Lecture on Transport Safety, London.

AMERATUNGA S, HIJAR M, NORTON R, 2006. Road-traffic injuries: Confronting disparities to address a global-health problem [J]. Lancet, 367(9521): 1533-1540.

CELIS A, GOMEZ Z, MARTINEZ-SOTOMAYOR A, et al, 2003. Family characteristics and pedestrian injury risk in Mexican children [J]. Injury Prevention, 9(1): 58-61.

DOS SANTOS-SILVA I, 1999a. Estudios case-control. In Epidemiología del cáncer: Principios y métodos [C]. Lyon: Agencia Internacional de Investigacio ńsobre el Cáncer: 199-224.

DOS SANTOS-SILVA, I, 1999b. Revisión de los disen os de estudios. In Epidemiología del cáncer: Principios y mé todos [C]. Lyon: Agencia Internacional de Investigacion sobre el Cáncer: 89-108.

European Road Safety Action Programme, 2003. Halving the number of road accident victims in the European Union by 2010: A shared responsibility [R]. Brussels: Commission of the

European Communities.

FONTAINE H, GOURLET Y,1997. Fatal pedestrian accidents in France: A typological analysis [J]. Accident Analysis and Prevention, 29(3):303-312.

HADDON W, JR VALIEN P, MCCARROLL J R, et al,1961. A controlled investigation of the characteristics of adult pedestrians fatally injured by motor vehicles in Manhattan[J]. Journal of Chronic Diseases, 14: 655-678.

HERNANDEZ-AVILA M, GARRIDO F, SALAZAR-MARTINEZ E, 2000. Biases in epidemiological studies[J]. Salud Publica de Mexico, 42(5):438-446.

HERNÁNDEZ-ÁVILA M, LÓPEZ-MORENO S,2007. Diseno de studios epidemiológicos[C]. In M. Hernández-ávila (Ed.), Epidemiologìa. Diseno y análisis de estudios. Cuernavaca, Instituto Nacional de Salud Pública / Editorial Médica Panamericana S. A. de C. V: 17-32.

HÍJAR-MEDINA M C, FLORES-ALDANA M E, LOPEZ-LOPEZ M V,1996. Safety belt use and severity of injuries in traffic accidents[J]. Salud Publica Mex, 38(2):118-127.

HÍJAR-MEDINA M C, VÁZQUEZ-VELA E,2003. Foro nacional sobre accidentes de tránsito en México[R]. Enfrentando los retos a travésdeuna visión intersectorial. In Primera. (Ed.). Cuernavaca Morelos México : Instituto Nacional de Salud Pública.

Impacts Monitoring Group in the Congestion Charging Division of Transport for London, 2003. Impacts monitoring first annual report[R]. London: Transport for London.

JONES C, HARVEY A G, BREWIN C R, 2005. Traumatic brain injury, dissociation, and posttraumatic stress disorder in road traffic accident survivors[J]. Journal of Traumatic Stress, 18(3):181-191.

KHAYESI M, 2003. Liveable streets for pedestrians in Nairobi: The challenge of road traffic accidents[J]. In J. Whitelegg, & G. HaqEds., The Earthscan reader on world transport policy and practice. London: Earthscan:35-41.

KOEPSELL T, MCCLOSKEY L, WOLF M, et al, 2002. Crosswalk markings and the risk of pedestrian-motor vehicle collisions in older pedestrians[J]. Journal of the American Medical Association, 288(17): 2136-2143.

KRAUS J F, HOOTEN E G, BROWN K A,et al, 1996. Child pedestrian and bicyclist injuries: Results of community surveillance and a case-control study[J]. Injury Prevention, 2(3): 212-218.

LAZCANO-PONCE E, SALAZAR-MARTINEZ E, HERNANDEZ-AVILA M, 2001. Case-control epidemiological studies: Theoretical bases, variants and application [J]. Salud Publica de Mexico, 43(2): 135-150.

LIGHTSTONE A S, PEEK-ASA C, KRAUS J F,1997. Relationship between driver's record and automobile versus child pedestrian collisions[J]. Injury Prevention, 3(4):262-266.

MAYOU R, BRYANT B,2003. Consequences of road traffic accidents for different types of road user[J]. Injury, 34(3):197-202.

MUHLRAD N,1998. Vulnerable road users in urban traffic: Some conclusions of an OECD expert group[C]. Paper presented at the fourth World Conference on Injury Prevention and Control, Amsterdam.

PEDEN M, SCURFIELD R, SLEET D, et al. (Eds.), 2004. World report on road traffic injury prevention[R]. Geneva: World Health Organisation.

RAZZAK J A, LUBY S P, 1998. Estimating deaths and injuries due to road traffic accidents in Karachi, Pakistan, through the capture recapture method [J]. International Journal of Epidemiology, 27(5): 866-870.

ROBERTS I, NORTON R, 1995. Sensory deficit and the risk of pedestrian injury[J]. Injury Prevention, 1(1): 12-14.

ROBERTSON L S, 1992. Injury epidemiology[M]. New York: Oxford University Press.

ROTHMAN K J, GREENLAND S, 1998. Modern epidemiology [M]. 2nd ed. Philadelphia: Lippincott-Raven.

STEVENSON, M JAMROZIK K, BURTON P, 1996. A case-control study of childhood pedestrian injuries in Perth, Western Australia[J]. Journal of Epidemiology and Community Health, 50 (3)Z: 280-287.

TESTER J M, RUTHERFORD G W, WALD Z, et al, 2004. A matched case-control study evaluating the effectiveness of speed humps in reducing child pedestrian injuries[J]. American Journal of Public Health, 94(4): 646-650.

TINGVALL C, 1997. The zero vision[J]. In H. van Holst, A. Nygren, &R. Thord (Eds.), Transportation, traffic safety and health: The new mobility (8th ed.). Berlin: Springer-Verlag.

VINSON D C, ARELLI V, 2006. State anger and the risk of injury: A case-control and case-crossover study [J]. Annals of Family Medicine, 4(1): 63-68.

VINSON D C, MACLURE M, REIDINGER C, et al, 2003. A population-based case-crossover and case-control study of alcohol and the risk of injury[J]. Journal of Studies on Alcohol, 64(3): 358-366.

VON KRIES R, KOHNE C, BOHM O, et al, 1998. Road injuries in school age children: Relation to environmental factors amenable to interventions[J]. Injury Prevention, 4(2): 103-105.

WACHOLDER S, MCLAUGHLIN J K, SILVERMAN D T, et al, 1992. Selection of controls in case-control studies: I. Principles [J]. American Journal of Epidemiology, 135(9): 1019-1028.

WACHOLDER S, SILVERMAN D T, MCLAUGHLIN J K, et al, 1992a. Selection of controls in case-control studies: II. Types of controls[J]. American Journal of Epidemiology, 135(9): 1029-1041.

WACHOLDER S, SILVERMAN D T, MCLAUGHLIN J K, et al, 1992b. Selection of controls in case-control studies: III. Design options[J]. American Journal of Epidemiology, 135(9): 1042-1050.

WANG S Y, CHI G B, JING C X, et al, 2003. Trends in road traffic crashes and associated injury and fatality in the People's Republic of China, 1951-1999[J]. Injury Control and Safety Promotion, 10(1-2):83-87.

WATT K, PURDIE D M, ROCHE A M, et al, 2004. Risk of injury from acute alcohol consumption and the influence of confounders[J]. Addiction, 99(10):1262-1273.

WELLS S, MULLIN B, NORTON R, et al, 2004. Motorcycle rider conspicuity and crash related injury:Case-control study[J]. British Medical Journal, 328(7444):857.

WINTEMUTE G J, KRAUS J F, TERET S P, et al, 1990. Death resulting from motor vehicle immersions: The nature of the injuries, personal and environmental contributing factors, and potentialinterventions[J]. American Journal of Public Health, 80(9): 1068-1070.

YU J M, WANG Y C, CHEN F, 2005. A case-control study on road related traffic injury in Shanghai[J]. Zhonghua Liu Xing Bing Xue ZaZhi, 26(5):344-347.

第4章 自评报告的工具和方法

蒂莫·拉朱宁,蒂尔克尔·奥兹坎(Timo Lajunen and Türker Özkan)
土耳其,安卡拉,中东技术大学(Middle East Technical University, Ankara, Turkey)

4.1 简介

近几十年来,在交通方面的社会心理研究大幅增加。自评报告的受欢迎程度也在增加。例如,在SCOPUS进行文献检索(2010年10月15日),2000—2009年间"问卷"(Questionnaire)关键词的搜索量是1990—1999年间的3倍。由于社会心理研究主要基于自评报告,所以在社会心理因素方面增加的研究兴趣也导致研究者越来越多地使用自评报告的方法。

自评报告的方法种类较多,包括问卷调查、访谈、重点人群(Basch、DeCicco和Malfetti,1989;Kua、Korner-Bitensky和Desrosiers,2007)以及驾驶日记(Gulian、Glendon、Matthews、Davies和Debney,1990;Joshi、Senior和Smith,2001;Kiernan、Cox、Kovatchev、Kiernan和Giuliano,1999)。所有这些不同的自评报告的共同特点是:参与者意识到他们是在参加研究;他们被要求主动回答或多或少的结构化问题;他们的反应被视为"表面效度",答案是根据回答而不是根据响应时间或其他行为或生理测量来评分和分析的。在自评报告中,以这种方式反馈的内容被认为反映了受访者的现实状况。

自评报告,尤其是问卷,有很多优点。与其他研究相比,这类方法通常比使用检测车辆数据或仿真设备便宜,可以提供比观测更详细的信息,还可以覆盖大量人群。样本的代表性容易建立,驾驶人的统计数据可以直接测量。此外,资料和测量的可信度可以很容易地用标准统计数据评估。由于样本大,可以进行复杂和详细的统计分析。以自评报告为基础的调查研究的优势是显而易见的。然而,利用自评报告进行规划研究时,还应该考虑一些严重的缺点。本章讨论了在交通研究中使用调查方法可能出现的问题。问题集中于问卷研究,因为问卷调查是最常应用的研究方法,下面的概述是一个很好的例子。驾驶日记、日志、访谈和问卷调查有相同的问题,但也有各自的严重问题。因此,本章集中讨论自评报告的问卷。大多数的例子来自驾驶行为问卷(DBQ)的文献,因为DBQ(Reason、Manstead、Stradling、Baxter和Campbell,1990)是一种使用最广泛的、用于测量驾驶行为的工具,可以提供良好的示范材料。但是请注意,大多数与DBQ相关的问题是基于自评报告的道路行为测量的严重问题。

4.2 自评报告可用于哪种交通调查

文献检索表明,自评报告的方法已被用于各种各样的研究,包括态度、观点、信念、情感、认知过程和行为,基本上涵盖了驾驶过程的任何方面。对于许多研究目的(用于测量态度、信念和意见)来说,虽然认为自评报告可能是最合适的工具,甚至是唯一的工具,自评报告还是经常被误用,特别是有关过去的交通事故、险情、里程数和驾驶人驾驶行为的自评报告可能会产生误导性或导致偏见。

4.2.1 驾驶的两个组成部分:驾驶表现和驾驶行为

驾驶可以看作是由两个独立的部分组成的:驾驶技能和驾驶风格(Elander、Westt 和 French,1993),也称为驾驶表现和驾驶行为(Evans,1991)。驾驶技能包括信息处理技能和可能通过实践训练,也就是驾驶经历提高的运动技能(Elander 等,1993)。除了学习,驾驶相关技能可以被认为是受驾驶人的通用信息处理能力影响的。有时候,驾驶人处理信息的能力会暂时性地下降(比如酒后驾驶)或是永久性地丧失(比如阿尔茨海默病)。

驾驶任务被描述为有几个不同层次的结构组织的技能活动(Summala,1996)。这些层次从下到上包括:控制(操作)、操控(指导)、规划(导航)(Michon,1985;Van Der Molen 和 Botticher,1988)。在开始时,所有的这些功能都需要有意识地控制,但随着更多的实践和驾驶经验的积累,这些功能逐渐变得自动化(Summala,1987)。在这个学习的过程中,基本的运动技能可以迅速获得,而感知能力的发展是缓慢的。例如,新驾驶人很快就学会使用手动挡和离合器,但是学习和掌握搜索车道的周边视觉能力却很慢(Mourant 和 Rockwell,1972)。在这些自评报告的测量中,重要的是要明白,驾驶人没有意识到他们驾驶时进行的大多数是自动化的行为。

驾驶风格涉及个人的驾驶习惯,也就是驾驶人选择的驾驶方式。驾驶风格是经过多年积累形成的,但不意味着会随着驾驶经验的增加变得更安全(Elander 等,1993)。在驾驶实践中更多地接触各种交通状况能提高技能,也增加了驾驶的主观控制意识,减少对安全的关注,形成习惯性的驾驶能力(Näätänen 和 Summala,1976;Spolander,1983;Summala,1985)。事实上,有研究称,一些与安全相关的技能,如视觉扫描模式和保持足够的安全余量,是无法得到改善的,甚至可能随着驾驶学习的结束,或是因没有及时获得驾驶反馈而恶化(Duncan、Williams 和 Brown,1991)。即便是主要集中于有预见性的安全导向性驾驶习惯的特定的防御性驾驶课程,也没有对驾驶人发生交通事故的情况造成影响(Lund 和 Williams,1985)。因为驾驶是某种程度上的"自律"的任务,驾驶人可以确定自己的误差范围,驾驶风格可以反映驾驶人的个性特征、态度、动机。此外,动机因素和"额外的动机"在驾驶安全性方面的影响比其他一些因素更显著(Näätänen 和 Summala,1976)。例如,年轻男驾驶人比年轻女性驾驶人更频繁地冒不必要的风险(Evans,1991)。驾驶人至少可以有意识地采取安全驾驶风格,给自己更大的安全余量,部分地降低主观事故风险(Näätänen 和 Summala,1976;Summala,1980)。

图 4-1 显示了驾驶技能(驾驶表现)和驾驶风格(驾驶行为)与相关的错误、安全余量和交通事故的关系。在这个模式下,错误和安全余量是行为和技能成果。"驾驶技能"(驾驶表现)通路(虚线箭头)介绍了暴露在各种交通情况下的与驾驶技能相关的驾驶经验如何决定了驾驶人的错误概率。"驾驶风格"通路描述了与驾驶经验、性格因素、态度和信仰及生活方式相关的驾驶风格(或驾驶行为),反过来又影响安全系数的大小;驾驶风格风险越大,驾驶人的安全余量越小。最后,频繁的驾驶错误源于缺乏技能,加上较小的安全余量,导致更

大的事故风险。与交通事故相关的心理因素的文献表明,驾驶技能和驾驶风格与车辆的风险相关(Elander 等,1993)。驾驶人有最强的能力并不一定能预测事故,相反,驾驶在曲线道路上,也不是只有恶劣的驾驶态度才会直接导致事故。因为驾驶是一个自我节律的任务,驾驶人自己完全可以决定任务的要求。一个危险的驾驶人实际是选择的驾驶任务太难,以至于超出了其能力范围。因此,有效的安全对策应包括驾驶技巧和驾驶风格两部分,而且两部分应被视为相互关联的。

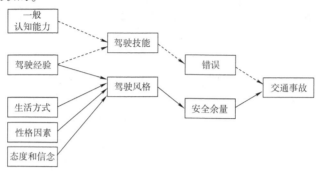

图 4-1　交通事故的两种途径

4.2.2　用自评报告测量驾驶人的行为与表现:驾驶人行为问卷和驾驶人技能表现

在一些文献中,驾驶技能(表现)和驾驶风格(驾驶人行为)的测量已经利用了自评报告的方法。我们也相信,自评报告是更适合驾驶行为研究的方法。主要原因如下。

首先,驾驶人的行为是指驾驶风格,驾驶人都更倾向于使用其日常的驾驶方式;他们在大部分情况下可以意识到自己的优选的速度、与前车的间隔距离和规则。驾驶人的驾驶技能意识可以被认为是一个较简单的过程,在这个过程中的基本运动与知觉过程是自动的、不需要注意的。相比于新驾驶人,有经验的驾驶人可能更少意识到自己技能,只有在要求特别高的情况下才需要有意识地控制汽车。例如,在学习驾驶的早期阶段,换挡成为自动的技能,因此,有经验的驾驶人不会意识到其换挡技能水平。

其次,驾驶人的驾驶行为通常包括在遵守道路法规的情况下驾驶或按照不成文的规范驾驶。例如,超速和酒后驾车属于违反交通法规与社会规范的驾驶行为,粗鲁或攻击性驾驶可能不违法但仍然违反社会规范。由于大多数驾驶行为的这种规范性特点,驾驶人实际上知道理想的规范行为是什么,并可以将自己的行为与这些规范进行比较(例如尽量以略高于最低限速的速度驾驶)。与驾驶人的行为不同,通常很难确定驾驶的"技能规范",驾驶人大多不知道自己的技能水平。只有当一个错误导致一些负面的后果时,驾驶人才可能意识到自己技能的不足,比如出交通事故或者因为驾驶人选择了一个错误的挡位而导致汽车发动机熄火。由于高意识水平和绝对规范的存在,自评报告更适合对驾驶人行为的研究,而不适用于对驾驶人表现的研究。当然,他们的驾驶技能可以通过自评报告的观点来研究,但用自评报告直接测量真实驾驶技术几乎是不可能的。

通过比较驾驶人行为问卷(DBQ)和驾驶人技能问卷(DSI),可以很好地证明自评报告在测量驾驶技能(表现)和驾驶人行为方面的问题。DBQ 是基于反常行为的理论分类法(Reason 等,1990)。错误和违规行为之间的主要区别是基于这样的假设:它们有不同的心理起源,需要不同的补救模式(Reason 等,1990)。错误是认知处理问题的结果,而违规则包括动机成分和背景要求。Reason 等将错误定义为"计划中的行动未能达到预期的结果"(第1315 页),并将其区分为疏忽和失误。违规是指"故意偏离那些被认为有潜在危险的系统维持安全运行所必需的做法"(第1316 页)。在他们关于 DBQ 的第一项研究中,Reason 等发现,驾驶人的错误和违规是两类不同的经验行为,包括三个因素(故意违规、危险的错误和"愚蠢"的错误)。后来,Parker、Reason、Manstead 和 Stradling(1995)证实了 DBQ 的三因素结构。自 Reason 等(1990)的原始文章发表以来,DBQ 已经成为用自评报告测量驾驶行为的较为广泛使用的方法之一。De Winter 和 Dodou(2010)进行了一项元分析,报告了 174 项研究,其中使用了 DBQ 的原始形式或修改形式。跨文化研究已经证明了错误和违规之间差异的普遍性(Lajunen、Parker 和 Summala,2004;Özkan、Lajunen、Chliaoutakis、Parker 和 Summala,2006)。错误和违规的区别似乎也是不随样本变化的,因为它已经在不同的驾驶人群体中被发现,如职业驾驶员、摩托车骑行者、交通违法者、缓刑驾驶人、父母与子女的组合、年轻女性和老年驾驶人(de Winter 和 Dodou,2010)。

表4-1 列出了6 国研究中的 DBQ 项目(简写为19 个项目的形式)。根据定义,错误项目包括驾驶人犯错的项目,也就是说,这些行为不是故意的,尽管后果可能很严重。这些错误项目主要描述的是驾驶人的注意力分散或感知错误(如"没有看到行人横过道路"和"错过'让行'标志")或车辆操作错误(如"在湿滑的路上紧急制动")。其他版本的 DBQ 也包括失误,主要涉及遗忘,这些失误令人尴尬但不危险(如"忘记把车停在哪里")。因此,每一个错误项目都要求驾驶人:①注意到他或她犯了一个错误;②在后期被提问时,回忆起这个错误。关于注意力或记忆错误的自我报告的矛盾之处在于,大多数错误都没有被注意到。DBQ 失误和错误量表要求健忘的驾驶人回忆他或她的错误,而他或她可能根本就没有注意到或者忘记了。正如 Bjørnskau 和 Sagberg(2005)准确指出的,"无意识的错误可能很难记住,正是因为它们是无意识中犯下的"(第137 页)。我们可以假设,在驾驶过程中容易遗忘和出现认知障碍的驾驶人(如老年驾驶人和有轻微阿尔茨海默病的驾驶人)在回答 DBQ 等自我报告时,也很难记住自己的错误。DBQ 只是一个例子,还有几个要求更高的量表可用来测量驾驶人的认知能力。

芬兰(FIN)/英国(GB)/希腊(GR)/伊朗(IRN)/荷兰(NL)/土耳其(TR)在控制年龄、里程、性别的影响后的 DBQ 项目方法和方差分析结果　　　　表4-1

DBQ(项目)(项目序号)	FIN	GB	GR	IRN	NL	TR	$F_{7,1452}$
攻击性违规	0.78	0.86	1.66	1.33	0.67	1.20	40.69***
用鸣喇叭表示不满(03)	1.00	1.29	2.39	1.75	1.07	1.89	40.73***
生气、追逐竞驶(11)	0.71	0.32	0.56	1.17	0.18	0.61	31.61***
厌恶、表示敌意(17)	0.64	0.96	2.06	1.09	0.76	1.12	38.16***
一般的违规	1.12	1.20	0.88	1.21	1.19	0.94	11.33***
强行插队驶去(06)	0.34	0.99	0.62	0.79	0.54	0.58	16.77***
在住宅区的道路上无视限速规定(07)	2.51	1.69	1.18	2.12	1.88	1.44	29.52***
最后一刻驶入(12)	0.49	0.60	0.47	1.15	0.73	0.64	15.81***

续上表

DBQ(项目)(项目序号)	FIN	GB	GR	IRN	NL	TR	$F_{7,1452}$
从外侧超车(13)	0.32	0.86	0.89	1.45	1.03	1.42	35.20***
绿灯抢行(14)	1.35	1.31	1.04	0.84	1.66	0.83	17.03***
紧密跟随(15)	1.40	0.92	0.85	1.21	0.82	0.68	18.12***
使用远光灯(16)	1.09	0.85	0.66	0.77	0.55	0.63	10.30***
无视高速公路的限速(19)	2.16	2.41	1.31	1.35	2.31	1.29	35.53***
错误	0.53	0.52	0.62	1.02	0.56	0.73	35.31***
排队时几乎碰到前面的车辆(05)	0.62	0.68	0.59	1.12	0.55	0.67	13.80***
看不到行人横过道路(02)	0.80	0.47	0.67	1.10	0.59	0.63	17.73***
忘记检查后视镜(04)	0.80	0.77	0.54	1.15	0.94	1.50	15.03***
在湿滑路面紧急制动太快(05)	0.59	0.69	0.67	0.83	0.66	0.83	3.39**
右转时差点撞上骑自行车的人(08)	0.22	0.30	0.51	0.95	0.39	0.45	28.32***
无视"让行"标志(09)	0.26	0.25	0.60	0.86	0.32	0.47	22.89***
试图超过一些左转的车辆(10)	0.23	0.24	0.51	0.74	0.34	0.48	16.65***
低估对面来车的速度(18)	0.74	0.75	0.84	1.45	0.67	0.81	23.34***

注：*表示 $p<0.05$；**表示 $p<0.01$；***表示 $p<0.001$。

DSI(Lajunen 和 Summala, 1995)提供了另一个通过自评报告来测量驾驶人技能(或错误)的例子。然而，DSI 实际上并不测量技能，而是测量驾驶人的技能和安全取向。驾驶人被要求通过指出他们在驾驶方面的优势和劣势来评价自己。因此，外部标准(与"其他驾驶人"相比)或绝对标准(错误频率)被内部比较所取代。表 4-2 描述了芬兰、希腊、瑞典和土耳其的 DSI 知觉运动技能和安全技能项目以及项目平均值。这些项目并不测量驾驶人的绝对技能水平或安全行为的倾向性，而是测量其取向，即被调查者认为自己是一个(在感知运动技能方面)熟练的还是一个安全的(遵守规则和避免风险的)驾驶人。在早期的研究中，安全取向(安全技能的高分)是交通事故的有力预测因素，而强调感知运动技能则与交通事故风险的增加有关。在 Lajunen、Parker 和 Stradling 的研究中(1998)，安全技能甚至可以缓冲驾驶人的愤怒对违章行为的影响。DBQ 和 DSI 的比较表明，使用自评报告工具直接测量驾驶技能或错误是非常困难的，而且可能不可靠。然而，自评报告可以可靠地用于测量驾驶人对其技能的看法或意见。尽管记住个别错误是很困难的，但驾驶人通常对自己有一个大致的概念，这可以通过自评报告工具来测量。

芬兰(FIN)/瑞典(SWE)/土耳其(TR)和希腊(GR)的 DSI 项目和方法　　表 4-2

DSI 项目(项目序号)	FIN	SWE	TR	GR	$F_{3789-795}$
感知的机动车技能	3.73	4.07	3.84	3.90	5.46***
流畅驾驶(1)	3.50	3.76	3.86	3.87	8.75***
在交通流中感知到危险(2)	2.77	3.39	3.45	3.58	29.86***
车辆打滑时的操控(4)	3.50	3.70	3.65	3.39	6.37***
预测前面的交通状况(5)	3.38	3.75	3.87	3.62	14.11***

续上表

DSI 项目(项目序号)	FIN	SWE	TR	GR	$F_{3789-795}$
在特殊的交通状况下知道如何处理(6)	3.02	3.65	3.46	3.56	16.42***
在交通拥挤时熟练地变道(7)	3.51	4.09	4.07	3.81	23.08***
控制车辆(10)	3.29	4.23	4.05	3.56	24.56***
在一个陡坡上起动车辆(13)	3.19	3.93	3.93	3.68	31.30***
超车(14)	2.30	2.80	3.42	3.09	5.46***
在狭窄的地方倒车(20)	3.73	4.07	3.84	3.90	5.46***
安全技能					
在一辆慢行车辆后面驾驶不会失去耐心(3)	3.11	2.39	3.05	2.79	14.94***
在令人愤怒的情况下保持冷静(9)	3.29	3.13	3.32	3.34	1.36
保持足够的跟车距离(11)	3.87	3.48	3.81	3.59	7.24***
遵守限速规定(16)	3.60	2.75	3.59	3.30	25.38***
避免不必要的风险(17)	3.89	3.73	3.87	3.69	2.53
平静地对待其他驾驶人的错误(18)	3.15	2.96	2.90	3.58	20.02***
小心遵守信号灯驾驶(19)	4.04	4.30	4.18	4.15	2.77*

注:*表示 $p<0.05$;**表示 $p<0.01$;***表示 $p<0.001$。

正如前面提到的,违法行为的定义是故意偏离安全驾驶规范,违反了交通规则或规范却得到一些好处,如节约出行时间(例如在外侧车道超过慢车)、感觉自己有能力从而得到心理上的满足(例如与信号灯比赛和超速)或泄愤(例如鸣喇叭表示敌意)。而错误是无意中偏离安全做法,违法行为则包括故意违反社会规范、道路法规和安全做法等。让"违规驾驶人"诚实报告其违反交通规则的行为一般来说是 DBQ 和自评报告的第二个悖论:我们假设在出行中违背了社会规范的人会尊重自评报告的真实性要求。更有可能的是,不尊重一般交通规则和规范的驾驶人在填写自评报告时也不会完全诚实。DSI 再次采用了不同的策略来评估驾驶人的违规倾向。几个感知运动技能项目实际上是对违章倾向的反向测量(例如,"在令人愤怒的情况下保持冷静""遵守速度限制"以及"避免不必要的风险")。这些项目的积极措辞可以认为是为了让受访者更愿意诚实回答这些问题。在 DSI 中,驾驶人对自己的感知运动技能和安全技能进行比较。DSI 的结构鼓励驾驶人承认一些"弱点",而他或她可以在驾驶的其他方面表现出色。在 DBQ 中使用自评报告作为对行为的直接测量是有问题的,而且可能有偏差,而在 DSI 中则充分使用了自评报告。

4.3 交通事故、未遂交通事故和里程的自评报告

到目前为止,自评报告已被证明只可以用于测量驾驶的某些方面。虽然它无法充分衡量驾驶人不愿意诚实报告的无意识过程或是违反规范的驾驶行为,但自评报告在记录驾驶人的态度、技能的自我评估和想法方面还是有一定效用的。有趣的是,大多数驾驶人行为的自评报告是以其风险程度,即造成一起严重事故的潜在可能性来评估的。于是,交通事故风险似乎是驾驶人行为的最终标准,因此,任何客观的或自评报告中说明的过去的交通事故,

都可以作为安全驾驶的标准。

4.3.1 交通事故自评报告

在大多数对道路交通事故风险个体差异的行为相关性研究中,驾驶人过往交通事故情况(事故次数和/或严重程度)被视为评判安全与否的标准。这些交通事故数据来源于驾驶人的自评报告或官方统计数据。然而,这两类数据不可避免地存在制度性和随机性误差,因此都失之偏颇(Elander 等,1993)。让驾驶人报告交通事故的优点是,轻微交通事故也将被记录。此外,由于驾驶人可能被问及更具体的问题,因此驾驶人的自评报告通常比官方报告更详尽。然而,通过对比自评报告和官方记录可以看出,自评报告中存在少报交通事故的情况。

McGwin、Owsley 和 Ball(1998)研究了自评报告和官方记录在识别涉事老年驾驶人方面的一致性。结果表明,自评报告和官方记录在这方面保持中等水平的一致性。然而,官方记录与自评报告在个人特征(年龄和种族)、驾驶情况(年驾驶公里数和每周的驾驶天数)、视力损伤情况等方面存在明显差异。作者断定,旨在确定老年驾驶人交通事故风险因素的研究,特别是利用自评报告识别涉事老年驾驶人时,要认真考虑案例的定义问题。

鉴于 McGwin 等(1998)关于老年驾驶人交通事故自评报告和官方报告一致性的调查研究,Boufous 等(2010)研究了澳大利亚新南威尔士州 2991 名年轻驾驶人的道路交通事故和交通违法行为自评报告的准确性。参与者完成了追踪调查问卷,问卷问及参与者最近一年是否发生道路交通事故或被认定犯有交通肇事罪。将这一信息与警察的交通事故数据相关联,结果显示,年轻驾驶人的自评报告在警方备案的道路交通事故和交通违法方面的准确性非常高。作者认为,在估计年轻驾驶人道路交通事故和交通违法行为的发生率方面,调查可能是非常有效的手段。McGwin 等和 Boufous 等的不同研究结论表明,在自评报告的准确性方面,老年驾驶人不及年轻驾驶人。因此,在选择交通事故记录方法时也应考虑到样本特征。

交通事故自评报告很容易因有意、无意的错误陈述而失实(Elander 等,1993)。无意识的错误陈述产生的原因可能是驾驶人对应报交通事故的规定有着不同的理解,也可能仅是因为遗忘。在 Lofrus(1993)的研究中,14%的人在一年内会淡忘导致他们受伤的交通事故。在一次系列研究中,Maycock 和同事让驾驶人报告过去 3 年发生的交通事故,结果发现遗忘率高达每年 30%(Maycock,1997)。造成严重伤害的交通事故的遗忘率(14%)比造成轻微财产损害的交通事故遗忘率要低得多。当回顾过去 3 年交通事故时,越近期的交通事故报告越多,越远期的交通事故报告越少(Maycock,1997)。基于这些研究,Chapman 和 Underwood(2000)得出结论,"有理由怀疑,严重交通事故也可能被正常驾驶人在一年这样短的时间内遗忘"(第 33 页)。他们还指出,轻微交通事故被遗忘的概率更高。

虽然交通事故自评报告看起来多少存在问题,其准确性似乎取决于各种因素(例如报告周期、参与者年龄以及开展调查的方式),但来自警方、医院、保险公司的交通事故记录也表现出很多不足。遗忘、各种交通事故的定义及故意报告或少报个人的典型特点并不会扭曲官方交通事故记录,但是官方记录有些其他的局限性。其一,公安部门和保险公司的交通事故报告不会报告微小的财产损失。其二,一些群体,如老年驾驶人群体比重过大,原因与他们的交通事故风险无关(Elander 等,1993)。比如,老年驾驶人在医院的官方数据中占据比重过高,因为跟年轻人比,他们受伤和死亡的概率更高。同样,因为受伤概率不同,当比较男性和女性时,同样存在这样的统计现象(Evans,1991)。

　　Arthur等(2005)进行了两年多的后续研究,评定了自评报告集和交通事故牵涉档案。结果证实,在阶段1和阶段2,自评报告和档案数据间缺乏衔接。而且,与州记录相比,自评报告数据包含了更大的交通事故范围(交通事故数量和罚单更多)。Anstey、Wood、Caldwell、Kerr和Lord(2009)得出了相似结论。他们鉴定了488个本地69~95岁居民参与者的自评报告,评定了它们与州报告间的联系。交通事故历史报告来自州记录(5年回顾性记录和12个月前瞻性记录)、回顾性自评报告(5年)和前瞻性的月受伤记录(12个月)。与Arthur等的研究一样,受访者报告的交通事故数量大于官方数据:在过去5年中,22.3%的受访者报告了一起交通事故,10.0%的人在过去12个月的随访期中报告了一起交通事故。然而根据官方数据,过去5年中3.2%的样本有过交通事故记录,0.6%在过去的12个月的随访期中有交通事故记录。作者总结说,应该慎用州级交通事故记录作为驾驶研究的结果指标,并建议最好采用5年内的回顾性的交通事故自评报告。

　　除了年龄和性别偏见以及轻微交通事故的遗漏,官方报告记录不一定总是可用的,因为存在数据保护法案导致的数据隐私问题,而且交通事故记录时间也可能有所限制,同时,很难得到当事人在事故中的作用信息(如责任)。交通事故自评报告研究和州记录显示,两种记录方式互有优缺点。总的来说,似乎记录交通事故的最好的自评报告方式是5年内的回顾性自评报告。报告时间越短,因为遗忘导致的偏差就越小。如果可能,自评报告应该用于补充州报告的不足。

4.3.2　未遂交通事故险情的自评报告作为安全驾驶的准则

　　交通事故回忆间隔时间越长,遗忘率越高。我们认为,当人们询问轻微交通事故的细节时,严重交通事故(比如之前一年的)的自评报告是最好的估计。然而,交通事故,尤其是严重交通事故并不经常发生。而交通事故研究必须有大量的研究案例,大多数情况下不可能获得很多案例。解决办法之一就是记录频繁发生的未遂交通事故(Chapman和Underwood,2000),因为在不太理想的情况下,未遂交通事故可能导致交通事故。显然,对于总体安全评价来说,未遂交通事故是极好的衡量标准。

　　Chapman和Underwood比较了80个受访者在一年中7000次乘小汽车出行的回忆和报告。这些记录包含了超过400个险情报告。结果证明人们会迅速遗忘未遂交通事故。超过2周之后,估计有80%的交通事故再也不会被报告。若险情很严重,或者被访者负事故的主要责任,遗忘率就低一些。Chapman和Underwood的研究表明,由于未遂交通事故比真实交通事故发生率高,数据分析时更易使用。但由于高遗忘率,它是不可靠的风险衡量标准。驾驶日记技术可以极好地记录未遂交通事故。驾驶人可以在数周内记录险情。由于未遂交通事故发生后会被尽快记录,此时遗忘率极低,因此被记录下来的数量会很多。

4.3.3　行驶里程数和驾驶经验的自评报告

　　行驶里程数是检测驾驶人行为的一个重要衡量因素之一。一生中总驾驶里程数或者年行驶里程数及风险类型是极其重要的变量,因为里程数(和驾驶时间)极大地决定一个驾驶人卷入交通事故的可能性。此外,驾驶人的某些特性可能导致特定形式的驾驶行为,从而可能影响某种类型交通事故的责任(Elander 等,1993)。

4.3.3.1 行驶里程数、暴露和交通事故牵连

根据持续报道,总行驶里程与交通事故牵连有关(French、West、Elander 和 Wiling,1993;Quimby 和 Watts,1981),这可能仅是由更多的暴露造成的。这意味着与每年驾驶里程数少的人相比,经常在路上驾驶的人更多地暴露在危险中(Summala,1996)。除了对交通事故牵连的单纯影响,总行驶里程数对驾驶方式和安全有着更复杂的影响。据报道,行驶里程数和交通事故的关系不是线性的,而是呈负加速度曲线关系,行驶里程数越高,交通事故率的增长越小(Maycock,1997)。在驾驶人驾驶生涯的初期,高行驶里程数意味着危险概率和交通事故牵连可能性的增加。但是对于有经验的驾驶人,高行驶里程数并不会相应地导致交通事故数量的增加(Evans,1991;Maycock,1997)。对此结果的可能的解释是,年行驶里程数高的驾驶人大多选择相对安全的道路(Elander 等,1993)。行驶里程数低的人更倾向于在拥堵的双向道路上增加行驶里程数(开车),这种道路没有通行限制。然而高行驶里程数的驾驶人主要选择在高速公路或其他多车道道路上行驶,这样的路有通行限制。因为驾驶更简单,而且在高速公路上单位行驶距离交通事故率更低,超过一定程度后,一个人驾驶的里程数是另一个人的一半,预计其交通事故数会大大超过另一个人的一半(Janke,1991)。此外,对于行驶里程数远远大于平均数的驾驶人,驾驶技能来自大量的练习和对驾驶的兴趣。比起经验一般的驾驶人,年行驶里程数高的驾驶人的驾驶方法可能更加安全,尽管据报告行驶里程数和更高的驾驶速度有关系(Wilson 和 Greensmith,1983)。

行驶里程数对驾驶方式和交通事故的影响主要取决于经常行驶的公路状况(高速公路/乡村公路及道路交通流量)、季节(冬天/夏天)、路上驾驶时间(白天/夜晚)、驾驶目的(工作/休闲)等,它们都会影响牵涉交通事故的可能性和驾驶习惯。在研究驾驶方式时,我们必须付出特别的努力来测定这些与驾驶暴露有关的因素。因为经过调查,暴露可能与心理差异有关。忽视驾驶经验以及暴露的作用会提高误差方差,并减少心理变量与交通事故频率间的真实关联(Elander 等,1993)。

4.3.3.2 利用自评报告来测量驾驶里程数

在驾驶行为的研究中,传统的做法通常是根据驾驶日记和问卷来评价驾驶里程数,驾驶日记和问卷都是基于自评报告的。在某种程度上,自评报告的里程数和自评报告的交通事故一样,均有问题且有偏颇之处。有几项研究质疑了自评报告的准确性,并建议用行车记录仪数据代替自评报告(Blanchard、Myers 和 Porter,2009)。虽然很显然行车记录仪可以提供更加公正、准确的行驶记录,但它的有效性仅局限于某些研究。比如,当研究人群的范围很大时,不可能直接记录驾驶频率和驾驶里程。此外,很多研究需要参与者匿名,因此,研究者不能直接测量。

虽然自评报告的驾驶里程数和自评报告的交通事故有共同的问题(例如驾驶人忘记报告一些行驶轨迹),但自评报告的驾驶里程数比自评报告的交通事故更加公正,原因有以下几点。交通事故是单一的事件,但是驾驶里程数估计是持续的,交通事故自然更容易评价。然而,交通事故令人尴尬甚至不堪回首,没有人愿意回忆;而驾驶里程数是相对中立的事件。而且,比起记录交通事故牵涉情况,记录驾驶过程的技术更完善。驾驶人能够报告终生驾驶

里程、某段时间(几年、几个月、几周、几天)内的驾驶里程、几天内或几次行车的驾驶频率及行车形式(比如市区道路、高速公路和夜间驾驶)。他们可以把终生驾驶里程数和其他客观准则联系起来,比如汽车所有权和使用频率。

Smith 和 Wood(1997)做了一项研究。员工被要求回忆个人在过去 6 个月或 8 个月间的差旅。他们研究了这些差旅和花费。在 6 个月内,27.3%的汽车出行似乎被忘记,在 8 个月内这个比例上升到 34.8%。注意,虽然出行频率可以用于估计里程,但比起个人年度或月度驾驶里程报告,它可能更容易被忘记。因为相比于一般的驾驶次数,驾驶人更可能忘记某次出行。

Staplin、Gish 和 Joyce(2008)及 Langford、Koppel、McCarthy 和 Srinivasan(2008)研究了驾驶工作量和交通事故的关系:年驾驶里程越低,单位距离交通事故率越高。根据这些研究,对于那些自评报告驾驶里程数极低或极高的人来说,有一个明显的错误估计模式,这导致了对自评报告方式的严重质疑,特别是当使用极端驾驶里程估计时。两项研究均表明,最高驾驶里程的驾驶人高估了驾驶里程数,而最低驾驶里程的驾驶人低估了驾驶里程数,低估同时也与高频率的短途出行形式有关。在两项研究中,都强调需要客观的暴露而不是自评报告的暴露。

研究似乎表明,只要依赖比如基于 GPS 的行车记录,不使用自评报告是防止偏差最好的方法。但是对很多调查研究来说这不可能实现,因此,减少自评报告偏差的最好办法是尽可能多地使用驾驶里程估计。比如可以询问年度或月度驾驶里程数、驾驶频率(单位时间的出行次数),或者可以询问长途出行的比例,最终的估计值是基于几个自评报告的指标。

4.4 驾驶自评报告的效度

效度简单地说就是一个测试(或者自评报告)在大多程度上测量了它所要测量的东西。传统上,验证方法分为评估测量效度的技术和评估基于测试分数的决策效度的技术。第一种验证方法包括内容和结构验证策略,其目的是调查测试的内容是否充分,以及与其他类似测试和测量的相关性是否表明测试的结构得到了经验证据的支持。第二种验证方法提供了调查与标准有关的效度工具,即测试分数与标准之间的相关性。交通领域研究中的自评报告测量与通常的心理学和教育测量没有区别。因此,同样的标准可以用来评估测量的效度。

在评估效度之前,测试分数必须显示出一定程度的信度。信度是指测量的一致性,可以使用不同的策略进行评估,包括评估内部一致性的分半法和 α 信度,以及评估分数随时间变化的稳定性的测试(包括平行表格信度)。因为信度是效度的前提,所以在计算任何效度系数之前,必须成功完成信度分析。因为测试的信度取决于测试的长度(项目的数量)、项目的质量和样本,因此信度是测试的一个非常技术性的特征,在国际同行评议的期刊上发表的测试通常显示出足够的信度。

4.4.1 评价驾驶自评报告工具的信度和效度:驾驶人行为问卷

DBQ(Reason 等,1990)提供了一个很好的例子,证明了一个测试的效度是如何在交通研究中得到验证的。Özkan 及其同事的两项研究(Özkan 等,2006;Özkan、Lajunen 和 Summala,

2006)被用来证明如何评估自评报告工具的信度和效度。

4.4.1.1 信度

几乎所有的 DBQ 研究都报告了 DBQ 量表的内部信度。一般的发现是,违规和错误量表都显示出足够的信度(内部信度系数通常约为 0.80)。当错误量表被分为危险错误和不危险的"愚蠢"错误时,并且违规量表被分为普通违规和攻击性违规时,信度往往比较低。比如,在 Ozkan、Lajunen 和 Summala(2006)的研究中,错误和违规的 α 信度分别是 0.84 和 0.83。当错误被分为漏洞和疏忽,违规被分为普通违规和攻击性违规时,漏洞的 α 信度是 0.81,疏忽是 0.67,普通违规是 0.79,攻击性违规是 0.74(Ozkan、Lajunen 和 Summala,2006)。α 系数的轻微下降并不意味着信度低,但是反映出量表中项目数量直接关系到信度系数的强度。

除了内部一致性(α 系数或分半信度系数),分数的时间稳定性表明了工具的信度。可以通过计算测试信度系数来评估分数随时间变化的稳定性,即计算第一阶段测试和第二阶段测试分数之间的相关性。分数之间的高相关性表明了高时间稳定性。由于测试信度分析需要对相同的驾驶人进行两次测试,因此报告重测信度的研究很少,特别是当测量之间的时间间隔很长时。Parker 等(1995 年)进行了一项调查,对 1600 名驾驶人的 DBQ 问卷结果进行了分析。在他们最初回答问卷的 7 个月后,80 名受访者再次完成了 DBQ。测试信度在错误方面为 0.69,在违规方面为 0.81,在失误方面为 0.75,这表明随着时间的推移信度相对较高(Parker 等,1995)。

Parker 等(1995)的研究中的重测样本量很小。后来,Özkan、Lajunen 和 Summala(2006)在 622 名驾驶人的样本中评估了 DBQ 的信度。两次测量之间的时间间隔为 3 年,这降低了受访者记住他们对 DBQ 项目最初回答的概率。错误的信度为 0.50,违规的信度为 0.76,整个量表的信度为 0.61(Özkan、Lajunen 和 Summala,2006)。基于 Parker 等(1995)和 Özkan、Lajunen、Chliaoutakis 等(2006)的研究,可以得出以下结论:首先,DBQ 量表,特别是违规行为的 DBQ 量表显示出足够高的时间稳定性;其次,错误量表的测试稳定性比违规量表低得多。这一发现可能并不表明错误量表的时间稳定性有问题,因为我们可以假设在新驾驶人中,错误分数应该随着里程数的增加而减少。年轻驾驶人驾驶得越多,经验越丰富,犯错的可能性就越小。对于老年驾驶人来说,情况可能正好相反,驾驶人的年龄越大,就越频繁出现与认知有关的错误。此外,稳定性得分的差异支持基于驾驶风格(驾驶人倾向于采用的驾驶方式)和驾驶技能的区分。驾驶人表现(少犯错)可以改善,但驾驶风格(违规)作为一种习惯性的驾驶方式却保持不变。

除了项目数量和质量,信度数据同时依赖样本特征。当研究一种文化中不同驾驶人群体(比如新驾驶人、老年驾驶人、职业驾驶员)的自评报告信度,或者来自不同国家的相似样本时,样本特征显得格外重要。Özkan、Lajunen、Chliaotakis 等(2006)调查 6 个不同国家(芬兰、英国、希腊、爱尔兰、荷兰和土耳其)DBQ 的信度时,从 6 个国家中一共选择了 242 名驾驶人,并根据年龄和性别分类。结果显示,量表的信度保持与英国原始数据处于同一水平。这一发现证明了 DBQ 的跨文化适用性。

4.4.1.2 内容效度

确定了该工具在研究人群中有合理的信度系数后,下一步就是评估测试工具的内容和构念效度。当测试提供了某个领域的充足样本时,就证明了内容效度(Guion,1997)。"充足样本"意味着自评报告测试的项目包含该领域所有相关话题,并没有其他不相关领域的话题。例如,DBQ 普通(非攻击性)违规行为应该包括所有最常见的,因而也是最有代表性的"故意偏离那些被认为是维持潜在危险系统的安全运行所必需的做法"的行为,但不包括具有攻击性动机的违规行为,因为这些行为属于 DBQ 攻击性违规量表。这种区分并不总是很清楚,因为有些行为,如"紧跟前车"或"强行并线",可能包含攻击性动机,但也可能是没有攻击性的违规。

评估内容效度的程序通常包括以下 3 个步骤:①描述内容域(如反常驾驶行为);②确定每个项目所衡量的领域(如反常行为的类型),如"在居民区道路上无视限速"衡量没有攻击性目的的违反道路交通法规的行为,"错过让行标志"衡量潜在的危险性"错误";③比较自评报告工具的结构和内容域的结构。因此,内容效度不能用指数来评价,而是基于理论模型和工具内容之间的定性比较。在这个过程中,自评报告测试项目(问题)要与理论建构进行比较。这个完整的建构和行为之间的关系体系被称为名义学网络(Cronbach 和 Meehl,1955)。这些详细的内容分析还没有被用于评估 DBQ,所以关于 DBQ 的内容效度问题仍然是开放的。我们只能说,DBQ 的危险但非故意的错误和故意的违规类型似乎与图 4-1 中的驾驶人行为表现(或风格技能)模型很匹配。这可以被认为是对内容效度的支持。

4.4.1.3 构念效度:内部和外部效度

鉴于内容效度表示自评报告工具在何种程度上"看起来应该如此",而构念效度则表明该工具在多大程度上"表现得应该如此"。内容效度的分析是基于定性比较的,而构念效度则是在工具与其他相关测量之间的相关模式符合理论预期时建立的。因此,构念效度包括收敛效度(测试与其他测量相同构造的测试相关)和判别效度(测试与理论上无关的测量不相关)。

构念效度包含因素结构和与其他测试有关的效度。规模构念效度通常是通过探索性或验证性因素分析评估。确定该测试是否测量有关构念的另一种可能性是进行实验研究,以同样的角度进行实验操作。例如,驾驶技能培训应增加驾驶人在 DSI 中的技能分数(Lajunen Summala,1995),但不包括安全技能。构念效度最常通过调查一次测试与早期类似工具的相关性来评估。在预期方向的高相关性表明了构念效度。在这种方法中,所有的构念都可以用不同的测量方法进行测量(包括应该有联系的和没有联系的)。在驾驶人行为中,这可能意味着自评报告、同龄人(比如配偶)的意见、在真实交通环境中的车内测试和模拟记录。如果使用不同的方法来测量相同构念的结论是相关联的,那么就表明这种构念是有效的。另一方面,用同一种方法来测量各种无关联的构念,则得出的结论也应该是不相关的。无关联的构念之间的相关性表明方法的正的偏差。

驾驶人社会需求度量(DSDS)表(Lajunen、Corry、Summala 和 Hartley,1997)展示了如何通过探索性因素分析来评估构念效度,以及如何用现有的测试收敛效度的标准工具来测验度量表的构念效度。遵循 Paulhus(1984)的理论,Lajunen 等认为社会需求是由两种要素组成的:自欺和印象管理。Lajunen 和他的合作者们制作了一个针对交通的社会需求度量表来控制在自评报告中的自欺和印象管理。研究者在澳大利亚和芬兰两地收集数据,最大限度地降低了文化偏见。探索性因素分析的结果表明,项目按照假设分为两个独立的因素,这可以作为构念效度的一个标志(表4-3)。

表4-3 澳大利亚(A)和芬兰(F)的DSDS项目样本

项目	F_1		F_2	
	A	F	A	F
驾驶人印象管理(DIM)				
我从不超速	0.49	0.65		
我从没想过开太快	0.55	0.56		
我从没在信号灯刚刚变红时开过去	0.45	0.63		
我一直遵守交通规则,就算我不太可能被抓住	0.71	0.67		
我一直和前面的车辆保持足够的距离	0.34	0.47		
就算没有交警,我也一直遵守限速规定	0.72	0.77		
我从不超速或超车时越过车道白色实线	0.42	0.55		
驾驶人自欺(DSD)				
我从来不知道怎么处理驾车过程中遇到的事			0.60	0.65
我从来不后悔驾车过程中做出的决定			0.60	0.60
我不在意别的驾驶人怎么看我			0.33	0.31
我一直深知在驾车过程中如何行事			0.91	0.77
遇到交通事故时,我总能保持冷静和理智			0.35	0.61	0.59

注:1.填表说明:"以下项目涉及你在不同情况下的驾驶,请评估你对每项陈述的认同度,从量表中选择一个数字"。
2.回答尺度:7分制,从"不真实"(1分)到"相当真实"(4分)和"非常真实"(7分)。
3.改编自Lajunen等(1997)。

第二,新制作的DSDS表的构念效度是通过计算理想响应的平衡清单(BIDR)(Paulhus和Reid,1991)的相关性来评估的,这种相关性可被用作制作DSDS表的模型。表4-4表明驾驶人印象管理(DIM)表与BIDR印象管理(IM)表之间的相关性比DIM与BIDR自欺(SD)表之间的相关性要强。而且,驾驶人自欺(DSD)与BIDR-SD之间的相关性比DSD与BIDR-IM的相关性要强。这在芬兰的数据中表现得尤为明显。这种相关性表明DSDS表具有足够的收敛效度和判别效度。

表4-4 基于澳大利亚和芬兰数据的DSDS和BIDR之间的关联系数

范围	DSDS-DIM	DSDS-DSD	DSDS	BIDR-IM	BIDR-SD
DSDS-DSD					
澳大利亚	0.21**				
芬兰	0.17*				
DSDS					
澳大利亚	0.86***	0.61***			
芬兰	0.85***	0.67***			

续上表

范围	DSDS-DIM	DSDS-DSD	DSDS	BIDR-IM	BIDR-SD
BIDR-IM					
澳大利亚	0.54***	0.51***	0.63***		
芬兰	0.48***	0.05	0.38***		
BIDR-SD					
澳大利亚	0.16*	0.47***	0.34***	0.44***	
芬兰	0.16*	0.42***	0.34***	0.31***	
BIDR					
澳大利亚	0.30***	0.43***	0.39***	0.66***	0.65***
芬兰	0.42***	0.25***	0.45***	0.88***	0.73***

注：表示收敛效度的相关系数用黑体字显示,表示判别效度的相关系数用下划线表示; * 表示 $p<0.05$; ** 表示 $p<0.01$; *** 表示 $p<0.001$。

很多学者研究了DBQ体系中的元素(Özkan、Lajunen 和 Chliaoutakis 等,2006;Özkan、Lajunen 和 Summala,2006)。通过用验证性因素分析法来分析从6个国家(芬兰、希腊、伊朗、荷兰、英国、土耳其)取得的匹配样本(按年龄和性别),Özkan 及其同事得出结论:DBQ 的三因素模型(攻击性行为、普通违法行为和过失)对于某一个国家来说只是部分适用。探索性因素分析、目标循环和阶乘协议指标表明"普通违法行为"因素是完全一致的,而"过失"因素在各国之间也是相当一致的(Özkan、Lajunen、Chliaoutakis 等,2006)。基于违法和过失的两因素结构似乎是普遍有效的,并且在不同的驾驶人群体中都是有效的,包括职业驾驶员、摩托车驾驶人、违法者、初学驾驶人、带孩子的夫妇、年轻的女性和年老的驾驶人(de Winter 和 Dodou,2010)。虽然 DBQ 在不同国家的数据分析中产生了一些略微不同的因素结构,但该工具的核心结构似乎是稳定的,显示出高度的构念效度。

除了因素效度,人们也已经用其他的测试方式研究过 DBQ 的构念效度了。De Winter 和 Dodou(2010)总结道,"DBQ 过失和违法因素在与其他问卷和测试相关的网络中都十分明显"(第463页),并且列出了各种各样的与 DBQ 量表结果相关的因素。虽然 DBQ 和各种指标的相关性是引人注目的,但仍然无法证明 DBQ 是有效的工具。比如,其他驾驶问卷的相关性可能基于方法偏差:在不同驾驶问卷中的项目经常是非常相似的,即使量表的名称表明内容不同。DBQ 最有力的验证证据是,在真实驾驶环境中测量的驾驶人行为(比如过失和违规)和在模拟驾驶环境中测量的驾驶人行为之间是相关的。尽管有大量的 DBQ 研究,但没有任何一项研究将 DBQ 与真实的驾驶环境中的过失和违规行为进行系统的比较,当然这也自然使人们对 DBQ 的构念效度产生怀疑(Af Wåhlberg,2010)。

缺少有力的证据(比如用除了自评报告以外的其他测量方法)不仅对于 DBQ 来说是一个问题,对于很多驾驶自评报告来说也同样是个问题。缺少验证研究的一个原因可能是实践的困难:可在车内观察研究的驾驶人样本通常很小,而问卷研究通常又需要大量样本。另外,不同驾驶人在测试车里短时间的驾驶行为很难让研究者获得有用的数据,例如 DBQ 的设计就是为了测量这些差异。比如,在研究环境下很难发现攻击性的甚至是普通的违规行为。此外,DBQ 测量的是驾驶人在一年内异常行为的频率,然而在测试车中的试驾行为一般只持续几个小时。因此,驾驶自评报告缺乏收敛效度就不足为奇了。

West、French、Kemp 和 Elander(1993)比较了 48 名驾驶人关于速度、冷静程度和异常驾驶行为的自评报告和研究者观察到的行为。结果显示,在高速公路上观察到的速度与驾驶人关于正常行驶速度的自评报告较吻合,观察到的冷静度、谨慎度也与自评报告的冷静度、谨慎度等驾驶行为吻合。因此,在这个研究中,自评报告似乎能很好地反映驾驶行为。Haglund 和 Åberg(2002)比较了 533 名驾驶人关于速度的自评报告和观察到的结果发现,观察到的速度与自评报告的速度有显著相关性,相关度为 0.36,与正常速度有 0.37 的相关度,与目标限速的相关度为 -0.42。虽然这些相关度都偏低,但它们仍然具有统计学意义,并且表明与客观观察相比,自评报告具有一定的构念效度。

4.4.1.4 效度的相关标准:并发效度和预测效度

并发效度和预测效度指的是验证策略,通过对某些标准的验证来评估测试结果的预测价值。对于驾驶人行为,使用最多的标准是驾驶人的事故参与度。因此,如果驾驶自评报告与事故参与度是相关的,那么这个自评报告就是有效的。在并发验证中,测试结果和标准变量是同时测量的。在预测验证中,第一次得到的是测试结果,第二次得到的是标准结果,这就使得人们能够评估自评报告工具真正的预测能力。

特别是对于违法行为而言,DBQ 的一个优点是它与驾驶人的交通事故参与度有很强的相关性(Özkan、Lajunen、Chliaoutakis 等, 2006;Özkan、Lajunen 和 Summala, 2006)。De Winter 和 Dodou(2010)的元分析研究法的结果表明,DBQ 的违规和过失都与自评报告的事故相关。然而,过失和违规与记录的交通事故的相关性并不具有统计学意义,这也许要归因于元分析法使用的样本数量过少。元分析法还显示,过失和违规与年龄呈负相关关系,与暴露程度呈正相关关系。同时,男性报告的过失和违规行为比女性少,这些都是 DBQ 文献中常见的结论。除了回顾性设计外,de Winter 和 Dodou 还对 10000 名新驾驶人的 DBQ 和自评报告的交通事故进行了预测性研究,这些样本在拿到机动车驾驶证的 6、12、24、36 个月后回答 DBQ。这项研究的结果显示,过失和违规因素对交通事故的预测前瞻性和回顾性。因为 de Winter 和 Dodou 的元分析法包含了超过 45000 名受访者的样本,而预测样本量也非常大,证明 DBQ 在交通事故的自评报告方面显示相对较高的预测效度。与此同时,由于很少有研究者用官方的交通事故记录作为标准,在官方记录的交通事故方面,DBQ 的预测效度仍不确定。

4.4.2 在驾驶自评报告中的社会期望回应

我们之前提到,遗忘是影响交通事故和近似交通事故自评报告的一个偏差来源。遗忘也能自然地影响一些驾驶行为,比如违规的自评报告,但是因为驾驶行为是指一名驾驶人选择的驾驶方式,也就是日常驾驶风格,所以遗忘在驾驶行为的自评报告中应该只起到次要的作用。然而,过失是认知过程的失败(比如超车的时候忘记检查后视镜),因此经常会被忽视;而驾驶行为是驾驶人选择去做,并且重复在做的某些行为(比如挡位选择)。我们可以假设驾驶行为的自评报告,特别是对异常行为的自评报告,会受到社会期望回应的影响,而不是受到遗忘的影响。

4.4.2.1 作为印象管理和自欺的社会期望回应

社会心理学研究显示,个性、态度和行为的自评报告通常是不准确的,甚至在某种程度上是有偏差的,因为至少有一些受试者倾向于给出社会期望回应,即受试者给出的答案倾向于让自己的回答看起来是完美的(Paulhus,1984;Paulhus 和 Reid,1991)。与这些研究结果一致,我们可以假设驾驶行为和驾驶人的态度的自评报告会稍微受社会期望回应的影响而产生偏差。很多使用不同的社会期望回应的测量方式的研究表明,这现象由两个不同的因素组成,称为"印象管理"(或者"外在欺骗")和"自欺"(Paulhus,1984;Paulhus 和 Reid,1991)。在这种区分方式中,印象管理指的是受试者故意采用接近说谎和篡改的方式以给别人留下良好的形象(Paulhus 和 Reid,1991)。印象管理的刻意性也表现在公共场合的印象管理会增加,并且似乎是一个依赖环境的现象(Paulhus,1984)。研究者建议,当印象管理被评估的特性在概念上独立,但仍有助于形成这个特性的自评报告的结果时,应该控制印象管理(Paulhus,1984;Paulhus 和 Reid,1991)。

自欺因素可以被称作是一个有积极偏见但主观诚实的自我描述。与印象管理相比,自欺是一种无意识的倾向,并且不受匿名与公共环境的影响(Paulhus,1984)。不同于印象管理,已知自欺与积极的人格建构有内在的联系,如心理调整(Sackeim 和 Gur,1979;Taylor 和 Brown,1988)、高自尊(Paulhus 和 Reid,1991)和缺乏神经敏感(Borkenau 和 Ostendorf,1989;Paulhus 和 Reid,1991)。这些发现表明,自欺可以用于获得快感(自我增强)以及避免伤痛(否定),从而为应对负面生活事件和威胁性信息提供帮助(Paulhus,1984;Paulhus 和 Reid,1991)。自欺似乎更多的是进行人格建构,而不仅是一个扭曲的因素。Paulhus(Paulhus,1984;Paulhus 和 Reid,1991)建议,如果自欺是一个涉及人格建构的内在因素,那就不应当控制它。然而要注意,由自欺导致的偏差可能是不稳定的。某些情况可能比其他情况更具威胁性,因此,可能会引起更强的自欺需要。

4.4.2.2 在驾驶行为自评报告中的社会期望回应

在交通行为的自评报告中,印象管理可能会导致严重的偏差。大多数关于人格和动机因素与交通事故倾向性相关的研究都使用回顾性设计,其中交通事故和受惩罚历史是由自评报告产生的,并且与个性和背景变量相关联。可以推测,这种设计非常容易造成故意的印象管理。事实上,早期的研究结果表明,驾驶人倾向于诚实地报告超速罚单,但容易"忘记"自己的其他类型的交通违规行为(Summala 和 Hietamaki,1984)。除了印象管理外,自欺的结构也可以被认为为驾驶行为中一个重要因素。驾驶人在交通环境中的控制感和对自己能力的信任也会随着驾驶经验积累和技能提高而增加。如果一位驾驶人的控制感以及对自己的判断力和技能的信心过强,那么在交通中就构成一个真正的风险因素,适当的警觉性和对可能风险的预期对于安全来说是至关重要的(Summala,1988)。

Lajunen 及其同事(1997)调查了 DSDS 与自评报告与作为受害者或者作为责任方的交通事故、罚单的数量、[一般限速 100km/h(62mile/h)的道路和 60km/h(37mile/h)的道路上的]超速、超车、遵守规则与驾驶人行为量表(Glendon 等,1993)中不喜欢开车、驾驶人的攻击性行为和驾驶人的警觉性之间的关系。样本由 203 名芬兰驾驶人和 201 名澳大利亚驾驶人组成。相关度的分析还表明,驾驶人的印象管理(说谎)与自评报告的交通事故数量和惩罚、超车频率、超速和驾驶攻击性行为呈负相关关系,而与遵循交通规则呈正相关关系。在交通环境中,驾驶人的自欺因素与控制的可测量变量呈正相关关系(Lajunen 等,1997)。

Lajunen 和 Summala(2003)通过记录公共和私人环境中的驾驶自评报告,研究了社会期望回应对驾驶自评报告的影响。在公共场合,47名申请驾驶教练培训课程的人完成了作为入学考试的一部分的DBQ和BIDR调查。在私下场合,培训课上的54名学生在教室里匿名完成了同样的问卷调查。比较结果显示了两种场合下在6个DBQ的项目中的分数差异,即异常的行为在公共场合比在私人场合出现得少。调查人员的结论是,由社会期望回应产生的偏差在DBQ回答中相对较小。但是请注意,该研究是基于不同被试者间的设计(即没有跟踪调查同样的被试者),而且驾驶教练培训课程的入学考试很难反映普通驾驶人的反应。

Sullman和Taylor(2010)通过使用一种重复测量设计复制了Lajunen和Summala(2003)的研究。一组由228名本科生组成的样本在教室里完成了DBQ和社会期望回应的测量,这构成了一个公共场所,然后两个月后在他们自己的家中又完成了一次。正如预期的那样,被试者在公共场合比在私人场合展示了更高的总体社会适宜性水平。在两个不同的地点,没有一项DBQ项目得出明显的不同,因此研究人员得出结论,DBQ不是特别容易受到社会期望回应的影响。然而值得注意的是,这个研究是不平衡的,在"私人"和"公共"场合,隐私的差异实际上并没有被最大化,因为在这两种条件下都是要填写被试者姓名的。

Af Wåhlberg(2010)制作了一个问卷,其中包括几个著名的驾驶人问卷的量表,并在一个驾驶人教育项目中分3次向一组年轻驾驶人分发问卷和分两次向随机组分发问卷。在DSDS中得出的DIM表(Lajunen等,1997)是用来控制社会期望回应的。而在早期的研究中,只对相关性(Lajunen等,1997)或在准实验场合中的群体差异进行了研究(Lajunen和Summala,2003),Af Wåhlberg在计算驾驶人行为清单的预测能力时,控制了印象管理的影响。这个研究中的所有自评报告工具,包括DBQ,都与印象管理呈负相关,说明是有偏差的:DBQ违规表和印象管理之间的关联度分别为-0.51和-0.45。此外,当社会期望被控制的时候,预测能力减少了一半以上。在这两个样本中,印象管理与交通事故的自评报告和罚分相关。早期的一项研究也发现,类似的影响在交通事故自评报告(但不是官方记录)的印象管理中存在(Af Wåhlberg、Dorn和Kline,2009)。研究者的结论是,只要自评报告的交通事故被作为结果变量,并通过其他自评报告来预测它,则应使用一个测谎量表来校正这种联系。关于自评报告工具的结论甚至更为严重。根据Af Wåhlberg的说法,即使是最著名的用于驾驶人研究的心理量表也很容易受到社会期望偏差的影响。

4.4.2.3 如何处理在驾驶自评报告中的社会期望回应

社会期望回应和驾驶自评报告的文献几乎同时提到上述相关问题。虽然驾驶人行为量表与社会期望回应之间似乎有显著的相关性,但准实验研究并没有指出驾驶自评报告中存在任何严重的偏差。正如一些研究者建议的那样,一种解决方法是停止使用驾驶和交通事故的自评报告,仅依靠观察到的行为数据和官方交通事故记录开展研究(Af Wåhlberg,2010;Af Wåhlberg等,2009)。另一种方法是让使用驾驶自评报告得到认可,把社会期望的小偏差看成是自评报告的一个固有特征。第一种方法将极大地限制交通行为研究,因为许多领域,尤其是社会心理学领域,需要使用自评报告。例如,驾驶人的态度、观点和特征不能被"客观地"测量,只能靠自评报告。此外,客观测量也有严重的方法论上的局限,例如研究使用的检测车辆、模拟器或实验室测试显示器。官方交通事故记录也有自己的偏差来源。Af Wåhlberg等(2010,2009)的研究表明,第二个选择是不可行的:交通研究人员不能继续忽视驾驶自评报告和结果中的偏差了。

自评报告的研究方法提供了各种应对社会期望回应的方式。第一,在用法说明和程序中强调匿名性和保密性(如采用密封信封和收集大组的数据)以降低社会期望回应的影响。第二,在研究中可以使用社会期望回应量表,如 DSDS,并且用统计的方法来控制它的影响。用于控制印象管理、自欺、粗心的回答方式等的量表,可以很容易地设计和嵌入类似 DBQ 的测量工具中。令人惊讶的是,交通心理学家忽略了这些偏差,而使用控制量表在主流心理测试中是很常见的(如 MMPI-2 的效度量表)。第三,应该尽可能多地使用交通事故和行为的客观测量法。

4.5 小结

本章对于自评报告理论在交通研究领域的应用进行了综述。尽管自评报告理论可以提供丰富的信息源,但也有不得不考虑的缺点和局限。回顾使用自评报告方法的诸多研究可以看出,交通领域的研究人员对心理测量特征和测试结果的效度关注极少。对 DBQ 的研究回顾表明,仅少数研究考虑了驾驶人自评报告效度问题及跨文化适用性。需要更多的研究,尤其是大样本量的研究,用交通事故和行为客观记录来进一步评估自评报告的偏差程度,特别是采取有效措施减少导致偏差的不同诱因。

在评估自评报告在交通研究中的作用时,我们完全同意 Reason 等(1990)的观点,即 DBQ 是测量"过于私密而无法通过直接观察发现"的行为的有力手段,但同时"DBQ 回答与交通事故的实际情况有一定的差距"(第 1329~1330 页)。这同样适用于一般的自评报告。它们能够揭示出其他测量方法所不能提供的信息。Reason 等提到的现实与自评报告所提供的情况之间的差距可能无法消除,但至少可以通过充分使用自评报告方法来大幅减少。

本章参考文献

AFWAHLBERG A E,2010. Social desirability effects in driver behavior inventories[J]. Journal of Safety Research, 41(2):99-106.

AFWAHLBERG A E, DORN L, KLINE T, 2009. The effect of social desirability on self reported and recorded road traffic accidents[J]. Transportation Research Part F: Traffic Psychology and Behaviour,13(2):106-114.

ANSTEY K J, WOOD J, CALDWELL H, et al, 2009. Comparison of self-reported crashes, state crash records and an on road driving assessment in a population-based sample of drivers aged 69-95 years[J]. Traffic Injury Prevention, 10(1):84-90.

ARTHUR W,JR BELL S T, EDWARDS B D,et al,2005. Convergence of self-report and archival crash involvement data: A two-year longitudinal follow-up[J]. Human Factors, 47(2): 303-313.

BASCH C E, DECICCO I M, MALFETTI J L,1989. A focus group study on decision processes of young drivers: Reasons that may support a decision to drink and drive[J]. Health Education

Quarterly, 16(3):389-396.

BJØRNSKAU T, SAGBERG F, 2005. What do novice drivers learn during the first months of driving? Improved handling skills or improved road user interaction ? [J]. In G. Underwood (Ed.), Traffic and Transportation Psychology: Theory and Application : 129-140, Oxford: Elsevier.

BLANCHARD R A, MYERS A M, PORTER M M, 2009. Correspondence between self-reported and objective measures of driving exposure and patterns in older drivers [J]. Accident Analysis and Prevention, 42(2):523-529.

BORKENAU P, OSTENDORF F, 1989. Descriptive consistency and social desirability in self and peer reports [J]. European Journal of Personality, 3:31-45.

BOUFOUS S, IVERS R, SENSERRICK T, et al, 2010. Accuracy of self-report of on-road crashes and traffic offences in a cohort of young drivers: The DRIVE study [J]. Injury Prevention, 16(4): 275-277.

CAMPBELL D T, FISKE D W, 1959. Convergent and discriminant validation by the multitraitemultimethod matrix [J]. Psychological Bulletin, 56(2):81-105.

CHAPMAN P, UNDERWOOD G, 2000. Forgetting near-accidents: The roles of severity, culpability and experience in the poor recall of dangerous driving situations [J]. Applied Cognitive Psychology, 14(1):31-44.

CRONBACH L J, MEEHL P E, 1955. Construct validity in psychological tests [J]. Psychological Bulletin, 52(4):281-302.

DE WINTER J C F, DODOU D, 2010. The Driver Behaviour Questionnaire as a predictor of accidents: A meta-analysis [J]. Journal of Safety Research, 41(6):463-470.

DUNCAN J WILLIAMS P, BROWN I, 1991. Components of driving skill: Experience does not mean expertise [J]. Ergonomics, 34(7): 919-937.

ELANDER J, WEST R, FRENCH D, 1993. Behavioral correlates of individual differences in road-traffic crash risk: An examination of methods and findings [J]. Psychological Bulletin, 113(2):279-294.

EVANS L, 1991. Traffic safety and the driver[M]. New York: Van Nostrand Reinhold.

FRENCH D J, WEST R J, ELANDER J, et al, 1993. Decision making style, driving style, and self-reported involvement in road traffic accidents[J]. Ergonomics, 36(6):627-644.

GLENDON A I, DORN L, MATTHEWS G, et al, 1993. Reliability of the Driving Behaviour Inventory[J]. Ergonomics, 36(6):719-726.

GUION R M, 1977. Content validity—The source of my discontent [J]. Applied Psychological Measurement, 1(1):1-10.

GULIAN E, GLENDON A I, MATTHEWS G, et al, 1990. The stress of driving: A diary study [J]. Work and Stress, 4(1):7-16.

HAGLUND M, A BERG L, 2002. Stability in drivers' speed choice[J]. Transportation Research Part F: Traffic Psychology and Behaviour, 5(3):177-188.

JANKE M K,1991. Accidents, mileage, and the exaggeration of risk[J]. Accident Analysis and Prevention, 23(2e3):183-188.

JOSHI M S, SENIOR V, SMITH G P,2001. A diary study of the risk perceptions of road users[J]. Health, Risk and Society, 3(3): 261-279.

KIERNAN B D, COX D J, KOVATCHEV B P, et al,1999. Improving driving performance of senior drivers through self-monitoring with a driving diary[J]. Physical and Occupational Therapy in Geriatrics, 16(1-2):55-64.

KUA A, KORNER-BITENSKY N, DESROSIERS J, 2007. Older individuals' perceptions regarding driving: Focus group findings[J]. Physical and Occupational Therapy in Geriatrics, 25(4):21-40.

LAJUNEN T, CORRY A, SUMMALA H, et al,1997. Impression management and self-deception in traffic behaviour inventories[J]. Personality and Individual Differences, 22(3):341-353.

LAJUNEN T, PARKER D, STRADLING S G,1998. Dimensions of driver anger, aggressive and highway code violations and their mediation by safety orientation in UK drivers[J]. Transportation Research Part F:Traffic Psychology and Behaviour, 1(2):107-121.

LAJUNEN T, PARKER D, SUMMALA H, 2004. The Manchester Driver Behaviour Questionnaire: A cross-cultural study[J]. Accident Analysis and Prevention, 36(2): 231-238.

LAJUNEN T, SUMMALA H,1995. Driving experience, personality, and skill and safety-motive dimensions in drivers' self-assessments[J]. Personality and Individual Differences, 19(3): 307-318.

LAJUNEN T, SUMMALA H, 2003. Can we trust self-reports of driving? Effects of impression management on driver behaviour questionnaire responses[J]. Transportation Research Part F: Traffic Psychology and Behaviour, 6(2): 97-107.

LANGFORD J, KOPPEL S, MCCARTHY D, et al, 2008. In defence of the "low-mileage bias"[J]. Accident Analysis and Prevention,40(6):1996-1999.

LOFTUS E F,1993. The reality of repressed memories[J]. American Psychologist, 48: 518-537.

LUND A K, WILLIAMS A F,1985. A review of the literature evaluating the defensive driving course[J]. Accident Analysis and Prevention, 17(6): 449-460.

MAYCOCK G,1997. Sleepiness and driving: The experience of UK car drivers[J]. Accident Analysis and Prevention, 29(4):453-462.

MCGWIN G JR, OWSLEY C, BALL K,1998. Identifying crash involvement among older drivers: Agreement between self-report and state records[J]. Accident Analysis and Prevention, 30(6):781-791.

MICHON J A,1985. A critical review of driver behaviour models: What we know, what should we do? [C]. Evans, & R. C. Schwing (Eds.),Human behavior and traffic safety. New York: Plenum:485-520.

MOURANT R R, ROCKWELL T H,1972. Strategies of visual search by novice and experienced drivers[J]. Human Factors, 14(4): 325-335.

NÄTÄNEN R, SUMMALA H,1976. Road-user behavior and traffic accidents[J]. Amsterdam/New York: North-Holland/Elsevier.

ÖZKAN T, LAJUNEN T, CHLIAOUTAKIS J E, et al,2006. Cross-cultural differences in driving behaviours: A comparison of six countries[J]. Transportation Research Part F: Traffic Psychology and Behaviour, 9(3):227-242.

ÖZKAN T, LAJUNEN T, SUMMALA H, 2006. Driver Behaviour Questionnaire: A follow-up study[J]. Accident Analysis and Prevention,38(2):386-395.

PARKER D, REASON J T, MANSTEAD A S R, et al,1995. Driving errors, driving violations and accident involvement[J]. Ergonomics, 38(5): 1036-1048.

PAULHUS D L, 1984. Two-component models of socially desirable responding[J]. Journal of Personality and Social Psychology, 46(3):598-609.

PAULHUS D L, REID D B,1991. Enhancement and denial in socially desirable responding[J]. Journal of Personality and Social Psychology,60(2):307-317.

Quimby A R, Watts G R,1981. Human factors in driving performance(Report No. 1004)[R]. Crowthorne: Transport and Road Research Laboratory.

REASON J, MANSTEAD A, STRADLING S, et al, 1990. Errors and violations on the roads: A real distinction[J]. Ergonomics,33(10-11):1315-1332.

SACKEIM H A, GUR R C, 1979. Self-deception, other-deception, and self-reported psychopathology[J]. Journal of Consulting and Clinical Psychology, 47:213-215.

SMITH R S, WOOD J E A,1977. Memoryd—Its reliability in the recall of long distance business travel(Supplementary Report No. 322)[R]. Crowthorne: Transport and Road Research Laboratory.

SPOLANDER K, 1983. Bilförares uppfattning om egen körförma ga (Drivers' assessment of their own driving ability)(Report No. 252)[R]. Linköping: Swedish Road and Traffic Research Institute.

STAPLIN L, GISH K W, JOYCE J,2008. 'Low mileage bias' and related policy implications—A cautionary note[J]. Accident Analysis and Prevention, 40(3):1249-1252.

SULLMAN M J M, TAYLOR J E,2010. Social desirability and self-reported driving behaviours: Should we be worried[J]. Transportation Research Part F: Traffic Psychology and Behaviour, 13(3):215-221.

SUMMALA H,1980. How does it change safety margins if overtaking is prohibited: A pilot study[J]. Accident Analysis and Prevention, 12(2):95-103.

SUMMALA H,1985. Modeling driver behavior: A pessimistic prediction? [C]. In L. Evans, & R. C. Schwing (Eds.), Human behavior and traffic safety,New York: Plenum:43-65.

SUMMALA H,1987. Young driver accidents: Risk taking or failure of skills[J]. Alcohol, Drugs and Driving, 3:79-91.

SUMMALA H,1988.Risk control is not risk adjustment: The zero-risk theory of driver behaviour and its implications[J]. Ergonomics, 31(4):491-506.

SUMMALA H,1996. Accident risk and driver behaviour[J]. Safety Science,22(1-3):103-117.

SUMMALA H, HIETAMAKI J, 1984. Drivers' immediate responses to traffic signs [J]. Ergonomics, 27(2):205-216.

TAYLOR S E, BROWN J D,1988. Illusion and well-being: A social psychological perspective on mental health[J]. Psychological Bulletin,103:193-210.

VAN DER MOLEN H H, BOTTICHER A M T, 1988. A hierarchical risk model for traffic participants[J]. Ergonomics, 31(4):537-555.

WALLÉNWARNER H, ÖZKAN T, LAJUNEN T,et al,2010. Cross-cultural comparison of driving skills [M]. Submitted for publication.

WEST R, FRENCH D, KEMP R,et al,1993. Direct observation of driving, self reports of driver behaviour, and accident involvement[J]. Ergonomics, 36(5):557-567.

WILSON T, GREENSMITH J,1983. Multivariate analysis of the relationship between drivometer variables and drivers' accident, sex, and exposure status[J]. Human Factors, 25(3):303-312.

第5章 交通心理学中的自然观察技术

戴维·W. 伊比(David W. Eby)
美国,密歇根州,安娜堡,密歇根州终身交通安全促进中心和密歇根大学交通研究所(Michigan Center for Advancing Safe Transportation throughout the Lifespan and University of Michigan Transportation Research Institute, Ann Arbor, MI, USA)

5.1 简介

顾名思义,自然观察在感兴趣的行为发生的环境中进行。就交通心理学而言,这个环境包含了道路网络以及在这些道路上行驶的车辆的乘员。自然观察的调查方法涉及一个(或者几个)调查者对于他/她在道路看到的东西的仔细观察。可以在行为发生时进行观察,也可以对行为录像并在随后的时间里进行观察。

自然观察是科学探究的一个标志,也是许多经验性数据搜集工作的核心。这个方法有两个主要的优势。第一,它直接接触感兴趣的行为,而不依赖于其他解释行为的替代物,例如自评报告。第二,因为被观察的行为发生在自然的环境中,自然观察有着强大的建构性和表面有效性,也就是说,它很可能反映出真实现象,这是其他研究方法难以做到的。

另一方面,自然观察作为一种调查方法,有一些劣势。主要的缺点就是可推广性。因为观察到的行为只是所有发生的行为中的一个样本,很难得出结论说观察到的行为也将发生在没有被观察的其他人身上。尽管一个好的抽样设计可以使这个问题最小化,但是并不能消除它。另一个限制是,这种技术涉及观察者(数据收集者),观察者(数据收集者)可能有偏见,会影响他们发现和记录的内容。然而,这种观察者的偏见能够通过训练减弱。最后,自然观察的方法可能需要大量劳动力,因此成本很高。要提高普遍性与减少观察者偏见,利用自然观察方法进行妥善的研究,往往需要一个训练有素的研究团队,以及在观察行为的研究中投入的大量观察时间。

自然观察法是在交通安全研究中最早使用的方法之一。根据近一个世纪前有关驾驶人行为的自然观察,Dodge(1923)认为,系统化地探索人类的行为有助于提高安全性。自然观察在过去的一个世纪中已经得到广泛运用,在今天它仍然被普遍使用。2010年,在世界学术界比较有影响力的交通安全期刊《事故分析与预防》(Accident Analysis and Prevention)上发表的一项研究显示,在高速公路研究中使用的调查方法里,大概有10%使用了自然观察法进行数据收集。与之相比,在同一期期刊中,55%的研究分析了现有的撞击/伤害数据库;16%使用用驾驶或碰撞模拟方法;10%使用了自评报告的问卷数据;而其余的研究使用了其他调查技术,如从车载雷达上获取的近似数据。

5.2 技术

自然观察技术对交通心理学的任何领域的价值都取决于研究的设计和执行情况。一个设计有缺陷的研究不会产生可推广的结果。即使是设计良好的研究,如果观察方法不有效、不可靠,也不会有什么用。本节讨论了与进行高质量自然观察研究有关的问题。

5.2.1 自然观察法的制定

正如上一节所讨论的,自然观察是回答交通心理学中许多问题的一个非常好的方法,也是某些研究问题的首选方法。但是,在交通安全领域,有许多问题是不适合使用自然观察法的。如何决定使用自然观察法还是其他研究方法?回答以下几个问题可能会有帮助。

(1)你的研究目的是什么?如果你的目的是记录一些行为或事件,那么这种方法可能是有用的。如果你对于了解这种行为的内在原因感兴趣,那么其他的研究方法可能会更合适。

(2)感兴趣的行为能否通过视觉检查准确、可靠地判断出来?正如我所描述的那样,像乘用车中的安全带使用这样的行为可以很容易被看到。然而,在我对儿童安全座椅的使用情况进行首次大规模调查之前,我确保通过一些试验性的测试来观察使用情况,包括在使用婴儿碰撞测试假人的控制条件下和真实环境下(Eby 和 Kostyniuk,1999;Eby、Kostyniuk 和 Christoff,1997)。

(3)研究所关注的人群是什么?思考这个问题很重要,原因有二。一方面,要设计一个具有成本效益的自然观察研究,并将其推广到一个大的群体,如一个州、地区或国家的人口,这件事可能非常困难。另一方面,有些人群可能很难在自然环境中找到。例如,对某一品牌和型号的车辆安全带使用情况的研究,在试图找到足够多的特定车辆以使调查有效时,可能会面临抽样挑战。

(4)你有什么资源?自然观察可能是劳动密集型的。根据研究范围及其设计,可用资源可能不包括高质量研究项目所需的资源。

5.2.2 直接观察与不引人注目的观察方式

一旦一项研究选择了自然观察法作为研究模式,我们就需要考虑使用直接观察方式还是非侵入性观察方式。在交通心理学的范畴内,直接观察指的是研究人员站在道路沿途或某些可以观察到交通状况的位置,观察车辆并记录看到的情况。车内的人员可以非常清楚地看到观察者。

与此相反,非侵入式观察则努力将研究人员隐藏起来,使其不被车辆乘员发现。隐藏指在研究人员沿着道路收集数据时将他们实际隐藏起来,或者更常见的是,使用可以放置在隐蔽位置的相机或视频技术(Elmitiny、Yan、Radwan、Russo 和 Nashar,2010;Retting、Williams、Farmer 和 Feldman,1999)。

对于直接观察来说,由于乘员能够直接发现研究者在观察,他们可能会改变研究者感兴趣的行为。这通常发生在红灯前车辆排队时,因为这个时候乘员有时间观察和思考研究者正在做什么。这种潜在的偏差通常可以通过只收集停在红绿灯前的 3 辆或 4 辆车的数据来最小化。

5.2.3 变量

在任何研究项目中,变量的选择都是非常重要的因素。在自然观察法中,有三类经常使用用的变量:描述性变量、推断性变量、评价性变量。对于描述性变量,研究者只负责记录工作,不附带任何解释和推论,比如,使用/不使用安全头盔或安全带。在这些情况下,车上的乘员要么使用安全装置,要么不使用。推断性变量要求研究者对观察到的事件做出假设。例如从视觉角度观测乘员的年龄,并给出需要的基础线索;对驾驶人手机使用情况(特别是使用免提电话通话)的观察也属于推断性观察,因为研究者必须假设驾驶人正在进行对话。最后一种类型的变量是评价性变量,它要求研究人员同时进行推断和判断。例如,如果人们对在自然环境下的危险驾驶行为感兴趣,那么某种行为是否有危险将是一个评价性变量。评价性变量在交通心理学研究中并不常用。

5.2.4 抽样设计

也许在自然观察法的研究中,不科学的抽样设计是最常见的误差。一个好的设计必须有样本代表性,同时能够尽可能地减小误差。一个优良的样本设计目标是选择观测地点和时间,使观察者在这种环境下获得的数据能够准确地代表研究者感兴趣的行为,最大限度地减小调查误差和偏见,并且合理地节约成本。采样设计的完整概述将不会在本章节进行讨论,但对于某些问题的简要讨论却是必需的。

为了最大限度地将研究结果推广到更广大的人群中,一个关键的标准就是尽量减少在研究设计中的潜在偏差。将设计随机化是可以做到这点的一种方法,一个理想的设计会拥有完全随机的观察地点、完全随机发生的事件、完全随机的观测日和观察时间。因此,在感兴趣的行为中,任何地点、日期或一天内的具体时间的偏差都将被最小化。在具体实践中,这是不实际的,但是我们仍然可以引入随机调查的方式,同时保持较低的观测成本。

另一种提高可推广性的方式是对原始观测数据进行统计加权,使其代表比例较大的人口的特性。任何自然观察研究的设计都将涉及观察和记录感兴趣的行为的工作,我们称之为"采样"。在这些相对较短的采样周期收集的数据被认为能够合理估计被观察的客体在研究人员未观察时间内的行为(只要采样位置和时间是随机选择的)。如果原始数据能够被实际的人口学变量修正(加权),则获得的结果能够提高估计行为发生的频率的准确性。在交通心理学中,原始数据往往用交通量或人口数量加权。因此,在一个交通流量更高的观察点获得的数据比流量较低的观察点在行为估计中的作用更大。

5.2.5 观察员培训

对观察员进行适当的培训在自然观察研究中是至关重要的。如果不能够准确、高效地收集原始数据,后续的研究就难以产生有效的结果。

对观察员的培训主要在于以下两个方面。

第一是训练其一致性和准确度。观察员在整个观察研究过程中遵循相同的观测标准是非常重要的,包括遵守协议,并且对于每次观察到的行为施以相同的数据编码。观察员应该在实际进行研究之前练习具体观测程序。

第二是如果研究中由多个观察员来收集数据,则应该让他们一起训练,并对观察者之间的可靠性进行测试,从而确保每个观察员的数据具有可比性。这可以通过让观察员对同一辆车进行观察并分别记录数据,而后比较数据间的一致性来实现。如果观察员间的可靠性较低(例如低于85%),那么观察员就应该讨论数据编码方式,并继续练习,直到观察员间的可靠性大于85%。图5-1显示了两名观察员为收集安全带使用数据而进行的直接观察方法培训。

图5-1 观察员进行直接观察方法的培训,以进行安全带使用数据的调查

5.2.6 夜间观测

长期以来,夜间驾驶的自然观察都是人们研究的一个着力点,尤其是安全带的使用状况。很明显,夜间观察所面临的挑战是缺乏合适的照明条件来评估需要观察的行为。早期的研究使用了在路上行驶的微型客车的前照灯照明,以观察对面车辆的内部,同时由观测员来记录数据(Williams、Lund、Preusser和Blomberg,1987;Williams、Wells和Lund,1987)。后来,研究者选择夜间照明良好的地点,如停车场(Lange和Voas,1998;Malenfant和Van Houten,1988)。然而,近年的研究使用新开发的军用夜视设备观察车内状况(Chaudhary、Alonge和Preusser,2005;Chaudhary和Preusser,2006;Vivoda、Eby、St. Louis和Kostyniuk,2007,2008)。夜视设备的主要优点在于能有效地观测任何路边的位置,这就使得调查结果的完善程度非常接近白天所能够获得的观测结果。

在夜间观测中,两种主要的技术是必不可少的。

第一项技术是夜视镜。图5-2显示了两个PVS-7B夜视镜。夜视镜的主要特点是具有图像增强器功能和集成的自动控制功能。自动控制功能不断运作以提高图像质量,不仅在昼夜转换期间不受影响,而且在动态照明条件下,如在接近的车辆的前照灯照耀下,也能发挥作用。该夜视镜可以手持,也可以放置在头部支架上。另一项必要的技术是装有红外滤光片的200万cd的聚光灯,如图5-3所示。装上红外滤光片后,这种聚光灯对车内人员来说是看不见的,但当使用夜视镜观察时却能清晰地照亮车辆内部。这些聚光灯由便携式电池组供电。

尽管夜视设备使夜间自然观察研究比以前有更强的灵活性,但在技术和遇到的问题上都与白天的调查有一些区别。Chaudhary、Leaf、Preusser和Casanova(2010)讨论了开展夜间安全带使用研究的指南和技术,以及用于夜间自然观察研究的有效使用夜视设备观察车辆的一般提示。

图 5-2 可用于夜间自然观察研究的夜视镜
注:照片由 Jonathon M. Vivoda 提供。

图 5-3 射灯红外滤光片,在夜间自然观察研究时与夜视镜一起使用以照亮车辆内部
注:照片由 Jonathon M. Vivoda 提供。

5.3 在交通心理学中的应用

自然观察法已被应用于交通心理学中的许多领域。事实上,几乎所有可以用视觉来判断的行为都可以用自然观察法来研究。在此,我们回顾了其中的一些工作,以证明适合采用自然观察法的问题广泛存在。技术的进步允许车辆配备微型的摄像机和其他传感器进行观测,也就是所谓的检测车辆驾驶研究,从而扩大了自然观察法的应用范围(Dawson、Anderson、Uc、Dastrup 和 Rizzo,2009;Dingus 等,2006;Eby 等,2009;Stutts 等,2005)。检测车辆和车内记录研究将在第 9 章中介绍,在此不做赘述。

5.3.1 行人和骑行者的行为

美国国家公路交通安全管理局(NHTSA)的资料显示,2008 年美国有 4378 名行人死亡,并有 69000 名行人受伤(NHTSA,2009)。骑行者在事故中死亡和受伤的概率也很高(Beck、Dellinger 和 O'Neil,2007;Kim、Kim、Ulfarsson 和 Porrello,2007)。另一方面,步行和骑行一直作为青少年运动和解决体重超标问题的一种手段被倡导(Orenstein、Gutierrez、Rice 和 Ragland,2007;Sirard 和 Slater,2008),同时也是老年人的一种社区间出行方式(AARP,2005)。

为了确定行人和骑行者的数量和特点(Diogenes、Greene-Roesel、Arnold 和 Ragland,2007;Orenstein 等,2007),自然观察法被广泛地应用在研究中,用于对行人或骑行者在车道上或人行道上的具体行为进行分类(Albert 和 Dolgin,2010;Krizek、Handy 和 Forsyth,2009;Leden、Gårder 和 Johansson,2006),并了解机动车驾驶人对于行人和骑行者的反应(Walker,2007)。

5.3.2 驾驶人分心

美国国家公路交通安全管理局的分析(Ascone、Lindsey 和 Varghese,2009)表明,在 2008 年的所有致命交通事故中,有 16% 的交通事故与驾驶人分心相关,并且自 2005 年以来,这个比例一直在增加。Eby 和 Kantowitz(2006)描述了各种潜在的、可以导致驾驶人分心的原因,包括车内的和车外的因素。使用自然观察技术可以更好地了解在驾驶环境受到干扰的情况下驾驶人的分心频率,这些情况包括乘客存在、进食或饮水、吸烟、使用手机和导航设备。

在美国等国家和地区,驾驶时使用手机和其他车载设备已经成为一个越来越严重的问题(NHTSA,2010)。流行病学的研究表明,使用手机会导致交通事故风险增加 4~9 倍(Drews 和 Strayer,2009)。了解驾驶人因使用车载设备而分心情况的一项重要工作是评估问题的严重性。多年来,许多研究者通过观察性调查对驾驶时使用手机的概率进行了评估(Eby 和 Vivoda,2003;McCartt、Braver 和 Geary,2003;Reinfurt、Huang、Feaganes 和 Hunter,2001;Salzberg,2002;Utter,2001),如图 5-4 所示。研究表明,2008 年美国的驾驶人使用手机的概率约为 6%(Pickrell 和 Ye,2009c),驾驶时使用手机的情况一直在增加,而且夜间使用手机的频率和白天一样高(Vivoda 等,2008)。在美国以外的一些国家,对手机使用的观察研究也在进行,通常显示使用率较低(美国交通部,2009;Horberry、Bubnich、Hartley 和 Lamble,2001;Johal、Napier、Britt-Compton 和 Marshall,2005;Rajalin、Summala、Pöysti、Anteroinen 和 Porter,2005;Taylor、Bennett、Carter 和 Garewal,2003)。

图 5-4 从一个研究者使用自然观察法的角度来看,一位驾驶人在驾车时手持电话交谈

注:照片由 Jonathon M. Vivoda 提供。

一部分原因是许多地区通过了驾车时禁止使用手持移动电话的法律(McCartt、Hellinga 和 Bratiman,2006),另一部分原因是研究表明,驾车时操作手机会显著提高交通事故的风险(Klauer、Dingus、Neale、Sudweeks 和 Ramsey,2006),许多驾驶人正在改用免提手机。因此,人们一直在努力使用直接观察技术来确定免提手机的使用频率。

事实证明,从视觉上判断什么是免提手机具有挑战性。例如,NHTSA 的全国乘员保护装置使用调查收集了关于手机使用的数据,但在报告结果时没有使用"免提手机使用"(Hands-free Cell Phone Use)这一短语(Pickrell 和 Ye,2009c)。相反,该研究报告提及驾驶人使用耳机和麦克风,并认识到这种方法有以下局限性:被头发遮住的无线耳机无法被观察到;一些耳机可能太小而无法被看到;戴着耳机但没有说话的驾驶人可能当时正在使用电话但只是在听;被观察到戴着耳机说话的驾驶人可能在和乘客说话、自言自语、唱歌或使用声控软件,而不是在打电话。英国交通部(2009)报告了免提手机的使用情况,并将其定义为驾驶人明显与不在车内的人进行交谈,在仪表板或转向盘上观察到耳机和/或手机。基于本节所述的困难和可能出现的偏差结果,我得出结论,免提手机的使用情况不能用路边的自然观察准确测量。

虽然自然观测技术适用于多种类型的驾驶人分心研究,但是只有一项研究试图用它来观察驾驶人的电话交流状况(Johnson、Voas、Lacey 和 McKnight,2004)。这项研究在新泽西州收费公路沿线的少量位置使用了数码相机和雷达设备。在雷达显示有车辆经过时,摄像机自动拍下样本车辆。该研究取得了 38745 张高清晰度的图片,由编码员将车内分心驾驶情况与其他数据一起进行分类,如是否有乘客、年龄、性别和种族。研究发现,与使用手机一样,吸烟、吃东西、喝水和修饰仪表是较常见的车内分心行为。使用自然观察技术进一步对驾驶人分心进行观测是非常有必要的。

5.3.3 危险驾驶行为

不安全和危险驾驶行为的观测被认为是自然观测技术被应用于交通心理学的最后一个领域。许多行为能够被直接测量,包括转向灯和白天前照灯的使用情况(Zhang、Huang、Roetting、Wang 和 Wei,2006)。由于许多地区已有闯红灯自动拍照系统,能够给违法者拍照并发送相关证据,闯红灯行为已经被广泛研究(Retting、Ferguson 和 Farmer,2008)。

比如,Retting 等(1999)在路口放置了不引人注目的摄像头,用以对比在加利福尼亚州的城市安装闯红灯照相机前后违法行为的频率。Porter 和 England(2000)让训练有素的观察者在路口观测了三个弗吉尼亚东南部城市中闯红灯者的特征。也有其他使用摄像设备对闯红灯和红灯前行为进行观测的研究工作(Elmitiny 等,2010)。

5.3.4 乘客保护装置的使用

与任何其他交通心理学的研究课题相比,自然观察法更多地被运用于记录车辆中安全保护装置的使用、不使用和误用的状态。事实上,在美国,NHTSA 要求利用自然观察法来测量全国范围内安全带使用要求的执行情况,以使各州参与联邦政府的激励计划(NHTSA,1998)。NHTSA 的安全带研究,即乘员保护的调查,也采用了自然观察法(Pickrell 和 Ye,2009a)。虽然除了车内安全带的使用要求外并不存在任何其他有关安全设施的联邦条例,自然观察法也经常被用来测量其他类型安全设施的使用率,包括婴幼儿安全座椅(Decina 和 Knoebel,1996,1997;Eby 和 Kostyniu,1999;图 5-5)、增高座椅(Ebel、Koepsell、Bennett 和 Rivara,2003a,2003b;Eby、Bingham、Vivoda 和 Raghunathan,2005;St. Louis 等,2008)、儿童用下锚和系带(LATCH;Decina、Lococo 和 Doyle,2006)、摩托车头盔(Kraus、Peek 和 Williams,1995;Li、Li 和 Cai,2008;Pickrell 和 Ye,2009b)的使用等。

虽然大多数安全带使用的研究主要关注安全带的整体使用情况,但许多研究也能确定在不同群体之间使用安全带的行为差异。许多在自然观察期间收集的数据可以直接判断出趋势。例如,对于车辆乘员的年龄与安全带的使用情况的影响性分析(Eby,Molnar 和 Olk,2000;Eby、Kostyniuk 和 Vivoda,2001;Ulmer、Preusser 和 Preusser,1994;Williams 等,1987)。由于准确的年龄很难被判定,在观察时年龄经常被分为群体类别,比如 0~15 岁、16~29 岁、30~64 岁、65 岁以上。在安全带使用的观测研究中,人们还收集其他能够通过肉眼判断的特征,包括性别(Glassbrenner,2003;Williams、McCartt 和 Geary,2003)、就座位置(Eby 等,2000)、车辆类型(Eby 等,2000;Glassbrenner,2003)、商业或非商业车辆类型(Eby、Fordyce 和 Vivoda,2002)和种族(Glassbrenner,2003;Vivoda、Eby 和 Kostyniuk,2004;Wells、Williams 和 Farmer,2002)。

图 5-5 一位研究员进行一个儿童安全座椅使用的自然观察研究

利用自然观察法来探索儿童安全座椅使用情况的研究,常关注的是整体使用率,同时还侧重于识别这些装置的滥用情况。例如,一项美国州际范围内关于儿童安全座椅安全带使用/滥用情况的研究表明,在密歇根州,89%的情况下存在某种程度的滥用。在一项类似的研究中,Decina Knoebel(1997)发现在 4 个州范围内,80%的装置存在滥用情况。鉴于这些研究和其他研究的结果,NHTSA 认识到,许多驾驶人无法正确地安装并使用这些装置。2002年9月,NHTSA 作出回应,要求美国车辆和儿童约束装置制造商支持一种名为"LATCH"的更容易安装的系统。然而,还有更多的工作要做,因为在 7 个州进行的观察研究发现,在配备 LATCH 系统的车辆中只有 55%~60%的 LATCH 系统被使用(Decina 等,2006)。

对摩托车头盔使用的自然观察通常是直接的。在强制使用头盔的州,使用率约为 68%(Pickrell 和 Ye,2009b)。摩托车头盔有既定的标准,确保头盔的性能达到一定的水平,以防止发生交通事故时驾驶人受伤(美国联邦机动车安全标准 218,简称"安全标准 218"),头盔的合规性由头盔背面的美国交通部贴纸来表明。最近值得关注的是摩托车骑行者使用交通部批准的头盔的比例。不幸的是,不符合规定的头盔也有假冒的贴纸。许多(但不是全部)没有覆盖耳朵的头盔(所谓的新奇头盔)不符合安全标准 218。因此,很难用自然观察法确定符合标准的头盔的使用情况,许多研究人员只是认为那些覆盖耳朵或至少厚 1in(注:1in 约合 2.54cm)的头盔符合标准(Glassbrenner 和 Ye,2006;Houry、Kellermann、White 和 Corneal,2005;Kraus 等,1995;Pickrell 和 Ye,2009b)。

5.4 如何设计一个社区安全带使用情况调查

由于安全带使用情况的研究常基于自然观察技术,所以我在这里提供一个可以在特定的社区获取有效的安全带使用率的实验设计实例和程序。关于这个例子和这个程序的详细信息可在其他地方找到(Eby,2000)。设计和进行有效的社区安全带使用情况调查有 5 个步骤。

5.4.1 第一步:组织

要进行一个比较有效的安全带使用情况调查,首先要明确调查研究的目的和具体的研究范围界限,因为调查结果将仅适用于事先决定好的调查范围。在一般情况下,需要的调查资源会随着调查范围的扩大而增加。拥有一张良好的调查区域地图是必不可少的。

调查研究需要决定观测的车辆类型和作为观察对象的乘员座位位置。美国联邦指南(NHTSA,1998)要求客运车辆,包括轿车、小型客车、小型货车、越野车和皮卡车安置前排外侧的座椅。具有特殊功能和目的的车辆(如警车)和重型货车可以被纳入或被排除出这个范畴。需要注意的是,调查结果仅适用于列入调查范围的车辆类型。我们将列入调查范围的车辆称作"目标车辆"。

5.4.2 第二步:选择观测点

一旦确定了目标车辆,下一步就是选择研究人员实施观测的路口(观测点)。然而,在选择观测点之前,必须确定观测点的总数。在众多的站点中挑选足够多以便具有代表性,却又足够少以获得成本效益的观测点,是一项很有挑战性的工作。幸运的是,大量已有的关于安全带使用情况的研究能够帮助我们估计观测点的数量。

了解一个区域内安全带使用大致情况,可以准确地选择观测点,以使调查结果具有意义。在美国,几乎每一个州都有关于本区域内安全带使用率的报告。也有可能存在社区当地的安全带使用状况的资料。这些数据资源可以用来了解你所在地区的安全带使用情况,并帮助你确定合适的观测点数量。表 5-1 提供了建立在安全带使用率和错误率的预期基础上的观测点数量估计值。请注意,对于大多数用途而言,5%的误差是可以接受的。更多关于选择观测点的信息见 Eby 在 2000 年的研究。

基于预期安全带使用率和样本估计的误差率的观测点数量的估计值　　　　表 5-1

预期安全带使用率(%)	需要的观测站点数量(个)		
	误差率(%)		
	2	5	7
90	68	11	N/A
80	113	19	N/A
70	174	28	15
60	257	42	21
50	380	61	32
40	579	93	48
30	N/A	152	78
20	N/A	290	148
10	N/A	N/A	449

注:N/A 表示不适用。

一旦观测点的数量被确定,研究者就需要随机确定观测点的位置。至少有两种方式可以做到这一点。第一种是购买或制定一份调查区域内所有交叉口的清单,然后不加替换地随机挑选交叉口。如果列表的方法不可用,那么我们可以使用一种更耗费人力的方法,即在调查区域的地图上绘制网格图案。在透明的覆盖物上的网格效果很好。网格应该很小,大小相同,并且按行和列进行标示。而后观测者随机挑选一个行号和列号的交点处的单元格。如果其中有一个交叉口,那么这个交叉口将作为观测点之一。如果其中没有交叉口,则随机继续挑选另一个单元格。这个过程持续循环,直到最终在地图上挑选并确定合适数量的观测点。选定的地点应该在地图上做出明确的标记。

选择观测点的最后一个问题是,要确认每个观察研究人员在每个路口进行安全带使用情况观测时的确切位置。潜在的站立位置数量取决于交叉口的类型和车道是否是单向或双向通行。常规的双向通行交叉口会有4个方向的车流,"T"字形交叉口会有3个方向的车流,以此类推。

5.4.3 第三步:安排调查

由于安全带的使用可能受时间和地点转移的影响,因此,尽可能随机地选择观察地点就显得尤为重要。时间安排也取决于观察员的数量和研究中的其他资源。因为观测试验的大部分时间和成本被消耗于在观测点之间的来回奔波上,这个例子就为我们提供了一个在减少路途时间的基础上将观测点尽可能地随机化的方法。

分组的方式包括首先确定可用的人·日,即数据采集者(观察员)人数以及他们能够针对这项研究进行观察的天数。例如,能够工作4d的3个观测者相当于12人·d。人·日数量就是研究观测的组数。观察组的数目除以观测点的总数就是每个观察组需要负责的观测点数目。在大多数情况下,这个结果将不是一个整数,所以当这些数字被四舍五入后,一些观察组被分配到的观测点会比其他的观察组少。

接下来,观察员需要研究地图,并在彼此相邻的观测点周围画圈,在每个圈内应是之前设定好数目的观察点。在每一个观察日里,观察员都会在圈内的观测点进行数据收集工作。每个观察组负责的站点都会被编号。

确切的时间的安排如下。在可用于调查的日子里,为每组观测点随机挑选一个日子。如果选择的日子已经被另一组观察员选择了,那么就随机选择另一天。为每个观测点安排一天的确切时间是比较复杂的,为每组确定一个观测点的调查顺序,将每个圈内的每个观测点连续编号。然后,随机选取其中一个观测点作为当天的第一个观测点,在其他观测点按照编号的顺序调查。例如,如果该组有5个观测点,随机挑选的当天第一个观测点是3号观测点,那么当天的观测点顺序是3号、4号、5号、1号和2号。

调度的最后一项任务是随机确定每组何时调查一天中的第一个观测点。要做到这一点,首先需要知道一天中的日照时数(对于白天的研究)。接下来,应将在该组所有观测点进行调查所需的时间、各地点之间的交通时间以及休息、吃饭等时间加起来,以确定每组的总工作时间。从白天的小时数中减去该组的工作小时数,即可得出上午的小时数,在该小时数中,可以随机安排该组一天中的第一个地点。第一个观测点的开始时间应从这些潜在的时间中随机确定。然后,在考虑到出行时间、休息时间和用餐时间的情况下,根据随机挑选的当天第一个观测点的开始时间来安排该组的所有其他观测点。通过这种安排方法,人们在选择观测点的时间时,既能最大限度地减少出行时间,又能保持高度的随机性。

5.4.4 第四步:收集自然观察数据

在观察员进行自然观测训练之后,以下的程序可以为每个观测点所使用。一旦观测点确立,对于安全带的特定数据收集将包括三个部分(如 Eby 在 2000 年使用的数据采集形式)。第一部分是,统计 5min 内由特定方向进入交叉口的所有目标车辆数量(预调查车辆数)。第二部分是,观测 50min 内的安全带使用情况以及其他所有研究需要的人口统计学数据,包括所有乘员的座位位置。如果有多个目标车辆,观察员只需要关注单一车道上的目标车辆。当交通状况不佳并且拥堵,导致观察员无法观测所有车辆的状况时,观察员需要完整地记录一辆车的情况,然后将目标转向下一辆车,而后检验数据收集表格。第三部分是,按照调查前车辆统计的方法,对目标车辆再进行 5min 的统计(调查后车辆计数)。需要注意的是,50min 的观测时间不包括两次 5min 观测时间,所以总体的观察时间应该是 60min,这对安排观测点的观察时间很方便。

5.4.5 第五步:估计社区安全带使用率

社区安全带使用率是通过计算每个观测点的系安全带人数和总乘员人数的加权数来确定的。这个加权系数反映了在 50min 的调查期间,如果所有的目标车辆都能被调查的话,应该有多少目标车辆经过观察者。如果这个数字小于实际调查的车辆数,则该地点的加权系数应为 1,不对该地点进行加权。然而,如果加权数较大,那么该地点的加权系数是用加权数除以调查的目标车辆总数计算出来的。然后应该用这个加权系数来计算加权的乘员人数,即用调查的实际乘员人数乘以加权系数。对乘员总数也应做类似的计算。社区安全带使用率(%)的计算方法是用所有地点的加权的系安全带乘员数除以总乘员数的加权数,然后将结果乘以 100%。安全带使用率估计值的方差计算如下:

$$方差 = \frac{n}{n-1} \sum \left(\frac{g_i}{g_{all}}\right)^2 (r_i - r_{all})^2$$

式中:n——观测站点的数量;
  g_i——在观测点观察目标车辆乘员的加权数;
  g_{all}——所有观测点的目标车辆的总加权数;
  r_i——i 观测点的调查区域内安全带的整体使用率。更多计算方式和加权方案的细节可以在 2000 年 Eby 的研究中获得。

95%置信区间可以由以下计算构建:

$$95\%置信区间 = 安全带使用率 \pm 1.96 \times \sqrt{方差}$$

安全带使用率的相关误差如下,可用于衡量估计值的精度:

$$相关误差 = \frac{\sqrt{方差}}{安全带使用率}$$

请注意,如果需要按某些人口统计学特征计算安全带使用率,可以通过分别确定使用安全带的乘员数量和总人口的加权数,并使用相同的方程进行人口统计学变量计算。

5.5 小结

本章节简要地介绍了交通心理学中的自然观察法。这种方法在研究驾驶人的驾驶行为和行车安全方面有着悠久的历史,并且如今仍然被普遍使用。实际上,交通心理学的很多课题都是使用自然观察法开展的。由于这些讨论,我们对课题的理解才有了长足的进步。然而,自然观察研究需要适当的研究设计、可重复的研究方案、广泛的观察员培训和足够的资源,以获得有效且可推广的结果。社区安全带使用调查的案例,体现了在自然观察研究中的问题和挑战。这个例子中的设计、程序和分析技术可以直接用于实施一个关于安全带使用或其他车内行为的小规模研究。

 本章参考文献

AARP,2005. Enhancing mobility option for older Americans: A five year national action agenda [R]. Washington, DC.

ALBERT R, DOLGIN K G,2010. Lasting effects of short-term training on preschoolers' street-crossing behavior [J]. Accident Analysis and Prevention, 42:500-508.

ASCONE D, LINDSEY T, VARGHESE C, 2009. Traffic safety facts: Research note. An examination of driver distraction as recorded in NHTSA databases (Report No. DOT HS 811 216)[R]. Washington, DC: Department of Transportation.

BECK L F, DELLINGER A M, O'NEILL M E,2007. Motor vehicle crash injury rates by mode of travel, United States: Using exposure based methods to quantify differences [J]. American Journal of Epidemiology,166: 212-218.

CHAUDHARY N K, ALONGE M, PREUSSER D F, 2005. Evaluation of the Reading, PA nighttime safety belt enforcement campaign: September 2004 [J]. Journal of Safety Research, 36:321-326.

CHAUDHARY N K, LEAF W, PREUSSER D F, et al,2010. Guidelines to observe and estimate statewide seat belt use at night (Report No. DOT HS 811 288)[R]. Washington, DC: Department of Transportation.

CHAUDHARY, N K, PREUSSER D F,2006. Connecticut night time safety belt use [J]. Journal of Safety Research, 37:353-358.

DAWSON J D, ANDERSON S W, UC E Y, et al,2009. Predictors of driving safety in early Alzheimer disease [J]. Neurology, 72: 521-527.

DECINA L E, KNOEBEL K Y,1996. Patterns of misuse of child safety seats (Report No. DOT HS 808 440)[R]. Washington, DC: Department of Transportation.

DECINA L E, KNOEBEL K Y, 1997. Child safety seat misuse patterns in four states [J]. Accident Analysis and Prevention, 29:125-132.

DECINA L E, LOCOCO K H, DOYLE C T, 2006. Child restraint use survey: LATCH use and misuse (Report No. DOT HS 810 679) [R]. Washington, DC: U. S. Department of Transportation. Department for Transport, 2009. Mobile phone use by drivers: 2009 survey results for England[R]. Workingham, Department for Transport.

DINGUS T A, KLAUER S G, NEALE V L, et al, 2006. The 100-Car Naturalistic Driving Study, phase II: Results of the 100-car field experiment (Report No. DOT HS 810 593) [R]. Washington, DC: U. S. Department of Transportation.

DIOGENES M C, GREENE-ROESEL R, ARNOLD L S, et al, 2007. Pedestrian counting methods at intersections: A comparative study [J]. Transportation Research Record, 2002:26-30.

DODGE R, 1923. The human factor in highway regulation and safety [J]. Highway Research Board Proceedings, 2(32):73-78.

DREWS F A, STRAYER D L, 2009. Cellular phones and driver distraction [M]. In M. Regan, J. D. Lee, & K. L. Young(Eds.), Driver distraction: Theory, effects, and mitigation. New York: CRC Press.

EBEL B E, KOEPSELL T D, BENNETT E E, et al, 2003a. Use of booster seats in motor vehicles following a community campaign: A controlled trial [J]. Journal of the American Medical Association, 289:879-884.

EBEL B E, KOEPSELL T D, BENNETT E E, et al, 2003b. Too small for a seatbelt: Predictors of booster seat use by child passengers [J]. Pediatrics, 111:323-327.

EBY D W, 2000. How often do people use safety belts in your community? A step-by-step guide for assessing community safety belt use (Report No. UMTRI-2000-19) [R]. Ann Arbor: University of Michigan Transportation Research Institute.

EBY D W, BINGHAM C R, VIVODA J M, et al, 2005. Use of booster seats by Michigan children 4-8 years of age [J]. Accident Analysis and Prevention, 37:1153-1161.

EBY D W, FORDYCE T A, VIVODA J A, 2002. A comparison of safety belt use in commercial and noncommercial vehicles [J]. Accident Analysis and Prevention, 34:285-291.

EBY D W, KANTOWITZ B K, 2006. Human factors and ergonomics in motor vehicle transportation[M]. In M. Salvendy (Ed.), Handbook of human factors and ergonomics (3rd ed.). Hoboken, NJ: Wiley:1538-1569.

EBY D W, KOSTYNIUK L P, 1999. A statewide analysis of child safety seat use and misuse in Michigan [J]. Accident Analysis and Prevention, 31: 555-566.

EBY D W, KOSTYNIUK L P, CHRISTOFF C, 1997. Use and misuse of child restraint devices in Michigan (Report No. UMTRI-97-36)[R]. Ann Arbor: University of Michigan Transportation Research Institute.

EBY D W, KOSTYNIUK L P, VIVODA J M, 2001. Restraint use patterns for older child passengers in Michigan [J]. Accident Analysis and Prevention, 33:235-242.

EBY D W, MOLNAR L J, OLK M L, 2000. Trends in driver and frontright passenger safety belt use in Michigan: 1984 to 1998 [J]. Accident Analysis and Prevention, 32:837-843.

EBY D W, SILVERSTEIN N M, MOLNAR L J, et al, 2009. Fitness to drive in early stage dementia: An instrumented vehicle study (Report No. M-CASTL-2009-03) [R]. Ann Arbor: Michigan Center for Advancing Safe Transportation throughout the Lifespan.

EBY D W, VIVODA J M, 2003. Driver hand-held mobile phone use and safety belt use [J]. Accident Analysis and Prevention, 35:893-895.

EBY D W, VIVODA J M, STLOUIS R M, 2006. Driver hand-held cellular phone use: A four-year analysis [J]. Journal of Safety Research, 37:261-265.

ELMITINY N, YAN X, RADWAN E, et al, 2010. Classification analysis of driver's stop/go decision and red-light running violation [J]. Accident Analysis and Prevention, 42:101-111.

GLASSBRENNER D, 2003. Safety belt use in 2003 (Report No. DOT HS 809646) [R]. Washington, DC: U. S. Department of Transportation.

GLASSBRENNER D, YE J, 2006. Traffic safety facts: Research note. Motorcycle helmet use in 2006—Overall results (Report No. DOT HS 810 678) [R]. Washington, DC: U. S. Department of Transportation.

HORBERRY T, BUBNICH C, HARTLEY L, et al, 2001. Drivers' use of hand-held mobile phones in Western Australia [J]. Transportation Research Part F: Traffic Psychology and Behavior, 4:213-218.

HOURY D, KELLERMANN A, WHITE M, et al, 2005. "Phony" motorcycle helmet use in Georgia [J]. American Journal of Emergency Medicine, 23:409-410.

JOHAL S, NAPIER F, BRITT-COMPTON J, et al, 2005. Mobile phones and driving [J]. Journal of Public Health, 27:112-113.

JOHNSON M B, VOAS R B, LACEY J H, et al, 2004. Living dangerously: Driver distraction at high speed [J]. Traffic Injury Prevention, 6: 1-7.

KIM J K, KIM S, ULFARSSON G, et al, 2007. Bicyclist injury severity in bicycle-motor vehicle accidents [J]. Accident Analysis and Prevention, 39:238-251.

KLAUER S G, DINGUS T A, NEALE V L, et al, 2006. The impact on driver inattention on near crash/ crash risk: An analysis using the 100 Car Naturalistic Driving Study data (Report No. DOT HS 810 594) [R]. Washington, DC: U. S. Department of Transportation.

KRAUS J F, PEEK C, WILLIAMS A, 1995. Compliance with the 1992 California motorcycle helmet use law [J]. American Journal of Public Health, 85:96-99.

KRIZEK K J, HANDY S L, FORSYTH A, 2009. Explaining changes in walking and bicycling behavior: Challenges for transportation research [J]. Environment and Planning B: Planning and Design, 36:725-740.

LANGE J E, VOAS R B, 1998. Nighttime observations of safety belt use: An evaluation of California's primary law [J]. American Journal of Public Health, 88:1718-1720.

LEDEN L, GARDER P, JOHANSSON C, 2006. Safe pedestrian crossings for children and elderly

[J]. Accident Analysis and Prevention, 38:289-294.

LI G L, LI L P, CAI Q E,2008. Motorcycle helmet use in southern China: An observational study [J]. Traffic Injury Prevention, 9:125-128.

MALENFANT J E L, VAN HOUTEN R,1988. The effects of nighttime seat belt enforcement on seat belt use by tavern patrons: A preliminary analysis [J]. Journal of Applied Behavior Analysis, 21:271-276.

MCCARTT A T, BRAVER E R, GEARY L L,2003. Drivers' use of handheld cell phones before and after New York State's cell phone law [J]. Preventive Medicine, 36:629-635.

MCCARTT A T, HELLINGA L A,BRATIMAN K A,2006. Cell phones and driving: Review of research [J]. Traffic Injury Prevention, 7:9-106.

National Highway Traffic Safety Administration, 1998. Uniform criteria for state observational surveys of seat belt use (Docket No. NHTSA-98-4280) [R]. Washington, DC: U.S. Department of Transportation.

National Highway Traffic Safety Administration,2009. Traffic safety facts: 2008 Data. Pedestrians (Report No. DOT HS 811 163) [R]. Washington, DC: Department of Transportation.

National Highway Traffic Safety Administration, 2010. Overview of the National Highway Traffic Safety Administration's Driver Distraction Program (Report No. DOT HS 811 299) [R]. Washington, DC: U.S. Department of Transportation.

ORENSTEIN M R, GUTIERREZ N, RICE T M, et al, 2007. Safe routes to school safety and mobility analysis [M]. Berkeley: University of California Berkeley, Safe Transportation Research & Education Center.

PICKRELL T M, YE T J,2009a. Traffic safety facts: Research note. Seat belt use in 2008—Overall results (Report No. DOT HS 811 036) [R]. Washington, DC: Department of Transportation.

PICKRELL T M, YE T J,2009b. Traffic safety facts: Research note. Motorcycle helmet use in 2009—Overall results (Report No. DOT HS 811 254) [R]. Washington, DC: Department of Transportation.

PICKRELL T M, YE T J,2009c. Traffic safety facts: Research note. Driver electronic device use in 2008 (Report No. DOT HS 811 184) [R]. Washington, DC: U.S. Department of Transportation.

PORTER B E, ENGLAND K J, 2000. Predicting red-light running behavior: A traffic safety study in three urban settings [J]. Journal of Safety Research, 31:1-8.

RAJALIN S, SUMMALA H, PÖYSTI L,et al, 2005. In-car cell phone use and hazards following hands free legislation [J]. Traffic Injury Prevention, 6:225-229.

REINFURT D W, HUANG H F, FEAGANES J R,et al,2001. Cell phone use while driving in North Carolina [R]. Chapel Hill: University of North Carolina Highway Safety Research Center.

RETTING R A, FERGUSON S A, FARMER C M,2008. Reducing red light running through longer yellow signal timing and red light camera enforcement: Results of a field investigation [J]. Accident Analysis and Prevention, 40:327-333.

RETTING R A, WILLIAMS A F, FARMER C M, et al, 1999. Evaluation of red light camera enforcement in Oxnard, California [J]. Accident Analysis and Prevention, 31:169-174.

SALZBERG P, 2002. Cell phone use by motor vehicle drivers in Washington State [J]. Olympia: Washington Traffic Safety Commission.

SIRARD J R, SLATER M E, 2008. Walking and bicycling to school: A review [J]. American Journal of Lifestyle Medicine, 2:372-396.

ST LOUIS, R MPAROW, J E EBY, et al, 2008. Evaluation of community based programs to increase use of booster seats [J]. Accident Analysis and Prevention, 40:295-302.

STUTTS J, FEAGANES J, REINFURT D, et al, 2005. Driver's exposure to distraction in their natural driving environment [J]. Accident Analysis and Prevention, 37:1093-1101.

TAYLOR D M, BENNETT D M, CARTER M, 2003. Mobile telephone use among Melbourne drivers: A preventable exposure to injury risk [J]. Medical Journal of Australia, 179: 140-142.

ULMER R G, PREUSSER C W, PREUSSER D F, 1994. Evaluation of California's safety belt law change to primary enforcement (Report No. DOT-HS-808-205) [R]. Washington, DC: Department of Transportation.

UTTER D, 2001. Research note: Passenger vehicle driver cell phone use results from the fall 2000 National Occupant Protection Use Survey (Report No. DOT HS 809 293) [R]. Washington, DC: Department of Transportation.

VIVODA J M, EBY D W, KOSTYNIUK L P, 2004. Differences in safety belt use by race [J]. Accident Analysis and Prevention, 36:1105-1109.

VIVODA J M, EBY D W, ST LOUIS R M, et al, 2007. A direct observation study of nighttime belt use in Indiana [J]. Journal of Safety Research, 38:423-429.

VIVODA J M, EBY D W, ST LOUIS R M, et al, 2008. Cellular phone use while driving at night [J]. Traffic Injury Prevention, 9:37-41.

WALKER I, 2007. Driver overtaking bicyclists: Objective data on the effects of riding position, helmet use, vehicle type and apparent gender [J]. Accident Analysis and Prevention, 39: 417-425.

WELLS J K, WILLIAMS A F, FARMER C M, 2002. Seat belt use among African Americans, Hispanics, and whites [J]. Accident Analysis and Prevention, 34:523-529.

WILLIAMS A F, LUND A K, PREUSSER D F, et al, 1987. Results of a seat belt use law enforcement and publicity campaign in Elmira, New York [J]. Accident Analysis and Prevention, 19:243-249.

WILLIAMS A F, MCCARTT A T, GEARY L, 2003. Seat belt use by high school students [J]. Injury Prevention, 9:25-28.

WILLIAMS A F, WELLS J K, LUND A K, 1987. Shoulder belt use in four states with belt use laws [J]. Accident Analysis and Prevention, 19:251-260.

ZHANG W, HUANG Y-H, ROETTING M, et al, 2006. Driver's views and behaviors about safety in China—What do they not know about driving [J] Accident Analysis and Prevention, 38: 22-27.

第6章 自然驾驶研究与数据编码和分析技术

希拉·G.克劳尔(Sheila G. Klauer),米格尔·佩雷斯(Miguel Perez),朱莉·麦克拉弗蒂(Julie McClafferty)

美国,弗吉尼亚州,布莱克斯堡,弗吉尼亚理工大学交通研究所(Virginia Tech Transportation Institute,Blacksburg,VA,USA)

6.1 介绍

各国政府和公民正在动员起来,采取措施以降低机动车造成的伤亡率。瑞典的目标是到2020年,在全国范围内实现交通事故零死亡(Vison Zero)。许多欧洲国家也参照瑞典设定了自己的目标。美国为商业驾驶员设定了颇具野心的安全目标,决心改变与分心驾驶相关的安全文化(详见美国交通部的网站 http://www.distraction.gov)。

虽然在过去50年中,道路交通事故伤亡率已经大大降低,但是这主要来自安全带的使用和气囊技术、汽车耐撞性能的提升,以及基础设施的改进(例如更好的防撞护栏设计、道路照明等)。这些改进对于伤亡率的降低起到重要作用。然而,众所周知,伤亡率的进一步降低最终还要靠驾驶人行为的规范。

人们普遍认为,驾驶人的失误占汽车事故原因的90%(Lum和Reagan,1995)。为了更好地理解人们在驾驶中所犯的错误,交通安全研究专家采用了流行病学的研究方法或控制实验。许多问题的研究基于警方交通事故报告中的大量事故数据,但是它们缺乏充分的细节来让我们研究驾驶人在交通事故中的行为。虽然实证研究提供了足够的细节,但是这些数据是在设计好的环境中收集的,并且无法充分反映正常驾驶环境或真实交通事故情景。

技术的提升使交通安全研究人员能够更好地研究驾驶行为。计算机处理速度和数据存储能力的提升,加上相关设备物理尺寸的缩小,不仅使研究者能够收集更多的参数数据,而且大大提升了视频数据的收集能力。这些提升不仅允许安全研究人员在车上安装最先进的眼球跟踪系统、生理监测设备和交通事故预警系统,也允许大规模采集长期驾驶表现数据(例如收集100辆汽车1年的数据)。

这些技术的提升,有助于增加关于驾驶人在交通事故发生几秒的时间内行为的数据采集量。因此,安全研究人员能够获得真实交通事故中的数据(例如流行病学数据)和驾驶行为中的细节数据(例如实证研究)。这些汽车研究系统是改善道路安全的重要工具。

本章描述了交通冲突技术与装配仪器的检测车辆或自然驾驶研究力量背后的原理、自然驾驶研究的生命周期,以及可用于这些数据的强大分析技术。尽管检测车辆研究的范围从一辆车在实验者在场的情况下进行30min的测试,到大规模部署检测车辆并在很长一段时间内收集数据,但本章的重点是更大规模部署的研究,也被称为自然驾驶研究。

6.2 交通冲突技术

许多行业安全研究人员和交通研究人员面临着一个类似的挑战,那就是如何在给定环境下直接测量安全性或预测事故发生的可能性。在大多数情况下,导致伤亡的事故是相当罕见的,因此,纠正措施都是被动的。如果安全工程师能够主动发现可能导致伤亡的不安全行为,将是非常有意义的。

Heinrich、Petersen 和 Roos(1980)开发了一种基于基本前提的危险分析技术,即对于每一个伤害事故,都有许多没有发生伤害的类似事故。例如,对于一个由 550 起类似类型的、涉及同一个人的事故组成的单元组,其中大约 500 起事故不会产生伤害,49 起会导致轻度伤害,只有 1 起可能会导致严重伤害。该理论表明,无伤和轻伤事故的诱因与重伤事故的诱因相同。因此,如果工业工程师能够找出诱因,减少无伤和轻伤事故的数量,就有可能防止重伤事故。重伤事故、轻伤事故和无伤事故之间的关系被称为海因希里三角(Heinrich's Triangle)(图 6-1)。Heinrich 的工业安全三角表明,对于类似的工业事故,每发生一起重伤事故,就会有数百起无伤事故和数十起轻伤事故。因此,如果能够降低无伤和轻伤事故的频率,那么重伤事故数量也会减少。

图 6-1 海因希里三角

根据这个假设,通用汽车的研究人员设计出一种使用摄像机来观察十字路口中的交通冲突的方法(Parker 和 Zegeer,1989)。他们的对交通冲突的一般定义为"涉及两个或更多道路使用者,因其中一个使用者而引发的其他使用者需要谨慎躲避来避免撞击的事件"(第 4 页)。

在交通研究领域,这种威胁分析方法被称作交通冲突技术。这种方法被应用于估算十字路口的交通事故风险,使用的是交通冲突而非交通事故数量。Wierwille 等(2002)利用了交通冲突技术,通过隐蔽地录像来确定十字路口交通中的驾驶人失误(关键事件)、接近事故和事故的原因。他们选择了有较高交通事故率的郊区、城乡接合部以及城市的十字路口。

研究人员研发出多种交通冲突技术来应用在检测车辆上。这种改进包括在汽车上安装摄像机以确定一个特定驾驶人涉及的交通冲突的数量(Dingus 等,2000;Hanowski、Wierwille、Garness 和 Dingus,2000;Mollenhauer,1998;Wierwille 等,2001)。Dingus 等(2006)在他们的"100 辆汽车研究"中利用了这种改良的交通冲突技术,通过对单个驾驶人以及单辆汽车行驶环境的录像来确定影响到驾驶人的失误(关键事件)、接近事故和事故。这种技术证明了疲劳驾驶和分心驾驶对轻型汽车驾驶人的影响,以及它们如何增加轻型汽车驾驶人的交通事故风险。

6.3 大规模检测车辆研究理念

大规模检测车辆研究(也被称作现场运行试验)可以评估特定车载系统的安全性能,也可以让我们更好地理解造成事故的驾驶人行为。然而对于这两个方面，很重要的一点是，在真实情况下，所有结果分析中最重要的是驾驶人行为。由此，保持较高的外部效度就会牺牲内部效度和实验控制。

虽然实验者不能控制交通模式、周围环境以及驾驶状态的类型，但他们可以通过收集大量的数据来评估这些重要变量并且做出分类。因此，研究者招募了大量的被试者，每个被试者都要参与长期持续的数据采集过程，以保证在各种交通模式、驾驶环境以及驾驶状态下都能采集到足够的数据，从而进行统计学上有效的评估。在流行病学研究中，大量数据是提供关键数据的首要原则，对于大规模检测车辆研究也是如此。

自然驾驶研究的主要优势之一是能够提供精确的驾驶行为数据（参数数据）和录像数据。这些精确数据提供了在正常驾驶环境下驾驶人行为的丰富而准确的信息来源。这些丰富的数据源因为其对驾驶人行为描述的准确性而具有极其重要的价值。从这些数据源中，可以产生很大的数据集（约有数百兆字节），涉及数百起接近事故和数十起事故。例如，Dingus 等（2006）连续 12 个月对 109 辆汽车持续收集数据，获得 42000h 的驾驶数据，超过 6TB 的录像，包含了 69 起事故和 761 起接近事故以及 8295 次关键事件。这既是个大数据集（6TB），也是个小数据集（只有 69 起事故）。重要的是这些数据的准确性，而不是它们是 6TB 还是 69 起事故的数据。在这两种情况中，驾驶人行为的录像以及车辆参数（例如车辆速度、减速情况、GPS 定位、道路位置以及道路偏离等）产生了非常丰富的数据集。

如果总是提醒驾驶人他们是在参与一个实验，那么数据的效度就较低了。基于真实模拟驾驶环境的考虑，研究者不应该提醒驾驶人他们是在参与一个驾驶研究。因此，数据采集设备必须尽量小而且不易被发现。不应该要求参与者有意识地与数据采集系统互动（例如打开或关闭系统），也不应该强制驾驶人开车前往数据收集点。应该让驾驶人尽量不受阻碍地进行日常生活，以便得到最接近真实情况的驾驶数据。

6.4 自然驾驶研究的生命周期

设计一个成功的自然驾驶研究应按照以下 4 步来进行（图 6-2）：
(1) 设计方案和采集数据；
(2) 数据准备和储存；
(3) 数据编码（符号化）；
(4) 数据分析。

6.4.1 设计方案和采集数据

为了完成一项成功的自然驾驶研究，明确的研究问题应该指导在自然驾驶研究中收集的关键数据元素选择、适当的数据分析计划以及研究的成功设计。尽管这些步骤对所有的研究都很关键，但自然

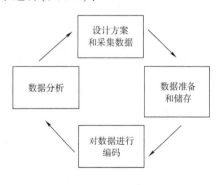

图 6-2 自然驾驶研究的生命周期

驾驶研究的多功能性和灵活性使得它很容易收集大量与主要研究目标没有直接关系的数据。这有时是有利的，但通常会消耗更多的资源。因此，研究人员应慎重权衡增加额外变量

的利弊。其次,对大量数据的收集、理解和分析是研究中更重要的部分。如果数据分析与数据需求相称,那么我们认为这一分析是有效的。如果这一步骤没有经过深思熟虑,我们就不能通过所收集的数据得到问题的答案,或者我们需要进行大量且资源密集型的数据处理来获得有效数据,从而解决我们所研究的问题。

适当的研究设计能让我们选择适当的参与群体,收集适当的视频信息和参数化数据。虽然有各种各样的潜在数据元素,但在表6-1中仅列出常用的元素。

在仿真驾驶研究中可能用到的传感技术　　　　　　表6-1

感应器的组成	具体描述
车辆网络配置盒	直接从车辆内置网络盒中收集数据。包括车速、制动系统使用情况、节油器开启比例、转向灯的使用情况和安全带的使用情况
加速器	收集侧向、纵向和陀螺仪的数据
前方车道检测器	收集雷达数据(射程、射速、方位角等),以显示前方最多7个目标
后方车道检测器	收集雷达数据(射程、射速、方位角等),以显示后方最多7个目标
两侧车辆检测器	收集显示车辆侧面目标的雷达数据
全球定位系统(GPS)	收集经度、纬度、水平速度和其他与GPS有关的变量
自动碰撞提醒系统	高带宽的加速度采集,可以推断严重的交通事故
蜂窝通信系统	用于通信
驾驶人事件/眩光传感器	收集勒克斯值(仅用于夜间)及事件情况
车道定位器	收集或处理视频数据,以确定车辆在车道线之间的位置
视频数据检测器	一般会收集多种视频信息,包括前方视图、后方视图、驾驶人脸部视图、驾驶人肩部以上视图、乘客背面视图、车内视图、驾驶人脚部/踏板位置、仪表盘视图。在车厢内使用红外线摄像机,以确保可以录制驾驶人在夜间的行为
驾驶人头部位置检测器	收集驾驶人的头部位置,可以用来确定驾驶人是否分心
驾驶人视线检测器	收集驾驶人视线的位置,一般需要校准
睡眠检测器	收集驾驶人的视线模式,判断驾驶人的眼睛是睁开的还是闭上的
乘客检测器	使用座椅传感器检测座椅上是否有足够的重量,以表明是否有乘客坐在上面
系统初始化模块	控制全局的操作

研究参与者是研究的一部分,应充分考虑其年龄、性别及人口学分布。同时,参与者也应受到隐私保护,因为在自然驾驶研究过程中收集大量身份数据,不仅包括驾驶人的面部视频,也包括可以推测出居住地点和工作地点的GPS数据。数据收集过程必须进行严格设计,以保证参与者的隐私。

对于美国的研究者来说,向国家健康协会申请保密证书是保护参与者隐私的关键步骤。该证书确保参与者的身份数据不会因为他们参与研究项目而被用于法律诉讼。比如,一个参与者在被拍摄时犯了一个严重的错误,导致人员伤亡,那么参与者的数据应该受保护,不会被用于法庭诉讼或保险谈判。如果没有这种保护,安全研究将非常困难,因为驾驶研究参与者的招募将严重受限。

6.4.2 数据准备和储存

在选择了关键数据源并将其纳入数据采集系统(Data Acquisition System,DAS)之后,我们必须为 DAS 选择适当大小的数据储存装置。从车辆上收集连续的数据,包括视频和参数数据,并不是一件小事。合理质量的视频数据采集率为 6~8MB/min,这导致一辆汽车一个月能收集 20GB 的数据。视频数据的大小一般占全部数据的 80%~95%,而车辆参数数据仅占 5%~15%。

以这样的速度收集数据,目前还不能使用无线传输方式。因此,DAS 必须纳入可以轻松移除和替换的数据存储系统,如闪存驱动器、硬盘或固态磁盘设备。这些数据被从车辆中取出,并被复制到永久的数据存储器中,以便进行后续的数据准备和最终分析。

从车辆中获得数据后,这些数据将被复制并储存在网络文件服务器中,用于以后的数据处理和分析。储存结构的选择可能对研究项目产生重要影响。在选择文件服务器时,要注意一些重要方面,比如处理速度、向研究人员工作站提供数据的文件服务器以及用于托管注释数据集的数据库服务器链接等。

当车辆相关数据上传到服务器后,服务器平台上的软件会对这些数据进行初步分析,检查数据的质量,总结并准备将数据导入数据库。其他的数据处理工作也会同时进行,例如自动化的视频数据分析(比如通过面部录像自动识别驾驶人)。在这之后,传感器数据通过标准化提取输入数据库中,进行转换和载入等处理。最后,研究人员可以利用这些数据进行接下来的数据挖掘和分析。

6.4.3 数据编码(符号化)

使用自然驾驶数据进行数据编码,需要培训多个数据编码员来审查视频和驾驶性能数据,然后记录观察到的驾驶行为。为了从视频中收集丰富的驾驶行为数据,可能需要某种形式的数据编码来提高数据的可用性。数据编码功能的各种例子包括获得驾驶行为的相对风险估计、对暴露的情况进行编码、评估事故和接近事故前几秒的行动顺序以及记录没有被自动记录的环境/道路变量。数据编码的一个目标是定义一套相对完整的数据元素,同时允许未来进一步的数据编码,并使其可以更好地直接用于数据库的搜索和分析。

鉴于自然驾驶研究搜集了大量数据,观察并记录收集的所有数据并不可行。因此,我们必须根据研究目标,设计一种方法来自动扫描驾驶性能数据,以确定进一步数据编码的时间点(即自动触发)。

从一个较高的水平来说,人工数据编码可被用于校准基于驾驶性能数据的自动触发。在设定初始标准时,先前的自动触发经验将非常有用。然而,为了充分发挥升级后的 DAS 的潜力,可能需要进行一些校准。触发校准的目标是设计触发标准,以便尽可能多地捕获潜在的相关时刻,同时尽可能少地出现无效的(非关键的)触发。

在这个领域有几种类型的自动触发系统可以选择,最常见的类型是使用车辆运动学数据、GPS 位置数据或随机选择。使用车辆运动学数据的触发系统可以识别出驾驶人超过设定值(即 $-0.55g$ 纵向减速)或组合值(即 $-0.55g$ 纵向减速和 2.0s 以内的碰撞时间值)的时间点。研究人员和从业人员都使用运动学数据来识别安全相关事件,如事故、接近事故或关键事件,或识别驾驶人超过车辆安全极限时的"可指导"事件。

用运动学数据来研究与安全相关的事件是一个密集消耗资源的过程。首先,数据简化理论的观点是,一个触发事故因素是在一系列的事故标准下将每个触发因素置于"有效"和"无效"这两个类别之下。比如,为了创建一个触发器来识别交通事故发生或即将发生的情况,有效触发器代表任何确实或可能导致交通事故的冲突;无效的触发器可能表现为正常的驾驶,而且往往是特定的驾驶人(例如在通常情况下,驾驶人会用力制动)或表现为性能数据中的异常情况。当我们收紧标准以减少无效触发的数量时,将会不断重复这种对触发样本的检查,同时也会进行交叉检查,以确保在限制较少的标准下发现的有效触发在限制较多的标准下仍然可以找到,并且无效触发的数量会减少。当标准确定后,最终的事故触发因素也生成了,我们开始对事件进行分类。

GPS 定位也可用于识别驾驶人何时处在研究人员感兴趣的地理位置。这些感兴趣的地理位置可能是特定的地理位置或者区域。在地理区域的情况下,可以用一个"地理围栏"围住一个感兴趣的区域,以确定驾驶人是否进入这个区域。这些区域的划分取决于研究问题,可以包括事先定义的交叉口、合并坡道、路段、商业区,或者仅根据离家的距离划分,对于初学者来说,我们不建议采用这个方法。GPS 数据也可以用于与其他传感器数据相结合,如车速。举例来说,当车辆并非行驶在州际公路上且车速超过 70mile/h(约 112km/h)时产生数据,这可以用来识别驾驶人最后可能超速超过 15mile/h(约 24km/h)的时刻。训练有素的数据编码人员通常也必须评估这些触发标准,这取决于 GPS 触发器是否是复合开发的。在触发器中纳入一个航向值和/或 GPS 位置序列可能也很重要,以确保所选择的事件不是车辆行驶在立交桥上(即在感兴趣的交叉口上面)和/或从首选方向通过一个地理位置(即在公路上行驶通过一个有多个转弯车道/交通信号灯的特定交叉口)。

也可以对事件进行随机选择,以获得对"正常驾驶样本"即驾驶基线的评估结果。这些样本通常根据驾驶人的车辆行驶里程或其他一些措施进行分层,以确保驾驶基线样本的正常化分布。分层方法有一些困难,因为适当的信息(即每个给定的行程中的驾驶人是谁)在整个数据集中并不总是已知的。因此,研究者必须仔细选择和建立适当的选择标准,以产生一个统计学上有效的驾驶基线样本。

在选择和确定了事件样本后,训练有素的数据编码员就会审查这些事件。他们观看这些事件相应的视频和相应运动学数据,以验证每个事件是否与确定的标准相符,然后记录下相关事件、驾驶人的驾驶行为、周边环境和路况变量以及感兴趣的特定场景变量。这些因素包括以下几点:

(1)事件变量:用于确定关键事件发生前和发生后的情景和事件顺序的变量,包括事件严重性、事件的性质(如与前方车辆还是换道车辆发生冲突)、事件前的行为、诱发事件、驾驶人的反应、制动后的控制、有关其他驾驶人/车辆/物体的信息(如类型、位置、机动性和损伤)以及责任分配情况。

（2）驾驶人变量：用于系统地描述关键事件之前和期间驾驶人状态的变量，包括驾驶人的身份、驾驶人行为（如超速和攻击性驾驶）、驾驶人自身缺陷（如疲倦、愤怒和药物滥用）、次要任务（如使用手机）参与和持续时间、手放在转向盘上的位置、视觉障碍物及安全带的使用情况。

（3）环境变量：用于描述环境和/或道路条件的变量，与一般估计系统和其他交通事故数据库一致，包括道路表面状况、交通流量、车道数量、交通流密度、事件发生时的交通控制设备情况、事件发生时与车辆交界处的情况、道路几何线性（如曲线和坡度）、地区类型（如住宅区）、环境照明、天气和风窗玻璃刮水器状态。

研究目标和研究问题将会决定每个项目所要触发和编码的数据类型。为确保编码员记录正确的信息，研究者需要制定触发器和编码规则，供经过培训的编码员遵循，以确保其记录适当的信息。数据编码的质量和控制是关键因素，将在下一部分讨论。

编码员的培训以及质量控制原则

下面推荐由弗吉尼亚科技运输学院（VTTI）开发、检测、应用的数据编码质量保证/质量检验（QA/QC）流程。它包含四个环节，每个环节都对手动数据编码起至关重要作用。它们分别是：协议开发，编码培训，数据编码，事后编码。它们包含不同的工作，分别分配给四种不同的角色。我们会一一介绍四种角色和四个环节，如图6-3所示。

以下四种角色对于数据简化过程至关重要：

（1）研究人员或者研究小组领导（内部或外部）监督整个项目从研究设计到数据的收集、编码、分析和报告的方方面面。在数据编码环节，研究人员在协议和数据字库开发过程中起领导作用，并在四个阶段提供输入和反馈。

（2）数据编码小组领导作为研究人员和数据编码小组的直接联络人，监督所有QA/QC环节。编码员所遇到的大多数问题可以由编码小组领导直接处理，无法处理的问题则可以交由研究人员处理。

（3）高级数据编码员（或者实验室监督员）通常是经验丰富、素质高的数据编码员，他们监督项目QA/QC工作流程的进展，协助数据编码小组领导进行编码员培训，在编码工作开始前测试新协议，正式评估编码员的可靠性，并监督编码员的工作流程。

（4）编码员执行大部分的数据编码工作。他们也参与QA/QC过程，完成必要的测试并协助抽查。数据编码员每天的工作时间最好不超过4h或5h。

1）环节一：协议开发

人工数据编码的QA/QC实际上在编码员看到协议之前就开始了。研究员根据研究问题起草协议与数据字典后，通常要经过数据编码小组领导的几次审查。编码小组领导的工作主要是减少资源消耗和排他性，通常在发现潜在的模糊性方面有更多的经验，知道什么时候某些变量的类别可能缺失，并调整新的协议，使其与以前的协议一致（如果可能的话），以便后续进行交叉分析。当研究人员与编码小组领导就协议草案达成一致时，就对协议开始第一轮的测试。高级编码员在测试中起带头作用，首先，他们先观察某些事件，然后根据协议草案进行编码，记录下在哪些地方出现了不确定因素、哪类事件难以归类、哪些变量对于编码至关重要以及协议的哪些部分需要进一步阐述等。然后研究人员和数据编码小组领导再一次进行审查。

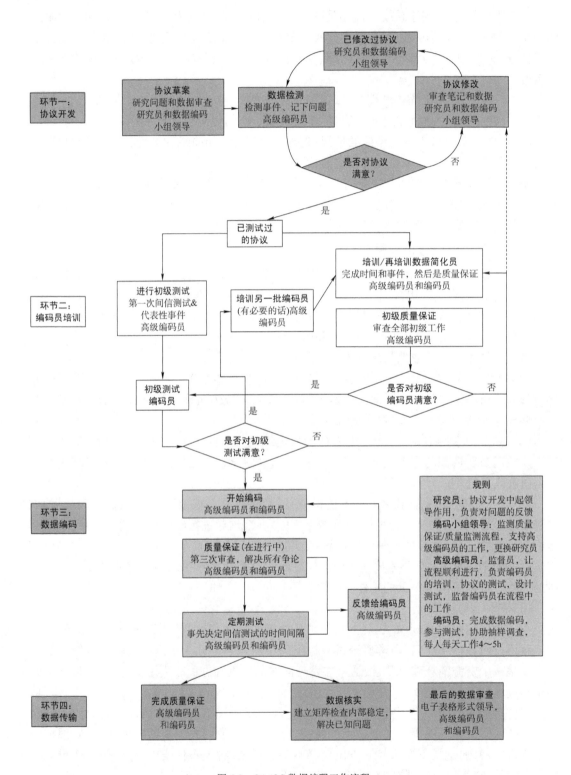

图 6-3 QA/QC 数据编码工作流程

这时的讨论应涉及协议在回答研究问题方面的表现如何、数据是否已按计划进行了编码以及这种编码方式是否提供了所需的信息。如果协议改动很大,建议进行第二轮的测试。只有协议真正完善,才能进入到下一个环节——编码员培训。然而,即使到了下一个环节,协议仍然可能需要调整。根据协议的复杂程度(以及简化每个事件所需的时间),环节一可能需要 1~2d、一周甚至更长的时间来完成。

与任何研究一样,在数据编码和/或协议开发过程中经常会出现意想不到的场景、驾驶人行为或环境条件,有时会导致需要编辑、追加或改进工作数据字典。例如,如果在视频中观察到的道路类型、次要任务或冲突类型并不明显符合字典提供的类别,那么数据编码小组领导必须与研究人员一起决定并彻底记录如何对该场景进行编码,以便当前和未来参考。当这种情况发生时,必须遵循以下程序来更新数据字典和/或数据简化手册:

(1)场景评估。该场景是否可以用现有可用的定义来描述?(如果不能,进行下一步。)

(2)场景发生频率。该场景发生的频率如何?该场景对事件的结果有多重要?它是否需要新的类别或定义,或者是否可以在不影响研究问题的前提下通过修改现有定义将其包括在内?

(3)修改数据字典。如果现有的定义不能充分描述该情景,而该情景又被认为是事件的一个重要方面,那么必须为描述事件的这些方面特征的变量增加一个新的选项和操作定义。如果研究问题不要求对情景进行独特的描述,那么至少需要修改数据字典,使现有的操作定义包括有关的情景。

(4)发布更新结果。每当数据字典被修改时,所有使用该数据集的简化者和研究人员都必须尽快得到更新通知。在任何时候都应该使用最新的数据字典,简化者需要知道他们是基于最新定义工作的。务必确保主动更新以及数据简化者遵守数据字典。VTTI 要求所有简化者在有机会提出问题和澄清任何不确定因素后,阅读并签署更新文件。

2)环节二:编码员培训

已经测试并修改过协议后,就可以进入编码员培训环节。在图 6-3 中环节二的右边,高级编码员和编码小组领导共同培训第一批编码员,最好每次不超过 3 名或 4 名受训者,以确保最初的质量控制。与编码员一起仔细审查协议,并且提供纸质版和电子版副本供参考。当正式培训课程结束后,编码员在高级编码员的监督下开始编码。最初编码应是短期的(一般不超过一次完整的数据简化时间),然后停下来进行准确性评估。在理想情况下,高级编码员或者编码小组领导审查每个编码员的全部工作,并及时给出反馈,必要时对编码员进行再培训。

如果编码员的初次编码达到了检测的标准要求(例如,虽然该步骤存在复杂性,数据简化也存在主观性,但仍有 90% 的正确率),那么应该对所有剩余工作的部分随机样本(例如 10%~20%)进行检查(见第三阶段)。

若初级审查的结果不尽如人意,则编码员在重新培训之后再完成一天的工作,并重复 100% 的审查。此时,可能会出现所有受训者都对编码中的某个方面或变量感到困惑的情况。这通常表明需要对该变量进行更深入的培训,或者需要对协议进行修改以提高可靠性。

在图 6-3 中环节二的左边,高级编码员通过选取有代表性的数据库中预期出现情况的范围与频率的有效事件样本,进行首次间信测试。根据协议的复杂性与长度,测试可能包括

10~30个事件。在通过全面审查后达到了初级可靠性的标准后,编码员就要参加这个测试。通过让所有编码员完成相同的事件集,可以衡量组内变量的编码能力是否一致。如果这个测试的分数令人满意(例如正确率为90%或更高),那么编码员可以进入环节三。如果分数不令人满意,可能需要重新培训或对方案进行额外的修订。

最后,第一批3名或4名编码员完成培训并进入环节三后,其他编码员可以用类似的方式进入培训循环,每组3名或4名。根据协议的复杂性和编码员的经验,培训期可能大约为2~5d。

3) 环节三:数据编码

在数据编码环节中要运用三种质量控制工具:抽样调查、间信测试和内部测试。

抽样调查就是经由第二人审查编码工作,对原始编码工作进行纠正,以确认或提高准确性。抽查是一个非常有用的工具,可以评估编码员在各种潜在情况下对协议的理解,揭示可能需要在协议或数据字典中解决的潜在歧义问题,并监测整体数据质量。抽样调查可以由编码小组领导、高级编码员或经验丰富的编码员(通常是三者合作)进行。然而,在进行修改之前,原始数据简化与抽样调查之间的差异必须由领导(编码小组领导或高级编码员)作为第三监督人进行审查。要及时地向原始编码员反馈,编码员应审查所有评论,同时应鼓励编码员重新审视事件并提出问题,以便在未来避免错误。如果在后来的抽查中发现一致的或不断增加的错误,应检查和纠正该编码员的更多编码工作样本(如果错误类型一致且容易控制,则应检查特定时间或特定变量的完整样本),直到完全解决问题。

进入环节三后应很快开始抽样调查。一般来说,每个参与抽样调查的人每天/每周都要花费一定的时间进行抽查(例如每天1h,或必要时花更多的时间完成所需的样本量),剩下的时间就完成额外的编码工作。抽样调查可以是匿名进行的,这样审查者就不知道是由谁完成的原始编码(在这种情况下,审查者也可以审查自己的工作),或者是公开进行的,这样原始编码者可以获得个性化的反馈,错误也容易被遏制和系统地纠正(在这种情况下,审查者应该只审查其他人的工作)。

在编码项目中定期进行间信测试和内部测试,以保证工作期间编码员之间(间信测试)和个别编码员内部(自我测试)在一段时间内的一致性。根据编码的持续时间和复杂度,这两种测试可能每周一次、每月一次或每两个月一次。和环节二的初级间信测试相似,通过选取10~30个有代表性的有效事件样本,由高级编码员进行间信测试。不过所选的事件样本要与初级测试的不同,目的是从所有的编码员中得到类似的回应。如果某些间信测试应用的事件在定期内部测试中有重复,则可以同时进行内部测试,该测试的目的是让编码员以自己在第一次测试中编码的方式记录这些事件。如果分数不令人满意,则就有必要进行再培训。抽样调查和定期的间信评价、自我评价要一直持续到完成所有的事件的编码为止,环节四从这时开始。

4) 环节四:数据传输

在环节四中,数据编码小组要准备将数据库提交给研究人员,以便进行统计分析。首先,完成所有的抽样调查,消除原始编码员和监督员间的任何差异。然后,审查抽样调查与协议之间所有已知和未知的不一致之处。这就是数据验证过程。可能出现的问题的例子包括:将一个特定地点编码为"州际"或"旷野"所引起的混乱,或者在两个应该内部一致或使用类似编码的变量(例如,如果驾驶人在事件中使用手机,那么在分心变量中标记"手机",在驾驶行为变量中标记为"分心或不注意")之间的潜在不一致。编码小组领导和高级编码员应该确定这些问题,然后与编码员一起解决这些问题。数据验证应该持续到数据与数据字典内部一致。作为数据交付前的最后审查,将所有的数据提取到电子数据表中并检查事件和变量之间的关系,是一个很好的质量保证步骤。任何有问题的事件都应该被标记出来以进行最后审查。这些事件可能属于意料之外或者很少出现的类别,或者可能是明显的随机错误,比如记录的受试者从未在该车辆中出现过。数据核实所需时间取决于协议的复杂性(同环节一和环节二)、协议中包含的事件数目以及在前三个环节中 QA/QC 工作是否顺利,因此可能需要 1~2d 乃至几周时间。

6.4.4 数据分析

自然驾驶研究有一些特点与传统的经验性驾驶研究相似,即在每一时刻都知道驾驶人的精确位置、速度、加速度等。自然驾驶研究还具有一些与传统流行病学研究相同的特点,即数据集包括数百万公里车辆行驶里程、成千上万的事件和几十或几百个没有实验控制的参与者(即没有控制驾驶人在任何特定时间内何时经历何种交通状况)。自然驾驶研究的这些特质为交通研究者提供了独特的数据分析环境,以探索和了解以前从未研究过的驾驶人行为的不同方面。

在发生事故或接近事故时的驾驶人行为数据包括精确的汽车运动数据,也可以包括观察到的驾驶人行为,如打电话或疲劳驾驶。适当的数据分析技术可能非常不同,这取决于研究问题和使用的数据类型。下面重点介绍各种不同的分析技术,它们用于回答各种研究问题。然而,这种讨论并不意味着详尽无遗,而是为了引起那些计划使用自然驾驶数据来回答特定研究问题的安全研究人员的兴趣。

6.4.4.1 事故风险评估

相对风险或事故风险是指驾驶人在进行某一特定的行为时承担的(高于驾驶/乘坐机动车正常水平的)风险。事故风险通常用优势比(Odds Ratio,OR)表示。优势比是一种常用的衡量事件发生可能性的方法,它衡量的是事件发生(例如存在注意力不集中的情况)的频率与事件不发生(例如不存在注意力不集中的情况)的频率的比值。也就是说,一个事件的优势比就是一个事件发生的概率除以这个事件不发生的概率。

优势比是一种常用的衡量案例(事故或近似事故事件)和对照(基线驾驶时间)之间关联的方法。优势比被用作案例控制设计中相对事故风险的近似值。因为对事件和基线采用了单独的抽样,因此这个近似值是必要的,对罕见事件的评估也是有效的(Greenberg、Daniels、Flanders、Eley 和 Boring,2001)。优势比被定义为:

$$\theta = \frac{\pi_1/(1-\pi_1)}{\pi_2/(1-\pi_2)} = \frac{\dfrac{n_{11}}{n_{12}}}{\dfrac{n_{21}}{n_{22}}} = \frac{n_{11}n_{22}}{n_{12}n_{21}} \tag{6-1}$$

优势比是分子成功的概率与分母成功的概率的比。

从代数上看,这个方程式可以用粗略的概率计算公式重写,如式(6-2)所示:

$$\text{Odds ratio} = \frac{A \times D}{B \times C} \tag{6-2}$$

其中，A 是指在存在一种"注意力不集中"但没有其他类型的注意力不集中情况下，发生事故或近似事故的次数；B 是指在存在一种"注意力不集中"但没有其他类型的注意力不集中情况下，原始基线的次数；C 是指在不存在"注意力不集中"，或者存在但与其他类型的注意力不集中不一致的情况下，发生事故或近似事故的次数；D 是指在不存在"注意力不集中"情况，或存在但与其他类型的注意力不集中不一致的情况下，原始基线的次数。

对优势比进行解释如下。当优势比为 1.0 时，说明该活动给驾驶带来的危险并没有高于正常驾驶的危险。当优势比小于 1.0 时，说明该活动比正常驾驶更安全，即产生了保护效果。优势比大于 1.0 表明一项活动会增加一个人的相对风险。例如：如果边开车边阅读的优势比为 3.0，那么这就说明驾驶人在边驾驶边阅读的情况下，发生事故或近似事故的可能性是只驾驶时的 3 倍。

自然研究结果表明，凡是使驾驶人的视线离开前方道路的任务（如伸手拿移动的物体、化妆、拨打电话、用手机发短信和阅读），都会显著增加事故风险（Hickman、Hanowski 和 Bocanegra，2010；Klauer、Dingus、Neale、Sudweeks 和 Ramsey，2006）。而那些没有使驾驶人的视线长时间离开前方道路的活动则不会提高事故风险，包括与乘客谈话（对于成年驾驶人而言）、调整收音机/空调、用对讲机交谈、打电话及喝水。

6.4.4.2 普遍性与驾驶暴露

自然驾驶研究可以为参与研究的驾驶人样本提供精确的驾驶风险信息。虽然交通事故风险是一项重要的评估，但是它必须与驾驶人进行"危险"行为的普遍性相比，例如：拨打电话被认为是高风险的活动，然而，完成这件事所花的时间要比发短信所花的时间短。因此，安全专家在观察到驾驶时发短信的频率增加导致交通事故风险增加时发现，与在驾驶时吃喝相比，发短信这种行为更令人担心。

在交通安全方面，暴露措施通常仅限于驾驶人自我报告的车辆行驶的里程、持有驾驶证的驾驶人数量或在一个特定位置的车辆数目。尽管通常情况下自然驾驶研究比基于调查或问卷的研究招募的参与者数量少，但是暴露信息要比自我报告精确得多。这种精确性体现在：使用自然驾驶数据可以比自我报告或车辆计数更精确地测量对特定风险因素的暴露水平（例如在夜间驾驶）。

早期 Dingus 等（2006）的 100 辆汽车自然驾驶研究中的重要发现之一是，实际交通事故频率远高于警方报告的交通事故频率。而大多数的交通安全分析都是根据警方报告的交通事故频率进行的。驾驶人涉及的交通事故次数是他们向警方报告的次数的 4 倍。这一丰富而珍贵的数据源在警方的交通事故数据库中是完全没有的。

6.4.4.3 事故和接近事故的成因

印第安纳州三级研究（Treat，1980）和大货车事故原因研究（Starnes，2006）都审查了数百份警方交通事故报告及交通事故现场调查报告的样本，以提供实际交通事故中所有因果因素的综合清单。这些研究针对警方报告的实际交通事故进行的事后研究，我们可以从中学到很多。然而这类分析也可以采用自然驾驶研究方法获取更多的信息。

自然驾驶研究的数据编码可以很容易形成潜在因果因素清单。对于驾驶人在交通事故前几秒内的行为、周围交通环境以及道路条件,视频能提供更精确的信息。为此,多项研究已经采用100辆汽车的研究数据进行分析(Dingus 等,2006)。树状图的一个例子显示了与主导车辆冲突的因素的广度(图6-4)。

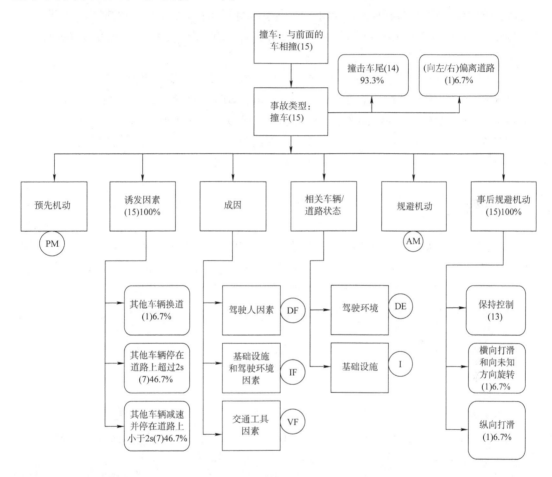

图6-4 在100辆汽车自然驾驶研究中车辆交通事故主导因素的树状图

100辆汽车的研究结果表明,事故和接近事故通常有多个致因,而大多数严重交通事故只可能有一个或两个致因。研究人员在事故和接近事故之间也进行了比较,表明两者之间最显著的区别并不在于致因的类型,而是在于是否做出了规避动作:在事故中驾驶人没有做出规避动作,而在接近事故中做出了突然的规避动作。这些结果表明了使用接近事故作为安全代用指标的合理性(Guo、Klauer、Hankey 和 Dingus,2010)。

6.4.4.4 先进驾驶产品检测

由于自然驾驶研究具有驾驶人在正常环境中被研究/观察的性质,因此它为汽车制造商和道路设备制造商展现了一个研究产品使用的独一无二的机会。具体来说,自然驾驶研究为制造商提供了深入了解驾驶人在正常的日常驾驶情况下实际如何使用其产品的机会。尽管这些研究招募的参与者可能来自原始设备制造商提供的拥有所研究产品的潜在参与者名单,但这些数据对未来系统的设计和了解特定产品的潜在意外后果或驾驶人对其的滥用情况都非常有价值。

研究人员可以设计自然驾驶研究以评估各种驾驶产品,也可以使用已收集的数据进行事后分析。例如,McLaughlin、Hankey、Dingus 和 Klauer(2009)进行的一项研究,采用 Dingus 等(2006)的 100 辆汽车数据研究不同正向碰撞预警装置的算法,将不同的算法与实际驾驶数据相比,以估算在驾驶人得到即将与障碍物相撞提示的情况下,可能避免的事故和接近事故的数量。

为了评估各种安全警示设备的可行性,人们已经开展了许多项自然驾驶研究。这些研究通常被称为现场操作测试(Field Operational Test,FOT)。近年来在美国进行的 FOT 包括车道偏离警告系统 FOT(LeBlanc 等,2006)、疲劳驾驶预警系统 FOT(Blanco 等,2009)和集成的重型货车安全系统 FOT(Sayer 等,2010),这些测试评估了综合预警系统对驾驶人的警告效果。

6.5 小结

自然驾驶数据为安全研究者提供了强大的研究工具,它将流行病学数据分析技术的特点与经验数据分析技术的特点结合起来。这些特点是非常有益的,同时还提供了更新颖的数据分析方式,这些分析方式可用于探索和研究驾驶人安全,尤其是驾驶行为。

自然驾驶数据的研究过程包括以下内容:
(1)设计方案和采集数据;
(2)数据准备和储存;
(3)数据编码(符号化);
(4)数据分析。

这些步骤中的每一步都是复杂的,主要是由于所收集到的数据的体量和范围较大。如前所述,自然驾驶研究通常每分钟收集 6~8MB 的视频,这就很容易导致收集的视频长达数千小时,同时必须准备、存储、编码和分析 6~10TB 的数据。

自然驾驶研究通常是漫长且大量占用资源的,但是可以收集到丰富、详细的数据。这些类型的研究很复杂,需要在数据收集之前和在研究的整个生命周期中进行规划,以确保实现初始研究目标。在生命周期内,每一步详细的计划会使项目数据分析阶段更加容易和高效。低效和/或缺少规划则容易导致项目失败,不能实现原定的研究目标。

以前自然驾驶研究的结果量化了那些驾驶过程中的内在危险行为,包括疲劳驾驶和驾驶时发短信、打电话、化妆等。未来的研究可能会为有关驾驶人年龄、地理位置和车辆类型等更复杂的问题提供答案。

过去和未来的研究所得到的自然驾驶研究数据库可以为安全研究团体服务。例如:Dingus 等在 2006 年研究的 100 辆汽车的自然驾驶数据已经可以在网上获得,网址是 http://www.vtti.vt.edu。考虑到数据的可获得性,本章主要侧重于自然数据简化和分析,这些对于想用这些数据集做安全研究的研究人员来说十分重要。尽管数据简化和分析工作很关键,但是研究者也需要清楚地了解 DAS 的工作方式及其局限性。为了有效且准确地分析数据,必须了解自然驾驶数据研究生命周期的每一阶段。

本章参考文献

BLANCO M, BOCANEGRA J L, MORGAN J F, et al, 2009. Assessment of a drowsy driver warning system for heavy-vehicle drivers: Final report. (Report No: DOT 811 117) [R]. Washington, DC: National Highway Traffic Administration.

DINGUS T A, KLAUER S G, NEALE V L, et al, 2006. The 100-Car Naturalistic Driving Study: Phase II—Results of the 100-Car Field Experiment [R]. (Interim Project Report for DTNH22-00-C-07007, Task Order 6; Report No. DOT HS 810 593). Washington, DC: National Highway Traffic Safety Administration.

DINGUS T A, NEALE V L, GARNESS S A, et al, 2001. Impact of sleeper berth usage on driver fatigue. (Technical Contract Report No. DTFH61-96-00068) [R]. Washington, DC: Federal Motor Carrier Safety Administration.

GREENBERG R S, DANIELS S R, FLANDERS W D, et al, 2001. Medical epidemiology (3rd ed.) [M]. New York: McGraw-Hill.

GUO F, KLAUER S G, HANKEY J M, et al, 2010. Near crashes as crash surrogate for naturalistic driving studies [J]. Transportation Research Record: Journal of the Transportation Research Board, 2147:66-74.

HANOWSKI R L, WIERWILLE W W, GARNESS S A, et al, 2000. Impact of local/short haul operations on driver fatigue (Technical Contract Report No. DTFH61-96-C-00105) [R]. Washington, DC: Federal Motor Carrier Safety Administration.

HEINRICH H W, PETERSEN D, ROOS N, 1980. Industrial accident prevention [M]. New York: McGraw-Hill.

HICKMAN J S, HANOWSKI R J, BOCANEGRA J, 2010. Distraction in commercial trucks and buses: Assessing prevalence and risk in conjunction with crashes and near-crashes. (Technical Contract Report No. FMCSA-RRR-10-049) [R]. Washington, DC: Federal Motor Carriers Safety Administration.

KLAUER S G, DINGUS T A, NEALE, V L, et al, 2006. The impact on driver inattention on near crash/crash risk: An analysis using the 100 Car Naturalistic Driving Study data. (Report No. DOT HS 810 594) [R]. Washington, DC: National Highway Traffic Safety Administration.

LEBLANC D, SAYER J, WINKLER C, et al, 2006. Road departure crash warning system field operational test methodology and results (Report No. UMTRI-2006-9-1, Contract No. DTFH61-01-X-0053) [R]. Washington, DC: National Highway Traffic Safety Administration.

LUM H, REAGAN J A, 1995. Interactive highway safety design model: Accident predictive module [J]. Public Roads Magazine, 55(2).

MCLAUGHLIN S B, HANKEY J M, DINGUS T A, et al, 2009. Development of an FCW algorithm evaluation methodology with evaluation of three alert algorithms: 100-Car follow-on subtask 5 [R]. Washington, DC: National Highway Traffic Safety Administration.

MOLLENHAUER M, 1998. Proactive driving safety evaluation: An evaluation of an automated traveler information system and investigation of hazard analysis data [D]. Iowa City: Unpublished doctoral dissertation, University of Iowa.

PARKER M R, ZEGEER C V, 1989. Traffic conflict techniques for safety and operations: Observers manual(Technical Contract Report No. FHWA-IP-88-027) [R]. Washington, DC: Federal Highway Administration.

SAYER J R, BOGARD S E, FUNKHOUSER D, et al, 2010. Integrated vehicle-based safety systems: Heavy-truck field operational test key findings report(Report No: DOT HS 811 362) [R]. Washington, DC: National Highway Traffic Safety Administration.

STARNES M, 2006. Large-truck crash causation study: An initial overview(Report No: DOT HS 810 646) [R]. Washington, DC: National Highway Traffic Safety Administration.

TREAT J D, 1980. A study of precrash factors involved in traffic accidents [J]. HSRI Research Review, 10(6): 2-35.

WIERWILLE W W, HANOWSKI R J, HANKEY J M, et al, 2002. Identification of driver errors: Overview and recommendations (Technical Contract Report No. FHWA-RD-02-003) [R]. Washington, DC: Federal Highway Administration.

第7章 作为交通心理学研究工具的驾驶模拟器

奥利弗·卡斯滕(Oliver Carsten)和 A. 哈米什·詹森(A. Hamish Jamson)
英国,利兹,利兹大学(University of Leeds, Leeds, UK)

7.1 简介

驾驶模拟器可以说是目前研究驾驶人行为与表现的主要工具。以《交通研究 F 部分》(Transportation Research Part F)和《人因》(Human Factors)两种主要期刊为衡量标准可以看出,基于驾驶模拟器研究的论文在已发表的驾驶领域论文中占了很大的比例。2009 年,在 Transportation Research Part F 上发表的关于驾驶的研究中,32%(34 篇中的 11 篇)是基于驾驶模拟器的实验研究,这些论文在所发表的整体实验工作论文中的比例要高得多,因为其他论文中有很大一部分是基于问卷调查的。同年,发表在 Human Factors 的"地面交通"(Surface Transportation)领域的 6 篇文章里,有 5 篇(83%)基于驾驶模拟器实验。

利用驾驶模拟器进行的驾驶研究相对较新,模拟器研究与驾驶研究的实验方法共同成长。工具(模拟器)与方法(实验)是密不可分的。模拟器是用于研究实验操作、比较矫正效果、研究与新系统和技术有关的假设场景的新系统和技术;同时是研究各种障碍的工具,所研究的障碍包括酒精、药物、疲劳和分心。

相比真实世界而言,实验室研究的优越性令人惊讶。人们可能会问,在现实世界中有数以百万计的驾驶人和数以百万计的车辆,为什么要使用驾驶模拟器?当然,为了开展驾驶行为、交通安全、道路基础设施设计、新技术的影响、驾驶人障碍等研究,我们需要收集和分析实际数据。然而,驾驶模拟器的数量在大学和研究机构正在不断地上涨,并且每年人们都会投入大量的精力来提高它们的能力。事实上,驾驶领域对驾驶模拟器的利用方法十分独特,模拟器被用于研究而非培训。而在航空、海运和铁路领域,运输工具相对于模拟器的成本来说非常昂贵,因此模拟器主要用于人员培训。在驾驶领域,与车内培训和练习相比,模拟器培训只占很小的比重。但用于研究的驾驶模拟器的数量与其精细化程度则不断增加。

7.2 什么是驾驶模拟器?

这个问题似乎有显而易见的答案,但事实上我们又不太可能给出准确的定义。因为驾驶模拟器可能各不相同,从简单地通过操纵杆控制模拟器驾驶并用一个简化的电脑屏幕显示道路环境,到花费数百万美元搭建的自由度高达 9 个、视野范围达到 360°的实验室,都是驾驶模拟器。所以这个问题没有准确的答案。

驾驶模拟器通常包括以下物理特性:

(1)由一个或多个屏幕显示场景图像。图像可以显示在电脑显示器上,也可以投影到一个平面或曲面上。

(2)车辆控制。最低限度是鼠标或操纵杆控制,常见的是正常车辆的控制设备,包括转向盘、踏板和换挡杆,也可以是罗技或微软等公司为电脑驾驶游戏制作的控制器。

(3)用于模拟道路环境和车辆噪声的音响系统。

(4)仪表板。可能是一个显示在显示器上或通过投影显示的虚拟仪表板,或者是一个真实的车辆仪表板。

这些物理特性可以通过多种方式来加强,如多通道投影、部分或完整的车辆驾驶室、工作辅助控制设备(如指示灯)、振动台以及模拟在现实世界中驾驶时感受到的加速度的运动系统。

目前,模拟器图像由实时动画生成。但是,即使在实时图像生成变得可行之前,驾驶模拟器也可以围绕在滚动道路上行驶的微型车辆构建,通常它使用的是高速公路的布局。风窗玻璃后所呈现的视野通过一个置于滚动道路上方的小型摄像机生成。加速与制动系统控制着道路滚动的速度,车辆被限制在单车道上,换道是车辆唯一允许的横向运动方式。Mortimer(1963)用这种类型的驾驶模拟器来研究酒精与前照灯眩光的影响,英国的运输和道路研究实验室(Transport and Road Research Laboratory)的滚动道路模拟器一直运行到20世纪90年代(Irving 和 Jones,1992)。其他早期的模拟驾驶器使用的图像都是场景的录影;直到20世纪70年代之后,计算机生成仿真图像才成为可能(Wierwille 和 Fung,1975)。

现代模拟驾驶器道路场景显示的标准方法是实时生成图像。在所使用的投影系统的限制下,这种方法在可以显示的场景和情况方面非常灵活。我们必须承认,投影仪和显示器都有一些先天的局限性,比如分辨率和亮度有限。后者意味着不可能用投影仪、显示器或显示屏直接创造出眩光的真正光学效果,尽管可以通过动画的方式模仿夜间眩光的效果。然而,并不能仅用图像生成定义驾驶模拟器。

模拟驾驶器通常分为高级、中级和低级三类(Kaptein、Theeuwes 和 van der Horst,1996;Slob,2008;Weir 和 Clarke,1995)。在这种分类方式中,包含运动系统和全车驾驶室的模拟器属于高级类别;基于投影系统和整车的静态模拟器属于中级类别;建立在简单组件(如游戏控制器与电脑显示器)基础上的模拟器属于低级类别。当然,这种分类是相当随意的。可以考虑建造将一些低成本和相对低保真度的组件与其他高端功能相结合的模拟器。一个基于游戏控制器的实验室模拟器可以拥有一个精致的投影系统,甚至(在理论上)可以有一个运动平台。同样,也有一些系统拥有极其复杂的运动能力,但其可视化能力十分有限。因此,在一个单一的尺度上考虑驾驶模拟器的成本而不是其能力是有意义的。一个模拟器可能在某些方面有很强的能力,但在其他方面只有适度的能力。另外,没有任何研究中使用的模拟器的每一个方面(包括视野、图形分辨率、运动系统的设计和调整、音响系统性能、软件和机械延迟)都很杰出,因为建设这样的系统需要付出巨大代价。

7.3 为什么使用驾驶模拟器?

使用驾驶模拟器的原因很多,也许最重要的原因是其可以控制参与者的驾驶体验,可以创建可重复的情况、场景以及情景。这种控制在实验中一定程度上提高了效率,这是基于对现实生活的观察的实验无法企及的。在模拟器上只需数十分钟,就可以完成一项可能需要在现实世界中进行几个月的驾驶研究。模拟器可以对参与者的选择、情形的顺序、事件的触发等实现完全的控制,这在现实世界的研究中几乎是不可能做到的。另外,由于这种效率和效果,进行模拟器研究的成本往往远远低于真实世界中的对应研究。控制元素减少了数据中的随机外在影响,因此对于同样数量的参与者来说,实验的效果更好。

很多在现实生活中很难或根本无法进行的研究可以在模拟器中进行。新型汽车科技,如驾驶辅助系统、汽车操纵系统,甚至新的车辆控制设施,如用操纵杆取代踏板和转向盘,都可以通过软件和电子接口来实现。模拟器在系统开发和设计中起到的主要作用是:可以系统地评估可供选择的系统规格和人机界面的适用性、接受度和有效性(Jamson、Lai 和 Carsten,2008)。

对危险驾驶的调查可以在不给参与者带来严重风险的情况下进行。关于手机等分心因素对驾驶表现的影响,关于疲劳、酒精、非处方药甚至大麻等非法药物的影响的研究,都已在模拟器上进行。为欧洲 DRUID 项目进行的酒精对驾驶影响的元分析发现,有大量的研究使用了驾驶模拟器(Schnabel、Hargutt 和 Krüger,2010)。由于法律原因,研究大麻对驾驶的影响要困难得多,但即使在这个方面,1999 年前就已经有了 7 项独立的驾驶模拟器研究(Ward 和 Dye,1999)。

一些类型的研究由于其特殊属性,几乎只能在模拟器上进行。关于非法药物影响的研究就属于此类。在现实世界中对一种禁止在驾驶前使用的物质对驾驶的影响进行试验,是既不道德也不合法的。另外,在真实道路上研究疲劳驾驶的影响也可能存在道德问题。同样,关于认知障碍(例如阿尔茨海默病)影响的研究,可以并已经在模拟器上开展了(Rizzo、McGehee、Dawson 和 Anderson,2001)。

因此,使用模拟器的主要动机之一是其健康性和安全性:因为道德原因在现实世界中难以进行的实验,可以通过模拟器来无风险地进行。可以通过模拟器研究驾驶人对危险情况、接近事故甚至真实事故(McGehee 和 Carsten,2010)的认知和反应。驾驶人可以经受首要任务要求和/或次要任务分心水平的影响,这在现实世界是无法进行的,或仅能在空旷或非自然的测试道路上进行。另外,还可以用模拟器研究驾驶人处理汽车机械或电子系统故障的能力(Jamson、Whiffin 和 Burchill,2007)。

模拟器可以给研究人员提供大量的数据。"汽车"基本可以提供现实世界中的测试车辆可提供的各种数据,如转向数据、踏板数据、发动机数据等,也可以提供汽车与道路环境的关联数据,例如精确位置信息。例如从以 60Hz 的频率记录的位置信息中可以得到虚拟世界中的驾驶速度、加速度、横向位置变化、道路位置、相对于其他物品和车辆的位置(以及间隔时间和碰撞时间等)和汽车处理信息(摩擦力和侧向力)。驾驶人的头部和眼部运动,以及整套生理信息,例如脑电图和心电图,都可以被监控和记录。所有的客观数据都可以用关于工作量、接受度、信任度、行为意向等的主观数据补充。潜在的丰富数据使得研究人员必须确定重要的研究问题和假设,并且确保参与者不会因为问卷和协议而负担过重。正常来讲,要对原始客观数据进行删减以备数据分析。然而,模拟器的原始数据应该全部存档,以便随后进行进一步的数据删减或计算。

研究人员也应该知道,在模拟器上进行的研究有其局限性。一个重要的问题与有效性有关,涉及模拟器研究中参与者的动机,即参与者永远无法像其在真实道路驾驶中一样有充分的动力。他们有可能意识到自己在被观察(尽管他们可能无视这一点),而且他们可能不会像在真实交通系统中因拥堵而耽误时间那样感到压力。参与者可能会有"服从"实验的动机,从而导致服从偏差,或他们可能认为在人工环境中,他们并不受驾驶法则和规则的约束。研究这些因素的影响是很困难的,所以我们必须概括性地得出结论:由于模拟器驾驶倾向于重现真实世界的驾驶模式,因此,例如男性青年驾驶人的驾驶方式比其他驾驶人更具风险这样与实际情况相符的数据就被认为足够可信。

我们也必须承认,模拟器研究的范围存在固有的局限性。其中一个限制是使用参与者内部实验设计来研究学习效果的限制。即使是选用重复的参与者(与其达成协议往往相当困难),也不可能让其通过在一台模拟器上驾驶数小时来积累对新道路特征或新电子系统的广泛经验。学习和适应的效果需要研究。因此 Jamson、Lai、Jamson、Horrobin 和 Carsten (2008)通过设计一个对于每种情况重复暴露的实验,来研究公路工程处理对车速管理的影响。但是,研究某种重复暴露的影响并不等同于研究对某种暴露的长期适应性。由于这个原因,除非作为探索真实世界暴露情况的辅助手段,否则驾驶模拟器是无效的。

7.4 移动还是静止

关于模拟驾驶器设计,争论最激烈的领域是运动——它是否是理想的组件,以及如果采用运动设计的话应该采用哪种形式的运动平台。成本是一个重要的考虑因素:运动部分的设计大大增加了模拟器的成本,从而影响其运行成本。人们很难否认运动部分的可取性,各种验证研究表明,提供运动反馈后,驾驶行为会变得更加逼真。Alm(1995)发现,与禁用模拟器的运动系统时相比,在启用运动系统后,驾驶人能够在弯道上更稳定地行驶。

在其他研究中也发现了运动系统对侧向控制的相似影响。Greenberg、Artz 和 Cathey (2003)对带有和不带有运动反馈的六足机(Hexapod)进行研究。在一项实验中,驾驶人执行了一系列的次要任务。在首要任务(但不是其他任务)中,与有运动反馈的情况相比,在无运动反馈的系统中,驾驶人违规驾驶的情况显著增加。缺少运动反馈也会增加方向错误——即道路车辆驾驶时的角度误差。在第二个实验中,驾驶人必须通过一段涉及两条车道变化的赛道,这两条车道是由圆锥体布置的。横向运动的比例分为 4 个等级:0(即无运动),25%,50%和 70%的真实世界加速度。方向错误随着运动比例的增加而减少,有趣的是,方向错误的可变性也随着比例系数的增加而减少,这表明行为与更强的运动能力更加一致。作者的结论是,当运动反馈缺失或减少时,驾驶人需要更加注意朝向的角度。上面的结果也在意料之中,因为在没有运动的情况下,只有对车辆路径的视觉反馈。同时他们还认为,这些额外的努力和分心任务对驾驶表现的影响之间存在潜在的相互干扰,如前所述,次要任务类型与模拟器运动对方向错误的影响之间存在交互作用。他们表示:

"这些相互作用对广泛和越来越多地使用固定模拟器来测量次要任务引起的分心有严重影响。使用这些模拟器的一个普遍理由是,虽然结果在绝对意义上可能无法与实际驾驶相提并论,但对不同次要任务类型的影响性指标进行比较仍然有意义。本文提出的互动意味着这种比较是针对模拟器所提供的运动反馈环境的。"

模拟驾驶最常用的平台是斯图尔特(Stewart)平台[它实际上是由埃里克·高夫(Eric Gough)发明的],也就是所谓的六足机;它使用6个支柱形致动器连接一个基础平台和一个模拟器平台,以提供6个自由度的运动,即 x、y、z 和摇摆、倾斜、偏航。运用六足机难以提供近似真实车辆驾驶体验的纵向和侧面的加速度,尤其在现在相当普遍的小型六足机上更难实现。一般是通过倾斜来模拟这种加速度的。为了提供一定程度的真实加速度,更加精致的模拟器,例如美国国家先进驾驶模拟器(NADS),将六足机安装在 x-y 平台上,该平台能够产生纵向和横向波动(图7-1)。在某些情况下,该模拟器还包括一个偏航台。

但是,无论运动系统多么大,它都不可能提供如驾驶人在现实世界中转弯所感受到的持续

图7-1 利兹大学驾驶模拟器的运动系统

横向加速度。与实际驾驶相比,人感受到的加速度一般都小得多。即使在 x-y 平台上,急剧的运动也需要在某些情况下与倾斜混合,同时运动系统必须返回其中间点[称为"冲刷"(Washout)]。在六足机上,几乎所有的加速度都是不真实的,而且倾斜开始得太快会导致参与者意识到不自然的运动。另外,在运动系统中存在运动延迟。所有的这些因素意味着选择运动系统的算法既是科学,也是艺术,对于算法的评价往往依赖驾驶人的主观反馈(Dagdelen、Reymond、Kemeny、Bordier 和 Maizi,2009)。在运动的优势、运动系统的类型以及运动反馈策略的选择方面,有大量的文献。

7.5 使用什么样的模拟器?

一个特定的研究需要什么水平的模拟器?美国国家研究委员会的专家委员会负责估计美国使用 NADS 的需求(运输研究委员会,1995年),但无法为 NADS 的大型运动系统提供明确的科学依据:

"在 NHTSA 赞助的研究中,大型运动平台依据模拟避免交通事故的动作或许有其科学依据。然而,在其他应用中,人们对运动平台的需求并不明显,除非具有大型运动平台的模拟器建造完毕并通过测试。即便如此,过去对驾驶模拟器潜在用途的评估发现,大多数研究可以在没有 NADS 所具备的运动能力的模拟器上进行。大型运动平台在汽车设计应用中可能有用,但是,如前所述,汽车行业对使用这种模拟器的兴趣不大。然而,这并不意味着其他人不会应用它。NADS 旨在成为全世界最先进的驾驶模拟器。如果它的功能符合设计要求,可能会有使用者愿意为运动平台所提供的额外真实性支付溢价。当然,为航空航天领域建造的最先进的模拟器已经被广泛使用,并且往往用于其建造者无法想象的领域。"

当然,使用最精细的工具进行科学研究总是可以找到理由的,但成本也是一个重要的考虑因素。资助机构和赞助商的预算是有限的,过高的成本会导致仅有少数研究可以进行。研究人员应该仔细地思考是否可以使用低成本的模拟器,这取决于研究的重点、需要的参与

者数量、使用高端模拟器的实际情况等。然而,随着时间的推移,技术的实际成本将越来越低,小型和相对低成本的六足机的出现可能意味着运动系统变得更加普遍。

图像放映装置也是越多越好。人们有明确的理由提供大视野(水平360°最佳)、后视镜和侧视镜、高分辨率以及高对比度和高亮度。但在一个小型显示器上,非常高的分辨率是没有意义的。

将低成本的模拟器与更复杂的模拟器进行比较,并不意味着便宜的替代品无效。相反,这样的比较表明,模拟器的质量是一个连续统一体。Santos、Merat、Mouta、Brookhuis 和 de Waard(2005)比较了一个"实验室"[即一个非常简单的固定底座模拟器,使用 21in(注:1in 约合 2.5cm)的显示器和低成本的游戏式转向盘和踏板]和一个精巧高端的固定底座驾驶模拟器(一辆可供参与者乘坐的全尺寸汽车,在一个弯曲的屏幕上呈现五通道的前投影,提供 230°水平视野以及可以使用中央后视镜的后视视野)。两个系统使用的软件完全相同。作者研究了车载信息系统(IVIS)导致的视觉分心对驾驶表现的影响。结果显示,在实验室和模拟器中的影响大致相同。在两个环境中,有视觉干扰与没有视觉干扰的情况相比,驾驶人的横向位置变化和偏离车道的情况都有差异。然而,在模拟器中,可以观察到不同程度的视觉干扰对横向位置变化的影响,在实验室中则观察不到这个现象。在与之相应的真实世界(现场)研究中发现,视觉干扰的效果与模拟器中观察到的效果相似,但通常没有那么强。研究人员总结道:

"一套简单的、低成本的实验室模拟器能够为汽车行业提供第一手的测试设施,以评估设计或开发中的 IVIS 的影响。要更详细地分析 IVIS 类型系统影响的性质和严重性,需要一个(中等成本)的模拟器,而过去在检测车辆中进行现场研究的一些既定问题已经得到证实。"(第145页)

Engström、Johansson 和 Östlund(2005)比较了固定平台模拟器、运动平台模拟器和现实世界中的检测车辆三者的视觉与认知任务负荷的影响。其道路环境皆为高速公路,模拟道路与真实道路有相似的布局。固定平台模拟器使用一辆全尺寸汽车,其水平视野为前方 135°,无后方视野。运动平台模拟器有一辆全尺寸汽车的前部,水平视野为前方 120°,同样无后方视野;运动系统通过轨道提供长的线性移动以及倾斜和振动。研究发现,这两种模拟器的结果大致相同。然而,固定平台模拟器上的横向变化要大得多。这与 Greenberg 等(2003)的研究结果一致。相比于运动平台模拟器,在固定平台模拟器中额外需要多少努力去控制车辆,仍然是我们需要探讨的问题。在前庭信号缺失下的情况下,由于转向的难度增加,首要任务的工作量会大幅增加,那么从固定平台模拟器获得的部分结果,特别是次要任务,如使用手机的干扰,可能就会部分失效。当然,据称驾驶人对在驾驶模拟器中的工作量的主观评价比在真实世界的驾驶中高(De Waard 和 Brookhuis,1997)人们还没有研究这种影响在多大程度上是由没有前庭反馈的转向的额外努力造成的,以及这种影响在多大程度上能通过运动系统得到缓解。

然而,我们应当记住,影响模拟器质量的因素很多,不仅是有无运动系统。任何驾驶模拟器,无论多么精细,都有其局限性。即使是最强的运动系统也会降低现实世界的加速度;由于轨道长度的限制,即使是最大的运动系统也无法长时间维持纵向或横向的加速度。另外,模拟器中运动反馈技术本身也是一个重要的研究领域。

除了运动,其他值得注意的模拟器特性包括以下几点:

(1)显示能力:视野区域、像素分辨率、亮度、对比度以及混合多个投影仪的图像的能力。

(2)延迟:场景显示延迟、驾驶人输入信息后的运动系统延迟。

(3)场景动画:提供有质感(相对于平面着色)的图像、场景中物体的数量、照明算法。

(4)用于计算汽车动力的物理模型:可以从简单的"二轮"汽车动力模型(Segel,1956)到模拟汽车传动、转向和悬架系统中的两岸以及轮胎和道路之间相互作用的复杂多体模型。

(5)汽车界面:游戏控制器、汽车模型或真实汽车,以及接口的工程设计(例如提供转向感)。

(6)硬件和软件的完善供应。

(7)编程环境及其提供各种道路布局和交通环境、创建适当环境交通行为以及按顺序编写场景的能力。

显而易见,软件的质量与物理环境的质量一样重要。就目前的硬件能力而言,许多正在使用或正在出售的低成本模拟器使用与大型高级模拟器相同的软件。低成本已不再意味着简化实验。

7.6 模拟器作为研究工具的有效性

驾驶模拟器在驾驶研究中的有效性是有争议的。在航空和航海领域,模拟器主要用于训练而非研究。模拟器必须满足最低的性能要求,但一般来说,模拟器应用在这些领域是因为在现实中飞机或船只的成本高昂,同时模拟器可以进行一些应对危险或紧急情况方面的特定场景训练。

在汽车驾驶领域,模拟器主要被用作研究的平台,但不是唯一的工具(市场上有低成本的训练模拟器)。这类研究有很长的历史,可以追溯到20世纪60年代。但是,如果模拟器不能引起正常的或现实世界中的驾驶行为,那么可以说这种研究缺乏有效性,而应该在真实道路或专门的测试道路上开展研究。

当然,批评驾驶模拟器的人的论点既有力又合理。莱纳德·埃文斯(Leonard Evans)在颇具影响力的《交通安全与驾驶》(Traffic Safety and the Driver,1991)一书中,将驾驶人表现与驾驶人行为作出了区分:前者是指驾驶人的能力和技巧,而后者是指驾驶人在其具备的技能条件下如何选择驾驶行为。例如,反应时间是驾驶表现,而速度选择和与前车之间距离的选择则是驾驶行为。埃文斯认为,驾驶模拟器是研究驾驶表现的适当工具,而不适合研究驾驶行为:

"由于驾驶人的表现侧重于能力和技巧,因此可以通过多种方法对其进行研究,包括实验室测试、模拟器实验、装备仪器的车辆上的测试以及真实交通的观察。由于驾驶人的行为是指驾驶人实际所做的事,因此不能在实验室、模拟器或装备仪器的车辆中进行调查。"(第133页)

埃文斯不满足于全面禁止调查驾驶行为的驾驶模拟器研究,也对其在驾驶表现研究方面的有效性提出了质疑:

"关于反应时间的讨论……显示了期望值的重要性,即使在现实世界的实验中,参与实验的驾驶人的反应时间也比未被提醒的驾驶人短得多。因此，凡是使用模拟器估计的反应时间，无论多么真实，都是值得怀疑的，除非驾驶人已经驾驶了数小时，其警觉和焦虑程度已经等同于正常驾驶。但这样做的话，每天只能收集到几条数据。"（第126页）

他继续发表了一些评论，称驾驶模拟器方面缺乏研究进展，如酗酒或疲劳驾驶、道路及标志牌设计、视力衰退对驾驶的影响："（在过去20年里）缺乏进展，是否可以具体追溯到模拟器的真实性不足，从而证明更复杂的模拟器是合理的？"（第127页）他认为，驾驶模拟器缺少可以诱发真实行为的最终元素，即让驾驶人担心事故可能导致真正的伤害或损毁。

埃文斯在他后面撰写的《交通安全》（Traffic Safety，2004）一书中重复了他的观点："驾驶模拟器不太可能提供关于驾驶人超速、醉酒驾驶、闯红灯、分心驾驶或不系安全带等倾向的有用信息。"（第188页）也许我们可以在酒后驾驶和系安全带方面让步，但其他现象都已经在模拟器研究中得到了有意义的结果。Olson、Hanowski、Hickman和Bocanegra（2009）在他们的报告中也对驾驶模拟器研究提出了批评，他们通过在弗吉尼亚理工学院（VTTI）进行的自然驾驶研究观察到了货车驾驶人分心现象：

"必须强调的是，目前的一些研究和近期其他自然驾驶研究的结果……与驾驶模拟器研究所得的结果不一致。未来的研究应该探讨为何驾驶模拟器与实际驾驶条件下（即提供完整的驾驶环境）的研究结果存在不同。也许正如Sayer等（2007）所述，受控研究不能说明驾驶人的选择行为和危险感知在真实驾驶环境中的实际情况。如果这种评估是准确的，那么至少在某些情况下，驾驶模拟器研究结果的普遍性可能会在模拟环境之外受到很大限制。"（第XXVI页）

伴随着Olson等（2009）的报告的发布，VTTI的新闻稿甚至走得更远。在讨论"自然研究与驾驶模拟器研究之间的脱节"时，VTTI指出：

"重要的是要记住，驾驶模拟器不是实际驾驶。模拟驾驶的参与者仅在实验室内设定的轨道上驾驶。因此，进行驾驶模拟器研究的研究人员将基于驾驶模拟器的实验结果用于真实驾驶时，必须谨慎。"（VTTI，2009，第2页）

值得注意的是，当基于驾驶模拟器的研究与基于自然驾驶的研究结果存在差异时，研究人员并没有考虑现实世界的驾驶研究采用的分析技术有问题的可能性。与基于驾驶模拟器的证据最不一致的发现是Olson等（2009）的研究结论——用手持移动电话通话并不增加交通事故风险，而使用免提移动电话通话实际上降低了风险。作者似乎并没有考虑到他们的分析方法存在缺陷的可能性，例如在确定分心和不分心的情况下进行比较。他们也没有讨论其他与自己的结论相反的现实世界驾驶研究。

模拟器驾驶顾名思义就是试图让参与者相信其参与的是类似真实世界的驾驶活动。驾驶模拟器是否能成功实现上述功能决定了它的有效性。物理有效性和行为有效性存在区别（Blauw，1982；Wang等，2010）。物理有效性涉及模拟器的物理组成与子系统，而行为有效性是指参与者的模拟驾驶体验与真实驾驶体验的接近程度。两者并不一定一致：即一个简单的带有单显示屏和游戏风格汽车界面的静态模拟器可能产生同真实世界行为相近的行为，而一个非常复杂的模拟器却不一定产生"真实"行为。但是我们有理由认为，越精致的环境就越真实、越有沉浸感。

物理的有效性可以进一步细分为以下几个部分：

(1)汽车动力软件的精确性。

(2)视觉系统在显示亮度、对比度、分辨率、视野与投影区域大小方面的能力(事实上几乎所有模拟器都使用二维投射来显示三维世界)。

(3)声音系统的元素(道路环境噪声、发动机声音等)及其真实性。

(4)与驾驶人互动的汽车物理控制和现实相符的精准性(高级的模拟器一般使用真实的车辆驾驶室),以及踏板、转向盘和变速器操纵杆(如果提供的话)操作感觉的精准性。

(5)在有运动平台的模拟器中,提供的自由度数量(最多9个),相对于现实世界中用于直接运动提示的力的比例系数(x轴的涌动、y轴的摇摆、z轴的倾斜),用于倾斜协调的策略[这里有一个可参考的标准,即 Nahon 和 Reid(1990)描述的经典运动驱动算法],以及运动平台的惯性和机械延迟。

行为有效性也不是一个单一的结构。人们可以参考驾驶性能的基本水平,如速度和横向位置,也可以考虑更高级的任务,如接近停止线时的减速控制,或在快速进入弯道时平稳进行变道或横向定位的能力。此外,根据之前关于模拟器是否能准确研究驾驶者分心的影响的讨论,人们可以研究驾驶这一主要任务和潜在分心因素(如手机使用)之间的任务优先级问题。

在关于模拟器有效性的文献中,另一个区分是绝对有效性和相对有效性(Blauw,1982;Kaptein 等,1996)。Blauw 对两者的区分如下:

"所有的(验证)都是通过比较模拟器中的驾驶条件与相同道路条件下的驾驶条件,给出描述有效性的参数。对此方法的修正,即为比较模拟器实验条件下与类似真实情况下的驾驶表现。当这些差异在两个系统中具有相同的排序和方向时,模拟器就被定义为具有相对有效性。此外,如果这两个系统中的数值大致相等,那么模拟器也可以说具有绝对有效性。"(第474页)

也许更准确的说法是,为了实现相对有效性,模拟器不仅应该产生与真实环境相似的排序效果,而且不应该在条件、参与者群体和效果的等级排序之间引起任何虚假的相互作用。人们不希望一组参与者(如年轻男性)与另一组参与者(如年长女性)在通过模拟器再现现实世界的排序方面受到不同的影响。

已经进行的模拟器验证研究一般表明什么?首先,不是每一种类型的模拟器都得到了验证。验证研究主要集中在中端和高端的模拟器上,这毫不奇怪。另外,与飞行训练模拟器不同的是,对于驾驶模拟器,没有一套标准的评估测试。

在保持速度和横向控制的简单车辆控制任务的性能方面,对中级模拟器的验证研究并不完全一致,也许是因为模拟器的设计不同,也因为在不同的研究中没有对各种设计元素的贡献进行适当的控制。Kaptein 等(1996)在20世纪90年代早期对 TNO 人因模拟器的研究,研究了道路宽度和曲线布局对速度的影响。在模拟器中和在真实道路上驾驶时,当道路宽度减小和弯道变得更急时,车速随之降低。然而,在模拟器中,速度普遍较高,包括在急转弯处。然而,Blana(2001)在对当时配置相似的利兹驾驶模拟器的研究中发现,直道上的速度普遍高于真实道路交通中的速度,但急转弯的速度与真实道路上观察到的速度一致。在横向位置方面,与真实道路交通的相关性不太高。在模拟器中观察到较少的曲线拉直(切角)(在静态模拟器中也许并不奇怪),而且在模拟环境中远离对向车流的横向移动较小。另外,横向位置的变化也比真实的道路交通要高(Blana 和 Golias,2002)。

Kaptein 等(1996)探索了研究问题对有效性的影响。例如,他们发现使用中等模拟器来研究驾驶人的路线选择是绝对有效的。他们还得出结论,提供一个运动平台可以显著减小横向位置的变化,并使该测量具有绝对有效性。他们得出如下结论:

"依赖于估计速度和时间长度的任务可能会受到图像分辨率限制的影响。然而,在图像分辨率有限、无运动平台的模拟器中进行的一些实验,其结果的有效性已经令人满意,这表明这种限制对所有的驾驶任务都不重要。"(第35页)

Wang 等(2010)对单个模拟器进行了或许是最彻底的行为验证。他们比较了典型的中等模拟器——MIT AgeLab 模拟器与配备仪器的车辆收集的驾驶表现数据。所用的研究数据来自三个不同的输入设备,这些设备用于在代理导航系统中输入目的地。他们指出,在现实世界中,对于一个特定的表现指标,在某些条件(这里指设备)之间没有发现明显的差异,在这种情况下,相对有效性变得更加复杂。他们还提出,如果不仅效果的排序相似,而且效果的相对大小也是对应的,即实验条件和收集数据的环境(模拟器或真实世界的驾驶)之间在效果上没有相互影响,那么相对有效性就很高。

Wang 等(2010)使用了两组参与者,一组驾驶配备仪器的车辆,另一组操作驾驶模拟器。他们分析了大量的因变量,检查了启动任务的反应时间、任务完成时间、扫视频率、总扫视时间、视线在路上的时间和最大扫视时间。他们还研究了大量驾驶表现参数,如平均速度、速度的标准偏差和车道位置的标准偏差。他们发现,对任务时间和视觉注意力的测量表明模拟器的相对和绝对有效性。另一方面,驾驶表现的测量可能是有问题的,因为就这些测量而言,在两种环境下测试的设备之间通常没有区别,尽管速度的标准偏差测量确实符合相对和绝对有效性的标准。他们总结道:

"基于固定设备的模拟驾驶是一种开展评估基本任务表现研究与视觉干扰研究的安全方法,用于比较人工用户界面设计,并为本研究中考察的车载界面交互作用类型提供了对道路上这些行为的有效评估。"(第419页)

7.7 使用模拟器存在的问题:模拟器病

模拟器研究中遇到的一个重要问题是模拟器病。这不仅是驾驶模拟器的问题,也是其他应用模拟器训练的通病,例如军队对坦克驾驶员的训练。模拟器病是一种由加速或减速的视觉感知和相同运动的前庭感觉之间的不匹配引起的运动疾病。显而易见,在静态模拟器中没有前庭感知,就算是在最精细的运动平台上也使用了倾斜来模拟维持加速,在任何情况下运动系统还是会存在传输等延迟,所以,即使是最"真实"的运动提示也不会完全准确。

这项研究的问题是,模拟器病是否只是给研究人员和参与者带来不便,还是会引发更深层次的问题。一个问题是,并不是所有类型的参与者都会受到相同程度的影响。在HASTE 欧洲项目组织的关于驾驶人分心行为的研究中,研究人员尝试对一组老年(超过60岁)驾驶人进行一项实验,来研究视觉干扰对驾驶表现的影响。视觉干扰通过一个靠近驾驶人的 LCD 显示屏来显示。然而,老年参与者中出现模拟器病的比例非常高,所以研究人员不得不放弃使用这组被试。最终研究的结果是,尽管人们可以成功通过听觉记忆任务来研究认知干扰的影响,但无法研究视觉分心对老年驾驶人的影响。

模拟器病带来的不仅是不便利。在一项用小运动平台进行的模拟器实验中,Bittner、Gore 和 Hooey(1997)证实,年龄与预测的疾病类型之间显著的交互作用,可以通过参与者舒适度问卷中的"衰弱"因素计算得出。在进一步的研究中,同一研究对有无模拟器病症作为协变量的驾驶性能数据进行了分析。因变量是紧急情况下的反应时间。将晕车和车速作为协变量纳入,导致在方差分析中显著($p<0.05$)和接近显著($p>0.055$)的独立因素的数量大幅增加。换句话说,模拟器病影响危机任务中的驾驶表现。作者总结道,"强烈建议研究人员探索和控制潜在的模拟器病的混杂作用,来确保有效的表现评价"(第1092页)。

因此,不适感既会妨碍研究的完成,也会影响在驾驶模拟器中获得的结果。简而言之,可以说有了运动系统,特别是有了大规模的运动系统,模拟器的晕车率就会降低,但据我们所知,这一点还没有被系统地调查研究过。

7.8 实验设计

尽管被试内设计在实验效度方面具有很大的优势,但是并没有一个特定的实验设计可以被视为是标准的。同时,这样的实验设计也存有不足:一方面是参与者需要时间来体验所有需要的条件,另一方面是因为重复测量设计往往会使人们熟悉实验中包含的情景,因此可能会使意外事件变得不可行。

同样,由于能够控制学习效应,条件的反平衡可以被认为是一种规范。但缺点是,当学习和排序效应被认为是重要的时候,反平衡使得调查这些效应变得非常困难。

因此,正如在设计模拟器实验的其他方面一样,在实验设计中没有正确的方法,也没有错误的方法。实验者应该根据研究问题和想要证实的假设,仔细权衡可供选择的实验方式的优、缺点来进行实验设计。

另一个实验设计问题与对情景的控制量有关。所有参与者都有强烈的动力去创造同等严重性的情景。因此,可以认为最好有一个跟车的场景,在这个场景中,领先车辆受控给跟随的车辆留一定车头时距。然后,可以触发一个事件,如领先车辆的突然紧急制动,这样所有的参与者都必须对同等严重性的事件做出反应。然而,不能强迫参与者以给定的速度行驶(除非速度控制是自动的),某些参与者可能会发现所选择的车头时距太短而不舒服,便会通过减速做出反应,前面的车辆越接近自车,参与者越会减速。这种参与者试图"超越"情景设计的现象已经在利兹大学的驾驶模拟器实验中被观察到。Donmez、Boyle 和 Lee(2008)也讨论了这个问题,他们用松开加速踏板时的实际行车距离(而不是预设的时间行车距离)的倒数作为协变量对这种情景进行了分析。这一分析表明,实验结果的变化取决于是否考虑了协变量。若不考虑协变量,各种类型的分心似乎可以改善反应时间,但一旦考虑了协变量,就会发现分心会导致更长的反应时间。

7.9 小结

驾驶模拟器提供了在受控条件下研究驾驶行为的机会,这是其他方法所无法比拟的。

在真实环境下的研究缺乏一些相应的控制元素,而测试道路则提供了一个非常贫乏且不灵活的驾驶环境。驾驶模拟器的能力,特别是基于个人电脑(PC)系统的图形处理性能在近年来发展得非常快,小规模和相对低成本的运动系统的出现,意味着配备六自由度运动的中级驾驶模拟器将很快成为标准装置。在世界范围内,利用驾驶模拟器进行的研究数量不断增长,基于驾驶模拟器的研究在驾驶表现与驾驶行为研究的文献中占的比例越来越大。模拟器或许不是真实世界的完美复制品,事实上它们也不是,但它们为驾驶行为的研究人员提供了现实世界研究无法比拟的优势:控制实验条件和创造预设场景的能力。

本章参考文献

ALM H,1995. Driving simulators as research tools: A validation study based on the VTI driving simulator[R]. In GEM validation studies: Appendix. DRIVE II Project V2065 GEM.

BITTNER A C, GORE B F, HOOEY BL,1997. Meaningful assessments of simulator performance and sickness: Can't have one without the other [C]. In Proceedings of the Human Factors and Ergonomics Society 41st annual meeting 1089-1093.

BLANA E,2001. The behavioral validation of driving simulators as research tools: A case study based on the Leeds Driving Simulator [D]. Leeds, UK: University of Leeds, Institute for Transport Studies.

BLANA E, GOLIAS J,2002. Differences between vehicle lateral displacement on the road and in a fixed-base simulator [J]. Human Factors, 44:303-313.

BLAUW G J,1982. Driving experience and task demands in simulator and instrumented car: A validation study [J]. Human Factors, 24:473-486.

DAGDELEN M, REYMOND G, KEMENY A, et al,2009. Model-based predictive motion cueing strategy for vehicle driving simulators [J]. Control Engineering Practice, 17(9):995-1003.

DE WAARD D, BROOKHUIS K A,1997. Behavioral adaptation of drivers to warning and tutoring messages: Results from an on-the-road and simulator test [J]. International Journal of Vehicle Design, 4:222-235.

DONMEZ B, BOYLE L N, LEE J D,2008. Accounting for time-dependent covariates in driving simulator studies [J]. Theoretical Issues in Ergonomics Science, 9(3):189-199.

ENGSTRÖM J, JOHANSSON E, OSTLUND J,2005. Effects of visual and cognitive load in real and simulated motorway driving [J]. Transportation Research Part F: Traffic Psychology and Behavior, 8(2):97-120.

EVANS L,1991. Traffic safety and the driver[M]. New York: Van Nostrand Reinhold.

EVANS L,2004. Traffic safety [R]. Bloomfield Hills, MI: Science Serving Society.

GREENBERG J, ARTZ B, CATHEY L,2003. The effect of lateral motion cues during simulated driving [C]. In Proceedings of the Driving Simulator Conference North America, Dearborn, 8-10 October.

IRVING A, JONES W, 1992. Methods for testing impairment of driving due to drugs [J]. European Journal of Clinical Psychology, 43:61-66.

JAMSON A H, LAI F C H, CARSTEN O M J, 2008. Potential benefits of an adaptive forward collision warning system [J]. Transportation Research Part C: Emerging Technologies, 16(4):471-484.

JAMSON A H, WHIFFIN P G, BURCHILL P M, 2007. Driver response to controllable failures of fixed and variable gain steering [J]. International Journal of Vehicle Design, 45(3):361-378.

JAMSON S, LAI F, JAMSON H, et al, 2008. Interaction between speed choice and road environment(Road Safety Research Report No. 100)[R]. London: Department for Transport.

KAPTEIN N A, THEEUWEA J, VAN DERHORST R, 1996. Driving simulator validity: Some considerations [J]. Transportation Research Record, 1550:30-36.

MCGEHEE D V, CARSTEN O M, 2010. Perception and biodynamics in unalerted precrash response [J]. Annals of Advances in Automotive Medicine, 54:315-332.

MORTIMER R G, 1963. Effect of low blood-alcohol concentrations in simulated day and night driving [J]. Perceptual and Motor Skills, 17:399-408.

NAHON M A, REID L D, 1990. Simulator motion-drive algorithms: A designer's perspective [J]. AIAA Journal of Guidance, Control and Dynamics, 13(2):356-362.

OLSON R L, HANOWSKI R J, HICKMAN J S, et al, 2009. Driver distraction in commercial vehicle operations (Report no. FMCSA-RRR-09-042) [R]. Washington, DC: Federal Motor Carrier Safety Administration, U.S. Department of Transportation.

RIZZO M, MCGEHEE D, DAWSON J, et al, 2001. Simulated car crashes at intersections in drivers with Alzheimer disease [J]. Alzheimer Disease and Associated Disorders, 15:10-20.

SANTOS J, MERAT N, MOUTA S, et al, 2005. The interaction between driving and in-vehicle information systems: Comparison of results from laboratory, simulator and real-world studies [J]. Transportation Research Part F: Traffic Psychology and Behavior, 8(2):135-146.

SCHNABEL E, HARGUTT V, KRÖGER H-P, 2010. Meta-analysis of empirical studies concerning the effects of alcohol on safe driving (Deliverable D 1.1.2a of DRUID [Driving under the Influence of Drugs, Alcohol and Medicines]) [R]. Germany: University of Würzburg, Würzburg.

SEGEL L, 1956. Theoretical prediction and experimental substantiation of the response of the automobile to steering control[J]. In Proceedings of the Institution of Mechanical Engineers Automobile Division:310-330.

SLOB J J, 2008. State-of-the-art driving simulators, a literature survey (DCT Report No. 2008.107) [R]. Department of Mechanical Engineering, Eindhoven University of Technology. In: Eindhoven. The Netherlands: Control Systems Technology Group.

Transportation Research Board, 1995. Estimating demand for the National Advanced Driving Simulator [R]. Washington, DC: Author.

Virginia Tech Transportation Institute, 2009. New data from VTTI provides insight into cell phone use and driving distraction[M]. Blacksburg, VA:Author.

WARD N J, DYE L,1999. Cannabis and driving: A review of the literature and commentary (Road Safety Research Report No. 12) [R]. London: Department of Environment, Transport and the Regions.

WANG Y, MEHLER B, REIMER B, et al,2010. The validity of driving simulation for assessing differences between in-vehicle informational interfaces: A comparison with field testing[J]. Ergonomics, 53(3):404-420.

WEIR D H, CLARKE A J,1995. A survey of mid-level driving simulators(SAE Technical Paper No. 950172)[R]. Warrendale,PA:Society of Automotive Engineers.

WIERWILLE W W, FUNG P P,1975. Comparison of computer generated and simulated motion picture displays in a driving simulation [J]. Human Factors, 17(6):577-590.

第8章 交通事故数据集与分析

杨俊权（Young-Jun Kweon）
美国，弗吉尼亚州，夏洛茨维尔，弗吉尼亚州交通局（Virginia Department of Transportation, Charlottesville, VA, USA）

8.1 简介

本章聚焦交通安全，而非运输安全，这意味着我们关注的是使用道路的出行中发生的交通事故，而非那些涉及其他出行方式（如航空、铁路和海运）的交通事故。根据研究目的和研究设计的不同，分析的对象也不同。例如，我们感兴趣的可能是人（如驾驶人）、车辆（如货车）、设施（如信号控制交叉口）或地理区域（如城市）。对分析对象的选择往往决定了影响适合分析的数据类型和格式的数据汇总水平，这又反过来影响分析方法。例如，如果我们想对比不同城市间交通安全的情况，可以通过统计每个城市在某一年发生的所有致命交通事故来获得每个城市的年度致命交通事故数量。本章介绍了可用于交通安全分析的数据，并描述了分析这些数据的经典方法。然而，本章并不打算详尽介绍交通安全数据和分析方法，而是介绍交通安全研究中最经常使用的数据来源和分析方法。

8.2 数据

在交通安全分析中经常使用两类数据：交通安全数据和补充数据。交通安全数据可分为三种类型：警方统计的交通事故数据、交通事故医疗数据和交通安全调查数据。单纯使用交通安全数据可能会误导试图了解导致交通事故发生和导致相应结果的因素的数据分析人员。例如，如果两个城市的规模相差很大，仅根据每年的交通事故总数比较两个城市的交通安全状况就是不公平的。在这种情况下，在比较时应考虑反映城市规模的信息，如城市的人口、道路里程和/或注册车辆。这些信息通常不存在于交通安全数据中，但可以从其他数据源中获得。因为这些数据是对交通安全数据的补充，使我们可以更全面地了解导致交通事故发生和导致相应结果的因素，所以在此称之为补充数据。各种类型的数据都可以作为交通安全分析的补充数据，包括道路和交通数据、驾驶证和登记数据、出行调查数据及社会人口/经济数据。使用补充数据进行交通安全分析，可以帮助我们避免交通安全数据中可能存在的偏差，或在只使用交通安全数据进行分析时可能引入的偏差，也可以帮助我们更好地识别和理解导致交通事故发生和导致相应结果的因素。

8.2.1 交通安全数据

有三种交通安全数据，包括警方统计的交通事故数据、交通事故医疗数据和交通安全调查数据。其中,警方统计的交通事故数据是交通安全研究中最常用的数据。

8.2.1.1 警方统计的交通事故数据

用来做交通安全分析的交通事故数据主要来自警方的交通事故报告。因此,它们被称为警方交通事故数据(Police Crash Data)。这些数据包含了关于交通事故最重要的信息——关于交通事故及交通事故涉及的人员和车辆的信息。每个司法管辖区的条例或法规都规定了向警方报告机动车事故的财产损失或伤害严重程度的门槛。例如,美国的很多司法管辖区都要求报告在公共道路上发生的任何财产损失至少为1000~1500美元或造成任何程度伤害的交通事故。虽然大多数地区的交通事故报告是由警方完成的,但通常是州公路机构或车辆/驾驶人登记机构对全州的交通事故数据库负有监管责任,而不是警察机构,数据库中包含美国地方和州警察部门提供的交通事故数据。

为了完成有意义的分析,有必要从交通事故数据库中提取出统一的数据集。然而,不同的司法管辖区在事故报告中可能使用不同的定义和标准,并记录不同的信息。因此,在分析不同司法管辖区警方统计的交通事故数据时应该非常谨慎。在美国,人们已作出多种努力试图建立统一的交通事故报告的字段和数值,以便各管辖区的交通事故数据可以共享和比较分析。美国国家安全研究所的 D-16.1《机动车事故分类手册》一直是交通事故数据统一定义的来源,而《最低限度统一交通事故标准模型》(MMUCC)一直是进行有意义分析的最低限度数据元素的来源。死亡分析报告系统(FARS)提倡根据一个共同的标准收集所有涉及死亡的交通事故数据,以便对有死亡交通事故进行一致的数据分析。

8.2.1.1.1 数据元素

在警方统计的交通事故数据中,通常可以找到几个基本数据元素,其中五个元素的描述如下。

1) 地点信息

事故发生地点是交通安全分析的关键信息。警方通常使用街道名称和到某物理标记(如交叉口、桥梁或里程桩)的估计距离来记录交通事故的位置信息。当使用这种基于文本的位置记录和交通事故报告上的估计距离来系统地识别交通事故时,需要付出巨大的努力。即使交通事故的位置被识别,位置的准确性也可能存在问题。

2) 环境信息

交通事故数据中的环境是指对所有与交通事故相关的车辆和人员来说都相同的条件。环境信息包括交通事故报告编号(唯一的标识符)、地点(如城市和街道名称)、时间和日期、天气情况(如雨或雪)、照明情况(如黄昏或黑暗)、路面情况(如潮湿或结冰)、交通事故类型(如迎面碰撞或追尾)。其他有用的环境信息包括工作区域的指示牌,以及第一个事件和最有害的事件等。

3) 车辆信息

一起交通事故可能涉及不止一辆车。因此,一个包含环境信息的记录可能与多个车辆(或单位)记录有关。在交通事故记录中,"车辆"这个词有点欺骗性,因为通常情况下,行人、自行车骑行者和车辆都被视为交通事故中的一个"单位",每个单位都有一个单独的车辆记录。典型的车辆信息包括交通事故报告编号(与环境信息相同)、车辆/单位编号(如每一个交通事故中连续的唯一号码)、单位类型(如车辆、行人或自行车骑行者)、车辆类型(如小型货车或公交车)、品牌/型号和年份、事故前车辆的运动(如直行)和操作以及财产损失估计值。

4)驾驶人信息

驾驶人信息描述的是驾驶车辆的人,也可能是交通事故涉及的行人或骑自行车的人。可以在机动车驾驶证上找到或推断出的信息,如性别和年龄,都记录在警方的交通事故报告中。在交通事故报告中,酒精摄入是一条重要的信息。在一些情况下,血液酒精含量(BAC)检测结果也被录入交通事故数据系统中。然而,并不是所有饮酒的驾驶人都接受测试,也不是所有的 BAC 检测结果都被录入交通事故数据系统。

5)创伤严重度

所有的司法管辖区都使用一些方法来量化伤害的严重程度。一般至少有两个级别,即致命性和非致命性伤害。五级 KABCO(分别代表死亡,A、B、C 级伤害和财产损失)严重程度量表经常被用来记录警方事故报告中每个人所受伤害的严重程度。K 和 O 分别代表死亡和无人身伤害,A、B 和 C 分别代表 3 个级别的伤害——丧失能力、有能力(或没有丧失能力)和可能受伤(或轻微伤害)。KABCO 量表的替代品是简明损伤定级法,它比 KABCO 量表更详细,通常与医疗数据系统中的代码更匹配。警方在目测的基础上记录交通事故涉及的每个人的受伤严重程度。因为大多数司法管辖区要求只记录受伤者的信息,所以在警方的交通事故报告中找不到涉及交通事故但目测检查没有被发现受伤的人员信息。在美国,大多数司法管辖区采用的死亡定义是在交通事故发生后 30d 内因受伤而死亡,这与 FARS 等国家事故数据系统一致。

8.2.1.1.2 国家数据库

在美国,交通安全研究经常使用三个基于警方信息的交通事故报告系统:FARS、通用评估系统(GES)和高速公路安全信息系统(HSIS)。这些数据库已用于从政策研究到工程研究的很多交通安全研究。

1)FARS

FARS 是一个关于在事故发生后 30d 内导致事故相关人员死亡的交通事故的普查系统,它包含了在 50 个州及哥伦比亚区域和波多黎各发生的所有致命交通事故。每条交通事故记录有 100 多个编码数据元素,描述了致命交通事故的特征和交通事故涉及的人员、车辆信息。然而,为了保护隐私,个人信息如年龄、住址和具体交通事故地点都不包含在内。

从 1975 年起,FARS 数据被广泛应用,并有三个主要档案——事故、车辆及人员档案。事故档案包括环境基本信息,比如时间、事故地点、事故类型、道路线形、涉及的车辆和人员数量、首要危害事件、天气状况及路面条件。车辆档案包括车辆和驾驶人信息,比如车辆类型、防撞操作、驾驶人的身高和体重、初始和主要碰撞点以及首要危害事件。人员档案包括每个涉及事故人员的基本信息,如年龄、性别、类型(如驾驶人、乘客、行人及骑自行车者)、座位、受伤严重程度及约束装置使用情况。一些信息可以在多个档案中找到,例如交通事故和车辆档案中的肇事逃逸状态以及所有三个档案中的首要危害事件。

2)国家汽车抽样系统(GES)

GES 是一个交通事故抽样系统,涉及从无伤残(即仅财产损失)到造成致命伤害的所有严重程度不同的交通事故,包含了全美近 400 个警察局的交通事故报告。每一个事故记录都包含 100 多个编码数据元素,伤害严重程度采用 KABCO 量表编码。自 1988 年起,每年的 GES 数据都可用。与 FARS 一样,GES 也有三个重要的档案——事故、车辆和人员档案。这三个档案所包含的基本资料与 FARS 类似。自 2000 年起,GES 数据中也提供了事件档案。该档案中包含对交通事故中每个危害事件的简要说明。

在定义、条目及数据分析方面,人们一直在努力统一 FARS 和 GES 两个国家系统。为了使这两个系统与 MMUCC 保持一致,2009 年实施了三阶段标准化进程的第一阶段,统一了 45 个数据元素;2010 年的第二阶段统一了更多的数据元素,并编制了一本编码手册;计划于 2011 年实施的最后阶段将为两个系统编制一个数据输入系统。

3) 高速公路安全信息系统(HSIS)

HSIS 是一个多州的数据库,合并了交通事故、道路及交通数据等内容,这些数据是根据数据质量和合并各种文件数据的能力从九个州的数据库中选出的。每个州提供不同水平的数据集。例如,伊利诺伊州的数据系统包括四个基本档案(事故、道路记录、桥梁和铁路等级交叉口),而明尼苏达的数据系统包括七个基本档案(事故、道路记录、参考标杆、交通、交叉口、桥梁和铁路等级交叉口)。

8.2.1.2 交通事故医疗数据

所有因任何原因受伤的人,包括在交通事故中受伤的人,其医疗数据都被记录在一个系统中,收集、储存和分析受伤者的医疗运输、治疗和结果数据被称为伤害监测系统(ISS)。ISS 不是指一个单一的数据库,而是指用于跟踪受伤原因、受伤严重程度、治疗及康复情况的系统。ISS 数据通常只提供给与医疗健康相关的部门,比如州卫生局和医院协会,但是这些数据的汇总统计经常提供给外部机构使用。在 ISS 的几个数据库中,只有少数对交通安全研究有用。美国国家公路交通安全管理局(NHTSA)推荐使用其中三个数据库:①紧急医疗服务(EMS)运行报告数据库;②创伤登记数据库;③医院出院数据库。尽管 ISS 数据提供了关于交通事故的伤害程度和长期影响的详细信息,但数据准确性和完整性存在问题。

8.2.1.2.1 EMS 运行报告数据库

EMS 运行报告数据库,包括伤者接受紧急抢救及 EMS 工作人员的运送服务的记录。通常情况下,EMS 提供者需要向国家机构(如卫生部门)提交每次的运行报告。一般来说,EMS 运行报告没有统一的格式,甚至在一个辖区内也是如此。国家紧急医疗系统信息系统(NEMSIS)标准的设计是为了促进对全美综合数据元素的收集工作。NEMSIS 标准将数据元素分为两种:①EMS 运行的服务信息及费用;②关于 EMS 提供者、人员和设备的人口统计信息。大部分州同意在其全州的报告系统中采用该标准。

8.2.1.2.2 创伤登记数据库

创伤登记数据库通常包括在指定的创伤中心接受治疗的创伤病例的记录。美国外科医生学会对创伤中心进行认证,并为收集创伤病例的数据元素制定指导方针。对创伤中心进行认证的州通常会建立一个全州的创伤登记数据库,将所有在医院急诊科和指定的创伤中心治疗的创伤病例的登记数据整合起来。

8.2.1.2.3 医院出院数据库

医院出院数据库包括医院收治的住院病人和门诊病人的记录,并包含就诊原因、治疗代码、收费以及表示涉及交通事故的代码等信息。1992 年通用结算代码库(UB-92)是一个标准数据库,用于生成医院的逐项医疗费用,其数据要求是医院出院数据库的标准。各州医院协会和治疗病人的医院负责维护该数据库。

8.2.1.2.4 交通事故数据评估系统(CODES)数据库

根据隐私法,大多数的医学数据仅提供给相关健康机构中得到授权的人员。即使是删除了任何个人识别信息(如姓名和地址)的净化数据,也不能供外部机构使用,因为当医疗数据与其他数据来源(如警方交通事故报告)相结合时,有可能识别出特定的个人。这种使用限制使得将 ISS 中的记录与警方交通事故数据联系起来非常困难,大大降低了医疗事故数据对交通安全研究的作用。

由于医疗数据对于交通安全的研究非常有用,NHTSA 开发了交通事故数据评估系统(CODES),以便将警方交通事故数据库和医疗交通事故数据库联系起来。CODES 采用一种概率方法,在不使用个人识别信息的情况下,对两个数据库中的记录进行匹配。CODES 数据库可以应用于生成聚类数据,但无法追踪到数据库中的具体个人。目前,CODES 已经被证明对州和国家层面的交通安全分析非常有用,特别是在分析交通事故的结果和成本方面。

8.2.1.3 交通安全调查数据

在美国,机动车辆乘员安全调查(MVOSS)、酒驾态度和行为调查(DDAB)、全民乘员保护装置使用情况调查(NOPUS)是关于交通安全的全国性调查。NHTSA 自 1994 年以来定期进行 MVOSS 全国电话调查,自 1991 年以来定期进行 DDAB 全国电话调查,以了解公众对约束装置使用和对酒后驾驶的态度、认知及自我报告情况。MVOSS 的数据包含约 6000 名受访者对乘员保护问题的回答,DDAB 的数据包含约 7000 名受访者对酒后驾驶问题的回答。

MVOSS 和 DDAB 是电话调查数据,而 NOPUS 是基于概率的观察数据,涉及对不同类型约束装置(如安全带、儿童约束装置和摩托车头盔)的使用情况以及驾驶人对电子设备的使用情况。NOPUS 是唯一一个提供全国范围内关于乘员约束装置使用和驾驶人电子设备使用的观察数据的调查,并自 2000 年以来一直在进行。NOPUS 由两组调查组成,一组是移动交通调查,另一组是受控路口调查,2009 年其数据从全国约 1800 个地点收集而来。此外,还有一些其他的全国性调查,如美国汽车协会交通安全基金会的电话调查(交通安全文化指数),以及许多地方和州级的调查。

8.2.2 增补数据

单凭交通安全数据无法全面说明当前交通安全状况,有时可能会掩盖甚至歪曲实际状况。为了更全面地了解交通安全的状况,可能需要其他额外的信息。了解道路几何特征、交通控制类型和交通量等各种因素对交通安全的影响,对于做出有关交通安全改进的明智决策至关重要,而这些因素通常不存在于交通安全数据中。

例如,当我们对比两个不同规模城市的交通安全状况,我们不仅需要获取它们的交通事故数据(如交通事故死亡人数),还需要获得反映其规模的信息(如登记驾驶人数量)。在众多交通安全数据的增补信息中,四种常用的数据是道路和交通数据、驾驶证和登记数据、出行调查数据和社会人口/经济数据。

8.2.2.1 道路和交通数据

了解交通事故发生的地点和任何可能导致交通事故的道路和交通特征至关重要。道路信息有助于确定可能导致交通事故发生或影响交通事故严重性的物理特征和使用特征(如水平曲线和功能分类)。交通数据可以用于控制该地点的交通强度(如交通量)以及计算交通事故率(如交通事故数量/亿车英里)。地方(如市或县的公共工程部门)和州(如州交通局或公路管理局)的道路管理机构维护其管理的道路和交叉口的道路和交通数据。

尽管存在一些关于道路和交通数据元素的指南,如公路性能监测系统(HPMS),但它们不是为交通安全分析而设计的。道路要素模型清单(MIRE)是对交通安全分析至关重要的道路和运营数据要素的数据标准,预计将作为 MMUCC 的配套标准。

8.2.2.1.1 道路资源数据库

道路资源数据库包含道路路段和交叉口的物理和使用特征。该数据库包括车道(如车道数和宽度)、路肩(如类型和宽度)、隔离带(如类型和宽度)、出入控制(如完全或部分控制)、功能分类(如乡村/城市州际公路)、速度限制、交叉口类型(如 T 形交叉口和匝道)以及表面类型(如沥青或水泥混凝土)。各司法管辖区之间的要素和数据库准确性存在很大差异。数据库中的特征(如功能分类、速度限制、车道数和路肩宽度)相同的路段,被称为均质路段。

8.2.2.1.2 交通数据库

交通数据库包含车流量和特征(如按车辆类型划分的交通量),通常可以链接到道路资源数据库。该数据库包括年均日交通量(AADT)、车速、季节和方向调整系数以及货车和客车的百分比。

8.2.2.1.3 公路性能监测系统(HPMS)

HPMS 是美国的一个国家级公路系统数据库,包含美国公路的范围、状况、性能、使用和运行特征数据,可支持有关国家公路问题的数据驱动的决策过程。HPMS 的数据被用于评估公路系统的性能和投资需求。虽然 HPMS 不是专门为交通安全分析而设计的,但是它包含对交通安全分析有用的数据,涵盖公路特征的不同方面,比如道路详细清单(如设施类型、车道数量及限速)、交通运行及控制(如按车辆类型、交通信号灯及停车标志划分的 AADT)、几何特征(如车道宽度、中线类型和等级)和路面(如表面类型、车辙及路基类型)。

8.2.2.2 驾驶证及车辆登记数据

驾驶证及车辆登记数据由许可和登记机构维护,如州机动车部门或公共卫生部门。虽然原始数据不能被其他部门直接采用,但是汇总统计后的数据可以定期(如每年)提供给其他部门。举例来说,每个辖区的年轻驾驶人和老年驾驶人的百分比可以由登记机构发布,这对于解释多年来交通安全状况的变化或司法管辖区之间的差异非常重要。

8.2.2.3 出行调查数据

以交通规划为目的的个人或家庭出行调查数据,是在全国或部分地区定期或根据需要收集的。在美国,全国家庭交通调查(NHTS)每 5~7 年收集一次这样的数据,该数据库包括不同的出行信息,有助于理解导致交通事故发生和导致相应结果的因素。例如,在调查中记录了出行目的(如工作和购物)、出行方式(如小汽车和公交车)、出行时间、一天中的出行时间和一周中的出行日期等。我们不可能将调查中的个人记录与交通事故数据库中的记录联系起来,但我们可以使用调查数据的汇总形式,如交通安全研究的汇总统计。例如,可以通过结合 GES 和 NHTS 计算年交通事故率(Kweon 和 Kocklman,2003)。具体来说,从 GES 中估计交通事故数量,从 NHTS 中估计按年龄、性别和车辆类型划分的不同驾驶人群体的车辆行驶里程(VMT)。年交通事故率的计算方法是:不同事故类型和伤害严重程度的事故次数除以 VMT。

8.2.2.4 社会人口/经济数据

社会人口及经济数据是定期收集并以综合形式提供的,包括人口、年龄分布、教育水平分布及失业率等。这些数据有助于了解一个地区多年来交通安全状况的变化以及不同地区之间的差异。例如,当分析州一级的数据时,农村地区 VMT 比例、贫困水平、州际公路车道里程、安全带的使用情况以及啤酒和葡萄酒的消费情况在预测交通事故率和死亡率方面很有用(Kweon,2007)。

8.3 数据分析

交通安全研究的数据分析是指使用来自一个或多个数据源的数据来描述交通安全状况,并使用数字来解释导致交通事故发生和导致相应结果的因素。数据分析既不是简单地从数据中提取和总结数字,也不是简单地利用数据创建图表。数据分析是讲述蕴含在数据中的故事,是对数据进行可靠、有效和负责任的解释。因此,作为数据分析师,我们是数据的解释者,关于数据故事的讲述者。在这方面,我们应该能够将交通事故与可能导致交通事故发生及其结果的因素联系起来。交通事故数据分析的最终目标是减少交通事故的发生和改善交通事故结果。

根据数据聚合的级别,数据分析可以分为两种类型:聚合分析和分解分析。聚合数据分析是使用由单个数据记录聚合而得的数据进行分析,而分解分析则是直接使用单个数据记录进行分析。聚合可以在时间和/或空间上完成。例如,如果我们想比较各个城市的交通事故发生率,可以通过计算某一年每个城市的交通事故记录(即空间聚合)来获得某一年每个城市发生的交通事故总数(即时间聚合)。由于它使用单个数据记录的聚合形式,因此称之为聚合数据分析。如果我们想识别可能导致交通事故的个体特征,需要使用警方交通事故数据中的驾驶人个人信息(如年龄、性别和违章记录),并将它们与交通事故结果联系在一起。由于它使用了单个数据信息,因此称之为分解数据分析。不管是哪种分析类型,数据分析主要是为了利用数据来描述交通安全状况,并了解影响因素。本文讨论的重点是聚合分析。

8.3.1 聚合分析

交通事故频率和交通事故率是聚合分析的典型数据形式,交通事故严重性可纳入生成这些数据的过程中。针对分析设计和目的汇总单个交通事故数据记录是聚合分析的第一步,涉及四项基本任务。

8.3.1.1 四项基本任务

单个交通事故数据记录应该以合适和有意义的形式进行汇总,以便进行数据聚合分析。可以通过以下四项基本任务的组合进行数据聚合:筛选、聚合、集成及归一化。这些任务不仅适用于聚类数据分析,也适用于分解数据分析。任何类型的交通安全分析,无论是聚合分析还是分解分析,几乎都要执行筛选任务。而其他三项任务是否执行取决于分析的设计和目的。因此,理解这些任务对准备适当和有效的数据进行分析至关重要。

8.3.1.1.1 筛选

首先应从交通事故数据库中筛选出适合于分析设计和目的的交通事故,这个过程也被称为"取子集"(Subsetting)或者"过滤"(Filtering)。交通事故数据的筛选可以基于不同的因素,如地点/区域、交通事故涉及的人员/车辆类型、天气状况或者这些因素的组合。例如,如果我们想评估在雨天驾驶运动型多用途汽车(SUV)的事故风险,就应该从交通事故数据库中提取所有在雨天发生的涉及 SUV 的交通事故;如果我们想比较不同类型道路(如州际公路、干道和集散道路)造成交通事故的伤残程度的话,则应按道路类型分别提取交通事故数据。

8.3.1.1.2 聚合

一旦筛选出了感兴趣的交通事故数据,我们可以通过各种方式汇总这些数据来生成聚合统计结果。以驾驶 SUV 的驾驶人在雨天的交通事故风险为例,如果我们想比较不同年龄段驾驶人的交通事故率,那么应按年龄组(如年轻人、中年人和老年人)对所选的数据记录进行汇总,得出不同年龄段的交通事故率。要注意的是,作为汇总标准的因素应该是可以自然划分的。如果这些因素的值是连续的(如驾驶人的年龄),或者是分类的但是存在很多孤立的值[比如,速度限制为 24~120km/h(15~75mile/h),增量为 8km/h(5mile/h),产生 13 个孤立值],这些因素可以被重新编码,以便生成可管理的类别数量(如根据连续的年龄值重新编码得到年轻、中年和老年组)。

8.3.1.1.3 集成

为了更全面地了解导致交通事故的因素,往往需要纳入交通安全数据中没有的信息,包括道路特征(如功能等级、限速、车道宽度及路口类型)以及驾驶人和车辆注册情况(如一个城市的注册驾驶人和车辆数量)。例如,可能需要了解交通事故发生地点的道路类型(如四车道的农村州际公路),并正确理解驾驶人特征(如年龄和性别)如何影响交通事故的发生及其结果。在雨天驾驶人驾驶 SUV 的交通事故风险的例子中,由于 SUV 在不同类型的道路(如高速公路与普通道路)上的性能不同,所以交通事故风险可能因道路特征(如限速)而不同。因此,道路资源数据库应该与交通事故数据库集成。在这个例子中,集成工作应该在聚合之前完成,因为在聚合数据之前应该将单个交通事故数据与道路资源数据进行匹配。

8.3.1.1.4 归一化

通常我们对数据进行归一化处理以获得交通事故率,该交通事故率能实现在人群(如年龄组)、车辆类型、道路类型等之间的有效比较。在比较两个城市的 SUV 交通事故风险的例子中,通过聚合得到涉及 SUV 的交通事故数量和每个城市在某年登记的 SUV 数量。将涉及 SUV 的交通事故数量除以每个城市注册的 SUV 数量,就得到了 SUV 的交通事故率,这样就可以通过比较两个城市的 SUV 交通事故率,来公平地评估这两个城市的 SUV 安全状况。

8.3.1.2 案例

假如我们想比较两个城市老年驾驶人的交通安全状况,一种方法是比较特定年份中每名注册的老年驾驶人的交通事故死亡率。因此,我们需要计算老年驾驶人的交通事故死亡率。

第一步,执行筛选任务。对于分子(老年驾驶人的死亡人数),从交通事故数据库中提取特定年份这两个城市发生的交通事故记录数据。在这些数据中,选择年龄超过64岁(在这里,我们将年龄超过64岁的驾驶人定义为老年驾驶人),并且在数据库中被记录为"死亡"的驾驶人。对于分母(即登记的老年驾驶人),从驾驶证数据库中提取当年在这两个城市登记且年龄超过64岁的驾驶人记录。

第二步,进行聚合。对于分子,统计每个城市筛选出的交通事故涉及的驾驶人,得出当年在交通事故中死亡的老年驾驶人数量;对于分母,计算每个城市选定的驾驶证记录,获得老年驾驶人注册数量。

第三步,执行归一化任务。简单地用死亡的老年驾驶人数量除以每个城市注册的老年驾驶人数量,就可以得出老年驾驶人的人均交通事故死亡率。现在,就可以通过比较计算出的两个城市的数据,来评估老年驾驶人在两个城市的交通事故中的死亡风险。

在这个案例中,以下两点值得注意。首先,在聚合任务中,对于分子,我们应该统计所选交通事故记录中的驾驶人数量,而不是交通事故数量,因为可能有涉及多辆车的交通事故,导致不止一名老年驾驶人死亡,计算交通事故数量可能会导致对该比例的低估。其次,我们可能无法直接获得交通事故和/或驾驶证原始数据,因此,我们可能无法自己执行筛选和聚合任务,而是必须向管理这些数据库的机构索取聚合数据。

8.3.1.3 聚合数据分析基础

分析聚合数据的三种基本方式是频率分析、比率分析和趋势分析。

8.3.1.3.1 频率分析

交通安全的频率是指对交通事故、车辆或者伤亡者数量的统计,交通安全状况可以通过简单的计数来量化,按地点/地区(如城市或州)、人群(如35岁以上的男性)、车辆类型、时间段(如节假日、周末及晚间)或者这些因素的组合来进行分类。伤害的严重程度可以纳入频率分析中,即按所受伤害的严重程度来统计交通事故、车辆或受害者的数量。例如,周末在农村州际公路上发生的年交通事故总数,可以分为死亡、伤残及仅财产损失这三种严重程度。

8.3.1.3.2 比率分析

交通安全中的比率是通过将频率除以一个归一化的因素而得到的,这个因素通常被称为交通事故风险度量。比率分析在从业者中最受欢迎,因为它的计算方法简单明了,易于理解。比率的例子包括每一百万辆汽车的致死交通事故率,以及每一万名注册驾驶人的交通事故率。归一化系数是为了进行由各种因素(如年龄、车辆类型和地理区域)形成的不同群体之间的交通安全状况的有效比较。例如,如果两条道路具有相同的交通事故频率和相似的几何特征,则交通量较大的公路更安全。因此,两条道路的交通事故频率应该根据交通量(如 AADT)进行归一化处理,这样就可以用所得的交通事故率对两条道路的安全状况进行比较。经常使用的归一化因素包括 VMT、人口数量及已经注册的驾驶人和车辆数量。VMT 通常来自国家公路机构的数据库,人口数量来自人口普查数据,而已注册的驾驶人和车辆数量来自国家级驾驶人/车辆注册机构的数据库。

归一化因素(分母)可以是与频率(分子)相同种类(如相同严重程度或相同交通事故类型)的数量。用频率除以这样的归一化因素会产生一个比值(Ratio)或比例(Proportion),而不是比率(Rate)。例如,用死亡人数除以致死的交通事故数量就得到了死亡比(Fatality Ratio),而用单一车辆翻车事故次数除以单一车辆事故总次数就得到单一车辆翻车比例(Single-vehicle Rollover Proportion)。当乘以 100%时,就是百分比。然而,比值、比例和百分比都可以被看作广义上的比率。因此,可以用比率分析它们。

对于比率分析,分子和分母最好具有相同的单位(如人、车、交通事故或道路数量),因为这样更容易解释得出的比率。例如,死亡人数除以人口数量比死亡人数除以注册车辆数量更容易理解。计算比率的方法很多,但不是所有的比率都有意义,即使分子和分母具有相同的单位。例如,青少年死亡人数除以注册的驾驶人数量,尽管分子和分母具有相同的单位(即"人"),但却没有意义。分析人员应仔细研究得到的比率的意义,同时也应该检查比率是否是有效的(Kweon,2008)。

8.3.1.3.3 趋势分析

趋势是通常在一个图表里,简单地按时间顺序列出的频率或比率,这样可以确定频率或比率随时间变化的模式,并对未来的频率或比率进行简单预测。例如,对某一个城市,可以在图表中列出过去 10 年间每年的死亡人数或每一类人群的死亡率,从而确定这 10 年间的下降或上升趋势。在频率或比率出现较大波动的情况下,移动平均法对确定总体趋势特别有帮助。

8.3.1.4 基于回归的聚合数据分析

前面描述的三种综合数据分析可以对各种因素进行解释,但方式比较有限。例如,我们可以计算出两个城市的单位 VMT 交通事故率,只有在考虑 VMT 时,才有可能对这两个城市进行公平的比较。我们可以进一步划分该比率,例如按城市/农村分类,这样我们就可以得到农村和城市道路上的交通事故率,并且可以对城市和农村的交通事故率进行公平比较。我们可以通过引入更多的因素来计算交通事故率,进一步分析交通事故率。然而,要用这些微调的交通事故率对整体交通安全水平做出评估是十分困难的。我们只有在计算这些比率时考虑的条件下才能进行有效的安全评估。为了在一般情况下做出有效的评估,就需要同时控制各种影响因素,而回归分析是最常用的方法。在回归方程中包括许多导致交通事故的因素,使这些因素同时归一化,就可以考虑不同城市中这些因素的不同情况,从而公平评估这些城市的安全状况。

分析人员应该注意,综合分析,尤其是比率分析,会受到辛普森悖论(Simpson's Paradox)的影响。表 8-1 说明了交通安全方面的悖论。假设两个地区的交通安全状况是根据每 1 亿车辆行驶里程(VMT)的死亡率来比较的。根据总比率,A 地区似乎比 B 地区安全得多。然而,当比率按城市/农村道路细分时,根据农村和城市比率,B 地区比 A 地区更安全。这两个地区在城市和农村道路之间的 VMT 比例方面差距很大。A 地区的 VMT 是 20%在农村,80%在城市;而 B 地区的 VMT 是 77%在农村,23%在城市。在这个例子中,如果不考虑道路的城市/农村分类来计算死亡率,就会导致错误的结论,即误认为 A 地区比 B 地区更安全。

表 8-1 在交通安全方面的辛普森悖论

地区	单位行驶里程死亡率(人/亿车英里)		
	总体	农村	城市
A 地区	1.27	0.92	2.68
B 地区	2.12	0.87	2.49

8.3.2 分解分析

分解分析是直接使用单个交通事故记录中的信息进行的分析。单独检查交通事故记录的案例研究也可以深入了解交通安全状况,并在一定程度上使用数据,但不被认为是数据驱动方法,因此,这也不被视为分解分析。分解分析通常使用回归分析方法进行。在为分解分析准备数据时,一般不涉及聚合任务,但可能涉及其他三项基本任务,尤其是集成任务。例如,如果我们想在控制交通事故地点的道路特征的同时,研究 SUV 驾驶人个人特征对下雨时州际公路交通事故发生和导致的结果的影响,首先我们需要将道路资源数据集成到交通事故数据中(集成),然后我们需要选择下雨时发生在州际公路上的交通事故(筛选),以获得适用于分解分析的数据。接着,可将各类回归模型应用于形成的数据,适用于交通事故数据的典型模型包括离散响应模型(如二元 Logit 模型和有序 Probit 模型)和计数数据模型(如泊松模型和负二项式模型)。

》致谢

http://www.trafficrecords101.net 提供了解和分析交通安全数据的极佳资源,这个网站也是本章内容的主要来源。

本章参考文献

KWEON Y J,2007. Prediction of fatality rates for state comparison [J]. Transportation Research Record,2019:127-135.

KWEON Y J,2008. Examination of macro-level annual safety performance measures for Virginia [J]. Transportation Research Record,2083:9-15.

KWEON Y J,KOCKELMAN K M,2003. Overall injury risk to different drivers:Combining of exposure, frequency and severity models [J]. Accident Analysis and Prevention, 35(4):441-450.

第二部分 交通心理研究中的关键变量

第9章 神经系统科学和年轻驾驶人

A. 伊恩·格伦登(A. Ian Glendon)
澳大利亚,昆士兰,格里菲斯大学(Griffith University,Queensland,Australia)

9.1 年轻驾驶人

绝大多数青少年和刚刚步入成年的人倾向于表现出各种形式的鲁莽行为,其特点是寻求感官上的刺激和冒险,尽管不是所有个体都如此(Arnett,1992;Igra 和 Irwin,1996;Moffitt,1993;Spear,2000)。参与一种形式的冒险或做出一种鲁莽行为将会增加其参与其他冒险行为的可能性(Dryfoos,1991;Duangpatra、Bradley 和 Glendon,2009)。年轻新手汽车驾驶人(尤其是男性)的风险感知、冒险和交通事故参与已经受到了相当多的研究关注(Arnett,2002;Brown 和 Groeger,1988;Deery,1999;Deery 和 Fildes,1999;Harré,2000;Jonah,1997;McKnight 和 McKnight,2003)。

年轻驾驶人的年龄为 16~24 岁,该群体被分为年纪相对较大的(20~24 岁)和年纪相对较小的(16~19 岁)驾驶人(Corley,1999;Jurkiewicz,2000;Zemke、Raines 和 Filipczak,2000)。Giorgio 等(2008)将青少年的年龄划分为 13.5~21 岁,成年早期的年龄为 22~42 岁;这些研究者也表示,通过其他的研究发现,在所有这些研究中,区分青少年和年轻成年人的年龄段为 17~22 岁。虽然各个研究存在个体差异,但青春期可被视为青少年期,最高可达 21 岁,而成年期则为 22~29 岁。本章中感兴趣的年龄区间为 16~29 岁。驾驶人交通事故率在 18~19 岁有所增加,之后会缓慢下降(Marin 和 Brown,2005;Williams,2003)。对于刚刚独立驾驶的驾驶人而言,在前 6 个月或者前 1000km(约合 625mile)的驾驶里程中,交通事故风险是最大的(Mayhew、Simpson 和 Pak,2003)。

9.2 来自神经系统科学研究的证据

9.2.1 额叶前部的皮质

额叶前部的皮质(PFC)是执行功能的部位,这些功能包括发展和执行一些精细的计划、对长期目标做出判断,以及对行为的结果和风险做出评估的高级认知活动。背外侧的额叶前部皮质(DLPFC)负责执行决策以及控制冲动行为,它是大脑发展最晚的一块区域,在二十几岁才完全成熟(Giedd,2004)。PFC 的重要认知功能包括判断、决策、工作记忆(背面和侧面的区域),以及反应延迟(背外侧和眶额区域)(Casey 等,1997)。Casey 等认为,在决策任务中眶额区域越活跃,所起的抑制作用也就越大。这个区域在 10~12 岁开始发育,但由于未使用的神经通路会被修剪,在那之后发育会出现戏剧性的下降趋势,一直持续到20多岁早期。PFC在童年和青春期的成熟与较高水平的认知发展有关(Casey等,1997)。

Overman(2004)发现,在涉及PFC的决策冒险任务中,儿童比青少年更善于概率匹配,且青少年在这些任务中更容易变得沮丧,且犯的错误比成年人多。青少年行为可能会被认为"不理性""没有条理的",包括增加事故风险的行为,这可能来自树突神经成熟过程;在这过程中,学习对更高级的大脑皮层功能产生影响(Dicks,2005)。这种成熟过程对驾驶的影响可能包括:制订驾驶任务计划和目标的能力减弱,衡量冒险行为后果的能力减弱,以及冲动控制的阈值降低。需要进一步具体的关于驾驶任务的神经科学证据来证实这些含义。

有关DLPFC成熟的影响在这样一个范围内:即从是否允许青少年驾驶到未成年人是否有足够的认知成熟度来理解死亡(Lenroot和Giedd,2006;Steinberg、Cauffman、Woolard、Graham和Banich,2009;Steinberg和Scott,2003)。Lenroot和Giedd指出,这些争论中有一个趋势,即高估了当前大脑生物、认知、行为的知识,特别是忽视了个体的差异。他们解释了基因、遗传因素以及环境因素的相互作用,意味着大脑发育和由此产生的大脑结构之间的关系是极其复杂的。

随着神经系统的发育,"白质"被包裹在一层含有一种脂质和蛋白质鞘的白色髓鞘中,这使神经元之间的电脉冲传输速度提高了100倍(Blakemore和Choudhury,2006)。虽然一些感觉和运动神经元在儿童早期完全有髓(例如来自脊髓节的大型传出纤维),但额叶皮质轴突的髓鞘化一直持续到青春期。在系统发育学上,较老的大脑区域比较新的区域成熟得更早,因此随着灰质(细胞体和树突)体积的减少,皮质从后部到前部(枕皮质到额叶皮质)逐渐成熟。

突触密度神经元或"灰质"之间的连接网络在出生后早期发育时出现峰值,在整个儿童期高于成年期。突触消除(修剪)是指频繁使用的连接(如母语连接)得到加强,而不经常使用的连接(如不再练习的技能连接)被消除,这在生命的最初几个月和青春期后很快发生。突触修剪导致的神经元重组在整个青春期持续进行,导致额叶突触密度净减少,这对提高神经元网络效率至关重要。这种树突修剪导致突触强度增加,对于信息的处理十分重要,当运动信息变成"块状"时,学习这种信息很重要,这一过程还涉及基底节和小脑的反馈,对学习技能(如驾驶技能)至关重要。虽然神经元死亡是一个自然过程,但酒精和其他药物可能会加速和扭曲这一过程,这一事实也可能与驾驶有关。

9.2.2 白质和灰质

9.2.2.1 一般改变

大脑分布区的整合增加(反映了白质的变化)与更大的关联连接性和更广泛的神经网络有关。根据对3到30岁的被试的长期研究,Giedd(2008)在对30岁参与者的纵向研究报告中指出,儿童期灰质峰值之后是青春期灰质的下降,边缘/皮质下和额叶功能之间的平衡不断变化,一直延续到成人早期。Giedd指出,神经元的消除过程有伴随大脑功能整合和联结提高的适应潜力。改变奖励机制和额叶/边缘的平衡,特别有助于冒险和感觉寻求,对我们的祖先来说是高度适应的。虽然冒险和感觉寻求在某些情况下可能仍然是适应性的,比如在寻找个人身份时扩展社交网络,但在驾驶环境中,它们更有可能是不适应的。

尽管大脑体积在5岁之后没有显著性增长,但不同的大脑区域随后有相当大的渐进性和倒退性增长(Durston 等,2001;Gogtay 等,2004;Sowell、Thompson、Holmes、Jernigan 和 Toga,1999;Sowell、Thompson、Tessner 和 Toga,2001)。Sowell 等(2001)报告了从儿童期到青年期的同时退化(如突触修剪)和渐进(即髓鞘形成、突触形成和现存突触的增强)细胞事件。在青春期,退化的变化主导着渐进的变化(Suzuki 等,2005)。Sowell 等(2001)的研究表明,随着效率较低或使用频率较低的连接被丢弃,退化性变化(如突触修剪)可能会导致认知任务的表现在青春期和年轻成人期的改善。与驾驶等复杂任务相关的学习技能的影响导致了一个两难境地,即虽然这可能是学习此类技能的最佳时期,但也与冒险行为的高峰期重合。

增强的任务表现,如驾驶所需,也可能是由于髓鞘形成而增加,从而提高电脉冲的传导速度。需要进一步的研究来确定哪些皮质区域与特定的任务类型相关。如 Casey 等(1997)发现,决策任务的表现仅与眶额皮质和前扣带的活动相关。Baxter、Parker、Linder、Izquierdo 以及 Murray(2000)发现,腹内侧 PFC 和杏仁核对引导人们高效地利用信息,并做出有关未来的决策具有重要的作用(如更安全的驾驶;Montague 和 Berns,2002)。已经发现前扣带回的尺寸与伤害避免之间存在正相关关系(Pujol 等,2002)。前扣带回可能更多的是参与反应的生成而不是抑制,这个区域的活动性越大,越有可能生成自动反应(如在驾驶中避免危险;Casey 等,1997)。通过训练适当的技能,如驾驶培训,也可能产生形态上的改变。

9.2.2.2 白质

Giedd(2008)将髓鞘描述为"在轴突细胞外的包装,起到电绝缘体的作用,且能够加快神经冲动的传递"(第366页)。髓鞘化通过调节神经元放电的同步性来传达信号(Fields 和 Stevens-Graham,2002),白质通路对信息流的畅通是特别重要的。而髓鞘化率根据生命阶段而有所不同,白质的量在整个儿童期、青春期增加,进入第3个10年的生活后(Casey、Galvan 和 Hare,2005;Giedd 等,1999;Giorgio 等,2008;Gogtay 等,2004;Toga、Thompson 和 Sowell,2006)会有更高的进程速度。白质的量会持续增长直到个体60岁(Sowell 等,2003)。Giorgio 等发现,白质通路以不同的速率成熟,在胼胝体右侧部分的变化最显著,与运动通路(基底节区)的下降以及右上区域的放射冠有关。虽然在学习复杂的任务时,如驾驶,原始的处理速度可能比较重要,但它只是更高水平的认知功能的一个部分。年轻驾驶人过分依赖快速反应时间来提高驾驶技能,也许是本末倒置了。

9.2.2.3 胼胝体

胼胝体(CC)是最突出的白质结构,包括连接大脑两半球等区域的约2亿个轴突。胼胝体包括感觉、记忆存储和检索、注意力和警觉、语言和听觉功能(Giedd,2008;Lenroot 和 Giedd,2006)。它是大脑结构最后完全成熟的部分,在青春期前及青春期发展迅速,一直持续到20几岁(Barnea-Goraly 等,2005;Giedd 等,1999)。胼胝体信号强度在7~32岁间下降,在儿童时期变化最迅速,随着大脑功能变得更偏侧化,在成年早期趋于稳定(Keshavan 等,2002)。连接的数量在青春期增加,胼胝体纤维在连接运动皮质和感觉皮质方面很重要,(Johansen-Berg、Della-Maggiore、Behrens、Smith 和 Paus,2007);这个位置增加的白质会对发展中运动技能的提升产生积极影响(Barnea-Goraly 等,2005),如熟练驾驶技能。

胼胝体影响左右利手的习惯,即一个人是否有强烈的单侧用手偏好(通常为右利手),或者是"混合手"。Wolman(2005)的研究报告表明,与一贯被认为是左撇子更容易出现车辆碰撞事故的观点相比,混合手的风险更大。与大脑半球模型一致,一个人在使用电话时(主要是左脑的工作,涉及语言)使用左手驾驶(对汽车的操作,主要是右脑的任务),更容易出现风险。在驾驶中从事各种次要任务,可能会导致大脑半球之间的"串扰",这也需要进一步的神经科学证据来证明。

9.2.2.4 灰质

童年时期的灰质体积和突触数量达到峰值,之后在青春期出现下降,反映了整个时期大脑的持续发育;青春期后还会有进一步下降(DeBellis 等,2001;Giedd,2008;Giedd 等,1999;Paus,2005;Suzuki 等,2005)。在灰质变化的非线性模型中,青春期的灰质减少是最富有戏剧性的(Sowell 等,2003)。Sowell 等(2001)发现,从青春期到成年期间,左半球额叶灰质的损失比童年和青春期之间要大得多。大脑皮层灰质丢失最早发生在初级感觉运动区,最晚发生在 DLPFC 和外侧颞叶皮质(Gogtay 等,2004)。Whitford 等(2007)发现,在年龄为 10~30 岁的被试人群中,额叶和顶叶皮质灰质减少的情况在青春期变化尤其显著。

灰质的变化似乎发生在特定的区域,有时是渐进的,有时呈倒退趋势(Blakemore 和 Choudhury,2006)。如颞叶的灰质体积的发展约在 17 岁达到峰值,而枕叶则相对呈线性发展(Giedd 等,1999)。在青春期和成年期之间,额叶的灰质下降特别明显。PFC 的灰质体积的下降在 20 年内加速,尽管直到大约 30 岁,大脑还没有完全达到成熟(Sowell 等,2001),但是这种发展变化会贯穿整个成年生命周期。

9.2.3 其他可能对驾驶行为有重要作用的脑区域

9.2.3.1 杏仁核、海马体及相关结构

与体验和表达情绪有关的杏仁核和海马体的体积随着年龄的增长而增加(Durston 等,2001;Suzuki 等,2005)。从 4 岁到 18 岁,随着颞叶、杏仁核和海马体在情感、语言及记忆中的参与,人的能力会发生根本的变化(Lenroot 和 Giedd,2006)。杏仁核对评估生存环境中的刺激起关键作用。海马体参与短时记忆的存储、整合和检索,与其他边缘结构和新皮层有着联系,在情感与认知的整合中有一定的作用(Benes,1994)。大脑皮层和边缘系统之间的连接对刺激的记忆有着显著的重要作用。也许是由于激素和神经递质水平的不断变化,情景记忆在青春期和成年早期的运行状态很好(Janssen、Murre 和 Meeter,2007)。从增强学习的发展阶段来看,当个体暴露在高水平的环境刺激中,在感觉寻求和风险承担时,该功能或许对其有着生存价值(Giedd,2008),如在驾驶过程中。在早期学习复杂技能时,如学习所需要的安全驾驶表现,这种发展变化往往是比较积极的。

松果体产生褪黑素,褪黑素水平在晚上升高,向身体发出睡眠时间到了的信号。褪黑素的峰值在青春期时,会比在儿童或成人时期出现得晚,这可以帮助解释为什么青少年起床和睡觉会比成人晚——即"延迟期偏好"(Carskadon、Acebo、Richardson、Tate 和 Seifer,1997;Steinberg,2008a)。与青少年的其他行为特征相结合,也有助于解释为什么他们的车辆碰撞事故多发生在晚上(Maycock,2002)。因为褪黑素在起床上学或工作时仍维持较高水平,青

少年往往在早上8点到9点之间不警觉,而且可能由于褪黑素周期时间的转变,会失去多达2h的睡眠(Steinberg,2008a)。在这个年龄组,这种睡眠-清醒周期可能会导致慢性嗜睡,与标准的昼夜周期中警惕性的丧失相互作用,有可能会降低安全驾驶表现。Smith、Horswill、Chambers以及Wetton(2009)发现,年轻且没有经验的驾驶人的危险感知能力,会因睡意的轻度增加而显著受到损害。他们综合其他研究发现,嗜睡的增加损害了一系列安全驾驶过程中至关重要的认知过程,而且有许多交通事故报告表明,"注意力不集中"导致的交通事故可能与嗜睡相关。

9.2.3.2 小脑

小脑是大脑中最古老的一部分,负责管理肢体动作和运动,帮助维持平衡,并确保运动的流畅性和直接性。它也影响大脑中负责运动活动的其他区域,并持续生长,直到青春期后期。传统上认为,小脑与平衡和运动控制有关,且和DLPFC、内侧额叶皮质、顶叶及颞区有着联系,在更高的认知功能、运动学习和适应方面也有作用(Giedd,2008)。所有这些功能对驾驶都可能有着重要作用。小脑体积在大脑体积成型2年后达到顶峰,且它是在总脑体积发生共变后,男性唯一保持体积变化显著的脑结构(Mackie等,2007)。由Calhoun、Pekar以及Pearlson(2004)证实,在驾驶中有运动中枢和小脑网络的参与,他们还发现,小脑网络中的酒精量与高速行驶以及多次越过超速限制有关。与年龄在30~39岁的驾驶人相比,年龄在17~19岁的男性和女性驾驶人发生交通事故的概率约为前者的2倍(Maycock,2002)。Maycock还发现,17~19岁的男性驾驶人比同龄女性驾驶人出碰撞事故的概率高出50%。

9.2.3.3 颞叶

颞叶最后成熟的部分是颞上回和沟,它(与前额叶和下顶叶皮质)在整合记忆、视听输入和物体识别方面有着重要作用。这种整合可能对驾驶任务至关重要。

9.2.3.4 顶叶

顶叶是负责主要功能(如感觉和运动系统)的大脑区域,成熟较早;更高水平的控制和综合功能区成熟较晚(Casey、Getz和Galvan,2008;Gogtay等,2004;Sowel、Thompson和Toga,2004)。Sowell等(1999)发现,与视觉空间功能联系的顶叶比与执行功能相联系的额叶区域更早成熟。青少年通常先发展视觉空间能力,然后才能完全理解所有刺激的意义。因此,尽管年轻驾驶人能够像成年人一样"看见"同样的事物(包括明显的危险),但仍不能准确地感知到危险,因为他们还没有完全地发展更高层次的认知解释功能。驾驶风险意识的关键是能感知到隐患的可能性,并解释以下形式的可能性:"如果行人没有看到我的车,并决定通过人行道,那么我最好做好快速停车的准备。"负责高层次的认知加工的小脑和皮层区域的差异化发育,与揭示年轻驾驶人很难精确地感知危险的调查结果是一致的。所有的驾驶人都需要经常在不确定的情况下做出复杂的决策,这样可以提高驾驶经验。预测和规避风险的能力会因此得到提高(Simons-Morton,2002)。在获得这种经验的过程中,年轻驾驶人面临着抑制更大冒险冲动的复杂问题。

9.2.3.5 其他皮层下结构

基底神经节(尾状核、壳核、苍白球、杏仁核)参与调解运动、高级认知功能、注意力和情绪(Giedd,2008;Lenroot和Giedd,2006),而且它们与中脑黑质相互联系。特别是在男性中,基底神经节发生了巨大的发育变化(Casey 等,2008;Giedd 等,1996)。Spear(2000)指出,在青春期,多巴胺系统之间的平衡开始从皮质下向皮质层次转移。DA 变化反映了这一时期更高层次执行功能的增强。

9.3 与驾驶联系的神经系统发育的关键方面

9.3.1 反应抑制

实验中,当采用"go/no-go"(走/不走)任务给被试呈现适当的刺激时,需要被试多个执行功能的参与,包括工作记忆和抑制正常/优生的反应(Blakemore 和 Choudhury,2006)。举一个驾驶的例子,当交通灯显示方向的箭头与主光的方向不一致时,起动或停止车辆时就会产生运动反应的抑制。对成人和儿童的研究表明,正常的反应抑制(如交通灯显示绿色或红色时,进行或不进行)分别涉及几个区域,包括前扣带回,眶额皮层的额叶皮质(Casey 等,1997)。个体差异是很明显的,如最低误差率的参与者显示了最大的前额激活和最少的 DLPFC 激活。Casey 等的研究表明,在青春期神经网络走向成熟;由此,在成年期 PFC 中一个较小的区域便可执行这种任务。

青春期 PFC 和顶叶皮质的持续发展反映在执行功能控制和协调思想和行为上。这包括选择性注意、决策、自愿反应抑制和工作记忆等认知特征(Blakemore 和 Choudhury,2006)。行驶过程中,这些功能可以过滤掉不重要的信息(如不相关的道路指示牌)、前瞻记忆(记住在将来执行预期的动作,例如到达目的地的路线)和抑制冲动(如对道路其他使用者表达愤怒)。这些技能很大程度上依赖于额叶,有研究表明,青少年的任务绩效会不断发展,如对抑制的控制(Leon-Carrion、Garcia-Orza 和 Perez-Santamaria,2004;Luna、Garver、Urban、Lazar 和 Sweeney,2004)、处理速度(Luna 等,2004)以及工作记忆和决策(Hooper、Luciana、Conklin 和 Yarger,2004;Luciana、Conklin、Cooper 和 Yarger,2005)。基本驾驶任务技能——对速度的切换,会在青春期继续发展,这可能是对获得早期驾驶能力的另一个争论点。

9.3.2 控制危险行为

Steinberg(2008b)将儿童和青少年之间冒险行为的增加归因于大脑社会情绪系统的变化,这往往会增加对奖励的追求,尤其是在有同龄人在场的情况下。且 Steinberg 将青春期到成年之间的冒险行为的减少归因于大脑认知控制系统的变化,该系统逐渐提高了个体的自我调节能力。右腹侧纹状体被认为与激励奖赏寻求行为有关,与成人相比,青少年的右腹侧纹状体不太活跃,这表明青少年可能更倾向于危险但潜在的高回报行为(Dicks,2005)。在探究青少年较大的风险承担倾向方面,Bjork 等(2004)认为,中脑边缘区域的脑激活差异可能参与了激励-动机行为。Bjork 等发现,与成人相比,当收益达到预期时,青少年右腹侧纹状体和右侧杏仁核的激活将会减少,这可能与恐惧水平的降低有关。这些学者认为,青少年的危险行为通过寻求更极端的激励来补偿大脑区域脑网络的低复合性。驾驶的例子包括超速和跟车太近,以及更多的不安全驾驶行为。Steinberg 回顾了以前的研究,发现在青春期时的大脑发育过程中,同龄人接纳可能会以与其他类型奖励类似的方式进行处理,这可能对驾驶过程中的冒险行为至关重要。

Baird 和 Fugelsang(2004)研究了与想象替代的结果和不同行动过程的后果有关的人类推理方面——风险感知和冒险行为的基本方面。在创造心理意象和发出内部危险信号时,比较青少年和成人在面临危险与安全的情境下的大脑活动情况。成年人的大脑区域表现得更活跃,这两个部分与面临危险时做出快速自动反应有关。Baird、Fugelsang 和 Bennett(2005)发现,相比于青少年,成人在评估潜在危险行动时,右侧梭状回面孔区会表现出更大程度的激活。这表明,这些过程在成人中已经是自动化进行的,但在青少年中尚未自动化进行。青少年增加的 PFC 活动,会导致其推理和判断活动中的过度决策,这显示了在固有危险的情境下容易做出不太合理的反应(如高速行驶的情况下)。而大多数成年人并不需要长时间的推理过程。面对一个潜在的危险情境,成年人对可能产生的结果(如持续性的伤害)更可能创造一种心理和内在意象("直觉"),而且基于这种影响,会有现成的合适的反应(如这种感觉就像一个非常糟糕的主意)。青少年在评判情境的危险时会花更长的时间,为了做出正确的反应,他们会使用各种原因,且在更多的 DLPFC 活动参与下,去判断一个情境是否危险,因为他们没有一般的心理意象和相关的本能反应来指导他们的决策。

Reyna 和 Farley(2006)认为,青少年能够通过直觉形式的决策,推理并理解他们所参与行为的风险。然而,在奖励和情感环境中采取的行动解释了为什么一些青少年更容易做出糟糕的决策和得到糟糕的结果(Galvan 等,2006;Galvan、Hare、Voss、Glover 和 Casey,2007)。成熟的重要因素是发展一种抑制不适当的想法和行动的能力,支持目标导向的行为,特别是在有竞争和直接回报的情境下(Casey、Tottenham、Liston、和 Durston,2005;Casey 等,2008)。所有这些特征可能会在驾驶中体现出来。

冒险行为与冲动行为有所区别,相较于成年人或儿童,这种行为在青春期表现更明显。这与皮质下区域有关,特别是伏隔核-基底神经节的一个区域,在评估潜在的回报时参与做出冒险的选择(Bjork 等,2004;Casey 等,2008;Ernst 等,2005;Erns、Pine 和 Hardin,2006;Galvan 等,2006,2007;Kuhnen 和 Knutson,2005;Matthews、Simmons、Lane 和 Paulus,2004;May 等,2004;Montague 和 Berns,2002)。与儿童和成人相比,青少年的这一区域在做出冒险的选择时会更活跃(Ernst 等,2005;Galvan 等,2006)。Casey 等假设,与其他生命周期阶段相比,青春期高水平的冲动和冒险行为有增加趋势,这是由控制某些区域(如腹 PFC)的皮质下区域发展变化导致的(如伏隔核),这加强了他们对实现长期目标获得直接回报的偏见。在驾驶环境下,这种发展特点可能会导致青少年在长期的生活目标中为获得直接的回报而产生冒险行为,如避免受伤。

尽管青少年总体上似乎更容易做出冒险决策(Gardner 和 Steinberg,2005),Casey 等(2008)强调了青少年采取冒险行为的个体差异,表明遗传变异可能是这种差异的基础,例如,与多巴胺释放到皮质下区域有关(O'Doherty,2004;Steinberg,2008b)。为探究与奖励相关的神经回路的活动和预期的金钱报酬之间的关系,Galvan 等(2007)从年龄在 7~29 岁的被试中发现,伏隔神经活动和参与高风险活动的可能性呈正相关。然而,在个体感知到风险会导致不良结果时,伏隔神经对奖励的激活程度较低。冲动性与年龄有关,但与伏隔神经的活动无关。Casey 等将他们的发现解释为,青少年的选择和行为不能仅用冲动或其他大脑区域的 PFC 成熟度来解释。然而,可以用个体在冒险行为上的差异来解释,也可以解释青少年在这一方面的行为与儿童和成人的差异。另外,社会和情境的压力,如同龄人的压力也会对驾驶过程的冒险行为产生重要影响。

驾驶过程中的同龄人压力是可能的冒险行为传递机制。这个结果是通过将青少年样本(14~19岁)与老年和更年轻法人群体比较得到的。在这个研究中,Cohen 等(2010)确认,只有青少年组在预测误差时,纹状体和角回这两个区域有过敏性反应。有这样一个驾驶的案例:当接近交通信号灯时,驾驶人发现交通信号灯显示的是绿色,这时距交通信号灯还有些距离,对灯接下来是否还保持绿色的预测会影响驾驶人"走/不走"的决策。腹侧纹状体对意想不到的积极反馈一贯敏感,3组研究反映,只有青少年组在面对大的回报时比面对较小的回报做出更快的反应。而交通灯例子中的"回报",有着很清楚的界限,灯的不同颜色会决定车的是否通过。在 Ernst 等(2005)和 Galvan 等(2006)的研究基础上,他们发现,青少年对奖励会有敏感性反应。Cohen 等发现,这在误差预测而非信号估值上表现得更具体。继续来讲交通信号灯的例子,对信号估计可能涉及反射,也可能涉及乘客对驾驶人的提醒,在不同的情况下会有不同的结果,如事故。Cohen 等推测,误差预测反应的不同发展,反映了多巴胺信号的差异,这也可以解释青少年典型的风险回报寻求行为,如驾驶行为。Cohen 等认为,他们的数据与积极结果的较大影响是一致的。为了获得积极的结果,会增加行为动机(如同龄人对危险驾驶行为的认可),因此会产生更大的冒险行为倾向。他们认为,青少年预测错误反应时,多巴胺的过度活跃,可能会导致奖励寻求的增加,特别是与不成熟的认知控制系统相结合。

在一个涉及风险的货币决策任务中,与成人相比,青少年表现出较低水平的腹侧 PFC(VPFC)活动(Eshel 等,2007)。虽然生态效度的限制意味着有关风险决策的实验研究可以在多大程度上推断出真实的驾驶风险是不确定的,但这样的结果与观测到的数据是一致的。如在车辆碰撞事故中,青少年参与的水平比较高。但是,它仍然无法确定,同样可以指导无生命威胁的大脑回路是否对年轻驾驶人高风险易感性的病因也至关重要。在一篇综述中,Ernst 等(2006)解释了青少年在面临不确定或者有潜在危险的情境时,通过强有力的奖励机制(伏隔核)、弱的伤害回避系统(杏仁核),以及低效率的监控系统(内侧/腹侧 PFC)来寻求奖励/新的倾向,这样的脑区组合经常反映在危险的驾驶行为中。

尽管存在个体差异,但青春期冲动的递减仍然与 PFC 的发展相关(Casey、Tottenham 等,2005;Casey 等,2008;Galvan 等,2007)。Liston 等(2006)研究表明,尽管白质在成年期继续发展,但只有连接 PFC 和基底节,才和冲动控制有关。这些研究结果强调了大脑回路和大脑区域发展的重要性。认知发展贯穿整个青春期,其特征是认知控制的效率提高和情绪调节的改善,这些主要依赖于 PFC 的成熟(Yurgelun-Todd,2007)。Casey 等(2008)认为,边缘皮质和前额叶的控制区应该被视为发展系统的一个部分,在前额叶区域之前,边缘部分就得到发展。他们认为,青少年的行为会受到其功能更成熟的边缘区域的影响。开发这些部分的功能性联系,对增强皮质下区的自上而下控制至关重要。皮质的联结可以通过经验和发展的结合修剪突触而得到加强。培训年轻驾驶人的研究人员和参与者所面临的挑战是,一方面要利用这一发展的必要性,另一方面,要缓和这一关键成熟阶段不可避免的缺点。这或许可以通过自然发展途径下的早期和频繁的刺激干预来得到加强,如确保驾驶人有机会在模拟或实车培训情况下,训练冲动控制。这可能与驾驶人实际培训的传统方法有差异,当然这种训练行为应该符合有关司法管辖区的道路规则,只有通过更多的研究验证这种培训的有效性,才可以广泛推广使用。

而未来指向、冲动控制、抵制同龄人影响、对处罚的敏感度和提前规划等各种心理现象,在青春期早期呈线性增长,Steinberg(2008b)发现,在感觉寻求、风险偏好以及对奖励敏感性中有一个曲线模式。这些不同的模式可能意味着,尽管这些呈线性发展的社会心理现象可能对"加速学习"的策略是有效的(如在驾驶培训中),但对那些非线性发展的心理能力,需要基于环境条件学习的培训方法才有效。例如,因为青少年的冒险行为对比成年人而言,更像是基于群体的现象,因此,对于年轻驾驶人来说,应该强制规定同龄人乘客的人数。

9.3.3 情绪处理

众所周知,青春期易受情绪处理和自上而下调节产生的不平衡的影响。例如,与成年人相比,暴露于正面和负面信息中会导致青少年皮质下边缘区(例如腹侧纹状体和杏仁核)的活动增强(Ernst 等,2005;Eshel 等,2007;Galvan 等,2006;Monk 等,2003)。尽管相对于自上而下的控制系统,皮层下系统的后期发展一般会促使青少年行为偏向于直接的长期目标(Galvan 等,2006)。情绪反应和个体差异调节着这种影响。

基本情绪主要产生于边缘系统,与每种情绪(包括快乐、恐惧和愤怒)相关的神经回路(Panksepp,1998,2001)。Panksepp 认为,每个基本状态都与进化形成的行动类别相关联,以继续一项活动、感知危险和逃离或准备对抗。边缘系统回路是相对固定的,可以有力地影响我们的认知。杏仁核进行快速的初步评估,以检测是否存在某种外部事件构成的威胁,并引发对"低路"的恐惧(LeDoux,1997)。这可能会导致生理反应,包括血压变化、应激激素的释放和惊跳反射,以及逃跑、打架或停滞不前等行为。通过大脑皮层(即"高路")的更长路径会导致对事件进行更详细的分析。

在青春期,对执行(认知)系统(如记忆、感知、决策和问题解决)以及认知和情感的相互作用提出了额外的要求。如处理语言和非语言的环境线索,包括在同龄人互动中涉及的认知和情感过程(Watkins 等,2002)。虽然出生后不久就能获得面孔识别的基本技能,但是处理面部表情的数量和含义在整个青春期会继续得到发展(Carey,1992;McGivern,2002;Taylor、McCarthy、Saliba 和 Degiovanni,1999)。在与驾驶潜在相关的以及其他的社交场合,青少年处理他人脸部的恐惧表情的能力似乎相对薄弱(Baird 等,1999;Thomas 等,2001)。在驾驶情境下,这种影响能够解释驾驶人对同龄人表情的反馈,如青少年开车时,乘客的恐惧或焦虑表情(Doherty、Andrey 和 MacGregor,1998)。

Hare 和同事(Hare、Tottenham、Davidson、Glover 和 Casey,2005;Hare 等,2008)的研究表明,辨认恐惧面部表情的平均时间和杏仁核活动呈积极相关。Hare 等(2008)发现,与儿童和成人相比,青少年在情绪环境下(恐怖表情),杏仁核的活性会升高。情感表达的个体差异可以归因于自上而下控制区域的联系强度,尤其是 VPFC 和自下而上的情绪处理区域(杏仁核)。在青春期,VPFC 和杏仁核之间的耦合强度与杏仁核活动的习惯有关,可表现在学习中。在最初的实验中,较轻的焦虑特质的青少年在 go/no-go 任务中,会表现出更活跃的 VPFC 活动和较少的杏仁核活动(习惯)。

与成人相比,青少年在恐惧的目标中反应更慢,且前额叶与杏仁核活动联系较少,这表明他们在决策过程中,可能更容易受到情绪的干扰(Luna 和 Sweeney,2004)。与成人相比,青少年对情绪的抑制竞争性反应有较多的前额叶参与(Luna 和 Sweeney,2004)。尽管个体差异不应该被忽视,但在特定刺激环境中的学习可以在一个相对短的时间内发生(Hare 等,2008)。这些知识可以用在培训年轻驾驶人身上,来提高他们在面临潜在情绪引发的危险情况(如从其他道路使用者知觉到威胁)的控制水平。

9.3.4 性别差异

平均来说,男性的大脑比女性大 10%,脑中大多数结构都显示着这种差异(Durston 等,2001)。女性的灰质比例较高,白质比例较低;男性的白质与大脑体积的比率较高(Luders 等,2005;Nagel 等,2006)。Nagel 等发现前额叶白质体积和年龄呈负相关关系,尤其是在青春期女性的子样本中。根据之前的研究,呈非线性关系的数据表明,在 15 岁左右,前额叶的白质呈下降趋势。女性的新大脑皮层(大脑皮层系统发育上较新的部分)中的灰质浓度较高,而在男性"较老"的内嗅皮层中则有更多的灰质。在儿童和青少年时期,男性与年龄相关的灰质减少和白质增加更为显著(DeBellis 等,2001;Giedd 等,1999)。男性大脑始终表现出较大的半球不对称性;在女性大脑中,两个半球更相似(Good 等,2001)。

女孩的总脑容量峰值为 11.5 岁,男孩为 14.5 岁(Giedd,2008;Lenroot 和 Giedd,2006;Lenroot 等,2007)。在 6 岁时,大脑的体积大约为大脑峰值的 95%(Giedd,2008;Lenroot 和 Giedd,2006)。灰质的体积遵循 U 形曲线,且两叶是有区别的,女性的高峰值会提前 1~3 年(Lenroot 和 Giedd,2006;Lenroot 等,2007)。尽管男孩的脑体积大 9%~10%(Goldstein 等,2001;Lenroot 和 Giedd,2006),但总脑大小的差异并不意味着任何功能分化,同龄的健康儿童可能会表现出高达 50%的总脑容量差异(Giedd,2008;Lenroot 和 Giedd,2006)。大脑形态在不同的个体间是高度存在差异的,尽管在不同性别间有着显著差异,但在男性和女性之间的分布有着相当的重叠。Silveri 等(2006)发现,不同大脑区域的功能解释了在冲动控制方面的一些性别差异。

虽然在人脑解剖中已确定了性别的差异(Goldstein 等,2001;Gron 等,2000;Gur、Gunning-Dixon、Bilker 和 Gur,2002;Nopoulos、Flaum、O'Leary 和 Andreasen,2000;Overman,2004),但对这些差异的发展还不太清楚。对青少年大脑研究的证据揭示了杏仁核和控制冲动行为的高级皮质区域成熟率的差异。虽然一段时间以来人们已经知道,女孩的大脑比男孩的大脑发育得更快,但研究表明,两者之间的差异比之前所猜测的要大。然而,相对于女性,男性的"发育滞后"仍然存在问题。如 Caviness、Kennedy、Richelme、Rademacher 和 Filipek(1996)发现,17 岁的男孩大脑与 11 岁女孩的相似,Anokhin、Lutzenberger、Nikolaev 和 Birbaumer(2000)也发现了相似的差异。Benes、Turtle、Khan 和 Farol(1994)在测量脑髓鞘时发现,在 7~22 岁,女孩的大脑比男孩的大脑发展快 3~4 年,而男性直到 29 岁才赶上女性。Blanton(2004)发现,在语言相关的区域,白质的发展在性别中存在显著差异,其中,男孩与年龄相关的白质体积呈线性增长。Giedd 等(1999)发现,女性灰质的发展在 10 岁达到顶峰,而男孩在 12 岁达到顶峰,在那之后,灰质的体积会有显著的减少。DeBellis 等(2001)发现,在 6~18 岁,男性的灰质会有 19%的减少,而女性减少了不到 5%。他们还发现,与女性相比,同时期男性的白质增加了 45%,胼胝体(CC)面积增加了 58%以上,女性相应的增幅为 17%和 27%。

尾状核和海马体(主要含有雌激素受体)在女性大脑中比例较大,而杏仁核(主要含有雄激素受体)比例较小(Lenroot 和 Giedd,2006)(Lenroot 和 Giedd,2006)。长期数据表明,只有男性的杏仁核体积随年龄显著增加,而只有女性的海马体积随年龄显著增加(Giedd、Vaituzis 等,1996)。在儿童和青少年时期,女性海马体的髓鞘形成早于男性(Benes 等,1994; Suzuki 等,2005)。

Gur 等(2002)回顾了有关情绪的产生和调节。杏仁核被认为主要参与了情绪和行为方面,包括攻击性,而眶额区有调节功能。Gur 等还发现,女性的框额脑区相对大于男性,与男性相比,女性有更多的脑组织可用于调节杏仁核输入。其中一个解释是,女性拥有更多可用的脑组织,这些脑组织可以调节情绪,作为行为表现的基础,如攻击性,这可能在某些形式的冒险行为中起到关键作用,例如在驾驶时。Goldstein 等(2001)证实,相对于大脑大小,女性的大脑皮层(尤其是额叶和内侧边缘旁皮质)体积更大,而男性的杏仁核和下丘脑的体积相对于大脑大小更大。然而,Steinberg(2008b)回顾冒险行为的性别差异的有关证据后认为,性别差异在冒险行为中可能会被现实环境而不是生物因素调节;同时,在真实世界的冒险行为中,性别差异可以被缩小。

Killgore、Oki 和 Yurgelun Todd(2001)研究了7~17岁青少年的大脑如何处理情绪,发现儿童的情绪活动局限于杏仁核和其他较老的皮层下区域,在这个年龄段,还没有与更高的大脑中心(大脑皮层)建立联系。在青春期,与情绪相关的大脑活动转移到大脑皮层,但到17岁时,这种变化只发生在女孩身上,而在17岁的男孩身上,情绪控制的中心仍然位于杏仁核。Killgore 等还发现,儿童和青少年在观看表达恐惧的面孔时,杏仁核与前额叶的激活存在差异。随着年龄的增长,相对于杏仁核的激活,女性(而非男性)的前额叶激活逐渐增加。从驾驶角度(以及其他涉及风险的活动)来看,关键是了解这些研究结果在多大程度上反映出男性和女性各自 PFC 调节的恐惧反应之间的真实差异,例如,反映在乘客的面部表情或其他潜在的恐惧刺激中,以及它们对驾驶行为相应的影响。

9.4 讨论和小结

完全理解大脑发育的绝对阶段和差异阶段对驾驶的影响仍处于早期阶段。由于行为源自分布式网络之间的综合活动,因此研究的重点是将大脑区域和连接与相关认知联系起来,包括与安全和风险感知相关的认知,以及与避免危险和管理风险相关的行为。如 Calhoun 等在模拟驾驶任务的年轻驾驶人小样本中,确定了以下7个独立的大脑网络:

(1)顶枕沟的双边组成部分,其中包括参与视觉检测的楔叶、楔前叶和舌回;

(2)枕叶主要区域,用于低阶视觉处理;

(3)双侧视觉联想和顶叶区域,用于高阶视觉处理和视觉运动整合;

(4)运动皮质;

(5)细胞层区域,用于总的运动控制和运动计划;

(6)眶额和扣带回,用于错误监控和抑制,包括动机、风险评估和"内部空间";

(7)内侧额叶、顶叶和后扣带回的警惕,包括空间的空间注意、视觉流、监测和"外部空间"。Santesso 和 Segalowitz(2008)比较了15岁、16岁和18~20岁的青少年的任务表现,发现年龄较大的组的前扣带回皮质活动幅度更大。然而,对这些组的反应和正确率比较分析发现，年龄较小的组会犯更多的错误，但这些并不是由于表现的差异性。这项研究可能为与驾驶相关的错误提供年龄相关的依据，这些错误与基本驾驶技能无关，尤其是与表现的自我监测相关的错误。

Giedd(2008)认为，比起成人间的差异，青少年发展轨迹的差异可以提供更多的信息。如Shaw等(2006)发现，在20岁时，发展轨迹比皮质骨厚度的差异更能预测智商。然而，正如Steinberg(2008)指出，目前关于青春期神经生理变化的知识超出了人们对这些变化如何与特定行为相关的理解。Steinberg的研究表明，虽然基本信息处理在16岁之后没有成熟，但自我报告的未来取向在18岁前有所改善，而计划和冲动控制在20岁出头持续增加。这些认知功能对驾驶的贡献，可能与在这些年龄段提供的驾驶相关信息相协调。随着对大脑功能和发展阶段作用的理解的提升，人们越来越有可能将这些与特定驾驶任务的技能发展和训练联系起来(Eby等, 2007)。

预测其他道路使用者可能的意图和行为是许多驾驶技能要求之一。从心理学上讲，这被理解为换位思考。当个体进行活动时，以及当他们观察到其他人在进行同样的活动(如驾驶)时，位于顶叶上和右侧下额叶皮层的大脑区域(称"镜像神经元")被激活。虽然社会视角是在青春期发展起来的，但还需要进一步的研究来确定成年人表现所需的感知、运动和社会功能在何时完全整合(Blakemore和Choudhury, 2006)。

为了帮助确定大脑功能和个体发展之间的联系，一方面要明确与安全和驾驶风险认知相关的认知指标，另一方面要采用三方位研究方法。因为大部分研究迄今一直是横向的，所以需要更多的纵向研究来增进对这些联系的了解。例如，反映了数据收集的成本，一些研究的样本量很小，使用功能磁共振成像(fMRI)技术需要资源来增加样本量，以便能够更详细地绘制不同年龄段男性和女性在大脑发育方面的群体规范，包括差异。大脑发育的年龄和性别差异是复杂的，关键的个体差异可能很难揭示。随着人口的年龄和性别差异的规范变得更清晰，有可能确定个体差异。众所周知，控制唤醒、情感体验和社会信息处理的大脑系统在青春期变得更加活跃，这些都与不断增加的求新、感觉寻求和冒险行为有关。随着青春期的到来，许多年轻人在12岁或更小的时候就开始了，在20多岁的中后期，大脑在两性中都可以被认为是完全成熟的，但在相当长的一段时间内，大脑受到激素变化的驱动，在结构和功能上发生实质性转变。提高人们对这些过程及其对安全和风险相关行为的影响的理解是未来研究的关键问题。

年轻的驾驶人比年纪大的驾驶人更容易受到同龄人的影响(Gardner和Steinberg, 2005；Simons-Morton、Lerner和Singer, 2005；Steinberg, 2008b)。Gardner和Steinberg发现，青少年更容易做出冒险行为，更加注重收益而不是冒险行为的代价，且对青少年而言，比起独自一人，在群体中更容易做出高风险的决策。Steinberg的fMRI数据表明，在驾驶任务中，无论驾驶条件是什么，脑区与认知控制和推理有关的激活(如前额叶和顶叶联合皮层)都会发生，当同龄人在场时，额外的大脑区域也会被激活(内侧额叶皮质和左腹侧纹状体，主要是伏隔肌、左颞上沟和左颞叶内侧结构)。这种社会情绪网络会导致更危险的驾驶行为。这也表明，同龄人在场会增强潜在危险行为的回报。

Gardner和Steinberg(2005)发现，尽管18岁驾驶人群体的自我报告否认了同龄人的影响，但是研究发现同龄人的影响一直到20岁还存在。根据Engstrom(2003)的研究，在年轻人中，同龄人对冒险行为的影响会持续到大约25岁。直到这个年龄段大脑的前额叶才走向成熟，它管理着个体的计划、控制冲动以及权衡风险和收益的能力。除了考虑到年龄和成熟的因素，任务经验也很重要。因此，在早期学习驾驶中，需要提供"安全"的学习机会。为了抵消掉部分受同龄人的不利影响，另外的角色模型对年轻驾驶人是很重要的。在驾驶环境下，父母提供了非常重要的角色模型，特别是与年轻驾驶人同一性别的父母（Glendon，2005）。

Kuhn（2006）认为，增强的执行控制是青春期认知发展的主要特征。她发现青少年在自我决断能力上不断提升，如对学习过程的监控和管理。在此期间，他们通过更高的速度（通过增加神经纤维的髓鞘化）、更大容量（如记忆）以及更有效的抑制，抵制干扰的刺激和控制自己的反应。Luna等（2004）的研究表明，改进的神经元和增加的髓鞘不仅支持更快的处理速度，同时更有效的抑制突触组织也有益于反应抑制。然而，Kuhn指出，虽然实验范式可以为反应抑制的指令影响提供证据，但关于青少年做出抑制他们认知和行为的决定，以及他们如何成功实现，这个方面的信息非常少。换句话说，青少年在"真实生活"环境下的自我调节过程，如驾驶，很少被研究，但是了解这种情况又是非常必要的。

正如Lerner（2002）指出，青少年已经有了很大程度上的自我发展。神经元的发展部分来自经验驾驶，因为参与的活动加强了神经元的联系，而不是通过经验发展的联系则会减弱。考虑到许多青少年自我形象的一个中心特征是他们的驾驶能力，这就出现了一个悖论。青少年驾驶经验越多（越早），与驾驶相关的神经联系就会越强，青少年驾驶就会变得越熟练。这意味着，培训年轻驾驶人的一项重要任务是确保他们的发展技能和自信与做出正确决定的成熟度合理匹配，并灌输他们对自己的驾驶能力以及在尽可能多的情况下做出抑制性反应的认知。针对年轻驾驶人的长时间的培训学习，应包括了解个体差异（如驾驶任务所需掌握的技能），并提供针对性的学习计划和测试（Eby等，2007）。

回顾以往的研究，在驾驶环境中，促进年轻驾驶人避免伤害和降低风险的最有希望的策略是什么？考虑到多任务技能开发需要相当长的时间，一直持续到成年早期，因此限制驾驶人执行的任务数量是非常重要的。禁止使用手机、车载娱乐（除了广播）以及其他分心物等是一种方法。世界各地越来越多的司法管辖区不断引入道路环境。美国驾驶人培训课程的成功已得到广泛的认可（Branche、Williams和Feldman，2002；Foss和Evenson，1999；Hallmark、Veneziano、Falb、Pawlovich和Witt，2008；Hedlund，2007；Hedlund、Shults和Compton，2006；Keating，2007；Lin和Fearn，2003；Neyens、Donmez和Boyle，2008；Shope和Molnar，2003）。这些课程包括乘客限制（限制同龄人影响）和夜间驾驶限制（高风险）。相比专注于纯粹惩罚性的方法，Blakemore和Choudhury（2006）考虑到青少年大脑发育的正常变化，建议分配更多资源用于教育和康复方案。一种选择是在有控制的道路网络中进行一定时间的驾驶练习，另一种是提供关于年轻驾驶人表现的视频反馈，以强调安全驾驶。

酒精、药物、疲劳对年轻驾驶人的大脑和行为的影响，使他们面临的风险大大增加。尽管一个年轻人的智力一般不会有问题，但为了解决大脑成熟的情感因素，并缓解可能构成冒险行为的社会压力，可以安排年轻驾驶人与受严重影响的道路交通事故受害者进行对话，年轻驾驶人发挥了关键作用。这些道路事故受害者可能包括严重的受害者、失去亲人的关系密切的家庭成员，或痛悔的"肇事者"。需要对这些遭遇进行分类管理以使年轻驾驶人能够确定在每一种情况下的"受害者"，并鼓励他们想象自身如何参与类似导致受害者的事件

（McKenna 和 Albery，2001）。此外，应该向年轻驾驶人提供必要的培训以避免这种结果发生在他们身上。正如前面所提到的，大脑的发展部分是由经验塑造的。因此，作为增强风险感知的一个组成部分，年轻驾驶人需要接触冒险的一些后果。

年轻人应该在什么年纪有资格获得驾驶证一直是一个有争议的问题。根据本章介绍的神经科学研究结果，年轻人什么时候可以被认为成为一个好的驾驶人？等到男女双方所有的大脑区域和神经网络都完全成熟，而这直到二十几岁末期才可能实现，显然这个结论对于上述问题是不太现实的。假设在公共道路的驾驶起始年龄为 16 岁，考虑文献研究的证据，16 岁大脑的发展还不是非常成熟，那么如何更有理由实施呢？尽管现在人们仍无法回答这个问题，一般准则可能认为，开发与个体发展一致的训练，同时在司法下约束驾驶证获得的方式，是可以被大众接受。大约从 16 岁到 21 岁（在本章中认为是青春期），在这个阶段，个体会发生主要的神经元重组，驾驶训练应尽可能促进神经自然发展的方面，这些方面的发展对安全驾驶表现都是至关重要的。在心理上，应该包括提高风险认知（如通过模拟器训练改进扫视能力）、教授控制冲动（如使用指导）以及调节风险行为（如通过暴露在道路交通事故的受害者面前以及训练判断潜在危险概率的能力）的策略。应该纳入新驾驶人的培训标准，或将其作为额外的模块，因此需要通过适当的监管控制加以补充。这些措施可能包括限制同龄人乘客人数，让有经验的驾驶人陪驾；禁止酒精和药物使用；限制夜间驾驶；消除车内干扰，特别是手机的干扰。这些限制（除了使用手机在驾驶过程中应该被彻底禁止）可能会在 22~25 岁间被逐渐放松，在此之后，成年驾驶人才有资格获得无限制的驾驶证。如果有科学证据在提高驾驶安全方面具有极大应用价值，以进一步引入驾驶培训计划，然后逐步引入驾驶措施，也许能够获得更广泛的认可，正如安全带的使用和血液中酒精含量的限制有益于安全。

表 9-1 总结了重要的科学研究结果、潜在的驾驶行为结果，以及可能的改良策略。其中有许多措施已经在一些司法管辖区使用或者正在考虑使用，这些改良策略和 Steinberg（2008b）的研究结论大体一致。努力减少青少年的冒险行为，应着眼于不断变化的且有潜在危险的环境，而不是寻求改变青少年的知识和思想。未来的神经科学研究应该面向驾驶行为，尤其是在大脑发展和驾驶行为的具体组成成分之间建立更明确的联系。迄今为止，大约有 200 个神经科学研究将驾驶有关方面和大脑功能联系起来（Glendon，2010）。未来这一领域的研究，在理想情况下，应专注于青少年大脑发育对驾驶的关键影响。必须辅之以更有针对性的方法和应用程序，尤其是年轻驾驶人的教育和培训，它们都是基于有关神经科学的研究。特别重要的是对这个年龄组的发展特点的研究，以及是否适当地解决相关问题，以合理地减少年轻驾驶人的冒险行为。

对关键的发展性神经科学研究成果的总结，对驾驶的潜在影响，
以及可能的改善策略   表 9-1

关于青少年发育大脑的神经科学发现	年轻驾驶人的潜在的认知/行为结果	可能的改善/应对策略
大脑边缘区域和大脑皮层区域之间的平衡转移（例如，右腹侧纹状体在青少年的大脑中不那么活跃）	这些行为可能是由更极端的动机驱动的：寻求奖励、寻求新奇、感觉寻求、冒险和"鲁莽"（例如，超速和尾随）	为年轻驾驶人在"安全"（例如得到充分监督）的环境中的这些动机行为提供机会。就行为的潜在后果提供相关的反馈，以加强对不良后果的学习

续上表

关于青少年发育大脑的神经科学发现	年轻驾驶人的潜在的认知/行为结果	可能的改善/应对策略
大脑皮层(如前额叶)和边缘系统(如杏仁核)系统的不同发育	影响利用信息做出正确决策(例如安全决策)的能力。处理他人的关键情绪(如恐惧)到成人水平仍在发展。同伴的影响在25岁之前都很重要	为年轻驾驶人提供在典型的道路环境中练习使用信息的机会(例如使用案例研究或模拟)。训练年轻驾驶人应对他们可能认为有威胁性的驾驶场景。涉及同龄人影响的潜在不利影响的角色扮演场景
小脑发育	一些姿势/动作可能会受到不利的影响。虽然年轻驾驶人似乎很快学习很多技能,但他们仍然容易因协调失误而出现错误	确保年轻驾驶人能够在"原谅"失误的环境中练习,即那些不会导致潜在的致命伤害/其他严重伤害的环境中练习。对绩效提供充分的反馈
松果体和褪黑素的产生	年轻驾驶人可能倾向于"晚上"驾驶,在日常周期的后期表现出活动的偏好	限制年轻驾驶人在夜间驾驶,可能与一种"自然"的偏好背道而驰。鼓励在夜间条件下进行监督练习
杏仁核和海马体的发育	整合情绪和认知会在很长一段时间内发生,这可能会使年轻驾驶人处于危险之中(例如由于处理压力的能力发育不全)	采用适合年轻驾驶人能够承担的期望,特别是在潜在的"压力"条件下驾驶时
连接左右脑半球的胼胝体直到成年早期才稳定下来	患有"混合利手习惯"的年轻驾驶人尤其容易受到各种复杂任务的不利影响	限制年轻驾驶人允许的活动范围,并对年轻驾驶人可以安全执行的任务和活动执行严格的指导方针
皮层下区域(如伏隔核)在青少年之前就成熟了,在涉及风险的决定之前更活跃。较低水平的VPFC活性和白质连接回路,以及这些区域的后期发展	对长期目标的即时奖励。对年轻驾驶人来说,更有可能做出有风险结果的决定	测试冒险倾向的个体差异。训练年轻驾驶人了解驾驶过程中一系列冒险的负面后果。教育年轻驾驶人了解设定和寻求实现长期目标的好处,特别是在与自我和他人的安全有关的方面
前额叶皮层在整个青春期发育;具体来说,随着高级执行区域的成熟,不需要的神经元通路会被修剪	在涉及决策的驾驶任务中容易出现挫折和错误倾向,有可能出现"非理性"或混乱的思维模式/行为。反应抑制可能会减少	为年轻驾驶人提供足够的支持和指导,特别是在进行涉及复杂决策的操作时
大脑皮层额叶白质和灰质之间的平衡发生变化,灰质体积减小,白质体积增加	白质对信息流动的速度和平滑性非常重要	年轻驾驶人越来越能够发展操纵汽车和处理涉及信息处理的道路危险的能力。可以不时地使用适当的认知能力和驾驶技能测试来评估和提供关于这种信息处理能力的反馈

续上表

关于青少年发育大脑的神经科学发现	年轻驾驶人的潜在的认知/行为结果	可能的改善/应对策略
与顶叶相关的视觉空间功能比额叶脑区（皮层）的执行功能成熟得更早	危害可能被成年人感知，但风险认知（理解危害的本质及其潜在的危害）降低了	需要进行风险认知培训，以提高年轻驾驶人对特定道路危险相关风险的理解。不能仅因为危险可见，就认为年轻驾驶人完全了解与驾驶相关的风险
大脑中负责创造心理意象的区域（例如脑岛和右侧梭形脸）仍在发育中	可能会导致延迟处理有关一般危险情况的关键信息；年轻驾驶人需要更长的时间来处理这些信息	使用危险感知场景来培训年轻驾驶人的驾驶方面，以发展不良结果的心理想象。例如，培养年轻驾驶人的"元记忆"，让他们在监督练习中评论道路状况，特别是潜在的危险，以提高警觉性和感知能力
男性的杏仁核发育较晚；雄性可调节情绪的脑组织较少	年轻的男性更容易对各种情况做出攻击性反应，这可能会导致冒险	提供来自年长榜样的指导和支持，特别是对那些容易出现攻击性反应的年轻男性驾驶人，以确保他们在对攻击性或风险承担的控制不佳可能危及安全时，不太可能驾驶

》 致谢

感谢我的同事 Graham Bradley、Trevor Hine、David Shum 以及编者 Bryan E. Porter，你们对本章早期草稿修改的意见给我提供了很大的帮助。

 本章参考文献

ANOKHIN A P, LUTZENBERGER W, NIKOLAEV A, et al, 2000. Complexity of electrocortical dynamics in children: Developmental aspects. Developmental Psychobiology, 36:9-22.

ARNETT J J, 1992. Reckless behavior in adolescence: A developmental perspective [J]. Developmental Review, 12:339-373.

ARNETT J J, 2002. Developmental sources of crash risk in young drivers. Injury Prevention, 8: 17-23.

BAIRD A A, FUGELSANG J A, 2004. The emergence of consequential thought: Evidence from neuroscience [J]. Philosophical Transactions of the Royal Society: Biological Sciences, 359 (1451):1797-1804.

BAIRD A A, FUGELSANG J A, BENNETT C, 2005. What were you thinking [C]. An fMRI study of adolescent decision-making. New York: Paper presented at the Cognitive Neuroscience Society Conference. April.

BAIRD A A, GRUBER S A, FEIN D A, et al, 1999. Functional magnetic resonance imaging of facial affect recognition in children and adolescents [J]. Journal of the American Academy of Child and Adolescent Psychiatry, 38:195-199.

BARNEA-GORALY N, MENON V, ECKERT M, et al, 2005. White matter development during childhood and adolescence: A cross-sectional diffusion tensor imaging study [J]. Cerebral Cortex, 15:1848-1854.

BAXTER M G, PARKER A, LINDER C C C, et al, 2000. Control of response selection by reinforcer values requires interaction of amygdala and orbital prefrontal cortex [J]. Journal of Neuroscience, 20:4311-4319.

BENES F M. Development of the corticolimbic system[M]. In G. Dawson, & K. W. Fischer (Eds.), Human behavior and the developing brain. New York: Guilford,1994:176-206.

BENES F M, TURTLE M, KHAN Y, et al, 1994. Myelination of a key zone in the hippocampal formation occurs in the human brain during childhood, adolescence, and adulthood [J]. Archives of General Psychiatry, 51:477-484.

BJORK J M, KNUTSON B, FONG G W, et al, 2004. Incentive-elicited brain activation in adolescents: Similarities and differences from young adults [J]. Journal of Neuroscience, 24: 1793-1802.

BLAKEMORE S J, CHOUDHURY S,2006. Development of the adolescent brain: Implications for executive function and social cognition [J]. Journal of Child Psychology and Psychiatry, 47: 296-312.

BLANTON R E, LEVITT J G, PETERSON J R, et al, 2004. Gender differences in the left inferior frontal gyrus in normal children [J]. NeuroImage, 22:626-636.

BRANCHE C, WILLIAMS A F, FELDMAN D D, 2002. Graduated licensing for teens: Why everybody's doing it [J]. Journal of Law, Medicine & Ethics, 30 (Suppl. 3):146-149.

BROWN I D, GROEGER J A, 1988. Risk perception and decision taking during the transition between novice and experienced driver status [J]. Ergonomics, 31:585-597.

CALHOUN V D, PEKAR J J, MCGINTY V B, et al, 2002. Different activation dynamics in multiple neural systems during simulated driving [J]. Human Brain Mapping, 16:158-167.

CALHOUN V D, PEKAR J J, PEARLSON G D,2004. Alcohol intoxication effects on simulated driving: Exploring alcohol-dose effects on brain activation using functional MRI [J]. Neuropsychopharmacology, 29:2097-2107.

CAREY S,1992. Becoming a face expert [J]. Philosophical Transactions of the Royal Society of London B: Biological Sciences, 335:95-102.

CARSKADON M, ACEBO C, RICHARDSON G, et al, 1997. Long nights protocol: Access to circadian parameters in adolescents [J]. Journal of Biological Rhythms, 12:278-289.

CASEY B J, GALVAN A, HARE T A,2005. Changes in cerebral functional brain development and its relation to cognitive development [J]. Current Opinion in Neurobiology, 15:239-244.

CASEY B J, GETZ S, GALVAN A, 2008. The adolescent brain [J]. Developmental Review, 28:62-77.

CASEY B J, TOTTENHAM N, LISTON C, et al, 2005. Imaging the developing brain: What have we learned about cognitive development [J]. Trends in Cognitive Science, 9:104-110.

CASEY B J, TRAINOR R J, ORENDI J L, et al, 1997. A developmental functional MRI study of prefrontal activation during performance of goeno-go task [J]. Journal of Cognitive Neuroscience, 9:835-847.

CAVINESS V S, KENNEDY D N, RICHELME C, et al, 1996. The human brain age 7-11 years: Avolumetric analysis based on magnetic resonance images [J]. Cerebral Cortex, 6:726-736.

COHEN J R, ASARNOW R F, SABB F W, et al, 2010. A unique adolescent response to reward prediction errors [J]. Nature Neuroscience, 13:669-671.

第10章　神经科学和老年驾驶人

玛丽亚·T. 舒尔泰斯(Maria T. Schultheis)和凯文·J. 曼宁(Kevin J. Manning)
美国宾夕法尼亚州,费城,德雷塞尔大学(Drexel University, Philadelphia, PA, USA)

10.1　神经科学和老年驾驶人

衰老认知神经科学是一个多方面的学科,包括临床神经心理学、认知神经科学和认知衰老(Cabeza、Nyberg 和 Park, 2005; Grady, 2008)。随着技术的进步,如结构和功能神经影像学的发展;它们贡献了越来越多关于大脑老化的文献,这更好地定义了大脑老化的整体变化。具体而言,与年龄相关的差异(即横向研究)和与年龄相关变化(即纵向研究)的大脑结构以及功能相关的研究已经非常丰富。

10.1.1　衰老对神经解剖和认知的影响

随着年龄的增长,大脑会发生生理变化。一般来说,脑容量随着脑组织的萎缩和脑室的扩大而减少(Raz、Gunning-Dixon、Head、Dupuis 和 Acker, 1998)。具体而言,规范的横向研究显示,大多数大脑结构变化导致的体积减小,包括大脑灰质(即神经元)和白质(即轴突)以及皮质下结构,如海马体和基底神经节的主要成分(Raz 和 Rodrigue, 2006)。心室扩张速率和脑总组织的收缩率(萎缩)加速似乎与年龄的增长呈现线性关系。白质的体积,尤其在前额叶区域(Raz 等, 2005),则是遵循一个非线性纵向关系。它线性增加到成年早期,在中年达到高峰,而后则呈下降趋势。

整体的脑灰质和白质的萎缩,可以解释随着年龄增长而出现认知变化的大部分成年人的状况。例如,据推测,萎缩的大脑额叶的灰质和它的周围白质连接,可能是大脑老化表现中可观察的轻度记忆障碍的潜在神经病理学现象。这种大脑轻度受损最明显的表现是,对于要求高水平的注意力的任务执行行为上的迟缓反应,这种整体的"慢"行为是衰老的普遍解释(Salthouse, 1996),是由健康成年人大脑内的白质变化引起的(Gunning-Dixon 和 Raz, 2000)。

实际上,研究发现,在正常的老年人中,额叶萎缩是衰老的特征,这是一个重大的一致性发现(Haug 和 Eggers, 1991; Raz 等, 1998)。研究人员认为,额叶的生理变化可能会导致在抑制控制方面的轻微变化,以及在执行功能性能上的下降(即解决问题和决策)。除了一般的"执行功能的下降",与额叶相关联的另一种重要的认知结构——工作记忆,也被证明在正常衰老的成年人中下降。值得注意的是,工作记忆是减缓处理速度的重要环节(Gunning-Dixon 和 Raz, 2000)。

从更广泛和更简单的角度来看,认知功能可以概念化并分为两个方面:晶体智力,包括通过教育和实践的手段、经过反复学习所积累的熟练技能；流体智力，包括由生理成熟发展和变化的结果导致的非语言推理、处理任务和解决问题的能力。理论上，晶体智力，例如一般事实知识和词汇，在正规教育的最初几年大幅增加，然后在整个成年期逐渐稳定或改善。与此相反，理论上流体智力在整个童年都在提升，然后在成年逐渐下降，在老年由于神经元的损失迅速恶化，表现为大脑功能变化、疾病和损伤率增加。许多研究同时采用了横向和纵向的研究设计支持这样的结论，即随着年龄的增长，其语言能力相对稳定（即晶体），然而处理任务所要求的知觉速度、选择性注意、复杂问题的解决能力却在逐渐降低（即流体）（Tucker Drobb 和 Salthouse, 2008）。

10.1.2 与年龄相关的驾驶认知变化

在对老年驾驶人的临床研究中，最先考虑的是对具体诊断的缺陷识别［例如阿尔茨海默氏病（AD）］。然而，该诊断不能单独作为不适合驾驶的依据。当然，应监测患有神经退化疾病的驾驶人，因为他们的认知能力可能会改变或者下降至不能驾驶的水平。然而，正如对健康老年人的研究所证明的，安全驾驶所必需的认知能力在没有痴呆的老年人中也会被破坏。

对平均年龄为 76 岁的中度认知障碍的老年人进行分析（平均精神状态分值为 25，其范围为 14~30），在使用驾驶模拟器时，画钟测试的表现与驾驶错误总数高度相关（$r=0.68$）（Freund、Gravenstein、Ferris、Burke 和 Shaheen, 2005）。该研究假设，这可能是"由于执行功能是安全驾驶的重要组成部分，一旦执行功能存在障碍，人体自动化程序和几十年来日常生活所学到的技能并不能防止老年驾驶人犯错误"（第 243 页）。我们可以假设，更为完整的认知系统中，微妙变化与艰巨的驾驶认知任务有着更为显著的关系。

其他作者报告的数据表明了执行功能和驾驶之间的关系。Whelihan、DiCarlo 和 Paul（2005）对患有可疑痴呆和脑损伤的老年人的混合样本进行了研究，让他们完成一系列的神经心理测试任务。结果表明，只有迷宫导航测试成绩、完成连线测验的 B 部分的时间和视觉有效域（一项视觉注意力测试）的测量成绩与通过道路测试所得的驾驶能力相关。并且，这 3 个测量值共同解释了道路试验总复合变量的 46% 方差（Whelihan 等，2005）。Ott 等（2003）发现，迷宫的表现可以预测驾驶能力，这是一系列综合测试中唯一的一组与照顾者对阿尔茨海默病患者驾驶表现评级相关联的测试。最后，Daigneault、Joly 和 Frigon（2002）发现，有意外事故历史的老年人，在 4 项测验中表现出更多的执行功能受损：测验包括连线测验、威斯康星卡片分类、斯特鲁普色词测验和伦敦塔搭牌测试。

总的来说，这些研究结果表明，驾驶表现可能与正常认知状态发生的变化有关。特别是，认知功能通常被归类为"执行功能"。它始终是很重要的，其中就包括认知领域的一些问题，如信息处理速度、工作记忆、决策和视觉问题解决。虽然医学诊断老年人可能表现出这些领域的更明显的受损水平，但事实仍然是，当这些领域发生变化时，其驾驶能力似乎受到影响。

越来越多的证据支持，衰老和认知功能减退有关，这引起了是否强制进行基于年龄和违反道路交通安全法的评估的讨论。为了对这一点进一步探讨，Adler 和 Rottunda（2010）调查了老年人、执法人员和驾驶执照颁发机构对不同年龄的 AD 和帕金森病（PD）患者驾驶技能复查的态度、信念和偏好。调查结果强有力地支持了这一结论：所有的被试者认可对 AD

患者进行驾驶技能复查,仅有部分被试者认可对 PD 患者进行驾驶技能复查。也有部分被试支持对 90 多岁的老年驾驶人进行驾驶技能复查,支持 70 岁老年驾驶人进行驾驶技能复查的人数最少(Adler 和 Rottunda,2010)。

10.1.3 老年驾驶人的特点

相关文献对驾驶能力采用了多种方法定义,其中包括交通事故和路考(BTW)。基于人群的老年人驾驶研究通常使用交通事故数量作为代表驾驶表现的结果变量(Langford,2008)。除此之外,McGwin 和 Brown(1999)比较了 1996 年亚拉巴马州所有警方报告的交通事故中,年轻、中年和 55 岁以上驾驶人的交通事故特征。与年轻和中年驾驶人相比,老年驾驶人更有可能在十字路口发生交通事故,在转弯和变换车道时也容易发生意外。但与此相对的是,老年驾驶人在恶劣天气和高速行驶时却不容易发生意外。其他研究也报道了老年人类似的特性(Cooper,1990;Hakamies-Blomqvist,1993;Ryan、Legge 和 Rosman,1998)。

大量研究表明,老年人交通事故风险与注意力、记忆力、执行功能和处理速度测试中的认知测试表现之间存在显著关联(Ball、Owsley、Sloane、Roenker 和 Bruni,1993;Lafont、Laumon、Helmer、Dartigues 和 Fabrigoule,2008;Staplin、Gish 和 Wagner,2003;Stutts、Stewart 和 Martell,1998)。尽管有统计学意义,认知测试表现和交通事故风险之间的联系仅有轻微的临床意义。例如,Carr、Duchek 和 Morris(2000)比较了 63 名健康的老年人和 58 名临床诊断有 AD 的患者,发现一系列调查前 5 年的交通事故数在组间没有显著差异。也就是说,尽管各个领域的功能性容量受损严重到足以诊断为 AD,但如果只使用驾驶事故来判断,那么患有 AD 的成年人可能表现得和正常人一样。它的重点是,虽然认知测试中的表现和交通事故风险之间的统计联系可能只是一个偶然,但它在确定谁应该限制或放弃自己驾驶权的临床应用价值不大(Bedard、Weaver、Darzins 和 Porter,2008)。这可能是由于事故的罕见性造成的。事实上,这些意外事故的发生,其实是在多因素环境下事故异质性的集中体现(McGwin 和 Brown,1999)。需要对驾驶能力进行更敏感的测量,以区分明显有严重功能和认知障碍的老年人和健康人。

目前,BTW 驾驶评估是临床上驾驶能力的"黄金标准"。BTW 包括路线跟踪,或考官指导考生下一步如何进行驾驶操作,类似于大多数人接受驾驶证的"路考"。但是,当考虑其作为衡量措施的效用时,它就有些类似于"交通事故数量",BTW 不能检测表现微妙变化的驾驶敏感性。Kay、Bundy、Clemson 和 Jolly(2008)在调查 100 位 60~86 岁老年驾驶人在 BTW 标准的心理测量特性后,得出了这一结论。虽然总体的行驶错误和整体表现评级(例如通过/失败)是有效的驾驶安全性的可靠指标,但这些评分系统对于确定不同的驾驶水平,以及区分"安全"与"不安全"驾驶人不够敏感(Kay 等,2008)。相似的情况在患有老年痴呆症的老年人也有发现。Ott 等(2008)使用 BTW 对患有 AD 的驾驶人进行了一项为期 3 年的纵向研究。更严重的痴呆、年龄增长和更低的教育水平与随访中更高的 BTW 失败率相关。然而,只有 22% 的轻度 AD 患者随访时 BTW 失败。在被认为患有可疑痴呆症或轻度认知障碍的人群中,失败率甚至更低。

在实践层面,为了将研究的结果应用于临床,美国医学会(2010 年)编制了老年驾驶人评估和咨询医师指南。这些指南包括评估驾驶相关技能(ADReS)的具体测试建议,包括视觉测量(即视敏度和视野)和基本认知(路线 A 和 B 测试以及画钟测试)。

10.2 医疗问题和老年驾驶人

10.2.1 驾驶和痴呆症

毫无疑问,痴呆症的状况是老年驾驶人所面临的最棘手的问题。它除了影响认知和视觉运动能力外,还可能会影响日常活动,如驾驶。痴呆症剥夺了个人判断力和洞察力,他们难以正确评估自己下降的能力以及增加的风险。同时,许多痴呆症的情况是不断发展的,而且往往是隐性的,这使得对患者家庭和卫生保健专业人士的检测更加困难。

阿尔茨海默氏病(AD)是老年人的痴呆症最常见的原因,同时也是第 6 大死亡原因。女性比男性更容易患有 AD。据估计,71 岁或以上的人有 14% 受到它的影响。AD 是一种稳步渐进性疾病,其特征是各种认知功能的异常。根据定义,老年痴呆症的诊断需要客观地测量记忆和其他认知领域的障碍,它们对职业或社会功能会产生负面影响(American Psychiatric Association,2000)。其中普通的日常活动之一就包括驾驶机动车。

驾驶机动车的能力既包括痴呆症患者个人的安全,也包括保障其他道路使用者的安全。因此,医疗人员有必要确定痴呆症患者能否继续驾驶,或他们应该何时停止驾驶。回顾有关驾驶和痴呆症患者的调查可以看到,许多诊断出痴呆症的患者还在继续驾驶,同时也不愿意放弃驾驶(Friedland 等,1988;Gilley 等,1991)。2000 年,Dubinsky、Stein 和 Lyons 报告,患有 AD 的人群发生交通事故率增加了 8 倍,这意味着患有 AD 的驾驶人比其他驾驶人有更高的事故风险。同样值得注意的是,两个早期的回顾性研究发现,只有 50% 患有 AD 的驾驶人由于 AD 的发病,在 3 年内停止驾车(Drachman 和 Swearer,1993;Friedland 等,1988),患病后发生交通事故的风险大大增加。Tuokko、Tallman、Beattie、Cooper 和 Weir(1995)调查了 165 名有痴呆症的驾驶人的驾驶记录(保险索赔),发现他们的事故率比对照组约高 2.5 倍。相反,在一项使用国家记录的研究中,AD 患者和匹配的对照组之间的交通事故率和违规率并没有显著差异(Trobe、Waller、Cook-Flannagan、Teshima 和 Bieliauskas,1996)。然而,这项研究并没有控制行驶里程。AD 患者减少驾驶,可能是他们的事故率与对照组相近的原因。Carr 和他的同事们(2000)报告说,一个由 63 名临床痴呆等级为非常轻或轻度的驾驶人组成的样本(Hughes、Berg、Danziger、Coben 和 Martin,1982),相比于非痴呆、年纪更大的驾驶人,即使调整接触驾驶程度以后,前 5 年的失事率记录也无明显差异。Carr 等指出,痴呆症对驾驶人的驾驶技能只有轻度损伤,在之前的 5 年时间里,驾驶技能几乎没有明显的损害。

值得推荐的是,驾驶权利的限制应该基于驾驶能力受损程度的表现,而不是仅凭一份临床诊断,例如 AD。早在 1988 年,Drachman 和他的同事们认为,不应该因为驾驶人早期诊断 AD 的一点机能衰退而被剥夺驾驶权力。他们还指出,驾驶权的损失的可能性会导致很多轻度或潜在患有可治愈认知障碍疾病的人们放弃寻找可以继续驾驶的医疗帮助。O'Neill 等(1992)的研究结果表明,有相当大比例的患有 AD 的驾驶人评估中驾驶技能并没有退化,从而支持了单独的 AD 诊断不足以剥夺驾驶资格的观点。事实上,研究人员一直尝试定义 AD 的级数,以及疾病表现的特征,特别是在早期阶段。因此,不建议使用 AD 的诊断作为有关驾驶权决定的基础。

在2000年,美国神经病学学会出版了关于AD和驾驶的参数(Dubinsky等,2000)的书籍,书中提出了两点建议。首先,当患有AD的驾驶人的临床痴呆评定(CDR)为1.0或更高就不应该开车了,因为驾驶操作失误和事故率显著增加。其次,CDR为0.5的可能患有AD的驾驶人应考虑进行驾驶绩效评估。此外,因为病情可能会恶化,故建议每6个月对老年痴呆症的严重程度和适当的续驶时间进行重新评估。这个后续的建议引起了一项前瞻性的纵向研究。它评估58名健康对照者、21名轻微AD患者、29名轻度AD患者。在这项为期3年的研究中,参与者平均每6个月在标准的公路上进行一次测试。各组的存活曲线分析结果支持了每6个月对中度和轻度AD患者进行驾驶评估的建议(Duchek等,2003)。虽然有所帮助,但这些初步准则的后续应用前景有限,需要更多的纵向研究来更好地描述AD的发展及其对驾驶能力后续的影响能力。

2010年的参数更新,尝试为临床医生提供更具体的指导方针(Iverson等,2010)。方针定制者建议有老年痴呆症的个体应该:第一,考虑CDR量表等级;第二,考虑进行驾驶能力评级,来表明他们是合格还是不安全的;第三,考虑交通事故或交通罚单历史;第四,考虑减少行驶里程或自我报告中的回避情况;第五,考虑简易精神状态检查评分;第六,考虑将冲动的个性特征用于确定患者危险驾驶的风险。虽然信息丰富,但该研究排除了神经心理学测试的大部分工作,也没有支持或反驳认知测试的贡献——一个重要的限制就是最大限度地减少了这一人群中认知状态的相关性。

虽然这些研究有助于为临床医生提供一些指引,但实现这些参数存在一定的困难。例如,AD患者或其家人可能不接受医生停止驾驶的建议。因此,虽然医生有责任确定患者具有医学上的驾驶能力,但实际上因为缺乏标准有效的指引,做出这种驾驶能力的临床决定是很困难的。

10.2.2 其他痴呆症

其他不太常见的痴呆症包括帕金森病(PD)和亨廷顿氏病(HD)等疾病。人们对于这些疾病和驾驶能力之间的关系知之甚少。然而,由于一些共性原因(特别是在认知领域),目前已有人建议对它们使用类似于用于AD的策略来评估驾驶能力。

10.2.2.1 帕金森病(PD)

这种常见的疾病自古便有,1817年詹姆斯·帕金森首次对其进行了临床描述。这种疾病通常在40~70岁开始,发病高峰期在60岁,30岁前罕有发生,大多数情况下男性比例会稍高一点。它的核心症状是面无表情、手抖或自主移动缓慢、"间歇"的震颤、弯腰驼背的姿势、枢椎不稳、僵硬、步态急促。虽然与运动神经疾病的影响很相像,但其患者的认知能力会下降。患者不仅会经历运动机能丧失,最终还会承受逐渐丧失认知和情绪恶化的风险。认知障碍症状包括信息处理速度减慢、执行功能障碍、记忆丧失和相关的人格改变(Aarsland、Bronnick、Larsen、Tysnes和Alves,2009;Rodriguez-Oroz等,2009)。

Uc和其同事们的工作使我们对患有PD的人的驾驶能力有了更深的了解(Rizzo、Uc、Dawson、Anderson和Rodnitzky,2010)。2009年,Uc和其同事比较了PD驾驶人和年龄相近的对照组的表现。他们发现,总体而言,相比于对照组,PD驾驶人道路驾驶安全性较差;但也有不少不同的情况,一些 PD 驾驶人的驾驶表现很正常。熟悉的驾驶环境对 PD 驾驶人来说是一个可以缓和不安全的驾驶因素。视觉感知和认知障碍(注意力、视觉空间和视觉记忆)均与 PD 驾驶人的道路安全失误有关(Uc、Rizzo、Johnson,等,2009)。

另一项检查驾驶能力的研究表明:PD 驾驶人在路线跟踪任务中,比精神正常的驾驶人犯更多的错误。研究人员的结论是,PD 组驾驶人由于认知载荷增加而大脑储备有限,从而导致安全系数降低。PD 驾驶人的驾驶失误和安全性低与认知障碍和视功能障碍的联系,比与运动神经疾病程度更高(Uc 等,2006 年)。这组研究还采用了驾驶模拟的方法,以更好地划定所观察 PD 的驾驶错误。使用这种方法得出的结论是,在低对比度能见度条件下,PD 驾驶人控制车辆能力较差,并有更高的碰撞风险(Uc、Rizzo、Anderson 等,2009),而评估在听觉和言语分心条件下的驾驶表现,PD 组和对照组并没有显著差异。然而,PD 驾驶人在分心时有更多的驾驶错误(Uc 等,2006)。在各种研究中,驾驶表现的认知预测因素包括视觉处理速度和注意力、运动知觉、对比灵敏度、视觉空间结构、运动速度和日常生活活动评分。

10.2.2.2 亨廷顿氏病(HD)

这种疾病与多动症、老年痴呆症的区别是优势遗传。它由乔治·亨廷顿(1872 年)的名字命名。虽然相对罕见,但这也是大型医疗中心最常观察到的遗传性神经系统疾病。通常其发病年龄是 40~50 岁,但有 3%~5% 的患者在 15 岁前甚至在童年就开始了。在 28% 的病例中,症状在 50 岁后变得更加明显。中老年疾病患者进展缓慢。一旦开始,这种疾病无法治愈。

与 HD 相关的个性和精神变化,在认知功能明显恶化之前的很长时间里,就以一些微妙的形式表现了出来。在大约一半的病例中,性格的改变是最先出现的症状。患者开始对一切吹毛求疵;他们可能变得多疑、易怒、冲动、古怪、凌乱或过度相信宗教,或者他们可能会表现出一种虚假的优越感。自控能力差可能反映在爆发的脾气上,也有沮丧、酗酒或性滥交。情绪波动,特别是抑郁症,是最常见也可能是疾病早期最突出的症状。

最终,由于其他认知功能恶化,病人不愿沟通同时变得更孤僻。工作能力下降,无法履行家庭职责、睡眠易受干扰、维持注意力困难、注意力不集中、难以学习新知识、思维固化明显、精细的手工技能也会渐渐消失。因为记忆表现受益于帮助信息提取的线索,HD 被描述为"皮层下痴呆"。随后通常会出现运动功能恶化和舞蹈症(不断做出各种各样快速、高度复杂的、生涩的动作,看似协调但其实不自主)。

到目前为止,只有一项研究凭经验评估了神经与 HD 认知功能障碍对于驾驶汽车的影响(Rebok、Bylsma、Keyl、Brandt 和 Folstein,1995)。这些研究人员发现,HD 患者在驾驶模拟器任务中的表现明显比对照组差,他们更可能在过去 2 年发生交通事故(58% 的 HD 患者与 11% 的对照组)。发生交通事故的患者功能受损较小,但他们的简单反应速度比那些没有发生交通事故的较慢。虽然需要更多的研究,但到目前为止,有一个假设是,随着这种晚期疾病的发展,这些患者最终会停止驾驶。

值得注意的是,尽管这是一个已知认知障碍的渐进性疾病,但缺乏其他检查该人群驾驶表现的系统研究。特别是在这一人群中,注意力分散、执行功能和安全意识困难已被确定为驾驶困难的潜在认知影响因素。与其他痴呆症的情况一样,没有统一的国家法律约束HD 患者驾驶,但一些支持者组织直接就这一话题进行演说,并提供修改驾驶行为的建议。

(参见 http://hopes.stanford.edu/n3547/managing-hd/lifestyle-and-hd/driving-and huntingtonsdisease。)

10.2.3 脑血管意外或脑卒中

脑血管意外或脑卒中是美国人口死亡的第 3 大原因。根据定义，脑卒中由通向大脑的血管堵塞或出血引起。由此导致大脑缺氧，这种缺氧导致的损害会表现为个体的各种身体表现、认知和行为缺陷。常见的困难可以包括侧肢瘫痪或上肢和下肢瘫痪、说话困难、视觉感知与视觉空间感受的困难和认知的改变(例如记忆和注意力)。毫无疑问，这些缺陷会对个人的日常生活活动和整体生活质量产生重大影响。

鉴于美国对个人交通的高度重视，许多人在经历脑卒中后寻求恢复驾驶就不足为奇了。事实上，据估计，大约有 30%~50%脑卒中幸存者恢复了驾驶(Fisk、Owsley 和 Mennemeier，2002；Fisk、Owsley 和 Pulley，1997；Korpelainen Heikkila、Turkka、Kallanranta 和 Summala，1999)。然而，同样有报道说，许多脑卒中幸存者在重返道路之前，没有经过任何正式的驾驶能力评估或收到驾驶建议。因此，确定脑卒中是否会导致的各种感觉运动障碍和认知障碍从而影响个人在道路上的表现仍然是一个挑战。到目前为止，虽然没有一个单一的测量方法可以用来准确地计算一个人的驾驶能力，但是我们已经了解了很多关于脑卒中后驾驶的知识。

文献记载表明，脑卒中的不同病因可以造成不同显著程度的严重性。因此，脑卒中是造成残疾的主要原因，每年大约有 50 万人受到它的影响。尽管报道称，老年人的发病率最高；但调查也显示，越来越多的年轻人可能会患脑卒中(Bjorkdahl 和 Sunnerhagen，2007)。鉴于这一事实，毫不奇怪，脑卒中幸存者(年轻人和老年人)发现停止驾驶会干扰与独立生活相关的活动(如工作)，并认为脑卒中后恢复驾驶是他们康复的重要一步。支持这一发现的长期证据首先来自一些研究，这些研究表明，没有恢复驾驶的脑卒中幸存者参与较少的社会活动，更有可能抑郁(Legh-Smith、Wade 和 Hewer，1986)。此外，一项关注轻度脑卒中后恢复驾驶的研究发现，50%的人在经历脑卒中后的第一个月内恢复了驾驶(Lee、Tracy、Bohannon 和 Ahlquist，2003)，这也进一步凸显早期评估的必要性。事实上，在脑卒中后，准确地评价驾驶安全水平对于安全的驾驶人维持他们的独立交通方式，以及防止不安全的驾驶人威胁自身和他人是很重要的。

对在脑卒中前就进行驾驶活动的人的几项研究表明，他们中的 30%~59%在脑卒中后恢复了驾驶(Fisk 等，1997；Heikkila 等，1999)。在这些恢复驾驶的人中，大约有 1/3 的人报告为高频率驾驶，即他们驾驶 6d 或 7d/周或 100~200mile(160~320km)/周(Fisk 等，1997)。然而，其他研究结果表明，与非脑卒中人群相比，脑卒中幸存者开车频率仍然是较低的(Fisk 等，2002)。具体来说，尽管从每周的日常开车的差异中看不出来，但是未脑卒中的驾驶人开车去更多的地方、更多地去旅行，并且开更多的里程(Fisk 等，2002)。曾患有脑卒中的驾驶人也承认，他们在不同的驾驶情况下遇到了困难，例如左转弯、在州际公路上驾驶以及在车辆拥挤的地方驾驶。尽管如此，在自我报告中，脑卒中驾驶人和未脑卒中驾驶人在发生交通事故和正常情况下的表现，没有多大差别(Fisk 等，2002)。总的来说，脑卒中驾驶人似乎能够自我约束他们的驾驶行为和频率。

10.2.3.1 右脑与左脑

脑卒中研究的常见领域之一是评估脑卒中对两个大脑半球造成伤害的差异。有些研究已经检查了损伤的位置和脑损伤的程度,以更好地确定由此产生的损伤对驾驶表现的影响。右半球颞顶叶皮层损伤往往导致了人们空间和知觉能力的损伤,以及注意力和视觉技能缺陷,比如视觉忽视。从生理上来说,大脑右半球皮质受损往往导致身体左边麻痹,称为左侧半身不遂。相反,大脑左半球皮质受损往往导致语言和言语困难和麻痹身体右侧,称为右侧半身不遂。更多的大脑总体认知缺陷,例如记忆力和注意力的变化,不能被准确地定义为在某一半球的缺陷。关于驾驶困难,一些研究表明,右半脑脑卒中患者的个人驾驶表现较差(Fisk 等,2002;Korner-Bitensky 等,2000;Quigley 和 DeLisa,1983)。这些研究人员指出了视觉影响和知觉缺陷对驾驶能力带来的影响。

虽然身体损伤会影响运动反应时间,这对驾驶(如制动)以及安全操纵问题(如转向)是至关重要的。很多情况下,合适的驾驶设备可以用来减少身体损伤带来的影响。例如,转向盘上可以附加一个自适应的旋转把手,以确保只用一只手就可以控制转向;或者在无法用右脚来踩下加速踏板或者制动踏板时,可以用左脚踩下加速踏板或者制动踏板。事实上,Smith-Arena、Edelstein 和 Rabadi(2006)发现,在具有较高运动指数评分的急性康复环境和完好无损的视野条件下,脑卒中患者更有可能通过相关机构对于驾驶能力的评估测试。研究人员得出结论,医生可以对具有轻度身体缺陷、轻度认知障碍和视觉领域缺失的轻度脑卒中康复患者是否适合驾驶进行可靠的评估。总之,尽管脑卒中导致的身体缺陷会影响驾驶表现,但认知和视觉障碍对恢复驾驶带来了更大的挑战。

10.2.3.2 认知和感知

脑卒中产生的多种认知困难可以影响个人恢复驾驶能力,其影响包括信息处理速度变慢、空间视觉和知觉的缺失、注意力不集中、推理困难。因此,脑卒中后的认知和驾驶关系得到了广泛的研究,主要目的是更好地确定它们之间的关系,以及明确潜在的驾驶表现认知预测因子。迄今为止,研究尚未定义一种可以预测驾驶表现的特定认知障碍模式,但这些研究的结果已经确定了与驾驶相关的特定认知领域,并且产生了一些新的计算机化和非计算机化驾驶评估任务,旨在评估脑卒中后所产生的驾驶认知领域。

早期脑卒中和认知领域损害带来的普遍的问题之一是识别与驾驶相关的感知能力(Quigley 和 DeLisa,1983;Sivak、Olson、Kewman、Won 和 Henson,1981)。早期的对左右半球脑卒中的幸存者的感知/认知能力研究表明,脑卒中后重新驾驶时,右半球脑卒中的人表现出最严重的知觉困难。在那些恢复驾驶的人中,在一年后有一半自我感觉驾驶困难(如涉及事故时),感知评估程序的预测有效性对于所有样本大约在 80%(Simms,1985)。

另一项研究采用因子分析方法,通过对 72 名连续转诊的脑卒中患者进行综合神经心理学测试,更好地定义知觉/认知结构在驾驶中的影响(Sundet、Goffeng 和 Hofft,1995)。这套测验因素分析为 4 个有效的主成分:视觉感知、空间注意、视觉空间处理和语言/实践。研究人员称,右半球脑卒中比左半球脑卒中带来更大的视觉忽视,但是他们在许多脑卒中后被拒绝驾驶的人中没有发现总体组内区别。他们得出结论,只有偏侧盲视、忽视程度、心理反应的速度以及情绪障碍(如否认疾病)才是对脑卒中驾驶人能否继续驾驶最有力的评估主题(Sundet 等,1995)。

Mazer、Korner-Bitensky 和 Sofer 检查了知觉检测对于预测脑卒中后的驾驶表现的效果。驾驶表现可被量化为道路驾驶评估的通过或失败结果,这个评估由职业治疗人员进行,并且基于观察到的驾驶行为。他们的研究结果表明,视觉感知技能测试[无运动视觉感知测试(MVPT)]最能预测道路表现(阳性预测值为 86.1%;阴性预测值为 58.3%),并且 MVPT 和任务转换的测量(试车测试部分 B)的组合代表了用于预测实车驾驶表现的最具预测性和最节省的模型。

其他的研究人员称,神经心理学评估包括测试动态认知处理和复杂的速度测试,可能对评估脑卒中后驾驶技能有用。例如,Lundqvist、Gerdle 和 Ronnberg(2000)研究发现,复杂反应时间、斯特鲁普色词测验和单词测试、听力广度任务和 K 测试的计算机化管理与驾驶技能具有显著关系,都被认为在模拟和实车驾驶性能上有预测价值的测试。相似地,另外一些研究者发现,尽管 MVPT 被确信为一个道路事故评估的强有力的预测方式,它的预测效度还不能保证其成为在决定这些驾驶是否符合道路评估唯一的筛查工具(Korner-Bitensky 等,2000)。

当确定脑卒中后驾驶能力的挑战被人所接收后,它的许多设置依赖临床医生团队评估个人能力的多个方面是很正常的(例如医疗和认知)。一项回顾性研究试图更好地确定团队对驾驶能力决策的影响因素,研究了 104 名首次脑卒中的患者(Akinwuntan 等,2002),他们采用一个综合的驾驶前评估和一个实车测试。驾驶前评估包括由具体措施(单眼视觉、双眼视觉、立体视觉和动态视觉)和一个神经心理学评估共同组成的 8 个不同测试构成:雷伊复杂图形测试、UFOV、注意力分散、灵活性、视觉扫描、不协调、视野和忽视(Akinwuntan 等,2002)。在使用 logistics 回归分析后,这些研究人员发现,一个结合视觉缺陷、雷伊复杂图形测试和行车测试的模型是团队评估结果的预测因子(Akinwuntan 等,2006)。在这个模型中,道路测试是最重要的预测指标。由敏感程度和雷伊复杂图形组成的测验,是实车驾驶表现的最好检测组合(Akinwuntan 等,2002)。在后续的前瞻性研究中,研究人员发现,视觉忽视、雷伊复杂图测试和实车测试的组合是最佳的适合驾驶预测指标(由临床医生评级定义,Akinwuntan 等,2006)。这项简短研究的准确性在另一项研究中得到证明,这三项测试有着 86%的预测精度,两项研究的敏感性(72%)和具体性(92%)都具有很高的预测价值(Akinwuntan 等,2007)。总之,这些研究清楚地表明,确定脑卒中后是否可以恢复驾驶不能局限于单一的认知领域。

10.2.3.3　衰老和脑卒中

除了应对脑卒中出现的缺陷,许多老年人也必须应对在逐渐衰老过程中出现的认知和常见的身体状态的改变。比如身体活动能力下降、视力变化和认知变化(如记忆问题)。老年人也有其他神经系统疾病的风险,他们或许会有额外的脑卒中危险、其他的心血管疾病或者受伤的风险。

10.3　老年驾驶人的其他注意事项

老年人驾驶能力的外部挑战是多重用药或使用多种类型药物的问题。这并不奇怪,随着个体年龄的增长,多种类型医学问题的风险会更高,包括多病因性(如糖尿病)、心脏性

(如心脏病和脑卒中)或情绪性问题(如抑郁)。这些疾病治疗往往同时存在,导致个人同时服用多种药物。随后,老年人处于同时服用多种药物风险中,这可能会导致严重的药物相互作用。

10.3.1 情感障碍和自我意识

无法驾驶的个体可能会更加孤单,这可能会导致抑郁症(Martoll 等,2000)。除了脑卒中后可能影响生活的身体条件外,一个人的工作和生活也受到考验和压力。许多患有脑卒中的人不能像他们残疾前那样重返工作岗位。残疾不仅影响受害者,也会影响其亲密的小圈子。例如,在基本的日常活动中,如吃饭、个人卫生和穿衣,对配偶/家庭成员/密友的依赖更大。

众所周知的是,脑卒中患者可能在识别自己的认知或精神运动障碍方面存在问题,并且他们对安全驾驶至关重要的功能受到严重损害。特别是,损害了非优势半球往往会导致失眠症和忽视综合征,由此,他们的意识水平变得更低。Heikkila 等(1999)发现,与神经学家和心理学家的评估相比,患者和他们的配偶都表现出明显的高估驾驶能力的倾向。

10.3.2 教育(针对患者和临床医生)

据报道,即使在最早的 Quigley 和 DeLisa(1983)的研究中,康复治疗小组的工作内容是向医生提供机动车管理部门相关的政策和限制信息。但 Kelly、Warke 和 Steele(1999)通过调查患者和医生对患者的驾驶医疗限制发现,对他们进行教育可能是很困难的。除了患者不知道他们是否应该根据自身医疗状况决定是否驾驶的情况外,Kelly 等发现,医生对现行的政策知识和当病人没有资格驾驶时应采取的措施方面掌控得很少。同时,医务人员似乎无法提供这种指导。为了提高医生对驾驶医疗限制的认识,应在他们的本科和研究生课程中,增加病人护理的课程设置(Kelly 等,1999)。

随着提高老年人驾驶安全的需求不断增加,开始出现了对各种驾驶行为和驾驶政策知识培训的策略。在 2007 年,Tuokko、McGee、Gabriel 和 Rhodes 公开了他们调查的 86 位自愿参加驾驶人培养计划的老年人对风险的看法、信念和态度,以及对变化的开放程度。该作者说,大多数参加这些计划的人并不一定关注自己的驾驶、安全或能力,但他们有意保持机动性。他们在交通法规和安全驾驶习惯上保持得相当一致。但与女性相比,更多的男性拒绝改变他们的驾驶习惯,并且更多的男性报告他们有酒后驾驶的行为。更多的女性为家庭而决定停止驾驶。这表明,教育内容可能需要针对男性和女性不同的特点,以及有关的驾驶心理因素,如驾驶感知、信念和开放性的态度,最大限度地提高驾驶与教育之间的契合度,这将是一个很有益的项目(Tuokko 等,2007)。

10.4 小结

本章介绍了当前关于老年驾驶人神经损伤和非神经损伤的文献。重点提供了老年驾驶人的常规临床诊断信息(如老年痴呆症和脑卒中)。尽管在这方面的研究已经有了很多成就,但还有很多工作要做。特别是,随着新技术(例如,脑功能成像)提供更深入地洞察神经解剖学的衰老和神经系统的视角,我们将能更好地理解老年驾驶人行为和大脑变化之间的关系。随着老年人数量的增长(及预期的持续增长),很明显,我们需要储备更多的知识。

驾驶能力往往是自主性的代名词,在快节奏的社会生活中,老年驾驶人可能会继续高度依赖汽车,以保持自己在社区的独立性。临床与驾驶专家所面临的挑战是,如何在个人的自主权和安全性之间达到平衡(包括对自己和其他人)。鉴于已知的神经损害导致的驾驶后果,摆在我们面前的挑战是识别和完善准确地提出驾驶建议的最佳方法。这样做,可以保证道路和老年驾驶人的安全。

本章参考文献

AARSLAND D, BRONNICK K, LARSEN J P, et al, 2009. Cognitive impairment in incident, untreated Parkinson disease: The Norwegian Park West study [J]. Neurology, 72: 1121-1126.

ADLER G, ROTTUNDA S J, 2010. Mandatory testing of drivers on the basis of age and degenerative diseases: Stakeholder opinions [J]. Journal of Aging and Social Policy, 22: 304-319.

AKINWUNTAN A E, DEVOS H, FEYS H, et al, 2007. Confirmation of the accuracy of a short battery to predict fitness-to-drive of stroke survivors without severe deficits [J]. Journal of Rehabilitation Medicine, 39: 698-702.

AKINWUNTAN A E, FEYS H, DE WEERDT W, et al, 2006. Prediction of driving after stroke: A prospective study [J]. Neurorehabilitation Neural Repair, 20: 417-423.

AKINWUNTAN A E, FEYS H, DE WEERDT W, et al, 2002. Determinants of driving after stroke [J]. Archives of Physical Medicine and Rehabilitation, 83: 334-341.

American Medical Association, 2010. Physician's guide to assessing and counseling older drivers [M]. Chicago: American Medical Association.

American Psychiatric Association, 2000. Diagnostic and statistical manual of mental disorders (4th ed.) [M]. Washington, DC: American Psychiatric Association.

BALL K, OWSLEY C, SLOANE M E, et al, 1993. Visual attention problems as a predictor of vehicle crashes in older drivers [J]. Investigative Ophthalmology & Visual Science, 34: 3110-3123.

BEDARD M, WEAVER B, DARZINS P, et al, 2008. Predicting driving performance in older adults: We are not there yet! [J]. Traffic Injury Prevention, 9: 336-341.

BJORKDAHL A, SUNNERHAGEN K S, 2007. Process skill rather than motor skill seems to be a predictor of costs for rehabilitation after a stroke in working age: A longitudinal study with a 1 year follow up post discharge [J]. Biomed Central Health Services Research, 7: 209.

CABEZA R, NYBERG L, PARK D, 2005. Cognitive neuroscience of aging: Linking cognitive and cerebral aging [M]. New York: Oxford University Press.

CARR D B, DUCHEK J, MORRIS J C, 2000. Characteristics of motor vehicle crashes of drivers with dementia of the Alzheimer type [J]. Journal of the American Geriatric Society, 48: 18-22.

COOPER P J, 1990. Differences in accident characteristics among elderly drivers and between elderly and middle-aged drivers [J]. Accident Analysis and Prevention, 22: 499-508.

DAIGNEAULT G, JOLY P, FRIGON J, 2002. Executive functions in the evaluation of accident risk of older drivers [J]. Journal of Clinical and Experimental Neuropsychology, 24: 221-238.

DRACHMAN D A, SWEARER J M, 1993. Driving and Alzheimer's disease: The risk of crashes [J]. Neurology, 43: 2448-2456.

DUBINSKY R M, STEIN A C, LYONS K, 2000. Practice parameter: Risk of driving and Alzheimer's disease (an evidence-based review): Report of the quality standards subcommittee of the American Academy of Neurology [J]. Neurology, 54: 2205-2211.

DUCHEK J M, CARR D B, HUNT L, et al, 2003. Longitudinal driving performance in early-stage dementia of the Alzheimer type [J]. Journal of the American Geriatric Society, 51: 1342-1347.

FISK G D, OWSLEY C, MENNEMEIER M, 2002. Vision, attention, and self-reported driving behaviors in community-dwelling stroke survivors [J]. Archives of Physical Medicine and Rehabilitation, 83: 469-477.

FISK G D, OWSLEY C, PULLEY L V, 1997. Driving after stroke: Driving exposure, advice, and evaluations [J]. Archives of Physical Medicine and Rehabilitation, 78: 1338-1345.

FREUND B, GRAVENSTEIN S, FERRIS R, et al, 2005. Drawing clocks and driving cars [J]. Journal of General Internal Medicine, 20: 240-244.

FRIEDLAND R P, KOSS E, KUMAR A, et al, 1988. Motor vehicle crashes in dementia of the Alzheimer type [J]. Annals of Neurology, 24: 782-786.

GILLEY D W, WILSON R S, BENNETT D A, et al, 1991. Cessation of driving and unsafe motor vehicle operation by dementia patients [J]. Archives of Internal Medicine, 151: 941-946.

GRADY C L, 2008. Cognitive neuroscience of aging [J]. Annals of the New York Academy of Sciences, 1124: 127-144.

GUNNING-DIXON F M, RAZ N, 2000. The cognitive correlates of white matter abnormalities in normal aging: A quantitative review [J]. Neuropsychology, 14: 224-232.

HAKAMIES-BLOMQVIST L E, 1993. Fatal accidents of older drivers [J]. Accident Analysis and Prevention, 25: 19-27.

HAUG H, EGGERS R, 1991. Morphometry of the human cortex cerebri and corpus striatum during aging [J]. Neurobiology of Aging, 12: 336-338.

HEIKKILA V M, KORPELAINEN J, TURKKA J, et al, 1999. Clinical evaluation of the driving ability in stroke patients [J]. Acta Neurologica Scandinavia, 99: 349-355.

HUGHES C P, BERG L, DANZIGER W L, et al, 1982. A new clinical Scale for the staging of dementia [J]. British Journal of Psychiatry, 140: 566-572.

IVERSON D J, GRONSETH G S, REGER M A, et al, 2010. Practice parameter update: Evaluation and management of driving risk in dementia [J]. Neurology, 74:1316-1324.

KAY L, BUNDY A, CLEMSON L, 2008. Validity and reliabilityof the on-road driving assessment with senior drivers [J]. Accident Analysis and Prevention, 40:751-759.

KELLY R, WARKE T, STEELE I, 1999. Medical restrictions to driving: The awareness of patients and doctors [J]. Postgraduate Medical Journal, 75:537-539.

KORNER-BITENSKY N A, MAZER B L, SOFER S, et al,2000. Visual testing for readiness to drive after stroke: A multicenter study [J]. Archives of Physical Medicine and Rehabilitation, 79:253-259.

LAFONT S, LAUMON B, HELMER C, et al, 2008. Driving cessation and self-reported car crashes in older drivers: The impact of cognitive impairment and dementia in a population-based study [J]. Journal of Geriatric Psychiatry and Neurology, 21:171-182.

LANGFORD J,2008. Usefulness of off-road screening tests to licensing authorities when assessing older driver fitness to drive [J]. Traffic Injury and Prevention, 9:328-335.

LEE N, TRACY J, BOHANNON R W,2003. Driving resumption and its predictors after stroke [J]. Connecticut Medicine, 67:387-391.

LEGH-SMITH J, WADE D T, HEWER R L, 1986. Driving after a stroke [J]. Journal of the Royal Society of Medicine, 79:200-203.

LUNDQVIST A, GERDLE B, RONNBERG J,2000. Neuropsychological aspects of driving after a strokedin the simulator and on the road [J]. Applied Cognitive Psychology, 14(2):135-150.

MARTOLLI R A, DE LEON C F M, GLASSTA W C S, 2000. Consequences of driving cessation: Decreased out-of-home activity levels [J]. Journals of Gerontology Series B: Psychological Sciences and Social Sciences, 55:S334-S340.

MAZER B L, KORNER-BITENSKY N A, SOFER S,1998. Predicting ability to drive after stroke [J]. Archives of Physical Medicine and Rehabilitation, 79:743-750.

MCGWIN G Jr, BROWN D, 1999. Characteristics of traffic crashes among young, middle-aged, and older drivers [J]. Accident Analysis and Prevention, 31:181-198.

O'NEILL D, NEUBAUER K, BOYLE M,et al, 1992. Dementia and driving [J]. Journal of the Royal Society of Medicine, 85:199-202.

OTT B R, HEINDEL W C, PAPANDONATOS G D, et al,2008. A longitudinal Study of drivers with Alzheimer's disease [J]. Neurology, 70:1171-1178.

OTT B R, HEINDEL W C, WHELIHAN W M, et al,2003. Maze test performance and reported driving ability in early dementia [J]. Journal of Geriatric Psychiatry and Neurology, 16: 151-155.

QUIGLEY F L, DELISA J A,1983. Assessing the driving potential of cerebral vascular accident patients [J]. American Journal of Occupational Therapy, 37:474-478.

RAZ N,GUNNING-DIXON F M, HEAD D, et al, 1998. Neuroanatomical correlates of cognitive aging: Evidence fromstructural magnetic resonance imaging [J]. Neuropsychology, 12:

95-114.

RAZ N, LINDENBERGER U, RODRIGUE K M, et al, 2005. Regional brain changes in aging healthy adults: General trends, individual differences and modifiers [J]. Cerebral Cortex, 15: 1676-1689.

RAZ N, RODRIGUE K M, 2006. Differential aging of the brain: Patterns, cognitive correlates and modifiers [J]. Neuroscience and Biobehavioral Reviews, 30: 730-748.

REBOK G W, BYLSMA F W, KEYL P M, et, al, 1995. Automobile driving in Huntington's disease [J]. Movement Disorders, 10: 778-787.

RIZZO M, UC E Y, DAWSON J, et al, 2010. Driving difficulties in Parkinson's disease [J]. Movement Disorders, 25(Suppl. 1): S136-S140.

RODRIGUEZ-OROZ M C, JAHANSHAHI M, KRACK P, et al, 2009. Initial clinical manifestations of Parkinson's disease: Features and pathophysiological mechanisms [J]. Lancet Neurology, 8: 1128-139.

RYANGA L, ROSMAN D, 1998. Age related changes in drivers' crashriskandcrash type [J]. AccidentAnalysisand Prevention, 30: 379-387.

SALTHOUSE T A, 1996. The processing-speed theory of adult age differences in cognition [J]. Psychological Review, 103: 403-428.

SIMMS B, 1985. The assessment of the disabled for driving: A preliminary report [J]. International Rehabilitation Medicine, 7: 187-192.

SIVAK M, OLSON P L, KEWMAN D G, et al, 1981. Driving and perceptual/cognitive skills: Behavioral consequences of brain damage [J]. Archives of Physical Medicine and Rehabilitation, 62: 476-483.

SMITH-ARENA L, EDELSTEIN L, RABADI M H, 2006. Predictors of a successful driver evaluation in stroke patients after discharge based on an acute rehabilitation hospital evaluation [J]. Archives of Physical Medicine and Rehabilitation, 85: 44-52.

STAPLIN L, GISH K W, WAGNER E K, 2003. Mary PODS revisited: Updated crash analysis and implications for screening program implementation [J]. Journal of Safety Research, 34: 389-397.

STUTTS J C, STEWART J R, MARTELL C, 1998. Cognitive test performance and crash risk in an older driver population [J]. Accident Analysis and Prevention, 30: 337-346.

SUNDET K, GOFFENG L, HOFFT E, 1995. To drive or not to drive: Neuropsychological assessment for driver's License among stroke patients [J]. Scandinavian Journal of Psychology, 36: 47-58.

TROBE J D, WALLER P F, COOK-FLANNAGAN C A, et al, 1996. Crashes and violations among drivers with Alzheimer disease [J]. Archives of Neurology, 53: 411-416.

TUCKER-DROBB E M, SALTHOUSE T, 2008. Adult age trends in the relations among cognitive abilities [J]. Psychology of Aging, 23(2): 453-460.

TUOKKO H, TALLMAN K, BEATTIE B L, et al, 1995. An examination of driving records in a dementia clinic [J]. Journal of Gerontology Series B: Psychological Sciences and Social Sciences, 50:S173-S181.

TUOKKO H A, MCGEE P, GABRIEL G, 2007. Perception, attitudes and beliefs, and openness to change: Implications for older driver education [J]. Accident Analysis and Prevention, 39: 812-817.

UC E Y, RIZZO M, ANDERSON S W, et al, 2009. Driving under low-contrast visibility conditions in Parkinson disease [J]. Neurology, 73:1103-1110.

UC E Y, RIZZO M, ANDERSON S W, et al, 2006. Driving with distraction in Parkinson disease [J]. Neurology, 67:1774-1780.

UC E Y, RIZZO M, JOHNSON A M, et al, 2009. Road safety in drivers with Parkinson disease [J]. Neurology, 73:2112-2119.

WHELIHAN W M, DICARLO M A, PAUL R H, 2005. The relationship of neuropsychological functioning to driving competence in older persons with early cognitive decline [J]. Archives of Clinical Neuropsychology, 20:217-228.

第11章 驾驶视觉注意——驾驶研究中的眼动测量

戴维·克鲁德尔(David Crundall)和杰弗里·安德伍德(Geoffrey Underwood)
英国,诺丁汉,诺丁汉大学(University of Nottingham, Nottingham, UK)

11.1 引言

Van Gompel、Fischer、Murray 和 Hill(2007)介绍了他们有关眼动想法的书,该书从历史角度认为,眼睛提供了显示内心和大脑内部运作的方式的途径。他们引述 De Laurens(1956)的话,眼睛是"心灵的窗户"(第3页),这代表我们有机会从眼睛所看到的东西上,间接观察大脑的运作。在视觉世界中,眼睛的位置和随后大脑对信息的处理之间的这种联系表明,Just 和 Carpenter(1980)关于眼-心关系的假设是正确的,即眼睛会一直注视着某物体,直到大脑处理完有关这个物体的全部信息。这一点可以附加各种相关的假设,比如大脑不会处理眼睛不注意的信息,当眼睛注意到某物时,大脑便会对这个特别的物体进行加工。如果这些假设成立,对心理学家监测个体参与各种任务的眼动,包括驾驶,特别是依赖于视觉信息处理的任务是很有价值的。

不幸的是,这并不是一件很简单的事。许多研究介绍了读者眼睛中央凹周围具有处理文字的能力,也就是说,处理文字时我们并不需要一直看着它们(Underwood 和 Everatt, 1992)。与之相反的是,有证据显示,当直接盯着一个场景中的某个目标或区域时,并不能保证观察者将处理这些信息。有关变化盲视的研究表明,观察者可能不会注意一个视觉场景内的某个物体的变化,尽管当场景变化时他们正盯着目标在看(Caplovitz、Fendrich 和 Hughes, 2008)。事实上,当阅读一本书而思绪处于游荡状态时,尽管个体并没有真正加工该句子的意思,但他们仍能感觉到在读的每一个句子。驾驶人有时候称自己在行驶过程中没有意识到一些熟悉的场景,他们成功地将其忽略了。不管那些对眼-心假设的强烈驳斥,在眼睛看着的物体和大脑所想的东西间存在的联系依旧是很确定的。尽管 Underwood 和 Everatt(1992)发表了有关眼-心假设的几个疑问,他们声称在这些特殊的案例中,该假设会不成立,但一般而言,如果有人在看某物,那么他或她会处理这些信息,这是一个肯定的、有用的假设。有关眼动轨迹的现代综述(Van Gompel 等, 2007)表明,这种方法的出现能够帮助我们更好地理解人们如何处理和参与不同的任务和情境。

我们相信,眼动轨迹法非常适用于驾驶任务。驾驶人主要利用视觉信息(Sivak, 1996)以及大量的具体驾驶行为。从导航到对危险事件的预期,都是主要依赖眼球运动对注意进行最佳分配的结果。有关道路冲突数据的一些经典研究证明,知觉问题是导致交通事故的主要原因(Lestina 和 Miller, 1994; Sabey 和 Staughton, 1975; Treat 等, 1979),在真正的事故出现之前,驾驶人在车内观察的行为支持了分心和注意力不集中的因果作用(Klauer、Dingus、

Neale、Sudweeks 和 Ramsey，2006）。一些有关驾驶研究的综述已经达成了一致的结论：无论何时何地，驾驶人的视线对其安全是至关重要的（Lee，2008；Underwood，2007），为了降低道路上的死亡率和受伤率，我们需要记录和解释这些眼动轨迹（Shinar，2008）。在过去 40 年里，有关眼动的记录和解释在驾驶研究中是很有价值的，我们在本章中也回顾了很多这方面的研究。随着驾驶模拟器技术的发展，我们能够在一个接近自然且维持高度实验控制的环境下进行实验，眼动方法在未来的研究中将会变得更为重要。考虑到驾驶人已经和即将眼动记录的显示，我们认为提供一个关于以前研究中涉及方法的综述，以及讨论它们是怎样被用到不同假设中是很重要的。本章没有涉及一种眼动仪比另一种眼动仪好的论述（有关眼动仪方法的综述见 Duchowski 于 2007 年发布的论），只是记录了相关研究的方法。

重要的是，眼动由两个主要的部分组成：注视和瞥视。注视是相对稳定的一个时期，在这段时间中，眼睛会盯住视野中某个物体，注视大多反映了大脑正在处理被盯事物的信息。瞥视是快速的，它将注视点分开，可以使眼睛的注视点从一个兴趣点转移到另一个兴趣点，在这些快速的运动过程中，没有接收任何视觉信息。虽然我们可以减少对于这两个组成部分的眼动，但也有许多例外和不同的方法来捕获、结合和分析这些过程。本章对这些方法提供一个概述，也回顾了在有关驾驶任务的探究中使用这些方法的一些研究。我们从最浅显的方法开始，评估驾驶人是否真的看到了道路场景中一些能够防止交通事故的信息。

11.2　驾驶人是否会看重要的信息

Lee（2008）回顾了近 50 年的研究并得出结论：交通事故的发生是因为驾驶人"不能在正确的时间看见正确的东西"（第 525 页）。我们首先考虑应该如何衡量驾驶人是否"看了正确的事情"，然后再考虑如何衡量他们是否"在正确的时间"看了"正确的事物"。

关于一个人是否在一个场景中看了应该看的东西，最简单的构想是眼动仪器所记录的眼睛坐标与物体空间坐标是否重合。静态图像的眼动可以被自动测量，它涉及的眼睛位置坐标和物体精确坐标，可以被很容易地定义。许多眼动轨迹分析软件允许在特定的图片中生成兴趣区（AOIs），这也可以自动计算个人何时观察特定的对象。兴趣区是视觉图像的区域，由观察平面上的二维（2-D）坐标定义，因此软件可以识别进入兴趣区中的注视视线。然而，这个方法有两个特殊的问题。首先，兴趣区在图像或刺激物上的顶部形状是对称的（大部分是长方形）。然而，真实世界的物体很少符合这种形状。物体也许有不规则的边界，或者它们的二维形状可能会被三维的呈现给扭曲。在真实场景中的物体也倾向于被部分遮挡，或者它们自己遮挡其他刺激物。从二维数据中不可能判断被试是否真正地看着前方的车，或他／她是否通过车窗去分辨任何更远的模糊的交通情况。其次，另一个更为相关的问题是兴趣区不能为道路上或驾驶模拟器中不可预测的交互作用进行有效定义。因此，记录一辆正在行驶中的车辆上驾驶人的眼动时，对道路前方车辆进行坐标定义是不切实际的，因为目标车辆与被试驾驶的车辆的位置需要兴趣区坐标不断更新。对至少记录一只眼睛运动系统的眼动分析软件的升级，已经延伸到对以视频为基础的刺激（人们可以将一段视频中的几个点指定为兴趣区，该软件会插补坐标，创造一个动态的兴趣区）的兴趣区应用。然而，这个过程受到人们希望追踪的动态对象的可预测性的限制。例如，如果被试车辆一直保持前进和一定的车速,在接近目标车辆时很容易插上坐标:在该车刚进入视频中和快要消失时画出兴趣区,当该车靠近时,该软件可以估测兴趣区范围的比例和方向。为了得到对兴趣区变化更精确的预测,更不精准预测模式下需要更多的实验者人为定义兴趣区。有了视频为基础的刺激物,即使大量的实验者定义兴趣区需要区分单一目标,对所有被试观看同样视频短片的计算仍要实行。刺激和在道路上的眼动追踪的好处并不存在,因为不同的被试视觉目标的位置和动态是不一样的。对每个被试定义大量兴趣区的要求,是为了简单评估驾驶人是否倾向于看一个具体的目标而不切合实际考虑周围环境。尽管在驾驶模拟器中记录对象在视觉世界中移动的坐标在理论上是可行的,但在个性化的动态兴趣区的环境下(几个研究小组正追求的目标),我们并未找到任何已发表的文章采用这种技术。相反,研究者在面对从动态的刺激物(特别是道路上的眼动追踪)获得的眼动数据,必须经常对包含动态刺激的视频片段进行逐帧分析,例如在道路测试中的外部世界,通常会通过风窗玻璃式或头戴式摄像机记录,并且用一个覆盖的光标来描述眼动仪认为他们在看的位置。

Pradhan 等(2005)采用这种方法进行了一个研究,依据年龄和经验设定了3组驾驶人,让他们在一系列的模拟场景中驾驶,这些场景中可能会发生潜在的危险(但实际上没发生)。例如,一个场景包含了一排灌木丛,遮挡了人行横道的入口;一个行人可能从后面的灌木丛中出现,到达被试车辆进入的路口前方。被试要评估是否看见进入人行道前的灌木丛。相关的假设是,被试会瞥视一眼树篱,这反映了被试担心那地方会隐藏着一个行人。该研究的结果表明,"新手经常没有注意到需要被清晰观察的场景元素,以获得与潜在风险评估相关的信息"(第851页)。在一个特殊的场景中,只有10%的新手为了检查是否有行人从停着的货车后出现而看着适当的方位。相反,越有经验的驾驶人,越会去看这些视觉场景中的先验领域,这被实验者证实是安全的行为。Borowsky、Shinar 和 Oron-Gilad(2010)在比较了年轻、没有驾驶经验的驾驶人和经验丰富的驾驶人后,发现了相似的结果。他们举了些例子,在这些例子中,有经验的驾驶人会注视场景中他们认为重要的区域,以进行危险检测(如车辆合流到一个相邻的道路)。在这个特殊的例子中,年轻的、没有经验的驾驶人倾向于关注前面的道路,他们明显没有考虑到合流车辆带来的危险。这些结果很重要,因为这些结果可以说明,为什么新手会在事故数据中占据过高的比例(Clarke、Ward、Bartle 和 Truman,2006;Organisation for Economic Co-operation and Development/European Conference of Ministers of Transport,2006;Underwood,2007;Underwood、Chapman 和 Crundall,2009;Underwood、Crundall 和 Chapman,2007)。一些研究者认为,新手有着较差的危险知觉能力(Horwill 和 Mckenna,2004),Pradhan 等(2005)和 Borrowsky 等(2010)的研究结果发现,新驾驶人未能预测可能发生危险的位置,也并未优先考虑对这些位置进行视觉搜索,这可能是导致危险感知失败的主要原因。

然而,只记录驾驶人所看到的简单的瞥视测量结果,这样的记录中可能存在一些潜在的混乱因素。通常,他们简单认为瞥视就是在处理物体信息,而没有考虑注视的持续时间。然而,特别短暂的注视可能不会反映对一个特别物体的有效识别时间。通常的做法是,在后续的眼动实验分析中筛选出极短的注视眼动,因为它们不可能反映出对物体的加工处理过程(通常研究者会定义注视时间至少为100ms)。注视时间小于100ms 的情况会发生,但是它们更可能是在反映整体特征的基础上重新调整可视化搜索,而不是在加工处理注视点上的东西是什么。然而,100ms 的分割点并不是心理物理学的阈值,而是一种拒绝或接收数据的启发式方法,在 100ms 之后,通过任何注视都能够区分注视点上的物体。我们知道一些物体相较其他物体需要更长时间的加工,因为对它们的识别有一个更高的阈限值。这在阅读有关眼动研究的文献过程中尤其明显。研究结果一致表明,出现频率较低的单词受到更长时间的注视(Liversedge 和 Finally,2000;Rayner,1998),这表示在理解场景中的物体时,出乎意料或不一致的物体个体会受到更长时间的注视(Henderson 和 Hollingworth,1999;Underwood、Templeman、Lamming 和 Foulsham,2008)。甚至与任务无关的对象可能引起更长时间的注视,这是由于客体的新颖性和突发性因素引起的长时间注视(Brokmole 和 Boot,2009)。这本身在许多驾驶研究中,对典型的瞥视分析来说并不是一个问题(Pradhan 等,2005),因为研究对扫视目标物体有一定的阈限时间要求。在达到阈限值之前,注视时间会一直被消减,这就产生了问题。这个问题在 E-Z 读者阅读模型中显得更详细(Reichle、Rayner 和 Pollatsek,2003)。Reichle 等研究人员假设,当看句子中的一个单词时,大脑会开始两个级别的词汇访问。第一级是熟悉性检查,当眼睛首先落到这个词上就开始了。如果该词被认为是很熟悉的(只要经过一个低的阈限就可以完全识别),眼动神经系统接下来的瞥视计划是处理第二层次的文字,确保在激发瞥视之前获得该词所有的知识。然而,如果该词没有通过熟悉性检查,接下来的瞥视计划将会被延迟。即使该系统早已开始计划接下来的瞥视,如果能足够快地做出命令(在不稳定的眼动计划阶段),它还是可以被取消。当读者意识到单词很难处理时,只有一次的眼跳计划达到稳定阶段,即使读者意识到需要将更多的注意力投入到这个麻烦的词,眼睛的运动还是会继续。因此,在单词被真正识别前,眼睛的注视点会移到其他单词上。这会导致一个递减的瞥视,眼睛跳回到文本只是为了再加工一个微妙的词。

当驾驶在道路上时,驾驶人在瞥视的时候很容易出现一种相似情况。举例而言,英国汽车与摩托车碰撞最常见的原因是汽车驾驶人从侧面路口进入摩托车行驶的道路(Clarke、Ward、Bartle 和 Truman,2007)。驾驶人会瞥视道路,看是否有任何与其发生冲突的交通工具。如果驾驶人的眼睛直接落到了靠近的汽车上,熟悉性检查就可能很成功地完成,且驾驶人可以进行接下来的第二个层次水平的瞥视。驾驶人对靠近车辆的信息(轨迹、速度等)与来自相反方向的车辆信息进行综合后,就能确定他能否在一个合适的间隙驾驶通过。如果临近的汽车展现了需要更为密切的注意的行为,那么驾驶人则需要对不稳定的眼跳给予标记,而后允许停止瞥视并且给予该车更多的关注。

然而,如果靠近的车辆是摩托车,情况会变得更加不稳定。因为摩托车仅占英国交通工具数量的 1%(英国交通部,2010a,2010b),它们是新奇的、低频交通工具,因此伴随着更高的目标识别阈限值(因此,就像低频单词一样,在实现识别之前需要更长时间的注视)。即使假设驾驶人会直视靠近的摩托车,与目标相关的低认知性和生理显著性可能导致熟悉性检查错误地假设那条路是空的。因此,可能在知觉系统有时间去处理和识别威胁之前,眼睛会从摩托车上移走。即使这种情况发生了,在幸运的情况下,驾驶人在瞥视过程的不稳定阶段至少也会意识到有一辆靠近的摩托车。但有时候,尽管他们在有充分信息去意识到做出了一个判断错误,在完全处理好摩托车信息之前他们的眼睛仍然会移走,然后又会重新注视摩托车。但在一些特别不幸的情况下,驾驶人没有相反的信息去挑战这最初的驾驶判断——路是空的,从而继续驾驶,最后导致可怕的后果。

有一个关于"视而不见"的经典案例,在这个案例中,驾驶人经常报告他们在适当的方向上看了,但是完全没有看到驶近的摩托车(Brown,2002)。甚至有这样一个证据显示,在T形路口,驾驶人对驶近的摩托车的持续注视时间,比对靠近的汽车的凝视时间要短。考虑到汽车和摩托车分别相当于高频和低频词汇,我们可以期望这一显著效果发生逆转。对摩托车短暂的注视持续时间被认为是初始固定点的指示,对于这个固定点,驾驶人不会准确地意识到他们所看到的东西(Crundall、Ceundall、Clarke 和 Shahar)。为了进一步将驾驶和阅读进行类比,一项有关阅读中眼动的研究发现了类似于"视而不见"的现象(Ehrlich 和 Rayner,1981)。给读者设置一个任务,即在一段文本中检测拼写错误,但他们经常是看着拼写错误的单词却不能报告出来。有趣的是,如果这个单词是可以预测的,这种情况更容易发生。这种情况是读者看见他们期望看到的,也许驾驶人有时候也做了同样的事情。

对"视而不见"错误的可能性理解是,人们认为危险可能取决于是否看了该物体。相反,我们认为看一眼的概率或频率需要配合注视的时间。接下来的部分讨论对注视时间的不同测量方法,这些方法已被应用于实际情况,并且先前关于不同驾驶条件下的注视持续时间的敏感性研究已经开展了。

11.3 瞥视(Glance)持续时间的测量

一些关于瞥视(Glance)的时间测量方法通常被用在阅读、场景知觉和驾驶的研究中。瞥视是最小单位的持续时间,它是指初次注视的时间(First Fixation Duration,FFD)。这代表着眼睛第一次停留在某个地方的持续时间。它仅应用在具体的目标上的案例,如考虑从货车后面出来的行人的FFD是否有意义,但在更一般的类别上记录FFD作用不大,例如"道路前方"。最初的注视和接下来的注视经常加以平均,得到注视时间的均值(Mean Fixation Duration,MDF),这可以区分注视具体目标还是注视普通物体。凝视与注视有轻微的差别,因为凝视关注具体物体的多个固定点。在相同的对象上有两个单独的注视,而没有将眼睛注视点移到其他地方(如眼睛从物体的一个点移到另一个点)是有可能的,这取决于对一个目标有多大的兴趣。只有当注视点发生在物体的边界外,凝视才会结束。总停留时间(Total Dwell Time,TDT)是对于具体物体的所有的注视时间的累加。图 11-1 表示了这些测量是如何计算的。

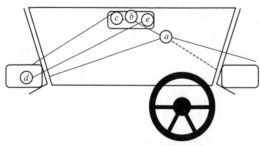

图 11-1 驾车时假设的注视点

注:视线在后视镜上总的停留时间为 $b+c+e$。在后视镜上的平均注视时间为 $(b+c+e)/3$,平均凝视时间为 $(b+c+e)/2$。

通常,所有的计算方法都反映了处理刺激的不同水平,尽管不同的计算方法存在争议。例如,无论是在绝对的项目(提供给所有被试相同的时间和机会去注视物体)还是存在比例或比值项目,TDT 是对视觉注意的最稳定的测量指标。而个人注视点是测量处理需求最敏感的指标;由于存在潜在的混杂因素,它的结果比较容易发生细微的变化。

Henderson(1992)认为,对一个物体的注视时间有更全面的测量,例如TDT,它不仅包括对目标的处理时间而且包括许多其他提前识别过程,如将目标整合到一个情境模型中。在这个基础上,Henderson 认为,应将 FFD 作为最初处理要求的最清晰测量指标,尽管在驾驶领域中这会导致对于"视而不见"的注视点过度重视,并且会潜在地引导研究者低估成功区分一个物体的最初注视所用的时间。其他研究者相对 Henderson 做了更进一步的研究,Kotowicz、Rutishauser 和 Kock(2010)在一些简单的目标物体上的注视或许不需要去识别的视觉搜索研究中发现,被试能在 10ms 的注视中精确地报告出一个目标点,即通常情况下,注视阈限的时间是 10ms。他们认为,在视觉搜索中,在中央凹外的目标物实际上已经被识别了,从而导致了对目标位置的瞥视。注视时间长短不会增加目标识别的准确度,但是会增加目标汇报的确信程度。然而我们认为,Kotowicz 等的数据不能把在多个分心物中的目标物从一个简单的视觉搜索任务转化到复杂的驾驶模拟情境中。在简单的视觉搜索任务中,目标物通常受到外表和位置的高度约束,该任务不要求任何的二级反应,且分心物很容易被识别。然而在驾驶中,有大量复杂的任务目标需要监测,且需要整合不规则背景信息。同时也许很容易理解,为什么被试在一些简单的视觉搜索任务中,尝试去最大化使用中央凹外视觉。在没有任何外围线索的情况下,被试常常需要使用随机搜索策略(或者至少一个与序列目标的位置不相关的策略)。然而当驾驶时,人们经常使用具体的搜索策略去扫描前方道路是否会有潜在的危险发生。正如后面所讨论的,这些策略由经验和学习塑造,人们很容易识别驾驶场景的某些信息,并对其是否可能存在危险进行判断。因此,驾驶人不可能如 Kotowicz 简单视觉实验研究中的被试一样集合很多的中央凹外的资源来完成他们的瞥视。

在驾驶研究中,对注视和凝视持续时间的使用显示出一些非常一致的模式。例如,Chapman 和 Underwood(1998)以及 Underwood、Phelps、Wright、Van Loon 和 Galpin(2005)的研究表明,在特定危险出现时,注视时间会倾向于增长(例如前面的车突然制动)。我们还是认为低频词或者图片中的不一致的对象会唤起更长的注视时间,因为危险和新奇事件相关,这会更难预测和要求额外的加工处理,因此它们需要更长的注视时间。这并不是说,所有在危险上的较长注视时间就是高初始加工要求的表现;但正如 Henderson(1992)提到的,更长的注视时间有可能反映了对危险的持续监控,并尝试将其整合到情境模型中,同时伴随着记忆过程。无论在危险中增加注视长度有什么准确的理由,很明显这是一个捕捉注意力的形式。在这种情况下,下一个位置的瞥视将会比平常由于额外的危险固有的处理任务延迟更长。

有趣的是,有一个额外的与阅读文献相关的部分:不只是低频、新颖以及复杂的危险(或词)要求更长的注视,那些在基本任务中考虑更为全面的个体,也倾向于在总体上有更短的注视时间。有关阅读的眼动研究显示,阅读年龄与单词注视长度的减少相关(Rayner,1998);相比于其他读者,在一些典型低频词汇上深入探究,会降低对这些词的阈限。例如,律师比其他职业的读者,更可能在某些拉丁短语需要较短的注视时间。同样,驾驶经验丰富的驾驶人倾向于减少某些注视点的时间。Chapman 和 Underwood(1998)指出,当新手和有经验的驾驶人观看危险感知视频短片时,对他们的眼动进行记录发现:即使该危险会使所有被试的注视时间有所增长,但有经验的驾驶人在所有情境中,始终比新手有更短的注视时间,特别是在危险出现的时候。他们认为,这是因为危险时间对有经验的驾驶人而言没有那么新奇,如果他们先前已经接触过类似情况,他们理解由类似物体所导致的危险阈限应该会比较低。这个结果通过驾驶模拟器研究得到了验证。Konstantopoulos、Crundall 和 Chapman

(2010)测量了在一个中等模拟器中,驾校教练和学员在一个模拟的城市环境中通过一个危险路线时的眼动情况。他们发现教练比学员有更短和更频繁的注视,这证明了经验和专业知识能提高一个人从单一的注视中获得更多的驾驶信息的能力。从 Konstantopoulos 的研究中,第二个有趣的发现是:在模拟器中,夜晚驾驶和在雨中驾驶的注视时间会延长。他们认为夜晚和下雨条件降低了可见度,因此提高了个体在注视期间提取信息的难度。同时,阅读研究的平行情况也表明,较难被理解的单词需要更长的注视时间(Reingold 和 Rayner,2006)。

然而,关于驾驶中的注视时间的文献也存在一些悖论,Henderson(1992)担心,超过 FFD 的任何事情可能反映了一系列的提前认知识别过程。例如,鉴于危险往往需要更长的注视,较复杂的场景倾向于降低总体的注视长度。又例如,Chapman 和 Underwood(1998)指出,复杂城市环境的视频短片与乡村环境的视频短片比较而言,更容易引起显著的短注视时间。类似地,比起人烟稀少的道路,如农村道路的双向两车道或单车道,道路数据显示,复杂的视觉道路环境更容易产生更短、更频繁的注视(Crundall 和 Underwood,1998)。通常,产生较短的注视时间的城市和乡村道路存在更多潜在的分心物和危险:店铺、行人、停放的车辆、道路和信息标志以及路旁的广告,这些增加了视觉的复杂性,需要更高的视觉搜索采样率。相反,空旷的、起伏的农村道路几乎不会分散或吸引驾驶人在眼前的道路之外的注意力。尽管被试也许会搜索到树篱和出现的车辆,他们会花大部分的时间尽可能看更远的道路(尽管由于人与人之间很多原因,每个人能清楚看到的距离都不一样,包括驾驶经验和中央凹外处理周围环境信息的区域)(Underwood 等,2007)。因此,在乡村道路驾驶中的长注视时间主要不是由于处理或识别物体所导致的,而是由于对物体的警觉性和监控道路情况。

总而言之,注视时间的长度提供了一个重要的二进制或以频率为基础的眼动分析的简单方法。但是,注视时间的长度会被很多因素影响(Henderson,1992);同时,对这些时间测量反映的结果,还没有一个完整的理解,这样可能会得到错误的结论。然而,近 10 年甚至更多的研究中出现了一些清晰的模式。首先,似乎经验在驾驶领域确实会减少平均注视时间,且很有可能通过降低对目标或对事物识别的阈限值以及提高处理速度两种方式。其次,小范围注视需求的增加,例如行人从停放的车辆走出,往往会增加注视时间。鉴于这些刺激的优先权,它们是可以被理解的。然而事实上,新手的注视时间更容易按比例被危险的出现干扰,引发注意力捕捉的潜在问题,超出了需要处理风险的范围。这可能对驾驶人处理其他紧随其后出现的对象或事件的能力产生消极影响。对一般需求的分散增加(考虑到更加复杂的道路场景)会激起与一般需求增加相反的反应。对于捕捉危险注意力方面,为了处理大量的潜在吸引点,城市和农村道路场景会引起更为短暂且频繁的注视。

11.4 扫视范围度量

尽管识别驾驶人看的是什么以及需要看多久的过程,是对驾驶人视觉和行为的理解,但是这些措施没有提供驾驶人在驾驶时是否应当采取了一般视觉扫描的指示。当然,在驾驶训练领域的一些专家阐述了广泛而持续性的警视对安全驾驶的重要性(Coyne,1997;Mills,2005),以及提醒驾驶人注意"灾难性注视习惯(在一个地方停留太长时间)"(Haley,2006,第 112 页)。一些早期研究也指出,新手会在视觉场景中扫描较小的区域(Mourant 和

Rockwell,1972)。后来的研究也证实了新驾驶人会以一个好奇的方式扫描道路,他们倾向于直接看着他们前面的道路而不会对道路条件的改变表现出更多的敏感(Crundall 和 Underwood,1998;Konstantopoulos 等,2010)。Crundall 和 Underwood 研究中测量的最大关注点是注视点的变化,变化程度较高意味着更多的扫描。这是计算一个轴上的注视点位置的方法(在眼动轨迹系统的参考框架中),例如,一个有100个注视点的样本会提供一个序列的 x、y 坐标,这个 x 轴上的方差或者标准差反映了搜寻活动在边界轴上的程度。同样,使用 y 坐标会在垂直轴上产生一个搜寻范围的测量。

在 Crundall 和 Underwood(1998)的研究中,新手和有经验的驾驶人沿着一定范围的公路行驶,包括农村、郊区住宅地区以及多车道高速公路要求较高部分。他们的眼动在驾驶中被监测和记录下来。在一个简单的、几乎没有危险的乡村公路上,所有驾驶人都倾向于看着前方的道路,但在一个棘手的、左右都有车流量的多车道高速公路上,有经验的驾驶人会增加他们的瞥视频率,而新手继续只看着他们的前方,这便是不适应或者不敏感。因为汇合交通需要驾驶人对自己速度和预备避让行为进行调整(与 Borowsky 等 2010 年的研究结论一致)。有经验的驾驶人在他们环顾四周、确定近端交通的轨迹后,能表现出对环境的清醒意识。但为什么新手不能对道路上最有可能发生危险的部分进行扫描而是将自己置于危险之中呢?可能有以下3个原因:①新手需要看路上的标志(白线、限制和障碍)来驾驶他们的车辆;②新手还不能对驾驶和速度进行自动化控制(这些是协调车辆的子技能),因此不能够分配脑力资源去监控道路上的其他车辆;③新手可能选择不去看他们的周围,因为他们对这些道路上的危险没有意识,且没有足够的情境意识(Gugerty,1997;Horswill 和 Mckenna,2004;Underwood,2007)。当然,这3个解释并不是互斥的。新手驾驶人在以下几个方面是有困难的:保持他们的车道位置、思考很多其他的东西而非控制他们的车子、建立一个关于其他道路使用者在做什么以及接下来可能做什么的模型。正因为随着驾驶人驾驶训练、控制车的水平变得更加娴熟,其认知资源能够得到释放,这样就可以将其认知资源分配到其他任务中去,如风险监测。随着经验的增长,新手在决定改变速度或协调一系列动作时,诸如加速踏板释放和离合器踏板等,将不再需要将注意力集中在他们的车速上。他们逐渐能够注意他们周围交通的情况,同时似乎不需要考虑保持他们的车速和车道这些低级动作。

这3个假设强调了转向控制需求、交通工具的控制需求以及驾驶人的情境意识。前两个假设高度相关,转向控制会变成交通工具控制的一个特别需求。Mourant 和 Rockwell(1972)认为,新手相比有经验的驾驶人,更倾向于观察离车较近的路段,这意味着他们还没学会使用转向控制的周边视觉(Land 和 Horwood,1995),或者对动态知觉-运动协调仍在学习中。如果他们需要看道路标线,以保持他们的车在他们的车道中心,他们将会限制自己对路上其他物体范围的注意。第二个假设扩大了交通工具控制需求的观点,注意到了中心认知资源通常被其他事物所占用。新手没有可利用的资源来扫描道路场景,因此不能获得潜在危险信息。区分驾驶任务的需求会导致信息获得的变化的观点似乎是成立的。Recarte 和 Nunes(2000)指出,由于驾驶人的心理负担增加,对后视镜的检查频率降低。而 Underwood、Crundall 和 Chapman(2002)也发现了后视镜检查随着驾驶人经验的不同而有所不同。在车道发生变化时,有经验的驾驶人会有选择性地进行后视镜检查。同样地,当驾驶需求增加,会有更少的注视点放在后视镜上,而对其他不必要的对象更加注意(Schweigert 和

Bubb,2001)。来自后视镜中获得信息检查的研究证据表明了:当驾驶需求增加时,有经验的驾驶人会重新分配他们的认知资源以及调整他们对道路交通信息的吸收。

第三个假设是,新手在驾驶时通常向前看,这可能是因为他们没有足够的情境意识。搜索模式的差异与驾驶经验是有联系的,具体来说,新手与有经验的驾驶人的注视点位置差异会越大,这可以被理解为是基于各自所积累的交通信息库的知识产物。当驾驶人与其他驾驶人产生交流并且观察其他道路使用者的行为时,他们会积累一些不同道路上发生事件的记忆,因此会形成对将要发生的事件可能性的意识。这些具体情景概率可以为驾驶人面对的新道路环境提供指导和帮助。如果这些情景与驾驶人早些时候碰到的经历足够相似,驾驶人就可以据此采取行动措施(Shinoda、Hayhoe 和 Shrivastava,2001)。因为新手在各种道路情境下的经历有限,因此,比起有经验的驾驶人,他们的道路记忆储备有限。在 Crundall 和 Underwood 的眼动研究中(1998),新手与有经验的驾驶人相比,新手在多车道高速公路上扫描的程度更低,这样的表现是因为他们没有意识到这种特别类型的道路与哪些特别的危险有联系。他们也许在这种道路情境下没有足够的经历,而这种道路可以帮助他们建立起一个关于其他车辆可能会出现的表现的行为模型。所以他们不能预测几秒后其他车辆会在哪儿,他们也不能辨认交织车流的需求以及交通监测的需要(不仅是针对前面的交通状况,还有其他车辆突然改变车道的行为)。

我们通过记录驾驶人在消除车辆控制的需要的实验任务的警视行为,来寻求区分车辆控制和情境意识假设的证据(Underwood、Chapman、Bowden 和 Crundall,2002)。研究者要求驾驶人坐在实验室,观看 Crundall 和 Underwood 记录的一辆车沿路行驶的视频短片(1998)。这种方法的一个优点是,每个驾驶人看到的是相同的驾驶环境。在以往的研究中,驾驶环境不可避免地在不同的时刻、不同的驾驶人中有所差异。实验室任务本质上是观察和预测,如果实验室人员看见将会导致驾驶人采取闪避动作的事件,及时做出按键反应——这本质上是一个危险探测任务,给出了仔细监控视频记录的理由。新手驾驶人和有经验的驾驶人的扫描行为是研究的兴趣点,当他们观看影片时,他们的眼动情况被记录了下来。如果新手驾驶人由于资源已经被分配给了车辆的控制而限制了搜索模式,那么在实验室中消除了驾驶中车辆控制因素,应该会使新手驾驶人的视觉搜索模式与有经验的驾驶人相似。撤销了对保持车辆速度和车道位置的控制要求,则扫描任务可以利用更多认知资源,但仅限在扫描需求被理解的情况下。在只有查看任务时,若新手的搜索模式生成的心理模型没有提示他们关于多车道的具体危险,在看道路视频记录时,这些会继续限制他们的扫描。研究结果证实了两组驾驶人对场景的思考是不同的,即使他们的资源没有被车辆控制所占据。有经验的驾驶人在观察更多要求的道路部分时,会表现出更广泛的扫描;然而新手驾驶人对变化的驾驶环境则表现出较少的敏感性。眼动数据说明了在新手和有经验的驾驶人中的差异。研究支持了假设——他们对道路检查的不同不是因为他们对车辆控制的剩余心理资源的差异,而是因为新驾驶人缺少一个完整的心理模型来提前判断在限制道路上其他道路使用者的行为。其他研究支持了新手受限的情境意识假设。当驾驶视频短片在关键时刻停止并被模糊时,Jackson、Chapman 和 Crundall(2009)要求驾驶人预测接下来的事件。他们发现,越有经验的驾驶人越能够更好地预测接下来的事情,研究者认为这类似于 3 级情境意识(Endsley,1995,1999)。

尽管这些关于扫描范围的研究已经提供了一致的且重复的发现,但推广这种结论的普遍性还是要慎重。例如,在图 11-2 中,模式 a)和模式 b)各自反映了有经验的驾驶人和新手的典型扫描路径。人们计算了 x 轴上注视点坐标的方差和标准差,在这两者之间显示了显著的差异。然而,模式 c)与模式 d)的两种扫描路径在简单范围计算基础上是难以区分的。想象两个行人在道路的两边:在模式 c)中,驾驶人会在转到另一个行人前,过度地扫描其中一个行人;然而在模式 d)中,驾驶人会一直对这两个行人进行搜索转换。从一个常识观点来看,我们也许会认为模式 d)反映了搜索的更大范围。当然,大部分驾驶人训练专家会认为模式 d)比起模式 c)表现出了更安全搜索策略(Mills,2005)。然而,对位置的方差计算不能区分这两种策略,因为它不能将注视点的序列性质考虑进去。

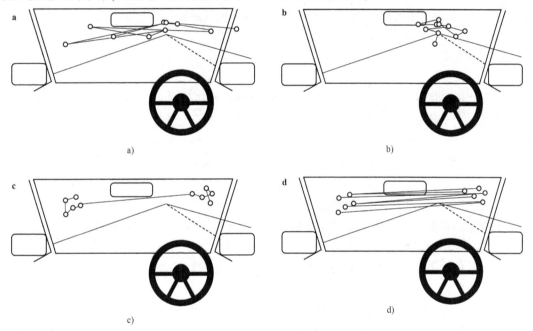

图 11-2　开车时的扫描模式假设图

注:模式 a)反映了典型的有经验的驾驶人,模式 b)反映了典型的新手,模式 c)和模式 d)表现了对扫描区域简单计算带来问题的两个扫描路径。

这种测量方法的更多问题是,它不能将前方道路的左右两边注视点固定偏心率的下降与这些偏离中心的注视点频率的下降做一个区分。因此,扫描后视觉场景的真实区域的减少不能和偏离前方道路的注视点数量减少进行区别。在本质上,对范围的测量始终为驾驶人样本的视觉场景的程度提供了一定的信息,但是它不能用于分离出视觉策略中更细微的差别。然而,这些范围测量(如平均瞥视长度,或者在该场景中瞥视了多远)可以用来提供一个更为详细的图片。

考虑到注视点序列的性质,对区域测量的失败也可以通过扫描路径来克服。这种类型的分析方式采用了一个转化矩阵,搜索了注视点的统计规律性。Underwood、Chapman、Brocklehurst、Underwood 和 Crundall(2003)记录了驾驶人看的地方,作为他们初次注视的一个函数。在 Crundall 和 Underwood 的研究中,使用的注视点的视频记录被用作区分注视扫描路径处理的输出,以及用来检查驾驶人对道路兴趣点的差异。当驾驶人在有汇合交通的多车道公路上行驶时,最有趣的差异又一次显现出来——驾驶要求最高的部分。在更早期的分析中,有经验的驾驶人扫描路径的方差差异较大,且几乎没有显示出一致性。对这些驾驶人来说,几乎没有两个注视扫描路径表现得有规律可循,这表示他们的注视行为在数据上都是不可预测的。这也可以用交通环境时刻变化以致注视点的改变来解释。当其他车辆出现在道路上或自己车上的后视镜中时,有经验的驾驶人会对它们进行检查并且评估其他车辆的运动轨迹。将熟练驾驶人的眼动数据与先前的进行比较,发现他们注视点的位置没有一致性。然而,新手驾驶人却表现出了显著的一致性:无论他们先前看了哪里,他们看的下一个地方一定是他们前方的道路。他们的注视行为很刻板,且对道路上无论是前方还是后方车辆的快速移动和换道的交通行为的变化不敏感。Crundall 和 Underwood 记录的注视点数据的低方差,是新手重复移动他们的眼睛去检查他们前面道路的产物。

11.5 小结

对眼动记录法的使用极大地加深了我们对驾驶技能是如何发展的以及驾驶人会使用何种策略来保证出行安全的理解。眼动分析现在被应用于帮助我们理解特定的事故类型(例如发现摩托车超车;Shahar、van Loon、Clarke 和 Crundall),以及形成驾驶训练干预的基础,从而降低事故率(Chapman、Underwood 和 Roberts,2002;Pradhan、Pollatsek、Knodler 和 Fisher,2009)。我们在这些领域中取得了最令人兴奋的进展。然而,这里仍需提及一些注意事项。

首先我们指出,在本章中,眼动测量独立使用时,容易出现一些错误的解释。以是否看过一个特定的区域场景为基础简单地推断安全驾驶(Pradhan 等,2005)可能不是很有效,因为极短的注视不能说明整个加工过程("视而不见"错误;Crundall 等)。同样地,我们指出对范围的测量也许不能够识别某些视觉策略。因此,似乎应该采用对视觉行为的多种测量来确保一项特定测量中的某个潜在因素不会主导结论。

其次,我们需要将所有方法联系起来并回归到使用这些方法的情境中去,即将驾驶中的视觉测量与其他情况联系起来,例如阅读。我们必须永远牢记,真实驾驶的复杂情境不像在一个类似的实验室里。因此,即使阅读研究给我们提供一个框架,用这个框架可以解释由于处理加工的困难而增长的注视时间,但这个类比并不一定要转移到乡村公路上,因为乡村公路上的注视点可以扩张得非常大。影响驾驶过程中眼球运动模式的变量似乎太多,难以记录,但这并没有阻止人们尝试这样做。事实上,在过去大约10年中,我们在理解变量因素是怎样相互作用上,有了很大的进步。但我们必须知道,在得出结论时,仍然会有一些我们未能解释的潜在的环境因素。

最后,当考虑设计干预训练来增强眼动的可能性,特别是对年轻的新驾驶人,我们必须意识到眼动策略发展的局限性。例如,Mourant 和 Rockwell(1972)发现,新手比起有经验的驾驶人会更经常地看车道标志;Land 和 Horwood(1995)的研究表明,有经验的驾驶人一直会使用车道标志提供的信息,但是会通过眼球中央凹外围的视觉;而 Crundall、Underwood 和 Chapman(1999,2002)表示,新手驾驶人相较于有经验的驾驶人会将较少的资源投入到外围视觉中。综合来说,研究者表明,尽管车道标线对维持车辆的位置来说非常重要,但是新手驾驶人不需要为了获得分离车道的信息而行驶到中央车道,从而投入可利用的资源到外围视觉。因此,设置一个新手干预策略,需要考虑直接或间接地训练经验少的驾驶人较少关注车道标线,这或许对减少车道维修的开支具有意想不到的效果。

尽管存在这些局限,但很明显,眼动研究为驾驶过程研究提供了很多可用的见解,同时也在简单的训练情景中获得了一定的成功(Chapman 等,2002;Pradhan 等,2005)。随着眼动追踪技术的不断发展和研究成本的不断降低,这些策略在今后的研究中会被越来越多地使用。我们希望这个简单的综述能够更好地使用这项技术,为无论是现在还是将来的研究提供一些帮助。

本章参考文献

BOROWSKY A, SHINAR D, ORON-GILAD T,2010. Age, skill and hazard perception in driving [J]. Accident Analysis and Prevention, 42:1240-1249.

BROCKMOLE J R, BOOT W R,2009. Should I stay or should I go? Attentional disengagement from visually unique and unexpected items at fixation [J]. Journal of Experimental Psychology: Human Perception and Performance, 35:808-815.

BROWN I D, 2002. A review of the "look but failed to see" accident causation factor. In Behavioural Research in Road Safety XI [R]. London: Department for Transport, Local Government and the REGIONS.

CAPLOVITZ G P, FENDRICH R, HUGHES H C,2008. Failures to see: Attentive blank stares revealed by change blindness [J]. Consciousness and Cognition, 17:877-886.

CHAPMAN P, UNDERWOOD G, 1998. Visual search of driving situations: Danger and experience [J]. Perception,27:951-964.

CHAPMAN P, UNDERWOOD G, ROBERTS K, et al, 2002. Visual search patterns in trained and untrained novice drivers [J]. Transportation Research Part F: Traffic Psychology and Behaviour,5:157-167.

CLARKE D D, WARD P, BARTLE C, et al, 2006. Young driver accidents in the UK: The influence of age, experience, and time of day [J]. Accident Analysis and Prevention, 38:871-878.

CLARKE D D, WARD P, BARTLE C, et al, 2007. The role of motorcyclist and other driver behaviour in two types of serious accident in the UK [J]. Accident Analysis and Prevention, 39:974-981.

COYNE P, 1997. Roadcraft: The essential police driver's handbook [M]. London: The Stationary Office.

CRUNDALL D, CRUNDALL E, CLARKE D, et al. (in press). Why do car drivers violate the right-of-way of motorcycles at t-junctions? [J]. Accident Analysis and Prevention.

CRUNDALL D, UNDERWOOD G,1998. Effects of experience and processing demands on visual information acquisition in drivers [J]. Ergonomics, 41:448-458.

CRUNDALL D, UNDERWOOD G, CHAPMAN P, 1999. Driving experience and the functional field of view [J]. Perception, 28:1075-1087.

CRUNDALL D, UNDERWOOD G, CHAPMAN P, 2002. Attending to the peripheral world while driving [J]. Applied Cognitive Psychology, 16:459-475.

Department for Transport, 2010a. Road traffic by vehicle type, Great Britain: 1950-2009 (miles) [EB/OL]. [2010-11]. http://www.dft.gov.uk/pgr/statistics/datatablespublications/roads/traffic/annual-volm/tra0101.xls.

Department for Transport, 2010b. Road traffic and speed statistics-2009 [EB/OL]. [2010-11-11]. http://www.dft.gov.uk/pgr/statistics/datatablespublications/roads/traffic.

DUCHOWSKI A T, 2007. Eye tracking methodology: Theory and practice (2nd ed.) [M]. New York: SPRINGER-VERLAG EHRLICH S E, RAYNER K, 1981. Contextual effects on word perception and eye movements during reading [J]. Journal of Verbal Learning and Verbal Behavior, 20:641-655.

ENDSLEY M R, 1995. Toward a theory of situation awareness in dynamic systems [J]. Human Factors, 37(1):32-64.

ENDSLEY M R, 1999. Situation awareness and human error: Designing to support human performance [C]. In Proceedings of the high consequences system surety conference, Albuquerque, NM.

GUGERTY L, 1997. Situation awareness during driving: Explicit and implicit knowledge in dynamicspatial memory [J]. Journal of Experimental Psychology: Applied, 3: 42-66.

HALEY S, 2006. Mind driving [M]. Croydon, UK: Safety House.

HENDERSON J M, 1992. Identifying objects across saccades: Effects of extrafoveal preview and flanker object context [J]. Journal of Experimental Psychology: Learning, Memory, and Cognition, 18:521-530.

HENDERSON J M, HOLLINGWORTH A, 1999. The role of fixation position in detecting scene changes across saccades [J]. Psychological Science, 10: 438-443.

HORSWILL M S, MCKENNA F P, 2004. Drivers' hazard perception ability: Situation awareness on the road [M]. In S. Banbury, &S. Tremblay (Eds.), A cognitive approach to situation awareness. Aldershot, Ashgate.

JACKSON A L, CHAPMAN P, CRUNDALL D, 2009. What happens next? Predicting other road users' behaviour as a function of driving experience and processing time [J]. Ergonomics, 52 (2):154-164.

JUST M A, CARPENTER P A, 1980. A theory of reading: From eye fixations to comprehension [J]. Psychological Review, 87(4):329-354.

KLAUER S G, DINGUS T A, NEALE V L, et al, 2006. The impact of driver inattention on near-crash/crash risk: An analysis using the 100-Car Naturalistic Driving Study data [R]. Washington, DC: National Highway Traffic Safety Administration.

KONSTANTOPOULOS P, CRUNDALL D, CHAPMAN P, 2010. Driver's visual attention as a function of driving experience and visibility. Using a driving simulator to explore visual search in day, night and rain driving [J]. Accident Analysis and Prevention, 42 (Special issue): 827-834.

KOTOWICZ A, RUTISHAUSER U, KOC C, 2010. Time course of target recognition in visual search[J]. Frontier in Human Neuroscience, 4:31.

LAND M F, HORWOOD J, 1995. Which parts of the road guide steering? [J]. Nature, 377: 339-340.

LEE J D, 2008. Fifty years of driving safety research[J]. Human Factors, 50:521-528.

LESTINA D C, MILLER T R. Characteristics of crash-involved younger drivers[C]. In 38th Annual proceedings of the Association for the Advancement of Automotive Medicine. Des Plaines, IL: Association for the Advancement of Automotive Medicine, 1994:425-437.

LIVERSEDGE S P, FINDLAY J M, 2000. Saccadic eye movements and cognition[J]. Trends in Cognitive Sciences, 4:6-14.

Mills K C, 2005. Disciplined attention: How to improve your visual attention when you drive [M]. Chapel Hill, NC: Profile Press.

MOURANT R R, ROCKWELL T H, 1972. Strategies of visual search by novice and experienced drivers [J]. Human Factors, 14:325-335.

Organisation for Economic Co-operation and Development/European Conference of Ministers of Transport, 2006. Young drivers: The road to safety [R]. Paris: Organisation for Economic Co-operation and Development.

PRADHAN A K, HAMMEL K R, DERAMUS R, et al, 2005. Using eye movements to evaluate effects of driver age on risk perception in a driving simulator [J]. Human Factors, 47: 840-852.

PRADHAN A, POLLATSEK A, KNODLER M, et al, 2009. Can younger drivers be trained to scan for information that will reduce their risk in roadway traffic scenarios that are hard to identify as hazardous? [J]. Ergonomics, 52:657-673.

RAYNER K, 1998. Eye movements in reading and information processing: Twenty years of research [J]. Psychological Bulletin, 124:372-422.

RECARTE M A, NUNES L M, 2000. Effects of verbal and spatialimagery tasks on eye fixations while driving [J]. Journal of Experimental Psychology: Applied, 6:31-43.

REICHLE E D, RAYNER K, POLLATSEK A, 2003. The E-Z Reader model of eye movement control in reading: Comparisons to other models [J]. Behavioral and Brain Sciences, 26: 445-476.

REINGOLD E M, RAYNER K, 2006. Examining the word identification stages hypothesized by the E-Z Reader model [J]. Psychological Science, 17:742-746.

SABEY B E, STAUGHTON G C, 1975. Interacting roles of road environment, vehicle and road user in accidents [C]. In Proceedings of the fifth international conference of the International Association for Accident and Traffic Medicine.

SCHWEIGERT M, BUBB H, 2001, August. Eye movements, performance and interference when driving a car and performing secondary tasks [C]. Brisbane: Paper presented at the Vision in Vehicles 9 conference.

SHINAR D, 2008. Looks are (almost) everything: Where drivers look to get information [J]. Human Factors, 50: 380-384.

SHINODA H, HAYHOE M M, SHRIVASTAVA A, 2001. What controls attention in natural environments? [J]. Vision Research, 41: 3535-3545.

SIVAK M, 1996. The information that drivers use: Is it indeed 90% visual? [J]. Perception, 25: 1081-1089.

TREAT J R, TUMBAS N S, MCDONALD S T, et al, 1979. TRI-level study of the causes of traffic accidents: Final report. (Report No. DOT HS 805-085) [R]. Washington, DC: U. S. Department of Transportation, National Highway Traffic Safety Administration.

UNDERWOOD G, 2007. Visual attention and the transition from novice to advanced driver [J]. Ergonomics, 50: 1235-1249.

UNDERWOOD G, CHAPMAN P, BOWDEN K, et al, 2002. Visual search while driving: Skill and awareness during inspection of the scene [J]. Transportation Research Part F: Traffic Psychology and Behaviour, 5: 87-97.

UNDERWOOD G, CHAPMAN P, BROCKLEHURST N, et al, 2003. Visual attention while driving: Sequences of eye fixations made by experienced and novice drivers [J]. Ergonomics, 46: 629-646.

UNDERWOOD G, CHAPMAN P, CRUNDALL D. Experience and visual attention in driving [M]. In C. Castro (Ed.), Human factors of visual and cognitive performance in driving. Boca Raton, FL: CRC Press, 2009: 89-116.

UNDERWOOD G, CRUNDALL D, CHAPMAN P, 2002. Selective searching while driving: The role of experience in hazard detection and general surveillance [J]. Ergonomics, 45: 1-12.

UNDERWOOD G, CRUNDALL D, CHAPMAN P, 2007. Cognition and driving [M]. In F. Durso (Ed.), Handbook of applied cognition (2nd ed). New York: Wiley. 2007: 391-414.

UNDERWOOD G, EVERATT J, 1992. The role of eye movements [M]. In E. Chekaluk, & K. R. Llewellyn (Eds.), The role of eye movements in perception. Amsterdam: North-Holland.

UNDERWOOD G, PHELPS N, WRIGHT C, et al, 2005. Eye fixation scanpaths of younger and older drivers in a hazard perception task [J]. Ophthalmic and Physiological Optics, 25: 346-356.

UNDERWOOD G, TEMPLEMAN E, LAMMING L, et al, 2008. Is attention necessary for object identification? Evidence from eye movements during the inspection of real-world scenes [J]. Consciousness & Cognition, 17: 159-170.

VAN GOMPEL R P G, FISCHER M H, MURRAY W S, et al, 2007. Eye-movement research: An overview of current and past developments [M]. In R. P. G. van Gompel, M. H. Fischer, W. S. Murray, & R. L. Hill (Eds.), Eye movements: A window on mind and brain (pp. 1-28). Oxford: Elsevier.

第 12 章 驾驶中的社会、个性和情感构造

德怀特·亨尼西(Dwight Hennessy)
美国纽约州,布法罗,布法罗州立学院(Buffalo State College,Buffalo,NY,USA)

12.1 引言

驾驶作为在各个目的地之间穿梭的一种方式,不只是对交通工具的机械操作,更是一个复杂过程。这个复杂过程表现为驾驶人、乘客以及行人最终被车内、车外的环境刺激所表达出来的社会交换行为,涉及驾驶人、乘客、行人和环境等因素。Rotto、Gregory 和 Van Rooy(2005)认为,在传统意义上,大部分交通研究的焦点通常都忽略情景因素,而集中于这个系统的个体。这或许是基本归因错误,即解释他人的行为时,尽管情景因素很明显,仍倾向归因于个体因素。驾驶人虽然是这个系统的中心因素,但也只是其中的一个因素,他的想法、感受和行为由微观和宏观的环境塑造和引导。

交通环境在许多方面被认为是一个独特而有趣的设置。驾驶人之间的驾驶经历、经验或技能存在巨大差异,这将导致在一些交通环境中驾驶速度等因素在某种程度上无法被察觉。此外,各种不同形式的沟通和解读方式的差异,以及各个地区不同的成文和不成文的交通规则,最终导致了潜在的交通危险。这些独特而普遍的环境因素关系着每一个交通道路使用者,使得交通环境在社会研究中成为一个具有吸引力的课题。本章研究个体-环境系统中的各个因素,以及他们单独或多个综合对驾驶行为(如违规和交通事故)、个人结果(如健康、情绪、压力和疲劳)以及人际交往(如对他人的评判和攻击)方式的影响。

12.2 人格因素和驾驶结果

鉴于车是由"人"驾驶,所以影响驾驶结果的相关因素一定会包括人格因素。假设驾驶人在道路上的任意特定时刻是独一无二的,那么他们每个人的驾驶风格、学习经验和交通事故经历以及期望或判断都会有巨大的差异。然而,这并不会阻碍我们根据道路驾驶风险程度对驾驶人进行分类。尽管许多个人因素会影响对驾驶行为的分类,但交通心理学更关注人格变量。事实上,人格已经被用来区分人群类别和情感归类,如性别(表征男性特质的高低)和驾驶人的易怒程度(表征驾驶特质的一个方面)。

尽管有许多关于人格的定义,但大部分学者认为它涉及想法、感受和行为的固定模式,即在不同的时间和情境下,个体的想法、感受和行为具有一定的稳定性。交通心理学常依赖于"特质"方法,此方法的重点是结合或聚类个体特征以表达整体人格。结果发现,在交通环境中,驾驶人的某些特征天生就比其他特征更危险。因此,拥有较多危险特征的驾驶人对自

身或他人都有更大的风险。然而，这也是一个"度"的问题，因为每种特征沿着一个连续体都有一定的"度"，有些特征可能会对整体人格有更大的影响，而那些危险特征会带来较高程度的风险问题。

12.2.1 有关负面驾驶结果的人格案例

一些研究者试图将人格与负面驾驶结果，尤其是交通事故联系起来。之所以有这样的联系，是因为交通研究者事先筛选了各种人格因素来研究驾驶事故。人格因素和驾驶行为结果之间的关系，最有可能是由各种特质的综合影响，而不是单个个体因素所反映。在这个方面，人格及其表现方式是多维的。因此，错误地选择一组个性特征集合或是独特的个性特征结构框架，对罕见而又复杂的交通事故结果，可能无法达到预测效果。

另外一个原因可能是人格代表着与交通事故间接而非直接的联系。Beirness(1993)认为，人格本身并不能很好地预测交通事故，但是能与更多的"近端"因素产生交互作用，这里的因素通常是指当下的、公务的或紧迫的驾驶相关因素。Sumer(2003)发表了一篇与此研究相关的很出色的综述，并提出了一个模型，在这个模型中，人格代表了众多可能的远端因素之一(除了其他持久的人格、认知和情境因素，如文化、车辆状况和归因)，这会影响由驾驶风格和暂时的因素组成的近端因素(如违规、失误和安全技能)，从而影响交通事故的发生。就这一点而言，人格是交通研究中一个很重要的关注点，由于它对交通的影响存在于更宏观、持久(如驾驶方法、人格倾向以及对其他驾驶人的信念)的远端影响，也存在于直接的、短暂的近端影响中(如改变实际驾驶行为、情感体验和消极驾驶行为的状态解释)。接下来将简述有关人格特质和驾驶负面效果之间的文献综述，也许所列举的综述并不全面，但它代表了在交通心理学中普遍存在的影响因素。

12.2.2 感觉寻求

大部分的研究认为，消极驾驶行为的人格预测因子之一是感觉寻求，被定义为一种追求新颖、多样以及极致的体验的特征。为了实现这些目标，高感觉寻求者经常表现出对不合理的身体感觉和社交感觉的冒险意愿(Zuckerman,1994)。驾驶为高感觉寻求者提供了一个极好的满足对感觉渴望的机会，它可以满足对固有的潜在兴奋、激动、危险、速度和竞争的渴望。Jonah(1997)回顾了40项关于驾驶人感觉寻求的研究，发现某些行为增加了危险驾驶的风险，包括酒后驾驶、超速和安全带使用不当等。在他调查的40项研究中，除了4项研究以外，所有的感觉寻求行为和驾驶风险行为的相关性都为0.3~0.4。

感觉寻求通常采用Zuckerman's的感官寻求刺激量表(SSS)进行测量，后来该量表进一步被分为4个分量表：识别无聊感受(Boredom Susceptibility)、刺激与冒险寻求(Thrill and Adventure Seeking)、放纵(Disinhibition)以及经验寻求(Experience Seeking)。然而，由于有些研究者没有完整的SSS量表，而选择性地使用分量表(刺激寻求作为典型)或选择量表中的某些子项目，或是自行编制某些量表项目合并到子量表中，或是感觉寻求总分并没有从分量表中分化出来，使得各种研究之间的横向比较变得非常困难。

另外一个越来越受欢迎的工具是阿内特感觉寻求量表(Arnett Inventory of Sensation Seeking, AISS)，这是针对Zuckerman's的感官寻求刺激量表(SSS)的感知局限性设计的。值得注意的是，Arnett（1994）认为某些感觉寻求项目与文化无关，与许多用于研究结果变量的活动相混淆，其中包含了基于风险行为的项目，例如酗酒和吸毒。AISS 只包含两个子量表，分别测量新奇的需求感觉和刺激的强度感觉。有研究已经证实，AISS 与 SSS 在测量感觉寻求因素时存在相似性，同时两个量表在预测危险和冒险行为时也存在相似性（Andrew 和 Cronin, 1997; Arnett, 1994）。

尽管 AISS 和 SSS 存在差异，但是他们都与负面驾驶行为相关。根据 Zuckerman（2007）的相关研究，SSS 预测的风险评估降低和风险承担增加，包括鲁莽驾驶。Jonah、Thiessen 和 Au-Yeung（2001）认为感觉寻求确实增加了危险驾驶模式，包括侵略性（如咒骂、大喊大叫和鸣喇叭）和高风险活动（如横向运动和加速）。有趣的是，即使在成为驾驶人之前，这种趋势也很明显（Waylen 和 Mckenna, 2008）。具体而言，使用 AISS 中的 8 个项目可以发现，年龄在 11~16 岁的男孩的高感觉寻求与对危险道路使用的积极态度有关。

其他与感觉寻求相关的消极驾驶活动包括追尾和超速（使用 TAS 和 BS 分量表；Harris 和 Houston, 2010）、未使用安全带和不安全的超车（使用 TAS 和 DIS 分量表；Dahlen 和 White, 2006），以及对交通规则的忽视（使用新的生成项目；Iversen 和 Rundmo, 2002）。感觉寻求还可以更好地预测驾驶违法（使用 TAS 和 BS 分量表；Matthews、Tsuda、Xin 和 Ozeki, 1999）、自我报告交通违法行为（使用 SSS 总分；Schwerdtfeger、Heims 和 Heer, 2010）、酒后驾驶（使用 SSS 的所有 4 个因素；Greene、Krcmar、Walters、Rubin 和 Hale, 2000），以及在毒品影响下驾驶（使用总的 SSS；Richer 和 Bergeron, 2009）。此外，Rimmo 和 Aberg（1999）使用 TAS 和 DIS 分量表确定了 DBQ 的违规子量表（可以测量故意违规行为的性格倾向），该量表能够协调感觉寻求和自我报告违规行为及交通事故间的关系。有趣的是，Wong、Chung 和 Huang（2010）主张感觉寻求的积极作用，因为高感觉寻求者（使用自动派生项目）涉及较少的摩托车碰撞事故，这是由于自信心对他们的骑行能力具有调节作用。然而，他们经历的交通事故也比低感觉寻求者更加严重。

一些评论家认为，必须谨慎解读感觉寻求和冒险行为之间的联系，因为这两个构念在概念上高度重叠（Arnett 和 Balle-Jensen, 1993）。冒险的生活方式可能自然地使个体倾向于寻求刺激的活动；因此，感觉寻求的心理现象可能与冒险行为预测因子重叠。然而，Burns 和 Wilde（1995）认为，感觉寻求者实际上可能会寻求本质上没有风险的活动。例如，感觉寻求者可能会高速驾驶并高度警觉，但是仍能保持在安全范围内而不用承担过多风险（例如在高速公路上驾驶）。

另一个需要考虑的事实是，感觉寻求与年龄及发育过程密切相关，它会在青春期后期达到顶峰，然后开始呈下降趋势（Arnett 和 Ballen-Jensen, 1993）。这在交通研究中尤其重要，因为大部分研究都集中于关注年轻驾驶人感觉寻求的危险或冒险结果。对年轻驾驶人而言，他们的感觉寻求、冒险倾向以及危险驾驶行为能够同时增强。另外，年轻驾驶人通常经验较少，而且可能会参与更危险的活动，这并不是因为他们是感觉寻求者，而是因为他们缺乏实践知识、在实践中对速度的处理能力以及对潜在危险的敏感性。从这个意义上而言，我们似乎高估了感觉寻求和危险驾驶之间的联系。然而，在老年驾驶人中，感觉寻求者始终和消极驾驶结果有关。这一事实说明，感觉寻求可以继续用来确定某一类处于风险状态的驾驶人。

12.2.3 特质性攻击

攻击性驾驶的问题已经受到了科学界和社会公众的广泛关注。然而,对"攻击性"这个术语有不同的概念,这使得比较和解释这个领域的相关结论变得困难。许多人将攻击性驾驶视为在驾驶环境中身体上、心理上或者情感上有意对他人,包括驾驶人、乘客和行人(Hennessy 和 Wiesenthal,1999;Shinar,1998)造成伤害的行为,例如喊叫、咒骂、故意跟车、持续鸣喇叭以及路边对峙。

而其他人认为攻击性驾驶是不论意图的一切危险的驾驶行为,例如加速、在车流中穿梭驾驶以及用路肩超车等。然而,一些研究发现,这些行为更像是交通违规行为,不同于那些有意伤害的"攻击性违规"。尽管违反交规的驾驶人有时候是自私的、非法的或者对他人来说是危险的,但是这些行为与那些故意伤害其他驾驶人的攻击性行为还是有所不同(Hennessy 和 Wiesenthal,2005;Lawton、Parker、Manstead 和 Stradling,1997)。

本章目的是讨论"故意伤害"的定义。当使用自我报告方法时,对"故意"的意图很难定义。事实上,一些通常被认为是"攻击性"的行为在不同文化之间可能有不同的含义,或者可能是由伤害以外的其他原因引起。例如,Lajunen、Parker 和 Summala(2004)指出,鸣喇叭在斯堪的纳维亚通常被认为是有攻击性的,而在南欧则是一个信号。研究还发现,具有攻击性的驾驶人通常会表现出频率和持续时间增加,以及延迟反应减少(如在响应煽动时鸣喇叭更频繁、更快、持续时间更长),这些特征共同出现在攻击性的模式中,所有这些比起违规行为更能表明攻击性(Dood 和 Gross,1968;Gulian、Matthews、Glendon 和 Davies,1989;Hennessy 和 Wiesenthal,2005)。

尽管攻击性可由许多个人的、社会的、认知的以及环境的因素所预测,但是有一些个体展示出一种"特质",该"特质"倾向于更频繁、更严重的挑衅行为。从这个角度来看,一些驾驶人发展出特质性攻击倾向(Hennessy 和 Wiesenthal,1999),这代表一种独特的个人品质,而拥有这种品质的人,会从驾驶中寻求冒险以增加兴奋感。而驾驶人的特质性攻击似乎会错误地将其他驾驶人的意图和行为误解为有敌意和威胁的倾向,会因他人的行为而变得沮丧或恼怒,而且会将身体上、情感上或心理上的伤害"偿还"给那些有"冒犯"行为的驾驶人(Gulian、Matthews 等,1989;Hennessy 和 Wiesenthal,2010a)。

对驾驶人特质性攻击发展的一种解释是基于学习理论。具体而言,当表现出的攻击性行为被视为是"成功的",因为刺激、沮丧和纷争的根源被去除使得该行为得到负强化,或者通过得到控制感、权力感和主导感实现正强化。随着时间的推移,这些行为被认为是可以接受的、有利可图的以及在以后的情境中有潜在成功的可能性。因此,对驾驶人来说,当这种反应在他或她的响应层次中增加时,攻击性变得越来越习惯。在重复强化和同时缺乏负面反应的情况下,驾驶攻击性在驾驶人行为指令系统中将变成可接受的或规范的行为。

特质性攻击与许多危险的结果相关,包括状态攻击和违规行为。Britt 和 Garrity(2006)让被试回忆过去的驾驶事件以及他们如何做出反应,最终他们发现,有意向的攻击预示了愤怒和攻击性反应。Hennessy 和 Wiesenthal 使用自我报告法后发现,驾驶人的特质性攻击与交通违规有关,这与 King 和 Parker(2008)的研究结果一致,他们认为有攻击性特质的驾驶人比起其他人,更可能违反交通法规以及低估他们的违规频率。同样地,Maxwell、Grant 和

Lipkin(2005)在英国驾驶人被试者中发现,驾驶人特质性攻击和交通违规存在着一定的联系,然而 Kontogiannis、Kossiavelou 和 Marmaras(2002)也指出,在希腊驾驶人中,超速和一般违法预示着他们会有攻击性违规的倾向。

特质性攻击和交通事故的联系可能更复杂,也许是因为较少获得碰撞事故的驾驶样本。然而,需要注意的是他们的样本主要是男性,这可能导致过高估计这之间的关系。Bener、Ozkan 和 Lajunen(2008)也表示,在卡塔尔,驾驶人攻击性可以预测碰撞事故,尽管他们的攻击性结构也包含了超速行驶的因素。Gulliver 和 Begg(2007)对驾驶人进行面对面采访,确定了特质性攻击和交通事故之间的关系,但仅限于男性。根据 Sumer(2003)的研究,攻击性特质和交通事故之间的联系事实上可能是间接的,因为异常的驾驶风格起到媒介作用(如驾驶失误和违规)。

12.2.4 消极的情绪和愤怒特质

在驾驶时,消极的情绪可能会改变对交通相关刺激的认知,使注意力集中程度降低或缩小处理范围,而且会修改对其他驾驶人及其行为的解读,最终会增加危险、有害以及不安全驾驶行为的可能性(Mesken、Haganzieker、Rothengatter 和 de Waard,2007)。Shahar(2009)发现,焦虑对错误、失误和普通的违规行为次数产生负面影响,这主要是因为注意力分散和注意力不足。同样地,Oltedal 和 Rundmo(2006)表示焦虑也会激发危险驾驶行为,并对交通事故有间接的影响。然而,其他学者却认为,焦虑使驾驶人更加谨慎和警觉,从而起到了积极的作用(Stephen 和 Groeger,2009)。

其他的情感,如悲伤,也可能也会对驾驶结果产生间接的影响。根据 Pecher、Lemercier 和 Cellier(2009)的研究,驾驶人在模拟舱中听悲伤的音乐,就无法将注意力集中在驾驶任务上。类似地,Bulmash 等(2006)发现,在模拟舱中,情绪低落的被试者操纵反应时间变长,且有更高的事故率。

在驾驶研究中最常探索的情感是愤怒。Underwood、Wright 和 Crundall(1999)使用日记的方法,发现 85%的英国驾驶人被试样本(通过媒体广告和驾驶测试中心,从驾驶人群中招募了 104 个被试)报告,在他们日常驾驶中每两周就会经历至少一次的愤怒驾驶。根据 Speilberger(1988)的研究,愤怒状态和愤怒特质有明显的差异。愤怒状态代表在一个特定的环境下,从轻微烦恼到极端愤怒的一种情感体验。而愤怒特质是一个持久的倾向,表现愤怒更频繁、更强烈,且持续时间更长。

Deffenbacher 和他的同事认为,在一些相似的驾驶环境下,驾驶人愤怒特质代表了愤怒在一个特殊的具体环境下的形式,这可以预测在真实驾驶环境下,驾驶人会表现出更频繁、强度更大的愤怒情绪(Deffenbacher、Huff、Lynch、Oetting 和 Salvatore,2000)。到目前为止,使用最为广泛的测量工具是驾驶愤怒量表(DAS:Deffenbache、Oetting 和 Lynch,1994),该量表要求被试在常见的唤起愤怒的驾驶情境中,对他们愤怒的程度评定等级,通过计算平均得分,在连续的驾驶人愤怒特质中区分驾驶人。

DAS 已经被翻译成好几种语言,并且在多个国家被使用。尽管该量表具有因素结构可变性和与众不同的预测能力,但它测量愤怒"特质"的能力已经得到了广泛的认可。例如,Deffenbacher 等(1994)和 Yasak 和 Esiyok(2009)在使用美国和土耳其的样本后发现了 6 个因素,而 Lajunen、Corry、Summala 和 Hartley(1998)在英国样本中确定了 3 个因素,Bjorklund(2008)在使用瑞文翻译时发现一个相似的 3 个因素的版本,Sullman(2006)在新西兰样本中揭示了 4 个因素。此外,Sullman 还在 DAS 得分中发现了年龄和性别差异,而 Yasak 和 Esiyok 却没有发现差异。

尽管存在这些差异,人们还是发现驾驶人的愤怒特质和许多危险驾驶行为相关,包括违规(Lajunen 等,1998)、注意力不集中、不熟练的驾驶控制技术以及频繁地打电话(Dahlen、Martin、Ragan 和 Kuhlman,2005)。一些研究将驾驶愤怒和交通事故联系起来,但是其他研究却没有。Deffenbacher 等(2000)发现,驾驶愤怒与自我报告中所说的一生交通事故情况、过去几年的轻微交通事故以及更严重的驾驶违规有关。相反,根据 Deffenbacher、Laynch、Oetting 和 Yingling 的研究(2001),尽管愤怒特质与注意力不集中、不熟练的驾驶控制技术以及频繁地打电话相关,但它不能预测交通事故和违规。类似地,Sullman(2006)发现 DAS 与过去 5 年自我报告的交通事故无关。这种结果的不一致,可能是由于作为测量结果的交通事故相对罕见,难以精确地收集数据(特别是对主动或失误的交通事故的自我报告),而且还有许多间接的环境因素影响着交通事故。

Deffenbacher、Deffenbacher、Lynch 和 Richards(2003)认为攻击性是由于一系列驾驶愤怒导致的行为结果,不受人口学变量的影响。然而,其他学者认为愤怒和攻击性状态的联系并不强烈或有直接关系。考虑到驾驶人的总量和每天行驶的距离,以及交通环境中许多潜在的调节和媒介因素,攻击性可能不是唯一的因素(Parker、Lajunen 和 Summala,2002)。在这个方面,Neighbors、Vietor 和 Knee(2002)认为,愤怒和攻击性可能存在一个适度的联系。这个联系的强度和性质最终依赖于许多人与环境因素的交互作用,例如这种交互作用的类型和性质、沮丧的程度、动机以及公共自我意识等(Lajunen 和 Parker,2001;Millar,2007)。

关于驾驶愤怒研究需要担忧的一种情况是一些研究者忽视了状态愤怒和特质愤怒的区别,有时将特质愤怒测量当作状态愤怒结果。尽管特质愤怒也许能够预测驾驶环境下的状态愤怒,但是它不是确定性的。另一种担忧是 Bettencourt、Talley、Benjamin 和 Valentine(2006)对愤怒-攻击联系的研究显示,愤怒特质只在一种充满敌意的情境中预测攻击。同样地,Wilkowski 和 Robinson(2010)认为愤怒能够预测攻击的反应形式。这也许能够解释 Van Rooy、Rotton 和 Burns(2006)的研究:DAS 和驾驶报复问卷(DVQ)由于具有极高的相关性而难以区分。DVQ 被用来测量在驾驶环境中对报复的态度,在这种环境下,被其他驾驶人冤枉或挑衅的人会通过反应型攻击行为寻求报复(Wiesenthal、Hennessy 和 Gibson,2000)。因此,Van Rooy 等(2006)发现,两者的高相关性可能是因为反应型攻击引起的混淆。然而,我们可以很容易得出结论:具有复仇特质的驾驶人更容易发怒,并且愤怒程度更强烈,因此更倾向于通过攻击来回应其他人的挑衅。

12.2.5 驾驶人的压力易感性特质

大部分交通研究将驾驶人的压力视为对驾驶情境的负面认知评估结果(Glendon 等,1993;Hennessy 和 Wiesenthal,1997)。只有当驾驶被解释成过度劳累时,压力才会在心理上显露其本身情况(如焦虑和消极的情绪;Gulian、Matthews 等,1989;Wiesenthal、Hennessy 和 Totten,2000)、认知(如与任务相关的认知干扰和注意的缺失;Desmond 和 Matthews,2009;

Matthews,2002)或者生理特征(如心跳率和血压的上升;Stokols、Novaco、Stokols 和 Campbell,1978)。在这个方面,压力特征对驾驶人有着直接和长期的影响。

根据驾驶人压力的事物模型(Matthews,2002),压力易感性特质是一个很重要的个体因素,它会与环境产生潜在的相互作用从而影响驾驶结果。这个模型指出,驾驶人压力是个体和环境因素动态交互的产物,且它由认知过程所调节(比如对事件的解释和应对资源的选择)。重复的压力经验或者无效的应对策略能够反馈出驾驶过程和最终行为的动态变化。例如,不断重复的驾驶压力可能迫使驾驶人的压力易感性变成特质性,进而影响驾驶活动,这些活动在面对不同的环境条件时,不断改变着对驾驶事件的知觉和重新解释,最终影响在真实情境下的情绪状态体验。

在这个模型的基础上,Gulian、Matthews 等(1989)开发了驾驶行为问卷(DBI)作为一种测量与评价驾驶风格、应对压力的相关行为因素或者性格的工具。它由五因素解决方案和单一的"一般"压力因素方案组成。五因素方案包括三个主要的因素,分别为"驾驶厌恶性""驾驶攻击性"以及"警觉性",还有两个次要因素分别为超车的刺激以及被超车时的沮丧。一般因素是由五因素解决方案中一组较少的项目组成的。尽管一般因素被发现可以预测驾驶人在真实驾驶环境中的压力状态和消极情感(Hennessy 和 Wiesenthal,1997),且与超速驾驶和轻微事故有关(Matthews、Dorn 和 Glendon,1991),但五因素方案中的三个主要因素在研究中最常用。

"驾驶厌恶性"(DIS)因素与驾车时的焦虑、不开心、缺乏自信有关,特别是在驾驶环境非常恶劣的情况下。DIS 被认为能够预测模拟驾驶任务中消极情绪(Dorn 和 Matthews,1995)以及驾驶后的紧张和焦虑(Matthews 等,1991)。高度厌恶驾驶的驾驶人表现出更大的横向控制障碍(Matthews、Sparkers 和 Bygrave,1996)以及错误和失误(Kontogiannis,2006),但是他们也认为自己的技术不够熟练,在驾驶中自信心不足,这使得他们驾驶更加谨慎,车速较慢,进而较少获得超速罚单(Matthews 等,1991,1998)。

"驾驶攻击性"(AG)因素主要关注在驾驶环境中对刺激的反应,以及由于他人的阻抗而产生的不耐烦。那些在 AG 因素上得分高的人表现出更危险的驾驶模式,包括超车时控制错误(Matthews 等,1998),错误、失误以及超速(Kontogiannis,2006),追尾、对抗、对其他驾驶人的消极评价,以及轻微交通事故(Matthews 等,1991)。

"警觉性"(AL)因素主要测量一种用以监控驾驶环境是否危险的趋势。以前的研究发现,AL 在信度上比 DIS 或 AG 因素更低(Glendon 等,1993;Lajunen 和 Summala,1995);同时,AL 对行为和情绪结果的预测能力也比较弱。这可能是因为试图将 AL 和消极的驾驶结果联系起来而产生相互矛盾的研究结果。例如,尽管 AL 与减少交通事故(Matthews、Demond、Joyner、Carcardy 和 Gilliland,1997)以及更少的超速有关(Matthews 等,1991),但是 Kontogiannis(2006)却未能找到 AL 与超速或减少交通事故的直接关系。

Matthews 等(1997)修订和扩展了 DBI 的题目作为一种替代方案,发展了驾驶人压力问卷(DSI),它由压力易感性的五个因素或维度共同组成。根据 Matthews(2002)的研究:厌恶驾驶(DIS)、驾驶人攻击性(AG)以及疲劳倾向(FAT)反映了驾驶时的主观扰动状态;刺激寻求(TS)代表了对危险的享受;危险监测(HM)与驾驶时对危险的警觉是一致的。DSI 与一般人格结构相比,对符合压力的消极驾驶结果更具有预测性。Oz、Ozkan 和 Lajunen(2010)在土耳其驾驶人测试中证实了 DSI 五因素方案,而且回归分析显示 DIS 和 TS 可以预测超速,而 AG、DIS 以及低 HM 与事故相关。Matthews(2001)也表明 AG、TS 以及低的 DIS 与超速和自我报告的违规相关,AG、TS、DIS、FAT 以及低的 HM 与较高的意外事故率。然而,也有一些与之矛盾的发现。Oz 等确实从 DIS、AG 以及 FAT 中发现了负面结果,正如 Matthews 和他的同事得出的结果一样,但是他们发现 TS 和更少的"危险"活动(在某种意义上是因为慢速开车)相关,HM 和更高事故率相关。他们认为其他的因素,例如独特的样本组成、风险知觉以及危险感知,也许能解释这些差异,这可能与基于 DSI 的事实模型一致。

使用 DBQ 和 DSI 的一个问题是这些因素与其他驾驶个性结构相重叠,最明显的是刺激寻求量表中的攻击和兴奋的寻求重叠较多。尽管这些因素在交互性模型中代表着驾驶压力的各个成分,仍需注意的是,在检查驾驶人压力特征时,为避免由于这些因素的重叠而带来的过度高相关关系,必须综合使用一些研究工具来测量相关结构。

另一个问题是在驾驶人压力的总量表和分量表中体现出年龄的差异,老年驾驶人通常表现出较低的压力水平(Gulian、Matthews 等,1989;Landford 和 Glendon,2002)。鉴于年龄与一些驾驶结果呈负相关,包括攻击性、驾驶、冒险以及交通事故(Hennessy 和 Wiesenthal,2002;Waylen 和 Mckenna,2008),对年轻被试的过度采样或者没有控制好年龄因素也许会夸大压力对驾驶的消极影响。性别因素也是如此,因为男性会表现出较高水平的危险驾驶活动,同时还表现出较高水平的压力,例如当被超车时表现出的驾驶攻击性和易怒性(Matthews 等,1999)。因此,在研究中选取被试时,若男性驾驶人过多,会高估驾驶人的压力成分与消极结果的关系,如攻击性和交通事故。

12.2.6 控制点

控制点(LOC)指个体认识到的控制其行为结果的一种持久信念,分为内控(I)和外控(E)(Rotter,1966)。外控者把责任或原因归于其他个体,认为自己的行为结果是受机会、运气、命运、权威人士等外部力量控制,自己则无能为力,缺乏自我信念。Montag 和 Comrey(1987)的研究表明,外控者在交通环境中代表着一种危险,因为他们主动采取个人预防措施的情况比较少。相反,内控者倾向于将他们的行为归因于稳定的内部因素(技能或努力),同时他们也会更加积极主动地为他们的行为负责,且改变消极的结果。然而,Arthur 和 Doverspike(1992)认为内控者也可能代表着交通环境中一种更大的危险,比如如果驾驶人对自己的技术和能力过分地自信或过高地评估,驾驶的危险也就相应地提高了。

总体而言,尽管研究结果喜忧参半,但可以确定的是:控制点与各种各样的驾驶态度和行为有关。外部控制点与交通事故(Lajunen 和 Summala,1995)、酗酒、驾驶攻击(Cacaiola 和 DeSordi,2000)、错误驾驶(Breckenridge 和 Dodd,1991)以及故意违规(Yagil,2001)有关,而内部控制点与安全带的频繁使用(Hoyt,1973)以及谨慎驾驶行为(Montag 和 Comrey,1987)有关。然而,其他学者却未能发现控制点和交通事故(Guastello 和 Guastello,1986;Iversen 和 Rundmo,1987)或者安全带使用(Riccio-Howe,1991)之间的关系,他们认为不同的测量方法可能会导致相反的结果(Cavaiola 和 DeSordi,2000)。

造成以上不一致的一个原因或许是 Rotter 的原始 I/E 量表过于笼统,不能预测在具体情境下的控制点。因此,Montag 和 Comrey(1987)提出了两个分量表(MDIE)来测量特定驾驶情况下的内控性(DI)和外控性(DE),他们发现在外控性和交通事故呈正相关关系,而内控性和交通事故呈负相关关系。然而,Arthur 和 Doverspike(1992)以及 Iversen 和 Rundmo(2002)没有发现内控和外控与交通事故之间有显著关系。Holland、Geraghty 和 Shah(2010)指出,这样的变化可能是因为被试中男性驾驶人较多,而男性驾驶人很可能有较高的自我偏见,因而他们会在交通事故中仅承认较少的内部责任,从而掩盖了内控性和交通事故之间可能存在的关系。

第二个原因可能是控制点和驾驶行为之间的联系主要是间接联系而非直接联系。例如,尽管 Guastello 和 Guastello(1986)没有发现 Rotter 提出的内控/外控和交通事故之间有关,但他们指出,对于事故原因或归因方式的信念可能会转换到具体的活动中,例如交通事故。此外,Holland 等(2010)发现,外控者更有可能拥有一种消极的驾驶方式(例如,可能是包括注意力分散的"分离风格",也可能是与自信缺乏和危险相关的"焦虑风格"),这种驾驶方式会间接地影响交通事故。Yagil(2001)同样指出,外控者会通过对违规的积极态度来间接影响违规行为的意图。

其他学者指出,控制点起到一个调节的作用。根据 Gidron、Gal 和 Desevilya(2003)的研究,敌意对交通事故的影响会因外控的增强而减弱。而在另一个研究中,Miller 和 Mulligan(2002)发现,驾驶控制点会改变风险驾驶行为中死亡率高这一结果。研究中,他们让被试回答 15 个关于死亡的问题,并做出对错判断,经过这样的死亡提醒训练后,他们发现被试对未来风险驾驶行为的内部归因减少了,然而外部归因却增加了。这表明,控制点的取向可以解释个体在驾驶过程中对死亡信息的认知改变,以改变未来的危险驾驶行为。

第三个原因可能是控制点的概念比最初提到的更多样、更多维。在这方面,单一的双维控制区分可能不足以检查驾驶行为的复杂性。Levenson(1981)扩大了内控和外控最初的维度,将内部归因、机会和强大的其他因素单独定位。在相似的情况下,Lajunen 开发了一种多维的特定交通情况下的控制点量表(T-LOC;Ozkan 和 Lajunen,2005a),量表中的问题用于询问驾驶效果的控制源。T-LOC 的 4 个分量表包括自我(类似于内部因素)、交通工具/环境、其他的驾驶人以及命运(类似于外部因素)。Ozkan 和 Lajunen(2005a)发现:那些"自我"控制点高的驾驶人具有较高的普通攻击性违规率、犯错率以及事故率,这一现象可以用"高自我偏见框架"来解释,因为驾驶人的过度自信,所以他们淡化了他们技术和能力导致的危险驾驶行为的可能性。Warner、Ozkan 和 Lajunen(2010)将该量表翻译成瑞典语后使用,发现了一个五因素结构,包括类似的外部因素(交通工具/环境,其他驾驶人以及命运)和两个与自我相关的内部因素(自我技能和自我行为)。"自我行为"能够预测在限速 90km/h 的道路上采用自我报告方式报告的车速,支持了"T-LOC 的内部因素在理解高风险驾驶行为时是一种有效解释"这一说法。

12.3 驾驶结果的环境

环境对驾驶人的心理和行为的影响是一个复杂的、持续的过程。驾驶环境包括宏观(法律、规范)和微观(天气和交通拥堵)水平下的物理(例如温度)、社会(例如文化)、时间(例如时间紧迫性)因素。在交通研究中考虑环境因素的研究具有一定的难度,尤其是在微观层面,因为环境因素具有流动性、持续性以及经常变化的特点。正如以前提到的,单一的环境因素对理解驾驶行为很重要,但是如果能够将其与个人因素的交互作用一起应用于驾驶行为的研究,那会取得更好的效果。同时,不同的环境因素之间的相互作用也很重要,它是指在一个环境中遇到的问题、事件以及经验会经常在无意识的情况下影响后来的环境(Hennessy,2008)。交通环境中的事件也可以影响驾驶人在非驾驶环境中的行为,而驾驶人行为还可以被来自非驾驶环境下的因素所改变(Wickenshe Wiesenthal,2005)。因此,尽管某些环境因素对于驾驶行为影响较小,但是整合尽可能多的环境变量解释驾驶行为,在概念框架中是不受限制的。

12.3.1 交通堵塞:阻抗、时间紧迫感以及"其他"驾驶人

也许在交通环境中最容易被识别的环境因素是交通堵塞,即车辆的数量超过了道路所允许通行的最大车辆数,这代表了对车辆数量的感知和理解。这与环境心理学中密度和拥挤的区别一致,交通量体现了单位空间中车辆(或驾驶人)的实际数量,然而当驾驶人在特定时间和地点感觉到车太多或者空间太少时,堵塞就会发生。而且,尽管大量的车辆可能导致阻塞,但也不尽然。例如,常规的上班族,在"高峰时刻"会降低车速,来适应可预期的慢速移动的交通环境,在他们看来,这种上下班时刻的拥挤也许不是交通堵塞,特别是当交通流比他们预期得更快的时候。相反,在特定时间和地段,在交通量较小的情况下,驾驶人被迫降低他们的速度,或者驾驶人由于预料不到的理由而更靠近其他的车辆时,交通堵塞反而发生了。因此,交通堵塞不仅是由道路上车辆的数量所致,还可能是由于某些与环境结果相关的压力导致的,这就可以解释在除大城市外的一些人口相对较少的地区,也会发生交通堵塞的原因。

根据 Stokol 等(1978)理论,阻抗作为促进感知交通堵塞的因素之一,是指在交通过程中驾驶人行为受到限制,主要表现为驾驶人所需驾驶的距离以及在这过程中所需花费的时间是否符合预期。他们发现,高的阻抗(以较慢的速度开较长的距离)会导致对交通堵塞更强烈的感知、更强烈的心理唤醒以及对其他驾驶人更为消极的评价。Schaeffer、Street、Singer 和 Baum(1988)一致认为距离和时间的相关程度较高,因此平均速度是较好的阻抗预测因子之一,他们还发现阻抗与心理唤醒以及在校对任务(在文章中识别拼写、语法以及发音错误)中表现水平下降有关。因此,交通阻抗是由于驾驶目标受阻而导致的负面结果(例如驾驶人在特定时间和特定距离产生的驾驶速度期望受阻),而影响到生理水平、认知水平和行为结果的消极反应。

交通阻塞的一个主要后果是压力和焦虑的增加。一些研究发现,驾驶人报告的压力水平会随着交通阻塞的增加而增加(Gulian、Matthews 等,1989;Hennessy 和 Wiesenthal,1999)。Van Rooy(2006)的研究通过随机安排被试在不同交通阻塞水平下开车,并评估他们的情绪状态的方法,发现在交通阻塞严重的道路上,被试报告的压力和消极的情绪更大。类似地,Hennessy 和 Wiesenthal(1997)的研究通过让上班族在他们常规的通勤路线上驾驶的方法,发现当他们驾驶在同一段旅程的拥挤程度不同的区域时,会报告不同的驾驶压力,在拥挤程度较高时,压力状态会更显著,当然,这也与驾驶人自身压力易感性存在着个体差异相关。Evans 等研究客车驾驶员在较大区域的环境中的驾驶体验,他们发现驾驶员的压力和交通堵

塞程度的相关性高,但是同时也发现,这种相关性被内外控制因素(Evans 和 Carrere,1991)以及习得性无助(习得性无助是指个体经历某种学习后,在面临不可控情境时形成无论怎样努力也无法改变事情结果的不可控认知,继而导致放弃努力的一种心理状态)(Evans 和 Stecker,2004)给夸大了。

交通堵塞亦可以增加驾驶人的愤怒和攻击性水平,Deffenbacher 等(2003)通过驾驶模拟实验发现驾驶人在交通堵塞环境下,通过驾驶人的愤怒水平可以预测其攻击性。Underwood 等(1999)使用了音频录音机记录被试在驾驶过程中的各种体验,发现在上下班途中,阻塞的遭遇和升高的愤怒水平有关。Gulian、Glendon、Davies、Matthews 和 Debney(1989)发现,在英国,大部分的驾驶人在交通阻塞中被激怒过,这种愤怒和攻击性通常是来自"其他驾驶人"。Hennessy 和 Wiesenthal(1999)通过便携式移动电话采访了经历过真实的不同阻塞程度的加拿大驾驶人,发现他们在高阻塞环境下,更容易对其他驾驶人表现出攻击性。这和 Shinar(1998)的想法相一致,即道路攻击性可以用沮丧攻击性假设来解释,在此情况下,当某一驾驶人的预期目标受到其他驾驶人的阻止或妨碍时,该驾驶人的沮丧表现得更典型,这种沮丧会增加攻击性行为发生的可能性(取决于人格因素、过去的经验、对其他人行为的归因以及对结果的预期)。还有一些研究也支持这样的研究结论,即被其他驾驶人激惹的沮丧和愤怒,会导致该驾驶人产生攻击性(Bjoerklund,2008;Hennessy 和 Wiesenthal,2001b;Lajunen 和 Parker,2001;McGarva、Ramsey 和 Shear,2006)。

有趣的是,交通阻塞带来的负面效应还表现在驾驶以外的环境中。由交通堵塞导致的压力升高会影响到驾驶结束以后的工作表现,这个被称为"溢出效应",这一说法已经被研究结果证实了。例如,当交通阻塞和工作绩效的下降存在联系,可能会导致驾驶人在工作中出现更多的校对错误(Schaeffer 等,1988),需要更长的时间完成简单的视觉空间任务(Hennessy 和 Jakubowski,2007);交通阻塞还会导致人际关系的扰动,包括在当天工作中的攻击性水平上升(特别是在男人之间的阻挠和蓄意的敌意;Hennessy,2008)以及对不合格的应聘者消极的评价等(Van Rooy,2006)。Hennessy(2008)认为,即使驾驶时的直接情绪能够快速消散,但是来自交通环境中无法缓解的压力可能会不断地产生无意识的影响,并在驾驶结束后引起该驾驶人的一系列后续反应。

在解释阻塞环境的影响时,需要考虑的一个重要因素是时间紧迫性的混淆问题。对许多驾驶人而言,由其他驾驶人引起的延迟会影响与时间相关的经济问题或社会经验,特别是在"高峰时刻"。时间压力或时间紧迫性会限制对交通事件、车流和其他驾驶人行为的感知,进而会增加该驾驶人的压力、恼怒、挫败感、负面情绪和攻击性(Evans 和 Carrere,1991;Hennessy、Wiesenthal 和 Kohn,2000;Koslowsky,1997;Lucas 和 Heady,2002;Neighbors 等,2002)。像时间压力和不良的驾驶环境这样的日常烦恼,通常具有累加效应,即一个事件会影响另一个事件的严重性。Shinar 和 Compton(2004)的研究发现,在高峰期间,即使控制了交通量,驾驶人的攻击性驾驶行为发生的频率也还是会增加。另外,Lucas 和 Head(2002)发现,上下班时间比较自由的通勤者,较少感到时间的紧迫性,驾驶压力也更小。显而易见,驾驶人如果表现出快节奏的生活方式、高度关注时间问题以及更加在意拥堵情况,那么这将会夸大交通堵塞给该驾驶人带来的消极驾驶结果的影响。

然而,对交通阻塞研究的解释受到所选用方法的限制。交通拥堵同许多其他的环境因素一样,都很难准确衡量在实际驾驶体验之外对驾驶人的影响。使用假设的情境或者让被试回忆之前的驾驶经历(即使是最近的驾驶经历),也会因记忆问题、对社会的期望、被试的差异性以及预期效应而不准确。然而,仍然存在对实时交通事件的管控和可预测性的担忧,因为某些事件可能改变对交通拥堵的现场评估,例如警察的存在、天气或者施工的影响。而且,模拟驾驶事件会受到被试驾驶人所感知的环境的"真实"程度的限制。尽管如此,支持交通拥堵与负面驾驶结果相关性的各种方法在某种程度上具有一致性。

12.3.2 物理环境

虽然之前的研究已经确定了不良天气(如雨、雪以及雾)会提高交通事故的风险(Andrey、Mills、Leahy 和 Suggett,2003),但是许多驾驶人会采取谨慎驾驶的措施来尝试弥补此类不良环境,常见的谨慎驾驶措施有减速和加大与其他车辆的距离等(de Waard、Kruizinga 和 Brookhuis,2008;Harris 和 Houston,2010)。这符合零风险理论(Naeaetaenen 和 Summala,1976),该理论认为驾驶人会不断适应风险(即减速驾驶)直至他们主观上认为风险趋于零。然而,Kilpelaeienen 和 Summala(2007)认为在不好的天气中,很多驾驶人预测的风险并不准确,这将导致接下来他们不能合理地调整自己的驾驶行为,特别是在湿滑的道路上。

尽管某个驾驶人的个人动机很明确,是想要增加个人安全性,但是具体知觉会受到环境的影响(如对距离、驾驶的速度以及环境严重程度的不准确评估),这会导致无意的冒险行为,例如速度太快以至于缩短了车头间距(Caro、Cavallo、Marendaz、Boer 和 Vienne,2009)。在不良的天气环境中,认知负载可能也会受到影响,因为在可见度降低的情况下,驾驶人将注意力放在降低车速上,从而影响了他们对安全的评估能力,并且压力也会随之增大(Cavallo、Mestre 和 Vienne,2009)。Hill 和 Boyle(2007)也发现了不良天气以及较低的可见度会导致压力水平的升高,进而增加了交通事故的风险。

高温是影响驾驶人的另一个环境因素。高温可能会导致心理压力的产生和生理的唤醒,它会改变认知、情绪和行为。通过使用驾驶模拟器,Wyon 和 Norin(1996)发现高温会影响驾驶人的警惕性,驾驶人在高温的环境中会错过很多踩踏板的信号。此外,高温还与驾驶人攻击性行为的增加有关。Kenrick 和 MacFarlane(1986)的研究中采用让一个驾驶人在高温期间故意在绿灯亮时延迟起动车辆的方法,发现跟随其后的驾驶人(没有空调以及"热"的驾驶人)打开窗户以及鸣喇叭的次数增加。然而,需要注意的是,高温的影响可能与湿度、风力和空气压力的混合因素有关,它们能够改变"热"的体验。同时,还需要考虑高温的持续时间,因为长时间的热与临时的或波动性的热会产生不同的结果。这一点在有关热攻击性假说的研究中得到证实,该假说认为高温与攻击性呈现一种曲线关系,在长时间的极端温度下,驾驶人更愿意选择逃离行为而不是攻击性行为(Bell 和 Fusco,1989)。另外,高温导致的负面结果通常由一些社会接触或互动引发,高温导致的攻击性目标是那些被认为产生愤怒、沮丧和不当行为的人。

自然环境也可能对驾驶产生有益的影响,例如宜人的风景可能对驾驶人认知、态度、情感和行为产生有利的影响。尽管对场景的评估和感知是主观的,但仍能从中找到一致性,包括对自然景观而不是建设的城市景观的普遍偏好(Kaplan 和 Kaplan,1982)。这在交通环境中已经得到了证实,驾驶人表示自然景观不会过于凌乱,且更宜人、更有益和并且也更有吸引力(Evans 和 Wood,1980)。

　　Antonson、Mardh、Wiklund 和 Blomqvist(2009)回顾了现有的有关道路景观对驾驶行为影响的研究,发现多样的植被景观可以产生有益的影响,因为这样的景观可以增加好奇心,降低无聊感,有利于驾驶人迎接即将到来的危险和挑战。相反,常见的、可预测的或同类的景观可能会引起单调感、疲劳感,增加了驾驶风险。有学者发现在驾驶模拟实验中当驾驶人经过一条植被路线时,会开得更慢,且更靠近道路的中心。然而,也有学者发现道路景观可能会使驾驶人的压力增大,这或许是因为不熟悉的道路两侧快速变化的场景会使驾驶人产生更高的警惕。另外,Parsons、Tassinary、Ulrich、Hebel 和 Grossman-Alexander(1998)的研究通过让被试观看不同驾驶情境呈现的不同程度的道路植被,分别测量观看前后的被试的抗压能力,发现驾驶人观看植被环境后,其抗压能力增加。类似地,Cackowski 和 Nasar(2003)采用同样的方法发现那些观看了较多道路植被景观的驾驶人,会花更多的时间试图解决一个无法解决的难题,从而表现出更大的挫折容忍度。这些研究突出了自然环境对驾驶行为的积极作用。

12.3.3　驾驶文化和规范

　　文化代表了一个群体共有的规范、价值、传统以及习俗,通常用来确定群体中合理的或不合理的态度和行为。它们可以发生在一个宏观层面上(例如国家的习俗和宗教的节日)或者更为微观的层面(例如家庭传统和同伴活动)。驾驶行为和驾驶方式会受到这些文化背景的影响,因为驾驶环境是一个有着非常明确的准则和规范的社会环境,这些准则和规范会在道路使用者之间互相传递。而且,尽管交通法规、驾驶许可证取得的程序、道路类型、驾驶风格和实际的驾驶行为在不同的地域和国际上有所不同,但危险和冒险的驾驶行为还是具有跨国跨文化的普遍性。驾驶态度和驾驶风格通常是互相学习而产生的,这种学习来自父母、同辈、媒体以及其他驾驶人的影响(Hennessy、Hemingway 和 Howard,2007;Shope 和 Bingham,2008)。Elliott、Armitage 和 Baughan 使用 Ajzen(1985)有关计划行为理论作为框架,发现主观规范(感知到的压力或他人对某一行为的接受程度)与更高的超速意图有关,这可在驾驶模拟器中,通过自我报告和观察得到的加速行为结果来预测。从本质上讲,对不安全驾驶行为产生共识或共性的规范性信念可以作为个人采纳不安全驾驶行为的理由(Forward,2009)。

　　父母是影响驾驶行为的文化和规范的一个潜在来源,特别是对年轻驾驶人而言。父母对驾驶人驾驶行为的影响开始于人生的早期,在正规的"训练时间"前就已经开始对驾驶人的驾驶方式、有关安全的态度、对其他驾驶人的反应以及对交通规则的遵守进行塑造(Summala,1987)。研究发现,具有鲁莽行为的家庭经常鼓励年轻驾驶人的冒险行为(Taubman-Ben-Ari,2008)。Bianchi 和 Summala(2004)的研究进一步提出了父母的影响可能有一部分来自引导个人驾驶倾向的组合,例如刺激寻求感和注意力分配,这些都对孩子起到示范作用。研究还发现,父母在驾驶环境之外的态度和行为,特别是对限制和控制的宽容,也会影响到年轻驾驶人的驾驶行为和方式(Hartos、Eitel、Haynie 和 Simon-Morton,2000)。Shope、Waller、Raghunathan 和 Patil(2001)发现,对于高中生,父母的监督、培养以及和孩子的沟通交流会使得孩子的严重犯罪率(酒精滥用、超速行驶以及鲁莽驾驶)和交通事故的发生率(单一的车辆、出错以及饮酒)降低,而较低程度的监督、培养以及与孩子的沟通交流会使得孩子的严重犯罪率和交通事故的发生率升高。类似地,Prato、Toledo、Lotan 和 Taubman-Ben-Ari(2010)认为,如果父母能够积极地监督孩子的驾驶行为,那么年轻驾驶人的风险指数会因此降低,但是如果缺乏监督,孩子们的危险驾驶趋势会上升,如不断寻求刺激,从而增加了整体驾驶风险。

文化和规范驾驶影响的另一个重要来源是媒体。媒体倾向于将危险和风险作为驾驶的"正常"部分。尽管媒体有能力帮助传播安全驾驶文化,但在很多文化中,电视和电影美化宣传促进了超速、冒险和危险驾驶行为,并将其认为是可接受的甚至是令人钦佩的行为(Hennessy 等,2007),特别是对年轻男性驾驶人而言。与社会认知学习理论一致的是,个体通过观察和模仿别人的行为来产生自身的某种行为。观察作为学习经验的一种方式,主要强调关注他人的行为结果(Bandura,2001)。Hennessy 等发现,在模拟驾驶环境中,当驾驶人看过有关危险驾驶的电影短片后,他们的超速、违规以及摩擦碰撞行为的频率会上升。观看媒体对竞争性驾驶、超速驾驶的描述,可能会增加观众对这些行为的接受程度,并降低对悲惨结果的预期,从而增加他们在驾驶过程中的危险。

12.4 小结和展望

本章强调了个体和社会对驾驶行为的重要性。每位驾驶人都有独特而丰富的驾驶基础、技能、期望、解释,以及在不同驾驶环境下做出的反应。本章虽然提出了鉴别消极驾驶结果的模型,但也只是冰山一角。此类研究的目的是理解个人和环境在驾驶中的各种问题,以提高交通安全。然而,在此类研究中还有许多方向有待探索。

未来研究的焦点可以集中于研究更积极或安全的驾驶情绪和行为的影响因素。例如,Pecher 等(2009)发现听愉快的音乐会降低平均车速,这意味着积极的情绪能够减少驾驶人的危险行为。另外,Oezkan 和 Lajunen(2005b)认为,利用媒体资源宣传文明驾驶可以作为减少攻击性驾驶的一种方式。同样,心理学家经常强调消极的结果,而很少去关注那些可以提升积极驾驶行为的因素。比如,学者们更多地研究愤怒、攻击性以及报复等消极情绪,而很少研究"原谅"这样的情绪特质。其实,在驾驶环境中,应该选择原谅他人而不是激惹或伤害他人,这在提升驾驶人互动效果的过程中产生持久的积极影响(Moore 和 Dahlen,2008)。

另一个研究方向是从人与环境的互动扩展到人-车-环境三方互动。尽管车辆的安全问题早已是人因工效学研究的焦点,但交通心理学作为一个整体学科,却较少介入相关研究。车辆不只是个体交通的工具,更是驾驶人生活空间的一部分。诸如车辆内的舒适度、设施布局,车辆安全性、总体状况以及技术等问题,都可以通过工效设计来改变驾驶体验。在很多情况下,交通工具已变成驾驶人与同伴个人空间的延伸,驾驶人希望对此空间进行保护(Marsh 和 Collet,1987)。车辆同时提供了一种匿名环境,可以供让驾驶人隐蔽在其中,任意宣泄情绪和行为(Li 等,2004)。因此,如果不了解车辆,对驾驶行为的全方位理解就会受限。

最后,也需要保持交通研究的持续性和全球化视野。尽管目前的研究能够区分一些独特的元素,而且这些元素在不同国家具有稳定的性质,但这只是研究的初始阶段。特别是人们最近开始强调交通心理学的角色作用,努力营造交通安全文化氛围,打造那些能够渗透社会的价值观、态度以及行为,对于所有的驾驶人而言,重在建立他们对安全驾驶行为的预期和规范。例如,随着法律的更新,安全带的使用已越来越普及,过去几十年中,许多国家对安全带的使用呈现急剧增长(欧洲交通安全委员会,2006)。在这种情况下,一代又一代的人会让使用安全带作为一种驾驶行为规范,从而迫使不使用安全带的人遵守这个规范。正如本章所强调的,在人与环境的交互作用中,不断推动对驾驶安全文化和规范的持久性改变,将广泛地影响着每个国家乃至整个世界对个体驾驶行为的安全预期,因此,推动变革将有利于全球驾驶安全规范的发展。

本章参考文献

AJZEN I. From intentions to actions: A theory of planned behavior [M]. In J. Kuhl, & J. Beckman (Eds.), Action control: From cognition to behavior. Heidelberg: Springer, 1985:11-39.

ANDREW M, CRONIN C, 1997. Two measures of sensation seeking as predictors of alcohol use among high school males [J]. Personality and Individual Differences, 22:393-401.

ANDREY J, MILLS B, LEAHY M, et al, 2003. Weather as a chronic hazard for road transportation in Canadian cities [J]. Natural Hazards, 28:319-343.

ANTONSON H, MARDH S, WIKLUND M, et al, 2009. Effect of surrounding landscape on driving behavior: A driving simulator study [J]. Journal of Environmental Psychology, 29:493-502.

ARNETT J, 1994. Sensation seeking: A new conceptualisation and a new scale [J]. Personality and Individual Differences, 16:289-296.

ARNETT J, BALLE-JENSEN L, 1993. Cultural bases of risk behavior: Danish adolescents. Development, 64:1842-1855.

ARTHUR W, DOVERSPIKE D, 1992. Locus of control and auditory selective attention as predictors of driving accident involvement: A comparative longitudinal investigation [J]. Journal of Safety Research, 23:73-80.

BANDURA A, 2001. Social cognitive theory: An agentic perspective [J]. Annual Review of Psychology, 52:1-26.

BEIRNESS D J, 1993. Do we really drive as we live? The role of personality factors in road crashes [J]. Alcohol, Drugs and Driving, 9:129-143.

BELL P A, FUSCO M E, 1989. Heat and violence in the Dallas field data: Linearity, curvilinearity, and heteroscedasticity [J]. Journal of Applied Social Psychology, 19:1479-1482.

BENER A, ÖZKAN T, LAJUNEN T, 2008. The Driver Behaviour Questionnaire in Arab Gulf countries: Qatar and United Arab Emirates [J]. Accident Analysis and Prevention, 40:1411-1417.

BERKOWITZ L, 1993. Aggression: Its causes, consequences, and control [M]. Boston:

McGraw-Hill.

BETTENCOURT B A, TALLEY A, BENJAMIN A J, et al, 2006. Personality and aggressive behavior under provoking and neutral conditions: A meta-analytic review [J]. Psychological Bulletin, 132:751-777.

BIANCHI A, SUMMALA H, 2004. The "genetics" of driving behavior: Parents' driving style predicts their children's driving style [J]. Accident Analysis and Prevention, 36:655-659.

BJÖRKLUND G M, 2008. Driver irritation and aggressive behaviour [J]. Accident Analysis and Prevention, 40:1069-1077.

BRECKENRIDGE R L, DODD M O, 1991. Locus of control and alcohol placebo-effects on performance in a driving simulator [J]. Perceptual and Motor Skills, 72:751-756.

BRITT T W, GARRITY M J, 2006. Attributions and personality as predictors of the road rage response [J]. British Journal of Social Psychology, 45:127-147.

BULMASH E L, MOLLER H J, KAYUMOV L, et al, 2006. Psychomotor disturbance in depression: Assessment using a driving simulator paradigm [J]. Journal of Affective Disorders, 93:213-218.

BURNS P C, WILDE G J S, 1995. Risk-taking in male taxi drivers: Relationships among personality, observational data and driver records [J]. Personality and Individual Differences, 18:267-278.

CACKOWSKI J M, NASAR J L, 2003. The restorative effects of roadside vegetation: Implications for automobile driver anger and frustration [J]. Environment and Behavior, 35:736-751.

CARO S, CAVALLO V, MARENDAZ C, et al, 2009. Can headway reduction in fog be explained by impaired perception of relative motion? [J]. Human Factors, 51:378-392.

CAVAIOLA A A, DESORDI E G, 2000. Locus of control in drinking driving offenders and non-offenders [J]. Alcoholism Treatment Quarterly, 18:63-73.

CAVALLO V, MESTRE D, BERTHELON C. Visual and spatiotemporal factors [M]. In J. A. Rothengatter, & E. J. Carbonell Vaya (Eds.), Time-to-collision judgments: Traffic and transport psychology: Theory and applications. Amsterdam: Pergamon, 1997:97-111.

DAHLEN E R, MARTIN R C, RAGAN K, et al, 2005. Driving anger, sensation seeking, impulsiveness, and boredom proneness in the prediction of unsafe driving [J]. Accident Analysis and Prevention, 37:341-348.

DAHLEN E R, WHITE R P, 2006. The Big Five factors, sensation seeking, and driving anger in the prediction of unsafe driving [J]. Personality and Individual Differences, 41:903-915.

DE WAARD D, KRUIZINGA A, BROOKHUIS K A, 2008. The consequences of an increase in heavy goods vehicles for passenger car drivers' mental workload and behaviour: A simulator study [J]. Accident Analysis and Prevention, 40:818-828.

DEFFENBACHER J L, DEFFENBACHER D M, LYNCH R S, et al, 2003. Anger, aggression, and risky behavior: A comparison of high and low anger drivers [J]. Behaviour Research and Therapy, 41:701-718.

DEFFENBACHER J L, HUFF M E, LYNCH R S, et al,2000. Characteristics and treatment of high-anger drivers [J]. Journal of Counseling Psychology, 47:5-17.

DEFFENBACHER J L, LYNCH R S, OETTING E R, et al,2001. Driving anger: Correlates and a test of state-trait theory [J]. Personality and Individual Differences, 31:1321-1331

DEFFENBACHER J L, OETTING E R, LYNCH R S,1994. Development of a driving anger scale [J]. Psychological Reports, 74:83-91.

DESMOND P A, MATTHEWS G,2009. Individual differences in stress and fatigue in two field studies of driving [J]. Transportation Research Part F: Traffic Psychology and Behaviour, 12: 265-276.

DOOB A N, GROSS A E,1968. Status of frustrator as an inhibitor of horn honking responses [J]. Journal of Social Psychology, 76:213-218.

DORN L, MATTHEWS G,1995. Prediction of mood and risk appraisals from trait measures: Two studies of simulated driving [J]. European Journal of Personality, 9:25-42.

ELLIOTT M A, ARMITAGE C J, BAUGHAN C J,2007. Using the theory of planned behaviour to predict observed driving behaviour [J]. British Journal of Social Psychology, 46:69-90.

European Transport Safety Council, 2006. Seat belt reminders increasingly standard in Europe but not in all countries. [EB/OL]. [2009-7-5]. http://www.etsc.eu/documents/Press%20release%20PIN%20Flash%203.pdf.

EVANS G W, CARRÈRE S,1991. Traffic congestion, perceived control, and psychophysiological stress among urban bus drivers[J]. Journal of Applied Psychology, 76:658-663.

EVANS G W, STECKER R,2004. Motivational consequences of environmental stress[J]. Journal of Environmental Psychology, 24:143-165.

EVANS G W, WOOD K W, 1980. Assessment of environmental aesthetics in scenic highway corridors[J]. Environment and Behavior, 12:255-273.

FORWARD S E,2009. The theory of planned behaviour: The role of descriptive norms and past behaviour in the prediction of drivers' intentions to violate[J]. Transportation Research Part F: Traffic Psychology and Behaviour, 12:198-207.

GIDRON Y, GAL R, DESEVILYA H S,2003. Internal locus of control moderates the effects of road hostility on recalled driving behavior [J]. Transportation Research Part F: Traffic Psychology and Behaviour, 6: 109-116.

GLENDON A I, DORN L, MATTHEWS G, et al,1993. Reliability of the Driving Behavior Inventory[J]. Ergonomics, 36:719-726.

GREENE K, KRCMAR M, WALTERS L H, et al, 2000. Targeting adolescent risk-taking behaviors: The contributions of egocentrism and sensation seeking[J]. Journal of Adolescence, 23:439-461.

GUASTELLO S J, GUASTELLO D D,1986. The relation between the locus of control construct and involvement in traffic accidents[J]. Journal of Psychology, 120:293-297.

GULIAN E, GLENDON A I, DAVIES D R, et al. Coping with driver stress [M]. In F.

McGuigan, W. E. Sime, & J. M. Wallace (Eds.), Stress and tension control, Vol. 3. New York: Plenum,1989:173-186.

GULIAN E, MATTHEWS G, GLENDON A I, et al, 1989. Dimensions of driver stress[J]. Ergonomics, 32:585-602.

GULLIVER P, BEGG D, 2007. Personality factors as predictors of persistent risky driving behavior and crash involvement among young adults[J]. Injury Prevention, 13:376-381.

HARRIS P B, HOUSTON J M, 2010. Recklessness in context: Individual and situational correlates to aggressive driving[J]. Environment and Behavior, 42:44-60.

HARTOS J L, EITEL P, HAYNIE D L, et al, 2000. Can I take the car? Relations among parenting practices and adolescent problem-driving practices [J]. Journal of Adolescent Research, 15:352-367.

HENNESSY D A, 2008. The impact of commuter stress on workplace aggression[J]. Journal of Applied Social Psychology, 38:2315-2335.

HENNESSY D A, HEMINGWAY J, HOWARD S. The effects of media portrayals of dangerous driving on young drivers' performance[M]. In F. N. Gustavvson (Ed.), New transportation research progress. New York: Nova Science,2007:143-156.

HENNESSY D A, JAKUBOWSKI R, 2007. The impact of visual perspective and anger on the actoreobserver bias among automobile drivers [J]. Traffic Injury Prevention, 8:115-122.

HENNESSY D A, WIESENTHAL D L,1997. The relationship between traffic congestion, driver stress, and direct versus indirect coping behaviour [J]. Ergonomics, 40:348-361.

HENNESSY D A, WIESENTHAL D L, 1999. Traffic congestion, driver stress, and driver aggression [J]. Aggressive Behavior, 25:409-423.

HENNESSY D A, WIESENTHAL D L, 2001a. Further validation of the driving vengeance questionnaire [J]. Violence and Victims, 16:565-573.

HENNESSY D A, WIESENTHAL D L,2001b. Gender, driver aggression, and driver violence: An applied evaluation [J]. Sex Roles, 44:661-676.

HENNESSY D A, WIESENTHAL D L, 2002. The relationship between driver aggression, vengeance, and violence [J]. Violence and Victims, 17:707-718.

HENNESSY D A, WIESENTHAL D L,2005. Driving vengeance and willful violations: Clustering of problem driving attitudes [J]. Journal of Applied Social Psychology, 35:61-79.

HENNESSY D A, WIESENTHAL D L, KOHN P M,2000. The influence of traffic congestion, daily hassles, and trait stress susceptibility on state driver stress: An interactive perspective [J]. Journal of Applied Biobehavioral Research, 5:162-179.

HILL J D, BOYLE L N, 2007. Driver stress as influenced by driving maneuvers and roadway conditions [J]. Transportation Research Part F: Traffic Psychology and Behaviour, 10: 177-186.

HOLLAND C, GERAGHTY J, SHAH K,2010. Differential moderating effect of locus of control on effect of driving experience in young male and female drivers [J]. Personality and

Individual Differences, 48:821-826.

HOYT M F,1973. Internaleexternal control and beliefs about automobile travel [J]. Journal of Research in Personality, 7:288-293.

IVERSEN H, RUNDMO T, 2002. Personality, risky driving and accident involvement among Norwegian drivers[J]. Personality and Individual Differences, 33:1251-1263.

JONAH B A,1997. Sensation seeking and risky driving: A review and synthesis of the literature [J]. Accident Analysis and Prevention, 29:651-665.

JONAH B A, THIESSEN R, AU-YEUNG E, 2001. Sensation seeking, risky driving and behavioral adaptation [J]. Accident Analysis and Prevention, 33:679-684.

KAPLAN S, KAPLAN R,1982. Cognition and environment: Functioning in an uncertain world [M]. New York: Praeger.

KENRICK D T, MACFARLANE S W, 1986. Ambient temperature and horn honking: A field study of the heat aggression relationship [J]. Environment and Behavior, 18:179-191.

KILPELÄINEN M, SUMMALA H, 2007. Effects of weather and weather forecasts on driver behaviour [J]. Transportation Research Part F: Traffic Psychology and Behaviour, 10: 288-299.

KING Y, PARKER D, 2008. Driving violations, aggression and perceived consensus [J]. European Review of Applied Psychology, 58:43-49.

KONTOGIANNIS T,2006. Patterns of driver stress and coping strategies in a Greek sample and their relationship to aberrant behaviors and traffic accidents [J]. Accident Analysis and Prevention, 38:913-924.

KONTOGIANNIS T, KOSSIAVELOU Z, MARMARAS N,2002. Self-reports of aberrant behaviour on the roads: Errors and violations in a sample of Greek drivers[J]. Accident Analysis and Prevention, 34:381-399.

KOSLOWSKY M,1997. Commuting stress: Problems of definition and variable identification [J]. Applied Psychology: An International Review, 46:153-173.

LAJUNEN T, CORRY A, SUMMALA H, et al,1998. Cross-cultural differences in drivers' self-assessments of their perceptual-motor and safety skills: Australians and Finns [J]. Personality and Individual Differences, 24:539-550.

LAJUNEN T, PARKER D, 2001. Are aggressive people aggressive drivers? A study of the relationship between self-reported general aggressiveness, driver anger and aggressive driving [J]. Accident Analysis and Prevention, 33:243-255.

LAJUNEN T, PARKER D, SUMMALA H, 2004. The Manchester Driver Behaviour Questionnaire: A cross-cultural study [J]. Accident Analysis and Prevention, 36:231-238.

LAJUNEN T, SUMMALA H,1995. Driving experience, personality, and skill and safety motive dimensions in drivers self-assessments [J]. Personality and Individual Differences, 19: 307-318.

LANGFORD C, GLENDON A I,2002. Effects of neuroticism, extraversion, circadian type and age on reported driver stress [J]. Work and Stress, 16:316-334.

LEVENSON H. Differentiating among internality, powerful others, and chance [M]. In H. Lefcourt (Ed.), Research with the locus of control construct. New York: Academic Press, 1981:15-63.

LAWTON R, PARKER D, MANSTEAD A S R, et al,1997. The role of affect in predicting social behaviors: The case of road traffic violations [J]. Journal of Applied Social Psychology, 27: 1258-1276.

LI F, LI C, LONG Y, et al,2004. Reliability and validity of aggressive driving measures in China [J]. Traffic Injury Prevention, 5:349-355.

LUCAS J L, HEADY R B,2002. Flextime commuters and their driver stress, feelings of time urgency, and commute satisfaction [J]. Journal of Business and Psychology, 16:565-571.

MARSH P, COLLETT P,1987. The car as a weapon [J]. Et Cetera, 44:146-151.

MATTHEWS G. A transactional model of driver stress [M]. In P. Hancock, & P. Desmond (Eds.), Stress, workload, and fatigue. Mahwah, NJ: Erlbaum,2001:133-166.

MATTHEWS G,2002. Towards a transactional ergonomics for driver stress and fatigue [J]. Theoretical Issues in Ergonomics Science, 3:195-211.

MATTHEWS G, DESMOND P A, JOYNER L A, et al. A comprehensive questionnaire measure of driver stress and affect [M]. In J. A. Rothengatter, & E. J. Carbonell Vay'a (Eds.), Traffic and transport psychology: Theory and applications. Amsterdam: Pergamon, 1997: 317-324.

MATTHEWS G, DORN L, GLENDON A I,1991. Personality-correlates of driver stress [J]. Personality and Individual Differences, 12: 535-549.

MATTHEWS G, DORN L, HOYES T W, et al,1998. Driver stress and performance on a driving simulator [J]. Human Factors, 40:136-149.

MATTHEWS G, SPARKES T J, BYGRAVE H M, 1996. Attentional overload, stress, and simulated driving performance [J]. Human Performance, 9:77-101.

MATTHEWS G, TSUDA A, XIN G, et al, 1999. Individual differences in driver stress vulnerability in a Japanese sample [J]. Ergonomics, 42:401-415.

MAXWELL J P, GRANT S, LIPKIN S,2005. Further validation of the Propensity for Angry Driving Scale in British drivers [J]. Personality and Individual Differences, 38:213-224.

MCGARVA A R, RAMSEY M, SHEAR S A,2006. Effects of driver cell-phone use on driver aggression [J]. Journal of Social Psychology, 146:133-146.

MESKEN J, HAGENZIEKER M P, ROTHENGATTER T, et al,2007. Frequency, determinants, and consequences of different drivers' emotions: An on-the-road study using self reports, (observed) behaviour, and physiology [J]. Transportation Research Part F: Traffic Psychology and Behaviour, 10:458-475.

MILLAR M,2007. The influence of public self-consciousness and anger on aggressive driving [J]. Personality and Individual Differences, 43:2116-2126.

MILLER R L, MULLIGAN R D,2002. Terror management: The effects of mortality salience and locus of control on risk-taking behaviors [J]. Personality and Individual Differences, 33:1203-1214.

MONTAG I, COMREY A L,1987. Internality and externality as correlates of involvement in fatal driving accidents [J]. Journal of Applied Psychology, 72:339-343.

MOORE M, DAHLEN E R, 2008. Forgiveness and consideration of future consequences in aggressive driving [J]. Accident Analysis and Prevention, 40:1661-1666.

NÄÄTÄNEN R, SUMMALA H,1976. Road user behavior and traffic accidents[M]. Amsterdam: North Holland.

NEIGHBORS C, VIETOR N A, KNEE C R,2002. A motivational model of driving anger and aggression[J]. Personality and Social Psychology Bulletin, 28:324-335.

OLTEDAL S, RUNDMO T,2006. The effects of personality and gender on risky driving behaviour and accident involvement[J]. Safety Science, 44:621-628.

ÖZ B, ÖZKAN T,LAJUNEN T,2010. Professional and non-professional drivers' stress reactions and risky driving[J]. Transportation Research Part F: Traffic Psychology and Behaviour, 13: 32-40.

ÖZKAN T, LAJUNEN T, 2005a. Multidimensional Traffic Locus of Control Scale (T-LOC): Factor structure and relationship to risky driving[J]. Personality and Individual Differences, 38:533-545.

ÖZKAN T, LAJUNEN T,2005b. A new addition to DBQ: Positive Driver Behaviours Scale[J]. Transportation Research Part F: Traffic Psychology and Behaviour, 8:355-368.

PARKER D, LAJUNEN T, SUMMALA H, 2002. Anger and aggression among drivers in three European countries[J]. Accident Analysis and Prevention, 34:229-235.

PARSONS R, TASSINARY L G, ULRICH R S, et al, 1998. The view from the road: Implications for stress recovery and immunization[J]. Journal of Environmental Psychology, 18:113-140.

PÊCHER C, LEMERCIER C, CELLIER J M, 2009. Emotions drive attention: Effects on driver's behaviour[J]. Safety Science, 47:1254-1259.

PRATO C G, TOLEDO T, LOTAN T, et al,2010. Modeling the behavior of novice young drivers during the first year after licensure[J]. Accident Analysis and Prevention, 42:480-486.

RICCIO-HOWE L A,1991. Health values, locus of control, and cues to action as predictors of adolescent safety belt use[J]. Journal of Adolescent Health, 12:256-262.

RICHER I, BERGERON J,2009. Driving under the influence of cannabis: Links with dangerous driving, psychological predictors, and accident involvement [J]. Accident Analysis and Prevention, 41:299-307.

RIMMÖ A, ABERG L,1999. On the distinction between violations and errors: Sensation seeking associations[J]. Transportation Research Part F: Traffic Psychology and Behaviour, 2: 151-166.

ROTTER J B,1966. Generalized expectancies for internal versus external control of reinforcement [J]. Psychological Monographs, 80:1-28.

ROTTON J, GREGORY P J, VAN ROOY D L. Behind the wheel: Construct validity of aggressive driving scales [M]. In D. A. Hennessy, & D. L. Wiesenthal (Eds.), Contemporary issues in road user behavior and traffic safety. New York: Nova Science,2005: 37-46.

SCHAEFFER M H, STREET S W, SINGER J E, et al,1988. Effects of control on the stress reactions of commuters[J]. Journal of Applied Social Psychology, 18:944-957.

SCHWERDTFEGER A, HEIMS R, HEER J,2010. Digit ratio (2D:4D) is associated with traffic violations for male frequent car drivers[J]. Accident Analysis and Prevention, 42:269-274.

SHAHAR A,2009. Self-reported driving behaviors as a function of trait anxiety[J]. Accident Analysis and Prevention, 41:241-245.

SHINAR D, 1998. Aggressive driving: The contribution of the drivers and the situation[J]. Transportation Research Part F: Traffic Psychology and Behaviour, 1:137-159.

SHINAR D, COMPTON R,2004. Aggressive driving: An observational study of driver, vehicle, and situational variables[J]. Accident Analysis and Prevention, 36:429-437.

SHOPE J T, BINGHAM C R, 2008. Teen driving: Motor-vehicle crashes and factors that contribute[J]. American Journal of Preventive Medicine, 35:S261-S271.

SHOPE J T, WALLER P F, RAGHUNATHAN T E, et al,2001. Adolescent antecedents of high-risk driving behavior into young adulthood: Substance use and parental influences [J]. Accident Analysis and Prevention, 33:649-658.

SPEILBERGER C D, 1988. State-Trait Anger Expression Inventory [M]. Odessa, FL: Psychological Assessment Resources.

STEPHENS A N, GROEGER J A, 2009. Situational specificity of trait influences on drivers' evaluations and driving behaviour[J]. Transportation Research Part F: Traffic Psychology and Behaviour, 12:29-39.

STOKOLS D, NOVACO R W, STOKOLS J, et al,1978. Traffic congestion, type-A behavior, and stress[J]. Journal of Applied Psychology, 63:467-480.

SULLMAN M J M,2006. Anger amongst New Zealand drivers[J]. Transportation Research Part F: Traffic Psychology and Behaviour, 9:173-184.

SÜMER N,2003. Personality and behavioral predictors of traffic accidents: Testing a contextual mediated model[J]. Accident Analysis and Prevention, 35:949-964.

SUMMALA H,1987. Young driver accidents: Risk taking or failure of skills[J]. Alcohol, Drugs and Driving, 3:79-91.

TAUBMAN-BEN-ARI O,2008. Motivational sources of driving and their associations with reckless driving cognitions and behavior[J]. European Review of Applied Psychology, 58:51-64.

UNDERWOOD G, CHAPMAN P, WRIGHT S, et al, 1999. Anger while driving [J]. Transportation Research Part F: Traffic Psychology and Behaviour, 2:55-68.

VAN ROOY D L,2006. Effects of automobile commute characteristics on affect and job candidate evaluations: A field experiment[J]. Environment and Behavior, 38:626-655.

VAN ROOY D L, ROTTON J, BURNS T M,2006. Convergent, discriminant, and predictive validity of aggressive driving inventories: They drive as they live[J]. Aggressive Behavior, 32: 89-98.

WARNER H W, ÖZKAN T, LAJUNEN T,2010. Can the traffic locus of control (T-LOC) scale be successfully used to predict Swedish drivers' speeding behaviour[J]. Accident Analysis & Prevention, 42:1113-1117.

WAYLEN A E, MCKENNA F P, 2008. Risky attitudes towards road use in pre-drivers[J]. Accident Analysis and Prevention, 40:905-911.

WICKENS C M, WIESENTHAL D L, 2005. State driver stress as a function of occupational stress, traffic congestion, and trait stress susceptibility[J]. Journal of Applied Biobehavioral Research, 10:83-97.

WIESENTHAL D L, HENNESSY D A, GIBSON P M, 2000. The Driving Vengeance Questionnaire (DVQ): The development of a scale to measure deviant drivers' attitudes[J]. Violence and Victims, 15:115-136.

WIESENTHAL D L, HENNESSY D A, TOTTEN B,2000. The influence of music on driver stress [J]. Journal of Applied Social Psychology, 30:1709-1719.

WILKOWSKI B M, ROBINSON M D, 2010. The anatomy of anger: An integrative cognitive model of trait anger and reactive aggression[J]. Journal of Personality, 78:9-38.

WONG J T, CHUNG Y S, HUANG S H,2010. Determinants behind young motorcyclists' risky riding behavior[J]. Accident Analysis and Prevention, 42:275-281.

WYON D P, WYON I, NORIN F,1996. Effects of moderate heat stress on driver vigilance in a moving vehicle[J]. Ergonomics, 39:61-75.

YAGIL D,2001. Reasoned action and irrational motives: A prediction of drivers' intention to violate traffic laws[J]. Journal of Applied Social Psychology, 31:720-740.

YASAK Y, ESIYOK B, 2009. Anger amongst Turkish drivers: Driving Anger Scale and its adapted,long and short version[J]. Safety Science, 47:138-144.

ZUCKERMAN M,1994. Behavioral expressions and biosocial bases of sensation seeking[M]. New York: Cambridge University Press.

ZUCKERMAN M,2007. The Sensation Seeking Scale V (SSS-V): Still reliable and valid[J]. Personality and Individual Differences, 43:1303-1305.

第 13 章 心理健康与驾驶

乔安妮 E. 泰勒(Joanne E. Taylor)
新西兰,北帕默斯顿,梅西大学(Massey University,Palmerston North,New Zealand)

13.1 心理健康的影响

在 2009 年 9 月 6 日,新西兰的一个高级法院陪审团裁决了一个案件,一名 50 岁的男子于 2008 年 6 月 3 日在试图自杀时撞上了一个年轻的新婚女性的车,导致了这名女性的死亡。他之前曾几次试图自杀,包括有一次喝了刮胡水和洗涤剂。交通事故发生当晚,他和妻子吵了一架之后出了门,在那天下午去了 3 次一家卖酒的商店,据说他摇摆地走进了他的车,大约在下午 6 点钟时,他打电话给他的妻子,说他在寻找一个大型半挂货车。然后在那天晚上,他开车首先直接撞向了 4 辆车,越过车道中心线且没有试图转弯。随后他撞向了一辆载着一名男子以及他的两个小孩的车,他们正在从足球场回家的路上,而后他又撞向了一对新婚夫妇的车头。导致车上的女乘客当场死亡。事故发生后,急救人员在肇事男子的车里发现了许多空啤酒瓶,并且他腿上还有一罐满满的啤酒。

故意引发交通事故以便自杀是一个心理健康对驾驶影响的极端例子。心理健康可通过许多其他方式来影响驾驶,相反,驾驶也可以影响心理健康,特别在车辆碰撞(MVC)后。驾驶环境的动态性质对研究者来说是一个充满挑战的领域。当前,在这个研究领域产生了两个独立的方向:交通心理研究,它检测心理健康对驾驶的影响,主要试图辨别那些也许会增加车辆碰撞事故可能性的因素;心理健康研究,它探究车辆碰撞事故引起的各类心理后果。

13.2 心理健康对驾驶的影响

驾驶是一个高度复杂的过程。作为驾驶系统的信息处理器,驾驶人必须一直接收、处理以及响应来自不断变化的环境中的信息,且调节其内部状态。所以,他们需要高效的认知处理能力和强大的内部处理功能。一些因素会以不同的方式影响认知功能的效率,这也许会增加驾驶人和其他道路使用者卷入 MVC 的风险中。在试图理解 MVC 的人为原因后,研究者已经进行了一系列有关人类因素的研究,包括情绪、攻击性、冒险行为、疲劳、压力、年龄、性别、大脑损伤、吸毒行为以及精神病症状(Little,1970;Mcdonald 和 Davey,1996;Shinar,1978;Taylor 和 Dorn,2006)。这些因素中的一些在本书中已经仔细探讨了(例如 12 章、17 章以及 21 章),因此本章将重点集中于心理健康与驾驶间的关系。本章回顾了这个领域的大部分有关车辆碰撞事故受害者精神病理学的研究以及实验室研究为基础的心理健康特征,综述了一些也许会损害和影响驾驶行为的因素,例如注意力、集中能力、记忆、警觉性、冲动控制、驾驶决策、问题解决、反应时间和精神运动性控制。

很长时间以来,人们一直认为,心理健康也许对道路安全有一定的影响,特别是那些精神健康问题,例如精神病、不良情绪、焦虑,或者药物滥用,更有可能与车辆碰撞事故有关。这个领域的综述已经发表了很多,尽管它们有些过时(McDonald 和 Davey,1996;Metzner 等,1993;Noyes,1985;Silverstone,1988;Tsuang、Boor 和 Fleming,1985)。早期的研究调查了那些后来被称为"事故易发"的驾驶人,报告了他们的社会偏移性特征(Tillman 和 Hobes,1949)以及很高的酗酒频率(Selling,1940)。Crancer 和 Quiring(1969)发现有人格障碍的人比控制组的交通事故发生率高出144%,比精神障碍患者高出49%,与精神分裂症组相比没有明显增加。

从早期的研究开始,其他的研究中相继报告酗酒和人格障碍的人群会有更高的交通事故率,特别是反社会人格障碍(Armstrong 和 Whitlock,1980;Dumais 等,2005;Elkema、Brosseau、Koshick 和 McGee,1970;Selzer、Payne、Westervelt 和 Quinn,19667;Waller 和 Turkel,1966;也可见 Tsuang 等的文献综述,1985),并且这些人在车辆碰撞事故中会有更高的死亡率(Rorsman、Hagnell 和 Lanke,1982;Schuckit 和 Gunderson,1977)。其他研究并没有发现有精神病史的人发生事故的可能性会增加,尽管这些研究受到方法学问题的限制,如排除有药物相关问题的人群(Gushman、Good 和 States,1990;Kastrup、Dunpont、Bille 和 Lund,1997)。实验室或现场研究报告得出结果喜忧参半,例如精神分裂症患者组与正常控制组相比,在模拟器中表现出较低的驾驶速度,但却出现更多的错误和事故(St. Germain、Kurtz、Pearlson 和 Astur,2004),精神病病人会有一些精神病症状的表现(de la Cuevas Castresana 和 Alvarez,2009)。

然而,心理健康和驾驶之间的关系是很复杂的,简单的检查有或没有各种不同形式的精神症状患者 MVC 的比例,不能证明精神病理在事故中起因果作用。事故之前往往会发生令人压力很大的生活事件,例如人际关系问题,以及在酒精和其他药物滥用的影响下驾驶(Noyes,1985)。不同的机制被用来解释不同类型的心理健康问题与车辆碰撞事故的关系。McDonald 和 Davey(1996)提供了有关这些因素的详细回顾,该综述做了简要的列举。

13.2.1 酒精和药物使用问题

酒精对生理、认知以及行为有很大的影响,例如减缓反应时间、协调能力和注意力的问题、减缓控制行为发生、增加车辆碰撞风险。该风险在有病理基础的酒精问题的驾驶人身上会更大,例如酒精滥用或依赖(这也许会和其他精神病理学共病,例如反社会人格、行为障碍特征、抑郁、创伤性应激障碍;de Rio 和 Alvarez,2001;del Rio、GonzalezLuque 和 Alvarez,2001;McDonald 和 Davey,1996;McMillan 等,2008;Stoduto 等,2008)。一些流行病学研究分析了精神病如何影响酒后驾车行为,并报告了人一生中发生酒精使用障碍的概率是41%~91%,其他药物使用障碍的概率为26%~40%(de Baca、Lapham、Skipper 和 Hunt,2004;Lapham、de Baca、McMillan 和 Lapidus,2006;Lapham 等,2001;McCutcheon 等,2009;Palmer、Ball、Rounsaville 和 O'Malley,2007;Shaffer 等,2007)。治疗精神病的药物使用也和有精神健康问题的驾驶人有关,尽管这些药物大部分被认为不会影响驾驶行为,除非驾驶人服用药物时饮酒或滥用这些药物(Hole,2007,2008)。

13.2.2 人格特征和障碍

在一些情况下,例如酗酒的症状可以直接影响车辆控制,由此会导致危险和不安全驾驶。然而在其他研究中,如人格障碍,与心理健康问题和驾驶行为的关系没有那么明显,驾驶行为也可能会受到一些联合因素的影响,包括人格特征,如攻击性、敌意、冲动和冒险。这些特征也许会通过出错和违规等驾驶行为对车辆碰撞事故有着间接的影响(Donovan 和 Marlatt,1982;Shaw 和 Sichel,1971;Wilson 和 Jonah,1988;Zuckerman 和 Neeb,1980)。

一些研究试图通过一系列的人格因素和驾驶行为预测事故的牵连情况(Kim、Nitz、Richardson 和 Li,1995;Norris、Matthews 和 Riad,2000;Rimmö 和 Åberg,1999;Ul leberg 和 Rundmo,2003;West、Elander 和 French,1993)。Sümer(2003)提出了一个相当复杂的、预测车辆碰撞事故人员的人格和行为因素调节模型,这个模型区分了土耳其 295 位职业驾驶员的近端和远端因素。心理症状,包括焦虑、抑郁、敌意以及精神病理特征,对异常的驾驶行为有直接的影响,而酗酒导致的驾驶人控制能力失调对发生事故的数量产生间接的影响(通过异常驾驶行为)(Sümer,2003)。其他的研究者也支持采用多种人格预测因子对不安全驾驶行为进行预测,这些方法在不同层面与驾驶行为的多方面有关(Dahlen 和 White,2006)。

13.2.3 愤怒

除了对人格特征和驾驶关系的研究外,过去 10 年中,对于驾驶环境中的愤怒的研究越来越多,也引起了对路怒症的相关研究(Galovski、Malta 和 Blanchard,2006;Hole,2007)。研究集中在开发测量驾驶愤怒的工具,以及区分攻击性驾驶行为和想法与有风险但没有攻击性的行为(Deffenbacher、Lynch、Oetting 和 Swaim,2002;Deffenbacher、Oetting 和 Lynch,1994;Deffenbacher、White 和 Lynch,2004;DePasquale、Geller、Clarke 和 Littleton,2001;Lajunen、Parker 和 Stradling,1998)。还有的研究探索了愤怒驾驶和精神病理性攻击的关系,他们发现攻击性的驾驶人更容易产生不同类型的心理健康问题,特别是间歇性的障碍,比如,容易对酒精和药物滥用及依赖,或者是反社会型和边缘人格障碍、行为障碍以及注意力缺乏或多动障碍(Fong、Frost 和 Stansfeld,2001;Galovski、Blanchard 和 Veazey,2002;Malta、Blanchard 和 Freidenberg,2005)。路怒症的受害者也面临着发展性心理健康问题的风险(Smart、Ashbridge、Mann 和 Adlaf,2003)。

尽管据报告愤怒和具有攻击性的驾驶人倾向于做出更危险的驾驶行为,但大多数研究发现驾驶愤怒与事故的牵连情况不显著相关(Sullman,2006;Van Rooy、Rotton 和 Burns,2006),也有的研究发现整体的愤怒,排除其他变量,能显著预测交通事故的可能性(Sullman、Gras、Cunill、Planes 和 Font-Mayolas,2007)。驾驶愤怒和攻击性通常被认为是一个复杂的问题,它们取决于驾驶人的性格以及当时的情境(Lajunen 和 Parker,2001;Shinar,1998)。

13.2.4 抑郁

在事故样本分析中,由于抑郁因素导致事故的比例不是非常清晰。在一些情况下,低落的情绪和抑郁会与自残和自杀有重叠(McDonald 和 Davey,1996),同时我们在判断抑郁的时候用的是自我报告方式的问卷而不是诊断性的方法（Hilton、Staddon、Sheridan 和 Whiteford，2009）。其他有关抑郁和驾驶的关系在评估情绪对驾驶的影响的大背景下得到研究，它可能和各种因素都有关系，包括开车前的情绪和环境、开车时的交通情境以及开车时产生的想法（Banuls Egeda、Carbonell Vaya、Casanoves 和 Chisvert, 1997; Levelt, 2003）。例如，Mesken、Hagenzieker、Rothengatter 以及 de Waard（2007）发现，驾驶时的情绪与情绪特质和交通事件有关，如被其他人抱怨所产生的愤怒以及由情境抱怨所引起的愤怒和影响安全的事件。

13.2.5 焦虑

一般有关驾驶的文献中，如果探讨人格类型和特质以及压力（Gulian、Glendon、Matthews、Davies 和 Debney, 1988, 1990; Heimatra, 1970; Hentschel、Bijleveld、Kiessling 和 Hosemann, 1993）都会涉及焦虑对驾驶的影响（Evans, 1991; Foot 和 Chapman, 1982; Heimstra、Ellingstad 和 Dekock, 1967; Little, 1970; Loo, 1979; Shinar, 1978; Shoham、Rahav、Markovski、Chard 和 Baruch, 1984; Silverstone, 1988; Wilson 和 Greensmith, 1983）。一些研究表明，焦虑必然会影响驾驶行为。Shoham 等（1984）使用人格变量组合来预测驾驶人经常卷入交通事故的可能性，他们认为，有焦虑特质的驾驶人会体现出对交通规范的高内化，以及高焦虑水平的驾驶人在驾驶所需的基本机制中表现出低生理-心理控制（第184页）。其他作者认为，焦虑会以一种更复杂的方式影响驾驶，而且也许会有一些促进的、积极的影响，特别是对于驾驶人的行为和技能（Kottenhoff, 1961; O'Hanlon、Vermeeren、Uiterwijk、Van Veggel 和 Swijgman, 1995; Payne 和 Corley, 1994; Silverstone, 1988）。例如，适度的焦虑也许能够让驾驶人具备驾驶所需要的基本技能，并将注意力集中于潜在的威胁上，以便在需要时采取合理的措施（Walkin, 1993），然而高度的焦虑可能会干扰驾驶人的表现，而且能够通过出错、优柔寡断以及犹豫增加车辆碰撞的风险（Carbonell、Banuls、Chisvert、Monteagudo 和 Paastor, 1997; Silverstone, 1988; Walkin, 1993）。Yinon 和 Levian（1988）发现，驾驶人对其他驾驶人的焦虑会导致自己和相关任务的注意力产生分化。尽管在焦虑障碍的重点是威胁评估，但也许真的可以解释焦虑实验组的车辆碰撞水平并没有正常组高（McDonald 和 Davey, 1996）。事实上，Taylor、Deane 以及 Podd（2007）发现焦虑的驾驶人会比对照组的驾驶人犯更多的错误，但是在车辆碰撞方面并没有显著性差异。

13.2.6 注意力缺陷/多动障碍

在过去近10年研究中，研究人员开始调查成人注意缺陷/多动障碍（ADHD）对驾驶行为的影响，特别是因为注意力难以集中和冲动所产生的特征。ADHD 已经被发现会对安全驾驶行为产生一定的风险，这表现在交通违规、吊销驾驶证行为、不安全的驾驶习惯、更多的驾驶错误以及在模拟驾驶中表现出更多的碰撞等（Fischer、Barkley、Smallish 和 Fletcher, 2007; Nada-Raja, 1997）。这些风险可以大概地说明 ADHD 与其他风险因素有联系，例如挫折感和攻击性的倾向（Richards、Deffenbacher、Rosen、Barkley 和 Rodricks, 2006）以及药物滥用和行为问题（Jerome、Segal 和 Habinski, 2006）。用派醋甲酯进行长期治疗可以改善有 ADHD 的青少年和成人的驾驶行为（Barkley、Murphy、O'Connell 和 Connor, 2005），尽管还不清楚这种方法是否也会降低他们的车辆碰撞事故或交通违规的风险（Barkley, 2010）。

13.2.7 压力

尽管许多研究已经发现,各种不同类型的心理健康问题与驾驶表现和车辆碰撞事故相关,而另一些研究则发现有关心理健康问题的压力是更普遍的一个问题,它也许会使那些有(或没有)精神病的人更容易发生车辆碰撞事故。在这类研究中的一个困难是,压力既是心理健康问题的原因,又是心理健康问题的结果,因此这类研究受到限制(McDonald 和 Davey,1996)。

Matthews(2001)试图确定能够调节压力对驾驶行为影响的信息处理功能,以便设计出一个压力的作用模型(Matthews 等,1998)。压力变量过去常常被驾驶行为问卷及其修订版用来当作基本的因素进行分析(Glendon 等,1993;Guilian、Matthews、Glendon、Davies 和 Debney,1989;Matthews、Desmond、Joyner、Carcary 和 Gilliland,1997),这两份量表都代表不同压力结果的易感性,包括攻击性和焦虑。驾驶人压力对驾驶表现的影响取决于驾驶人压力反应的特质(例如对驾驶环境要求的评估,包括其他驾驶人、对个人能力的评估以及应对策略)、交通环境以及驾驶任务的要求(Matthews,2001;Matthews、Emo 和 Funke,2005;Matthews 等,1997,1998,1999)。处理压力的方法被认为是一个很重要的因素,它影响着对压力的知觉,并可能会影响驾驶行为,适应不良的应对策略,例如酗酒,可能会增加事故的风险(McDonald 和 Davey,1996)。

13.3 驾驶对心理健康的影响

驾驶的各个方面也会影响心理健康。最值得注意的是,车辆碰撞事故的卷入度会对心理健康有不同程度的影响,但不会达到显著的程度。一些专著对这个问题进行了专门讨论(Blanchard 和 Hickling,2004;Duckworth、Iezzi 和 O'Donohue,2008;Hickling 和 Blanchard,1999;Mitchell,1997)。同时,有必要指出:除了那些直接参与事故和受伤的主要受害者,车辆碰撞事故也会影响以下几类人:

(1)没有受伤但是作为目击者或参与到事故中的人;
(2)从相关人员那里了解到事件经过的朋友和家人;
(3)参与处理事故后果的人员,包括警察、消防员、救护人员以及负责编写医疗或法律报告的人(Mayou,1997;Mitchell,1999;Taylor 和 Koch,1995)。

13.3.1 车辆碰撞事故对心理健康的影响

车辆碰撞事故的性质和频率意味着有一些人的心理健康可能会受到影响。研究显示,那些卷入车辆碰撞事故和其他普通事故中的人即使在身体损伤最小或已经恢复良好情况下,也可能会表现出慢性的心理功能失调(Horne,1993;Pilowsky,1985)。跟踪研究那些在车辆碰撞事故中幸存下来但受伤的人,他们都或多或少产生了心理后遗症,包括恶化的家庭或配偶关系以及社会接触减少、从休闲活动中获得的快乐减少、工作能力下降等(Malt、Hoivik 和 Blikra,1993)。有关车辆碰撞事故的心理后遗症研究,包括抑郁、焦虑、恐惧的症状,这些研究中的一些样本是车辆碰撞事故的受害者,因此可以更加准确地判断经历过车辆碰撞事故后的人们是否会患上精神障碍（Culpan 和 Taylor，1973；Jones 和 Riley，1987；Shalev 等，1998）。

有关车辆碰撞发生后对心理健康影响研究的范围从研究具体的影响，如人格解体反应（Noyes、Hoenk、Kuperman 和 Slymen，1977）到由事故引起的精神病的综合研究。车辆碰撞事故导致的一般心理后遗症包括驾驶恐惧、创伤后应激障碍（PTSD）、抑郁以及与疼痛相关的症状（Blanchard、Hickling、Taylor、Loos 和 Gerardi，1994；Goldberg 和 Gara，1990；Koch 和 Taylor，1995；Kuch、Cox、Evans 和 Shulman，1994；Malt，1988；Mayou，1992；Mayou、Bryant 和 Duthie，1993）。对于受过伤害的受害者，抑郁和焦虑更加普遍（Mayou 等，1993）。此外，相关研究显示，将近40%的受害者有并发症状，如抑郁症、恐慌症、特定的恐惧症、饮食障碍、药物滥用和人格障碍（Blanchard 等，1994）。而且，无论是乘客还是驾驶人，因为交通事故责怪他人与他们较高的心理悲痛和较低水平的心理健康有关（Ho、Davidson、Van Dyke 和 Agar-Wilson，2000）。然而，不同心理结果的患病率数据具有一致性这一现象很难解释，可能是因为一些方法论问题的影响，例如由于术语的定义不同，某些样本的使用并不具有代表性（如法医学的样本、寻求治疗的受害者以及医院或初级保健参与者）以及缺乏对受伤严重程度的考虑（Blaszczynski 等，1998）。

即使是轻微事故的受害者，也发现了严重的心理问题。例如，一项研究选取39个受害者作为被试者进行跟踪调查，调查时间为被试者在较轻微的碰撞事故发生后的4个月（受害者只接受门诊治疗，没有住院），并让被试者填写自评问卷，发现被试者中有13%的人的分数高于PTSD自评诊断的分界点，36%报告有焦虑症状，16%报告以后将避免使用汽车、摩托车甚至是自行车（Smith、MacKenzie-Ross 和 Scragg，2007）。

13.3.1.1 创伤后应激反应

在有关车辆碰撞事故导致的心理障碍的研究中，最常见的是创伤反应。创伤反应可能出现在交通事故后的几周内，也可能需要更长的时间才能出现，它的范围可能从阈下症状（即前驱症状，这些症状是疾病发作的早期预警信号）到严重的临床症状，例如严重的创伤后应激障碍。两种症状的特点都是在涉及"出现真实死亡或威胁死亡或严重伤害，或威胁自我、他人的身体完整性"的创伤事件发生后，人们会出现焦虑的情绪，在这种情况下，人对事件的反应是害怕、恐惧或无助（美国精神病学学会，2000，第467页和第471页）。这些创伤反应的症状包括心理上对创伤的重新体验（如侵入性思维和梦魇）、生理唤醒程度增加（如夸张的惊吓反应和易怒）以及长时间避免参与与碰撞事故相关的事件（如回避或不情愿驾驶，回避对交通事故的思考和谈话）。

大量的研究表明，车辆碰撞事故的受害者出现创伤后应激反应的频率较高，且创伤后应激障碍会影响他们的生活质量（Gudmundsdottir、Beck、Coffey、Miller 和 Palyo，2004）和心理状况（Burstein，1989b；Davis 和 Breslau，1994；Hickling、Blanchard、Silverman 和 Schwarz，1992；Kuch、Swinson 和 Kirby，1985；Platt 和 Husband，1987）。已有研究调查了在车辆碰撞事故引起的创伤后应激反应的治疗方法（Blanchard、Hickling、Taylor 等，1996；Brom、Kleber 和 Hofmann，1993；Fairbank、DeGood 和 Jenkins，1981；Green、McFarlane、Hunter 和 Griggs，1993；McCaffrey 和 Fairbank，1985；Walker，1981）、创伤后头痛的复杂特点（Davis 和 Breslau，1994；Hickling、Blanchard、Schwarz 和 Silverman，1992；Hickling、Blanchard、Silverman 等，1992）以及

与车辆碰撞事故有关的创伤后应激障碍的心理生理反应特质（Blanchard、Hickling 和 Taylor，1991）。然而，研究发现，受害者的回避症状也许会阻碍对其创伤后应激反应的识别，导致在事故发生后的一段时间内可能无法识别出创伤后应激障碍（Burstein，1989a、1989b；Epstein，1993）。

车辆碰撞事故相关的创伤后应激障碍的发病率在不同研究中有所不同，很大部分是因为方法上的差异，特别是包含的样本以及判断创伤后应激障碍的方法。表 13-1 提供了使用得到良好验证的结构化诊断访谈或自我报告的方法代表诊断标准检查车辆碰撞事故中成人样本的研究概况，调查区分了涉及"严重"车辆碰撞事故的受访者的创伤后应激障碍（即受访者的身体受到一定程度的伤害，需要住院治疗）和涉及"非严重"车辆碰撞事故的受访者的创伤后应激障碍（即受访者的身体没有受到伤害，只有心理受到了伤害）。然而，因为在严重和不严重的车辆碰撞事故中，受害者都经历了创伤后应激障碍，所以这种分类意义不大。表 13-1 说明了这一现象，研究通过经历过严重的车辆碰撞事故的受害者发现，创伤后应激障碍的发病率范围为 1%~100%，通过经历过非严重的车辆碰撞事故的受害者发现，创伤后应激障碍的发病率范围为 15%~50%。尽管经历过严重的车辆碰撞事故的被试者的创伤后应激障碍的发病率范围较大，但发病率的重叠也很大，这可能是因为定义（如诊断、判定损伤严重程度的标准不同以及发生碰撞事故后的时间不同）和方法的差异（如样本是否寻求过治疗）。

使用 DSM 评估的车辆碰撞事故后成人 PTSD 的发病报告　　　　　　表 13-1

文献	数量（人）	受伤严重标准	PTSD 比例（%）	MVC 后的时间
严重的受伤				
Kuch 等（1985）	30	就医寻求	100[a]	没有报告
Malt（1988）	107	住院	1	6 个月
Feinstein 和 Dolan（1991）	48	意外受伤	25	6 周
			15	6 个月
Hickling、Blanchard、Silverman 等（1992）	20	创收后头痛	75[b]	没有报告
Epstein（1993）	15	严重受伤	40[b]	没有提到
Green 等（1993）	24	严重受伤	25[b]	18 个月
Mayou 等（1993）	188	多处损伤或颈部受伤	7~9	3 个月
			5~11	12 个月
Blanchard 等（1994）	50	寻求就医	46	1~4 个月
Blanchard、Hickling、Barton 等（1996）			39[b]	1~4 个月
Blanchard、Hickling、Taylor 等（1996）	158		12b	12 个月
Ehlers 等（1998）	967	急诊科	23.1[c]	3 个月
Mayou 等（2002）			16.5[c]	12 个月
			11[c]	3 年

续上表

文献	数量（人）	受伤严重标准	PTSD 比例（%）	MVC 后的时间
Harvey 和 Bryant(1998)	71	住院	25.4[c]	6个月
Chubb 和 Bisson(1999)	24	许多生理部位受伤	56.3[c]	5周
			37.5[c]	9个月
Koren 等(1999)	74	住院	32[b]	12个月
Ursano 等(1999)	122	大部分住院	34.4[b]	1个月
			25.3[b]	3个月
			18.2[b]	6个月
			17.4[b]	9个月
			14[b]	12个月
Bryant 等(2000)	113	住院	21[c]	6个月
Hamanaka 等(2006)	100	严重的伤害	8.5[c]	6个月
Matsuoka 等(2008)	100	重症监护	8[c]	1个月
Yasan 等(2009)	95	进行急诊	29.8[c]	3个月
			23.1[c]	6个月
			17.9[c]	12个月
不严重的受伤				
Goldberg 和 Gara(1990)	55	没有导致死亡或者主要身体伤害	15	M=15个月
Kuch 等(1994)	21	轻微的受伤或慢性的疼痛	38[b]	没有报告
Kupchik 等(2007)	60	一般健康门诊	50[c]	M=44个月
没有给出受伤标准				
Hickling 和 Blanchard(1992)	20	没有报告	50[b]	没有报告
Horne(1993)	7	没有报告	43[a]	M=2年
Dalal 和 Harrison(1993)	86	没有报告	32	M=2.7年
Kuch、Cox 和 Direnfeld(1995)	54	没有报告	22	M=3.6年
Chan、Air 和 McFarlane(2003)	391	没有报告	29[c]	9个月

注：a DSM-Ⅲ；

b DSM-Ⅲ-R；

c DSM-Ⅳ。

表13-1中显示的不同研究表明，受伤严重的受害者在碰撞事故发生后的一个月内出现创伤后应激障碍的概率为25%~56%（Blanchard 等, 1994; Blanchard、Hickling 和 Barton, 1996; Blanchard、Hickling 和 Taylor 等, 1996; Chubb 和 Bisson, 1999; Feinstein 和 Dolan, 1991; Ursano 等, 1999）；事故发生后3~6个月出现创伤后应激障碍的概率降到7%~30%（Bryant、Harvey、Guthrie 和 Moulds, 2000; Ehlers、Mayou 和 Bryant, 1998; Hamanaka 等, 2006; Harvey 和 Bryant, 1998; Mayou 等, 1993; Ursano 等, 1999; Yasan、Güzel、Tamam 和 Ozkan, 2009）；事故发

生后12个月出现创伤后应激障碍的概率降到5%~32%(Blanchard、Hickling、Barton,等1996;Blanchard、Hickling、Taylor 等,1996;Ehlers 等,1998;Green 等,1993;Koren、Arnon 和 Klein,1999;Mayou 等,1993)。相关研究还收集了在经历过碰撞事故的儿童中出现创伤后应激障碍的相关资料,发现其中的一些研究表明儿童受害者在2岁时就会出现创伤后应激障碍(Jaworowski,1992;Jones 和 Peterson,1993;McDermott 和 Cvitanovich,2000;Thompson 和 McArdle,1993),相应的症状包括通过噩梦重温碰撞事故、行为困难、焦虑、遗尿、对黑暗的恐惧、床上特定恐惧、睡眠障碍、暴力、不愿意过道路和搭乘汽车以及对道路安全的偏见等(Canterbury 和 Yule,1997;Jones 和 Peterson,1993;Taylor 和 Koch,1995;Thompson 和 McArdle,1993)。

使用诊断评估的方法研究儿童出现创伤后应激障碍的概率高于使用其他方法的测量结果,例如用于衡量创伤后应激障碍不同症状的分界值(在经历碰撞事故后的3~12个月有12%~18%;Landolt、Vollrath、Gnehm 和 Sennhauser,2009;Landolt、Vollrath、Timm、Gnehm 和 Sennhauser,2005;Sturms 等,2005)。

使用诊断评估方法的研究发现,无论在车辆碰撞事故发生后短期或是长期内,儿童出现创伤后应激障碍的概率都较高,4~6周的患病率为23%~35%(MeiserStedman、Smith、Gucksman、Yule 和 Dalgleish,2008;Stallard、Velleman 和 Baldwin,1998),3个月的患病率为22%~25%(McDermott 和 Cvitanovich,2000;Schäfer、Berkmann、Riedasser 和 Schulte-Markwort,2006),6个月的患病率为13%~19%(Meiser-Stedman 等,2008;Mirza、Bhadrinath、Goodyer 和 Gilmour,1998)。

已有研究文献区分出创伤后应激障碍的不同预测因子,它们与创伤性反应的早期发展以及这个反应是否会演变成慢性症状有关。创伤后应激障碍早期发展阶段的预测因子包括急性应激障碍的存在、持续的身体残疾、身体损伤的严重程度、对危险程度的感知、碰撞事故期间的精神分裂程度、对自我效能感的低感知以及对社会支持的低觉察(Benight、Cieslak、Molton 和 Johnson,2008;Hamanaka 等,2006;Koren 等,1999;Matsuoka 等,2008;Yasan 等,2009)。用来预测长期创伤后应激障碍(症状持续一年或更久)的因素包括前面提到的因素,例如早期的创伤症状(包括睡眠问题)、对危险的感知、碰撞事故期间的精神分裂程度、持续的健康问题以及其他变量,包括受伤住院、交通事故带来的经济困难、诉讼、女性容貌受损、失业、不良情绪、酒精滥用以及无论发生交通事故前还是发生交通事故后较少的社会支持等问题(Ameratunga、Tin、Coverdale、Connor 和 Norton,2009;Beck、Palyo、Canna、Blanchard 和 Gudmundsdottir,2006;Blanchard、Hickling、Barton 等,1996;Buckley、Blanchard 和 Hickling,1996;Dörfel、Rabe 和 Karl,2008;Ehlers 等,1998;Fujita 和 Nishida,2008;Irish 等,2008;Koren、Arnon、Lavie 和 Klein,2002;Mayou 和 Bryant,2002;Mayou、Ehlers 和 Bryant,2002;Mayou、Tyndel 和 Bryant,1997;Murray、Ehlers 和 Mayou,2002)。

相关研究发现,一些认知因素,特别是认知过程,也能维持和预测创伤后应激障碍(在某些情况下,认知因素比之前提到的因素的预测程度更高)。这些认知因素包括对侵入性记忆的消极解读、反刍、记忆混乱,思维受限,愤怒的认知以及一般创伤后的消极思想(Ehring、Ehlers 和 Glucksman,2006,2008;Ehring、Frank 和 Ehlers,2008;Holeva、Tarrier 和 Wells,2001;Karl、Rabe、Zöllner、Maercker 和 Stopa,2009;Murray 等,2002)。

部分学者研究了那些经历过车辆碰撞事故的儿童的创伤后应激障碍发展的预测因子,发现早期创伤症状的严重程度及其父亲所表现出来的与碰撞事故相关的创伤后应激障碍的严重程度是最强的预测因子(Landolt 等,2005;Schaefer 等,2006)。然而,相关研究未发现年龄、性别、受伤的严重程度、对危险的评估、之前的创伤经历、之前的心理健康问题以及母体遗传的与碰撞事故相关的创伤后应激障碍等因素是显著的预测因子(Landolt 等,2005;Meiser-Stedman、Dalgleish、Glucksman、Yule 和 Smith,2009)。但是,如果儿童做噩梦的内容与创伤事件有关,这个噩梦即可成为预测因子,且被认为能够强有力地预测车辆碰撞事故发生后 2~6 个月的创伤后应激障碍的分数,不过这个发现需要更大量的样本来验证(Wittman、Zehnder、Schredl、Jenni 和 Landolt,2010)。针对儿童的研究与对成人的研究方法一致,开始记录各种认知因素对预测车辆碰撞事故后儿童创伤后应激障碍的发展和维持的作用。例如,有研究调查了适应性不良认知评价,如创伤的定义和创伤症状、未来的脆弱性、穷思竭虑、焦虑敏感性、创伤记忆的质量(Meiser-Stedman 等,2009)。由车辆碰撞事故产生的创伤后应激障碍的治疗方法和信息可以从很多渠道获得,感兴趣的读者可以自行查阅相关文献获取更多信息(Blanchard 和 Hickling,2004;Duckworth 等,2008;Hickling 和 Blanchard,1999;Hickling、Kuhn 和 Beck,2008)。

13.3.1.2 驾驶恐惧、恐惧症和出行焦虑

经历过车辆碰撞事故的人除了具有创伤后应激反应外,研究还发现各种类型的恐惧反应和身体非常虚弱的现象也是比较常见的(Herda、Ehlers 和 Roth,1993;Kuch,1997;Kuch、Cox 和 Evans,1996;Kuch、Evans 和 Mueller-Busch,1993)。驾驶恐惧是一种多样的体验,包括从轻微的拒绝驾驶到由特殊恐惧变异而来的驾驶恐惧症。研究这些驾驶恐惧反应的因素主要有:是否有驾驶的回避行为或减少驾驶、是否能够忍受驾驶中明显的不适感以及这种恐惧对日常生活方式和日常行为是否有影响。然而,由于许多研究采用不同的术语和定义以及研究样本的问题,导致了在评估发病率方面存在很大差异,各种术语包括驾驶恐惧、事故恐惧、出行恐惧、驾驶的不情愿以及恐惧驾驶的焦虑等。另外,有些使用了比较宽泛的标准、认为完全避免是没有必要的研究,相较于认为完全避免是有必要的研究(如 2%~6%;Blanchard 等,1994;Hickling 和 Blanchard,1999),报告了更高的创伤概率(如 60%~77%;Hickling 和 Blanchard,1992;Kuch 等,1985)。未发生车辆碰撞事故的人也可能会患有驾驶恐惧和恐惧症,这些相关人员也会因此产生严重的日常生活功能障碍(Ehlers、Hofmann、Herda 和 Roth,1994;Taylor 和 Deane,1999,2000;Taylor、Deane 和 Podd,1999,2000)。

驾驶恐惧症被认为是情境性的、具体的恐惧症,它表现为显著的、持续的、过度的且不合理的恐惧,往往能被预见或暴露于驾驶期望中而引发,与回避驾驶刺激或者对驾驶刺激产生的焦虑和痛苦有关(美国病理协会,2000)。驾驶恐惧症的内容比驾驶恐惧的范围更广,与出行和与事故相关的刺激有关,例如乘客在搭车时会有恐惧,但是自己驾驶却没有恐惧(Koch 和 Taylor,1995)。Blanchard 和 Hickling(2004)指出,与驾驶相关的恐惧中程度较轻的是拒绝驾驶,在这种情况下人们会避免不必要的出行或以某种程度的焦虑来容忍出行。一些与驾驶相关的恐惧和恐惧症的综述,提供了关于这一主题更加全面的信息,以及有关适当干预措施的信息(Taylor,2008;Taylor、Deane 和 Podd,2002)。

13.3.1.3 其他问题

一些研究记录了在车辆碰撞事故后抑郁和其他情绪障碍的发生率,它们可能会和创伤后应激障碍一起发病,也可能不会。在车辆碰撞事故后 1 年里重度抑郁症的发生率为 6% ~ 53% 不等(Blanchard 等,2004;Blanchard、Hickling、Taylor 和 Loos,1995;Dickov 等,2009;Ehlers 等,1998)。Blanchard、Hickling、Taylor 等(1996)的研究发现,个体在车辆碰撞事故前的重度抑郁是碰撞事故发生后出现创伤后应激障碍的显著预测因子。抑郁被认为是车辆碰撞事故后一个常见的后果,患有抑郁的个体可能会并发其他疾病,如慢性疼痛、头部损伤以及明显的功能受限(Duckworth,2008)。还有研究发现,药物滥用障碍与车辆碰撞事故也有关系,但是由于目前对此的研究结论没有一致性,所以还需要长期的追踪研究以验证药物滥用和 MVC 之间的关系(O'Donnell、Creamer 和 Ludwig,2008)。

13.4 小结

心理健康与驾驶之间的关系很复杂。心理健康会对驾驶行为和表现产生影响,它们之间的关系取决于问题的具体性质、个体的其他特征、交通环境以及驾驶情境的具体情况等多个方面。然而,患有酒精相关疾病和反社会人格的驾驶人发生交通事故的概率比较高,这是众多研究相对一致的结论。但是,目前从方法学上研究心理健康是如何影响安全驾驶,对健康心理学家来说有点困难,因为目前还没有更多的证据帮助健康心理学家评估哪些心理因素适合驾驶、哪些不适合驾驶(Knapp 和 Van de Creek,2009;Ménard 等,2006)。这种关系的复杂性涉及个体评估的标准设置,还要考虑各种病理因素的作用,如急性病症状和由药物引起的副作用、交互作用(Carr、Schwartzberg、Manning 和 Sempek,2010;Land Transport Safety Authority,2002)。有些针对车辆碰撞事故的事后研究发现了不同类型的心理健康问题,而这些问题可能与事故前的心理问题以及个体特殊的事件应激反应特征有一定的关系。虽然在历史上,心理健康与交通是两个不交叉的领域,但是,将其进行融合能够了解驾驶健康心理的全貌,特别是研究心理健康是如何影响驾驶并被驾驶环境所影响的,这无论是对交通还是对心理学的研究和发展都具有深远的意义。

本章参考文献

American Psychiatric Association, 2000. Diagnostic and statistical manual of mental disorders (4th ed.)[M]. text revision.

WASHINGTON D C, AMERATUNGA S, TIN TIN S, et al, 2009. Posttraumatic stress among hospitalized and nonhospitalized survivors of serious car crashes: A population-based study [M]. Psychiatric Services, 60:402-404.

ARMSTRONG J L, WHITLOCK F A, 1980. Mental illness and road traffic accidents [J]. Australian and New Zealand Journal of Psychiatry, 14:53-60.

BAÑULS EGEDA F, CARBONELL VAYA E, et al, 1997. Different emotional responses in novice and professional drivers [M]. In T. Rothegatter, & E. Carbonell Vaya (Eds.), Traffic and transport psychology:Theory and application :343-352.

BARKLEY R A,2010. Attention deficit hyperactivity disorder in adults: The latest assessment and treatment strategies[M]. Sudbury, MA: Jones & Bartlett. Barkley, R. A. , Murphy, K. R. , O'Connell, T. , & Connor, D. F,2005. Effects of two doses of methylphenidate on simulator driving performance in adults with attention deficit hyperactivity disorder. Journal of Safety Research, 36:121-131.

BECK J G, PALYO S A, CANNA M A, et al, 2006. What factors are associated with the maintenance of PTSD after a motor vehicle accident? The role of sex differences in a help-seeking population [J]. Journal of Behavior Therapy and Experimental Psychiatry, 37:256-266.

BENIGHT C C, CIESLAK R, MOLTON I R, et al, 2008. Selfevaluative appraisals of coping capability and posttraumatic distress following motor vehicle accidents [J]. Journal of Consulting and Clinical Psychology, 76:677-685.

BLANCHARD E B, HICKLING E J, 2004. After the crash: Psychological assessment and treatment of survivors of motor vehicle accidents (2nd ed.)[J]. Washington, DC: American Psychological Association.

BLANCHARD E B, HICKLING E J, BARTON K A, et al,1996. One-year prospective follow-up of motor vehicle accident victims [J]. Behaviour Research and Therapy, 34:775-786.

BLANCHARD E B, HICKLING E J, FREIDENBERG B M, et al, 2004. Two studies of psychiatric morbidity among motor vehicle accident survivors 1 year after the crash [J]. Behaviour Research and Therapy, 42:569-583.

BLANCHARD E B, HICKLING E J, TAYLOR A E,1991. The psychophysiology of motor vehicle accident related post-traumatic stress disorder [J]. Biofeedback and Self-Regulation, 16:449-458.

BLANCHARD E B, HICKLING E J, TAYLOR A E, et al,1995. Psychiatric morbidity associated with motor vehicle accidents [J]. Journal of Nervous and Mental Disease, 183:495-504.

BLANCHARD E B, HICKLING E J, TAYLOR A E, et al, 1996. Who develops PTSD from motor vehicle accidents [J]. Behaviour Research and Therapy, 34:1-10.

BLANCHARD E B, HICKLING E J, TAYLOR A E, et al, 1994. Psychological morbidity associated with motor vehicle accidents [J]. Behaviour Research and Therapy, 32:283-290.

BLASZCZYNSKI A, GORDON K, SILOVE D, et al, 1998. Psychiatric morbidity following motor vehicle accidents: A review of methodological issues [J]. Comprehensive Psychiatry, 39:111-121.

BROM D, KLEBER R J, HOFMANN M C. 1993. Victims of traffic accidents: Incidence and prevention of post-traumatic stress disorder [J]. Journal of Clinical Psychology, 49:131-140.

BRYANT R A, HARVEY A G, GUTHRIE R M, et al,2000. A prospective study of physiological arousal, acute stress disorder, and posttraumatic stress disorder [J]. Journal of Abnormal Psychology, 109:341-344.

BUCKLEY T C, BLANCHARD E B, HICKLING E J,1996. A prospective examination of delayed onset PTSD secondary to motor vehicle accidents [J]. Journal of Abnormal Psychology, 105: 617-625.

BURSTEIN A, 1989a. Intrusion and avoidance symptoms in PTSD [J]. American Journal of Psychiatry, 146:1518.

BURSTEIN A, 1989b. Posttraumatic stress disorder in victims of motor vehicle accidents [J]. Hospital and Community Psychiatry, 40:295-297.

CANTERBURY R, YULE W, 1997. The effects on children of road accidents [C]. In M. Mitchell (Ed.), The aftermath of road accidents: Psychological, social and legal consequences of an everyday trauma :59-69. London: Routledge.

CARBONELL E J, BANULS R, CHISVERT M, et al, 1997. A comparative study of anxiety responses in traffic situations as predictors of accident rates in professional drivers [M]. In Human factors in road traffic II : Traffic psychology and engineering. Proceedings of the second seminar on human factors in road traffic:186-192. Braga, Portugal: University of Minho.

CARR D B, SCHWARTZBERG J G, MANNING L, et al, 2010. Physician's guide to assessing and counseling older drivers (2nd ed.) [M]. Washington, DC: National Highway Traffic Safety Administration.

CHAN A O M, AIR T M, MCFARLANE A C, 2003. Posttraumatic stress disorder and its impact on the economic and health costs of motor vehicle accidents in South Australia [J]. Journal of Clinical Psychiatry, 64:175-181.

CHUBB H L, BISSON J I, 1999. The development of psychological reactions in a group of individuals with pre-existing and enduring psychiatric disorder following a fatal coach crash [J]. Journal of Mental Health, 8:203-212.

CRANCER A Jr, QUIRING D L, 1969. The mentally ill as motor vehicle operators [J]. American Journal of Psychiatry, 126:807-813.

CULPAN R, TAYLOR C, 1973. Psychiatric disorders following road traffic and industrial injuries [J]. Australian and New Zealand Journal of Psychiatry, 7:32-39.

CUSHMAN L A, GOOD R G, STATES J D, 1990. Psychiatric disorders and motor vehicle accidents [J]. Psychological Reports, 67:483-489.

DAHLEN E R, WHITE R P, 2006. The Big Five factors, sensation seeking, and driving anger in the prediction of unsafe driving [J]. Personality and Individual Differences, 41:903-915.

DALAL B, HARRISON G, 1993. Psychiatric consequences of road traffic accidents: Consider somatoform pain disorder[J]. British Medical Journal, 307:1282.

Davis G C, Breslau N, 1994. Post-traumatic stress disorder in victims of civilian trauma and criminal violence [J]. Psychiatric Clinics of North America, 17:289-299.

DE BACA J C, LAPHAM S C, SKIPPER B J, et al, 2004. Psychiatric disorders of convicted DWI offenders: A comparison among Hispanics, American Indians and non-Hispanic whites [J]. Journal of Studies on Alcohol, 65:419-427.

DE LA CUEVAS CASTRESANA C, ALVAREZ E J S, 2009. Mental illness and road safety [J].

Actas Espanolas de Psiquitria, 37:75-81.

DEFFENBACHER J L, LYNCH R S, OETTING E R, et al,2002. The Driving Anger Expression Inventory: A measure of how people express their anger on the road [J]. Behaviour Research and Therapy,40:717-737.

DEFFENBACHER J L, OETTING E R,LYNCH R S,1994. Development of a driving anger scale [J]. Psychological Reports, 74:83-91.

DEFFENBACHER J L, WHITE G S, LYNCH R S,2004. Evaluation of two new scales assessing driving anger: The Driving Anger Expression Inventory and the Driver's Angry Thoughts Questionnaire [J]. Journal of Psychopathology and Behavioral Assessment, 26:87-99.

DEL RIO M C, ALVAREZ F J,2001. Illicit drugs and fitness to drive: Assessment in Spanish medical driving test centres [J]. Drug and Alcohol Dependence, 64:19- 25.

DEL RIO M C, GONZALEZ-LUQUE J C, ALVAREZ F J,2001. Alcoholrelated problems and fitness to drive [J]. Alcohol and Alcoholism, 36:256-261.

DEPASQUALE J P, GELLER E S, CLARKE S W, et al,2001. Measuring road rage: Development of the Propensity for Angry Driving Scale [J]. Journal of Safety Research, 32:1-16.

DICKOV A, MARTINOVI C-MITROVI C S, VU CKOVI C N, et al, 2009. Psychiatric consequences of stress after a vehicle accident [J]. Psychiatria Danubina, 21:483-489.

DONOVAN D M, MARLATT G A, 1982. Personality subtypes among driving-while-intoxicated offenders: Relationship to drinking behavior and driving risk [J]. Journal of Consulting and Clinical Psychology, 50:241-249.

DÖRFEL D, RABE S, KARL A,2008. Coping strategies in daily life as protective and risk factors for post traumatic stress in motor vehicle accident survivors[J]. Journal of Loss and Trauma, 13:422-440.

DUCKWORTH M P. Psychological conditions associated with motor vehicle collisions [M]. In M. P. Duckworth, T Iezzi, W T O'Donohue (Eds.), Motor vehicle collisions: Medical, psychosocial, and legal consequences. San Diego: Academic Press,2008:311-344.

DUCKWORTH M P IEZZI T, O'DONOHUE WT EDS,2008. Motor vehicle collisions: Medical, psychosocial, and legal consequences [M]. San Diego: Academic Press.

DUMAIS A, LESAGE A D, BOYER R, et al,2005. Psychiatric risk factors for motor vehicle fatalities in young men [J]. Canadian Journal of Psychiatry, 50:838-844.

EHLERS A, HOFMANN S G, HERDA C A, et al,1994. Clinical characteristics of driving phobia [J]. Journal of Anxiety Disorders, 8:323-339.

EHLERS A, MAYOU R A, BRYANT B,1998. Psychological predictors of chronic posttraumatic stress disorder after motor vehicle accidents [J]. Journal of Abnormal Psychology, 107: 508-519.

EHRING T, EHLERS A, GLUCKSMAN E, 2006. Contribution of cognitive factors to the prediction of post-traumatic stress disorder, phobia and depression after motor vehicle accidents [J]. Behaviour Research and Therapy, 44:1699-1716.

EHRING T, EHLERS A, GLUCKSMAN E, 2008. Do cognitive models help in predicting the severity of posttraumatic stress disorder, phobia, and depression after motor vehicle accidents? A prospective longitudinal study [J]. Journal of Consulting and Clinical Psychology, 76:219-230.

EHRING T, FRANK S, EHLERS A, 2008. The role of rumination and reduced concreteness in the maintenance of posttraumatic stress disorder and depression following trauma [J]. Cognitive Therapy and Research, 32:488-506.

ELKEMA R C, BROSSEAU J, KOSHICK R, et al, 1970. A statistical study on the relationship between mental illness and traffic accidents: A pilot study [J]. American Journal of Public Health, 60:459-469.

EPSTEIN R S, 1993. Avoidant symptoms cloaking the diagnosis of PTSD in patients with severe accidental injury [J]. Journal of Traumatic Stress, 6:451-458.

EVANS L, 1991. Traffic safety and the driver [M]. New York: Van Nostrand Reinhold.

FAIRBANK J A, DEGOOD D E, JENKINS C W, 1981. Behavioral treatment of a persistent post-traumatic startle response [J]. Journal of Behavior Therapy and Experimental Psychiatry, 12: 321-324.

FEINSTEIN A, DOLAN R, 1991. Predictors of post-traumatic stress disorder following physical trauma: An examination of the stressor criterion [J]. Psychological Medicine, 21:85-91.

FISCHER M, BARKLEY R A, SMALLISH L, et al, 2007. Hyperactive children as young adults: Driving abilities, safe driving behavior, and adverse driving outcomes [J]. Accident Analysis and Prevention, 39:94-105.

FONG G, FROST D, STANSFELD S, 2001. Road rage: A psychiatric phenomenon [J]. Social Psychiatry and Psychiatric Epidemiology, 36:277-286.

FOOT H C, CHAPMAN A J, 1982. Road safety and driver behaviour [J]. Ergonomics, 25:863-865.

FUJITA G, NISHIDA Y, 2008. Association of objective measures of trauma exposure from motor vehicle accidents and posttraumatic stress symptoms [J]. Journal of Traumatic Stress, 21:425-429.

GALOVSKI T, BLANCHARD E B, VEAZEY C, 2002. Intermittent explosive disorder and other psychiatric comorbidity among court-referred and self-referred aggressive drivers [J]. Behaviour Research and Therapy, 40:641-651.

GALOVSKI T E, MALTA L S, BLANCHARD E B, 2006. Road rage: Assessment and treatment of the angry, aggressive driver [J]. Washington, DC: American Psychological Association.

GLENDON A I, DORN L, MATTHEWS G, et al, 1993. Reliability of the Driving Behaviour Inventory [J]. Ergonomics, 36:719-726.

GOLDBERG L, GARA M A, 1990. A typology of psychiatric reactions to motor vehicle accidents [J]. Psychopathology, 23:15-20.

GREEN M M, MCFARLANE A C, HUNTER C E, et al, 1993. Undiagnosed post-traumatic stress disorder following motor vehicle accidents [J]. Medical Journal of Australia, 159:529-534.

GROEGER J A. Mood and driving: Is there an effect of affect [M]. In T. Rothegatter, & E.

Carbonell Vaya (Eds.), Traffic and transport psychology: Theory and application. Oxford, 1997:335-342.

PERGAMON G B, BECK J G, COFFEY S F, et al, 2004. Quality of life and post trauma symptomatology in motor vehicle accident survivors: The mediating effects of depression and anxiety [J]. Depression and Anxiety, 20:187-189.

GULIAN E, GLENDON A I, MATTHEWS G, et al, 1988. Exploration of driver stress using self-reported data [M]. In T. Rothengatter, & R. de Bruin (Eds.), Road user behaviour: Theory and research. Assen, The Netherlands: van Gorcum, 1988:342-347.

GULIAN E, GLENDON A I, MATTHEWS G, et al, 1990. The stress of driving: A diary study [J]. Work & Stress, 4:7-16.

GULIAN E, MATTHEWS G, GLENDON A I, et al, 1989. Dimensions of driver stress [J]. Ergonomics, 32:585-602.

HAMANAKA S, ASUKAI N, KAMIJO Y, et al, 2006. Acute stress disorder and posttraumatic stress disorder symptoms among patients severely injured in motor vehicle accidents in Japan [J]. General Hospital Psychiatry, 28:234-241.

HARVEY A G, BRYANT R A, 1998. The relationship between acute stress disorder and posttraumatic stress disorder: A prospective evaluation of motor vehicle accident survivors [J]. Journal of Consulting and Clinical Psychology, 66:507-512.

HEIMSTRA N W, 1970. The effects of "stress fatigue" on performance in a simulated driving situation [J]. Ergonomics, 13:209-218.

HEIMSTRA N W, ELLINGSTAD V S, DEKOCK A R, 1967. Effects of operator mood on performance in a simulated driving task [J]. Perceptual and Motor Skills, 25:729-735.

HENTSCHEL U, BIJLEVELD C C, KIESSLING M, et al, 1993. Stress-related psychophysiological reactions of truck drivers in relation to anxiety, defense, and situational factors [J]. Accident Analysis and Prevention, 25:115-121.

HERDA C A, EHLERS A, ROTH W T, 1993. Diagnostic classification of driving phobia [J]. Anxiety Disorders Practice Journal, 1:9-16.

HICKLING E J, BLANCHARD E B, 1992. Post-traumatic stress disorder and motor vehicle accidents [J]. Journal of Anxiety Disorders, 6:285-291.

HICKLING E J, BLANCHARD E B (EDS.), 1999. The international handbook of road traffic accidents and psychological trauma: Current understanding, treatment and law [M]. New York: Pergamon.

HICKLING E J, BLANCHARD E B, SCHWARZ S P, et al, 1992. Headaches and motor vehicle accidents: Results of the psychological treatment of post-traumatic headache [J]. Headache Quarterly, 3:285-289.

HICKLING E J, BLANCHARD E B, SILVERMAN D J, et al, 1992. Motor vehicle accidents, headaches and post-traumatic stress disorder: Assessment findings in a consecutive series [J]. Headache, 32:147-151.

HICKLING E J, KUHN E R, BECK J G. Treatment of posttraumatic stress disorder consequent to motor vehicle collisions: Contributions from clinical science [M]. In M. P. Duckworth, T. Iezzi, & W. T. O'Donohue (Eds.), Motor vehicle collisions: Medical, psychosocial, and legal consequences. San Diego: Academic Press, 2008:365-387.

HILTON M F, STADDON Z, SHERIDAN J, et al, 2009. The impact of mental health symptoms on heavy goods vehicle drivers' performance [J]. Accident Analysis and Prevention, 41:453-461.

HO R DAVIDSON G, VAN DYKE M, AGAR-WILSON M, 2000. The impact of motor vehicle accidents on the psychological well-being of at-fault drivers and related passengers [J]. Journal of Health Psychology, 5:33-51.

HOLE G, 2006. The psychology of driving [M]. Totowa, NJ: Erlbaum.

HOLE G, 2008. Predictors of motor vehicle collisions [M]. In M. P. Duckworth, T. Iezzi, & W. T. O'Donohue (Eds.), Motor vehicle collisions: Medical, psychosocial, and legal consequences. San Diego: Academic Press, 2007:13-43.

HOLEVA V, TARRIER N, WELLS A, 2001. Prevalence and predictors of acute stress disorder and PTSD following road traffic accidents: Thought control strategies and social support [J]. Behavior Therapy, 32:65-83.

HORNE DE L D J. Traumatic stress reactions to motor vehicle accidents [M]. In J. P. Wilson, & B. Raphael (Eds.), International handbook of traumatic stress syndromes. New York: Plenum, 1993:499-506.

IRISH L, OSTROWSKI S A, FALLON W, et al, 2008. Trauma history characteristics and subsequent PTSD symptoms in motor vehicle accident victims [J]. Journal of Traumatic Stress, 21:377-384.

JAWOROWSKI S, 1992. Traffic accident injuries of children: The need for prospective studies of psychiatric sequelae [J]. Israeli Journal of Psychiatry and Related Sciences, 29:174-184.

JEROME L, SEGAL A, HABINSKI L, 2006. What we know about ADHD and driving risk: A literature review, meta-analysis and critique [J]. Journal of the American Academy of Child and Adolescent Psychiatry, 15:105-125.

JONES I H, RILEY W T, 1987. The post-accident syndrome: Variations in the clinical picture [J]. Australian and New Zealand Journal of Psychiatry, 21:560-567.

JONES R W, PETERSON L W, 1993. Post-traumatic stress disorder in a child following an automobile accident [J]. Journal of Family Practice, 36:223-225.

KARL A, RABE S, ZÖLLNER T, et al, 2009. Negative self-appraisals in treatment-seeking survivors of motor vehicle accidents [J]. Journal of Anxiety Disorders, 23:775-781.

KASTRUP M, DUNPONT A, BILLE M, et al, 1977. Traffic accidents involving psychiatric patients: Description of the material and general results [J]. Acta Psychologica Scandinavica, 55:355-368.

KIM K, NITZ L, RICHARDSON J, et al, 1995. Personal and behavioural predictors of automobile crash and injury severity [J]. Accident Analysis and Prevention, 27:469-481.

KNAPP S, VANDECREEK L,2009. Driving and operating other equipment: Legal and ethical issues [M]. In J. L. Werth, Jr., E. R. Welfel, & G. A. H. Benjamin (Eds.), The duty to protect: Ethical, legal, and professional considerations for mental health professionals (pp. 127-140). Washington, DC: American Psychological Association.

KOCH W J, TAYLOR S,1995. Assessment and treatment of motor vehicle accident victims [J]. Cognitive and Behavioral Practice, 2:327-342.

KOREN D, ARNON I, KLEIN E,1999. Acute stress response and posttraumatic stress disorder in traffic accident victims: A one-year prospective, follow-up study [J]. American Journal of Psychiatry, 156:367-373.

KOREN D, ARNON I, LAVIE P, et al, 2002. Sleep complaints as early predictors of posttraumatic stress disorder: A 1-year prospective study of injured survivors of motor vehicle accidents [J]. American Journal of Psychiatry, 159:855-857.

KOTTENHOFF H,1961. Interrelations of steering skill measures in neurotic and other patients [J]. Perceptual and Motor Skills, 12:289-290.

KUCH K. Accident phobia[M]. In G. C. L. Davey (Ed.), Phobias: A handbook of theory, research and treatment. Chichester: Wiley,1997:153-162.

KUCH K, COX B J, DIRENFELD D M, 1995. A brief self-rating scale for PTSD after road vehicle accident [J]. Journal of Anxiety Disorders, 9:503-514.

KUCH K, COX B J, EVANS R J, 1996. Posttraumatic stress disorder and motor vehicle accidents: A multidisciplinary overview [J]. Canadian Journal of Psychiatry, 41:429-434.

KUCH K, COX B J, EVANS R, et al,1994. Phobias, panic, and pain in 55 survivors of road vehicle accidents [J]. Journal of Anxiety Disorders, 8:181-187.

KUCH K, EVANS R J, MUELLER-BUSCH C,1993. Accidents, anxiety and chronic pain [J]. The Pain Clinic, 6:3-7.

KUCH K, SWINSON R P, KIRBY M,1985. Post-traumatic stress disorder after car accidents [J]. Canadian Journal of Psychiatry, 30:426-427.

KUPCHIK M, STROUS R D, EREZ R, et al,2007. Demographic and clinical characteristics of motor vehicle accident victims in the community general health outpatient clinic: A comparison of PTSD and non-PTSD subjects [J]. Depression and Anxiety, 24:244-250.

LAJUNEN T, PARKER D, 2001. Are aggressive people aggressive drivers? A study of the relationship between self-reported general aggressiveness, driver anger and aggressive driving [J]. Accident Analysis and Prevention, 33:243-255.

LAJUNEN T, PARKER D, STRADLING S G,1998. Dimensions of driver anger, aggressive and highway code violations and their mediation by safety orientation in UK drivers [J]. Transportation Research Part F, 1:107-121.

Land Transport Safety Authority,2002. Medical aspects of fitness to drive [R]. Wellington, New Zealand: LTSA.

LANDOLT M A, VOLLRATH M E, GNEHM H E, et al,2009. Post-traumatic stress impacts on quality of life in children after road traffic accidents: Prospective study [J]. Australian and New Zealand Journal of Psychiatry, 43:746-753.

LANDOLT M A, VOLLRATH M, TIMM K, et al, 2005. Predicting posttraumatic stress symptoms in children after road traffic accidents [J]. Journal of the American Academy of Child and Adolescent Psychiatry, 44:1276-1283.

LAPHAM S C, DE BACA J C, MCMILLAN G P, et al,2006. Psychiatric disorders in a sample of repeat impaired-driving offenders [J]. Journal of Studies on Alcohol, 67:707-713.

LAPHAM S C, SMITH E, DE BACA J C, et al,2001. Prevalence of psychiatric disorders among persons convicted of driving while impaired [J]. Archives of General Psychiatry, 58: 943-949.

LEVELT P B M,2003. Field study of emotions in traffic (SWOV Report No. R-2003-08) [R]. Leidschendam, The Netherlands: SWOV.

LITTLE A D, 1970. The state of the art of traffic safety: A comprehensive review of existing information[M]. New York: Praeger.

LOO R, 1979. Role of primary personality factors in the perception of traffic signs and driver violations and accidents [J]. Accident Analysis and Prevention, 11:125-127.

MALT U,1988. The long-term psychiatric consequences of accidental injury: A longitudinal study of 107 adults [J]. British Journal of Psychiatry, 153:810-818.

MALT U F, HFIVIK B, BLIKRA G, 1993. Psychosocial consequences of road accidents [J]. European Psychiatry, 8:227-228.

MALTA L S, BLANCHARD E B, FREIDENBERG B M, 2005. Psychiatric and behavioral problems in aggressive drivers [J]. Behaviour Research and Therapy, 43:1467-1484.

MATSUOKA Y, NISHI D, NAKAJIMA S, et al, 2008. Incidence and prediction of psychiatric morbidity after a motor vehicle accident in Japan: The Tachikawa cohort of motor vehicle accident study [J]. Critical Care Medicine, 36:74-80.

MATTHEWS G. A transactional model of driver stress [M]. In P. A. Hancock, & P. A. Desmond (Eds.), Stress, workload, and fatigue. Mahwah, NJ: Erlbaum,2001:133-163.

MATTHEWS G, DESMOND P A, JOYNER L, et al. A comprehensive questionnaire measure of driver stress and affect [M]. In T. Rothengatter, & E. C. Vaya (Eds.), Traffic and transport psychology: Theory and application. Amsterdam: Pergamon. 1997:317-324.

MATTHEWS G DORN L, HOYES T W, DAVIES D R, et al, 1998. Driver stress and performance on a driving simulator[J]. Human Factors, 40:136-149.

MATTHEWS G, EMO A K, FUNKE G J, 2005. The transactional model of driver stress and fatigue and its implications for driver training [M]. In L. Dorn (Ed.), Driving behaviour and training, Vol. 2. Hampshire: Ashgate,2005:273-285.

MATTHEWS G, TSUDA A, XIN G, et al, 1999. Individual differences in driver stress vulnerability in a Japanese sample [J]. Ergonomics, 42:401-415.

MAYOU R. The psychiatry of road traffic accidents[M]. In M. Mitchell (Ed.), The aftermath of road accidents: Psychological, social and legal consequences of an everyday trauma. London: Routledge,1997:33-48.

MAYOU R, 1992. Psychiatric aspects of road traffic accidents [J]. International Review of Psychiatry, 4:45-54.

MAYOU R, BRYANT B,2002. Outcome 3 years after a road traffic accident [J]. Psychological Medicine, 32:671-675.

MAYOU R, BRYANT B, DUTHIE R,1993. Psychiatric consequences of road traffic accidents [J]. British Medical Journal, 307:647-651.

MAYOU R, EHLERS A, BRYANT B,2002. Posttraumatic stress disorder after motor vehicle accidents: 3-year follow-up of a prospective longitudinal study [J]. Behaviour Research and Therapy, 40:665-675.

MAYOU R, TYNDEL S, BRYANT B,1997. Long-term outcome of motor vehicle accident injury [J]. Psychosomatic Medicine, 59:578-584.

MCCAFFREY R J, FAIRBANK J A, 1985. Behavioral assessment and treatment of accident-related posttraumatic stress disorder: Two case studies [J]. Behavior Therapy, 16:406-416.

MCCUTCHEO V V, HEATH A C, EDENBERG H J, et al,2009. Alcohol criteria endorsement and psychiatric and drug use disorders among DUI offenders: Greater severity among women and multiple offenders [J]. Addictive Behaviors, 34:432-439.

MCDERMOTT B M, CVITANOVICH A, 2000. Posttraumatic stress disorder and emotional problems in children following motor vehicle accidents: An extended case series [J]. Australian and New Zealand Journal of Psychiatry, 34:446-452.

MCDONALD A S, DAVEY G C L,1996. Psychiatric disorder and accidental injury [J]. Clinical Psychology Review, 16:105-127.

MCMILLAN G P, TIMKEN D S, LAPIDUS J, et al, 2008. Underdiagnosis of comorbid mental illness in repeat DUI offenders mandated to treatment [J]. Journal of Substance Abuse Treatment, 34:320-325.

MEISER-STEDMAN R, DALGLEISH T, GLUCKSMAN E, et al,2009. Maladaptive cognitive appraisals mediate the evolution of posttraumatic stress reactions: A 6-month follow-up of child and adolescent assault and motor vehicle accident survivors [J]. Journal of Abnormal Psychology, 118:778-787.

MEISER-STEDMAN R, SMITH P, GLUCKSMAN E, et al, 2008. The posttraumatic stress disorder diagnosis in preschool- and elementary school-age children exposed to motor vehicle accidents [J]. American Journal of Psychiatry, 165:1326-1337.

MÉNARD I, KORNER-BITENSKY N, DOBBS B, et al, 2006. Canadian psychiatrists' current attitudes, practices, and knowledge regarding fitness to drive in individuals with mental illness: A cross-Canada survey [J]. Canadian Journal of Psychiatry, 51:836-846.

MESKEN J, HAGENZIEKER M P, ROTHENGATTER T, et al,2007. Frequency, determinants, and consequences of different drivers' emotions: An on-the-road study using self-reports, (observed) behaviour, and physiology [J]. Transportation Research Part F, 10:458-475.

METZNER J L, DENTINO A N, GODARD S L, et al, 1993. Impairment in driving and psychiatric illness [J]. Neuropsychiatric Practice and Opinion, 5:211-220.

MIRZA K A H, BHADRINATH B R, GOODYER I M, 1998. Post-traumatic stress disorder in children and adolescents following road traffic accidents [J]. British Journal of Psychiatry, 172:443-447.

MITCHELL M(ED.), 1997. The aftermath of road accidents: Psychological, social and legal consequences of an everyday trauma [M]. London: Routledge.

MITCHELL M. Psychological distress in police officers attending serious and fatal road traffic accidents[M]. In E. J. Hickling, & E. B. Blanchard (Eds.), The international handbook of road traffic accidents and psychological trauma: Current understanding, treatment and law New York: Pergamon, 1999:129-139.

MURRAY J, EHLERS A, MAYOU R A, 2002. Dissociation and post-traumatic stress disorder: Two prospective studies of road traffic accident survivors [J]. British Journal of Psychiatry, 180:363-368.

NADA-RAJA S, LANGLEY J D, MCGEE R, et al, 1997. Inattentive and hyperactive behaviors and driving offenses in adolescence [J]. Journal of the American Academy of Child and Adolescent Psychiatry, 36:515-522.

NORRIS F H, MATTHEWS B A, RIAD J K, 2000. Characterological, situational, and behavioral risk factors for motor vehicle accidents: A prospective examination [J]. Accident Analysis and Prevention, 32:505-515.

NOYES R, 1985. Motor vehicle accidents related to psychiatric impairment [J]. Psychosomatics, 26:569-580.

NOYES R, HOENK P R, KUPERMAN S, et al, 1977. Depersonalisation in accident victims and psychiatric patients [J]. Journal of Nervous and Mental Disease, 164:401-407.

O'DONNELL M L, CREAMER M, LUDWIG G, 2008. PTSD and associated mental health consequences of motor vehicle collisions[M]. In M. P. Duckworth, T. Iezzi, & W. T. O'Donohue (Eds.), Motor vehicle collisions: Medical, psychosocial, and legal consequences. San Diego: Academic Press, 2008:345-363.

O'HANLON J F, VERMEEREN A, UITERWIJK M M, et al, 1995. Anxiolytics' effects on the actual driving performance of patients and healthy volunteers in a standardized test [J]. Neuropsychobiology, 31:81-88.

PALMER R S, BALL S A, ROUNSAVILLE B J, et al, 2007. Concurrent and predictive validity of drug use and psychiatric diagnosis among first-time DWI offenders [J]. Alcoholism: Clinical and Experimental Research, 31:619-624.

PAYNE R B, CORLEY T J, 1994. Motivational effects of anxiety on psychomotor performance [J]. Perceptual and Motor Skills, 79:1507-1521.

PILOWSKY I,1985. Cryptotrauma and "accident neurosis."[J]. British Journal of Psychiatry, 147:310-311.

PLATT J J, HUSBAND S D,1987. Posttraumatic stress disorder and the motor vehicle accident victim [J]. American Journal of Forensic Psychology, 5:39-42.

RICHARDS T L, DEFFENBACHER J L, ROSÉN L A, et al, 2006. Driving anger and driving behavior in adults with ADHD [J]. Journal of Attention Disorders, 10:54-64.

RIMMÖ P,A BERG L,1999. On the distinction between violations and errors: Sensation seeking associations [J]. Transportation Research Part F, 2:151-166.

RORSMAN B, HAGNELL O, LANKE J,1982. Violent death and mental disorders in the Landby study [J]. Neuropsychobiology, 8:233-240.

SCHÄFER I, BERKMANN C, RIEDASSER P, et al, 2006. Posttraumatic syndromes in children and adolescents after road traffic accidents: A prospective cohort study [J]. Psychopathology, 39:159-164.

SCHUCKIT M A, GUNDERSON E K E,1977. Accident and assault deaths in the United States Navy:Demography and preliminary interpretations [J]. Military Medicine, 142:607-610.

SELLING L S,1940. The psychiatric findings in the cases of 500 traffic offenders and accident prone drivers [J]. American Journal of Psychiatry, 97:68-79.

SELZER M L, PAYNE C E, WESTERVELT F H, et al, 1967. Automobile accidents as an expression of psychopathology in an alcoholic population [J]. Quarterly Journal of Studies on Alcohol, 28:505-516.

SHAFFER H J, NELSON S E, LAPLANTE D A, et al, 2007. The epidemiology of psychiatric disorders among repeat DUI offenders accepting a treatment sentencing option [J]. Journal of Consulting and Clinical Psychology,75:795-804.

SHALEV A Y, FREEDMAN S, PERI T, et al,1998. Prospective study of posttraumatic stress disorder and depression following trauma [J]. American Journal of Psychiatry, 155:630-637.

SHAW L, SICHEL H,1971. Accident proneness[M]. Oxford: Pergamon.

SHINAR D,1978. Psychology on the road: The human factor in traffic safety [J]. New York: Wiley.

SHINAR D, 1998. Aggressive driving: The contribution of the drivers and the situation [J]. Transportation Research Part F, 1:137-160.

SHOHAM S G, RAHAV G, MARKOVSKI R, et al, 1984. "Anxious" and "reckless" drivers [J]. Deviant Behaviour, 5:181-191.

SILVERSTONE T, 1988. The influence of psychiatric disease and its treatment on driving performance [J]. International Clinical Psychopharmacology, 3(Suppl. 1):59-66.

SMART R G, ASHBRIDGE M, MANN R E, et al, 2003. Psychiatric distress among road rage victims and perpetrators [J]. Canadian Journal of Psychiatry, 48:681-688.

SMITH B, MACKENZIE-ROSS S, SCRAGG P,2007. Prevalence of poor psychological morbidity following a minor road traffic accident (RTA): The clinical implications of a prospective longitudinal study [J]. Counselling Psychology Quarterly, 20:149-155.

ST GERMAIN S A, KURTZ M M, PEARLSON G D, et al, 2004. Virtual driving in individuals with schizophrenia [J]. Annual Review of Cyber Therapy and Telemedicine, 2:153-159.

STALLARD P, VELLEMAN R, BALDWIN S, 1998. Prospective study of post-traumatic stress disorder in children involved in road traffic accidents [J]. British Medical Journal, 317:1619-1623.

STODUTO G, DILL P, MANN R E, et al, 2008. Examining the link between drinking-driving and depressed mood. Journal of Studies on Alcohol and Drugs, 69:777-780.

STURMS L M, VAN DER SLUIS C, STEWART R E, et al, 2005. A prospective study on paediatric traffic injuries: Health-related quality of life and post-traumatic stress [J]. Clinical Rehabilitation, 19:312-322.

SULLMAN M, 2006. Anger amongst New Zealand drivers [J]. Transportation Research Part F, 9:173-184.

SULLMAN M, GRAS M E, CUNILL M, et al, 2007. Driving anger in Spain [J]. Personality and Individual Differences, 42:701-713.

SÜMER N, 2003. Personality and behavioral predictors of traffic accidents: Testing a contextual mediated model [J]. Accident Analysis and Prevention, 35:949-964.

TAYLOR A H, DORN L, 2006. Stress, fatigue, health, and risk of road traffic accidents among professional drivers: The contribution of physical inactivity [J]. Annual Review of Public Health, 27:371-391.

TAYLOR J E. Driving phobia consequent to motor vehicle collisions [M]. In M. P. Duckworth, T. Iezzi, & W. O'Donohue (Eds.), Motor vehicle collisions: Medical, psychosocial, and legal consequences. New York: Elsevier, 2008:389-416.

TAYLOR J E, DEANE F P, 1999. Acquisition and severity of driving related fears [J]. Behaviour Research and Therapy, 37:435-449.

TAYLOR J E, DEANE F P, 2000. Comparison and characteristics of motor vehicle accident (MVA) and non-MVA driving fears [J]. Journal of Anxiety Disorders, 14:281-298.

TAYLOR J E, DEANE F P, PODD J V, 1999. Stability of driving fear acquisition pathways over one year [J]. Behaviour Research and Therapy, 37:927-939.

TAYLOR J E, DEANE F P, PODD J V, 2000. Determining the focus of driving fears [J]. Journal of Anxiety Disorders, 14:453-470.

TAYLOR J E, DEANE F P, PODD J V, 2002. Driving-related fear: A review [J]. Clinical Psychology Review, 22:631-645.

TAYLOR J E, DEANE F P, PODD J V, 2007. Driving fear and driving skills: Comparison between fearful and control samples using standardised on-road assessment [J]. Behaviour Research and Therapy, 45:805-818.

TAYLOR S, KOCH W J, 1995. Anxiety disorders due to motor vehicle accidents: Nature and treatment [J]. Clinical Psychology Review, 15:721-738.

THOMPSON A, MCARDLE P,1993. Psychiatric consequences of road traffic accidents: Children may be seriously affected [J]. British Medical Journal, 307:1282-1283.

TILLMAN W A, HOBBS G E, 1949. The accident-prone automobile driver: A study of the psychiatric and social background [J]. American Journal of Psychiatry, 106:321-331.

TSUANG M T, BOOR M, FLEMING J, 1985. Psychiatric aspects of traffic accidents [J]. American Journal of Psychiatry, 142:538-546.

ULLEBERG P, RUNDMO T, 2003. Personality, attitudes and risk perception as predictors of risky driving behavior among young drivers [J]. Safety Science, 41:427-443.

URSANO R J, FULLERTON C S, EPSTEIN R S, et al,1999. Acute and chronic posttraumatic stress disorder in motor vehicle accident victims [J]. American Journal of Psychiatry, 156: 589-595.

VAN ROOY D L, ROTTON J, BURNS T M, 2006. Convergent, discriminant, and predictive validity of aggressive driving inventories: They drive as they live [J]. Aggressive Behavior, 32:89-98.

WALKER J I, 1981. Posttraumatic stress disorder after a car accident. Postgraduate Medicine, 69: 82-86.

WALKLIN L,1993. Instructional techniques and practice for driving instructors (2nd ed.) [M]. Cheltenham, Stanley Thornes.

WALLER J A, TURKEL H W,1966. Alcoholism and traffic deaths [J]. New England Journal of Medicine, 275:532-536.

WEST R, ELANDER J, FRENCH D,1993. Mild social deviance, Type-A behavior pattern and decision-making style as predictors of self-reported driving style and traffic risk [J]. British Journal of Psychology, 84:207-219.

WILSON R J, JONAH B A, 1988. The application of problem behaviour theory to the understanding of risky driving [J]. Alcohol, Drugs and Driving, 4: 173-191.

WILSON T, GREENSMITH J,1983. Multivariate analysis of the relationship between drivometer variables and drivers' accident, sex, and exposure status [J]. Human Factors, 25:303-312.

WITTMAN L, ZEHNDER D, SCHREDL M, et al, 2010. Posttraumatic nightmares and psychopathology in children after road traffic accidents [J]. Journal of Traumatic Stress, 23: 232-239.

YASAN A, GÜZEL A, TAMAM Y, et al,2009. Predictive factors for acute stress disorder and posttraumatic stress disorder after motor vehicle accidents [J]. Psychopathology, 42:236-241.

YINON Y, LEVIAN E. Presence of other drivers as a determinant of traffic violations[M]. In T. Rothengatter, & R. de Bruin (Eds.), Road user behaviour: Theory and research. Assen: van Gorcum,1988:274-278.

ZUCKERMAN M, NEEB M,1980. Demographic influences in sensation seeking and expressions of sensation seeking in religion, smoking and driving habits [J]. Personality and Individual Differences, 1:197-206.

第 14 章 个体与环境:交通文化

蒂尔克尔·奥兹坎(Türker Özkan)和蒂莫·拉朱宁(Timo Lajunen)
土耳其,安卡拉,中东技术大学(Middle East Technical University,Ankara,Turkey)

14.1 个体与环境:行为与事故

行为是由个体、个体所处的情境或环境以及个体与环境之间的概率性交互作用而形成的结果(Lewin,1952,第 25 页)。个体被认为是人为因素成分,而情境或环境被认为是交通中的车辆相关因素和道路环境。在交通中,一个人(即道路使用者)也同样存在于一个复杂的多层级的社会文化和技术环境中。因此,任何结果,例如一次事故,是由人为因素(即驾驶人)、环境以及人与环境的概率性交互作用产生的(Özkan,2006)。

14.1.1 意外事故的原因:观点、理论和周期

实际上,人为失误的观点、理论以及周期和事故原因已经系统地发展许多年了。比如,Salmon、Lenne、Stanton、Jenkins 和 Walker(2010)认为,人为因素模型基本上可以分为个体模型(例如 Reason 于 1990 年提出的通用失误模型系统)和系统模型(Reason 于 1990 年提出的瑞士奶酪模型),两者分别关注个体操作者(例如驾驶人)做出的失误和更广泛的系统故障与个体操作者做出的失误之间的相互作用。

Elvik(1996)描述了为解释道路交通事故而提出的理论,并根据年代划分为:随机事件(1900—1920 年)、事故倾向(1918—1955 年)、因果理论(1940—1960 年)、系统理论(1955—1980 年)以及行为理论(1978—2000 年)。依据 Elvik 的观点,事故作为随机事件的理论和事故倾向理论,旨在解释为什么一些人比另外一些人更容易发生事故,即试图解释某个群体发生事故的数量变化(甚至是"先天固有特征")。因果事故理论的发展旨在通过详细探究导致每起事故的事件来确定事故的真正原因(例如,深入的事故分析)。系统理论,从另一方面而言,以一个系统中的事故总数作为其解释工作的起点。系统理论提出,事故的发生是由于复杂系统中各组成部分间相互作用失调的结果。行为导向的事故理论再次关注道路使用个体的行为,并将其视为事故发生的一个关键决定因素。这些理论的基本思想是,个体风险评估和风险接受能力是每次实际发生事故数量的非常重要的决定因素。同样地,Elvik 还提出(如风险稳态理论)每一社会都有它所能接受的事故数目,唯一能够永远降低这一数目的方法是改变风险的目标等级(或是所期望的安全等级;例如事故的数量、伤员和死亡人数,包括决策者和公众在内的社会所能容忍的事故数量及受伤、死亡人数)。总之,Elvik 认为:①所有已提出的事故理论都能解释事故事实的部分原因;②没有一个理论能够完全解释事故的全部原因;③几乎所有理论的提出都是为了减少事故的发生,而不是纯粹的理论探索。

Hale 和 Hovden(1998)提出的安全管理的 3 个阶段进展,拓展了事故理论的观点,并强调了附加的因素特质。他们认为第一阶段安全管理主要与技术措施相关,第二阶段开始关注行为因素和个人行为。第三阶段安全管理受工效学影响,并在后来与社会科技方法相融合(Hovden、Albrechtsen 和 Herrera,2010)。此外,Wiegmann、Von Thaden,以及 Gibbons(2007)还认为近几年的研究证实了第四阶段的发展,即"安全文化时期"。驾驶人表现出责任与技术相互影响,就像一个协调的团队中融进了某种特殊的文化一样(例如组织文化)。

本章将构建一个理论探索的框架来"战胜"意外事故。希望这个框架能够包含事故因果关系的"全部事实"中关于事故发生的部分真相。此外,计划将个人因素(即交通事故中的行为因素的角色)和环境因素(即复杂多样的交通社会文化和技术环境的结构及其目标和机制)合并到"安全管理的第四阶段"(即"交通安全文化")。

14.1.2 意外事故中的行为因素:驾驶人的行为和表现

大多数道路交通事故能够将行为因素当作唯一或主要原因(Lewin,1982)。驾驶中的行为因素能够分为两个部分研究:驾驶行为/风格和表现/技能(Elander、West 和 French,1993)。驾驶行为与驾驶人的选择或习惯性驾驶有关,包括驾驶速度的选择、一般注意力的习惯性水平以及车距接受水平等(Elander 等,1993)。也就是说,这解释了驾驶人通常"做"的行为。驾驶表现包括信息处理和驾驶及安全技能,这些需要通过练习和训练来提高这个水平(即驾驶经验的提高)。换句话说,这也解释了驾驶人"能"做什么。

Reason、Manstead、Stradling、Baxter 和 Campbell(1990)将驾驶行为归类为错误驾驶行为、违规驾驶行为、疏忽驾驶行为和失误驾驶行为。他们将错误驾驶行为定义为"计划采取的行动未能却达到其预期后果的行为",并将违规驾驶行为定义为"故意偏离那些被认为是维持潜在危险系统安全运行所必需的行为"(第 1316 页)。Reason 等(1990)定义了第 3 个驾驶行为问卷(DBQ)因素,并将此定义为"疏忽和失误行为"。这一因素包括注意力和记忆力障碍,这会导致尴尬,但不太可能对驾驶安全产生影响(Parker、West、Stradling 和 Manstead,1995)。Lawton、Parker、Manstead 和 Stradling(1997)在违规行为中增加更多内容扩展了其定义,并根据驾驶人违规原因将其分成两类:普通违规行为和攻击性违规行为。然而,违规驾驶行为和错误驾驶行为的区别也被芬兰一份长达 3 年的追踪调查结果(Özkan、Lajunen 和 Summala,2006)所支持,调查结果显示两因素解决方案是最稳定的解决方案(在可能的方案中有 2~6 个因素)。最后,为了将 DBQ 扩展为一个综合测量驾驶人行为的测量工具,Özkan 和 Lajunen(2005)在 DBQ 中加入了测量积极驾驶行为的内容,并包含了一个完整的三因素解决方案:违规驾驶行为、错误驾驶行为和积极驾驶行为。

Spolander(1983)将驾驶行为分为技术性(即熟练的汽车控制和交通状况处理)和防御性驾驶技能(即避免预期事故的技能)。Hatakka、Keskinen、Laapotti、Katila 和 Kiiski(1992)使用了一个内部标准(即要求驾驶人评估他们在驾驶技能上不同方面的能力),这个内部标准是基于一项众所周知的发现,即大多数驾驶人都认为自己在技术性和防御性方面的技能高于平均驾驶水平(Nätänen 和 Summala,1976)。之后,Lajunen 和 Summala(1995)编制了驾驶技能量表(DSI),更深入地评估了一般感知运动表现和安全问题,并将感知运动技能(即感知、决策和运动控制相关的技能)和安全技能(即避免预期事故的技能)作为 DSI 的两因素结构进行了检验。DSI 在跨文化研究中获得了较高的信度和效度(Lajunen、Corry、Summala 和 Hartley,1998;Özkan、Lajunen、Chliaoutakis、Parker 和 Summala,2006a)。

众所周知,驾驶行为中的人为因素(驾驶人行为和技能)与不同的交通结果相关(例如攻击性驾驶行为、超速驾驶以及交通事故)(Lajunen 和 Summala,1995,Reason 等,1990)。因此,接下来的部分描述了一个复杂的多层级社会文化因素和技术环境因素,在其中嵌入了行为因素。

14.1.3 交通中多层级的社会文化及技术环境结构

14.1.3.1 第一层级:微观层面——驾驶过程中行为因素的个体水平特征

驾驶人的行为和表现可以看作是个人特征的体现,例如个性、态度、动机或"额外动机"以及知觉动作和信息处理能力(Elander 等,1993;Groeger,2000;Näätänen 和 Summala,1976)。在此,一些个体层面的特征[如年龄、性别以及认知过程及(或)偏见]被当作驾驶中的关键行为因素来讨论。

性别和年龄直接与驾驶人的行为、表现和事故责任相关。事实上,在每个国家,年轻人更易发生意外事故,并且大多数为年轻男性(Blockey 和 Hartley,1995;Doherty、Andrey 及 MacGregor,1998;Evans,1991)。此外,男性和年轻驾驶人相较于女性和老年驾驶人,倾向于更频繁地产生违规驾驶行为。反之,与男性和年轻驾驶人相比,女性和老年驾驶人更容易产生错误驾驶行为。

道路使用者之间也会相互影响,考虑彼此的意图和行为,以确保安全驾驶。因此,驾驶人的认知过程(即归因)就可能成为自己和他人的危险驾驶行为、表现及事故责任的来源。归因是个体为自己和他人的行为做出随意解释的过程(Ross,1977)。大多数检验交通归因偏差的研究,都调查了虚假共识偏差和行动者-观察者效应(Baxter、Macrae、Manstead、Stradling 和 Parker,1990;Björklund,2005;Manstead、Parker、Stradling、Reason 及 Baxter,1992)。虚假共识偏差是指人们倾向于"将自己的行为选择和判断看作是相当普遍和适宜的,而在评论他人行为时将其看作是不普遍的、偏离的或不适宜的"(Ross、Greene 和 House,1977,280页)。例如,Manstead 等(1992)研究发现,与不承认违规驾驶和错误驾驶行为的驾驶人相比,承认以上行为的驾驶人认为这是大多数驾驶人都会犯的错误,而且比实际情况的比例更高。行动者-观察者效应指出"行动者普遍倾向于将自己的行为归因于情境的要求,而观察者倾向于将同一行为归因于稳定的人格特征"(Jones 和 Nisbett,1972,280页)。例如,当报告行车间距小和闯红灯现象时,驾驶人将其自身的违规行为归因于情境因素,将他人的违规行为归因于人格特征(Baxter 等,1990)。基于文献,可以假设年龄、性别、认知过程和(或)偏见是影响驾驶行为、表现和事故发生的"普遍的"个人层面因素。

14.1.3.2 第二层级:中观层面——组织/公司及团体/社区层面

1)组织/公司层面的因素

与一般驾驶人相比,职业驾驶员的驾驶是一个缺少自我调节的任务。一般驾驶人能确定他们驾驶的难度和风险水平(Caird 和 Kline,2004),从而选择合适的运输方式、行程时间以及目标速度。另一方面,许多因素(例如时间表、轮班表和工作时间)可能会增加职业驾驶员的任务需要。此外,其他因素,例如企业文化和(或)风气包括安全政策和实践(Caird 和 Kline,2004),似乎在很大程度上决定了他们如何驾驶、为什么驾驶以及在何时何地驾驶。

这可能清晰地表明组织文化和(或)风气在职业驾驶员驾驶过程中的重要性。组织是拥有不同价值观、法则、态度以及观点的复杂系统(Arnold,2005)。作为这个复杂系统中的成分,组织风气可以被定义为"员工对工作环境的总体感知"(Zohar,1980,第 96 页)。这些感知被认为有一定的心理效用,此效用可以作为指导适当、适宜的任务行为的参考框架。Öz、Özkan 以及 Lajunen(2010)采用一般的组织文化量表(即 Hofstede 组织文化量表)调查了组织文化和(或)风气与驾驶行为(即错误、违规和积极行为)之间的关系,结果发现,当工作定位得分低(即对正在做的工作及规章制度等的组织重视程度低)及员工关注得分低(即对员工在组织中的存在感及适应度给予较少关注)时,报告的违规行为最多。反之,当工作定位及员工关注得分较高时,报告的违规行为最少。

Öz、Özkan 和 Lajunen 制定了运输公司风气量表,含有 3 个因子——一般安全管理、特殊操作及防范、工作及时间压力。研究发现,工作和时间压力因子中获得高分(低压力)的驾驶人,其错误和违规的频率明显低于工作定位因子获得低分的驾驶人。一般安全管理因子获得高分的驾驶人比得分低的驾驶人明显有更高的安全技能。任何组织文化维度对 DBQ 的积极驾驶行为量表和 DSI 的感知-运动技能维度均无主要影响。Logistic 回归分析结果显示,工作及时间压力与事故参与程度之间显著相关。因此,可以假设组织因素影响着职业驾驶员的行为、表现以及事故参与程度,反过来,这也影响了其他道路使用者的驾驶。

2)团体/社区层面的因素

层级越高,系统的边界就会变得越来越公开且相对不明确(即社区/团体水平)。并且,团体/社区水平对驾驶人个人行为和表现的影响可能在范围和数量上变得越来越小。也就是说,驾驶人与其他驾驶人持续不断地相互影响,他们可能不像在封闭系统中(即运输公司)那样受到监督。另一方面,不同城市似乎拥有不同的驾驶文化,如总体事故率(Allstate 保险公司,2006)及路怒症行为(Prince 市场调查,2006)的差异。此外,在同一国家甚至同一城市,来自不同驾驶团体的驾驶人(货车驾驶人、私家车驾驶人或年轻驾驶人与老年驾驶人)遵循各自团体的非正式规则,而非遵循驾驶行为中的正式规则,因此就产生了不同的普遍驾驶方式,并构成了不同等级的事故风险(Sümer 及 Özkan,2002)。

例如,Bener 等(2008)发现大型车辆驾驶人比小型车辆驾驶人产生更多的违规、错误及失误行为。在大型车辆驾驶人中,失误行为与事故参与程度相关;而在小型车辆驾驶人中,错误行为和攻击性超速与事故参与程度相关。大型车辆驾驶人比小型车辆驾驶人报告更少的安全带使用及更高的驾驶速度问题。Bener 等发现,大型车辆驾驶人在道路交通事故中的参与比例接近 40.3%。

Öz、Özkan 和 Lajunen(2009)调查了不同驾驶人群体(出租汽车驾驶人、小型客车驾驶人、重型车驾驶人及一般驾驶人)的压力反应、速度水平、罚金数目及事故参与比例。结果显示,不同驾驶人群体在危险驾驶行为和压力反应(攻击性、对驾驶的厌恶、危险源检测、疲劳倾向以及刺激寻求)方面存在显著差异。一般驾驶人在高速公路上比出租汽车、小型客车和重型车辆的驾驶人的驾驶速度更快,在城市道路上比重型车辆和小型客车的驾驶人的驾驶速度更快。此外,小型客车驾驶人比重型车辆驾驶员付出更多的罚金,小型客车驾驶人比一般驾驶人更具攻击性。一般驾驶人比小型客车驾驶人和重型车辆驾驶人在驾驶中能够更好地探测到危险源。最后,重型车辆驾驶人比一般驾驶人有更高的疲倦驾驶倾向。攻击性、对驾驶的厌恶及危险源检测能力也和事故参与程度相关,而对驾驶的厌恶及刺激寻求维度与城市道路的驾驶速度相关。

14.1.3.3 第三层级:宏观层级——国家水平

同样的驾驶人在两个拥有大致相同的文化但拥有不同交通安全规则制度(Leviäkangas,1998)及公众意识和政府政策(Svedung 和 Rasmussen,1998)的国家(芬兰和俄罗斯),会有不同的驾驶行为和表现,并导致不同的事故风险。例如,Gaygisiz(2010)以 46 个国家为样本调查了管理质量和道路交通事故致死率之间的关系。全球治理指标(WGI)衡量管理的 6 个维度:话语权和问责权可以衡量一个国家的公民能够参与选择其政府以及言论自由、结社自由、媒体自由的程度;政治稳定和无暴力指的是政府被违宪手段或暴力手段推翻的可能性,包括政治暴力事件及恐怖主义;政府效能是衡量公共服务质量、行政服务质量及其独立于政治压力的程度、政策制定及执行的质量,以及政府对这些政策承诺的可信度;监管质量衡量了政府制定和实施健全的政策和法规,以允许和促进私营企业发展的能力;法律法规是指公众信任和遵守社会规则的程度,特别是合同实施质量、财产权、警察和法院,以及犯罪和暴力的可能性;腐败控制衡量的是为私人利益行使公共权力的程度,包括大小数额不等的腐败,以及被掌权人物和私人利益"捕获"地位。这些指数与交通事故率的相关系数分别是-0.41、-0.48、-0.42、-0.51、-0.41 以及-0.43。也就是说 WGI 与交通死亡人数之间有显著的联系,国家治理得越好,交通事故死亡率就越低。另一方面,包括法律和政策在内的国家治理可能会迫使个人采取适当、安全的驾驶行为,但是它却不能影响人们整体的思考方式。事实上,当体系和文化的"上"和"下"级别不支持政策时,政策往往是无效的。

14.1.3.4 第四层级:麦格纳层级——生态文化及社会政治水平

生态文化及社会政治水平的影响因素,在一些交通文献(第 2001 页)中被称为外生变量,包括交通文化中的普遍生态成分,如经济学、人口统计学(如人口)、生态学(如纬度)(Hofstede,2001)以及更广泛的文化因素(Leviäkangas,1998)。这些因素相互之间高度相关(Hofstede,2001),并且从短期来看不能被安全政策所修改。这些因素大部分间接地、较少直接地影响着交通运行和安全,又同时受到各个国家的交通工程设置和道路使用者因素的交互影响。可见,经济、社会及文化因素在交通安全中是重要的影响因素(Gaudry 和 Lassarre,2000)。

1)经济

高收入国家对道路基础设施、设施维护、交通安全工作、车辆以及驾驶人教育进行投资,而低收入国家或经济萧条的国家在交通安全上的投资较少。由于经济的发展,驾驶人群体的组成也从占主导地位的职业驾驶员转变为私家车驾驶人。随着经济的发展,男性主导的交通社会可能会转变成在男女性别差异上更加平衡的社会,即男性和女性驾驶证的持有比例发生了改变,女性驾驶人增多(美国,1997)。然而,在高收入国家,年轻、缺乏经验的驾驶人相对较多。在其他因素保持不变的情况下,年轻人口增加 10%,交通事故死亡率会增加 8.3%。在经济繁荣发展的时期,年轻人有更多的钱花费在像驾驶这样的休闲活动上,这增加了其参与事故的程度及可能性。

在高收入国家中,新车(更加安全)销售(Pelzman,1975)及车辆拥有率有很高的相关性。根据著名的 Smeed 法则(Smeed,1949),交通伤亡率与车辆所有权的立方根相关。很明显(数据显示),在 20 个不同国家中,每辆车的交通事故致死率随着车辆拥有率的增加而下降。此外,随着时间的推移,来自 62 个国家的调查数据(Adams,1987,1995)显示,Smeed 法则在不同国家是有效的(如 1909—1973 年间的英国)。

另一方面,经济体制影响了价格机制(如燃料价格)、家庭消费、假期活动(如假期旅游)、个人出行模式(如家-工作出行)以及货物运输中的工业活动(Jaeger 和 Lassarre,2000)。研究发现,家-工作出行和假期旅行的高发生率、每个工作单位的商用车数量的增加、葡萄酒消费量以及燃料价格较低等因素,都解释了总里程和事故风险的增加。在 1991 年 10 月和 1992 年 6 月进行的以主干道安全问题为对象的一项科研项目发现,来自 15 个欧洲国家的驾驶人对主干道安全问题(例如酒精、驾驶速度以及安全带的使用)的态度和行为的差异与个别国家的经济繁荣有部分联系(SARTRE,1998)。Özkan 和 Lajunen(2007)发现,国民生产总值(GNP)是预测一个国家交通安全的最重要因素,也是各国在交通安全问题上形成区域差异的主要原因,人均国民生产总值与交通死亡人数呈负相关。GNP 也与文化维度和价值观相关。

2)文化

Hofstede(2001)设立的文化维度包括人与人之间的不平等("权利距离")、一个社会中关于未知未来的压力水平("不确定性回避")、个人融入主要群体("个体主义与集体主义")、男性和女性间情感角色的划分("男性气质与女性气质")以及个人的时间视角("长期取向与短期取向")。而 Schwartz 价值观以全社会必须面对和解决的 3 个主要问题为基础而建立。根据 Schwartz(1999)的理论,第一个问题是,人类在多大程度上是自主的还是根植群体的社会答案,可以用 3 类价值观类型概括:"保守主义"[或 Schwartz(2004)认为的根植性(即社会秩序)]、"学术独立"(即好奇心)以及"情感自主性"(即愉悦)。第二个问题是通过负责任的行为保证社会结构的稳定。价值观类型的"等级制度"(即权威)及"平等主义"(即平等)是确保社会结构的主要方式。第三个问题是个体与自然及社会环境的关系。人与环境的关系可在两类价值观上建立起来,即"统治"与"和谐"。在这样的二分法中,统治强调人类依据自己的需求改变环境的愿望,而和谐则是指强调保护环境的价值观。

欧洲南部的国家通常在不确定性规避、权利距离、集体主义、平等主义以及男子气概上得分较高,没有北欧国家那么保守(Hofstede,2001;Schwartz,1992,1999)。特别是,"危险的"希腊人在不确定性规避和统治因素上得分最高;"危险的"土耳其人在不确定性规避、权利距离、保守主义及等级制度上也有很高的分数;"安全的"英国人与荷兰人在个人主义上得分较高,英国人在不确定性规避上得分很低;"安全的"芬兰人在男子气概、权利距离和不确定性规避上得分低。

研究发现,在 14 个欧洲国家中,一种文化的男子气概维度与高速度限制呈正相关(Hofstede,2001)。此外,Hofstede 报告,在 1971 年,14 个欧洲国家中不确定性规避和男子气概与交通死亡率呈正相关,而个体主义与事故率呈负相关。个体主义文化中的驾驶人在参与交通的过程中表现得更谨慎(Hofstede,2001),这使他们的驾驶更加安全。在控制了人均国民生产总值的影响后,正如早期的研究(Hofstede,2001)所述,不确定性规避与交通死亡人数呈现正相关。偏相关系数显示保守主义与交通死亡人数呈负相关,而平等主义与交通死亡人数呈正相关(Özkan 和 Lajunen,2007)。这些结果表明,在解释各国交通安全问题的区域差异时,应考虑到经济、社会和文化因素的作用。

14.1.4　交通的多层次社会文化和技术环境的结构综述

如图 14-1 所示,道路使用者和国家的交通安全水平主要取决于外部因素(生态文化社会政治、国家、团体、组织及个体因素)如何在某种程度上直接或间接影响内部因素(道路使用者/行为因素、道路因素以及环境/工程因素),这些因素的共同作用影响着涉及风险的可能性和事故风险的发生。像地理或气候等随着时间相对稳定且保持不变(Evans,2004)的因素,很可能比道路使用者对工程(如道路和车辆)产生更直接的影响。另一方面,气候(如降雪)可以减少驾驶人的涉及风险的可能性和行为,尤其是速度,这反过来可能会增加事故发生的数量但降低重度受伤的风险(Evans,2004)。然而,外部因素不能仅局限于环境相关因素(即气候);换句话说,其他变量也能在生态文化、社会政治水平(如经济和文化)上产生影响。

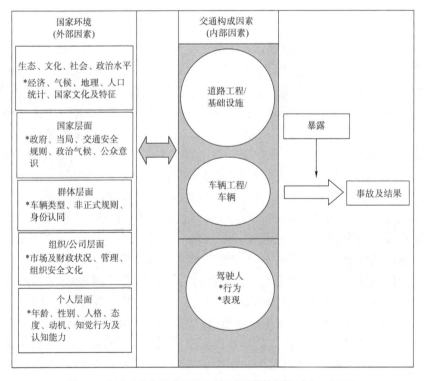

图 14-1　社会文化和技术环境的多层交通结构框架(Özkan,2006)

例如,同样的驾驶人在两个有大致相同的气候但交通安全法规(Leviäkangas,1998)、公众意识和政府政策不同的国家(芬兰和俄罗斯),会做出不同的驾驶行为,并有不同的表现,造成不同的事故风险(Svedung 和 Rasmussen,1998)。在同一国家甚至是同一城市,来自不同群体的驾驶人(如货车驾驶人和私家车驾驶人或青年驾驶人和老年驾驶人)可能会遵循各自群体的非正式规则而非行驶中的正式规则。因此,形成了不同的常规驾驶风格、产生了不同程度的事故风险(Sümer 和 Özkan,2002)。

组织文化因素,即管理或公司政策(Svedung 和 Rasmussen,1998),对职业驾驶员来说,或许比正式的交通规则及非正式组织的规则更重要。也就是说,来自同一驾驶群体但不同公司的驾驶员,即使他们开的是同一款车、行驶在同一路线,也会拥有不同的驾驶行为、表现及事故风险(Öz 等,2010)。因此,驾驶被定义为一种"被限制了步调的"任务,职业驾驶员的驾驶风险也能被所在公司决定。进一步讲,当其他条件不变时,每个驾驶人有不同的常规驾驶风格及事故易发性。因为驾驶在某种程度上是一种"有自我步调的"任务,并且驾驶人的选择可以决定他们遭遇的风险(Näätänen 和 Summala,1976)。个人因素如"额外动机"、人格、性别及年龄,会影响个体的驾驶行为、表现及遭遇事故的风险(Elander 等,1993)。

因此,可以假设事故风险与驾驶人和/或国家之间在交通安全方面的差异,可能是内外部因素在整个系统层级内和层级间起作用的结果。从理论上来讲,这个整体结构可能在不同国家间(甚至是不同驾驶人间)起到不同作用。众所周知,道路交通事故是全世界范围内的一个重要问题。然而,各国之间在交通安全方面存在的区域性差异也相当大。如,2002年,世界卫生组织(WHO)的西太平洋区域和东南亚区域占全世界每年发生的道路交通事故绝对死亡人数的一半以上。世界卫生组织报告,非洲区域(包括中东)存在最高的死亡率,每10万人中就有28.3人丧生,此数字接近世界卫生组织报告地中海区域中低收入国家的死亡率,每10万人中有26.4人丧生(WHO,2004)。总体上来说,各国之间的交通死亡人数存在着巨大的差异,尤其是在欧洲及其邻国(如中东)。在欧盟,2000年时约有40800人死于交通事故,新成员国中另有11600人死于交通事故(欧洲交通安全委员会,2003)。数据显示,欧洲东/南部(地中海,如希腊和土耳其)与欧洲北/西部相比事故率较高。在2003年,每10亿km就有7.6个芬兰人和英国人以及7.7个荷兰人死于交通事故,而对于希腊和土耳其人,2001年时,相同情况下该数字分别为26.7和73(国际道路交通死亡事故数据库,2005)。中东国家(即伊朗)比欧洲国家(即土耳其)有更高的交通事故死亡人数(Raoufi,2003)。

因此,可以假设各国在交通文化和安全水平间的巨大差异可以体现在驾驶人的驾驶行为中。作为假设,Özkan、Lajunen、Chliaoutakis、Parker 及 Summala(2006b)通过比较英国、荷兰、芬兰、希腊、伊朗及土耳其驾驶人,发现"安全的"西/北部国家的驾驶人在一般违规驾驶行为上得分较高,尤其是在高速道路上超速行驶的得分较高,而"危险的"欧洲南部/中东地区国家的驾驶人在错误驾驶行为和攻击性驾驶行为上得分较高。研究还表明,在欧洲南部和中东地区的驾驶人有更大程度的攻击性驾驶行为和错误驾驶行为,冲突水平的升高是由于基础设施不完善、对交通法规的不尊重及更大程度的驾驶人压力。根据这些结论,在"安全"国家中,驾驶人表现出更高频率的超速驾驶行为,反映了强制执法的程度。此外,成为"安全型驾驶人"的概念是依赖于文化的,因此,这一概念在不同国家有不同理解。另一方面,基于社会文化和技术环境的多层复杂交通结构,在某种程度上许多国家对于安全的理解是相似的。然而,必须同时考虑定义主要目标、价值观、标准、职能及机制的"文件"和"交通文化"。

14.2 交通文化:目标与机制

Leviäkangas(1998)将所有直接和/或间接影响国家交通安全水平的因素(图14-1或许

展示了所有因素)称为"交通文化"(AAA 交通安全基金会,2007)。在 Leviäkangas 看来,交通文化是影响驾驶人技能、态度和行为以及车辆和基础设施的所有因素的总和。然而,交通文化这一术语仍没有被完全概念化。因此,这一章节将"交通文化"这一概念作为学习交通文化的目标和机制的参考框架。

众所周知,实践的目的在于实现安全性(如减少事故及未遂事故的数目)并促进流动性(如根据出行时间到达目的地)的目标(Evans,2004)。然而,流动性与安全性往往但并非总是相冲突的。一个国家的交通体系的基本目标大部分是流动性,这应该通过尽量减少不必要的风险来实现(Evans,2004)。此外,一些子目标,如环境友好型、舒适、符合成本效益的运输系统,对决策者和公众来说变得越来越重要。

毋庸置疑,一个国家或地区的交通文化是通过正式和非正式的法则、标准及价值观来维护的,这是交通文化机制的中心内容。其定义了可接受的和必要的道路使用者的行为、表现以及工程实践的选择。国家政府通常采用并强制实施正式的法则,包括教育、执行和工程等;而道路使用者与其他道路使用者融合和相互影响的结果是形成自己的非正式法则、标准和价值观。

暴露,即驾驶人将他/她自己置身于交通中的程度以及参与事故的可能性,是"影响碰撞系统的系统性过程"(Chapman,1973),因此,这是事故统计中对特殊驾驶群体比例统计的主要原因(Laapotti,2003)。此外,暴露可作为驾驶行为及内外部因素、常规风险驾驶风格及事故参与程度间交互作用的主要定量(如驾驶行为的数量)或定性(如原因、时间、地点、同伴以及天气类型和道路状况)的预测因子(Laapotti,2003)。例如,男性驾驶人的平均驾驶里程数多于女性驾驶人(Stradling 和 Parker,1996)。经常驾驶的驾驶人比不经常驾驶的驾驶人更易违反交通规则。男性驾驶人比年轻女性驾驶人和老年驾驶人倾向于产生更多的攻击性驾驶行为(Lawton 等,1997)。此外,驾驶经验与个人对自己的驾驶技能的信心有关,而对与其他安全因素的关注呈负相关(Lajunen 和 Summala,1995)。同样,驾驶里程数和事故之间的关系不是线性的,而是一条负相关的曲线,即随着驾驶里程的增长,事故率小幅增长(Maycock、Lockwood 和 Lester,1991)。

研究者将道路使用者作为信息、交流、模仿的来源及作为参考群体来进行比较研究(Björklund,2005;Zaidel,1992)。文化和环境因素定义了可接受的且"正常的"行为,这反过来影响着违规行为的定义。这不仅是在严格的法律意义上的定义(Manstead,1998),也是在非正式法规中的定义(Björklund,2005)。此外,这可能会影响对其他道路使用者的意图和行为的评价,进而影响驾驶人的行为和潜在反应(如报复)在意图、控制力和责任心上的归因。此外,这些因素可能产生不同的风险评估,包括自身和他人在不同国家的行为表现,以及交通中的人际冲突(Björklund,2005)。例如,Özkan、Lajunen、Parker、Sümer 和 Summala(2010)发现,在英国、荷兰、芬兰及土耳其的驾驶人中,"他人"是安全驾驶的一个关键组成因素。研究发现,除了英国男性驾驶人和芬兰女性驾驶人,攻击性警告及敌对性攻击间的人际冲突和报复因素中的"自我"与"他人",对许多国家的驾驶人卷入道路交通事故造成了严重的风险。统计发现,攻击性警告及敌对性攻击的人际冲突和报复因素之间的相互作用,促使驾驶人通过攻击性警告表达愤怒情绪,并提高了攻击性行为。该研究还表明,同人际冲突中的"自身"和"他人"一样,情景和文化因素对理解驾驶行为中的愤怒及攻击行为有重要意义。

交通文化是更广泛的文化传统和当前经济环境和政治环境共同作用的结果（Leviäkangas，1998）。与一个国家的文化相似（Hofstede，2001），生态（如经济和地理）、社会及文化因素导致了基础设施或政治实体的发展和维持（如立法、工程及教育体系）。一旦这些体系建立起来，社会规范和价值观及正式和非正式法规将得到强化，驾驶人行为的界限也被明确规定。因此，一个国家的交通文化是以多层次的大量因素和实践为基础而建立和扩展的。

总之，一个国家的交通文化被重新定义为所有外部因素（生态文化、社会政治、国家、群体、组织及个人因素）和实践（如教育、执法、工程、经济和暴露）的总和，以流动性和安全性为主要目标，以应对交通内部因素（驾驶人、道路及工程）的影响。

交通安全文化

交通文化的概念似乎很广泛，有时等同于整个交通系统。事实上，交通文化和交通系统是相互包含的，是国家间交通安全差异的主要原因。然而，交通文化和交通系统是基于不同的原则建立的。交通（或"硬件"）主要是基于实物形成的，例如道路、交通标志、基础设施、车辆、工具及设备。而交通文化被定义为所有外部因素和实践的总和，以流动性和安全性为主要目标，以应对交通内部因素带来的影响。此外，基本假设、正式与非正式法规、价值观、标准、认知和态度也是交通文化体制的中心内容。也就是说，交通安全文化和/或氛围是交通文化的"软件"。

安全文化的概念出现在切尔诺贝利事故之后，在国际原子能组织的报告中几次被提出。安全文化首次被核设施安全咨询委员会（国际核安全咨询组，1991）定义为："安全文化是个体和组织的价值观、态度、能力和行为模式的产物，这决定了组织对健康和安全的承诺、风格和熟练程度。"Zohar（1980）将安全氛围定义为"员工对工作环境（安全氛围）的认知的总和"。这些概念是连续发展的而非平行发展："文化和氛围间细微的实质性差异被证明是表面的而不是真实的。"（Glick，1985）正如表14-1所展示的，这些概念相互之间很难替代，且在实践中也很难分离，即使这些概念在交通文献中很新颖（Antonsen，2009；Guldenmund，2000；Wiegmann 等，2007）。

文化与氛围的特征与差异　　　　　　　　　　　　　　　　　　　　表 14-1

文化	氛围
组织内大多数成员分享关于人、工作、组织及社区的信念和价值观	组织成员行为和情绪表达的共同特征
更多定性方法	更多定量方法
研究重点在于动态程序、创造和塑造文化组织类特质属性的持久性	文化假设的反应和表现形式
组织中全体成员对众多程序一致性的感知	一致性的潜在含义
不易改变，相对稳定	受交互作用影响
多层维度；整体性的、相互的、互惠的；被人共享的	简化性与整体性间的紧张度
与氛围相比存在更抽象的层次	—

"交通文化和/或氛围"与"交通安全文化和/或氛围"在文献中仍是一个无法评价的概念。研究交通文化相关的某个问题可以被看作是研究"安全文化"的问题:"交通文化"的概念似乎在很大程度上与"交通氛围"的概念重叠,且有时这两个概念是互相交换使用的。然而,交通文化和交通氛围既是不同的概念,同时又相互包含(Antonsen,2009;Guldenmund,2000)。例如,Wiegmann及其同事(2007)分别给予安全文化和安全氛围13个和12个实例定义。然而,交通安全文化/氛围的定义仍无法被清晰界定。

如同交通文化和氛围的文献描述一样,交通安全文化可以被定义为道路使用者接触和互动的产物,包括一系列正式或非正式的规则、规范、基本假设、态度、价值观、驾驶习惯和风险感知和/或被视为风险、危险或伤害的条件。正如表14-1所展示的,安全氛围将成为安全文化的表面特征(Mearns、Flin、Gordon和Fleming,1998)或文化的时间状态测量(Cheyne、Cox、Oliver和Thomas,1998)。此外,与文化相比,氛围存在于抽象概念的更低级层次(Guldenmund,2000),并提供一组可操作和测量的有限变量(Cox和Flin,1998)。因此,氛围研究更多地使用定量研究的方法(如问卷调查)来解决成员感知和实践的问题,以及这些感知和实践如何分类到研究者定义的分析维度中去(Guldenmund,2000)。

Özkan与Lajunen定义并使用了"交通氛围"这一概念作为优先度量标准及交通文化的表现形式,从道路使用者在特定时间内的态度和感知中分辨出来(Cox和Flin,1998)。交通氛围被定义为道路使用者(如驾驶人)在一定时间内对交通的态度和感知(Özkan和Lajunen,研究审查中)。Özkan、Lajunen、Wallén、Warner和Tzamalouka(2006)发现,与瑞典和芬兰驾驶人相比,土耳其和希腊驾驶人感知到的交通氛围更加危险、多变、迅速、密集、不可预期、混乱及自由,因此在这种氛围下需要更多的耐心。相反地,与土耳其和希腊驾驶人相比,瑞典和芬兰驾驶人认为他们的交通氛围更加和谐、安全、功能齐全、强制性高(包括预防措施的实施),具有多层次的考虑、计划性和机动性。据称,各国(如希腊、芬兰、瑞典和土耳其)在交通安全上的巨大差异也反映了各国驾驶人对交通氛围的看法。

正式与非正式规则、规范、基本假设、态度、价值观、驾驶习惯及感知的组合内容,可以在交通安全文化与氛围的不同层面进行操作。例如,一些基本假设、核心价值观及规范,都是交通安全文化在交通文化每一层面的潜在因素。此外,在交通文化的每个层次,交通安全氛围的上层都包含一些核心价值观和人为产物(如态度、习惯和感知)(一个多层次文化模型包括基本假设、核心价值观及人为产物,见Schein,1992)。

在安全方面,这些层级持续且和谐地运行,以降低交通文化每一层级中道路使用者的暴露度,并且尽量降低了公众在交通文化层面受到危险或伤害的情况,这是令人满意的。此外,交通文化的层级应持续和谐地运行。假定任一层级内或层级间的潜在或活跃的失效因素导致了冒险或危险行为或伤害的产生。如"瑞士奶酪"模型(图14-2),交通文化和交通安全文化/氛围关注层级内与层级间(如,交通文化和交通氛围)和/或层级(如,生态文化、社会政治、国家、群体、组织及个体)的潜在和活跃的条件/失效,以及不安全行为及其对事故形成所起的推动作用。因此,安全是行动者在系统的各个层级和/或层次上参与者的责任,尤其是在没有"防御屏障"(如执法)的情况下。除了综合的观点,一些分化的、碎片化的观点也能应用于这个开放的系统中(例如交通;Antonsen,2009)。

Salmon及其同事(2010)规定了荷兰的可持续性安全法则(Wegman、Aarts和Bax,

2008)。如,在复杂的社会技术体系中,操作者不可靠性是由这样一种假设支撑的,即所有层次的复杂社会技术系统人员共同承担安全责任(如监管部门、决策者、设计师、基层管理者、制造商、监督人员及一线操作人员),这不仅是一线操作人员的责任(如道路使用者)。与封闭系统(如工厂)相比,交通及交通文化在层次间相互影响,并在交通安全文化/氛围(如基本假设、核心价值观及人为产物)的作用下巩固了这种影响。这反映在个体道路使用者的行为中,进而影响发生交通事故的可能性并因此影响其他层次的内容和发展(图14-3)。

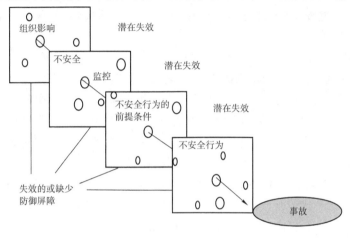

图14-2 "瑞士奶酪"模型

注:改编自Reason模型(1990)。

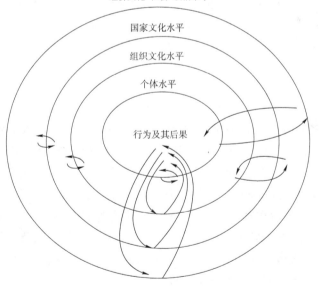

图14-3 "交通安全文化和氛围"的多水平模型

14.3 小结

在文献中,定义事故是行为因素、车辆相关因素和道路环境因素这三者独立或综合的结果。然而,本章中提出这三个因素实际上被嵌入一个更大的系统中(图14-1)。因此,事故是多层次社会文化和交通技术环境的内部因素独立或综合作用的结果。简单来说,道路使用者或国家的交通安全水平主要取决于外部因素(即个体、组织、团体/社区、国家、生态文化和社会政治水平)如何发生,以及在多大程度上对内部因素(即行为因素、车辆相关因素、道路环境)产生直接或间接的影响,从而反过来对暴露、风险和事故参与产生影响。所有这些因素都是相互作用的,并且(图14-2和图14-3)在日常生活中同时运行。交通文化的每个组成部分(图14-1)在交通安全(或意外伤害)中都有其本身的重要性,其重要性取决于该事件在时间和空间上的关联性和价值。

相较于业余驾驶人,许多因素(如时间表、轮班和工作时长)会增加对职业驾驶员的要求。一个公司的企业文化或组织氛围,包括安全政策和实践,也在很大程度上决定了职业驾驶员驾驶的原因、时间和地点。这些因素的相互作用也可能影响交通安全。Gaygisiz(2010)发现在WGI低的国家,不断更新的等级制和交通事故死亡率呈正相关,然而在WGI高的国家,等级制和事故死亡率无关。同样,在低WGI的国家,统治的增加和交通事故死亡率呈正相关,而在WGI中等和较高的国家,统治性的影响比较小。

本章提供了交通文化/氛围的第一定义、多层次的方法以及交通安全的综合框架。但是值得注意的是,交通是比较开放的系统之一。因此,相较于在封闭的系统(如化工厂)中应用安全文化,在这样一个系统中应用交通文化并非易事。此外,理论上,任何体系中的道路使用者会因为同一体系中的另一道路使用者,触发在某一层次内的一个因素。换句话说,对所有道路使用者来说,这是一个共享的、持续的、主动的且相互影响的环境。

值得注意的是,要改变交通体系的外部因素(如社会和文化因素)并非易事。因此,内部因素(如工程及道路使用者因素)很有可能具有缓冲或促进交通安全的作用。除传统的伤害预防的3E原则外(即Engineering——工程,Enforcement——执法,Education——教育),Economy——经济和Exposure——暴露(包括与道路使用者的交互作用)也应该作为第四和第五原则(见第1章)。例如,经济激励应该被用作激励伤害预防(如为购买安全设备进行的金钱奖励)和结构修改。经济资源不仅能在交通、道路和车辆工程上得到有效使用,同样还能在教育、执法和紧急服务上发展出更有预见性、确定性、可判断性和预防性的交通系统。此外,国民生产总值也与文化维度和价值观相关,这影响了它们与意外伤害间的关系。经济激励很可能被用作发展更有安全意识的文化和价值观的工具。此外,最新的交通法规和适用的法律干预(即执法)及教育也应该将驾驶人在日常交通中的行为表现当作目标。进一步讲,由于交通中安全性和流动性间的平衡对决策者和计划者来说是非常重要的,对交通体系中每一层次的所有道路使用者来说,都应该仔细评估交通目标。优先考虑的目标应具有决定交通中主导群体的潜力。例如,对于行人、摩托车驾驶人和其他道路使用者来说,高流动性优先的问题可能会给驾驶人和车辆造成过大的负担。

尽管对道路安全策略已经提出一些原则、假设和框架,但应用的模型仍可能存在一些缺陷,从而限制了其在实际道路运输应用方面的效用。首先,没有与模型相联系的架构化的道路运输特定方法。道路运输的有效数据收集和分析方法是检验模型假设的必要条件。其次,由于模型是通用的,还缺乏对每个层级的不同错误的明确定义,以及模型中安全文化和氛围的组成部分的作用。最后,该模型目前具有相当强的描述性。

另一方面,希望研究者所提出的知识框架能够把事故发生的原因当作未解之谜,从而对其不断探索,以此来减少事故的发生。此外,包含了交通文化和交通安全文化/氛围的定义的框架,在某种程度上将人(如交通事故中的行为角色因素)与环境(如复杂多水平的社会文化及技术环境的交通结构,及其目标和机制)的观点融入了"安全第四阶段"(如交通安全文化)。

 本章参考文献

AAA Foundation for Traffic Safety, 2007. Improving the traffic safety culture in the United States: The journey forward [R]. Washington, DC: AAA Foundation for Traffic Safety.

ADAMS J G U, 1987. Smeed's law: Some further thoughts [J]. Traffic Engineering and Control, 28: 70-73.

ADAMS J G U, 1995. Risk [M]. London: UCL Press.

Allstate Insurance Company, 2006. The 2006 Allstate America's best drivers report [R]. Northbrook, IL: Allstate Insurance Company.

ANTONSEN S, 2009. Safety culture: Theory, method, and improvement [M]. Surrey: Ashgate.

ARNOLD J, 2005. Work psychology: Understanding human behaviour in the workplace (4th ed.) [M]. London: Prentice Hall.

BAXTER J S, MACRAE C N, MANSTEAD A S R, et al, 1990. Attributional biases and driver behaviour [J]. Social Behaviour, 5: 185-192.

BENER A, AL MAADID M G A, et al, 2008. The impact of four-wheel drive on risky driver behaviour and road traffic accidents [J]. Transportation Research Part F: Traffic Psychology and Behaviour, 11: 324-333.

BJÖRKLUND G, 2005. Driver interaction: Informal rules, irritation and aggressive behaviour (Digital Comprehensive Summaries of Uppsala Dissertations from the Faculty of Social Sciences 8) [D]. Uppsala, Sweden: Doctoral dissertation, Acta Universitatis Upsaliensis.

BLOCKEY P N, HARTLEY L R, 1995. Aberrant driving behaviour: Errors and violations [J]. Ergonomics, 38, 1759-1771.

CAIRD K J, KLINE T J, 2004. The relationships between organizational and individual variables to on-the-job driver accidents and accident-free kilometres [J]. Ergonomics, 47 (15): 1598-1613.

CHAPMAN R, 1973. The concept of exposure [J]. Accident Analysis and Prevention, 5: 95-110.

CHEYNE A, COX S, OLIVER A, et al, 1998. Modelling safety climate in the prediction of levels of safety activity [J]. Work & Stress, 12: 255-271.

COX S, FLIN R, 1998. Safety culture: Plihosopher's stone or man of straw [J]. Work & Stress, 12: 189-201.

DOHERTY S T, ANDREY J C, MACGREGOR C, 1998. The situational risks of young drivers: The influence of passengers, time of day and day of week on accident rates[J]. Accident Analysis and Prevention, 30(1):45-52.

ELANDER J, WEST R, FRENCH D, 1993. Behavioural correlates of individual differences in road traffic crash risk: An examination of methods and findings[J]. Psychological Bulletin, 113:279-294.

ELVIK R, 1996. Accident theory (Liikenneturvallisuusalan tutkijaseminaari No. 21) [R]. Helsinki: Gustavelundissa Tuusulassa.

European Transport Safety Council, 2003. Assessing risk and setting targets in transport safety programmes [R]. Brussels:European Transport Safety Council.

EVANS L, 1991. Traffic safety and the driver [M]. New York: Van Nostrand Reinhold.

EVANS L, 2004. Traffic safety [M]. Bloomfield Hills, MI: Science Serving Society.

GAUDRY M, LASSARRE S, 2000. Structural road accident models [D]. Oxford: Pergamon.

GAYGISIZ E, 2010. Cultural values and governance quality as correlates of road traffic fatalities: A nation level analysis [J]. Accident Analysis and Prevention, 42:1894-1901.

GROEGER J A, 2000. Understanding driving: Applying cognitive psychology to a complex everyday task[J]. East Sussex: Psychology Press.

GLICK W H, 1985. Conceptualizing and measuring organizational and psychological climate: Pitfalls in multilevel research [J]. Academy of Management Review, 10(3): 601-616.

GULDENMUND F W, 2000. The nature of safety culture: A review of theory and research [J]. Safety Science, 34:215-257.

HALE A R, HOVDEN J, 1998. Management and culture. The third age of safety. Areview of approaches to organizational aspects of safety, health, and environment [J]. InA. M. Feyer, &A. Williamson (Eds.), Occupational injury, risk prevention and intervention. London:Taylor & Francis.

HATAKKA M, KESKINEN E, LAAPOTTI S, et al, 1992. Driver's self-confidenced The cause of the effect of mileage [J]. Journal of Traffic Medicine, 21(Suppl.):313-315.

HOFSTEDE G, 2001. Culture's consequences: Comparing values, behaviours, institutions, and organizations across nations (2nd ed.) [M]. Thousand Oaks, CA: Sage.

HOVDEN J, ALBRECHTSEN E, HERRERA I A, 2010. Is there a need for new theories, models and approaches to occupational accident prevention [J]. Safety Science, 48:950-956.

International Nuclear Safety Advisory Group, 1991. Safety culture (Safety Series No. 75-INSAG-4) [R]. Vienna: International Atomic Energy Agency.

International Road Traffic and Accident Database. Selected risk values for the Year 2001[EB/OL]. Paris: Author. [2005-9]. http://www.internationaltransportforum.org/irtad/index.html.

JAEGER L, LASSARRE S, 2000. The TAG-1 model for France[D]. In M. Gaudry, & S. Lassarre (Eds.), Structural road accident models. Oxford: Pergamon.

JONES E E, NISBETT R E, 1972. The actor and the observer: Divergent perceptions of the causes of behaviour [M]. In E. E. Jones, D. E. Kanouse, H. H. Kelley, R. E. Nisbett, S. Valins, & B. Weiner (Eds.), Attribution: Perceiving the causes of behavior. Morristown, NJ: General Learning Press.

LAAPOTTI S, 2003. What are young female drivers made of? Differences in attitudes, exposure, offences and accidents between young female and male drivers [D]. Turku, Finland: University of Turku.

LAJUNEN T, CORRY A, SUMMALA H, et al, 1998. Cross-cultural differences in drivers' self-assessments of their perceptual-motor and safety skills: Australians and Finns [J]. Personality and Individual Differences, 24:539-550.

LAJUNEN T, SUMMALA H, 1995. Driver experience, personality, and skill and safety motive dimensions in drivers' self-assessments [J]. Personality and Individual Differences, 19: 307-318.

LAWTON R, PARKER D, MANSTEAD A S R, et al, 1997. The role of affect in predicting social behaviours: The case of road traffic violations [J]. Journal of Applied Psychology, 27: 1258-1276.

LEVIÄKANGAS P, 1998. Accident risk of foreign drivers—The case of Russian drivers in south-eastern Finland [J]. Accident Analysis and Prevention, 30:245-254.

LEWIN I, 1982. Driver training: A perceptual-motor skill approach [J]. Ergonomics, 25: 917-924.

LEWIN K, 1952. Field theory in social science: Selected theoretical papers [J]. London: Tavistock.

MANSTEAD A S R, 1998. Aggressie op de weg. Leidschendam [Z]. The Netherlands: Unpublished paper presented at the SWOV Institute for Road Safety Research.

MANSTEAD A S R, PARKER D, STRADLING S G, et al, 1992. Perceived consensus in estimates of the prevalence of driving errors and violations [J]. Journal of Applied Social Psychology, 22: 509-530.

MAYCOCK J, LOCKWOOD C R, LESTER J F, 1991. The accident liability of car drivers. (Report No. 315)[R]. Crowthorne, UK: Transport Research Laboratory.

MEARNS K, FLIN R, GORDON R, et al, 1998. Measuring safety climate on offshore installations [J]. Work & Stress, 12:238-254.

NÄÄTÄNEN R, SUMMALA H, 1976. Road-user behaviour and traffic accidents [M]. Amsterdam/New York: North-Holland/Elsevier.

ÖZ B, ÖZKAN T, LAJUNEN T, 2009. Professional and nonprofessional drivers' stress reactions and risky driving[J]. Transportation Research Part F: Traffic Psychology and Behaviour, 13 (1):32-40.

ÖZ B, ÖZKAN T, LAJUNEN T, 2010. An investigation of the relationship between organizational climate and professional drivers' driver behaviours[J]. Safety Science, 48:1484-1489.

ÖZ B, ÖZKAN T, LAJUNEN T. (under review). An investigation of professional drivers: Transportation companies' climate, driver behaviours and performance, and accidents. Özkan T, 2006. The regional differences between countries in traffic safety: A cross-cultural study and Turkish case[D]. Helsinki: University of Helsinki. [2014-03-16]. http://ethesis.helsinki.fi/julkaisut/kay/psyko/vk/ozkan/theregio.pdf.

ÖZKAN T, LAJUNEN T, 2005. A new addition to DBQ: Positive Driver Behaviour Scale [J]. Transportation Research Part F: Traffic Psychology and Behaviour, 8(4-5):355-368.

ÖZKAN T, LAJUNEN T, 2007. The role of personality, culture, and economy in unintentional injuries: An aggregated level analysis [J]. Personality and Individual Differences, 43: 519-530.

ÖZKAN T, LAJUNEN T. (under review). Traffic climate scale [Z].

ÖZKAN T, LAJUNEN T, CHLIAOUTAKIS J E, et al, 2006a. Cross-cultural differences in driving skills: A comparison of six countries [J]. Accident Analysis and Prevention, 38(5): 1011-1018.

ÖZKAN T, LAJUNEN T, CHLIAOUTAKIS J E, et al, 2006b. Cross-cultural differences in driving behaviours: A comparison of six countries [J]. Transportation Research Part F: Traffic Psychology and Behaviour, 9:227-242.

ÖZKAN T, LAJUNEN T, PARKER D, et al, 2010. Symmetric relationship between self and others in aggressive driving across gender and countries [J]. Traffic Injury Prevention, 11 (3):228-239.

ÖZKAN T, LAJUNEN T, SUMMALA H, 2006. Driver behaviour questionnaire: A follow-up study [J]. Accident Analysis and Prevention, 38:386-395.

ÖZKAN T, LAJUNEN T, WALLÉN W H, et al, 2006, July. Traffic climates and driver behaviours in four countries: Finland, Greece, Sweden, and Turkey [C]. Athens, Greece: Paper presented at the 26th International Congress of Applied Psychology.

PAGE Y, 2001. A statistical model to compare road mortality in OECD countries[J]. Accident Analysis and Prevention, 33:371-385.

PARKER D, WEST R, STRADLING S G, et al, 1995. Behavioural characteristics and involvement in different types of traffic accident [J]. Accident Analysis and Prevention, 27: 571-581.

PELZMAN S, 1975. The effects of automobile safety regulation [J]. Journal of Political Economy, 83:677-725.

Prince Market Research, 2006. In the driver's seat: 2006 Auto-Vantage road rage survey. [EB/OL] Nashville, TN: Affinio Group. http://www.pmresearch.com/downloads/09RoadRageReport.pdf. RAOUFIM, 2003. Iran road traffic accidents. [EB/OL]. [2013-10-16]. http://www.payvand.com/news/03/jul/1138.html.

REASON J, 1990. Human error [M]. Cambridge: Cambridge University Press.

REASON J, MANSTEAD A, STRADLING S, et al, 1990. Errors and violations on the roads

[J]. Ergonomics, 33:1315-1332.

ROSS L, 1977. The intuitive psychologist and his shortcomings: Distortions in the attribution process [M]. In L. Berkowitz (Ed.), Advances in experimental social psychology. New York: Academic Press.

ROSS L, GREENE D, HOUSE P, 1977. The "false consensus effect": An egocentric bias in social perception and attribution processes [J]. Journal of Experimental Social Psychology, 13:279-301.

SALMON P M, LENNE M G, STANTON N A, et al, 2010. Managing error on the open road: The contribution of error models and methods [J]. Safety Science, 48:1225-1235.

SARTRE, 1998. The attitude and behaviour of European car drivers to road safety. Report on principal results. (Project on SARTRE 1, 2, and 3) [R/OL]. [2013-10-16]. http://sartre. inrets. fr/documents-pdf/repS3V1E. pdf.

SCHEIN E H, 1992. Organizational culture and leadership [R]. San Francisco: Jossey-Bass.

SCHWARTZ S H, 1992. Universals in the content and structure of values: Theoretical advances and empirical tests in 20 countries [J]. Advances in Experimental Social Psychology, 25: 1-65.

Schwartz S H, 1999. A theory of cultural values and some implications for work [J]. Applied Psychology: An International Review, 48(1):23-47.

SCHWARTZ S H. Mapping and interpreting cultural differences around the world [M]. In H. Vinken, J. Soeters, & P. Ester (Eds.), Comparing cultures: Dimensions of culture in a comparative perspective. Leiden, The Netherlands: Brill, 2004:43-73.

SMEED R J, 1949. Some statistical aspects of road safety research [J]. Royal Statistical Society Journal (A), 112(Part 1, Series 4):1-24.

SPOLANDER K, 1983. Bilfiirares uppfattning om egen kiirjormdga [Drivers' assessment of their own driving ability] (Report No. 252) [R]. Linköping: Swedish Road and Traffic Research Institute.

STRADLING S G, PARKER D, 1996. Violations on the road: Bad attitudes make bad drivers [C]. Birmingham: Paper presented at the International Conference on Road Safety in Europe.

SÜMER N, ÖZKAN T, 2002. The role of driver behaviour, skills, and personality traits in traffic accidents [J]. Turkish Journal of Psychology, 17(50):1-22.

SVEDUNG I, RASMUSEN J, 1998. Organisational decision making and risk management under pressure from fast technological change [M]. In A. Hale, & M. Baram (Eds.), Safety management the challenge of change. Oxford: Pergamon.

UNITED NATIONS, 1997. Statistics of road traffic accidents in Europe and North America [R]. Geneva: Author.

WEGMAN F, AARTS L, BAX C, 2008. Advancing sustainable safety: National road safety outlook for The Netherlands for 2005-2020 [J]. Safety Science, 46(2):323:343.

WIEGMANN D A, VON THADEN T L, GIBBONS A M, 2007. A review of safety culture theory and its potential application to traffic safety [J]. In Improving the traffic safety culture in the United States: The journey forward. Washington, DC: AAA Foundation for Traffic Safety.

World Health Organization, 2002. Burden of Disease Project: Global burden of disease estimates for 2001 [R/OL]. [2013-10-16]. Geneva: WHO. http://www.who.int/healthinfo/global_burden_disease/estimates_regional_2001/en/index.html.

World Health Organization, 2004. World report on road traffic injury prevention [R]. Geneva: WHO.

ZAIDEL D M, 1992. A modeling perspective on the culture of driving [J]. Accident Analysis and Prevention, 24(6):585-597.

ZHANG W, HUANG Y, ROETTING M, et al, 2006. Driver's views and behaviours about safety in China: What do they not know about driving [J]. Accident Analysis and Prevention, 38: 22-27.

ZOHAR D, 1980. Safety climate in industrial organizations: Theoretical and applied implications [J]. Journal of Applied Psychology, 65(1):96-102.

第 15 章 人的因素和人机工程学

伊利特·奥本海姆(Ilit Oppenheim)和戴维·希纳(David Shinar)
以色列,比尔舍瓦,本古里安大学(Ben-Gurion University of the Negev, Beer Sheva, Israel)

15.1 引言

交通心理学中"人的因素"或"人机工程学"指的是在设计交通工具和道路时,需要考虑道路使用者生理、心理、认知、人格以及社会行为等各方面因素。人的因素/人机工程学(HFE)是一个相当新的学科,关于它的第一本书于 1949 年由 Chapanis、Garner 和 Morgan 编写。它与心理学、工程学以及设计有所区别,因为分析的重点是人和技术的交互作用,而不是相互独立的人或者技术,这意味着 HFE 需要一个跨学科的研究方法。HFE 领域的科学家关心人在工作系统的表现,通过优化设计工作系统,满足个体工作的有效性、安全性、舒适性和幸福感。像所有的科学学科一样,HFE 是通过实证调查,将理论和方法结合起来的学科。HFE 研究甚至更倾向于把实际生活中的研究与实验室的研究进行转换(Stanton、Young 和 Walker,2007)。

两项里程碑式的研究强调了 HFE 在高速交通安全中的重要性,这两项研究几乎是同一时期在美国(Treat 等,1977)和英国(Sabey 和 Stauhton,1975)发表的。这些研究关注交通事故发生的原因,在大量的驾驶事故样本中发现了相关因素。在同一时期内,这两个研究小组互相不知道对方的研究进程,但两项研究结果却非常类似。美国小组发现道路使用者作为独立因素在所有交通事故中占据了 57% 的比例,环境占 3%,交通工具占 2%。英国与之相应的结果分别是 65%、2%、2%。大约一半的交通事故是由这些因素共同导致的,如果一个因素不存在了,那么事故就不会发生。因此,结合其他因素,道路使用者因素被认为在美国碰撞事故中的贡献度达到了 94%,在英国达到了 95%。在对于美国的交通事故调查中,有 31% 的交通事故的致因是道路环境单独作用或是与其他因素共同作用,而在英国这一比例是 27%(图 15-1)。

虽然驾驶人是驾驶活动中的主要因素,但是驾驶并不是一个独立的活动。它发生在一

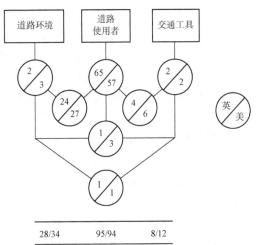

图 15-1 道路使用者、环境以及交通工具对交通事故的贡献度

注:经过斯普林格(Springer)科学和商业媒体的许可从 Rumar(1985)的论文中复制得到此图。

个大的环境背景下,在这种情况下,驾驶人和他或她所在的环境以及车辆一直发生着交互作用。

相比于环境因素和车辆因素,人的因素是导致事故发生的主要原因,但对于道路因素的控制,即对任何外部条件和周围车辆(如道路、交通和能见度条件),以及对车辆特性的控制(如制动和转向性能和对乘客的保护),都比对人的因素的控制更加容易。因此如果通过优化车和路的设计,有可能补偿各种人类的失误和行动的限制,从而降低交通事故的数量(Iyinam、Iyinam 和 Ergun,1997;Shinar,2007)。

15.2 来自驾驶人位置的视角:以驾驶人为中心的设计影响

以人为本的设计方法将人放在系统的中心。在驾驶中,这意味着考虑交通工具的设计和环境的优化应该取决于驾驶人的特点、需求、能力以及驾驶限制。鉴于此,人们试图开发最合适的技术。以人为本的方法首先被应用到人机交互系统上,后来被延伸到其他的系统中,例如汽车系统(Michon,1993)和航空系统(Cacciabue、Mauri 和 Owen,2003)。

HFE 强调人类和其所开发的各种装置或系统的交互作用。好的 HFE 设计需要了解使用者和他们所参与任务的特点。所以,有效、安全的产品必须以使用者为中心来设计,不仅需要将使用者的生理和知觉能力(如反应时间或视敏度)考虑在内,还要考虑他们的行为、知识、动机以及态度等各种人的因素。

通常用理论和模型来了解人们如何与周围的环境(包括自身车辆、其他车辆、道路以及其他道路使用者)相互作用。Kantowitz 等(2004,于 2007 年被 Shinar 引用)则用非常简洁的语言,概括它们对提升高速公路安全的重要性:

"如果没有理论的支持,人们不可能获得一些新的评价方法。因此,对于很多人类学因素的研究者(使用模型)来说,设计一个标准的评价过程需要道路工程的实践者们的经验,而他们的实践却不会借助人类行为理论。如果在航空、核能以及人机交互的研究领域都能通过模型探索到更好的评价对策,那么驾驶领域也可以做到。"

根据 Kantowitz(2000)的描述,理论是最好的实践工具,原因包括:①它填补了数据不足的地方;②在计算机框架中,它能够提供工程师需要的定量预测;③它帮助人们从问题中发现相似性,从而防止重复发明,例如驾驶人在很多情境下倾向于采取不合理的决策标准;④它可以重复使用,一旦在某个特定的领域中花费精力建立了一个模型,这个理论就可以回答许多系统设计问题。

关于众多驾驶行为的研究主体,不仅是一个发现和结论的集合,还从这些发现和结论中提炼一套清晰的构架,这个构架是关于驾驶行为的理论。一旦有了理论,便能够继续收集额外的"事实"来填补剩下的空缺。这个有关驾驶行为的模型和理论让实践研究变得有意义。

理论和模型并不是很相似。理论是系统运行中涉及概念、机制以及过程的一个概念性组织,就像交通中的驾驶人。在这个意义上,模型有更少的假定,它并不假设这些机制和过程真的存在,而是认为只有当假设提出时,才能解释人类的行为。通常,一个关于人类行为的模型被开发出来之后,人们再进行研究探索其某些机制是否真的存在。模型常被当作理论的基础。一般而言,除非有独立的证据表明存在特定的过程和机制,否则对驾驶人行为模型的讨论要比对驾驶人行为理论的讨论更严谨(Shinar,2007)。

15.2.1 驾驶人行为的模型

第一次对驾驶人行为建模的尝试是在20世纪60年代早期(Delorme和Song,2001),其目的是提升驾驶的安全性以及驾驶人的受教育水平(McKnight和Adams,1971)。从那以后,研究者提出了许多驾驶模型,而描述它们的最佳方法是在一个概念框架内呈现它们。图15-2提供了这样的一个框架模型。一类是描述模型(建立在Weller、Schlag、Gatti、Jorna和Leur,2006的基础上),主要是描述各种驾驶任务或驾驶行为。这类模型的主要限制是只进行单一的描述,预测能力很低。另一类模型是功能模型,它对驾驶人的任务或功能进行驾驶行为建模。这个方法试图预测驾驶人的行为,它关注驾驶人为什么这么做,也就是说,情境和动机因素也参与到驾驶的风险管理。这类模型的一个优势是有实现的潜力,要么通过生成驾驶人模拟情况,要么通过把它们整合到一些现有的交通模拟工具或驾驶人辅助装置中,就像碰撞预警系统。

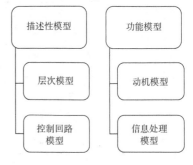

图15-2 驾驶人模型(Weller等,2006)

模型之间的一些差异是由于模型所针对的应用不同,还有一些差异是由于所要描述的驾驶任务不同。因为驾驶包含了许多不同级别的任务和子任务,通常由驾驶人同时执行,所以很难在文献中找到关于如何对驾驶过程进行建模的共识也许并不奇怪。

本章没有对不同模型进行详细的描述,仅对涉及不同类型的模型(图15-2)进行了大致的概括。

现描述行为模型关注驾驶人的行为。这些模型尝试根据驾驶人要做什么或必须做什么来描述驾驶人的整个驾驶任务或者其中的某些组成部分。这种模型的预测能力非常有限,因为它们没有将驾驶人的不同行为因素,如驾驶人动机、技术、能力以及限制考虑在内(Carsten,2007)。尽管存在着限制,这个模型仍然对驾驶安全研究提供了强大的推动力(Lee,2008;Michon,1985;Parasuraman和Riley,1997;Salvucci,2006;Sheridan,1970,2004)。

这些描述模型可以分为层次模型(Michon,1985)和控制回路模型(如Mcruer和Weir,1969)。层次模型以3种不同类型的行为组成的层次结构进行描述,每一种行为都建立在其下一层的行为之上。最低层次是操作、控制层次。在这个层次上,大部分行为是自动化的,而且包括对环境变化的快速反应(如当前面的车突然减速而及时制动)。第二个层次是操控策略、车辆操控层次,指如何掌握交通情况。在驾驶过程中,驾驶人在这个层次的行为不那么具有反射性,需要有意识地判断,例如在离开高速公路前决定改变车道。第三层次(最高层次)是规划或战略层次,包括一些长期的决策,如选择哪条路线甚至是否开车前往。因此,这三个层次可以根据驾驶任务的要求、执行任务所需的时间框架和设计的认知过程进行区分(图15-3)。

第二种类型的描述模型是控制回路模型。这些模型就输入、输出以及反馈等方面描述驾驶任务的操作。控制回路模型主要处理驾驶中的转向控制方面,以遵循一条特定的路线(McRuer、Allen、Weir和Klein,1977;Fastenmeier和Gstalter,2007)。传统上,这些驾驶模型基于控制和指导或人为因素。不幸的是,要扩展这些模型以适应现代汽车快速发展的复杂性和技术性,是一项非常艰巨的任务。受这些限制,由于其定量方法,这些模型可以提供连贯一致的方法来描述驾驶人的表现,帮助工程师开发和验证汽车半自动化或全自动化系统的技术概念(Hollnagel、Nabo 和 Lau,2003)。

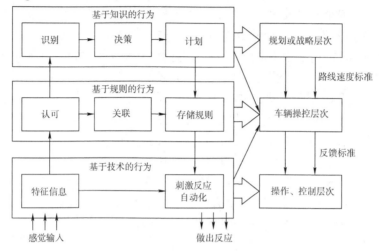

图 15-3　三层组合模式

注:根据 Rasmussen(1986)的表现水平以及 Michon 等(2006)的分成模型组合而成。

功能模型,包括动机模型和信息处理模型,主要是帮助人们理解复杂的驾驶任务(Michon,1985)。这些模型主要关注驾驶过程中的心理活动,并试图解释为什么驾驶人会采取这些行为。这些模型对于理解人为失误和困难,以及满足驾驶人需要方面都是必要的(Keith 等,2005)。模型特别强调了驾驶人的认知状态以及重要的心理概念,如动机和风险评估。

驾驶任务的信息处理模型属于功能模型,因为其涉及不同成分之间的交互作用(Michon,1985)。这些模型由不同的阶段组成,包括知觉、决策、反应决策以及反应执行,假设每个阶段都要对数据进行一些转换,并需要一段时间来完成这个转换(Wickens,1992)。这种模型将驾驶人描述成一个被动的信息传输通道,用有限的能力执行不同的行为。这个系统有两个至关重要的部分:注意分配机制和反馈回路。反馈回路表明,根据新的刺激,处理过程会不断改变(图 15-4;Shinar,2007)。

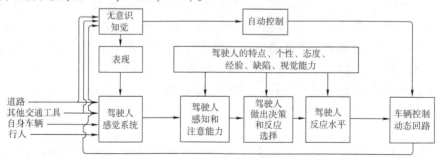

图 15-4　驾驶人信息处理的有限能力模型(Shinar,1978)

许多实验旨在研究信息处理过程是同时性还是继时性的。在 20 世纪 70 年代,注意力研究中出现了范式转变(Kahneman 和 Treisman,1984)。这种转变涉及对信息有限的处理以及注意瓶颈。之后的研究在很大程度上基于 Schneider 和 Shiffrin(Shiffrin,1997 和 Schneider,1977)的研究,旨在确定自动性发展的特征和条件。这个工作影响了 HFE 的研究,并且开始影响驾驶行为理论(Ranney,1994)。Rasmussen 的信息处理模型被证明是具有启发性的,已经是许多 HFE 的应用的起点。而且,反馈回路被综合到驾驶人-车辆-环境的模型中,通过处理驾驶人行为的压力源,帮助适应任务难度或所需的压力,表现出驾驶人行为对未来他们需要应对的情境的影响。

驾驶人的通用信息处理模型可以提供有用的概括。它们在系统工程和寻求预测人类表现的渐进极限上具有一定的价值。即使是相当简单的模型也可以通过提供结构和关注人类在系统中表现的局限性,发挥作为工程工具的价值。然而,作为一种方法,在理解为什么特定的个体在特定的时间和环境中以一种特定的方式表现行为,或者预测一个人在特定的意外情况下的行为等方面,这种模型的作用是非常有限的。

驾驶的动机模型在 20 世纪 60 年代至 70 年代出现。动机模型关注的是在一个特定的驾驶情境中"驾驶人真的做了什么",而不是驾驶技能的水平。这些模型的主要假设是驾驶过程是由驾驶人自己决定的,在一个情境中,驾驶人选择他们愿意承受的风险程度。驾驶人被视为一个积极的决策者或者是信息寻求者(Gibson,1966),而不是一个消极的反应者。情境因素的重要性来自早期将稳定的人格特征与事故因果联系起来的失败尝试。与可能结果的相关风险被视为是影响行为的主要因素;然而,这些模型也假设驾驶人不一定要意识到其他结果的相关风险。动机模型的例子包括风险补偿模型(Wilde,1982)、风险阈限模型(Naatanen 和 Summala,1976)以及风险规避模型(Fuller,1984)。

激励模型考虑了一般机制和个体差异的交互作用。尽管在很多情况下,激励模型与风险模型是等价的,最近的研究将负载稳态视为最重要的激励背景(Fuller,2005)。激励模型致力于描述驾驶人如何管理风险或任务难度(Carsten,2007)。

为了效度,所有模型都得依赖于一些驾驶安全变量。这可以作为一个中间调节变量(如安全带的使用),但是它主要基于对交通事故的测量,如事故发生的频率以及受伤频率和比例。然而,交通安全不只是指没有事故的发生(Ranney,1994)。可以根据驾驶人的表现、错误操作行为以及对各种事件的反应时间,来评估这些变量。

已经提出的各种人为错误的分类方法主要有以下 3 种:Norman(1981)的错误分类;Reason(1990)的疏忽、失误、错误以及违规分类;Rasmussen(1986)的技能、规则以及认知错误分类。在这里,主要就 Reason 的分类法对不同类型的不安全行为进行分类(图 15-5)。

"疏忽"和"失误"是指与注意力和记忆力的衰退相关、影响驾驶人安全的行为,(Wickens、Toplak 和 Wiesenthal,2008),这两种行为都被认为是无意识的行为(或者在某些方面表现失败)。疏忽与控制操作能力的心理运动成分直接相关,一些为了达到目标的计划行为实际上并没有正确地被执行(如驾驶人计划踩制动踏板来减慢速度,却无意中踩下加速踏板,驾驶人的意图是正确的,在执行过程中却发生了错误)。另外,失误表示没有执行任何行为。这些遗漏错误建立在以往的遗忘行为上(如一个驾驶人在离开车时忘了关灯,尽管他完全打算这么做)。失误与道路事故特别相关,因为失误行为反映了以技能为基础的自动化行为方面的缺陷(Ranney,1994;Reason,1990)。

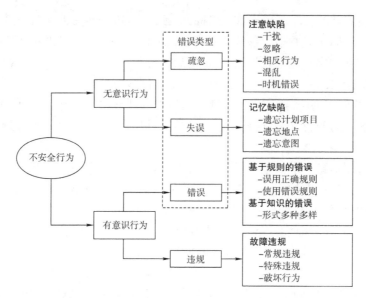

图 15-5 Reason(1990)的不安全行为分类(Weller 等,2006)

相反,当驾驶人故意执行一个错误行为时,"错误"就发生了(例如当正确的行为应该是制动或减速,而驾驶人却决定加速),这是因为知觉、记忆以及认知的限制。错误源于计划层面,而不是执行层面,而且这会导致不恰当的决策。尽管以规则和认知为基础的错误都描述了不适合这种情况的意图,但两者之间存在差异。基于规则的错误往往是在很有自信的情况下做出的(误用一个不错的程序:例如之前特定的环境下成功执行的一个任务),然而基于认知的错误更可能发生在规则不适用的情况下,且驾驶人不是很确定(如在最基础的层次上,执行一个"不适合、不雅的、不明智"的任务)。基于认知的错误也会涉及更多有意识的行为,而且在这个层次上犯错的概率要比在基于规则的层次高,因为信息获取和整合失败的方式有很多(Reason,1990)。

最后一个类别"违规"涉及"在一个有潜在危险的系统中,对那些被认为是保持安全的必要操作的故意偏离"(Reason,1990)。在驾驶情况下,这种是在被认为是标准的、安全的驾驶规则下的故意偏离(如加速)。研究发现,违规与交通事故的参与情况在统计学上呈现正相关(Lindgren、Brostroem、Chen 和 Bengtsson,2007)。将违规与错误相比,Reason 认为错误与个体的认知过程有关,而违规与社会背景有关。错误频率可能会因为再训练、记忆辅助,以及更专业的驾驶人而减少,而减少违规需要改变驾驶人的态度、信念、准则,以及提高整体的安全文化(Lindgren 等,2007)。

当用连续而不是离散的方法来评估行为时,人们倾向于使用驾驶人对不同事件的反应时间。反应时间至少由3部分组成:①从驾驶人的感知感官输入信息到决定做出反应的时间,这被称作反应时间;②执行程序化行动的时间,例如从加速踏板抬起脚移到制动踏板上,这被称作运动时间;③身体执行反应所需的时间,例如制动需要的时间。涉及知觉反应时间的心理加工是内部变量,如果没有生理上的反应,很难被直接和客观地评估,因此人们经常会通过运动时间来衡量(Setti、Rakha 和 El-Shawarby,2007),尽管不总是使用这种方法(Warshawsky-Livne 和 Shinar,2002)。

制动反应时间(RT)是驾驶行为的一个参数,它不仅引起研究者的兴趣,在道路设计和事故诉讼过程中也具有重要意义。制动反应时间用于评估停车视距、交通信号灯的黄灯持续时间以及推荐跟车距离(推荐车头时距)等。在事故诉讼中,法律结果往往取决于驾驶人是否在一个"可接受"的时间内对即将发生的碰撞做出反应,而可接受度是根据 RT 分布的某个百分比建立的,被认为代表了驾驶人群体(或某些相关人员)反应时间的特定值(Summala,2000)。

15.2.2 行为(受需求的影响)与表现(能力)

在模拟驾驶人与车辆和环境的交互作用时,必须区分驾驶人表现和驾驶人行为(Naatanen 和 Summala,1976;Shinar,1978)。表现指"最佳行为",或者是驾驶人在特定的情境下能够做出的行为(最大行为的限制),通常在一个控制实验中进行评估。行为指"典型的行为",或者是驾驶人在驾驶过程中真实做出的行为,这个很难评估。鉴于驾驶人的限制以及车辆和环境限制,驾驶人表现是驾驶人能够做的结果。驾驶人行为是指驾驶人考虑到前文提到的限制,以及驾驶人的需求、动机、警觉性和个性。这种区别有助于对驾驶行为的主要研究范式之间的差异归类。模型设计用于预测基于认知和生理心理的驾驶人表现,通常将驾驶人描述成一个容量有限的信息处理器。模型旨在解释和预测更复杂的真实道路行为,是基于人格、社会心理学和组织行为的理论,并假设实际的驾驶行为代表了驾驶人为采用和实现他们的目标而展现的风格和策略。事实上,驾驶人的道路行为是(在大部分的驾驶时间中表现出来的)典型行为和(当处于一个非常紧急的情况下时的)最佳表现的结合。因此,模型之间是互补的,而且在相当不同的背景下都是有用的(Shinar,2007)。这种区分在分析导致交通事故的因素时是很有用的,其他相关的研究因素还包括认知能力、社会背景、情绪、个性、经验以及危险的知觉技能。驾驶人驾驶的环境或情境在决定可能采取的行动类型等方面起到关键的作用。没有情境因素,驾驶行为模型的有效性很难在真实的驾驶环境中发挥作用(Rakotonirainy 和 Maire,2005)。

驾驶人在具体的情境中怎样做出选择?他们会在多大程度上被各种不同的潜在竞争需求和限制所影响?答案并不简单。例如,为了说明不同的情境和需求是如何影响速度选择的,Shinar(2001)在 225 名以色列驾驶人中做了一个路边采访。这个采访是在具有 3 种不同限速要求的城市间道路旁的加油站进行的,这 3 种道路要求的车速分别为:没有硬路肩和中央分隔带的双车道道路的速度限制是 80km/h,有硬质路肩的双车道道路的速度限制为 90km/h,而有中央分隔带的四车道高速公路的限制车速为 100km/h。在每个地点,驾驶人都被问到他们在道路上经常保持的车速:当有家人陪同驾驶时,他们选择的车速;当主要目标是节省油耗和避免车损时,他们选择的车速;当道路上没有执法人员时,他们选择的车速——即当能够带来最大的驾驶愉悦感时,他们选择的车速。最后,测试驾驶人对道路实际限速的了解。按不同道路类型分别绘制的结果如图 15-6 所示。首先,在所有选择维度上,人们的选择主要受道路的影响,在道路上设置减速标志会使驾驶人选择较低的车速。第二,不同的动机也会导致不同的车速选择。对驾驶愉悦感的追求会促使驾驶人以一个较高的车速驾驶,而节俭和安全会促使驾驶人以一个较低的车速驾驶。有趣的是,驾驶人有关"安全"速度的知觉对道路的性质很敏感,但在限速较低的道路上,驾驶人感知的安全车速会略高于实际限速。尽管几乎所有行驶在各种道路上的驾驶人都正确地确定了法定的速度限制。最后，驾驶人实际选择的速度似乎是不同的动机、道路限制和遵守法规之间的协调。似乎在以色列的驾驶文化中，真实的驾驶速度更接近"享乐"的速度，而不是安全速度。

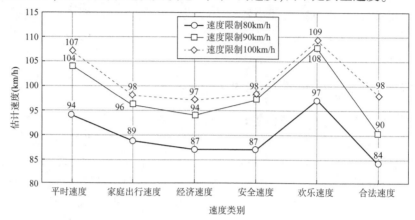

图 15-6　驾驶人报告他们将根据实际速度和速度限制来选择满足不同目标的平均时速

15.3　驾驶变量影响驾驶人和交通工具的交互作用

　　有关驾驶人行为和表现的研究认为，当驾驶人面对先进的自动化汽车时，至少有 6 个相对独立的心理维度影响驾驶人的行为（Stanton 等，2007）：控制点、心理模型、心理负担、情境感知、压力以及信任。不同维度的因素之间可能会产生交互作用，而且也会对自动化汽车产生复杂的、不可预测的作用。模型应该包含这些维度，以便能够有效预测驾驶人的行为。例如，通过假设一名驾驶人如何管理注意力的多个输入，可以预测其在负载不足或超载的情况下对驾驶表现的消极影响。这可以应用于旨在减少驾驶人信息负载的支持系统（如自适应巡航控制、风险监测系统以及车道偏离警告）。因此，减少心理需求并不意味着驾驶人会有多余的注意力。而且，在驾驶任务中心理需求的减少可能会导致：①分配给驾驶的注意力资源相应减少，并最终导致任务诱发的疲劳；②参与额外的任务（如打电话或发短信），这些任务可以通过诱导驾驶人分心抵消注意力负载减少的好处。如果驾驶人没有经过 HFE 的训练，两个结果可能都是反直觉的预测，这也说明在交通工具的设计中考虑 HFE 是很重要的。在未来的交通工具中，直接引入驾驶人支持系统而没有仔细考虑 HFE 的理念和相关知识，将很可能导致一个自动化时代的噩梦，而不是一个自动化时代的乌托邦（Stanton 等，2007）。

　　在自动化过程中，一个至关重要的因素是将驾驶人角色从较低层次的"车辆控制"转变到更高层次的"驾驶控制"。这种转变意味着自动化不只是让驾驶人从选择物理任务中解脱出来（如保持车辆在一定的速度上），而且也结束了驾驶人的一些认知任务（如对其他道路使用者做出的反应，决定是否制动或加速）。这种自动化的基础来自航空技术，在那种情况下，时间常量通常非常短，并且认知任务过载会有风险。没有对两个系统的差异进行深入研究就直接应用，可能是不合理的。一些建立在硬自动化（在这种情况下，飞行员/驾驶人不能支配自动反应）和软自动化（飞行员/驾驶人能够在一定程度上控制自动反应）的基础上的解决方案已经投入使用（Young、Stanton 和 Harris，2007），但是这个领域仍旧停留在初始阶段。

15.3.1 视觉和感知——生理和心理变量

如果眼睛是心灵的窗户,那么观察眼睛的行为是理解大脑怎样获取和处理视觉信息的自然工具(Shinar,2008)。在过去的半个世纪里,关于眼动的广泛研究清楚地表明,眼动数据可以即时地反映认知过程(Rayner,1998),并且眼动与注意力有密切的联系:人们倾向于将他们的注视点投放到他们注意的客体上(Hoffman 和 Subramaniam,1995)。因此,相较于一个疲劳和醉酒的驾驶人,一个警觉的驾驶人有一个非常积极的眼动模式,在这种情况下,他们的眼睛会一直从一个兴趣区域转移到另一个兴趣区域(从标记的注视区域中收集信息)。

当比较新驾驶人和有经验的驾驶人的注视模式时,从研究中获得的眼动行为的信息是很有价值的。有经验的驾驶人会在许多信息源中移动他们的注视点,当某处可能有危险发生时,他们的注视点会更多地指向那个区域。在早期的开创性的研究中,Mourant 和 Rockwell(1970,1972)发现,有经验的驾驶人的注视点广泛分布在道路的上方和右侧(对驾驶在道路右侧的美国驾驶人而言),因为大多数标志往往集中在那里,且行人会从那里进入车道。当驾驶人越来越熟悉路线时,他们很少注意一些标志,他们的注视点变得越来越集中,并且他们的固定注视位置更靠近行驶车道和远离路旁,在这种情况下,驾驶人能够获得信息并在最短时间内做出反应。他们的研究还显示,有经验的驾驶人很少关注车道标线,这意味着监控车辆的车道位置是通过周边视觉来完成的,因此像车道标线这样的线索应该是显眼的。相反,新驾驶人必须学习"如何观察他们周围的环境",正如他们得学习如何控制他们的汽车一样。不幸的是,比起如何控制汽车,学习怎样获取信息需要花费更长的时间。因此,新手更依赖他们的注视来保持他们的车在车道上,并且他们的注视点分布在视野中相当小的一块区域中,更加靠近车以及车道标线。而且,那些可能视觉过载的新驾驶人比起有经验的驾驶人,会更少地关注后视镜和侧后视镜。简而言之,新驾驶人在获得安全驾驶所必需的线索方面上,比有经验的驾驶人的效率要低得多,因此新驾驶人预测危险以维持安全驾驶的能力也比较低(Borwsky、Shina 和 Oron-Gilad,2010)。同样地,关于他们的预碰撞行为的分析表明,他们对潜在阻碍没有进行足够的视觉扫描,在驾驶任务上显得注意力不够,或者没有在正确的时间看正确的地方(McKnight 和 McKnight,2003)。

眼动技术是很有用的研究工具,特别是在评估时间分配和工作负载方面(Kiger、Rockwell 和 Tijerina,1995;Mourant、Rockwell 和 Rackoff,1969;Rockwell,1988),例如在评估标志的设计和位置方面(Bhise 和 Rockwell,1973),在显示酒精和大麻吸食的操作障碍方面(Papafotiou、Stough 和 Nathan,2005),以及在评估不同道路的几何线形的需求方面(Shinar、McDowell 和 Rockwell,1977)。

在过去的将近10年,在视觉研究中,眼动研究的发现被纳入新颖的交通系统效应模型中(Engstroem、Johansson 和 Oestlund,2005;Reingold、Loschky、McConkie 和 Stampe,2003;Salvucci,2006;Salvucci、Zuber、Beregovaia 和 Markley,2005)。这种类型的模型可能为眼动在驾驶过程中最有趣的应用奠定了基础:比如研究触发车载警报和控制系统的触发器。例如,眼动行为(与驾驶表现评估相结合)可以实时检测驾驶人的视觉分心(Victor、Harbluk 和 Engstroem,2005;Zhang、Smith 和 Witt,2006)。

在解释和使用眼动数据的时候,必须注意一些事实。首先,视觉注视点并不等同于注意力。尽管人们倾向于将他们的眼睛移动到他们注意的目标物,但反过来推论就是不正确的:注视的区域并不总是出现注意的目标。因为有许多研究证明"看了,但是没有看见"的现象是交通事故的原因(Stutts、Reinfurt、Staplin 和 Rodgman,2001;Rreat 等,1997)。睁开的眼睛总是注视空间的某处,但思想还是自由散漫并且专注在非视觉刺激上,如听觉输入(如打电话)和深入思考。事实上,在这些情境中,眼球的大部分跳动受到抑制,而驾驶人明显注意前方道路具有误导性,这降低了目标检测的性能(Victor 等,2005)。

在正确的时间将眼睛聚焦在正确的目标上,通常是感知安全相关信息的必要条件。然而,一旦注视了,需要怎样的视敏度来看见每个目标?盲人是不能驾驶的,这俨然是一个事实。另一方面,人们对于"为了驾驶,需要怎样更好地看见"这个问题一点也不清楚。正如通常评估和定义的那样,视力是在最佳照明条件下(意味着高水平的照明和无眩光),在观察者视野中央(这意味着观察者直接盯着物体看),目标和观察者都是静态的(这意味着任何一方都不会移动),并且没有时间限制(这意味着观察者可以花很长时间确定细节)。这种受高度限制的视角表现评估方法与阅读教室里黑板上的内容(这是由 Snellen 最初发展起来的)以及当某天在十字路口前判断街道名字的行为非常相关。然而,驾驶涉及一个非常不同的视觉任务。在驾驶中,先前遇到的情境在大部分时间里都不适用:驾驶人相对于视觉环境移动,照明条件并非处于最佳情况(夜晚、雾、眩光),出现的危险通常首先出现在视野的一侧,而且不是驾驶人必须关注的地方(如一个行人突然冲到街道上,或是一辆车从相邻的车道进入本车道),驾驶人几乎没有时间感知和做出反应。最后,看见小的细节可能根本不是驾驶人所需要的技能。行人和可能撞上的车辆不是小的细节,并且驾驶人不会因为不能够看清 T 恤上的字或车牌号而撞上他们。除了静态视觉灵敏度外,似乎与驾驶安全(和许可)更相关的指标包括对比灵敏度、动态视敏度以及有用的视野(Owsley 等,1998;Shinar 和 Schieber,1991)。

15.3.2 决策和记忆

一旦驾驶人注意并感知到一些信息,他或她必须决定如何处理这些信息(见图 15-4),该决定很大程度取决于驾驶人的决策能力以及过去的经验(记忆)。这些决策在各种分层模型中是非常详细的(正如之前关于选择模型讨论的那样),并且结果可以通过做决策的时间和是否正确来及时反馈(见图 15-5)。做决策时的记忆和偏见的限制对安全而言是至关重要的,现在的大部分车辆和环境设计正是通过这些做出调整(正如接下来所讨论的)。

自动化对记忆和决策有潜在的帮助。一个简单的例子是自动铁路道口闸门,每当火车到达道口的临界距离时,该闸门就会关闭,这使得一些驾驶人无法安全通过。这种系统的作用——正如大部分自动化支持系统那样——依赖于感知的有效性。为了保证大部分驾驶人的安全,闪光灯或闸门会在火车离这里还有 2.5min 的路程时启动。然而,因为一些驾驶人认为需要等待相当长的时间,他们会不顾闪光灯或降低的闸门试图穿过铁轨,因为提供的信息与他们直接感知到的(他们仍然有足够的时间通过)不一致(Shinar 和 Raz,1982)。另一种方法是向驾驶人提供更多的信息来确定他们的决策,但这也不能确保更高的安全性(如提供给行人倒计时信号来显示穿越十字路口的剩余时间)。由于所有的这些辅助工具都会存在一定程度的错误(如错误的警报或错过),驾驶人一方面遵守警告,另一方面依赖于系统,是对于每个特定系统必须通过经验来解决的一个问题（Maltz 和 Shinar，2004）。因此，不能假定驾驶任务中的部分自动化——大部分是以辅助信息和控制装置的形式——会产生本质上的帮助。两个值得注意的例子是防抱死制动系统（ABS）和电子稳定控制（ESC）。并没有确凿的证据证明 ABS 在降低交通事故率上是有效的，尽管这通过对照实验证明了有效性（Farmer，2001）。然而，ABS 似乎有效减少了摩托车的致命事故（Teoh，2010）。相反，ESC 已经被证明是非常有效的（Lie、Tingvall、Krafft 和 Lullgren，2006），在美国和欧盟地区，这种装置已被强制装在所有客车中。

15.3.3　反应属性：人体测量学和年龄

将驾驶人-车辆-环境系统分离成 3 个主要成分，对于讨论将 HFE 应用于安全改进的各种方法来说很方便。然而，因为正在处理的是一个集成的系统，因此许多提升驾驶人表现的方法涉及许多组成部分。需要说明的是，用于提高危险检测技术、增加对车辆的控制以及塑造驾驶人行为的新兴技术被应用于驾驶人和道路以及驾驶人和车辆的交互作用中，以及 3 个成分之间的交互作用。为了避免赘述，接下来讨论每种方法所解决的主要问题。

15.4　车辆变量影响驾驶人-车辆的交互作用

传统上，关于让车适合驾驶人的议题主要是针对驾驶人的体型（人体测量学）和体质（生物力学）的。然而，在过去的 30 年内，HFE 在车辆和道路设计方面的考虑主要集中在驾驶人感知和认知的限制和能力，以及如何与各种安全和通信技术相联系。因此，HFE 是高级驾驶辅助系统（ADAS）的关键；新的车载信息系统（IVIS），旨在以合适的、面向用户的方式来帮助驾驶人；各种娱乐信息系统，比如导航、手机和电子邮件通信等导致驾驶人更易分心。主要的方向是以用户为中心设计的，通过满足人们的需求和行为的限制来优化性能。这些能够决定技术需求、高级驾驶辅助系统和车载信息系统的可用性、人机接口的可操作性、行为适应、风险补偿、创新接纳和社会影响。

关于车辆设计的标准和指导涵盖了 HFE 的设计理念。因此，下面讨论车载技术、驾驶舱的设计、人的视野和后视镜的视野、车辆间通信、自动和手动设备的选择。

15.4.1　车载技术

信息和通信技术在所谓的智能交通系统（ITS）和安全电子系统中应用得越来越多。现在大部分的智能交通系统主要是为了提高道路使用者的安全性，如果关注点转移到了其他方面，比如说舒适度和交通管理，仍然要考虑安全性。总的来说，智能交通系统可以帮助驾驶人犯更少的错误，并且阻止其不安全的行为选择。

智能交通系统有着许多种功能：①给驾驶人提供有关时间、环境、地点方面的信息；②给驾驶人提供警示；③遇到突发情况时对车辆控制系统进行物理干预。从技术层面上可将智能交通系统进行分类：没有外部交互作用的车辆系统；没有与车辆交互作用的路边系统；最智能的系统——个人车辆与其他数据源之间有交互作用的系统，比如在车辆之间或者在车辆与道路之间有交互作用。这些系统能够提供给驾驶人最新的环境信息，比如说天气信息、实时限速标准,或者是远处潜在的危险路况。

　　第一类系统可以提前预防不安全的驾驶行为。比如一旦驾驶人的呼气酒精浓度超过法定标准(或其他的设置)的话,酒精点火联锁装置会阻止驾驶人开车;另外,一旦驾驶人未系好安全带,安全带联锁装置会阻止驾驶人开车。尽管许多车辆已经配备警示系统,但是干预系统更进一步地在实际上阻止驾驶人在不安全状态下开车。

　　第二类系统干预不安全的驾驶情形或行为。实例有:①为车辆控制提供辅助,例如ABS、ESC、自适应巡航控制系统(ACC)和车道的保持系统;②记录和干预有意或无意的错误,例如智能速度适应系统;③给交通情境提供观察、解释和预测方面的辅助,例如与前车相撞的警告;④提示驾驶人某些能力的下降,例如对驾驶人困倦程度的监测和警告。

　　尽管一般来说,智能交通系统的应用有很大的潜在安全效应,但是最终的效应肯定比预期值要小。这是因为预期效应假设"所有条件保持不变",事实上,从人类的行为和人在系统中的概念中可以了解到,当系统的任何部分发生改变时,其他部分也会改变——特别是有关人类的成分。智能交通系统和安全电子系统潜在的消极副作用可能会导致前文讨论过的各种类型的错误(见图15-5),并包括以下几个方面:

　　(1)负荷不足和注意力水平的下降:一个通常的(不过并不总是正确的)假设是驾驶时心理负荷的减少有利于道路安全。然而,当部分驾驶任务由智能交通系统承担时,刺激水平会降低到驾驶人注意力减少的负荷载水平(比如驾驶人很疲乏或是行驶在一条单调不变的道路上)。

　　(2)信息的超负荷:智能交通系统也会产生一些驾驶人必须选择或是处理的额外信息。比如导航系统会提供关于速度、沿途兴趣点和到达目的地的剩余时间与路程等。所有的这些都会引起驾驶人注意,并且减弱驾驶人应对危险情况的反应能力,并且这些危险情况与信息的迅速增加有关(比如前面的车辆突然停下)。因此,一个完善的智能交通系统要在合适的时候给驾驶人提供合适的信息。Green(1999)推荐使用15s规则来评估车载导航系统的风险程度。美国汽车工程师协会采用了这条规定,当汽车停放的时候需要完成超过15s的任务,应该考虑驾驶的危险性。值得注意的是,这是基于人为因素和表现的建议,而不是以车辆设计为依据的建议,确认人为因素的价值对于车辆设计的指导作用。

　　(3)对信息不正确的解释:驾驶人必须能够理解系统是做什么的和意味着什么。对信息的错误解释会产生相反的预期效果。例如,ABS的目的是提高制动和控制的表现,前提是驾驶人采用了新的紧急制动的策略——一种持续的猛烈的制动动作,而不是现在大部分驾驶人所训练的那样的泵式动作。因此,假设ABS是完全基于车辆的系统,如果不要求对驾驶人行为进行改变的话,会导致更差的制动效果。

　　(4)对系统的过度信赖:驾驶人对系统的期望必须是现实的。因为没有辅助系统是100%正确的,彻底的信任会导致错误和其他不适当的行为(比如不把注意力放在道路上)。例如,当倒车时,如果一个小孩正好在车后,过度信赖障碍监测系统可能导致严重的事故,因为这些系统很难发现细小的物体。

　　(5)风险补偿:有证据表明,当智能系统对驾驶人有显著帮助的时候,驾驶人往往会通过承担他们本来不会承担的风险来补偿降低的风险(如 Wilde's 1982年的风险稳态理论)。这可能导致更小的净效应或零收益,甚至导致风险因素的增加。关于风险补偿的一个很明显的例子就是，相比于在二车道公路，人们往往在分车道公路上提高车速；另外一个例子是在车流量不大的情况下，驾驶人往往更容易有分心的危险行为（比如打电话）。但是，问题是驾驶人是否应该在任何情况下都能保持相同的风险水平。因此，每行驶1mile，即使是达到最高速度限制，大部分的分车道公路仍然比二车道的乡间公路要安全。当驾驶人在湿滑的（如下雪）道路上驾驶着配备更好轮胎的汽车时，驾驶人往往会提高车速，但净效应仍然为正的（Fridestroem，2001）。相比较之下，在事故率方面ABS并没有证明实际的安全效果，从实验研究预测来看，在某些情况下似乎会提高事故率。

（6）对非使用者的效果：特别是当不是所有的交通工具都装备智能交通系统时，一些驾驶没有装备智能交通系统的车辆的驾驶人会预测到该系统能够预测的行为，或者是驾驶人驾驶没有装备智能交通系统的车辆表现出装备智能交通系统的驾驶行为（通过试错或是模仿）。

许多ITS的应用并不是为了提高安全性，但是仍然对道路安全起到了效果。如自适应巡航控制系统（ACC）能够让车保持匀速运动，除非检测到前方有障碍，它可以自动减速以避免事故的发生。当然，ACC也有负面影响，甚至是灾难性的影响，这种情况非常罕见，如果ACC系统失效了，且此时驾驶人的注意力并不在前方的道路上（比如说行人突然闯入）。GPS导航系统能够帮助驾驶人完成导航任务（Michon模型中的操作水平，见图15-3），不过这对安全性同时有正面和负面的影响。GPS导航系统减少了驾驶人阅读标志和寻找方向的认知负荷，但是这使得驾驶人不能把注意力放在道路上，因为驾驶人无时无刻不在盯着导航看。某项研究评估了GPS的影响，最后得出结论，总体上导航产生了正效果。

另外一个预测系统是否具有安全效果的障碍，是系统对整体交通系统的渗透水平。一般来说，理论分析、模拟研究以及现场操作实验都证明了智能系统在安全方面有很大的成效（SWOV，2008）。一项欧盟评估项目（eIMPACT）研究了各种车载安全系统的潜在效益，提供了具体的、统一的交通和安全效益的评估。评估方式是监测每个候选智能系统是否能够减少事故的百分比。研究结果如图15-7所示，系统提供了潜在效益（假设是100%的渗透水平）和高渗透率的效益（假设是80%的渗透水平）。请注意，这两者之间并不总是相关联的。比如，电子稳定程序（ESC）是一个非常有效的系统，并且在100%使用和高渗透方面有强烈的关联性。对比之下，车道保持系统具有高潜在效益，但是在80%的渗透水平下，预期效益非常小。

15.4.2 驾驶舱的设计

车辆乘坐装置的主要焦点就是驾驶人的工作台。把人机工程学的理念应用到设计驾驶工作台和界面，可以保证更安全、更健康和更舒适的驾驶环境。这些设计要综合考虑驾驶能力、驾驶限制（如视野、手能触碰的范围、身体素质和力量）和设计约束条件（如合适的空间、撞击安全、美学设计和部件尺寸）等方面。

驾驶人的"装备"一般指的是目标用户群体的空间尺寸，即考虑到转向盘、座椅和踏板的位置和调整范围；控制原件和显示器的实际位置；由车窗、风窗玻璃和镜子提供的视野（Parkinson和Reed，2006）。

为了让车适合驾驶人，仅考虑驾驶人能够处理或看见什么还不够，还必须考虑驾驶人更喜欢什么样的车内设计。具有相似的人体测量尺寸的驾驶人对于控制盘与显示器的最优位置的偏好选择可能也有分歧(比如说有些人喜欢笔直地坐,有些人喜欢靠拉着坐)。如果不考虑非人体测量尺寸的不同偏好选择,那么就会产生不能充分考虑可调性需要的误导性设计建议(Garneau 和 Parkinson,2009)。

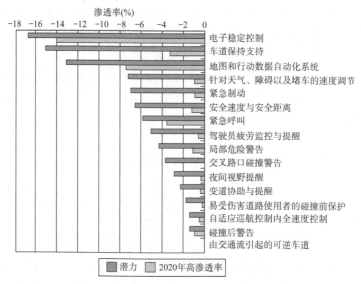

图 15-7　80%和100%的渗透率下对智能车载系统的影响的评估

设计一种新车的过程需要满足大量的要求。汽车工程师协会提供了关于汽车内部设计的推荐指南清单(Jung、Cho、Roh 和 Lee,2009)。

15.4.3　视野与后视镜

车内的能见度可以是直接的(直接观察车外环境),也可以是间接的(通过后视镜的反射)。直接的能见度主要是由车窗的位置和大小决定的:一个更宽的视野包括更多的环境线索,并能够增强预知潜在危险的能力。间接的能见度是由后视镜的尺寸、反射度和类型来决定的。凸面镜能够提供更宽广的视野,在这个范围内可以看到更多原本被遗漏的细节,但是缩小效应会扭曲距离,导致驾驶人认为自己与物体的距离超过了实际距离(Dewar 和 Olson,2002)。ITS 也能通过使用摄像机观察本难以看见的地方,扩大驾驶人视野,比如说出现在公交车和货车前面或后面的行人。

15.4.4　车辆间通信和驾驶人-车辆的交流

在不使用语言和节省空间的情况下,图标可以用来向驾驶人传递信息。但是,难以理解的图标很可能影响安全(Campbell 等,2004)。图标比文本信息更加受到欢迎,因为图标不存在语言障碍,并且任何国家已获得驾驶执照的驾驶人可以在其他国家驾驶几乎任一类型车辆。然而,当图标的含义不被所有的驾驶人理解时,就会产生安全问题。如果图标代表罕见事件,对驾驶人而言就不那么容易理解;因此,在一些情境下,最好还是使用文本标签。一般而言,当一个图标非常常见时,对其的理解会有很大提高。图标的使用也应被标准化,并且如果它的图形与所传达的信息一致(如一个手拿铲子的人的图标,以表示进入工作区域),就非常容易理解(Ben-Bassat 和 Shinar,2006)。如果没有达到这些条件,或许应该使用文本标签,尽管这有明显的局限性。

采用人类工程学原则设计的驾驶仪表盘要清晰易懂。然而,随着呈现各种信息的可能性增加,日益复杂和拥挤的显示仪将会分散驾驶人对道路和交通的注意力,危及安全性。例如,对空调的使用在传统上只与一个按钮相关,现在有多个仪表来控制汽车不同部位的温度。人类工程学中"好"的车载提醒技术,背后的思想是向驾驶人提供那些不能直接被感知的信息。因此,这些指标与车辆的操作状态(如油位、油压力以及水温度)和车辆的性能(如速度)有关。在过去,这些信息通常要么在仪表上通过刻度盘显示,要么通过亮灯显示。现在,更多的车辆功能以更加复杂的程序控制为代价,通过数字化的软件显示器敏感而精确地显示出来。为了一些关键的信息,一些视觉信息会通过听觉反馈得到增强,例如对极低油位和安全带的提醒。

所有驾驶人都需面对的困难是,观察驾驶人盲区的超车车辆和被超车车辆,其中视野盲区是风窗玻璃和前窗、后视镜能够提供的范围之外。最近提出的一种辅助系统是警报系统,当驾驶人发出变换车道的信号时,会通知驾驶人在相邻车道存在其他车辆。这种警报的性质是一个至关重要的人为因素。它应该是听觉上还是视觉上的?如果是视觉上的,它应该在何处呈现?一个广受欢迎的听觉系统是移动眼(Mobileye,2010)。Reed 和 Flannagan(2003)建议在后视镜上安装这样一个带有转向信号的警报系统。他们发现,这比传统的转向信号更加明显。而且,当有车辆靠近或在驾驶人的视野盲区时,这些信号更接近驾驶人的视线(Reed 和 Flannagan,2003)。Sivak、Schoettle 和 Flannagan(2006)评估了在后视镜安装转向信号系统对与转向信号相关的碰撞事故的频率和严重性的影响。结果显示,安装该系统的车辆更少发生事故,但是效果并不显著。此外,装有转向信号系统的车辆降低事故严重性的可能性仍存在疑问。

15.4.5 自动与手动设备

在 20 世纪,汽车进入具有人性化机器系统的先进技术的大众市场。现在,新一代技术开始以驾驶自动化的形式应用到车辆中。当然,车辆自动化已经存在一段时间了,与电动起动器和自动变速器在 19 世纪一起被广泛使用。然而,尽管传统的自动化系统试图接管低水平、车辆控制的操作组件(见图 15-3),但是新技术正在接管更多的技术,甚至是驾驶中的策略方面(Ranney,1994)。因此,Stanton 和 Young(2000)区分了两种类型的自动化:低水平车辆操作(车辆控制)的车辆自动化,处理技术(操纵)和策略水平的驾驶自动化。

自动化的衍生物是驾驶人在信息处理负载中的变化,这会减少驾驶中的认知成本。Shinar、Meir 以及 Ben-Shoham(1998)让新手和有经验的驾驶人沿着选定好的城市街道路线驾驶自己的车辆,要求他们注意并记忆"注意儿童"或者"禁止停车"的标志。他们发现使用手动变速器的新驾驶人比使用自动变速器的新驾驶人发现更少的标志(两种类型标志);而有经验的驾驶人,不论手动变速器还是自动变速器车辆驾驶人,都发现更多标志,并没有显示出手动变速器和自动变速器的差异。

自动化正逐渐取代驾驶人的作用,有些人甚至预测,在 2030 年英国道路将全面实现车辆完全自动化(Walker、Stanton 和 Young,2001)。就目前而言,由于存在驾驶人的驾驶需要

(一些人可能愿意选择手动变速器以增加驾驶乐趣),还有驾驶中的高动态环境(行人可能会突然闯入道路),并且涉及较高的风险(人们可能死亡),因此全面实现车辆的完全自动化是几乎不可能的。因为尽管自动化会减少驾驶人的驾驶负担,但驾驶自动化改变了驾驶人的角色,使其从控制者转变到监控者,这反而会产生新的问题,大多数是情境意识问题(Endsley,1995),即驾驶人的世界不同于自动化系统的情况。在驾驶情境中,尽管智能交通系统的表现完全符合设计者和程序员设定的行为,但这可能导致某些驾驶人对情境或实际的感知与系统操作并不一致的情况(Stanton 和 Young,2000)。

15.5 环境变量

道路基础设施传递着丰富的信息。比如说道路标志和标线,通过在道路上的布局来指导驾驶人的行动。尽管在某些情况下驾驶人必须应对突发事件,但一般来说驾驶人执行的计划是由他们对道路、交通场景和实际面对的情况所形成的。在事故的起因方面,环境是仅次于人为因素的第二大原因,并且也远比车辆因素要更明显。Treatet 等在 1977 年发现,视野障碍是最常见的导致事故的环境因素,紧接着是湿滑的公路。对事故起因的分析(美国公路交通安全管理局,2008)表明,环境是 16% 的车辆事故的一个非常关键的因素。在这些事故中,湿滑的道路约占 50%、刺眼的灯光占 16.4%、天气占 8.4%。

在一个自然操作的驾驶研究中,Dingus 等(2006)在大约一年的时间里监测了 100 辆车的碰撞事故。尽管事故数量不多,但是对车辆的监测提供了对具体碰撞事故(并不适合事后研究)的深入探究。他们定义了 18 种类型的冲突(比如与前方的、后方的或临近的车辆的冲突,与障碍物或是其他道路使用者的冲突),每一种都描述了促成或与冲突事件有关的因素。环境是就静态或动态的本质划分的,前者包括基础设施,后者包括实时道路交通环境(包括交通、可视度和天气)。

基础设施类别包括固定的,且不以环境因素为变化的因素:①交通流量——单车道和多车道;②交通控制设备——信号灯和标志;③地点——州际公路和居民区;④道路线形——笔直的、弯曲的、水平的或山顶的;⑤节点的关系——交叉口及出入口匝道。

驾驶环境类别包括以天或时为单位变化的环境:①路面条件——潮湿或积雪;②亮度——路灯或日光;③车流密度——稳定流以及速度或流量的限制;④大气环境——清晰或降雨。举个例子,单车事故的调查结果显示,基础设施和驾驶环境的因素(例如天气和能见度、道路线形和道路轮廓)导致了 29% 的碰撞,23% 的差点发生的事故,只有 10% 的事故是由意外引起的。

在"与前车相撞的车辆事故"的案例中,当一辆车与其正前方的车相撞时,环境因素并不被判定为一个重要致因,只有一起碰撞事故被判定为由天气和能见度的原因导致的。这在某种程度上是令人惊讶的,因为超过 40% 的事故涉及了恶劣天气和潮湿或积雪的路面条件。不出所料,交通流量与前车相撞事故和邻车碰撞事故有很强的相关性。在大部分的事故中(87%),基础设施因素与事故和差点发生的事故之间是直接相关的。关于前车事故,没有一个驾驶环境因素被确定为影响因素,然而也仅有一个基础设施因素(道路轮廓)被确定为影响因素。道路线形可能对事故的发生有一定的影响,因为有 42% 的事故是在弯道上发生的。

2/3 的事故与交叉口有关。

不完善的道路基础设施或是恶劣的驾驶环境会潜在影响道路使用者的行为和表现,这有可能会导致其犯错。这些不完善的驾驶条件包括混乱的交通布局、错误的引导标志、糟糕的路面条件、恶劣的天气、不足的照明条件、一天中的时间以及有歧义或不合适的规则制度(Stanton 和 Salmon,2009)。

15.5.1 道路设计

驾驶人的工作负荷也受道路设计的影响。因此,道路设计应该满足驾驶人的期望,并且考虑所有道路使用者的能力与局限性。研究发现(Dewar,2008),长视距的道路、宽阔的分车道高速公路以及允许高速行驶的高路肩道路会使驾驶人减轻负担;而拥挤的道路、多弯道的道路、狭窄的桥、短视距的道路会增加驾驶人的不确定性,进而增加负担。

现在,这些目标已经指导应用到目前的实践中了。积极的道路引导和自组织道路就是很好的例子。积极的道路引导方法由增强危险点的安全性来实施,通过提供直接视觉信息来指导驾驶人的行为。比如,用轮廓线和类似的曲线符号来直观地显示曲线的数量比基于文本的符号更好。这种方式把高速公路工程和人因工程技术结合起来构建信息系统,使之与位置特点和驾驶人的特质匹配(Alexander 和 Lunenfeld,1979)。自组织道路的设计原则是增加驾驶人"自动"选择合适速度和转向行为的可能性,而不依赖道路标志和执法。道路的几何特征引导着驾驶人行为,因此驾驶人阅读和遵守道路标志的能力或意愿并不影响其服从行为。一条环状的道路就是自组织的。道路的几何特征会迫使驾驶人减速。交通标志能够帮助驾驶人感受到更低速度的要求。另外,有意地减小道路和路肩的宽度也塑造了自组织的特征,会让驾驶人自觉地产生减速的想法。当道路几何特征和标志之间存在冲突时,驾驶人倾向于依据道路几何特征而不是道路标志限制来控制速度。

另外一种自组织道路是"2+1"道路,这是一种三车道道路,超车道在道路两侧以规律的方式出现。这使得驾驶人能够有超车行为,这种道路也很适合进行速度管理控制。此外,道路几何设计的标准还可以依据对人体反应时间的研究(Keith 等,2005)。

15.5.2 道路照明

道路照明是为公众在夜间出行设计、制作和安装的。其价值很难量化,因为它不仅取决于具体的运营成本,还取决于预期的效益,这本身就难以估计。大部分研究表明,道路照明给驾驶人和行人提供了安全和保护效益(即预防碰撞)(Rea、Bullough、Fay、Brons 和 Van Derlofske,2009;ROSPA,2007)。

道路照明被认为是一种相对低成本的,通过提高驾驶人的视觉能力和检测道路危险的能力,并减少汽车前照灯与周围环境之间的对比度减少交通事故的干预措施。然而,也有研究表明,道路照明可能对道路安全产生副作用。路灯增强了驾驶人的可见性,却导致驾驶人提速并放松大意地驾驶(Beyer 和 Ker,2009)。

Hogema、Veltman 和 Van't Hof(2005)评估高速公路照明的变化对驾驶行为的影响,结果发现当路灯关闭时,由于心率和眨眼频率的增加,驾驶速度降低,精神负荷增加。当驾驶人必须处理更高程度的负荷(即任务需求)时,他们通常有两种选择:要么增加努力程度,要么降低工作负荷,例如通过减速的方式。这样,驾驶人有更多的时间去预估潜在的危险,这会降低工作负荷。

路灯的潜在的安全效益可以归纳为以下几点:
(1)黑暗(或没有照明)会导致极大数量的事故和死亡,尤其是涉及行人的事故。
(2)有灯光的交叉口和立体交叉口往往比没灯光的有更低的交通事故率。
(3)能见度主要与夜间事故中所涉及的行人和交叉口有关。因此,在这种情况下,道路照明对减少夜间事故有非常大的作用。

15.5.3 交通管制设备:道路标记、标志、信号

了解驾驶人对交通控制装置的理解及预测驾驶行为是至关重要的。如果驾驶人不能理解装置所呈现的信息,那么驾驶人的反应可能会很明显地改变并且影响安全。

交叉口的交通控制装置是由路旁的标志、信号、环形标线或人行道标线组成的。它们用于辅助车辆和行人安全有效地通过,最终通过路权分配原则防止碰撞。现在交通控制中使用最为广泛的设备包括交通信号灯、停车标志和环形交叉口。

错误布置交通控制装置可能会降低其效果。当驾驶人太晚看到标志以至于无法正确面对突发情况,交通事故的发生率就会提高。一个例子就是把装置放在太过靠近急转弯的弯曲处。当驾驶人不能及时制动时,就会发生灾难性的后果。

交通控制装置的主要目标就是保证驾驶人通过交叉口的安全性。一些传统设备存在一些明显的缺点,交通信号灯就是一个简单的例子。当技术人员配置信号灯时,必须重视绿灯、红灯和黄灯相位的持续时间。一个被广泛研究的问题是黄灯困境。如果黄灯相位持续时间过短的话,驾驶人可能不得不制动以免在转换成红灯之后通过交叉口,这可能会导致汽车追尾事故的增加。另一方面,如果黄灯相位持续时间过长的话,驾驶人可能会忽视它并加速通过交叉口,这会增加侧面碰撞的事故率(侧面碰撞事故通常比追尾事故要严重得多,Fadi 和 Hazem,2009)。红灯和绿灯相位的持续时间也会影响驾驶行为:当绿灯时间较长和红灯时间较短时,或绿灯时间较短而红灯时间较长时,驾驶人往往更容易闯红灯(Shinar,1998)。当连续交叉口的绿灯时间不一致时,驾驶人往往也更容易闯红灯(Shinar、Bourla 和 Kaufman,2004)。

15.6 小结

本章的目的是介绍驾驶人-车辆建模方法,以及驾驶人、车辆和高速公路的道路特征对道路交通安全的影响。随着车辆技术的发展,研究重点逐渐从以车辆为中心来设计车辆和道路转向以用户为中心。这需要科学地理解驾驶人在操作车辆时和正确感知道路和交通需求时的动机、能力和局限性。通过绝大部分的交通事故都涉及人为错误,主要是对情境的错误知觉或是不正确的驾驶决策和行动这一显而易见的事实,强调驾驶行为表现模型中对于这种理解的必要性。"人非圣贤孰能无过"并不是毫无依据的。

然而,在提高高速公路的安全性方面,研究人为因素的作用并不仅是识别人为的缺陷并且寻找方法来改正,更重要的是识别驾驶人、车辆和道路之间导致这些失误的基本因素。因

此,研究目的并不是训练驾驶人不要失误,而是阻止这种情况上升成错误。本章讨论了人为因素的研究对交通安全目标有贡献的领域,另外还有驾驶分心和缺陷、年龄和个人特征差异的影响未在本章中讨论,这可以在其他章节中读到。想获取更多关于高速公路安全中的人为因素信息,可以查阅 Dewar、Olson 和 Shinar 于 2007 年发表的文章。

 本章参考文献

ALEXANDER G J, LUNENFELD H, 1979. A users' guide to positive guidance in highway control[J]. Human Factors and Ergonomics Society Annual Meeting Proceedings, 23(6):452-455.

BEN-BASSAT, T, SHINAR D, 2006. Ergonomic guidelines for traffic sign design increase sign comprehension[J]. Human Factors, 48(1):182-195.

BEYER F R, KER K, 2009. Street lighting for preventing road traffic injuries[J]. Cochrane Database of Systematic Reviews CD004728.

BHISE V D, ROCKWELL T H, 1973. Toward the development of a methodology for evaluating highway signs based on driver information acquisition[J]. Highway Research Record, 440:38-56.

BOROWSKY A, SHINAR D, ORON-GILAD T, 2010. Age, skill, and hazard perception in driving[J]. Accident Analysis and Prevention, 42:1240-1249.

BOTA S, NEDEVSCHI S, 2008. Multi-feature walking pedestrians detection for driving assistance systems[J]. Intelligent Transport Systems, 2(2):92-104.

CACCIABUE P C, MAURI C, OWEN D, 2003. The development of a model and simulation of aviation maintenance technician task performance[J]. International Journal of Cognition, Technology & Work, 5:229-247.

CAMPBELL J L, HOFMEISTER D H, KIEFER R J, et al, 2004. Comprehension testing of active safety symbols(Paper No. 2004-01-0450)[R]. Warrendale, PA: SAE International.

CARSTEN O. From driver models to modelling the driver: What do we really need to know about the driver[M]. In P. C. Cacciabue (Ed.), Modelling driver behaviour in automotive environments. London: Springer, 2007:105-120.

CHAPANIS A, GARNER W R, MORGAN C T, 1949. Applied experimental psychology[M]. New York: Wiley.

DELANEY A, NEWSTEAD S, 2004. The effectiveness of anti-lock brake systems: A statistical analysis of Australian data[M]. Proceedings road safety research, policing and education conference. Perth: Road Safety Council of Western Australia.

DELORME D, SONG B, 2001. Human driver model for SmartAHS(California PATH Research Report No. UCB-ITS-PRR-2001-12)[R]. Berkeley: University of California Press.

DEWAR R E, 2008. The role of human factors in road safety audits[C]. In Proceedings of the

18th Canadian multidisciplinary road safety conference. British Columbia: Whistler. June 8-11, 2008.

DEWAR R E, OLSON P L, 2002. Human factors in traffic safety [R]. Tucson, AZ: Lawyers &Judges.

DEWAR R E, OLSON P L,2007. Human factors in traffic safety (2nd ed.) [R]. Tucson, AZ: Lawyers & Judges.

DINGUS T A, KLAUER S G, NEALE V L, et al, 2006. The 100-car naturalistic driving study, phase II: Results of the 100-car field experiment [R]. Washington, DC: National Highway Traffic Safety Administration.

ENDSLEY M,1995. Toward a theory of situation awareness in dynamic systems [J]. Human Factors, 37(1):32-64.

ENGSTRÖM J, JOHANSSON E, ÖSTLUND J,2005. Effects of visual and cognitive load in real and simulated motorway driving[J]. Transportation Research F, 8:97-120.

FADI B, HAZEM H R,2009. Collision avoidance system at intersections(Report No. FHWA-OK-09-06)[R]. Edmond: Oklahoma Department of Transportation.

FARMER C M,2001. New evidence concerning fatal crashes of passenger vehicles before and after adding antilock braking systems[J]. Accident Analysis and Prevention, 33(3):361-369.

FASTENMEIER W, GSTALTER H,2007. Driving task analysis as a tool in traffic safety research and practice[J]. Safety Science, 45:952-979.

FRIDESTROEM L,2001. The safety effect of studded tyres in Norway (Report No. TOI-RAP-493/2000) [R]. Oslo: Norwegian Institute of Transport Economics.

FULLER R,1984. A conceptualization of driving behavior as threat avoidance[J]. Ergonomics, 11:1139-1155.

FULLER R,2005. Towards a general theory of driver behaviour [J]. Accident Analysis and Prevention, 37:461-472.

GARNEAU C J, PARKINSON M B,2009. Including preference in anthropometry-driven models for design[J]. ASME Journal of Mechanical Design, 131(10).

GIBSON J J,1966. The senses considered as perceptual systems[M]. Boston: Houghton Mifflin.

GREEN P,1999. The 15-second rule for driver information systems[C]. In Proceedings of the ITS America ninth annual meeting, Washington, DC (CD-ROM).

HOFFMAN J E, SUBRAMANIAM B, 1995. The role of visual attention in saccadic eye movements[M]. Perception and Psychophysics, 57:787-795.

HOGEMA J H, VELTMAN H A, VAN'T HOF A. Effects of motorway lighting on workload and driving behaviour[M]. In G. Underwood (Ed.), Traffic and transport psychology. Oxford: Elsevier,2005:355-368.

HOLLNAGEL E, NABO A, LAU I, 2003. A systemic model for driverin- control [D]. In Proceedings of the second international driving symposium on human factors in driver assessment, training, and vehicle design, Park City, UT. Iowa City, IA: University of Iowa,

Public Policy Center.

IYINAM A F, IYINAM S, ERGUN M,1997. Analysis of relationship between highway safety and road geometric design elements: Turkish case.

JUNG M, CHO H, ROH T, et al, 2009. Integrated framework for vehicle interior design using digital human model[J]. Journal of Computer Science and Technology, 24(6):1149-1161.

KAHNEMAN D, TREISMAN A,1984. Changing views of attention and automaticity[M]. In R. Parasuraman, D. R. Davis (Eds.), Varieties of attention. Orlando, FL: Academic Press.

KANTOWITZ B H,2000. In-vehicle information systems: Premises, promises, and pitfalls[J]. Transportation Human Factors, 2(4):359-379.

KANTOWITZ B H, SINGER J P, LERNER N D, et al, 2004. Development of critical gaps and knowledge base in support of the safety R & T partnership agenda(Contract No. DTFH61-01-C-00049, Report to the Federal Highway Administration)[R]. Ann Arbor: University of Michigan Transportation Research Institute.

KEITH K, TRENTACOSTE M, DEPUE L, et al, 2005. Roadway human factors and behavioral safety in Europe (Publication No. FHWA-PL-05-005)[R]. Washington, DC: U. S. Department of Transportation.

KIGER S M, ROCKWELL T H, TIJERINA L,1995. Developing baseline data on heavy vehicle driver visual workload[C]. In Proceedings of the Human Factors and Ergonomics Society, 39th annual meeting (pp. 1112-1116). Santa Monica, CA: Human Factors and Ergonomics Society.

LEE J D,2008. Fifty years of driving safety research human factors[J]. Journal of the Human Factors and Ergonomics Society, 50(3):521-528.

LIE A, TINGVALL C, KRAFFT M, et al,2006. The effectiveness of electronic stability control (ESC) in reducing real life crashes and injuries[J]. Traffic Injury Prevention, 7(1):38-43.

LINDGREN A, BROSTRÖM R, CHEN A, et al, 2007. Driver attitudes towards advanced driver assistance systemsdCultural differences and similarities [M]. In D. de Waard, G. R. J. Hockey, P. Nickel, & K. A. Brookhuis (Eds.), Human factors issues in complex system performance (pp. 205-215). Maastricht, The Netherlands: Shaker.

MALTZ M, SHINAR D,2004. Imperfect in-vehicle collision avoidance warning systems can aid drivers [J]. Human Factors, 46:357-366.

MCKNIGHT A J, ADAMS B B,1971. The development of driver education objectives through an analysis of the driving task [C]. Chicago: Paper presented at the National Safety Congress. October, 1970.

MCKNIGHT A J, MCKNIGHT A S, 2003. Young novice drivers: Careless or clueless [J]. Accident Analysis and Prevention, 35:921-925.

MCRUER D T, ALLEN R W, WEIR D H, et al, 1977. New results in driver steering control models [J]. Human Factors, 17:381-397.

MCRUER D T, WEIR D H,1969. Theory of manual vehicular control [J]. Ergonomics, 12(4):

599-633.

MICHON J A, 1985. A critical view of driver behaviour models. What do we know, what should we do [M]. In L. Evans, & R. Schwing (Eds.), Human behaviour and traffic safety (pp. 485-525) New York: Plenum.

MICHON J A (ED.), 1993. Generic intelligent drive support [R]. London: Taylor & Francis.

MOBILEYE, 2010. Mobileye pedestrian protection [EB/OL]. [2013-10-16]. http://www.mobileye.com/sites/mobileye.com/files/brochures/PedestrianProtection-English_0.pdf.

MOURANT R R, ROCKWELL T H, 1970. Mapping eye-movement pattern to the visual scene in driving: An exploratory study [J]. Human Factors, 12:81-87.

MOURANT R R, ROCKWELL T H, 1972. Strategies of visual search by novice and experienced drivers [J]. Human Factors, 14:325-335.

MOURANT R R, ROCKWELL T H, RACKOFF N J, 1969. Drivers' eye movements and visual workload [J]. Highway Research Record, 292:1-9.

NAATANEN R, SUMMALA H, 1976. Road user behaviour and traffic accidents [M]. New York: North-Holland.

National Highway Traffic Safety Administration, 2008. National motor vehicle crash causation survey. (Report to Congress No. DOT HS 811 059) [R]. Washington, DC: U. S. Department of Transportation.

NEDEVSCHI S, BOTA S, TOMIUC C, 2009, September. Stereo-based pedestrian detection for collision-avoidance applications [J]. IEEE Transactions on Intelligent Transportation Systems, 10(3).

NORMAN D A, 1981. Categorization of action slips [J]. Psychological Review, 88:1-15.

OWSLEY C, BALL K, MCGWIN G, et al, 1998. Visual processing impairment and risk of motor vehicle crash among older adults [J]. JAMA, 27:1083-1088.

PAPAFOTIOU K, STOUGH C K, NATHAN P, 2005. An evaluation of the sensitivity of the standardised field sobriety tests (SFSTs) to detect impairment due to marijuana intoxication [J]. Psychopharmacology, 180:107-114.

PARASURAMAN R, RILEY V, 1997. Humans and automation: Use, misuse, disuse, abuse [J]. Human Factors, 39(2):230-253.

PARKINSON M B, REED M P, 2006. Optimizing vehicle occupant packaging (Technical Paper. 2006-01-0961) [J]. SAE Transactions: Journal of Passenger Cars - Mechanical Systems.

RAKOTONIRAINY A, MAIRE F, 2005. Context-aware driving behavior model [C]. In Proceedings of the 19th international technical conference on the enhanced safety of vehicles (ESV'19), Washington, DC.

RAMA P, 2009. Safety effects of intelligent in-vehicle systems. (Nordic Road and Transport Research No. 3, p. 19) [R]. Linköping, Sweden: VTI (Swedish National Road and Transport Research Institute).

RANNEY T A, 1994. Models of driving behavior: A review of their evolution [J]. Accident

Analysis and Prevention, 26(6):733-750.

RASMUSSEN J, 1986. Information processing and humanemachine interaction: An approach to cognitive engineering[M]. New York: Elsevier.

RAYNER K, 1998. Eye movements in reading and information processing: 20 years of research [J]. Psychological Bulletin, 124:372-422.

REA M S, BULLOUGH J D, FAY C R, et al, 2009. Review of the safety benefits and other effects of roadway lighting. Final report prepared for National Cooperative Highway Research Program Transportation Research Board of The National Academies (Project No. 5-19)[R]. Washington, DC: Transportation Research Board of the National Academies.

REASON J, 1990. Human error[M]. New York: Cambridge University Press.

REED M P, FLANNAGAN M J, 2003. Geometric visibility of mirrormounted turn signals. (Technical Report No. UMTRI-2003-18)[R]. Ann Arbor: University of Michigan Transportation Research Institute.

REINGOLD E M, LOSCHKY L C, MCCONKIE G W, et al, 2003. Gaze-contingent multiresolutional displays: An integrative review[J]. Human Factors, 45:307-328.

ROCKWELL T H, 1988. Spare visual capacity in driving revisited[M]. In A. G. Gale, M. H. Freeman, C. M. Haslegrav, P. Smith, & S. P. Taylor (Eds.), Vision in vehicles II (pp. 317-324). Amsterdam: North-Holland.

Royal Society for the Prevention of Accidents, 2007. Street lighting and road safety[J]. Birmingham, UK: Royal Society for the Prevention of Accidents.

RUMAR K, 1985. The role of perceptual and cognitive filters in observed behaviour[J]. In L. Evans, & R. C. Schwing (Eds.), Human behavior and traffic safety. New York: Plenum.

SABEY B E, STAUGHTON G C, 1975. Interacting roles of road environment, vehicle and road user in accidents[C]. Paper presented at the 5th International Conference on the International Association for Accident and Traffic Medicine, London.

SALVUCCI D D, 2006. Modeling driver behavior in a cognitive architecture[J]. Human Factors, 48(2):362-380.

SALVUCCI D D, ZUBER M, BEREGOVAIA E, 2005. Distract-R: Rapid prototyping and evaluation of in-vehicle interfaces[C]. Portland, OR: Paper presented at the Computer Human Interface annual conference.

SCHNEIDER W, SHIFFRIN R M, 1977. Controlled and automatic human information processing: I. Detection search and attention[J]. Psychological Review, 84:L-54.

SETTI J, RAKHA H, EL-SHAWARBY I, 2007. Analysis of brake perceptionereaction times on high-speed signalized intersection approaches (CD-ROM). Paper presented at the Transportation Research Board 86th annual meeting[R]. Washington, DC: Transportation Research Board, National Research Council.

SHERIDAN T B, 1970. Big brother as driver: New demands and problems for the man at the wheel[J]. Human Factors, 12:95-101.

SHERIDAN T B,2004. Driver distraction from a control theory perspective[J]. Human Factors, 46:587-599.

SHIFFRIN R M, SCHNEIDER W,1977. Controlled and automatic human information processing: Ⅱ. Perceptual learning, automatic attending and a general theory[J]. Psychological Review, 84:127-189.

SHINAR D,1978. Psychology on the road: The human factor in traffic safety[M]. New York: Wiley.

SHINAR D, 1998. Aggressive driving: The contribution of the drivers and the situation[J]. Transportation Research, Part F: Psychology and Behavior, 1:137-160.

SHINAR D,2001. Driving speed relative to the speed limit and relative to the perception of safe, enjoyable, and economical speed [C]. In Proceeding of the conference on traffic safety on three continents, Moscow, Russia, September 19-21. Linköping, Sweden: VTI (Swedish National Road and Transport Research Institute).

SHINAR D,2007. Traffic safety and human behavior [M]. Oxford: Elsevier.

SHINAR D,2008. Looks are (almost) everything: Where drivers look to get information [J]. Human Factors, 50(3):380-384.

SHINAR D, BOURLA M, KAUFMAN L,2004. Synchronization of traffic signals as a means of reducing red-light running [J]. Human Factors, 46:367-372.

SHINAR D, MCDOWELL E D, ROCKWELL T H,1977. Eye movements in curve negotiation [J]. Human Factors, 19:63-72.

SHINAR D, MEIR M, BEN-SHOHAM I,1998. How automatic is manual gear shifting [J]. Human Factors, 40:647-654.

SHINAR D, RAZ S,1982. Driver response to different railroad crossing protection systems [J]. Ergonomics, 25(9):801-808.

SHINAR D, SCHIEBER F,1991. Visual requirements for safety and mobility of older drivers [J]. Human Factors, 33:507-519.

SIVAK M, SCHOETTLE B, FLANNAGAN M J,2006. Mirror-mounted turn signals and traffic safety(Technical Report No. UMTRI-2006-33) [R]. Ann Arbor: University of Michigan Transportation Research Institute.

STANTON N A, SALMON P M,2009. Human error taxonomies applied to driving: A generic driver error taxonomy and its implications for intelligent transport systems [J]. Safety Science, 47(2):227-237.

STANTON N A, YOUNG M S,2000. A proposed psychological model of driving automation [J]. Theoretical Issues in Ergonomic Science, 1(4):315-331.

STANTON N A, YOUNG M S, WALKER G H,2007. The psychology of driving automation [J]. International Journal of Vehicle Design, 45(3):283-288.

STUTTS J C, REINFURT D W, STAPLIN L, et al, 2001. The role of driver distraction in traffic crashes [R]. Washington, DC: AAA Foundation for Traffic Safety.

SUMMALA H, 2000. Brake reaction times and driver behavior analysis [J]. Transportation Human Factors, 2(3):217-226.

SWOV, 2008. Intelligent transport systems (ITS) and road safety (fact sheet) [R]. Leidschendam, The Netherlands: SWOV.

TEOH E R, 2010. Effectiveness of antilock braking systems in reducing motorcycle fatal crash rates [R]. Fairfax, VA: Insurance Institute of Highway Safety. TNO, 2007. Key findings. [2010-5-16]. http://www.tno.nl/downloads/pb_2007_13_32324_tno_es_uk.pdf.

Treat J R, Tumbas N S, McDonald S T, et al, 1977. Tri-level study of the causes of traffic accidents [R]. (Indiana University Final Report No. DOT-HS-034-3-535-77-TAC). Washington, DC: National Highway Traffic Safety Administration.

VICTOR T W, HARBLUK J L, ENGSTRÖMJ A, 2005. Sensitivity of eye movement measures to in-vehicle task difficulty [J]. Transportation Research F, 8:167-190.

WALKER G H, STANTON N A, YOUNG M S, 2001. Where is computing driving cars [J]. International Journal of Human Computer Interaction, 13(2):203-229.

WARSHAWSKY-LIVNE L, SHINER D, 2002. Effects of uncertainty, transmission type, driver age and gender on brake reaction and movement time [J]. Journal of Safety Research, 33:117-128.

WELLER G, SCHLAG B, GATTI G, et al, 2006. Human factors in road design state of the art and empirical evidence (Report No. 8.1, RiPCORD-iSEREST) [R]. Brussels, Belgium: European Commission.

WICKENS C D, 1992. Engineering psychology and human performance (2nd ed.) [M]. New York: Harper Collins.

WICKENS C M, TOPLAK M E, WIESENTHAL D L, 2008. Cognitive failures as predictors of driving errors, lapses, and violations [J]. Accident Analysis and Prevention, 40:1223-1233.

WILDE G J S, 1982. The theory of risk homeostasis: Implications for safety and health [J]. Risk Analysis, 2:209-225.

YOUNG M S, STANTON N A, HARRIS D, 2007. Driving automation: Learning from aviation about design philosophies [J]. International Journal of Vehicle Design, 45(3):323-338.

ZHANG H, SMITH M R H, WITT G J, 2006. Identification of real-time diagnostic measures of visual distraction with an automatic eyetracking system [J]. Human Factors, 48:805-821.

第三部分　影响交通安全行为的主要问题

第16章 影响安全带使用的因素

乔纳森 M. 维沃达(Jonathon M. Vivoda)和戴维 W. 艾比(David W. Eby)
美国密歇根州,安娜堡,密歇根大学交通研究所(University of Michigan Transportation Research Institute,Ann Arbor,MI,USA)

16.1 引言

1763 年,法国人 Nicolas Joseph Cugnot 发明了第一辆"汽车"(Chambers,1902;Sinclair, 2004)。它使用蒸汽驱动,补充一次蒸汽只能行驶 10~15min(Sinclair,2004)。Cugnot 的汽车难以控制,在 1771 年发生了历史上第一起交通事故,撞到了一堵石墙(图 16-1;Bellis,2010; Sinclair,2004)。也许你能猜到,这是因为 Cugnot 的车没有配备安全带,甚至连制动系统都没有。但是他很幸运,这辆车的速度只是略高于 2mile/h(3.2km/h),因此,这起事故没有人受伤。尽管如此,这个事件也说明:即使汽车还只是处在发展的最早期,也需要安全装置来保障驾驶人的安全。

图 16-1 Nicolas Joseph Cugnot 汽车撞墙事故
注:资料来源于 Wikipedia。

George Cayley 在 19 世纪初发明了安全带,Edward J. Claghorn 在 1885 年第一次申请专利(Carter 和 Maker,2010;Kett,2009)。安全带是所有安全装置中较重要的发明之一,早期主要用于飞机,使飞行员在飞行期间保持在座椅上。20 世纪 30 年代,美国的一群医生意识到安全带在车辆行驶中的潜在价值,开始强烈要求汽车制造商将安全带安装在车上,作为汽车的标准装置。这些医生对此非常执着,甚至亲自动手在自己的车里安装安全带(School

Transportation News,2010)。但是直到20世纪50年代,一些汽车制造商才开始在车里装安全带。20世纪50年代到60年代期间,一些州开始要求车内要安装安全带固定器(Kahane,2004;School Transportation News,2010)。1968年,美国出台一项法规,要求所有新车都要配备安全带,这条联邦法规对于安全带的普及起到了至关重要的作用[Kahane,2004;National Highway Traffic Safety Administration(NHTSA),1998]。

16.2 有效性

今天,安全带作为标配出现在美国生产销售的每一辆车的每个座位上。从安全带发展的早期阶段开始,研究者就不断地评估它的有效性并进行设计改进。与无安全带驾驶相比,早期安全带的设计虽然减轻了驾驶人伤害,但也有一些严重的缺陷。比如,具有代表性的第一个设计只有一根只能绑住腰部的皮带(腰带)(EDinformatics,2010),导致出事故时驾驶人的上半身很容易受到伤害。而一根肩带的设计(围住肩膀的一根带子)有时会在汽车相撞时使驾驶人肩带以下的身体往前滑。后来,人们将两种安全带结合起来,形成了一种更有效的安全带(通常被称作三点式安全带),现在大多数车辆还是使用这种安全带(Kahane,2004)。

现代的三点式安全带是一种非常有效的安全装置。如果车辆受到碰撞,根据碰撞和车辆的类型的不同,这种安全带可以降低40%~45%的死亡率和多达80%的受伤率(Cummings、Well和Rivara,2003;NHTSA,2001)。1960—2002年,安全带的使用挽救了美国168524条生命,使他们免于在汽车事故中丧生(Kahane,2004)。仅在2008年,安全带就预防了约13250个人的死亡(NHTSA,2008)。这些数字表明安全带、安全带使用法规和安全带使用干预对于公众健康产生了巨大影响。安全带再结合现代安全气囊一起使用,人们受伤和死亡的可能性更是大大降低了(NHTSA,2001)。

如今,大多数汽车还装配有许多其他的标准安全装置(如防抱死制动系统、碰撞缓冲区和第三制动灯)和其他可选择的安全装置(如自适应巡航控制系统、车道偏离预警系统和后视摄像头)。但是,安全带和其他安全装置(如安全气囊和第三制动灯)有一个关键差别:驾驶人必须使用安全带,才能让其他安全装置更有效地发挥作用。

16.3 方法

测量安全带使用的黄金准则是直接观察法。顾名思义,数据收集员调查经过的车辆,直接观察这些车辆的乘客的安全带使用情况。直接观察法耗费财力,也很难整合。但与其他方法相比,该方法在被观察地区可以获得真实可靠的安全带使用率。如果采样和实施得当,这些研究可以提供准确的安全带使用"缩影",以此代表更大的区域,包括一个州、地区甚至一个国家(Chaffe、Solomon和Leaf,2009;Eby、Vivoda和Cavanagh,2009;Pickrell和Ye,2009a)。

然而,直接观察法也有一些大的缺陷。从定义上来说,这个方法只适用于对容易观察的现象的数据收集。一般来说,这种方法只能评定车辆的类型、座椅的位置以及驾驶人的性别、年龄、种族,当然还有安全带的使用情况。无法评定人们在特定行程中不系安全带的原因,也无法评定影响安全带使用的潜在因素。另外,因为这方法是无干扰的,数据收集员必须观察和判断许多乘客的特征。这些判断的效度很少被评估,因为评估效度的唯一方法是拦住车辆,并询问乘客的年龄、种族等。该方法会制造混乱,因此很少被使用。直接观察调查的优点和不足在第5章有更具体的描述。

除了直接观察法之外,评估安全带使用情况还有几种其他方法。其中一个最受欢迎的就是自我报告。第4章对自我报告的工具和方法提供了完整的描述,在这里描述与安全带使用情况密切相关的问题。通常采用电话访问或书面问卷来获得自我报告安全带的使用情况。与直接观察法相比,这些调查方法对研究者来说方便得多,但是研究显示它们往往不够准确,自我报告的安全带使用情况总是比观察到的多(Hunter、Stewart、Stutts 和 Rodgeman,1993;Nelson,1996;Streff 和 Wagenaar,1989)。这个差异通常是由于社会期望偏差或者人们对调查问题的理解与研究者的真正用意不一致所导致的。社会期望偏差指的是被试采用他们觉得别人会认同的行为方式来回答问题的倾向(Paulhus,2002)。由于大多数人认为系安全带是好事,可以避免被负面评价,所以有的人可能会在没有系安全带情况下也肯定地回答自己系了安全带。

安全带使用情况在自我报告中比实际观察到的更多的第二个原因是对所回答问题的错误理解,这在机动车乘客安全调查(MVOSS)中体现得淋漓尽致。在 MVOSS 中,首先问被试驾驶时多久系一次安全带。紧跟着的第二个问题是驾驶时最后一次不系安全带是什么时候。有88%的驾驶人报告"任何时候"都系安全带,有10%的驾驶人报告过去的一个月里都没有系安全带(Boyle 和 Lampkin,2008)。很显然,许多回答者没有理解"任何时候"的字面含义而使用这样的近似回答,从而造成了调查结果的测量误差。基于上述原因,当需要尽可能准确地评估安全带使用率时使用直接观察法,而需要深入探究影响安全带使用的因素时使用自我报告法。

自我报告的调查用几个简单的问题就可以很容易地评估年龄、种族和许多其他影响安全带使用的因素(如收入和教育水平)。该方法也可以探究为什么人们在特定情况下系或不系安全带,同时让我们更好地理解诸如预期出行时间或出行目的这些因素是如何影响一个人作出系安全带的决定的。不同的方法(直接观察法和自我报告法)使我们能够回答关于安全带使用的不同问题,所以继续使用这两种方法来最大限度地、全方位地理解安全带使用行为是很重要的。

有时,人们也会使用其他数据来源来确定安全带的使用率,包括警方报告、交通事故数据库和机动车事故死亡数据库。因为存在与之相关的内部偏差,这些数据来源往往较少使用。警方的记录经常没有汇总管辖区内的所有数据,所以难以分析安全带使用的人口范围。而且,警方的记录只包括那些实际收到罚单的驾驶人信息,这些驾驶人最初通常是由于一些其他原因而被警方拦截,所以导致没有遵守法律的人作为可行的对照组。来自交通事故和事故死亡数据库的数据也存在一些问题,因为数据库中所记录的每一个人都牵涉交通事故(或是致命交通事故)。这些驾驶人不能代表广大的群体,因此,难以推广到公众驾车的安全带使用情况。然而,即使存在这些内部不足,这些数据还是有使用价值的,可用于评价一段时间内安全带使用的变化情况。对于这样的分析,没有必要推广其结果,存在的任何偏差在任意两个时间点上都是恒定的。

虽然直接观察法能提供安全带使用情况的最准确估计，但是自我报告法、警方报告数据库和交通事故数据库都对评估安全带使用情况的不同方面有价值。根据可用资金和需要回答的问题的不同，每种数据来源都有用武之地。然而，在使用某种方法时理解其优点和缺点是很重要的。

16.4 国际上的安全带使用情况

根据世界卫生组织（WHO，2009）的报告，2008 年，全球有 127 万人死于交通事故。WHO 估计到 2030 年，全世界每年会有 240 万人死亡与交通事故有关，而交通事故将会成为导致死亡的第 4 大原因。该报告还指出，经常使用安全带可以显著减少预测的死亡人数。

表 16-1 显示了来自各国数据库发布的安全带使用率。可以看出安全带使用率的显著差异，其值在 11%～96%。但是，要注意的是，比较各国的安全带使用率还有些困难。表 16-1 也包括了数据收集的方法以及样本、地区和年份等可能影响使用率的每个因素。研究城市或地区的安全带使用情况，所得出的数据和全国性的数据可能有很大不同。的确，在 2009 年期间，美国各州的安全带使用情况从怀俄明州的 67.9% 到密歇根州的 98.0%（Chen 和 Ye，2010），差异明显。

世界各国安全带使用率的样本　　　　　　　表 16-1

国家	使用率（%）	方法	样本	范围	年份（年）	参考文献
阿根廷	86.0	未报告	所有交通工具	城市	2004	Silveira（2007）
澳大利亚	96.0	直接观察	未报告	国家	2009	Australian Automobile Association（2010）
比利时	76.0	自我报告	大学生	国家	2000	Steptoe 等（2002）
加拿大	92.5	直接观察	小型汽车的乘客	国家	2006—2007	Transport Canada（2008）
哥伦比亚	32.0	事故数据	小型汽车的乘客，所有车辆汽车的乘客	国家	2005、2006	O'Bryant（2008）
哥斯达黎加	82.0	直接观察	乘客，小型汽车的乘客	国家	2004	FIA Foundation（2005）
英格兰	95.0	直接观察	驾驶人，小型汽车的驾驶人	国家	2009	Walter（2010）
法国	91.5	自我报告	大学生	国家	2000	Steptoe 等（2002）
德国	76.5	自我报告	大学生	国家	2000	Steptoe 等（2002）
希腊	57.5	自我报告	大学生	国家	2000	Steptoe 等（2002）
匈牙利	73.0	自我报告	大学生	国家	2000	Steptoe 等（2002）
冰岛	84.0	自我报告	大学生	国家	2000	Steptoe 等（2002）
爱尔兰	85.5	自我报告	大学生	国家	2000	Steptoe 等（2002）
意大利	83.5	直接观察	驾驶人，小型汽车的驾驶人	地区	2005	Zambon 等（2008）

续上表

国家	使用率(%)	方法	样本	范围	年份(年)	参考文献
牙买加	81.2	直接观察	前外侧,小型汽车的前排人员	城市	2004	Crandon 等（2006）
美国	55.4	直接观察	前外侧,小型汽车的前排人员	美国部落	2004	Leaf 和 Solomon（2005）
荷兰	86.0	自我报告	大学生	国家	2000	Steptoe 等（2002）
波兰	76.5	自我报告	大学生	国家	2000	Steptoe 等（2002）
葡萄牙	94.0	自我报告	大学生	国家	2000	Steptoe 等（2002）
俄罗斯	77.9	直接观察	未报告	领土	2006	Global Road Safety Partnership（2010）
苏格兰	95.0	直接观察	小型驾驶人,汽车的驾驶人	国家	2009	Walter（2010）
斯洛文尼亚	95.6	自我报告	前外侧,小型汽车的前排人员	国家	2000	Bilban 和 Zaletel-Kragelj（2007）
南非	81.0	事故数据	所有交通工具的驾驶人,所有车辆	国家	2002	Olukoga 和 Noah（2005）
西班牙	80.0	自我报告	大学生	国家	2000	Steptoe 等（2002）
土耳其	35.5	自我报告	方便取样便利样本	城市	2007	Simsekoglu 和 Lajunen（2009）
阿拉伯联合酋长国	11.0	直接观察	驾驶人,所有车辆所有交通工具的驾驶人	城市	2003—2004	Barss 等（2008）
美国	83.0	直接观察	前外侧,小型汽车的前排人员	国家	2008	Pickrell 和 Ye（2009a）

尽管在数据调查上存在上述问题,仍然可以从各国间安全带使用情况的显著差异中发现很多原因。其中一个重要的原因就是国家是否出台强制使用安全带的法律。一项涉及178个国家的研究发现,只有88%的国家有法律要求使用安全带,只有57%的国家要求所有的乘客必须使用安全带(WHO,2009)。此外,出台强制使用安全带的法律与国家的经济状况有关,例如该研究发现,只有54%的低收入国家有安全带使用的法律。即使有了法律,如果执行力不强,安全带的使用率还是很低。WHO(2009)报告发现,只有19%的国家强制执行其法律。另外,如果车中没有安装安全带,那么即使出台并执行该法律也无效。只有29%的国家的车辆制造业有规章要求所有的座椅上都要安装安全带(WHO,2009)。

除了经济因素外,国际上安全带的使用率也因各国的文化差异而不同。有研究调查了15个不同国家的大学生,他们对安全带重要性的态度与本国的安全带使用率显著相关(Steptoe 等,2002)。阿联酋虽然是个高收入的发展中国家,但其安全带文化和态度的差异可能会导致较低的安全带使用率(Barss 等,2008)。同样地,俄罗斯人的安全带使用率低,部分原因可能是缺少使用安全带的文化(Akhmadeeva、Andreeva、Sussman、Khusnutdinova 和 Simons-Morton,2008)。其他研究记录了关于命运的文化信仰(宿命论)对安全带使用情况的影响,发现有这样信仰的人们的安全带使用率更低(Peltzer,2003)。

从全球的角度来看,提高安全带的使用率对减少意外的伤害影响重大。为了提高全世界范围的安全带使用率,WHO(2009)建议使用 5 种策略:①要求汽车制造商在所有的座椅上安装安全带;②完善法律,要求所有的车辆座位上的乘员都要使用安全带;③加强执法,确保对所有座位的执法都是平等的;④建立收集安全带使用率数据的系统;⑤加强大众媒体的宣传力度,宣扬使用安全带所带来的切实安全效益,强调不使用安全带会提高被传讯的概率并会受到相应的处罚。

16.5 美国的安全带使用情况

1984 年,纽约颁布要求车辆前排的乘客必须系安全带的法律,成为第一个颁布该法律的州。在该法律颁布之前,全美国的安全带使用率估计在 16%~18%之间(Hedlund、Gilbert、Ledingham 和 Preusser,2008)。其他州迅速效仿纽约的做法,全美国的安全带使用率显著上升。到 1987 年,20 个州和哥伦比亚地区颁布了安全带使用的法规,美国的安全带使用率上升到 40%以上。到 1995 年,除了新罕布什尔州,每个州都立了法,安全带使用率上升到约 70%(Hedlund 等,2008)。安全带使用率能达到这样的水平,而且几乎形成了通用的法律,这是相当大的成就,但是进一步的分析揭示出一个重大的局限性。

安全带使用法律的通过是建立在实施"二级执法"的基础上的。二级执法指的是交警不能只因为看到驾驶人没有系安全带就把他拦下来,驾驶人必须要有其他违法行为才能被拦下(如超速),然后才能被记下没有系安全带的违法行为。其实,最初的 50 个管辖区中有 42 个颁布了二级法律(Hedlund 等,2008),其余 8 个州颁布的一级法律。由于二级法律实施起来更困难,有二级法律的州的安全带使用率远低于实行一级执法的州。在 20 世纪 90 年代期间,几个州开始致力于将安全带使用法从二级法律升级为一级法律,加利福尼亚州在 1992 年率先开始(Hedlund 等,2008)。

当一个州将安全带使用的法律从二级执法改为一级执法时,通常会形成使用的具体模式。随着立法的改变,安全带使用率也显著增加,持续几个月后又有所下降最后趋于稳定并使得总体使用率显著高于修改法律之前(图 16-2)。各州安全带使用率的中位数上升了 14 个百分点(Shults、Elder、Sleet、Thompson 和 Nichols,2004),这大大减少了伤亡人数。NHTSA(2009)估计,美国的安全带使用率每增加 1 个百分点就意味着约 270 条生命得救。但是,截至 2010 年,只有 30 个州和哥伦比亚地区将使用安全带的法律作为一级执法,所以依然任重而道远[Insurance Institute for Highway Safety(IIHS),2010]。

除了立法变化取得显著成效,干预对增加安全带使用率也非常有效。最著名也最成功的安全带干预是"不系吃罚单"(CIOT;Hedlund 等,2008)。CIOT 利用媒体消息广泛告知公众,交警会在特定的时间段重点关注安全带使用情况并进行执法处罚等。这些消息的发布使得警方执行安全带法律变得更广受关注。媒体宣传和执法的结合,提高了驾驶人对不系安全带就收罚单这条规则的重视程度。美国的安全带使用率达到了史上最高的 84%,这是之前一切努力的结果——从最初的安全带法律到升级为一级执法,再到不同的安全带干预手段的不断重复使用(Pickrell 和 Ye,2009a)。虽然这样的增长振奋人心,但相较之下还是有一些主要群体在驾驶时不经常系安全带,如男人、年轻人、货车乘客、农村地区的驾驶人和其他个别群体(Pickrell 和 Ye,2009a,2009b)。下面对不同群体中的影响安全带使用的因素进行描述,并解释存在这些差异的原因。

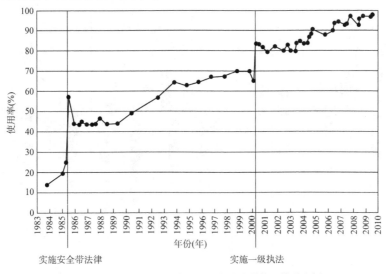

图 16-2　以 1983—2009 年密歇根州安全带使用情况为例

注:资料来源于 Data 和 Savolainen(2009);Eby、St. Louis 和 Vivoda(2005);O'Day 和 Wolfe(1984);Streff、Molnar 和 Christoff(1933)。

16.6　影响安全带使用的因素

下面将会阐述"安全带使用率低的多种群体"中的个体比其他群体更少系安全带的原因。图 16-3 显示了安全带使用的差异。虽然这张图是在特定类别(如车辆类型)内的比较,但是读者也能从中了解不同类别间的差异范围(如货车乘客与年轻人的比较)。但是,因为没有单一的研究收集到所有因素的数据,只能依据不同数据来源建立这张图,所以做一些比较时应该慎重。另外,特定的个体可能同时适用于几个类别(如农村地区的年轻男性驾驶人),图 16-3 没有解释这些潜在的混合因素。

16.6.1　偶尔使用者和不使用者

安全带的普遍使用率通常服从"全或无"的原则。我们认为,特定群体的人与其他群体的人做比较时,要么更可能系安全带,要么更不可能系安全带。虽然这样分组是有意义的,但是考虑特定组内的情境变量和个体变量也很重要。自我报告调查和定性研究确定了安全带使用者存在 3 种不同类型:①总是使用安全带者;②从不使用安全带者;③偶尔(或视情况)使用安全带者。虽然每种类型的人数的准确比例还不知道,但是通常一致认为,在任何情境中都不使用安全带的人相对较少[Boyle 和 Lampkin,2008;安全带技术研究委员会(CSBTS),2004;Hunter 等,1993]。从安全的立场上来讲,"任何时候"都使用安全带的人不需要进行干预,剩余的偶尔使用者作为数量最大的群体是需要被关注的。无论偶尔使用者和不使用者的相对比例如何,了解其区别所在对干预的开展有非常重要的启示。

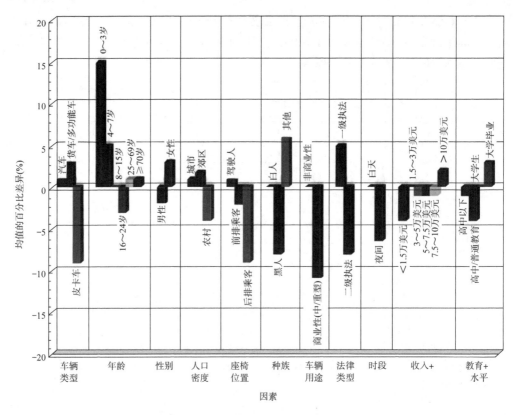

图 16-3 不同因素下安全带使用的差异

注：*表示 83% 来自直接观察调查；88% 来自自我报告。

+表示自我报告"总是"使用安全带的百分比。

资料来源于 Boyle 和 Lampkin(2008)，Chaudhary 和 Preusser(2006)，Federal Motor Carrier Safety Administration (2009)，Pickrell 和 Ye(2009a，2009b，2009c)。

虽然从不使用安全带的人相对较少，但是也不能忽视这些驾驶人。有几个研究证明，人们的冒险行为倾向于同时出现（Brener 和 Collins，1998；CSBTS，2004；Harre、Field 和 Kirkwood，1996；Williams、Wells 和 Reinfurt，1997）。那些没有系安全带的人更可能超速（CSBTS，2004）、驾驶时使用手机（Eby 和 Vivoda，2003）、屡次违反交通规则（Simsekoglu 和 Lajunen，2009）、犯更多的驾驶错误（Simsekoglu 和 Lajunen，2009）、酒驾以及涉及交通死亡事故（CSBTS，2004）。这些同时出现的行为意味着，如果能够增加这个群体的安全带使用率，就能减轻上述危险驾驶行为造成的可能伤害，并且能更进一步影响交通安全。

即使特定管辖区内的安全带使用率非常高，出行中依然有可能出现一直不系安全带的人（其中还含有较高比例的十分顽固的人），这给计划制定者出了难题。的确，这一群体通常没有意识到系安全带的好处（CSBTS，2004），提醒他们系安全带很可能引起他们的不满和抵抗（Boyle 和 Lampkin，2008）。"阶段改变理论"[跨理论模型（TTM）]认为，这些个体可能处在"前意向"阶段，因此，在短时间内不可能改变他们的行为（Kidd、Reed、Weaver、Westneat 和 Rayes，2003）。最有效的策略可能是承认他们认定的行为并设计干预计划，循序渐进而不是一蹴而就，让他们发生阶段性改变，而不是把焦点放在立即让他们使用安全带上。发展这样一种干预计划，有利于未来在该人群中测试 TTM 的应用。干预计划最起码应该将使用安全带的舒适度和对安全带法律的自由态度作为重点。如果教育和执法计划对这些人无效,则可以考虑采用更严厉的措施,比如使用联锁点火器(系上安全带才能起动车辆)或驾驶证扣分(有综述围绕安全带技术的问题展开描述,如联锁装置,见 CSBTS,2004)。

了解影响偶尔使用者选择系或不系安全带的因素至关重要。1973 年(美国最早开始颁布安全带法律前的 10 年)的一篇文献综述中确定了几个因素,包括交通环境(如在城市道路或高速公路上驾驶)、短距离出行和低速驾驶(Fhaner 和 Hane,1973)。有趣的是,如今,不系安全带的两大普遍的情境因素是短距离出行和在交通流量较小的道路上驾驶(Driving in Light Traffic)(Boyle 和 Lampkin,2008)。其他常被提及的因素还有忘记系安全带、太匆忙和受到车上其他人的影响(Boyle 和 Lampkin,2008)。每个因素都可能有其对应的不同的有效解决办法。例如,忘记系安全带的问题可以通过增加对安全带提示系统的使用而得到有效解决(Farmer 和 Wells,2010)。

系或不系安全带可能不仅是有意识的选择,在特定情境中还有可能受到潜意识的影响。比如压抑、拒绝接受、合理化和宿命论,这些都与一个人的世界观有关(包括与交通安全有关的危险)且都被认为会影响安全带使用情况(Brittle 和 Cosgrove,2006)。一个人思考问题的方式,可能会影响他在每一次出行中选择是否系安全带,或影响个体在特定的安全带使用情境中做出的决策。为了减轻这些因素的影响,专家建议驾驶人提高警觉(注意这些潜意识动机)、加强使用安全带的自我效能感、增加系安全带的社会期望、降低抵抗心理、鼓励预期后悔(Anticipatory Regret)(Brittle 和 Cosgrove,2006)。为了了解这些因素对偶尔使用者和不使用者的影响程度,做更多基础研究是很重要的第一步。

16.6.2 车辆类型

研究表明,较不可能系安全带的群体之一是开皮卡车的人(见图 16-3)。采用直接观察法的研究发现,这些驾驶人的安全带使用率比其余人低 10~12 个百分点(Nichols 等,2009;Pickrell 和 Ye,2009a)。研究确定了存在此差异的几种原因。其中一种与政策决定直接相关,早期的安全带法律规定,皮卡车驾驶人可以不用系安全带(Wells、Williams 和 Fields,1989)。争议在于当时的皮卡车主要在农场之间往返,通常只在公路上行驶很短的时间。这种规定的在当时争议较小,但如今有两种原因认为这种免责是不合理的:第一,早期法律生效后的 25 年里,皮卡车所行驶的道路已发生很大的变化,它从过去一种被视为不舒适的工具演变成了汽车、货车或越野车的常见替代选择;第二,如今大众已经认识到,与长距离出行相比,交通事故更可能发生在短距离出行中,因此,对于农场工人来说,开皮卡车时系安全带更重要。近些年来,许多州取消了安全带法律中对皮卡车的免责,2010 年,最后一个未修改法律的州——佐治亚州也进行了修改(Badertscher,2010;Governors Highway Safety Association,2010)。

然而,即使取消了对皮卡车的免责,其安全带使用率还是较低,主要有以下两点原因。第一,大型车辆在交通事故中比小型车辆所受的伤害更小,这可能给乘坐皮卡车的人更安全的错觉(Nitzburg 和 Knoblauch,2004)。同时,这可能会让皮卡车驾驶人以为,与其他类型的车辆相比,开皮卡车时系安全带较不重要。第二个更微妙的原因可能是皮卡车车主大多数是男性,家庭收入很高,教育水平却很低。这一群体的家庭收入高但是却不经常系安全带这一事实违反直觉,在未来的研究中应该进行调查(Anderson、Winn 和 Agran,1999)。

定性研究进一步探究了这个问题并指出,皮卡车乘客认为车辆的尺寸可以保护他们免受重伤,因此,在短距离出行或工作中不需要系安全带,而且他们担忧发生交通事故后会因为系上了安全带而被困在车里(Boyle 和 Lampkin,2008;Nitzburg 和 Knoblauch,2004;Rakauskas、Ward 和 Gerberich,2009)。有些皮卡车驾驶人无视安全带法律,反对政府规定的行为,用法律未强制摩托车驾驶人佩戴头盔来替自己辩护(Boyle 和 Lampkin,2008;Nitzburg 和 Knoblauch,2004)。当他们系安全带时就以车里的家人或朋友、高速公路或恶劣天气为使用安全带的理由(Nitzburg 和 Knoblauch,2004)。至少对于一些人来说,他们是否使用安全带似乎取决于车辆的大小和用途,这些驾驶人似乎比其他人更有可能在出行中做出使用安全带的决策,或是根据不同的车辆类型和各种情境因素,做出预先存在的启发式决策。

16.6.3　年龄

一般来说,儿童安全带的使用率往往比较高。然而,一旦他们到了可以驾驶的年纪,安全带使用率显著下降,之后随着年龄的增加缓慢上升。这些改变的原因可能是孩子还小的时候,其大部分出行都有父母陪伴,父母承担了保护其安全的责任。当青少年(13~19岁)有了更多自主权并开始自己驾驶时,他们的父母就不再在场监督他们系安全带。

青少年和20多岁的人,比其他任何年龄段的驾驶人都更少使用安全带(使用率比其他年龄段低了4~6个百分点;Eby 等,2009;Pickrell 和 Ye,2009b)。自我报告的研究也发现,年轻人比年长的人更不经常系安全带(Boyle 和 Lampkin,2008)。当人们追寻这一现象原因时发现,影响不同年龄段的人是否使用安全带的原因是不同的。相较于年长的乘客,许多年轻人报告系安全带是因为他们不想收到罚单,较少年轻人报告说使用安全带是"一个习惯"(Boyle 和 Lampkin,2008)。与年长组相比,年轻人不使用安全带的借口更多是忘记、匆忙、不舒适、道路行驶舒畅(交通量较小)(Driving in Light Traffic)(Boyle 和 Lampkin,2008)。

明白这些差异有助于了解成功的干预计划的进展,比如 CIOT 这个干预计划主要是为增加年轻人,特别是男性的安全带使用率而设计的。像 CIOT 这种基于证据的干预计划之所以有效,是因为它选择了特定的人群——这个案例中的年轻驾驶人,并将他们的信息应用到现有的行为改变理论中(Behavior Change Theory)。CIOT 主要关注健康信念模式(Health Belief Model,HBM,行为改变理论的一部分)中"威胁感知"和"效益感知"的建构(Rosenstock、Strecher 和 Becker,1988),使人们更能感知收到罚单的可能性。媒体信息的传播和广受关注的交警执法加强了这种感知。CIOT 描述了不使用安全带的相关后果(如传票和罚款),来改变他们的效益感知或行为的"结果预期"(社会认知理论,Social Cognitive Theory)(Rosenstock 等,1988)。

另一项研究指出,青少年的生理、身体发育和神经行为发展的差异可能会影响他们的冒险和感觉寻求行为。具体而言,青春期发生的改变可能会增加冒险和感觉寻求的行为(Dahl,2008)。青少年可能较难控制自己的情绪,错误地认为自己的行为比实际的更安全(Begg 和 Langley,2000;Halpern-Felsher 等,2001;Keating 和 Halpern-Felsher,2008)。青年组的专业驾驶知识也不如年长组(Keating 和 Halern-Felsher,2008),这可能导致他们对驾驶行为危险性的错误判断。

大多数安全带的研究都将年轻人(已成年)和中年人分为同一个组,将老年人(65 岁及以上)分为另一个组。两组的安全带使用率都比青少年组(13～19 岁)高,而且大部分研究都发现,当驾驶人年龄增长到老年组的年龄时,安全带的使用率又略有增加(Boyle 和 Lampkin,2008;Pickrell 和 Ye,2009b)。一般来说,所有年龄段中安全带使用率最高的是超过 65 岁的人。

较高的安全带使用率对于机动车上的老年乘客至关重要,因为每驾驶 1mile,他们发生交通事故的风险就会增加(IIHS,2010)。老年人除了出交通事故的风险更高之外,在交通事故中也更容易受伤(Liu、Utter 和 Chen,2007),这主要与在老年人中更为困难的医疗条件有关(Centers for Disease Control and Prevention,2008)。高安全带使用率有利于降低老年驾驶人受伤的可能。但与此同时必须注意的是,相比于其他年龄段,老年人也更可能会遭受与安全带使用有关的伤害。尽管如此,老年人在交通事故中没有系安全带也比因为系了安全带而导致的任何伤害都要严重得多。更多关于驾驶人年龄问题的讨论详见第 24 章。

16.6.4 性别

多次观察研究表明,另一个安全带使用率低的群体是男性驾驶人。男性安全带使用率比女性低 5～7 个百分点(Boyle 和 Lampkin,2008;Kim 和 Kim,2003;Pickrell 和 Ye,2009b)。当被问及不使用安全带的原因时,男性和女性的答案相近,但相比而言,男性更有可能地以"不太可能出交通事故"为理由(Boyle 和 Lampkin,2008)。当问及使用安全带的原因时,男性和女性的答案就不一样了,与男性相比,女性更多地报告"没有安全带感觉不舒适""希望树立一个好榜样""因为法律规定"(Boyle 和 Lampkin,2008)。

男性报告系安全带的可能性更低,因为这是法律,这一点得到了与一些强烈自由主义态度相关的研究的支持。Tipton、Camp 和 Hsu(1990)发现,男性更会反抗约束他们行为的法律,因此,不能内化系安全带的行为。一项研究调查了实行二级安全带法律的州的居民,研究者发现,男性比女性更不支持一级法律的通过(Perkins、Helgerson 和 Harwell,2009)。这些结果说明,单靠一部法律可能不足以改变男性的行为。这再次证实了为什么关注消极后果的风险感知的项目,如 CIOT,对于男性群体如此成功。

事实上,风险感知似乎非常有利于理解许多危险行为的性别差异,包括不使用安全带。与女性相比,男性一般感知所有行为都更不危险,并倾向于做出更危险的行为。在除了交通安全的其他很多领域,也都发现了风险感知和危险驾驶行为的性别差异(Lundborg 和 Andersson,2008;Martins、Tavares、Lobo、Galetti 和 Gentil,2004;Powell 和 Ansic,1997)。的确,与女性相比,男性对收到安全带罚单的风险感知能力较弱(Chaudhary、Solomon 和 Cosgrove,2004),当给出特定的交通事故情境时,与女性相比,男性认为安全带是更没有价值的(Calisir 和 Lehto,2002)。

但是,值得注意的是,由于男性更倾向于做冒险的行为,简单地提高男性的危险感知水平以达到女性的水平,不足以消除安全带使用的性别差距(Brener 和 Collins,1998;Harre 等,1996)。只有更全面地了解为什么感觉寻求会存在性别差异,才能更好地开展干预计划。与感觉寻求相关的行为和生理因素(包括性别)的文献综述,见 Roberti(2004);关于感觉寻求和驾驶行为的综述,见 Jonah(1997)。

16.6.5 人口密度

人们出行区域的类型似乎也会影响安全带的使用情况。在农村地区出行的驾驶人的安全带使用率通常比非农村地区低4~6个百分点(Boyle和Lampkin,2008;McCartt和Northrup,2004;Pickrell和Ye,2009a)。需要特别关注的是农村地区的低安全带使用率,因为交通事故更可能发生在这些地方——这是按人口或出行英里数来统计事故发生率所得出的一致高危结果(Brown、Khanna和Hunt,2000)。农村道路的设计要素与其他地区不同,如高速限制、有沟渠的窄路、道路中央缺少隔离物(Ward,2007)。农村地区发生交通事故,车上的乘客死亡风险更高,因为农村地区对急救的反应时间更长,而且离医生和其他医疗资源太远(Clark,2003;Melton等,2003)。这些困难强调了对农村驾驶人伤亡的基本预防的重要性。此处所提到的基本预防包括:无论何时都尽可能地减少交通事故,增加安全带的使用率以保证在交通事故真的发生时减少伤害。

然而,很显然的是,预防交通事故和伤害的发生,实践比理论困难得多。计划制订者应该考虑农村区域已知的影响驾驶人使用安全带的因素。农村安全带使用率低的一个潜在原因是,道路上通常没什么其他车辆,这让人们认为没必要使用安全带。有些人认为,农村可能有不同的安全"文化",与城市对照组相比,农村的驾驶人会做出更危险的驾驶行为,而感知危险行为的能力也更低(Rakauskas等,2009)。另外,与城市驾驶人相比,农村驾驶人更会觉得基于执法和基于工程学的交通安全干预措施都无效(Rakauskas等,2009)。这个发现使得对这些驾驶人发展和实施有效的干预手段变得特别困难。

农村和城市地区人员的构成类型可能也不同。许多研究只按区域类型调查安全带使用的差异,可能会使其有关区域类型这一因素的研究结果和其他重要因素的结果相混淆。Strine等(2010)使用回归分析,控制年龄、性别、种族、教育水平、婚姻状况、就业状况、身体状况等人口特征和安全带法律的类型(一级或二级)等变量来考察农村的安全带使用情况。这项研究揭示了总体趋势:随着人口密度的减小,报告"总是"系安全带的人也减少了。总体而言,这项结果说明,影响安全带的使用不仅有居住在农村地区这一因素,还有其他的因素,诸如种族或年龄,可能会进一步降低安全带使用的可能性。这些因素间相互作用也强调了使用行为改变理论给这个群体制定正确、合适的干预措施的重要性。

16.6.6 座位

将驾驶人与前排乘客的安全带使用率做比较,研究一致发现乘客的安全带使用率偏低(通常约低2或3个百分点;Chaffe等,2009;Pickrell和Ye,2009a)。虽然差异较小,但有趣的是,驾驶人与乘客的安全带使用率有极为密切的联系。事实上,在驾驶人没有系安全带和驾驶人系安全带两种情况下,前者乘客不系安全带的可能性是后者的70倍(Kim和Kim,2003)。这种关系可能是由于一起坐车出行的人之间的相似性。这种相似性可能是因为他们对交通安全或承担风险有共同的信念和态度,或者是由于行为模仿或同伴压力。

后排乘客是安全带使用率较低的群体之一,其安全带使用率大体上低于前排乘客(图16-3)。在2008年,美国的后排安全带使用率为74%,前排乘客的使用率为83%(Pickrell和Ye,2009c)。2004年观察得到的使用率只有47%,比前排乘客低了33%,从那年起,美国的后座安全带使用率开始大幅度增加,这可能是由于近年来几个州修改了法律,要求后排乘客必须系安全带,但是依然有约一半的州的后排乘客还是不系安全带(IIHS,2010;Pickrell 和 Ye,2009c)。

基于自我报告的研究还调查了后排的安全带使用情况,发现后排乘客总是系安全带的只有58%(Boyle 和 Lampkin,2008)。对此可能的解释是,人们坐在后排时会更有安全感。有研究已证明,坐在后排时伤亡的风险较低,但是其实不论坐在车的哪个座位,不系安全带都有风险(Smith 和 Cummings,2004)。成人也相对较少地在出行时坐在后排上。实际上,国家统计数据表明,只有约7.4%的成人在外出时坐在后排,而有79.3%的儿童在出行时坐在后排(Trowbridge 和 Kent,2009)。但是坐在后排的成人是不容忽视的,因为正如 Trowbridge 和 Kent 所指出的,这个比例虽然低,但它等于一年里有191亿人次坐在后排。将这一出行次数与成年人在后排座位上被观察到的情况和报告的较低的安全带使用率情况相结合,可以进一步看出安全带的重要性。

16.6.7 种族

种族不同,安全带的使用情况往往也不同。美国全国的直接观察调查、州调查和规模更小的调查都发现种族因素的作用(Lerner 等,2001;Pickrell 和 Ye,2009b;Vivoda、Eby 和 Kostyniuk,2004)。在美国全国乘客保护措施使用调查中,黑人乘客的安全带使用率比白人低了8个百分点(Pickrell 和 Ye,2009b)。但是,这一区别可能是由于对安全带法律的执法不同。有几个研究发现,实施一级执法时,不同种族的安全带使用率没有差异,而实施二级执法时,黑人驾驶人的安全带使用率比白人低(Briggs 等,2006;Reinfurt,2000,该研究在 Well、Williams 和 Farmer 2002 中被引用)。对这种安全带使用率不同的可能解释是,不同种族对交警执法的感知不同。

举例来说,当问到不系安全带就会收到罚单的可能性时,黑人(Boyle 和 Lampkin,2008;Preusser 和 Preusser,1997)和西班牙裔(Boyle 和 Lampkin,2008)报告收到罚单的可能性显著高于白人。另一个研究采访了真正收到过安全带罚单的人,并要求他们对收到罚单的"中奖"感受进行评估,其中,黑人或其他人种的驾驶人更可能报告"感觉收到罚单是因为自己的种族",而白人较少将种族作为收到罚单的原因(Eby、Kostyniuk、Molnar、Vivoda 和 Miller,2004)。过去与警察不和的经历以及他们认为警察会基于种族原因把他们抓起来,这共同导致了一级执法管辖区比二级执法地区的安全带使用率高。对警察执法感知的显著差异使得少数族裔驾驶人对安全带法律的修改或警力的补充很敏感。

16.6.8 车辆用途

对不同车辆用途的安全带使用进行调查,包括商业用途和非商业用途车辆,发现商业性车辆的安全带使用率通常较低。一项美国的研究显示,在2008年,中型和重型商业性车辆的驾驶人有72%的安全带使用率[而非商业性车辆为83%;联邦汽车运输安全管理局(FMCSA),2009]。轻型商业性车辆(汽车、多功能车、皮卡车或货车)的乘客也比非商业性车辆的乘客更少使用安全带(Eby、Fordyce 和 Vivoda,2002)。影响公众使用安全带的许多因素也同样影响了商业性车辆的驾驶人。比如说,在实施一级执法的州内要求开快车的城市地区,在女性驾驶人或年长驾驶人驾驶的情况下,商业性车辆的安全带使用率更高(FMCSA,2009;Kim 和 Yamashita,2007)。

然而,与商业性车辆相关的群体有着独特的问题,这为干预措施的发展提供了挑战和机会。很多商业性车辆的驾驶人将不系安全带归因于他们必须频繁地停车、驾驶路程很短和所开的车非常大(FMCSA,2010;Kim 和 Yamashita,2007)。与驾驶商用车相比,当商业性车辆的驾驶人驾驶自己的私家车时,他们更可能报告"总是"系安全带(Kim 和 Yamashita,2007)。看起来这些驾驶人安全带使用率低的原因似乎是车辆或者出行的类型。使用干预措施来解决这些问题是一个挑战,但这些应该是清晰的焦点。

驾驶商业性车辆出行是驾驶人工作的一部分,这是可以通过组织层面的干预措施来解决的另一个关键要素。实际上,很多公司有政策要求驾驶人系安全带。持续受到上司鼓励的员工更可能报告自己在驾驶商业性车辆时总是系安全带(Kim 和 Yamashita,2007)。上述政策可以解释这样一个事实:对安全带使用的直接观察研究显示,主要国家或地区车队的货车驾驶人安全带使用率比"个体户"高 10% 以上(FMCSA,2010)。持续关注商业性车辆的驾驶人和乘客极为重要,因为这些驾驶人在道路上花费更多的时间,这会增加他们出交通事故的概率。

16.6.9 收入和受教育水平

收入和受教育水平是影响安全带使用的另外两个因素,但有关这些影响的文献好坏参半。MVOSS 显示收入水平对安全带的使用几乎没有影响,而受教育水平对此有影响(Boyle 和 Lampkin,2008)。已经大学毕业的受访者报告自己 91% 的时间里有系安全带,其他受教育水平的受访者报告分别如下:高中以下 87%、高中毕业 84%、在校大学生 88%(图 16-3)。所有组使用安全带的普遍原因都是避免受伤。但随着受教育水平的提高,避免受伤逐渐成为使用安全带的主要原因。受教育水平越高,越不可能把安全带让人不舒适当作不系安全带的原因(Boyle 和 Lampkin,2008)。越少受到正规教育的人,系安全带的主要原因越可能是"法律要求",低收入(Shin、Hong 和 Waldron,1999)和低受教育水平(Boyle 和 Lampkin,2008)群体更可能以宿命论为原因。

收入和受教育水平所导致的安全带使用差异的一个潜在因素是风险感知的能力。经典研究认为,安全带使用率的增加与风险感知能力的增加有关。然而,一项研究得出了相反的结论:高收入地区的人通常报告更低的收到安全带罚单的风险感知,但报告总是系安全带的可能性更高(Chaudhary 等,2004)。为了解释这些不符合常理的发现,Chaudhary 等认为,高教育水平与高收入是相关的,这削弱了危险感知能力所带来的影响。受教育程度高的个体可能意识到系安全带显然有利于自身的安全,而不在意收到罚单的风险有多大。未来的研究需要考察这种潜在的关系,从而更好地了解这些因素是如何对安全带的使用起作用的。

16.6.10 夜间

一项使用重大交通事故和交通死亡事故数据库的研究,首次提出夜间的安全带使用率低这一结论。虽然采用这些数据库得到的使用率不能代表大众的安全带使用情况,但结果具有意义,即夜间事故中的安全带使用率明显比日间事故中的使用率低(Chaudhary、Alonge

和 Preusser,2005;Li、Kim 和 Nitz,1999;McCartt 和 Northrup,2004;Salzberg、Yamada、Saibel 和 Moffat,2002;Vivoda、Eby、St. Louis 和 Kostyniuk,2007)。然而,由于在黑暗中难以观察安全带的使用情况,所以直到最近也没有在夜间进行直接观察法的研究。如果观察的地点选择在有足够照明环境的地方(如商店的灯或路灯),会造成结果的偏差,而且结果也不能推广。随着20世纪初期到中期夜视设备的出现和其实用性的增强,研究者和政府机构开始进行直接观察的研究。

在2004年进行了第一个小规模的夜间直接观察的研究(Chaudhary 等,2005),之后就出现了更多的研究(Chaudhary 和 Preusser,2006;Vivoda 等,2007)。大多数这些观察研究都发现,夜间的安全带使用率很低,但是结果好坏参半。观察结果表明,夜间的安全带使用率比日间低约6个百分点。因为进行该研究的技术还很新,所以为了更好地了解这一潜在问题的范围,还有很多工作要做。

人们在夜间较少使用安全带的原因还不清楚。一个可能的解释是,夜间对收到罚单的风险感知能力不同。人们可能认为,夜间视力受限降低了收到安全带罚单的风险,因为交警看不到他们的车。人们还会认为,夜间巡逻的交警很少。另外,在夜间开车的驾驶人可能与白天开车的驾驶人不同。倾向于在夜晚驾驶的人通常会做出更危险的行为,包括不系安全带和醉酒驾车。为了未来给夜间驾驶人制定有效的干预措施,探索这些差异至关重要。

16.7 小结

正如本章所描述的,在过去的几十年里,无论是在美国还是在国际上,安全带的使用都取得了实质性进展。除了医疗费用外,安全带的有效性和强制使用法律的有效性已经在伤害和死亡方面节省了大量的公共卫生费用,然而仍有改进的空间。先前的研究已经确定了许多倾向于较少使用安全带的群体,并且世界上许多国家的使用率仍然极低。要求为国家生产的所有车辆安装安全带等的政策决定是必要的第一步,执法立法也应同步进行。此外,还必须继续研究通过人口统计、情境特征、环境因素和心理因素来解决安全带使用差异的问题。随着该领域的工作越来越多,研究人员必须考虑到一个个体可能属于许多不同的群体,并同时受到许多不同因素的影响。未来的研究可以通过进行控制协变量影响的分析、检验统计交互效应和使用分层模型来考虑这些因素之间的相互作用。这种类型的研究和分析将有助于更好地了解不同因素如何相互影响,哪些因素最值得关注,以及如何制定有效的循证干预措施。此类计划对于最有效地利用可用于这项工作的稀缺资源,并确保在减少与不使用安全带相关的伤害、死亡和成本方面取得持续进展至关重要。

致谢

感谢密歇根高级安全运输中心对本章的编写的全程支持,感谢由美国交通研究部门和创新技术部门赞助的大学交通中心(批准号:No. DTRT07-G-0058)、密歇根大学交通研究协会的支持,感谢几个机构的捐赠。感谢 Lisa J. Molnar 和 Renee M. St. Louis 对原稿提供的宝贵意见。感谢 Amanda Dallaire 提供的行政支持。本章节的内容为作者的个人观点,作者对其事实和信息的准确性承担责任。为了交流信息,本文的传播得到了大学交通中心项目的交通部门的支持。美国政府对本文的内容和使用概不负责。

本章参考文献

AKHMADEEVA L, ANDREEVA V A, SUSSMAN S, et al,2008. Need and possibilities for seat belt use promotion in Bashkortostan, Russia [J]. Evaluation & the Health Professions, 31: 282-289.

ANDERSON C L, WINN D G, AGRAN P F,1999. Differences between pickup truck and automobile driver-owners [J]. Accident Analysis & Prevention, 31:67-76.

Australian Automobile Association, 2010. Safe drivers in safe vehicles on safer roads: The facts [EB/OL]. [2013-05-16]. http://www.aaa.asn.au/saferroads.

BADERTSCHER N. House votes to eliminate seat belt exemption for pickups. Atlanta Journal-Constitution [EB/OL]. [2010-8-27]. http://www.ajc.com/news/georgia-politics-elections/house-votes-to-eliminate-498763.html.

BARSS P, AL-OBTHANI M, AL-HAMMADI A, et al,2008. Prevalence and issues in non-use of safety belts and child restraints in a high-income developing country: Lessons for the future [J]. Traffic Injury Prevention, 9:256-263.

BEGG D J, LANGLEY J D,2000. Seat-belt use and related behaviors among young adults [J]. Journal of Safety Research, 31(4):211-220.

BELLIS M. The history of the automobile Early steam powered cars [M/OL]. [2013-05-16]. http://inventors.about.com/library/weekly/aacarssteama.htm.

BILBAN M, ZALETEL-KRAGELJ L,2007. Seat-belt use and non-use in adults in Slovenia [J]. International Journal of Public Health, 52:317-325.

BOYLE J M, LAMPKIN C,2008. 2007 motor vehicle occupant safety survey. Volume 2: Seat belt report. (DOT HS 810 975) [R]. Washington, DC: National Highway Traffic Safety Administration.

BRENER N D, COLLINS J L,1998. Co-occurrence of health-risk behaviors among adolescents in the United States [J]. Journal of Adolescent Health, 22:209-213.

BRIGGS N C, SCHLUNDT D G, LEVINE R S, et al,2006. Seat belt law enforcement and racial disparities in seat belt use [J]. American Journal of Preventative Medicine, 31(2):135-141.

BRITTLE C, COSGROVE M,2006. Unconscious motivators and situational safety belt use. (DOT HS 810 650) [R]. Washington: DC. National Highway Traffic Safety Administration.

BROWN L H, KHANNA A, HUNT R C,2000. Rural versus urban motor vehicle crash death rates: 20 years of FARS data [J]. Prehospital Emergency Care, 4:7-13.

CALISIR F, LEHTO M R,2002. Young drivers' decision making and safety belt use [J].

Accident Analysis and Prevention, 34(6):793-805.

CARTER P R, MAKER V K, 2010. Changing paradigms of seat belt and air bag injuries [J]. Journal of the American College of Surgeons, 210(2):240-252.

Centers for Disease Control and Prevention, 2008. Calcium and bone health: Osteoporosis [EB/OL]. [2013-05-16]. http://www.cdc.gov/nutrition/everyone/basics/vitamins/calcium.html.

CHAFFE R H, SOLOMON M G, LEAF W A, 2009. Seat belt use in Florida [R]. Tallahassee: Florida Department of Transportation.

CHAMBERS A B, 1902. Lee's American automobile manual [M]. Chicago: Laird & Lee.

CHAUDHARY N K, ALONGE M, PREUSSER D F, 2005. Evaluation of the Reading, PA nighttime safety belt enforcement [J]. Journal of Safety Research, 36:321-326.

CHAUDHARY N K, PREUSSER D F, 2006. Connecticut nighttime safety belt use [J]. Journal of Safety Research, 37:353-358.

CHAUDHARY N K, SOLOMON M G, COSGROVE L A, 2004. The relationship between perceived risk of being ticketed and self-reported seat belt use [J]. Journal of Safety Research, 35:383-390.

CHEN Y Y, YE T J, 2010. Traffic safety facts: Seat belt use in 2009-Use rates in the states and territories. (DOT HS 811 324)[R]. Washington: U.S. Department of Transportation.

CLARK D E, 2003. Effect of population density on mortality after motor vehicle collisions [J]. Accident Analysis and Prevention, 35:965-971.

Committee for the Safety Belt Technology Study, 2004. Buckling up. Technologies to increase seat belt use (Special Report 278) [R]. Washington, DC: Transportation Research Board.

CRANDON I W, HARDING H E, BRANDAY J M, et al, 2006. The prevalence of seat belt use in Kingston, Jamaica: A follow-up observational study five years after the introduction of legislation [J]. West Indian Medical Journal, 55:327-329.

CUMMINGS P, WELLS J D, RIVARA F P, 2003. Estimating seat belt effectiveness using matched-pair cohort methods [J]. Accident Analysis and Prevention, 35:143-149.

DAHL R E, 2008. Biological, developmental, and neurobehavioral factors relevant to adolescent driving risks [J]. American Journal of Preventative Medicine, 35(3S):S278-S284.

DATTA T K, SAVOLAINEN P T, 2009. Evaluation of the 2009 May Click It or Ticket mobilization [D]. Detroit, MI: Wayne State University.

EBY D W, FORDYCE T A, VIVODA J M, 2002. A comparison of safety belt use between commercial and noncommercial light-vehicle occupants [J]. Accident Analysis and Prevention, 34:285-291.

EBY D W, KOSTYNIUK L P, MOLNAR L J, et al, 2004. The effect of changing from secondary to primary safety belt enforcement on police harassment [J]. Accident Analysis and Prevention, 36:819-828.

EBY D W, ST LOUIS R M, VIVODA J M, 2005. Direct observation of safety belt use in

Michigan: Fall 2005 (UMTRI-2005-27) [R]. Ann Arbor: University of Michigan Transportation Research Institute.

EBY D W, VIVODA J M, 2003. Driver hand-held mobile phone use and safety belt use [J]. Accident Analysis and Prevention, 35:893-895.

EBY D W, VIVODA J M, CAVANAGH J, 2009. Minnesota safety belt and motorcycle helmet use: August 2009 [M]. St. Paul: Minnesota Office of Traffic Safety.

EDinformatics, 2010. History of the seat belt [EB/OL]. [2013-05-16]. http://www.edinformatics.com/inventions_inventors/seat_belt.htm.

FARMER C M, WELLS J K, 2010. Effect of enhanced seat belt reminders on driver fatality risk [J]. Journal of Safety Research, 41:53-57.

Federal Motor Carrier Safety Administration, 2009. 72% and rising [R]. Washington, DC: Department of Transportation.

Federal Motor Carrier Safety Administration, 2010 Myths and facts [R]. Washington, DC: U.S. Department of Transportation.

FHANÉR G, HANE M, 1973. Seat belts: Factors influencing their use. A literature survey [J]. Accident Analysis and Prevention, 5:27-43.

FOUNDATION F I A, 2005. Por amor: Costa Rica's seat belt campaign [M]. London: Author.

Global Road Safety Partnership, 2010. Russian Federation: 2006 seat belt campaign [EB/OL]. [2013-05-16]. http://www.grsproadsafety.org/?pageid=321&projectid=61#61.

Governors Highway Safety Association, 2010. Governors Highway Safety Association [EB/OL]. [2013-06-16]. http://www.ghsa.org/html/stateinfo/laws/seatbeltlaws.html.

Halpern-Felsher B L, Millstein S G, Ellen J M, et al, 2001. The role of behavioral experience in judging risks. [J]. Health Psychology, 20(2):120-126.

HARRÉ N, FIELD J, KIRKWOOD B, 1996. Gender differences and areas of common concern in the driving behaviors and attitudes of adolescents. [J]. Journal of Safety Research, 27(3): 163-173.

HEDLUND J, GILBERT S H, LEDINGHAM K, et al, 2008. How states achieve high seat belt use rates (DOT HS 810 962) [R]. Washington, DC: National Highway Traffic Safety Administration.

HUNTER W J, STEWART R, STUTTS J C, et al, 1993. Observed and self-reported seat belt wearing as related to prior traffic accidents and convictions [J]. Accident Analysis and Prevention, 25(5):545-554.

Insurance Institute for Highway Safety, 2010. Insurance Institute for Highway Safety [EB/OL]. [2013-05-16]. http://www.iihs.org/research/qanda/older_people.html.

JONAH B A, 1997. Sensation seeking and risky driving: A review and synthesis of the literature. [J]. Accident Analysis and Prevention, 29(5):651-665.

KAHANE C J, 2004. Lives saved by the federal motor vehicle safety standards and other vehicle safety technologies, 1960-2002 (DOT HS 809 833) [R]. Washington, DC: National Highway

Traffic Safety Administration.

KEATING D P, HALPERN-FELSHER B L, 2008. A developmental perspective on risk, proficiency, and safety [J]. American Journal of Preventative Medicine, 35(3S):S272-S277.

KETT R, KIDD P, REED D, et al, 2003. The transtheoretical model of change in adolescents: Implications for injury prevention [J]. Journal of Safety Research, 34:281-288.

KIM K, YAMASHITA E Y, 2007. Attitudes of commercial motor vehicle drivers towards safety belts [J]. Accident Analysis and Prevention, 39:1097-1106.

KIM S, KIM K, 2003. Personal, temporal and spatial characteristics of seriously injured crash-involved seat belt non-users in Hawaii [J]. Accident Analysis and Prevention, 35:121-130.

LEAF W A, SOLOMON M G, 2005. Safety belt use estimate for Native American tribal reservations (DOT HS 809 921)[R]. Washington, DC: U.S. Department of Transportation.

LERNER E B, JEHL D V, BILLITTIER A J, et al, 2001. The influence of demographic factors on seatbelt use by adults injured in motor vehicle crashes [J]. Accident Analysis and Prevention, 33:659-662.

LI L, KIM K, NITZ L, 1999. Predictors of safety belt use among crash-involved drivers and front seat passengers: Adjusting for overreporting [J]. Accident Analysis and Prevention, 31: 631-638.

LIU C, UTTER D, CHEN C L, 2007. Characteristics of crash injuries among young, middle-aged, and older drivers (DOT HS 810 857)[R]. Washington, DC: National Highway Traffic Safety Administration.

LUNDBORG P, ANDERSSON H, 2008. Gender, risk perceptions, and smoking behavior [J]. Journal of Health Economics, 27:1299-1311.

MARTINS S S, TAVERES H, LOBO D S, et al, 2004. Pathological gambling, gender, and risk-taking behaviors [J]. Addictive Behaviors, 29:1231-1235.

MCCARTT A T, NORTHRUP V S, 2004. Factors related to seat belt use among fatally injured teenage drivers [J]. Journal of Safety Research, 35:29-38.

MELTON S M, MCGWIN G, ABERNATHY J H, et al, 2003. Motor vehicle crash-related mortality is associated with prehospital and hospital-based resource availability [J]. Journal of Trauma, 54:273-279.

National Highway Traffic Safety Administration, 1998. Uniform criteria for state observational surveys of seat belt use NHTSA-98-4280 [R]. Washington, DC: U.S. Department of Transportation.

National Highway Traffic Safety Administration, 2001. Fifth/sixth report to Congress: Effectiveness of occupant protection systems and their use. (DOT HS 809 442) [R]. Washington, DC: U.S. Department of Transportation.

National Highway Traffic Safety Administration, 2008. Traffic safety facts: Occupant protection: 2008 Data (DOT HS 811 160)[R]. Washington, DC: U.S. Department of Transportation.

National Highway Traffic Safety Administration, 2009. 2009 Click It or Ticket quick facts [R].

Washington, DC: U.S. Department of Transportation.

NELSON D E, 1996. Validity of self reported data on injury prevention behavior: Lessons from observational and self reported surveys of safety belt use in the US[J]. Injury Prevention, 2: 67-69.

NICHOLS J L, TISON J, SOLOMON M G, et al, 2009. Evaluation of the buckle up in your truck programs (DOT HS 811 131) [R]. Washington, DC: National Highway Traffic Safety Administration.

NITZBURG M, KNOBLAUCH R, 2004. Rural pickup truck drivers and safety belt use: Focus group report (DOT HS 809 711) [R]. Washington, DC: National Highway Traffic Safety Administration.

O'BRYANT A L, 2008. Factors associated with traffic crashes in Pasto, Colombia: 2005-2006 (master's thesis) [D]. Atlanta: Georgia State University.

O'DAY J, WOLFE A C, 1984. Seat belt observations in MichigandAugust/ September 1983. UMTRI-84-3 [D]. Ann Arbor: University of Michigan Transportation Research Institute.

Olukoga A, Noah M, 2005. The use of seat belt by motor vehicle occupants in South Africa [J]. Traffic Injury Prevention, 6:398-400.

PAULHUS D L. Socially desirable responding: The evolution of a construct [M]. In H. I. Braun, D. N. Jackson, & D. E. Wiley (Eds.), The role of constructs in psychological and educational measurement. Mahwah, NJ: Erlbaum, 2002:46-49.

PELTZER K, 2003. Seatbelt use and belief in destiny in a sample of South African black and white drivers[J]. Psychological Reports, 93:732-734.

PERKINS B J, HELGERSON S D, HARWELL T S, 2009. Attitudes toward a primary seat belt law among adults in a rural state with a secondary seat belt law [J]. Journal of Safety Research, 40(1):49-52.

PICKRELL T M, YE T J, 2009a. Traffic safety facts: Research note. Seat belt use in 2008 Overall results (DOT HS 811 036) [R]. Washington, DC: U. S. Department of Transportation.

PICKRELL T M, YE T J, 2009b. Traffic safety facts: Research note. Seat belt use in 2008-Demographic results (DOT HS 811 183) [R]. Washington, DC: U. S. Department of Transportation.

PICKRELL T M, YE T J, 2009c. Traffic safety facts: Research note. Seat belt use in rear seats in 2008(DOT HS 811 133) [R]. Washington, DC:Department of Transportation.

POWELL M, ANSIC D, 1997. Gender differences in risk behaviour in financial decision-making: Anexperimental analysis [J]. Journal of Economic Psychology, 18:605-628.

PREUSSER D F, PREUSSER C W, 1997. Evaluation of Louisiana's safety belt law change to primary enforcement(DOT HS 808 620) [R]. Washington, DC: National Highway Traffic Safety Administration.

RAKAUSKAS M E, WARD N J, GERBERICH S G, 2009. Identification of differences between rural and urban safety cultures [J]. Accident Analysis and Prevention, 41:931-937.

REINFURT D W, 2000. Memo to the Director of the Governor's Highway Safety Program, November 2000 [D]. Chapel Hill, NC: University of North Carolina Safety Research Center.

ROBERTI J W, 2004. A review of behavioral and biological correlates of sensation seeking [J]. Journal of Research in Personality, 38:256-279.

ROSENSTOCK I M, STRECHER V J, BECKER M H, 1988. Social learning theory and the health belief model [J]. Health Education Quarterly, 15(2):175-183.

ROUTLEY V, OZANNE-SMITH J, LI D, et al, 2008. China belting up or down [J]. Seat belt wearing trends in Nanjing and Zhoushan [J]. Accident Analysis and Prevention, 40: 1850-1858.

SALZBERG P, YAMADA A, SAIBEL C, 2002. Predicting seat belt use in fatal motor vehicle crashes from observation surveys of belt use [J]. Accident Analysis and Prevention, 34: 139-148.

School Transportation News, 2013. The history of seat belt development [EB/OL]. [2013-05-16]. http://stnonline.com/resources/seat-belts/the-historyof-seat-belt-development.

SHIN D, HONG L, WALDRON I, 1999. Possible causes of socioeconomic and ethnic differences in seat belt use among high school students [J]. Accident Analysis and Prevention, 31: 485-496.

SHULTS R A, ELDER R W, SLEET D A, et al, 2004. Primary enforcement seat belt laws are effective even in the face of rising belt use rates [J]. Accident Analysis and Prevention, 36: 491-493.

SILVEIRA A J, 2007. Seat belt use in Buenos Aries, Argentina: A 14-year-old struggle [J]. Buenos Aries. Argentina: Lunchemos Por La Vida.

SIMSEKOGLU Ö, LAJUNEN T, 2009. Relationship of seat belt use to health and driver behaviors [J]. Transportation Research Part F, 12:235-241.

SINCLAIR J, 2004. The automobile [M]. Mankato, MN: Capstone.

SMITH K M, CUMMINGS P, 2004. Passenger seating position and the risk of passenger death or injury in traffic crashes [J]. Accident Analysis and Prevention, 36(2):257-260.

STEPTOE A, WARDLE J, FULLER R, et al, 2002. Seatbelt use, attitudes, and changes in legislation: An international study [J]. American Journal of Preventive Medicine, 23: 254-259.

STREFF F M, MOLNAR L J, CHRISTOFF C, 1993. Direct observation of safety belt use in Michigan: Summer 1992 [D]. UMTRI-93-4. Ann Arbor: University of Michigan Transportation Research Institute.

STREFF F M, WAGENAAR A C, 1989. Are there really shortcuts? Estimating seat belt use with self-report measures [J]. Accident Analysis and Prevention, 21(6):509-516.

STRINE T W, BECK L F, BOLEN J, et al, 2010. Geographic and sociodemographic variation in self-reported seat belt use in the United States [J]. Accident Analysis and Prevention, 42:

1066-1071.

TIPTON R M, CAMP C C, HSU K, 1990. The effects of mandatory seat belt legislation on self-reported seat belt use among male and female college students[J]. Accident Analysis & Prevention, 22(6):543-548.

Transport Canada, 2008. Results of Transport Canada's rural and urban surveys of seat belt use in Canada 2006-2007 RS 2008-01[R]. Ottawa, Ontario, Canada: Transport Canada.

TROWBRIDGE M J, KENT R, 2009. Rear-seat motor vehicle travel in the U. S. using national data to define a population at risk[J]. American Journal of Preventative Medicine, 37(4): 321-323.

VIVODA J M, EBY D W, KOSTYNIUK L P, 2004. Differences in safety belt use by race[J]. Accident Analysis and Prevention, 36:1105-1109.

VIVODA J M, EBY D W, ST LOUIS R M, 2007. A direct observation study of nighttime safety belt use in Indiana[J]. Journal of Safety Research, 38:423-429.

WALTER L, 2010. Seatbelt and mobile phone usage surveys: England and Scotland 2009[R]. London: Department of Transport.

WARD N J, 2007. The culture of traffic safety in rural America[R]. St. Paul: University of Minnesota.

WELLS J K, WILLIAMS A F, FARMER C M, 2002. Seat belt use among African Americans, Hispanics, and Whites[J]. Accident Analysis and Prevention, 34:523-529.

WELLS J K, WILLIAMS A F, FIELDS M, 1989. Coverage gaps in seat belt use laws[J]. American Journal of Public Health, 79(3):332-333.

WILLIAMS A F, WELLS J, REINFURT D W, 1997. Characteristics and opinions of North Carolina residents cited for not using seat belts[J]. Journal of Traffic Medicine, 25:71-76.

World Health Organization, 2009. Global status report on road safety: Time for action[R]. Geneva: WHO.

ZAMBON F, FEDELI U, MILAN G, et al, 2008. Sustainability of the effects of the demerit points system on seat belt use: A region-wide before-andafter observational study in Italy[J]. Accident Analysis and Prevention, 40:231-237.

第17章 醉酒驾车

克里斯托尔·杜纳韦(Krystall Dunaway)[1],凯莉·英格兰·威尔(Kelli England Will)[1]和辛西娅·谢尔·萨博(Cynthia Shier Sabo)[2]

1 美国弗吉尼亚州,诺福克,东弗吉尼亚医学院(Eastern Virginia Medical School,Norfolk,VA,USA);

2 美国弗吉尼亚州,里士满,弗吉尼亚联邦大学(Virginia Commonwealth University,Richmond,VA,US)

17.1 引言

世界健康组织(WHO)报告,全球每年有130万人死于道路交通事故中,有2000万~5000万人遭受非致命性的伤害(WHO,2009)。从对所有年龄层潜在寿命的伤害来看,交通事故的致命率排第3位[美国疾病控制和预防中心(Centers for Disease Control and Prevention,CDC),2010;美国国家公路交通安全管理局(National Highway Traffic Safety Administration,NHTSA),2007c],交通事故是导致美国4~34岁人群死亡的主要原因。虽然各国的醉驾率不同,但是对于道路交通事故而言,醉驾是个公认的主要危险因素(WHO,2004)。驾驶人醉驾是造成交通事故伤害的最重要原因(Connor、Norton、Ameratunga和Jackson,2004)。在所有年龄组中,饮酒是美国第3大致死因素,而机动车事故(包括醉酒驾车)排在第6(Mokdad、Marks、Stroup和Gerberding,2004)。

美国每年发生1.59亿起醉酒驾车案件,每小时就有2个人死于与酒精有关的交通事故(NHTSA,2004,2007c)。NHTSA(2008d)报告了每139名有驾驶证的驾驶人中就有1人因酒后驾车(DUI)而被捕。其他研究(Levitt和Porter,2001;Rauch等,2010)报告了每驾驶27000mi(约合43200km)就会有一个酒醉驾驶人被捕,而且一次被捕之前醉酒驾驶过200~2000次。2008年在美国发生的36790起交通死亡事件中,32%(11773起)与饮酒有关(Drew、Royal、Moulton、Peterson和Ha,2010),这表示每45min就有1个人死于与酒精有关的事故(每天约有32人死于与酒精有关的事故)。

酒醉驾驶人越经常发生机动车事故,就越需要医疗资源,他们发生死亡事故的可能性是无酒醉驾驶人的17倍(WHO,2004)。一起机动车死亡事件会给社会造成130万美元的损失(其中包括工资和生产力损失、医疗费用、行政支出、机动车辆损害赔偿以及雇主除保险外的支出)[美国国家安全委员会(National Safety Council),2009]。2008年,美国与酒精相关的事故造成640亿美元的损失(Shults等,2009)。

这些惊人的统计数字告诉我们,必须把预防醉酒驾车作为国家头等大事之一。20多年来,降低事故风险最先考虑的事情总是预防醉酒驾车[美国卫生与公众服务部(U.S.

Department of Health & Human Services),2000,2010],美国在降低醉酒驾驶发生率方面取得了重大进展(Drew 等,2010)。然而,美国醉酒驾驶发生率在保持近20年的持续下降后(NHTSA,2007b),醉驾的死亡人数就趋于平稳了。

本章对醉酒驾驶的背景做简短的阐述之后,将评价几种降低醉驾风险的方法,重点放在总结大多数预防醉驾的方法的相对有效性,并关注美国做出的努力。最后,本章会讨论结合多种预防方法形成的两种典型的社区干预试验,并将其作为模型的预防计划(Model Prevention Programs)。

17.2 背景

17.2.1 酒精对驾驶能力的影响

与驾驶相关的技能包括机敏性、注意力分配(个体在同一时间内对两种或两种以上的刺激进行注意,或将注意分配到不同的活动中,与之相对的是选择性注意)、警惕性、视觉跟踪和对不断变化信息的快速反应以及基于这些决策的执行能力(NHTSA,2009b;Schermer,2006)。饮酒会极大地损害执行这些任务所必需的技能[National Institute on Alcohol Abuse and Alcoholism(NIAAA),2001a]。血液酒精浓度(BAC),即单位体积血液中酒精质量(g/dL),可以显示出个体在过去几个小时中所饮用的酒精量。33%~69%遭受到致命伤害的驾驶人体内酒精含量很高,而只有8%~29%遭受非致命伤害的驾驶人体内酒精含量很高(Fabbri 等,2005)。

BAC达到0.02g/dL就足以让驾驶人失去分配注意力的能力,达到0.05g/dL就会损害驾驶人的眼球运动、抗眩光能力、视觉、反应时间、转向能力、信息加工和其他方面的心理运动能力(NIAAA,2001a)。随着BAC的增加,机动车发生事故的风险也会增加,事故也会更加复杂化。BAC在0.10~0.14g/dL的驾驶人发生致命事故的风险是清醒驾驶人的48倍。当BAC大于等于0.15g/dL时,风险高出382倍(McCammons,2001;NIAAA,2001a)。约有85%的交通事故驾驶人的BAC高于法律规定的0.08g/dL(Yi、Chen和Williams,2006),超过50%的交通死亡事故驾驶人的BAC达到或超过0.16g/dL(NHTSA,2003a)。

缺乏经验的年轻驾驶人在酒精的作用下发生交通事故的风险更大(NIAAA,2006a)。事实上,BAC为0.05g/dL且缺乏经验的驾驶人发生交通事故的风险是有经验驾驶人的2.5倍(WHO,2004)。行为耐受性(Behavioral Tolerance)可以解释这一增加的风险。饮酒后重复进行的任务或行为会促使个人对该行为适应能力的发展,被称为习得耐受性或行为耐受性(NIAAA,2001a)。也就是说,对于一项重复学习的任务,如驾驶人喝酒后从酒吧重复沿着某条线路开车回家,行为耐受性将减少饮酒带来的损伤。但是,当情况发生意外变化时(如一只浣熊飞奔到汽车前面),行为耐受性就不起作用了(NIAAA,2001a)。

17.2.2 药物驾驶

研究显示,16%~18%的机动车驾驶人的死亡是由药物(即大麻、可卡因和冰毒)引起的,这些药物一般和酒精一同使用(Fitzpatrick、Daly、Leavy 和 Cusack,2006;NHTSA,2007c,

2009b)。本章重点在于醉酒驾车，但是 NHTSA(2009a)对药物驾驶的详细综述也可以供大家参考。下面对目前已知的药物驾驶研究做个总结：

(1)药物剂量越高，对驾驶人的影响越大。

(2)药物对不熟悉的任务的影响大于熟悉的任务。

(3)根据情况的不同，某些因素(如之前服用过这种药物)会减少或增加药物的作用。

(4)药物会降低人们感知事物的能力，或使反应变得迟钝，进而影响驾驶行为。安非他命会增加人们的冒险行为，相反，苯二氮卓类药物和大麻会降低对意外事件的注意力和(或)快速反应能力。

理解和阻止药物驾驶比醉酒驾驶复杂得多，其原因是：①大量药物(不全是毒品)都有可能会影响驾驶，增加事故的风险；②服用了药物不一定就有损害，即使有损害，不同药物对驾驶的损害程度也不同；③大多数精神运动型药物的化学成分复杂，我们难以预测它们在人体中的吸收、作用和排出的过程；④药物在不同个体内发生反应的概率存在重大差异；⑤预测个体在服用特定剂量药物(除酒精外)后的表现的能力是有限的；⑥有很多类型的药物在给驾驶人造成很长时间的损害后才被检测到，而它们可能已经影响了过去的驾驶经历。相比之下，酒精是一种简单的物质，容易按可预测的方式快速吸收、分布和代谢，这使得人们对酒驾的理解比药物驾驶容易得多(NHTSA，2009a；WHO，2004)。

17.2.3　醉酒驾车相关的风险因素

醉驾风险的增加与一些人口统计学变量有关。长久以来，男性更可能饮酒，且他们酒驾的可能性是女性的 2 倍(Drew 等，2010；NHTSA，2009b；NIAAA，2001b；Stout、Sloan、Liang 和 Davies，2000)。虽然醉驾的驾驶人绝大多数是男性(McKay、Thoma、Kahn 和 Gotschall，2010；NHTSA，2003a；Schermer，2006；Tsai、Anderson 和 Vaca，2010)，但是研究指出，醉驾的女性驾驶人的数量正以惊人的速度增长。从 1998 年起，由于醉驾被捕的女性驾驶人的数量增加了 28.8%(NHTSA，2009c)，而同年被捕的男性驾驶人数量却减少了 6.6%(McKay 等，2010)。2007 年的交通死亡事故中，醉酒驾驶人中 15% 是女性，与 1998 年的 13.5% 相比有所增加(McKay 等，2010)。另外，在 2007—2008 年期间，10 个州的女性醉驾驾驶人的增长比例(23%)比男性高 9%(NHTSA，2009c)。

其他与醉驾风险的增加相关的人口统计学特征包括：

(1)年龄在 35 岁以下(Maskalyk，2003；NHTSA，2003a；Tsai 等，2010)；

(2)未婚(Stout 等，2000)；

(3)高中及以上学历(Stout 等，2000)；

(4)有工作(Stout 等，2000)；

(5)出生在单亲家庭(Sauvola、Miettunen、Jarvelin 和 Rasanen，2001)；

(6)居住在农村(Augustyn 和 Simons-Morton，1995；Cox 和 Fisher，2009)；

(7)吸烟者(Stout 等，2000)；

(8)有醉驾前科(Maxwell、Freeman 和 Davey，2007；Schermer，2006)；

(9)有酒精滥用的家族史(Turrisi 和 Wiersma，1999)；

(10)大量饮酒或酒精依赖(Baker、Braver、Chen、Li 和 Williams，2002)；

(11) 酗酒者(Valencia-Martin、Galan 和 Rodriguez-Artalejo,2008);

(12) 有过喝醉后乘坐醉酒驾驶人驾驶的汽车的经历(Schermer、Apodaca、Albrecht、Lu 和 Demarest,2001)。

以往研究指出,白人醉驾的风险正在增加(Augustyn 和 Simons-Morton,1995;Stinson 等,1998),最近有更多研究支持了这一观点。例如 Drew 和他的同事们(2010)收集了 30d 内有关饮酒驾车的数据,发现醉驾是普遍存在的,其中 23% 是白人、15% 是美国印第安/阿拉斯加土著、14% 是亚洲人、13% 是西班牙裔、10% 是黑人。

大量饮酒与醉驾风险的增加紧密相关。重度饮酒或酗酒是指 BAC 达到或超过 0.08。通常在大约 2h 内,在同一个场合,男性至少喝 5 杯酒,女性至少喝 4 杯酒,会造成重度饮酒或酗酒情况(NIAAA,2004)。酗酒驾驶人酒后驾车的可能性是普通人的 30 多倍(Liu 等,1997),超过 70% 被指控醉酒驾驶的驾驶人都是重度饮酒者或酒精依赖者(CDC,2011)。

研究还发现,酒精销售点与总体酒精饮用量、交通事故和成人死亡率有关(Gruenewald、Johnson 和 Treno,2002)。研究显示,社区里每增加一个酒精销售点,就会增加 2.7% 由醉驾造成的交通伤害。但是,酒精销售点的分布密度随社区类型的不同而不同,低收入、少数族裔居民社区会聚集更多销售点(Duncan、Duncan 和 Strycker,2002)。

值得一提的是,道路研究指出,25 岁以下的人较不可能饮酒驾车(Drew 等,2010),但当他们体内含有低或中等浓度酒精时,出事故的概率高于比他们年长的人(NIAAA,2001a)。尤其令人担忧的是,18~20 岁的男性所报告的醉酒驾车次数几乎和 21~34 岁的男性一样多(CDC,1999)。而且,从 1995 年到 2007 年,在与酒精相关的交通死亡事故中,19~24 岁女性驾驶人的增长比例(3.1%)高于相同年龄段的男性驾驶人(1.2%)(Tsai 等,2010)。年轻驾驶人发生交通死亡事故的概率是所有年龄段中最高的(NHTSA,2003b),交通事故是导致这一群体死亡的主要原因(CDC,2010)。

醉酒驾车通常伴随着其他高风险行为,这并不奇怪。具体来说,在 2007 年,受到致命伤害的醉酒驾驶人中只有 34% 有系安全带,比上一年下降了 6%(NHTSA,2008b)。2009 年的交通事故中,醉酒驾驶人中占比最高的是摩托车驾驶人(28%)(NHTSA,2009b)。这一系列高危险性行为(包括醉酒驾车)最普遍存在于风险感知能力低的驾驶人中。有研究显示,风险感知与风险承担行为相关,人们往往高估了采取避免事故发生措施的低可能性而低估了发生事故高可能性(Dionne、Fluet 和 Desjardins,2007)。Dionne 和他的同事们发现,那些低估酒后驾车事故风险或低估被捕可能性的驾驶人不够谨慎,更容易因为违法而被捕且更容易发生更多的事故。事实上,对酒驾风险感知较弱的人酒驾的概率是对酒驾风险感知较强的人的 4 倍多(Steptoe 等,2004)。比起相信醉驾会被交警抓住,相信醉驾会发生交通事故的人更多,这也证明了风险感知的作用(Drew 等,2010)。为了有效改变驾驶人的行为并制止醉酒驾车,似乎有必要提升驾驶人对风险的感知能力(NHTSA,2007b;WHO,2004)。

17.2.4 醉酒驾车的自我报告

尽管美国对本国的醉酒驾车采取了遏制措施,但是酒后驾车的自我报告还是一个问题。有研究在 2008 年报告了一般民众对酒后驾驶的当前态度、认识和行为(Drew 等,2010),其中有 30% 的人自我报告在过去的一年里,至少有一次驾驶机动车时觉得自己的饮酒量超过了法律的规定。有13%的人报告在过去的30d里,酒后2h内驾驶的次数平均有2.8次。男性对这些行为的报告显著多于女性。

驾驶人往往会低估BAC达到0.08的法定限度所需要的酒精量。48%的饮酒驾驶人自我报告2h内喝3杯或3杯以上的酒对他们开车不会有影响,还有一部分人报告可以喝5杯或更多都没关系。只有26%的人将他们的个人安全驾驶极限的酒精量限定在一杯或更少(Drew 等,2010)。

Quinlan和他的同事们(2005)得到更保守的结果。行为风险因素监测系统(BRFSS)分析了2002年全国电话访谈的数据,有2.3%的成人报告在访谈的前一个月内有过醉酒驾车行为(Drew和他的同事2008年所做的调查结果报告有13%)。这个保守的结果也符合1.59亿起醉驾的估计,包括1.28亿名男性和3100万名女性。值得注意的是,该醉驾的估计人数是美国每年150万名因醉驾被捕人数的106倍(Quinlan 等,2005)。

从1993年到2001年,自我报告的酗酒事件从12亿起上升到15亿起(Naimi 等,2003),而且还在继续上升。酗酒人数每年上升17%,这个数字令人担忧,因为酗酒驾驶人醉酒驾车的可能性是不酗酒的驾驶人的14倍。18~25岁的人是酗酒人数增长最快的群体。Nelson、Naimi、Brewer、Bolen和Wells(2004)采用1997—1999年的数据并使用BRFSS做了另外的分析,发现不同地区的酗酒情况大不相同,而且18~34岁的人群中酗酒率高达1/3。

男性是与酒精相关的交通事故或死亡事故中最具代表性的群体,实际上他们(50%)比女性(38%)更多地报告当他们觉得自己喝多时会有意避免开车。这些酒后回避驾驶的人中,28%搭乘指定驾驶人的车,26%搭乘同在喝酒地点的另一名驾驶人的车,还有11%在酒店过夜(Drew 等,2010)。

17.2.5 公众对醉酒驾驶和有关风险的感知

在美国,随着时间的推移,人们感知与醉酒驾车有关风险的能力越来越强。Berger和Marelich(1997)将1983—1986年($N=291$)和1994年($N=608$)对加利福尼亚州驾驶人的电话访谈做了比较。结果显示,自我报告的酒后驾车行为大幅度下降,回答者更加支持惩罚违反醉驾法律的驾驶人。1994年的被试也比20世纪80年代初的被试更加了解酒后驾驶的法律。此外,回答者对酒后驾驶的感知是醉驾行为违背道德。与1983—1986年的被试相比,1994年反对驾驶人酒后驾驶的朋友和亲属显著增加(Berger和Marelich,1997)。

Drew和同事(2010)的研究结果依然延续了上述的趋势,其研究显示,81%满驾龄的人将饮酒驾车视作对自己和家人安全的主要威胁。另外,66%的人认为违反酒驾法律的罚金应该更多,但是28%的人认为罚金应该保持现状。75%满驾龄的人同意每周或每个月检查一次饮酒驾车。有趣的是,在美国,大约1/3的人(29%)不知道最低合法饮酒年龄。在知道最低合法饮酒年龄的人中,86%能够正确地说出是21岁。

17.2.6 酒精相关交通事故的趋势

在许多高收入国家,约20%遭受过致命伤害的驾驶人被检查出血液里酒精浓度超标。而在低收入国家,33%~69%遭受过致命伤害的驾驶人酒精超标(WHO,2004)。这可能是因为全世界超过一半的国家都没有根据BAC标准来制定饮酒驾车的法律(WHO,2009)。在过去的 20 年中,美国交通事故死亡人数达 858741 人,其中有 366606 人(42.7%)是由于饮酒(Cummings、Rivara、Olson 和 Smith,2006),而与酒精有关的事故死亡率显著降低了。其中饮酒导致的死亡率下降了 53%,相当于通过减少酒后驾车拯救了 153168 条人命(Cummings 等,2006)。而且,一项 2007 年的国家道路调查发现,周末晚上 BAC 达到或超过 0.08 的驾驶人的数量(2.2%)与以前的调查相比显著降低,具体而言,与 1973 年周末晚上的醉驾驾驶人比例相比降低了 71%(NHTSA,2009b)。图 17-1 显示了 1977 年到 2004 年美国亿英里车辆行驶里程(VMT)与酒精有关的死亡率(和总死亡人数)(NIAAA,2006b)。图 17-1 表明,1986 年以前,涉及酒精的死亡事故比例保持相对恒定,在这之后的 20 年,该比例持续下降。

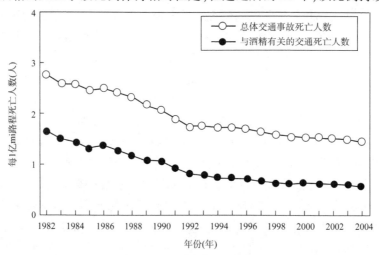

图 17-1　1977—2004 年,美国亿英里车辆行驶里程(VMT)的与酒精有关的交通事故死亡人数

注:资料来源于 NIAAA(2006b)。

2004 年,美国发生了 16694 起与酒精有关的交通死亡事件,占所有交通事故死亡人数的 39%(NHTAS,2005a)。到了 2007 年,与酒精相关的交通死亡人数已降至 12998 人,占总交通死亡事件的 31.7%(Tsai 等,2010)。到 2008 年,该数字下降到 11773(NHTSA,2008d),比上一年下降了 9%(McKay 等,2010;NHTSA,2009c)。政府机构,如 NHTSA,将这种持续下降的趋势归因于在过去的 20 年里国家实施的大规模预防策略。

17.3　大规模预防醉酒驾车的措施

大规模的预防方法与个体行为理论或一次性干预(该干预在 NHTSA 于 2007 年发表的文献中有很好的综述)是截然相反的,它在解决像醉酒驾驶这类普遍性问题的方面更灵活也更经济。因此,美国在过去的 20 年里使用大规模的预防醉驾的方法似乎是很自然的事。

17.3.1　大规模的预防方法的综述

由于与酒精相关的交通事故死亡率非常高(年均 26000 人死亡),20 世纪 80 年代美国各州加强了醉驾相关法律的执法力度,关注醉驾的执法活动显著增加,醉驾的问题也受到媒体的关注。针对性的醉驾干预措施开始于许多民间团体倡导的行动,如 MADD(反醉驾母亲协会)、SADD(反破坏性决策学生协会)和开除醉酒驾驶人协会(Maskalyk,2003)。不久后这些行动就受到了具体的威慑政策的效仿,目的是惩罚肇事者、减少再犯。当这明显不足以控制醉驾时,就要制定防止个体首次酒后驾车的一般威慑政策(DeJong 和 Hingson,1998)。

人们已经提出并实施了广泛的预防方法来减少酒后驾驶。具体来说,这些方法将重点放在改变个体行为上,包括大众媒体的宣传、改变与醉驾有关的法规、酒精饮料贴上警示标签、执法行动和处罚,以及对酒精问题的处理。减少酒精可获得渠道的方法包括通过税收提高酒的价格、提高买酒的最低年龄以及降低酒吧和酒水商店的地理密度(Holder,2000; Schermer,2006)。改变饮酒环境的方法包括训练提供酒精饮料的人、安全驾驶和指定驾驶人计划(Voas 和 Fell,2010)。本章将会对这些方法做更详细的综述。

17.3.2　大规模的实施和大规模的系统干预

本章对最受欢迎的大规模预防醉驾的方法进行阐述。值得一提的是,本章提到的预防策略虽然在很大范围内已经实施,但不是所有的策略都是真正的系统干预,因为它们中很多都是以个体为目标的。真正大规模的社区系统干预要将多种策略(包括有些以个体为目标的策略)和改变系统的意图结合起来,这可能是控制饮酒和预防醉驾最好的方法(DeJong 和 Hingson,1998;Holder,2000)。后面会讲到多元系统干预。

17.3.3　评估大规模醉驾干预措施有效性的问题

对大规模预防计划进行评估是因为逐个评估每个预防干预手段的效果是十分困难的。研究者所面临的评估困难主要是存在着各种会影响干预实施效果的因素,包括:①干预项目被随机分配到州或社区,而这些州或社区的政治地位或经济水平是不对等的;②在较短时间内同时开始实施几部法律或几个项目是很常见的事,很难判断是一个干预还是几个干预产生了作用;③对醉酒驾车的危害的宣传教育在全国或跨州之间广播,宣传教育本身就是一种干预;④总是存在会影响研究结果的其他未知变量;⑤潜在的种族或国籍倾向可能会影响结果;⑥研究者通常必须依赖调查数据,而这些调查数据通常随着时间的变化而发生指标性改变(DeJong 和 Hingson,1998)。不过本章中,研究者已经能够得出有关相对有效性的结论。

17.4　大规模干预醉驾的非政策性项目

非政策性的大规模项目包括除国家和州政策或法律的改变之外的所有为了预防和制止醉酒驾车的大规模项目。这里所说的非政策性项目包括民间倡导组织、大众媒体干预、服务员干预和安全出行计划、血液酒精浓度和标准反馈干预以及指定驾驶人计划。

17.4.1　民间倡导组织

民间组织,如反醉驾母亲协会(MADD)和反破坏性决策学生协会(SADD),在激发民众发表醉驾对驾驶人造成的伤害的舆论方面发挥了很重要的作用(NHTSA,2007b),是预防醉酒驾车的先驱者(DeJong 和 Hingson,1998)。

反醉驾母亲协会被称为民间醉驾计划的鼻祖。1980 年,13 岁的 Cari Lightner 死于醉酒驾驶人之手。事情发生之后,法院的不作为激怒了 Cari 的母亲 Candy,她因此发起了名为反醉驾母亲协会的团体(Merki 和 Lingg,1987)。反醉驾母亲协会很快成为促使立法者和政府官员采取行动的核心力量。反醉驾母亲协会的努力也激起人们对醉驾行为的愤怒,并改变了人们对醉驾的态度(Merki 和 Lingg,1987)。反醉驾母亲协会在 1982 年到 1994 年期间促使超过 2000 部州法律通过(Hingson、Heeren 和 Winter,1996)。另外,反醉驾母亲协会对每个州的计划参与情况进行了等级评估,生活在反醉驾母亲协会评级为 D 的州的人报告酒后驾驶的可能性比来自等级为 A 的州的人高 60%(Shults、Sleet、Elder、Ryan 和 Sehgal,2002)。

反破坏性决策学生协会成立于 20 世纪 80 年代,是较受关注和得到较多推广的青少年反醉驾组织之一(Klitzner、Gruenewald、Bamberger 和 Rossiter,1994)。反破坏性决策学生协会的总任务是尽可能为学生提供最好的预防措施来解决未成年人饮酒、吸毒、醉酒驾驶以及其他破坏性决策问题。反破坏性决策学生协会已经发展成为全国主要的青少年同伴团体教育和防治组织,它的分会遍布全国的初中、高中和大学校园(反破坏性决策学生协会,2009)。

在过去的 10 年里,还出现了许多其他学生计划项目,但是这种学生安全团体缺乏有效性的评估。为了评估其有效性,Preusser 的研究小组在 1995 年对国家的反破坏性决策学生协会做了评估。结果表明,参加学校反破坏性决策学生协会的学生与没有参加的学生相比,对未成年人饮酒、醉酒驾车和吸毒有更多的认识,能够说出更多不喝酒和/或不吸毒所能带来的好处。

研究结果表明,反醉驾母亲协会和反破坏性决策学生协会这两个最受关注的组织是有积极作用的。这些组织能够增加人们对醉驾相关措施的认识,并有效地改变个体饮酒驾车行为。

17.4.2 大众媒体干预

大众媒体的宣传是人们最熟悉的醉驾团体干预策略(Augustyn 和 Simons-Morton,1995)。媒体干预主要通过电视媒体进行。醉酒驾车的媒体宣传包括:①公众意识信息;②个体行为改变的信息,如增加指定的驾驶人的使用;③呼吁公众采取行动,如建立以学校或社区为基础的项目;④限制酒类广告(DeJong 和 Hingson,1998)。

DeJong 和 Atkin(1995)对 1987—1992 年期间美国电视的 137 个预防醉驾的公益广告做了内容分析。研究指出,支持酒后使用代驾的广告数量比其他类型的广告多,大部分广告关注公众意识的提升和个体行为的改变,而不是关注公共政策或法律。此外,名人效应和情感吸引普遍存在于公益广告中。而且,公益广告是面向大众而不只是那些醉驾驾驶人(DeJong 和 Atkin,1995)。通常来说,通过高曝光率和高可信度的新闻媒体比通过公益广告进行媒体宣传更有效(Holder,1994)。

反醉驾母亲协会在 1993 年和 2000 年各做了一次"州评级"项目,具体内容是:协会根据各州的醉驾政策给各州评等级(等级从 A~D),将对结果的报告形成新闻并报道出来(Russell、Voas、DeJong 和 Chaloupka,1995;Shults 等,2002)。1993 年的项目调查统计,超过 6000 万名美国人看到过或听到过有关该项目的一则新闻,该调查认为,反醉驾母亲协会对"州评级"进行新闻报道是一种有效的策略,促进了政府和州立法机构颁布新的政策。

2003年，NHTSA(2003a)评估了公益广告《无辜受害者》(1984年的公益广告《朋友不让朋友醉酒驾车》的续集)。该广告没有把焦点放在代驾上(类似之前的公益广告)，而是把焦点放在交通事故受害者家属捐赠的家庭录像带上，以此传递醉酒驾车给家庭带来的巨大影响。结果指出，84%的美国人记起自己看过或听过其中的一则公益广告，将近80%的人报告采取过措施阻止朋友和爱人醉酒驾车，还有25%的人报告在看到公益广告的宣传后就不再饮酒驾车。虽然这种宣传活动创造了人们对公益广告回忆的记录，但它的有效性已趋于稳定。

2005年，Tay对8种醉驾的媒体宣传活动(电视、电台和印刷品)做了元分析。他发现，在媒体宣传期间或宣传后，与酒精有关的事故有减少，减少的中位数是13%。另外，由媒体宣传活动所节省的医疗费用、财产损失和生产力远远多于所支出的费用。他推荐了以下有效的宣传活动：①根据信息内容作出的决策，应该建立在理论和经验证据的基础上，而不是靠专家或群体的意见；②诉清恐惧的方法必须附有人们保护自己行动的具体信息；③应使用付费广告而不是公益广告，以保持对广告投放的控制，并最大限度地提高曝光率；④以法律威慑为重点的活动与以社会和健康后果为重点的活动的有效性没有显著差异。

许多研究者的结论是，媒体干预的有效性表现在改变意识、知识和态度，以及减少与醉酒驾驶有关的创伤(Augustyn和Simons-Morton，1995；Holder，1994；Tay，2005)。在其他的干预手段中，增加媒体宣传具有促进作用和强化作用。举例来说，在学校的课程中增加媒体的宣传，与原来的课程相比，产生了几乎双倍的效果(Augustyn和Simons-Morton，1995)。《社区预防服务指南》(Elder等，2004)指出，将重点放在提高对执法/法律后果和社会/健康后果的认识的大众媒体宣传活动，如果与一种项目方案相结合(如高执法力度)，则可以有效减少醉酒驾车和与酒精有关的交通事故。

同样地，增加对醉驾的新闻报道，也会增加公众对醉驾被捕风险的感知(Holder，1994)。后面会谈到，新闻媒体报道是社区试验项目(Holder，1994，2000；Holder等，1997)的核心，它增加了：①公众对酒精造成的创伤的意识；②公众对酒精预防政策的支持；③对醉驾被捕的风险觉察的感知；④社区对执法活动的支持。

17.4.3 血液酒精浓度(BAC)和标准反馈干预

反馈干预是通过给个体提供当前BAC报告，或为被试同伴群体提供酒精使用标准，来改变个体醉酒驾车的行为。

17.4.3.1 血液酒精浓度(BAC)反馈

血液酒精浓度反馈干预通常在饮酒场所或停车场附近设立站点，参与者可以匿名使用呼吸测试仪来评估他们的血液酒精浓度，并在他们驾驶前报告测试结果。血液酒精浓度反馈干预的变化包括为反馈站配备训练有素的研究助理，他们对驾驶人进行清醒测试，如标尺下降任务、口头任务、身体平衡测试和笔迹分析(Geller、Clarke和Kalsher，1991；Russ和Geller，1986)。另外一个变化是"列线图"(Nomogram)，一种钱夹尺寸大小的图表的推广，它们用来表示血液酒精浓度测试时的身体体重、年龄和2h内的饮酒量的标准值(Geller，1998)。

在一篇关于血液酒精浓度反馈的综述中，Geller(1998)指出，虽然呼吸测试备受人们欢迎和接受,但是对血液酒精浓度的认识并没有打消大部分被试醉酒驾车的念头。Russ 和 Geller(1986)的研究认为,高血液酒精浓度的驾驶人更可能无视反馈,不顾一切地去驾驶。

有时血液酒精浓度反馈变成一种"比分",团体中的成员相互竞争,看谁的血液酒精浓度最高(Geller,1998),这使血液酒精浓度反馈进一步复杂化。列线图的使用也有缺点,因为个体之间的差异使得实际血液酒精浓度有很大不同。过高地估计血液酒精浓度会导致使用者对测试的怀疑,而低估血液酒精浓度则是危险的(Geller,1998)。商业销售的私人血液酒精浓度测试仪如守护天使(Guardian Angel,GA),由于低估和高估血液酒精浓度值而遭到谴责。在一项实地研究中(N=129),(GA 的测试结果)不正确地低估血液酒精浓度促使被试在感知范围内降低了对酒精的危害估计(Johnson 和 Voas,2004)。

显然,不正确的血液酒精浓度反馈对公众安全是相当不利的。血液酒精浓度反馈最好用可以定期校正精确度的仪器进行(如类似交警使用的手持血液酒精浓度测定仪)。而且,它只有搭配一种干预手段使用才能减少醉驾,如由 Fournier、Ehrhart、Glindemann 和 Geller (2004)提出的低酒精浓度奖励干预机制。Fournier 等(2004)规定,在这项干预中只有血液酒精浓度低(<0.06)的人才能参加现金抽奖活动。

17.4.3.2 标准反馈

主观规范是理性行为理论的核心,也是人对同伴规范的感知和顺从同伴意愿的产物(Gastil,2000)。因此,主观规范造成了非正式社会影响,因为一个人可能会为了变得"规范"而改变自己与酒精有关的行为。实际上,在 Gastil(2000)的研究中,主观规范不仅能反映有关醉驾的个人态度,更能预测酒驾的行为。

在酒精研究的领域,人们对规范的感知通常是不准确的。社会规范反馈方法是源自动机访谈的研究(Miller、Rollnick 和 Conforti,2002)和社会认知理论(Bandura,1986,1997)。起初,他们将社会规范反馈方法作为对高风险和问题驾驶人进行简单干预的一部分(Baer 等,1992;Marlatt 等,1998;Murphy 等,2001)。上述反馈干预采用了一个一致的研究结果,即个体会高估其他人的饮酒量,而且相信人们对饮酒的态度要比实际要宽容得多,而反过来这些被夸大的感知信念也会增加饮酒和相关的冒险行为(NIAAA,2007),因此需要通过向个体呈现实际饮酒量和正确对待醉驾态度,以纠正个体的错误判断,并使他们的饮酒和冒险行为下降到标准水平(NIAAA,2007)。社会规范宣传在大学校园中广泛使用,通过大众传媒(如传单和海报)告知广大学生校园内的实际饮酒率和醉驾率(NIAAA,2007)。尽管对社会规范反馈法的早期研究的评价褒贬不一(Wechsler 等,2003),但后来的验证性研究都指出早期的工作有重大的局限性。但与此同时,人们也发现该方法在降低相对的酒精消费风险和相关后果方面是有效的,特别是当它和其他干预措施相结合并通过高度可见且大规模的行动来实施时,效果尤其显著(DeJong 等,2006;NIAAA,2007;Turner、Perkins 和 Bauerle,2008)。

17.4.4 服务员干预和安全出行计划

美国几乎每个州以及华盛顿都禁止向明显的酗酒者销售酒精饮料,但是酒精销售点及其销售人员大多数都无视这些法律(NHTSA,2008a)。事实上,约有 50%的驾驶人由于饮酒驾车而被捕,他们报告说被捕前在一个有营业执照的店里喝酒(NHTSA,2008a)。服务员干预和安全出行计划是指销售酒精饮料的酒吧和饭店所采用防醉驾措施。服务员干预主要负责培训酒吧侍者和服务人员,以减少顾客的醉酒程度和禁止/减少未成年人饮酒(Russ 和 Geller,1987)。服务员干预的方法主要包括识别身份、只提供食物或水、延迟服务、对饮酒量作出评价、提供与驾车有关的意见或建议、预约出租汽车以及拒绝提供酒(Russ 和 Geller,1987)。安全出行计划提供了多种可选择的交通工具,如出租汽车、货车、轿车,以及由服务员为喝醉的人提供乘车优惠券(Rivara 等,2007;Simons-Morton 和 Cummings,1997)。

Maryland 对安全出行计划做了评估,发现 42 个酒吧受访者报告,在过去一年中使用过安全出行计划,他们大多数存在以下情况:①是重度饮酒者;②醉酒驾车;③坐醉酒驾驶人的车;④曾经由于醉驾被捕过(Caudill、Harding 和 Moore,2000)。得克萨斯州的 6 个酒精销售点实施了另一个优惠券计划,尽管每个销售点都大力营销该计划,但每个销售点每个月平均只使用了 0.7 张出租汽车优惠券(Simons-Morton 和 Cummings,1997)。因此,尽管安全出行计划针对的是醉驾风险最高的人群,但是却没有被广泛充分地利用。这可能是因为如果人们坐出租汽车,则不放心把自己的车整晚放在公共场所。为了解决这一问题,一些公司应运而生,如 MetroScoot(在弗吉尼亚海滩)。喝醉的人打电话要求代驾,不久之后一个骑着摩托车的驾驶人就来了,他将自己的摩托车放到喝醉的人的汽车行李舱里,再开着喝醉的人的车将其送回家(MetroScoot,2010)。这种新兴服务是传统安全出行计划的一种可行替代方案,但是目前还没有对它的有效性进行评估。

Russ 和 Geller(1987)评估了效果最突出的服务员计划——对销售酒精的服务员进行干预过程培训(TIPS),该项计划指导服务员注意醉酒特征、预防醉酒驾车和未成年人饮酒。Russ 和 Geller 让一些假顾客进入两个酒吧,这两个酒吧都有一半的服务员接受过 TIPS 培训。假顾客事先不知道有的服务员接受过培训,2h 内喝了 6 杯酒精饮料,然后接受干预。未醉的同伴用隐藏的摄像机录下当天晚上发生的事情。结果指出,受过培训的服务员比没有受过培训的服务员做出的干预行动更多,前者接待的顾客的 BAC 也比后者的低。甚至前者接待的顾客在离开酒吧时,体内的 BAC 都没有超出所规定的限度(受过培训侍者和未培训侍者所接待的顾客平均 BAC 为 0.06、0.10)。

酒精风险管理项目(ARM)也是一个服务员干预计划,其评估效果良好。该计划为车主和酒精销售点的经营者提供一对一的咨询,提供风险水平的信息、预防非法销售的政策、法律问题和员工沟通方法。与未受培训组相比,受过 ARM 培训的酒吧人员对未成年顾客和喝醉的假顾客所销售的酒水量分别下降了 11.5% 和 46%,但是由于被试量少(测试的说服力低),该结果没有统计学意义,还需要更进一步的评估(Toomey 等,2001)。

最后,由华盛顿烈酒控制局(WSLCB)发起的减少酒驾的项目有利也有弊。该项目(包括 20 个地点)的设计初衷是用 3 个测量结果来评估干预的效果:①零售商是否愿意卖酒给明显喝醉的人;②因醉驾而被捕的驾驶人的血液酒精浓度水平;③醉驾被捕者识别他们最后一次喝酒的酒精销售点。干预包括:①写信给销售点的负责人,告诉他们政府机构对所报告的经营活动进行了重点关注;②规定持驾驶证者须接受醉驾教育;③对怎样识别身份和避免过度卖酒提供免费培训;④WSLCB 机构的突击检查,必要时采取处罚措施;⑤如果在一个月的评估中没有任何发现,则进行额外检查和深入调查。项目评估表明,对销售点和零售商的干预前后结果没有变化,但每月平均的醉驾逮捕人数(包括在干预地点饮酒的驾驶人)下降了,且因醉驾被逮捕者的平均血液酒精浓度下降了(NHTSA,2008a)。

总的来说,服务员干预是可行的。但是它的成功依赖于正确的实施步骤以及服务员持续使用干预技术。如果销售点客流量太大或者如果没有支持该项目的管理措施,持续使用这种干预并不总是可行的。

17.4.5 指定驾驶人计划

独自驾车、在酒吧饮酒和缺乏提前计划都和饮酒驾车有关(Morrison、Begg 和 Langley, 2002)。如今,指定驾驶人计划已经得到认可且被广泛接受,它是减少醉驾的一种容易实施的策略(Barr 和 MacKinnon,1997;BeJong 和 Winsten,1999)。指定驾驶人的概念是一群朋友选择他们当中的一个人放弃饮酒,负责开车送他们回家(DeJong 和 Wallack,1992;Rivara 等, 2007)。批评指定驾驶人计划的人认为,这些计划可能会鼓励乘客过度饮酒、导致其他与酒精相关的问题、使人们对改变公共政策的关注度降低(Rivara 等,2007)。

DeJong 和 Winsten(1999)分析了来自哈佛大学公共卫生学院的酒精研究的自我报告数据。该样本量为 17592 个,来自 40 个州 140 所大学的学生。结果指出,33% 的人在过去的 30d 里曾经当过指定驾驶人,32% 的人在过去的 30d 里乘坐过指定驾驶人的车。53% 的驾驶人称他们上一次当指定驾驶人时没有喝过一点酒,26% 的人报告他们喝过一杯,19% 的人喝了超过一杯但没有喝醉,2% 的人喝醉。40% 在过去的 30d 内当过指定驾驶人的人称他们平时都会喝醉,但当指定驾驶人时不会。67% 的驾驶人称他们上一次坐指定驾驶人的车时喝醉了。此外,22% 坐过指定驾驶人的车的人称他们平时不会喝醉,但是上一次坐指定驾驶人的车时喝醉了(DeJong 和 Winsten,1999)。

一项研究检测了 457 名指定驾驶人、非指定驾驶人以及他们搭载的乘客的血液酒精浓度水平,征得大学城酒吧的同意,在这些人离开酒吧时检测他们的 BAC(Timmerman、Geller、Glindemann 和 Fournier,2003)。结果指出,对于 BAC,男性的比女性的高,非指定驾驶人的比指定驾驶人的高。女性指定驾驶人的 BAC($M=0.02$)显著低于男性指定驾驶人($M=0.07$)。男性非指定驾驶人的平均 BAC 水平是 0.08,女性非指定驾驶人的是 0.07。乘客的平均 BAC 水平为 0.08,指定驾驶人搭载的乘客与非指定驾驶人搭载的乘客的 BAC 水平没有差异。总的来说,男指定驾驶人的平均值和非指定驾驶人的平均值(男性或女性)显著受到影响(Timmerman 等,2003)。

Rivara 和其同事(2007)做了 917 个电话调查,对象是住在华盛顿的 21~34 岁的人。他们发现大多数受访者每周都会喝酒,而且超过 40% 的人在过去的一年里至少有一次过度饮酒。20% 的受访者报告上个月驾车前喝过大量的酒。2/3 的受访者在过去的一年里当过指定驾驶人,大多数(84%)是在集体去喝酒之前决定谁是指定驾驶人。39% 的指定驾驶人喝了酒,但是只有 3% 喝酒超过 2 杯。指定驾驶人所搭载的乘客喝的酒比平时多,大约 50% 报告至少比平时多 3 杯。

从这些研究中可以很明显地看出来,指定驾驶人计划既有优点又有缺点。选择指定驾驶人是普遍现象,但是也有一些现象与指定驾驶人的功能并不一致,如很多指定驾驶人报告最近有过醉酒驾车或乘坐醉酒驾驶人的车。很多指定驾驶人在被指定驾驶后依然没有避免自己饮酒,一些研究指出,使用指定驾驶人的确鼓励了乘客过度饮酒。显然,我们需要更可靠和有效的方法来减少醉酒驾车。但是,总的来说,使用指定驾驶人可能确实减少了醉驾的总人数,这个优点足够突出。

17.5 大规模预防醉驾的政策和法律举措

酒后驾车是 50 个州通用的法律术语,其定义为年龄为 21 岁或以上的驾驶人的 BAC 限定为 0.08g/dL(NHTSA,2009c)。自我报告调查的数据显示美国每年有 17%~27%的人,即 2800 万~4500 万人在酒后马上驾车(Balmforth,1999)。从理论上讲,任何人都有可能被捕,但是大多数醉驾驾驶人没有被捕(Zador、Krawchuck 和 Moore,2000)。事实上,美国有驾驶证的驾驶人的醉驾被捕率为 1/139(NHTSA,2008c),换句话说,每年仅有 140 万名酒后驾车的驾驶人被捕(Voas 和 Fell,2010)。

华盛顿和其他所有州的法律规定,饮酒的最低年龄为 21 岁(NHTSA,2000)。NHTSA(2005b)将合法饮酒年龄提高到 21 岁后,1976 年到 2003 年期间每年避免了 700~1000 人死于酒驾引发的事故,同时避免了超过 22000 起与酒精有关的交通死亡事件的发生。在 20 世纪的最后 25 年里,采取醉驾基本法(如吊销驾驶证、将 21 岁及以上醉驾驾驶人的 BAC 限定降低至 0.08、对未成年醉驾采取零容忍态度等),使得和酒精有关的死亡事故减少了 10%~20%(Dang,2008;NCHS,1999)。

由于已经有人发表了对减少醉驾的特定威慑、一般威慑和酒精控制策略的完整综述(Voas 和 Fell,2010),下面的综述只对每种策略的发现做了总结。读者可以参考 Voas 和 Fell(2010)的论文,对政策和法律策略进行更全面的了解。

17.5.1 特定威慑策略

特定威慑法律是针对醉驾累犯制定的,致力于减少醉驾事故。多次醉驾的驾驶人比其他驾驶人更容易卷入与酒精有关的交通事故中,他们之中有 1/3 由于醉驾被捕,且约 16%的驾驶人每年由于血液酒精浓度水平过高而死于交通事故中(National Association of State Alcohol and Drug Abuse Directors,NASADAD,2006)。对于轻度和中度饮酒者,采用吊销驾驶证的处罚是有效的,并且这些人不太可能再次醉酒驾车(Greenberg、Morral 和 Jain,2004)。但是,让重度饮酒者交罚金,对减少他们的醉酒驾车行为是无效的,他们之中 75%的人还会继续醉酒驾车(Mann 等,2003;Voas 和 De Young,2002)。

屡次醉酒驾车的重度饮酒者通常是酒精依赖者(Voas 和 Fell,2010)。与酒精有关的事故中多多少少都有人有酒精依赖的问题,这些人占了这一类型事故的 2/3(Hingson 和 Winter,2003)。而且,没有喝酒但是有酒后驾车(DWI)前科的驾驶人发生致命事故的可能性是 BAC 水平达到或超过 0.08g/dL 的驾驶人的 1/9(NASADAD,2006)。因此,特定威慑法律对 DWI 犯罪者限定了更低的血液酒精浓度(从 0.08g/dL 改为 0.05g/dL),该法律还列出了其他减少 DWI 的方法,包括扣留车辆或车牌照、建立 DWI 法庭和车辆点火联锁装置(NASADAD,2006)。

例如扣留车辆 1~6 个月的举措取得了令人满意的结果。给汽车牌照标记"屡次醉驾"的处罚比吊销驾驶证更有效(NASADAD,2006;Voas 和 De Young,2002)。不幸的是,许多拥有执法权的当地政府很少将车辆惩罚措施列入刑罚。在 DWI 法庭,犯罪者可自愿申请加强对他们饮酒的监管,确保他们戒酒和在治疗项目中的出勤,他们每个月都要上法庭一次,法官会根据其在治疗项目中的表现宣判是否延长他们的刑期(Marlowe 等,2009)。

车辆点火联锁装置项目是指在犯罪者的车辆上安装一个设备,该设备要求驾驶人在汽车发动前做一次酒精呼吸测试,只有酒精浓度低于设定值时才能发动车辆。联锁装置是否长期有效现在还不确定。Willis、Lybrand 和 Bellamy(2004)发现联锁装置平均减少了 64%的醉驾累犯者,相反,Raub、Lucke 和 Wark(2003)发现在第一年里,只有 20%有酒精联锁装置的驾驶人比没有该装置的驾驶人更可能再次醉酒驾车,而一旦移除联锁装置,结果会再度降低。

几乎没有醉驾犯罪者自愿选择安装点火联锁器,大多数都是强制安装(Raub 等,2003)。据估计,每年只有 1/8 的醉酒驾驶人后来安装了该装置,而绝大多数还是屡次违法(MADD, 2006)。Bjerre(2003)针对点火联锁装置实行了为期 2 年的志愿者计划,但是只有 12%的 DWI 犯罪者参加了该项目,其中 60%的装置使用者被诊断为酒精依赖或酒精滥用。研究发现,一旦安装了联锁装置,酒精消耗量和每年发生的事故率就显著下降。Voas、Blackman、Tippetts 和 Marques(2001)给醉驾者提供几种不同的选择,使联锁装置的使用率增加了 10%~62%。提供给他们的选择有:他们要么要参与点火联锁装置计划,要么进监狱,要么被软禁在家实施电子监控。这项政策使美国该州因酒后驾车被捕累犯率相比其他 6 个州大大降低。总之,研究表明,安装该装置是有效的,但是一旦移除该装置系统,累犯率就上升了。

除了联锁装置以外,还出现了几种其他防止醉酒驾车的技术。这些技术包括:①组织光谱技术,它用红外线测量吸入皮肤组织中的酒精水平,这比做呼吸测试更快也更容易;②皮试法,用戴在手腕或踝关节上的装置来检测汗液中的 BAC,这种方法不如其他技术那么精确;③眼部测量,用车载摄像头记录和分析驾驶人的眼动,包括闭眼的频率、出现隧道视野的次数和频繁环顾道路周围的次数,这项技术需要和其他技术结合起来使用(MADD,2007)。

为了能被大众接受并使其行之有效,好的技术一定不能影响或干涉未醉的驾驶人,应该是绝对可靠、准确和高成本效益的,且必须将成年驾驶人的最高 BAC 限定为 0.08g/dL(MADD,2007)。McInturff(2006)发现 4/5 的美国人支持先进的智能汽车技术,以防止驾驶人酒后驾车。此外,57%的美国人报告他们会花 100 美元来拥有当驾驶人的 BAC 高于法定 BAC 的上限时阻止汽车发动的智能技术。69%的人表示如果保险金减少,他们会同意安装这样的技术。

17.5.2 一般威慑策略

一般威慑策略的提出是为了阻止公众酒后驾车,而不是针对酒后驾车被捕犯罪者。一般威慑策略可以提高人们对犯罪者将会收到传票、被捕、被定罪、被处罚的意识,进而说服人们遵守法律规则(NHTSA,2007c)。研究显示,初犯者在驾驶 87 次后才会被捕(MADD, 2008),因此使用一般威慑策略是至关重要的。威慑策略的类型有:①吊销驾驶证;②迅速而明确的处罚,比如强制监禁和罚款;③设立饮酒驾车检查点和渗透式巡逻;④将 21 岁及以上驾驶人的最高 BAC 限定在 0.08g/dL;⑤对 21 岁以下驾驶人采取零容忍态度,将其 BAC 限定在 0.02g/dL 以下(NASADAD,2006;Stout 等,2000)。

特别地,大量研究验证了降低 BAC 最高限度的有效性。举个例子来说,日本在 1970 年将BAC的最高限度设为0.05mg/dL,1960—1995年官方统计的与酒精有关的死亡事故数据给出了确切证据,证明20世纪70年代的立法对于与酒精有关的机动车死亡事件具有重要且长期的影响(Deshapriya和Iwase,1998)。此外,Tippetts、Voas、Fell和Nichols(2005)研究了在美国19个管辖区实施的0.08g/dL BAC法律的有效性,发现16个管辖区的致命交通事故中饮酒驾驶人数量在实施该法律后降低了。在美国,将最高BAC限定值降低到0.08g/dL,就能减少16%的致命事故,这些致命事故中有的驾驶人的BAC达到了0.08g/dL或0.08g/dL以上(DeJong和Hingson,1998)。2004年,所有的州都规定BAC最高限度为0.08g/dL。

制定零容忍法律也可以大大减少与酒精有关的死亡事故。美国实施了零容忍法律(如将21岁以下驾驶人的BAC限制为0.02g/dL以下)后,15~20岁的驾驶人夜间发生单车事故的概率减少了20%(DeJong和Hingson,1998)。值得一提的是,法律需要的并不是通过,而是产生作用。公开实施零容忍法律的州的未成年驾驶人会更了解这项法律,没有实施这项法律的州的未成年驾驶人不知道未成年人饮酒法,且更容易出现饮酒行为(Ferguson和Williams,2002)。

研究也支持了其他几种一般威慑策略,特别是饮酒驾车检查点和渗透式巡逻,它们被视为制止醉酒驾车的有效方法(NASADAD,2006)。华盛顿和40个州都允许设立饮酒驾车检查点,所有的州都允许开展渗透式巡逻(MADD,2008)。饮酒驾车检查点有两种类型:随机呼吸测试(RBT)和选择性呼吸测试(SBT)。对于随机呼吸测试,每个驾驶人都要停车接受BAC呼吸测试;对于选择性呼吸测试,执法人员必须有理由才能在检查点进行呼吸测试。由于随机呼吸测试违反了宪法中的公民权利,因此,在美国不允许进行随机呼吸测试(NASADAD,2006)。

调查研究的人群中有87%支持设立饮酒驾车检查点来发现和阻止驾驶人醉酒,有80%的美国人称他们会因为饮酒驾车检查点的设立而打消饮酒驾车的念头。工作效率高的检查点耽误驾驶人的时间一般不超过30s,也不会造成交通问题(MADD,2008)。Fell、Lacey和Voas(2004)针对全国饮酒检查点的有效性所写的文献综述中提到,这样的项目使得与酒精相关的事故死亡人数总体下降了18%~24%。

NHTSA意识到在与酒精有关的事故中,系带安全带对车辆乘客有利,就颁布了一级安全带法律作为补充策略。虽然一级安全带法律不能像我们所期望的那样改变饮酒驾车行为,但是它可以大大减少与酒精相关事故的死亡和受伤人数(NHTSA,2007c)。使用了安全带后,前排副驾驶座的乘客受到致命伤害的风险减小了45%(NHTSA,2007c)。2004年,BAC超过0.08且受致命伤的驾驶人中,只有28%的人使用了安全带。而在未饮酒且受致命伤的驾驶人中,有57%的人使用了安全带(NHTSA,2007c)。如果所有州都将二级安全带法律修改为一级法律,每年可以拯救约1000条生命,同时避免约40亿美元的损失(NHTSA,2007c)。

17.5.3 酒精控制政策

酒精控制政策的目的在于通过控制酒精的供应来避免与酒精有关的风险。这种政策的依据是限制酒精的供应可以减少饮酒,进而减少与酒精相关的问题(Voas和Fell,2010)。酒精控制政策有:①最低饮酒年龄法律;②对酒精销售点密度进行分区改革;③增加酒精税收;

④负责任的酒水服务要求和法律。

除了基本的限定 BAC 水平的醉驾法律外,最低饮酒年龄(MLDA)法律是 20 世纪最后 25 年里(1975—1999 年)最有效的酒精安全项目(Voas 和 Fell,2010)。1988—1995 年(颁布 MLDA 法律后),与酒精相关的交通死亡事故中 15～20 岁的人数下降了 47%(NHTSA,2007d)。销售点分区改革政策是指限制一定范围内销售酒水的商店数量。酒吧和酒水商店数量的增加,以及销售啤酒和葡萄酒的食杂店的出现,都会增加醉驾和 21 岁以下人群饮酒的可能性(Freisthler、Gruenewald、Treno 和 Lee,2003)。

增加酒精税收的意义是,提高酒水价格可以减少酒精销售量以及以后可能出现的饮酒问题(NASADAD,2006),而降低酒水价格会导致重度饮酒(Wagenaar、Salois 和 Komro,2009)。Chaloupka(2004)对 20 年内大量的研究做了综述,发现提高酒精饮料的价格和税收会减少酒精销售量、醉驾可能性和致命/非致命交通事故。但是,Young 和 Biellnska-Kwaplsz(2002)对价格上涨是否真的起作用提出了质疑,因为税收的增加只转化为酒精饮料价格的非常小的增长。一直以来,增加税收在美国并没有被广泛用作一项影响饮酒的公共健康措施(Voas 和 Fell,2010)。

负责任的酒水服务(RBS)包括强制性的服务员培训(之前介绍过)以及避免服务和在酒品促销的过程中鼓励醉酒(如用水罐提供啤酒和享受"欢乐时光")(Voas 和 Fell,2010)。RBS 的目的是降低未成年人的酒水销售量、减少醉酒顾客数量、减少醉酒驾车事件数量。虽然 RBS 可以减少 23% 的夜间单车致命事故(DeJong 和 Hingson,1998),但其在全国范围内总体法律效力还是较低(Mosher 等,2002)。

负责任的酒水服务举措除了有服务员培训之外,还包括侵权责任法的通过。如果顾客醉酒伤害别人(Voas 和 Fell,2010),侵权责任法就会追究销售商的责任,从而激励服务员更彻底地监督顾客们的饮酒行为。侵权责任法得到了禁止销售酒水给明显喝醉者的法律的支持,后者在华盛顿和 47 个州普遍实施(NHTSA,2007a)。"酒吧追责"法律是侵权责任法的一种特殊形式,它允许被醉驾驾驶人伤害的人起诉为醉驾驾驶人提供烈酒的酒吧(Stout 等,2000)。社会主体责任法律适用于在自家和派对上提供酒精的人们,该法律允许被醉驾驾驶人伤害的人起诉提供酒水的人。一般来说,酒精控制政策对于降低醉驾驾驶人的醉驾率具有重要的意义。

17.5.4 地方政策

虽然全国代表和州代表制定了诸如最低饮酒年龄法律、酒水销售规定和法定 BAC 等政策,但通常由社区负责确保这些政策在社区中的顺利实施。例如社区可以制定地方政策,如将酒后驾驶的执法列为警察的优先事项、合理分配执法资源以防止向未成年人出售酒精(Holder,2000)。下面将举两个在社区中成功实施的地方政策的例子。

17.6 预防醉驾的多元社区系统方法

绝大多数最新的醉驾干预措施包括社区预防策略,如学校教育项目或媒体宣传活动。尽管这些措施正在大规模实施,但他们针对的仅是有问题的个人饮酒者(Holder,2000)。没有证据表明,只要现有的经济、社会和文化结构保持不变,这些以个人为重点的项目就会奏效。因此,新的醉驾事件有可能从社区系统中产生(Holder,2000)。支持社区系统方法的人认为,酒精问题是社区系统而不是个体造成的,干预的重点应放在改变社区系统上(Holder,2000;NASADAD,2006)。比如与其把系统干预的焦点放在让饮酒者指定替代驾驶人上,不如让制定政策的人对酒精销售点进行分区改革管理,并提高对醉驾的执法力度(Holder,2000)。

本书对马萨诸塞州拯救生命计划(Hingson、Heeren 等,1996)和社区试验项目(Holder,2000)这两个项目做简单的介绍,以此作为预防醉驾的多元社区系统干预的例子。每个项目都结合了多种干预方法以使效果最大化,并且侧重于改变社区系统,而不是个体行为。

17.6.1 拯救生命计划

1988—1993 年,马萨诸塞州在 6 个社区实施了拯救生命计划(Hingson、McGovern 等,1996)并进行了为期 5 年的评估。这 6 个社区实施了多元化策略以减少(相对于马萨诸塞州的其余地方)醉酒驾车以及与醉驾相关的其他问题,如超速、不系安全带和其他违反交通规则的行为。

每个试验社区的内部都成立了特别小组,这些特别小组可以决定实施什么样的干预措施以及如何实施。减少醉驾和超速的措施有:①媒体宣传;②商业信息项目;③纪念日;④车速查看热线;⑤警察培训;⑥高中同伴教育;⑦反破坏性决策学生协会;⑧大学预防项目;⑨无酒聚会;⑩啤酒桶登记;⑪提高对烈酒销售的监督。提高行人安全水平和安全带使用率的措施有:①媒体宣传;②警察检查点;③张贴违反人行道规则罚款的标识;④增设人行道警卫;⑤学前教育计划;⑥培训医务人员。

评估这些措施是否有效的方法有:死亡和伤害事故监测、直接观察安全带使用和超速情况、电话调查和交通传票的监控。研究结果指出,与马萨诸塞州内的其他城市相比,开展此计划的城市在计划实施期间减少了 25%的致命事故,与酒精相关的致命事故也减少了 42%。BAC 高且受致命伤的驾驶人数量下降了 47%,致命事故中 15~25 岁驾驶人的数量下降了 39%。试验社区中报告饮酒驾车的 16~19 岁的人数下降了 40%。其他研究还发现,涉及超速的死亡事故数量下降了 27%,行人死亡人数下降了 18%,安全带使用率增加了 17%。上述成效最终节省了 10~15 倍的项目支出。

17.6.2 社区试验项目

社区试验项目(Holder,2000)是指在 3 个试验城市(分别在加利福尼亚州北部、加利福尼亚州南部和南卡罗来纳州)以及在上述相同地区匹配的对照组进行的 5 组试验。这些城市的总人口达 10 万人。主要策略是对社区进行结构性改革,以减少酒精滥用以及由此可能导致的创伤性冒险行为。

该项目为期 5 年,分 5 个阶段进行,包含 5 个要素:①联合政府和任务小组对社区的动员;②减少顾客醉酒和醉驾的负责任的酒水服务行动;③提高对饮酒驾车的执法力度,提升对醉驾的风险觉察;④提高对未成年人销售酒水的执法力度、销售商培训和媒体报道;⑤通过分区控制销售点密度来减少酒水供应渠道。对项目要素的更全面的综述见 Holder(2000)

的论文。

结果表明,试验社区贯彻落实了每个要素涉及的政策举措。与媒体工作相关的技术培训使试验组与酒有关的报纸和电视新闻报道显著多于控制组。试验组采取的负责任的酒水服务政策数量多于控制组,对21岁以下人群的酒水销售量显著降低。试验组销售酒水给未成年人的可能性是控制组的一半。被试报告每次饮酒量下降了6%,而报告"喝太多"的饮酒者数量下降了49%。此外,被干预社区中自我报告醉驾者数量下降了51%,造成的攻击伤害下降了43%(Holder,2000)。最终使得由醉驾导致的交通事故的执法新闻报道显著减少。据估计,1993—1995年,试验社区发生的事故至少减少了78起。这个数字相当于酒精相关事故数量减少了10%。此干预项目总节省净额估计可达2032590美元。

17.7 小结

本章针对醉酒驾车,讨论了几种大规模的干预方法。醉酒驾车是社会普遍存在的问题,人们采用过各种策略来减少醉驾。虽然有些非政策性的措施(如指定驾驶人)的效果好坏参半,但如果结合多种干预手段,其相对效果就提高了。特别地,当与其他干预措施相结合时,大众媒体干预措施的作用将得到增强。本文中最有效的大规模方法似乎是法律和政策措施,以及旨在从整体上改变社区系统而不是改变个人行为的多元社区系统干预方法。

本章参考文献

AUGUSTYN M, SIMONS-MORTON B G, 1995. Adolescent drinking and driving: Etiology and interpretation[J]. Journal of Drug Education, 25:41-59.

BAER J S, MARLATT G A, KIVLAHAN D R, et al, 1992. An experimental test of three methods of alcohol risk reduction with young adults[J]. Journal of Consulting and Clinical Psychology, 60:974-979.

BAKER S P, BRAVER E R, CHEN L, et al, 2002. Drinking histories of fatally injured drivers [J]. Injury Prevention, 8:221-226.

BALMFORTH D, 1999. National survey of drinking and driving attitudes and behaviors NHTSA DOT 808 644[R]. Washington, DC: National Highway Traffic Safety Administration.

BANDURA A, 1986. Social foundation of thought and action: A social cognitive theory [M]. Englewood Cliffs, NJ: Prentice Hall.

BANDURA A, 1997. Self-efficacy: The exercise of control [M]. New York: Freeman.

BARR A, MACKINNON D P, 1997. Designated driving among college students [J]. Journal of Studies on Alcohol, 59:549-554.

BERGER D E, MARELICH W D, 1997. Legal and social control of alcohol-impaired driving in California: 1983-1994 [J]. Journal of Studies on Alcohol, 58:518-523.

BJERRE B, 2003. An evaluation of the Swedish ignition interlock program [J]. Traffic Injury

Prevention, 4:98-104.

CAUDILL B D, HARDING W M, MOORE B A, 2000. At-risk drinkers use safe ride services to avoid drinking and driving [J]. Journal of Substance Abuse, 11:149-160.

Centers for Disease Control and Prevention, 1999. Impaired driving fact sheet [EB/OL]. [2013-05-16]. www.cdc.gov/ncipc/factsheets/driving.htm.

Centers for Disease Control and Prevention, 2010. Deaths: Final data for 2007 [J]. National Vital Statistics Reports, 58(19):1-35.

Centers for Disease Control and Prevention, 2011. Impaired driving: Get the facts [online fact sheet]. [ED/OL]. http://www.cdc.gov/MotorVehicleSafety/Impaired_Driving/impaired-drv_factsheet.html.

CHALOUPKA F J, 2004. The effects of price on alcohol use, abuse, and their consequences [M]. In R. J. Bonnie, & M. E. O'Connell (Eds.), Reducing Underage Drinking: A Collective Responsibility. Washington, DC: National Academies Press.

CONNOR J, NORTON R, AMERATUNGA S, et al, 2004. The contribution of alcohol to serious car crash injuries [J]. Epidemiology, 15:337-344.

COX E, FISHER S, 2009. Drinking on the dirt roads of America: NACCHO's impaired driving prevention in rural communities demonstration site project [J]. Journal of Public Health Management and Practice, 15:278-280.

CUMMINGS P, RIVARA F P, OLSON C M, et al, 2006. Changes in traffic mortality rates attributed to use of alcohol, or lack of a seat belt, air bag, motorcycle helmet, or bicycle helmet, United States, 1982-2001 [J]. Injury Prevention, 12:148-154.

DANG J N, 2008. Statistical analysis of alcohol-related driving trends, 1982-2005 (NHTSA DOT 810 942) [R]. Washington, DC: National Highway Safety Administration.

DEJONG W, ATKIN C K, 1995. Review of national television PSA campaigns for preventing alcohol-impaired driving, 1987-1992 [J]. Journal of Public Health Policy, 16:59-80.

DEJONG W, HINGSON R, 1998. Strategies to reduce driving under the influence of alcohol [J]. Annual Review of Public Health, 19:359-378.

DEJONG W, SCHNEIDER S, TOWVIM L, et al, 2006. A multisite randomized trial of social norms marketing campaigns to reduce college student drinking [J]. Journal of Studies on Alcohol, 67(6):868-879.

DEJONG W, WALLACK L, 1992. The role of designated driver programs in the prevention of alcohol-impaired driving: A critical reassessment [J]. Health Education Quarterly, 19: 429-442.

DEJONG W, WINSTEN J A, 1999. The use of designated drivers by US college students: A national study [J]. Journal of American College Health, 47:151-156.

DESHAPRIYA E B R, IWASE N, 1998. Impact of the 1970 BAC 0.05 mg percent limit legislation on drunk-driver-involved traffic fatalities, accidents, and DWI in Japan [J]. Substance Use and Misuse, 33:2757-2788.

DIONNE G, FLUET C, DESJARDINS D, 2007. Predicted risk perception and risk-taking behavior: The case of impaired driving [J]. Journal of Risk & Uncertainty, 35:237-264.

DREW L, ROYAL D, MOULTON B, et al, 2010. National survey of drinking and driving attitudes and behaviors: 2008 (NHTSA DOT HS 811 342) [R]. Washington, DC: U.S. Department of Transportation.

DUNCAN S C, DUNCAN T E, STRYCKER L A, 2002. A multi-level analysis of neighborhood context and youth alcohol and drug problems [J]. Prevention Science, 3:125-133.

ELDER R W, SHULTS R A, SLEET D A, et al, 2004. Effectiveness of mass media campaigns for reducing drinking and driving and alcohol-involved crashes: A systematic review [J]. American Journal of Preventive Medicine, 27:57-65.

FABBRI A, MARCHESINI G, DENTE M, et al, 2005. A positive blood alcohol concentration is the main predictor of recurrent motor vehicle crash [J]. Annals of Emergency Medicine, 46:161-167.

FELL S, LACEY J, VOAS R, 2004. Sobriety checkpoints: Evidence of effectiveness is strong, but use is limited [J]. Traffic Injury Prevention, 5:220-227.

FERGUSON S A, WILLIAMS A F, 2002. Awareness of zero tolerance laws in three states [J]. Journal of Safety Research, 33:293-299.

FITZPATRICK P, DALY L, LEAVY C P, et al, 2006. Drinking, drugs and driving in Ireland: More evidence for action [J]. Injury Prevention, 12:404-408.

FOURNIER A K, EHRHART I J, GLINDEMANN K E, et al, 2004. Intervening to decrease alcohol abuse at university parties: Differential reinforcement of intoxication level [J]. Behavior Modification, 28(2):167-181.

FREISTHLER B, GRUENEWALD P J, TRENO A J, et al, 2003. Evaluating alcohol access and the alcohol environment in neighborhood areas [J]. Alcoholism: Clinical and Experimental Research, 27(3):477-484.

GASTIL J, 2000. Thinking, drinking, and driving: Application of the theory of reasoned action to DWI prevention [J]. Journal of Applied Social Psychology, 30:2217-2232.

GELLER E S, 1998. Applications of behavior analysis to prevent injuries from vehicle crashes (2nd ed.) [R]. Cambridge, MA: Cambridge Center for Behavioral Studies.

GELLER E S, CLARKE S W, KALSHER M, 1991. Knowing when to say when: A simple assessment of alcohol impairment [J]. Journal of Applied Behavior Analysis, 24:65-72.

GREENBERG M D, MORRAL A R, JAIN A K, 2004. How can repeat drunk drivers be influenced to change? Analysis of the association between drunk driving and DUI recidivists' attitudes and beliefs [J]. Journal of the Study of Alcohol, 65:460-463.

GRUENEWALD P J, JOHNSON F W, TRENO A J, 2002. Outlets, drinking and driving: A multilevel analysis of availability [J]. Journal of the Study of Alcohol, 63:460-468.

HINGSON R, HEEREN T, WINTER M, 1996. Lowering state legal blood alcohol limits to 0.08%: The effect on fatal motor vehicle crashes [J]. American Journal of Public Health,

86:1297-1299.

HINGSON R, MCGOVERN T, HOWLAND J, et al, 1996. Reducing alcohol-impaired driving in Massachusetts: The Saving Lives Program [J]. American Journal of Public Health, 86: 791-797.

HINGSON R, WINTER M, 2003. Epidemiology and consequences of drinking and driving [J]. Alcohol Research and Health, 27:63-78.

HOLDER H D, 1994. Mass communication as an essential aspect of community prevention to reduce alcohol-involved traffic crashes [J]. Alcohol, Drugs & Driving, 10:295-306.

HOLDER H D, 2000. Community prevention of alcohol problems [J]. Addictive Behaviors, 25: 843-859.

HOLDER H D, SALTZ R F, GRUBE J W, et al, 1997. A community prevention trial to reduce alcohol-involved accidental injury and death: Overview [J]. Addiction, 92 (Suppl.): S155-S171.

JOHNSON M B, VOAS R B, 2004. Potential risks of providing drinking drivers with BAC information [J]. Traffic Injury Prevention, 5:42-49.

KLITZNER M, GRUENEWALD P J, BAMBERGER E, et al, 1994. A quasi-experimental evaluation of Students Against Driving Drunk [J]. American Journal of Drug and Alcohol Abuse, 20:57-74.

Levitt S D, Porter J, 2001. How dangerous are drunk drivers [J]. Journal of Political Economy, 109(6):1198-1237.

LIU S, SIEGEL P Z, BREWER R D, et al, 1997. Prevalence of alcohol-impaired driving: Results from a national self-reported survey of health behaviors [J]. Journal of the American Medical Association, 277:122-125.

MANN R E, SMART R G, STODUTO G, et al, 2003. The effects of drinking-driving laws: A test of the differential deterrence hypothesis [J]. Addiction, 98:1531-1536.

MARLATT G A, BAER J S, KIVLAHAN D R, et al, 1998. Screening and brief intervention for high-risk college student drinkers: Results from a 2-year follow-up assessment [J]. Journal of Consulting and Clinical Psychology, 66:604-615.

MARLOWE D B, FESTINGER D S, ARABIA P L, et al, 2009. A systematic review of DWI court program evaluations [J]. Drug Court Review, 6(2):1-52.

MASKALYK J, 2003. Drinking and driving [J]. Canadian Medical Association Journal, 168:313.

MAXWELL J C, FREEMAN J, DAVEY J, 2007. A large-scale study of the characteristics of impaired drivers in treatment in Texas [J]. Journal of Addiction Medicine, 1:173-179.

MCCAMMON K, 2001. Alcohol-related motor vehicle crashes: Deterrence and intervention [J]. Annals of Emergency Medicine, 38:415-422.

MCINTURFF B, 2006. A presentation of key findings from a national survey of 800 drivers conducted June 8-11, 2006 [J]. Paper presented at the MADD International Technology

Symposium. June 19-20:2006.

MCKAY M P, THOMA T, KAHN C, et al, 2010. Commentary: Women and alcohol: Increasingly willing to drive while impaired [J]. Annals of Emergency Medicine, 55:211-214.

MERKI D, LINGG M, 1987. Combating the drunk driving problem through community action: A proposal [J]. Journal of Alcohol and Drug Education, 32:42-46.

METROSCOOT, 2010. About MetroScoot[EB/OL]. [2013-05-16]. http://www.callmetroscoot.com/index.asp.

MILLER W R, ROLLNICK S, CONFORTI K, 2002. Motivational interviewing: Preparing people for change (2nd ed.) [M]. New York: Guilford.

MOKDAD A H, MARKS J S, STROUP D F, et al, 2004. Actual causes of death in the United States, 2000 [J]. Journal of the American Medical Association, 291(10):1238-1245.

MORRISON L, BEGG D J, LANGLEY J D, 2002. Personal and situational influences on drunk driving and sober driving among a cohort of young adults [J]. Injury Prevention, 8:111-115.

MOSHER J F, TOOMEY T L, GOOD C, et al, 2002. State laws mandating or promoting training programs for alcohol servers and establishment managers: An assessment of statutory and administrative procedures [J]. Journal of Public Health Policy, 23:90-113.

Mothers Against Drunk Driving, 2006. Campaign to eliminate drunk driving: Drunk driving and enforcement fact sheet [R]. Irving, TX: MADD.

Mothers Against Drunk Driving, 2007. Emerging technology fact sheet [R]. Irving, TX: MADD.

Mothers Against Drunk Driving, 2008. Drunk driving enforcement fact sheet [R]. Irving, TX: MADD.

MURPHY J G, DUCHNICK J J, VUCHINICH R E, et al, 2001. Relative efficacy of a brief motivational intervention for college student drinkers [J]. Psychology of Addictive Behaviors, 15:373-379.

NAIMI T S, BREWER R D, MOKDAD A, et al, 2003. Binge drinking among U.S. adults [J]. Journal of the American Medical Association, 289:70-75.

National Association of State Alcohol and Drug Abuse Directors, 2006. Current research on alcohol policy and state alcohol and other drug (AOD) systems (State Issue Brief) [R]. Bethesda, MD: National Institute on Alcohol Abuse and Alcoholism.

National Center for Health Statistics, 1999. Healthy People 2000 review: 1998-99 [R]. Hyattsville, MD: Public Health Service.

National Highway Traffic Safety Administration, 2000. Traffic safety facts 1999: Alcohol(DOT HS 809 086)[R]. Washington, DC: U.S. Department of Transportation.

National Highway Traffic Safety Administration, 2003a. Initiatives to address impaired driving [R]. Washington, DC: Integrated Project Team.

National Highway Traffic Safety Administration, 2003b. Traffic safety facts 2002: Young drivers. (DOT HS 809 619)[R]. Washington, DC: U.S. Department of Transportation.

National Highway Traffic Safety Administration, 2004. Traffic safety facts 2004: Alcohol(DOT HS

809 905)[R]. Washington, DC: U.S. Department of Transportation.

National Highway Traffic Safety Administration, 2005a. Alcohol involvement in fatal motor vehicle traffic crashes 2003 (DOT HS 809 822)[R]. Washington, DC: U.S. Department of Transportation.

National Highway Traffic Safety Administration, 2005b. Traffic safety facts 2005: Alcohol-related crashes and fatalities in 2004(DOT HS 809 775)[R]. Washington, DC: U.S. Department of Transportation.

National Highway Traffic Safety Administration, 2007a. Digest of impaired driving and selected beverage control laws: Twenty-fourth edition(DOT HS 810 827)[R]. Washington, DC: U.S. Department of Transportation.

National Highway Traffic Safety Administration, 2007b. Evaluation of the National Impaired Driving High-Visibility Enforcement Campaign: 2003-2005 (DOT HS 810 789)[R]. Washington, DC: U.S. Department of Transportation.

National Highway Traffic Safety Administration, 2007c. The nation's top strategies to stop impaired driving (DOT HS 910 712)[R]. Washington, DC: U.S. Department of Transportation.

National Highway Traffic Safety Administration, 2007d. Pilot test of new roadside survey methodology for impaired driving (DOT HS 810 704)[R]. Washington, DC: U.S. Department of Transportation.

National Highway Traffic Safety Administration, 2008a. Demonstration project report: A campaign to reduce impaired driving through retail-oriented enforcement in Washington state(DOT HS 810 913)[R]. Washington, DC: U.S. Department of Transportation.

National Highway Traffic Safety Administration, 2008b. Lives saved in 2007 by restraint use and minimum drinking age laws(DOT HS 811 049)[R]. Washington, DC: U.S. Department of Transportation.

National Highway Traffic Safety Administration, 2008c. Traffic safety facts 2006: Overview(DOT HS 810 809)[R]. Washington, DC: U.S. Department of Transportation.

National Highway Traffic Safety Administration, 2008d. Traffic safety facts 2008 data(DOT HS 811 155)[R]. Washington, DC: U.S. Department of Transportation.

National Highway Traffic Safety Administration, 2009a. Drug-impaired driving: Understanding the problem and ways to reduce it(DOT HS 811 268)[R]. Washington, DC: U.S. Department of Transportation.

National Highway Traffic Safety Administration, 2009b. Traffic safety facts: Results of the 2007 National Roadside Survey of Alcohol and Drug Use by Drivers (DOT HS 811 175)[R]. Washington, DC: U.S. Department of Transportation.

National Highway Traffic Safety Administration, 2009c. Traffic safety facts: Alcohol-impaired drivers involved in fatal crashes, by gender and state, 2007-2008(DOT HS 811 095)[R]. Washington, DC: U.S. Department of Transportation.

National Institute on Alcohol Abuse and Alcoholism, 2001a. Alcohol and transportation safety. Alcohol Alert, 52 [EB/OL]. [2013-05-16]. http://pubs. niaaa. nih. gov/publications/aa52. htm.

National Institute on Alcohol Abuse and Alcoholism, 2001b. Traffic crashes, traffic crash fatalities, and alcohol-related traffic crash fatalities, United States, 1977-98. Bethesda, MD: Author[Z]. [online data].

National Institute of Alcohol Abuse and Alcoholism, 2004. NIAAA council approves definition of binge drinking. NIAAA Newsletter, 3(3)[EB/OL]. [2013-05-17]. http://pubs. niaaa. nih. gov/publications/Newsletter/ winter2004/Newsletter_Number3. pdf.

National Institute on Alcohol Abuse and Alcoholism, 2006a. National epidemiologic survey on alcohol and related conditions [R]. Alcohol Alert, 70.

National Institute on Alcohol Abuse and Alcoholism, 2006b. Surve illance report #76: Trends in alcohol-related fatal traffic crashes, United States, 1977-2004 [EB/OL]. [2013-05-16]. http://pubs. niaaa. nih. gov/ publications/surveillance76/fars04. htm.

National Institute on Alcohol Abuse and Alcoholism, 2007. What colleges need to know now: An update on college drinking research [EB/OL]. [2013-05-16]. http://www. collegedrinkingprevention. gov. 1College_Bulletin-508_361C4E. pdf.

National Safety Council, 2009. Estimating the costs of unintentional injuries[R]. Calverton, MD: Statistics Department, Economics and Insurance Resource Center, Pacific Institute for Research and Evaluation.

NELSON D E, NAIMI T S, BREWER R D, et al, 2004. Metropolitan-area estimates of binge drinking in the United States[J]. American Journal of Public Health, 94(4): 663-671.

Preusser Research Group Inc., 1995. Evaluation of youth peer-to-peer impaired driving programs [R]. Washington, DC: U. S. Department of Transportation.

QUINLAN K P, BREWER R D, SIEGEL P, et al, 2005. Alcohol-impaired driving among U. S. adults, 1993-2002[J]. American Journal of Preventive Medicine, 28(4): 346-350.

RAUB R A, LUCKE R E, WARK R I, 2003. Breath alcohol ignition interlock devices: Controlling the recidivist[J]. Traffic Injury Prevention, 4: 199-205.

RAUCH W J, ZADOR P L, AHLIN E M, et al, 2010. Risk of alcohol-impaired driving recidivism among first offenders and multiple offenders [J]. American Journal of Public Health, 100: 919-924.

RIVARA F P, RELYEA-CHEW A, WANG J, et al, 2007. Drinking behaviors in young adults: The potential role of designated driver and safe ride home programs[J]. Injury Prevention, 13: 168-172.

RUSS N W, GELLER E S, 1986. Using sobriety tests to increase awareness of alcohol impairment [J]. Health Education Research, 1: 255-261.

RUSS N W, GELLER E S, 1987. Training bar personnel to prevent drunken driving: A field evaluation[J]. American Journal of Public Health, 77: 952-954.

RUSSELL A, VOAS R B, DEJONG W, et al, 1995. MADD rates the states: A media advocacy event to advance the agenda against alcohol-impaired driving[J]. Public Health Reports, 110: 240-245.

SAUVOLA A, MIETTUNEN J, JÄRVELIN M R, et al, 2001. An examination between single-parent family background and drunk driving in adulthood: Findings from the northern Finland 1966 birth cohort[J]. Alcoholism: Clinical Experimental Research, 25(2):206-209.

SCHERMER C R, 2006. Alcohol and injury prevention[J]. Journal of Trauma Injury, Infection, and Critical Care, 60:447-451.

SCHERMER C R, APODACA T R, ALBRECHT R M, et al, 2001. Intoxicated motor vehicle passengers warrant screening and treatment similar to intoxicated drivers[J]. Journal of Trauma, 51(6):1083-1086.

SHULTS R A, ELDER R W, NICHOLS J L, et al, 2009. Effectiveness of multicomponent programs with community mobilization for reducing alcohol-impaired driving[J]. American Journal of Preventive Medicine, 37:360-371.

SHULTS R A, SLEET D A, ELDER R W, et al, 2002. Association between state level drinking and driving countermeasures and self reported alcohol impaired driving[J]. Injury Prevention, 8:106-110.

SIMONS-MORTON B G, CUMMINGS S S, 1997. Evaluation of a local designated driver and responsible server program to prevent drinking and driving[J]. Journal of Drug Education, 27: 321-333.

STEPTOE A, WARDLE J, BAGES N, et al, 2004. Drinking and driving in university students: An international study of 23 countries[J]. Psychology and Health, 19:527-540.

STINSON F S, YI H, GRANT B F, et al, 1998. Drinking in the United States: Main findings from the 1992 National Longitudinal Alcohol Epidemiologic Survey (NIH Publication No. 99-3519) [R]. Bethesda, MD: National Institute on Alcohol Abuse and Alcoholism.

STOUT E M, SLOAN F A, LIANG L, et al, 2000. Reducing harmful alcohol-related behaviors: Effective regulatory methods[J]. Journal of Studies on Alcohol, 61:402-412.

Students Against Destructive Decisions (SADD), 2009. Annual report[R/OL]. [2013-05-16]. http://www.sadd.org/pdf/2009AnnualReport.pdf.

TAY R, 2005. Mass media campaigns reduce the incidence of drinking and driving[J]. Evidence-Based Healthcare & Public Health, 9:26-29.

TIMMERMAN M A, GELLER E S, GLINDEMANN K E, et al, 2003. Do the designated drivers of college students stay sober[J]. Journal of Safety Research, 34(2):127-133.

TIPPETTS A S, VOAS R B, FELL J C, et al, 2005. A meta-analysis of .08 BAC laws in 19 jurisdictions in the United States[J]. Accident Analysis and Prevention, 37:149-161.

TOOMEY T L, WAGENAAR A C, GEHAN J P, et al, 2001. Project ARM: Alcohol risk management to prevent sales to underage and intoxicated patrons[J]. Health Education and Behavior, 28(2):186-199.

TSAI V W, ANDERSON C L, VACA F E, 2010. Alcohol involvement among young female drivers in U. S. fatal crashes: Unfavorable trends[J]. Injury Prevention, 16:17-20.

TURNER J, PERKINS H W, BAUERLE J, 2008. Declining negative consequences related to alcohol misuse among students exposed to a social norms marketing intervention on a college campus[J]. Journal of American College Health, 57(1):85-94.

TURRISI R, WIERSMA K, 1999. Examination of judgments of drunkenness, binge drinking, and drunk-driving tendencies in teens with and without a family history of alcohol abuse[J]. Alcoholism: Clinical and Experimental Research, 23:1191-1198.

U. S. Department of Health and Human Services, 2000. Healthy People 2010: Understanding and improving health (2nd ed.)[R]. Washington, DC: U. S. Government Printing Office.

U. S. Department of Health and Human Services, 2010. Healthy People 2020[R/OL]. [2013-05-16]. http://www.healthypeople.gov/2020/default.aspx.

VALENCIA-MARTIN J L, GALAN I, ODRIGUEZ-ARTALEJO F, 2008. The joint association of average volume of alcohol and binge drinking with hazardous driving behaviour and traffic crashes[J]. Addiction, 103:749-757.

VOAS R B, BLACKMAN K O, TIPPETTS A S, et al, 2001. Evaluation of a program to motivate impaired driving offenders to install ignition interlocks[J]. Association for the Advancement of Automotive Medicine, 45:303-316.

VOAS R B, DEYOUNG D J, 2002. Vehicle action: Effective policy for controlling drunk and other high-risk drivers?[J]. Accident Analysis and Prevention, 34:263-270.

VOAS R B, FELL J C, 2010. Preventing alcohol-related problems through health policy research[J]. Alcohol Research & Health, 33:18-28.

WAGENAAR A C, SALOIS M J, KOMRO K A, 2009. Effects of beverage alcohol price and tax levels on drinking: A meta-analysis of 1003 estimates from 112 studies[J]. Addiction, 104:179-190.

WECHSLER H, NELSON T F, LEE J E, et al, 2003. Perception and reality: A national evaluation of social norms marketing interventions to reduce college students' heavy alcohol use[J]. Journal of Studies on Alcohol, 64(4):484-494.

WILLIS C, LYBRAND S, BELLAMY N, 2004. Alcohol ignition interlock programmes for reducing drink driving recidivism[R]. NY: Cochrane Database of Systematic Reviews 3.

World Health Organization, 2004. World report on road traffic injury prevention[R/OL]. [2013-05-16]. http://www.who.int/violence_injury_prevention.

World Health Organization, 2009. Global status report on road safety: Time for action[R/OL]. [2013-05-16]. http://www.who.int/violence_injury_prevention/road_safety_status/2009.

YI H, CHEN C M, WILLIAMS G D, 2006. Trends in alcohol-related fatal traffic crashes, United States, 1982-2004[R]. Arlington, VA: National Institute on Alcohol Abuse and Alcoholism.

YOUNG D J, BIELLNSKA-KWAPLSZ A, 2002. Alcohol taxes and beverage prices[J]. National Tax Journal, 55(1):57-73.

ZADOR P, KRAWCHUCK S, MOORE B, 2000. Drinking and driving trips, stops by police, and arrests: Analyses of the 1995 National Survey of Drinking and Driving Attitudes and Behavior (NHTSADOT 809 184) [R]. Washington, DC: National Highway Traffic Safety Administration.

第18章 超速行驶——一种质量控制方法

托马斯 D. 贝里(Thomas D. Berry)[1],克里斯蒂 L. 约翰逊(Kristie L. Johnson)[2] 和布莱恩 E. 波特(Bryan E. Porter)[2]

1 美国弗吉尼亚州,纽波特纽斯,克里斯托弗·纽波特大学(Christopher Newport University, Newport News, VA, USA);

2 美国弗吉尼亚州,诺福克,欧道明大学(Old Dominion University, Norfolk, VA, USA)

18.1 引言

速度如同呼吸一样,是人类运动的时候时常被低估但却始终存在的特性。然而,进化论告诉我们,从我们的祖先开始,双脚运动(走路和跑步)对我们物种的生存非常重要。从 A 点迅速移动到 B 点的能力被认为在人类的进化过程中发挥了作用,如增进了脑体积、肌肉结构、器官的运动感觉,提升了大脑和身体的温度调节能力(Bramble 和 Lieberman, 2004)。速度是早期南方古猿、直立人和现代智人得以延续的关键,因为他们可以通过运动来躲避食肉动物、追捕猎物以及消耗猎物的体力。

440万年前,正值文明和文化的起源时期,速度不再是捕猎和躲避食肉动物的基本要素。部落、城邦和帝国的建立迫使人们为了满足商品交换、买卖和信息分享的需要而穿过内陆和沿海地区。随着文明和贸易的发展,战争侵略者和帝国建造者发现他们需要运输大批士兵、武器和装备。(由于贸易和军事需求)从 A 点移动到 B 点的需要成就了我们今天还在享受的重大陆上变革——道路和公路。举例来说,到公元 200 年,罗马帝国已经有约 53000mile(84800km)长的公路和 200000mile(320000km)长的二级公路(Richard, 2010)。这些公路建造历经了 500 年的时间,从罗马古道(公元前 312 年,从意大利罗马市到布林迪西市)开始建起,直到建成从罗马向四周扩散的超过 29 条公路和帝国边缘的古罗马广场。

今天,道路和速度对人们的出行和活动的影响与日俱增。与有关速度的新兴技术的发展相适应,人们出行工具的变革从马和马车到火车、汽车和货车,从飞机、喷气式飞机、火箭,到计算机、互联网、更快的微处理器,这些发展都是工业革命的产物(Jorgensen 和 Stiroh, 2000)。它们既是目标也是结果,新兴科技加快了人类流动的速度。但是,当代的车速技术进入了后式发动机时代,交通安全专家仍然对于与车速有关的代价和降低代价遇到的困难感到无能为力(Elvik, 2010)。

本章的写作目的有 3 个。第一,本章认为,解释驾驶人喜欢超速的原因在本质上是复杂的。有一篇综述总结了过去几十年里有关超速驾驶的文献,里面有全世界许多特定的领域研究、理论导向、分析水平和计划性研究,涵盖非常深入且广泛的数据集。因此,本章介绍一种质量控制方法作为补充,有助于理解影响驾驶人选择车速的多层面因素。

第二，这篇简短的综述是为了证明质量控制方法在两个方面的有效性：①使丰富的文献系统化；②阐明速度科学这一重点问题是由多数特定研究的问题和目标组成的。总之，本章中概述的质量控制方法能够激励其他人进行必要的细化和改进，这是不断发展的科学所期望的。

第三，我们将讨论政府领导人、研究者和交通安全专家可以如何用质量控制方法来管理影响车速的特性以及超速后的相关后果（如车辆相撞和死亡）。显然，交通安全科学家的主要任务是更好地提出能够减少事故和损失的干预措施、开发能避免伤亡的新技术、制定政策以控制与车速有关的变量（如道路建设、碰撞预警系统、张贴限速标识）。此外，质量控制方法比较并整合了其他方法，用以了解驾驶人的复杂性、事故预警和控制以及驾驶人的首选车速。

18.2 超速研究作为质量控制举措

在制造汽车时，制造商必须记录错综复杂的设计、计划、资源、过程、装配、测试、运输、销售和顾客满意度。我们可以把汽车看作一个集合体，因为成千上万的零件构成了许多的组件，然后这些组件被装配成一部功能完善且信息齐全的车。如今，汽车制造商意识到车主不会喜欢一辆质量差的汽车。由于无法处理好各种"装配线上的问题"，所以制造一部质量好的汽车变得有难度。从工程师到装配线上的工人，每个人都在制造汽车过程中发挥了自己的作用，因此每个人对汽车质量的贡献也有所差异（如废品率/数量和错误率/数量）。为了控制这些差异，提高装配车辆的质量，制造商们开始使用质量控制方法。

制造商采用了一种质量控制方法，使多种复杂的确定性结果概念化，这就是鱼骨图（Mears，1995）。鱼骨图是一种发现根本问题的方法，在此过程中不同层级和产品制造领域的学科专家（SEMs）共同讨论、分辨、融合影响产品效果的多种变量。在车辆制造方面，鱼骨图的作用是帮助学科专家们评估不同变量如何控制大部分和小部分的总方差，从而使越来越多的方差部分得到详细检查和控制制造，使得产生的总方差越来越小。另外，由于学科专家们一起发现和解释了影响结果质量的各种因素，他们开始重视这个问题，因为这样能够揭示控制结果差异的变量间和变量内的相互联系。

鱼骨图法的测量标准是不可变的，并且可以被应用于任何系统和系统结果。这种方法可以实现：①理解分析系统结果的复杂性（如制造一辆汽车并认识其所有子系统）；②对差异如何产生和不同的子系统如何相互作用进行分析和整合（如车辆的总重量如何影响制动、转向盘和轮胎性能）；③了解提高质量和控制引起额外差异的变量的可能解决方法；④通过图解标出并直观地看出因果链整体系统和联系整体系统；⑤管理和调节不同差异来源的信息（有关质量控制工具和背景的综述，见 Mears，1995）。

图18-1是鱼骨图应用于汽车制造方面的一个例子。一般的鱼骨图是学科专家用来解释和分析显著和不显著因果关系的模板。不同领域的学科专家汇集在一起寻找问题的原因（Enarsson，1998；Stalhane、Dingsoyr、Hanssen 和 Moe，2003），他们将整体结果（汽车）看作一个集合体，每个专家都为总体出了一份力。鱼骨图使集合体（汽车是结果）的多种性质变得直观，可以让学科专家探讨并分享各自的观点，诸如如何记录控制、管理和改变过程的方式，以

更好地改进产品及其效果。

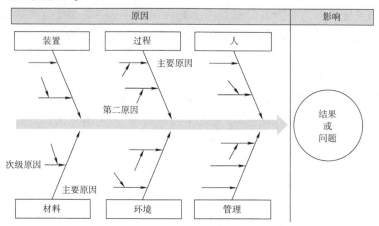

图 18-1　对6种主要原因之间的主要和次要因果联系的评估所作出的初步鱼骨图
注:结果或问题取决于因果参数系统,每个参数都对效果的质量起作用。

自从汽车发明和普及以来,交通安全、事故分析和车辆系统的文献组成了广泛多样的研究领域(证据是使用谷歌图书搜索关键词"交通安全"的结果达918000个,同一个词用亚马逊图书搜索的结果是5009个)。该领域包括许多有特定研究偏好的分支学科。但是,这些领域的大多数研究者将车速归类于交通、车辆和驾驶人科学的基本概念,尽管速度这一变量可能只作为调查研究中的背景或假设变量。举例来说,对车座安全带提醒器(警示灯和警示音)进行正式分析时,不必包括车速这一研究参数(Berry 和 Geller,1991)。然而,车上有不系安全带的乘客是调查提醒车上的人系好安全带的最优信号的假设前提。

与驾驶人超速有关的交通安全文献描述了许多评估因果关系的方法和框架。其中一个典型的解决具体问题的行为方法是描述(包括前期条件、行为条件、结果条件)在内的紧急行为。这个方法的目的是发现最佳预测反应研究和最佳控制反应研究间的因果联系。但是,交通安全的相关文献中有些特定问题的反应不能简单容易地描述出来,更不用说对其进行预测和控制(有关这个难题的讨论,见 Elvik,2010)。驾驶人的超速行驶就是这样一种反应。

由于多方面的与超速有关的原因和影响,我们认为超速行驶是一个连续的变量。换句话说,超速行驶有很多原因和影响。交通安全研究者所面临的挑战不是对影响驾驶人超速的特定变量进行实证检验或解释。相反,交通安全文献是通过不断累积的实证论证和总结来健全和完善的。真正的挑战是如何理解所有与超速行驶(直接或间接)相关的计划性研究的实证思路。

图18-2是一个鱼骨图,说明了超速行驶是包含两个先行因素的连续变量,由此产生了5个主要的研究领域。具体来说,驾驶人因素主要有3个——人、行为和文化;环境因素主要有两个——道路动态和车辆系统及控制。因此,这些文献中提到的影响驾驶人超速的先行因素被划分出5种不同的计划性研究思路(采用某些实证论证的方式)。同样地,先行因素会产生许多后果,如车辆交通事故发生率、乘客和行人伤亡、交通罚款和处罚以及对驾驶人效能感和自我认同感的影响。这些后果与车速有直接或间接的联系。换句话说,在交通安全文献中,速度作为一个连续变量,在起因和后果之间起到中介的作用。

质量控制措施通常来源于对系统结果或后果的全面审查。审查有时参考事后分析

(PMA),主张让学科专家们评估问题的严重程度及缺陷,重做、损失和错误的数量和比例(Stalhane 等,2003)。而且,PMA 也会确认结果的质量。质量控制计划在这方面使用 PMA 作为逆向操作的工具,在鱼骨图上从后果(影响)开始到先行因素(原因)结束。显然,交通、车辆和驾驶人科学的重点在于驾驶人/乘客/行人死伤、碰撞成本、工时损失、交通延误以及出行和能源的效用这些严重问题上。下面我们将谈论与超速后果有关的交通安全数据的文献综述。

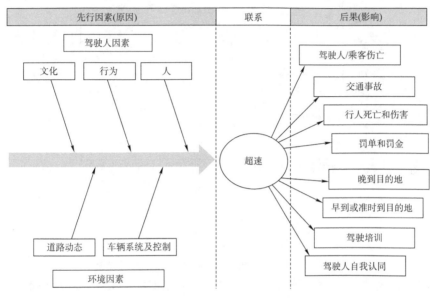

图 18-2 驾驶人超速行为的鱼骨图

注:超速行驶被认为是一个连续变量,因为它处于超速驾驶人的先行因素(驾驶人和环境因素)和结果之间。

18.3 超速行驶的后果:事后分析

18.3.1 车辆事故的代价

图 18-2 的右半部分指出了许多可能与驾驶人超速有关的消极和积极结果。从该鱼骨图上可以看出,结果显示了质量控制问题或取得的成就。将这些结果转换成数据后便是国家统计总结的基础,并且记录了超速行驶的风险和代价。政府机构如美国国家公路交通安全管理局(NHTSA)、瑞士国家道路和交通研究协会以及世界卫生组织(WHO)依赖于交警和交通安全研究者搜集来的数据中可观察到的物理性质,因此,政府和研究者可以基于证据提出政策、建议并通过法律,以降低超速行驶的风险和代价。另外,政府机构还将风险与成本数据和人口统计学与环境因素进行交叉分析,使用这些信息来介绍和资助有针对性的干预计划以及对超速的先决条件的调查。

一般来说,当交警指控驾驶人超速行驶时,会将因驾驶人超速所导致的事故记录在案。违规加速包括竞驶、鲁莽加速、没有留意环境(如雪、雨和冰雹)的加速和超速。图 18-3 显示,尽管在过去 4 年里,美国的交通死亡人数不断降低,但是在 2000—2009 年期间,每年仍有3.3万~4.4万人死于交通事故。据WHO估计,全世界每年有120万人死于交通事故,每年造成5180亿美元的损失(Peden等,2004)。WHO还估计,死亡事故的代价正在减少——也就是说,贫穷国家的负担比富有国家的负担重。从生活质量的角度来看,车辆相关事故的代价对一个国家的国民生产总值(富有或贫穷)来说意味着财政预算的损失,这使得国家无法在其他有意义的公益、健康、基础设施或科技项目上拨款以改善市民的生活。

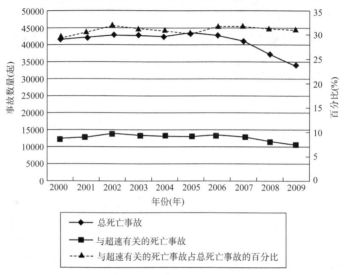

图18-3 2000—2009年驾驶人超速行驶所导致的死亡事故的总数和百分比

从驾驶人超速行驶的角度来说,图18-3显示约30%的死亡事故与超速行驶有关(NHTSA,2010)。美国的数据指出,每年发生的与超速有关的事故造成超过1万人死亡,估计其经济损失约有400亿美元。图18-4显示了不同车速限制下的事故死亡和受伤百分比。在限速30~50mile/h(48~80km/h)的路段上的事故中受伤的人数比死亡人数多,在限速50mile/h(80km/h)的路段上的事故中死亡人数多于受伤的人数。另外,图18-5显示了对事故死亡率的深入研究。从该图可看出,在相同限速下,单车事故比多车事故的死亡人数更多。这些PMA统计数据说明,在交通安全方面我们要致力于为降低超速行驶的代价寻找实证并提出基于证据的建议,其中一个建议是通过立法降低社会和经济影响。

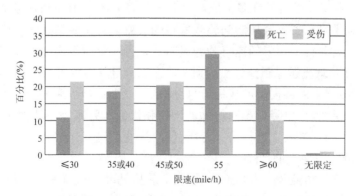

图18-4 2009年不同限速下的死亡和受伤事故百分比

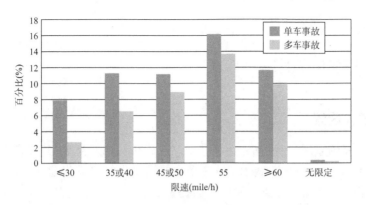

图 18-5　2009 年不同限速下的与超速相关的单车事故和多车事故百分比

18.3.2　交通罚款和处罚

超速行驶的另一类后果是收到交通罚单和受到法律处罚。这些后果是社会支持并且法律要求的,目的在于威慑驾驶人。在美国,所有的州政府都对超速行驶驾驶人的处罚程度有所规定,因此,全国各地都有处罚措施。美国有一种目前在欧洲国家还未使用的新办法,那就是引进带雷达探测器的测速摄像头来抓拍超速车辆的车牌照,一旦被发现超速,车主就会收到超速罚单的邮件(Tay,2009)。在欧盟国家中,不仅每个国家的超速处罚不同,有些国家还实施有条件的超速处罚。例如,2007 年瑞士颁布了一条法律规定,按个人收入收缴交通罚款,比如一个超速累犯者在限速 30mile/h(48km/h)的地区驾驶速度达到 60mile/h(96km/h),其罚款金额为 29 万美元,因为他的资产约有 2000 万美元(Jeremy,2010)。

18.3.3　社会和经济后果

虽然很多有关超速驾驶的研究与兴趣都集中在消极后果上,但是研究者们也记录下了超速驾驶的积极影响。特别是,经济学者们尝试计算交通延误和超速罚款对当地和国家经济造成的损失。换句话说,速度与公司的效益、绩效、成长和发展息息相关。在美国,货运行业中利用货车来运输货物到明确的目的地是很安全放心的。若途中出现问题,如因事故造成延误、道路修建和过度拥堵等,驾驶人会提高车速或做出其他的补救行为。驾驶人用什么方式到达目的地可能取决于驾驶人如何看待其按时到达的重要性(Fuller 等,2009)。

超速结果会给驾驶人带来自我认同感和刺激性的信息。交通安全和驾驶的社会认知策略还是一个相对较新但已成果丰富的领域。我们会更具体地讨论社会认知策略,因为它与超速行驶的原因有关;但是,Elliot 和 Thomson(2010)报告了一些计划行为理论的有趣结果。从本质上讲,超速行驶这一行为可以影响一些人的自我认同感,这对他们形成总体自我概念很重要。因此,那些具有超速自我认同的驾驶人会在有其他驾驶人和车辆的路上做出超速行为以获得自我认同感。而且,对于一个以自身速度为参照的驾驶人来说,不超速的行为是不被其认可的,所以,驾驶人要有自我调节的能力,以纠正不合理的信息。从这个角度来看,驾驶人的目的地,作为结果并不重要,而与车速有关的自我认同感的当前状态和后续反馈更重要。关于路怒症的原因,有人推测自我认同感的建立是造成这种不良问题的一个特征。在此,当一个"需要"开得很快的驾驶人碰到一个比他开得慢的驾驶人,使他无法按自己的想法和技术开车时,矛盾就产生了(Lajunen、Parker 和 Strading,1998)。

18.4 超速行驶的原因

18.4.1 驾驶人因素

关于超速行驶的原因,有些综述性研究把焦点放在驾驶人身上,其因素有三大类:人、行为和文化。图 18-6 使用鱼骨图展示了这 3 个主要因素是如何成为超速行驶的核心因素的。在质量控制过程的鱼骨图中,我们根据前面提到的 3 个因素来整理"驾驶人因素"的文献。因此,与驾驶人超速行驶有关的每一种实证效果都是 3 个主要因素延伸出来的分支。值得注意的是,驾驶人因素研究已证实被相对经验控制的驾驶人超速行为,会影响超速行驶的后果。从质量控制过程的角度来看,改变因果系统参数应该反映在制造过程的最终目的上(如用更好的控制过程来制造汽车,创造出更高的销售额和利润),这是事后分析的要点。

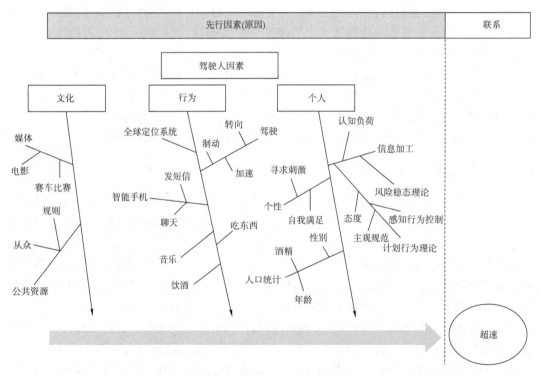

图 18-6 超速行驶的驾驶人因素:鱼骨图前半部分
注:超速行驶的后果见图 18-2。

18.4.1.1 个人因素

有关驾驶人特点的研究分为人口统计学、人格和信息加工 3 个分支。图 18-6 显示了个人因素的 3 个分支,前面也提到过,每一个分支都与实证论证的因素或计划性研究的思路有联系,有助于解释驾驶人超速行驶的原因。在此,简要谈谈 3 个个人因素。

首先,正如前面讨论过的,对超速行驶相关后果的事后分析可以让我们了解发生超速行驶的迹象和动机。PMA 的一系列数据是基于全美的官方交通记录(如每年与超速相关的死亡数量)。利用交警记录的事故现场数据,得出的与超速行驶相关的许多人口统计学数据。从美国对具有超速行为的人口统计学因素的描述来看,超速行驶存在很大的性别差异;所有年龄组(15~75 岁)的男性与超速有关的死亡事件都比女性多。

年龄也可以预测驾驶人的超速行为和与交通事故相关的死亡数量。一般来说,50 岁及以上的驾驶人(男性和女性)超速相关事故死亡人数的比例不到 15%。相比之下,15~24 岁的男性驾驶人占超速相关事故死亡人数的 37%。这些数据与 WHO 的数据是一致的(Peden 等,2004),同时也与冒险行为和冒险态度的性别心理学研究结果相一致(Byrnes、Miller 和 Schafer,1999)。然而,该研究所描述的驾驶人的冒险性行为是饮酒和醉驾。根据 NHTSA (2008),41%超速行驶并卷入致命事故中的驾驶人,其血液酒精浓度(BAC)达到 0.08g/dL 及以上。相比之下,只有 15%的驾驶人的 BAC 为 0。

其次,关注人格因素的超速行驶研究拓宽了我们对驾驶人个体行为差异的理解。人格评估包括从驾驶人自然行为环境中收集自我报告数据(如在教室里给大学生填写的问卷)。这个方法是用来分析驾驶人超速行为的理论及方法论工具。比如 Furnham 和 Saipe(1993) 使用 Zuckerman 的感觉寻求问卷和艾森克的人格问卷来查出违规超速驾驶人中的高神经质者、低神经质者、高焦虑者和抑郁敏感性者。

研究者运用 Rotter(1966)的控制点理论来说明人们的驾驶行为和交通事故的卷入是如何与控制交通事件的内部或外部信念相关联的(Montag 和 Comrey,1987;Ozkan 和 Lajunen,2005;Warner、Ozkan 和 Lajunen,2009)。Warner 等(2009)通过对交通控制点(T-LOC)的因素进行分析,得出 5 个能够解释 64%的驾驶人超速行为的因素。研究者强调了 LOC 中具有代表性的两个因素:自身行为和车辆/环境因素。"自身行为"因素指的是内部 LOC,是通过让被试评价自身的驾驶行为(如"我经常以很高的速度开车")来实现的。"车辆/环境"因素指的是外部 LOC,是通过让被试评价驾驶环境(如"天气和照明条件恶劣")的影响程度来实现的。研究显示,这两个因素不仅与首选车速、不超速的意向和遵守限速规定的时长有关,而且在不同限速规定下也有差异[50km/h(31mile/h)、90km/h(56mile/h)]。研究者发现,驾驶人的首选车速与外部环境呈负相关,即车辆和环境因素影响了他们的驾驶行为,相反,驾驶人的首选车速与关于自身行为的内部环境呈正相关。但是,这些研究结果只适用于限速高(如 90km/h)的情况,不适用于限速低的情况。NTHSA 的数据指出,限速较高时发生交通事故的死亡人数高于限速较低时发生交通事故的死亡人数,上述实证研究与 NTHSA 的数据放在一起来看就更值得被重视。

另一个研究思路是建立能更好地预测个人超速行驶倾向的模型。为此,研究者开发了许多被认为是与某一结果相关的特定因素的负荷项目。所以,问卷的题目是通过因素分析法和内部信效度的检验建立起来的。例如 Gabany、Plummer 和 Grigg(1997)让学生列出驾驶人超速的原因,从而归纳编制超速感知问卷。他们从学生填写的 72 个项目中归纳出了超速行驶的 5 个因素:自我满足、冒险、时间压力、对驾驶的不屑和疏忽。不出意料的是,这些因素确实存在性别上的差异,比如男性比女性从中获得的自我满足感更强烈。

Gabany 等(1997)所使用的研究方法和得到的结论给交通安全方面的文献提供了研究超速行驶不良后果的视角和线索。另外,基于意向评估的人格研究可以指导干预的目标,如驾驶人的人格类型或倾向和他们对驾驶的喜好。虽然这种经验性证据是基于自我报告的，因此太客观，但是这种数据可以与行为相关联，通过检验标准效度来证实驾驶人的这些特质和超速驾驶状态的价值。因此，人格研究可以提供质量控制计划的线索来帮助人们理解和控制其他行为测量所产生的个体差异。

最后，关于超速行驶的以人为中心的方法探究了加工的信息和加工方式如何决定驾驶人行为；加工的信息包括社会规范、新机动车技术部署情况、自我认知和自我效能感的程度。超速驾驶的研究者考虑的两种理论方法是风险平衡理论（RHT）（Wilde，1994）和计划行为理论（TPB）（Ajzen，1985）。通常来说，这两种方法假设驾驶人要处理多种类型和水平的信息。每种理论都是为了描述人们如何自我调节自身行为，但是 RHT 和 TPB 在行为改变的潜能和方向上是不同的。RHT 指的是人们适应了特定活动的某种估计风险水平，如吃饭、吸烟、运动、性行为和开车。在特定的活动中一个人可接受的风险估计是基于其对活动相关变量的认知。RHT 预测任何一个活动相关变量的改变（增加或降低风险）都不会改变总体的风险水平，因为人可以调节自己的行为（增加或减少反应），从而将风险维持在原来可接受的水平。

Peltzman（1975）是较早报告交通安全法规和新车辆安全技术的配置没有减少预期死亡人数的人之一。Peltzman 指出由于驾驶人普遍认可安全法规和车辆设施（如认知加工），他们通过"冒更大的事故风险"调整自身驾驶行为来抵消这些减小风险的策略。例如 RHT 的直接测验显示，有安全带的货车驾驶员的车速比没有安全带时高（Streff 和 Geller，1998），之后似乎出现了其他支持 RHT 的证据。在解释为什么驾驶人在更安全的条件下做出糟糕的行为时，RHT 的效度受到了批评（Vaa，2001）。然而，RHT 被认为是对驾驶人冒险性行为的明显调节或重新定位的描述，并为质量控制措施增加了细微变化，因为在鱼骨图中，一个因素或变量的改变可能会影响另一个因素或变量分支的参数，进而影响超速过程和后果。

与 RHT 这一补偿模型相比，使用 TPB 预测，不论危险水平的高低，冒险性行为都是可以被纠正的。TPB 行为改变的决定性因素包括 3 个最重要的变量的调节，这种调节会影响一个人的表现意图和后续行为（图 18-7）。这 3 个主要的先行变量是态度、主观规范和知觉行为控制。TPB 模型假设人类行为从本质上来说是一个理性的过程，人们在做出决定之前会考虑他们的喜好（态度）、别人的评价（主观规范）以及自己是否有做出该行为的能力（知觉行为控制）。

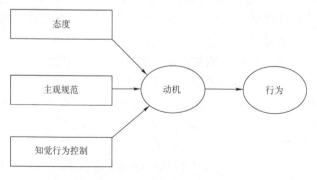

图 18-7　计划行为理论

在此，TPB 的理论意义在于，提供了 3 个明确的干预目标来纠正危险的动机和行为。例如,干预人员可以将态度作为干预目标,采用公共服务宣传、正规教育或其他改变态度和社会影响的技术(Cialdini,2001)。立法者、社会和家庭可以改变组成这些社会机构的人期望的规则和做法。通过改变规则和期望以建立新的规范,并改变人们认为别人对他们的评价方式(Rivis 和 Sheeran,2003)。此外,教师、教育工作者和家长可以给他们指导、提供和传授技能,逐渐引导其形成新的行为方式。这种方式可以增加他们有能力完成一项任务的信念,即班杜拉(1997)所说的自我效能感。

支持 TPB 的有效性的证据是一个模型,它可以解释 20%～65% 与驾驶人超速行驶的动机和后续超速行为有关的变量(Conner 等,2007;Elliott 和 Armitage,2009;Elliott、Armitage 和 Baughan,2003,2005;Newnam、Watson 和 Murray,2004)。Elliot 和 Thomson(2010)指出,该证据提供了违规超速者选择性干预的可能性。但是,作为选择性干预的一种方法,TPB 还没检验过(一个例外见 Elliot 和 Armitage,2009)每个预测指标是如何用于改变超速行为的(如改变违法者的态度与进行自我效能感训练做比较)。独立于 TPB,确实存在关于驾驶人的驾驶培训、态度改变和效能感训练对减少超速行为的有效性的研究。因此,这些认知成分(即使独立)可以与改变车速的相对有效性做比较。

RHT 和 TPB 都对驾驶人如何加工与驾驶和相关风险有关的不同类型信息建立了模型。本章不考虑测试或争论每种理论的价值,而是将 RHT 和 TPB 的目的看作呈现方案研究的不同思路,每个思路都有助于解释超速行驶的特点。按照质量控制计划,RHT 和 TPB 可以被视为改变超速行驶的特点和动力的一系列参数。在这里,重点不在于运用实验演绎法测试每种理论的价值,而在于理论的实用性,即加深我们对不同超速行驶特点和相关后果的理解。

18.4.1.2 行为因素

驾驶并不是一项简单地允许驾驶人开车从 A 点到 B 点的单一连续的反应程序,而是多模式多层次的反应程序和子程序的集合。这些驾驶程序和子程序相对不受限制,通常由驾驶人自己选择或根据习惯来安排。举例来说,一个驾驶人以他喜欢的车速开车,打开收音机,拆开一袋玉米片抓一些来吃,然后在嚼玉米片和听音乐的同时,查看手机刚收到的短信——这并不是安全驾驶。

换句话说,正常的"合格的"驾驶不再要求警觉性和集中注意力。也就是说,驾驶人在保证车辆安全、完好和向前行驶的同时,散漫自由并有能力做出偏离驾驶反应(TDR),如吃喝、听音乐或谈话广播以及进行手机通话。研究者已经开始描述驾驶人在驾驶和 TDR 之间转换的能力和熟练度,并监视这些同时性反应的相对需求(Shinar、Tractinsky 和 Compton,2005)。

这个多任务环境的复杂性显示,当一系列反应的需求变得比其他反应的需求重要时,驾驶人需要对其进行补偿性调整(Haigney、Taylor 和 Westerman,2000)。驾驶人做出降低或者消除了车辆运行安全的偏离驾驶反应(TDR)的程度,已经成为驾驶人分心的一个普遍定义(Streff 和 Spradlin,2000)。TDR 如何变成影响安全驾驶的关键影响因素并影响驾驶行为已经被概念化,这涉及:①双重任务干扰(Strayer 和 Johnston,2001);②自我调节和补偿的缺乏(Poysti、Rajalin 和 Summala,2005);③认知容量超载(Engstrom、Johansson 和 Ostlund,2005;Patten、Kircher、Ostlund 和 Nilsson,2004)。

研究表明,驾驶人在参与 TDR 时经常调整车速,这成为分心的表现。分心的复杂性分成 4 种模式:视觉、听觉、躯体和认知。但是,这 4 种模式是抽象的概念,它们用来描述和组成分心的"事物"和"事件",如车的仪表盘和控制台(如车上的调频收音机)、其他私人设备或物品(如手机、食物或饮料)以及其他来源的信息和交流(如乘客、广告牌和路标)。举例来说,Horberry、Anderson、Regan、Triggs 和 Brown(2006)的研究显示,驾驶人打开收音机和 CD 播放器会使他们总体的平均车速降低。许多驾驶模拟研究发现,使用手机可以降低驾驶人的车速,增加与前面车辆的车距(Haigney 等,2000;Strayer 和 Drews,2004;Strayer、Drews 和 Johnston,2003)。此外,通过模拟手机通话发现,减速还与驾驶人所承担的认知任务有关(Haigney 等,2000;Rakauskas、Gugerty 和 Ward,2004)。

18.4.1.3 文化因素

驾驶与文化、经济或政治相关。事实上,驾驶背后的文化背景是复杂的辩证关系——在希望快点去旅行和保证安全的需要之间存在一种紧张感。一方面,可以在超速行驶概念中融入象征意义和社会意义以证明我们的身份、机构和团体的成员资格。在此,速度与汽车制造商如何设计车辆有关——制造商如何从功率、性能和外观入手出售车辆。车辆的款式和性能与我们的文化氛围是相符的。因此,我们要寻找符合我们自我认同感的款式和性能的汽车。

驾驶人作为一个大群体,必须将道路作为一种公共资源共享(Hardin,1998;Porter 和 Berry,2004)。人们在道路上的行为是一种公共活动,甚至更多的是一种文化活动,这包括我们如何看待自己是驾驶人(自我利益)和他人如何看待我们自己是驾驶人(集体利益)。在公路上驾驶与文化习惯类似,这一文化习惯与风俗、礼节和规则一致。举例来说,在美国,慢车应该在右边的车道行驶,快车在左边的车道行驶。从车速的角度上看,快好于慢,车辆越来越快,功率越来越大,性能越来越好,这是 20 世纪航天时代的象征,是现代化和自由的表达(Gleick,1999)。在 21 世纪,随着无燃料发动机的来临,人们还将看到"越快越好"是否会被不同或更好的组织原则所替代。

另一方面,超速行驶需要公众、个人和政府机构来调整在建立驾驶系统过程中驾驶人的行为以及资源和法律(如人员、货运、信息的运输和出行)。政府机构统计了损失、伤害和死亡数据,通过建立法律和规则来纠正有缺陷的地方,进而保证驾驶人的安全。然而,经济学家、政府官员、商业领袖、车辆制造商和大众都意识到限速法规是一把双刃剑。通常,人们认为较快的车速可以减少行驶时间,然后增加空余时间,并可以在提高产量和效率的同时减少驾驶疲劳、压力和负担。人们对提高限定车速的法律争论激烈,各方都提出了充分的经济和个人原因(Jorgensen 和 Polak,1993)。相比之下,安全专家指出,限定车速的提高会减少驾驶人对途中的突发事件做出反应的时间,增加制动的距离,增加事故、伤害和死亡的可能性(Farmer、Retting 和 Lund,1999;Joksch,1993)。另外,与支持高速出行的经济原因相比,交通安全研究者发现,驾驶人在考虑用更低或更高的车速行驶时,对"节省时间"有着错误的判断(Fuller 等,2009)。

制定限速法律是政府为了影响驾驶人的行为所采用的一种直接的方式。然而,规定最高车速是管理驾驶速度、驾驶人的选择和驾驶人规范这整个系统中的一个部分。根据 Lave 和 Elias(1994)的研究,设置最高车速限制和委派执法警察与巡逻队很可能会影响驾驶人关于路径选择、对执法风险的感知和规避的看法以及遵守标牌限速方面的选择。在美国,联邦政府颁布法律取消了国家 55mile/h(88km/h)的最高车速限制。目前,有 33 个州将车速限制提高到 70mile/h(112km/h)或更高;通常来讲,那些被确定为"农村公路"的公路比"城市公路"或"其他公路"所限定的车速更高。Farmer 等(1999)提出了提高限速的重要性不在于必须指定限速值,而在于驾驶人如何在公布的限速附近和超过限速的情况下分配他们选择的车辆速度。许多研究显示,提高限速会导致平均车速的少量提高[2mile/h(3.2km/h)或 3mile/h(4.8km/h)],然而,一项更重要的发现是驾驶人会自行选择是否超速驾驶(Retting 和 Greene,1997)。这些研究表明,限速的变化不只改变了平均车速,而且影响了已达到平均值的车速分布。比如 Retting 和 Greene 发现,在取消国家最高车速限制后,加利福尼亚州和得克萨斯州两个州 40%~50% 的驾驶人的车速超过了 70mile/h(112km/h)。

驾驶人向更高或更低的速度转变的一个可能机制或许是一种建模的结果(即驾驶人对其他驾驶人如何选择速度偏好的观察)。正如之前提到的,道路可以被视为一种被所有驾驶人共享的公共资源。驾驶人共享的不只有道路上的空间,还有其他驾驶人的实际选择。研究指出,驾驶人可能会通过比较来估计自己的首选车速(Aberg、Larsen、Glad 和 Beilinons, 1997;Connolly 和 Fishbein,1993;Haglund 和 Aberg,2000)。在 Retting 和 Greene(1997)研究结果的基础上,Haglund 和 Aberg 发现,超出高限速(90km/h)的驾驶人与低速行驶(50km/h)的驾驶人相比,前者所在的社会比较能解释更多差异(41%)。这个研究说明,驾驶是在社会环境中进行的,驾驶人要通过观察别人的驾驶方式来学习什么是正常和可被接受的加速行为。

由于驾驶人之间会因共享道路资源而相互影响,因此他们也享有着相似或不同的文化背景,这是由一项对不同地区、民族和文化的人进行了比较的跨文化研究得出的(Triandis, 1989)。据 WHO 统计,全世界各个国家存在风险、伤害和死亡人数有着巨大差异,不同国家的死亡人数与整体国民收入有关,低收入和中等收入国家发生死亡和伤害事故的概率最大(Peden 等,2004)。国家之间的这种差异与国民收入和死亡人数的有关,很可能是由很多原因导致的,比如道路质量、实施策略、教育水平、车辆类型、国家交通法律和驾驶人对法律与规范的服从。从社会心理学的角度上看,Warner 等(2009)研究了瑞典和土耳其的驾驶人超速行驶选择的潜在文化差异。Warner 等利用 TPB(Ajzen,1985)说明驾驶人遵守限速规定的动机可以通过文化差异揭示出来。瑞典和土耳其驾驶人的速度选择的差异从本质上来说在于态度、主观规范和知觉行为控制。具体来说,瑞典驾驶人对遵守限速要求的态度和主观规范更积极,也感受到更多对超速行驶的控制。超速行驶死亡人数的统计与所增加的超速行驶事件有关,土耳其的报告与此结论一致,土耳其与交通有关的死亡事件的发生率是瑞典的 4 倍多[根据 Warner 等(2009)的研究结果,土耳其和瑞典每 10 万人中死亡人数分别为 38 人和 8.5 人]。

18.4.2 环境因素

图 18-8 中指出的第二组先行因素,说明了道路动力和车辆系统及控制的影响。一般来说,环境因素通过直接和相关方式影响着驾驶人周围的环境。虽然驾驶人周围可能有很多环境因素,但是驾驶人在驾驶时一定要加工外部信息的来源。因此,正如之前讨论过的,环

境因素与驾驶人因素有交互作用。

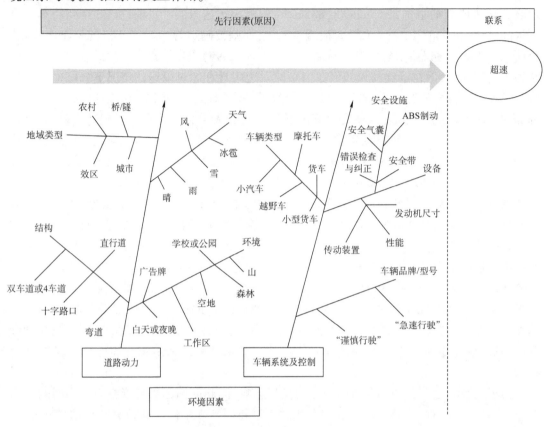

图18-8 超速行驶的环境因素：鱼骨图后半部分

注：超速行驶的后果见图18-2。

18.4.2.1 道路动力

道路建设的预算和责任取决于多样化的组织、机构、安全专家、工程师和规划师。相关人员如何对道路进行计划、建设并维持会影响整个驾驶人交通出行系统（Elvik，2008；Wong等，2006）。正如Lave和Elias（1994）所指出的，驾驶人对道路的选择和如何驾驶，取决于相互作用的变量系统（如执法资源、限速和某些道路固有的风险）。道路管理对于速度控制、车流量和安全出行至关重要。

正如之前所讨论的，道路被视作一种公共资源、一个公共区域或以活动为焦点的环境（Porter和Berry，2004）。驾驶人在出行和驾车时会改变车速（从慢到快），并且道路的条件也会改变。从交通死亡资料的数据来看，与超速有关的死亡者通常包括两个群体："超出限定车速"（EPSL）和"特定情境下驾车过快"（DTFFC）导致的死亡者。道路环境起到调节车速的作用，不安全的车速是由于驾驶人对车速的错误选择或不注意当前车辆速度已变得越来越危险的环境提示。Liu和Chen（2009）调查了EPSL和DTFFC的死亡事故统计资料。他们在分析中指出，总死亡事故中有55%属于EPSL，而其他45%属于DTFFC。但是，对与超速有关的总体事故的调查指出，74%属于DTFFC，说明驾驶人缺乏注意和调节车速以便更适应道路环境的能力。有趣的是，DTFFC与EPSL相比，前者在高限速[50mile/h（80km/h）]以上时更容易发生,而后者在低限速时更容易发生。

在过去的10年间,车速合规性调查人员列出了一类驾驶人无视限速规定的模式(Mannering,2009)。有人认为,这种对规定的忽视是因为驾驶人带着愤世嫉俗的态度,认为限速规定是一种政治工具(政府机构产生税收,类似公众对闯红灯摄像机的抱怨)。但是,Mannering指出,如果车速限制和警察巡逻与道路安全有关,那么驾驶人自我报告时,会低估自己超出的速度量。其他研究者提出,实施限速的区域产生了"光环效应":在限速实施时期结束后的几周里,驾驶人的平均车速有所下降(Vaa,1997)。限速科学同样说明了,是否遵守限速要求,取决于驾驶人对执法、罚单和事故风险的预期程度。

举例来说,Tay(2009)研究了学校和娱乐场所附近的双车道和4车道道路上驾驶人遵守车速规定的情况。他的研究结果表明,驾驶人对靠近学校和操场的道路位置很敏感。具体来说,与在娱乐区域的驾驶人相比,在学校区域驾驶不太可能超速(53%、62%),他们的实际车速大于限定车速的程度较低(分别为31.86km/h、33.43km/h)。另外,双车道和4车道的车速差异不显著。

研究表明,道路信息(限速标志)的明确性是影响首选车速的原因之一。但是,不显眼的道路环境,特别是路况(农村、城市),在超速行为上产生了作用。Antonson、Mardh、Wiklund和Blomqvist(2009)使用模拟器展示了不同道路场景配置如何影响驾驶人的车速选择。与森林或变化的环境相比,位于开阔地形环境中的道路更有可能出现更大的超速行为。Antonson等通过自我报告的方法也发现,与在森林里和复杂地形上行车相比,被试在空旷开阔的道路上行车时感到更放松和安全。Garber和Kassebaum(2008)的研究结果与Antonson等的研究结果一致,它显示了弗吉尼亚州道路上的交通事故发生率比农村和城市的双车道公路上的高。正如Antonson等所研究的,在农村和城市道路上选择的车速可能暗含这些道路固有的风险,所以被试要相应调节车速。

研究者的另一个模拟器研究调查了道路对驾驶人的选择和疲劳的影响。Oron Gilad和Ronen(2007)假设在直行道上行驶的驾驶人比在弯道行驶的驾驶人更常使用疲劳应对策略。他们的研究结果表明,与弯道相比,直行道上的驾驶人更可能随着时间的增加而提高车速。除了提高车速外,直行道上的驾驶人在驾驶质量和车道保持方面表现较差。

18.4.2.2 车辆系统及控制

在过去的50年里,货车和汽车制造者们一直在努力改进车辆设计和提升组装质量。随着车辆和道路技术的进步,车辆设计、安全和性能的增强,Gibsonian提出驾驶人能感知超速行驶的可行性(Gibson,1979)。研究表明,车辆系统对汽车、货车或摩托车的性能是很重要的,它会影响驾驶人的超速行为。Quality Planning(2010)指出,一家汽车保险分析公司发布了一份报告,报告表明,车辆品牌和型号与车主驾驶的方式有关。这份报告显示,"急速行驶"的车辆比"谨慎行驶"的车辆更容易违规。两类车的差别在于,"急速行驶"的车辆大多是高性能的轿车、敞篷车、双门跑车和折篷汽车,相反,"谨慎行驶"的车辆大多是以家庭为导向的,如SUV、迷你车和轿车。影响车速的最显著因素包括发动机大小、车重和驾驶人对车辆总体情况的感觉(Yannis、Golias和Papadimitriou,2005)。而且,这些车辆因素很多会受到年龄和使用时间的影响(Wasielewski,1984),进而影响驾驶人的超速行为和与超速有关的事故(如轮胎磨损、车龄和其他车辆系统参数)。

不明显的因素也可能会影响车速。一般来说，安全设施促使驾驶人高速行驶。安全设施包括气囊、防抱死制动系统(ABS)和电子稳定控制系统(ESC)。正如之前所讨论的，用风险补偿来解释这些车辆系统对超速行驶的影响。在Aschenbrenner和Biehl(1994)的自然研究中，比较了有ABS的出租汽车驾驶员和没有ABS的出租汽车驾驶员，通过对他们的访谈发现，有ABS的驾驶人在驾驶时风险更大、车速更高。发生风险补偿效应一个可能的原因是，驾驶人认为这种安全装置可以提高性能和安全。基于这样的理解，驾驶人提高了感知行为控制的能力。Vadeby(2009)使用计划行为理论方法评估了风险补偿。研究者对结果提出了一个强有力的解释：驾驶人是否决定加速取决于他/她是否认为自己的车上安装了ABS或ESC。

但是，装有安全设施的车辆在设计之初是为了对风险的确定性提供警告信息，以便这些车辆的驾驶人调节和降低他们的车速。碰撞警告系统和岔路警告碰撞系统都会向驾驶人发出可能突发事故的危险信号(听觉或语音)(Chang、Lin、Hsu、Fung和Hwang，2009)。模拟器研究表明，碰撞警告系统装置要求驾驶人减速并提高对某些情境(如城市的交叉口)的反应时间，这些情境比其他情境(如开阔、不拥堵的州际公路)更危险(Chang等，2009)。他们没有研究这些装置对超速行驶的影响，但Young等(2008)展示了智能安全带提醒系统的实用性，它可以在驾驶速度危险或超出法定车速时提醒未系安全带的驾驶人和乘客。

Rudin-Brown(2006)的研究显示，影响因素也许是货车和汽车的车辆系统和设计的一个辅助部分，当显示器无法为驾驶人提供参考时，驾驶人相对道路的高度会影响车速的选择。该模拟器方法试图为小型跑车和多功能车的驾驶人建立高度配置的模型。不同车辆类型的驾驶人必须采用舒适而安全的车速来驾驶无显示器车辆。研究结果表明，多功能车驾驶人的眼睛高度与车速的增加有关。这一数据揭示了超速行驶复杂的本质，强调了本章的基本主题——超速行驶是一种与显著和不显著的原因变量有关的行为。此外，本章建议，要想理解因素和变量(大和小、主要和次要)，研究者应该将超速行驶看作一个质量控制问题。

18.5 在实践中关注全局：有可能提高超速行驶的质量吗？

目前还没有出现单一的理论方法或模型使超速行驶科学系统化。这可能是因为超速行驶的复杂性和多因果性，而不是因为科学的任何固有弱点。本章的一个目的是对超速行驶科学的宽度和深度做一个简短的代表性文献综述。然而，其他研究者对基于证据的文献的综述提供了理论框架，还包括具体目标或方法。通常来说，这些理论框架将一种系统方法应用在交通安全上，特别是在问题应对或结果方面。较早的系统方法之一是由Haddon(1968)提出的，他探讨了车辆事故的复杂性，并将3×3因素矩阵系统进行了概念化。将与车辆事故和伤害相关的原因划分为3种：人员、车辆和设备、环境。然后，根据3个事故阶段(事故前、事故时和事故后)将这3种原因联系起来。通过这个9元矩阵，可以大体了解减少事故伤害和死亡所涉及的系统和建议。

Garber和Kassebaum(2008)使用了一种较新的方法来证明和评估弗吉尼亚州地区的城市、农村公路上高风险地点相关的原因。他们使用故障树分析法表明，系统方法在统计交通事故报告中寻求定性和定量细节，以便更好地完善补救措施和干预措施。本章大部分内容把重点放在揭示城市和农村公路风险的复杂性的细节和准确性上。Garber 和 Kassebaum 的故障树分析法与 Haddon 的矩阵类似，可以获得大量多方面的详细资料，这些资料可以包含在 Haddon 矩阵中的人、车和环境的因果因素。

另一种减少交通安全问题复杂性的方式是审查一系列工作，将重点放在理论和模型上。Elvik 在过去大约 10 年的时间里评估了一系列工作，这些工作致力于整理文献和设计不同可能的方式来理解交通安全证据。简单来说，他试图通过几个方面来揭示其复杂性：①设计理论框架用于评估评价研究（Elvik，2004）；②探究事故数据库的统计学规律，揭示"事故成因的规律"（Elvik，2006）；③列举 9 条道路安全特点（Elvik，2008）；④对难解决的道路安全问题使用分类方法（Elvik，2010）；⑤记录应用于事故成因的多元模型的优点和缺点（Elvik，2011）。正如本文所述，在交通安全领域方面的研究者正忙于探究影响超速行驶的因素的重要实证证据。但是，正如 Elvik 所论证的，该领域需要理论框架和模型来整理每年出现的大量证据。

在本章中，为了分析驾驶人所选车速的大量证据，我们提出了一种质量控制计划的方法。我们在整理的过程中使用了鱼骨图，试图为制造商和工程师生产高质量的复合产品（如汽车、计算机和软件）所使用的方法建立模型，这些产品对误差、错误或缺陷的敏感性很高。超速行驶的研究者们通过使用鱼骨图，并从学科专家的角度查看鱼骨图，可以更好地了解重点所在。合理地使用鱼骨图的启发性价值在于可以将事物之间的多种联系可视化、厘清主次因果关系，并且允许将复杂性作为主要焦点，而不是关注降低复杂性的方法。

本章阐明了超速行驶是一个连续变量，它在先行因素的多维领域和积极、消极后果之间起到中介作用。虽然超速行驶只是用于解释事故相关伤害和死亡的驾驶行为的一部分，但是毫无疑问，超速行驶是一个普遍因素，它在大多数的交通事故中起到必要或充分的作用。与其他研究者的发现（Elvik，1996，2010，2011；Haddon，1968；Garber 和 Kassebaum，2008）一致的是，像鱼骨图这样的方法可以帮助驾驶人减少交通事故并提高安全系数。

乍看之下，鱼骨图的优点在于促进对原因和结果的讨论和检测。研究者和安全专家通过鱼骨图的直观显示，可以结合他们的意见、想法和计划来建立新的实证测试。向管理和资助机构揭示鱼骨图的复杂性，这些机构会更明智地把重要的交通安全问题或主要研究作为目标。另外，鱼骨图中包含很多研究思路，可能会引出跨学科的研究，如涉及人格心理学和智能车速调节设备的研究（Carsten 和 Tate，2005）。

对鱼骨图进行探究就可以看出它的缺点——缺少基本的定量表达式，不像路径分析技术、多变量统计或基于元分析的文献综述。但是，鱼骨图技术在不断进步，它应用在每个分支学科的因素和变量的数学表达式上，用于方差的加权和分解（"加权的鱼骨图"过程；Gwiazda，2006）。如果这种技术不断发展，可能会证明鱼骨图法是一种强大的工具，它既是一种启发式的工具，又是一种与元分析统计类似的测量方法（如 Cohen's d）。但是，鱼骨图的最初意图是将它作为一个定性工具，作为一种质量控制计划，新增的指标只会增加它的价值，而不会取代它。因此，我们希望交通安全研究者可以将这个工具作为交通安全问题的事后分析手段，应用到实验室的头脑风暴或会议讨论中去。

另外，我们指出，Elvik（2010）在概述解决"超速问题"的困难时给出了很多原因。他认为超速行驶是一种社会困境，这可能是对的，超速行驶具有以下特点：①是普遍的和受宽容的;②具有一定的历史且得到电影和体育媒体的支持;③其风险是被低估的;④与年轻驾驶人的生物特性有联系。要想克服这些阻碍并解决超速行驶的影响,需要巨大的努力——全世界的工程师、设计师、研究者和理论家的协调和合作。毫无疑问,这种努力需要一个框架和一个整合的过程。或许选择框架或计划应该从问题的质量和解决过程着手,而不是只关注问题的数量。鱼骨图虽然只是一种成功解决工业问题的方法,但它持续应用于解决不同种类的社会困境——例如将鱼骨图应用于分解安全可靠且有价值的产品的复杂生产过程之中。

本章参考文献

ABERG L, LARSEN L, GLAD A, et al, 1997. Observed vehicle speed and drivers' perceived speed of others[J]. Applied Psychology: An International Review, 46(3):287-302.

AJZEN I. From intentions to actions: A theory of planned behavior[M]. In J. Kuhl, & J. Beckmann (Eds.), Action control: From cognition to behavior. Berlin: Springer-Verlag, 1985:11-39.

ANTONSON H, MARDH S, WIKLUND M, et al, 2009. Effect of surrounding landscape on driving behaviour: A driving simulator study[J]. Journal of Environmental Psychology, 29: 493-502.

ASCHENBRENNER M, BIEHL B, 1994. Improved safety through improved technical measures? Empirical studies regarding risk compensation processes in relation to anti-lock brake systems [J]. In R. M. Trimpop, & G. J. S. Wilde (Eds.), Changes in accident prevention: The issue of risk compensation. Groningen, The Netherlands: Styx.

BANDURA A, 1997. Self-efficacy: The exercise of control[M]. New York: Freeman.

BERRY T D, GELLER E S, 1991. A single-subject approach to evaluating vehicle safety belt reminders: Back to basics[J]. Journal of Applied Behavior Analysis, 24:13-22.

BRAMBLE D M, LIEBERMAN D E, 2004. Endurance running and the evolution of Homo[J]. Nature, 432:345-352.

BYRNES J P, MILLER D C, SCHAFER W D, 1999. Gender differences in risk taking: A meta-analysis[J]. Psychological Bulletin, 125(3):367-383.

CARSTEN O M J, TATE F N, 2005. Intelligent speed adaptation: Accident savings and costebenefit analysis[J]. Accident Analysis and Prevention, 37(3):407-416.

CHANG S H, LIN C Y, HSU C C, et al, 2009. The effect of a collision warning system on the driving performance of young drivers at intersections[J]. Transportation Research Part F: Psychology and Behaviour, 12(5):371-380.

CIALDINI R B, 2001. Influence: Science and practice[M]. Boston: Allyn & Bacon.

CONNER M, LAWTON R, PARKER D, et al, 2007. Application of the theory of planned behavior to the prediction of objectively assessed breaking of posted speed limits[J]. British

Journal of Psychology, 98:429-453.

CONNOLLY T, FISHBEIN M,1993. Some contagion models of speeding[J]. Accident Analysis and Prevention, 25:57-66.

ELLIOTT M A, ARMITAGE C J,2009. Promoting drivers' compliance with speed limits: Testing an intervention based on the theory of planned behaviour[J]. British Journal of Psychology, 100:11-32.

ELLIOTT M A, ARMITAGE C J, BAUGHAN C J,2003. Drivers' compliance with speed limits: An application of the theory of planned behavior[J]. Journal of Applied Psychology, 88:964-972.

ELLIOTT M A, ARMITAGE C J, BAUGHAN C J, 2005. Exploring the beliefs underpinning drivers' intentions to comply with speed limits [J]. Transportation Research Part F: Psychology and Behaviour, 8:459-479.

ELLIOTT M A, THOMSON J A,2010. The social cognitive determinants of offending drivers' speeding behaviour[J]. Accident Analysis and Prevention, 42(6):1595-1605.

ELVIK R,1996. Does prior knowledge of safety effect help to predict how effective a measure will be[J]. Accident Analysis and Prevention, 28(3):339-347.

ELVIK R, 2004. To what extent can theory account for the findings of road safety evaluation studies[J]. Accident Analysis and Prevention, 36(5):841-849.

ELVIK R,2006. Laws of accident causation[J]. Accident Analysis and Prevention, 38(4):742-747.

ELVIK R, 2008. Road safety management by objectives: A critical analysis of the Norwegian approach[J]. Accident Analysis and Prevention, 40(3):1115-1122.

ELVIK R, 2010. Why some road safety problems are more difficult to solve than others [J]. Accident Analysis and Prevention, 42(4):1089-1096.

ELVIK R,2011. Assessing causality in multivariate accident models[J]. Accident Analysis and Prevention, 43(1):253-264.

ENARSSON L,1998. Evaluation of suppliers: How to consider the environment[J]. International Journal of Physical Distribution, 28(1): 5-17.

ENGSTROM J, JOHANSSON E, OSTLUND J,2005. Effects of visual and cognitive load in real and simulated motorway driving[J]. Transportation Research Part F: Traffic Psychology and Behaviour, 8(2):97-120.

FARMER C M, RETTING R A, LUND A K,1999. Changes in motor vehicle occupant fatalities after repeal of the national maximum speed limit[J]. Accident Analysis and Prevention, 31(5):537-543.

FULLER R, GORMLEY M, STRADLING S, et al,2009. Impact of speed change on estimated journey time: Failure of drivers to appreciate relevance of initial speed[J]. Accident Analysis and Prevention, 41:10-14.

FURNHAM A, SAIPE J,1993. Personality correlates of convicted drivers[J]. Personality and

Individual Differences, 14(2):329-336.

GABANY S G, PLUMMER P, GRIGG P,1997. Why drivers speed: The speeding perception inventory[J]. Journal of Safety Research, 28(1):29-35.

GARBER N J, KASSEBAUM E A,2008. Evaluation of crash rates and causal factors for high-risk locations on rural and urban two-lane highways in Virginia [R]. (Research Report). Charlottesville: Virginia Transportation Research Council.

GIBSON J J,1977. The theory of affordances. In R. Shaw, & J. Bransford (Eds.), Perceiving, acting, and knowing: Toward an ecological psychology[M]. Hillsdale, NJ: Erlbaum,1977: 67-82.

GIBSON J J,1979. The ecological approach to visual perception[M]. Boston: Houghton Mifflin.

GLEICK J,1999. Faster: The acceleration of just about everything[M]. New York: Pantheon.

GWIAZDA A,2006. Quality tools in a process of technical project management[J]. Journal of Achievement in Materials and Manufacturing Engineering, 18(1):439-442.

HADDON W,1968. The changing approach to the epidemiology, prevention, and amelioration of trauma: The transition to approaches etiologically rather then descriptively based [J]. American Journal of Public Health, 58:1431-1438.

HAGLUND M, ÂBERG L,2000. Speed choice in relation to speed limit and influences from other drivers[J]. Transportation Research Part F: Traffic Psychology and Behaviour, 3(1):39-51.

HAIGNEY D E, TAYLOR R G, WESTERMAN S J,2000. Concurrent mobile (cellular) phone use and driving performance: Task demand characteristics and compensatory processes[J]. Transportation Research Part F: Traffic Psychology and Behaviour, 3:113-121.

HARDIN G, 1998, May. Extensions of the "Tragedy of the Commons."[J]. Science, 280: 682-683.

HORBERRY T, ANDERSON J, REGAN M A, et al,2006. Driver distraction: The effects of concurrent in-vehicle tasks, road environment complexity and age on driving performance[J]. Accident, Analysis and Prevention, 38(1):185-191.

JEREMY. World's most expensive speeding tickets[J/OL]. The Most Expensive Journal. [2010-05-04]. http://www.most-expensive.net/speeding-ticketsworld.

JOKSCH H C,1993. Velocity change and fatality risk in a crash: A rule of thumb[J]. Accident Analysis and Prevention, 25:103-104.

JORGENSEN D W, STIROH K J. Raising the speed limit: U. S. economic growth in the information age. In W. C. Brainard, & G. L. Perry (Eds.), Brookings papers on economic activity[M]. Washington, DC: Brookings Institution Press,2000:125-211.

JORGENSEN F, POLAK J, 1993. The effect of personal characteristics on drivers' speed selection: An economic approach[J]. Journal of Transport Economics and Policy, 27(2): 237-252.

LAJUNEN T, PARKER D, STRADLING S G,1998. Dimensions of driver anger, aggressive and highway code violations and their mediation by safety orientation in UK driver [J].

Transportation Research Part F: Traffic Psychology and Behaviour, 1(2):107-121.

LAVE C, ELIAS P, 1994. Did the 65 mph speed limit save lives[J]. Accident Analysis and Prevention, 26(1):49-62.

LIU C, CHEN C L, 2009. An analysis of speeding-related crashes: Definitions and the effects of road environments. (DOT HS 811 090)[R]. Washington, DC: National Highway Traffic Safety Administration.

MANNERING F, 2009. An empirical analysis of driver perceptions of the relationship between speed limits and safety[J]. Transportation Research Part F: Psychology and Behaviour, 12(2):99-106.

MEARS P, 1995. Quality improvement tools & techniques[M]. New York: McGraw Hill.

MONTAG I, COMREY A L, 1987. Internality and externality as correlates of involvement in fatal driving accidents[J]. Journal of Applied Psychology, 72:339-343.

National Highway Traffic Safety Administration, 2008. Traffic safety facts: 2008 data (DOT HS 811 166)[R/OL]. [2013-05-16]. http:/ www-nrd. nhtsa. dot. gov/pubs/ 811172. PDF.

National Highway Traffic Safety Administration, 2010. Traffic safety facts: Research note (DOT HS 811 363)[R/OL]. [2013-05-16]. http://www-nrd. nhtsa. dot. gov/Pubs/811363. PDF.

NEWNAM S, WATSON B, MURRAY W, 2004. Factors predicting intentions to speed in a work and personal vehicle[J]. Transportation Research Part F: Psychology and Behaviour, 7: 287-300.

ORON-GILAD T, RONEN A, 2007. Road characteristics and driver fatigue: A simulator study [J]. Traffic Injury Prevention, 8:281-289.

ÖZKAN T, LAJUNEN T, 2005. Multidimensional traffic locus of control scale (T-LOC): Factor structure and relationship to risky driving[J]. Personality and Individual Differences, 38:533-545.

PATTEN C J D, KIRCHER A, OSTLUND J, et al, 2004. Using mobile telephones: Cognitive workload and attention resource allocation[J]. Accident Analysis and Prevention, 36(3):341-350.

PEDEN M, SCURFIELD R, SLEET D, et al, 2004. World report on road traffic injury prevention, Vol. 7[R]. Geneva: World Health Organization.

PELTZMAN S, 1975. The effects of automobile safety regulation[J]. Journal of Political Economy, 83(4):677-726.

PORTER B E, BERRY T D, 2004. Abusing the roadway "commons": Understanding aggressive driving through an environmental preservation theory[M]. In T. Rothengatter, & R. D. Huguenin (Eds.), Traffic and transport psychology. Bern, Switzerland: Elsevier. 2004: 165-176.

POYSTI L, RAJALIN S, SUMMALA H, 2005. Factors influencing the use of cellular (mobile) phone during driving and hazards while using it[J]. Accident, Analysis and Prevention, 37: 47-51.

Quality Planning, 2010. Auto insurance analysis: Does what we drive affect how we drive[R]. San Francisco.

RAKAUSKAS M E, GUGERTY L J, WARD N J, 2004. Effects of naturalistic cell phone conversation on driving performance[J]. Journal of Safety Research, 35:453-464.

RETTING R A, GREENE M A, 1997. Traffic speeds following repeal of the national maximum speed limit[J]. ITE Journal, 67:42-46.

RICHARD C J, 2010. Why we're all Romans: The Roman contribution to the Western World [R]. Lanham, MD: Rowman & Littlefield.

RIVIS A, SHEERAN P, 2003. Descriptive norms as an additional predictor in the theory of planned behavior: A meta-analysis[J]. Current Psychology, 22(3):218-233.

ROTTER J B, 1966. Generalized expectancies for internal versus external control of reinforcement [J]. Psychological Monographs, 80:1-28.

RUDIN-BROWN C M, 2006. The effect of driver eye height on speed choice, lane-keeping, and car-following behavior: Results of two driving simulator studies[J]. Traffic Injury Prevention, 7:365-372.

SHINAR D, TRACTINSKY N, COMPTON R, 2005. Effects of practice, age, and task demands on interference from a phone task while driving[J]. Accident Analysis and Prevention, 37:315-326.

STALHANE T, DINGSOYR T, HANSSEN G K, et al. Post mortem: An assessment of two approaches[M]. In R. Conradi, & A. I. Wang (Eds.), Empirical methods and studies in software engineering: Experiences from ESERNET. Berlin: Springer-Verlag, 2003:129-141.

STRAYER D L, DREWS F A, 2004. Profiles of driver distraction: Effects of cell phone conversations on younger and older drivers[J]. Human Factors, 46: 640-649.

STRAYER D L, DREWS F A, JOHNSTON W A, 2003. Cell-phone induced failures of visual attention during simulated driving [J]. Journal of Experimental Psychology: Applied, 9:23-32.

STRAYER D L, JOHNSTON W A, 2001. Driven to distraction: Dual-task studies of simulated driving and conversing on a cellular telephone[J]. Psychological Science, 12:462-466.

STREFF F M, GELLER E S, 1988. An experimental test of risk compensation: Between-subject versus within-subject analysis[J]. Accident Analysis and Prevention, 26:277-287.

STREFF F M, SPRADLIN H K, 2000. Driver distraction, aggression and fatigue: A synthesis of the literature and guidelines for Michigan planning[R]. (Report No. UMTRI-2000-10). Ann Arbor: University of Michigan Transport Research Institute.

TAY R, 2009. Speed compliance in school and playground zones[J]. Institute of Transportation Engineers Journal, 79(3):36-38.

TRIANDIS H C, 1989. The self and social behavior in differing cultural contexts [J]. Psychological Review, 96:506-520.

VAA T, 1997. Increased police enforcement: Effects on speed [J]. Accident Analysis and

Prevention, 29(3):373-385.

VAA T,2001. Cognition and emotion in driver behavior models: Some critical viewpoints[C]. In Proceedings of the 14th International Cooperation of Theories and Concepts in Traffic Safety, Caserta, Italy.

VADEBY A,2009. Car driver perceptions of technical support systems such as electronic stability control (ESC) systems and anti-lock braking systems ADS[C]. Paper presented at the VTI Conference, Young Researchers Seminar, Torino, Italy.

WARNER H W, ÖZKAN T, LAJUNEN T, 2009. Cross-cultural differences in drivers' speed choice[J]. Accident Analysis and Prevention, 41:816-819.

WASIELEWSKI P,1984. Speed as a measure of driver risk: Observed speeds versus driver and vehicle characteristics[J]. Accident Analysis and Prevention, 16(2):89-103.

WILDE G J S,1994. Target risk: Dealing with the danger of death, disease, and damage in everyday decisions[R]. Toronto: PDE.

WONG S C, SZE N N, YIP H F,et al,2006. Association between setting quantified road safety targets and road fatality reduction[J]. Accident Analysis and Prevention, 38(5):997-1005.

YANNIS G, GOLIAS J, PAPADIMITRIOU E,2005. Driver age and vehicle engine size effects on fault and severity in young motorcyclists accidents[J]. Accident Analysis and Prevention, 37: 327-333.

YOUNG K L, REGAN M A, TRIGGS T J, et al, 2008. Field operational test of a seatbelt reminder system: Effects on driver behaviour and acceptance[J]. Transportation Research Part F: Psychology and Behaviour, 11(6):434-444.

第 19 章 穿越交通控制

理查德·雷廷(Richard Retting)
美国弗吉尼亚州,阿灵顿,山姆·施瓦茨工程公司(Sam Schwartz Engineering, Arlington, VA, USA)

19.1 交通事故:关注的基本点

传统的十字路口是交通事故的高发路段。可以通过使用交通信号灯和停车标志来控制驾驶人之间的冲突和与这些冲突相关的碰撞,但无法完全避免它们的发生。这些信号灯和停车标志规定驾驶人如何驶入十字路口。驾驶人高度自愿遵守交通信号灯以及停车标志一类的交通控制设施能够保证车辆安全有序地驶入十字路口。如果驾驶人有意或无意地无视红灯停车要求或不遵守停车标志要求,会使自己和其他道路使用者面临严重受伤事故的风险。根据美国国家公路交通安全管理局(NHTSA)统计所获得的数据,大量的伤亡交通事故发生在交通信号灯和停车标志处,在 2009 年有 4861 起致死交通事故和大约 57.8 万起致伤交通事故在交通信号灯和停车标志处发生(NHTSA,2010)。

许多研究调查了警方报告的交叉口事故,发现与驾驶人违反交通管制的程度有关。举例如下:

(1) 2009 年,由闯红灯引起的交通事故造成了 676 人死亡和 11.3 万人受伤[美国高速公路安全保险协会(IIHS),2010]。在由闯红灯引起的交通事故中,接近半数的死亡者是行人和被撞击的其他车辆的乘客。另外,IIHS 调查发现,与其他类型的城市交通事故相比,在由闯红灯引起的交通事故中,驾驶人更容易受伤。

(2) Retting、Williams、Preusser 和 Weinstein(1995)对 4 个城市社区的 4526 起警方事故报告进行了抽样调查并据此进行了详细的城市交通事故研究。他们将事故分为 14 类(占全部事故总数的 76%,占受伤事故数量的 83%),闯红灯、违反停车标志和其他交通控制设施是较常见的交通事故原因(22%)。39% 的致人受伤事故涉及违反交通控制设施,在所有事故类型中所占比例最高。

(3) 1999 年和 2000 年,在全美范围内,在信号灯处的致死交通事故中大约有 20% 的驾驶人违反信号灯(Brittany、Campbell、Smith 和 Najm,2004)。

(4) 本章详细分析了 4 个美国城市的 1788 起发生在有停车标志控制的十字路口的警方事故报告,发现因违反停车标志而引起的交通事故大约占交通事故总数的 70%(Retting、Weinstein 和 Solomon,2003)。在所有统计的交通事故中,没能停车的驾驶人比那些停车后被撞的驾驶人更易受伤。

(5) Preston 和 Storm 详细评估了发生在明尼苏达州有停车标志控制的典型乡村十字路

口的768起直角撞击交通事故。在这些事件中,有26%涉及违反停车标志,另外17%不能确定是否与车辆行为有关(交通事故前的车辆行为没有记录或没有交通事故信息)。相对于停车后被撞的交通事故来说,由违反停车标志引起的直角撞击交通事故后果更为严重。

19.2 违规频率

19.2.1 红灯

在过去20年间,随着红外拍摄执法技术在美国的发展和推广,人们对量化闯红灯的频率产生了浓厚兴趣,特别是在那些考虑和计划开展自动交通执法的社区中,这促使了相关学者开展大量的研究,这些研究提供了在一定车流量和道路条件下的估计违规率。尽管有效数据仅来自加利福尼亚州、得克萨斯州和弗吉尼亚州3个州,但是各个社区和开展自动执法的区域范围内的闯红灯数据有力地证明了闯红灯行为大都发生在没有严格和持续执法的情况下。

Porter和England(2000)观察了弗吉尼亚州东南部3个城市中的6个城市交通路口的闯红灯情况。研究中共观察了5112个进入十字路口的驾驶人,总的来说,在35.2%被观测的交通信号灯周期中,至少有一个驾驶人在绿灯亮起前闯红灯。这个比例代表着在观察的每小时中大约有10个闯红灯者。观察表明,在十字路口较宽和车流量较大的城市中,闯红灯率较高。在下午3—6时的观察中,在前半段时间闯红灯的行为更加普遍。

作为试验的一部分,为了开发一个量表并对其进行校正,以便定量评定闯红灯行为是否存在于特定的十字路口,Bonneson和Son(2003)收集了5个得克萨斯州社区(Mexia、College Station、Richardson、Corpus Christi和Laredo)的闯红灯数据。研究位置的选择基于对典型十字路口的搜索,这些路口没有被预先确定为有闯红灯问题的路口。由于试验地点的不同,每1000辆车中闯红灯的频率区间为0~10.8辆,如图19-1所示。车辆接近红灯时,速度越快,闯红灯率越高。

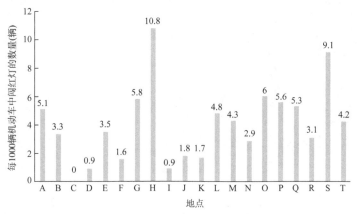

图19-1 得克萨斯州5个城市的闯红灯率

Retting、Williams、Farmer和Feldman(1999a,1999b)在1997年收集了位于弗吉尼亚州的费尔法克斯郡和位于加利福尼亚州的奥克斯纳德市两座城市在实施红灯拍摄执法技术之前的闯红灯数据。在两个研究中,定义闯红灯为在灯变红至少0.4s后,车辆仍驶入十字路口并且速度至少为15mile/h(24km/h)。每1000辆车的闯红灯率在费尔法克斯郡是1.4~5.6辆,在奥克斯纳德市是0.07~2.7辆,如图19-2和图19-3所示。

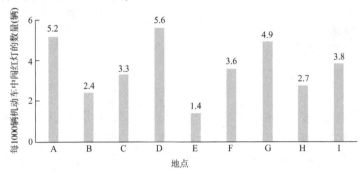

图19-2 费尔法克斯郡的闯红灯率

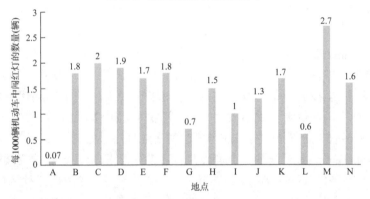

图19-3 奥克斯纳德市的闯红灯率

对得克萨斯州、费尔法克斯郡和奥克斯纳德市进行的研究测量了每1000辆汽车的闯红灯率,确定了一个相当窄的范围(图19-4)。尽管观察是在不同的环境条件、十字路口几何形状、信号计时、驾驶人行为和规范、警察执法实践、交通速度和其他因素下进行的,但这个范围相对狭窄。

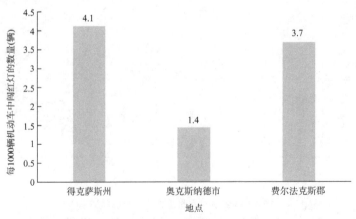

图19-4 3个研究中的平均闯红灯率

19.2.2 停车标志

美国绝大多数的十字路口都有停车标志控制,法律要求驾驶人在进入有停车标志的十字路口之前必须完全停下来,并且只有在十字路口合法地将路权让给其他道路使用者后才能继续行驶。本节探讨了与有停车标志控制的十字路口发生的碰撞有关的行为问题,以及驾驶人对停车标志的反应。

Pietrucha、Opiela、Knoblauch 和 Crigler(1989)解决了基本问题:为什么驾驶人会违反停车标志?他们通过在 142 个城市的十字路口超过 528h 的观察得到了 67.6% 的停车标志违反率。超过 1/3 的违反者表示,他们之所以这样做是因为十字路口的车流量很小。对于主干道,车流量小于 6000 辆/d 时,停车标志违反率随着车流量的升高而降低(主干道是指驾驶人通过停车信号控制的辅路后,通常必须要直行或转向的道路)。

Stokes、Rys、Russell、Robinson 和 Budke(2000)分析了发生在堪萨斯州两条有停车标志控制的乡村公路上 139 起交通事故的特点和环境,这些交通事故都是由于没有让出通行权而导致的。大多数交通事故看起来并不与违反停车标志直接相关,然而,大多数的交通事故是由于驾驶人进入主干道后没有(或没能)将车速提升到足够高,因而被主干道上的车辆碰撞。这说明次要道路上的驾驶人没看到迎面而来的车辆,或者没有准确地估计主干道上车辆的速度。

作为一项研究的一部分,该部分旨在评估在 3 个有机动车事故记录的停车标志控制的交叉口促进驾驶人遵守和注意交通标志的策略,Van Houten 和 Retting(2001)从录像带中取得了驾驶人完全停车率和进入十字路口前向右看的概率。观测数据为直角撞击交通事故发生的概率。在基线期,佛罗里达州 3 个试验区的完全停车率为 46%~66%。3 个试验点基线期的平均直角撞击交通事故发生率是每百辆车 6.2~10.2 次。基线期之后引入 LED 显示屏,用动态眼扫描车辆的左右方来促使驾驶人向左右看,以发现接近的车辆。LED 信号增加了 3 个试验点的完全停车率。平均来说,进入十字路口前的完全停车率从 55% 增长到 77%。

19.3 驾驶人特征

除了量化违反交通控制频率的实地研究外,许多研究还对观测到的闯红灯驾驶人的特征进行了研究。研究者通过研究驾驶人的特征后发现,与传统上认为闯红灯或违反停车标志是因为时间紧或停车标志不清晰的结果相反,违反交通控制与驾驶人人口统计学信息和行为模式显著相关。交通控制违反者的显著特征包括:相对年轻(如小于 30 岁),较少使用安全带,有负面驾驶记录(如多次超速)。

19.3.1 年龄

已知较早评估闯红灯驾驶特征的研究之一是由英国研究者开展的。Lawson(1991)将交通事故中闯红灯驾驶人的特征与交通事故中未闯红灯驾驶人的特征进行比较。总体来说,闯红灯者的年龄一般小于 35 岁。Retting、Ulmer 和 Williams(1999)在美国进行了相似的试验,试验结果显示大多数情况下闯红灯驾驶人的年龄小于 30 岁。

Retting 和 Williams(1996)通过研究弗吉尼亚州阿林顿十字路口的驾驶人行为,创建了一个闯红灯驾驶人的人群画像,该路口安装了一个未用于实际交通执法,专门用于"观测"闯红灯行为的摄像机。他们比较了闯红灯者和有机会闯红灯却未闯者的特征。总的来说,闯红灯者的年龄都偏小。Yang 和 Najm(2007)得到加利福尼亚州萨克拉门托市的 11 个十字路口 4 年内闯红灯摄像机拍摄的 5 万份违规记录,分析了闯红灯者的行为,该试验确定了与闯红灯者行为相关的因素。在驾驶人的人口统计学特征方面,他们发现年轻的驾驶人有着较高的闯红灯倾向,并且更易超速行驶,大约 30% 的闯红灯驾驶人年龄小于 30 岁。

两项研究还分析了违反停车标志驾驶人的特征。在停车标志处发生的交通事故中,年轻驾驶人所占的比例很大。33% 的事故责任人小于 21 岁(Retting 等,2003)。Preston 和 Storm(2003)将由于没在设有停车让行标志的十字路口停车而卷入交通事故的驾驶人年龄与全美交通事故数据的期望分布相比,发现 25~40 岁的驾驶人在"闯停车让行标志"引发的交通事故中比例过高。

19.3.2 性别

一些观察研究和交通事故研究分析了不同性别在闯红灯行为中的差异。尽管在观察研究中性别并没有显示出明显差异,但交通事故数据研究表明,男性驾驶人更多地参与到了闯红灯的行为中。

Martinez 和 Porter(2006)对弗吉尼亚州东南部 8 个十字路口的红灯拍摄执法进行了前后现场评价。研究分为 5 个阶段:阶段 1 和阶段 2 发生于闯红灯摄像机安装前;阶段 3 为某个十字路口设有可发出提醒的摄像机;阶段 4 为一架摄像机在备用阶段,另一架摄像机在提醒阶段;阶段 5 为 3 架摄像机全部工作。研究发现,有 12.7% 的驾驶人在十字路口闯红灯,统计数据显示,1433 个驾驶人在红灯或黄灯时进入十字路口。然而,男女性别上的显著差异只发生在阶段 1,随后男女的闯红灯率都从基线水平下降,并且在阶段 4 达到最低水平。Retting 和 Williams(1996)在弗吉尼亚州的阿林顿市进行的观察研究发现,闯红灯驾驶人和不闯红灯驾驶人并没有性别差异。男性在闯红灯和遵守规则的两组中都占 71%。

两个交通事故研究发现,引发交通事故的闯红灯者中的男性人数多于相似交通事故情境中遵守规则的男性人数。这些研究成果来自 Lawson 于 1991 年在英国开展的研究,该研究比较了相同类型交通事故闯红灯驾驶人和遵守交通规则驾驶人的特征。Retting、Ulmer 等于 1999 年在美国进行了相似试验。

19.3.3 种族

现有文献中几乎没有证据表明种族在闯红灯行为中起重要作用。Porter 和 England(2000)在弗吉尼亚州东南部 6 个城市的十字路口研究了闯红灯行为,被试是在信号灯周期中最后进入十字路口的驾驶人。具体来说,在对向交通开始前穿过十字路口的最后一位驾驶人被认为是需要收集的数据。在控制了城市和时间的差异后,研究发现非白人驾驶人更倾向于闯红灯。在一个弗吉尼亚州东南部的独立实地观察研究中,Martinez 和 Porter(1996)发现种族并不能预测闯红灯事件。只有在阶段 2 时,闯红灯行为才存在种族之间的显著差异,此时有色人种比白种人更易闯红灯。在阶段 2 和阶段 3,未系安全带的驾驶人比系安全带的驾驶人更易闯红灯。

该说法在一个交通事故研究里也得到了验证。Romano、Voas 和 Tippetts（2006）使用 1990—1996 年死亡分析汇报系统的数据分析了发生在有停车标志路口的死亡事故中驾驶人的种族/民族信息。交通事故的原因涉及一个或多个有违反交通服务设施记录的驾驶人。总体来说，研究并未发现非裔美籍、白人、西班牙驾驶人对停车标志的反应有明显不同。然而，研究者发现种族/民族确实通过其对饮酒和驾驶行为的影响以及与年龄和性别的相互作用，在这个问题中发挥了间接作用。

19.3.4 安全带的使用和其他驾驶行为

美国近 20 年来大量的现场观察研究和交通事故研究发现，闯红灯者较少系安全带，并且相对于守法的驾驶人来说有较差的驾驶记录。Deutsch、Sameth 和 Akinyemi（1980）进行的早期试验，分析了驾驶人的安全带使用情况与闯红灯行为之间的关系。在马里兰州巴尔的摩市的两个十字路口，他们观察了安全带的使用情况和相应的闯红灯情况。70%的信号灯变色时至少有一个驾驶人闯红灯，在这些闯红灯驾驶人中，仅有 1%系了安全带，而未闯红灯的驾驶人中有 8%未系安全带。

Retting 和 Williams（1996）发现，与不闯红灯者相比，闯红灯者更少系安全带：67%的闯红灯者系安全带，而 74%的遵守者系安全带。他们还发现，闯红灯者的驾驶记录比不闯红灯者的差，闯红灯驾驶人的超速记录比不闯红灯者高出 3 倍。Martinez 和 Porter（1996）以及 Porter 和 England（2000）分析了在弗吉尼亚州东南部的十字路口闯红灯驾驶人的特征。第一个研究收集了 2 个城市 8 个十字路口的闯红灯信息，而第二个研究关注了 3 个城市 6 个十字路口的信息。两项研究都发现，不系安全带者更易闯红灯。

一个相似的现场观察研究了超速行为而不是违反交通控制行为。Preusser、Lund、Williams 和 Blomberg（1987）在实行强制系安全带的法令生效前后，观察了一条限速高速公路的驾驶人系安全带的情况。结果显示，在法律颁布前，安全带使用率较低；法律颁布后，安全带使用率增加。法律颁布前，高速、中速、低速驾驶人的安全带使用率分别为 25%、29%、28%；法律颁布后，分别为 51%、64%和 57%。

Retting 和 Ulmer（1999）等进行了交通事故研究。他们将相同类型交通事故中闯红灯驾驶人与未闯红灯驾驶人进行比较，发现闯红灯驾驶人更易出现提前违反规则、酒后驾驶以及无证驾驶等行为。

19.4 驾驶人的态度

有两项研究分析了民意调查数据，以此评估自我报告的闯红灯行为和驾驶人对闯红灯行为的态度。研究成果显示了公众对于违反交通控制所带来的危险的普遍认知，同时自我报告的闯红灯率令人担忧。

在全美范围的自我报告闯红灯行为的调查中，有大约 1/5 的受访者报告，在进入最近 10 个有信号灯的十字路口时闯了红灯（Porter 和 Berry，2001）。年轻驾驶人更可能承认自己闯过红灯。尽管调查显示出自我报告的闯红灯行为普遍存在，但是大多数驾驶人认为闯红灯是危险的。驾驶人更倾向于在独自驾驶时闯红灯,有乘客时他们的行为会更加理智。驾驶人一般很少因闯红灯而承担后果,有少于6%的驾驶人收到闯红灯的罚单,而大多数人认为警察仅能抓住少于20%的违规者。

2002年,NHTSA在全美进行了关于超速和不安全驾驶态度与行为的调查(NHTSA,2004)。调查是为了探究公众不安全驾驶的行为及相关态度,因而询问被调查的驾驶人他们认为通常情况下何种驾驶行为是安全或危险的,这些行为包括驶过停车标志时不减速,以及驶入十字路口时信号灯已经变红。闯红灯和违反停车标志(以及穿越铁路的闪烁红色信号灯)被认为是最危险的驾驶行为,人们认为它们与酒后驾驶的危险程度相同,甚至更危险。

19.5 驾驶人对执法的反应

威慑理论认为,个体无论是在真实存在的还是感知到的惩罚的威胁下,都会放弃某个特定的行为(Fildes,1995)。处罚是有效地改变行为的方法,在一定程度上被认为是确定的、迅速应用的,以及足够严厉的。关于交通执法威慑效果的大多数知识来源于关于酒后驾驶的研究,其次是对超速行为的研究。已知的证据显示,增加惩罚的必然性和威胁性对制止酒后驾驶非常重要(Ross,1982;Shinar和McKnight,1984)。同样地,Ostvik和Elvik(1990)发现,增加能被驾驶人察觉的感知风险,是所有超速执法策略最重要的目的。

另一方面,相对于被发现和受惩罚的确定性,惩罚严重性的威慑力要低得多,反酒后驾驶立法的评估证明了这一点。针对增加潜在醉酒驾驶人的惩罚确定性的工作经常在短期内产生威慑作用。然而,从长期来看,酒后驾驶指数会恢复到以前的水平(Ross,1984)。Ross认为,这种现象可能是由于实际受到惩罚的可能性很低造成的。增加人们对惩罚严重性的感知并没有达到理想的威慑效果,也许是因为很少有人会受到实际的惩罚。

由于惩罚的严重性对于驾驶人的行为和决策并没有很大影响,因此文章提出,如果人们认为违法后被抓住的风险很大,那么相关法律就会更加有效。但是,与交通控制设施的数量和违反交通规则的频率相比,警察执法的频率很低。因此,传统执法有着明显的缺点,即违法后被抓住的概率很低,这一点可从传统警察对于超速行驶的执法中看出。Barnes(1984)以及Hauer、Ahlin和Bowser(1982)的实地研究发现,降速行驶仅维持在遇到警察的数千米内。所谓的"溢出"和"距离光环效应",就是自动交通执法相对于传统执法的优势。

闯红灯摄像机对减少闯红灯行为有着卓越的贡献。对费尔法克斯郡(Retting等,1999a)和奥克斯纳德市(Retting等,1999b)的评估发现,在摄像机使用的执法点,每1万辆车的闯红灯率降低了大约40%,同时社区里未配备摄像执法设施处的闯红灯率也降低了,这说明全社区内的驾驶人行为有所改变。在北卡罗来纳州的罗利和教堂山两地配备了闯红灯摄像机后,Cunningham和Hummer(2004)发现,在红灯亮起2s后的闯红灯率大大降低。通过对弗吉尼亚州东南部的8个闯红灯摄影执法点的前后现场评估发现,安装摄像机后特定的违法行为降低了78%。

Fitzsimmons、Hallmark、McDonald、Orellana和Matulac(2007)在艾奥瓦州的克莱夫市将配备了摄像执法设施的十字路口与未配备摄像执法设施的对照点进行对比,发现未配备摄像执法设施的十字路口的违规行为平均是配备了摄像执法设备的地点的25倍。根据以前的研究发现,黄灯的持续时间会影响闯红灯的频率,因此,黄灯的持续时间应该设定在适当的水平(Bonneson 和 Zimmerman,2004),Retting、Ferguson 和 Farmer(2008)首次通过使用闯红灯摄像机来检验延长黄色信号灯时间的作用。这个研究是在宾夕法尼亚州的费城首次引入闯红灯摄像机时进行的。根据相关的工程标准,增加大约 1s 的黄灯时间,闯红灯率会降低 36%。在对延长黄灯时间的作用做出解释之后,闯红灯摄像机的使用与减少 96% 的闯红灯行为相关。

19.6 小结

在有信号灯或停车标志的十字路口违法穿越交通控制设施是发生致死和致伤交通事故的重要原因。大量的现场观察研究证实了驾驶人在乡村和城市的十字路口穿越交通信号灯和停车标志的比例。一些研究记录了观察到的违反交通信号灯及停车标志的驾驶人的特征,或警方交通事故报告中这类驾驶人的特征。尽管不完全一致,但这些发现大体上表明,违反交通信号灯和停车标志的驾驶人相对于遵守交通规则的驾驶人来说更为年轻,也更可能为男性(与交通事故相关的驾驶人),并且较少系安全带。对于年轻驾驶人的调查发现,年轻驾驶人更多地自我报告有闯红灯行为。年轻驾驶人与违反交通控制设施行为的关系可能与 Shinar(2007)提及的因素有关,其中包括风险感知、高风险的生活方式以及因同龄人的敏感性而承担更多来自乘客和朋友的风险。对驾驶人种族的研究并没有发现违反交通控制与种族类别之间存在相关关系。就改变行为而言,如果人们认为被抓的风险很高,那么交通执法就是有效的。惩罚的严重性对于驾驶人的行为和决策的影响不大。不幸的是,传统执法的明显弊端在于违法驾驶人被抓的风险很小。另外,自动交通执法使得违法驾驶人被抓的风险很高,能极大地改善驾驶人的行为。

本章参考文献

BARNES J W, 1984. Effectiveness of radar enforcement[R]. Wellington: Road Traffic Safety Research Council.

BONNESON J A, SON H J, 2003. Prediction of expected red-light running frequency at urban intersections[J]. Transportation Research Record, 1830: 38-47.

BONNESON J A, ZIMMERMAN K H, 2004. Effect of yellow-interval timing on the frequency of red-light violations at urban intersections[J]. Transportation Research Record, 1865: 20-27.

BRITTANY N, CAMPBELL B N, SMITH J D, et al, 2004. Analysis of fatal crashes due to signal and stop sign violations. (Report No. DOT HS-809-779)[R]. Washington, DC: National Highway Traffic Safety Administration.

CUNNINGHAM C M, HUMMER J S, 2004. Evaluating the use of red light running photographic enforcement using collisions and red light running violations[R]. Raleigh: North Carolina Governor's Highway Safety Program.

DEUTSCH D, SAMETH S, AKINYEMAI J, 1980. Seat belt usage and risk-taking behavior at two major traffic intersections [C]. In Proceedings of the 24th Conference of the American Association for Automotive Medicine.

FILDES B, 1995. Driver behavior and road safety [M]. In N Brewer, C Wilson (Eds.), Psychology and policing. Hillsdale: Erlbaum.

FITZSIMMONS E J, HALLMARK S, MCDONALD T, et al, 2007. The effectiveness of Iowa's automated red light running enforcement programs. (Report No. CTRE Project 05-226) [R]. Ames: Iowa State University, Center for Transportation Research and Education.

HAUER E, AHLIN F J, BOWSER J S, 1982. Speed enforcement and speed choice [J]. Accident Analysis and Prevention, 14: 267-278.

Insurance Institute for Highway Safety, 2010. Q&As: Red light cameras [EB/OL]. [2011-01-13]. http://www.iihs.org/research/qanda/rlr.html.

LAWSON S D, 1991. Red-light running: Accidents and surveillance cameras [R]. (AA/BCC-3). Basingstoke: AA Foundation for Road Safety and Birmingham City Council.

MARTINEZ K L, PORTER B E, 2006. Characterizing red light runners following implementation of a photo enforcement program [J]. Accident Analysis and Prevention, 38: 862-870.

National Highway Traffic Safety Administration, 2004. National survey of speeding and unsafe driving attitudes and behavior: 2002; Volume 2: Findings report (No. DOT HS-809-730) [R]. Washington, DC: U.S. Department of Transportation.

National Highway Traffic Safety Administration, 2010. Traffic safety facts 2009 early edition. (Publication No. DOT HS 811 402) [R]. Washington, DC: U.S. Department of Transportation.

OSTVIK E, ELVIK R, 1990. The effects of speed enforcement on individual road user behavior and accidents [C]. Proceedings of the International Road Safety Symposium in Copenhagen, Denmark, September 1990.

PIETRUCHA M T, OPIELA K S, KNOBLAUCH R L, et al, 1989. Motorist compliance with standard traffic control devices final report. (FHWA RD-89-103, Ncp 3A1c00222) [R]. Washington, DC: U.S. Department of Transportation.

PORTER B E, BERRY T D, 2001. A nationwide survey of self-reported red light running: Measuring prevalence, predictors, and perceived consequences [J]. Accident Analysis and Prevention, 33(6): 735-741.

PORTER B E, ENGLAND K J, 2000. Predicting red-light running behavior: A traffic safety study in three urban settings [J]. Journal of Safety Research, 31: 1-8.

PRESTON H, STORM R, 2003. Reducing crashes at rural thru-stop controlled intersections. (Report No. MN/RC-2003-15) [R]. In K A HARDER, J BLOOMFIELD, B J CHIHAK (Eds.), Crashes at controlled rural intersections. St. Paul, MN: Local Road Research Board, Minnesota Department of Transportation.

PREUSSER D F, LUND A K, WILLIAMS A F, et al, 1987. Belt use by high-risk drivers before and after New York's seat belt use law[J]. Accident Analysis and Prevention, 20(4): 245-250.

RETTING R A, FERGUSON S A, FARMER C M, 2008. Reducing red light running through longer yellow signal timing and red light camera enforcement: Results of a field investigation [J]. Accident Analysis and Prevention, 40: 327-333.

RETTING R A, ULMER R, WILLIAMS A F, 1999. Prevalence and characteristics of red light running crashes in the United States[J]. Accident Analysis and Prevention, 31: 687-694.

RETTING R A, WEINSTEIN H B, SOLOMON M G, 2003. Analysis of motor vehicle crashes at stop signs in four U.S. cities[J]. Journal of Safety Research, 34(5): 485-489.

RETTING R A, WILLIAMS A F, 1996. Characteristics of red light violators: Results of a field investigation[J]. Journal of Safety Research, 27: 9-15.

RETTING R A, WILLIAMS A F, FARMER C M, et al, 1999a. Evaluation of red light camera enforcement in Fairfax, Virginia[J]. ITE Journal, 69(8): 30-34.

RETTING R A, WILLIAMS A F, FARMER C M, et al, 1999b. Evaluation of red light camera enforcement in Oxnard, California[J]. Accident Analysis and Prevention, 31: 169-174.

RETTING R A, WILLIAMS A F, PREUSSER D F, et al, 1995. Classifying urban crashes for countermeasure development[J]. Accident Analysis and Prevention, 27: 283-294.

ROMANO E, VOAS R, TIPPETTS S, 2006. Stop sign violations: The role of race and ethnicity on fatal crashes[J]. Journal of Safety Research, 37: 1-7.

ROSS H L, 1982. Deterring the drinking driver[M]. Lexington: Lexington Books.

ROSS H L, 1984. Social control through deterrence: Drinking-and driving laws[J]. Annual Review of Sociology, 10: 21-35.

SHINAR D, 2007. Traffic safety and human behavior[J]. Oxford: Elsevier.

SHINAR D, MCKNIGHT A J, 1984. The effects of enforcement and public information on compliance[M]. In L EVANS, R C SCHWING (Eds.), Human behavior and traffic safety. New York: Plenum.

STOKES R W, RYS M J, RUSSELL E R, et al, 2000. Analysis of rural intersection accidents caused by stop sign violation and failure to yield the right-of-way (Report No. K-TRAN: KSU-98-6) [R]. Manhattan, KS: Kansas State University.

VAN HOUTEN R, RETTING R A, 2001. Increasing motorist compliance and caution at stop signs[J]. Journal of Applied Behavioral Sciences, 34: 185-193.

YANG C Y, NAJM W G, 2007. Examining driver behavior using data gathered from red light photo enforcement cameras[J]. Journal of Safety Research, 38: 311-321.

ZAAL D, 1994. Traffic law enforcement: A review of the literature (Report No. 53) [R]. Victoria: Monash University Accident Research Centre.

第20章 驾驶人分心——定义、机理、影响和调节

迈克尔 A. 里根(Michael A. Regan)和查琳·哈利特(Charlene Hallett)

法国,里昂,法国运输、发展和网络科学技术研究所(French Institute of Science and Technology for Transport,Development and Networks,Lyon,France)

20.1 引言

驾驶是一项复杂的活动,需要在不断发展变化的环境下进行,并同时执行多个子任务——寻路、沿路行驶、速度控制、避免碰撞、服从交规、监控车辆(Brown,1986)。尽管如此,驾驶人还经常忙于其他活动,导致他们没有关注道路情况,并且手不再专注于控制车辆(如控制转向盘和挡位)。不断有证据证明,驾驶人分心是造成交通事故和危险事件的关键因素(Craft 和 Presloppsky,2009;Gordon,2008;Olson、Hanowski、Hickman 和 Bocanegra,2009;Stutts 等,2005)。并且,驾驶人注意力不集中也是造成重大事故的主要因素(Klauer、Dingus、Neale、Sudweeks 和 Ramsey,2006)。过去10年间,关于驾驶人分心的研究出现了爆炸性增长,同时第一本关于这个主题的书得到出版(Regan、Lee 和 Young,2008),关于驾驶人分心和注意力不集中的国际系列会议每年召开两次(Regan 和 Victor,2009),美国交通部部长 Ray LaHood 还召开了关于分心驾驶(即驾驶人分心)的全国峰会(Department of Transportation,2009)。

本章给出了关于"驾驶人分心"的综述——定义、与驾驶人注意力不集中的关系、驾驶人分心的类型、驾驶人分心的来源、调节分心驾驶影响的因素、分心带来的干扰、寻找解释该干扰的理论、分心对驾驶行为和安全的影响、降低驾驶人分心影响的策略。另外,本章还解释了驾驶人注意力不集中与驾驶人分心的关系。本章从驾驶人分心的定义开始。

20.2 驾驶人分心:定义

驾驶人分心(Driver Distraction)已经被广泛地讨论和研究过,意味着人们已经了解驾驶人分心的实际意义(Regan、lee 等,2008)。然而,作为一个科学概念,驾驶人分心并没有一致的定义。另外,很多关于驾驶人分心的研究甚至没能对他们的研究概念下定义。缺少一致的定义会使跨学科的比较变得困难。例如,由于对驾驶分心的定义不一致,评估驾驶分心在交通事故和危险事件中所起的作用时,评估结果就有很大差异(Gordon,2008)。不同字典上对于分心的定义尽管有些不同,但是一致认为分心包括注意力从某事物转移到其他事物上。例如,《新牛津美国词典》(电子版本,2000)将"分心"定义为:某事"使得某人不能将全部注意力放在另一件事上"。在驾驶的背景下,分心的定义同样也是多样的。下面列出一些文献

中对驾驶分心的定义。定义(1)和(2)来自一些交通安全专家,定义(3)~(5)来自对前面文献中定义的系统综述和分析,定义(6)根据在深入研究碰撞事故时观察到的人的失误作为促成因素的分类得出。

(1)分心涉及注意力从驾驶上转移,驾驶人暂时将注意力集中在与驾驶无关的目标、人、任务或事件上,这将降低驾驶人的意识、决策和行为能力,导致纠正措施不能及时实施、临近发生交通事故、交通事故的风险增加(Hedlund、Simpson和Mayhew,2005,第2页)。

(2)一些事件、活动、目标、车内或车外的人,导致驾驶人转移了本该放在安全驾驶上的注意力(Basacik和Stevens,2008,第6页)。

(3)驾驶人分心是驾驶人的注意力从安全驾驶转移到与之相竞争的活动中(Lee、Young和Regan,2008,第34页)。

(4)驾驶人分心:

①保持车辆横向和纵向安全控制(驾驶任务)的必要信息,驾驶人对此认知延迟(影响);

②由于一些事件、活动、目标、车内或车外的人(动因);

③强迫或倾向于引导驾驶人的注意力从基本驾驶任务上转移(机理);

④通过折中驾驶人的听觉、生物力学、认知或听觉能力,或任意组合(类型)(Pettitt、Burnett和Stevens,2005,第11页)。

(5)"注意力从安全驾驶转移到与安全驾驶不相关的刺激上"(Streff和Spradilin,2000,第3页)。

(6)驾驶人分心是"因为一些事物、活动、目标,或车内外的人,强迫或倾向于引导驾驶人的注意力从驾驶任务上转移,从而延迟认知安全驾驶所需要的信息"(Treat,1980,第21页)。

尽管定义有些不同,但还是出现了一些表征驾驶分心的关键要素(Regan、Hallett和Gordon,2011;新闻报道)。例如,驾驶人分心可能包括驾驶人在行驶中的注意力被转移,或者注意力从安全驾驶的关键活动上转移到了与之相竞争的活动上。竞争的活动可能源自车内或车外,可能与驾驶有关或无关。另外,这些竞争活动可能强迫或引导驾驶人转移注意力。最近,在定义驾驶人分心时,有一个假设:无论是显现还是隐性,当驾驶人分心时,均对驾驶产生负面影响。例如,Drews和Strayer(2008,第169页)定义驾驶人分心为:"任何对驾驶人处理安全操作车辆所需信息的能力产生负面影响的事件或活动"。

曾经有研究提出,驾驶人注意力不集中(Driver Inattention)包括驾驶人分心(Ho和Spence,2008;Senders,2010;Victor、Engstrom和Harbluk,2008)。因此,在理解和定义驾驶人分心时,理解它与驾驶人注意力不集中的关系就变得十分重要。

20.3 驾驶人注意力不集中:定义

驾驶人注意力不集中和驾驶人分心是相关概念。然而,它们之间的本质关系在文献中争议很大。对于驾驶人注意力不集中的定义很少,并且五花八门。下列这些来自文献中的定义说明了这一点:

（1）因为一些非强制的原因，驾驶人选择将注意力放在其他地方，从而不能及时认知到安全完成驾驶任务的信息(Treat，1980，第21页)。

（2）不适当的信息选择——未选择或选择了不相关的信息(Victor等，2008，第137页)。

（3）在没有与之相竞争的活动时，对安全驾驶的关键活动注意力下降(Lee、Young等，2008，第32页)。

（4）由于不关注而缺少警惕性(Talbot和Fagerlind，2009，第4页)。

（5）因为一些非强制的原因，驾驶人的心思不在驾驶任务上。在这种情况下，驾驶人一般关注内在思维(即空想、解决问题、担心家庭问题等)，而没有将注意力放在驾驶任务上(Craft和Preslopsky，2009，第3页)。

（6）驾驶分心是驾驶人注意力不集中的一个子集，是指在执行主任务时，驾驶人对该驾驶任务的注意力不完全集中。虽然注意力不集中也可能发生在没有分心物的情况下，只是不再注意，而分心与吸引注意力(的任务、对象或人)有关，但注意力应完全分配在完成驾驶任务上(Schaap、Van der Horst、Van Arem和Brookhuis，2009，第3页)。

可以看出，人们创造出大量关于驾驶人分心和驾驶人注意力不集中的定义。一些研究者认为，驾驶人分心和驾驶人注意力不集中是不同的概念(Caird和Dewar，2007；Lee、Young等，2008；Stutts等，2005)，而一些研究者认为，驾驶人分心是驾驶人注意力不集中的一种形式(Klauer等，2006；Schaa等，2009；Victor等，2008)，或者分心可能引起驾驶注意力不集中(Pettitt等，2005)。值得注意的是，研究者倾向于认为分心和注意力不集中是一回事(Bunn、Slavova、Struttmann和Browning，2005)。

20.4 驾驶人注意力不集中的一种模型

Regan等(2011，新闻报道)提出了一个驾驶人注意力不集中的模型，它主要源于对交通事故数据的深入分析[特别是Van Elslande和Fouquet(2007)以及Treat(1980)的研究]，但也有部分来自人为因素和认知心理学领域的认识。此模型如图20-1所示。

Regan等将驾驶人注意力不集中定义为"对安全驾驶的关键活动注意力缺失或不足"，他们认为驾驶人注意力不集中起因于下列机理(或被它们引导)：

（1）驾驶人注意力受限："某事在生理上(由于生物因素)阻碍驾驶人观察安全驾驶的关键信息，使得对安全驾驶的关键活动的注意力缺失或不足。"

（2）驾驶人注意力不集中："驾驶人注意力集中在驾驶的一方面，而排斥对安全驾驶更重要的一方面，使得对安全驾驶的关键活动注意力缺失或不足。"

（3）驾驶人注意力忽视："驾驶人忽视安全驾驶的关键活动，使得对安全驾驶的关键活动注意力缺失或不足。"

（4）驾驶人注意力仓促："驾驶人仓促地或者快速地注意安全驾驶的关键活动，使得驾驶人对安全驾驶的关键活动注意力不足或缺失。"

（5）驾驶人注意力转移(DDA)："驾驶人把注意力从安全驾驶的关键活动转移到与之相竞争的活动上，使得驾驶人对安全驾驶的关键活动注意力不足或缺失。"可以进一步将DDA分类为：

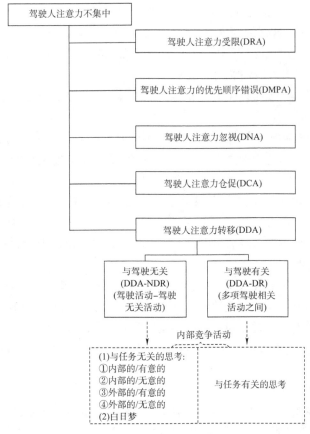

图 20-1 驾驶人注意力不集中的模型

①与驾驶无关的 DDA（DDA-NDR，在驾驶相关任务和驾驶无关任务之间）："驾驶人把注意力从安全驾驶的关键活动转移到与驾驶无关的竞争活动上。"

②与驾驶相关的 DDA（DDA-DR，驾驶相关任务之间）："驾驶人把注意力从安全驾驶的关键活动转移到与驾驶相关的竞争活动上。"

尽管被 Regan 等标注为"驾驶人注意力转移"，但这类注意力不集中的定义却与之前 Lee、Young 等对驾驶人分心的定义相似（2008，第 34 页），并引出下列假设：

(1) 它包括与驾驶有关或无关的竞争活动。

(2) 驾驶人忙于自发的或非自发的竞争活动。

(3) 汽车内部或外部引起的竞争活动。

(4) 竞争活动包括"内在"来源的干扰，例如白日梦、与驾驶无关的想法（Smallwood、Baracaia、Lowe 和 Obonsawin，2003）。

(5) 忙于可能引起干扰的竞争活动，干扰可能是明显和可观察的（如偏离车道），或内在和不可观察的（丧失情景觉察能力）。

Regan 等（2011，新闻报道）提出的 DDA 定义与 Lee、Young 等（2008，第 34 页；没有竞争活动时，对安全驾驶的关键活动注意力下降）的定义在两个重要方面存在差异。第一，Regan 等认为，安全驾驶的"注意力缺失或不足"与"注意力下降"不同，因为"注意力下降"没有包括驾驶人将所有的注意力都分配到与安全驾驶无关的活动上。第二，Regan 等提出的定义不包括"没有竞争活动"这样的词语。他们认为这些额外的词语只有在单独比较驾驶人分心和驾驶人注意力不集中的情况下才是必要的。然而，如图 20-1 所示，在没有竞争活动的情况下，驾驶人驾驶时仍有可能注意力不集中。

下列是驾驶人分心的例子和 Regan 等提出的模型中其他形式注意力不集中的例子（2011，新闻报道）：

（1）驾驶人暂时打瞌睡并闭眼，差点撞到过路的行人（驾驶人注意力受限）。

（2）当驾驶人换道时注视旁边时间过长，没能看见前面紧急制动的车（驾驶人注意力的优先顺序错误）。

（3）在穿越铁轨时，因为没有预期火车会来（因为很少或没见过火车通过），没有向左看而撞上火车（驾驶人注意力忽视）。

（4）驾驶人太匆忙，在高速路换道时没能完成整套的前期检查，与另一辆换道的车辆碰撞（驾驶人注意力仓促）。

（5）给朋友打电话时驾驶人看手机（驾驶人注意力转移，与驾驶无关）。

（6）驾驶人看到燃料警告灯突然闪烁（驾驶人注意力转移，与驾驶相关）。

（7）驾驶人开车去工作时在想工作的事情（驾驶人注意力转移，与驾驶无关）。

（8）因为快没油了，驾驶人一直在想在哪里可以找到最近的加油站（驾驶人注意力转移，与驾驶相关）。

（9）驾驶人幻想了巴黎的浪漫假日（驾驶人注意力转移，与驾驶无关）。

Regan 提出的模型假设，驾驶人并不需要控制引起注意力不集中的因素。生物因素（例如，昏昏欲睡的驾驶人闭眼）超出了驾驶人的控制范围，使得驾驶人很难或不可能进行安全驾驶的关键活动。因为这个原因，在这个模型中也包括了"驾驶人注意力受限"。

Regan 等也考虑了驾驶人注意力不集中和驾驶人自身条件（如年轻或缺乏经验）的关系以及驾驶人注意力不集中和驾驶状态（如无聊、厌烦、缺少警觉、困乏、疲惫、醉酒、吸毒、服药或情绪低落）的关系，他们认为：

驾驶人的自身条件和状态一方面是产生不同形式注意力不集中的因素[如年轻、无经验的驾驶人在兼顾安全驾驶的重要竞争活动时，没能有效地分配注意力（DMPA）；疲惫的驾驶人由于眨眼而经历视觉缺失（DRA）]；另一方面，当注意力明显不集中时，减轻已知形式的注意力不集中的影响[如年轻驾驶人由于缺乏经验，因而竞争活动对其造成的影响更大（DDA），因为他或她没有额外的精力放在这些竞争活动上]。

最后，在 Regan 等提出的模型内，注意力不集中可以是对安全驾驶的关键活动注意力缺失或不足。在这个模型中，它取决于人们所指的是哪类注意力不集中。例如，驾驶人注意力仓促可能导致驾驶人对安全驾驶的注意力不足。另一方面，也可能导致驾驶人对安全驾驶的关键活动注意力缺失。

20.5 分心的来源和类型

前面已经讨论了驾驶人分心和其他形式驾驶人注意力不集中的差异。驾驶人分心可以进一步分解为各个子分类,并且可由多种来源引起。可能引起竞争活动的不同分心来源在文献中已经被定义(Regan、Young、Lee 和 Gordon,2008),可以分为以下几类:

(1)物体(如手机、广告牌和苹果);
(2)事件(如交通事故现场和闪电);
(3)乘客;
(4)其他道路使用者(如骑车者、行人和其他汽车等);
(5)动物;
(6)内在刺激(如想要咳嗽或打喷嚏的想法和冲动)。

这些分心的来源只有在驾驶人有意或无意地关注它们时,才会使驾驶人分心。例如,车内的一个苹果并不一定是分心物。然而,当驾驶人饥饿或者看到/闻到苹果时,这才有可能使得驾驶人去拿苹果、吃苹果或开始想他/她自己有多饿。

相同的分心来源可能诱发不同类型的分心。例如,一个广告牌在驾驶人看它的情况下会引起视觉上的分心。如果驾驶人思考它所传递的信息,就会产生认知的分心(即内在思考)。同样,"使用"手机分为多种情况——看手机、用它打电话或发送信息、用它读短信等。这些事件,独自或组合起来,也就会产生不同类型的分心。Regan(2010)根据不同的感觉通道区分了 6 种不同使得注意力转向其他活动的分心类型:

(1)注意力转向看见的事(视觉分心);
(2)注意力转向听见的事(听觉分心);
(3)注意力转向闻到的气味(嗅觉分心);
(4)注意力转向吃的东西(如烂苹果,味觉分心);
(5)注意力转向感受到的东西(如蜘蛛在驾驶人腿上,触觉分心);
(6)注意力转向思考的事(内在干扰,经常指的是"认知分心")。

另一方面,Tigerina(2000,第 2 页)将与交通安全相关的驾驶人分心分为 3 个类型。第一种类型,他描述了一个常见的注意力减弱事件:驾驶人的视线离开道路(包括由于疲惫而闭眼)。这类分心可能降低驾驶人控制汽车的能力(如车道保持、保持车速),并且察觉物体和事件的前提是驾驶人在这段时间内不看路。第二种类型的分心比第一种更加危险,称为选择性注意力减弱。与眼睛不看路不同,对想法的关注被认为与潜在机制有关。这类分心看似没有影响到汽车控制,但驾驶人对物体和事件的觉察降低了。第三种类型,Tigerina 创造了"生物力学干扰"一词,该词是指驾驶人变换坐姿或手脱离转向盘时,驾驶人的身体移动。这包括驾驶人去拿手机或操控车内的设备。这个行动会妨碍驾驶人的操作(如操纵转向盘)并降低了驾驶人的驾驶表现。

其他研究者描述了下列分心类型:视觉、认知、生物力学和听觉(Ranney、Mazzai、Garrott 和 Goodman,2000)。然而,这个分类缺少了 Regan(2010)提出的一些潜在类型。在 2007 年初,英国交通运输部召集专家,讨论了驾驶人分心的影响,并关注了 Ranney 等提出的不同分心类型是如何被独立研究的(Basacik 和 Stevens,2008)。专家认为上述 4 种分心类型并非相互独立,并建议未来的研究应区分这些不同的分心类型。

在驾驶模拟器的实验中,Liang 和 Lee(2010)试着对视觉和认知干扰进行独立和组合的研究,以此来填补文献上的空白。单独的认知分心会使转向盘的转角变小,但提高了车道保持的能力。研究人员推测车道保持能力的提高是因为驾驶人的视线更加集中,采取更加小心的驾驶策略,所以对驾驶环境中小改变的敏感性增加。另外,视觉分心和复合分心降低了驾驶人控制汽车和觉察危险的能力,导致其产生频繁的、长时间的道路注视。更重要的是,单独的视觉分心比复合分心对驾驶行为更为不利。

Tigerina(2000)所说的"生物力学干扰"并不是我们认为的驾驶人分心。如果驾驶人驾驶时用他的右手去杂物箱里拿手机,并且驾驶人的注意力(也许是视觉)转移到他所拿的事物上,这才是本章所定义的驾驶人注意力转移(与驾驶无关)。生物力学干扰,如驾驶人转向杂物箱的方向操控汽车,可能会导致注意力的转移,但这不是分心,而是驾驶人注意力转移造成的结果。

20.6 调节因素

驾驶分心是否会影响驾驶表现和安全取决于 4 个主要因素(Young、Regan 和 Lee,2008):驾驶人特征、驾驶任务需求、竞争任务需求和驾驶人对竞争活动的自我管理能力。

驾驶人的特征包括年龄、性别、驾驶经验、驾驶状态(如困乏、醉酒、愤怒和心烦)、对竞争任务的熟悉程度、个性(如冒险和屈服于同辈压力)以及易分心的弱点(Young 等,2008)。例如,与经验丰富的驾驶人相比,经验不足的驾驶人转移到竞争任务上的注意力更少,因为经验丰富的驾驶人通过实践和经验学会了自动执行许多驾驶子任务,因此执行这些任务时需要的注意力更少。例如,Shinar、Meir 和 Ben-Shoham(1998)对有经验驾驶人和无经验驾驶人进行了实车研究,调查了他们在手动换挡和自动换挡汽车中的驾驶表现。他们的研究显示无经验驾驶人在使用手动换挡汽车时,其表现远低于其驾驶自动换挡汽车时的表现。然而,有经验的驾驶人驾驶自动换挡和手动换挡汽车的表现并无显著差异。这些结果表明,对于无经验的驾驶人而言,手动换挡需要更多注意力,从而影响了驾驶时其他方面的表现。

影响驾驶任务需求的因素还包括交通情况、天气情况、道路情况、车内乘客的类型和数量、车辆的人体工学设计和行驶速度(Young 等,2008)。大体上讲,驾驶需求越低,驾驶人就有越多的剩余注意力放在竞争活动上。例如,符合人体工程学设计的车辆驾驶舱,将会最大限度地减少工作负荷,同时减少这些任务的干扰,从而使得驾驶人有更多的注意力放在竞争任务上。然而,鉴于现代驾驶并不要求驾驶人把所有注意力持续地放在保持安全驾驶的行为上——这是"令人满意的任务"(Hancock 等,2008,第 12 页)——较低的驾驶需求会促使驾驶人把注意力放在与安全驾驶无关的信息上。

竞争任务需求对其引起的干扰程度有着重要作用(Young 等,2008)。影响竞争任务需求的因素包括其他任务与驾驶子任务的相似程度(如是否需要视觉或需要做出与控制车辆相似的控制行为)、复杂性、是否可忽略、可预期程度、被调整的难易程度、打断和继续的难易程度以及所需时间。驾驶人面对一系列影响安全行驶的干扰源的时间越长,受到的影响越大。

最后,面对竞争活动时,驾驶人自我调节的能力对驾驶人是否会分心起重要作用(如补偿其负面作用)(Young 等,2008)。对驾驶控制的策略、方法和操作水平的自我调节,可运用在驾驶人面对竞争活动时,从而调节参与的时间,并控制投入的资源(Lee、Regan 和 Young,

2008)。然而,有时尽管驾驶人想自我调节,但自我调节是不可能完成的。例如,生活和工作上的紧急情况要求驾驶人使用手机,此时驾驶人就无法选择不接打电话。Nelson、Atchley 和 Little(2009)发现,尽管他们知道驾驶时打电话是有风险的,但是当驾驶人认为他们的对话很重要时还是会接打电话。

虽然这些因素调节了分心的影响,但它们很少在实验研究中受到控制。然而,在很多驾驶人分心的研究中,它们是重要的自变量。这使得人们无法比较不同研究之间不同分心来源对行为和表现的影响。

20.7 干扰和干扰理论

当驾驶人分心时,执行竞争任务会在某些方面干扰驾驶。这个干扰可能是很小的,也可能是很大的。前面所说的 4 个调节因素,调节了安全驾驶的关键竞争任务和活动的干扰。干扰的影响可能是明显的、可观察的(如偏离车道),也可能是内在的、不可观察的(如丧失情景觉察能力)(Hancock 等,2008)。目前,对于内在干扰的了解很少,但是可以想象,内在干扰可以导致驾驶人在不同的信息处理阶段发生错误(从认知到行动,都可能引起内在冲突;W. J. Horrey,2010 年 5 月)。

分心对于驾驶人来说是个难题,因为他们分配注意力给竞争任务的能力受到人类生理特性的限制。引起干扰的心理学机理是多样的,包括多资源理论、单通道理论、控制理论和注意选择的行为导向模型以及驾驶时的任务干扰。

多资源理论(Wickens,1992)认为竞争活动和安全驾驶的关键任务有下列共同性质时,才会发生干扰:

(1)有共同的感知形式(如两个活动都是视觉的,而非一个主要靠听觉、另一个主要靠视觉);

(2)有共同的加工编码(如两个活动都是口头的,而非一个主要是口头的、另一个主要是空间的);

(3)有共同的加工阶段(如两个活动都是感知的,而非一个主要是感知的、另一个主要是认知的);

(4)有共同的输出形式(如两个活动都是手动的,而非一个主要是手动的、另一个主要是言语的);

(5)有共同的"视觉通道"(如两个活动都是关注焦点的,而非一个主要关注焦点、另一个主要关注周围);

(6)都是相互需要的。

根据这个理论,注意力能够被分散在竞争任务中,只要它们之间在结构特点上有着足够的不同,那么将不需要更多的注意力。

单通道理论(Broadbent,1958;Welford,1967)认为,注意力在竞争任务上不可再分。如果在相同或极其接近的时间内,要注意两个竞争任务,那么它们必须一个接一个地完成。若要完成相同或极其接近的时间内的两个任务,则需要在两个任务之间迅速转换注意力。根据这个理论,在下列情况下,竞争活动更可能对安全驾驶造成干扰:

(1) 两个任务有共同的信息加工阶段(如选择反应);
(2) 两个任务不能相互交叉(如一个任务不能在另一任务的空档期完成);
(3) 两个活动在时间上不能协调(如当摸某人腹部时,不能同时摸其头部);
(4) 竞争任务的信息不能被分割成较小的信息组块;
(5) 竞争任务的要求高;
(6) 竞争任务不能预测;
(7) 对竞争任务不熟练。

控制理论认为,驾驶人积极地控制分心的程度。这个控制发生在驾驶控制的3个层级(战略、战术和执行层级)上,每个层级有不同的时间范围,通过3类控制(反馈、前馈和适应控制)来完成(Lee、Regan 等,2008)。每个层级控制的有限性和其失败的相互作用,都会导致与分心相关的后果。根据这个理论,调节驾驶和竞争任务间的干扰程度的关键机理是:"忽略""预测""中断"和"调整"分散驾驶人注意力的事件(Lee、Regan 等,2008)。这些任务的特征与单通道理论的假设相似,即解释人们"同时做两件事"的能力。

Engstrom、Markkula 和 Victor(2009)认为,传统的注意力模型不足以提供一个关于自上而下或自下而上因素的统一解释,这些因素控制着注意力选择和实际驾驶环境中的任务干扰。于是他们提出了一个选择性的、以行为为导向的选择注意和驾驶任务干扰模型,他们认为这更好地解释了"现实世界中主动的、目标驱动和情境驱动的注意分配"(第5页)。他们提出的模型包括3个关键成分:①与环境相互作用的感受器和效应器系统;②竞争和合作图式,以执行日常行为和选择行为模式;③监督控制,当手头任务产生需求时,用于切换相应的图式(第5页)。根据这个概念模型,他们提出三大类的任务干扰,与3个模型成分相关:①感受器和效应器系统间的干扰;②与图式相关的干扰;③对自上而下监督的干扰。尽管详细综述该模型超出了本章范围,但对于驾驶人面临分心时的自我调整、控制选择注意和任务干扰的因素来说,它对 Lee、Regan 等(2008)提出的观点是一个重要补充。

20.8 对驾驶表现的影响

在定义了驾驶人分心以及驾驶人分心引起干扰的机理后,现在讨论这个干扰对于驾驶人驾驶表现的影响。已经有大量的研究通过实验室测试、模拟驾驶和测试道路上车辆的不同竞争活动,报告了驾驶表现的缺陷。这些缺陷各不相同,包括保持车道控制不良、速度控制不良、反应时间增加、忽略交通信号、行车间距过长或过短、接受不安全的间隙、降低对情景的觉察、降低视觉扫描、降低目光水平线和忘记检测车辆(如检查反光镜)(Bayly、Young 和 Regan,2008;Horberry 和 Edquist,2008)。

驾驶表现缺陷的性质和程度取决于前面描述的调节因素(即驾驶人特征、驾驶任务需求、竞争任务需求和驾驶人对于竞争活动的自我管理能力)。某些竞争任务的特点在这方面是特别重要的(Victor 等,2008)。主要是视觉干扰的任务,使得目光(在某种程度上指思维)从道路上离开,进而在很大程度上影响事件觉察和保持车道的表现。将思维从道路上带离的任务(如使用免提装置进行通话)增加了对道路中心的注视时间,减少了对周围的扫视,使目光聚集在道路正前方,有时甚至会提高保持车道的表现。一般来说,视觉分心相较于认知分心,对事件觉察的延迟更为严重(Victor等,2008)。由手机、iPods、DVD播放机、导航系统、电子邮件、收音机和CD播放器等竞争活动而引起的驾驶表现缺陷是明显的。此外,驾驶人在开车时的各种日常活动,例如吃饭、喝水、抽烟、阅读、写作、拿东西、打扮、与乘客互动,也会导致驾驶表现缺陷(Bayly等,2008)。

理解这些研究导致的表现缺陷存在一定的困难(Ranney,2008;Regan,2010)。第一,由于各研究方法、测量、竞争任务的不同,难以对竞争任务的干扰大小进行排序。第二,在这些研究中,对于给定的竞争活动,难以判断驾驶表现缺陷是否可接受。因为现在对驾驶表现缺陷的可接受范围并没有一致的观点,况且目前在道路安全领域中对什么是"安全行驶的关键活动"都没有统一的观点。第三,任何驾驶表现下降的出现和程度都取决于前面讨论过的不同调节因素,特别是驾驶人与竞争任务正常互动的自由程度。正如前面所讨论的,控制理论的支持者断言,驾驶人会主动控制引起分心的机制。因此,在实验条件下要求被试与手机互动(他/她本身在现实中可能不这样做)而产生的驾驶缺陷,在道路上可能不会发生。然而,解释驾驶性能缺陷的最大困难可能在于了解特定的驾驶性能降低到何种程度(例如,横向车道偏移增加20%)会增加碰撞风险,这两者关系的有效算法仍需要探索。在这些相关的问题解决前,人们不能将责任归咎于那些依靠交通事故和重大事故数据来指导对策发展的政策制定者。

20.9 对安全的影响

有关驾驶人分心和驾驶人注意力不集中对驾驶安全的影响的所有文献的详细综述,已超出本章范围。可以参考其他资料(Ranney,2008;Regan等,2008;Young和Regan,2007)。在此仅说明几个关键点。

Gordon(2008)评估了美国和新西兰的大量研究,这些研究使用了警方报道或来自交通事故调查团队的研究成果,该团队提供了可能导致交通事故的车内外大范围分心物的信息。Gordon的研究一直认为,驾驶人分心导致了10%~12%交通事故的发生。并且1/5的交通事故是关于驾驶人使用科技产品的分心。然而,需要注意的是,驾驶人分心在交通事故中所扮演的角色取决于我们对于分心的定义有多广(Gordon,2008)。例如,使用相同的交通事故数据库,Stutts等(2001)却与Wang、Knipling和Goodman(1996)得出了不同的结论。当把分心从注意力不集中中分离出来进行研究时,Stutts等得出了8.3%的交通事故由驾驶人分心导致的结果,而Wang等将分心和注意力不集中一起研究时,认为13%的交通事故涉及分心。

因此,在交通事故中这些因素差异取决于如何定义驾驶人分心和注意力不集中。然而,可以肯定的是,警方报道的数据低估了分心的真正影响程度(Gordon,2008)。"自然驾驶研究"的数据(Klauer等,2006;Olson等,2009)使得分心和注意力不集中在交通事故中占有更大的比重。在这些研究中,使用了装备摄像机和其他传感器的检测车辆,持续记录了数周、数月甚至数年的驾驶人和驾驶表现。然后研究者识别、表征和计算可在视频中观察到的驾驶人分心事件。研究认为,多达22%的交通事故和71%的货车事故与非驾驶活动的分心相关。

流行病学研究使得研究者可以估算增加的风险。例如,这些研究调查了驾驶时使用手机(大多数通过手持或免提设备)的交通事故风险。这些研究发现,驾驶时使用手机会使发生交通事故或死亡的风险增加 4～9 倍(McEvoy 等,2005;Redelmeier 和 Tibshirani,1997;Violanti,1998;Violanti 和 Marshall,1996)。另外,仅当车内有手机时,发生交通事故的概率就增加了 4 倍(Redelmeier 和 Tibshirani,1997),并且死亡风险加倍(Violanti,1998)。

自然驾驶研究的数据也利用流行病学方法,对驾驶人参与不同分心活动方面的风险和暴露的变化提供了最显著的指标。弗吉尼亚理工大学交通运输研究所的 Olson 等调查了 4452 起涉及商业货车的重大安全事件[定义为交通事故、临近交通事故、交通事故相关冲突(即不太严重的临近交通事故)和无意车道偏离]中驾驶人分心的发生率,检测使用了录像、其他车辆感应器、记录设备。记录重大安全事件的数据,其中包括 203 个驾驶人和行驶约 300 万 mile(大约 4828 万 km)的数据。忙于"第三方"活动(即与驾驶无关活动)的货车驾驶员在交通事故中占 71%,占临近交通事故的 46%,占所有重大安全事件的 60%。当进行下列活动时,驾驶人更容易发生重大安全事件:发短信(可能性增加 23 倍)、使用调度设备(9.9 倍)、写字(9 倍)、用计算器(8.2 倍)、看地图(7 倍)、伸手去拿电子设备(6.7 倍)、拨打手持电话(5.9 倍)、打扮(4.5 倍)、阅读(4 倍)。总的来说,需要眼睛离开道路的任务,发生事故的风险最高。值得注意的是,用免提电话并没有明显增加发生重大安全事件的风险。事实上,研究发现使用公民波段(CB)收音机或在免提电话上通话或收听可以降低风险,它具有保护作用。这个备受争议的发现与前面的流行病学研究相悖。然而,需要注意的是,这是在比较分心对于不同驾驶群体的影响。例如,货车驾驶员每次要驾驶很长时间,并经常在夜间,所以忙于分心事件可以使他们保持警惕。尽管发短信有着极大的风险,但货车驾驶员发短信的频率并不高。但是如果驾驶员在驾驶货车时频繁发短信,发生重大安全事件的概率就会增高,风险也会随之增加。

Klauer 等进行的一项具有前瞻性和创新性的研究,包含 100 辆测试车辆和 241 个驾驶人,他们收集了 12～13 个月内 200 万 mile(大约 3218600km)即 43000h 的数据。在 78% 的交通事故以及 65% 的临近交通事故事件中,注意力不集中是重要的影响因素。分心(定义为驾驶人忙于与驾驶无关的事件中)在 22% 的交通事故中是重要的影响因素。在该研究中,驾驶人在进行下列活动时更容易发生交通事故或临近交通事故:拿取移动目标(可能性提高 8.8 倍)、注视车外的物体(3.7 倍)、阅读(3.4 倍)、打扮(3.1 倍)、拨打手持电话(2.8 倍)、接听电话(1.3 倍)(有意思的是,接听电话与否的影响并不显著,可以认为接听电话并不增加风险)。

自然驾驶研究仍是一个较新的研究方法,应当理解这类研究数据的局限性(见第 6 章)。例如 McEvoy 和 Stevenson(2008)强调了 Klauer 等(2006)研究的局限:

"样品数量相对较少,不具代表性;难以可靠地捕捉某些类型的次要干扰任务,例如驾驶人的注意力认知的水平、乘客的作用(隐私原因)和一些外在干扰;定义分心活动的评分者信度问题及区分交通事故或临近交通事故的失误;缺少因驾驶分心而导致驾驶人受伤的严重交通事故的数据。"(第 316 页)

对自然驾驶研究的普遍批评是所有的评价结果都是重大事故。例如,上述两项研究所描述的交通事故少有发生,而那些发生了的,大多数都是不太严重的。目前并不知道与分心有关的重大事故所增加的风险,对于可避免的交通事故与不可避免的交通事故是否有可比性。这是一个需要解决的实证问题。作为第二个美国战略公路研究项目(SHRP2)的一部分,在交通运输研究委员会的支持下,大量的自然驾驶研究在美国进行(超过3000名志愿驾驶人,见 http://www.TRBorg/SHRP2),并致力于克服这些局限。

很清楚的是,无论驾驶分心的定义有多宽泛,它在交通事故、临近交通事故和与交通事故相关的冲突中起着重要的影响作用。

20.10　控制分心

消除驾驶人分心或注意力不集中是不可能的,它最多能够被控制。Regan、Young 等(2008)认为55%的已知分心来源是可避免的(61%的分心来源在车内、31%在车外),这意味着可以研究很多对策。分心的对策研究仍处于起步期,甚至在瑞典那样有较好道路交通安全记录的国家也是这样。这并不奇怪,因为在大多数国家并不存在能够精确、有效地收集和分析分心(和注意力不集中)在交通事故中所起作用的数据,也无法以此来发展对策的系统。

Regan、Lee 等(2008)提出了大量的对策来预防分心和调节分心的影响,分为如下类型:数据收集、教育、公司车队管理、立法、执法、驾驶人驾驶证管理、道路交通设计、驾驶人训练和汽车设计。最终,道路交通安全领域的目标是设计一个容许分心的道路系统,从而避免任何人在与分心相关的交通事故中死亡或重伤(Tingvall、Eckstein 和 Hammer,2008)。这就要求该对策可以在交通事故序列中的任何阶段给驾驶人提供帮助——使其正常驾驶(如适当的训练和教育以及智能调节车速);如果驾驶人偏离正常驾驶,警告他们(如实时的分心警告和高速公路两旁的减震带);在危险情境下帮助他们(如保持车道辅助);帮助他们和车辆避免交通事故(如自动制动辅助);在交通事故不可避免时,保证实际车速、法律限速与车辆所能承受的速度一致,并且基础设施可以起到保护车辆和乘客的作用。

实时的、以车辆为基础的分心对策可能有着控制分心的最大潜力(Regan、Lee 等,2008)。当预计驾驶并发需求较高时,它们可以适应性地防止或限制驾驶人接触竞争活动(实时预防分心,如"控制工作负荷"),它们可以通过反馈系统和警告,让驾驶人将注意力收回到驾驶任务上,从而调节分心的影响(实时调节分心,如"分心警告系统")(Victor 等,2008)。无论是什么类型(与驾驶相关或无关)的竞争活动,无论驾驶人参与竞争活动是否自愿,无论竞争活动源于车内还是车外,无论分心是视觉的、内在的还是其他类型的(如听觉),这个系统都可以检测驾驶人是否分心(Regan、Young 等,2008)。另外,可以优化这些系统,使它们适应那些能够调节分心影响的因素(如驾驶人状态)。例如,驾驶人喝醉了,则提前发出警告。系统还可用于在发生交通事故的不同阶段启动和激活其他主动和被动安全系统的操作,以提高交通事故各个阶段的驾驶人安全性。通过向驾驶人提供实时反馈,这些系统还可以自动训练驾驶人,了解他们何时分心。

20.11　小结

本章提供了"驾驶人分心"和"驾驶人注意力不集中"的总体综述。本章尤其尝试描绘了驾驶人分心的特点,将之与其他形式的驾驶人疏忽相区别,并且分析它们对驾驶表现的影响。尽管在过去的几十年中,理解分心及其影响有了很大发展,但仍有未解决的问题,其中一部分在本章中略有提及。交通心理学家最大的挑战是,说服一些司法管辖区的政策制定者,使其明白驾驶人分心是道路交通安全的重要问题,从而推动应对策略的发展。在精心设计的研究中不断有证据显示——通过模拟器的实施,在测试道路和真实道路上(如自然驾驶研究)——因驾驶人注意力从安全驾驶的重要活动转向竞争活动而引起的干扰,可能会降低驾驶人的驾驶表现,并提高交通事故风险。然而,这些研究中的许多降低驾驶表现和增加交通事故风险的分心来源,难以根据交通事故数据具体化为影响因素,其中的原因也是目前研究者需要研究回答的问题。但直到这个问题被解决前,依然会有政策制定者不相信驾驶人分心和疏忽是道路安全问题。举例来说,在瑞典这个有着世界上最好道路交通安全记录的国家,目前仍没有禁止在驾驶时使用手持或免提手机。我们必须自问:这是为什么?

致谢

感谢来自新西兰酒精咨询协会的 Craig Gordon 博士对早期版本的手稿发表的富有洞察力的评论。

本章参考文献

BASACIK D, STEVENS A, 2008. Scoping study of driver distraction. (Road Safety Research Report No. 95) [R]. London: Department for Transport.

BAYLY M, YOUNG K L, REGAN M A, 2008. Sources of distraction inside the vehicle and their effects on driving performance [M]. In M A REGAN, J D LEE, K L YOUNG (Eds.), Driver distraction: Theory, effects, and mitigation (:191-213). Boca Raton: CRC Press.

BROADBENT D E, 1958. Perception and communication [M]. London: Academic Press.

BROWN I, 1986. Functional requirements of driving [Z]. Paper presented at the Berzelius Symposium on Cars and Causalities, Stockholm, Sweden. Unpublished manuscript.

BUNN T L, SLAVOVA S, STRUTTMANN T W, et al, 2005. Sleepiness/fatigue and distraction/inattention as factors for fatal versus nonfatal commercial motor vehicle driver injuries [J]. Accident Analysis and Prevention, 37(5): 862-869.

CAIRD J K, DEWAR R E, 2007. Driver distraction [M]. In R E DEWAR, P OLSON (Eds.), Human factors in traffic safety (2nd ed.) (:195-229). Tucson, AZ: Lawyers & Judges.

CRAFT R H, PRESLOPSKY B, 2009. Driver distraction and inattention in the USA: Large truck and national motor vehicle crash causation studies [C]. Paper presented at the First International Conference on Driver Distraction and Inattention, September 28-29, 2009. http://document.chalmers.se/doc/589106931.

Department of Transportation, 2009. Department of Transportation distracted driving summit [C/

OL]. [2013-05-16]. Department of Transportation (DOT). http://www.distraction.gov.

DREWS F A, STRAYER D L, 2008. Cellular phones and driver distraction[M]. In M A REGAN, J D LEE, K L YOUNG (Eds.), Driver distraction: Theory, effects, and mitigation (: 169-190). Boca Raton, FL: CRC Press.

ENGSTRÖM J, MARKKULA G, VICTOR T, 2009. Attention selection and task interference in driving: An action-oriented view[C/OL]. [2009-09-28]. Paper presented at the First International Conference on Driver Distraction and Inattention. http://document.chalmers.se/doc/589106931.

GORDON C P, 2008. Crash studies of driver distraction[M]. In M A Regan, J D Lee, K L Young (Eds.), Driver distraction: Theory, effects and mitigation (: 281-304). Boca Raton: CRC Press.

HANCOCK P A, MOULOUA M, SENDERS J W, 2008. On the philosophical foundations of the distracted driver and driving distraction[M]. In M A REGAN, J D LEE, K L YOUNG (Eds.), Driver distraction: Theory, effects, and mitigation (: 11-30). Boca Raton: CRC Press.

HEDLUND J, SIMPSON H, MAYHEW D. International Conference on Distracting Driving: Summary of proceedings and recommendations, Toronto, Canada, October 2-5[C]. Ottawa: Traffic Injury Research Foundation/Canadian Automobile Association, 2005.

HO C, SPENCE C, 2008. The multisensory driver: Implications for ergonomic car interface design (: 215-227) [M]. Aldershot: Ashgate.

HORBERRY T, EDQUIST J, 2008. Distractions outside the vehicle[J]. In M A Regan, J D Lee, K L Young (Eds.), Driver distraction: Theory, effects, and mitigation. Boca Raton: CRC Press.

KLAUER S G, DINGUS T A, NEALE V L, et al, 2006. The impact of driver inattention on near-crash/crash risk: An analysis using the 100-Car Naturalistic Driving Study data. (Report No. DOT HS 810 594) [R]. Washington, DC: National Highway Traffic Safety Administration.

LEE J D, REGAN M A, YOUNG K L, 2008. What drives distraction? Distraction as a breakdown of multilevel control[M]. In M A REGAN, J D LEE, K L YOUNG (Eds.), Driver distraction: Theory, effects, and mitigation (: 41-56). Boca Raton: CRC Press.

LEE J D, YOUNG K L, REGAN M A, 2008. Defining driver distraction[M]. In M A REGAN, J D LEE, K L YOUNG (Eds.), Driver distraction: Theory, effects, and mitigation (pp. 31-40). Boca Raton, FL: CRC Press.

LIANG Y, LEE J D, 2010. Combining cognitive and visual distraction: Less than the sum of its parts[J]. Accident Analysis and Prevention, 42(3): 881-890.

MCEVOY S P, STEVENSON M R, 2008. Epidemiological research on driver distraction[M]. In M A REGAN, J D LEE, K L YOUNG (Eds.), Driver distraction: Theory, effects, and mitigation (: 305-318). Boca Raton: CRC Press.

MCEVOY S P, STEVENSON M R, MCCARTT A T, et al, 2005. Role of mobile phones in motor vehicle crashes resulting in hospital attendance: A case-crossover study[J]. British Medical Journal, 331(7514): 428.

NELSON E, ATCHLEY P, LITTLE T D, 2009. The effects of perception of risk and importance of answering and initiating a cellular phone call while driving[J]. Accident Analysis and Prevention, 41(3): 438-444.

OLSON R L, HANOWSKI R J, HICKMAN J S, et al, 2009. Driver distraction in commercial vehicle operations (Report No. FMCSA-RRR-09-042) [R]. Washington, DC: U. S. Department of Transportation.

PETTITT M, BURNETT G, STEVENS A, 2005. Defining driver distraction[C]. In Proceedings of the 12th ITS World Congress. San Francisco: ITS America.

RANNEY T A, 2008. Driver distraction: A review of the current state-of knowledge. (Report No. DOT HS 810 787) [R]. Washington, DC: National Highway Traffic Safety Administration.

RANNEY T A, MAZZAI E, GARROTT R, et al, 2000. NHTSA driver distraction research: Past, present, and future [R]. Washington, DC: U. S. Department of Transportation, National Highway Traffic Safety Administration.

REDELMEIER D A, TIBSHIRANI R J, 1997. Association between cellular-telephone calls and motor vehicle collisions[J]. New England Journal of Medicine: 336(7): 453-458.

REGAN M A, 2010, January. Driven by distraction[J]. Vision Zero International 4-12.

REGAN M A, HALLETT C, GORDON C P, 2011. Driver distraction and driver inattention: Definition, relationship, and taxonomy[J]. Accident Analysis and Prevention.

REGAN M A, LEE J D, YOUNG K L, 2008. Driver distraction: Theory, effects and mitigation [M]. Boca Raton: CRC Press.

REGAN M A, VICTOR T, et al, 2009. Electronic proceedings of the First International Conference on Driver Distraction and Inattention, Gothenburg, Sweden [C/OL]. [2009-09-28]. http://www. chalmers. se/safer/driverdistraction-en.

REGAN M A, YOUNG K L, LEE J D, et al, 2008. Sources of distraction [M]. In M A REGAN, J D LEE, K L YOUNG (Eds.), Driver distraction: Theory, effects and mitigation (:191-214). Boca Raton: CRC Press.

SCHAAP T W, VAN DER HORST A R A, VAN AREM B, et al, 2009. The relationship between driver distraction and mental workload[C/OL]. [2009-09-28]. Paper presented at the First International Conference on Driver Distraction and Inattention, Gothenburg, Sweden. http://document. chalmers. se/doc/589106931.

SENDERS J W, 2010. Driver distraction and inattention: A queuing theory approach[C/OL]. [2009-09-28]. Paper presented at the First International Conference on Driver Distraction and Inattention, Gothenburg, Sweden. http://document. chalmers. se/doc/589106931.

SHINAR D, MEIR M, BEN-SHOHAM I, 1998. How automatic is manual gear shifting[J]. Human Factors, 40(4): 647-654.

SMALLWOOD J, BARACAIA S F, LOWE M, et al, 2003. Task unrelated thought whilst encoding information[J]. Consciousness & Cognition, 12(3): 452-484.

STREFF F, SPRADLIN H, 2000. Driver distraction, aggression, and fatigue: A synthesis of the literature and guidelines for Michigan planning[R]. Ann Arbor: University of Michigan Transportation Research Institute.

STUTTS J C, FEAGANES J, REINFURT D, et al, 2005. Driver's exposure to distractions in their natural driving environment[J]. Accident Analysis and Prevention, 37(6): 1093-1101.

STUTTS J C, REINFURT D W, STAPLIN L, et al, 2001. The role of driver distraction in traffic crashes. (Report No. 202/638-. 5944) [R]. Washington, DC: AAA Foundation for Traffic Safety.

TALBOT R, FAGERLIND H, 2009. Exploring inattention and distraction in the SafetyNet accident causation database [C/OL]. [2009-09-28]. Paper presented at the First International Conference on Driver Distraction and Inattention, Gothenburg, Sweden, September 28-29. http://document.chalmers.se/doc/589106931.

TIJERINA L, 2000. Issues in the evaluation of driver distraction associated with in-vehicle information and telecommunications systems[J]. Washington, DC: National Highway Traffic Safety Administration.

TINGVALL C, ECKSTEIN L, HAMMER M, 2008. Government and industry perspectives on driver distraction[M]. In M A REGAN, J D LEE, K L YOUNG (Eds.), Driver distraction: Theory, effects, and mitigation (:603-618). Boca Raton: CRC Press.

TREAT J R, 1980. A study of precrash factors involved in traffic accidents[J]. HSRI Research Review, 10: 1-35.

VAN ELSLANDE P, FOUQUET K, 2007. Analyzing "human functional failures" in road accidents: Final report (Deliverable D5.1, WP5 "Human Factors") [R]. TRACE European project.

VICTOR T W, ENGSTROM J, HARBLUK J L Y, 2008. Distraction assessment methods based on visual behaviour and event detection[M]. In M A REGAN, J D LEE, K L YOUNG (Eds.), Driver distraction: Theory, effects, and mitigation (:135-165). Boca Raton: CRC Press.

VIOLANTI J M, 1998. Cellular phones and fatal traffic collisions[J]. Accident Analysis and Prevention, 30(4): 519-524.

VIOLANTI J M, MARSHALL J R, 1996. Cellular phones and traffic accidents: An epidemiological approach[J]. Accident Analysis and Prevention, 28(2): 265-270.

WANG J S, KNIPLING R R, GOODMAN M J, 1996. The role of driving inattention in crashes: New statistics from the 1995 Crashworthiness Data System[C]. Paper presented at the 40th Annual Proceedings of the Association for the Advancement of Automotive Medicine, Vancouver, British Columbia, Canada.

WELFORD A T, 1967. Single-channel operation in the brain[J]. In A F SANDERS (Ed.), Attention and performance I (:5-22). Amsterdam: North-Holland.

WICKENS C D, 1992. Engineering psychology and human performance (Vol. 2)[M]. New York: HarperCollins.

YOUNG K, REGAN M, 2007. Driver distraction: A review of the literature[J]. In I J FAULKS, M REGAN, M STEVENSON, J BROWN, A PORTER, J D IRWIN (Eds.), Distracted driving (:379-405). Sydney: Australasian College of Road Safety.

YOUNG K L, REGAN M A, LEE J D, 2008. Factors moderating the impact of distraction on driving performance and safety[M]. In M A REGAN, J D LEE, K L YOUNG (Eds.), Driver distraction: Theory, effects, and mitigation (:335-352). Boca Raton: CRC Press.

第21章 疲劳驾驶

珍妮弗 F. 梅(Jennifer F. May)
美国弗吉尼亚州,诺福克,欧道明大学(Old Dominion University,Norfolk,VA,USA)

21.1 引言

驾驶情境下的疲劳被认为是一种心理/精神类型的疲劳(与生理/肌肉疲劳相反),其特征包括不愿继续驾驶的主观感受、睡意、疲倦和动力降低(Desmond 和 Hancock,2001;Johns,2000;Shen、Barbera 和 Shapiro,2006)。Lal 和 Craig(2001a)则将疲劳定义为清醒到睡眠之间的过渡。如果保持疲劳状态,则可能会导致睡眠(Lal 和 Craig,2001a)。

主观嗜睡是疲劳的一个症状,定义为对睡眠的渴望,以及如发生在醒与睡的过渡时期的打呵欠、点头以及眼睛下垂等生理特征(Shen 等,2006)。从生理学的角度来看,疲劳导致了大脑活动的变化,并减少了心率和眼球运动(Lal 和 Craig,2001)。疲劳驾驶会导致认知和心理运动的表现障碍,如增加反应时间(George,2003;Jewett、Dijk、Kronauer 和 Dinges,1999),这可能会导致交通事故(Lal 和 Craig,2001a)。遗憾的是,由于驾驶人对疲劳的感受性是易变的,同时疲劳症状存在个体差异,因而在试图客观地定义疲劳时,无法以确切的数字或测量标准为依据(Desmond 和 Hancock,2001;Soames-Job 和 Dalziel,2001)。

疲劳驾驶的原因有很多种。环境的因素,如行驶时间、时间段、道路/天气条件等,都可能会影响疲劳,它们是与驾驶任务相关的疲劳。而睡眠的质量和时长也会影响到疲劳驾驶,它们被认为是与睡眠相关的疲劳,这类疲劳驾驶也被称为"瞌睡驾驶"。与驾驶任务和睡眠相关的疲劳驾驶能够相互作用,并加剧疲劳的感觉和随后驾驶表现下降。

驾驶人疲劳是任何驾驶人都可能易受影响的一种危险。它特别危险,因为驾驶人并不认为这是一种危险状况,并且常常意识不到自己究竟有多困倦和疲劳(Reyner 和 Horne,1998a)。一项调查表明,尽管大多数驾驶人都出现过嗜睡症状(打哈欠和难以保持眼睛睁开),但是问题出在驾驶人不重视这些症状上(Nordbakke Sagberg,2007)。这项调查还发现,即使驾驶人意识到自己很困倦或很疲惫,但大多数驾驶人仍继续开车。"瞌睡驾驶"的复杂性在于倦意多变地影响着驾驶行为。倦意的主要理论集中在造成嗜睡及表现下降的睡眠时间和昼夜节律上。

本章回顾了当前的事故统计和调查结果,从而突出疲劳驾驶的影响和普遍性。本章综述了疲劳驾驶的原因,将其分为与驾驶任务相关的疲劳和与睡眠相关的疲劳两种;提出驾驶高危人群的鉴定标识;最后,总结了应对疲劳的对策。

21.2 事故统计和全国调查

这些年来,报告因疲劳而死亡的人数保持相对稳定。Knipling 和 Wang(1994)分析了发生在 1989—1993 年警方报告的交通事故数据(数据来自致命事故报告系统和普通估测系统),平均每年由疲劳导致的交通事故有 56000 起,导致 40000 例非致命伤害和 1357 例死亡。在一份 2009 年交通事故统计的报告中,美国国家公路交通安全管理局(NHTSA)将 1202 人的死亡(占死亡总人数的 2.7%)归咎于疲劳、倦意和疾病(NHTSA,2011)。与睡眠相关的交通事故损失估计为每年 125 亿美元(美国国家睡眠基金会,N.D.)。

这些统计数据可能还是被低估了,因为不像酒精检测那样,目前警方还没有标准化的程序来检测疲劳或困倦,因此,与睡眠相关的交通事故往往被归因于其他因素,如疏忽。在针对疲劳驾驶的美国各州报告中(美国国家睡眠基金会,2007),有回复的 27 个州中只有 9 个州对警察有培训,介绍疲劳是如何影响驾驶行为的。该报告还给出了各州处理疲劳驾驶的细节。

例如,在弗吉尼亚州,因与疲劳驾驶或睡眠相关的交通事故所导致的死亡事故,驾驶人可能以鲁莽驾驶和过失杀人罪被起诉。弗吉尼亚州有基于医疗条件限制驾驶人驾驶权利的规定,如癫痫症,但却没有提到睡眠障碍。在弗吉尼亚州的警方报告中,疲劳驾驶是驾驶人分心下的一个复选框选项,在驾驶人状态的部分,警察可以选择"疲劳驾驶"或"明显睡着"。然而,并没有针对疲劳和倦意对驾驶行为的影响对警察进行培训。该州确实要求将睡眠和疲劳驾驶纳入驾驶人教育课程。

在 2009 年美国睡眠调查中(美国国家睡眠基金会,2009),28% 的驾驶人承认在一年中至少每月有一次在驾驶时有睡着或"打瞌睡"的现象。在调查中,1% 的驾驶人承认,在过去一年中由倦意而引起交通事故或险些发生交通事故。与很少疲劳驾驶的被试相比,疲劳驾驶的驾驶人更愿意承认他们的睡眠需求并没有得到满足,他们在工作日的夜晚睡眠时间少于 6h,或者他们使用"安眠药",并且有失眠和打鼾的症状。

根据 2003 年美国综合睡眠调查的结果(美国国家睡眠基金会,2003),在 18~54 岁的成年人中,有 60% 的人报告,在当年的驾驶中至少有一次昏昏欲睡。这次调查的结果表明,疲劳驾驶远比交通事故数据显示得更加普遍。最新的 NHTSA 交通事故数据报道,每行驶 479293 英里(约合 766868km)就有一辆车发生交通事故(NHTSA,2006)。这表明,不管睡眠影响如何,相对于单个驾驶人而言,交通事故在统计上是不常见的。然而,交通事故统计不考虑未报告的交通事故或险些发生的交通事故。而自然驾驶研究的结果显示,疲劳驾驶导致发生交通事故或险些发生交通事故的概率,相较于清醒驾驶增加了 4~6 倍(Klauer、Dinges、Neale、Sudweeks 和 Ramsey,2006)。

在与睡眠相关的交通事故报道中,驾驶人通常承认自己睡着了或出现了与睡眠相关的典型特征。根据 George(2005)的研究,与睡眠相关的交通事故一般更加严重。因为,这种交通事故只与驾驶人有关。其主要依据是在交通事故现场,没有明显的制动痕迹。Smith 等(2004)研究了犹他州由于交通事故而住院或死亡的行为风险因素的趋势。他们发现,疲劳驾驶人在交通事故后住院或死亡的可能性大约是普通驾驶人的两倍。

除了采用交通事故统计和自我报告的方法以外,驾驶模拟器为研究疲劳驾驶提供了安全的研究方式。在模拟控制环境中,研究者可以操控倦意和疲劳驾驶的程度,在没有交通事故或受伤风险的情况下,安全地研究倦意和疲劳驾驶对驾驶表现的影响。用于检测倦意影响的驾驶场景是典型的单调(大于或等于30min)公路场景,来往车辆少,路线轻微弯曲。这类场景可以模拟驾驶警觉任务,用于引发疲劳和倦意。

George(2003)认为,转向盘转角和车道位置的变化是测量驾驶表现最常用的方法,两种方法都对长途驾驶和生理节律的影响很敏感。越线、超速行驶、交通事故和反应时间也是对疲劳驾驶表现很敏感的测量方法。如下节的研究所述,这些驾驶测量方法对疲劳驾驶的产生因素很敏感。驾驶表现的下降与倦意的可靠测量方法相关,例如脑电图活动(EEG)、多次睡眠潜伏期试验的入睡时间(Carskadon 等,1986)和主观倦意量表的分数。这些驾驶表现的测量方法也对驾驶任务需求、任务持续时间和任务情境较为有效。

21.3 疲劳驾驶的原因

疲劳驾驶这个笼统而宽泛的广义术语一直很难定义、预测和规范。有人提议说,可以把这些变量分为与驾驶任务相关的因素和与睡眠相关的因素,并且这两类因素相互影响(May 和 Baldwin,2009)。引起疲劳的驾驶任务相关因素包括驾驶任务需求、任务持续时间和环境的单调性。引起疲劳的睡眠相关因素包括生理节律(时间段)、睡眠质量、睡眠时长以及清醒的持续时间,这些都显著影响驾驶表现。

21.3.1 与驾驶任务相关的疲劳

当驾驶任务过于繁重或太无聊/单调时,任务需求会使驾驶人产生疲劳(Desmond 和 Hancock,2001;Gimeno、Cerezuala 和 Montanes,2006)。高任务需求的场景包括高密度的交通、糟糕的天气情况以及次要任务的干扰(如找地址)(May 和 Baldwin,2009)。这些场景可能会导致主动疲劳(Gimenoet 等,2006)。主动疲劳与注意力处理的资源理论有关(Wickens,1984)。当任务需求超出一个人分配注意力的能力时,如在双任务范式中,就会导致驾驶表现的下降(Wickens,1984)。另外,疲劳也会减少注意力资源,因此,当任务需求增加时,疲劳驾驶的结果会更糟。

当驾驶任务是单调的、自动的或可预测的时,驾驶人会产生被动疲劳(Gimenoet 等,2006)。在这些情境中,驾驶人主要关注的是驾驶环境。被动疲劳更易在道路单调、车流量小以及对道路熟悉的情况下发生。Thiffault 和 Bergeron(2003)通过模拟驾驶任务来显示单调场景下的驾驶行为是如何变差的,其表现为大幅度转动转向盘的频率增加和过度校正。

另一个与驾驶任务相关的疲劳的驾驶人因素是花在驾驶任务上的时间,它与单调性相互作用。驾驶表现在驾驶过程中逐渐降低,特别是在单调的场景中。随着时间的增加,驾驶人过度校正的次数增加(Thiffault 和 Bergeron,2003)并有大量的摆动(van der Hulst、Meijman 和 Rothengatter,2001)。对比驾驶行为和 EEG 的研究发现,α 波或 θ 波活动随着驾驶而增加(Brookhuis 和 Waard,1993;Lemke,1982;Risser、Ware 和 Freeman,2000;Schier,2000)。另外,Risser 等发现车道偏移与交通事故频率和驾驶中 3-s α 波的频率强烈相关。

21.3.2 与睡眠相关的疲劳

睡眠在多个不同方面影响驾驶行为。首先,身体的昼夜节律使得驾驶人在一天的某些时刻更易犯困或疲劳。驾驶人在交通事故发生前保持清醒的时间长短和睡眠剥夺/睡眠受限的情况也影响驾驶表现。睡眠质量,即一个人夜间的睡眠质量,也会影响嗜睡情况并影响驾驶表现。

嗜睡的主要理论是两阶段模型(Borbely、Achermann、Trachsel 和 Tobler,1989;Kleitman,1963)。该理论认为,睡意是由大脑中的两个不同机制决定的。一个机制是睡眠的压力(如睡眠驱动力)。睡眠驱动力的高峰在晚上10点到半夜,受到就寝时间的影响。睡眠驱动力包括清醒持续时间自我平衡的因素。一个人清醒的时间越长,所感受到的睡眠压力就越大。另一个内驱力是驾驶人维持清醒的能力(如清醒驱动力),此驱动力包括昼夜节律和核心体温。清醒驱动力的高峰一般在下午7—9时,低谷在上午4—5时。不仅在昼夜节律低谷期驾驶表现处于危险之中,而且随着清醒时间的增加,驾驶表现也会下降。

对睡意的自我平衡影响涉及清醒的持续时间。个体清醒的时间越长,驾驶表现越差,睡意越浓。失眠的持续时间包括睡眠剥夺和睡眠限制。睡眠剥夺也同样影响驾驶表现和睡意。睡眠受限或没有充足的睡眠时间,将会导致睡意的增加及驾驶表现的降低。

Baulk、Biggs、Reid、van den Heuvel 和 Dawson(2008)证明了自我平衡对驾驶表现和精神警觉测试中表现的影响。参与者经历了26h的清醒阶段,并且分别在4h、8h、12h、24h的清醒阶段完成驾驶以及精神警觉任务(PVT)。他们在8h的恢复后也进行了测试。车辆横向偏移和速度偏差随着清醒时间的增加而增加。对于PVT,反应时间和失误次数也随清醒时间的增加而增加。在8h的恢复后,这些测量结果都有所改善。

Lenne、Triggs 和 Redman 指出,与整晚的睡眠(8h)相比,在模拟驾驶场景中,完全剥夺睡眠导致车道位置变化的增加、速度变化的增加和反应时间的增加。Philip 等(2005)证明与睡眠时间为8.5h的驾驶人相比,睡眠时间为2h的驾驶人有着更多不恰当的压线、更长的反应时间、更强烈的睡眠欲望。睡眠不足的驾驶人也在闭眼和注意力涣散方面表现出更高的频率(Kozaket 等,2005)。

Pizza、Contardi、Mostacci、Mondini 和 Cirignotta(2004)也证明了剥夺睡眠对驾驶行为的影响。一组健康的成年人完成了一系列驾驶模拟测试,对整夜未眠和正常睡眠后的睡意进行主观和客观的测量。结果显示,在剥夺睡眠的情况下,车道位置变化频率、超速幅度和平均反应时间均增加,而一整天的驾驶表现降低。睡意在剥夺睡眠的情况下更浓。在多重入睡时间测试(MSLT)中,剥夺睡眠情况下的入睡时间较短,主观睡意更浓。

Ware 等在模拟器中测试了剥夺睡眠对关键追踪任务、PVT和驾驶表现的影响。被试也在驾驶表现测试之后完成了一个小睡 MSLT 测试。测试分别在8h、4h、0h的睡眠后进行。通过模拟器中车道位置的变化能够明显地分辨3种剥夺睡眠的情况。

昼夜节律决定了人的睡眠/清醒模式。它是内部的生物钟,让人们在夜间睡觉、在白天清醒。昼夜节律也使人在午后警戒下降,此时人们更困(Monk,1991)。在昼夜节律的低谷期,驾驶表现的下降很明显。数据显示,在早上2—6时,与睡眠相关的交通事故数量增加,下午2—4时也是如此,而这两个时段正对应着昼夜节律的低谷期(Pack 等,1995)。NHTSA

（2011）在 2009 年称,星期六/日的半夜到凌晨 3 点是最致命的驾驶时间。

驾驶模拟任务也证明了昼夜节律的影响。Lenne、Triggs 和 Redman（1997）指出,速度和反应时间的波动在上午 6 点、下午 2 点和凌晨 2 点时最大。Akerstedt 等（2010）也发现时间段对于驾驶表现的影响:车道位置变化频率、压线频率和主观睡意在夜间时段更高。

两阶段模型理论是数学意义上的模型,可以用来预测道路交通事故（Akerstedt、Connor、Gray 和 Kecklund,2008）。时间段、清醒时间和总睡眠时间是用来预测交通事故风险的因素。这些因素组合起来形成睡眠/清醒预测器（SWP）。为了验证该模型,这些研究者将严重交通事故的数据和与之相匹配的随机控制拟合在一起。他们通过这些交通事故来获取睡眠数据,SWP 是一个重要的交通事故预测器。在控制了协变量之后,SWP 每增加 1 个单位,交通事故的概率增加 1.72%。协变量包括受教育程度、种族、年龄、性别和血液中的酒精含量。

21.3.3 因素的交互作用

与驾驶任务相关的因素和与睡眠相关的因素可以相互作用,从而进一步影响疲劳驾驶情况。Johns（1998）通过合并动机和环境的影响深入研究了睡眠/清醒驱动力的理论,该理论包括次级睡眠驱动力和次级清醒驱动力。对环境的感觉输入,如形式、光线和工作负荷,可能影响次级清醒驱动力。驾驶表现可能因为保持清醒的能力而被更深程度地影响。当困意来袭,如果一个人与环境有相互作用,这可能会帮助他/她保持清醒。次级睡眠驱动力与清醒时间有关。一个人保持清醒的时间越长,次级睡眠驱动力就越强。在睡眠中,次级睡眠驱动力会减少或消失。这说明随着睡眠缺乏的增加,环境和动机的影响有可能不足以使一个人保持清醒。这个理论很好地结合了影响睡意的环境因素、生理因素和自我平衡因素。

一篇综合性的文献综述（Williamson 等,2011）验证了睡眠自我平衡、生理因素和任务是如何影响交通事故、伤害和驾驶表现的。该综述支持了清醒时间/睡眠剥夺、持续注意力和单调环境对驾驶表现的直接影响。他们认为昼夜节律因素不直接影响驾驶表现,但是通过与其他因素的相互作用使得驾驶人更易疲劳。

21.4 高风险人群

驾驶模拟器测试的主要好处之一就是可以安全地检测高风险人群的驾驶表现。研究表明,与控制组的被试相比,睡眠障碍患者和被剥夺睡眠的被试的驾驶表现更差。另一个研究表明,对睡眠障碍的治疗可以提高这些患者的驾驶表现。职业驾驶员、轮班工作者和青年人由于疲劳驾驶也有发生交通事故的风险。

21.4.1 未接受治疗的睡眠障碍患者

美国的一些州要求医生向机动车管理部门报告睡眠障碍患者的诊断,例如睡眠呼吸暂停或嗜睡症。例如加利福尼亚州要求对睡眠障碍患者进行报告,因为他们可能会在驾驶中失去意识（Janke,2001）。未经治疗的睡眠呼吸暂停患者有零碎的睡眠、血氧含量波动,并因此造成早晨头痛、易怒和疲劳。

Risser 等（2000）在驾驶模拟器中对比了睡眠呼吸暂停患者和健康被试的驾驶表现。他们发现,睡眠呼吸暂停患者的车道位置变化频率、转向盘转角变化频率、速度变化频率、交通事故频率均有所增加。车道位置变化频率和交通事故频率在睡眠呼吸暂停组的60min驾驶中增加,说明驾驶中的警觉下降。总体而言,睡眠呼吸暂停患者的车道位置变化频率和交通事故频率比控制组要高。George、Boudreau和Smiley(1996)也证实了睡眠呼吸暂停患者在分散注意力驾驶测试中有更多的轨迹错误,甚至一些睡眠呼吸暂停患者的驾驶表现差于饮酒的驾驶人。他们同时发现在MSLT中能够快速入睡的人会发生更多的轨迹错误。

采用持续气道正压通气的方式对睡眠呼吸暂停患者进行治疗,证明能够有效提高模拟器中的驾驶表现。Turkington、Sircar、Saralaya和Elliot(2004)对比了7d内没有接受治疗的睡眠呼吸暂停患者与接受治疗患者的驾驶行为。驾驶测试在每天的相同时间进行,被试用分散注意力驾驶模拟测试器进行20min驾驶。对两组被试的驾驶表现的测量方法无显著不同。与未接受治疗组相比,接受治疗组的轨迹错误(车道位置变化)显著减少、反应速度加快、驶离道路的事件减少。

有一个研究,对比了未接受治疗的睡眠障碍患者、剥夺睡眠的被试、接受治疗的睡眠障碍患者、饮酒的被试和健康、正常的被试的模拟驾驶表现(Hack、Choi、Vijayaplalan、Davies和Stradling,2001)。驾驶表现的测量包括车道位置变化、偏离车道处事故数量和驾驶人完成的驾驶长度。剥夺睡眠的驾驶人与未剥夺睡眠的对照组相比,驾驶表现明显更差。饮酒驾驶人的驾驶表现明显差于清醒驾驶人。未接受治疗的睡眠呼吸暂停患者与饮酒驾驶人相比,有更多的车道位置变化,但是比被剥夺睡眠的被试要好。

21.4.2 职业驾驶员

由于距离远、工作时间长且不规律以及对准时到达目的地的高要求,货车驾驶员普遍处于风险当中。总的来说,他们的交通事故风险较高,因为相较于非职业驾驶人,他们的驾驶里程更长。关注货车驾驶员是因为他们的工作安排、交通事故概率以及疲劳驾驶的潜在可能性。Arnold和Hartley(2001)调查了84个运输公司关于疲劳驾驶的政策。大多数公司并没有正式的疲劳驾驶政策。他们称,只有31%的公司有14h的驾驶时间限制(14h是美国建议的限定值)。40%的公司并没有一周驾驶时间的限制。6%的公司承认,在有紧急运输任务时,公司会在驾驶员没有充足休息的情况下分配运输任务。但也有一个好的现象,大约50%的公司称他们会监控驾驶员的疲劳情况,90%的公司称当驾驶员不适合驾驶时(包括疲劳驾驶),公司会让驾驶员回家或休假。

联邦汽车运输安全管理局(2008)制定了商业驾驶员的服务时间条例(49 CFR Part395)。货物运输驾驶员在连续10h的休息时间后可再行驶11h。客运驾驶员在连续8h的休息时间后可以再行驶10h。驾驶的最大极限是连续驾驶14h(货物运输驾驶员是15h)。每周最大工作量为:驾驶员连续7d之内不能驾驶超过60h,或连续8d之内不能超过70h。另外,如果车上有卧铺,驾驶员下班10h中的8h必须在卧铺休息。N.J.S.2C:11-5(新泽西例会,2003)颁发了一个由于鲁莽驾驶而引发致死交通事故的法律,其中对缺乏睡眠的货车驾驶员由于疲劳驾驶导致的死亡交通事故,给予了法律约束。

有一项研究要求涉及交通事故的新西兰货车驾驶员完成一份问卷,报告他们的睡眠习惯、睡眠历史和交通事故前72h的工作历史(Gander、Marshall、James和Quesne,2006)。基于他们的自我报告,11%的驾驶员至少有两项关于睡意/疲劳的风险因素。风险因素包括交通事故前24h内清醒时间超过12h、睡眠时间少于6h、距离连续两夜良好睡眠超过一周、交通事故发生在午夜至早8点之间。正如报告中的疲劳选项所示,5%的交通事故由疲劳导致。结果说明,货车驾驶员不仅在驾驶前没有充足睡眠,而且采用"检验栏"(Check Box)式的自我报告方法并不是用来确定疲劳是否是导致交通事故因素的最好方法。

Mitler、Miller、Lipsitz、Walsh 和 Wylie(1997)采用控制实验条件变量方法,研究了4种驾驶条件下的80名货车驾驶员。这4种情况为:①5d,每天10h白天驾驶;②5d,每天10h夜间驾驶;③4d,每天13h白天驾驶;④4d,每天13h夜间驾驶。驾驶中全程监测EEG和驾驶表现。EEG结果显示,驾驶员平均有4.75h的睡眠。睡眠时间范围为3.83h(13d夜间驾驶的驾驶员)~5.83h(10d白天驾驶的驾驶员)。驾驶员的理想睡眠时间为(7.1h±1h)。44%的驾驶员通过小睡来增加睡眠时间,这说明货车驾驶员的睡眠时间少于在工作中保持警惕所需的睡眠时间。驾驶员在深夜和清晨时容易睡觉。

Hanowski、Wierwille 和 Dingus(2003)进行了一项两阶段的研究,来监测疲劳对于短程货车驾驶员驾驶表现的影响程度。第一阶段是小组讨论,要求驾驶员提供他们对行业安全的意见,包括疲劳驾驶。第二阶段为实车驾驶研究,在货车上添加装置来记录货车前方的道路、驾驶员的面部表情和闭眼情况。货车侧面和后面也装备了摄像头。通过分析临近交通事故的失误片段,来判断何种程度的疲劳为导致交通事故的因素。结果显示,交通事故发生前片刻有疲劳迹象。研究者推测,驾驶员下班后的行为是疲劳的部分原因(如休息期间不睡觉)。

21.4.3 轮班工作者

美国劳动部的数据(2002)显示,1450万名全职工作者有轮班。夜班工人占劳动人口的3.3%。夜班最危险的地方是夜班后驾车回家。夜班工作中的睡意与单车事故的增长有关(Akerstedt,1985)。在2008年美国睡眠调查中(美国国家睡眠基金会,2008),48%的轮班工作者承认在过去一年中,每月至少有一次驾车时昏昏欲睡。另外,调查显示,58%的轮班工作者报告在工作日睡在床上的时间少于6h。夜班工作者处于劣势,因为早上他们离开工作地回家时,太阳已经升起。这会改变他们的昼夜节律,使他们在白天更难入睡。社会也按照昼夜节律运行,所以当夜班工作者试图入睡时,其他人处于清醒状态。电话铃声、喧闹的交通、家人的打扰都会对他们白天的睡眠产生消极影响。夜班工作者的总睡眠时间一般会减少2~4h,原因在于他们不能连续睡足够长的时间(Akerstedt,1985)。

Ingre 等(2006)研究了工作一整夜和睡眠一整夜后的轮班工作者,让这些被试完成一项驾驶模拟任务和主观睡意量表。通过机动车跨线来测量驾驶表现。他们记录了事件(两轮越过标线)、事故(两轮离开道路或四轮逆向行驶)、交通事故(四轮离开道路)的数量。轮班后驾驶、驾驶任务时间、主观睡意增加了事件、事故及交通事故发生的概率。

21.4.4 青少年和青壮年

青少年处于风险之中是因为他们经常在缺乏睡眠的情况下开车,这是由于学校、工作和课外活动的要求以及社交到深夜(Lyznicki、Doege、Davis 和 Williams,1998)。2006年美国睡眠调查(美国国家睡眠基金会,2006)显示,56%的青少年认为他们在晚上没有得到充足的睡眠，51%的青少年驾驶人报告在过去一年间曾疲劳驾驶。高中生经常熬夜并且必须早起去学校，这大大减少了睡眠时间。几项研究表明，上学时间晚的青少年交通事故率更低（Danner 和 Phillips，2008；Dexter、Bijwadia、Schilling 和 Applebaugh，2003；Voron、Szlo-Coxe、Wu、Dubik 和 Zhao）。同时，青少年没有太多的驾驶经验并且倾向于冒险，这也增加了交通事故的风险（Ferguson，2003；Williams，2003）。根据 2009 年的数据，21～24 岁的人交通事故死亡概率最高，16～20 岁的人受伤概率最高（NHTSA，2011）。基于 NHTSA 报道的 1998—2002 年间的一项关于驾驶分心和疲劳驾驶的研究结果，30 岁以下的驾驶人涉及疲劳驾驶交通事故的概率要高出其他年龄段 6 倍；由疲劳导致的交通事故中，20% 的驾驶人年龄小于或等于 21 岁（NHTSA，2002）。这说明限定夜间驾驶和获取驾驶证的驾驶人年龄，也许能够减少发生于青少年中的疲劳驾驶。

21.5 对策和检测/警告技术

有几篇文章和报道简要地综述了与疲劳驾驶有关的对策（Gershon、Shinar、Oron-Gilad、Parmet 和 Ronen，2011）和检测技术（Barr、Popkin 和 Howarth，2009；May 和 Baldwin，2009）。本节综述了驾驶人自发的对策，总结被认为有效的对策及被证明有效的对策。本部分还讨论了有效的道路设计、目前针对驾驶人疲劳或驾驶表现降低的检测和警告装备中使用或在出售的技术。

21.5.1 驾驶人自发对策

驾驶人用了多种方法来保证他们在驾驶时保持清醒。瑞典全国有证驾驶人的调查揭示，保持清醒最常用的方法是停车交谈、听广播、开窗户、喝咖啡和与乘客谈话（Anund、Kecklund、Peters 和 Akerstedt，2008）。职业驾驶员和非职业驾驶人都认为打开车窗听收音机是有效的（Gershonet 等，2011）。非职业驾驶人也使用互动方式，例如用手机打电话（Gershonet 等，2011）。然而，过去的研究并不支持这些做法（Reyner 和 Horne，1998b）。Reyner 和 Horne 开展了一项研究，在晚上睡觉时间减少到 5h 后，16 个青年人在开空调、听音乐或没有打扰的情况下驾驶。结果显示，尽管音乐似乎比开空调的效果更好，持续时间更长，但是在车道偏移和交通事故的数量方面并没有显著差异。

停车休息、小睡和使用咖啡因这些方法对于保持清醒是比较有效的。Maycock（1996）证明，休息 0.5h、喝咖啡以及小睡 15min 以下（或者都做），在对抗疲劳上非常有效。Horne 和 Reyner（1996）的研究获得相同的实验结果。咖啡因和小睡对驾驶人的驾驶表现、主观睡意和 EEG 显示的睡意有所改善。职业驾驶人更热衷于使用这些方法，因为他们认为这些方法比较有效（Gershonet 等，2011）。

21.5.2 道路警告系统

设计在道路两侧或中心线的震动带，是为了在车辆驶出道路时警告驾驶人。道路两侧或中心线的震动带为沟槽式设计，驾驶人跨越或在震动带上行驶时，会产生噪声（May 和 Baldwin，2009）。震动带的优点是对所有驾驶人都有效。滚花式震动带是最常见的，可以建造在已有的或新建的沥青路面上（Perrillo，1998）。研究者检测了中心线震动带的有效性，发现其降低了农村双车道公路的交通事故发生率（Persaud、Retting 和 Lyon，2004）。两侧的震动带也有效地减少了偏离道路的交通事故。

在一项驾驶模拟研究中，Anund、Kecklund、Vadeby、Hjalmdahl 和 Akerstedt（2008）检测了滚花震动带对于疲劳和驾驶表现的作用。结果显示，在车辆碰到震动带之前，驾驶人 EEG 中的睡意、闭眼持续时间、车道位置变化和主观睡意的指标相较于碰到震动带的瞬间较高。震动带对驾驶人的驾驶表现和客观睡意有所改善，但持续时间短。在驾驶人驶上震动带约 5min 后，指标再次下降。这说明震动带并无法有效抵抗疲劳和睡意，但是能警告驾驶人其睡意程度和驾驶表现，提醒他们休息一下。

21.5.3 疲劳检测和警告系统

有公司已经研发了基于对驾驶人疲劳和困倦敏感反应的驾驶变量检测和警告系统。汽车已设计车道偏移系统、碰撞警告系统和转向矫正监视器，以此来分析驾驶模式，并在驾驶人驾驶表现下降时警告驾驶人。在商业性货车运输行业中，疲劳监测和困倦敏感反应技术也着眼于驾驶人的特征，例如眼动。车道位置变量和眼动变量可以敏感地反映驾驶人的主观睡意、一天中的时间变化和任务时间效应（Akerstedtet 等，2010）。尽管 EEG 算法建构了一个有效测量驾驶人疲劳程度的方法，但是该方法不具备实际操作性，在现实生活中无法监测驾驶人疲劳程度。

已经证明用计算机监测和分析眼睛的闭合情况是一种确定疲劳驾驶的有效方法。闭眼百分率（PERCLOS）系统根据眼睛的视频监控计算瞳孔上的眼睑闭合量（Dinges 和 Grace，1998；Dinges、Mallis、Maislin 和 Powell，1998）。该系统已在道路驾驶研究（Dinges & Grace，1998）和长达 42h 睡眠剥夺的精神运动警戒任务（Mallis，1999）中得到验证。AVECLOS 是对闭眼的简单二进制测量，它基于 PERCLOS，但并不过多地依赖于计算机（Barr、Popkin 和 Howard，2009）。此技术目前应用于驾驶人疲劳监测 DD850（注意力技术）以及德尔菲驾驶人状态监测（Barr 等，2009）。上述两种技术都应用于货车行业中。驾驶人疲劳监测 DD850 提供了声音警告、PERCLOS 和距离的视觉展示（May 和 Baldwin，2009）。另一种技术是由 Barr 等研究发现的。

车道偏移或越线技术是通过分析由摄像机提供的道路视觉信息，确定道路边界。在驾驶人无意碰线时警告驾驶人（May 和 Baldwin，2009）。例如 SafeTRAC（AssistWare Technology，2005）和 AutoVue（Iteris）是使用该技术的两种设备。AutoVue 系统通过发出虚拟的震动带声音来警告驾驶人，该系统安装在一些客车中。SafeTRAC 在驾驶人偏离车道时发出声音警告，并计算表现得分。

碰撞警告系统提醒驾驶人后方或侧面的潜在碰撞，对由单调的长途驾驶引起的疲劳驾驶有效（May 和 Baldwin，2009）。碰撞警告系统可以计算碰撞时间、间隔时间以及汽车侧面与另一物体之间的距离（Ben-Yaacov、Maltz 和 Shinar，2002）。May、Baldwin 和 Parasuraman（2006）论证了为何这类提醒对与驾驶任务相关的疲劳有效。他们的研究显示：在模拟驾驶任务中，当驾驶人表现出与任务相关的疲劳时，在潜在的正面碰撞发生前发出声音警告可以减少交通事故。

还可以通过转向矫正监视器来监测和分析疲劳驾驶引起的驾驶表现降低。转向检测分析微小转向或细微的修正转向行为,并在正常的转向行为停止时发出警告(Hartley、Horberry、Mabbott 和 Krueger, 2000; May 和 Baldwin, 2009)。转向检测已在 S. A. M. G3、ZzzzAlert 驾驶人疲劳警告系统及 Trav-Alert 早期警告系统中使用(Hartleyet 等, 2000)。

21.6　小结和展望

有必要对驾驶人疲劳进行进一步研究,特别是关于个体差异和在真实环境中验证模拟研究的可靠性。个体差异影响对睡意及疲劳驾驶的耐受度,同时也影响着驾驶表现。Milia、Smolensky、Costa 和 Howard(2011)综述了潜在的人口统计学因素如何影响疲劳和驾驶事故。除了性别和年龄以外的变量,其他人口统计学变量很少被研究。还有例如一些潜在的变量,包括用餐时间、家属照管、生理/心理健康、药物治疗、昼夜节律类型(夜晚/白天)以及工作时长。他们对未来研究的建议是将这些人口统计学因素作为自变量而非现在的混淆变量来进行研究。

Ingre 等(2006)也认为,主观睡意和事故风险中存在个体差异。他们认为可以将这些个体差异、对睡意及事故风险的敏感性作为可能特质。Akerstedt 等(2010)也强调,在未来的研究中,应该确定和预测与睡意有关的个体差异。这些个体差异在文献中是混淆的,因此难以发展出关于疲劳是如何影响驾驶行为的强大模型。

尽管驾驶模拟器广泛用于评估困倦和推断驾驶适应性,但缺乏检验其预测实际驾驶表现能力的研究。许多文章已经讨论了驾驶模拟器测试的结果,即这种驾驶模拟器中的表现如何表示困倦,但除了交通事故率和观察报告之外,还没有对模拟器性能如何转化为道路驾驶性能进行充分研究。例如 Findley、Guchu、Fabrizio、Buckner 和 Suratt(1995)发现,驾驶技术较差的驾驶人在障碍转向模拟器中(根据撞击的障碍物数量定义)表现出更高的交通事故率。

两项研究调查了驾驶模拟器性能的预测有效性,但是与嗜睡无关(Freund、Gravenstein、Ferris 和 Shaheen, 2002; Tornros, 1998)。两项有效性研究显示,驾驶模拟器表现与实车的驾驶表现高度相关。Tornros 证实了用于睡眠和驾驶研究的两种方法——车道位置的变化和速度的变化。然而,这些方法仅在隧道场景中得到验证。Freund 等在几项睡眠和驾驶研究中使用相同的模拟器,证实了城市驾驶场景的有效性(May、Ware 和 Vorona, 2005; Pizzaet 等, 2004)。同样,这仅在测量错误和违反规则时有效,而且仅在该场景中有效。

有两种对于该方面研究空白的可能解释。第一,驾驶模拟和道路性能之间的直接转换取决于具体的情况和场景,驾驶模拟器的有效性取决于驾驶场景的特征。第二,截至目前,记录和测量道路驾驶表现的技术都还不够先进。由于睡眠障碍群体的特殊性,对于他们驾驶表现的评估需求受限于特定的驾驶条件(特别是像职业货车行业)。但是,采用驾驶模拟器可以预测睡意和驾驶表现的关系,特别是针对睡眠障碍群体,驾驶模拟测试可以用作辅助临床工具,以确定睡眠障碍患者是否适合驾驶。

总的来说,疲劳驾驶是驾驶表现下降和发生交通事故的显著因素。大量与驾驶任务相关和与睡眠相关的因素可导致疲劳驾驶,并且这些因素相互作用可以进一步降低驾驶人表现,使得驾驶人更易疲劳。特别是对于还未接受治疗的睡眠障碍患者、轮班工作者、职业驾驶员和青少年来说尤其如此。现有的测试技术可以帮助人们识别和警告驾驶表现恶化和疲劳程度,但是减少疲劳驾驶和睡意的唯一方法是暂停驾驶、休息和摄入咖啡因。未来的研究应该着眼于疲劳驾驶敏感度的个体差异的影响变量,以及提高模拟器研究和道路研究间的预测有效性。

致谢

感谢我的同事和导师,他们对本章的许多部分提供了反馈意见。他们是 J. Catesby Ware、Bryan Porter、Elaine Justice、James Bliss、Carryl Baldwin 和 Frederick Freeman。

本章参考文献

AKERSTEDT T, 1985. Shifted sleep hours[J]. Annals of Clinical Research, 17: 273-279.

AKERSTEDT T, CONNOR J, GRAY A, et al, 2008. Predicting road crashes from a mathematical model of alertness regulation—The sleep/wake predictor[J]. Accident Analysis and Prevention, 40: 1480-1485.

AKERSTEDT T, INGRE M, KECKLUND G, et al, 2010. Reaction of sleepiness indicators to partial sleep deprivation, time of day and time on task in a driving simulator—The DROWSI project[J]. Journal of Sleep Research, 19(2): 298-309.

ANUND A, KECKLUND G, PETERS B, et al, 2008. Driver sleepiness and individual differences in preferences for countermeasures[J]. Journal of Sleep Research, 17: 16-22.

ANUND A, KECKLUND G, VADEBY A, et al, 2008. The alerting effect of hitting a rumble strip: A simulator study with sleepy drivers[J]. Accident Analysis and Prevention, 40: 1970-1976.

ARNOLD P K, HARTLEY L R, 2001. Policies and practices of transport companies that promote or hinder the management of driver fatigue[J]. Transportation Research Part F: Traffic Psychology and Behaviour, 4: 1-17.

AssistWare Technology, 2005. Third generation Safe TRAC released[R/OL]. [2005-08-22]. http://www.assistware.com/Content/news_pr_3rd%20gen.html.

BARR L, POPKIN S, HOWARD H, 2009. An evaluation of emerging driver fatigue detection measures and technologies (Report No. FMCSA-RRR-09-005)[R]. Washington, DC: Federal Motor Carrier Safety Administration.

BAULK S D, BIGGS S N, REID K J, et al, 2008. Chasing the silver bullet: Measuring driver fatigue using simple and complex tasks[J]. Accident Analysis and Prevention, 40: 396-402.

BEN-YAACOV A, MALTZ M, SHINAR D, 2002. Effects of an in-vehicle collision avoidance warning system on short- and long-term driving performance[J]. Human Factors, 44(2): 335-342.

BORBELY A A, ACHERMANN P, TRACHSEL L, et al, 1989. Sleep initiation and sleep intensity: Interaction of homeostatic and circadian mechanisms[J]. Journal of Biological Rhythms, 4: 149-160.

BROOKHUIS K A, WAARD D D, 1993. The use of psychophysiology to assess driver status[J]. Ergonomics, 36(9): 1099-1110.

CARSKADON M A, DEMENT W C, MITLER M M, et al, 1986. Guidelines for the multiple sleep latency test (MSLT): A standard measure of sleepiness[J]. Sleep, 9(4): 519-524.

DANNER F, PHILLIPS B, 2008. Adolescent sleep, school start times and teen motor vehicle crashes[J]. Journal of Clinical Sleep Medicine, 4(6): 533-535.

DESMOND P A, 1998. Driver fatigue: Performance and state changes[M]. In L HARTLEY (Ed.), Managing fatigue in transportation (:65-76). Oxford: Elsevier.

DESMOND P A, HANCOCK P A, 2001. Active and passive fatigue states[M]. In P A HANCOCK, P A DESMOND (Eds.), Stress, workload and fatigue (:455-465). Mahwah: Erlbaum.

DESMOND P A, MATTHEWS G, 1997. Implications of task-induced fatigue effects for in-vehicle countermeasures to driver fatigue[J]. Accident Analysis and Prevention, 29(4): 515-523.

DEXTER D, BIJWADIA J, SCHILLING D, et al, 2003. Sleep, sleepiness and school start times: A preliminary study[J]. Wisconsin Medical Journal, 102(1): 44-46.

DINGES D F, GRACE R, 1998. PERCLOS: A valid psychophysiological measure of alertness as assessed by psychomotor vigilance (Report No. FHWA-MCRT-98-006)[R]. Washington, DC: U. S. Department of Transportation, Federal Highway Administration.

DINGES D F, MALLIS M M, MAISLIN G, et al, 1998. Final report: Evaluation of techniques for ocular measurement as an index of fatigue and as the basis for alertness management (Report No. DOT HS 808 762)[R]. Washington, DC: National Highway Traffic Safety Administration.

Federal Motor Carrier Safety Administration, 2008. Hours of service of drivers, 49-CFR-395[R]. Federal Register 69567-69586.

FERGUSON S A, 2003. Other high-risk factors for young drivers-How graduated licensing does, doesn't or could address them[J]. Journal of Safety Research, 34: 71-77.

FINDLEY L, GUCHU R, FABRIZIO M, et al, 1995. Vigilance and automobile accidents in patients with sleep apnea or narcolepsy[J]. Chest, 108(3): 619-624.

FREUND B, GRAVENSTEIN S, FERRIS R, et al, 2002. Evaluating driving performance of cognitively impaired and healthy older adults: A pilot study comparing on-road testing and driving simulation[J]. Journal of the American Geriatric Society, 50: 1309-1310.

GANDER P H, MARSHALL N S, JAMES I, et al, 2006. Investigating driver fatigue in truck crashes: Trial of systematic methodology[J]. Transportation Research Part F: Traffic Psychology and Behaviour, 9: 65-76.

GEORGE C F P, 2003. Driving simulators in clinical practice[J]. Sleep Medicine Reviews, 7(4): 311-320.

GEORGE C F P, 2005. Driving and automobile crashes in patients with obstructive sleep apnoea/hypopnoea syndrome[J]. Sleep Diagnosis and Therapy, 1(1): 51-55.

GEORGE C F P, BOUDREAU A C, SMILEY A, 1996. Simulated driving performance in patients with obstructive sleep apnea[J]. American Journal of Respiratory and Critical Care Medicine, 154(1): 175-181.

GERSHON P, SHINAR D, ORON-GILAD T, et al, 2011. Usage and perceived effectiveness of fatigue countermeasures for professional and nonprofessional drivers[J]. Accident Analysis and Prevention, 43(3): 797-803.

GIMENO P T, CEREZUELA G P, MONTANES M C, 2006. On the concept and measurement of driver drowsiness, fatigue and inattention: Implications for countermeasures[J]. International Journal of Vehicle Design, 42(1-2): 67-86.

HACK M, CHOI S, VIJAYAPLALAN P, et al, 2001. Comparison of the effects of sleep deprivation, alcohol and obstructive sleep apnea on simulated steering performance[J]. Respiratory Medicine, 95: 594-601.

HANOWSKI R J, WIERWILLE W W, DINGUS T A, 2003. An on-road study to investigate fatigue in local/short haul trucking[J]. Accident Analysis and Prevention, 35: 153-160.

HARTLEY L, HORBERRY T, MABBOTT N, et al, 2000. Review of fatigue detection and prediction technologies[C]. Melbourne: National Road Transport Commission.

HORNE J A, REYNER L A, 1996. Counteracting driver sleepiness: Effects of napping, caffeine and placebo[J]. Psychophysiology, 33: 306-309.

INGRE M, AKERSTEDT T, PETERS B, et al, 2006. Subjective sleepiness and accident risk avoiding the ecological fallacy[J]. Journal of Sleep Research, 15: 142-148.

JANKE M K, 2001. Medical conditions and other factors in driver risk (Report No. CAL-DMV-RSS-01-190) [R]. Sacramento: California Department of Motor Vehicles.

JEWETT M E, DIJK D, KRONAUER R E, et al, 1999. Dose-response relationship between sleep duration and human psychomotor vigilance and subjective alertness[J]. Sleep, 22(2): 171-179.

JOHNS M W, 1998. Rethinking the assessment of sleepiness[J]. Sleep Medicine Reviews, 2(1):3-15.

JOHNS M W, 2000. A sleep physiologist's view of the drowsy driver[J]. Transportation Research Part F: Traffic Psychology and Behaviour, 3(4): 241.

KLAUER S G, DINGES T A, NEALE V L, et al, 2006. The impact of driver inattention on near-crash/crash risk: An analysis using the 100-Car Naturalistic Driving Study data (No. DOT HS 810 594) [R]. Washington, DC: U.S. Department of Transportation.

KLEITMAN N, 1963. Sleep and wakefulness[M]. Chicago: University of Chicago Press.

KNIPLING R R, WANG J S, 1994. Crashes and fatalities related to driver drowsiness/fatigue. (NHTSA Research Note) [R]. Washington, DC: National Highway Traffic Safety Administration.

KOZAK K, CURRY R, GREENBERG J, et al, 2005. Leading indicators of drowsiness in simulated driving[C]. Paper presented at the Human Factors and Ergonomics Society 49th annual meeting, Orlando, FL.

LAL S K L, CRAIG A, 2001a. A critical review of the psychophysiology of driver fatigue[J]. Biological Psychology, 55(3): 173-194.

LAL S K L, CRAIG A, 2001b. Electroencephalography activity associated with driver fatigue: Implications for a fatigue countermeasure device [J]. Journal of Psychophysiology, 15(3): 183.

LEMKE M, 1982. Correlation between EEG and driver's actions during prolonged driving under monotonous conditions[J]. Accident Analysis and Prevention, 14(1): 7-17.

LENNE M G, TRIGGS T J, REDMAN J R, 1997. Time of day variations in driving performance [J]. Accident Analysis and Prevention, 29(4): 431-437.

LENNE M G, TRIGGS T J, REDMAN J R, 1998. Interactive effects of sleep deprivation, time of day and driving experience on a driving task[J]. Sleep, 21(1): 38-44.

LYZNICKI J M, DOEGE T C, DAVIS R M, et al, 1998. Sleepiness, driving, and motor vehicle crashes[J]. Journal of the American Medical Association, 279(23): 1908-1913.

MALLIS M M, 1999. Evaluation of techniques for drowsiness detection: Experiment on performance-based validation of fatigue-tracking technologies[D]. Philadelphia: Unpublished doctoral thesis, Drexel University.

MAY J F, BALDWIN C L, 2009. Driver fatigue: The importance of identifying causal factors of fatigue when considering detection and countermeasure technologies [J]. Transportation Research Part F: Traffic Psychology and Behaviour, 12: 218-224.

MAY J F, BALDWIN C L, PARASURAMAN R, 2006. Prevention of rear-end crashes in drivers with task-induced fatigue through the use of auditory collision avoidance warnings[C]. Paper presented at the 50th annual meeting of the Human Factors and Ergonomics Society, San Francisco.

MAY J F, WARE J C, VORONA R D, 2005. The relationship of driving simulator performance to multiple sleep latency test results[J]. Sleep, 28(Suppl.): A315.

MAYCOCK G, 1996. Sleepiness and driving: The experience of UK car drivers[J]. Journal of Sleep Research, 5: 229-237.

MILIA L D, SMOLENSKY M H, COSTA G, et al, 2011. Demographic factors, fatigue, and driving accidents: An examination of the published literature [J]. Accident Analysis and Prevention, 43: 516-532.

MITLER M M, MILLER J C, LIPSITZ J J, et al, 1997. The sleep of long-haul truck drivers[J]. New England Journal of Medicine, 337(11): 755-761.

MONK T H, 1991. Circadian aspects of subjective sleepiness: A behavioral messenger[M]. In T H MONK (Ed.), Sleep, sleepiness and performance (: 39-63). New York: Wiley.

National Highway Traffic Safety Administration, 2002. Volume I: Findings[R]. National survey of distracted and drowsy driving attitudes and behaviors (No. DOT HS 809 566). Washington, DC: Author.

National Highway Traffic Safety Administration, 2006. Traffic safety facts 2004: A compilation of motor vehicle crash data from the fatality analysis reporting system and the general estimates system (No. DOT HS 809 919) [R]. Washington, DC.

National Highway Traffic Safety Administration, 2011. Traffic safety facts 2009 early edition: A compilation of motor vehicle crash data from the fatality analysis reporting system and the general estimates system (No. DOT HS 811402EE) [R]. Washington, DC.

National Sleep Foundation, 2003. 2003 Sleep in America poll[R/OL]. [2005-02-10]. http://www.sleepfoundation.org/sites/default/files/2003SleepPollExecSumm.pdf.

National Sleep Foundation, 2006. 2006 Sleep in America poll [R/OL]. [2011-03-03]. http://www.sleepfoundation.org/sites/default/files/2006_summary_of_findings.pdf.

National Sleep Foundation, 2007. State of the states report on drowsy driving[R/OL]. [2011-01-29]. http:/drowsydriving.org/docs/2007 State of the States Report.pdf.

National Sleep Foundation, 2008. 2008 Sleep in America poll [R/OL]. [2011-03-03]. http://www.sleepfoundation.org/sites/default/files/2008%20POLL%20SOF.pdf.

National Sleep Foundation, 2009. 2009 Sleep in America poll [R/OL]. [2011-02-28]. http://www.sleepfoundation.org/sites/default/files/2009% 20Sleep% 20in% 20America% 20SOF% 20EMBARGOED.pdf.

National Sleep Foundation. (n.d.). Drowsy driving [EB/OL]. [2005-11-13]. http://sleepfoundation.org/hottopics/index.php? secid=10&id=226.

New Jersey General Assembly, 2003. Death by auto or vessel [EB/OL]. http://www.njleg.state.nj.us/2002/Bills/A1500/1347_R2.HTM.

NORDBAKKE S, SAGBERG F, 2007. Sleepy at the wheel: Knowledge, symptoms and behaviour among car drivers[J]. Transportation Research Part F: Traffic Psychology and Behaviour, 10: 1-10.

PACK A I, PACK A M, RODGMAN E, et al, 1995. Characteristics of crashes attributed to the driver having fallen asleep[J]. Accident Analysis and Prevention, 27(6): 769-775.

PERRILLO K, 1998. The effectiveness and use of continuous shoulder rumble strips[J]. Albany: Federal Highway Administration.

PERSAUD B N, RETTING R A, LYON C A, 2004. Crash reduction following installation of centerline rumble strips on rural two-lane roads[J]. Accident Analysis and Prevention, 36: 1073-1079.

PHILIP P, SAGASPE P, MOORE N, et al, 2005. Fatigue, sleep restriction and driving performance[J]. Accident Analysis and Prevention, 37(3): 473-478.

PIZZA F, CONTARDI S, MOSTACCI B, et al, 2004. A driving simulation task: Correlations with multiple sleep latency test[J]. Brain Research Bulletin, 63: 423-426.

REYNER L A, HORNE J A, 1998a. Falling asleep whilst driving: Are drivers aware of prior sleepiness[J]. International Journal of Legal Medicine, 111: 120-123.

REYNER L A, HORNE J A, 1998b. Evaluation of "in-car" countermeasures to sleepiness: Cold air and radio[J]. Sleep, 21(1): 46-50.

RISSER M R, WARE J C, FREEMAN F G, 2000. Driving simulation with EEG monitoring in normal and obstructive sleep apnea patients[J]. Sleep, 23(3): 393-398.

SCHIER M A, 2000. Changes in EEG alpha power during simulation driving: A simulation[J]. International Journal of Psychophysiology, 37: 155-162.

SHEN J, BARBERA J, SHAPIRO C M, 2006. Distinguishing sleepiness and fatigue: Focus on definition and measurement[J]. Sleep Medicine Reviews, 10: 63-76.

SMITH R, COOK L J, OLSON L M, et al, 2004. Trends of behavioral risk factors in motor vehicle crashes in Utah, 1992-1997[J]. Accident Analysis and Prevention, 36(2): 249-255.

SOAMES-JOB R F, DALZIEL J R, 2001. Defining fatigue as a condition of the organism and distinguishing it from habituation, adaptation and boredom[M]. In P A HANCOCK, P A DESMOND (Eds.), Stress, workload and fatigue (:466-475). Mahwah: Erlbaum.

THIFFAULT P, BERGERON J, 2003. Monotony of road environment and driver fatigue: A simulator study[J]. Accident Analysis and Prevention, 35(3): 381-391.

TORNROS J, 1998. Driving behaviour in a real and a simulated road tunnel: A validation study [J]. Accident Analysis and Prevention, 30(4): 497-503.

TURKINGTON P M, SIRCAR M, SARALAYA D, et al, 2004. Time course of changes in driving simulator performance with and without treatment in patients with sleep apnoea hypopnoea syndrome[J]. Thorax, 59: 56-59.

U. S. Department of Labor, 2002. Workers on flexible and shift schedules in 2001 summary. [2005-03-15]. http://www.bls.gov/cps.

VAN DER HULST M, MEIJMAN T, ROTHENGATTER T, 2001. Maintaining task set under fatigue: A study of time-on-task effects in simulated driving[J]. Transportation Research Part F: Traffic Psychology and Behaviour, 4(2): 103-118.

VORONA R D, SZLO-COXE M, WU A, et al (Accepted for publication). Dissimilar teen crash rates in two neighboring southeastern Virginia cities with different high school start times[J]. Journal of Clinical Sleep Medicine.

WARE J C, MAY J F, ROSENTHAL T, et al, 2007. Driving simulator testing with a rural drive scenario shows greater sensitivity to sleep loss than other objective measures in healthy adults [J]. Sleep, 30(Suppl.): A148.

WICKENS C D, 1984. Processing resources in attention[M]. In R Parasuraman, D R T Davies (Eds.), Varieties of attention (:63-102). Orlando: Academic Press.

WILLIAMS A, 2003. Teenage drivers: patterns of risk[J]. Journal of Safety Research, 34: 5-15.

WILLIAMSON A, LOMBARDI D A, FOLKARD S, et al, 2011. The link between fatigue and safety[J]. Accident Analysis and Prevention, 43: 498-515.

第四部分 易受伤害的道路使用者和各类驾驶人问题

第 22 章 儿童和"青少年"

凯莉·英格兰·威尔(Kelli England Will)
美国弗吉尼亚州,诺福克,东弗吉尼亚医学院(Eastern Virginia Medical School, Norfolk, VA, USA)

"如果儿童的死亡是缘于某种伤害,人们会义愤填膺地去阻止这种恶行。"
——C. 埃弗雷特·库普(C. Everett Koop),美国卫生部长,1982—1989 年

22.1 引言

道路交通伤害是全球人类死亡的主要原因,同时在全球疾病排名中列第 9 位。据统计,全球每年因道路交通伤害导致 120 多万人死亡和 5000 多万人受伤,经济损失约为 5180 亿美元,占全世界国内生产总值(GDP)的 1%~3%。如任由其发展,到 2030 年,道路交通伤害将成为全年龄段疾病负担的第五大原因[世界卫生组织(WHO),2009]。

儿童与道路相关的活动较多。世界各地的道路交通伤亡数据表明,儿童尤其容易受到道路交通事故的伤害。在低收入和中低收入国家,大多数道路使用者不是车辆司乘人员,而是没有保护的道路弱势交通群体,包括步行者、自行车骑行者、摩托车骑行者和乘客以及公交乘客(Peden 等,2008;WHO,2009)。通常,道路交通项目不会为儿童及弱势道路使用者的安全需要而进行针对性的设计(Toroyan 和 Peden,2007;WHO,2009)。儿童在上学、做家务、前往嬉戏地点的过程中,需要与行驶中的车流并行,或是穿越行驶中的车流。

上述情况,兼之儿童处于身体发育中的局限性,是导致儿童在交通事故中受伤甚至死亡的原因(Toroyan 和 Peden,2007)。儿童处于发育之中,幼小的身体难以承受车辆的撞击。在道路上,儿童幼小的身体难以被驾驶人发现,同时也使儿童难以观察周围的交通环境。此外,由于儿童头部较大,重心较高,易导致头部受伤。由于视觉、深度知觉、听觉、动觉的发育不足,儿童对物体速度和距离的判断也很困难。同时,孩子们注意力不足,常处于险境而不自知,很容易受社交影响(如表现自己或受伙伴挑唆等)而产生危险行为,缺乏相关经验也使他们不能准确感知环境中的危险(Toroyan 和 Peden,2007)。

道路交通环境和发育中的身体,两者的交互作用所带来的道路交通事故给全球儿童的生命安全带来了灾难性后果。在道路交通事故死亡人员中,有 1/5 是儿童(Peden 等,2008),每年有近 26.2 万名儿童死于交通事故,近 1000 万名儿童在交通事故中受伤(Peden 等,2008)。在全球范围内,交通事故是导致 5 岁以上儿童死亡的三大原因之一,也是导致 1~4 岁儿童死亡的十大原因之一(Toroyan 和 Peden,2007;WHO,2009)。据预测,到 2015 年,道路交通事故将成为 4 岁以上儿童死亡或残疾的首要原因(Mathers 和 Loncar,2005)。

在与儿童有关的交通事故中,最常见的事故伤害是头部与肢体受伤,导致死亡或残疾(Peden 等,2004;Toroyan 和 Peden,2007)。在全球范围内,创伤性脑损伤是导致儿童在交通事故中死亡或受伤的最常见原因(Peden 等,2004,2008;Toroyan 和 Peden,2007),相对而言,胸腹部的损伤较少见,但也会对内脏带来严重影响(Peden 等,2008)。在交通事故之后,儿童和他们的家庭会经历各种各样的打击,如亲人的离世、受伤或残疾、经济困难、昂贵而又往往不达标的医疗服务、家庭压力增大以及随之而来的焦虑和创伤后应激障碍等(Peden 等,2008)。

22.2 道路交通事故的全球经济差异

在全球范围内,虽然世界上大部分车辆为高收入国家所拥有,但是全世界超过 90% 的机动车事故伤亡却发生在低收入和中低收入国家(Peden 等,2004,2008;WHO,2009),例如,世界每年 2/3 的致死交通事故发生在东南亚、非洲、西太平洋地区的中低收入国家(Peden 等,2008)。与其他地区相比,非洲的机动车辆极少,但交通事故死亡率最高。在非洲,儿童的万人道路交通死亡率为 19.9 人,而在欧洲的高收入国家,这个数字是 5.2 人(Peden 等,2008)。由此看出,欠发达国家的儿童受道路交通伤害影响最为严重。

目前,道路交通伤害仍是人类非正常死亡的首要原因,其中贫困人口的占比较高,在富裕国家也是如此。然而,在发达国家,尽管机动化程度在提升,但交通事故的致死率在降低[全球儿童安全组织(Safe Kids Worldwide,SKW),2004]。在绝大多数的高收入国家,机动化水平的提升较为缓慢,其道路交通安全的行动能够与交通量的增长相协调。以芬兰为例,近 30 年间交通量增加了 3 倍,但其推行的道路交通安全运动使交通事故死亡率减少了 50%。

与发达国家相反,中低收入国家的交通事故死亡率却在增加。在 20 世纪 90 年代,中国和非洲撒哈拉地区的儿童交通事故死亡率增加了 1/3(SKW,2004),这是因为发展中国家正在快速机动化,但其交通安全对策及相关法规的发展落后于机动化的进程(WHO,2009)。与已建立起较为完善的交通安全机制的发达国家不同,许多低收入和中低收入国家面临的是道路状况不佳、交通执法不力、道路功能混杂、缺乏信号控制交叉口和安全的人行道等问题(WHO,2009)。

由于经济发展的差异,不同类型国家的交通事故伤害发展趋势不同,而且越来越明显。到 2020 年,预计低收入和中等收入国家的道路交通伤害数量将增加 83%,高收入国家将减少 27%,全球范围内的交通伤害数量预计将增加 67%(Peden 等,2004)。令人扼腕的是,尽管这一问题在发展中国家日益严重,但在这些国家的研究和政策举措中,道路交通伤害往往得不到应有的重视(WHO,2009)。

22.3 保护儿童的优先考虑与标准管理的地区差异

本节主要讨论的是世界各地关于儿童的道路安全实践和法规方面的差异。在发展中国家,存在着诸多道路风险,例如在许多国家,行人、自行车和机动车共用一条道路。由于缺乏超载和超限标准,小型两轮摩托车常与超载货车并排行驶,因此摩托车骑行者也是易受伤害的道路使用者。在这些国家,儿童乘坐摩托车很常见,但不佩戴头盔,或者说不是每次乘坐都佩戴头盔。在某些地区,道路拥堵本身已经是一个严重的问题,而缺乏车道标线和规定不清晰进一步使得交通复杂化;道路可能未铺设路面,或者状况不佳。另外,某些地区则面临着车辆短缺的问题,由此导致人们追求的是快速到达目的地而不考虑出行过程中的安全。例如,在非洲马里,经常会看到以45mile/h(约合72km/h)的速度飞驰的车辆,这些车辆不仅乘员超载,而且还有乘客在车外搭乘。发展中国家儿童面临的关键交通风险因素包括道路安全措施执行不力以及安全带、儿童安全座椅和头盔等安全装置的使用不足。

在低收入国家,大多数死亡事故涉及的是弱势道路使用者(行人和自行车骑乘者),而在高收入国家则是机动车乘客(WHO,2009)。如在太平洋西岸的中低收入国家中,70%的交通事故死亡者是弱势道路使用群体,与之相反的是,在美洲的高收入国家中,65%的交通事故死亡者是机动车乘客(WHO,2009)。尽管高收入国家的道路交通死亡率在下降,然而,交通事故是儿童死亡的首要原因。因此,加强对乘坐机动车辆的儿童的保护是发达国家,如美国和瑞典的主要举措。与发达国家相反,在发展中国家,如孟加拉国等,优先考虑的事项是实施交通安全措施来降低弱势道路使用者居高不下的死亡率,例如设置行人安全设施和提高头盔使用率等(WHO,2009)。

显然,由于每个国家当前最重要的需求有所差异,道路事故风险的干预措施也有所不同。发展中国家的交通风险可能与结核病、疟疾和艾滋病等致命疾病的流行同时存在,人们可能正在与战争、贫困、食物和住房不安全带来的不确定性作斗争。由于独特的需求,各国对不同风险的重视程度可能有所不同。对危险的熟悉也会降低对危险的感知(Sandman,1991;Slovic,1991),因此,对于高收入国家来说风险很高的事情,发展中国家可能会认为不太重要(反之亦然)。

除了对待不同风险的优先级不同之外,不同国家关于儿童安全干预措施的需求水平也不同。在许多高收入国家,儿童安全座椅的使用率超过90%(Peden等,2008)。这些国家主要关注的是如何避免对儿童安全座椅的错误使用,因为研究表明至少3/4的人不会正确使用,使得其功效降低至50%(Carlsson、Norin和Ysander,1991;Decina和Lococo,2005;Dukehart、Walker、Lococo、Decina和Staplin,2007;Durbin、Chen、Smith、Elliott和Winston,2005)。相比之下,在许多低收入国家,交通安全干预关注的是增加对适龄儿童约束装置的使用,无论其安装是否正确。这些装置的使用普及之后,有关部门才能开始关注安装中的问题。虽然增加设施的普及率和正确使用设施相关,但两者的方法却大不相同。将何种交通安全改善措施列为优先等级,各国也存在差异。在一些地方,可能是交通安全教育,而其他地方则可能会把重点放在工程措施上。一些国家需要通过立法改善交通安全水平,而另一些国家则需要解决交通安全执法不力的问题。

22.4 防止儿童交通事故的关键策略

考虑全世界国家不同的社会发展优先事项和需求,全球领导人提出了一系列国家之间的共同合作策略以提升道路交通安全。读者可以参阅《世界道路交通伤害预防报告》(以下简称《报告》)(Peden等,2004)中有关建议和控制措施有效性的综述。大多数道路交通伤害可以通过适当的教育、安全防护设备和道路安全系统的开发来预防(Peden 等,2008;WHO,2009)。与其他公共健康问题(如肥胖和精神疾病)不同,许多减少儿童道路交通伤害的方法已在交通安全领域得到了充分认可(Peden 等,2004)。例如,相当大比例的受伤儿童可以通过设置安全的人行道、强制使用头盔和设立儿童专属座位等措施在出行中得到保护。然而,正如任意一位交通安全倡导者所知的那样,伤害预防机制只有当政府优先考虑并为公众所利用时才能起到应有的效果。

尽管所有改善道路安全的措施无疑都会使儿童受益,《报告》(Peden 等,2004)还是专门针对儿童和年轻道路使用者提出了干预措施,例如改进安全工程设置措施、改进车辆设计标准、增加安全设备的使用频率、制定法规和标准、发展安全教育和技能、改善急救和创伤护理技能等(Peden 等,2008)。下面将简要讨论 Peden 等(2008)对这些针对性措施的总结和评价。

《报告》首先提出的干预策略是对工程措施的改进,以建筑环境设计的改进来提高儿童的交通安全水平。推荐的工程措施包括减速技术(例如减速带和环形交叉口)、安全游乐区划分、安全通学路线设计以及将两轮车与其他车辆进行物理隔离等。其次,《报告》对改进车辆设计标准提出了建议,包括对车辆吸能区和侧面防撞杆的要求,重新设计汽车前部以减少对行人的撞击伤害,改进儿童约束装置、后视辅助装置和酒精联锁系统等机动车部件。同时,《报告》建议应通过强制立法、加强执法、公众普及运动以及对可得性和可负担性的改进等措施加强安全设备的使用。《报告》指出儿童的关键安全设备需求包括对适合儿童身体发育的约束系统、安全带、自行车头盔、摩托车头盔的设计,并通过增加反光条、亮色设计和设置日间行车灯改善醒目性。《报告》还认为,应制定并实施更严格的标准和法律,包括机动车最低驾驶许可年龄、酒后驾驶禁令、强制使用安全带和儿童约束装置以及强制使用头盔等。同时,《报告》建议进一步开发有效的交通安全教育方法,尤其是那些结合现代生态模型,并符合教育和行为改变理论科学状态的方法。最后,《报告》指出,加强急救、创伤和康复护理的培训非常重要,因为道路交通伤害的恢复取决于此类措施的可用性、可及性和质量(Peden 等,2008)。

22.5 保护机动车儿童乘员的建议

考虑与保护全世界道路上的儿童相关的问题范围广泛,并且本书的其他章节已经对政策、执法、酒精、车速、年轻驾驶人、安全带、摩托车、自行车和行人等议题进行讨论。故而,本章的其余部分将把重点放在保护乘车儿童的最佳措施建议上。这些建议是复杂的,并因各个国家发展阶段的不同而异。因此,详细阐述每项建议的细节是必要的。

请注意,鉴于全世界儿童乘客安全标准和建议的巨大差异,本节是从作者的祖国美国的角度编写的。然而,本次讨论的重点是世界各地儿童的发展需求,而不是任何一个国家目前提出的建议。尽管乘坐汽车的儿童的需求和脆弱性是相当普遍的,但最佳实践建议无疑会因世界不同地区而略有不同。请读者尽可能注意各个地区之间的差异。

22.5.1 乘员碰撞动力学和安全约束

牛顿第一运动定律指出,除非被某物阻止,一切物体都会保持其运动状态不变。对于机动车辆,致使它们停止的机制可以是车辆制动、与另一辆车相撞,或与树、杆等其他固定物体相撞。而对于车辆乘员,致使他们停止的机制可以是风窗玻璃、安全带,或在运动路径的内部或外部的其他车辆[美国国家公路交通安全管理局(NHTSA),2007]。如果车辆以35mile/h(注:1mile/h 约合 1.609km/h)的速度行驶,车载乘员也将继续以 35mile/h 的速度运动,直到他们被车辆强制停下。车辆碰撞过程有 3 种:①车辆碰撞,当汽车与另一辆车或对象碰撞时开始停止;②人的碰撞,车载乘员继续以相同的速度前进,直到他们撞上车辆内部或外部的某物;③内部碰撞,乘员的身体内部器官以相同的速度继续前进,直到它们与其他器官和骨骼碰撞(NHTSA,2007)。发生在不到 1s 内的动量和速率的突然变化使撞击的力量非常强大。这股力量的大小可以通过在碰撞中使一位乘员保持位置所需的力的磅数来计算。这可以简单地估计为一个人的体重乘以车辆的速度(NHTSA,2007)。例如,如果一位 90lb(注:1lb 约合 0.45kg)的儿童可以被安全带约束在一辆以 30mile/h 速度行驶的车辆中,那么发生撞击时,安全带在碰撞中提供的约束力是 2700lb。这大致相当于一辆小型汽车的重量。因此,若不系好安全带,在碰撞中儿童将承受与一辆小汽车重量相当的力。

使用安全带可极大地降低碰撞损伤。在交通事故中,依安全带的类型和座椅位置的不同,不系安全带将增加 45%~74% 的受伤或死亡概率(Arbogast、Jermakian、Kallan 和 Durbin,2009;Durbin 等,2005;NHTSA,2010;Rice 和 Anderson,2009)。正确使用安全带可通过以下几点防止事故对乘员造成伤害:①将乘员限制在车辆中;②以乘员身体最强壮的部位承力;③使力在整个身体中分散开来;④帮助乘员身体减速;⑤保护乘员的脑与脊髓(NHTSA,2007)。其中,最主要的是防止乘员被从车辆中甩出,因为此时乘员死亡的可能性将会增加 4 倍(NHTSA,2007)。

正确使用安全带也可为乘员提供最大的保护。由于安全带是以成年人的身体为基准设计的,单独使用安全带不足以预防儿童受伤(Arbogast 等,2009;Durbin 等,2005;NHTSA,2007)。事实上,在机动车碰撞时,儿童受伤的主要原因是监护人给儿童使用不合适的安全约束装置、过早将背向坐着的儿童转向前方、滥用安全带以及让儿童坐在汽车前排座位上等(Arbogast 等,2009;Berg、Cook、Corneli、Vernon 和 Dean,2000;Braver、Whitfield 和 Ferguson,1998;Durbin 等,2005;Henary 等,2007;Lennon、Siskind 和 Haworth,2008;Rice 和 Anderson,2009;Winston 和 Durbin,1999)。

在各种车辆的乘员中,儿童是最易受伤的,因为他们的身体还没发育完全。除了他们身材矮小、体重较轻以外,儿童的盆骨还没有发育出髂嵴。髂嵴是髋骨的一部分,有助于保持成人安全带处在臀下的正确位置(NHTSA,2007)。当使用普通的安全带时,安全带的肩带常落在儿童的面部和颈部,且腰带的位置也不正确。为了提高舒适度和安全度,婴幼儿应该坐在儿童安全座椅上,年龄稍大些的儿童应该坐在有定位助力安全带的座位上。(请注意,本章中安全座椅和增高座椅统称为儿童约束装置。)约束儿童的安全设计是为了承受大部分的撞击力量,或将碰撞力分布在儿童身体最强壮的部位(NHTSA,2007)。

正确安装和使用儿童安全座椅后,可以让婴儿受到致命伤害的概率降低 74%,幼儿则为 59%(Rice 和 Anderson,2009)。使用肩部安全带可将 5 岁以上的前排座位乘员遭受致命伤害的风险降低 45%~60%,同时将中度至临界伤害的风险降低 50%~65%(NHTSA,2010)。相比单独使用汽车安全带,若把儿童放置在一个由安全带固定的安全座椅上乘车,4~8 岁儿童的安全程度还可提高45%(Arbogast 等,2009)。与受到适当安全约束的儿童(0~15岁)相比,不受约束的儿童在碰撞中受伤的可能性要高出3倍以上,而在不适当约束下的儿童因其体型而受伤的风险要高出2倍(Durbin等,2005)。而且,约束装置的错误安装和使用会妨碍其最大限度避免伤害的功能。有研究表明,至少有3/4的约束装置在无意中被误用(Decina 和 Lococo,2005,2007;Dukehart 等,2007;O'Neil、Daniels、Talty 和 Bull,2009)。

22.5.2 发育阶段安全设备使用建议

在许多国家,乘员保护的最佳实践建议是根据其交通安全的发展而逐渐完善起来的。这些建议是当前安全专家对儿童保护提出的最好方法。但是,由于政策变化缓慢,交通安全保护立法通常滞后于知识的更新。因此,在此期间,最佳实践建议被用于指导交通安全倡导者和监护人。

世界不同地区的发展不同,需要不同的具体安全建议。事实上,对于儿童乘员的标准和一些建议始终存在,只是有的国家的建议能够最大限度地保护儿童,有的国家则根本不将儿童作为应保护的对象。大部分的国家处于这两种情况之间。如在瑞典,对儿童的安全建议是4岁以上的儿童坐在后排座位(Watson和Monteiro,2009)。与阿富汗不要求儿童使用安全带的做法相比,阿根廷的孩子们虽然不需要使用儿童约束装置,但必须使用安全带(WHO,2009)。在美国,所有的50个州均有关于儿童约束装置的法律,但不同州有不同的建议,而且很少与最佳的安全建议相符。许多州的规章制度未能足够保护儿童(儿童乘员安全的合作伙伴,2007;Ross等,2004)。儿童约束装置碰撞性能标准的要求表现出极大的变化:相比美国,加拿大、澳大利亚和许多欧洲国家都有严格的最低性能碰撞试验标准(Llewellyn,2000)。不像许多欧洲国家,美国不要求儿童约束装置配置侧向碰撞的安全气囊。虽然相比发展中国家,美国的交通安全发展遥遥领先,但和其他一些高收入国家相比,其法规和碰撞试验程序标准比较落后。不足为奇的是,交通事故伤亡率的地区差异与安全措施建议的进展呈负相关关系。

在美国(和其他一些国家),对父母的教育遵循"儿童乘坐的4个阶段"概念,强调儿童乘坐车辆的适当约束有4个阶段。每个阶段对最大/最小年龄、体重和身高都有约束建议的指导。因为安全约束装置的重量和高度范围变化很大,监护人在使用安全约束装置前,一定要阅读安全约束装置的标签和说明来判断安全约束装置对这个孩子的年龄、体重、身高来说是否适合。

22.5.2.1 第一阶段:面朝后的安全座椅

婴儿的头相对于全身而言,是较大且较重的(占身体总重的25%),同时颈部和背部很脆弱(NHTSA,2007;Watson和Monteiro,2009)。由于婴儿很难控制头部和颈部,一旦婴儿坐直,头就会向前倾倒。此外,婴儿发育不成熟的骨骼和器官使得他们特别容易受到伤害(NHTSA,2007;Watson和Monteiro,2009)。特别是由于颈椎发育不完全,正面的碰撞力会导致面向前的婴儿骨骼过度拉伸、甚至脊髓横断(Watson和Monteiro,2009)。婴幼儿(小于1岁)面朝前受到严重伤害的概率是面朝后的1.79倍。此外,12~23个月大的婴幼儿在前排座位遭受严重伤害的概率是后排座位的5.32倍(Henary等,2007)。

由于这些原因,安全专家建议婴幼儿以45°斜倚半躺在后座,这样安全装置可以把婴幼儿的身体紧紧包裹起来，同时承受大部分撞击力（Bull 和 Durbin，2008；Watson 和 Monteiro，2009）。因为大多数碰撞都是正面碰撞，只要简单地将座椅朝后就会极大地改变婴幼儿在碰撞中的运动状态，将大部分有害力施加在座椅上而不是婴幼儿身上（Henary 等，2007；NHTSA，2007），同时，施加的约束可以使婴幼儿的头部、颈部和脊柱保持对齐，安全座椅无法吸收的碰撞力分布在所有这些身体部位（Watson 和 Monteiro，2009）。

只要儿童的体重还在最大重量限制内，就应面朝后坐，使头部低于座位顶端以避免冲击。在美国，建议儿童在 2 岁之前、体重达到 20lb 之前面朝后坐。然而，越来越多的国家的安全专家建议儿童在 4 岁之前都面朝后坐（Henary 等，2007；Watson 和 Monteiro，2009）。

一开始面朝前坐时，婴儿和幼儿通常乘坐婴儿座椅（通常可拆卸）或可转换座椅，达到一定的体重（美国为 35lb）后再从面朝后转为面朝前。在欧洲，座椅的选择包括婴儿组（出生至 13kg）和安全座椅组（9～18kg）（Watson 和 Monteiro，2009）。婴幼儿应当坐在后排座位。并且面朝后的儿童绝对不能处于主动安全气囊前，因为在撞击中它很可能是致命的（Williams 和 Croce，2009）。在一些地方，在装有安全气囊的汽车前排座位设置面朝后的座椅是违法的。安装安全座椅时，应将安全带或儿童约束锚栓锁紧，以便从一侧拉到另一侧或从前部拉时，座椅移动不超过 1in（注：1in 约合 2.54cm）（NHTSA，2007）。必须按照说明布置线束带，并将其紧贴放置（即不允许任何松弛，但不要用力压入儿童身体），胸部固定卡夹位于腋下水平位置。后向时，安全带应位于肩部或肩部以下，以压住儿童，并在发生碰撞时使儿童位于座椅的保护壳内。

在美国，当座椅处于后向位置时，座椅通常不会固定（NHTSA，2007）。然而，在整个欧洲、澳大利亚和加拿大，座椅都固定在后向位置（NHTSA，2007）。座椅的顶部系绳则作为座椅和车辆连接的第 3 个连接点，并在碰撞中减少头部向前移动 4～6in（NHTSA，2007）。在对后向座椅进行固定的国家中，对于固定的最佳方法存在一些差异。

22.5.2.2 第二阶段：面朝前、有背带系统的安全座椅

从约 2 岁（至少 20lb）到约 4 岁（40lb）的幼儿和学龄前儿童应被面朝前安置在配备安全带的座椅上（NHTSA，2007）。同样，在达到后向座椅的最大体重限制前，都应让儿童尽可能保持后向的坐姿。同样重要的是，儿童必须坐在带安全带的安全座椅上，直到体重达到 40lb 以上或达到安全带的最大重量限制。在儿童达到至少 40lb 之前不要坐在增高座椅上（如果座椅的体重限制允许的话，达到 40lb 以后也尽量坐在带安全带的座椅上）。安全带对于保持儿童的身体有效处于座椅中的正确位置，以及将碰撞力分布在儿童身体最强壮的部位都起到非常重要的作用（NHTSA，2007）。

幼儿和学龄前儿童约束装置有各种各样与身高/体重的规格相适的安全选择，包括面朝后或朝前可转换的座椅。在美国，可转换的面朝前的座椅的重量限制是 5～35lb。面朝前的安全带重量限制根据座椅类型不同而有很大不同，通常限制范围是 40～80lb。

安装安全约束装置时，应将安全带或儿童约束锚栓锁紧到位，以便从一侧拉到另一侧或从前部拉时，座椅移动不超过 1in（NHTSA，2007）。强烈建议（许多国家都要求）使用贴近身体的顶部系绳，因为这样会减少碰撞期间的向前运动和头部偏移（NHTSA，2007）。监护人必须按照说明布置安全带，并将其紧贴放置（即不允许任何松弛，但不要用力压入儿童身体），胸部固定卡夹位于腋下水平位置。在碰撞过程中，为了让儿童舒适地坐在座椅上，背带在后

向时应位于肩部或肩部以下,在前向时应位于肩部或肩部以上。

22.5.2.3 第三阶段:增高座椅

即使儿童的身高和体重超过了传统的安全座椅的限制,仍然建议在单独使用安全带之前先使用安全带位置的辅助座椅,或将增高座椅与车辆的膝部/肩部安全带系统结合使用。与单独使用安全带相比,乘坐安全带位置的增高座椅时,4~8岁儿童发生机动车碰撞伤害的概率要低45%(Arbogast等,2009)。增高座椅的主要功能是将儿童抬得更高,这样车辆安全带系统就可以正确地处于身体强壮的骨骼部位,大腿部分位于臀部下方,肩带紧贴胸部和肩部(NHTSA,2007)。如果没有增高座椅,安全带放置在身体柔软易受伤害的部位会增加交通事故中腹部、颈部和脊髓损伤(统称为"安全带综合征")的风险(Arbogast等,2009;NHTSA,2007)。此外,当儿童为了舒适而在背部放置不合适的肩带时,脑损伤的风险会增加,因为在碰撞过程中,儿童的头部可能会撞击膝盖或车辆内部(Arbogast等,2009;Winston和Durbin,1999)。尽管过早佩戴安全带的儿童面临风险,但研究发现,许多大龄儿童的父母都没有加装增高座椅,而且大多数人都错误理解了有关使用安全座椅的建议(Eby、Bingham、Vivoda和Ragunathan,2005;Greenspan、Dellinger和Chen,2010;Lee、Shults、Greenspan、Haileyesus和Dellinger,2008;Simpson、Moll、Kassan-Adams、Miller和Winston,2002;Winston、Chen、Elliott、Arbogast和Durbin,2004)。而落后的政策使监护人变得更困惑[Partners for Child Passenger Safety(PCPS),2007;Ross等,2004]。

大约4ft 9in高(约合144.78cm)、80lb重的儿童才被推荐使用此座椅,而安全带是否适合坐着的儿童是决定安全带等级的最重要因素(NHTSA,2007)。具体地说,儿童能否使用成人安全带,取决于他们能否实现:①以所有的方式坐回到汽车座位上;②膝盖舒适地在座椅边缘弯曲;③肩带可在胸部中间(而不是颈部)交叉;④腰带贴合在髋骨上,紧贴大腿上部(而非腹部);⑤整个行程都能在座位上坐着。大多数孩子在8岁前均需要一个增高座椅。因此,一些国家通常建议使用增高座椅的年龄为10岁甚至12岁,除非孩子的身高超过规定高度。

所有年龄小于13岁的儿童都应该坐在后排座位上。对他们来说,高靠背和无靠背的增高座椅都是可用的。高靠背的增高座椅比较适用于没有头枕或低座椅靠背的车辆。无靠背的增高座椅通常更便宜,也更容易在车辆间移动。无靠背的增高座椅可以安全地用于带有头枕和高靠背的车辆(Arbogast等,2009)。许多高靠背的增高座椅通常是配有安全带的联合座位,可以用于年龄较小的儿童,也可以用于年龄较大的儿童。增高座椅需要使用腰带和肩带,因为肩带是减少躯干向前移动和保持儿童就位所必需的(NHTSA,2007)。对于仅配备安全腰带的车辆,有一些替代方案,包括在车内安装肩带、使用带安全带系统的安全座椅(可达到高质量,例如80lb),或使用旅行背心。

22.5.2.4 第四阶段:肩部安全带

一旦年龄大一点的儿童超过使用辅助安全带的年纪,就应该使用肩部安全带系统,通常要求他们达到约80lb重或4ft 9in高。适当使用肩带系统是过渡时期的最佳办法。同时,建议13岁以下的儿童在后排座位就座。

8~12岁与13~15岁的青少年是容易遭受交通事故伤害的高危人群。因为他们更不愿遵守使用安全带的规章制度,同时更倾向于坐在前排。关于青少年使用安全带的研究报告表明,他们的安全带使用率远低于成人和儿童(Agran、Anderson 和 Winn,1998;Greenspan 等,2010;Will、Dunaway、Lorek、Kokorelis 和 Sabo,2010)。许多青少年只在父母要求他们坐在后排的情况下才会这样做。在美国,当是唯一的乘员时,许多青少年(73%)选择坐在前排(Durbin、Chen、Elliott 和 Winston,2004)。在美国,未使用安全带的 12~14 岁儿童数量是 0~4 岁儿童的 2 倍(Berg 等,2000)。当驾驶人也是青少年时,作为乘员的青少年就面临更大的风险,因为他们通常不太可能系好安全带或者在后排就座(Winston、Kallan、Senserrick 和 Elliott,2008)。

青少年处于受安全教育的理想年龄,因为他们非常容易受到同伴和父母的影响(Jennings、Merzer 和 Mitchell,2006)。此外,他们正处于人生的转型期,刚刚开始做出自己的决定并养成安全习惯。不幸的是,交通安全教育领域几乎没有专门针对这一年龄组的项目,因此,交通安全教育规划方面存在巨大的缺漏。

22.5.2.5 具有特殊保护需求的儿童

在设置适合儿童发育的安全约束装置时,应注意一些儿童可能需要特殊的座椅或姿势,以适应各种医护需要(O'Neil、Yonkman、Talty 和 Bull,2009)。这些疾病有时包括但不限于早产、出生体重过轻、骨科疾病、打石膏(包括髋关节石膏)、脑瘫和其他神经肌肉疾病、自闭症和相关疾病以及唐氏综合征。只要有可能,看护者应该使用标准的儿童约束系统来运送有特殊医疗需求的儿童。而横向支撑和定位的需求可以通过在孩子周围放置毛巾或毯子来实现(O'Neil、Yonkman 等,2009)。在某些情况下,可能需要使用专用医疗座椅。医疗设备应固定在车辆地板上或儿童前面的座椅下。监护人应向医生、护士、职业或康复治疗师寻求安全运输建议(O'Neil、Yonkman 等,2009)。

22.5.3 后排座位

正面碰撞是最常见的车辆碰撞类型,而后排座位可以为儿童提供保护,因为后排座位距离碰撞点最远。虽然适当的约束限制比后排座位提供更多的安全效益,但后排座位可提供附加保护(Berg 等,2000;Braver 等,1998;Durbin 等,2005;Lennon 等,2008)。相比那些坐在后排的儿童乘员(年龄为 0~12 岁),坐在前排的儿童的受伤风险高出 40%(Durbin 等,2005)。对于 0~4 岁的儿童,在前排座位的受伤风险是后排的 2 倍,严重受伤的风险是 60% 或者更多(Lennon 等,2008)。对于 1 岁以下的儿童,坐在前排座位的死亡风险是后排的 4 倍(Lennon 等,2008)。坐在后排的儿童,无论有没有安全约束,其死亡风险都较低(Braver 等,1998;Durbin 等,2005;Lennon 等,2008)。

在美国,超过 1/3 的 13 岁以下儿童坐在前排(Durbin 等,2004)。随着年龄的增长,大多数超过 8 岁的孩子喜欢坐在前排座位上(Durbin 等,2004;Greenspan 等,2010)。

附加约束系统的危险

20 世纪 90 年代以来,在世界许多地区,附加约束系统(安全气囊)越来越多地应用于乘用车。附加约束系统的运作方式是通过碰撞检测传感器的操作,瞬间膨胀,在碰撞的方向上提供乘员和物体之间的屏障。它补充了安全带和车内约束限制之间的空隙,在事故发生时限制乘员的位置并提供必要保护。对于成年人来说,安全气囊的安装与否与降低死亡率和损伤严重程度有关(Williams 和 Croce,2009)。

尽管安全气囊有助于增加成年人受到的安全保护,但由于其弹出的速度和力度,安装在车辆正面的安全气囊对坐在其正前方的儿童构成了极大的风险(Williams 和 Croce,2009)。安置在面朝后座椅上的儿童会从正面接触气囊并使头部受到致命损伤,也会导致颈部和脊髓损伤(NHTSA,2007;Williams 和 Croce,2009)。

为了防止对儿童、青少年和没有佩戴好安全带的乘员造成危险,1998年汽车工业设计了前额安全气囊,它可以以较慢的速度弹出。虽然该设计成功地降低了儿童死亡风险,但不同种类的安全气囊对儿童依旧是不安全的(Arbogast、Durbin、Kallan、Elliott 和 Winston,2005;Williams 和 Croce,2009)。为了进一步降低对儿童的风险,在一些车型上引入了先进的安全气囊,当检测到儿童或青少年坐在座椅上时,这些安全气囊会自动关闭。侧面弹出式、帘式安全气囊和翻滚式安全气囊由于其展开方式的不同,比正面安全气囊对儿童造成的风险相对更小,但需要进行更多的研究确定侧面碰撞和头顶安全气囊对儿童的相对风险和益处。暂时看来,它们不会带来很大的风险,并且可以提供额外的保护,前提是儿童在充气时未靠在其上或以其他方式处在不正确的位置(NHTSA,2007)。

22.5.4　对乘员保护的额外挑战和障碍

22.5.4.1　与儿童安全约束使用的相关因素

研究发现,许多情况都与儿童安全约束的不当使用有关。以下情况每出现一种,儿童正确使用安全约束的概率就会下降:①儿童年龄较大;②乘员增加;③乘坐老旧汽车、皮卡车和大型货车;④在农村地区出行;⑤驾驶人未系安全带;⑥年轻驾驶人;⑦年龄超过60岁的驾驶人;⑧酒驾(Agran 等,1998;Eby 等,2005;Greenspan 等,2010;Lee 等,2008;Winston 等,2008)。美国研究人员也注意到不同种族和民族间安全约束使用的差异(Lee 等,2008)。驾驶人是否正确使用约束系统是儿童是否正确使用约束系统的最强预测因素(Agran 等,1998;Eby 等,2005)。

22.5.4.2　误用

一项美国的研究表明,大约3/4的安全约束在无意中被误用,降低了其防御严重损伤的有效性(Arbogast 和 Jermakian,2007;Decina 和 Lococo,2005,2007;Dukehart 等,2007;O'Neil、Daniels 等,2009)。误用由多种因素导致,如前所述,不同国家和地区对安全约束使用的年龄和体重的限制、多种座椅选择、放置位置的规定均有很大的不同。而且,目前车载儿童安全系统有超过100种不同的儿童安全座椅、大约300种乘用车以及至少27个不同的座椅安全带系统。因此,监护人往往困惑于汽车安全座椅的正确安装方法。

对监护人来说,某些安装问题看起来可以通过一些小调整来解决,但对儿童来说,防止他们从座位上飞出以及通过儿童身体强壮部位分散碰撞冲击力是至关重要的。安装儿童座椅时,父母较常见的错误是以下3点:①未将座位紧紧安装在车上;②未将安全带拉紧;③未能正确放置安全带位置(Decina 和 Lococo,2005;Dukehart 等,2007)。没有正确安装儿童座椅会导致碰撞中安全约束设备过度移动,结果往往是儿童的头部与车内的物体接触而受伤

(NHTSA,2007)。

为了防止误用,世界许多地区生产的新车和安全座椅越来越多地采用了三点通用安全座椅连接机构(例如,儿童用固定系带或通用锚固系统)(NHTSA,2007)。安全座椅锚定系统允许监护人简单地"点击"安装安全座椅,以避免较常见和较严重的安装错误之一,即未能将安全约束装置紧紧固定在车辆上。然而,只有那些同时拥有新车和新安全座椅的监护人才能从该机制中受益,并且该系统无法解决将儿童安置在安全座椅上时可能出现的许多其他错误。此外,越来越多的证据表明,通用连接系统仍然容易被滥用(Arbogast 和 Jermakian,2007;Decina 和 Lococo,2007)。

滥用约束不仅限于传统的安全座椅。安全带定位辅助座椅的误用率为40%~65%,主要与安全带的错误布置有关(Decina 和 Lococo,2005;O'Neil、Daniels 等,2009)。此外,美国的一项研究发现,在8~12岁的儿童中,有1/5没有使用肩带,与同时使用腰带和肩带的儿童相比,他们受伤的风险高出1.8%(Garcia-Espana 和 Durbin,2008)。增高座椅和安全带的常见误用包括肩带被放置在儿童背部后面、儿童手臂下方或者增高座椅扶手上方,而不是正确地放置在肩部中间位置,并且安全带常常过于宽松(Decina 和 Lococo,2005;O'Neil、Daniels 等,2009)。

22.5.4.3 监护人的缺位和自满

不使用和误用安全约束涉及复杂的因素,包括但不限于对风险的感知、父母教养方式和个人信仰(Bingham、Eby、Hockanson 和 Greenspan,2006;Simpson 等,2002;Will,2005;Will 和 Geller,2004;Winston、Erkoboni 和 Xie,2007)。在促进使用适当的安全约束过程中,倡导者的机遇与挑战并存。一方面,使用安全约束的推广相对简单(相对于减肥或戒烟),这可以使出行的安全性在短时间内得到显著提高。另一方面,监护人往往在这方面的认知较差,对于安全约束系统的有效性及交通事故的认识不足,还有儿童的不配合和法律漏洞等其他的因素,都使监护人感到困扰。

驾驶机动车辆出行发生在众所周知的系统中,使得人们在驾驶时有足够的控制感,且具有额外的便利性。它的伤亡分散在广泛的时间和空间中,使得人们对它的感受不深。研究显示,驾驶机动车的这些特点导致驾驶过程中的风险感知降低(Sandman,1991;Slovic,1991;Will 和 Geller,2004)。因此,在驾驶中的监护人随时在与错误的安全意识作斗争,或者与整个家族成员对于交通事故风险感知的降低作斗争(Will,2005)。这种状况是很可悲的,因为风险沟通研究和其他健康行为理论证明,个体对风险感知的敏感性是改变其行为的一个必要的先决条件(Bandura,1986;Sandman,1991;Slovic,1991;Weinstein,1988)。

阶段模型,如预防措施采用过程模型[Precaution Adoption Process Model(PAPM)](Weinstein,1988)和阶段过程模型(Transtheoretica Model)(Prochaska,1979;Prochaska、Johnson 和 Lee,1998)提醒我们,检查提供的健康信息是否适合受众是很重要的。阶段模型提供了一个了解个人行为并进行行为改变的框架。例如,PAPM 既包括"不知情"的阶段,即个人没有被告知问题,也包括"不参与"的阶段,即个体在其中可以充分了解问题,但没有做任何事情的动机(Weinstein,1988),这通常是因为对个人脆弱性的认识不足。这些因素结合起来,使许多驾驶监护人停留在 PAPM 的不参与阶段。

阶段模型的一个关键假设是,干预应符合个体的所属阶段,从而达到最大的效果

(Prochaska,1979;Prochaska 等,1998;Weinstein,1988)。利用教育为儿童传达信息的方法只适合 PAPM"不知情"阶段的监护人。"不参与"阶段的监护人不太可能主动读安全小册子、主动看视频或主动参加安全活动。因此,信息和教育都是必要的,也是有益的,特别是考虑这么多的监护人对安全建议不知情,但只有当父母注意到并发现可应用之处时的信息才是最有效的。如果大部分的个体都处在"不参与"阶段,本书的任务则是让公共健康的专业人员设计更好的干预方法来引起个体关注和对行为的激励(不只是教育)。这不仅意味着提高行为变化理论和风险沟通理论的一致性,而且改变了从被动(监护人必须寻求干预)到更多主动的(监护人)干预方法(Trifiletti、Gielen、Sleet 和 Hopkins,2005;Will、Dunaway、Kokorelis、Sabo 和 Lorek,2010)。

22.5.5 儿童乘员安全建议和实际干预措施

儿童乘员安全建议和实际干预措施包括法律、执法和教育活动,它们可增加人们的动力(Dellinger、Sleet、Shults 和 Rinehart,2007;Dinh-Zarr 等,2001;Turner、McClure、Nixon 和 Spinks,2005;Zaza、Sleet、Thompson、Sosin 和 Bolen,2001)。《伤害和暴力预防手册》较为全面地汇总了乘员保护措施和干预的各种证据(Dellinger 等,2007)。下面概括总结了这本手册的主要结论,读者还可以自行参考手册中提到的具体干预策略、综述和研究的附加细节。

监管儿童乘员安全的法律法规是对降低儿童事故伤害较有效的机制之一(Bingham 等,2006;Dellinger 等,2007;Dinh-Zarr 等,2001;Partners for Child Passenger Safety,2007;Winston、Kallan、Elliott、Xie 和 Durbin,2007;Zaza 等,2001)。然而,法律必须被充分宣传、全面和理解(Sleet、Schieber 和 Gilchrist,2003)。结合各种干预性研究结果,强制儿童安全座椅的法律实行后,儿童安全座椅的使用率提高了 13%,减少了 17% 的致命和非致命伤害(Dellinger 等,2007)。安全带的法律也使其使用率增加了 33%,减少了受伤和死亡人数(分别为 9% 和 2%)(Dellinger 等,2007)。

一级执法(允许警察仅因违反安全约束使用规定而命令车辆停车)比二级执法获得了更多的支持(Dellinger 等,2007;Dinh-Zarr 等,2001)。将增强执法与在特定的时间、地点宣传法律结合起来(Dellinger 等,2007)的项目,如美国的"Click It or Ticket"(不系吃罚单)项目,使得受伤率减少,并使安全带使用率增加 16%(Dellinger 等,2007)。

强化教育运动将教育与干预方式结合起来,以增加监护人使用儿童安全措施的动力。目前,已经有强有力或较充分的证据证明教育+执法、教育+激励和教育+分配计划有效(Dellinger 等,2007)。

教育+执法计划利用大众媒体邮件和公共信息展示来促进安全座椅的使用,并结合特殊的执法策略,如设置检查站来检查儿童安全座椅的使用(Dellinger 等,2007)。教育+执法策略使得儿童安全座椅使用的中位数增加了 12%。

为了促使人们购买和使用儿童安全座椅,教育+激励计划为儿童和监护人提供奖励,并提供儿童乘员安全教育(Dellinger 等,2007;Ehiri 等,2006)。教育与激励相结合的方案在护理中心和社区频繁执行,它们也促使儿童安全座位的使用率提高了 10%(Dellinger 等,2007)。

教育+分配计划通过贷款、低成本租赁或赠送的方式为监护人提供教育和安全座椅。教育+分配计划使安全座椅的持有率和正确使用率的中位数增加了23%（Dellinger 等，2007）。教育+分配计划已经被作为产后家访的一部分，包括医院和诊所在内的各种机构以及汽车保险公司都在其中起到了重要的作用（Dellinger 等，2007；Ehiri 等，2006；Johnston、Britt、D'Ambrosio、Mueller 和 Rivara，2000；Kedikoglou 等，2005；King 等，2005）。

虽然目前没有足够的证据得出明确的结论，但有实证可以证明，教育+风险沟通计划已作为新兴的第4种类型的强化教育运动而出现。新兴的教育+风险沟通计划有扎实的理论基础，包括有针对性的健康行为概念，如风险感知、易感性、恐惧、自我效能和准备改变等（Erkoboni、Ozanne-Smith、Rouxiang 和 Winston，2010；Will、Sabo 和 Porter，2009；Winston、Erkoboni 等，2007）。

在单纯教育的有效性方面，目前尚无详细的证据，但这些教育可以提供与安全有关的知识，因此是其他干预措施的一个诱发因素（Dellinger 等，2007；Zaza 等，2001）。儿童乘员安全检查活动的实践教育，已显示出正确使用安全约束的增长趋势（Dukehart 等，2007）。

Finnegan 和 Viswanath（1997）推荐使用多目标协同干预策略，因为每个策略都有弱点。例如，集中干预联合媒体宣传有助于缩小知识差距，特别是当媒体报道的目的是提高对风险的感知时。许多基于干预的多元社区的方法也已经被采用，这些方法往往与多经验支持的策略联合使用（例如，有针对性的或媒体教育的立法）（Ekman、Welander、Svanstrom 和 Schelp，2001；Turner 等，2005）。其他的措施，比如学校多元规划干预措施已获得成功（Floerchinger-Franks、Machala、Goodale 和 Gerberding，2000；Will 等，2010；Williams、Wells 和 Ferguson，1997）。然而，很少有基于社区的综合性研究采用了完善的设计和严格的评价方法（Klassen、MacKay、Moher、Walker 和 Jones，2000；Turner 等，2005）。

22.6 小结

儿童特别容易受到道路交通伤害，世界各地的数据都反映出儿童在交通事故中较高的伤亡人数。危险的道路环境和儿童发育中的局限性相互作用，导致道路交通成为对儿童健康的较大威胁之一。在推动对儿童道路交通伤害进行全球干预的过程中，还有大量问题需要解决。联合国和世界卫生组织指出，一些相关研究和政策对全球交通安全工作的推进至关重要（Peden 等，2008；Peden 等，2004；WHO，2009，2010）。其中，最主要的是在规划交通项目时，设立儿童需求的优先级。其次，要重视实施工程措施，提高车辆设计标准，增加安全设备使用频率，制定法规和标准，发展教育和技能，提高急诊和创伤护理水平（Peden 等，2008）。还要更频繁地应用更复杂的行为与社会科学理论，建立更严格的评价方法，并为这些科学研究领域增加资金。有重点的全球协调和干预，对于扭转道路交通伤害成为致儿童死伤的头号因素的趋势至关重要。

本章参考文献

AGRAN P F, ANDERSON C L, WINN D G, 1998. Factors associated with restraint use of children in fatal crashes[J]. Pediatrics, 102(3): E39.

ARBOGAST K, DURBIN D R, KALLAN M J, et al, 2005. Injury risk to restrained children exposed to deployed first and second generation air bags in frontal crashes[J]. Archives of Pediatrics & Adolescent Medicine, 159(4): 342-346.

ARBOGAST K, JERMAKIAN J S, 2007. Field use patterns and performance of child restraints secured by Lower Anchors and Tethers for Children (LATCH) [J]. Accident Analysis and Prevention, 39: 530-535.

ARBOGAST K, JERMAKIAN J S, KALLAN M J, et al, 2009. Effectiveness of belt positioning booster seats: An updated assessment[J]. Pediatrics, 124(5), 1281-1286.

Bandura A, 1986. Social foundation of thought and action: A social cognitive theory [J]. Englewood Cliffs: Prentice Hall.

BERG M D, COOK L, CORNELI H M, et al, 2000. Effect of seating position and restraint use on injuries to children in motor vehicle crashes[J]. Pediatrics, 105(4): 831-835.

BINGHAM C R, EBY D W, HOCKANSON H M, et al, 2006. Factors influencing the use of booster seats: A state-wide survey of parents[J]. Accident Analysis and Prevention, 38(5): 1028-1037.

BRAVER E R, WHITFIELD R, FERGUSON S A, 1998. Seating positions and children's risk of dying in motor vehicle crashes[J]. Injury Prevention, 4(3): 181-187.

BULL M J, DURBIN D R, 2008. Rear-facing car safety seats: Getting the message right[J]. Pediatrics, 121: 619-620.

CARLSSON G, NORIN H, YSANDER L, 1991. Rearward-facing child seatsd—The safest car restraint for children[J]. Accident Analysis and Prevention, 23(2-3): 175-182.

DECINA L E, LOCOCO K H, 2005. Child restraint system use and misuse in six states[J]. Accident Analysis and Prevention, 37(3): 583-590.

DECINA L E, LOCOCO K H, 2007. Observed LATCH use and misuse characteristics of child restraint systems in seven states[J]. Journal of Safety Research, 38(3): 273-281.

DELLINGER A, SLEET D, SHULTS R A, et al, 2007. Interventions to prevent motor vehicle injuries[M]. In L DOLL, S BONZO, D SLEET, J MERCY, E HAAS (Eds.), Handbook of injury and violence prevention. Atlanta: Springer.

DINH-ZARR T B, SLEET D A, SHULTS R A, et al, 2001. Reviews of evidence regarding interventions to increase the use of safety belts[J]. American Journal of Preventive Medicine, 21(4 Suppl.): 48-65.

DUKEHART J G, WALKER L, LOCOCO K H, et al, 2007. Safe Kids checkup events: A national study[J]. Washington, DC: Safe Kids Worldwide.

DURBIN D, CHEN I, ELLIOTT M, et al, 2004. Factors associated with front row seating of children in motor vehicle crashes[J]. Epidemiology, 15(3): 345-349.

DURBIN D, CHEN I, SMITH R, et al., 2005. Effects of seating position and appropriate restraint use on the risk of injury to children in motor vehicle crashes[J]. Pediatrics, 115

(3): 305-309.

EBY D W, BINGHAM C R, VIVODA J M, et al, 2005. Use of booster seats by Michigan children 4-8 years of age[J]. Accident Analysis and Prevention, 37(6): 1153-1161.

EHIRI J E, EJERE H O D, HAZEN A E, et al, 2006. Interventions to increase children's booster seat use: A review[J]. American Journal of Preventive Medicine, 31(2): 185-192.

EKMAN R, WELANDER G, SVANSTROM L, et al, 2001. Long-term effects of legislation and local promotion of child restraint use in motor vehicles in Sweden[J]. Accident Analysis and Prevention, 33: 793-797.

ERKOBONI D, OZANNE-SMITH J, ROUXIANG C, et al, 2010. Cultural translation: Acceptability and efficacy of a U. S. -based injury prevention intervention in China[J]. Injury Prevention, 16(5): 296-301.

FINNEGAN J R, VISWANATH K, 1997. Communication theory and health behavior change: The media studies framework[M]. In K GLANZ, F M LEWIS, B K RIMER, 2nd ed. (Eds.), Health behavior and health education (: 313-341). San Francisco: Jossey-Bass.

FLOERCHINGER-FRANKS G, MACHALA M, GOODALE K, et al, 2000. Evaluation of a pilot program in rural schools to increase bicycle and motor vehicle safety[J]. Journal of Community Health, 25(2): 113-124.

GARCIA-ESPANA J F, DURBIN D R, 2008. Injuries to belted older children in motor vehicle crashes[J]. Accident Analysis and Prevention, 40(6): 2024-2028.

GREENSPAN A I, DELLINGER A M, CHEN J, 2010. Restraint use and seating position among children less than 13 years of age: Is it still a problem[J]. Journal of Safety Research, 41 (2): 183-185.

HENARY B, SHERWOOD C P, CRANDALL J R, et al, 2007. Car safety seats for children: Rear facing for best protection[J]. Injury Prevention, 13: 398-402.

JENNINGS C, MERZER A, MITCHELL P, 2006. Tween traffic safety: Influencing 8 to 12-year-olds to sit safely buckled in a back seat[J]. Arlington: Automotive Coalition for Traffic Safety.

JOHNSTON B D, BRITT J, D'AMBROSIO L, et al, 2000. A preschool program for safety and injury prevention delivered by home visitors[J]. Injury Prevention, 6(4), 305-309.

KEDIKOGLOU S, BELECHRI M, DEDOUKOU X, et al, 2005. A maternity hospital-based infant car-restraint loan scheme: Public health and economic evaluation of an intervention for the reduction of road traffic injuries[J]. Scandinavian Journal of Public Health, 33: 42-49.

KING W J, LEBLANC J C, BARROWMAN N J, et al, 2005. Long term effects of a home visit to prevent childhood injury: Three year follow up of a randomized trial[J]. Injury Prevention, 11, 106-109.

KLASSEN T P, MACKAY J M, MOHER D, et al, 2000. Community-based injury prevention interventions[J]. Future of Children, 10(1): 83-110.

KOPITS E, CROPPER M, 2005. Traffic fatalities and economic growth[J]. Accident Analysis and Prevention, 37(1): 169-178.

LEE K C, SHULTS R A, GREENSPAN A I, et al, 2008. Child passenger restraint use and emergency department-Reported injuries: A special study using the National Electronic Injury Surveillance System-All Injury Program, 2004[J]. Journal of Safety Research, 39(1): 25-31.

LENNON A, SISKIND V, HAWORTH N, 2008. Rear seat safer: Seating position, restraint use and injuries in children in traffic crashes in Victoria, Australia[J]. Accident Analysis and Prevention, 40: 829-834.

LLEWELLYN S T, 2000. Senators propose better testing for child safety seats[J]. AAP News, 16(5): 4-a.

MATHERS C, LONCAR D, 2005. Updated projections of global mortality and burden of disease, 2002-2030: Data sources, methods, and results[J]. Geneva: World Health Organization.

National Highway Traffic Safety Administration, 2007. National child passenger safety certification training program student manual. (No. DOT HS 810 731) [J]. Washington, DC.

National Highway Traffic Safety Administration, 2010. Traffic safety facts: Children. (No. DOT HS 811 387) [J]. Washington, DC: Author.

O'NEIL J, DANIELS D M, TALTY J L, et al, 2009. Seat belt misuse among children transported in belt-positioning booster seats[J]. Accident Analysis and Prevention, 41(3): 425-429.

O'NEIL J, YONKMAN J, TALTY J, et al, 2009. Transporting children with special health care needs: Comparing recommendations and practice[J]. Pediatrics, 124: 596-603.

Partners for Child Passenger Safety, 2007. Do laws make a difference [R]. Philadelphia: Children's Hospital of Philadelphia.

PEDEN M, OYEGBITE K, OZANNE-SMITH J, et al, 2008. World report on child injury prevention[R]. Geneva: World Health Organization.

PEDEN M, SCURFIELD R, SLEET D, et al, 2004. World report on road traffic injury prevention[R]. Geneva: World Health Organization.

PROCHASKA J O, 1979. Systems of psychotherapy: A transtheoretical analysis [M]. Homewood: Dorsey.

PROCHASKA J O, JOHNSON S, LEE P, 1998. The transtheoretical model of behavior change. In S A SHUMAKER, E B SCHRON, J K OCKENE, W L MCBEE, 2nd ed. (Eds.), The handbook of health behavior change (:59-84)[M]. New York: Springer.

RICE T M, ANDERSON C L, 2009. The effectiveness of child restraint systems for children aged 3 years or younger during motor vehicle collisions: 1996 to 2005[J]. American Journal of Public Health, 99(2): 252-257.

ROSS T C, COLELLA J M, KORN A R, et al, 2004. Closing the gap across the map: A progress report on Safe Kids' efforts to improve child occupant protection laws. Washington, DC: Safe Kids Worldwide.

Safe Kids Worldwide, 2004. Safe Kids Worldwide [EB/OL]. [2004-08-18]. http://www.

safekidsworldwide. org.

SANDMAN P M, 1991. Risk = hazard + outrage: A formula for effective risk communication. (Videotaped presentation for the American Industrial Hygiene Association)[EB/OL]. [2010-05-16]. New Brunswick: Environmental Communication Research Program, Cook College, Rutgers University.

SIMPSON E M, MOLL E K, KASSAN-ADAMS N, et al, 2002. Barriers to booster seat use and strategies to increase their use[J]. Pediatrics, 110: 729-736.

SLEET D A, SCHIEBER R A, GILCHRIST J, 2003. Health promotion policy and politics: Lessons from childhood injury prevention[J]. Health Promotion Practice, 4(2): 103-108.

SLOVIC P, 1991. Beyond numbers: A broader perspective on risk perception and risk communication[M]. In D G MAYO, R D HOLLANDER (Eds.), Acceptable evidence: Science and values in risk management (: 48-65). New York: Oxford University Press.

TOROYAN T, PEDEN M, et al, 2007. Youth and road safety[J]. Geneva: World Health Organization.

TRIFILETTI L B, GIELEN A C, SLEET D A, et al, 2005. Behavioral and social sciences theories and models: Are they used in unintentional injury prevention research[J]. Health Education Research, 20(3): 298-307.

TURNER C, MCCLURE R, NIXON J, et al, 2005. Community based programs to promote car seat restraints in children 0-16 years: A systematic review [J]. Accident Analysis and Prevention, 37: 77-83.

United Nations, 2003. Global road safety crisis: Report of the secretary general. (General Assembly Resolution 57/309) [R]. New York:UN.

WATSON E A, MONTEIRO M J, 2009. Advise use of rear facing child car seats for children under 4 years old[J]. British Medical Journal, 338: 1496-1497.

WEINSTEIN N D, 1988. The precaution adoption process [J]. Health Psychology, 7(4): 355-386.

WILL K E, 2005. Child passenger safety and the immunity fallacy: Why what we are doing is not working[J]. Accident Analysis and Prevention, 37: 947-955.

WILL K E, DUNAWAY K E, KOKORELIS D A, et al, in press. Challenges and opportunities for promoting booster seat use: Progressive dissemination of a high-threat message[J]. Health Promotion Practice

WILL K E, DUNAWAY K E, LOREK E J, et al, 2010. Development and evaluation of a school-based transportation safety program for "tweens" [C]. Paper presented at the 10th annual Scientific Meeting of the American Academy of Health Behavior, Clearwater Beach, FL.

WILL K E, GELLER E S, 2004. Increasing the safety of children's vehicle travel: From effective risk communication to behavior change[J]. Journal of Safety Research, 35: 263-274.

WILL K E, SABO C S, PORTER B E, 2009. Evaluation of the Boost'em in the Back Seat program: Using fear and efficacy to increase booster seat use[J]. Accident Analysis and

Prevention, 41: 57-65.

WILLIAMS A F, WELLS J K, FERGUSON S A, 1997. Development and evaluation of programs to increase proper child restraint use[J]. Journal of Safety Research, 28(2): 69-73.

WILLIAMS R F, CROCE M A, 2009. Are airbags effective in decreasing trauma in auto accidents [J]. Advances in Surgery, 43: 139-145.

WINSTON F K, CHEN I G, ELLIOTT M R, et al, 2004. Recent trends in child restraint practices in the United States[J]. Pediatrics, 113(5): 458-464.

WINSTON F K, DURBIN D R, 1999. Buckle up! Is not enough: Enhancing protection of the restrained child[J]. Journal of the American Medical Association, 281(22): 2070-2072.

WINSTON F K, ERKOBONI D, XIE D, 2007. Identifying interventions that promote belt-positioning booster seat use for parents with low educational attainment[J]. Journal of Trauma, 63: S1-S10.

WINSTON F K, KALLAN M J, ELLIOTT M R, et al, 2007. Effect of booster seat laws on appropriate restraint use by children 4 to 7 years old involved in crashes[J]. Archives of Pediatric and Adolescent Medicine, 161: 270-275.

WINSTON F K, KALLAN M J, SENSERRICK T M, et al, 2008. Risk factors for death among older child and teenaged motor vehicle passengers[J]. Archives of Pediatric & Adolescent Medicine, 162(3): 253-260.

World Health Organization, 2009. Global status report on road safety: Time for action[C/OL]. [2010-05-16]. http://www.who.int/violence_injury_prevention/road_safety_status/2009.

World Health Organization, 2010. Global plan for the Decade of Action or Road Safety 2011-2020 [C]. Geneva.

ZAZA S, SLEET D A, THOMPSON R S, et al, 2001. Reviews of evidence regarding interventions to increase use f child safety seats[J]. American Journal of Preventive Medicine, 21(4 Suppl.): 31-47.

第23章 年轻驾驶人

帕蒂·黄(Patty Huang)[1] 和弗罗拉·科普林·温斯顿(Flaura Koplin Winston)[1,2]

1 美国宾夕法尼亚州,费城,美国儿童医院伤害研究与预防中心和儿童发展与康复医学部;

2 美国宾夕法尼亚州,费城,美国宾夕法尼亚大学儿科系(Department of Pediatrics, University of Pennsylvania, Philadelphia, PA, USA)

23.1 引言

在美国和其他发达国家,机动车辆事故是青少年死亡或致残的首要原因。经济合作与发展组织(Organisation for Economic Co-operation and Development,OECD)和欧洲运输首脑会议(European Conference of Transport,ECT)公布的数据显示,虽然25岁以下的驾驶人只占OECD数据中美国驾驶人数量的1/10,但他们占驾驶人死亡人数的1/4以上,每10名青少年驾驶人死亡时,将导致13名乘客或其他道路使用者一同死亡(OECD,2006)。

在过去几十年中,行为干预在预防交通事故中的作用有增无减。早期,预防交通事故主要通过驾驶人教育来改变驾驶人的行为(Bonnie、Fulco 和 Liverman,1999;Mayhew,2007)。许多交通安全和驾驶人教育干预措施,更多的是基于编写者的直觉和学科专业知识设计,而不是基于科学研究的结果构建,这些措施的效果几乎没有经过评估。而对它们进行科学评估时,人们发现它们大多无效。这使得驾驶人教育方面的多项举措几乎被直接放弃[Mayhew 和 Simpson,1996;美国国家公路交通安全管理局(NHTSA),1994]。在促进安全驾驶行为方面的这些早期问题,使得政府减少了对个人行为引导和教育/培训策略的投入,并更加重视监管、立法和执法(Bonnie 等,1999)。

要让青少年从婴儿到成人期间的人生历程减少或不受道路交通事故的影响,关键是需要根据环境、社会、情感、认知发展阶段等方面了解青少年的快速发展过程,从而判断当前安全行为的界限,进而进行针对性的道路交通行为预测和设计。因此,减少道路交通事故的干预措施,必须考虑青少年从出生到成年期间,不断发展的大脑-行为-社会背景交互作用的复杂性。

当青少年开始驾驶机动车或搭载同伴时,发生机动车事故损伤的风险会大幅增加(Winston、Kallan、Senserrick 和 Elliot,2008)。在青春期,开始学习驾驶的青少年驾驶人高度依赖于成人的教育和管制,成人作为青少年的榜样,帮助青少年驾驶人管理车内乘客的行为,同时提供第二只"眼睛"寻找道路上的危险。在驾驶的第一年内,大多数青少年就会得到独自开车的许可,此时青少年驾驶人对驾驶任务、管理乘客以及与其他道路使用者行为的交互都承担起重要责任(Winston 和 Senserrick,2006a)。青少年要成功发展驾驶技能和专业知识、能力(包括心理活动、认知和知觉的熟练程度),需要在安全保护、自由探索和能力测试这3个需要之间取得平衡。

虽然大部分新手青少年驾驶人都能够掌握基本驾驶操作技巧,但一项里程碑式的研究表明,青少年在发育期的生理和认知等内在因素可能会影响其安全驾驶行为(包括保护乘员的行为)和有效的行为能力。这是一个挑战,但提供了谨慎的乐观主义结论,表明了新手青少年驾驶人不是"有缺陷"的成年驾驶人。相反,在青春期,青少年驾驶人会经历身体发育、社会关系、情感和行为发展的爆炸性增长过程。在青春期,青少年驾驶人的驾驶习惯和模式被不断塑造,他们具有养成安全驾驶习惯的极大潜力,而非天性追求危险驾驶。

虽然全球都在极力减少青少年驾驶人交通事故的数量,但本章主要介绍美国青少年驾驶人的驾驶行为,并将重点放在新手青少年驾驶人身上,而不是研究全体年轻成人。本章分为4个部分:美国青少年驾驶人的流行病学分析,包括风险、保护因素和社会心理因素;青少年驾驶人的社会心理和发展考虑;发育障碍对青少年驾驶人驾驶的影响;研究与这些青少年特有行为特征相关的循证干预措施的建议。

虽然安全干预措施与一系列的学科有关,包括医学、工程、法律等,但本章的重点是介绍青少年驾驶人、与他们同行的乘客、他们的父母和社会能够施行的安全措施。重要的是要记住,个人行为改变只是综合策略的一部分,采用安全行为以及车辆安全、道路和执法方面的改进将取得最大程度的成功。

23.2 美国对青少年驾驶人的流行病学研究:交通事故的风险和保护因素

2007年,在美国,15~20岁间持驾驶证的青少年驾驶人达到1320万人,自1997年以来增长了4.8%(NHTSA,2008a)。虽然青少年驾驶人仅占2.057亿名持驾驶执照驾驶人的6.4%,但在55681起致死事故中,有13%(6982起)的涉事驾驶人是15~20岁的青少年驾驶人。在警察报告的交通事故(10524000起)涉及的所有驾驶人中,约15%(1631000起)涉及青少年驾驶人(NHTSA,2007)。在驾驶事故中共有3174例青少年驾驶人死亡,超过25万名驾驶人受伤,这些事故又导致另外的4476人死亡。尽管15~24岁的青少年驾驶人只占美国人口的14%,但他们占男性机动车事故总损失的30%(190亿美元),女性机动车伤害总损失的28%(70亿美元)[美国疾病控制和预防中心(CDCP),2009]。

幸运的是,大多数的青少年驾驶人未遭遇过交通事故。全国青少年驾驶人调查(National Young Driver Survey,NYDS)对美国公立高中青少年的调查发现,12%的青少年在过去的一年内发生过交通事故,6%的青少年曾发生过一次严重的交通事故(Ginsburg、Durbin、Garcia-Espana、Kalicka 和 Winston,2009)。此外,目前青少年驾驶人的交通事故率低于20世纪70年代,是在各次统计中交通事故减少最多的一次,男性青少年的事故率下降幅度最大。1978年,交通事故数量达到峰值:每10万人口中有9.1起致死事故;1983年,每10万人口中有6.0起致死交通事故(Shope 和 Bingham,2008)。然而,进一步的分析表明,自1983年以来,青少年在交通事故中的致死率没有下降,而从1992年以来还有增长。当考虑驾驶暴露(按车辆行驶里程计算的事故率)时,出现了类似的趋势,其中大部分的事故率降低发生在1992年之前,自1989年以来,男性青少年驾驶人的交通事故率呈总体下降趋势,女性的交通事故率几乎没有变化。

23.2.1 年龄

与其他年龄段相比,青少年驾驶人的每千米致死交通事故率最高,为所有年龄段的平均交通事故率的1.83倍(图23-1)。然而,驾驶风险是与年龄有关的:青少年驾驶人随着年龄的增加,事故率下降。通过逐月统计其交通事故的变化,Mayhew、Simpson和Pak(2003)指出,青少年驾驶人的交通事故率在无监督驾驶的前6个月下降最为显著,某些类型的交通事故(越野、单车、夜间和周末)的下降更为明显。值得注意的是,与由成人驾驶人监督的青少年驾驶人相比,无监督独立学习驾驶的青少年驾驶人发生交通事故的可能性是其10倍(Gregersen、Nyberg和Berg,2003;Mayhew等,2003)。事实上,如果在成人的监督下驾驶,驾驶人一生中在青少年阶段遭遇交通事故的风险最低。

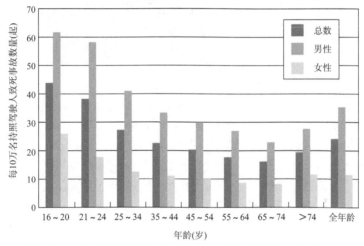

图23-1 不同年龄发生致死事故的数量比较(每10万名持驾驶证驾驶人致死交通事故的数量)
注:转载自美国国家公路交通安全管理局(2008b)。

青少年不仅在驾驶时有着较高的风险,乘坐车辆的风险程度也较高。一项对2000—2005年美国交通事故数据的研究(Winston等,2008年)发现,平均每年有42.4万名8~17岁的乘客发生轻微事故,每1000起交通事故中有4起导致死亡(图23-2)。与所有24岁以上的成年驾驶人相比,16~18岁驾驶人发生交通事故的年幼乘客(年龄为8~17岁)数量几乎是所有24岁以上驾驶人的3/4,乘客死亡率是所有24岁以上驾驶人的2倍。

23.2.2 性别

在各个年龄阶段上,男性的交通事故率都高于女性,而这种差异在青少年驾驶人身上更加明显。然而,Shope的新方法考虑与男性驾驶人相比,女性的驾驶可能性(人英里数,Person-Miles Driven,PMD)较低,且证实女性青少年比男性青少年更易有交通事故风险。在密歇根,从1990年到2001年,16~19岁的男性青少年每10万人·mile有14.9起交通事故,而女性青少年每10万人·mile有22.5起。同样,年龄为16~19岁的男女驾驶人致死和非致死伤害交通事故率分别为每10万人·mile 4.1起和每10万人·mile 7起(Shope和Bingham,2008)。

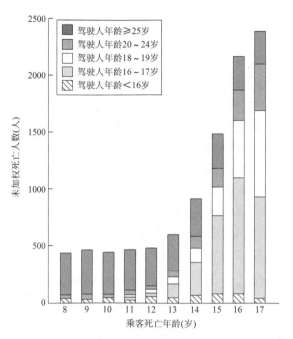

图 23-2 年幼死亡乘客分布(年龄 8~17 岁),与他车相撞的乘客和驾驶人年龄组,2000—2005 年
注:改编自《儿科及青春期的医学档案》(*Archives of Pediatrics & Adolescent Medicine*),2008 年 3 月,第 162 卷,256 页。

尽管每人英里数的交通事故数量较少,但男性驾驶人的一些危险行为也许可以解释为什么男性遭遇致死交通事故更频繁。一项关于美国青少年驾驶人的研究考察了不同性别驾驶人对风险驾驶行为的接触和感知,一般认为,女性相较于男性而言通常认为一些驾驶行为对安全的影响更大,且男性更可能存在吸大麻、怂恿超速和经验缺乏等不安全因素(Ginsburg 等,2008)。其他来源的调查显示,男高中生比女高中生不系安全带的概率更高(CDC,2009)且更容易违反驾驶规则(Maycock,2002)。

23.2.3 其他人口统计学的因素

基于年龄和性别有所差异的车辆交通事故数据统计展示了对特定受众设计干预目标和内容的重要性,而非以某种对青少年驾驶人的普遍情况设计安全干预。可以从其他人口统计学因素,如学业成绩、种族、民族和城乡区域等,进一步细化安全受不同因素的影响,例如这些因素对青少年驾驶人驾驶暴露率和驾驶行为特点的影响。例如,一个平均成绩为 C 或 D 的青少年比平均成绩为 A 或 B 的青少年更有可能发生事故(McCartt、Shabanova 和 Leaf,2003)。非洲裔和拉美裔学生比白人更可能很少或从不系安全带(CDC,2009)。非洲裔和西班牙裔青年对某些安全驾驶行为的感知也不同(酒驾和超速),他们相比白人青年更频繁地酒驾。无证驾驶人更多的是非洲裔或拉美裔;无证状态也与危险驾驶行为有关,例如在酒精影响下驾驶和不系安全带(Elliott、Ginsburg 和 Winston,2008)。此外,与农村青少年相比,非农村的青少年接触醉酒驾驶的风险更低(Ginsburg 等,2008)。

23.2.4 影响交通事故风险、受伤和死亡的可改变的危险因素

已经确定了许多单独或通过结合作用的因素会增加青少年驾驶人的交通事故风险,这

些因素被认定为干预的目标。详细描述这些因素将超出本章文献回顾的范围。更多的细节请参阅以下参考文献：Shults 和 Compton，2007；Williams、Catalano、Mayhew、Millstein 和 Shults，2008；Winston 和 Senserrick，2006b。本部分的重点是"可改变的风险因素"——可作为定向干预措施的目标。

20世纪80年代初，交通事故数据显示，在交通事故发生时，超过一半的21岁以下受致命伤驾驶人的血液酒精浓度为0.08%或更高（Williams 和 Mayhew，2008）。因此，青少年驾驶人的问题在很大程度上可以归因于酒精的滥用。但实际情况更加复杂，交通事故的风险因素随着年龄的增长而变化：对于年龄较大的青少年驾驶人来说，酒精成了一个更大的问题。对于16岁和17岁的驾驶人来说，酒精造成的交通事故风险很大，但大部分的交通事故与酒精的使用没有相关性。相反，缺乏经验和因分心而加剧的危险驾驶行为是主要的危险。青少年在交通事故中死亡的主要原因，一直都是没有使用安全带。

23.2.4.1 安全带的使用

使用安全带已被证明能减少事故伤害，它仍然是十几岁的驾驶人和他们的乘客的重要保护措施。不使用安全带导致青少年在交通事故中更容易死亡或严重受伤。相比其他年龄组，青少年（年龄为16～24岁）安全带使用率是最低的（Ye 和 Pickrell，2008）。2007年，在所有年龄段的统计中，驾驶人使用安全带的比例为82%，而对于16～24岁的人群，安全带使用率为77%。大约2/3死于交通事故的青少年在交通事故发生时没有系安全带（NHTSA，2006）。

23.2.4.2 驾驶经验

尽管年龄较小带来的体能和思维速度的优势，为青少年驾驶人减少了在学习驾驶方面的挑战，但年龄导致的经验不足也将青少年驾驶人置于巨大的危险之中。根据美国对青少年驾驶人的调查，大多数青少年驾驶人不认为自己缺乏经验，也许是因为他们认为获得了驾驶证就代表有驾驶经验（Ginsburg 等，2008）。虽然60%的青少年相信缺乏经验严重影响行车安全，但只有15%的青少年报告他们的同龄人中存在缺乏驾驶经验的情况。

不论年龄如何，独自驾驶的头几个月交通事故的风险最大，而当驾驶人完成第一个500mile（约804km）后，事故风险将降低2/3（McCartt 等，2003）。但青少年驾驶人的风险比年长的新驾驶人更大。6个月内驾驶人发生交通事故的次数下降得太快，无法用驾驶技能的熟练度来解释，更可能是受到了初始学习曲线的影响。即使在那些将驾驶证取得年龄延期至18岁的国家，在驾驶的前两年中也会降低事故率（Twisk，1996）。在英国，不论取得机动车驾驶证的年龄大小，在驾驶一年后，驾驶人的交通事故风险下降了30%（Maycock、Lockwood 和 Lester，1991）。虽然现在尚不清楚需要多少小时的监督驾驶练习才算拥有足够的驾驶经验，但瑞典的一项针对18岁新驾驶人的研究发现，平均120h 的监督驾驶练习与成人驾驶人交通事故数量的减少有关。一项关于澳大利亚17～24岁驾驶人的研究发现，超过42h 的指导实践与更低的交通事故风险有关（Gregersen 等，2000；Ivers、Stevenson、Norton 和 Woodward，2006；Sagberg 和 Gregersen，2005）。

McKnight（2003）通过检查2000起青少年驾驶人（年龄为16～19岁）交通事故来确定与交通事故有关的行为因素。大多数的非致死性交通事故由于驾驶人的错误引发，包括缺乏经验、疏忽、视觉搜索和危险识别的不足、相对速度太高以及紧急情况下反应失误。与普遍的观念相反,超速驾驶人是发生交通事故的不太常见的原因。Ulmer、Williams 和 Preusser(1997)也报告称,驾驶失误是 16 岁驾驶人受到致死伤害的最普遍的原因。

23.2.4.3 驾驶风险

青少年驾驶人比成年驾驶人更容易因为超速而丧命(图 23-3),尤其是青少年男性驾驶人,与超速相关的交通事故风险随其年龄的增加而减少。超过 1/3 的致死交通事故与 15~24 岁的男性驾驶人的超速行驶有关(NHTSA,2008c)。超速对于没有经验的青少年驾驶人来说是一个特殊的危险,因为它降低了驾驶人在面对弯道或危险时的转向能力,延长了车辆制动距离。青少年开车往往跟车过近,减少了他们的有效制动距离,这进一步加剧了超速的风险。超速和跟车过近在男性青少年中较为常见(Simons-Morton、Lerner 和 Singer,2005)。

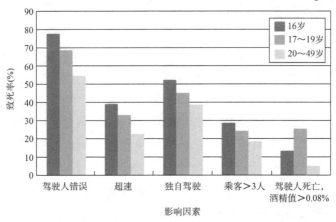

图 23-3 驾驶人年龄和影响因素有关的致死事故百分比
注:转载自美国国家公路交通安全管理局(2006)。

23.2.4.4 驾驶分心

由于青少年驾驶人缺乏经验,比年长的驾驶人更容易注意力不集中,因此驾驶分心可能在他们身上引起更多问题。青少年自身可以认识到分心的风险,尽管他们可能没有采取行动来降低这一风险。在青少年认为影响安全的前 25 个因素中,有 17 个会导致驾驶人分心(Ginsburg 等,2008),11 个会使驾驶人的视线和注意力远离道路(例如发短信、打电话),6 个因素减少了驾驶人集中注意力的能力(如喝醉、疲劳或情绪高涨)。

当青少年乘客成为驾驶分心的来源,或消极影响青少年驾驶人的行为时,可能发生的交通事故不仅影响驾驶人的安全,同时也影响乘客安全。美国公路数据安全性研究表明,对于青少年驾驶人,乘客的存在增加了青少年驾驶人受致死伤害的可能性,16 岁和 17 岁的驾驶人搭载至少 1 名乘客时,相对死亡风险明显高于单独驾驶的青少年(Chen、Baker、Braver 和 Li,2000)。随着车内乘客数量的增加,死亡风险增加。每增加一名青少年乘客,16 岁和 17 岁驾驶人发生致死交通事故的风险增加 1 倍,而 3 名或 3 名以上乘客的风险则增加 2 倍。

乘客年龄也是一个重要因素。16~20 岁的驾驶人驾驶时与 12~24 岁的青少年乘客在一起更容易发生交通事故,但与成人和/或儿童乘客在一起时发生交通事故的可能性较小(Aldridge、Himmler、Aultman Hall 和 Stamatidis,1999)。

使用移动电话和发短信也越来越多地造成青少年驾驶人注意力分散。在驾驶人分心而导致的致死机动车事故中,20岁以下的驾驶人与分心致死的机动车事故牵连的比例最高(16%)(美国交通部,Department of Transportation)。2007年,在16~24岁的驾驶人中,有1.7%的人在开车时明显操纵手持电子设备。后文将对分心驾驶进行更深入的讨论。

23.2.4.5 酒驾

相比年轻的成人,对青少年来说,酒驾是导致致死事故的一个不太常见的原因。但当青少年酒驾时,他们有比其他年龄组更高的交通事故和死亡的风险。在2007年,31%发生致死交通事故的15~20岁青少年驾驶人的血液酒精浓度为0.01g/dL,表明他们处于醉酒状态(图23-4)。这说明在1997—2007年,青少年驾驶人涉及酒精的交通事故致死伤害减少了5%。需要注意的是,相比青少年女性驾驶人,酒驾致死在青少年男性驾驶人中更普遍(女性为14%,男性为26%)。

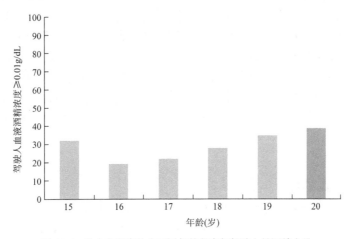

图23-4 致命交通事故中不同年龄段青年驾驶人的酒精含量

虽然酒精的影响可能在青少年事故中不算普遍,但当涉及酒驾时,交通事故的程度会更严重。2007年,在仅涉及财产损坏的交通事故中,15~20岁的涉事驾驶人中有3%饮酒,而致命交通事故中有23%的涉事驾驶人饮酒。在相同的血液酒精浓度水平下,青少年驾驶人比年长驾驶人更有可能发生致命交通事故(Prato、Toledo、Lotan和Taubman Ben-Ari,2010)。较高的容许饮酒年龄和零容忍法律是减少青少年交通事故的重要因素(Hingson,2009)。研究表明,非法使用药物的青少年比那些使用香烟、酒精、大麻的青少年交通事故风险更大(Dunlop和Romer,2010)。

23.2.4.6 夜间驾驶与疲劳驾驶

青少年驾驶人在驾驶时昏昏欲睡的可能性比年长的驾驶人更高。青少年男性的疲劳驾驶风险似乎也高于女性(Giedd等,1999;NHTSA;Prato等,2010)。虽然16~17岁的驾驶人在晚上9点到早上6点之间的行程只有约总里程的15%,但40%的致死交通事故发生在那个时间段(Williams和Preusser,1997)。对道路交通流量进行校正后,青少年驾驶人(18~24岁)在深夜驾驶时发生机动车事故的可能性高出5~10倍(Åkerstedt和Kecklund,2001)。

一项基于模拟器的研究表明,与年长驾驶人相比,年轻的驾驶人在夜间开车时更易困倦

(Lowdena、Anund、Kecklund、Peters 和 Åkerstedt,2009)。限定夜间驾驶的有效性评价表明,这能成功地减少青少年驾驶人交通事故的发生(Lin 和 Fearn,2003)。值得注意的是,在放学前后,夜间驾驶事故率达到最高点,但这个时间段的危害却不为人所知(Williams,2006)。其他交通事故高发时期则是当青少年疲惫和度周末的时候。后面将对这些研究结果的潜在原因进行讨论。

23.2.4.7 父母、教养和限制进入机动车

研究表明,教养方式对青少年的驾驶行为有重大影响。相比被称作不参与型的父母(低支持和低控制),被称作权威型(高支持和高控制)的父母的教育可以将他们孩子在青少年期的交通事故风险降低一半,权威型父母的教养也与更少的冒险行为有关(Ginsburg 等,2009)。父母可以采取具体行动来限制孩子的驾驶行为。相比与父母共同使用汽车的驾驶人,青少年驾驶人越早单独驾驶,越会增加交通事故以及不安全驾驶行为的风险,比如超速和驾驶时使用手机(Garcia-Espana、Ginsburg、Durbin、Elliott 和 Winston,2009)。

父母和青少年间的协议可以作为一种处理这些风险的有效方法(Simons-Morton、Hartos 和 Beck,2004;Simons-Morton、Hartos、Leaf 和 Preusser,2005)。Simons-Morton 和其他人的研究展示了一个有前景的结果,即当父母限制新驾驶人暴露在具有挑战性的环境下(例如,驾驶时载有乘客,晚上或在高速公路上驾驶),再随时间逐渐增加驾驶自由时,他们的驾驶安全程度会更高。这些协议有助于逐渐加强和提高驾驶人驾驶证的相关法律实施。

23.2.5 其他

23.2.5.1 其他国家的青少年驾驶人行为

由于一些原因,美国青少年驾驶人问题普遍比大多数其他发达国家更严重。各国之间以及各国内部的青少年驾驶人机动车辆的机会各不相同。例如,欧洲国家颁发驾驶证的年龄比美国晚。而在发展中国家,青少年驾驶机动车辆不太常见,青少年驾驶人也很少能接触到车辆。最后,城市化水平的差异也可能会影响人们的出行和驾驶体验。

23.2.5.2 青少年驾驶人与年轻的成年驾驶人

虽然本章专门讨论青少年驾驶人,但我们认识到,机动车事故对青少年和年轻的成年驾驶人仍然是一个重大威胁。研究表明,对 20 岁以上的驾驶人而言,交通事故风险一直维持在一个较高的水平,这与人脑发育持续到 25 岁有一定的关系。然而,某些驾驶的流行病学分析及其风险因素的差异,证明了青少年是驾驶人中的独特群体。

研究表明,经验不足导致青少年事故风险上升的趋势在不断扩大。青少年驾驶人比年轻的成人更可能受同伴压力的影响(Steinberg,2005)。最后,虽然青少年驾驶人比其他年龄组的驾驶人更容易受到酒精的影响,但相比年轻的成人驾驶人,酒精导致 16 岁左右的驾驶人发生交通事故的概率较小。

驾驶是一项复杂的运动和认知技能,需要整合认知加工和执行的多个层面的功能。虽然青少年可能具有执行驾驶操作的基本能力,但他们仍需经验、实践和时间来熟练掌握处理驾驶中的高阶认知任务。下面将讨论为什么青少年是驾驶人中的特殊群体,以及涉及青少年驾驶人有关交通事故的生理行为及社会心理角度的因素。

23.3 从发展和社会心理的角度对青少年驾驶人的探讨

从出生时到青春期,除了身体发生了巨大的变化之外,青少年所处的社会背景也发生了巨大的变化。年轻人从相对狭窄和受保护的、以家庭为中心的环境脱离,他们的社会环境变得更加广阔。在这个环境中,同龄人和非家庭内部的成年人扮演着越来越重要的角色(Steinberg,2003)。本节将更仔细地研究影响青少年驾驶人行为的多种影响因素,包括生理、行为和心理社会因素。

23.3.1 驾驶的能力层次模型

为了理解某些青少年特有的因素如何以及为什么会影响驾驶,需要将复杂的驾驶任务分解为多个独立的操作。Russell Barkley提出了一个模型,将驾驶技能分解为多个维度的能力(Barkley和Cox,2007)。为了成功驾驶,必须协调和整合这些离散的能力,包括操作能力、决策能力、规划能力。操作能力指的是最基本的驾驶技能,包括道路观察、反应时间、环境视觉感知、空间感知、各种刺激的认知处理以及协调整体运动。决策能力是指用于驾驶的行为和决策技能,决策能力包括决定驾驶速度、超越其他车辆以及何时让行等。最后,规划能力指的是与在任何特定时间使用车辆相关的决策和规划技能,如决定一天中最佳出行时间、评估天气的好坏和评估驾驶人自身状况(例如,疲劳或醉酒)。当个人出现以下特征时,可能会因操作、战术和战略决策不当而面临不安全驾驶行为的风险,例如:注意力难以集中、过于冲动、观察不足、视觉运动技能协调和整合能力差、情绪调节困难、自我意识降低或心理灵活性降低。

23.3.2 新驾驶人模型

除了考虑驾驶的技巧类型之外,驾驶决策是如何发生的同样重要。下面的模型将说明为什么一个没有经验的新手驾驶人可能会因为反应时间上微小但影响巨大的差异而卷入严重的交通事故。

图23-5给出了一个发生在从觉察危险到交通事故避免的"事故序列模型"定义示意图(Senserrick,2006)。图中介绍了两种情况,每种情况代表不同的驾驶人类型,同时假设他们遇到的交通状况相似。上方为经验丰富的驾驶人对交通环境进行了警惕和仔细的侦测,识别到潜在危险,然后进行响应,以避免或最小化交通事故的严重性。根据之前的研究,这一决策过程所需的时间通常大约是2s(Olson和Sivak,1986)。下方为缺乏经验的新驾驶人的场景,他没有受伤,并且处在与第一张图相同的交通状况中(Senserrick,2006)。由于缺乏经验,新驾驶人的视觉扫描效率较低,检测潜在危险所需时间比经验丰富的驾驶人晚了几分之一秒。缺乏经验也会使新驾驶人的决策过程和响应的执行时间比经验丰富的驾驶人延长几分之一秒。这些延迟导致新驾驶人缺少了2s可用于反应和行动的时间。反应和行动时间的缺乏,可能会让没有经验的新驾驶人无法识别危险,也无法执行响应的动作,从而导致交通事故。或者,新驾驶人可能认识到危险,但可能会做出错误的反应,因此发生交通事故的可能性更大。正如之前有关新驾驶人的讨论所指出的那样,不完善的危险检测可能会导致

交通事故,而对经验丰富、未受伤和未分散注意力的驾驶人而言,这些交通事故本来是可以避免的,或者本可以导向不那么严重的后果。

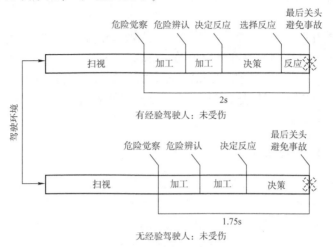

图 23-5　事故顺序模型图

注:改编自《调查预防》(Inquiry Prevention),T. M. Senserrick,卷 12,56~60 页。

23.3.3　大脑-行为-社会环境对青少年行为的影响:推翻谬论

1904 年,霍尔的《青春期》的出版,开启了有关从童年到成年过渡的学术研究。他把青春期称为是不可避免的"暴风骤雨"。在 20 世纪上半叶,以这个有缺陷的框架描述青少年和年轻的成年人的观察研究占据了主流(Steinberg 和 Lerner,2004)。但当时盛行的理论在很大程度上是未经检验的。

在 20 世纪下半叶,科学家证明了青少年经验发展的可塑性和多样性,批驳了青少年将不可避免地陷入困境这一悲观的普遍看法(Lerner,2005)。他们的研究表明,所有的青少年都具备生存和发展的潜力和能力。青少年的成长环境(从父母到同伴、社区和社会)可以发展和支持他们的优势,避免他们暴露于有害的危险中。这些新的发现指导了以此为理论基础的项目,即促进"青年的积极发展"(Lerner,2005)。最近,在大脑发育的研究中进一步验证了新方法。

不幸的是,这些科学发现很少被应用于改善青少年安全驾驶的干预中。许多干预措施继续忽视青少年,把他们描绘成是非理性或是有缺陷的人,需要恐吓干预。揭穿这些谬论不仅有助于我们深入对青少年驾驶人的理解,而且有助于发展出行车安全的干预新方法。下面的部分将探讨影响青少年驾驶人的神经生物学因素、认知因素以及心理社会因素。在每个部分中,都将描述和澄清常见的对青少年的误解。

23.3.4　青少年的大脑和驾驶行为

在本册第 9 章"神经系统科学和年轻驾驶人"中详细讨论了大脑活动在道路交通安全中的应用。在本节中,将主要关注青少年驾驶人大脑活动的有关研究。请注意,大多数健康的青少年的大脑发育和观察到的驾驶行为间的联系仍然仅是理论上的推断。然而,了解青少年时期的大脑发育,可以提供一个观察青少年驾驶人技能发展的环境。

对青春期的一个谬论是大脑在青春期早期已经发育完全。20 年前，Giedd 在美国心理卫生研究所通过连续的磁共振成像，开展了儿童和青少年的大脑发育轨迹的纵向研究。Giedd 和其他脑科学家们的研究彻底改变了我们对青少年大脑发育的理解（Giedd 等，1999；Lenroot 和 Giedd，2006）。他们发现，除了在童年早期的大脑快速生长以外，大脑灰质的第二波"生产过剩"发生在青春期。

另一个谬论将青少年认知能力的成熟归因于身体外表的生长。青春期的成长变化是剧烈的，包括身体的快速增长、性成熟、新的驾驶行为、动机和情感的激活。然而，与青春期的其他神经内分泌学变化相比，大脑发育中对驾驶重要的关键方面发生的时间较晚。因此，一个十几岁的青少年身体的成熟程度也许和其大脑发育成熟程度不相一致。这说明，期望青少年和成人有相似的驾驶行为模式是不科学的。同时，在 Steinberg 看来，这种看法不仅造成了对青少年的期望与其能力之间的不匹配，而且，给发育中的青少年带来了潜在的危险挑战，因为"青春期成熟带来的觉醒和动机变化先于调节能力的发展"（Steinberg，2005，第 69 页）（图 23-6）。

图 23-6 青春期认知过程的变化

注：改编自《认知科学的趋势》（Trends in Cognitive Science），92 卷，2 版，L. Steinberg，"青春期认知和情感的发展"部分，69~74 页。

第三个谬论用"缺陷的"或"不足的"来描述青少年的大脑，认为其没有学习能力。事实上，驾驶是一个复杂的认知活动，需要大脑的多个区域参与；然而，青少年的大脑已经为学习驾驶做好了准备。青少年大脑发育过程中的生产过剩和随后的神经纤维的修复，为他们探索和处理其不断扩大的世界做准备，其他后续的修复和髓鞘的形成增加了大脑进程的效率。成人的大脑最终是经由遗传因素和青春期的环境"雕刻"而成的。无论是安全驾驶行为还是不安全驾驶行为，都有机会在青春期嵌入青少年的大脑，形成潜意识的行为（Steinberg，2005）。

虽然健康青少年的大脑发育与特定驾驶行为间的关系研究仍然停留在理论上，但了解大脑发育，有助于对青少年的驾驶行为进行准确预测和评估。例如，小脑的功能与肌肉协调和发展的早期平衡相关。因此，在 10~15h 的很短的一段时间的学习中，十几岁的新驾驶人足够获得熟练的操作和制动能力，比如左、右转弯，直线行驶返回等。当成人与青少年一起练习驾驶时，会对青少年驾驶能力产生错误的信任和感受。因为青少年的协调能力使他或她开车更顺畅。然而，实际上青少年的小脑需要持续发展到 25 岁左右时才具备更高的协调功能，而协调功能与更熟练或更安全的驾驶有关。

此外，安全驾驶需要与执行功能发展成熟程度相关，这可能部分取决于脑髓鞘的形成。大脑最后完全成熟的区域是前额皮质，它负责规划、控制冲动、多任务处理、对风险的感知、决策（用于驾驶战略和战术技能的必须能力）。这一区域在青少年达到 25 岁左右时才会成熟。

随着额叶的成熟，依赖额叶来调节和决策的大脑其他部位的活动的效能越来越突出。作为一个功能核心和大脑的腹侧被盖区，在决策过程中青少年可能重视冒险中得到的奖励并寻求冒险的乐趣。杏仁核（边缘系统的一部分，在青春期时对压力刺激非常敏感）和连接大脑的边缘系统、额叶在青春期开始发展。额叶如果在青春期发展不够完善,大脑在决策时会更容易受到奖励反馈和情感反应的影响(Giedd,2009;White,2009)。

大脑在生物学上的这些变化也解释了为什么青少年比其他驾驶人更容易受到酒精的影响。对于青少年来说,酒精对大脑中驾驶相关机制的影响可能比对其他驾驶人的影响更大:酒精往往会抑制额叶的调节机制,导致驾驶人难以集中注意力和控制冲动,同时杏仁核的活动被酒精抑制,在危险的状况下却不适当地出现了舒适感;伏隔核和腹侧被盖区的反馈系统被酒精"欺骗"而得到奖赏;酒精的使用可能会导致海马区的工作停止,这通常是记录记忆所必需的进程(White,2009)。

大脑的其他生理变化也可能解释为什么青少年与疲劳相关的事故数量不成比例。生物钟的变化导致青少年上床较晚,它与早起去学校的要求发生冲突,往往导致睡眠质量下降或中断。同时,青春期大脑的变化增加了睡眠的需要(Horne 和 Reyner,1995)。缺乏经验和疲劳的增加共同导致了危险的驾驶行为,降低了判断和决策能力,加剧了酒精的作用,增加了年轻驾驶人的攻击性,影响其操作和驾驶中的决策(Dahl,2008;Groeger,2006)。

23.3.5　高阶认知发展和驾驶

在一项研究青少年驾驶人发展的综述中,Keating 和 Halpern-Felsher 将驾驶描述为"一组复杂的、相互关联并同时发生的能力,包括了精神运动、认知和感知能力",它必须在潜在的"社会影响"的挑战背景下,通过"策略、复杂的专业知识和专注度",转化为安全驾驶(Keating 和 Halpern-Felsher,2008,第 272 页)的高阶驾驶技能。与安全相关的高阶驾驶技能与路线规划和驾驶策略有关。这些技能的掌握不仅取决于经验,也依赖于认知的发展。除了需要调节冲动和情感的能力之外,青少年还必须获得专业知识和对风险的准确评估能力。

23.3.5.1　专业知识

驾驶技术涉及特定的知识和技能的获得和有效运用。如前所述,驾驶技能的发展主要来自经验而不是年龄。不过,由于目标的不同,各方对驾驶知识培训的观点也不一致,一个专注于通过驾驶证考试的青少年,对自然驾驶经验的看法显然与那些目标是确保青少年能熟练、安全驾驶的父母或其他人观点不同。当前最先进的使驾驶人获得专业知识的培训方法专注于驾驶思考、带有反馈的引导和练习(Ericsson,2005)。此外,驾驶人培训不仅需要足够的指导与练习时间,也需要同时在各种形式的驾驶条件下进行实践(Groeger,2006)。因为十几岁的新驾驶人没有相关的驾驶记忆,他或她的决策更费力、更容易出错。更有经验的驾驶人很少犯错误,因为他们在驾驶中不那么费力,也不太容易分心,特别是在不可预测的和高度变化的条件下(例如,预测另一个驾驶人的行为)。专业练习面临的挑战是,反馈和纠正错误是这项训练的组成部分,而驾驶训练不能在不给青少年带来风险的情况下适应错误,这带来了训练中发生交通事故的风险。但目前有证据表明,专门的室内计算机培训可以传授驾驶技能,比如侦测危险(Fisher、Pollatsek 和 Pradhan,2006)。

最后,专业的驾驶操作需要将其"自动化",通过反复练习将其内化为潜意识和肌肉记忆的一部分。这表明高质量的指导和实践至关重要,以确保这些训练产生的是正确安全的条件反射,而非导致危险的下意识行为。

23.3.5.2 关于风险的认知与决策

另一个谬论不准确地将青少年描述为非理性的人群。它指出,青少年要么不了解自己行为带来的后果,要么认为自己对伤害有免疫力,所以他们经常进行一些危险的行为。但在现实中,青少年会认知到驾驶风险,但可能认为个人风险较低("我是个好驾驶人")或选择承担风险以获取某种利益(例如,感觉寻求)(Ginsburg 等,2008)。此外,相关环境设置可能会影响风险与收益的相对权重(例如,为了在同龄人面前"看起来很酷",冒他们通常不会冒的风险)。多项研究都得出了一致的结论,比起年轻的成年人,青少年认为自己在风险中是易受伤的(Quadrel、Fischhoff 和 Davis,1993),青少年的风险行为可能与他们对死亡的轻视而不是尽量避免风险的观念相关(Borowsky、Ireland 和 Resnick,2009)。探索青少年安全驾驶的研究还表明,青少年普遍了解故意冒险行为的影响,如使用药物、开车时发短信、超速和不使用安全带(Ginsburg 等,2008)。Harre(2000)从两个维度来总结他们承担的风险:客观事故风险和感知事故风险。例如,感觉寻求者在两个维度上都很高。

另外,做决策的时候,青少年与成人是不同的。青少年更容易以成本和利益作为标准进行决策,而不是基于"要点"进行决策(Ben-Zur 和 Reshef-Kfir,2006;Reyna 和 Farley,2006)。基于要点的决策涉及对经验的一般意义的心理表征的非批判性反应,通常随着年龄和经验的增加而增加。此外,青少年的决定往往受到情绪和高水平觉醒("热认知")的影响,而不是简单地权衡任何特定行为的风险和好处,而不考虑情感过程("冷认知")。作为一个例子,在一项探索冒险行为年龄差异的研究中,受试者被要求玩一个电脑游戏,在这个游戏中,他们有机会冒险驾驶(例如,闯黄灯),以获得更多分数(Steinberg,2005)。当个体单独玩游戏时,青少年和年轻人在冒险行为上没有显著差异。在同龄人在场的情况下,青少年会冒更多的风险,而成年人的冒险行为没有改变。

一个十几岁的青少年对获得同龄人的接受和认可的愿望,可能会使他或她基于短期收益做出风险决策(Reyna 和 Farley,2006;Rivers、Reyna 和 Mills,2008;Steinberg 和 Monahan,2007),并且影响他或她做出安全决策的能力。此外,在需要学习技能和快速准确的决策来关注、识别和避免危险的情况下,这种审慎的方法会让青少年面临不安全驾驶行为的风险(Tricky、Enns、Mills 和 Vavrik,2004)。

23.3.6 社会心理因素

23.3.6.1 人格

某些人格因素可能与冒险驾驶行为有关。个性热爱寻求刺激和情绪调节困难的青少年更易遭遇事故(Patil、Shope、Raghunathan 和 Bingham,2006)。另一个与驾驶行为相关的人格特质是对异常行为的耐受性;那些对异常行为拥有更高耐受性的人易卷入更多的机动车事故(Bingham 和 Shope,2004)。对于其他的一些青少年,如患有注意缺陷/多动障碍(Attention Deficit/Hyperactivity Disorder,ADHD)的青少年,冲动和冒险行为可能来自其他的神经生物学因素。下面一节将介绍目前已知的有一定的发育和行为障碍的青少年的驾驶经历。

23.3.6.2 不断增长的社会背景和影响

青少年的生理和认知发育发生在一个日益扩大的环境背景下。这个环境不仅影响青少年的社会发展,也影响着他或她的大脑与认知发展。对社会发展的全面回顾超出了本章的讨论范围,但在对父母、同龄人与社会的关键影响的研究方面,本章仍然会进行一些回顾。

尽管文献中的观点不一,父母仍然对青少年驾驶人的培养有重要影响。如前所述,权威型的教育风格,特别是在驾驶时家长与青少年的协定,可以保护青少年。此外,父母可以作为青少年的榜样、教师、指导规则制定者和督导者,并通过驾驶教学和早期驾驶练习等方式支持青少年学习驾驶技能。可以说,青少年第一次坐上儿童安全座椅并观察父母的驾驶风格,便是父母对青少年的驾驶教育的开始。事实上,Prato 等(2010)确定了家长和青少年的冒险驾驶行为之间存在关联。

虽然父母对青少年驾驶人的安全行为起着主要的影响,但研究表明,同龄人的认可对塑造青少年驾驶人行为也有很大的影响(Brown,2004;Gardner 和 Steinberg,2005;Jacobsohn,2007;Perkins,2003;Steinberg 和 Monahan,2007)。如前所述,同龄的乘客在很大程度上影响着十几岁的新驾驶人的事故风险,并且青少年承认同龄同行者会带来潜在危险。其他研究进一步证实,在涉及青少年是否进行安全的驾驶行为时,同龄人的认可是很重要的(Winston 和 Jacobsohn,2010)。

父母在孩子的成长过程中影响着孩子的健康和幸福。事实上,问题在于,在青春期同龄人的影响越来越重要,而家长的影响常常被青少年怨恨和拒绝。这恰好也是青少年开始学习驾驶的时期。在父母的控制与青少年的独立之间找到最佳的平衡是一个长久的过程,对许多家庭来说可能很困难,这也是倡导青少年安全驾驶的另一个挑战(Darling、Cumsille 和 Loreto Martínez,2007;Darling、Cumsille 和 Martínez,2008;Smetana 和 Asquith,1994;Smetana、Metzger、Gettman 和 Campione-Barr,2006)。

同龄人和社区中的驾驶行为也会影响青少年的认知。就像十几岁的驾驶人可能模仿他们父母的驾驶行为,他们也会在不经意间学习和模仿同龄人的驾驶行为(Shope,2006)。电子游戏和受欢迎的赛车手宣扬的快速驾驶和攻击性驾驶,以及青少年对某类特定汽车的需要(不一定是对于青少年来说最安全的汽车),也可能会影响青少年的驾驶技能和驾驶策略(Kellerman 和 Martinez,2006)。

在更广泛的层面上,社区特征,如贫困水平和暴力程度,可能会影响青少年对驾驶安全的总体态度。反过来,这些特点又受到旨在改善青少年安全的地方项目的政治意愿和资金的影响(Johnson 和 Jones,2011)。

显然,青少年代表一个独特的驾驶人群体,受大量的生理、社会影响、行为和环境因素影响。最有可能成功的干预措施将是多管齐下的,涉及青少年及其家庭、同龄人和社会,应用青少年发展和驾驶科学,利用青少年独特的资本(例如学习能力),同时限制他们暴露在他们无法处理的危险中。

23.4 发育不良对青少年驾驶人的影响

前一节中描述了可能影响一般青少年群体的发育和行为因素,但有发展障碍,如 ADHD、自闭症和智力残疾的某些青少年群体,由于他们的固有缺陷,可能面临更高的不安全驾驶行为风险。本节针对这些青少年群体。虽然有其他类型障碍,如身体残疾或疾病的个体,也可能会有驾驶风险,但本章重点关注青春期行为和认知变化与影响青少年的某些神经认知缺陷之间的交集。

23.4.1 注意缺陷/多动障碍(ADHD)对驾驶行为的影响

相对于其他发育障碍,ADHD 对青少年机动车驾驶的影响是目前研究最为深入的。ADHD 是一种发育障碍,表现为持续注意困难,容易分心,冲动和多动。ADHD 影响 4%~10% 的儿童群体,症状通常持续到成年(American Psychiatric Association,2000)。在本书其他处有相关的全面的文献综述(Barkley 和 Cox,2007),因此本节叙述其主要发现。

观察性研究的结果表明,ADHD 与不安全驾驶行为的增加相关联,包括被传讯、鲁莽驾驶和机动车事故。ADHD 也与造成不安全的驾驶行为的其他条件相关,如酗酒、吸毒和情绪调节困难。以驾驶的巴克利模型进行多维分析,由于 ADHD 青少年的易冲动、减少的反应时间、情绪调节困难和执行功能差异,患有 ADHD 的青少年处于驾驶策略和驾驶技巧不足的危险之中。

23.4.1.1 ADHD 状态

虽然没有患有 ADHD 的青少年流行病学研究,但对患有 ADHD 的青少年驾驶人的随访观察研究表明,ADHD 组与社区控制组之间的驾驶证发放频率没有任何差异,并且 ADHD 患者在获得驾驶证方面没有任何延迟(Barkley、Guevremont、Anastopoulos、Dupaul 和 Shelton,1993;Fischer、Barkley、Smallish 和 Letcher,2007)。此外,目前也没有发表任何关于患有 ADHD 的儿童的家庭和青少年的驾驶决策过程研究,以及 ADHD 患者在学习驾驶行为过程中的风险感知和不良驾驶行为关系的研究。

23.4.1.2 ADHD 与驾驶结果

相比没有 ADHD 的青少年,患有 ADHD 的年轻驾驶人发生事故的可能性要高出 2~4 倍,在事故中受伤的可能性要高出 3 倍,致残的可能性要高出 4 倍,吊销驾驶证的可能性要高出 6~8 倍(Barkley 等,1993;Barkley、Murphy 和 Kwasnik,1996)。此外,青春期早期的 ADHD 诊断被认为是与交通违法和事故数量增加有关的风险因素,以及青年期和后青年期不安全驾驶行为(鲁莽驾驶和超速)的相关因素(Barkley 等,1993,1996;Barkley、Murphy、Dupaul 和 Bush,2002;Fischer 等,2007;Nada-Raja 等,1997;Thompson、Molina、Pelham 和 Gnagy,2007;Woodward、Fergusson 和 Horwood,2000)。这些研究多采用自我报告形成,由于患有 ADHD 的青少年和年轻的成年人可能会较少地报告对自己不利的驾驶结果,这些结果可能低估了患有 ADHD 的驾驶人的事故风险与正常群体间的差异。

研究还表明,他人的认知会损害患有 ADHD 的青少年的驾驶能力。父母和驾驶教育的指导者(对 ADHD 无法察觉)认为患有 ADHD 的青少年较不可能以安全的习惯驾驶,并且表现出更多的驾驶错误(Barkley 等,1993;Fischer 等,2007)。

最后,机动车辆部门的官方记录表明,由 ADHD 青少年驾驶人引起的机动车事故数量更多(但不具有统计学意义)(Barkley 等,1993,1996,2002)。而使用模拟器来评估驾驶绩效的研究表明,相比未患 ADHD 的同龄人,患有 ADHD 的个体产生了更多的危险驾驶行为(擦伤、碰撞和转向控制不足)(Barkley 等,1996;Fischer 等,2007)。

ADHD 患者也可能更容易受到其他可能导致不安全驾驶行为的行为或特征的影响。例如,具有较高水平的 ADHD 症状的大学生在驾驶中更易愤怒,也更容易用多种攻击性方式表达愤怒,并造成更多的事故(Deffenbacher、Richards、Filetti 和 Lynch,2005;Richards、Deffenbacher 和 Rosen,2002)。事实上,攻击性水平较高的驾驶人可能有较高的行为和精神障碍,包括 ADHD(Jonah、Thiessen 和 Au-Yeung,2001;Malta、Blanchard 和 Freidenberg,2005)。攻击性驾驶、超速和酒精使用的增加可能与寻求更大程度的刺激感有关(Jonah 等,2001)。认知加工的差异也会影响青少年对驾驶规则和条例的理解。相对于正常驾驶人,ADHD 患者可能对不同变化的路面条件反应不同,在驾驶模拟器的反应任务中出现更多的错误,对驾驶规则的知识测试得分较低(Barkley 等,1996,2002;Fischer 等,2007)。研究还发现 ADHD 患者在心理测试的处理速度上表现出更大的不足,这也许是由于不正常的认知加工引起的(Fried 等,2006)。

23.4.2 自闭症对驾驶的影响

在过去的 20 年中,日益增长的自闭症患者群体已经越来越多地被人们关注——那些智商至少是总体平均水平的人群与严重自闭症患者有着共同之处。本节主要讨论的是高功能自闭症系列障碍(HFASD),每 1000 人中就有 2 个人受到此病症的影响,患者群体中的许多人可以正常生活,但是缺乏社会互动、沟通和驾驶/协调能力,如果不及时治疗,会影响各方面的日常生活(Fombonne 和 Tidmarsh,2003;Ghaziuddin,2008;Gillberg,1998;Paul、Orlovski、Marcinko 和 Volkmar,2009;Tantam,2003)。HFASD 表示一种与认知功能障碍有着更微妙的相关性,并且可直接影响汽车驾驶的高功能缺陷。下面将讨论患有 HFASD 的青年驾驶人所面临的潜在挑战和未发表研究的早期结果。

23.4.2.1 驾驶与认知差异

许多 HFASD 患者被描述为"笨拙",这也被列为该障碍的一个特征(Bonnet 和 Gao,1996;Weimer、Schatz、Lincoln、Ballantyne 和 Trauner,2001)。对患有 HFASD 的青少年的研究显示,相比同等智商者,他们在运动的准备、规划、抑制和执行方面有特殊缺陷,这是典型的发展受限症状(Christ、Holt、White 和 Green,2007;Freitag、Kleser、Schneider 和 Von Gontard,2007;Hughes,1996;Rinehart、Bradshaw、Brereton 和 Tonge,2001)。此外,多达一半有自闭症症状的儿童和青少年也符合 ADHD 诊断的标准(Sinzig、Bruning、Morsch 和 Lehmkuhl,2008)。

HFASD 患者在更高层次的认知过程中的差异也可能影响驾驶策略。对自闭症障碍的个体研究表明了患者在心理弹性(基于环境转移不同的思维或行动的能力)、自我检测和自我校正等方面与常人的差异(Hill,2004;Pijnacker 等,2009)。这些差异可能会影响一个人调整车速的能力,以及决策(例如是否超车)和计划能力(例如评估驾驶或旅行的天气)。

23.4.2.2 视知觉差异

HFASD 患者在视觉上往往倾向于注重局部细节而不是着眼于整体(Iarocci、Burack、Shore、Mottron 和 Enns,2006)。这是弱中枢统合理论的基础,它被认为是大脑中的杏仁核潜在的功能产生障碍(Shalom,2005)。结果,一个人可能在道路环境的包围下"迷失在细节中",忽视道路上他或她所见的物体,从而影响驾驶的策略。虽然对患有自闭症的驾驶人的研究不多见,但相比没有自闭症的个体,有一项对非驾驶状态下年轻男性的危险感知能力的研究发现,相比非自闭症患者,自闭症障碍患者识别的外界危险(比如避开物体,如另一辆车)更少,而且他们对危险的反应更慢(Sheppard、Ropar、Underwood 和 Van Loon,2010)。

23.4.2.3 情绪调节困难

患有自闭症的个体中,很大一部分比例有并发情绪障碍的风险,例如焦虑,这会影响驾驶体验(Hofvander 等,2009)。此外,情绪管理困难(难以自我平静)也较普遍。驾驶时无法保持冷静和专注可能会导致不安全的驾驶行为(Patil 等,2006)。

23.4.2.4 HFASD 患者的优点

即使 HFASD 患者的一些特征可能会使其面临不安全驾驶行为的威胁,但也有一些优点有助于保护驾驶人。HFASD 患者对细节的注意会使其驾驶更细心。而且,许多 HFASD 患者更愿意遵守交通安全法律(如跟随街道交通标志、使用安全带、驾驶时不使用手机等)。

23.4.2.5 目前对自闭症青少年驾驶人行为的研究

虽然与 HFASD 相关的损害与驾驶任务有关,但目前有许多对 HFASD 青少年驾驶人体验的研究正在进行。一项研究表明,对患有 HFASD 的青少年来说,驾驶是一个重要问题,患有 HFASD 的青少年经常考虑学习驾驶(Huang 和 Durbin,2010)。与患有 HFASD 的青少年能否学习驾驶有关的条件包括学校和社会上的支持措施、学校支持和父母教授其他孩子驾驶的经验。

之前一项关于在机动车事故中需要特殊健康照顾的孩子的研究表明,其父母更警惕孩子的安全(Huang 等,2009)。患有 HFASD 的青少年和他们的父母比正常人更加关注驾驶行为,并可能会自我限制驾驶车辆。对于 HFASD 患者来说,他们的社交互动能力具有缺陷,由于独立性有限,他们很难进入社交网络,这可能会进一步加重他们的缺陷。

23.4.3 驾驶中智力障碍的影响

智力障碍(以下简称"智障",之前等同于智力迟缓)的定义为智商(IQ)小于 70,同时有适应行为障碍。智力障碍在年轻成年人和青少年中的发生率为 0.6%~1%。虽然在残疾研究中,智力缺陷在日常生活各层面的影响引人注目,但多数智障对驾驶能力的影响研究在 20 世纪 60 年代与 70 年代进行。多数研究发现,相比控制组,智障人士更易违反交通规则(Boyce 和 Dax,1974;Gutshall、Harper 和 Burke,1968)。

目前对智障的研究,集中于区分和预测智障群体中能够成功获得驾驶证的个人和不可能获得驾驶证的个人的鉴别测试工具开发。例如,在一个信息加工的测试,即知觉记忆测验中,可能可以作为智障人士驾驶证获取状态的预测指标(Geiger、Musgrave、Welshimer 和 Janikowski,1995)。

考虑车辆监控和驾驶评估技术的发展(如驾驶模拟器与眼动技术),目前探索智障人士驾驶行为的研究将更好地帮助指导驾驶教育的进步,以及对这些残疾人士驾驶健康程度的评估。

23.4.4 ADHD、自闭症、智力障碍的青少年驾驶人行为总结

ADHD、自闭症和智力残疾都是常见的神经认知障碍。这些神经认知障碍可能会影响驾

驶操作能力和驾驶操作的策略。因为患有自闭症谱系障碍和智力残疾的人产生 ADHD 症状的风险更高,所以他们很可能有相似的危险驾驶模式。在理论上,患有自闭症的青少年在情绪调节及正确解释其他驾驶人行为的方面存在更多困难。智力障碍的青少年学习驾驶与适应道路"规则"更困难。这两组人群对驾驶任务处理速度较慢,可能会影响他们的反应时间。还需要更多的研究来准确描述自闭症和智力障碍个体的驾驶行为与体验。

然而,如何避免自闭症和智力障碍的人产生不安全的驾驶行为仍存在许多争议。患有自闭症和智力障碍的青少年的家庭可能会在让他们的孩子学习驾驶上更加谨慎。与患 ADHD 的青少年相比,患自闭症的青少年可能更容易被规则约束,从而不太容易进行危险行为。在此,需要更多的研究探索自闭症和智力障碍青少年的普遍情况。此外,父母可能会就是否让有特殊障碍的孩子进行驾驶的决定咨询医生,但他们没有任何基于科学证据的指导方针来为家庭提供关于发育障碍青少年学习驾驶是否安全的指导。在驾驶教育中尝试满足特殊障碍青少年的潜在需求,制定对应教育干预措施时,了解这些个体可能存在的差异非常重要。

23.5 制定循证干预措施以促进青少年安全驾驶的建议

如果我们将安全驾驶定义为一种受发展和社会环境变化影响的健康行为,那么可以通过最近的理论和实证研究来设计干预措施,减少青少年驾驶人事故,以促进他们享有健康和安全的生活。其中很大一部分的基础来自最近人类发展和行为知识的急剧增长。最近健康促进工作和公共卫生干预措施的成功,核心是应用强有力的理论和经验证据系统。

上一节揭示了青少年驾驶人与年龄更大的驾驶人相比如何既具有挑战性又具有潜力。如果青少年被允许在缺乏经验或专业知识(例如在高速路上驾驶)或不够成熟(例如受到监管控制,尤其是在同龄人在场的情况下)而准备不足的情况下驾驶,他们会暴露在极大的风险之下。然而,由于青少年基本上都是新驾驶人,他们发育中的大脑是一项宝贵的资产。如果在安全的社会规范下为青少年提供有效的培训和逐步增加的驾驶权利,他们就有发展安全驾驶行为的巨大潜力。教育青少年驾驶人的挑战,是支持从依赖他人进行驾驶的青少年成长为能够做出安全决策、管理同龄人、识别和避免道路危险并继续获得新驾驶能力的独立个体。旨在提高青少年驾驶人安全性的干预措施必须考虑青少年的这种特殊驾驶体验。

改善青少年及其同龄人驾驶安全的目标涉及除青少年及其父母之外的许多利益相关者,如汽车制造商、保险公司、教育工作者和政策制定者。尽管有这一共同目标,但许多有关青少年驾驶人的社会项目向公众展示时没有具体的评估计划,而其他的一些项目则提倡不安全的行为(例如美化超速的广告或描述酒驾没有负面后果的电影)。干预计划需要系统地应用理论和实证研究的成果,以确保干预成功的可能性最大,然后在大规模应用前进行测试和完善。这样一来,这些项目在实施时将有最大的机会产生积极的影响。

23.5.1 干预发展的实用方法

青少年驾驶人的行为受到各种因素的影响,因此需要针对不同的因素设计干预。变化可能较小的因素(例如人口学变量和性格)可以用来为干预确定目标人群,而那些变化可能较大的因素(例如驾驶能力和驾驶环境),则是干预的重点。解决这些因素的挑战包括理解某些行为的目的,明确任何具体的干预意图,监测意外后果,并持续进行重新评估(Shope,2006;Winston 和 Jacobsohn,2010)。

干预开发的最佳实践要求使用一类理论步骤作为评估模型,并把干预成分与预期的结果相联系(Rossi、Lipsey 和 Freeman,2004)。关键的方法是从右至左重新调整工作方向:

干预←目标构建←行为目标←关键结果

要设计一项干预措施,研究人员不应从一个先入为主的干预想法开始,而应从明确定义一个广泛的、可量化的关键结果开始,例如减少青少年驾驶人事故数量和相关伤害。接下来,制定中的干预措施应定义关键行动,这些行动一旦被采纳,将增加实现目标的可能性。然后,应缩小干预目标的范围,将重点放在较小的可操作目标或目标结构上(例如态度、技能、行为、知识或感知规范的变化),以增加采用所选安全行为的可能性。最后,研究人员应制定预防策略及其干预成分,以解决这些目标结构。作为指南,项目的理论引导的不仅是干预的发展,也是对其效果的评估。

青少年的驾驶安全问题是复杂的,因此采用综合干预才最有可能成功。比如,人们已经建立了一个专门应用于青少年驾驶人的程序理论(Winston 和 Jacobsohn,2010)。这些措施可能会针对个人(青少年和父母)、人群(同行的青少年、学校或社区)或社会整体。对于每一个目标群体,都可以确定一组不同的优先干预目标,既重要又可修改(Senserrick,2006)(表 23-1)。重要的是,要选择在降低事故和死亡事故发生率方面行之有效的干预目标。对于青少年来说,干预目标可能包括每次出行系好安全带、开车时不使用电子设备以及保持安全的跟车距离;而对于父母来说,干预目标可能包括促进驾驶多样化的质量、数量,以及加强对青少年新驾驶人的约束;对于社区和政府领导者及媒体而言,目标可能包括分别制定法律和展示安全信息,以支持父母和青少年采纳和实践安全驾驶建议。

青少年干预的行为目标范例　　　　　　　　　　表 23-1

青少年
约束的使用
克制受损驾驶(酒精与疲劳驾驶)
在驾驶时禁用手机和其他引起注意力分散的设备
避免鲁莽驾驶(超速)
父母与青少年
参与初学者的驾驶练习
遵守法律对驾驶人的要求
要求陪同青少年新驾驶人驾驶汽车而不是让青少年单独驾驶

下一步,应该阐明目标构念,以促进或阻碍干预目标的具体应用。这些目标构念可以通过文献回顾和产生此类行为的人群的形成性研究来发现。在此过程中,重要的是选择与行为相关、有改变空间且可能改变的目标(Fishbein,2000;Fishbein 和 Ajzen,1975;Fishbein 和 Yzer,2003)。例如,如果青少年已经充分意识到不使用安全带会增加受伤的风险,那么让青少年认识这种风险就不应是干预的目标,因为改变的空间很小。

然后,目标构念应当成为干预的量化目标。对于针对青少年的干预,青少年不仅应该是研究对象,还应该是干预发展的合作伙伴(Brown,2004;Gardner 和 Steinberg,2005;Jacobsohn,2007;Steinberg 和 Monahan,2007)。干预的内容和信息以及实施策略必须突出青少年的特征。从促进青少年健康行为和安全的活动中获得的知识和经验,可以应用于对安全驾驶的促进:青少年的变化迅速,更喜欢被倾听而不是被谈论,来自权威的独立认可对他们影响显著。嵌入信息的干预内容比"填鸭"式或恐惧策略更有效,社交网络是重要且值得信赖的(Smith,2006)。最广受认可和成功的安全驾驶社会营销活动是指定驾驶人活动。著名的口号"朋友不会让朋友酒后驾车"(Friends Don't Let Friends Drive Drunk),反映了该活动的广泛接受度和对积极的同龄人压力和社会化的有效利用(Smith,2006)。这一营销活动让80%以上的美国人曾听过或看过这一公共服务公告,近80%的美国人报告说他们采取了措施防止朋友酒后驾车。

23.5.2 减少青少年事故的干预项目的理论与实证的例子

以下讨论提供了干预措施的理论基础或经验证据,以促进青少年的安全驾驶。分等级驾驶执照(Graduated Driving Licensing,GDL)法、校本课程(如"像朋友一样骑车")和培训课程(如马萨诸塞大学的危险感知课程)的结合,以及家长的特定角色(如家长教育协议),可能是解决多种因素影响下的青少年驾驶人问题的最有效方法。表23-2说明了这些项目如何协调一致地解决驾驶的多种生物学、心理社会学和认知因素,并利用有效项目开发的多个方面,包括与立法和倡导团体合作,为青少年及其父母寻找重要信息,以及使用点对点的方式传递信息。

不同青少年驾驶干预的组成 表 23-2

项目	驾驶干预				
	GDL法	像朋友一样驾驶	电脑训练项目[例如危险感知(Fisher等,2006)]	亲子共识(Simons-Morton等,2008)	驾驶监控(McGehee等,2007)
影响青少年驾驶经验的因素					
生理	夜间驾驶;疲劳驾驶				减少车内分心物;行为反馈
心理		感知控制行为;车内责任角色	危险感知不足	限制早期独立驾驶	限制出现在危险环境
环境		家长训练;同龄乘客	同龄乘客	父母的位置限制	成年乘客代理
有效干预措施					
理论应用		有			
创建有效信息		同伴告知	解决缺乏经验的显著问题		
实施	随政策改变施行	同伴告知;学校告知		与父母的关系	车辆构造

本节主要集中在对美国青少年驾驶人的干预介绍,但应该注意的是,对于不同的个体或团体,干预措施应与其特殊性相适应。干预措施应满足特定城市中特定青少年群体的需要。研究要确定美国的干预策略能否适应或实施,若不能,则需要改进。

23.5.2.1 社会层面的干预:分等级的驾驶执照和其他法律

分等级驾驶执照(GDL)法是一个科学与公共政策干预成功结合的案例。多项研究发现,青少年有最高的交通事故风险,尤其是新驾驶人在最初的 6 个月和 500mile(800km)之内。同时,如前所述,与其他青少年乘客一起驾驶以及周末夜间驾驶一直都与不安全驾驶结果有关(Lin 和 Fearn,2003)。GDL 法将驾驶证发放给年龄较大的青少年,并逐步授予驾驶权利,政府还发布了驾驶限制,以将新驾驶人限制在风险较低的情况下活动。尽管各州的实施计划以及由此减少的交通事故风险可能有所不同,但 GDL 法通常将最年轻驾驶人的交通事故风险降低了 20%~40%(Shope,2007)。最低饮酒年龄限制和血液酒精浓度零容忍法是与 GDL 法协同的公共政策的例子,它们都降低了青少年驾驶人发生交通事故的风险。

尽管延迟获得驾驶证减少了青少年驾驶人的交通事故数量,但 GDL 法在改变青少年驾驶人的行为方面没有显著成效。其可能的原因是 GDL 法没有涉及影响青少年驾驶人的其他生物、心理和环境因素。例如,GDL 法没有有效地教导青少年与同龄人一起驾驶的风险,也没有试图通过向父母和青少年传递明确的信息,并从父母和青少年自身获取信息,来建立他们的信任体系。另外,GDL 法也没有对危险感知加以评估和规定。为此,人们开发了一些其他的干预措施填补这些空缺。

但是,针对发育缺陷的青少年驾驶人的政策并没有那么完善。在美国,目前还没有推出适用于各州的评估适应驾驶的认知或神经生理标准,各州也没有系统考虑影响驾驶的不同发展障碍因素的计划。颁发驾驶证的机构的医生也不能给出对如何评估驾驶适应性的指导。

在宾夕法尼亚州,申请初学者许可时必须经历一项由医学专业人士进行的身体检查,医生或其他医学从业者必须证明该人"不具备可能损害控制与安全操作机动车的能力"("Vehicle Code:Physical and Mental Criteria, including Vision Standards Relating to the Licensing of Drivers",1991)。然而,对于许多神经疾病、精神情况和发育状况,并没有提供有关是否能够驾驶的标准指南。对于这些初次驾驶筛查(如宾夕法尼亚州使用的筛查工具),需要评估其影响和有效性。

23.5.2.2 学校层面的干预:学校的教育和社会营销的程序

澳大利亚制定了一个校园范围内的教育计划,以比较两种教育计划的影响。一项计划开展为期一天的侧重于驾驶人风险行为的研讨会,另一个更广泛的社区计划包括一天的研讨会和后续活动,侧重于减少青少年所承担的风险和培养心理抗逆能力。更广泛的社区计划的目的不仅在于赋予年轻人安全技能、对风险的态度和安全知识,并且要让他们能够做出与驾驶相关的明智决策,以及与安全有关的一般决策(例如安全地庆祝节日),从而培养心理抗逆能力。警方记录的后续数据发现,以此为重点的计划与减少44%的事故相对风险相关,而以驾驶为重点的计划与减少事故风险无关(Senserrick 等,2009 年)。

在美国,一个以学校为基础的社会营销项目"像朋友一样驾驶"(RLAF)是利用计划理论的原理开发的,以减少驾驶人对乘客的分心(新罕布什尔州费城儿童医院)。该项目旨在建立青少年驾驶人和乘客对机动车碰撞风险的认识,在青少年驾驶人和乘客中建立促进安全驾驶的观念和行为。RLAF 的设计是一项点对点的校内活动,其目标是为青少年驾驶人和乘客提供一种赋权感。图 23-7 给出了 RLAF 的关键结果、行为目标、目标结构和干预内容。2008 年,参加 RLAF 与持有积极的安全观念和表现出与乘客相关的积极安全行为的可能性增加有关。后验数据显示,至少参与过一些 RLAF 活动的青少年更容易报告对系安全带持更有利的态度和自我效能感,在该计划完成后也更可能使用安全带(Jacobsohn 和 Winston)。

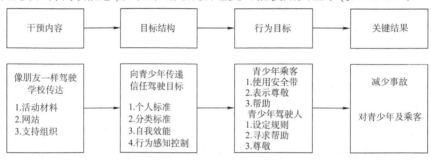

图 23-7 减少事故风险的项目主要部分

注:改编自《伤害预防》(*Injury Prevention*),F. K. Winston 和 L. Jacobsohn,第 16 卷,第 107~112 页。

针对有认知缺陷的个体驾驶人教育计划,也同样有些成功的结果。"驾驶"项目(Project Drive)是来自亚拉巴马州大学的研究者与教育部门和特殊教育部门合作的最新成果(Lanzi,2005)。他们的目标是通过训练驾驶教练,更改他们现有的驾驶人教育课程,帮助有轻微智力障碍的青少年获得其学习许可(例如,加大指南手册的字号,将双面印刷改为单面印刷,第二阶段修改文字内容,增加教师录像部分)。大约 3/4 的实验组(平均 IQ 为 71;标准差为 10.77)首先通过了笔试。但是需要更多的研究来探究这些改良的教育程序在实际驾驶表现中的效果。

23.5.2.3 家庭层面的干预:检查点

检查点方案是由 Simons-Morton 开发的,旨在于获得驾驶证后的一段时间内利用通信、视频和亲子驾驶共识,增加父母对青少年期独立驾驶的限制。结果显示,实验组更可能报告使用和维护亲子驾驶共识,表现出更少的风险驾驶行为,产生更少的交通违法行为,并有严格的驾驶权利限制(Simons-Morton、Ouimet 和 Catalano,2008)。

有发育障碍的青少年的家长可以从相关的地方和国家的家长倡导团体/网站上寻求信息,这些团体/网站可能是传递干预信息的有效媒介。需要更多的研究来探索家庭如何就驾驶过程做出决策,这有助于为围绕驾驶制定基于家庭的干预措施提供信息。

23.5.2.4 个人层面的干预:驾驶人训练和监控

认识到提高驾驶青少年驾驶人感知技能的需要,马萨诸塞州大学研发了一个以计算机为基础的技能培养计划,其目的是帮助青少年在不同的驾驶环境中侦测危险(Fisher 等,2006)。结果表明,即使实际道路与训练的道路环境不同,相比未受过训练的驾驶人(37.4%),训练有素的驾驶人更可能扫视到含有危险源的道路区域(64.4%),从而减少事故风险(Pradhan、Pollatsek、Knodler 和 Fisher,2009)。

另一个提高驾驶人安全驾驶能力的例子是先进的驾驶辅助系统（ADAS）的使用。驾驶辅助系统包括相机、GPS 导航系统、传感器和控制系统。文献表明，青少年在成年乘员在场的情况下会进行更安全的驾驶行为，ADAS 的另一个特定用途是通过充当成年乘员的代理来提高青少年的 GDL 权限。ADAS 还可以通过规划危险更少的路线、限制速度、在潜在事故发生之前警告驾驶人、排除如收音机等潜在的分散注意力的装置、根据驾驶行为提供反馈来限制风险等方式，阻止驾驶人暴露在风险中（Lee，2007）。研究显示，车内摄像头的装载减少了风险驾驶行为的数量（McGehee、Carney、Raby、Reyes 和 Lee，2007；Toledo 和 Lotan，2006）。

对于患有 ADHD 的青少年，兴奋剂药物治疗通常可以改善驾驶行为，虽然效果取决于兴奋剂药物的类型。在 ADHD 治疗最常用的 3 种兴奋剂药物中，长效哌醋甲酯（Longer Acting Methylphenidate）似乎在改善驾驶性能方面最有效，这是通过驾驶模拟器和自我报告来衡量的（Cox、Humphrey、Merkel、Penberthy 和 Kovatchev，2004；Cox、Merkel、Kovatchev 和 Seward，2000；Cox 等，2006；Cox、Merkel、Penberthy、Kovatchev 和 Hankin，2004）。尽管这些实验研究通常受到以男性为主的小样本的限制，但在这些研究中发现的多动症青少年驾驶人行为的改善明确表明，药物治疗控制注意力不集中、注意力下降和冲动增加的症状，可能是帮助改善多动症青少年道路交通安全的一个有用策略。

23.6 小结

尽管驾驶是全球青少年和年轻人面临的一项挑战，但本章重点介绍了美国青少年驾驶人面临的独特问题。交通事故是美国青少年受伤的主要原因，在美国是一个比大多数其他发达国家更严重的问题。这场危机的诱因是多方面的，因为研究清楚地表明，青少年是一个独特的驾驶人群，他们受到各种身体、社会、发展、行为和环境因素的影响。将驾驶概念化为一种能力层次，有助于促进对常见发育障碍（如 ADHD）对驾驶的影响的理解。

由于青少年之间的差异，在受控环境中研究干预措施并不能解决青少年与其自身环境之间的实际关系（Lerner 和 Castellino，2002）。因此，项目设计和交付的研究需要在现实环境中进行和评估。只有这样，关于任何干预措施的有效性和可接受性的反馈才被认为是有效的。青少年驾驶人项目也需要多个学科的评估，应当以综合和协调的方式进行努力；当前的安全和监控技术以及政策和立法行动的进步引领了 GDL 法等项目的发展。此外，进行这些干预的社区必须被视为重要的合作伙伴和合作者；来自社区的反馈有助于改进项目设计和交付。对旨在改善青少年驾驶人安全的项目进行深思熟虑和反复评估，对于设计有效干预至关重要。

致谢

本章是作为年轻驾驶人研究计划的一部分撰写的，该计划是费城儿童医院（CHOP）伤残研究及预防中心与美国农业保险公司（State Farm）之间的合作研究计划。本章提出的观点是作者的观点，不一定是这两个机构的观点。我们感谢 CHOP 的国家科学基金会儿童伤害预防研究中心(CChIPS)及其工业咨询委员会(IAB)支持原始研究的承诺、财政支持和技术指导,其中一些分析是基于原始研究开展的。本章仅代表作者的解释,不一定代表CChIPS 或其 IAB 的观点。该项目部分由宾夕法尼亚州卫生部资助。该部门明确表示不对任何分析、解释或结论负责。

 本章参考文献

AKERSTEDT T, KECKLUND G, 2001. Age, gender and early morning highway accidents[J]. Journal of Sleep Research, 10: 105-110.

ALDRIDGE B, HIMMLER M, AULTMAN-HALL L, et al, 1999. Impact of passengers on young driver safety[J]. Transportation Research Record: Journal of the Transportation Research Board, 1693: 25-30.

American Psychiatric Association, 2000. Diagnostic and statistical manual of mental disorders (4th ed. text revision)[J]. Washington, DC.

BARKLEY R A, COX D, 2007. A review of driving risks and impairments associated with attention-deficit/hyperactivity disorder and the effects of stimulant medication on driving performance[J]. Journal of Safety Research, 38(1): 113-128.

BARKLEY R A, GUEVREMONT D C, ANASTOPOULOS A D, et al, 1993. Driving-related risks and outcomes of attention deficit hyperactivity disorder in adolescents and young adults: A 3- to 5-year follow-up survey[J]. Pediatrics, 92(2): 212-218.

BARKLEY R A, MURPHY K R, DUPAUL G I, et al, 2002. Driving in young adults with attention deficit hyperactivity disorder: Knowledge, performance, adverse outcomes, and the role of executive functioning[J]. Journal of the International Neuropsychological Society, 8(5): 655-672.

BARKLEY R A, MURPHY K R, KWASNIK D, 1996. Motor vehicle driving competencies and risks in teens and young adults with attention deficit hyperactivity disorder[J]. Pediatrics, 98(6 Pt. 1): 1089-1095.

BEN-ZUR H, RESHEF-KFIR Y, 2006. Risk taking and coping strategies among Israeli adolescents. Journal of Adolescence, 26: 255-265.

BINGHAM C R, SHOPE J T, 2004. Adolescent problem behavior and problem driving in young adulthood[J]. Journal of Adolescent Research, 19(2): 205-223.

BONNET K A, GAO X K, 1996. Asperger syndrome in neurologic perspective[J]. Journal of Child Neurology, 11(6): 483-489.

BONNIE R J, FULCO C, LIVERMAN C T, 1999. Reducing the burden of injury: Advancing prevention and treatment[M]. Washington, DC: National Academies Press.

BOROWSKY I W, IRELAND M, RESNICK M D, 2009. Health status and behavioral outcomes for youth who anticipate a high likelihood of early death[J]. Pediatrics, 124(1): e81-88.

BOYCE L, DAX E C, 1974. Driving behaviour as differentiated by the Tasmanian Ten Year Old Intelligence Test: 1. The types and varieties of traffic offences committed by young men of lower intelligence: II. The effect of driver education on the traffic offences committed by young men of lower intelligence[J]. Australian Journal of Mental Retardation, 3(2): 40-48.

BROWN B, 2004. Adolescents' relationships with peers[M]. In R LERNER(Ed.), Handbook of adolescent psychology (2nd ed.) (:363-394). New York: Wiley.

Centers for Disease Control and Prevention, 2009. Injury Prevention & Control: Motor Vehicle Safety. Teen drivers: Fact sheet [R/OL]. [2010-05-16]. http://www.cdc.gov/MotorVehicleSafety/Teen_Drivers/teen drivers_factsheet.html.

CHEN L H, BAKER S P, BRAVER E R, et al, 2000. Carrying passengers as a risk factor for crashes fatal to 16- and 17-year-old drivers[J]. Journal of the American Medical Association, 283(12): 1578-1582.

The Children's Hospital of Philadelphia. (n.d.). Ride like a friend [R]. http://www.ridelikeafriend.com.

CHRIST S E, HOLT D D, WHITE D A, et al, 2007. Inhibitory control in children with autism spectrum disorder[J]. Journal of Autism and Developmental Disorders, 37(6): 1155-1165.

COX D J, HUMPHREY J W, MERKEL R L, et al, 2004. Controlled-release methylphenidate improves attention during on-road driving by adolescents with attention-deficit/hyperactivity disorder[J]. Journal of the American Board of Family Practice, 17(4): 235-239.

COX D J, MERKEL R L, KOVATCHEV B, et al, 2000. Effect of stimulant medication on driving performance of young adults with attention-deficit hyperactivity disorder: A preliminary double-blind placebo controlled trial[J]. Journal of Nervous & Mental Disease, 188(4): 230-234.

COX D J, MERKEL R L, MOORE M, et al, 2006. Relative benefits of stimulant therapy with OROS methylphenidate versus mixed amphetamine salts extended release in improving the driving performance of adolescent drivers with ADHD[J]. Pediatrics, 118(9): e704-710.

COX D J, MERKEL R L, PENBERTHY J K, et al, 2004. Impact of methylphenidate delivery profiles on driving performance of adolescents with attention-deficit/ hyperactivity disorder: A pilot study[J]. Journal of the American Academy of Child & Adolescent Psychiatry, 43(3): 269-275.

DAHL R, 2008. Biological, developmental, and neurobehavioral factors relevant to adolescent driving risks[J]. American Journal of Preventive Medicine, 35(3S): S278-S284.

DARLING N, CUMSILLE P, LORETO MARTÍNEZ M, 2007. Adolescents' as active agents in the socialization process: Legitimacy of parental authority and obligation to obey as predictors of obedience[J]. Journal of Adolescence, 30(2): 297-311.

DARLING N, CUMSILLE P, MARTÍNEZ M L, 2008. Individual differences in adolescents' beliefs about the legitimacy of parental authority and their own obligation to obey: A longitudinal investigation[J]. Child Development, 79(4): 1103-1118.

DEFFENBACHER J L, RICHARDS T L, FILETTI L B, et al, 2005. Angry drivers: A test of state-trait theory[J]. Violence & Victims, 20(4): 455-469.

Department of Transportation. (n. d.). Statistics and facts about distracted driving[R/OL]. [2010-04-22]. http://www.distraction.gov/stats-and-facts.

DUNLOP S, ROMER D, 2010. Adolescent and young adult crash risk: Sensation seeking, substance use propensity and substance use behaviors[J]. Journal of Adolescent Health, 46(1): 90-92.

ELLIOTT M R, GINSBURG K R, WINSTON F K, 2008. Unlicensed teenaged drivers: Who are they, and how do they behave when they are behind the wheel[J]. Pediatrics, 122(5): e994-1000.

ERICSSON K, 2005. Recent advances in expertise research: A commentary on the contributions to the special issue[J]. Applied Cognitive Psychology, 19: 223-241.

FISCHER M, BARKLEY R A, SMALLISH L, et al, 2007. Hyperactive children as young adults: Driving abilities, safe driving behavior, and adverse driving outcomes[J]. Accident Analysis and Prevention, 39(1): 94-105.

FISHBEIN M, 2000. The role of theory in HIV prevention[J]. AIDS Care, 12: 273-278.

FISHBEIN M, AJZEN I, 1975. Attitude, intention and behavior: An introduction to theory and research [M]. Reading, MA: Addison-Wesley.

FISHBEIN M, YZER M, 2003. Using theory to design effective health behavior interventions[J]. Communication Theory, 13: 164-183.

FISHER D L, POLLATSEK A P, PRADHAN A, 2006. Can novice drivers be trained to scan for information that will reduce their likelihood of a crash[J]. Injury Prevention, 12(Suppl. 1): i25-i29.

FOMBONNE E, TIDMARSH L, 2003. Epidemiologic data on Asperger disorder[J]. Child & Adolescent Psychiatric Clinics of North America, 12(1): 15-21.

FREITAG C M, KLESER C, SCHNEIDER M, et al, 2007. Quantitative assessment of neuromotor function in adolescents with high functioning autism and Asperger syndrome[J]. Journal of Autism and Developmental Disorders, 37(5): 948-959.

FRIED R, PETTY C R, SURMAN C B, et al, 2006. Characterizing impaired driving in adults with attention-deficit/hyperactivity disorder: A controlled study [J]. Journal of Clinical Psychiatry, 67(4): 567-574.

GARCIA-ESPANA J F, GINSBURG K R, DURBIN D R, et al, 2009. Primary access to vehicles increases risky teen driving behaviors and crashes: National perspective[J]. Pediatrics, 124(4): 1069-1075.

GARDNER M, STEINBERG L, 2005. Peer influence on risk taking, risk preference, and risky decision making in adolescence and adulthood: An experimental study[J]. Developmental Psychology, 41: 625-635.

GEIGER J M, MUSGRAVE J R, WELSHIMER K J, et al, 1995. The relationship between the

Perceptual Memory Task scores and driver's licensing status among persons with cognitive disabilities[J]. Vocational Evaluation & Work Adjustment Bulletin, 28(4): 99-104.

GHAZIUDDIN M, 2008. Defining the behavioral phenotype of Asperger syndrome[J]. Journal of Autism and Developmental Disorders, 38(1): 138-142.

GIEDD J, BLUMENTHAL J, JEFFRIES N, et al, 1999. Brain development during childhood and adolescence: A longitudinal MRI study[J]. Nature Neuroscience, 2(10): 861-863.

GIEDD J N, 2009. The teen brain: Primed to learn, primed to take risks[EB/OL]. [2010-05-16]. http://dana.org/news/cerebrum/detail.aspx? id¼19620.

GILLBERG C, 1998. Asperger syndrome and high-functioning autism[J]. British Journal of Psychiatry, 172: 200-209.

GINSBURG K R, DURBIN D R, GARCIA-ESPANA J F, et al, 2009. Associations between parenting styles and teen driving, safety-related behaviors and attitudes[J]. Pediatrics, 124(4): 1040-1051.

GINSBURG K R, WINSTON F K, SENSERRICK T M, et al, 2008. National young-driver survey: Teen perspective and experience with factors that affect driving safety[J]. Pediatrics, 121(5): e1391-1403.

GREGERSEN N, BERG H, ENGSTROM I, et al, 2000. Sixteen years age limit for learner drivers in Swedend An evaluation of safety effects[J]. Accident Analysis and Prevention, 32: 25-35.

GREGERSEN N, NYBERG A, BERG H, 2003. Accident involvement among learner drivers An analysis of the consequences of supervised practice[J]. Accident Analysis and Prevention, 35: 725-730.

GROEGER J, 2006. Youthfulness, inexperience and sleep loss: The problems young drivers face and those they pose for us[J]. Injury Prevention, 12: i19-i24.

GUTSHALL R W, HARPER C, BURKE D, 1968. An exploratory study of the interrelations among driving ability, driving exposure, and socioeconomic status of low, average, and high intelligence males[J]. Exceptional Children, 35(1): 21.

HALL G, 1904. Adolescence: Its psychology and its relations to physiology, anthropology, sociology, sex, crime, religion, and education (Vols. 1 and 2) [M]. New York: Appleton.

HARRE N, 2000. Risk evaluation, driving and adolescents[J]. Developmental Review, 20: 206-226.

HILL E, 2004. Evaluating the theory of executive dysfunction in autism[J]. Developmental Review, 2004: 189-233.

HINGSON R W, 2009. The legal drinking age and underage drinking in the United States[J]. Archives of Pediatric & Adolescent Medicine, 163(7): 598-600.

HOFVANDER B, DELORME R, CHASTE P, et al, 2009. Psychiatric and psychosocial problems in adults with normal-intelligence autism spectrum disorders[J]. BMC Psychiatry, 9: 35.

HORNE J A, REYNER L A, 1995. Sleep related vehicle accidents[J]. British Medical Journal, 310(6979): 565-567.

HUANG P, DURBIN D, 2010. Learning to drive in teens with Autism spectrum disorders[R]. Unpublished manuscript.

HUANG P, KALLAN M J, O'NEIL J, et al, 2009. Children with special health care needs: Patterns of safety restraint use, seating position, and risk of injury in motor vehicle crashes [J]. Pediatrics, 123(2): 518-523.

HUGHES C, 1996. Brief report: Planning problems in autism at the level of motor control[J]. Journal of Autism and Developmental Disorders, 26(1): 99-107.

IAROCCI G, BURACK J, SHORE D, et al, 2006. Global-local visual processing in high functioning children with autism: Structural vs. implicit task biases[J]. Journal of Autism and Developmental Disorders, 36(1): 117-129.

IVERS R, STEVENSON M, NORTON R, et al, 2006. Supervised driving experience in learner drivers: The drive study [J]. Paper presented at the 20th World Congress of the International Traffic Medicine Association, Melbourne, Australia.

JACOBSOHN L, 2007. Explaining the boomerang effect of the National Youth Anti-Drug Media Campaign [J]. Philadelphia: Annenberg School for Communication, University of Pennsylvania.

JOHNSON S B, JONES V C, 2011. Adolescent development and risk of injury: Using developmental science to improve interventions[J]. Injury Prevention, 17: 50-54.

JONAH B, THIESSEN R, AU-YEUNG E, 2001. Sensation seeking, risky driving and behavioral adaptation[J]. Accident Analysis and Prevention, 33(5): 679-684.

KEATING D, HALPERN-FELSHER B, 2008. Adolescent drivers: A developmental perspective on risk, proficiency, and safety[J]. American Journal of Preventative Medicine, 35(3S): 272-277.

KELLERMAN A, MARTINEZ R, 2006. Hot wheels [J]. American Journal of Preventive Medicine, 35(3S): S310-S312.

LANZI R G, 2005. Supporting youth with cognitive limitations to get their learner's license: Project Drive[R]. Minneapolis: University of Minnesota.

LEE J, 2007. Technology and teen drivers[J]. Journal of Safety Research, 38: 203-213.

LENROOT R, GIEDD J, 2006. Brain development in children and adolescents: Insights from anatomical magnetic resonance imaging[J]. Neuroscience and Biobehavioral Reviews, 30: 718-729.

LERNER R M, 2005. Promoting positive youth development: Theoretical and empirical bases [C]. (white paper prepared for Workshop on the Science of Adolescent Health & Development, NRC/Institute of Medicine). Washington, DC: National Academy of Sciences.

LERNER R M, CASTELLINO D R, 2002. Contemporary developmental theory and adolescence: Developmental systems and applied developmental science[J]. Journal of Adolescent Health,

31(6 Suppl.): 122-135.

LIN M L, FEARN K T, 2003. The provisional license: Nighttime and passenger restrictions-A literature review[J]. Journal of Safety Research, 34(1): 51-61.

LOWDENA A, ANUND A, KECKLUND G, et al, 2009. Wakefulness in young and elderly subjects driving at night in a car simulator[J]. Accident Analysis and Prevention, 41: 1001-1007.

MALTA L S, BLANCHARD E B, FREIDENBERG B M, 2005. Psychiatric and behavioral problems in aggressive drivers[J]. Behaviour Research & Therapy, 43(11): 1467-1484.

MAYCOCK G, 2002. Novice driver accidents and the driving test. (TRL Report No. 527)[R]. Crowthorne: Transport Research Laboratory.

MAYCOCK G, LOCKWOOD C R, LESTER J F, 1991. The accident liability of car drivers. (TRL Research Report No. 315)[R]. Crowthorne: Transport Research Laboratory.

MAYHEW D R, 2007. Driver education and graduated licensing in North America: Past, present, and future[J]. Journal of Safety Research, 38(2): 229-235.

MAYHEW D R, SIMPSON H M, 1996. Effectiveness and role of driver education and training in a graduated licensing system[R]. Ottawa: Traffic Injury Research Foundation.

MAYHEW D R, SIMPSON H M, PAK A, 2003. Changes in collision rates among novice drivers during the first months of driving[J]. Accident Analysis and Prevention, 35(5): 683-691.

MCCARTT A T, SHABANOVA V I, LEAF W A, 2003. Driving experience, crashes, and traffic citations of teenage beginning drivers[J]. Accident Analysis and Prevention, 35(3): 311-320.

MCGEHEE D, CARNEY C, RABY M, et al, 2007. Extending parental mentoring using an event-triggered video intervention in rural teen drivers[J]. Journal of Safety Research, 38(2): 215-227.

MCKNIGHT A J, MCKNIGHT A S, 2003. Young novice drivers: Careless or clueless[J]. Accident Analysis and Prevention, 35(6): 921-925.

NADA-RAJA S, LANGLEY J D, MCGEE R, et al, 1997. Inattentive and hyperactive behaviors and driving offenses in adolescence[J]. Journal of the American Academy of Child & Adolescent Psychiatry, 36(4): 515-522.

National Highway Traffic Safety Administration, 1994. Research report for an improved novice driver education program[R]. (DOT-HS-808-161). Washington, DC.

National Highway Traffic Safety Administration, 2006. Beginning teenage drivers (DOT HS 810 651)[R]. Washington, DC.

National Highway Traffic Safety Administration, 2007. Traffic safety facts: 2007 data, young drivers (DOT HS 811 001)[EB/OL]. [2010-10-16]. http://www-nrd.nhtsa.dot.gov/Pubs/811001.PDF.

National Highway Traffic Safety Administration, 2008a. Traffic safety facts: 2008 data, young drivers (DOT HS 811 169)[EB/OL]. [2010-10-16]. http://www-nrd.nhtsa.dot.gov/

Pubs/811169. PDF.

National Highway Traffic Safety Administration, 2008b. Traffic safety facts 2008: A compilation of motor vehicle crash data from the Fatality Analysis Reporting System and the General Estimates System (DOT HS 811 170) [EB/OL]. [2010-10-16]. http://www-nrd. nhtsa. dot. gov/Pubs/811170. PDF.

National Highway Traffic Safety Administration, 2008c. Traffic safety facts: 2008 data, speeding (DOT HS 811 166). [EB/OL]. [2010-10-16]. http://www-nrd. nhtsa. dot. gov/Pubs/811166. PDF.

National Highway Traffic Safety Administration. (n. d.). Drowsy driving and automobile crashes [R/OL]. [2010-04-22]. http://www. nhtsa. gov/PEOPLE/injury/drowsy_driving1/human/drowsy. html.

OLSON P, SIVAK M, 1986. Perception-response time to unexpected roadway hazards [J]. Human Factors, 28: 91-96.

Organisation for Economic Co-operation and Development, 2006. Young drivers: The road to safety [R/OL]. [2010-10-16]. http://www. internationaltransportforum. org/jtrc/safety/YDpolicyBrief. pdf.

PATIL S, SHOPE J, RAGHUNATHAN T, et al, 2006. The role of personality characteristics in young adult high-risk driving[J]. Traffic Injury Prevention, 7: 328-334.

PAUL R, ORLOVSKI S M, MARCINKO H C, et al, 2009. Conversational behaviors in youth with high-functioning ASD and Asperger syndrome[J]. Journal of Autism and Developmental Disorders,39(1): 115-125.

PERKINS H, 2003. The social norms approach to preventing school and college age substance abuse: A handbook for educators, counselors, clinicians[R]. San Francisco: Jossey-Bass.

PIJNACKER J, GEURTS B, VAN LAMBALGEN M, et al, 2009. Defeasible reasoning in high-functioning adults with autism: Evidence for impaired exception-handling [J]. Neuropsychologia, 47(3): 644-651.

PRADHAN A, POLLATSEK A, KNODLER M, et al, 2009. Can younger drivers be trained to scan for information that will reduce their risk in roadway traffic scenarios that are hard to identify as hazardous[J]. Ergonomics, 52(6): 657-673.

PRATO C G, TOLEDO T, LOTAN T, et al, 2010. Modeling the behavior of novice young drivers during the first year after licensure[J]. Accident Analysis and Prevention, 42: 480-486.

QUADREL M J, FISCHHOFF B, DAVIS W, 1993. Adolescent (in)vulnerability[J]. American Psychologist, 48(2): 102-116.

REYNA V F, FARLEY F, 2006. Risk and rationality in adolescent decision making: Implications for theory, practice, and public policy[J]. Psychological Science in the Public Interest, 7 (1): 1-44.

RICHARDS T, DEFFENBACHER J, ROSEN L, 2002. Driving anger and other driving-related behaviors in high and low ADHD symptom college students[J]. Journal of Attention Disorders,

6(1): 25-38.

RINEHART N J, BRADSHAW J L, BRERETON A V, et al, 2001. Movement preparation in high-functioning autism and Asperger disorder: A serial choice reaction time task involving motor reprogramming[J]. Journal of Autism and Developmental Disorders, 31(1): 79-88.

RIVERS S E, REYNA V F, MILLS B, 2008. Risk taking under the influence: A fuzzy-trace theory of emotion in adolescence[J]. Developmental Review, 28(1): 107-144.

ROSSI P, LIPSEY M, FREEMAN H, 2004. Evaluation: A systematic approach (7th ed.)[M]. Thousand Oaks: Sage.

SAGBERG F, GREGERSEN N, 2005. Effects of lowering the age limit for driver training[M]. In GUNDERWOOD (Ed.), Traffic and transport psychology: Theory and application (:171-178). Amsterdam: Elsevier.

SENSERRICK T, 2006. Reducing young driver road trauma: Guidance and optimism for the future[J]. Injury Prevention, 12(Suppl. 1): 56-60.

SENSERRICK T, IVERS R, BOUFOUS S, et al, 2009. Young driver education programs that build resilience have potential to reduce road crashes[J]. Pediatrics, 124(5): 1287-1292.

SENSERRICK T M, 2006. Reducing young driver road trauma: Guidance and optimism for the future[J]. Injury Prevention, 12(Suppl. 1): 56-60.

SHALOM D, 2005. Autism and the experience of a perceptual object[J]. Consciousness and Cognition, 14: 641-644.

SHEPPARD E, ROPAR D, UNDERWOOD G, et al, 2010. Brief report: Driving hazard perception in autism[J]. Journal of Autism and Developmental Disorders, 40(4): 504-508.

SHOPE J, 2007. Graduated driver licensing: Review of evaluation results since 2002[J]. Journal of Safety Research, 38: 165-175.

SHOPE J, BINGHAM C, 2008. Teen driving: Motor-vehicle crashes and factors that contribute [J]. American Journal of Preventive Medicine, 35(3): S261-S271.

SHOPE J T, 2006. Influences on youthful driving behavior and their potential for guiding interventions to reduce crashes[J]. Injury Prevention, 12(Suppl. 1): i9-i14.

SHULTS R, COMPTON R, 2007. Novice teen driving, GDL and beyond: Research foundations for policy and practice. Proceedings of the 2007 symposium[J]. Journal of Safety Research, 38(2): 129-266.

SIMONS-MORTON B, HARTOS J, BECK K, 2004. Increased parent limits on teen driving: Positive effects from a brief intervention administered at the motor vehicle administration[J]. Prevention Science, 5: 101-111.

SIMONS-MORTON B, HARTOS J, LEAF W, et al, 2005. Persistence of effects of the Checkpoints program on parental restrictions of teen driving privileges[J]. American Journal of Public Health, 95: 447-452.

SIMONS-MORTON B, LERNER N, SINGER J, 2005. The observed effects of teenage passengers on the risky driving behavior of teenage drivers[J]. Accident Analysis and Prevention, 37

(6):973-982.

SIMONS-MORTON B, OUIMET M, CATALANO R, 2008. Parenting and the young driver problem[J]. American Journal of Preventive Medicine, 35(3S): S294-S303

WEIMER A K, SCHATZ A M, LINCOLN A, et al, 2001. "Motor" impairment in Asperger syndrome: Evidence for a deficit in proprioception[J]. Journal of Developmental & Behavioral Pediatrics, 22(2): 92-101.

WHITE A M, 2009. Teen brain development and traffic safety: Why alcohol increases the risks [C/OL]. [2010-10-16]. Paper presented at the Lifesavers 2009 National Conference on Highway Safety Priorities. http://www.lifesaversconference.org/handouts2009/White.pdf.

WILLIAMS A F, 2006. Young driver risk factors: Successful and unsuccessful approaches for dealing with them and an agenda for the future[J]. Injury Prevention, 12: 4-8.

WILLIAMS A F, CATALANO R, MAYHEW D R, et al, 2008. Teen driving and adolescent health: New strategies for prevention[J]. American Journal of Preventive Medicine, 35 (Suppl. 3): S253-S344.

WILLIAMS A F, MAYHEW D R, 2008. Graduated licensing and beyond[J]. American Journal of Preventive Medicine, 35(3S): S324-S333.

WILLIAMS A F, PREUSSER D F, 1997. Night driving restrictions for youthful drivers: A literature review and commentary[J]. Journal of Public Health Policy, 18(3): 334-345.

WINSTON F K, JACOBSOHN L, 2010. A practical approach for applying best practices in behavioural interventions to injury prevention[J]. Injury Prevention, 16(2): 107-112.

WINSTON F K, KALLAN M J, SENSERRICK T M, et al, 2008. Risk factors for death among older children and teenaged motor vehicle passengers[J]. Archives of Pediatric and Adolescent Medicine, 162(3): 253-260.

WINSTON F K, SENSERRICK T M, 2006a. Competent independent driving as an archetypal task of adolescence[J]. Injury Prevention, 12(Suppl. 1): i1-i3.

WINSTON F K, SENSERRICK T M, 2006b. The science of safe driving among adolescents[J]. Injury Prevention, 12(Suppl. 1): i1-i60.

WOODWARD L J, FERGUSSON D M, HORWOOD L J, 2000. Driving out comes of young people with attentional difficulties in adolescence[J]. Journal of the American Academy of Child & Adolescent Psychiatry, 39(5): 627-634.

YE T J, PICKRELL T, 2008. Traffic safety facts research note: Safety belt use in 2007-Demographic results. (DOT HS 810 932) [EB/OL]. [2010-05-16]. http://www-nrd.nhtsa.dot.gov/Pubs/810932.PDF.

第24章 老年驾驶人

芭芭拉·弗罗因德（Barbara Freund）和葆拉·史密斯（Paula Smith）

美国加利福尼亚州，帕萨迪纳，帕萨迪纳城市学院（Pasadena City College，Pasadena，CA，USA）

24.1 引言

据估计，2013年美国70岁以上的驾驶人数量为1300万人，而到2020年，将有3800万名年龄超过70岁的驾驶人在美国的公路上行驶。到2030年，涉及老年驾驶人的致命交通事故预计将增加155%，占所有驾驶人致命交通事故预计增加总数的54%（Lyman、Ferguson、Braver和Williams，2002）。驾驶人的特性和环境因素导致了老年人群的高交通事故风险（Owsley等，1998；Preusser、Ferguson、Ulmer和Weinstein，1998；Sims、Owsley、Allman、Ball和Smoot，1998；Wallace，1997）。随着人口老龄化，老年驾驶人的数量增加。大量老年驾驶人的驾驶能力下降成为一个紧迫的公共卫生问题，使健康专家正式认识到老年人驾驶能力受损的严重性。驾驶能力下降之所以是一个值得担忧的问题，是因为这些驾驶人可能会遇到一些他们难以独自处理的驾驶情况。本章从认知、个人和社会层面，概述了老年驾驶人所面临的挑战。

24.2 老年驾驶人面临的挑战

24.2.1 驾驶任务的认知需求

随着年龄的增长，个人的认知能力将会下降，这已成为人们广泛接受的常识之一。驾驶是一项对认知能力要求很高的任务，需要注意力、记忆力、解决问题和信息处理的能力，这些能力往往会随着年龄的增长而下降。认知障碍和痴呆症在看似健康的老年人中越来越普遍，影响了多达1/3的65岁以上的老人。更令人担忧的估计表明，有25%~90%的老年人，他们早前的痴呆症状被忽视，随后被医学确诊为阿尔茨海默病和痴呆症。

尽管很多老年驾驶人自愿停止了驾驶，但也仍有大量老年人继续驾驶，特别是患有认知障碍的老年人。他们可能不具备必要的洞察力来承认他们的能力下降，不适于驾驶活动。事实上，认知受损的患者认为他们的驾驶能力与同龄人一样好或更好，这些评价与认知障碍者的实际驾驶能力不一致（Freund、Colgrove、Burke和McLeod，2005；Goszcynska和Roslan，1989）。

众所周知，认知功能中一个特定的方面——"执行功能"，随着年龄的增长急剧下降。执行功能是安全驾驶的一个关键组成部分,它的功能障碍和特定类型的驾驶错误间的联系已经得到证实。执行功能障碍会导致各种各样的危险驾驶行为。本节首先对大量文献中研究的执行功能相关内容和执行功能在驾驶任务中的作用进行了简要概述。其次是关于机动车事故对老年驾驶人的经济和健康的影响。最后,本节讨论了一些老年驾驶人所犯错误的问题,包括踏板控制失误、车道控制失误、撞车、闯红灯和超速。虽然这些问题已经很普遍[美国国家公路交通安全管理局的(NHTSA),2003,2004],但事故中老年驾驶人认知错误的产生原因还不完全清楚。心理学和人因文献中已经报道了一些有关工作,但仍有许多未知之处需要解释。

24.2.2 执行功能的概述

执行功能(Executive Function,EF)是一个难以量化和精确表述的概念。它负责组织目标导向的行为,特别是协调大脑不同区域的共同合作,通过认识到反应的需要、规划反应行为并随后执行来响应环境因素和需求。执行功能参与的活动在一定程度上是一些新颖的或具有挑战的心理任务的必要行动过程。执行功能最大限度参与的任务或情境类型包括:计划、决策、纠错、排除故障,需要新颖反应和行动顺序的情境,危险或具有技术挑战的情境,抵制诱惑,或者需要采取与强烈的习惯反应相反的行动的情况(Norman和Shallice,1980)。这些任务也包括日常驾驶活动中涉及的任务,后面将进行更详细的讨论。

对执行功能的构建研究有一定难度的部分原因是无法通过测试捕捉其本质。因为执行功能协调了大脑其他部分的动作和反应,任何测试都会捕捉到其他相关结构的功能。由于执行功能倾向于与新任务的学习联系在一起,重测信度难以定义。这一问题增加了研究执行功能的困难程度。任务的新颖性会随着重复而降低。这种现象也体现在驾驶中,驾驶动作大部分依赖程序记忆。对程序记忆的依赖或许可以解释为什么一些认知受损的驾驶人能够在没有出现负面影响的情况下驾驶,这一现象的前提是他们没有遇到需要快速判断和对新情况做出反应的情况。

额叶皮质的前部,被称为前额叶皮层(Prefrontal Cortex,PFC),是执行功能的中心,尽管执行功能也涉及与其他大脑部分的相互连接和关系。PFC是庞大的神经元连接网络的核心组成部分,它将这一区域与其他大脑部分连接起来。PFC在组织学上,或者功能上,被细分为3个不同的区域:背外侧(Dorsolateral)、腹内侧(Mesial)和眶额皮层(Orbital)(Bechara、Damasio、Tranel和Damasio,1997)。背外侧区域似乎与"冷"执行功能相关,涉及抽象思维和解决问题的能力,而眶额皮层区域与"热"执行功能有关,包括情绪触发和线索中介(Rosenzweig、Leiman和Breedlove,1999)。虽然无论是"冷"还是"热",执行功能都毫无疑问地在驾驶任务的表现上起着作用,但"热"执行功能很可能与更危险的驾驶任务有关,其中与驾驶事件相关的压力增加或恐慌可能是情绪的触发因素。

执行功能的发展发生在儿童期的早期和青春期,在成年早期达到一个峰值。尽管在此期间,执行功能的发展持续不断,但有3个特定阶段增长迅速。第一阶段发生在婴儿出生后的第一年,此时的婴儿受刺激影响较少,冲动行为的次数较少,并开始与环境进行有意义的互动。第二阶段发生在学龄前,此时的儿童开始能够基于复杂规则学习调节自己的行为,开始思考过去和未来,并开始从他人的角度看待事物。第三阶段的剧烈变化大约发生在青春期,此时浪漫、激情和欲望等动机开始与复杂的学习规则相竞争。执行功能随着年龄的增长逐渐下降。与年轻人相比,老年人在某些执行功能测试中表现得更差,例如 Stroop 任务(Zelazo,2006)。总的来说,执行功能的发展过程可以用倒 U 形曲线表示,在儿童和青少年后期学到的功能随着年龄的增长将最先丢失(Hongwanishkul、Happaney、Lee 和 Zelazo,2005;Zelazo,2006)。

执行功能是由不同的子功能组成的,但这些子功能尚无确切定义。3 种最常见的子功能是抑制竞争性反应、工作记忆或规划以及注意力的灵活分配(或任务之间的转换能力)。其他假设的子功能(不同程度上有着重叠)包括决策、启动、抑制、自我监控、任务持续性和自我维护等,而这些功能都是执行驾驶任务所需要的。

除了在个体成熟的过程中,通过自我控制能力、抽象思维能力以及问题解决能力的提高来识别执行功能的发展程度之外,长久以来,通过对创伤性脑损伤导致执行功能受损的患者进行检查发现,脑损伤导致的执行功能受损影响了他们的行为。PFC 受损的患者表现出一系列的执行功能障碍,通常取决于 PFC 受损的区域。背外侧 PFC 受损的患者可能会出现执行功能障碍型综合征,包括判断力、规划能力、洞察力、时间管理能力和自理能力下降。眶额 PFC 受损的患者可能表现出如注意力分散、情感障碍、刺激驱动行为增加的去抑制型综合征。额中 PFC 受损的患者表现出包括自发性降低、语言输出减少、运动行为减少和响应延迟增加的冷漠型综合征(Rosenzweig 等,1999)。

越来越多的临床和发展研究正在帮助人们理解执行功能以及它是如何调节人类行为和行动的。关注特定的子功能是增进人们对执行功能理解的一种方法。许多研究都在试图确定哪些子功能是独立工作的,哪些是通过在执行功能的某些特定任务上"加载"这些子功能而相互关联的。例如,Bechara 和同事(1997)研究了腹内侧或背外侧/近中高位的 PFC 病变患者的执行功能,来澄清工作记忆和决策之间的差别。根据病变部位的不同,患者能够完成不同程度的执行功能任务。结果表明,腹内侧 PFC 结构参与决策,而某些部分也参与工作记忆。然而,背外侧/近中高位 PFC 区似乎只与工作记忆有关。

Miyake、Friedman、Emerson、Witzki 和 Howerter(2000)通过探索 3 个独立的子功能(转换、更新和抑制)证明了执行功能的复杂性。他们比较了健康大学生在使用这 3 个子功能的任务中的表现,以及在更传统的执行功能测量多个子功能任务中的表现。因子分析表明,转换、更新和抑制功能都是在统计学上显著独立的构念,尽管它们具有中度相关性。对更复杂、更传统的执行功能指标的测量表明,每一个任务都强调了 3 个子功能中的一个或多个。然而,其中一个双功能任务,与 3 个指定的子功能中的任何一个都无关,表明存在尚待确定的第 4 个子功能。

24.2.2.1 冷、热执行功能

迄今为止,大多数研究都集中在冷执行功能的方面,如规划和抽象思维。但也有越来越多的研究开始探讨情绪在决策中的作用。Kerr 和 Zelazo(2004)通过研究 3~4 岁儿童在赌博任务中的表现,分析了情感决策在这一时期的发展。较年幼的孩子完成这些任务较为困难,相比之下,4 岁的孩子更有可能从有利的一组牌中做出选择。Hongwanishkul 及其同事(2005)关注了年幼的孩子的冷、热执行功能发展。他们的研究结果证实了学龄前儿童的冷、热执行功能发展迅速。此外,作者还发现这个研究所包含的两个冷执行功能指标彼此呈正

相关。然而，涉及热执行功能的任务分数则呈负相关，表明这个结构需要重新验证。对冷、热执行功能与其他一般智力功能指标的分析证明，涉及冷执行功能的任务分数与一般智力指标和性格有关，而涉及热执行功能的任务分数则与之无关。作者推测，热执行功能可能与研究中不包含的情商更为相关。总的来说，已经有相对大量研究的冷执行功能相比热执行功能更好理解和定性。所有这些研究的焦点在于冷、热执行功能在儿童阶段的发展和在决策情绪中的作用。

在成人的研究中，采用了一种更加临床的方法来研究执行功能中的情绪在严重额叶损伤的被试中的作用。Dolcos 和 McCarthy（2006）研究了情绪对执行功能，尤其是对工作记忆的干扰作用。通过使用功能性磁共振成像，他们证明了工作记忆任务中，情绪干扰会中断背外侧 PFC 和横向顶叶皮层的活动。当被试被展示含高情绪内容的画面，比如暴力图像时，背外侧 PFC 和横向顶叶皮层的活动暂时减少了，而腹外侧 PFC 和杏仁核（与情感处理相关的领域）的活动增加了。当被试处理呈现给他们的情绪图像时，他们暂时失去了对手头任务的关注。有趣的是，情感分散图像显示，腹外侧 PFC 最活跃的患者，他们报告的注意力分散最少，并对他们的任务得分显示的不利影响最小。虽然这项研究是在一个规模较小的健康年轻人群中进行的，但它提供了 PFC 背部区域的冷执行功能和 PFC 腹侧区域的热执行功能之间存在交互的直接证据。Watts、Macleod 和 Morris（1988）以及 Mayberg（1997），证实了抑郁症患者身上这两个区域之间的相互作用。这些患者由于情感注意力分散的不断增加而难以专注于任务的完成。

许多研究得出的独立结论证实，执行功能是一个复杂的过程，需要大脑不同子功能和不同部分的协调来共同完成。有着痴呆症和阿尔茨海默病相关症状的脑损伤患者的执行功能损伤是另一个巨大的研究领域。社会上的许多老人都患有这些疾病。这些疾病影响着他们的日常生活，并导致包括执行功能损伤在内的功能障碍。虽然阿尔茨海默病会损害执行常规任务的能力，但关于执行功能在这些损害中的作用，研究结果存在矛盾。Giovannetti、Libon、Buxbaum 和 Schwartz（2002）发现，在阿尔茨海默病早期患者中，成功完成日常活动的能力与执行功能的具体指标相关度较低，而与认知能力的整体指标相关度更高。其他研究发现，任务成功完成与痴呆的严重程度之间存在负相关（Feyereisen、Gendron 和 Seron, 1999；Skurla、Rogers 和 Sunderland, 1988）。Nadler、Richardson、Malloy、Marran 和 Brinson（1993）证明了痴呆严重程度和执行功能测试分数之间的相关性。基于这些发现，考虑阿尔茨海默病早期患者已经在先前的人生中习得并实践了大部分的日常活动，整体执行功能损伤并不能与完成这些日常活动的能力建立关联，尽管疾病的发展将导致更多的执行功能损伤。然而，除了驾驶以外，患者过度学习的日常任务通常不需要持续监测、注意力转变、更新和快速决策等能力。这种监测和驾驶任务表现可能被情绪干扰。因此，热执行功能是老年人驾驶技能下降的研究中一个新的出发点。

24.2.2.2　执行功能和驾驶任务

驾驶展现了一组有趣的情景，因为驾驶任务依赖于学习、实践或常规技能，同时也要求驾驶人具有完整的能力来做出特殊的、有时是瞬间的判断和决策。多项研究已经证实，整体执行功能指标和驾驶任务之间存在显著关系。Whelihan、DiCarlo 和 Paul（2005）证明，患有轻度痴呆症的驾驶人的道路驾驶考试成绩与执行功能和视觉注意力测试分数之间存在正相关性。其他神经心理学测试分数没有显示出显著相关性,说明技能下降不仅是一般认知下降的结果,这可能有助于解释为什么一些痴呆症患者必须停止驾驶,而其他人则能继续安全驾驶一段时间。

其他研究也表明,患阿尔茨海默病的驾驶人(临床痴呆评定等级为 0.5~1.0)表现出驾驶能力受损(Rizzo、McGehee、Dawson 和 Anderson, 2001)。在驾驶模拟研究中,Rizzo、Reinach、McGehee 和 Dawson(1997)比较了驾驶能力受损的驾驶人和健康对照组的驾驶表现,发现患痴呆症的驾驶人经历的严重危险事件和交通事故比健康驾驶人更多。

Anderson、Rizzo、Shi、Uc 和 Dawson(2005)也比较了认知能力受损的老年驾驶人的模拟驾驶表现和神经心理学测试总分。总分是由所有神经心理学测试分数,包括执行功能分数计算得出的。这个总分与驾驶人的驾驶表现显著相关。驾驶成绩也与个人神经心理学成绩,尤其是执行功能成绩显著相关。会在一个交叉口撞上一辆突然出现的机动车的驾驶人,常常在认知能力测试中表现得尤其糟糕,这些驾驶人在执行功能测试中表现出了特定的问题(同时也表现出了视觉运动能力方面的问题)。

Reger 及其同事(2004)对 27 项主要研究的元分析表明,视觉空间技能和执行功能(尤其是注意力和专注力)测试与非道路测试中的驾驶表现(如自我报告、驾驶记录和代理评分)存在显著关系,这些研究考察了神经心理学测试分数与驾驶表现之间的关系。其他整体认知能力的测试,如迷你心理状态考试,只在患有中晚期阿尔茨海默病的老年驾驶人群体中显示出与驾驶能力之间的相关性。在一些研究中,相当一部分认知障碍个体被判定为拥有正常的驾驶能力(Carr、Duchek 和 Morris, 2000;Duchek 等, 2003;Friedland 等, 1988;Lucas-Blaustein、Filipp、Dungan 和 Tune, 1988)。这种能力能够保持超过两年的时间(Duchek 等, 2003)。这个研究说明,在认知障碍群体中驾驶能力下降的概率存在很大的个体差异。

虽然老年群体中整体功能障碍在驾驶能力上的整体影响已经有了一定的研究结果,近年来一些研究开始关注这个群体中特定的子功能减退对驾驶的不利影响。Uc、Rizzo、Anderson、Shi 和 Dawson(2005)将注意力集中在执行功能的一个特定方面,即注意力灵活性,他们调查了患早期阿尔茨海默病的老年驾驶人在道路驾驶中识别地标和交通标志的能力。相比对照组的健康老人,因患有阿尔茨海默病产生认知障碍的老年驾驶人寻找标志时更容易忽视目标并犯下驾驶错误。这个执行功能测试包含在与驾驶表现具有强关联性的一组测试中,说明执行功能的损伤影响了在两个同时进行的任务之间的转换。测试特定的子功能在驾驶中的作用,可能有助于阐明执行功能的性质以及特定临床影响,如阿尔茨海默病在驾驶中的影响。

24.2.3 与机动车事故有关的损失

每年,美国有多达 14 万名老年人在机动车事故中受伤(NHTSA, 2004)。在 2003 年,70 岁及以上的老年人占美国总人口的 9%,占持证驾驶人的 10%,但却占到了因驾驶事故而受伤人数的 5% 以及死亡人数的 12%。这个群体数量的增长速度高于总人口的增长速度。研究表明,在 70 岁时卷入交通事故的风险显著增高(Li、Braver 和 Chen, 2003)。年龄最大的驾驶人群体,即 75 岁及以上的驾驶人,其事故概率仅低于最年轻的驾驶人群体,即不超过 24 岁的驾驶人。相较于任何其他年龄段的成年人群体,老年驾驶人遭遇交通事故的概率更高

(Wang 和 Carr,2004)。

不同于其他年龄组的是,卷入致死交通事故的老年驾驶人的平均血液酒精含量最低,这说明酒精不是导致老年驾驶人中交通事故的主要原因。造成致死交通事故高概率的两个主要因素是:①每英里的交通事故概率增加;②交通事故中死亡风险增加。每个驾驶人的特性(如使用处方药物、视觉处理功能受损、视野减小、患有糖尿病、冠心病或认知障碍)和环境因素(如交叉口、左转弯、无控制的和有停车标志控制的位置)都与老年人交通事故风险增加有关(Owsley 等,1998;Preusser 等,1998;Sims 等,1998;Wallace,1997)。

美国国家公路交通安全管理局(2005)估计,公路交通事故每年给美国社会造成的损失约为2306亿美元,每起致死交通事故的平均损失为97.7万美元,每起重伤交通事故的平均损失为110万美元(NHTSA,2003)。这些交通事故确切的损失包括因老年驾驶人交通事故而受伤的年轻工人和留岗或重新回到工作岗位的老年工人的工作损失和生产力损失。基于2001年的数据,每起交通事故平均损失28d的工作时间,即全年中损失6000万d的工作,同时交通事故造成每年750万美元的生产力损失(Ebel、Mack、Diehr和Rivara,2004)。至于个人成本和社会成本,尽管难以量化,但伤害对于交通事故受害者和他们的家庭同样严重。

与老年驾驶人安全相关的心理成本不应该被忽视,驾驶对于老年人而言是机动性和社会化的重要部分。Marottoli 和同事(1997)报道,停止驾驶是一个重大的决定,因为它与抑郁症状的增加和潜在的社会孤立相关。与朋友来往、家庭活动、就业、购物和商业、个人护理、社会交往、教育和文化的繁荣以及宗教传播等,几乎所有现代社会的益处都依赖于我们将自己从一个地方运送到另一个地方的能力。更高水平的机动性意味着更高级别的接触、选择和机会,有更高的自我实现价值和丰富的精神生活,低水平的机动性则会导致孤立和精神贫瘠。很多老年驾驶人自愿限制或停止驾驶,但更多老年人选择继续驾驶。驾驶合理性的临床和政策识别必须谨慎执行并遵循正确的测试和筛选方法。随着老年驾驶人数量的增加,优化尚有驾驶能力的老年人的驾驶方式变得至关重要,否则,只有那些确保不会威胁到自己或其他人的驾驶人才能继续驾驶。理解行为的风险模式和特定执行功能子功能对驾驶错误的贡献有助于这一目标的达成。

24.2.4 常见的驾驶错误

虽然我们有着老年驾驶人犯下的特定类型的驾驶错误的信息统计,但信息的深度是高度可变的。对于许多错误,我们只知道它们发生了,但对于隐含的认知问题知之甚少或一无所知。在这里,我们概述了什么是老年驾驶人群体的特定错误以及如何认定其与执行功能有关。

24.2.4.1 踏板错误

在美国,老年驾驶人混淆加速和制动踏板的事故持续受到关注。最广泛报道的一起交通事故发生在2003年7月16日,一名86岁的男子开车冲进加利福尼亚州圣莫尼卡的一个户外市场,造成10人死亡、45人受伤(NTSB,2004)。还有很多其他的例子被报道,其中包括一个81岁男子开车穿过芝加哥的一家三明治店,造成1人死亡、2人受伤(Thomas,2004),以及弗吉尼亚州朴次茅斯一名84岁女子开车撞进当地的一家快餐店。在提到的案例中,驾驶人称,他们错误地把加速踏板当作制动踏板,导致了意外加速。所谓意外加速,是指驾驶人突然全速加速,经常与周围的物体相撞,导致人员伤亡。事故发生后,对车辆进行的检查显示制动和供油系统运行正常(NHTSA,2004;Schmidt,1989)。虽然执行功能受损的原因已被证实(Freund、Colgrove、Petrakos 和 McLeod,2008 年),但驾驶人出现意外加速的原因尚不清楚。一旦出现意外加速的情况,要求驾驶人在潜在危险的情况下进行错误纠正,并需要采取与强烈习惯性反应相反的行动(Freund 等,2008)。

24.2.4.2 其他驾驶错误

Dobbs、Heller 和 Schopflocher(1998)通过一项驾驶测试($N=100$)确定了认知障碍严重的驾驶人、认知功能未受损伤的老年驾驶人(平均年龄为 72 岁)和年轻驾驶人之间犯驾驶错误的区别。认知障碍者会犯 3 种错误。第一种被称为危险的或潜在的灾难性错误,只有患有痴呆症的驾驶人才有可能犯下这些错误。这些错误包括如果驾驶评估员没有干预或交通调整,可能会导致交通事故的错误。所有组都犯了第二种驾驶错误,但频率和严重程度在 3 组中存在差异。驾驶错误最常见于认知障碍群体,通常犯错的是年龄较大的对照组被试者,而年轻对照组受试者很少犯错误。这些误差包括转向位置误差和观测误差。最后,一系列在传统驾驶证考试中会让驾驶人失败的错误(例如在交叉口前未完全停车和超速)并没有在不同的驾驶人群体中体现出数量上的显著差别。

在另一项研究中,人们发现危险的错误是区分受损人群的唯一最佳指标(Dobbs 等,1998)。年长的受损人群与转向错误、轻微定位错误和过于不专心的错误的控制不同。这种错误占由驾驶评估专家提供的完整评级 57%的相关差异。与危险错误、轻微定位误差、转向错误、扫描错误、过于不专心等错误组的平均值对比是将受损驾驶人从未受损的老年驾驶人和年轻驾驶人中区分出来的方法。

Di Stefano 和 Macdonald(2003)在对老年驾驶人的驾驶错误和测试结果的研究中报告了与 Dobbs 等(1998)类似的结果:56%危险的错误发生在通过交叉口、变道和并道过程中,需要评估者进行干预。第二常见的错误是位置错误。

24.2.4.3 车道位置错误

车道位置错误的范围很广,包括跨越中心分界线逆行或错误驾驶。一项来自北卡罗来纳州交通运输部门的研究表明,醉酒的驾驶人和老年驾驶人比其他驾驶人更有可能在错误的方向上行驶(Braam,2006)。例如,艾奥瓦州一名 80 岁的妇女在 380 号南部州际公路的北向车道上向南驾驶之后死于交通事故。另一名 80 岁的驾驶人在 40 号州际公路的北向车道上向南行驶 14mile(约合 22.4km)后,于美国北卡罗来纳州的罗利市主干道附近被拦截。驾驶人报告称她没有意识到她是在错误的车道上行驶(Braam,2006)。NHTSA(1999)利用录像对老年驾驶人的错误分类进行研究,驾驶人完成了两次道路测试,一次设定为标准路线,另一次设定为(熟悉的)回家路线。结果表明,在车道位置方面,一些老年驾驶人(在两种测试情况下)出现错误的车道转弯(占 4%~13%),一些行驶在最右边的车道,或在停车位或自行车道行驶(占 3%~10%),另一些在车道间穿行(占 10%~15%)。

24.2.4.4 交通事故

Preusser 及其同事(1998)比较了老年驾驶人和中年驾驶人的交通事故风险。老年驾驶人在交叉口的综合交通事故风险是中年驾驶人的 2 倍多。对于那些 85 岁和年纪更大的驾驶人,在交叉口的交通事故风险增加了10倍。在无控制的和有停车控制的交叉口,当直行驾驶或开始进入交叉口时,交通事故风险很高。在这些事件中,驾驶人的主要错误是未能准确对危险进行反应。在年龄较大的驾驶人和年龄较小的驾驶人的两车相撞事故中,年龄较大的驾驶人被撞的可能性是年龄较小的驾驶人的2倍。在这些事故中有27%是老年驾驶人左转(是年轻驾驶人的7倍)(NHTSA,2004)。交叉口事故的另一原因,是驾驶人被后车撞击。在NHTSA(1999)对老年驾驶人的研究中发现,在交叉口减速前,87%~96%的老年驾驶人没有发现他们后面的车辆。

24.2.4.5 遵守交通信号灯

我们依靠NHTSA(1999)老年驾驶人错误分类研究获得这类错误的频率数据。有5%~7%的老年驾驶人曾闯过红灯,3%~6%的老年驾驶人未能遵守停车标志的规定,2%~8%的老年驾驶人在绿灯时停车等待右转。占据更大比例的驾驶错误(26%~39%)是无故停车(如在一个交叉口的中间、在路中间准备转向、不受控制地右转、在靠边前停车)。但该项研究没有提供关于这些驾驶人的健康或认知状态的信息,也许低比例的驾驶人闯红灯和停车标志是居住在社区的老年驾驶人的驾驶错误的反映。驾驶机动车的例行性也可能有助于降低错误率。有趣的是,要求判断和计划的驾驶动作(接近转向和不受控制的转向)对于大部分年长驾驶人而言是困难的,这也许表明这些动作对执行功能的需求更高。

24.2.4.6 速度控制

同样,必须依靠NHTSA(1999)对驾驶人错误的研究来描述与速度和速度控制错误相关的研究。虽然高达24%的被调查驾驶人的车速控制在10~25mile/h(16~40km/h)限速以下,但有4%在标准路线下车速超过了速度限制,15%在熟悉的路线下的车速超过了速度限制。除了对实际速度的测量外,NHTSA研究展示了为控制速度而采取制动操作的数据。驾驶人在回家或熟悉的路线上执行紧急制动操作的比例大概是在标准路线上的2倍。这两种在熟悉路线上的错误可能与注意力问题有关;在熟悉的环境下,驾驶人可能不那么谨慎。然而,由于缺乏额外的数据,这一结论仍然是推测。

很多在期刊上有关驾驶研究的报道,正如他们所提出的,是对老年驾驶人评估分析的反映(Freund、Colgrove等,2005)。研究显示,驾驶错误的分类可以区分安全与不安全的驾驶人。对这些驾驶错误的认知可以帮助人们发展干预手段,使驾驶人在晚年安全驾驶成为可能,并尽可能帮助那些将要停止驾驶的人在造成不良后果前停止驾驶。

24.2.5 年龄增长带来的身体变化及其对安全驾驶的影响

所有的机器在长久使用后都会磨损,甚至在长时间停用后依然会磨损:电力系统的导电能力将会减弱,线路会被残渣阻塞;活动部件会由于摩擦和发热失去润滑,导致变形而又僵硬;连接处和外壳会由于外部环境而被氧化和腐蚀。

人体是极其精妙复杂的巨大机器,每个部分都受到年龄增长带来的衰老的影响。这些变化在一定程度上影响了安全驾驶的能力。衰老中的身体除了更容易受到普通的磨损和撕裂外,还更加容易感染疾病。年龄越大,得各种疾病的风险就越大。

年龄带来的老化发生在细胞水平上,影响所有的细胞。由于组织是由细胞组成,所有的器官又是由4种基本组织(结缔组织、上皮细胞、肌肉以及神经组织)之一构成的,这使得器官和身体不可避免地随着年龄的增长而改变。"器官逐渐老化并失去越来越多的功能,而且身体机能的极大值也在减小"(Martin,2007,第143页)。

细胞产生的废物和脂肪物质,如褐脂质积聚在组织中,使细胞膜的渗透性降低,使之难以获取氧气和营养物质,排出二氧化碳和废物。老化的细胞难以管理养料和废物之间的交换,从而变得效率低下。

大部分老年人有至少一种慢性疾病,一些人有多种疾病。老年人的常见疾病有睡眠呼吸暂停症、阿尔茨海默病、关节炎、帕金森综合征、糖尿病、低血糖、脑卒中以及心肌梗死,同时他们也可能在心脏手术后行动受限。在本节中,我们将探讨一些常见的与年龄相关的改变以及疾病对安全驾驶的影响。这些疾病按系统类别分类,每一种都提供了如何影响驾驶的例子。但是要记住,虽然驾驶的难度随着年龄的增长普遍增加,"老年"并不一定意味着"危险"。

视觉、认知和生理问题可能影响任何年龄段,使驾驶任务对他们而言变得复杂。同时,单纯的年龄增大与老年驾驶人出现的问题并没有确切联系。

24.2.5.1 视觉缺陷

最常见的影响老年人的问题是视觉缺陷。这个问题无论是轻度还是重度,都会影响驾驶(AARP,2005)。视力是随着年龄增长最早开始恶化的,而视力又影响驾驶活动的整个过程。视力下降可能有一个或多个原因。比如,眼球晶状体增厚会影响眼睛的近摄敏度,减慢对远处物体的聚焦。晶状体随着年龄增长会慢慢变黄,这会影响颜色知觉。晶状体混浊,也就是白内障,是在年龄大于65岁的老年人中常见的眼部病变,有90%的老年人有不同程度的眼部缺陷(Venes、Biderman、Adler和Enright,2001)。随着年龄的增长,晶状体变得不透明,导致患者的视野内出现云状物,色彩失真,对光敏感。白内障会导致视力下降以及易受眩光影响。当考虑老年人一般更难以适应变化的光线水平时,这一点尤其重要。例如,55岁的人要比16岁的人多花8倍的时间从眩光中恢复(NHTSA,2003)。有白内障的老年人在驾驶中遇到眩光将产生比其他年龄段的驾驶人更大的麻烦。

青光眼在美国是第三大致盲原因。发病的征兆有轻微疼痛、视力障碍、夜视力差、灯光周围的光晕效应以及周边视力受损。周边视力受损可能导致驾驶人难以注意到车和行人要从自己车前穿行。

老年黄斑变性是65岁以上人群视力下降的主要原因,其主要特征是中央视觉区的视网膜的黄斑变性(Quillen,1999)。老年黄斑变性对驾驶安全的影响可能最为显著,它导致驾驶人失去安全驾驶所需的视觉能力。

在衰老的过程中,角膜逐渐扁平,使进入眼睛的光线减少。随着进入眼睛的光线越来越少,老年人在黎明、黄昏以及夜间时段驾驶变得更困难。老年人视力下降的原因是血液供应减少、辐射损伤的累计导致的深度知觉和周边视力的下降,还有对阳光和眩光环境的敏感性的增加。

在眼睛外部,还有一类对驾驶任务产生重大影响的病症,即上睑下垂症:上眼睑下垂遮挡了眼球,使视野被遮挡。眼睑下垂会限制一只或两只眼睛的视轴。但该病的症状可以通过手术矫正,恢复视野。

老年人中常见的一个非病理性视力受损的原因是未矫正的屈光不正（远视、近视和散光）。这可能是由于老年人没能注意到视力在逐渐下降，或没有定期检查视力。因此，老年人很容易忘记换新的眼镜。

在糖尿病患者中也有许多患者有视力问题。患糖尿病的人比未患糖尿病的人出现白内障的概率高60%，同时白内障发病年龄较早，疾病发展速度也更快。当视力大幅下降时，治疗方法是晶状体摘除，然后植入人工晶状体。不幸的是，晶状体摘除后，糖尿病患者的视网膜病变往往会恶化，同时老年驾驶人可能会并发青光眼[美国糖尿病协会（American Diabetes Association），2010]。糖尿病患者眼部发生病变的可能性更大，包括青光眼、白内障和糖尿病性视网膜病变。

糖尿病患者比普通人患上青光眼的概率大40%（美国糖尿病协会，2010），有长期病史的人青光眼的发病率更高。年龄的增长是另外一个危险因素。当眼内体液在眼前房内过快形成或引流减慢时，眼内压力增加。压力的增加会挤压将血液输送至视网膜和视神经的血管，导致视网膜和神经损伤，最终导致视力逐渐丧失。

糖尿病性视网膜病变是糖尿病造成的视网膜疾病的统称。视网膜因多种血管改变而受损，最终将导致失明。所以，保持血压和血糖在正常范围内，可以降低糖尿病发病率，避免视力改变影响驾驶。

24.2.5.2 神经损伤

在老年人群中，认知障碍和痴呆症的发病率正在惊人地增加，正如前面所讨论的那样，这显著影响了安全驾驶的能力。阿尔茨海默病是最常见的一种痴呆症类型，困扰着510万名年龄在65岁以上的美国人，或者说65岁以上人群中每8人就有1人患病[阿尔茨海默病协会（Alzheimer's Association），2010]。女性相对于男性而言更容易患阿尔茨海默病及其他痴呆症，主要原因是女性普遍比男性长寿。

随着大脑和神经系统的老化，会发生影响反射、运动、协调和平衡的变化。这些正常的变化与脑部退行性病变（如痴呆症、阿尔茨海默病、谵妄等）是不同的。随着脑部血液输送的减少，大脑减少了氧气交换，产生的废物也开始累积。脂褐素（Lipofucin）也有可能积聚在神经组织中。产生的神经递质减少使得突触传递也相应减少。简单地说，就是各种器官向大脑发出的信号，以及大脑向各种肌肉发出的指令，传递的速度变慢甚至完全停止。神经组织中突触传递的减少，也可能导致反射（如深反射腱反射）的减弱甚至消失。

从全身来看，一位老年驾驶人可能经历外周（Peripheral）、自主（Autonomicl）、近端（Proximal）或局灶性（Focal）神经病变。症状包括麻木、疼痛和虚弱。外周神经病变可能损伤一个驾驶人对自身肢体的位置及压力的知觉，使驾驶人不仅不知道自己踩的是哪个踏板，也不知道自己踩踏的力度多大。自主神经的病变会影响对内部器官的调控，而这一变化导致老年人身体对突发变化的响应不力，如突发的危险或低血糖症状等。局灶性神经病变会导致身体某处神经产生突然的无力感，从而导致肌肉无力与疼痛。近端神经病变会影响腿部，使大腿和臀部肌肉疼痛与虚弱。

癫痫，一种神经系统疾病，其特征是突然失去知觉，是一种需要驾驶人报告的疾病。在美国有将近250万名癫痫患者，每年有15万名新发病人。新发病的病人一般是儿童和老年人[疾病控制和预防中心（Centers for Disease Control and Prevention），2010]。

人们普遍认为,患有急性运动、感觉或认知障碍的人不应该驾驶,他们应该暂时停止驾驶,直到神经开始恢复正常。但只要神经系统症状已经稳定,即使驾驶人还残留一些感觉缺失、认知损伤、视野缺损以及运动障碍等症状,也可以让他们进行正式的驾驶能力评估。

24.2.5.3 心血管系统

随着年龄的增长,心脏的血液总输出量和每搏输出量都在减少,特别是在劳累时,减少的量更为明显。体力消耗时,呼吸的急促程度以及四肢血液的汇集与心脏瓣膜的硬度和厚度是息息相关的。由于收缩强度的下降,血管弹性降低,外周的阻力上升。由于全身动脉的弹性降低以及外周阻力的增加,血压的收缩压和舒张压也都会上升。高血压是已知的阿尔茨海默病以及痴呆症的危险因素。若不经过良好的治疗,高血压可导致脑卒中[或称脑血管意外(CVA)],脑卒中的原因包括动脉粥样硬化、血栓症、栓塞和脑出血。发生在大脑左半球的CVA可能导致身体右侧的衰弱和失语,发生在大脑右半球的CVA则会导致身体左侧的衰弱和知觉缺陷。有知觉缺陷的病人很容易发生事故,特别是在驾驶时。瞳孔异常和视野缺陷使驾驶变得不安全,因为驾驶人无法看到驾驶环境中的某些事件并对其做出反应。其他问题包括身体一侧失去自主运动的能力,还可能出现肌张力减退和痉挛状态,这会导致病人难以控制肌肉张力。如果发生失用症(Apraxia),驾驶人将难以通过控制肌肉运动完成他们的意图。情绪不稳定(与情绪和情绪的频繁变化或波动相关的过度情绪反应)也可能会影响驾驶人,特别是当驾驶人感到沮丧时。最后,有心血管疾病的患者多伴有判断力和记忆力的减弱。

当脑卒中发生时,驾驶安全性可能会受到损害,这一损害既可以是急性也可以是慢性的,因为大脑会留有脑卒中带来的后遗症。大脑中的某些区域对于安全驾驶非常必要,它们承担控制、知觉和反应等功能,任意一个区域发生脑卒中都会影响到安全驾驶。脑卒中后,人无法对身体某一侧的刺激产生反应(接受和响应),脑卒中常常发生在大脑右半球,导致身体左侧的失能。

被诊断有不稳定冠脉综合征伴心绞痛(胸痛)或充血性心脏衰竭伴低输出综合征的患者,不应该驾驶车辆。因为不论他们是在驾驶还是在休息时都很可能发生症状,如心绞痛等。患有心脏病的人,由于慢性或急性心律失常,可能会突然地失去意识,同时有可能晕厥或昏厥,所以他们不应该驾驶,除非经过治疗,疾病被控制到不会影响正常驾驶的程度。

冠状动脉搭桥手术(Coronary Artery Bypass Graft,CABG)也可能对驾驶有负面影响。心脏搭桥手术有一个广泛公认的并发症,就是认知功能下降,特别是在老年群体中。50%~80%接受心脏搭桥手术后出院的患者有显著的术后认知功能障碍(Postoperative Cognitive Dysfunction,POCD)(Newman、Kirchner 等,2001)。重点是,心脏搭桥手术后的认知障碍已被证明对老年人术后4~6周的驾驶状态有负面影响(Ahlgren、Lundqvist、Nordlund、Aren 和 Rutberg,2003)。目前还没有研究调查术后6周以后的驾驶状态,但是术后认知障碍被证明会持续数月到数年。此外,体外循环和非体外循环关于认知的研究结果不一,关于非体外循环影响驾驶表现的研究也不足。

出人意料的是,认知障碍和痴呆症在表面上看起来明显健康的老年人中普遍存在,影响到1/3的65岁以上老年人,有25%~90%(约5万人)未确诊(Callahan、Hendrie 和 Tierney,1995;Finkel,2003;Ross 等,1997;Valcour、Masaki、Curb 和 Blanchette,2000)。这一人群患有持续的术后认知功能障碍的风险更高。事实上,在一些患者中,术后认知功能障碍的症状已经持续了5年,一些研究报告多达42%的患者患有术后认知功能障碍(Newman、Kirchner等,2001)。

手术后认知功能下降会持续数月甚至数年这一事实,与常见的实践操作指南中术后胸骨愈合后6周即可恢复驾驶这一指示是相违背的[胸外科医师学会(Society of Thoracic Surgeons),2008]。关键的是,在提出驾驶许可前要考虑患者的认知情况,但是目前有关研究尚未明确术后安全驾驶的精确标准。

24.2.5.4 呼吸系统

肺气肿、慢性支气管炎、慢性阻塞性肺病(Chronic Obstructive Pulmonary Disease,COPD)等疾病在老年人群中是很常见的。这些渐进式呼吸系统疾病的患者需要由呼吸科医生对症状和氧合状况进行定期的重新评估。

在衰老的肺部中,慢性阻塞性肺病如果恶化,则会让病人即使在休息或是驾驶这类体力消耗很少的活动中也会产生气促的症状(即使从外界补充氧气也无助于改善症状),并且可能会令驾驶人过度疲劳,或产生明显的认知障碍,影响驾驶人安全驾驶的能力。如果患者无法将血红蛋白饱和度维持在90%的水平(正常情况下氧饱和度为95%或更高),患者就需要一直吸氧,特别是在驾驶时。慢性阻塞性肺病患者的呼吸肌会变得更加僵硬,导致肺活量下降,并且增加肺部的残余容量。对慢性阻塞性肺病患者而言,气体交换的效率很低,一旦身体受到压力就会产生咳嗽和呼吸短促。患有慢性阻塞性肺病的病人,应该遵从医生的劝告不驾驶车辆,特别是当他们有其他疾病或慢性阻塞性肺病加重,产生咳嗽、痰量增加、痰色改变或发烧等感染症状时。早期的临床表现有烦躁、焦虑和意识水平改变。

24.2.5.5 内分泌系统

在老年驾驶人群体中,需要重点关注的影响驾驶的内分泌系统疾病是糖尿病。糖尿病在老年人群中比较常见,而且具有许多负面影响,包括视力受损、神经受损以及不稳定的血糖水平。未经治疗的低血糖症可能导致癫痫发作和/或失去意识,严重影响驾驶安全。糖尿病是阿尔茨海默病和痴呆症的已知危险因素。

24.2.5.6 肌肉与骨骼的损伤

肌肉与骨骼系统随着年龄的增长而发生的变化包括肌肉质量(萎缩)与弹性的降低。肌肉强度的降低,影响老年人的平衡保持能力、运动能力和力量。本体感觉减弱(将姿势、距离和空间参照与身体和环境联系起来的能力)会干扰平衡与协调。老年人的关节变硬会使运动变得痛苦。老年人的体力活动减少,使肌肉的力量下降,肌肉力量受损会影响身体平衡,降低速度和骨骼肌收缩的能力,这导致反应速度下降,协调身体运动时产生额外的损耗,这些都与安全驾驶息息相关。

骨关节炎在高龄驾驶人更加常见,它会引起疼痛和负重关节的僵硬,如膝盖和臀部位置的关节。这种情况可能需要更换关节以及非常严格的术后物理治疗。类风湿性关节炎是一种自身免疫性关节疾病,在关节滑膜处发作,会引起炎症、畸形、挛缩、僵硬和疼痛。这些关节疾病会影响活动能力和运动范围,还会限制驾驶人弯曲或移动肩、手、头和脖子等身体部位的活动范围。这可能会使驾驶人更难以完成与驾驶有关的行为,例如握住或转动转向盘、踩踏制动或加速踏板、系上安全带以及进入和离开车辆。治疗这些疾病的药物包含止痛药和肌肉松弛剂，而两者都会影响老年驾驶人的判断力和对环境的注意力。

颈部和脊柱随着年龄的增长会发生僵硬，并且随着时间的流逝，脊柱开始弯曲，这使得转头向后看变得更困难。再加上周边视力丧失，老年驾驶人变得更难以查看两侧和后部的交通状况。

24.2.5.7 药物的影响

肝脏和肾脏是身体中负责将药物排出的主要器官。在70岁之后，肝脏的体积就会缩小，体积缩小导致的肝功能不全及随之而来的酶的功能降低，限制了肝脏代谢和解毒药物的能力，从而提高了药物的毒性风险（Kee、Hayes和McCuistion，2009）。药物堆积也会导致代谢率降低。老年人还会有肾功能下降的情况，减少了药物的排出。药物积累和药物毒性就此产生（Kee等，2009）。

药物可能产生影响驾驶能力的副作用，包括嗜睡、头晕、视力模糊、忽快忽慢、昏厥、反应缓慢以及锥体外系副作用（Carr、Schwartzberg、Manning和Sempek，2010）。为了评估药物妨害驾驶安全的潜在可能性，医生可以要求病人进行正规的精神运动测试和/或在道路或驾驶模拟器上进行驾驶能力评估。

影响中央神经系统的药物会损害驾驶的安全性，其中包括酒精、抗胆碱药、抗惊厥药、抗抑郁药、止吐药、抗组胺药、抗高血压药、抗帕金森药、抗精神病药物、抗焦虑类药物、镇静剂、抗焦虑药、肌肉松弛剂、麻醉性镇痛药、非甾体抗炎药以及兴奋剂。许多老年人每天需要服用一种或多种药物。

在考虑酒精对药物的影响时，即使老年驾驶人的血液酒精含量（BAC）水平较低，产生的影响也可能会因与许多与衰老相关的问题（包括慢性病、多种药物或潜在的认知障碍）的潜在相互作用而加剧。已经证实，酒精对于神经系统的影响在其浓度水平仅为9mg/dL或血液中酒精含量为0.009%时就会产生，这个水平仅为美国大多数州法律规定为醉酒的酒精浓度的1/10。年龄和饮酒习惯会同时影响神经对酒精的敏感性。模拟驾驶中，无论是年轻的驾驶人还是年老的驾驶人，醉酒状态都与交通事故有强相关性。但在大多数药理数据中，同等剂量的酒精并没有让老年男性的血液酒精浓度达到中年男性的水平（Quillian、Cox、Kovatchev和Phillips，1999）。虽然衰老或许不会影响酒精吸收或代谢的速率，但是随着年龄的增长，酒精对身体的影响还是有变化的。随着年龄的增长，肌肉减少，脂肪组织增加，其结果是身体中的含水量总体上减少了。此时酒精在更少的水中溶解，那么相对于同身材同性别的年轻人，等量的酒精会使老年人产生更高的血液酒精浓度（Dufour、Archer和Gordis，1992）。除了基本的药理学研究外，摄入酒精的不同影响在老年人中有极大的差异性。一些研究显示，即使控制了身体含水量后，老年人对酒精的敏感性也相对较高（Tupler、Hege和Ellinwood，1995）。其他因年龄受影响的机制，如肝脏首过代谢（First-pass Metabolism）的减少，也可能是影响因素。

对于复方用药（即同时使用多种药物），令人担忧的不仅是处方药，过量的非处方药（OTC）与其他药品或酒精的共同作用也是非常危险的。据估计，超过90%的65岁以上老年人至少使用一种药物（Kaufman、Kelly、Rosenberg、Anderson和Mitchell，2002）。不幸的是，很多类老年人的常用药物与酒精相互作用会构成极大的风险。抗组胺药、镇静药、某些抗抑郁药以及其他精神药物与酒精共同摄入,会导致交互作用,并增加中枢神经系统抑制效应,带来极大的风险[美国酒精滥用和酒精中毒研究所(National Institute on Alcohol Abuse and Alcoholism),1995]。一项针对老年人的研究显示,38%接受调查的老年人同时摄入酒精和一种有高风险交互作用的药物。抗高血压药、镇静剂和麻醉剂都在常用高风险药品列表上(Adams,1995),这需要引起人们的重视,因为其与酒精的交互作用在摄入少量到中等量酒精时就会发生,协同产生一些有害物质,它们对驾驶行为的影响尚未被研究过。

24.2.6 社会心理的挑战

认知下降与身体缺陷最灾难性的后果是丧失独立生活能力以及生活质量的下降。在美国,机动性是独立生活的一个关键,而这常常取决于驾驶能力。事实上,许多人不愿意停止驾驶是因为缺乏替代的交通方式,也不愿意因依赖别人驾驶车辆而成为别人的负担,对于独居的人来说尤其如此,虽然除此以外还有其他的因素让他们继续驾驶。比如,在一项探讨驾驶原因的研究中(Freund 和 Szinovacz,2002),性别被认为是与驾驶原因显著相关的因素,男性相比女性更不可能减少或停止驾驶。停止驾驶的认知对女性的影响比男性更为显著,身体损伤也是如此。那些患有认知障碍的女性相比男性更倾向于停止驾驶或只驾驶很短的距离。那些有轻微日常身体活动限制的男性相比女性更多地选择继续长途驾驶。这些发现显示,性别角色或许影响了男性限制或停止驾驶的行为。这些关于男性相对于女性更倾向于忽视认知或身体的缺陷而继续驾驶车辆的研究结果,显示了驾驶车辆对于男性的自我形象是很重要的。

据目前的研究,人们的平均寿命会超过保有驾驶能力的寿命。男性多出 6 年,女性多出 10 年(Foley、Heimovitz、Guralnik 和 Brock,2002)。在此期间,老年人需要替代汽车的交通工具,以满足出行的需要。目前,绝大多数老年驾驶人与他们的家人都未对老年人停止驾驶后的出行做准备。然而,随着人口老龄化,越来越多的老年人需要限制或停止驾驶。这个决定可能是自愿或非自愿的,但都将给家庭关系带来很大的压力。对于大部分需要照顾父母的子女来说,老年人停止驾驶将会给成年子女增加负担。在驾驶能力检查中,成年子女经常表示他们对于这种父母与子女关系的转变不太适应。许多人还报告了在父母停止驾驶后,父母与子女间的关系变得紧张。

停止驾驶的阻碍包括否认或欠缺对能力下降的感知,缺少替代交通方式,以及与家人、朋友的距离等。如今,由于家庭规模较小,距离遥远,提供交通服务的非正式护理人员也较少。因此,老年人期望依赖家人或朋友帮助驾驶的愿望不太现实。许多不再驾驶的老年人,不得不依靠公共交通服务或社区交通服务。然而许多社区并未提供这种服务,即使有,也不具备为身体和认知障碍的老年人提供服务的条件。为了减少老年人停止驾驶的负面影响,需要对公共交通服务进行升级改造,以使其能更容易地被老年人接受和使用(Marottoli 等,1997),满足不再驾驶的老年人的出行需求(Kostyniuk 和 Shope,2003)。

24.3 小结与建议

由于医学和医疗技术的进步,美国人中 80 岁以上的人数正在逐渐增加。而患有阿尔茨海默病和其他痴呆症,以及物理损伤和代谢疾病的人群也会随着年龄的增长和老年群体基数的扩大而增加。

交通事故是65~74岁老年人受伤死亡的主要原因,也是75~84岁老年人死亡的第二大原因。尽管安全带使用率在增加,安全防护技术(例如驾驶人和乘员安全气囊的设置)也在进步,老年驾驶人的死亡率仍然很高。驾驶能力的下降是与衰老中身体功能的衰退以及认知损伤相联系的,而这些因素都与事故率的增加有关(Owsley 等,1998;Sims 等,1998;Wallace,1997)。然而,停止驾驶会让老年人无法继续过往的生活方式、社会交往减少、活动受限以及抑郁。虽然许多老年驾驶人自愿限制或停止驾驶,但还有很多老年人选择继续驾驶车辆。

为了避免老年驾驶人受伤,并提升他们的驾驶安全性,当务之急是提供资源和支持用于保障驾驶人的健康。同样重要的是,在老年人停止驾驶后,需要满足他们的出行需求,维持他们的生活质量。例如,独立运输网络(ITN;http://itnamerica.org)为美国成千上万的老年人提供门到门的出行服务。ITN 允许老年人通过使用他们的车来支付乘车费用,同时给驾驶志愿者提供一些信用点数,用于支付他们今后的乘车费用。ITN 的道路奖学金计划,将志愿者的信用点数转化为一个低收入车友的基金。另外,还有项目帮助成年的子女满足他们父母的出行需求。因此,老年人保持独立和活力对于社区经济和社会健康都是有好处的,能使各方共赢。

本章参考文献

AARP,2005. Older drivers and automobile safety[EB/OL]. [2010-05-16]. http://assets.aarp.org/rgcenter/il/fs51r_drivers.pdf.

ADAMS W L,1995. Potential for adverse drug-alcohol interactions among retirement community residents[J]. Journal of the American Geriatrics Society,43:1021-1025.

AHLGREN E,LUNDQVIST A,NORDLUND A,et al,2003. Neurocognitive impairment and driving performance after coronary artery bypass surgery[J]. European Journal of Cardio-Thoracic Surgery,23(3):334-340.

Alzheimer's Association,2010. Alzheimer's disease facts & figures. Chicago:Author. American Diabetes Association(2010)[EB/OL]. [2020-05-16]. Living with diabetesd Eye complications. http://www.diabetes.org/living-with-diabetes/complications/eye-complications.

ANDERSON S,RIZZO M,SHI Q,et al,2005. Cognitive abilities related to driving performance in a simulator and crashing on the road. Proceedings of the Third International Driving Symposium on Human Factors in Driver Assessment,Training and Vehicle Validation[R]. Iowa City:University of Iowa:286-292.

BECHARA A,DAMASIO H,TRANEL D,et al,1997. Deciding advantageously before knowing the advantageous strategy[J]. Science,275:1293-1295.

BRAAM A C,2006. Wrong way crashes:Statewide study of wrong way crashes on freeways in

North Carolina[EB/OL]. [2010-05-16]. www. ncdot. org/doh/preconstruct/traffic/safety/Reports/WrongWayCrash. pdf.

CALLAHAN C M, HENDRIE H C, TIERNEY W M, 1995. Documentation and evaluation of cognitive impairment in elderly primary care patients[J]. Annals of Internal Medicine, 122: 422-429.

CARR D B, DUCHEK J, MORRIS J C, 2000. Characteristics of motor vehicle crashes of drivers with dementia of the Alzheimer type[J]. Journal of the American Geriatric Society, 48(1): 18-22.

CARR D B, SCHWARTZBERG J G, MANNING L, et al, 2010. Physician's guide to assessing and counseling older drivers (2nd ed.) [J]. Chicago/Washington, DC: American Medical Association/National Highway Traffic Safety Administration.

Centers for Disease Control and Prevention, 2010. Epilepsy[EB/OL] [2020-05-16]. http://www. cdc. gov/Epilepsy.

DI STEFANO M, MACDONALD W, 2003. Assessment of older drivers: Relationships among on road errors, medical conditions and test outcome [J]. Journal of Safety Research, 34(4): 415-429.

DOBBS A R, HELLER R B, SCHOPFLOCHER D, 1998. A comparative approach to identify unsafe older drivers[J]. Accident Analysis and Prevention, 30(3): 363-370.

DOLCOS F, MCCARTHY G, 2006. Brain systems mediating cognitive interference by emotional distraction[J]. Journal of Neuroscience, 26: 2072-2079.

DUCHEK J M, CARR D B, HUNT L, et al, 2003. Longitudinal driving performance in early-stage DAT[J]. Journal of the American Geriatric Society, 51(10): 1342-1347.

DUFOUR M C, ARCHER L, GORDIS E, 1992. Alcohol and the elderly[J]. linics in Geriatric Medicine, 8(1): 127-141.

EBEL B E, MACK C, DIEHR P, et al, 2004. Lost working days, productivity, and restraint use among occupants of motor vehicles that crashed in the United States[J]. Injury Prevention, 10(5): 14-319.

FEYEREISEN P, GENDRON M, SERON X, 1999. Disorders of everyday actions in subjects suffering from senile dementia of Alzheimer's type: An analysis of dressing performance[J]. Neuropsychological Rehabilitation, 9: 169-188.

FINKEL S I, 2003. Cognitive screening in the primary care setting: The ole of physicians at first point of entry[J]. Geriatrics, 58(6): 43-44.

FOLEY D J, HEIMOVITZ H K, GURALNIK J M, et al, 2002. riving life expectancy of persons aged 70 years and older in the United States[J]. American Journal of Public Health, 92(8): 1284-1289.

FRIEDLAND R P, KOSS E, KUMAR A, et al, 1988. Motor vehicle crashes in dementia of the Alzheimer's type[J]. Annals of Neurology, 4: 782-786.

FREUND B, COLGROVE L A, BURKE B L, et al, 2005. Selfrated riving performance among elderly drivers ref erred for driving valuation[J]. Accident Analysis and Prevention, 37: 613-618.

FREUND B, COLGROVE L A, PETRAKOS D, et al, 2008. In my car the brake is on the right: Pedal errors among older drivers[J]. Accident Analysis and Prevention, 40: 403-409.

FREUND B, SZINOVACZ M, 2002. Effects of cognition on driving involvement among the oldest old: Variations by gender and alternative transportation opportunities[J]. The Gerontologist, 42(5): 621-633.

GIOVANNETTI T, LIBON D, BUXBAUM L, et al, 2002. Naturalistic action impairment in dementia[J]. Neuropsychologia, 40: 1220-1232.

GOSZCZYNSKA M, ROSLAN A, 1989. Self-evaluation of drivers' skill: A cross-cultural comparison[J]. Accident Analysis and Prevention, 21(3): 217-224.

HONGWANISHKUL D, HAPPANEY K, LEE W, et al, 2005. Assessment of hot and cool executive function in young children: Age-related changes and individual differences[J]. Developmental Neuropsychology, 28: 617-644.

KAUFMAN D W, KELLY J P, ROSENBERG L, et al, 2002. Recent patterns of medication use in the ambulatory adult population of the United States[J]. Journal of the American Medical Association, 287(3): 337-344.

KEE J, HAYES E R, MCCUISTION L E, 2009. Pharmacology: A nursing process approach(6th ed.)(:197-206)[M]. St. Louis: Saunders.

KERR A, ZELAZO P D, 2004. Development of "hot" executive function: The children's gambling task[J]. Brain and Cognition, 55: 148-157.

KOSTYNIUK L P, SHOPE J T, 2003. Driving and alternatives: Older drivers in Michigan[J]. Journal of Safety Research, 34(4): 407-414.

LI G, BRAVER E R, CHEN L H, 2003. Fragility versus excessive crash involvement as determinants of high death rates per vehicle mile of travel among older drivers[J]. Accident Analysis and Prevention, 35(2): 227-235.

LUCAS-BLAUSTEIN M J, FILIPP L, DUNGAN C, et al, 1988. Driving in patients with dementia[J]. Journal of the American Geriatrics Society, 36(12): 1087-1091.

LYMAN S, FERGUSON S A, BRAVER E R, et al, 2002. Older driver involvements in police reported crashes and fatal crashes: Trends and projections[J]. Injury Prevention, 8: 116-120.

MAROTTOLI R A, MENDES DE LEON C F, GLASS T A, et al, 1997. Driving cessation and increased depressive symptoms: Prospective evidence from the New Haven EPESE. Established Populations for Epidemiologic Studies of the Elderly[J]. Journal of the American Geriatrics Society, 45(2): 202-206.

MARTIN G M, 2007. Biology of aging. In L GOLDMAN, D AUSIELLO(Eds.), Cecil medicine (23rd ed.)[M]. Philadelphia: Saunders.

MAYBERG H, 1997. Limbic-cortical dysregulation: A proposed model of depression[J]. Journal of Neuropsychiatry, 9: 471-481.

MIYAKE A, FRIEDMAN P, EMERSON M, et al, 2000. The unity and diversity of executive functions and their contributions to complex "frontal lobe" tasks: A latent variable analysis [J]. Cognitive Psychology, 41: 49-100.

NADLER J, RICHARDSON E, MALLOY P, et al, 1993. The ability of the Dementia Rating Scale to predict everyday functioning[J]. Archives of Clinical Neuropsychology, 8: 446-460.

National Highway Traffic Safety Administration, 1999. Using linked data to evaluate motor vehicle crashes involving elderly drivers in Connecticut(DOT HS 808 971) [R]. Washington, DC: National Highway Traffic Safety Administration, 2003.

Traffic safety facts 2003: Older population (DOT HS 809 766) [R]. Washington, DC: National Center for Statistics and Analysis.

National Highway Traffic Safety Administration, 2004. Traffic safety facts 2004: Older population (DOT HS 809 910) [R]. Washington, DC: National Center for Statistics and Analysis.

National Highway Traffic Safety Administration, 2005. The economic burden of traffic crashes on employers-Costs by state and industry and by alcohol and restraint use(DOT HS 809 682) [R]. Washington, DC: National Center for Statistics and Analysis.

National Institute on Alcohol Abuse and Alcoholism, 1995. Alcohol alert: Alcohol-medication interactions. (Report No. 27 PH 355) [EB/OL]. [2010-05-16]. http://pubs.niaaa.nih.gov/publications/aa27.htm.

National Transportation Safety Board, 2004. Highway accident report: Rear-end collision and subsequent vehicle intrusion into pedestrian space at certified farmer's market, Santa Monica, California (NTSB/HAR-04/04, PB2004-916204)[R]. Washington, DC.

NEWMAN M F, KIRCHNER J L, PHILLIPS-BUTE B, et al, 2001. Longitudinal assessment of neurocognitive function after coronary-artery bypass surgery [J]. New England Journal of Medicine, 344: 395-402.

NORMAN D A, SHALLICE T, 1980. Attention to action: Willed and automatic control of behavior. (2000) [M]. In M Gazzaniga, et al, Cognitive neuroscience: A reader. West Sussex: Blackwell.

OWSLEY C, BALL K, MCGWIN G, et al, 1998. Visual processing impairment and risk of motor vehicle crash among older adults[J]. Journal of the American Medical Association, 279(14): 1083-1088.

PREUSSER D F, WILLIAMS A F, FERGUSON S A, et al, 1998. Fatal crash risk for older drivers at intersections[J]. Accident Analysis and Prevention, 30(2): 151-159.

QUILLEN D A, 1999. Common causes of vision loss in elderly patients[J]. American Family Physician, 60: 99-108.

QUILLIAN W C, COX D J, KOVATCHEV B P, et al, 1999. The effects of age and alcohol intoxication on simulated driving performance, awareness and self-restraint [J]. Age and Ageing, 28(1): 59-66.

REGER M, WELSH R, WATSON G, et al, 2004. The relationship between neuropsychological functioning and driving ability in dementia: A meta-analysis[J]. Neuropsychology, 18: 85-93.

RIZZO M, MCGEHEE D V, DAWSON J D, et al, 2001. Simulated car crashes at intersections in drivers with Alzheimer disease[J]. Alzheimer Disease and Associated Disorders, 15(1): 10-20.

RIZZO M, REINACH S, MCGEHEE D, et al, 1997. Simulated car crashes and crash predictors in drivers with Alzheimer disease[J]. Archives of Neurology, 54(5): 545-551.

ROSENZWEIG M, LEIMAN A, BREEDLOVE S, 1999. Biological psychology: An introduction to behavioral,cognitive, and clinical neuroscience (2nd ed.)(:545-548)[M]. Sunderland: Sinauer.

ROSS G W, ABBOTT R D, PETROVITCH H, et al, 1997. Frequency and characteristics of silent dementia among elderly Japanese-American men: The Honolulu-Asia Aging Study[J]. Journal of the American Medical Association, 277: 800-805.

SCHMIDT R A, 1989. Unintended acceleration: A review of human factors contributions[J]. Human Factors, 31(3): 345-364.

SIMS R V, OWSLEY C, ALLMAN R M, et al, 1998. A preliminary assessment of the medical and functional factors associated with vehicle crashes by older adults[J]. Journal of the American Geriatrics Society, 46(5): 556-561.

SKURLA E, ROGERS T, SUNDERLAND T, 1988. Direct assessment of activities of daily living in Alzheimer's disease[J]. Journal of the American Geriatrics Society, 36: 97-103.

Society of Thoracic Surgeons, 2008. Adult cardiac surgery[EB/OL]. [2010-05-16]. http://www.sts.org/sections/patientinformation/adultcardiacsurgery/heartsurgery/index.html.

THOMAS M, 2004. Elderly driver plows into sub shop, kills man: 81-year-old mistakes accelerator for brake at Northwest Sidelot:3[R]. Chicago Sun-Times.

TUPLER L A, HEGE S, ELLINWOOD E H, et al, 1995. Alcohol pharmacodynamics in young-elderly adults contrasted with young and middle-aged subjects[J]. Psychopharmacology, 118(4): 460-470.

UC E, RIZZO M, ANDERSON S, et al, 2005. Driver landmark and traffic sign identification in early Alzheimer's disease[J]. Journal of Neurology, Neurosurgery, and Psychiatry, 76: 764-768.

VALCOUR V G, MASAKI K H, CURB J D, et al, 2000. The detection of dementia in the primary care setting[J]. Archives of Internal Medicine, 160: 2964-2968.

VENES D, BIDERMAN A, ADLER E, et al, 2001. Taber's cyclopedic medical dictionary (18th ed.)[M]. Philadelphia: Davis.

WALLACE R B, 1997. Cognitive change, medical illness, and crash risk among older drivers: An epidemiological consideration[J]. Alzheimer Disease and Associated Disorders, 11(Suppl. 1): 31-37.

WANG C C, CARR D B, 2004. Older driver safety: A report from the Older Drivers Project

[J]. Journal of the American Geriatrics Society, 52: 143-149.

WATTS F, MACLEOD A, MORRIS L, 1988. Associations between phenomenal and objective aspects of concentration problems in depressed patients[J]. British Journal of Psychology, 79, 241-250.

WHELIHAN W, DICARLO M, PAUL R, 2005. The relationship of neuropsychological functioning to driving competence in older persons with early cognitive decline[J]. Archives of Neuropsychology, 20: 217-228.

ZELAZO P D, 2006. The Dimensional Change Card Sort (DCCS): A method of assessing executive function in children[J]. Nature Protocols, 1(1): 297-301.

第25章 行 人

罗恩·范豪滕(Ron Van Houten)
美国密歇根州,卡拉马祖,西密歇根大学(Western Michigan University, Kalamazoo, MI, USA)

25.1 问题的本质

尽管有很多引导系统阻止机动车驾驶人闯入人行道撞击行人,2008年,美国仍然有4378名行人因此死亡,69000名行人受伤[美国交通部,U. S. Department of Transportation (DOT),2008]。行人交通事故中超过2/3发生在城市地区,在2007年,大约有73%的死亡事故发生在城市地区。这种高度相关的原因可能是大城市中步行的行人很多。举例来说,Zhu、Cummings、Chu和Xiang(2008)发现纽约市区每年的行人交通事故率比乡村地区的高4倍。但是,如果根据步行的英里数来对比,事故发生的概率就差不多。数据也显示,超过2/3的行人死亡事故发生在夜间(DOT,2008)。驾驶人在安全距离内无法发现行人,这是夜间行人发生事故的主要因素(Leibowitz、Owens和Tyrrell,1998;Rumar,1990;Wood、Tyrrell和Carberry,2005)。饮酒也被认为是夜间行人事故的影响因素,尤其是在周四、周五和周六晚上,事故数量明显增加。数据显示,在死于交通事故的行人中,有一半在事故前饮酒(Wilson和Fang,2000)。有趣的是,致死交通事故中的醉酒行人,其醉酒程度相当高。比如,在英国,统计数据显示血液酒精浓度(BAC)高于0.20g/dL的行人,其事故风险显著升高,而BAC为0.10~0.15g/dL的行人,饮酒对其事故风险无显著影响(Clayton、Colgan和Tunbridge,2000;Ostrom和Erikson,2001)。Blomberg、Preusser、Hale和Ulmer(1979)的调查显示了一个类似的现象,即BAC约为0.15g/dL时交通事故风险开始上升。

涉及行人的交通事故较为特殊,因为事故的责任不能由驾驶人和行人平分。在牵涉行人的交通事故案例中,驾驶人所承担的责任应该更多,原因有几点。第一,法律要求驾驶人的技能水平必须要达到知识、视力、年龄等的基本要求,但法律对行人却没有限制。第二,人们通常认为驾驶是一种特权而不是权利,但很少有人觉得步行也是一种特权。根据规定可以吊销某人的驾驶证,但是却不可能剥夺人们行走的权利。第三,行人不需要具备像驾驶人一样的身体素质或认知技能。举例来说,儿童和部分老年人就达不到驾驶机动车所需要的最低要求。事实证明,这两个群体在判断距离方面都存在不足。但有身体缺陷的人,如盲人或有心理障碍的人也有行走的权利。我们不能振振有词地宣称盲人对于交通事故应负的责任与持证驾驶人相同。美国很多州的法规规定,当挂拐杖的老人或借助导盲犬的盲人在过街时,任何时候机动车驾驶人都必须给他们让路。

最后,美国大多数州的机动车法规都明文规定,机动车驾驶人必须采取必要的行动以避免交通事故的发生。当驾驶人看到小孩在路边或者停车较多的地点玩耍时，即使车速不是很快，也要进一步放慢车速，其原因就在于此。从另一个角度来看，在交通事故中，与行人相比，机动车相对强势，因此驾驶人在开车时应表现出应有的专注。在很多州，驾驶人在开车时表现得就像道路是专供汽车行驶的一样，认为行人应该避让有优先通行权的车辆。由于在事故中的责任不平衡，形成一种安全文化非常重要，即驾驶人应当承担最高级别的责任。

25.2 多层面项目的需要

虽然交通设施，如交通信号、交通标志和标线可以提升驾驶人和行人的安全水平，也能够影响驾驶行为，但是最重要的是驾驶人要能理解这些交通设施的意图。设计出的信号、标志和记号如果较直观，将有助于达到这个目的；同时，公共宣传组织也可以加强宣传，增强这些措施的效力。相比单纯的工程措施和教育，执法也可以大大提升交通设施的效果。Retting、Ferguson 和 McCartt(2003)意识到，将行人和驾驶人在时间和空间上分离，或者提高行人的醒目程度，这些基本策略均可以提高行人的安全性。这些策略已被反复证明是很有效的。还有其他措施可帮助驾驶人预知行人的出现。交通稳静化也有助于增强教育和执法工作的效果。

25.3 工程

25.3.1 交通标志和标线

交通控制设施，如交通标志和标线，被认为是促使驾驶人和行人采取适当的驾驶和步行行为的最佳方式。这些设施均有法律效力，忽视这些设施会导致不良后果，包括视认性错误、驾驶执照的分数削减、甚至剥夺驾驶权利，在特殊情况下还会引起刑事处罚。这些设施作为交通规则的一部分，能约束驾驶人和行人的行为。

要想使指示维持效力，就应该遵守指示的规则(Van Houten,1998)。第一个重要的规则是指示的时机，最好在行为发生之前进行指示。第二个规则是指示要放在人们看得见或听得见的地方。举例来说，应将提示人们怎样使用新交叉口的指示放在可能使用该功能的行人可能看到的地点附近。设置指示应不仅能增加交通标志和标线被感知的可能性，而且能提高指示的时机准确性。第三，指示应该具体。一般没有具体说明预期行为的指示不太可能有效果。比如对比两条交通标志语"除非超车，否则请保持靠右行驶"和"慢行车辆靠右行驶"，其中，慢行的判别更加依赖于驾驶人的主观判断，而超车则更易判断。第四，指示应该能够长时间地指导行为，如设置有方向的箭头或记号以及为盲人设置声音信号。第五，指示应该提醒个体如果忽视这些规则会有什么后果。比如，写上罚款数额的标志，比不显示不遵守规则后果的标志更有可能让人遵守。

25.3.2 信号灯和路灯

倒计时信号灯能够使行人更注意交通信号灯，减少车辆与行人间事故的发生。这些信号灯之所以比普通信号灯更有效,是因为它们清楚地给人们提供了是否来得及过街的信息。人们可以通过这种倒计时信号灯,根据自己的步行速度和绿灯剩余时间判断能否过街(Eccles、Tao 和 Mangum,2007;Markowitz、Sciotino、Fleck 和 Yee,2006)。

当危险产生时才提醒驾驶人或行人的信号也比一直存在的信号更有效。相较而言,人们不容易注意到始终不变的信息。与仅在行人实际横穿街道时才点亮的警告灯相比,一直处于开启状态、提醒驾驶人注意行人的信号灯更不容易受到驾驶人关注。

25.3.3 交通慢行

通常来说,当驾驶人以较慢的车速行驶时更可能让行。这种效应有很多原因。第一,在慢速行驶时停车比较容易。第二,慢行时让行对于车速的影响较小。第三,慢行时驾驶人不太担心会发生追尾事故。因此,设置减速或"慢行"交通标志是提高驾驶人给行人让行概率的一种方法。还有一些常用的方法,包括将道路在水平方向或垂直方向上进行偏移。将有普通信号灯的或无人监管的交叉口改造成环形交叉口,就是利用水平偏转来减慢车速的一种方法。

25.3.3.1 减速带和减速表

减速带和减速表是使用垂直偏转来减速的两种方法。减速带和减速表的一个优点在于,减速带可以在人行横道之前设置,而减速表可以提高人行道的安全水平。这些措施有3个潜在的缺点。第一,每隔一定时间,需要费用来修缮这些道路设施。第二,在许多社区,规划过程导致安装这些装置的时间可能会延长,而且往往需要受到影响的居民的一致同意。第三,很多工程师不愿意在主干线和集散公路上设置垂直减速设施,这些道路上更容易发生严重的行人交通事故。实验证明,这些干预措施能够有效地使车辆减速和减少交通事故(Hafez-Alavi,2007;Tester、Rutherford、Wald 和 Rutherford,2004;Zaidel、Hakkert 和 Pistiner,1992)。

25.3.3.2 环形交叉口

环形交叉口指的是一种圆环状的交叉口,要求进入环形交叉口的车辆给环形交叉口中的车辆让行。道路上的驾驶人进入交叉口之前意识到在水平方向上需要偏移,从而降低车速。欧洲的研究显示,将传统交叉口改为环形交叉口后,行人交通事故减少了75%(Retting等,2003)。该项干预与垂直方向偏转所提到的干预手段有相同的缺点,盲人群体认为环形交叉口没有任何信号指示,对于他们来说在环形交叉口中行走并不安全,因此他们根据美国残疾人法提出诉讼,反对设置多车道的环形交叉,除非交叉口安装了无障碍的信号控制设施。

25.4 教育

研究证明,教育对于减少事故的发生也有效。Delhomme 等(1999)利用元分析法评估了大众媒体在道路安全上的推广作用。他们发现在媒体宣传道路安全的活动期间,交通事故平均减少了8.5%,在宣传活动结束后,交通事故平均减少了14.8%。他们还发现,在强调减速的宣传活动期间,车速降低了16.9%。令人惊讶的是,一项研究表明,运用电视媒体的宣传活动与那些没运用电视媒体的宣传活动相比,减少的交通事故数量并不明显。由于大多数媒体宣传活动是多层次、多渠道开展的,所以几乎没有单一媒体影响因素的评估数据。

Preusser 和 Blomberg(1984)评估了一个教育计划,该计划为减少儿童突然冲进道路所造成的事故而设计了教育项目,项目在 3 个城市中实施,包括课堂电影、电视广告和海报。结果表明 3 个城市的过街行为发生变化,交通事故显著减少,儿童冲进道路所造成的交通事故数量总体下降了 21%,其中 4~6 岁儿童冲进道路所造成的交通事故数量下降了 31%。Preusser 和 Lund(1988)在一次全市的测试中,通过放映教育电影,也得到了类似的结果。

减少超速行为的方法还有群体反馈标志(van Houten 和 Nau,1981;van Houten、Rolider 等,1985),该方法还用于提高给行人让行的概率。然而,仅采用反馈标志提高给行人让行概率的效果还需要更多的研究论证。

大量派发传单和借助媒体进行宣传(纸质版和电子版的计划报道)实质上是低成本或零成本的干预方法。媒体最可能对吸引读者者和观众注意的事件进行报道。引起多次报道的一个方法是提升需要报道的事件的新颖性程度。例如,和电费单一起邮寄交通安全传单,就可以只耗费传单的生产成本达到宣传的效果,因为如果传单和电费单一起邮寄,就可以节省邮寄成本。

当所需的具体目标人群确定以后,如乘坐公交车的人,此时张贴海报是最有用的。在这种情况下,将海报张贴在目标人群可以看到的地方,如公交候车亭或公交车上应该是最有效的。如果目标人群是夜间驾驶的人,则在夜间电台节目中设置公共服务广告可能较有用。

25.5 执法

如果驾驶人没有注意到行人,他们就不可能给行人让道。执法是迫使驾驶人注意行人并让行的一种方法。研究指出,把执法重点放在书面警告上比放在罚单上对于减少超速行为更有效也更经济(van Houten 和 Nau,1983)。结果指出,在一周的执法行动中仅开出罚单,其安全教育的效果只在执法继续实施时才会有效,但是要求开出书面警告的行动对大量驾驶人的效果持续长达 1 年。这些研究结论在以色列得到了验证(van Houten、Rolider 等,1985),使得事故显著减少(Scherer、Freidmann、Rolider 和 van Houten,1985)。警告更有效的原因之一是它可以使超速时的时速只超过限速几英里(注:1mile/h 约合 1.61km/h)的车辆停下来。

1985 年,van Houten、Malenfant 和 Rolider 针对两个加拿大城市拟订类似的计划,用以评估其对增加驾驶人给行人让行的可能性的帮助。该计划包括书面警告、行人诱导和发放提示行人事故严重性的宣传单。这项多方面的计划持续了多年,在两个城市的相应街道上,驾驶人给行人让行的可能性也增加了,其效果持续了多年。

加拿大有 3 座城市评估了类似的计划,该计划还包括交通工程措施(Malenfant 和 van Houten,1989)。交通工程措施包括:①设置路面标线和标志,提示驾驶人在远离人行道的地方就让行;②设置提示行人伸出手臂示意要过街的标志;③设置提示行人感谢让行的驾驶人的标志;④在社区设置大型公告板公布每周给行人让行的驾驶人的百分比和记录。这项措施的引入,使给行人让行的驾驶人的百分比大幅增加,行人交通事故数量减少,且这种情况持续了至少一年。

随后,一项在佛罗里达州迈阿密海滩进行的研究,验证了执法在促进行人优先通行方面的有效性,并就驾驶人给行人让行的百分比进行了调查(van Houten 和 Malenfant,2004)。在这项研究中进行了为期两周的集中执法活动,包括对没有给行人让行的驾驶人处以警告和发传票,在实施执法活动的路段,给行人让行的概率上升了,该情况持续了一年。图 25-1 显示了在每个实验条件下,给行人让行的机动车驾驶人百分比。

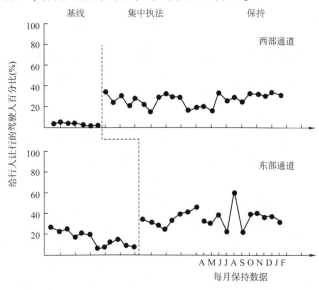

图 25-1　佛罗里达州迈阿密海滩的东西通道上给行人让行的机动车驾驶人百分比
注:图中显示了每周的数据,后续则显示每月代表性日期的数据。

在目标地点开展的这些措施,也使得 12 个没有开展执法活动的推广地点中 10 个地点的让行概率上升。这些结果说明,仅宣传执法活动就能提高给行人让行的机动车驾驶人的百分比。但是,只进行执法所产生的效果比不上那些前人研究中的多层次项目所带来的效果。数据也指出驾驶人-行人矛盾或近距离撞击交通事故的数量随着计划的实施而减少。然而,研究难以解释在基线期两条通道呈下降趋势的数据为何不一致。

虽说对所有影响因素的分析尚未完成,但是很多因素都可以使行人优先执法活动变得有效。第一,计划中应对没有给行人让行这一行为进行客观的定义,可以采用黄色信号相位的信号计时公式来计算是否给行人让行的困境区域,让交警判断出当行人进入人行横道时,驾驶人离人行横道是否有足够的距离可以做出反应并安全停车。如果需要法庭发出传票,这个方法可以给出关键的证据。第二,当行人数量不足时,警察应使用"卧底"行人,这将减少行人的停止时间,增加与驾驶人的接触频率。第三,警察对许多不合作的机动车驾驶人使用警告的频率甚至需要多达 20 次。第四,社区反馈有助于维护社区利益,帮助形成新的社区规范。第五,使用费用较低的工程措施,如设置提前让行或停车标志或从困境区域到人行横道的停车线,这些设施也有助于改善机动车驾驶人的行为,如果在执法活动开始时就设置这些工程措施,这些措施可被视为一个辨别刺激,提醒驾驶人遵守人行横道规章。

最有效的计划是针对机动车驾驶人而非行人行为的,其原因有很多。第一,在许多区域内,与其他法规相比,驾驶人不太遵守行人优先准则。第二,尽管对行人进行安全教育很重要,但是让他们和驾驶人负相同的责任是不公平的。第三,如果驾驶人一直不给人行横道上的行人让行,那么当驾驶人在人行横道上的让路情况不如其他位置路段时,期望行人使用人行横道过街是不合理的。

25.6 关于行人安全的具体问题

25.6.1 遮挡事故

遮挡事故是较严重的交通事故类型之一,因为发生事故前驾驶人和行人互相不能察觉对方。在被遮挡的情况下,由于来不及做出反应,几乎不可能采取躲避行动。这些交通事故很可能造成行人的死亡或伤残。

遮挡事故有两种类型。第一种类型是多重遮挡事故(Snyder,1972)。在这种事故中,多车道道路上的一名机动车驾驶人在车辆行驶到离人行横道非常近时才停车给行人让行。但在下一条行车道上的驾驶人没有看到停下的车前面的行人,于是另一车道的驾驶人就在未减速的情况下撞击了行人。避免遮挡事故的最好办法是移除视野内的遮蔽物。图 25-2 显示了多重遮挡事故的一个例子,图中的行人正在穿过道路,后面的车辆在靠近人行横道时给行人让行,而另一个车道的驾驶人正要超越停住的车辆。

图 25-2 一起多重遮挡事故的示意图

通过比较有人行横道和无人行横道下的情况,证明了多重遮挡事故的严重性。Zegeer、Stewart 和 Huang(2001)对比了美国 30 个城市中的 1000 起有人行横道和 1000 起与之对比的无人行横道的交通事故,发现两者发生交通事故的频率无显著差异,但有一个例外:如果平均日交通量(ADT)超过 12000 辆,且在无人监管的情况下,多车道上有人行横道的事故显著多于无人行横道的交通事故。他们也发现,有人行横道的地区穿过道路的行人更多,而且这些行人多数年龄小于 12 岁或大于 64 岁(在有人行横道的地方穿过道路的超过 70%)。这意味着人行横道给人带来了一种错误的安全感(Herms,1972)。然而,在大量不同的地点对比设置人行横道前后收集到的行为数据的研究否定了这种错觉。这些数据显示,人行横道可稍稍提高行人行为可见的程度(Knoblauch、Nitzburg 和 Seifert,1999)。

当日交通量较高时,多车道上交通事故数量上升的一个原因是多重遮挡事故的发生。尽管公交车和货车会完全遮挡行人,但是运动型多用途车和小型货车的普及也增加了遮挡过街行人视线的车辆百分比,而且儿童和身材矮小的人也会被相对较小的客运车辆完全遮挡住。

Zegeer 等(2001)也发现,在涉及多重遮挡事故时,有人行横道和无人行横道的地点发生的行人交通事故类型存在很大的差异。这与前人的研究证据一致,即与平均日交通量低的道路相比,平均日交通量高的多车道道路的相邻车道更可能有汽车(即潜在过往车辆)驶过,因此更可能发生多重遮挡事故。研究者们建议,平均日交通量高的多车道道路上,不应该只设置人行横道线,而要采取其他交通工程措施来加强人行横道的效果。一种方法是使用交通标志和标线以促使驾驶人在人行横道前让行。

防止发生多重遮挡事故的另外一种方法是设置道路中段交通信号灯。但是,这些信号灯需要达到信号灯设置条件,即有大量行人通过,同时行人交通信号灯也相当昂贵。数据也指出,行人通常违反交通规则,不等绿灯亮就过街。混合型信号灯(正式定义为 HAWK 信号灯)是一种成本较低的中段交通信号替代方案。混合型信号灯对行人的流量要求不高,而且比普通的道路中段信号灯成本稍低。

混合型信号灯在暗相位(无照明灯)时不会亮。行人按下按钮后,信号立即变为短时间闪烁的黄灯,然后变为稳定的黄灯,接着亮红灯 7s,再闪红灯(左右红色信号灯交替闪光)。红灯亮 7s 之后绿灯亮起,在闪红灯期间行人不得通行。Turner、Fitzpatrick、Brewer 和 Park(2006)发现 93%的人会遵从混合型信号灯的指令让行。因为随着行人按下按钮,信号灯就开始工作,所以行人很可能遵从指令。Fitzpatrick 和 Park(2009)对混合型信号灯能否减少多车道上的行人交通事故做了评估。对设置信号灯前后交通事故数量的研究指出,在设置混合型信号灯的地点,混合型信号灯减少了 50%的行人交通事故。

有关文献指出,减少与多重遮挡事故相关的冲突有一个更经济的策略,就是在无人监管的人行横道上设置提前停车线(van Houten,1988;van Houten 和 Malenfant,1992)。这些研究说明了将提前停车线与交通标志结合使用可以使驾驶人在人行横道前 50ft(15.5m)处就让行,并且明显减少了机动车辆和行人间的矛盾冲突,增加了无人监管的多车道道路人行横道处驾驶人给行人让行的概率。这些结果是在有黄色闪光信号灯和无黄色闪光信号灯的人行横道上实验得出的。Van Houten 和 Malenfant 也通过实验证明了结合使用交通标志和标线,比只使用交通标志更有效。

提前停车线的原理是通过减少车辆对行人的遮蔽来提高行人的安全性。当驾驶人在人行横道前提前让路时,会从 3 个方面加强行人安全。第一,让行的车辆不会遮挡邻近车道的驾驶人的视线。第二,让行车辆之后的车辆无法看到让行车辆前面过街的行人,提前停车线降低了后面的行驶车辆超车的可能性。第三,提前停车线降低了不专心驾驶人从后面撞上让行车辆的可能性,避免使让行车辆驶向正在过街的行人(追尾导致车辆前进)。提前停车线也可以为人行横道处的驾驶人提供额外的提示。人行横道醒目程度的增加也可能有助于提高干预的有效性。

虽然研究证明了提前停车线的有效性,而且它在美国和加拿大也逐渐普及使用,但是从技术上来说,在要求驾驶人在人行横道前停车的州设置提前停车线比在要求驾驶人在人行横道前让行的州设置更适当。在要求驾驶人让行而不是停车的州里可以选择使用让行标线。

Van Houten、McCusker 和 Malenfant(2001)采用让行标线和"此处为行人让行"标志来提高人行横道的安全效果。他们发现在设置了提前让行标线和交通标志后,行人与驾驶人的冲突显著减少(减少了67%~87%),远距离让行的驾驶人大幅度增加。他们还发现在人行横道前10m或15m处设置提前让行标线和交通标志,两者没有显著差异,但是在同一位置同时设置标线和标志就使矛盾冲突显著减少。另外,提前停车线或让行标线不管何时设置,都必须通过设置适当的标志的方式,禁止在标志和人行横道之间停车。

由 van Houten、McCusker、Huybers、Malenfant 和 Rice-Smith(2003)所做的另一项研究评估了设置在24个地点的提前让行标线的效果。这项干预包括以下措施:设置指示驾驶人在人行横道前让行的标线,并用黄绿色荧光板取代人行横道标志。研究者在一些地点记录驾驶人和行人行为(12个城市和12个农村),其中发生了一些驾驶人和行人间的冲突,包括回避行为、远距离停车让行以及让行的驾驶人百分比。在有提前让行标线和"此处为行人让行"标志的两种条件下,行人和驾驶人之间的回避冲突(Evasive Conflicts)会显著减少。提前让行标线和"此处为行人让行"标志组的矛盾冲突从11.1%下降到2.7%,同时使用两种标志再加上黄绿色荧光行人标志,其矛盾冲突从12.8%下降到2.3%。控制组和黄绿色荧光标志组的冲突数量没有改变。因此,将行人标志改为黄绿色荧光板不能减少机动车辆和行人之间的冲突,除非将黄绿色荧光板与提前让行标线结合起来,否则用普通的标志牌不会增加什么效果。

数据显示,使用提前让行标线和"此处为行人让行"标志使让行驾驶人的百分比小幅增加,但是控制组和黄绿色荧光标志组没有变化。在设置提前让行标线的条件下,在距离大于3m处让行的驾驶人平均百分比上升,而控制组或黄绿色荧光标志组没有变化。在距离大于6m处让行的驾驶人比例同样也上升了。后续测试发现,这些变化在干预后持续了6个月。

Huybers、van Houten 和 Malenfant(2004)采用平衡序列法验证了单独使用"此处为行人让行"标志的效果、单独使用提前让行标线的效果,以及两者混合使用的效果。他们发现"此处为行人让行"标志使矛盾冲突小幅减少,使让行距离小幅上升。人行横道标线的增设进一步改善了矛盾冲突和让行距离。但是,单独使用提前让行人行横道标线显著减少了矛盾冲突,增加了让行距离,相比较起来,"此处为行人让行"标志并没有这么好的效果。这个分析证实了标线是最重要的干预要素。但是,由于在其他地方这些标线是与标志一同使用的,所以在向驾驶人首次介绍标志时需要先教会他们理解标线。

增加多车道上的让行距离还有其他措施,如在人行横道标志底部安装黄色矩形快速闪光灯(RRFB)(Shurbutt、van Houten、Turner 和 Huitema,2009;van Houten、Ellis 和 Marmolejo,2008)。这个装置配有成对的高强度 LED 信号灯,它们以"断续闪光模式"闪烁,其亮度与急救车的车灯相似。在通电的情况下,左边的 LED 灯慢速闪两次(每次闪烁亮124ms,暗76ms)。之后右边的 LED 灯快速闪烁4次(每次闪烁亮25ms,暗25ms),接着有一次更长的闪烁,持续200ms。以上研究都指出 RRFB 可以显著增加多车道人行横道前的让行行为,在提前让行标线上增设 RRFB 后可以使驾驶人的让行距离更远。

Van Houten 等(2008)的研究结果证明,RRFB 显著增加了分段式过街人行横道和普通人行横道的让行概率。研究者运用有意安排行人的方法(如由一个研究助手扮演行人)来确定让行水平,评估改善让行行为措施的有效性,经过验证得出了与上述研究相似的结果。从中发现地方居民的让行概率稍稍高于有意安排的行人,因为地方居民过街时通常比研究助手更加自信。研究助手在过街时会严格遵守交通规则。使用 RRFB 也明显减少了两个干预地点的驾驶人与行人间的回避冲突。虽然,在干预前和干预期间,这两个地点都设置了提前让行标线,但是在一个地点,超过标线停车的驾驶人百分比明显上升,而在进行 RRFB 干预时另一个地点无变化。但不幸的是,没有收集设置提前让行标线前的数据,所以无法确定在这些地点单独使用这些标志或标线时的效果。

另一个效果是,因过街而被困在路中间的行人百分比从 44% 显著减少至 0.5%(van Houten 等,2008)。显然,让行概率提高使行人被困于人行横道的概率减少。由于车辆不让行,行人迫于无奈穿过繁忙的街道,通常在道路的前半部分就被困住。行人一旦被前后穿行的车辆卡在中间,就可能感到不舒服,更难找到一个恰当的时机再穿过道路。使用 RRFB 可以减少人行横道上被困行人的百分比。

为什么 RRFB 装置在提高让行概率和让行车距方面如此有效,一个原因是断续的闪光很醒目,还有一个原因是闪光信号灯与行人标志相关,这提供了一个明确的行人正在过街的区别性刺激。

在第二项研究中,Shurbutt 等(2009)评估了美国 3 个地区的 24 个地点设置 RRFB 的效果。该装置显著而持续地增加了所有地点的让行概率。他们的研究,对佛罗里达州彼得斯堡的 19 个多车道人行道上安装的 RRFB 效果进行了为期 2 年的评估。RRFB 系统的引入使这些地点的让行概率从 2% 上升至 81%,且在设置了 RRFB 后,这种效果持续了 2 年。后来在华盛顿的一个地点和芝加哥郊区的几个地点也做了评估,由于这些地点是最后接受干预的,没有收集到 2 年期的跟踪数据,尽管如此,在该处设置的设施对让行行为改善的效果与其他地点没有显著差异。夜间对该系统的评估(只在 3 个地点收集到夜间数据)得到更显著的结果:3 个地点初始平均让行概率低于 5%,在使用 RRFB 后,让行概率大大超过 90%。

Shurbutt 等(2009)也比较了道路右侧每个标志下的 RRFB(2 信号灯系统)和道路两侧与道路中间的中央岛设置的 RRFB(4 信号灯系统)。比较的结果说明,当初始的让行概率为 18% 时,设置 4 信号灯系统后的让行概率(89%)高于 2 信号灯系统(82%)。

研究将一个地点人行道标志上的 RRFB 与吊顶式标准白炽黄色闪光信号灯做了比较,将另一个地点的 RRFB 与侧装式标准白炽黄色闪光信号灯也做了比较(Shurbutt 等,2009)。吊顶式信号灯使让行概率从 11% 提高到了 16%,而相同地点的 RRFB 则使让行概率提高到了 88%。在另一个地点中,侧装式信号灯使让行概率从 0% 提高到了 15%,而 RRFB 使让行概率提高到了 87%。这些结果说明,RRFB 比传统的黄色闪光信号灯更有效。

研究还有一个有趣的发现,当设置传统信号灯时,让行距离会下降,而设置 RRFB 时,让行距离会显著增加(Shurbutt 等,2009)。这个发现是很重要的,因为提高让行距离会减少视觉遮挡,从而减少多重遮挡事故。

第二种类型的多重遮挡事故是一个行人从停着的车后或者路面其他遮挡物后走出,驾驶人未注意到行人而发生事故。由于几乎在任何容许停车的地点,行人都可以在停着的车辆间走过去,所以更难使用技术来减少事故的发生。这种类型的事故最好通过教育干预来预防。Preusser 和 Blomberg(1984)的研究发现,通过实施针对儿童的社区教育计划,可以减少这种多重遮挡事故发生的频率。关键之处在于,让行人学会从一辆车前面走过之前停一停、看一看,以免因为车辆挡住了行人的视线使之没有看到后面正在驶过的车而发生多重遮挡事故。假设反应时为 1s,步行速度为 4ft/s(约合 1.2m/s),如果一个行人在遮挡车辆前面走过,等他/她看到后面驶来的车辆时,已经来不及做出躲避的反应了。

25.6.2 交通信号灯事故

大约有37%的行人伤残事故和20%的行人死亡事故发生在交叉口处(DOT,1996)。研究指出,行人为了赶时间会闯红灯(Braun 和 Roddin,1978;Virkler,1998)。影响行人闯红灯的因素有许多,包括:道路是否为单行道,车辆间出现空隙的频率,车辆拥堵的程度,有无中央交通岛,公路的宽度,车道的数量,车速和天气状况等。从本质上说,人们会为了赶时间和避免延误时间而冒险,延误太长时间会使人们做出违反交通规则的行为或产生违反交通规则的动机。

Van Houten、Ellis 和 Kim(2007)发现,大多数行人在穿过交通流量大、车辆间距小的多车道人行横道时会等绿灯。他们对两处有交通信号灯的人行横道进行了参数检验,通过改变最短绿灯时间,研究者发现闯红灯现象随着行人延误的增加而增加。当最短绿灯时间设置为30s时,闯红灯的现象最少。如果行人必须要等绿灯1min,会有大约20%的行人闯红灯,如果必须要等2min,会有大约40%的行人闯红灯。他们也发现,行人延误的时间越长,被困于道路中间的百分比越大,当等绿灯的时间为30s时,没有行人被困于道路中间,当等待时间达到2min时,有23%的行人被困。该实验的结果如图25-3所示。

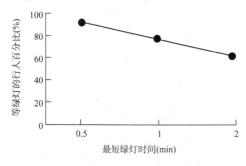

图25-3 不同最短绿灯时间下的等绿灯行人百分比

这些数据表明,如果保持较短的等待时间,可以让行人更加遵从信号灯的管制。它们还表明,信号周期延长的趋势[《交通控制装置手册》(*Manual of Traffic Control Devices*)中增加了行人的过街时间,从而增加了整个周期的长度],可能会对行人遵从管制的意愿产生负面影响。

信号灯影响安全性的另一个变量是倒计时信号灯的使用。数个研究证明,矛盾冲突或事故的减少与安装倒计时信号灯有关(Eccles 等,2007;Markowitz 等,2006)。倒计时信号灯的主要价值在于它们能清楚地告知行人是否来得及过街,让行人调整过街的速度,这样不至于当信号灯改变时被困于交叉口处。倒计时信号灯也增加了每一个周期过街的人数,从而可能减少闯红灯的人数。

与交通信号灯有关的主要事故类型是行人被转弯车辆撞击。减少这些事故的办法之一是提高行人对转弯车辆的注意。在大城市,这些交叉口交通事故可能占行人交通事故的25%(Preusser、Wells、Williams 和 Weinstein,2002)。Retting、van Houten、Malenfant、van Houten 和 Farmer(1996)将提醒人们潜在威胁的来源方向并促使行人注意转弯车辆的标志,与在人行横道边上的"注意转弯车辆"标记做了对比研究,同时还比较了在几个地点使用不同的指导语,并比较单独使用和混合使用两者的效果。结果指出,单独使用标志和标记都会增加交通行为的正确率,并减少矛盾冲突,而混合使用标志和标记可以使矛盾冲突最小化。跟踪研究指出,在设置这些措施11个月后,收集到的数据说明上述效果依然存在。

一项跟踪研究验证了提醒行人在无障碍行人信号灯下注意转弯车辆的声音警告的效果

(van Houten、Malenfant、van Houten 和 Retting,1998)。该研究结果指出,声音信号可以促使行人采取正确的交通行为,并几乎消除了行人-车辆矛盾冲突。看起来声音信息似乎可以给行人足够的时间对转弯车辆做出反应。数据也指出,孩子的声音比大人的声音对于提高注意力更有效。

另外,还可以使用行人信号灯来提高行人对转弯车辆的注意力。Van Houten、Retting、van Houten、Farmer 和 Malenfant(1999)使用绿色的眼睛动画指示作为行走信号的一部分。这个动画设置在绿灯指示的起始,在绿灯亮起的前2.5s对左右进行扫视。设置扫视眼动画可以在绿灯刚亮时使不注意转弯车辆的行人百分比从29%显著降低到3%,使矛盾冲突的百分比从2.7%降低到0.5%。每过9.5s,扫视眼动画就运作一次,这样可以使绿灯亮起后到达交叉口但没有注意到转弯车辆的行人百分比从17%降低到2.5%,并将矛盾冲突从2.5%降低到0.3%。Van Houten、Malenfant 和 Steiner(2001)进一步验证了在不同交叉口不同时间播放扫视眼动画的有效性。他们发现,扫视眼动画能够有效引起人们的注意,减少交叉口处的矛盾冲突,这些交叉口有的在两个街道间的单行道上,或街道一边的单行道上,或街道另一边的双行道上,还有的在两侧街道间的双行道上。第二个和第三个实验验证了间歇性使用扫视眼动画的有效性。结果指出,在绿灯亮的全过程中不断使用扫视眼动画,其效果不如开启3.5s、关闭3.5s这样交替使用的效果好。但是,开启3.5s、关闭3.5s的效果又好于开启3.5s、关闭7s的效果。

研究也验证了提高转弯车辆的驾驶人给行人让行概率的措施是否有效(Abdulsattar、Tarawneh、McCoy 和 Kachman,1996;Karkee、Pulugurtha 和 Nambisan,2006)。这些研究都显示,在设置了这些标志物后,转弯车辆和行人间的矛盾冲突减少了。

提高与信号灯有关的交通安全性的一个工程方法是及时将行人与转弯车辆分开。其中一种方法是采用行人专用周期(Bechtel、MacLeod 和 Ragland,2004;Garder,1989)。行人专用周期指在给行人放行时,使所有车辆停车。行人专用周期也允许行人斜着过街。Bechtel 等对加利福尼亚州奥克兰的一个非常繁忙的交叉口做了分析,分析的内容是将信号灯改为行人专用信号灯以后行人-车辆的矛盾冲突和行人违反交通规则的情况。结果显示,矛盾冲突减少了,但是行人违反信号灯事件却增加了。增加的违反交通规则的事件包括行人与行驶的车辆并行以及任意穿过交叉口路段。Kattan、Acharjee 和 Tay(2010)的研究成果也发现了与之类似的结果,他们的研究地点在加拿大的卡尔加里、亚伯达两地的两个繁忙的交叉口。Garder 也报告了在瑞典研究的类似结果。未来的研究应该验证行人专用信号灯对行人事故率的影响。

研究发现,还可以使用行人优先相位,通过先给行人放行,再给驾驶人放行,来实现行人和转弯车辆的暂时性分离(van Houten、Retting、Farmer、van Houten 和 Malenfant,2000)。行人优先相位将全红信号相位延长一个短间隔(通常是3s或4s)。在此期间,行人会接收到专用步行通道指示。如果红灯期间禁止右转,行人在红灯的前3s或4s内不受所有转弯车辆的威胁。如果红灯期间允许右转,行人不受左转车辆的威胁,而右转车辆的威胁较小,因为当信号灯为红色时,右转车辆需要在右转前完全停止。Van Houten 等发现,使用3s或4s的行人优先相位提高了行人在车辆放行之前进入人行横道的可见度。Van Houten 等的数据显示,在车辆被放行之前,行人平均能够走到第一条车道的3/4。行人优先相位可以显著降低行人-车辆矛盾冲突,大大减少了在交叉口处采用停住等待或招手让车辆通过的方式给驾驶人让行的行人百分比。另一个研究强烈支持在交叉口处增加行人优先相位,以减少交通事故的发生。Fayish 和 Gross(2010)发现,实施3s 行人优先相位将被干预的交叉口处的行人交通事故减少了 59%。

提高与信号灯有关的行人安全性的另一种方法是通过设置距离大于 4ft(1.22m)的停车线,增加行人和驾驶人间的物理间隔。将停车线后移也可以减少货车和行人间的交通事故。在信号灯控制的交叉口处所发生的与货车相关的行人交通事故,比其他任何类型车辆所发生的交通事故更可能导致死亡(Retting,1993)。大多数被货车撞到的年龄大于 60 岁的老年行人,都是在过街时由于另外一个方向的绿灯亮起而被撞。Retting 指出,这些事故的主要原因是货车的视野不好,盲区过大,驾驶人难以发现在盲区行走的行人。减少这一类型事故的简单对策是将停车线与信号灯的最短距离从 4ft(1.22m)延到 20ft(6.10m)。延长停车线后,停止线前的空间变大,可让驾驶人更清楚地看到正在过街的行人(Retting 和 van Houten,2000)。Retting 和 van Houten 研究了 4 个交叉口处的行人通过情况,发现将停车线后移可以使占用人行横道通过的驾驶人比例从 25% 下降到 7%,并使更多驾驶人在人行横道前远距离停下车辆。数据也指出,将停车线从人行横道前 4ft(1.22m)移到人行横道前 20ft(6.10m)后,在绿灯阶段从车辆起动到第一辆车到达交叉口,相差的时间增加了 0.75s,具有统计学上的显著意义。这一时间的增加对所有道路使用者都有益处,可以减少由闯红灯的车辆造成的交通事故风险。

鼓励行人在过街前等待放行信号也可以提高行人的安全性。目前,大多数行人按钮没有给行人按压按钮的反馈,但市场上已经出现了提供声音反馈的按钮。当人们按下按钮时,LED 灯稳定亮起,伴随一声咔嗒声或某种音调。Van Houten、Ellis、Sanda 和 Kim(2006)对两个交叉口处的呼叫按钮做了评估,评估方法采用多基线设计。他们发现,添加反馈机制一段时间后,使用按钮的行人增加了,违反信号灯指示的行人减少了。确定显示倒计时直到显示屏上显示"通行"指示是否可以使人们更加遵守交通信号灯的指示应该很有趣。

25.6.3 无信号灯控制人行横道上的事故

针对无信号灯控制人行横道,人们开发了提高让行概率的干预措施。在遮挡事故的讨论部分提到两个非常有效的对策,即 RRFB 和混合型信号灯。但是,在所有人行横道上,特别是在每个方向上只穿过一条车道的人行横道上安装这些昂贵的装置是不可行的。在这种类型的人行横道上,有一个被证明有效的措施是在街道上设置"州法律:给行人让行"的标志。这些细长的标志需要放置在人行横道的道路中心线上。Huang、Zegeer 和 Nassi(2000)发现这些标志提高了给行人让行的驾驶人百分比。

Ellis、van Houten 和 Kim(2007)确定了这些标志的最佳安放位置。他们选择佛罗里达州迈阿密海滩的 3 个地点,比较了在人行横道上、人行横道前 20ft(6.10m)处和人行横道前 40ft(12.2m)处分别放置标志的效果。实验采用抵消平衡多因素设计。图 25-4 中的数据显示,在人行横道上设置标志是最有效的。有趣的是,它还指出在 3 个地点放置标志不如在人行横道上单独放置标志来得有效。虽然放置在人行横道上的标志使让行概率从 29% 提高到了 71%,使被困在道路中间的行人百分比从 5% 下降到 0%,但是这些放置的标志经常会被转弯的货车撞倒,只能在相当短的时间内起作用。这种措施最适用于有二次过街设施的人行横道或很少有大型货车转弯通过的人行横道。

要提高给行人让行的驾驶人比例,还有另一种办法,即让行人向驾驶人发出他们要过街的信号。Crowley-Koch、van Houten 和 Lim(2011)比较了 4 个城市的 10 条人行横道上行人示意对驾驶人让行的影响。他们比较了举起手臂示意和仅站在人行道上伸出手臂这两种动作对驾驶人让行行为的作用。举起手臂和伸出手臂这两种方法带来

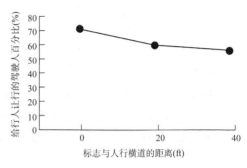

图 25-4 不同标志与人行横道的距离下的给行人让行的驾驶人百分比

的让行行为都好于不给驾驶人任何信号就过街。在所有地点,行人举起手臂所引起的让行行为最多。

25.6.4 提高有视觉障碍的行人的安全性

Williams、van Houten、Ferroro 和 Blasch(2005)比较了两种类型的便捷信号灯(Accessible Pedestrian Signal, APS)对 24 个全盲行人过街成功率的影响。一组使用铃声加震动按钮接收过街信号,称为信号组。另一组使用手持接收器,接收快速编码的行走指示信息和停止指示信息,称为接收器组。在红灯亮期间,手持接收器会反复播放"等待"的语言信息;在绿灯亮期间,它会反复播放"小心行走"的语言信息。控制组在过街时采用的是标准行走(听取周围车辆声音,用手杖过街),不使用便捷信号灯。接收器组的过街起步时间显著短于信号组和控制组的起步时间。起步后,接收器组和信号组在穿过道路的时间上没有显著差异,而且使用两种便捷信号灯的实验组过街效果都优于控制组。使用便捷行人信号灯装置的行人所错过的过街信号相位数量明显少于没有使用 APS 装置过街的行人,而且两种便捷信号灯实验组错过的信号相位数量之间没有差异。

有了 APS,视力受损的行人就能确定信号灯的位置。如果所有的按钮都安置在每个交叉口的相同位置,定位信号灯就更容易了。帮助有视觉障碍的行人找到信号灯按钮的另一个办法是使用音频定位器。Scott、Myers、Barlow 和 Bentzen(2005)评估了音频定位器的效果。为了帮助视觉障碍的行人,他们研究比较了按钮定位和行走声音指示在判断两条道路中是否设有行走指示的效果。当音频定位器每秒发出 10 次咔嗒声时,行人的判断会更准确。告知行人哪个人行横道有行走指示的语言信息,其效果也优于在过街前听到两种不同的声音。研究也指出,按钮的位置应当与外围的人行横道线对齐安置,且每个安装杆的位置都要靠近道路边,这样视力受损的行人能最快地找到按钮。

25.7 小结

行人是易受伤害的道路使用者,所以研究提高行人行走安全性的方法十分关键。提高行人安全性的一个方法是教育驾驶人和行人遵守道路交通规则,要求驾驶人注意行人和要求行人在过街时注意驾驶人,这两者同样重要。新技术,如混合型信号灯、RRFB 和提前让行

标线,有助于减少较严重的事故类型之一——多重遮挡事故。设置倒计时信号灯和行人优先标志有助于对过街的行人起到保护作用。同时,缩减行人等待的时间也可以使他们更加遵守交通信号指示。另外,教育和执法也可以促进人们遵守行人优先法律。在市区减速行驶可以降低行人事故的发生率和严重性。值得注意的是,在大多数驾驶人超速行驶的地区,道路设计是有缺陷的。交通慢行措施大概是弥补这些设计缺陷的最好办法。交通慢行可以通过降低车速来提高行人的安全性。当车辆慢速行驶时,驾驶人和行人会有更多的时间对突发情况做出反应,降低行人事故的严重性。

本章参考文献

ABDULSATTAR N A, TARAWNEH M S, MCCOY P T, et al, 1996. Effect on vehicle: pedestrian conflicts of "Turning Traffic Must Yield to Pedestrians" sign[J]. Transportation Research Record, 1553: 38-45.

BECHTEL A K, MACLEOD K E, RAGLAND D R, 2004. Pedestrian scramble signal in Chinatown neighborhood of Oakland, California: An evaluation[J]. Transportation Research Record, 1878: 19-26.

BLOMBERG R D, PREUSSER D F, HALE A, et al, 1979. A comparison of alcohol involvement in pedestrians and pedestrian casualties: Final report to the National Highway Traffic Safety Administration. (Report No. ED 79-11) [R]. Darien, CT: Dunlap and Associates.

BRAUN R, RODDIN M, 1978. Quantifying the benefits of separating pedestrians and vehicles. (NCHRP Report No. 189) [R]. Washington, DC: Transportation Research Board.

CLAYTON A B, COLGAN M A, TUNBRIDGE R J, 2000. The role of the drinking pedestrian in traffic accidents[R]. Birmingham: British Institute of Traffic Education Research.

CROWLEY-KOCH B, VAN HOUTEN R, LIM E, 2011. Pedestrians prompt motorists to yield at crosswalks[J]. Journal of Applied Behavior Analysis, 44: 121-126.

DELHOMME P, VAA T, MEYER T, et al, 1999. Evaluated road safety media campaigns: An overview of 265 evaluated campaigns and some meta-analysis on accidents. (EC, Deliverable 4. Gadget project. Contract No. RO-97-SC. 2235) [R]. Arcueil: INRETS.

ECCLES K A, TAO R, MANGUM B C, 2007. Evaluation of pedestrian signals in Montgomery County, Maryland[J]. Transportation Research Record, 1878: 36-41.

ELLIS R, VAN HOUTEN R, KIM J L, 2007. In-roadway "Yield to Pedestrians" signs: Placement distance and motorist yielding[J]. Transportation Research Record, 2002: 84-89.

FAYISH A C, GROSS F, 2010. Safety effectiveness of leading pedestrian intervals evaluated by a before-after study with comparison groups[J]. Transportation Research Record, 2198: 15-22.

FITZPATRICK K, PARK E S, 2009. Safety effectiveness of HAWK pedestrian treatment[J]. Transportation Research Record, 2140: 214-223.

GARDER P, 1989. Pedestrian safety at traffic signals: A study carried out with the help of a traffic conflicts technique[J]. Accident Analysis and Prevention, 21: 435-444.

HAFEZ-ALAVI S, 2007. Analyzing raised crosswalks dimensions influence on speed reduction in urban streets[C]. Paper presented at the third Urban Street Symposium, Seattle, Washington.

HERMS B, 1972. Pedestrian crosswalk study: Accidents in painted and unpainted crosswalks [J]. (No. 406). Washington, DC: Transportation Research Board.

HUANG H, ZEGEER C, NASSI R, 2000. Effects of innovative pedestrian signs at unsignalized locations: Three treatments[J]. Transportation Research Record, 1705: 43-52.

HUYBERS A, VAN HOUTEN R, MALENFANT J E L, 2004. Reducing conflicts between motor vehicles and pedestrians: The separate and combined effects[J]. Journal of Applied Behavior Analysis, 37: 445-456.

KARKEE G, PULUGURTHA S S, NAMBISAN S, 2006. Evaluating the effectiveness of "Turning Traffic Must Yield to Pedestrians (R 10-15)" sign[M]. American Society of Civil Engineers Proceedings 400-405.

KATTAN L, ACHARJEE S, TAY R, 2010. Pedestrian scramble operations[J]. Transportation Research Record, 2140: 79-84.

KNOBLAUCH R L, NITZBURG M, SEIFERT R L, 1999. Pedestrian crosswalk case studies [R]. Philadelphia: Center for Applied Research, for the Federal Highway Administration.

LEIBOWITZ H W, OWENS D A, TYRRELL R A, 1998. The assured clear distance ahead rule: Implications for traffic safety and the law[J]. Accident Analysis and Prevention, 30: 93-99.

MALENFANT L, VAN HOUTEN R, 1989. Increasing the percentage of drivers yielding to pedestrians in three Canadian cities with a multifaceted safety program[J]. Health Education Research, 5: 274-279.

MARKOWITZ F, SCIORTINO S, FLECK J L, et al, 2006. Pedestrian countdown signals: Experience with an extensive pilot installation[J]. ITE Journal, 76: 43-48.

OSTROM M, ERIKSSON A, 2001. Pedestrian fatalities and alcohol[J]. Accident Analysis and Prevention, 33: 173-180.

PREUSSER D F, BLOMBERG R D, 1984. Reducing child pedestrian accidents through public education[J]. Journal of Safety Research, 15: 47-56.

PREUSSER D F, LUND A K, 1988. And keep on looking: A film to reduce pedestrian crashes among 9 to 12 years old[J]. Journal of Safety Research, 19: 177-185.

PREUSSER D F, WELLS J K, WILLIAMS A F, et al, 2002. Pedestrian crashes in Washington, DC and Baltimore[J]. Accident Analysis and Prevention, 34: 703-710.

Retting R A, 1993. A study of fatal crashes involving pedestrians and trucks in four cities[J]. Journal of Safety Research, 24: 195-203.

RETTING R A, FERGUSON S A, MCCARTT A T, 2003. A review of evidence-based traffic engineering measures designed to reduce pedestrian-motor vehicle crashes[J]. American Journal of Public Health, 93: 1456-1463.

RETTING R A, VAN HOUTEN R, 2000. Safety benefits of advance stop lines at signaled intersections: Results of a field evaluation[J]. ITE Journal, 70: 47-54.

RETTING R A, VAN HOUTEN R, MALENFANT L, et al, 1996. Special signs and pavement markings improve pedestrian safety[J]. ITE Journal, 66: 28-35.

RUMAR K, 1990. The basic driver error: Late detection[J]. Ergonomics, 32: 1281-1290.

SCHERER M, FREIDMANN R, ROLIDER A, et al, 1985. The effects of saturation enforcement campaign on speeding in Haifa, Israel[J]. Journal of Police Science and Administration, 12: 425-430.

SCOTT A C, MYERS L, BARLOW J M, et al, 2005. Accessible pedestrian signals: The effect of push-button location and audible "Walk" indications on pedestrian behavior [J]. Transportation Research Record, 1939: 69-76.

SHURBUTT J, VAN HOUTEN R, TURNER S, et al, 2009. An analysis of the effects of stutter flash LED beacons to increase yielding to pedestrians using multilane crosswalks [J]. Transportation Research Record, 2073, 69-78.

SNYDER M B, 1972. Traffic engineering for pedestrian safety: Some new data and solutions[J]. Highway Research Record, 406: 21-27.

TESTER J M, RUTHERFORD G W, WALD Z, et al, 2004. A matched case control study evaluating the effectiveness of speed humps in reducing child pedestrian injuries[J]. American Journal of Public Health, 94: 646-650.

TURNER S, FITZPATRICK K, BREWER M, et al, 2006. Motorist yielding to pedestrians at unsignalized intersections: Findings from a national study on improving pedestrian safety[J]. Transportation Research Record, 1982: 1-12.

U. S. Department of Transportation, 1996. Traffic safety facts, 1995 (DOT HS 808 471) [R]. Washington, DC: National Highway Traffic Safety Administration.

U. S. Department of Transportation, 2008. Traffic safety facts, 2005 (DOT HS 811 163) [R]. Washington, DC: National Highway Transportation Safety Administration.

VAN HOUTEN R, 1988. The effects of advance stop lines and sign prompts on pedestrian safety in crosswalk on a multilane highway[J]. Journal of Applied Behavior Analysis, 21: 245-251.

VAN HOUTEN R, 1998. How to use prompts[M]. Austin: Pro Ed.

VAN HOUTEN R, ELLIS R, KIM J L, 2007. Effects of various minimum green times on percentage of pedestrians waiting for midblock "Walk" signal[J]. Transportation Research Record, 2002: 78-83.

VAN HOUTEN R, ELLIS R, MARMOLEJO E, 2008. The use of stutter flash LED beacons to increase yielding to pedestrians at crosswalks[J]. Transportation Research Record, 2073: 69-78.

VAN HOUTEN R, ELLIS R, SANDA J, et al, 2006. Pedestrian push button confirmation increases call button usage and compliance [J]. Transportation Research Record, 1982: 99-103.

VAN HOUTEN R, MALENFANT J E L, 2004. Effects of a driver enforcement program on yielding to pedestrians[J]. Journal of Applied Behavior Analysis, 37: 351-363.

VAN HOUTEN R, MALENFANT J E L, STEINER R, 2001. Scanning "eyes" symbol as part of the Walk signal: Examination across several intersection geometries and timing parameters[J]. Transportation Research Record, 1773: 75-81.

VAN HOUTEN R, MALENFANT L, 1992. The influence of signs prompting motorists to yield 50 feet (15.5 m) before marked cross-walks on motor vehicle-pedestrian conflicts at crosswalks with pedestrian activated flashing lights[J]. Accident Analysis and Prevention, 24: 217-225.

VAN HOUTEN R, MALENFANT L, ROLIDER A, 1985. Increasing driver yielding and pedestrian signalling with prompting, feedback and enforcement[J]. Journal of Applied Behavior Analysis, 18: 103-115.

VAN HOUTEN R, MALENFANT L, VAN HOUTEN J, et al, 1998. Auditory pedestrian signals increase pedestrian observing behavior and reduce conflicts at a signalized intersection[J]. Transportation Research Record, 1578: 20-22.

VAN HOUTEN R, MCCUSKER D, HUYBERS S, et al, 2003. An examination of the use of advance yield markings and fluorescent yellow green RA 4 signs at crosswalks with uncontrolled approaches[J]. Transportation Research Record, 1818: 119-124.

VAN HOUTEN R, MCCUSKER D, MALENFANT J E L, 2001. Reducing motor vehicle-pedestrian conflicts at multilane crosswalks with uncontrolled approach[J]. Transportation Research Record, 1773: 69-74.

VAN HOUTEN R, NAU P A, 1981. A comparison of public posting and increased police surveillance on highway speeding[J]. Journal of Applied Behavior Analysis, 14: 261-271.

VAN HOUTEN R, NAU P A, 1983. Feedback intervention, and driving speed: A parametric and comparative analysis[J]. Journal of Applied Behavior Analysis, 16: 253-281.

VAN HOUTEN R, RETTING R A, FARMER C M, et al, 2000. Field evaluation of a leading pedestrian interval signal phase at three suburban intersections[J]. Transportation Research Record, 1734: 86-91.

VAN HOUTEN R, RETTING R A, VAN HOUTEN J, et al, 1999. The use of animation in LED pedestrian signals to improve pedestrian safety[J]. ITE Journal, 69: 30-38.

VAN HOUTEN R, ROLIDER A, NAU P A, et al, 1985. Large-scale reductions in speeding and accidents in Canada and Israel: A behavioral ecological perspective[J]. Journal of Applied Behavior Analysis, 18: 87-93.

VIRKLER M R, 1998. Pedestrian compliance effects on signal delay[J]. Transportation Research Record, 1636: 88-91.

WILLIAMS M D, VAN HOUTEN R, FERRORO J, et al, 2005. Field comparison of two types of accessible pedestrian signals[J]. Transportation Research Record, 1939: 91-98.

WILSON R J, FANG M, 2000. Alcohol and drug impaired pedestrians killed or injured in motor vehicle collisions[C]. Paper presented at the 15th International Conference on Alcohol, Drugs and Traffic Safety.

WOOD J M, TYRRELL R A, CARBERRY T P, 2005. Limitations in drivers' ability to recognize pedestrians at night[J]. Human Factors, 47: 644-653.

ZAIDEL D, HAKKERT A S, PISTINER A H, 1992. A matched case-control study evaluating the effectiveness of speed humps in reducing child pedestrian injuries[J]. Accident Analysis and Prevention, 24-56.

ZEGEER C V, STEWART J R, HUANG H, 2001. Safety effects of marked versus unmarked crosswalks at uncontrolled locations: Analysis of pedestrian crashes in 30 cities [J]. Transportation Research Record, 1773: 56-68.

ZHU M, CUMMINGS P, CHU H, et al, 2008. Urban and rural variation in walking patterns and pedestrian crashes[J]. Injury Prevention, 14: 377-380.

第26章 自行车骑行者

伊恩·沃克(Ian Walker)
英国,巴斯,巴斯大学(University of Bath,Bath,UK)

26.1 引言

先前,一位工程师同事向我询问了手机对驾驶人分心的影响。我能够为他提供这一问题的详细答案,其中充满了对已发表研究的引用。我的答案不仅回答了他的问题,还探讨了围绕这个问题的各种微妙之处:从我阅读的文献来看,我可以把每个阶段掰开揉碎来讲解,向他解释使用手机通话这一行为中哪些部分最影响驾驶。我告诉了他一些我对这些问题的想法,这些想法有关于这些影响是如何产生的,以及通话对驾驶人的安全等方面可能产生的影响。

相比之下,第二天一位自行车运动倡导人士问了我几个关于自行车安全问题的不同问题,我被迫回以同样的答案:"我不知道,目前没有研究证据回答这些问题。"我提到这一点是为了帮助解释本章的研究范围。我最初的写作目的是总结自行车研究的最新进展。然而,经过深思熟虑后,我发现,目前还没有一个关于自行车骑行的明确定义。在自行车研究的大部分方面,我们目前所能掌握的,是一些有关自行车骑行的建议。目前学界尚没有一个完整的、有关自行车骑行的理论出现。

长期以来,交通研究团体把注意力更多地集中在驾驶上,而不是骑行上,这在很大程度上是可以理解的,在大多数国家,驾驶的人数看起来比骑行的人数多很多,驾车在大多数人的生活中的作用更重要。但是,由于西方人口已经高度城市化,而且城市化程度还将继续加深,我很难想象一个(非反乌托邦的)未来:自行车在交通中的重要性没有增加。我担心,当更多人开始意识到人力交通工具对解决交通和健康问题的价值,并因此鼓励更多人骑自行车时,他们会像我无法回答其问题的自行车运动倡导人士一样,发现没有证据来证明自行车的使用现状需要改变。

我预测未来自行车会变得越来越重要,当然,众所周知这很困难。在19世纪50年代和60年代时,我们很容易嘲笑那些想象自己当时能坐着喷气式飞机上下班、在月球上的第二个家里度周末的人。然而,我认为,那些预言之下的精神,特别是技术的进步会带来更好的生活这一信念,依然主导着交通的发展,使其达到了一种实际上不健康的程度。如果问用什么方法解决由私家车引起的各种困境,大多数的人还是会用下列的方法:制造和推广更好的汽车。他们希望未来可以驾驶使用无污染燃料的汽车,并通过科技更好地了解周围的环境,从而能够预见风险和管理风险。很少有人认为,未来,我们将通过减少驾驶汽车来解决目前遇到的问题。

但是减少驾驶汽车出行来改善交通环境是一个必须考虑的解决方案。即使汽车是被魔法力量驱动的,能够在没有燃料的情况下永远运作下去,而且绝不会发生交通事故,人们还是会因为基本的设计缺陷而付出代价。我们所假定的无污染、无碰撞的汽车还是会使道路堵塞,还是会使我们的市区景色变得杂乱无章,还是会鼓励规划城市的扩建,还是无法为人们提供必需的身体锻炼。最后一点也许是最重要的。几千年来,人类的身体没有任何显著的变化,目前看来也不会很快改变。众所周知,我们现在的生活方式需要更多的身体锻炼,在许多情况下,积极用人力进行交通出行是人们获得锻炼的最佳方法(Morris,1994;Ogilvie、Egan、Hamilton和Petticrew,2004)。如果我们的短途出行足够多,即使只是在一些出行中使用人力交通工具,都会给许多人提供他们需要的所有锻炼。即使是在短途出行无法提供足够锻炼的情况下,它们也会使人们从每周锻炼过少变为锻炼充足(Tudor-Locke、Ainsworth和Popkin,2001;Tudor-Locke、Neff、Ainsworth、Addy和Popkin,2002)。

虽然文献中已经描述了自行车骑行者的现状,但是如果只通过描述的方式来总结我们对骑自行车所了解的内容,还是不够全面,我决定讨论一些近年来出现的更有趣的话题。具体来说,我将从3个方面讨论骑自行车的研究,这些研究虽然不完整,但如果我们想支持更多的自行车运动,它们是很重要的。因为本书的总体焦点在于交通心理学,我选择的研究涉及影响自行车骑行者安全的认知、社会和行为的主题。

首先,为了引出这些话题并帮助人们正确理解,一堂简短的历史课可能会很有用。

26.2 自行车、汽车和公众接受度

当自行车在19世纪第一次面世时,公众公开表示厌恶。在城镇和城市地区,自行车骑行者要忍受嘲讽,有时路人会把棒子塞进他们的车轮里,从而让骑手从自行车把上飞下来。骑车进行乡村旅行也不适宜,因为骑车者发现他们会被倾盆而下的石头雨"浇透"。这些石头雨来自当今已经被浪漫化描述的、两腮通红而礼貌的农场工人(McGurn,1987)。

这些袭击——在英国是自行车俱乐部形成的背后驱动力之一,自行车骑行者通过结伴而行寻求安全和友谊——当然,是不合法的。袭击自然也违反了法律,但这一事实并不表明世界上的立法机关站在自行车骑行者这边。在19世纪,从纽约到柏林,再从柏林到莫斯科,各大城市很快引入了限制骑自行车的法律,而且通常是完全禁止的。特别是莫斯科1881年的禁令,在事后看来有点歇斯底里,当时在那座城市里或许只有5个自行车骑行者(McGurn,1987)。

之后,就像种种新事物发展的过程一样,关于自行车的争论渐渐平息了,过了一段时间,骑行开始被容忍,接着被接受,然后变得受欢迎。这个状态持续了一段时间,直到几十年之后,汽车出现,整个过程又重复发生:汽车一开始被厌恶,过了一段时间,经济情况和社会情况的改变意味着汽车确立了自行车曾经拥有的地位。

反对自行车的最初反应主要出于保守主义和阶级偏见:骑自行车是一项富裕阶层的活动,普通工人家庭是买不起自行车的,而且他们不相信它的原因和其他人一样(McGurn,1987)。与之类似的是后来对汽车的抗拒。因为那时候,自行车的大量生产和普及程度的提高使自行车的价格显著下降,公众开始爱上自行车所带来的个人机动性,不希望和汽车这种

新的机动载具共享道路,特别是当时汽车的高价格使得大多数人负担不起。

公众对这种新交通方式的反感再一次被当时热衷于自行车的官员们所认同。当充满困惑的政府当局面对机动车辆时,最初的直觉是保护其他的所有道路使用者不受他们看到的前所未有的情况所威胁。在驾驶车辆的早期引进的各种道路安全程序中,最臭名昭著的一定是"红旗法":当汽车在英国的车道上行驶时,必须由一位挥舞红旗或提灯的行人带领,有时车速就像散步一样慢。在汽油汽车出现后,该法律马上被废除了(讽刺的是,通常自行车制造商想要销售比现在的普通自行车更高贵、优越的车辆;Wilson,1973)。然而,取代红旗法的是大量新的限制措施,很多到今天依然存在,如车速限制和强制性驾驶证要求(Hindle,2001)。

随着机动车辆使用人群的增多,秉着保护公众的精神,政府废除了千年来人人平等共享道路的制度,转而采用了分割道路的方法,在道路上留出很大一片中心区域供车辆行驶,而行人区域则被完全隔离(Hamilton-Baillie,2008a,2008b)。

先前体制的废除最终带来了今天大多数发达国家的交通体制:采用不同的交通方式出行的参与者会被自动赋予不同的权利和限制。行人在道路行走时越来越受约束,如果他们想穿越道路,要到指定地点过街。而机动车驾驶人知道他们不能进入行人区域驾驶。因此,当这种行为出现在动作电影中时有很强烈的戏剧效果。

在这种体制中,每种交通方式的权限都有明显的区分:行人可以沿着道路行走,不需要不断观察潜在的危险车辆;类似地,驾驶人也可以在不会有行人出现的地方驾驶,而如果行人在没有警告驾驶人的情况下就出现在驾驶人的面前,那么行人就要为可能发生的所有事故负责任(Carsten、Sherborne 和 Rothengatter,1998)。

26.3 骑行、基础设施和驾驶人注意力

前文所描述的划分道路的体制是今天主要骑行问题的核心之一。具体来说,与更流行的交通方式相比,从基础设施供应的角度来看,自行车骑行既不是步行也不是驾驶。它比步行更快,但是在行人中间穿梭并不容易,也因此容易引发行人的恐惧和怨言,但是它又比开车慢,也不容易在机动车之间行驶。

这个难题最显而易见的对策是提供字面上的"第三条路",例如在荷兰这样的国家中,自行车设施(例如自行车专用道)是很常见的。但是,这种对自行车骑行者的"种族隔离"不应该被毫无疑问地接受,即使有公众和政治意愿为它买单,并占据其他空间来建造适用于自行车的交通设施。目前存在的一个问题是,自行车骑行者在越野自行车道上比在普通道路上会发生更多的事故(Aultman-Hall 和 Adams,1998;Aultman-Hall 和 Hall,1998;Aultman-Hall 和 Kaltenecker,1999;Garder、Leden 和 Thedeen,1994;Moritz,1998)。对这些事故数据的分析通常有争议,因为越野车道会吸引更多儿童和没有经验的骑行者,这些人群会在相对轻微的摔车事故中受伤,使得分析结果出现偏差。当然,这一解释与自行车骑行者最严重的伤害往往由机动车撞击造成的发现是一致的(Atkinson 和 Hurst,1983;McCarthy 和 Gilbert,1996;Olkkonen、Lahderanta、Tolonen、Slatis 和 Honkanen,1990;Rodgers,1995;Stone 和 Broughton,2002)。

在更严重的自行车骑行者伤亡事故中,机动车辆往往以一种可预测的模式卷入事故中。事故中通常的情况是,自行车在交叉口处被一辆没有适当让行的转弯汽车撞击(Atkinson 和 Hurst,1983;Stone 和 Broughton,2002),因为大多数事故案例是由于驾驶人的一方没有能够察觉到自行车造成的(Rasanen 和 Summala,1998;Summala、Pasanen、Rasanen 和 Sievanen,1996)。从某种程度上说,在驾驶人身上发生的分心问题,在分离式的自行车道上也会出现。分离式的自行车道有许多的出入口,其中存在着许多冲突点。为了分析交叉口对自行车骑行者的影响程度,我曾经(从私人渠道)向英国交通部索要过自行车事故的数据。这些数据显示,在所有有记录的道路交通事故中,62%的交通事故发生在交叉口,而当把一些涉及一辆自行车和一辆机动车的小事故考虑进去时,这一比例就将上升到75%。道路设计的交叉口越少,对骑车者越有好处。

注意力缺失会导致驾驶人忽视十字路口附近的自行车骑行者,这一发现还没有被广泛接受和理解。但是,我们有充分的理由相信,这是因为驾驶人在认知层面自上而下信息加工的结果。驾驶人没有意识去发现另一名道路使用者,尽管他/她本应该这样做,也有能力这样做,却出现了这种"视而不见"的错误。有经验的驾驶人比新手更容易发生这种错误(Herslund 和 Jorgensen,2003)。此类注意力缺失特别容易对自行车骑行者构成危害,因为当人们熟悉驾驶任务时,注意力缺失的情况更频繁。问题显然不仅在于骑行者很难被看见,如果是这样的话,那么更可能出现的情况是新驾驶人忽略了骑行者。因此,要解决驾驶人撞到骑行者的问题,最好的办法并不是让骑行者更加引人注目。

此类注意力缺失的背后存在一个看似合理的机制,到目前为止尚未得到检验。具体来说,就是驾驶人通常无法注意交叉口处的骑车者,因为他们对会相遇的对象有着错误的预期。由于自行车在道路上相对稀少,驾驶人根据自己的经验,并不认为会在交叉口遇上自行车。这种认知可能导致驾驶人在自行车出现时没有搜寻或没有注意它们。已经有研究表明,相对较少的骑行者数量会使驾驶人的预期产生偏差,并且影响到知觉的这一判断(如,Walker,2009)。这种现象可以用"数量安全效应"来解释,即自行车事故发生的风险随着自行车数量的增加而下降(Jacobsen,2003;关于数量安全的不同观点见 Bhatia 和 Wier,2010)。如果有一些实证研究来对驾驶人在自行车多和自行车少的环境中的注意模式进行比较,或通过操控驾驶人与骑行者的相遇来确定他们的预期和注意模式,那么这些研究将会十分有意义,将使我们能够确定有关驾驶人注意力缺陷的说法是否是正确的。

相信自行车与机动车辆间事故涉及驾驶人自上而下的认知加工的问题的另一个原因,来自与摩托车骑行文献的比较。Magazzu、Comelli 和 Marinoni(2006)发现,从大量事故数据的分析来看,摩托车骑行者即使在驾驶汽车时也不太可能与其他骑摩托车者发生碰撞。摩托车骑行者,即使开着汽车,也更容易注意到道路上的摩托车,并且做出正确反应,这一发现再次说明这一类型的碰撞事故不能全归因于骑行者。如果驾驶人有着充分的准备,就能发现摩托车骑行者并避免事故。简单来说,很多驾驶人并没有充分地做好这样的准备。

当然,从有些轻率的角度出发,我们可以用达尔文的观点来解释 Magazzu 等(2006)的数据。在某种程度上,摩托车不能保护骑行者免受驾驶错误的影响(Lynham、Broughton、Minton 和 Tunbridge,2001),一个活了很长时间的摩托车骑行者可能只是具有异常良好的感知能力和反应能力。然而,如果考虑 Brooks 和 Guppy(1990)的研究,这样的论点必定不成立。这些研究者们发现,驾驶人只要有一个骑摩托车的朋友或亲戚,就足以使他/她更好地注意道路上的摩托车。此外,这些研究表明,驾驶人无法注意到摩托车不能仅解释为摩托车的隐蔽性过高。因为在很多案例中,摩托车碰撞事故和自行车碰撞事故在很多情况下是非常相似的(Atkinson 和 Hurst,1983;Harrison,2004;Lynham 等,2001;Stone 和 Broughton,2002)。Magazzu 等的研究以及 Brook 和 Guppy 的研究认为,骑自行车的直接和间接经验有助于使驾驶人更容易注意到道路上的自行车骑行者。目前这个结论尚未被明确验证。如果最终我们决定对这类现象进行深入研究,我们可能可以对补救措施进行深入了解,以防止驾驶人的注意力缺失引起的碰撞事故。我们还可以避免出现这样一种不幸的情况,即易受伤害的道路使用者因驾驶人的感知失误,而被指责未能使自己足够引人注目以避免事故的发生(Miller、Kendrick、Coupland 和 Coffey,2010)。

总之,在交叉口附近与机动车发生流线冲突是自行车骑行者发生危险的一个特别的影响因素,而且即使有着分隔的自行车道,这个因素也不能完全消除。此外,这很可能更多的是驾驶人注意力缺陷的产物,而与自行车骑行者无关。当然,这些问题需要更多的研究来进一步探讨。

26.4 骑自行车的少数群体地位、刻板印象和驾驶人行为

"我能理解行人的想法,因为我曾经待在牛津市中心,很多次一边散步一边想着'见鬼,这实际上是一条道路!(并不是给行人步行的步道)'但是我没有停下步伐,径直走了下去。我能理解这一点,因为我也常犯这样的错误。所以我能原谅这样做的行人,却不能原谅自行车骑行者(这样做)。"

这段叙述,来自一个职业公交车驾驶员(Walker,2005a),说明了我们可称之为模态共情(Modal Empathy)的问题。这个驾驶员表达了自己愿意原谅一个她认同的群体的过失,但是拒绝容忍一个她没有归属感的群体做出相同的行为。在很多国家,骑自行车是少数群体的行为,在大多数道路使用者不认同或不渴望骑自行车的情况下,自行车骑行者的局外人地位是否会让他们被多数人反感,甚至对他们的安全构成威胁?迄今为止,正如前面所说的,驾驶人缺乏骑自行车经验是否会直接影响他们如何对待自行车骑行者,这一点几乎还没有研究验证过。但是,如果对驾驶人群体中有骑自行车经验的人群进行研究,也许能够解释一些问题。

Basford、Reid、Lester、Thomson 和 Tolmie(2002)是第一个认真考虑过这个问题的团队:自行车骑行者可能是被大多数道路使用者视为"异类"的群体。他们从社会心理学中有名的群体内和群体外效应的角度,来讨论驾驶人-自行车骑行者之间的交互作用。Gatersleben 和 Haddad(2010)利用因子分析法探究了这些群体的影响,并寻找人们对自行车骑行者的概念的一致性模式。具体来说,作者通过对向一组自行车骑行者和一组非自行车骑行者介绍有关自行车骑行者的特征,包括行为、动机或视觉特征(如"他们穿紧身的衣服"或"他们骑自行车上班")。通过评估这些特征被选在一起的频率,作者可以识别出人们脑海中似乎契合在一起的一组特征。他们发现,在其他事情中,典型的驾驶人对自行车骑行者刻板印象的感知非常有限,包括"死忠"自行车骑行者(骑得快、戴头盔、身下的自行车价格昂贵)和"通勤"

自行车骑行者(仅把自行车当作功能性交通工具,并不热衷于它)。在许多情况下,这些观念似乎阻碍了人们对自行车骑行者的了解,非自行车骑行者显然很难从自行车骑行者的角度思考,因为他们与现有的骑行者没有相同的身份和动机。

有趣的是,我稍早时候的研究表明,这样的刻板印象可能会造成驾驶人的行为改变,从而影响骑行者的安全(Walker,2007)。通过一辆装有测量设备的自行车——它可以准确地记录经过的车辆离它有多近,我记录了超过2200辆在市区街道上从我身边超车的车辆,我在控制两个关键变量——我在道路上的位置和我是否戴着头盔——的同时,尽量一直使我的骑车行为保持一致,其他所有的变量是相同的。平均来说,戴头盔使驾驶人超车时留下的空间显著减小。为什么只是在我的头上放个头盔会使驾驶人超车时的距离更近,而隐藏头盔又为什么会让他们留下更多的空间呢?Basford等(2002)与Gatersleben和Haddad(2010)都发现,自行车头盔被非自行车骑行者的其他道路使用者视为一项具有骑行经验和技能的特征。正如之前描述的,Gatersleben和Haddad发现,对于很多非自行车骑行者来说,佩戴头盔是与死忠自行车骑行者有关的行为。类似地,Basford等发现"图片中戴头盔的自行车骑行者普遍被认为比不戴头盔的人对道路更认真、更敏感"(第9页),而且人们经常感觉"穿戴合适的专业骑车设备和衣服的人更可能采取正确的骑行行为和/或进行过骑行训练"(第9页)。在此,撇开自行车头盔的功效不谈,我意在说明的是很多非自行车骑行者似乎共享一个确切的图式。这种图式是由看到穿戴头盔这一明显导致可测量的行为变化而引起的,而这样的行为变化可能会危害到自行车骑行者。很显然,这些问题以及更普遍的问题,如外群体身份是如何影响自行车骑行者被人对待的方式的,是很有研究价值的。

最后需要指出的是,离开骑自行车的"外群体"(Out-group)身份之前,有心的读者可能已经注意到,在本章中我一直将自行车骑行者和非自行车骑行者分组看待。围绕着这个话题,我已经运用规范的语言写下"自行车骑行者"和"非自行车骑行者",差不多就像这些是一个人一出生就打上的种姓一样。当然,事实上,一个人可以在同一天既是自行车骑行者又是驾驶人,而且像"自行车使用者"和"汽车使用者"这样的术语大概能更好地反映这一点。"自行车骑行者"这个词的高度普及性是令人着迷的,我很愿意阅读一位社会语言学家或其他合适的合格人士对此的分析。

26.5 自行车骑行者的人格特点

最后一个问题与第一个问题有关,它涉及自行车骑行者和驾驶人共享道路空间的另一个方面。

我曾经做过一个没有特定假设的探索性研究,在研究中,我拍了一系列街道场景的照片,并让实验参与者用他们自己的话来描述他们在图片中看到了什么(Walker,2005b,2005c)。在分析这些描述时,出现了一个极其清晰的故事。每当图片显示一辆机动车辆,如一辆汽车时,人们用来描述的语言总是非人性化的:选择的词是"汽车""车辆"等。所以观察者会说"一辆汽车正在左转弯"或"一辆汽车正在等待行人过道路",而不会说"一个驾驶人正在等待行人过道路",后者显然更合理一些。相比之下,当图片上显示一辆自行车和骑车的人时,观察者所使用的词语更加人性化了:"一个自行车骑行者正在……","一个男人正在……",而不是"一辆自行车正在……"。即使当汽车里的驾驶人是清晰可见的,这个效应依然存在。即使当驾驶人可以很容易被看见时,人们所选择提到的词语还是汽车而不是驾驶人,或许这意味着对于观察者而言,场景中最突出的部分是机器,而不是操纵它的人。然而,在自行车的案例中,人们所选择的词语意味着场景中最突出的部分是人,而不是被人操纵的机器。这可能关系到什么吗?正如人们对自行车骑行者的描述,自行车骑行者在道路上可能会被不同对待,仅因为他们对其他道路使用者来说是如此的人性化吗?

一些后续的实验尝试进一步探索这个问题,研究者发现了一些有趣的现象:由于自行车骑行者显然是人,没有被车辆掩盖,就像摩托车驾驶人一样,这实际上可能会影响其他道路使用者与他们的互动方式。比如,在实验室研究中众所周知的是,与另一个人眼神接触会引起明显而强烈的神经反应(Gale、Spratt、Chapman 和 Smallbone,1975),这表明眼神接触作为社交信号的重要地位。同样地,实验表明,一个驾驶人和一个自行车骑行者之间的眼神接触会使驾驶人做出决策的速度明显慢于在相同环境下没有眼神接触的决策速度(Walker,2005b)。眼神接触似乎以某种方式干扰或延迟了驾驶人的决策,或许是因为它产生了额外的、无意识的认知加工阶段。自行车使用者与其他道路使用者眼神接触的情况无疑比机动车驾驶人多得多。

另外,在我们用眼动仪测量驾驶人在对自行车骑行者做决策时的注意模式之后,我们看到往往有这样的趋势:自行车骑行者一出现,驾驶人就立刻注视自行车骑行者的脸部,并且目光停留在脸部上的时间比在其他任何场景中都长(Walker 和 Brosnan,2007)。

这些关于自行车骑行者外观的研究数据,以及这可能会如何影响驾驶驾驶人的注意力和决策的讨论很有趣,但没有形成定论。研究者认为,交通参与者之间可能存在一种根本的不对称:当一名驾驶人和一名自行车骑行者相遇时,自行车骑行者大多有与机器交互的经验,而驾驶人大多有与人交互的经验,再加上汽车在碰撞中更容易造成损伤所产生的额外不对称性,这种不对称性的后果显然值得进一步研究。

26.6 小结

从原则上来说,自行车骑行只是一种与驾驶不同的活动,但是它的很多层面更多地涉及交通心理学的其他领域,较少涉及行为研究(相比之下,骑自行车的工程层面得到相当多的关注;Wilson,2004)。在这一章中,我没有试图勾勒出一个清晰的叙事,或提出关于自行车骑行的心理或行为的明确发现,而是强调了自行车运动研究的 3 个领域。我认为这 3 个领域足够有趣,非常重要,值得进一步关注。我希望研究人员能够接受这些主题带来的挑战,努力为自行车爱好者提供所需的科学研究,以鼓励未来更高水平的自行车运动。

 本章参考文献

ATKINSON J E, HURST P M, 1983. Collisions between cyclists and motorists in New Zealand [J]. Accident Analysis and Prevention, 15: 137-151.

AULTMAN-HALL L, ADAMS M F, 1998. Sidewalk bicycling safety issues[J]. Transportation Research Record, 1636: 71-76.

AULTMAN-HALL L, HALL F L, 1998. Ottawa-Carleton commuter cyclist on- and off-road incident rates[J]. Accident Analysis and Prevention, 30: 29-43.

AULTMAN-HALL L, KALTENECKER M G, 1999. Toronto bicycle commuter safety rates[J]. Accident Analysis and Prevention, 31: 675-686.

BASFORD L, REID S, LESTER T, et al, 2002. Drivers' perceptions of cyclists. Report No. TRL549[R]. Wokingham: Transportation Research Laboratory.

BHATIA R, WIER M, 2010. "Safety in numbers" re-examined: Can we make valid or practical inferences from available evidence[J]. Accident Analysis and Prevention, 43: 235-240.

BROOKS P, GUPPY A, 1990. Driver awareness and motorcycle accidents[J]. Proceedings of the International Motorcycle Safety Conference, 2(10): 27-56.

CARSTEN O M J, SHERBORNE D J, ROTHENGATTER J A, 1998. Intelligent traffic signals for pedestrians: Evaluation of trials in three countries [J]. Transportation Research Part C: Emerging Technologies, 6: 213-229.

GALE A, SPRATT G, CHAPMAN A J, et al, 1975. EEG correlates of eye contact and interpersonal distance[J]. Biological Psychology, 3: 237-245.

GARDER P, LEDEN L, THEDEEN T, 1994. Safety implications of bicycle paths at signalized intersections[J]. Accident Analysis and Prevention, 26: 429-439.

GATERSLEBEN B, HADDAD H, 2010. Who is the typical bicyclist [J]. Transportation Research Part F: Traffic Psychology and Behavior, 13: 41-48.

HAMILTON-BAILLIE B, 2008a. Shared space: Reconciling people, places and traffic[J]. Built Environment, 34: 161-181.

HAMILTON-BAILLIE B, 2008b. Towards shared space[J]. Urban Design International, 13: 130-138.

HARRISON W A, 2004. Avoidance learning and collisions with motorcycles at intersections[C]. Paper presented at the Third International Conference on Traffic and Transport Psychology, Nottingham, 5-9 September.

HERSLUND M B, JORGENSEN N O, 2003. Looked-but-failed-to-see errors in traffic [J]. Accident Analysis and Prevention, 35: 885-891.

HINDLE P, 2001. Roads and tracks for historians[M]. Chichester: Phillimore.

JACOBSEN P L, 2003. Safety in numbers: More walkers and bicyclists, safer walking and bicycling[J]. Injury Prevention, 9: 205-209.

LYNHAM D, BROUGHTON J, MINTON R, et al, 2001. An analysis of police reports of fatal accidents involving motorcycles. Report No. 492 [R]. Wokingham: Transport Research Laboratory.

MAGAZZÙ D, COMELLI M, MARINONI A, 2006. Are car drivers holding a motorcycle licence less responsible for motorcycle-car crash occurrence? A non-parametric approach[J]. Accident

Analysis and Prevention, 38: 365-370.

MCCARTHY M, GILBERT K, 1996. Cyclist road deaths in London 1985-1992: Drivers, vehicles, manoeuvers and injuries[J]. Accident Analysis and Prevention, 28: 275-279.

MCGURN J, 1987. On your bicycle: An illustrated history of cycling[M]. London: Murray.

MILLER P D, KENDRICK D, COUPLAND C, et al, 2010. The use of conspicuity aids by cyclists and risk of crashes involving other road users: A protocol for a population based case-control study[D]. BMC Public Health, 10, 39.

MORITZ W E, 1998. Adult bicyclists in the United States-Characteristics and riding experience in 1996[J]. Transportation Research Record, 1636: 1-7.

MORRIS J, 1994. Exercise in the prevention of coronary heart disease: Today's best buy in public health[J]. Medicine & Science in Sports and Exercise, 26: 807-814.

OGILVIE D, EGAN M, HAMILTON V, et al, 2004. Promoting walking and cycling as an alternative to using cars: A systematic review[J]. British Medical Journal, 329: 763-766.

OLKKONEN S, LÄHDERANTA U, TOLONEN J, et al, 1990. Incidence and characteristics of bicycle injuries by source of information[J]. Acta Chirurgica Scandinavica, 156: 131-136.

RÄSÄNEN M, SUMMALA H, 1998. Attention and expectation problems in bicycle-car collisions: An in-depth study[J]. Accident Analysis and Prevention, 30: 657-666.

RODGERS G B, 1995. Bicyclist deaths and fatality risk patterns[J]. Accident Analysis and Prevention, 27: 215-223.

STONE M, BROUGHTON J, 2002. Getting off your bike: Cycling accidents in Great Britain 1990-1999[J]. Accident Analysis and Prevention, 35: 549-556.

SUMMALA H, PASANEN E, RÄSÄNEN M, et al, 1996. Bicycle accidents and drivers' visual search at left and right turns[J]. Accident Analysis and Prevention, 28: 147-153.

TUDOR-LOCKE C, AINSWORTH B E, POPKIN B M, 2001. Active commuting to school: An overlooked source of children's physical activity[J]. Sports Medicine, 31: 309-313.

TUDOR-LOCKE C, NEFF L J, AINSWORTH B E, et al, 2002. Omission of active commuting to school and the prevalence of children's health-related physical activity levels: The Russian Longitudinal Monitoring Study[J]. Child: Care, Health and Development, 28: 507-512.

WALKER I, 2005a. Oxford and Cambridge bus drivers: An exploratory study of opinions and experiences[R]. Oxford: Oxfordshire County Council.

WALKER I, 2005b. Road users' perceptions of other road users: Do different transport modes invoke qualitatively different concepts in observers[J]. Advances in Transportation Studies, A6: 25-33.

WALKER I, 2005c. Vulnerable road user safety: Social interaction on the road[M]. In L Dorn, et al, Driver behaviour and training, Vol. 2. Aldershot: Ashgate.

WALKER I, 2005d. Signals are informative but slow down responses when drivers meet bicyclists at junctions[J]. Accident Analysis and Prevention, 37: 1074-1085.

WALKER I, 2007. Drivers overtaking bicyclists: Objective data on the effects of riding position, helmet use, vehicle type and apparent gender[J]. Accident Analysis and Prevention, 39: 417-425.

WALKER I, BROSNAN M, 2007. Drivers' gaze fixations during judgements about a bicyclist's intentions[J]. Transportation Research Part F: Traffic Psychology and Behaviour, 10: 90-98.

WILSON D G, 2004. Bicycling science (3rd rev. ed.) [M]. Cambridge: MIT Press.

WILSON S S, 1973, March. Bicycle technology[J]. Scientific American, 81-91.

第27章 摩托车骑行者

戴维 J. 休斯敦(David J. Houston)
美国田纳西州,诺克斯维尔,田纳西大学(University of Tennessee, Knoxville, TN, USA)

27.1 引言

与关注汽车安全的研究相比,对摩托车骑行者安全的研究相对较少。这是可以理解的,因为在大多数研究集中的工业化国家,摩托车骑行者只占交通事故死亡人数的一小部分。然而,在过去的20年中,摩托车的数量正在急剧增加。在大多数摩托车骑行者的出行变得更加安全的同时,美国以及其他国家摩托车骑行者的死亡人数也在增加。要提升全球的交通安全水平,目标之一就是改善摩托车骑行者的安全。

摩托车骑行者是道路上最脆弱的机动车使用者,他们面临更大的交通事故风险和严重或致命伤害。早期美国的一项摩托车事故研究报告称,有96%的摩托车骑行者在事故中受伤(Hurt、Ouellet 和 Thom,1981)。同样,Diamantopoulou、Brumen、Dyte 和 Cameron(1995)发现,在澳大利亚,50%的摩托车事故导致一人受轻伤或重伤,而其他机动车辆的事故只有35%涉及伤亡。

摩托车骑行者的高度脆弱性主要由摩托车的特点、环境以及人的行为等因素造成。一旦发生事故,摩托车几乎无法为骑行者提供身体保护,其"单轨"设计和更高的功率重量比使保持摩托车的稳定和可操控相比其他车辆更具挑战性。摩托车很容易变得不稳定,这使得它们很难控制和保持直立,这在制动过程中尤其重要,因为如果没有正确使用制动系统(例如锁定制动系统),摩托车很容易打滑失控。更高的功率重量比意味着摩托车可以快速加速到很高的速度(Elliott、Armitage 和 Baughan,2003)。因此,操纵摩托车是比驾驶汽车更复杂的任务,因为这需要精湛的协调、平衡和运动技能(Mannering 和 Grodsky,1995)。此外,摩托车因为体积小而不容易被发现,容易让周围的驾驶人发生"视而不见"的错误。甚至当摩托车很接近机动车的时候,机动车驾驶人也因为摩托车的小体积而难以准确判断它的速度和到达时间。

相对于其他机动车,道路环境(例如天气、路况、道路设计)会给摩托车骑行者带来更巨大的挑战。恶劣的天气条件可能使得骑乘摩托车出行更加危险,因为此时摩托车的稳定性和操纵性会受到凹凸不平的路况或光滑的道路标线的影响。在通常情况下,普通公路和高速公路的设计都旨在促进大型车辆高效、快速地行驶,这样的设计会使得摩托车处于更大的危险之下。多车道、无控制的左转车道和宽阔的中央分隔带等道路设计都会增加摩托车碰撞的风险(Haque、Chin 和 Huang,2010)。此外,研究发现,设计用于防止重型车辆与迎面而来的车辆相撞或离开道路的防撞护栏和普通护栏,会增加摩托车骑行者在撞击这些护栏时受伤的严重程度(Brailly,1998;引用自 Elliott 等,2003)。

通常而言,工程学的发展带来了更安全的车辆和道路设计。尽管摩托车的技术安全发展落后于汽车和货车的发展,但有几个方面已有增加安全性的实例:安全性的提高主要表现在防抱死制动系统提供的稳定性增强方面(Watson、Tunnicliff、White、Schonfeld 和 Wishart,2007)。为补偿防护的缺乏而设计出的腿部整流罩,降低了骑行者下肢受伤的风险;日间行车灯的使用,使摩托车变得更加显眼;骑行头盔的发展大幅降低了头部受伤或者死亡的风险(Bayly、Regan、Hosking,2006;Elliott 等,2003;Watson 等,2007;Wells 等,2004);对道路设施的重新设计,包括改变道路设计和材料、设计更安全的防撞护栏,以及改变道路标志的位置,从而减少妨碍摩托车骑行者的障碍物等。

尽管道路工程是保障安全的重要因素,但骑行者的行为却是大多数交通事故的诱因(Evans,2004;Peden 等,2004)。2004 年,欧洲摩托车工业协会(Association des Contructeurs Eruopeéns de Motocycles,ACEM)开展了摩托车事故深入调查(Motorcycle Accident In-Depth Study,MAIDS),对 921 起发生在法国、德国、荷兰、西班牙、意大利的摩托车事故进行了抽样调查。在这些事故中,人的行为被确定为最主要的因素,占到事故致因的 87%,其中 37% 是由于摩托车骑行者个人,50% 是由于其他机动车的驾驶人导致的。与此相反,环境和车辆因素被认为是事故主要原因的事故只占到 8% 和 4%。

然而,人们对人类行为在摩托车骑行者安全中的作用知之甚少。早期的研究主要集中于事故分析(20 世纪 70 年代)和骑行过程(20 世纪 80 年代)(Chesham、Rutter、Quine,1993)。虽然已经确定了事故的相关因素和增加事故可能性的危险行为类型,但直到最近,才有学者开始关注摩托车骑行者的危险行为及不安全心理。在 20 世纪 90 年代早期,把骑行者作为"活性剂"(Active Agent)的概念开始出现,强调了社会心理影响对骑行行为的重要性(Chesham 等,1993a)。

要提高安全性,需要了解摩托车驾驶的 3 个重要组成部分:车辆、环境以及人的行为。前两个部分主要是工程的领域,但可以说,人类行为是摩托车事故中最重要的因素,这就来到了交通心理学的领域。

本章的目的就是找出与摩托车安全相关的关键问题,特别是与交通心理学相关的那一部分和有关研究的进展。下面将讨论摩托车安全的主要内容。为了更好地理解事故发生的原因,本章通常会介绍事故的基本类型和相关特征描述,然后总结心理社会因素对骑乘行为的影响。在最后一节中,本章将讨论交通心理学研究对摩托车骑行者安全的影响,并提出未来需要探索的课题。

27.2 摩托车驾驶和安全性趋势

在大多数驾驶人的交通安全得到改善的时候,摩托车骑行者的风险普遍增加。例如,一项对 30 个国家交通事故趋势的研究显示,从 2000 年到 2009 年,除 1 个国家外,所有国家的年度道路死亡总人数都有所下降。然而,在其中 13 个国家,摩托车骑行者死亡人数每年都在增加。即使在那些每年摩托车骑行者死亡人数减少的国家,减少的数量也少于其他出行者死亡人数减少的数量。

美国提供了一个了摩托车骑行者死亡人数呈增加趋势的例子。从1980年到1997年，摩托车骑行者的死亡数量从5144人下降到2116人。然而，自1997年以来，摩托车骑行者的死亡人数逐年增加，2008年达到创纪录的5312人。而同样在30年期间（1980—2010年），总交通死亡人数从51091人减少到37423人［美国国家公路交通安全管理局（NHTSA），2010］。

造成这种趋势有几种因素。首先，从20世纪90年代中期开始摩托车越来越普及，虽然在许多发达国家，摩托车在机动车辆中占的比例很小，但是摩托车的数量还是在不断增加。其次，摩托车动力技术越来越强大。衡量摩托车动力的标准是发动机排量（单位为cc，1cc＝1mL），更大排量的发动机通常能够产生更大的功率。Shankar和Verghese（2006）在1990年的研究称，在美国，约21%的公路摩托车的发动机排量小于350cc，41%的摩托车排量大于75cc。到2003年，小型摩托车只占公路摩托车的7%，而76%的摩托车的发动机排量超过750cc。其他国家摩托车的主要类型也经历了类似的转变。

第三，骑行者的人口结构发生了变化。尽管摩托车骑行者仍以男性为主，但随着越来越多的40多岁的中年人将摩托车作为一种新的爱好，或者在一段时间后重新开始摩托车运动，摩托车骑行者群体的平均年龄逐渐增加（Elliott等，2003；Jamson和Chorlton，2009）。其结果是，摩托车事故涉及的高龄骑行者比例也随之增加。例如，在澳大利亚，1985年，26岁以下的骑行者占摩托车死亡人数的71%，2008年这一数字下降到25%。相反，1985年，40岁以上的骑行者仅占死亡人数的5%，而2008年，40岁以上的骑行者占到死亡人数的39%［基础设施、运输、区域发展和地方政府部（Department of Infrastructure, Transport, Regional Development and Local Government, DITRDLG），2009］。类似的趋势在美国也很明显：从1998年到2008年，受致命伤的30岁以下骑行者的比例从40%下降到33%，而40岁及以上骑行者的死亡率在此期间从33%上升到51%（NHTSA，2010）。摩托车安全不再只是年轻人的问题。

第四，根据大量的事故统计，摩托车安全的问题越来越需要引起重视。以下3个国家的摩托车事故调查就说明了这一点。在美国，摩托车只占注册机动车的3%，其行驶里程占机动车行驶里程的0.5%，但是摩托车骑行者却占到交通事故死亡人数的14.2%（NHTSA，2010）。在英国，2008年有3.8%的注册机动车是摩托车，其行驶里程占机动车行驶里程的1%，但有关事故数却占到19.4%（英国交通运输部，2009）。2007年的数据表明，在澳大利亚登记的机动车有3.4%是摩托车。据估计，摩托车占机动车行驶里程的0.9%，但产生了道路死亡人数的14.8%（澳大利亚统计局，2008；DITRDLG，2009）。

通过将摩托车骑行者的死亡率和其他经验丰富的道路使用者相比较，可以更好地了解他们的脆弱性。以上引用的数据以行驶里程为基础，在美国，摩托车死亡率是汽车事故死亡率的39.4倍，在英国和澳大利亚分别是39.4倍和17.5倍。此外，据欧盟估计，一个人骑摩托车死亡的风险是乘车的20倍［经济合作与发展组织（Organization for Economic Co-operation and Development, OECD），2010］。

在发展中国家也发现这样类似的趋势。因为低成本、方便以及能在拥挤的道路上通行，摩托车在中低收入国家和地区是极其重要的交通方式。在尼日利亚，摩托车占到机动车总数的52%（Oluwadiya等，2009），在马来西亚占60%（Radin-Umar、Mackay和Hills，1996），在越南占95%(Hung、Stevenson 和 Ivers,2006)。

因此,在中低收入国家和地区,摩托车骑行者的伤亡人数在不断增加(Ameratunga、Hijar 和 Norton,2006;Lin 和 Kraus,2009)。在新加坡,摩托车骑行者占交通死亡人数的54%,占受伤人数的51%(Haque、Chin 和 Huan,2010);在马来西亚和中国台湾,摩托车骑行者占到交通事故死亡人数的50%以上(Radin-Umar 等,1996);在泰国,80%的交通事故受伤者与摩托车骑行者有关(Ichikawa、Chadbunchachai 和 Marui,2003)。

27.3 交通事故的特征

摩托车安全研究的重点是确定容易发生交通事故的情况。在1992年美国致命交通事故统计的基础上,Preusser、Williams 和 Ulmer(1995)提出了一个值得注意的交通事故类型分析。通过他们的分析,确定了5个常见的摩托车事故类型。最常见的是摩托车冲离道路,并撞击公路外的物体。有41%的此类事故发生在弯道上,通常是由于骑行者饮酒过量或者骑行太快造成的。几乎所有这些交通事故中的骑行者在骑行过程中都犯了错误。

第二类常见的交通事故,其发生的原因是其他机动车未能及时停车让行或者是侵犯了摩托车的路权导致碰撞(Preusser 等,1995)。这样的原因导致的交通事故占总交通事故的18%,大多发生在信号控制交叉口。这类交通事故经常由其他摩托车骑行者导致,而这些摩托车又占到了产生事故机动车的66%。

第三类交通事故是驾驶者逆行冲入迎面而来的车流导致碰撞。这些往往发生在农村地区、高速公路或者各类道路的弯路上。在这类事故中的73%是摩托车骑行者负主要过错。

第四类交通事故涉及一辆车转弯时与其他车辆的路径构成了冲突,这类案例占到9%(Preusser 等,1995)。在几乎所有的这类事故中,主要是其他摩托车骑行者的过错。这类事故是"视而不见"的典型例子,其他的摩托车骑行者声称,他们观察了道路情况,但是没看到有车在接近。

Preusser 等指出,最后一种交通事故类型是由于骑行者失去控制从摩托车上摔下来造成的。骑行者摔倒可能出于进行了危险动作或试图避免碰撞的原因。根据现有数据,无法确定这类交通事故的主要责任。

这些交通事故之间的一个重要区别就是是否涉及其他机动车。一般情况下,涉及单独一辆摩托车的交通事故频率低于涉及摩托车和其他机动车的交通事故。例如,一项研究分析了1976年和1977年发生在洛杉矶的900多起交通事故,结果显示,单车事故仅占26%(Hurt 等,1981)。同样,Tunnicliff(2005)对澳大利亚的致命摩托车事故的研究发现,41%的摩托车事故没有涉及其他机动车。其他研究表明,涉及单一车辆的致命交通事故只略多于1/3(Christie 和 Harrison,2002)。在单一车辆事故中,主要原因是骑行者的过错,通常是摩托车骑行者驶出了道路。Shankar(2001)表示,81%的单车事故发生于路肩、中间带或路边。在弯道上摩托车骑行者犯偏离道路的失误是很常见的,这是大约1/3单车事故的致因(Christie 和 Harrison,2002)。另外,过量饮酒造成交通事故也是单车事故的致因,比在涉及多辆机动车的交通事故中更常见(ACEM,2004)。

相比之下,涉及多车的交通事故中,由其他驾驶人的错误导致的交通事故是比较常见的。例如，MAIDS研究发现，在欧洲，交通事故中只有32%的摩托车骑行者承担主要过失(ACEM，2004)。最典型的情况是，这类交通事故的主要原因是其他机动车驾驶人未能给摩托车骑行者让路。Hurt等(1981)指出，有2/3的多车相撞事故是由于其他驾驶人侵犯了摩托车骑行者的路权。Clarke、Ward、Bartle和Truman(2007)称，在英国，从1997年到2002年，由侵犯路权导致的交通事故占38%，大约20%的交通事故中摩托车骑行者承担部分或者全部过错。大多数此类交通事故发生在T形交叉口或十字交叉口(Clarke等，2007；Haque、Chin和Huang，2010)。这类交通事故也经常发生在摩托车骑行者逆向行驶的时候。大部分交通事故的原因是"视而不见"，即驾驶人表示他或她看见了但没有认知到驶来的摩托车。Clarke等估计，65%的交通事故原因是驾驶人没有看到接近的摩托车，但其他人都清晰可见，65岁以上的驾驶人发生这类交通事故的概率更大。

在道路类型方面，在复杂的交通情况下，摩托车骑行者尤其容易受到其他摩托车骑行者的伤害，例如交叉口(十字交叉口和T形交叉口)和无信号控制的左转车道(在英国为右转车道)(Sexton、Baughan、Elliott和Maycock，2004)。弯道也会给摩托车骑行者带来风险，因为在弯道发生交通事故，造成死亡和重伤的可能性是其他位置交通事故的2倍和1.5倍(Clarke，2007)。通常在这些弯曲路段上，追求刺激而骑行的骑行者会因为超速和缺乏经验而将自己置于危险之中。

在人口密度方面，农村地区发生的交通事故更有可能是由于骑行者的驾驶技能水平较差和冒险行为造成的(Lin、Chang、Huang、Hwang和Pai，2003；Lin、Chang、Pai和Keyl，2003)，而发生在城市地区的交通事故致因更有可能是其他车辆的过失或者对路权的侵犯(Clarke等，2007；Sexton等2004)。例如，在新加坡，58%的摩托车事故发生在交叉口，而在高速公路发生的交通事故仅占33%(Haque、Chin和Huang，2009)。摩托车骑行者的交通事故在限速较高的农村道路上更为常见。Savolainen和Mannering(2007)报告称，在美国，限速超过50mile/h(80km/h)的道路上发生的事故，导致致命伤害的可能性比在限速较低的道路上高出132%。

当交通事故发生时，摩托车骑行者在非致命交通事故中最常见的受伤部位是下肢。Watson等(2007)报告说，38%的交通事故损伤发生在骑行者腿部，30%发生在手臂，18%发生在躯干，12%发生在头部和颈部。同样，Elliott等(2003)指出，在交通事故中，所有非致命性损伤中有40%是腿部损伤，约25%是头部损伤，20%是手臂损伤。虽然非致命性的摩托车事故中头部受伤的频率较低，但通常情况下，头部受伤更严重，需要更长的恢复时间，更有可能使人丧失生活能力，医疗成本也会更高(Eastridge等，2006)。此外，头部受伤是摩托车骑行者在交通事故后死亡的主要原因(Talving等，2010)。

摩托车骑行者佩戴头盔可以降低在事故中受严重伤害和死亡的风险，这是最重要的安全驾驶习惯。研究发现，戴头盔可以降低69%的头部受伤风险，降低42%的死亡风险(Liu等，2008)。出于这个原因，有些地方已经制定强制佩戴头盔的法规，要求所有的骑行者都要戴头盔。在美国有强制性佩戴头盔法律的州，头盔使用率较高，骑行者死亡率较低(Houston和Richardson，2008)。然而，在没有更根本改变行为习惯的情况下，佩戴头盔法规的有效性在一定程度上取决于骑行者所能感觉到的执法严格程度。因此，在执法不严的农村地区，头盔的使用率通常较低(Xuequn等，2011)。

27.4 摩托车事故的相关调查

除了对常见的事故类型和伤亡记录进行研究之外,摩托车事故调查还要研究摩托车骑行者的基本个人信息以及其他可能的事故影响因素。绝大多数的摩托车骑行者是男性(在许多国家约占90%)(Christie 和 Harrison,2002;Haworth、Smith、Brumen 和 Pronk,1997;Mannering 和 Grodsky,1995;Watson 等,2007),在交通事故统计中占到绝大多数。这是由于男性骑行者的骑行里程更长,并且具有更高的冒险行为倾向(Rgusson、Swain-Campbell 和 Horwood,2003;Lin、Chang、Pai 等,2003;Rutter 和 Quine,1996;Savolainen 和 Mannering,2007)。

此外,事故风险随着骑行者年龄的增长而下降(Harrison 和 Christie,2005;Rutter 和 Quine,1996),这个关系在男性骑行者中尤其明显(Maycook,2002)。例如,25 岁以下的骑行者比年长的骑行者更容易发生摩托车事故,而且事故的严重程度更高(ACEM,2004;Haworth 等,1997;Sexton 等,2004;Watson 等,2007)。同样,新西兰的研究发现,低于25岁的摩托车骑行者在发生交通事故时,受致命伤或重伤的风险要高出一倍以上(Mullin、Jackson、Langley 和 Norton,2000)。Zambon 和 Hasselberg(2006)发现,多数涉及交通事故的骑行者通常是年轻人,因为他们的驾驶态度和驾驶行为不够安全,从而增加了发生事故和受伤的风险。

与年龄相关的不仅是交通事故风险,犯错的可能性也会随着骑行者年龄的增长而下降(Clarke 等,2007;Elliott、Armitage 和 Baughan,2007),这在一定程度上可以解释为年轻骑行者更加倾向于风险行为(Lin、Chang、Pai 等,2003;Rutter 和 Quine,1996)。较年轻的骑行者违法的意愿更强(Chang 和 Yeh,2007;Rutter 和 Quine,1996),例如骑得比规定的限速快(Fergusson 等,2003;Teoh 和 Campbell,2010)和骑行时不随身携带有效的驾驶证等(Watson 等,2007)。

然而,近几年来,例如在美国(Shankar,2001;Stutts、Foss 和 Svoboda,2004)、英国(Sexton 等,2004)和澳大利亚[Australian Transport Safety Bureau(ATSB),2007],超过40岁的骑行者发生交通事故的数量在不断增加,人们也越来越担忧大龄骑行者的安全问题。这些大龄骑行者有的是在放弃骑行多年以后又重新开始骑摩托车,有的则是第一次骑摩托车。这个年龄段的骑行者在经济上能够负担得起体积更大、功率更大的摩托车,但与此同时,他们不复以往的身体条件使得他们不再适合驾驶更大型的摩托车。一些研究发现,大龄骑行者在发生交通事故时有可能承受更严重或者致命的伤害(Quddus、Noland 和 Chin,2002;Savolainen 和 Mannering,2007;Shankar 和 Mannering,1996)。然而,年轻骑行者的交通事故风险仍然较高(Mullin 等,2000;Sexton 等,2004),并且 Sexton 等发现,重新开始驾车的骑行者遭遇的风险不比其他的骑行者更大。尽管不考虑年龄因素,新手骑行者更容易发生事故,但是大龄骑行者死亡率的增加似乎反映出这个年龄段中爱好骑行摩托人数的增加(Haworth、Mulvihill 和 Simmons,2002;Watson 等,2007)。

除了对骑行者的人口学变量进行研究之外,统计分析还发现暴露在风险下的情况和驾驶经验也和事故关系密切。碰撞事故随着驾驶距离的增加而增加(Lin、Chang、Huang 等,2003;Lin、Chang、Pai 等,2003;Mannering 和 Grodsky,1995;Sexton 等,2004)。相反地,一个人的驾龄越长,他卷入事故的可能性越小(Chesham、Rutter 和 Quine,1993;Haworth 等,1997;

Lin、Chang、Huang 等，2003；Lin、Chang、Pai 等 2003；Savolainen 和 Mannering，2007；Sexton 等，2004），并且在所出的事故中由他承担主要责任的概率越小（Sexton 等，2004）。实际上，很多摩托车交通事故都是在开始驾车的前 6 个月内发生的（Elliott、Armitage 等，2007；Sexton 等，2004）。虽然年龄和骑行经验是相关的，但研究得出结论——经验和年龄对摩托车骑行者安全的影响是各自独立的（Elliott、Armitage 等，2007；Maycock，2002；Sexton 等 2004）。

再看行为因素，很多研究发现危险行为（例如超速、超载、表演特技）会增加事故和死亡的可能性。例如，超速是最常导致事故发生的因素。澳大利亚的事故研究发现，在各种机动车辆事故致因中，超速引起了一半以上的事故（Federal Office of Road Safety，1999）。在欧洲，摩托车超速行驶造成的交通事故占到交通事故总数的 66%（ACEM，2004）。高速骑行也增加了骑行者犯错的可能性（Elliott、Armitage 等，2007），这一结论与以下发现相一致，即骑行者在速度限制较高的道路上更容易犯错而发生交通事故（Clarke 等，2007）。

超速驾驶带来的快感是吸引摩托车骑行者的主要原因。例如，一份关于美国摩托车骑行者的调查发现，接受调查的人有 70% 曾经在公路上达到过 100mile/h（160km/h）的速度，而这些人中大约有 40% 期待下次有机会再次体验这样的速度（Mannering 和 Grodsky，1995）。在一项关于摩托车骑行者动机和态度的定性研究中，Watson 等发现有的摩托车骑行者骑行的原因正是因为高速唤起激动和兴奋，可以"测试一个人的极限"，才会不断重复冒险高速行驶。因此，摩托车骑行者确实会在骑行过程中比汽车驾驶人开得更快（Horswill 和 Helman，2003），并且在有摩托车卷入的交通事故中，摩托车的速度比只有汽车卷入的事故中的汽车速度更快（Carroll 和 Waller，1980）。可以预见的是，更快的速度会导致更严重的伤势和更高的死亡率（Lin、Chang、Huang 等，2003；Lin、Chang、Pai 等，2003；Quddus 等，2002；Savolainen 和 Mannering，2007；Shankar 和 Mannering，1996）。

驾驶前饮酒是另一种被证明危险的行为。美国和英国的研究表明，与其他车辆的驾驶人相比，与酒精相关的事故在摩托车骑行者身上更常发生（Bednar 等，2000；Fell 和 Nash，1989；NHTSA，2010；Soderstrom、Dischinger、Ho 和 Soderstrom，1993；Subramanian，2005）。然而，澳大利亚的一些研究并没有发现饮酒对摩托车事故的严重程度有影响（Diamantopoulou 等，1995；Queensland Department of Transport，2003）。Hawworth 等（1997）发现，26% 的单方面碰撞交通事故是与酒精有关的。

酒精对骑行者的影响在于增加了他采取危险行为的可能性（例如高速行驶）（Haworth 等，1997；Soderstrom 等，1993），并损害骑行者的基本操作技能（Colburn、Meyer、Wrigley 和 Bradley，1993；Creaser、Ward、Rakauskas、Shankwitz 和 Boer，2009）。因此，醉酒的骑行者更容易冲出道路，尤其是在转弯处更容易失去对车辆的控制（Kasantikul 和 Ouellet，2005；Ouellet 和 Kasantikul，2006）。除此之外，注意力不集中和反应时间增加是酒精对骑行者的其他影响（Creaser 等，2009）。

从发动机排量的大小角度来看，摩托车的排量大小与发生事故的可能性和损伤程度成正比（Broughton，1988；Lin、Chang、Huang 等，2003；Lin、Chang、Pai 等，2003；Quddus 等，2002；Shankar 和 Verghese，2006；Teoh 和 Campbell，2010）。此外，大型摩托车的骑行者容易在交通事故中犯下过失。Lynam、Broughton、Minton 和 Tunbridge（2001）总结，尽管大型摩托车的驾驶者比其他人更有经验，但他们却更喜欢用更高的速度行驶，以至于失控的风险更高。涉及大型摩托车的交通事故最有可能发生在郊区高速公路上,并且大多是由于超速导致。

然而,两篇文献综述总结道,发动机的尺寸/功率的增加并没有提高发生交通事故的风险(Mayhew和Simpson,1989;TNO,1997)。相反,摩托车的拥有数量和骑行方式才是增加交通事故风险的因素。和小型摩托车相比,被休闲的骑行者更偏好大型摩托车,他们喜欢在能够更快行驶的郊区高速公路上做长途旅行(Elliott等,2003)。

摩托车类型更可能反映的是骑行者的骑行风格,而不是交通事故风险。因此,驾驶风格可能是解释高事故、高伤亡率与大功率发动机有关的真正的因素。正如Teoh和Campbell(2010)所说,"倾向于进行更危险的驾驶行为的人可能选择动力更加强劲的摩托车"(第507页)。先前的研究已经表明了那些骑跑车型摩托车和竞赛型摩托车的骑行者的事故率比骑旅行摩托车的骑行者高4倍(Kraus、Arzemanian、Anderson、Harrington和Zador,1988)。Teoh和Campbell还表示,一些倾向于做出危险驾驶行为的年轻人更喜欢骑跑车型摩托车,这和上面的研究发现一致。

27.5　理解骑行行为

关于摩托车骑行者安全的研究,多数集中在造成交通事故的因素和容易发生交通事故的群体上。尽管这些研究有助于明确哪些行为是不利于驾驶安全而需要限制的,以及协助确定最有可能产生这些行为的群体,但是它们并不能帮助改变这种不安全的冒险行为本身。这一论点是针对超速行驶提出的,超速行驶通常被认为是交通事故的一个促成因素,也通常被认为是不安全的驾驶行为。但"目前明显缺乏旨在确定摩托车骑行者超速行为的基础变量,以及通过安全干预可能改变的变量的研究"(Elliott,2010,第718页)。因此,最近的研究致力于确定增加事故风险的危险骑行行为的社会心理决定因素。

对骑行中行为动机的研究说明了在摩托车骑行中,行为决定因素的重要性。骑摩托车不只是一种机械性的行为,它也包含强烈的情感表达成分,这种成分暗含着冒险的行为。关于追求速度和错误骑行之间的关系,Sexton等(2004)写道,"这种关系证明了,造成摩托车安全问题的原因之一,正是最初促使人们骑摩托车的动机"(第31页)。

在早期,了解骑行行为的努力是寻求骑行者的动机。基于在威尔士与骑行者的100次深入访谈,Walters(1982;引自Sexton等,2004)将其分为3类:由于实际原因而骑行摩托车的骑行者(交通成本和便利)、骑行爱好者(追求骑行的愉悦)和那些享受摩托车运动的兴奋和自由的骑行者。出于实际原因而骑行的人占样本的35%,他们倾向于短距离的骑行,经常骑小型摩托车上下班。骑行爱好者占受访者的48%,趋于年轻化,为了工作和娱乐而骑行,并对他们的骑行技能有信心。人数最少的一组(10%)的骑行动机是追求刺激或吸引注意,多为年轻人,他们对自己的技术过于自信,认为自己"天下无敌",并且会做出一些大多数人看来十分危险的骑行行为。其余7%则难以归类。

一项采用了376名德国摩托车骑行者数据的研究,确定了3类骑行动机:骑行游玩、把骑摩托车当作竞技运动和掌控摩托车(Schulz、Gresch和Kerwien,1991)。这3类人群在骑行者的年龄和摩托车型号上有较大区别。研究发现,年轻的骑行者的动机更多是出于游玩、寻求刺激。骑运动型摩托车的人的动机往往与竞赛和展示有关。另外,追求刺激快感的骑行者更愿意选择运动车型和其他特殊车型。

Christmas、Young、Cookson 和 Cuerden 于 2009 年对英国的 66 名骑行者进行了调查,归纳出"30 种骑行的动机",并将受访者的答案归为两大类。第一类是对摩托车的热情,分为 3 个级别(从高到低依次为:信徒、业余爱好者和实用主义者)。而第二类是表现,即骑行的目的是展示摩托车的性能和挑战自己的骑行技能(高级和低级)。在这两大类因素的基础上,他们归纳出 7 种不同的骑行者:希望吸引别人目光的发烧友、摩托车信徒、骑行爱好者、摩托车表演信徒、摩托车表演爱好者、欲赶超汽车的野心者和"仇视"汽车者。这些类别与事故发生的数量密切相关。摩托车表演信徒是平均卷入交通事故最多的也是骑行距离最远的人群,平均发生交通事故率第二高的是野心者和发烧友。

由此看来,骑行者骑摩托车的动机各异,而这些动机则与骑行者们的行为有关。近期的研究力图了解影响这些动机和行为的社会心理因素。研究已涵盖的概念有意向、态度、规范、性格和社会影响等。

Rutter 和 Quine(1996)与 Rutter、Quine 和 Chensam(1995)发表了关于这一主题的一些初步研究,他们在英国进行了两次对骑行者的调查。第一次调查询问了骑行者们的态度和行为,一年后对相同的受访者又调查了他们在此期间所经历的交通事故。通过对调查结果的分析,揭示出 4 类骑行的表现:违法违规、小心谨慎、粗心大意、配备安全设备与经过安全培训。其中,违法违规与事故的发生呈正相关关系。

Elliott、Baughan 和 Sexton(2007)制定了包含 43 个问题的"摩托车骑行者行为问卷"(MRBQ),研究骑行行为的自我报告频率。MRBQ 以 Resason、Manstead、Stradling、Baxter 和 Campbell(1990)制定的"驾驶人行为问卷"为基础。Elliott、Baughan 等归纳了 5 种骑行行为类别:行驶失误、控制失误、超速、特技表演和安全装备使用。行驶失误被一致认为是最有可能造成交通事故的行为,它反映了骑摩托车的物理困难——超速会导致事故,而骑行者在其中至少负部分责任。

研究认为,造成危险骑行行为的社会心理因素包括骑行者的态度、信念、意念和人格特征。对研究影响最显著的是由 Ajzen(1991)创立的计划行为理论,这项理论对于解释危险骑行行为(醉酒驾车和超速)大有帮助(Armitage 和 Conner,2001;Elliott 和 Armitage,2009;Elliott 和 Armitage 等,2007;Elliott 和 Thomson,2010;Lawton、Parker、Stradling 和 Manstead,1997;Manstead 和 Parker,1995)。

计划行为理论的前提是,意向是个体行为的最佳预测因子。意向即通过个人内隐或外显地考虑其行为后果,来选择最可能产生预期结果的行动的思考过程。意向本身取决于与行为有关的个人态度和主观规范。态度代表个人对于一种行为积极或消极的评价;主观规范指个人感受到的社会压力,取决于群体中的其他重要成员对此行为的支持或反对。

然而,在某些情况下,人们可能会觉得很难用意志控制自己的行为。例如,想要表演"前轮离地"特技的骑行者可能并不具有表演该特技的能力,或是受到摩托车器械条件的限制无法实现。因此,认知行为控制是意向的第 3 个决定因素。除了影响意向以外,认知行为控制也可能直接影响行为。当一个人感到自己的行为不能完全由意志控制时,态度、主观规范和认知行为控制会决定意向。相反,当一个人觉得他可以控制自己的行为时,只有态度和主观规范会决定意向。

Rutter 和 Quine(1996)以及 Rutter 等(1995)是最早将计划行为理论应用于摩托车驾驶的一批研究者。除了确定交通事故与失误有关以外,他们还在早期计划行为理论(Fishbein 和 Ajzen 把这一理论称为理性行为理论)的基础上,探讨了概念间的关系结构。Rutter 等发现,通过对骑行者遵守法律法规的态度和谨慎骑行的态度,可以预测出违反安全骑行规则的行为次数,这与理性行为理论相符。由此他们得出结论:"对于安全骑行的信念可以预测骑行行为,而反过来又可以预测事故的发生。而信念则应当被视为人口统计变量(如年龄和经验)与行为结果之间的中介"(Rutter 等,1995,第 369 页)。

计划行为理论已在其他一些研究中应用于摩托车驾驶。其中之一便是 Jamson、Chorlton 和 Conner 在 2005 年对英国 4929 位摩托车骑行者做的调查。他们通过问卷,调查了受访者对参与以下 7 种危险骑行行为的意向:超速驾驶、跟车过近、在乡村公路上行驶、在繁忙路段分心、急转弯、醉酒骑行、追逐竞驶。研究发现,对于风险行为的态度与实施该行为的意向相关。为了衡量主观规范,调查对象没有像大多数计划行为理论研究中常见的那样询问"重要他人",而是询问了他们对 4 个特定群体(警察、其他道路使用者、家人、其他骑行者)对他们实施某种风险行为的看法。那些不倾向于实施风险行为的回答者能够更多地感知到来自这些群体的压力。同时,研究还发现,感知行为控制的常用测量方式与表现出所需测量的风险行为的意向有关。因此,这项研究支持了计划行为理论在摩托车骑行者行为研究当中的应用。

Watson 等(2007)和 Elliott(2010)通过两个调查案例阐释了行为计划理论是如何影响危险驾驶行为的。Watson 等使用问卷的形式调查了澳大利亚的 227 个摩托车骑行者,并通过层次回归分析方法进行了分析。他们发现,影响行为的关键因变量包括 3 种安全骑行行为(熟练骑行摩托车、保持 100% 的清醒、避免撞上障碍物)和 3 种不安全骑行行为(违反道路交通规则、超速、进行特技表演或以极速行驶)。作为因变量的行为数据通过自我报告的方式调查获得。总的来说,态度对风险驾驶意图有着显著影响,而安全驾驶的意图可能受感知行为控制影响。另外,自我报告行为与意图一致,验证了行为计划理论中的观点,即其他因素对行为的影响是通过意图来作为中介的。

Elliott(2010)研究了苏格兰摩托车俱乐部的 110 名骑行者,调查他们在速度限制低和高的道路上超速行驶的意图。总的来说,驾驶态度和感知行为控制被发现是超速意图的重要预测因子,而这和行为计划理论相一致。然而,这一研究以及其他的一些研究却对行为计划理论提出了一些修订和扩展。

例如,Elliott(2010)研究发现,工具态度和情感态度间也存在着一定的关系。工具态度是对完成驾驶行为是否受益的认知评估,而情感态度则是精神上的评估。情感态度是大多数社会行为意图的重要预测因素(Trafimow 等,2004),摩托车骑行被认为有着强烈的感情驱动成分(Christmas 等,2009)。但以前关于高风险摩托车骑行的研究并没有得出此差异。例如,Watson 等(2007)仅测量了对摩托车的工具态度,而 Jamson 等(2005)将工具态度和情感态度结合到一个量表中进行混合测量,得出量表得分与危险驾驶行为正相关的结果。相反,Elliott(2007)使用了一种特定的情感态度测量方法,并报告称其与摩托车骑行者在低限速或高限速道路上加速的意图显著相关。

从安全驾驶行为的应用角度来理解,主观规范这一概念有时没有展现出计划行为理论所期望的预测效用。这是因为这些概念与"周围关键人物会如何考虑"有关(Elliott,2010;

Watson 等,2007)。鉴于摩托车骑行的社会性质,重要的规范都是骑手群体自己建立的。家长、配偶和其他重要人员对骑行者行为的观点可能没有其他骑行者对此骑行者行为的观点重要。当以这种方式考虑时,主观规范在预测行为意图上更加有效(Watson 等,2007)。

除了主观规范影响意图的假说外,Watson 等(2007)还纳入了测量个人规范的方法。根据 Parker、Manstead 和 Stradling(1995)对交通违法行为的研究,他们称内在化的道德规范有助于解释违法骑行行为。Watson 等假定除社会衍生的规则外,个人规范也影响危险骑行行为。然而,由于个人规范的建立难以测量,所以并未列入最终分析(Watson 等,2007)。

最后,对行为计划理论的拓展研究还引入了额外的概念来表示社会影响程度对驾驶意图的作用。尽管主观规范已经考虑了群体的影响,Elloitt(2010)认为 Ajzen 的计划行为理论并没能涵盖摩托车骑行者的社会性因素。因此,Elliott 提出自我认同和社会认同两个概念。自我认同是指个体的自我概念,根据个人识别的社会角色和与角色相关的行为来定义自我。社会认同强调群体成员的作用,认为认同的产生源于个人所属或认同的社会群体。正是因为对群体身份的认同,个体更愿意与属于同一个群体的行为保持一致。Elliott 认为,社会认同在有着强烈群体认同的个体上,都明显影响着他们的超速意图和行为关系。然而,Watson 等(2007)并没有发现危险骑行者的自我认同对意图有重要影响。

除了计划行为或意向行为对危险行为有影响以外,个人的特性一直被认为是可能导致交通事故的危险行为的因素。这个观点是基于 Zuckerman(1994)的工作提出的,他认为寻求刺激是一种生物学特性,使人容易低估风险,或者认为风险只是享受刺激体验所必须付出的代价。已经有一些研究提出了寻求刺激和危险驾驶行为存在一定关系(Jonah,1997a,1997b)。然而,单纯以寻求刺激这一特质进行对比难以区分风险驾驶者和安全驾驶者。因为摩托车骑行者与不骑摩托车的人相比,属于高度寻求刺激者。因此,只有把寻求刺激特质和高攻击性结合起来,才有可能预测风险驾驶行为(Watson 等,2007;Zuckerman,1994)。另外,Ulleberg(2001)称高风险群体具有易怒、不遵守规则和寻求刺激的特点,这些特点常常与事故相关(Ulleberg 和 Rundmo,2003)。这可能是由于人格特征通过个人对不安全行为的态度作为中介变量来影响危险驾驶行为(Ulleberg 和 Rundmo,2003)。

如寻求刺激的假设所说,Watson 等(2007)发现寻求刺激和攻击性行为的倾向是危险骑行的重要预测因子。Haque、Chin 和 Lim(2010)总结了一种测量骑行风险的方法,他们发现骑行者对刺激的寻求和攻击性都与卷入摩托车事故有关。Haque、Chin 和 Lim 根据冲动性感觉寻求和攻击性定义了人格类型,他们得出结论,摩托车骑行者中"外向型"和"跟随型"人格类型更容易发生事故。

在一项对 257 名学生的研究中,研究者对人格特质与态度和行为的关系进行了检验(Chen,2009)。在自我报告中,对于不安全驾驶的态度直接影响自我报告的危险骑行行为(比如超速、违反规则、过度自信)。据报道,人格特质对行为的作用是间接的,因为两者之间是由态度中介的。具体而言,愤怒、寻求刺激和无视规则的特质与冒险骑行的态度呈正相关,而与焦虑则呈负相关。在这些特质中,无视规则对态度的影响最大,尽管作者并未阐述无视规则的态度对危险骑行的影响结论。但正如 Watson 等(2007)所建议的那样,无视规则对冒险骑行态度的影响证明了需要考虑个人规则以理解骑行者不安全行为的必要性。Chen 的研究的最后一项发现是,利他主义(即关心他人)是唯一对行为有直接影响的人格特质,这表明倾向于考虑他人会降低骑行者冒险骑行的可能性。

Wong、Chung 和 Huang(2010)对年轻摩托骑行者的研究得出了类似的结论。人格特质(寻求刺激、和蔼可亲、不耐心)仅间接地影响自我报告的危险行为(超速和违反规则),因为人格特质通过情感风险感知和效用感知来调节行为。另外,人格特质对骑行者的自信有直接影响,自信特质通过对不安全骑行的态度和对交通状况的了解间接影响骑行行为。这说明自信的驾驶者更可能进行危险驾驶行为,但同时也会注意到驾驶的风险。这个结论与计划行为理论中的观点一致,即对待不安全驾驶的态度与自我报道的风险驾驶行为相关。效用感知和情感风险感知的结构表明,区分工具态度和情感态度的做法是有益的,而且计划控制行为(与 Wong 等研究的骑行者自信建立过程类似)也与风险驾驶行为有关。

总的来说,在交通心理学中,致力于理解摩托车骑行者危险驾驶行为的研究仍处于初期阶段。尽管危险驾驶行为已经引起了相当的关注,但解释摩托车风险驾驶行为的研究仍然相对较少。基于现有研究,多种动机吸引着摩托车骑行者进行骑行,其中包括感情因素。计划行为理论为未来的研究提供了一个很有前景的理论框架。结合对个性特征的理解,计划行为理论可以提供对不安全摩托车驾驶行为的良好理解,并为制定干预措施提供参考,从而让骑行行为变得更加安全。

27.6 小结

摩托车骑行者是最易受伤的机动车驾驶人。在其他驾驶人的安全性上升的同时,摩托车骑行者的安全性并未得到相应的提升。在发展中国家,很多摩托车在交通和商业中起到重要作用,而有关的安全问题日益严重。要在全球交通安全方面取得实质性进展,就需要降低摩托车骑行者面临的风险。

早期的摩托车安全性研究主要集中在事故研究以及摩托车骑行的技术层面。这导致产生了众多关于事故的因素研究以及个体行为因素研究。这些研究结果建议制造更加安全的摩托车,重新设计道路使得摩托车在其他车辆旁边更加安全,以及设计安全设备(例如头盔和防护服)来保护卷入事故中的骑行者。

最近,研究重点转移到研究摩托车骑行者进行危险行为的动机上。因此,交通心理学领域已经开始探索不安全驾驶的社会心理决定因素。计划行为理论是指导此类研究的有效理论框架。调查发现,看待不安全驾驶行为的态度影响着个体执行危险行为的意图,而危险行为会导致事故概率上升。并且,相关态度受个人性格特征影响。就特定危险行为而言,超速受到最多关注,酒驾以及行驶过程中不戴头盔是调查中值得研究的另外两个因素。

从现有的交通心理学文献中可以得到一些安全干预的启示。第一,看待危险行为的态度很可能是改变行为的关键,这就意味着干预应该集中在改变个人以及群体的内化规范,鼓励骑行者群体养成较少攻击性的、良好的驾驶行为习惯上(Chen,2009;Elliott 等,2007)。第二,骑行者训练计划不仅要关注骑行者技巧和道路规则,还应该关注影响骑行者行为的态度和动机来促进更强的自控(Watson 等,2007)。第三,摩托车骑行者由很多类人群构成,不同的骑行者面对的危险不同,因此需要针对不同的群体设计不同的干预(Wong 等,2010)。

除了研究不安全或危险驾驶行为外,骑行者的表现也需要交通心理学的关注。直到最近，研究者才开始阐明骑行者在面临潜在危险时处理环境信息的方式（Hosking、Liu 和 Bayly，2010；Liu、Hosking 和 Lenne，2009）。考虑摩托车骑行是一项极具挑战性的活动，骑行者会面临各种各样的危险，只有更好地理解骑行者对危险的认知和行为反应，帮助骑行者提高操作技能，才能保证驾驶安全。

　　研究驾驶表现的重要研究并不多见。摩托车骑行者常常是事故中的受害者，其原因多是汽车驾驶人对摩托车骑行者"视而不见"。工程方法在减少这些错误的努力中占据主导地位。这种方法将醒目性作为摩托车和骑行者的设计导向。通过改变设计，让摩托车骑行者变得更加醒目（例如装置日间行车灯、改变摩托车和骑行者的颜色以及反射率）。但物理上的醒目并没有消除"视而不见"的失误。Wulf、Hancock 和 Rahimi（1989）区分了感知上的醒目和认知上的醒目，前者因为有了大量的研究，促进了工程上的改进。而研究认知上的醒目，需要将汽车驾驶人作为信息接收者，这是这些失误的核心，并且需要从交通心理学的角度进行研究。Langham（1999）提供了一些对"视而不见"的研究实例。

　　鉴于行为因素对摩托车事故的重要影响，交通心理学对于提高摩托车骑行者的安全性有很大贡献。发达国家和发展中国家都开始积极关注摩托车骑行者的安全。然而，仍需更深入地研究摩托车骑行者的行为和表现，探索更加广泛的干预措施和策略，从而使摩托车骑行者更加安全。

 本章参考文献

AJZEN I, 1991. The theory of planned behavior [J]. Organizational Behavior and Human Decision Processes, 50: 179-211.

AMERATUNGA S, HIJAR M, NORTON R, 2006. Road-traffic injuries: Confronting disparities to address a global-health problem[J]. Lancet, 367: 1533-1540.

ARMITAGE C J, CONNER M, 2001. Efficacy of the theory of planned behaviour: A meta-analytic review[J]. British Journal of Social Psychology, 40: 471-499.

Association des Contructeurs Eruopéens de Motocycles, 2004. MAIDS: In-depth investigations of accidents involving powered two wheelers, final report 1.2[R]. Brussels.

Australian Bureau of Statistics, 2008. Survey of motor vehicle use, Australia: 12 months ended 31 October 2007[C]. Sydney.

Australian Transport Safety Bureau, 2007. Annual report: 2007 [R]. Canberra: Australian Transport Safety Bureau.

BAYLY M, REGAN M, HOSKING S, 2006. Intelligent transport systems and motorcycle safety. (Report No. 260) [R]. Clayton, Victoria: Monash University Accident Research Centre.

BEDNAR F, BILLHEIMER J W, MCREA K, et al, 2000. Motorcycle safety(TRB Transportation in the New Millennium Paper Series No. A3B14) [EB/OL]. [2010-05-16]. http://onlinepubs.trb.org/onlinepubs/millennium/00075.pdf.

BRAILLY M C, 1998. Studie von Motorradunfallen mit Stahlleitplankenanprall(IFZ No. 8) [N].

BROUGHTON J, 1988. The relationship between motorcycle size and accident risk. (Research Report No. RR169) [R]. Crowthorne: Transport and Road Research Laboratory.

CAIRD J, HANCOCK P, 1994. The perception of arrival time for different oncoming vehicles at an intersection[J]. Ecological Psychology, 6: 83-109.

CARROLL C L, WALLER P, 1980. Analysis of fatal and non-fatal motorcycle crashes and comparisons with passenger cars[C]. In Proceedings of the International Motorcycle Safety Conference. Maryland: Motorcycle Safety Foundation.

CHANG H L, YEH T H, 2007. Motorcyclist accident involvement by age, gender, and risky behaviours in Taipei, Taiwan[J]. Transportation Research Part F: Traffic Psychology and Behaviour, 10: 109-122.

CHEN C F, 2009. Personality, safety attitudes and risky driving behaviors-Evidence from young Taiwanese motorcyclists[J]. Accident Analysis and Prevention, 41: 963-968.

CHESHAM D J, RUTTER D R, QUINE L, 1993a. Motorcycling safety research: A review of the social and behavioural literature[J]. Social Science and Medicine, 37: 419-429.

CHESHAM D J, RUTTER D R, QUINE L, 1993b. Persuasion and attitude change in motorcycle safety training [M]. In G B Grayson (Ed.), Behavioural research in road safety Ⅲ. Crowthorne: Transport Research Laboratory.

CHRISTMAS S, YOUNG D, COOKSON R, et al, 2009. Understanding motorcyclists' attitudes to safety-Passion and performance. (Project Report No. 442) [R]. Workingham: Transport Research Laboratory.

CHRISTIE R, HARRISON W A, 2002. Investigation of motorcycle crash patterns for riders aged 17-25 in NSW and development of countermeasure strategies[R]. Sydney: Motor Accidents Authority of NSW.

CLARKE D D, WARD P, BARTLE C, et al, 2007. The role of motorcyclist and other driver behavior in two types of serious accident in the UK[J]. Accident Analysis and Prevention, 39: 974-981.

COLBURN N, MEYER R D, WRIGLEY M, et al, 1993. Should motorcycles be operated within the legal alcohol limits for automobiles[J]. Journal of Trauma, 35: 183-186.

CREASER J I, WARD N J, RAKAUSKAS M E, et al, 2009. Effects of alcohol impairment on motorcycle riding skills[J]. Accident Analysis and Prevention, 41: 906-913.

Department of Infrastructure, Transport, Regional Development, and Local Government, 2009. Road deaths Australia: 2008 statistical summary. (INFRA-08485) [R]. Canberra.

Department for Transport, 2009. Reported road casualties Great Britain: 2008 annual report[R]. London: The Stationary Office.

DIAMANTOPOULOU K, BRUMEN I, DYTE D, et al, 1995. Analysis of trends in motorcycle crashes in Victoria. (Research Report No. 84) [R]. Clayton, Victoria: Monash University Accident Research Centre.

EASTRIDGE B J, SHAFI S, MINEI J P, et al, 2006. Economic impact of motorcycle helmets:

From impact to discharge[J]. Journal of Trauma, 60: 978-984.

ELLIOTT M A, 2010. Predicting motorcyclists' intentions to speed: Effects of selected cognitions from the theory of planned behavior, self-identity and social identity[J]. Accident Analysis and Prevention, 42: 718-725.

ELLIOTT M A, ARMITAGE C J, 2009. Promoting drivers' compliance with speed limits: Testing an intervention based on the theory of planned behaviour[J]. British Journal of Psychology, 100: 11-32.

ELLIOTT M A, ARMITAGE C J, BAUGHAN C J, 2003. Drivers' compliance with speed limits: An application of the theory of planned behavior[J]. Journal of Applied Psychology, 88: 964-972.

ELLIOTT M A, ARMITAGE C J, BAUGHAN C J, 2007. Using the theory of planned behaviour to predict observed driving behaviour[J]. British Journal of Social Psychology, 46: 69-90.

ELLIOTT M A, ARMITAGE C J, SEXTON B F, 2007. Errors and violations in relation to motorcyclists' crash risk[J]. Accident Analysis and Prevention, 39: 491-499.

ELLIOTT M A, THOMSON J A, 2010. The social cognitive determinants of offending drivers' speeding behaviour[J]. Accident Analysis and Prevention, 42: 1595-1605.

EVANS L E, 2004. Traffic safety[M]. Bloomfield Hills: Science Serving Society.

Federal Office of Road Safety, 1999. Road risk for sober, licensed motorcyclists. (Monograph 27) [M]. Canberra: Commonwealth of Australia.

FELL J C, NASH C E, 1989. The nature of the alcohol problem in U. S. fatal crashes[J]. Health Education Quarterly, 16: 335-343.

FERGUSSON D, SWAIN-CAMPBELL N, HORWOOD J, 2003. Risky driving behaviour in young people: Prevalence, personal characteristics and traffic accidents[J]. Australian and New Zealand Journal of Public Health, 27: 337-342.

FISHBEIN M, AJZEN I, 1975. Belief, attitude, intention and behaviour: An introduction to theory and research[M]. Reading, MA: Addison-Wesley.

HAQUE M M, CHIN H C, HUANG H, 2009. Modeling fault among motorcyclists involved in crashes[J]. Accident Analysis and Prevention, 41: 327-335.

HAQUE M M, CHIN H C, HUANG H, 2010. Applying Bayesian hierarchical models to examine motorcycle crashes as signalized intersections[J]. Accident Analysis and Prevention, 42: 203-212.

HAQUE M M, CHIN H C, LIM B C, 2010. Effect of impulsive sensation seeking, aggression and risk-taking behaviors on the vulnerability of motorcyclists[J]. Asian Transport Studies, 1: 165-180.

HARRISON W A, CHRISTIE R, 2005. Exposure survey of motorcyclists in New South Wales [J]. Accident Analysis and Prevention, 37: 441-451.

HAWORTH N, MULVIHILL C, SIMMONS M, 2002. Motorcycling after 30. (Report No. 192) [R]. Clayton, Victoria, Australia: Monash University Accident Research Centre.

HAWORTH N, SMITH R, BRUMEN I, et al, 1997. Case-control study of motorcycle crashes.

(CR 174) [R]. Canberra: Department of Transport and Regional Development, Federal Office of Road Safety.

HORSWILL M S, HELMAN S, 2003. A behavioural comparison between motorcyclists and a matched group of non-motorcycling car drivers: Factors influencing accident risk[J]. Accident Analysis and Prevention, 35: 589-597.

HOSKING S G, LIU C C, BAYLY M, 2010. The visual search patterns and hazard responses of experienced and inexperienced motorcycle riders[J]. Accident Analysis and Prevention, 42: 196-202.

HOUSTON D J, RICHARDSON L E, 2008. Motorcyclist fatality rates and mandatory helmet-use laws[J]. Accident Analysis and Prevention, 40: 200-208.

HUNG D V, STEVENSON M R, IVERS R Q, 2006. Prevalence of helmet use among motorcycle riders in Vietnam[J]. Injury Prevention, 12: 409-413.

HURT H H, OUELLET J V, THOM D R, 1981. Motorcycle accident cause factors and identification of countermeasures, Volume 1: Technical report[J]. Los Angeles: University of Southern California, Traffic Safety Center.

ICHIKAWA M, CHADBUNCHACHAI W, MARUI E, 2003. Effect of the helmet act for motorcyclists in Thailand[J]. Accident Analysis and Prevention, 35: 183-189.

JAMSON S, CHORLTON K, 2009. The changing nature of motorcycling: Patterns of use and rider characteristics[J]. Transportation Research Part F: Traffic Psychology and Behaviour, 12: 335-346.

JAMSON S, CHORLTON K, CONNER M, 2005. The older motorcyclist. (Road Safety Research Report No. 55) [R]. London: Department for Transport.

JONAH B A, 1997a. Sensation seeking and risky driving: A review and synthesis of the literature [J]. Accident Analysis and Prevention, 29: 651-665.

JONAH B A, 1997b. Sensation-seeking and risky driving[M]. In T ROTHENGATTER, E CARBONELL VAYA(Eds.), Traffic and transport psychology: Theory and application: 259-268. Oxford: Pergamon.

KASANTIKUL V, OUELLET J V, 2005. Alcohol use and motorcycle accident causation in Thailand and Los Angeles[C]. In 2005 Small Engine Technology Conference Proceedings(SAE No. 2005-32-0003; SAE No. 20056571), October 2005.

KRAUS J F, ARZEMANIAN S, ANDERSON C L, et al, 1988. Motorcycle design and crash injuries in California, 1985 [J]. Bulletin of the New York Academy of Medicine, 64: 788-803.

LANGHAM M P, 1999. An investigation of the role of vehicle conspicuity in the "looked but failed to see" error in driving[J]. Brighton: Unpublished doctoral dissertation. Sussex University.

LAWTON R, PARKER D, STRADLING S G, et al, 1997. Self-reported attitude towards speeding and its possible consequences in five different road contexts [J]. Journal of Community& Applied Social Psychology, 7: 153-165.

LIN M R, CHANG S H, HUANG W, et al, 2003. Factors associated with severity of motorcycle injuries among young adult riders[J]. Annals of Emergency Medicine, 41: 783-791.

LIN M R, CHANG S H, PAI L, et al, 2003. A longitudinal study of risk factors for motorcycle crashes among junior college students in Taiwan[J]. Accident Analysis and Prevention, 35: 251-260.

LIN M R, KRAUS J F, 2009. A review of risk factors and patterns of motorcycle injuries[J]. Accident Analysis and Prevention, 41: 710-722.

LIU B C, IVERS R, NORTON R, et al, 2008. Helmets for preventing injury in motorcycle riders [R]. Cochrane Database of Systematic Reviews. CD004333. doi: 10. 1002/14651815. CD004333. pub3.

LIU C C, HOSKING S G, LENNE M G, 2009. Hazard perception abilities of experienced and inexperienced motorcyclists: An interactive simulator experiment[J]. Transportation Research Part F: Psychology and Behaviour, 12: 325-334.

LYNAM D, BROUGHTON J, MINTON R, et al, 2001. An analysis of police reports of fatal accidents involving motorcyclists. (Research Report No. RR169) [R]. Crowthorne: Transport Research Laboratory.

MANNERING F L, GRODSKY L L, 1995. Statistical analysis of motorcyclists' perceived accident risk[J]. Accident Analysis and Prevention, 27: 21-31.

MANSTEAD A S R, PARKER D, 1995. Evaluating and extending the theory of planned behaviour[J]. European Review of Social Psychology, 6: 69-95.

MAYCOCK G, 2002. Estimating the effects of age and experience on accident liability using STATS19 data [C]. In Behavioural Research in Road Safety: 12th Annual Seminar Proceedings. London: Department for Transport.

MAYHEW D R, SIMPSON H M, 1989. Motorcycle engine size and traffic safety[J]. Ottawa: Traffic Injury Research Foundation of Canada.

MULLIN B, JACKSON R, LANGLEY J, et al, 2000. Increasing age and experience: Are both protective against motorcycle injury[J]. A case-control study. Injury Prevention, 61:32-35.

National Highway Traffic Safety Administration, 2010. Traffic safety facts 2009, early edition (DOT HS 811 402)[J]. Washington, DC: U. S. Department of Transportation.

OLUWADIYA K S, KOLAWALE I K, ADEGBEHINGBE O O, et al, 2009. Motorcycle crash characteristics in Nigeria: Implication for control[J]. Accident Analysis and Prevention, 41: 294-298.

Organization for Economic Co-operation and Development,2010. IRTAD 2010 annual report[R]. Paris: Author.

OUELLET J V, KASANTIKUL V, 2006. The effect of blood alcohol concentration on motorcycle crash characteristics[C]. In Proceedings of the International Motorcycle Safety Conference. Irvine: Motorcycle Safety Foundation.

PARKER D, MANSTEAD A, STRADLING S G, 1995. Extending the theory of planned behaviour: The role of personal norm[J]. British Journal of Social Psychology, 34: 127-137.

PEDEN M, SCURFIELD R, SLEET D, et al, 2004. World report on road traffic injury prevention[R]. Geneva: World Health Organization.

PREUSSER D F, WILLIAMS A F, ULMER R G, 1995. Analysis of fatal motorcycle crashes: Crash typing[J]. Accident Analysis and Prevention, 27: 845-851.

QUDDUS M A, NOLAND B A, CHIN H C, 2002. An analysis of motorcycle injury and vehicle damage severity using ordered probit models[J]. Journal of Safety Research, 33: 445-462.

Queensland Department of Transport, 2003. Road traffic crashes in Queensland, 2002: A report on the road toll[R]. Brisbane.

RADIN-UMAR R S, MACKAY M G, HILLS B L, 1996. Modelling of conspicuity-related motorcycle accidents in Seremban and Shah Alam, Malaysia [J]. Accident Analysis and Prevention, 28: 325-332.

REASON J, MANSTEAD A, STRADLING A, et al, 1990. Errors and violations on the roads: A real distinction[J]. Ergonomics, 33: 1315-1332.

RUTTER D R, QUINE L, 1996. Age and experience in motorcycling safety [J]. Accident Analysis and Prevention, 28: 15-21.

RUTTER D R, QUINE L, CHESHA D J, 1995. Predicting safe riding behavior and accidents-Demography, beliefs, and behavior in motorcycling safety [J]. Psychology & Health, 10: 369-386.

SAVOLAINEN P, MANNERING F, 2007. Probabilistic models of motorcyclists' injury severities in single- and multi-vehicle crashes[J]. Accident Analysis and Prevention, 39: 955-963.

SCHULZ U, GRESCH H, KERWIEN H, 1991. Motorbiking: Motives and emotions [C]. In Proceedings of the International Motorcycle Conference: "Safety, environment, future". Bochum, Germany: Institut für Zweiradsicherheit :465-483.

SEXTON B, BAUGHAN C, ELLIOTT M, et al, 2004. The accident risk of motorcyclists (TRL607)[R]. Crowthorne: Transport Research Laboratory.

SHANKAR U, 2001. Recent trends in fatal motorcycle crashes (DOT HS 809 271) [R]. Washington, DC: U.S. Department of Transportation.

SHANKAR V, MANNERING F, 1996. An exploratory multinomial logit analysis of single-vehicle motorcycle accident severity[J]. Journal of Safety Research, 27: 183-194.

SHANKAR U, VERGHESE C, 2006. Recent trends in fatal motorcycle crashes: An update (DOT HS 810 606)[R]. Washington, DC: U.S. Department of Transportation.

SODERSTROM C A, DISCHINGER P C, HO S M, et al, 1993. Alcohol use, driving records and crash culpability among injured motorcycle drivers[J]. Accident Analysis and Prevention, 25: 711-716.

STUTTS J, FOSS R, SVOBODA C, 2004. Characteristics of older motorcyclist crashes [J]. Annual Proceedings of the Association for the Advancement of Automotive Medicine, 48: 197-211.

SUBRAMANIAN R, 2005. Alcohol involvement in fatal motor vehicle traffic crashes 2003 (DOT

HS 809 822) [R]. Washington, DC: U.S. Department of Transportation.

TALVING P, TEIXEIRA P G R, BARMPARAS G, et al, 2010. Motorcycle-related injuries: Effect of age on type and severity of injuries and mortality [J]. Journal of Trauma, 68: 441-446.

TEOH E R, CAMPBELL M, 2010. Role of motorcycle type in fatal motorcycle crashes [J]. Journal of Safety Research, 41: 507-512.

TNO, 1997. Literature survey of motorcycle accidents with respect to the influence of engine size (TNO Report No. 97. OR. VD. 009. 1/PR) [R]. Delft, The Netherlands: Road-Vehicles Research Institute.

TRAFIMOW D, SHEERAN P, LOMBARDO B, et al, 2004. Affective and cognitive control of persons and behaviours [J]. British Journal of Social Psychology, 43: 207-224.

TUNNICLIFF D, 2005. Motorcycle rider and pillion fatalities, 1 Jan 1989-31 Dec 2004, using data obtained from the Australian Transport Safety Bureau Fatal Road Crash Database 10 June 2005 [R]. Canberra: Australian Transport Safety Bureau.

ULLEBERG P, 2001. Personality subtypes of young drivers: Relationship to risk-taking preferences, accident involvement, and response to a traffic safety campaign [J]. Transportation Research Part F: Traffic Psychology and Behaviour, 4: 279-297.

ULLEBERG P, RUNDMO T, 2003. Personality, attitudes and risk perception as predictors of risky driving behaviour among young drivers [J]. Safety Science, 41: 427-443.

WALTERS J, 1982. Some characteristics of motorcyclists (Papers in Planning Research) [R]. Department of Town Planning. Cardiff: University of Wales Institute of Science and Technology.

WATSON B, TUNNICLIFF D, WHITE K, et al, 2007. Psychological and social factors influencing motorcycle rider intentions and behaviour (Road Safety Research Grant Report 2007-04) [R]. Canberra, Australia: Australian Transport Safety Bureau.

WELLS S, MULLIN B, NORTON R, et al, 2004. Motorcycle rider conspicuity and crash related injury: Case-control study [J]. British Medical Journal, 328: 857-860.

WONG J T, CHUNG Y S, HUANG S H, 2010. Determinants behind young motorcyclists' risky riding [J]. Accident Analysis and Prevention, 42: 275-281.

WULF G, HANCOCK P A, RAHIMI M, 1989. Motorcycle conspicuity: An evaluation and synthesis of influential factors [J]. Journal of Safety Research, 20: 153-176.

XUEQUN Y, KE L, IVERS R, et al, 2011. Prevalence rates of helmet use among motorcycle riders in a developed region in China [J]. Accident Analysis and Prevention, 43: 214-219.

ZAMBON F, HASSELBERG M, 2006. Factors affecting the severity of injuries among young motorcyclists-A Swedish nationwide cohort study [J]. Traffic Injury Prevention, 7: 143-149.

ZUCKERMAN M, 1994. Behavioral expressions and biosocial bases of sensation seeking [M]. New York: Cambridge University Press.

第 28 章 职业驾驶员

托瓦·罗森布卢姆(Tova Rosenbloom)
以色列,拉马特甘,巴伊兰大学(Bar-Ilan University, Ramat Gan, Israel)

28.1 引言

全世界的货车驾驶员都具有类似的统计特征,他们卷入了与自身数量不成比例的交通事故中。其中大多数交通事故由其他驾驶人承担主责,而货车驾驶员往往承担次责。而由货车驾驶员承担主责的交通事故通常是由与车辆的物理和操作特性(如尺寸、质量、制动距离、盲区和转弯半径)相关的车辆操作错误引发的,或者是由驾驶员在不适应的速度下驾驶时的感知、预测或估计错误引起,也可能是由于驾驶员疲劳和睡眠不足引起。

公交车是全世界较流行的公共交通方式之一。公交车驾驶员与货车驾驶员相比,发生交通事故的数量较少。公交车事故的主要原因是公交车驾驶员或其他人的人为失误。驾驶员年龄、驾驶经验、以往交通事故经历及其严重程度、工作条件、公交车类型(小型公共汽车/包车/校车/迷你公共汽车)和公交路线等变量与驾驶员发生交通事故的风险相关。在种种劳工待遇问题,如健康状况不佳、劳动力流动率高和提前退休的压力下,公交车驾驶员被视作是比较糟糕的职业之一。公交车驾驶员通常有心血管疾病、胃肠道疾病、肌肉骨骼疾病、心身障碍和疲劳等问题。

出租汽车驾驶员是比较危险的驾驶职业之一,在出租汽车驾驶员的职业生涯中会面临很多风险,包括身体、环境、健康相关的风险。他们遭受与性无关的抢劫的概率高于社会平均值。本章将讨论的问题包括出租汽车驾驶员单独的行驶行为与载客行驶行为、昼夜轮班、对区域的熟悉度、安全带与防抱死制动系统的使用等。

货车、出租汽车、公交车和其他汽车的职业驾驶员与别的道路使用者不同,他们通过驾驶汽车谋生。本章将介绍每一类职业驾驶员的独有特征、相关事故数据、典型的生理心理特点(认知、个性和社交)以及这些驾驶员与其他道路使用者之间的动态关系。

有文献比较研究了工作相关的交通事故和非工作相关交通事故(Charbotel、Martin 和 Chiron,2010),表明在工作时发生的交通事故致死率较低(2003—2006 年间,女性为 1.4%,男性为 3.4%)。而在工作中发生事故的情况下,与其他驾驶人相比,职业驾驶员的风险最高。职业驾驶员与非职业驾驶人相比有很多不同,例如他们的年驾驶里程数较高,工作时间较长,对驾驶绩效的要求更高,对公司、文化和政策以及其他组织因素的承诺也不同。这些因素导致了这样一种假设,即职业驾驶员有很高的道路事故风险(Dorn 和 Brown,2003)。

Rosenbloom 和 Shahar(2007)认为职业驾驶员的驾驶风险程度不同于普通驾驶人。Öz、Özkan 和 Lajunen(2010)指出,职业驾驶员在城市道路和公路上的驾驶速度要低于非职业驾驶人。这可能是由于交通规则/条例以及雇佣职业驾驶员的公司/组织的约束（Caird 和 Kline，2004），当然这也有工作需要的影响（例如频繁地停车来让乘客下车）。

小型客车的驾驶员似乎比私家车驾驶人表现出更多的攻击性。他们经常会面临周围交通所造成的更多困难和压力。由于频繁地接触道路上的危险情况，他们习惯了交通中的风险，并认为在某些情况下风险较小。因此，职业驾驶员对交通危险变得不敏感，结果出租汽车和小型客车超速的现象有所上升（Öz 等，2010 年）。

同样，职业驾驶员经常需要长时间驾驶，这使得他们更易疲劳（Matthews、Tsuda、Xin 和 Ozeki，1999）。攻击性的驾驶者与非攻击性的驾驶者相比，在公路上的驾驶速度较高，并且会卷入更多事故中。Matthews 等发现寻求刺激倾向分数高的职业驾驶员在城市道路上的驾驶速度较低，有着高危险监控分数的驾驶员则卷入更多数量的交通事故中。

Rosenbloom（2000）发现，在 40~50 岁的年龄段之间，宽大驾驶（车头时距较短或不安全地并道）与两种不同的寻求刺激测量［冒险感（Thrill and Adventure，TAS）和厌烦敏感度（Boredom Susceptibility，BS）］存在着负相关性。对 TAS 来说，关联从 0.66 下降到 0.21，而 BS 从 0.23 增加到 0.62。TAS 对危险驾驶的影响在 45 岁前较明显。经过多年的职业驾驶后，驾驶员对车辆和道路的掌控水平都明显升高，并因此可以承受更多风险，而这与个性无关。然而，即使在职业驾驶员中，厌烦敏感度也能有效区分高风险驾驶员和低风险驾驶员。下面将讨论不同的职业驾驶员：货车、公交车和出租汽车驾驶员。

28.2 货车驾驶员

在美国和其他国家，货车被誉为是最成功的货运交通工具［美国货车运输协会（American Trucking Associations，ATA），2009］。在很多国家，货车运输业是经济的重要组成部分。货车驾驶员在全球都有着独特的人口统计数据特征、技能基础，可能还有与普通驾驶人不同的对待车辆的态度。全球货车驾驶员的平均年龄为 46.8 岁（标准差为 9.4 岁），平均年里程数为 49524mile（标准差为 39092mile，1mile 约合 1.61km），平均货车驾驶经验为 19.95 年（标准差为 11.58 年）。此外，他们出于与大众不同的需求进行驾驶，并且花在路上的时间要多于普通大众。

在很多国家，职业货车驾驶员都是男性，并且需要通过一些选拔过程，以确保驾驶员满足特定的身体、心理以及教育水平要求［美国国家公路交通安全管理局（National Highway Transportation Safety Administration，NHTSA），2005a］。与大多数其他驾驶人相比，货车驾驶员在驾驶方面更加熟练，接受的培训也更多。

由于特殊的工作环境，货车驾驶员的健康问题更为普遍。Hakkanen 和 Summala（2001）研究了很多货车驾驶员的健康问题，例如吸烟、过度肥胖和高血压。他们报告称，患有糖尿病的货车驾驶员比健康驾驶员更易卷入交通事故。

Dinges 和 Maislin（2006）报告称，超过半数的货车驾驶员的重量指数属于肥胖范围，这是 45~64 岁公众肥胖指数（26.6%肥胖）的两倍。

有证据表明，货车驾驶员更易卷入交通事故。1992—2002 年间，美国大约有 4700 人在涉及大型货车的事故中丧生，其中 85%的死亡者是货车之外车辆的乘客［联邦机动车运输安全管理局(Federal Motor Carrier Safety Administration,FMCSA),2005]。NHTSA(2005b)报告称涉及货车驾驶员的专业车辆事故应该被视为严重的生产安全问题,这表明货车驾驶是致命伤害风险较高的职业之一。该报告也报告了有关美国大型货车占注册车辆总数比例(4%)与其卷入致命交通事故比例(8%)之间的差距。

Sullman 等(2002)报告称货车驾驶员每4年发生一次交通事故(平均数为0.56次,标准差为0.96次/2年)。33.9%的货车驾驶员报告他们在过去两年中发生过交通事故,其中52.6%的交通事故需要货车驾驶员承担主责或者次责(Häkkänen 和 Summala,2001)。

Hanowski、Hickman、Wierwille 和 Keisler(2007)认为在美国和其他国家,货车驾驶员卷入交通事故的概率比私家车驾驶人高7至10倍。在驾驶质量超过30t的重型货车驾驶员中,他们的交通事故概率是私家车驾驶人的30倍[Haworth 和 Symmons,2003;以色列国家道路安全管理局(Israeli National Authority of Road Safety, INARS),2008;交通伤害研究基金会(Traffic Injury Research Foundation,TIRF),2009]。

大型货车卷入载客汽车和其他载货汽车致死事故中的比例都过高(Khorashadi、Niemeier、Shankar 和 Mannering,2005)。在对1990—1997年俄勒冈州有关货车驾驶员职业车辆事故索赔的调查中,McCall 和 Horwitz(2005)发现年轻的货车驾驶员和女性驾驶员在事故中受伤的概率与他们所占的比例不符。男性货车驾驶员的工作日损失数和与伤害索赔相关的总索赔成本高于女性货车驾驶员。因此,尽管女性货车驾驶员比男性更容易在交通事故中受伤,但男性的受伤严重程度更高。此外,年轻驾驶员在受伤之后需要的恢复时间短,能够更早地恢复工作。而在货车驾驶员的年龄对风险的影响方面,Duke、Guest 和 Boggess(2010)报告称年轻和年老的重型货车驾驶员卷入交通事故的概率都更高(呈现 U 形曲线特征)。

另外,货车驾驶员受伤的概率在早上最低,晚上的受伤严重程度最轻(根据索赔成本衡量)。在星期五发生的交通事故最为严重。

根据受伤类型划分,McCall 和 Horwitz(2005)称扭伤是索赔中最多的受伤类型,占所有索赔的一半多。在所有非致命性伤害中,骨折是最严重的,需要约8周的康复时间。致命性伤害占所有事故索赔的1.6%,并且大部分并不是与其他车相撞造成的。例如,5起致死交通事故是因为货车侧翻或被撞弯折引起的,5起是由于货车冲出道路,1起是因为货车撞上了静止物体。

有证据显示,重型车辆驾驶员相较于轻型车辆驾驶员,超速频率较低。在发生的交通事故中,货车驾驶员比乘用车驾驶员在酒精影响下驾驶的可能性更小(Tardif,2003)。Craft 和 Blower(2004)研究了美国联邦机动车安全管理局(FMCSA)/NHTSA 的大型货车碰撞原因,回顾了287个涉及两辆车辆的交通事故。在货车和轻型车碰撞的事故中,在70%的情况下,货车和轻型车辆之间碰撞的"关键原因"归因于其他车辆或驾驶人,在30%的情况下归因于货车或货车驾驶员(Thieriez、Radja 和 Toth,2002)。

根据 Summala 和 Mikkola(1994)的研究,两辆对向行驶的车辆之间经常会发生拖车碰撞。在这些事故中,仅17%卷入交通事故中的货车驾驶员被认定为首要责任人。但关于责任评估的可靠性值得怀疑,因为在交通事故中常常只有货车驾驶员才能幸存下来,并叙述事情发生经过。大部分交通事故的导火索是车辆操控失误或驾驶员感知、预测和估计出现失误。不幸的是,深度分析事故后,目前的数据仍不能提供导致交通事故的确定原因。Horne(1992)称由疏忽或错误预测而造成的交通事故可能与疲劳驾驶相关,并且交通事故调查者应该进一步询问卷入交通事故的驾驶员这样的认知错误是如何发生的。

Hanowski、Keisler 和 Wierwille(2004)指出,在轻型车辆(LV)和重型车辆(HV)的相互作用中,轻型车驾驶员与重型车驾驶员相比,更可能发生严重碰撞。与此相反,Council、Harkey、Nabors、Khattak 和 Mohamedshah(2003)称在货车-汽车碰撞中,货车驾驶员是过错方的概率要大于汽车驾驶人(48%比40.2%)。值得注意的是,大多数货车驾驶员承担主责的事故要么是较不严重的追尾事故,要么是涉及货车盲区的事故,而在大多数致命的正面碰撞中,则是汽车驾驶人承担主要责任(71.2%)。事实上,存在一个高风险的驾驶员小群体,产生了大多数疲劳驾驶危险行为,这部分小群体就是长途驾驶的驾驶员。

Hanowski 等(2004)发现了重型车辆和轻型车辆有关事故中具有代表性的 4 个关键因素。第一,大多数的交通事故过错方是轻型车驾驶员。第二,轻型和重型车辆之间存在一些发生频率不同的典型交通事故。对于轻型车为过错方的交通事故,最常见的是制动过晚(41.3%)、变换车道时没有足够间距(21.7%)、中断换道(8%)。相反,重型车为过错方的事故最常见的事故类型是没有足够间距换道(26.6%)、车辆的横向偏移(21.5%)、左转空隙不足(13.9%)。第三,在轻型车辆为过错方的交通事故中,最常见的操作是减速或停车,而对于重型车为过错方的交通事故,大多是换道和穿越道路实线。第四,55.1%的轻型车辆为过错方的交通事故涉及尾端碰撞,而在41.8%的重型车为过错方的交通事故中存在侧滑。

除了货车驾驶员的疲劳和异常行为之外,他们对安全驾驶的态度也与他们卷入的交通事故有关。货车驾驶员一般了解他们所驾驶货车的大小和质量,以及货车可能造成的巨大生命财产损失。另外,他们经过良好的训练,能够避免危险情况[以色列道路安全局(Israeli Road Safety Authority,IRSA),2006]。

Ajzen(1985,1988)的计划行为理论(Theory of Planned Behavior,TPB)已经被用来预测驾驶员发生交通事故的可能性(Poulter 等,2008)。根据此理论,一个人行为的最好预测因子就是他完成事件的意图。决定行为意图的 3 个决定性因素是:态度、主观规范及感知控制(Ajzen,1991)。在货车驾驶员的研究中,Newnam、Watson 和 Murray(2004)发现驾驶员在工作车辆上的超速意愿要小于他们在自己车上的意愿。Poulter 等(2008)发现当驾驶员认为其他驾驶员希望自己遵守交通规则时,他/她会更加遵守规则。根据感知行为控制,他们发现如果货车驾驶员发现遵守交通规则越容易,他们就越会遵守规则。从 TPB 角度可以推测,主观规范、态度和感知行为控制都与意图正相关。总的来说,这个模型对驾驶行为变量中的 28%做出了解释。

Poulter 等(2008)也发现对驾驶员工作的控制越多,他们驾驶的大型货车就越遵守交通规则。与驾驶行为不同,主观规则对遵守交通规则并无直接作用。意图对遵从交通规则的直接作用较小。遵从交通规则的意图越大,驾驶员就越易遵守规则。态度对遵守规则有着小却明显的直接作用。因此,驾驶员对遵守规则的态度越好,他们驾驶的大型货车就越可能遵守交通规则。

Rosenbloom、Shahar 和 Eldror(2009)发现,不同类型货车驾驶员对待鲁莽驾驶的态度存在差异:翻斗货车(货车内货物可以自动卸出)的驾驶员比混凝土搅拌车驾驶员的驾驶方式更谨慎。这一发现可能与货车(翻斗车或混凝土搅拌车)的不同特征有关,也可能与研究中货车驾驶员的样本有关。其中,翻斗货车驾驶员有着稳定的工作条件,而混凝土搅拌车驾驶员则是自由职业者。因此,这两种货车驾驶员的不同可能是由于组织的安全氛围不同导致的。

安全氛围被Zohar(1980,第96页)定义为"个人与其工作环境共享的一组摩尔(Molar)感知,可作为日常突发事件中执行任务的行为指导依据"。高级管理人员倾向于安全至上的公司,它们发生的事故要少得多(Diaz和Cabrera,1997)。与混凝土搅拌车驾驶员相比,翻斗车驾驶员通常享有稳定的工作条件,他们可能会对工作更加敬业,并更遵守安全法规。另外,不规则的轮班可能影响混凝土搅拌车驾驶员,使得他们疲劳,导致粗心大意和更大的风险。

由于货车的物理特性和操作特点,如尺寸大小、质量、制动距离、盲区、转弯半径和驾驶员疲劳等原因,货车造成交通拥堵、基础设施恶化和交通事故与其在车辆中的占比不成比例(Peeta、Zhang和Zhou,2005)。Poulter等(2008)发现与其他道路使用者相比,由于车辆的质量、相对尺寸以及停车距离的增加,货车更有可能卷入导致死亡的交通事故。该研究的数据来源于英国车辆操作服务局(Vehicle and Operator Services Agency, VOSA)和英国货车运营商的详细试点工作。他们证明,违章驾驶与货车驾驶员的事故相关程度显著。具体而言,鲁莽驾驶和不当转弯是与交通事故风险最大程度增长有关的违规行为(分别为325%和105%),而不当/不稳定的车道改变和未能让行是与事故风险最大程度增长有关的定罪原因(分别为100%和97%)。

另外,违法是货车驾驶员事故的核心问题。2006年和2007年在对英国465000辆的货车车辆性能测试中,22.1%的货车没有通过检测(VOSA,2007),主要的违法行为是驾驶时间和速度记录超标,随后是超载和证件违规(VOSA,2007)。

Khorashadi等(2005)描述了多个影响交通事故频率和严重性的因素,包括驾驶员特征与车辆特征、道路几何形状、交通状况、环境情况和车辆状况。国际道路运输联盟[International Road Transport Union(IRU),2007]进行了欧洲货车事故原因调查(European Truck Accident Causation,ETAC),发现了货车事故中的常见情境,包括通过交叉口、排队(与同一方向的车辆相撞)、车道偏离(包括U形转弯)、超车和单辆货车事故。当有行人卷入事故中时(在事故总量中占据6.2%),大多数情况下是由后视镜盲区造成的,后视镜盲区使得驾驶员不能看到全景。大多数发生在货车与其他车辆或行人之间的事故是由于车速控制不当、不遵守交叉口交通规则以及操纵不当而变道造成的。单辆货车事故主要是由于车速控制不当、行驶过程中过度疲劳或入睡,或道路摩擦力不足导致的。

当分析ETAC中调查的事故时(IRU,2007),可以清楚看到,在事故发生前,货车驾驶员一般不在直线驾驶,而是正在转向或是试图转向(特别是在绕道或进出坡道时)。

为了更好地理解导致严重货车道路交通事故的因素,有必要区分在乡村和城市发生的事故(Khorashadi等,2005)。不同地区在驾驶员的行为、驾驶人群的特点和视觉"噪声"方面对驾驶员的影响不同(Lee和Mannering,2005)。Horrey和Wickens(2003)发现与乡村环境相比,城市环境对感知、认知和回应的要求更高。

在乡村地区(特别是乡村地区的交叉口),与货车相关的交通事故产生严重/致死伤害的可能性增加725%（相比于其他道路），而这样的交通事故在城市地区造成严重/致死伤害的可能性降低了10.3%（Khorashadi等，2005）。在城市和乡村区域，事故的严重性也与它们发生的时间相关。在城市地区凌晨发生的交通事故中，约有40%是严重交通事故，而在农村地区同一时间段发生的交通事故中，只有4%是严重交通事故。此外，在城市地区酒驾的危险性是农村地区的4倍（Khorashadi等，2005）。

Khorashadi等分析了农村和城市的事故差异，发现驾驶人行为与道路几何线形和环境条件等可测量因素之间有着复杂的相互作用，而这一相互作用对驾驶人受伤的严重程度有着重要影响。驾驶人需求的差异，加上不同的交通条件、道路设计特点还有城市和农村不同的驾驶人数量、驾驶预期等，都可以影响车辆事故的严重程度（Khorashadi等，2005）。

此外，非常值得指出的是，货车驾驶员的行为最普遍的问题是违规、犯错还有疲劳驾驶。Sullman、Gras、Cunill、Planes和Font-Mayolas（2007）的研究显示，货车驾驶员导致事故发生的最常见的反常驾驶行为是超速。在他们的研究中，酒驾只是排名第4位的不常见的异常驾驶行为。此外，2003年的美国驾驶人和乘客保护调查显示，在安全带使用方面，货车驾驶员使用安全带的比例远低于其他驾驶人（NHTSA，2005b），只有63%的货车驾驶员使用安全带，而这一比例在全体驾驶人中是85%。Sullman等称，货车驾驶员中最频繁的违规驾驶是向其他驾驶人表现出敌意（例如，对其他驾驶人做出猥亵的手势，以具有攻击性的姿态驾驶，并且大喊、鸣喇叭）。同时，他们发现最频繁发生的两种错误是"倒车的时候撞到了之前没有观察到的东西"（由于货车驾驶员的视觉盲区较大）和"左转弯的时候差点撞到一个迎面而来的自行车骑行者"。

Morad等（2009）和其他许多研究者声称，疲劳和睡眠不足是在职业驾驶员活动中的重大问题。货车驾驶员可能需要在傍晚和夜晚驾驶，并且驾驶时需要在较长时间内保持警惕。驾驶员在日间过度嗜睡、真正睡眠时间的减少、工作轮班、长时间驾驶、饮酒和药物滥用等是导致货车事故发生的主要预测因素。此外，不遵守规定（如睡眠时间规定）与高交通事故记录相关。例如，美国联邦汽车运输安全管理局制定了法规，防止驾驶员在没有适当休息的情况下长时间驾驶（FMCSA，1992）。

Gander、Marshall、James和Le Quesne（2006）发现疲劳因素必须被纳入事故分析中。他们还认为发生事故的货车驾驶员至少在一定程度上缺乏睡眠。

根据Souza、Paiva和Reimão（2005）的研究，睡眠是一种积极的、循环的生物现象，对生活至关重要。在驾驶人中最常见的一种睡眠障碍是日间过度嗜睡，患者在所有驾驶人中占12%，在货车驾驶员中占50%。患有这种睡眠障碍的人，感知到的压力过大，活力下降，并且发生交通事故的风险增高。

国际道路运输联盟（IRU，2007）进一步研究了这种现象。在事故原因是疲劳驾驶的交通事故中，68%的事故涉及货车与其他车辆（小汽车、自行车或者摩托车）的碰撞，29%是单一货车事故。大多数的交通事故发生在凌晨2：00—2：59，此时可能驾驶人正处在生物节律的低谷。当一天工作即将结束，即从下午3：00到3：59，则是另一个低谷。大部分与疲劳驾驶有关的交通事故发生在高速公路或者城市之间的道路上，而在城市中发生的交通事故则少得多。

Dinges和Maislin（2006）发现，相对于驾驶里程未到百万英里的驾驶人（不太安全驾驶的驾驶人),驾驶百万英里里程的驾驶人(安全驾驶的驾驶人)具有如下的特征:具有多年驾驶经验,较少的灵活工作时间,较少的夜间行驶,较早的停车休息,较少的吸烟,较少的咖啡因摄入和手机使用。这些因素可以有效减少疲劳驾驶事故。他们的调查凸显出规律的工作安排的重要性。规律工作可以减少夜间行车,鼓励第一时间停车休息,并且减少驾驶人吸烟的次数。关于咖啡因摄入和手机的使用情况,很难确定是否应该减少它们的使用量,因为驾驶人可以使用它们来在一定程度上克服疲劳驾驶。然而,手机的使用也是使驾驶人分心的一个因素。

Rosenbloom 等(2009)发现私家车驾驶人的鲁莽驾驶得分明显高于货车驾驶员。这正支持以下假设:一般货车驾驶员需要更加小心谨慎地驾驶,而私家车驾驶人则驾驶得较为随性,所以会出现更多的鲁莽驾驶行为。这一发现支持了以下观点(Glendon,2005):专业驾驶员(如货车驾驶员)接受的专业知识培训和驾驶经验等因素,是他们对鲁莽驾驶的看法与一般驾驶人不同的基础。他们对鲁莽驾驶的看法,相对于非专业的私家车驾驶人,更加谨慎。然而,多项研究结果表明,其他专业的驾驶员群体,例如出租汽车驾驶员,显示出比较放纵的鲁莽驾驶行为。这些发现表明,相比于其他驾驶人,货车驾驶员在保持驾驶安全方面更为积极,可能是由于他们受接触到的交通事故熏陶,更能意识到一些致命性的危险。

Rosenbloom 等(2009)建议在货车驾驶员和其他的私人汽车驾驶人的训练中,加入处理道路上的一些特殊动态事件的训练。对货车驾驶员必须强调的是,他们需要更好地理解和预测其他道路使用者的行为决策。与此同时,私家车驾驶人则需要考虑货车突然出现的可能,并留出足够的安全余量,防止出现事故。Rosenbloom 等还建议使用一些先进技术,例如自动避让跟车技术以及其他的先进技术,使货车驾驶员在关键时间段之外追尾、闯红灯、超速或冲出道路的可能性降低。

28.3 公交车驾驶员

公交车驾驶员也是另一个很重要的专业驾驶员群体。他们有 3 项主要任务:安全驾驶、遵守公交时刻表出车并以专业和礼貌的方式服务公众,以应对巨大的心理和社会需求(Tse、Flin 和 Mearns,2006)。Evans(1994)认为公交车是世界上较受欢迎的公共交通方式之一,这种交通方式极有可能在可预见的未来继续存在下去。

据美国交通部(DOT,2009)数据,公交车比货车发生交通事故的概率要小得多。2009年,卷入非致命性交通事故的大型货车为 104631 辆,公交车为 12537 辆,卷入伤害事故的大型货车为 41634 辆,公交车为 6636 辆,在涉及大型货车的交通事故中产生的伤员有 57695 人,而公交车事故产生的伤员为 14739 人,卷入二次事故的大型货车为 62997 辆,而公交车为 5901 辆,而在与危险品有关的交通事故中,共有 2412 辆大型货车卷入,而卷入同类交通事故的公共汽车相则为 13 辆。

美国交通部(2009 年)对一系列公交车交通事故进行了深入调查,尽管其样本较少。这项调查[《向国会提交的公交车交通事故原因研究报告》(The Bus Crash Causation Study Report to Congress)]包括了 2005 年和 2006 年新泽西州 39 起致命和严重伤害事故中涉及的 40 辆公交车的信息。结果显示,在公交车承担主要责任的交通事故中,大多数交通事故都是由人的行为造成的,即公交车驾驶员犯下错误导致。在公交车不承担主责的交通事故的情况下,人的失误也是最常见的原因。公交车驾驶员的错误主要有注意力不集中、分心、匆忙和判断失误,但这些行为不一定违反法律或法规。其他类型的错误行为则违反了法律,如非法机动和追尾。

公交车驾驶员的驾龄和经验与交通事故的发生呈负相关关系(Greiner、Ragland、Krause和Syme,1997)。工作要求和工作条件(例如日程安排、时间压力、与乘客交流、休息时间不足和轮班)同样对交通事故的发生有一定影响。

Hamed、Jaradat和Easa(1998)发现人口学变量,如家庭地位、驾驶习惯、事故历史,可以用以预测下次交通事故的发生。较高的交通事故发生率与未婚、较少的休息、两次事故间隔较短都有关系。较低的交通事故发生率与长途客车的驾驶和私人车辆的驾驶经验有关。研究表明,中型公交车(可容纳8~30名乘客)的驾驶员未发生交通事故的时间越长,他或者她出现交通事故的可能性就越低。该研究还表明,以前发生过的交通事故类型会影响其他交通事故的发生。交通事故的严重程度与单一车辆事故、在城乡路线上行驶和超速都有关联。当先前发生的交通事故很严重时,随后发生的交通事故严重程度会下降,并且两次交通事故之间的时间会增加。

在2000年,美国交通部发起了由Jarossi(2005)主导的一项调查,名为"致命事故中的客车"[Buses Involved in Fatal Accidents(BIFA)]。该调查的对象是5种不同运营方式的客车,即校车、市内公交、城际公交、包车/旅游客车和"其他"类型。市内公交和校车通常按照预定的时刻表运行,并且一般在城市道路上低速行驶。城际公交的运距更长,并且在道路上行驶时间更长,在交通密度较低但速度较高的道路上行驶的次数更多。包车/旅游客车也有很长的运距,但其行车时刻表不固定。校车中女性驾驶员的比例较高,而"其他"类型的客车可能由很多不专业的驾驶员驾驶,他们的主要职业都不是驾驶员。当检验驾驶员的相关变量(例如驾驶时出错和前一次的驾驶记录)对交通事故的贡献时发现,校车驾驶员和其他类型的车辆驾驶人相比,其驾驶记录最好,而且在交通事故中的驾驶错误相对较少。相比于其他驾驶人,有违规驾驶记录的驾驶员或者卷入过交通事故的驾驶员更可能要对交通事故负责。此外,在大多数测量指标中,城际公交和包车/旅游客车驾驶员的交通违法行为的百分比都比校车驾驶员高得多。几乎有一半的包车驾驶员在出现交通事故的3年前都有过被定罪、停职或者发生交通事故的经历,而只有30%的校车驾驶员在交通事故前3年间被定罪过。此外,31%的包车驾驶员被认为是交通事故的主要负责人,而校车驾驶员只占24.1%。

Greiner等(1998年)指出,公交车驾驶员的危险行为通常有:超速行驶、在乘客就座前突然起动车辆、闯红灯和黄灯以及在停止标志前面不完全停下。Greiner等的研究结果表明,应为驾驶员安排有保障的休息时间和灵活的上班时间来预防事故发生,并消除驾驶员的上岗门槛,增加人数以减少驾驶员的缺勤。

校车事故的伤亡比例是最高的,但只有一小部分(约为8%)造成车内人员死亡,相比之下,34%的包车事故造成车内人员死亡,36.7%的"其他"类型运营的公交车事故涉及车内人员死亡。

交通事故的类型同样与受害人和车辆类型有关。例如,公交车和校车更可能被撞到车辆的后部,而不是撞击其他车辆,其他类型的车辆则同样容易被撞或者撞到其他车辆。这可以由公交车或校车的工作性质解释,因为乘客需要经常上车或者下车,驾驶员不得不经常停车。而其他类型的车辆则以点对点模式行驶,不需要高频率地停车。另一方面,当在高速公路上行驶很长时间时(典型如城际公交和包车/旅游客车),更容易发生交通事故。同时,对大部分类型的车辆事故来说,在道路上发生碰撞的典型对象是行人或者其他非机动车辆的公交车致命交通事故,占20%到23%。但是对市区内行驶的公交车,超过40%的致命交通事故都和这些对象有关。

如前所述,由于上述公交车驾驶员的工作要求很高,这一职业群体的职业病属于最严重的一类(Tse等,2006)。公交车驾驶员主要的职业病是心血管疾病、胃肠功能紊乱和肌肉骨骼的问题(Winkleby、Ragland、Fisher和Syme,1988)。Tse等发现,公交车驾驶员把高血压和压力过大的原因归结为对愤怒的压抑。根据Gustavsson等(1996),他们职业的主要压力来源在于心理压力(由时间紧迫、轮班工作和交通负荷所引起)和生理压力(噪声和空气污染)。许多轮班驾驶员迫于经济压力而长时间地轮班工作(Chen等,2010)。轮班工作与动脉硬化风险之间的关系可能反映了短期雇佣的心理负担。

对于胃肠功能紊乱的驾驶员,Tse等(2006)报告称许多关于胃溃疡、十二指肠溃疡和其他消化系统的问题,显然是由于不规则的工作轮班,不能定时摄入营养导致。肌肉骨骼的问题表现在颈、肩、膝盖的疼痛。导致这些问题的最主要原因是驾驶员长时间僵硬地坐在驾驶座上,导致永久性肌肉紧张。特别突出的驾驶员职业病是颈部疼痛,这是由于旅客上车和驾驶时驾驶员头部频繁地向左和向右急转。

除了前面提到的健康问题外,公交车驾驶员还经常抱怨身心疾病。Meijman和Kompier(1998)报告称,因公交车驾驶和/或缺勤而导致暂时/永久残疾的驾驶员,投诉相关的身心问题的比例较高。有趣的是,导致缺勤的疾病(身心疾病和肌肉骨骼问题)与驾驶员在驾驶中优先考虑安全或听从时刻表安排有关。将安全驾驶视为优先事项的驾驶员旷工较少。那些试图以牺牲安全为代价维持行车时刻表的人缺勤率较高。此外,研究发现,由于驾驶职业病导致无法工作的驾驶员更倾向于平衡安全和时刻表安排(Meijman和Kompier,1998)

Hennessy和Wiesenthal(1997,1999)发现了驾驶员的压力、挫折、刺激、负面情绪与在交通拥堵时(尤其是在时间紧迫的情况下)产生攻击性驾驶行为(如追尾)之间的关系。他们还研究了在不同交通拥堵情况下,公交车驾驶员的压力和攻击性驾驶行为之间的关系。他们发现,在较高的压力和拥堵情况下,驾驶员更具攻击性。在拥挤程度低时,时间紧迫性可以被用于预测驾驶员的压力状态,而攻击性驾驶可以预测拥挤程度较高时的压力驾驶。在这两种情况下,无论男性驾驶员还是女性驾驶员,对驾驶任务压力的看法都可以预测压力的程度大小。

高劳动力流动率和退休年龄的提前是公交车驾驶员这一工作要求较高的后果之一(Tse等,2006)。由于高血压发病频繁,40多岁的驾驶员通常面临着提前退休的风险。此外,在运输公司中,只有1/10的驾驶员退休时达到了法定年龄(60岁)。

与驾驶损伤有关的一个突出现象是疲劳。根据Brown(1994)的研究,疲劳被认为是一种主观上不愿意继续完成手头任务的经历,它通常会降低工人的效率。疲劳是由以下因素造成的:①长时间的轮班,即使轮班处理的是简单的任务也可能导致在驾驶中更长的响应时间;②错过休息和吃饭的时间;③可能导致在工作中睡着的困倦,这是十分危险的;④生物每日活动周期的昼夜节律可能会受到轮班的干扰,从而加重疲劳症状(Brown,1994)。

Robertson(2003)断言,困倦驾驶可能会提高挡位滑动(错误的挡位选择)和错误驾驶(误判形势,在没有足够时间完成操作时试图超越其他车辆)的发生率。在他看来,困倦会降低驾驶员的警惕性,并可能导致了30%的道路交通事故。

除了身体健康外,心理健康也是支持公交车驾驶员正常工作的重要因素(Tes 等,2006)。驾驶员对工作的不满、缺乏监管支持、较高的心理需求和产生特定工作问题的高频率可能预示了更高的交通事故发生率。

导致公交车驾驶员心理健康状况不佳的一个特殊压力源是消极的乘客互动,涉及令人讨厌的行为、逃票甚至人身攻击。对于公交车驾驶员来说,创伤后应激障碍导致的长期心理困扰可能是一种罕见的症状,但它仍然有可能发生。

心理健康方面的问题可能会导致如酗酒和吸毒的恶劣行为,这可能会对公交驾驶员的工作产生消极影响。Ragland 等(1987)发现,驾驶公交车的年限与每周平均饮酒量、工作压力和紧张反应之间存在正相关关系。在达到服务年限要求的驾驶员群体中,也出现了同样的情况。此外,公交车驾驶员在轮班工作期间经常使用刺激物(Stimulant)以保持驾驶警觉性,并会在白天睡眠时试图服用安眠药。总之,公交车驾驶员要应对涉及组织和安全方面的各种挑战,因此会出现身体和精神方面的问题,导致这一职业的劳动力流失率高和提前退休等困境。

28.4 出租汽车驾驶员

出租汽车驾驶员作为公共交通系统的一个重要组成部分(Dalziel 和 Soames Job,1997),他们被看作是具有特定行为特征的特殊群体(Rosenbloom 和 Shahar,2007)。但由于涉及多种风险,他们也属于最危险的一种驾驶职业(Machi 和 De Souza,2004)。Burns 和 Wilde(1995,第 276 页)认为出租汽车驾驶员有着"喜欢开车超速行驶,漫不经心变换车道的高风险人格"。

这个职业会遇到与物理、环境、健康相关的各种风险。Machin 和 De Souza(2004)发现出租汽车驾驶员在与性无关的抢劫事件中受害的比例高于社会平均值。在一份关于澳大利亚新南威尔士州出租汽车驾驶员的报告中,Lam(2004)确定女性出租汽车驾驶员受伤和死亡的风险更高。

环境因素也会影响出租汽车驾驶员的交通事故风险。Lam(2004)发现,相比于自己单独驾驶时,出租汽车驾驶员在运送乘客时不太容易发生交通事故。这一趋势的一个解释是,在单独驾驶时,出租汽车驾驶员往往急于寻找乘客,这增加了他们超速行驶和做出危险驾驶行为的可能性,因此增加了交通事故发生时的损害。

夜班工作也会增加出租汽车驾驶员发生交通事故的相对风险,同时在他们越不熟悉的区域开车,风险就相对越大。驾驶员倾向于适应车内现有系统并根据自己的需要配置技术,如 GPS 型设备,表明驾驶员更希望减轻驾驶压力,而不是提高驾驶效率(Gerardin 和 Blat,2010)。

在座椅安全带的使用方面,研究的结果很有趣。在澳大利亚、斯堪的纳维亚和南非,佩戴安全带的普通驾驶人比例在80%到90%,但出租汽车驾驶员的比例为60%(Roteley、Ozanne-Smith、Qin和Wu,2009)。Routley等发现,在接受采访的男性出租汽车驾驶员中,有超过50%的受访者表示,在驾驶时他们总是使用安全带。这些男性出租汽车驾驶员在车上花的时间比其他驾驶人多,驾驶经验也比其他驾驶人多。然而,对他们是否系安全带的路边观察得出的结果是,仅有不到45%的男性出租汽车驾驶员使用了安全带。

实际上,观察到的出租汽车驾驶员的安全带使用率是36.2%。一方面,受访的驾驶员表明他们感到"受困和不舒服"(Routley等,2009,第452页),因此没有使用安全带。另一方面,使用安全带的原因则有"提供良好的保护、安全行驶需要、高速行驶需要、长途出行需要"。一些出租汽车驾驶员从来不佩戴安全带,因为他们害怕遭到袭击,佩戴安全带会使得他们难以快速逃脱。

使用ABS也会影响出租汽车驾驶员的行为特征。本研究的结果表明,驾驶员会因为适应车上的安全设施而改变行为。驾驶带有ABS的车辆的驾驶员更可能因为跟车太近而发生交通事故,导致赔偿。最有可能的原因是,驾驶员在驾驶带有ABS的车时倾向于开得更快(Sagberg、Fosser和Satermo,1997)。

出租汽车驾驶员把大部分时间花在道路上。这就可以解释为什么他们掌握的道路知识和认知能力比私家车驾驶人更加全面。Peruch、Giraudo和Garling(1989)发现出租汽车驾驶员可以更高效地使用他们掌握的知识来寻找道路。此外,出租汽车驾驶员估计的出行距离更短,相比于私家车驾驶人他们更熟悉捷径。

研究发现,与对照试验相比,出租汽车驾驶员在后海马体中有较多的灰质,而在前海马体处的灰质较少(Woollett和Maguire,2009)。关于这点,Maguire、Woollett和Spiers(2006)发现,前海马体的灰质体积与出租汽车驾驶员的驾龄呈负相关关系,而出租汽车驾驶员的驾驶经验与后海马体灰质体积呈正相关。这个发现可能可以从脑部活动中的经验获得、储存以及大型复杂环境下的"心理地图"这几方面来解释(Maguire等,2006)。前海马体灰质体积和出租汽车驾驶经验呈现负相关关系的倾向,可能可以解释随驾龄增长,驾驶员在几种顺行视觉联想记忆测量上的表现降低的状况。当然,驾驶员的认知技能可能与更安全的驾驶有关(Anstey、Wood、Lord和Walker,2005)。

一些出租汽车驾驶员"可能容易受到疲劳……和昼夜节律失调的影响"(Dalziel和Soames Job,1997,第492页)。Dalziel和Soames Job也发现休息时间与事故之间有显著的负相关关系。休息时间越长,就越不容易疲劳。他们的结论是:当驾驶员有足够的休息时,产生驾驶错误的概率会降低。疲劳会让他们对自己在任意时段的驾驶能力有更清晰的自我评估。出租汽车驾驶员比其他驾驶人更了解疲劳对驾驶的影响。

对出租汽车驾驶员自身健康的影响研究也很有趣。Machin和De Souza证明驾驶员在工作中遇到的危险数量在预测自身的身体健康和心理健康中发挥重要作用,他们发现:

"危害、攻击性和对管理者为安全健康所做的承诺都是驾驶员情绪健康程度的重要预测因素,而厌恶冒险、攻击性和对管理者为安全健康所做承诺的理解是驾驶员不安全行为的重要预测因素。"(第266页)

他们的报告中还指出,出租汽车驾驶员所面临的危险越多,他们的疾病症状就越多,工作时所携带的负面情绪也就越多。攻击性情绪也是他们健康的预测因素。越是具有攻击性，他们的健康越受负面影响，越容易表现出不安全行为，并对他们的工作越消极。Dalziel 和 Soames Job（1997）也发现，高风险类型的出租汽车驾驶员尽管知道他们在疲劳时驾驶会承担更多的风险，仍会继续工作。此外，Figa-Talanmanca 等（1996，第755页）的报告中指出男性出租汽车驾驶员的"正常精子数量较少"，尤其是那些长期从事出租汽车驾驶员工作的男性。

男性出租汽车驾驶员也对交通违章罚款表现出不同的态度（Rosenbloom 和 Shahar，2007），将罚款看作处罚严重程度的函数来衡量，非职业驾驶人的罚款稍高于出租汽车驾驶员的罚款。在中低程度的罚款上，非职业驾驶人对惩罚的严重性看得比出租汽车驾驶员略高，但在严重程度的罚款方面，他们却不这么认为。出租汽车驾驶员和执法者彼此缺乏尊重，并且难以很好地进行交流。

总之，根据从辱骂到杀人的危险的频率和严重程度，出租汽车驾驶员的工作环境是最严苛的（Machin 和 De Souza，2004）。出租汽车驾驶员的工作环境缺少监督，工作时间更加灵活，对管理者控制的感知更少，这对出租汽车驾驶员的高风险行为产生了影响（Peltzer 和 Renner，2003）。应从组织的角度出发，通过建立安全文化的方式来提高出租汽车驾驶员的驾驶安全。

28.5 小结

正如这一章所讨论的，每一类的职业驾驶员不但有各自的特征，也和其他类型的职业驾驶员具有共性。对于所有的职业驾驶员而言，他们在道路上度过的过长时间，决定了其共同的特征。但不同的驾驶任务，使得他们形成独立的、与其他职业驾驶员不同的特征。驾驶员积累的经验虽然有助于提高对他们所驾驶的车辆的控制能力，但同时也降低了驾驶的安全性。

驾驶时间对职业驾驶员的健康有着短期和长期的影响，尤其是疲劳以及短期或长期的睡眠减少。这些症状不仅影响其健康和生活质量，也影响道路安全。除了疲劳之外，公交车和出租汽车驾驶员还容易由于高强度工作而患上精神和身体上的疾病。有必要考虑这些典型职业病发病率的影响，尽可能地预防疾病的发生，或将其影响最小化。此外，研究者也建议，在货车驾驶员和私家车驾驶人的驾驶培训中，要增加考虑他们在道路上的特殊动态特性。

本章参考文献

AJZEN I, 1985. From intentions to actions: A theory of planned behavior [M]. In J Kuhl, J Beckmann, et al, Action control: From cognition to behavior. Berlin: Springer-Verlag.

AJZEN I, 1988. Attitudes, personality, and behavior [M]. Milton Keynes: Open University Press.

AJZEN I, 1991. The theory of planned behavior [J]. Organizational Behavior of Human Decision Processes, 50: 179-211.

American Trucking Associations, 2009. [EB/OL]. [2010-05-16]. http://www.truckline.com/

Pages/Home. aspx.

ANSTEY K, WOOD J, LORD S, et al, 2005. Cognitive, sensory and physical factors enabling driving safety in older adults[J]. Clinical Psychology Review, 25: 45-65.

BOTES G, 1997. A systemic study of the attitudes of minibus taxi drivers towards traffic law enforcement as a basis for the formulation of a management system for the South African minibus taxi industry [J]. Dissertation Abstracts International Section B: The Sciences and Engineering, 58(3B).

BROWN I D, 1994. Driver fatigue[J]. Human Factors, 36: 298-314.

BURNS P C, WILDE G J S, 1995. Risk taking in male taxi drivers: Relationships among personality, observational data and driver records[J]. Personality and Individual Differences, 18: 267-278.

CAIRD K J, KLINE T J, 2004. The relationships between organizational and individual variables to on-the-job driver accidents and accident-free kilometers[J]. Ergonomics, 47: 1598-1613.

CHARBOTEL B, MARTIN J L, CHIRON M, 2010. Work-related versus non-work-related road accidents: Developments in the last decade in France[J]. Accident Analysis and Prevention, 42: 604-611.

CHEN C, SHIU L, LI Y, et al, 2010. Shift work and arteriosclerosis risk in professional bus drivers[J]. Annals of Epidemiology, 20: 60-66.

COUNCIL F, HARKEY D, NABORS D, et al, 2003. An examination of fault, unsafe driving acts, and total harm in car-truck collisions[J]. Transportation Research Record, 1830: 63-71.

CRAFT R, BLOWER D, 2004. The Large Truck Crash Causation Study[C]. Arlington: Paper presented and distributed at the FMCSA R&T Stakeholder Forum.

DALZIEL J R, SOAMES JOB R F, 1997. Motor vehicle accidents, fatigue and optimism bias in taxi drivers[J]. Accident Analysis and Prevention, 29: 489-494.

DIAZ R I, CABRERA D D, 1997. Safety climate and attitude as evaluation measures of organization safety[J]. Accident Analysis and Prevention, 29: 643-650.

DINGES D F, MAISLIN G M S, 2006. Truck driver fatigue management. (Report No. FMCSA-RRR-06-008)[R]. Washington, DC: U.S. Department of Transportation, Federal Motor Carrier Safety Administration.

DORN L, 2003. Reducing the risk of bus crashes[C]. Paper presented at the 68th Road Safety Congress: Safer Driving-Reducing Risks, Crashes& Casualties, Blackpool, UK.

DORN L, BROWN B, 2003. Making sense of invulnerability in a qualitative study of police drivers[J]. Safety Science, 41: 837-859.

DUKE J, GUEST M, BOGGESS M, 2010. Age-related safety in professional heavy vehicle drivers: A literature review[J]. Accident Analysis and Prevention, 42: 364-371.

EVANS G W, 1994. Working on the hot seat: Urban bus operators[J]. Accident Analysis and Prevention, 26: 181-193.

Federal Motor Carrier Safety Administration, 1992. Maximum driving time for property-carrying vehicles. (57 FR 33649) [R]. Washington, DC: Author.

Federal Motor Carrier Safety Administration, 2005. Commercial truck and bus driver facts[EB/OL]. [2010-05-16]. http://www.fmcsa.dot.gov/facts-research/factsfigures/analysis-statistics/driverfacts.htm.

FIGA-TALAMANCA I, CINI C, VARRICCHIO G C, et al, 1996. Effects of prolonged autovehicle driving on male reproduction function: A study among taxi drivers[J]. American Journal of Industrial Medicine, 30: 750-758.

GANDER P H, MARSHALL N S, JAMES I, et al, 2006. Investigating driver fatigue in truck crashes: Trial of a systematic methodology [J]. Transportation Research Part F: Traffic Psychology and Behaviour, 9: 65-76.

GERARDIN F, BLAT J, 2010. The co-evolution of taxi drivers and their in-car navigation systems [J]. Pervasive and Mobile Computing, 6: 424-434.

GLENDON I, 2005. Review of driver behaviour and training[J]. Ergonomics, 48: 905-917.

GREINER B A, KRAUSE N D, RAGLAND R, et al, 1998. Objective stress factors, accidents, and absenteeism in transit operators: A theoretical framework and empirical evidence [J]. Journal of Occupational Health Psychology, 3: 130-146.

GREINER B A, RAGLAND D R, KRAUSE N, et al, 1997. Objective measurement of occupational stress factors - An example with San Francisco urban transit operators[J]. Journal of Occupational Health Psychology, 2: 325-342.

GUSTAVSSON P, ALFREDSSON L, BRUNNBERG H, et al, 1996. Myocardial infarction among male bus, taxi, and lorry drivers in middle Sweden[J]. Occupational and Environmental Medicine, 53: 235-240.

HÄKKÄNEN H, SUMMALA H, 2001. Fatal traffic accidents among trailer truck drivers and accident causes as viewed by other truck drivers[J]. Accident Analysis and Prevention, 33: 187-196.

HAMED M M, JARADAT A S, EASA S M, 1998. Analysis of commercial mini-bus accidents [J]. Accident Analysis and Prevention, 30: 555-567.

HANOWSKI R J, HICKMAN J S, WIERWILLE W W, et al, 2007. A descriptive analysis of light vehicle-heavy vehicle interactions using in situ driving data[J]. Accident Analysis and Prevention, 39: 169-179.

HANOWSKI R J, KEISLER A S, WIERWILLE W W, 2004. Light vehicle-heavy vehicle interactions: A preliminary assessment using critical incident analysis: Final report. (Report No. FMCSA-RT-03-013) [R]. Washington, DC: U.S. Department of Transportation, Federal Motor Carrier Safety Administration.

HAWORTH N, SYMMONS M, 2003. Review of truck safety Stage 2: Update of crash statistics. (Report No.205) [EB/OL]. [2010-05-16]. Victoria: Monash University Accident Research Centre. http://www.monash.edu.au/muarc/reports/muarc205.html.

HENNESSY D A, WIESENTHAL D L, 1997. The relationship between traffic congestion, driver stress and direct versus indirect coping behaviours[J]. Ergonomics, 40: 348-361.

HENNESSY D A, WIESENTHAL D L, 1999. Traffic congestion, driver stress, and driver aggression[J]. Aggressive Behavior, 25: 409-423.

HORN J, 1992. Stay awake, stay alive[J]. New Scientist, 4: 20-24.

HORREY W, WICKENS C, 2003. Multiple resource modeling of task interference in vehicle control, hazard awareness and in-vehicle task performance[C]. In Proceedings of the Second International Driving Symposium on Human Factors in Driver Assessment, Training and Vehicle Design Park City, UT.

International Road Transport Union, 2007. A scientific study: "ETAC"-European Truck Accident Causation [EB/OL]. [2010-05-16]. http://ec. europa. eu/transport/roadsafety _ library/publications/etac_exec_summary. pdf.

Israeli National Authority of Road Safety, 2008. [EB/OL]. [2010-05-16]. http://www. rsa. gov. il/Pages/default. aspx (in Hebrew).

JAROSSI L, 2005. Buses involved in fatal accidents (BIFA) [R]. Ann Arbor: University of Michigan Transportation Research Institute.

KHORASHADI A, NIEMEIER D, SHANKAR V, et al, 2005. Differences in rural and urban driver-injury severities in accidents involving large trucks: An exploratory analysis [J]. Accident Analysis and Prevention, 37: 910-921.

LAM L T, 2004. Environmental factors associated with crash-related mortality and injury among taxi drivers in New South Wales, Australia[J]. Accident Analysis and Prevention, 36: 905-908.

LEE J, MANNERING F, 2005. Impact of roadside features on the frequency and severity of run-off-roadway accidents: An empirical analysis[J]. Accident Analysis and Prevention, 34: 149-161.

MACHIN M A, DE SOUZA J M D, 2004. Predicting health outcomes and safety behaviour in taxi drivers[J]. Transportation Research Part F: Traffic Psychology and Behaviour, 7: 257-270.

MAGUIRE E A, WOOLLETT K, SPIERS H J, 2006. London taxi drivers and bus drivers: A structural MRI and neuropsychological analysis[J]. Hippocampus, 16: 1091-1101.

MATTHEWS G, TSUDA A, XIN G, et al, 1999. Individual differences in driver stress vulnerability in a Japanese sample[J]. Ergonomics, 42: 401-415.

MCCALL B P, HORWITZ I B, 2005. Occupational vehicular accident claims: A workers' compensation analysis of Oregon truck drivers 1990-1997 [J]. Accident Analysis and Prevention, 37: 767-774.

MEIJMAN T F, KOMPIER M A J, 1998. Bussy business: How urban bus drivers cope with time pressure, passengers, and traffic safety[J]. Journal of Occupational Health Psychology, 3: 109-121.

MORAD Y, BARKANA Y, ZADOK D, et al, 2009. Ocular parameters as an objective tool for the assessment of truck drivers fatigue[J]. Accident Analysis and Prevention, 41: 856-860.

National Highway Transportation Safety Administration, 2005a. Assessment of truck driver distraction problem and research needs [EB/OL]. [2010-05-16]. http://www.nhtsa.gov/DOT/NHTSA/NRD/Multimedia/PDFs/Human%20Factors/Reducing%20Unsafe%20behaviors/DOT%20HS%20809%20883.pdf.

National Highway Transportation Safety Administration, 2005b. Traffic safety facts, 2004: Large trucks[R]. http://www-nrd.nhtsa.dot.gov/Pubs/809907.PDF.

NEWNAM S, WATSON B, MURRAY W, 2004. Factors predicting intentions to speed in a work and personal vehicle[J]. Transportation Research Part F: Traffic Psychology and Behaviour, 7: 287-300.

ÖZ B, ÖZKAN T, LAJUNEN T, 2010. Professional and non-professional drivers' stress reactions and risky driving[J]. Transportation Research Part F: Traffic Psychology and Behaviour, 13: 32-40.

PEETA S, ZHANG P, ZHOU W, 2005. Behavior-based analysis of freeway car-truck interactions and related mitigation strategies[J]. Transportation Research Part B: Methodological, 39: 417-451.

PELTZER K, RENNER W, 2003. Superstition, risk-taking and risk perception of accidents among South African taxi drivers[J]. Accident Analysis and Prevention, 35: 619-623.

PERUCH P, GIRAUDO M D, GARLING T, 1989. Distance cognition by taxi drivers and the general public[J]. Journal of Environmental Psychology, 9: 233-239.

POULTER D R, CHAPMAN P, BIBBY P A, et al, 2008. An application of the theory of planned behaviour to truck driving behaviour and compliance with regulations 4[J]. Accident Analysis and Prevention, 40: 205-206.

RAGLAND D R, WINKLEBY M A, SCHWALBE J, et al, 1987. Prevalence of hypertension in bus drivers. International Journal of Epidemiology, 16: 208-214.

ROBERTSON I H, 2003. The absent mind: Attention and error[J]. The Psychologist, 16: 476-479.

ROSENBLOOM T, 2000. Sensation seeking and detection of danger signals on the road[D]. Ramat-Gan: Ph.D. thesis, Bar-Ilan University.

ROSENBLOOM T, SHAHA A, 2007. Differences between taxi and nonprofessional male drivers in attitudes toward traffic violation penalties[J]. Transportation Research Part F: Traffic Psychology and Behaviour, 10: 428-435.

ROSENBLOOM T, SHAHAR A, ELDROR E, 2009. Approaches of truck drivers toward reckless on-road behavior[J]. Accident Analysis and Prevention, 41: 723-728.

ROUTLEY V, OZANNE-SMITH J, QIN Y, et al, 2009. Taxi driver seat belt wearing in Nanjing, China[J]. Journal of Safety Research, 40: 449-454.

SAGBERG F, FOSSER S, SÆTERMO I F, 1997. An investigation of behavioural adaptation to airbags and antilock brakes among taxi drivers[J]. Accident Analysis and Prevention, 29: 293-302.

SOUZA J C, PAIVA T, REIMÃO R, 2005. Sleep habits, sleepiness and accidents among truck drivers[J]. Arq Neuropsiquiatr, 63: 925-930.

SULLMAN M J M, GRAS M E, CUNILL M, et al, 2007. Driving anger in Spain[J]. Personality and Individual Differences, 42: 701-713.

Sullman M J M, Meadows M L, Pajo K B, 2002. Aberrant driving behaviours amongst New Zealand truck drivers[J]. Transportation Research Part F: Traffic Psychology and Behaviour, 5: 217-232.

SUMMALA H, MIKKOLA T, 1994. Fatal accidents among car and truck drivers: Effects of fatigue, age, and alcohol consumption[J]. Human Factors, 36: 315-326.

TARDIF L P, 2003. Speeding: Climate change and road safety implications for heavy freight vehicles[R]. Final report prepared for Natural Resources Canada Office of Energy Efficiency and Transport Canada Road Safety Directory.

THIERIEZ K, RADJA G, TOTH G, 2002. Large Truck Crash Causation Study interim report. (NHTSA Interim Technical Report No. DOT HS 809 527)[R]. Springfield, VA: National Center for Statistics and Analysis Advanced Research and Analysis.

Traffic Injury Research Foundation, 2009. The road safety monitor 2009: Drinking and driving in Canada[EB/OL]. [2010-05-16]. http://www.tirf.ca/publications/PDF_publications/rsm_2009_dd_nat_print.pdf.

TSE L M, FLIN R T, MEARNS K, 2006. Bus driver well-being review: 50 years of research [J]. Transportation Research Part F: Traffic Psychology and Behaviour, 9: 89-114.

U.S. Department of Transportation, 2009. Preliminary national crash facts (Program TCRP Report 90, TRB Volume 1: Case studies in bus rapid transit)[R]. Washington, DC: Transportation Research Board.

U.S. Department of Transportation, 2009. The Bus Crash Causation Study report to Congress [EB/OL]. [2010-05-16]. http://www.fmcsa.dot.gov/documents/congressreports/Bus-Crash-Causation-Study-Report-to-Congress.pdf.

Vehicle and Operator Services Agency, 2007. [EB/OL]. [2010-05-16]. http://www.dft.gov.uk/vosa.

WINKLEBY M A, RAGLAND D R, FISHER J M, et al, 1988. Excess risk of sickness and disease in bus drivers: A review and synthesis of epidemiological studies[J]. International Journal of Epidemiology, 17: 255-261.

WONG S C, WONG C W, SZE N N, 2008. Attitudes of public light bus drivers to penalties to combat red light violations in Hong Kong[J]. Transport Policy, 15: 43-54.

WOOLLETT K, MAGUIRE E A, 2009. Navigational expertise may compromise anterograde associative memory[J]. Neuropsychologia, 47: 1088-1095.

ZOHAR D, 1980. Safety climate in industrial organizations: Theoretical and applied implications [J]. Journal of Applied Psychology, 65: 96-102.

第五部分　降低道路交通事故风险的主要对策

第29章 驾驶人教育和培训

埃斯科·凯斯基宁（Esko Keskinen）和卡蒂·赫内特科斯基（Kati Hernetkoski）
芬兰，图尔库，图尔库大学（University of Turku, Turku, Finland）

29.1 引言

在隶属于经济合作与发展组织（OECD）的国家中，交通事故是15~24岁人群的主要死亡原因。不同国家的数据表明，由年轻驾驶人所引起的交通事故占所有年龄段驾驶人引起的道路交通事故总数的0%~20%。无疑，对于道路交通安全风险的公共健康问题，年轻驾驶人正成为影响公共健康的主要负面角色（OECD, 2006）。

为了减少意外交通事故（包括那些导致重伤或者只有车辆损毁的交通事故）的数量，政府采取了不同的对策。比如为确保驾驶人能够安全驾驶而颁发的经过驾驶教育或者训练并测试合格的特别驾驶证，关于驾驶证的规定可能包括年龄限制、健康证明以及其他限制（比如新驾驶人要有较低的血醇含量，以及夜间驾驶的限制）。严格执行那些对于各种驾驶行为（比如时速限制）的规定是为了确保当驾驶人独立驾驶时也能安全地驾驶。

对驾驶人的教育和培训的历史十分有趣，它们始于新车主迫切的驾驶需求：他们需要学习如何驾驶车辆。驾驶人培训从训练转变为一项社会规定的活动的过程持续了很长的一段时间，其目的主要是确保交通的安全性。回溯到早期，驾驶证的颁发并没有受到法律强制的约束（Hatakka等，2003）。这主要是因为早期的驾驶人培训和教育以交通环境下车辆的技术性驾驶为主，而培训和教育只满足了驾驶人最直接的技术需要。但如今，我们所倡导的交通安全已经不是20世纪初所认识到的驾驶技术安全了。

在欧洲、美国、加拿大以及澳大利亚，当笔者尝试讨论有关驾驶人培训和教育的文献时，发现一些文献中有概念混淆的现象出现。培训和教育欧洲驾驶人的内容看起来有些不同。在欧洲，驾驶人教育是为了提高其驾驶技能水平和驾驶安全性，因而涵盖了很多不同的方面，包括驾驶人教育服务和陪同驾驶等项目。在美国、加拿大和澳大利亚，驾驶人教育（包含课堂理论教学和车辆驾驶训练）也经常被定义为正式教学（Mayhew和Simpson, 2002）。另外，在美国对驾驶人教育的定义中还包括高中教育（Williams和Ferguson, 2004）。而在欧盟国家中，车辆驾驶的年龄限制是18岁，也有一些极个别的是17岁，并且学校一般不会开设针对驾驶证的课程。来自加拿大的Mayhew和Simpson（2002）甚至用了"教育、培训"的表达方式。McKenna（2010）指出：未来将很容易区分驾驶领域的培训（技能获得）和教育（理论获得），但是几乎没有证据表明人们可以区分这两者的不同之处。Siegrist（1999）和Christie（2001）认为驾驶人培训是指一种专门的指导课程或者一系列关于学习车辆控制和技能的过程，而驾驶人教育指一种更深入的基于价值导向的知识指导，以及对于安全驾驶行为的认识。Senserrick 和 Haworth(2005)认为,驾驶人培训可以被看作是驾驶人教育这一广泛领域中的特别组成部分。

本文将采用 Senserrick 和 Haworth(2005)定义的"驾驶人教育"一词来涵盖旨在提高驾驶证学员的驾驶技能以及驾驶安全的任何教学方式。也就是说,所有在驾驶学校正式的(专业的)学习和在非专业人士指导下的非正式的学习,以及这两者皆有的情形,都会在本章中将其归纳为"驾驶人教育"的环节,此外也会把驾驶考试当作"驾驶教育"的一部分。

近几年欧洲和其他国家越来越关注驾驶人教育和训练以及其他的一些措施,以试图提高年轻驾驶人的驾驶安全性(OECD,2006)。而在美国、加拿大和澳大利亚(Christie,2001;Senserrick 和 Haworth,2005),对新驾驶人的兴趣一直在增加,这与欧洲截然不同。然而,欧洲会关注驾驶人教育的理论模型[比如驾驶人教育的目标(Goals for Driver Education,GDE)(Hatakka、Keskinen、Gregersen、Glad 和 Hernetkoski,2002)],以及依据这些模型设计出的课程和驾驶考试。其他国家主要关注基于分级驾驶执照(Graduated Driver Licensing,GDL)获得、监督和持久训练模式(Shope,2007;Waller,2003)的驾驶人教育。在美国、加拿大和澳大利亚,主要的驾驶人教育是 GDL,但是驾驶学校和课程教育一直比过去更受关注(Gandolfi,2009;Lonero 等,1995)。Williams 和 Ferguson(2004)对这种趋势发出警告:"用稀少的资源来维持以安全为名义的项目(驾驶人教育),不仅获益不大,甚至可能会适得其反"(第6页)。

29.2 无理论基础的驾驶教育和培训

有人可能会认为:在交通心理学这样一个应用领域中,肯定会有足够多的理论或者模型(例如关于新驾驶人学习驾驶以及如何降低他们在驾驶生涯中的第一个月中发生交通事故的风险)。而事实并非如此:驾驶人的教育和培训是没有理论支撑的(McKenna,2010)。最开始的 3~6 个月对很多新驾驶人来说是至关重要的。在过去,很难找到可以在实际中应用的驾驶人行为理论。因此,驾驶人教育和训练主要基于以下 3 个经验:"熟能生巧","当新驾驶人年龄较大时,独立驾驶会更安全"(Keating,2007),以及"驾驶是个复杂并且需要有效专业训练的技能"。

美国哲学家杜威(John Dewey,1859—1952)提出的"做中学"的理论可以运用到驾驶教育中,包括非专业训练、陪同驾驶和分级驾驶执照(GDL)考试。"你驾驶得越多,驾驶技术就会越好",这个观念风靡于那些希望用非专业方式获取驾驶许可的人群中。与质量训练不同,Nyberg、Gregersen 和 Wiklund(2007)称之为"数量训练"。这个想法不仅在外行人员中流行,在交通心理学领域中的专业人员中也很流行。在交通心理学中,来源于 Maycock、Lockwood 和 Lester(1991)的学习曲线是被引用最多的图表。

陪同驾驶、非专业指导或者在 GDL 模型中的学习阶段训练都或多或少都验证了这个经验:熟能生巧。当然,这个观念十分直观:人类通过实践来学习。这是另一个涉及学习者如何通过大规模训练而习得技能的问题。Keating(2007)指出了一个关于"做中学"不言而喻的事实。他写道,"值得注意的是,不安全的习惯和安全的习惯一样容易变得自动化"(Keating,2007,第153页)。如果熟能生巧,那么在驾驶中什么是最熟练的呢?它是不是必然意味着安全?如果它意味着安全,那何谓真正的安全呢?当讨论新驾驶人的安全时,首先要明确了解此概念的内涵。譬如,Waller(2003)只谈到了优秀的或熟练的驾驶人,但对其并没有详细的概念性定义。这是不是指这些驾驶人没有发生过重大的交通事故,或者他们较少涉及严重的碰撞事故?如果采用自我报告方式陈述轻微事故中的财产损失,而采用重大交通事故的数据库统计方法来比较驾驶安全性,它们之间显然存在明显的差异。

"数量训练"的另外一个问题是它没有任何驾驶的模型或者概念支撑。在应用科学领域中,比如交通心理学中,驾驶理论的缺失是很令人吃惊的。当考虑到驾驶人教育时,那些何谓驾驶以及如何更安全驾驶的问题就会显得更加重要(Keskinen、Hatakka、Laapotti、Katila 和 Peraaho,2004)。本文将在后面更全面地讨论这些问题以及驾驶人分类模型的命题(Hatakka 等,2002)。

然而,在开始检验 GDL 模型框架时研究发现,支持 GDL 的证据并非来自驾驶人行为理论,而是来自学习理论。在 Waller(2003)有影响力的著作中,他清楚地表述道,"获得驾驶证并不是为了解决故意冒险的行为。相反,其针对的是缺乏经验的部分新驾驶人的事故风险"(第 19 页)。Waller 描述了影响学习的 4 条核心因素,并且用此来支持 GDL:①分散学习比集中学习更加有效;②学习过程应该由简单到复杂;③所有的初学者都处于高度危险状态;④技能示范无法替代扩展训练。在最后一点,她强调,正如其他人(Williams 和 O'Neill,1974)所认为的那样,高水平技能并不会一定代表着道路上的完美驾驶(Waller,2003,第 19 页)。基于早期的文献基础,Waller 设计的 GDL 包括 4 个部分:①最初的经验获得应该发生在低风险的条件下;②该系统应基于扩展指导训练;③学习环境应该从简单到复杂逐渐发展;④该系统应该对新驾驶人的故意冒险行为施以更严厉的处罚。其中,前面三点已被人们广泛地接受。

"年轻驾驶人独立驾驶会有危险"这个观点是基于前文提到的第二个部分的实际应用。在欧洲,由于考取驾驶证的年龄限制是 18 岁及以上(个别国家例外),人们并没有考虑独立驾驶的危险性。然而,如果要检验 GDL 模型的驾驶许可维度,可以发现推动独立驾驶大龄化也应该是主要的目标之一(Keating,2007),这个观点自 GDL 模型系统开始实行以来已经被讨论过了(Waller,2003)。其原因是,在美国、加拿大和澳大利亚的很多行政辖区,允许 14~15 岁的青少年独立驾驶汽车(Waller,2003)。Keating 认为,从发展心理学的角度上来看,GDL 系统完全符合实际。然而,Keating 从现有的 GDL 系统开始案例分析,并为其寻求证据支持而不是反推论。GDL 系统的起源并非基于理论模型,而是为了限制年轻的新驾驶人过早独立驾驶。GDL 模型评价的结果支持推迟美国青少年获取驾驶证的年龄,允许 16 岁的新驾驶人可以开始驾驶(McCartt、Mayhew、Braitman、Ferguson 和 Simpson,2009)。

第三种观点是,专业驾驶训练被简单地认为是对机动车的操纵和对交通状况的处理,这个观点其实也不符合驾驶理论的实际应用(Hatakka 等,2002)。在欧洲,专业的驾驶人教育已经被赋予"技能观念训练的驾驶",即认为驾驶是一种心理运动,并且像其他的心理运动一样可以被训练。驾驶技能理论与可测试的驾驶内容相关(Baughan、Gregersen、Hendrix 和 Keskinen,2005;Goldenbeld、Baughan 和 Hatakka,1999),因此驾驶学校训练更加集中在帮助驾驶人有机会通过驾驶考试的各种技能的传授。驾驶证制度甚至可能是考试驱动的:驾驶考试中的任务控制着驾驶教育中的教与学。然而,Baughan 等(2005)指出,驾驶测试只能测试"最大化行为",并不可能用一个可靠的方法来测试"典型行为"。"最大化行为"被定义为一个"正确或错误的方式",比如是否变速、选择变道还是保持车道以及遵守交通规则。当一个考生被要求做一些指令时,他会做出一个适当或不适当的行为。这种驾驶考试非常类似于"心理智能测试",它就是最大化测试的一个范例。而 Baughan 等认为,驾驶测试的目的是获取考生通常的或者典型的日常行为信息。交通心理学上的另一个传统观点认为,"安全驾驶不仅是如何驾驶好的问题,而且是在现实世界中如何驾驶的问题",这种观点来自 1991 年 Evans 和 later Keating(2007)的提议。这个观点认为安全行为的动机十分重要,它会控制人们在某个情境中的行为。例如,在 Groeger(2000)所讨论的以技能为导向的驾驶方法中,主题索引中甚至没有动机这样的主题,而是谈到了目标。Groeger 认为,驾驶是一项复杂的心理运动技能,需要通过不同层次的目标来控制,同时也始于一个常见的目标,比如旅行。

总结以上讨论可以发现,在欧洲,当前驾驶培训系统的主要关注点在于汽车驾驶技能的最低水平的要求,而缺少更多策略性的驾驶训练(Hatakka 等,2002)。实际上,驾驶培训应该解决引发高风险交通事故的所有问题(Twisk 和 Stacey,2007),而不只是聚焦于驾驶技能的培训,否则那将使得驾驶人仅学会驾驶而并非安全驾驶。针对这个问题,有学者提出了一个理论框架。这个框架来源于芬兰的交通心理学研究领域(Keskinen,1998)。GDE 理论的扩展形式被引入欧盟的研究项目 GADGET 中(Hatakka、Keskinen、Gregersen 和 Glad,1999),并被 Hatakka 等(2002)发表在国际期刊上。在 GDE 框架中,作者提供了一个以理论为基础的发展驾驶人教育的目标结构。这个框架不仅用来描述重要的驾驶目标和内容,而且能够检验优化新驾驶人安全的影响因素的学习方法。GDE 框架在欧洲交通研究机构中已经被广泛认为是一个富有成效的发展交通教育的起点(Peräaho、Keskinen 和 Hatakka,2003)。在这个框架的基础上,很多国家开始重新设计其驾驶课程以及考试程序(Twisk 和 Stacey,2007)。

29.3 新驾驶人的典型事故与驾驶教育的目标和内容之间的关系

正如先前所提到的,在 GDE 模型之前(Hatakka 等,2002),除了技术性的驾驶操纵和交通状况的管理,驾驶教育的目标和内容并没有理论的基础,这意味着很多新驾驶人只是基本了解和遵循交通规则。虽然存在着很多关于新驾驶人交通事故的报告案例,但是这些案例并没有影响到驾驶模型中驾驶教育的目标和内容的组织架构。

其中一个主要问题是,研究所谈论到的致命和伤害交通事故与财产损失交通事故相比,有着截然不同的背景(Clarke、Ward 和 Truman,2002;Moe,1999)。Tronsmoen(2010)认为轻微交通事故可能是由于缺乏驾驶技术而造成的,而更严重的交通事故是由于违规超速和酒后驾驶造成的。Parker、Reason、Manstead 和 Stradling(1995)甚至发现驾驶违规与交通事故相关,但驾驶错误、疏忽和失误与之无关。因此,对于不同类型的交通事故来说,由于驾驶背景存在差异,就要尽量考虑到所有类型的交通事故,因此需要使用不同的驾驶教育方法。

另一个难题是如何检验交通事故以及确定导致交通事故发生的主要原因。从表面上看,这个原因可能是错误地驾驶车辆,但同时也可能是过高的车速。这表明驾驶人在预测和决定速度时存在问题,同时在关于安全动机或者生活方式方面也可能存在问题。交通事故分析最基本的问题是如何确定导致交通事故的原因(Keskinen,1982;Reason,1990)。举一个滑行驾驶事故的典型例子(Katila、Keskinen 和 Hatakka,1996;Laapotti 和 Keskinen,1998)。在挪威,滑行驾驶课程不仅对汽车驾驶人,而且对重型货车驾驶人来说都是强制性课程(1993)(Christensen 和 Glad,1996;Glad,1988)。该课程的内容以技术为导向,其目标是为了在危险情境中提高驾驶人控制车辆的技巧。把滑行驾驶作为强制课程是因为研究者在对两种驾驶教育(驾驶必修课和驾驶强制课)进行比较研究后发现,这两种驾驶教育在减少交通事故中发挥了同样的作用(Christensen 和 Glad,1996;Glad,1988)。Glad 等所开展的比较驾驶教育的评价研究被大量引用,主要原因是很少有如此具体且采用了实验研究方法的驾驶教育后果评价研究,更重要的是,在挪威,这两种驾驶教育都取得了良好的效果(Keskinen 和 Baughan,2003)。

在驾驶教育发展研究中,一个重要的因素是考虑采用哪些学习准则来完成驾驶教育的目标。很显然,学习准则和驾驶教育的目标和内容有紧密的联系。Waller(2003)提出了4个学习原则,这些原则支持感知-运动技能的学习和机械式的学习。她支持熟能生巧这一观点,但是她的观点无法解释新驾驶人的事故特性。因此,依靠数量的训练以及仅计算交通事故的数量是远远不够的,必须要知道我们试图解决的问题的特性和本质。

我们需要透彻地理解由新驾驶人所致的不同事故背后的因素,并需要将这些因素尽可能地结合起来,创建一个关于此现象全部面貌的模型。联合国经济合作与发展组织(OECD)(2006)用5类现象来定义新驾驶人的交通危险性背后的主要因素。这个观念是通过不同的视角和不同的时间框架来定义的。有些因素和驾驶紧密相关,而其他的则与个体相关;有些因素和事故情境直接相联系,其他的则更多的是间接联系。在 OECD 的报告中有这些因素:①年轻的新驾驶人在先天和后天方面与驾驶-生理因素并没有直接联系,但是在性别、个性特征、社会规范、驾驶行为和用交通工具来实现生活中的目标等方面有所差异;②在以下情境中的事故性更强——酒精、药物、疲劳、车内和车外的注意力分散、情绪;③驾驶技能的获得——一般学习因素、技能的获得和心理工作负担、视觉搜索技巧和风险感知技能;④安全驾驶的意愿和自我评估——安全驾驶的动机、过度自信和风险评估;⑤风险增强的情境、暴露的元素——任务要求/暴露和驾驶工具的选择。

在这里,我们全面了解了新驾驶人风险的全貌(OECD,2006),包括:①背景因素,如年龄、性别、个性特征和社会规范;②与背景和生活方式密切相关的因素,如在驾驶情境中饮酒和其他的一些干扰行为;③技能因素,不仅主要集中在感知运动技能,还有风险感知技能;④动机因素,这是驾驶和事故不可分割的一部分,背景因素和动机因素彼此相互作用,并与危险环境密切相关;⑤评估风险增强的因素,包括询问为什么驾驶、什么时候驾驶、用什么方式驾驶和在哪里驾驶。选择驾驶任务和驾驶环境的质量与安全紧密相关,而不仅与驾驶距离有关(Laapotti 等,2009)。

在先前的讨论中可以看到,新驾驶人事故发生可能性的增加有不同类型的影响因素。在本书中可以找到更多关于它们的详细分析:年龄(第23章)、不清醒驾驶(第17章)、速度(第18章)、文化(第14章)、疲劳(第21章)、大脑和决策(第9章)、视觉搜索模式(第11章)、情绪和个性特征(第12章)以及安全带的使用(第16章)。显而易见,先前所提到的风险因素最终都以某种方式加入了驾驶人教育的课程中。

29.3.1 关于驾驶人行为的动机理论为驾驶人教育提供了什么

有3种主要基于动机的驾驶人行为理论:Wilde(1982)的风险补偿模型(后来改为目标

风险;Wilde,1994),Fuller(1984)的风险回避模型[后来称为任务难度的稳态模型(Fuller,2008),在本书中称为风险稳态模型],还有Näätänen和Summala(1974,1976)的风险阈值模型(也被称作零风险模型)。这些理论都在文献综述中被Michon(1985)和Ranney(1994)等评估和批判过。在简化条件下,所有的风险理论都考虑到驾驶安全的关键在于承担风险或者学会如何不去冒险。Wilde(1994)和Fuller(2008)针对驾驶人教育提出建议,但他们的建议没有显著效果,至少这在课程上已明确表现出来了。但是这点可以理解,因为围绕着一个主要的想法来试图开发一套驾驶学校的课程是很困难的,这需要考虑到驾驶过程中各种各样的风险因素。

然而,有一种观点在动机和风险理论中相当重要,即考虑风险特性——客观风险和主观风险,或者是观察到的风险和它们在事故起因中的相互作用。根据风险理论可知,其中一个事故高发生率的原因是在情境中主观评估的危险低于真实的危险(Näätänen和Summala,1974)。如果驾驶人主观评估的危险要高于真实的危险,那么可能会采取一些行动来避免导致危险情境。另一个考虑相同现象的方法涉及驾驶人的主观评估技能和某些在驾驶情境中需要执行的技能(Kuiken和Twisk,2001)。根据"校准"这个概念,安全驾驶的关键是驾驶人能够准确地平衡任务要求与技能。因此,如果驾驶人同真实技能相比,不能准确地评估该情境下的要求,那么执行特定行为的技能训练是十分不够的。正如对挪威人(Glad,1988)和瑞典人(Gregersen,1996a,1996b)的研究结果表明,与客观技能相比,技能优化可能更会提高主观技能。

主观和客观风险的观点与在驾驶中所需要的主观和客观的技能,以及在专业心理学中的自我评估或自我意识主题息息相关(Kolb,1984;Mezirov,1981)。其中心思想是:一个专业驾驶人总应该意识到自己正在做什么和为什么这么做,以及应该确定该任务的难度对自己来说是否合适。在认知心理学中,此概念被称为元认知。

29.3.2 驾驶是一个复杂的认知技能

所有关于驾驶人行为的现代理论都基于这个观念:人类的行为基于人类如何加工信息,即认知加工过程。这也就是为什么很难将关于复杂技能的理论与关于风险和动机的理论分离的原因。Summala(1996)将驾驶描述为一个分层级的决策系统,在这个系统中驾驶行为的动机方面和认知方面是结合在一起的。

Groeger(2000)所提出的"驾驶是一种复杂的认知任务"的理论基于认知加工过程。Groeger关注人类知觉、行动、决策等的基本认知过程。他描述了一种4模块的框架来理解驾驶任务。在框架里的4个模块几乎都相互影响,分别是隐含目标中断、对未来中断的评估、行动计划与执行。Groeger分别描述了这4个模块的元素,并且提出可评估的认知过程。Groeger使用这个模型并通过多元回归的方法来解释"由随行考官评估驾驶能力等级"的可靠性。他的研究结果是很有价值的。然而,尽管这个模型能描述和评估驾驶能力,但这仅体现在对驾驶技能的评估,并不能预测驾驶人的安全性。

Gregersen和Bjurulf(1996)共同开发了关于年轻新驾驶人的行为表现和事故的相关程度的因素模型。这个模型受益于学习理论、信息加工和决策理论、社会互动及其影响等多种理论的整合,并进一步完善,模型旨在解释新驾驶人的特定行为因素之间的相互关系和共同意义(Gregersen 和 Bjurulf,1996)。模型中的两个主要过程为学习过程和社会生活方式,这两个过程都与年龄有关。关于学习过程,Gregersen 和 Bjurulf 提出,在这个过程中需要解决的 3 个主要问题:①个体经验的获得需要时间代价;②有可能过度高估自己的水平;③产生错误的安全感(过高)。Gregersen(2003)研究结果发现,在个体早期阶段驾驶中,与年龄相关的因素占交通事故发生率的 30%~50%。

Gregersen 和 Bjurulf(1996)的模型提供了在驾驶人教育中急需解决的主要问题。其中一个突出的问题是个体主观技能和客观技能之间的差异,这促使驾驶人在学习中自我反思和自我评估,Gregersen(1996a,1996b)称之为"顿悟学习"。在 Gregersen 和 Bjurulf 的模型中,最重要的部分是该模型包含动机和态度,并以此作为生活方式和群体规范的一部分。因此,该模型比 Groeger(2000)的模型更全面。

29.3.3 心理学的分层模型和我们定义驾驶的方式

尽管懂得如何操控汽车是驾驶的基础,但是驾驶人的任务和事故分析表明:仅具备心理运动技能和生理功能对于安全驾驶来说是远远不够的。这个结论与认为"开车是一项自我跟进的任务"的观点是一致的(Näätänen 和 Summala,1974)。只有驾驶人自身的行动和决策才能决定驾驶的安全性和成功性。

当代交通心理学的研究表明:不仅表现因素很重要(如驾驶人能做些什么),动机和态度这两个因素也很重要(如驾驶人想怎么做)(Rothengatter,1997)。动机和态度因素之间的区别与驾驶行为的"错误"和"违规"之间的区别一致(Parker 等,1995;Reason、Manstead、Stradling、Baxter 和 Campbell,1990)。错误被认为是非预期结果的行为表现(行动、操作等)。违规,指的是:尽管知道可能产生的后果,还故意做出错误的行为(尤其是从安全的角度出发)。这种区别在不同年龄和性别的驾驶人中的差异是十分显著的(Rimmo,1999)。

自 Miller、Galanter 和 Pribram(1960)的著作出版以来,用层级方法解释和概念化人类行为已被广泛使用。在交通心理学的一般结论中,层级方法也凸显出其重要性(Janssen,1979;Michon,1985,1989;Ranney,1994;Summala,1985)。早期的层级方法关注驾驶行为的表现(Mikkonen 和 Keskinen,1980;Rasmussen,1980;van der Molen 和 Bötticher,1988),后来这种方法也用来整合驾驶动机和态度与驾驶行为和表现,或者是用于在某些交通环境下的操作行为。由 Keskinen(1996)开发的四级层级方法是建立在 Mikkonen 和 Keskinen(1980)开发的三级层级方法的基础之上的。Keskinen 等(2004)提供了对这些不同层级理论的对比研究综述。

尽管驾驶操纵、交通情境、目标和驾驶内容这四级层级在本质上与生活目标以及技能(Hatakka 等,2002;Peräaho 等,2003)存在本质上的不同,并在模型中分离,但是没有任何一个层级独立于其他层级。它们同时出现在驾驶情境中,并且在同一驾驶任务中相互融合。

这个模型的基本假设是高层级控制和引导低层级的行为。然而,这个调控并非简单的自上而下的过程,因为它不断地检验从行为中接收到的反馈。这些层级在一定程度上是相互依存的,因此,改变其中的一个层级,不管是向下还是向上,其他层级也会因此自然而然地改变。然而,相互依存关系并不意味着等价。被称为最高层级(模型中的水平 4)的认知结构可以解释个体在日常生活中以及在特定交通环境下的行为模式。因此,它比其他 3 个层级更加稳固和基础,其他3个层级更具体和处于从属地位。因此在较低层级下所使用的技能模型和内在心理模型(已做出选择的决策),受到较高层级(应对生活的高水平技能)的指导和要求(包括目标和动机)。从安全角度来看,位于最高层级的因素是最重要的。无论一个驾驶人拥有多少的安全知识,这些知识的效果最终取决于该驾驶人是否以及如何使用它。

1) 层级4:人生目标和生活技能

一个驾驶人的动机、行为风格和能力,以及在更广泛的意义上的社会关系是该层级结构最高层级的主要内容。这些内容包括个人因素,比如自我控制,也包括生活方式、社会背景、态度、性别、年龄、群体特点、车辆的重要性和驾驶作为自我形象的部分,以及其他研究所展现的会影响驾驶人选择和行为的先决条件。有充足的证据表明,这些因素对交通事故的发生有着直接的影响作用(Berg,1994;Gregersen 和 Berg,1994;Hatakka,1998;Jessor,1987;Schulze,1990)。

这一层级还包括驾驶人的生理和心理的能力等因素(比如残疾或认知水平缺陷)。我们很容易理解这些因素在交通驾驶中的重要性,它们是个体驾驶人或者驾驶人教育的重要因素。当个体出现认知心理障碍时,任何驾驶教育对他们都没有任何帮助。因此,意识到个体的认知缺陷可以减少负面驾驶效果。

对于交通冒险行为,男性和女性存在差异,这可以追溯到他们驾驶动机的差异导致的不同生活方式。这些差异有质和量上的区别(Brühning 和 Kühnen,1993;Farrow,1987;Keskinen、Laapotti、Hatakka 和 Katila,1992;Laapotti 和 Keskinen,1998;Twisk,1994b)。例如,Schade 和 Heinzmann(2009)发现,在德国,女性新驾驶人在获得驾驶证后的第一次驾驶与男性相比,交通事故率会减少22%,违法率会降低50%。对年轻驾驶人的研究有很多,然而这些研究有的只关注男性,有的未能区别出男性和女性的行为表现(Jonah,1990;Laapotti 和 Keskinen,1998;Renge,1983)。这就是为什么超速和伤害事故通常以男性驾驶人为典型,而很少是女性驾驶人的原因。这些差异可能是动机不同的结果(Laapotti 和 Keskinen,1998)。当然,除了年龄之外,经验也是交通事故发生的独立影响因素(Maycock 等,1991)。

2) 层级3:驾驶的目标和内容

第三个层级是决策,决策在某些方面主要指驾驶人的导航和计划任务,这些任务在先前描述过的对驾驶人任务的分层概念中有所描述(Janssen,1979;Michon,1985;Mikkonen 和 Keskinen,1980;van der Molen 和 Bötticher,1988)。这个层级也包括旅行的相关目标和驾驶环境,即为什么驾驶人在某种场合驾驶,何时、何地、和谁在一起。其内容包括:驾驶路线和驾驶时间的计划(比如白天或者夜间驾驶)、驾驶状态的选择(比如清醒或不适、放松或紧张、精神或疲劳)以及驾驶同伴。

驾驶的社会性对于年轻人来说是特别重要的因素。社会压力对驾驶人行为表现有相当大的影响,这是因为:一个驾驶人从来不是独自在路上,而是与其他个人、团体、社会制度和社会作为一个整体,不断地相互作用。Allport(1985)描述了他人真实的或是想象的或是暗示的行为是如何影响自身的想法、感觉和行为表现的。不管这个"他人"是否真实存在,这都指的是不得不回应别人的愿望或权威的一些外部形式所产生的情感体验。在很多与交通相关的社会心理学研究中,与乘客相关的风险因素都得到很多研究(Laapotti,1994;Marthiens 和 Schulze,1989)。以同辈群体的形式存在的社会背景对年轻男性驾驶人的行为有重要的影响（Lewis，1985）。Farrow（1987）和 Laapotti（1994）的研究结果支持了这个论述。所谓的"迪斯科事故"就是在同龄人群体压力下发生事故的典型案例（Schulze，1990）。正如 Twisk（1994a）所说，年轻驾驶人并不是独立的个体，他们与社会结构部分紧密联结。

3）层级 2：掌握交通情境

模型中的第二个层级讨论在特定交通情境中的驾驶能力问题。一个驾驶人必须能够预测和调整其驾驶操控，以适应不断变化的交通情境（如选择合适的速度）。对交通规则的认知、情境的风险知觉、与其他道路使用者的相互作用，这些都是该层级的典型内容。在此层级下所做的选择是第三层级的选择和第四层级的先决条件。

4）层级 1：车辆操纵

驾驶人需要工具来实现他的驾驶动机。如果一个人本来就不知道如何起动汽车发动机，那么在驾驶过程表现出来的任何动机（层级 4）或者对交通规则的任何认知（层级 2）都没有意义。在这个模型层级中，层级 1 即最低层级（车辆操纵），被认为是层级 2~4 做出的决定的执行层级。

车辆操纵强调知觉和运动的技能，这不仅包括基本技能，如控制、起动、制动和换挡的知识，还包括更复杂的知识，如保持车的控制、规避操纵以及理解牵引的概念、理解安全带的影响作用和后视镜的使用。

5）所有的层级对安全驾驶都很重要

各个层级之间是相互依存的，而不是平等独立的。更高层级的目标和动机总是会覆盖低层级的技巧和注意事项。这样就很容易理解为什么一些通过提高较低层级的技能来提高安全系数的尝试，事实上并不能减少事故的发生。例如，提高在湿滑道路上的车辆操作技能，仍能产生负面的安全影响（Christensen 和 Glad，1996；Glad，1988；Katila 等，1996；Keskinen 等，1992）。如果提高的技能，或者更糟的是，想象中提高的技能（Gregersen，1996a）被用来满足尽可能保持高行驶速度的需要，那么结果很可能十分糟糕。如果在动机层级不能保证安全驾驶策略，那么任何掌握交通情境或车辆操纵方面的技能都不足以弥补缺乏以安全为导向的决策所产生的后果。

只要更高层级的先决条件是积极的，一个积极的影响（如在驾驶学校中的练习）同样也将产生积极的结果。如果更高层级的先决条件提供了一个积极的反作用力，那么一个消极的影响（如社会压力）可能会丧失其力量。驾驶人的目标和动机可能会改变危险的水平。

关于驾驶人培训，分层视角要求在教学／教学中采用广泛的方法。车辆操纵技能和对交通状况的掌握是在交通中成功操纵车辆的基础，这些方面应在驾驶人培训中学习。然而，正如前面所强调的，在较低层级应用的技能和做出的选择是在最高层级的目标和动机的指导下进行的。除了基本技能的培训外，驾驶人培训还应处理层级结构中的较高层级，并考虑驾驶人与驾驶相关的目标，例如，应对出行中的社会压力的技能。

29.4　基本驾驶许可模式和在不同模式背后的前提假设

驾驶许可模式通常只关注指导许可过程的系统，并没有过多涉及学习内容和学习方法。驾驶许可系统不仅在不同国家之间存在差异，在不同大洲之间也有不同。在已经完善交通系统和交通安全文化的国家中,都会有关于驾驶测试和驾驶训练其中至少一种的规定。Christie(2001)、Nyberg(2003)、Senserrick 和 Haworth(2005),以及联合国经济合作和发展组织(2006)都详细地描述了不同的驾驶人许可系统。许可系统在以下有关方面都不尽相同:驾驶年龄、义务教育、课程、单方面或多方面的教育、专业或非专业教育以及测试的意义等。

其主要的不同在于:驾驶许可的训练和测试与专业驾驶人教育角色之间的平衡。所有的欧洲国家都有一套测试程序,但并不是所有训练课程都是必修课。除了专业驾驶学校课程,非专业的课程教育都可能在不同国家有所不同。例如,北欧国家(除了丹麦)、荷兰和英国在没有特殊需求情况下,都允许非专业的教育存在。在法国,其系统包含驾驶学校教育和陪同驾驶。

传统的许可制度仅包含一个阶段和驾驶考试。在英国,只有驾驶考试是强制性的(驾驶测试模式),满17岁的学生就完全可能被允许开始练习,并且在同一天参加考试。目前,欧洲的多阶段教育体系在不断发展。

在美国、加拿大、澳大利亚和新西兰,最流行的许可制度是 GDL。GDL 是一个多阶段系统,包括学习阶段、练习阶段(有限制)和独立驾驶阶段(持有正式驾驶证)。GDL 的开发是为了最大限度地减少这些国家允许取得驾驶证的传统年龄所造成的问题。若一个学生已经通过了全部的驾驶许可程序,在大多数地区,其年龄可能仅为 16 岁半。

OECD(2006 年)报告了驾驶许可制度的框架系统,但缺少提供该系统的定性分析方法,也就是只包含了结构性方法,但更为重要的是系统的定性(如心理社会教育)特点分析。相比较而言,Jonsson、Sundström 和 Henriksson(2003)就描述了对欧洲国家的驾驶许可模式的详细说明。

29.4.1 驾驶学校教育系统

欧洲的一个典型体系是:想获得 B 类驾驶证的所有申请者,都要在驾驶学校里接受专业驾驶教育。这是因为只有职业驾驶教练能有效传授驾驶汽车和获得驾驶许可的知识和技能。职业驾驶教练需要同时提供理论和实践的培训,因此职业驾驶教练应该承担将驾驶能力传递给学习者的任务,学习者是信息的接受者。实际上,问题可能产生于职业驾驶教练的驾驶培训存在的巨大差异,因此,要有充分的预期认识。

接受专业驾驶训练往往在一个相当短的学习时间(一星期至数个月不等)内完成。进入国家的驾驶学校是唯一的选择,在驾驶学校学习的课程是由政府决定并安排的。除了安排短暂的学习时间,驾驶学校教育还包括具体的教学目标和训练内容、有组织和结构化的教学体系、教学反馈以及至少提供一种教学方法把驾驶理论和实践结合起来。

在驾驶学校教育体系中,训练受限于各种条件,比起陪同驾驶训练来说,训练的方法和内容更为重要。GDE 模型(Hatakka 等,2002;Peräaho 等,2003)就是解释驾驶人教育训练目标的例子。GDE 框架涵盖了驾驶人的所有任务,包括从车辆的基本操纵到一般生活技能(例如个人动机或者冲动控制)的不同方面。

Hatakka 等(2002)认为传统的驾驶人培训大多局限于操纵车辆和掌握交通情境的基本技能和知识,极少关注风险因素。与驾驶目标和驾驶内容相关方面的培训目标和培训方法较少,针对与驾驶相关的个人和动机方面的训练明显不足,提供的提高自我评价能力的教学目标和方法也并不典型。

美国有一系列的研究探索正式驾驶人教育的影响（Mayhew 和 Simpson,2002;Williams 和 Ferguson,2004）。总体研究结论是没有证据表明正规的培训会比其他形式的学习更有效,然而,这个结论一再被误解为正规驾驶培训没有更多优势。但这只是表明在美国,其正规的培训(通常包括 30h 的课堂教学和 6h 的道路驾驶训练)并没有产生更好的结果。正规培训还包括一种短时间的培训方式,可供急于独立驾驶的新驾驶人选择以缩短学习阶段。这种自我选择可能对安全有影响:比起那些等待时间更长并且没有独立驾驶动机的人,早期的独立驾驶者可能会以更危险的方式来驾驶。

在美国,正规驾驶学校培训遭受到的批评是,驾驶学校没有讲授如何降低交通事故发生率的特殊技能。这导致新驾驶人不够重视应用驾驶技能的动机,以及获得驾驶技能后过度自信。此外,与危险驾驶和发展过程相关的生活方式因素没有得到解决。总体而言,年轻的驾驶人被视为一个同质的群体,而不是个人[美国国家公路交通安全管理局（NHTSA）,1997]。美国的经验表明,驾驶人的教育内容要同个体的心理和生活发展相关联。

驾驶人教育目标和内容的问题是驾驶教育有效性的问题。这种问题可以表述如下:教育模式是否提供新驾驶人在现实生活中处理问题所需要的技能、知识和动机。

29.4.2 获得驾驶证和陪同驾驶

在获得驾驶证后的最初几年甚至几个月,新驾驶人较少发生事故常常被认为是经过大量实践训练后的结果。这是因为无论是 GDL,还是陪同驾驶或是各种驾驶指导,其背后的第一动力因素就是在安全的驾驶环境中累积足够的驾驶经验,第二动力因素是促使驾驶训练时间延长,直到新驾驶人随着年龄的增长而最后获得驾驶证。

在获得驾驶证后新驾驶人交通事故发生率的迅速降低已经在一些研究中得到验证（Maycock 等,1991;Mayhew、Simpson 和 Pak,2003;Sagberg,1998）。Maycock 等强调经验对减少交通事故的影响,但年龄也有一个独立的类似的效果。获得驾驶证后的交通事故减少,可以解释为获得驾驶证前没有足够的经验。如果获得驾驶证前的驾驶里程数更多,那么获得驾驶证后交通事故发生率可能从一个更低的水平开始下降。另一种可能的解释是当驾驶人有机会感受到"独立"和"成长"时,就减少了独立驾驶额外的不安全动机,例如,通过加速或测试极限来满足动机。

在驾驶中关于经验影响驾驶的分析比较少。主要假设是基于实现必要技能的自动获取。因为自动化执行不容易出错,不受干扰因素的影响(如疲劳或压力),并且需要较少的关注,因而比起非自动化执行需要比较少的信息处理能力。当进行自动化执行时,认知工作量减少。Gregersen 等(2000)报告那些 16 岁开始练习的驾驶人,比起其他缺少练习的驾驶人工作负荷相对较少。

训练量明确指的是训练的数量,但没有说明任何内容,也没有证明"体验者"从经验中学到了什么。作为一个教学要素,如果与训练的质量或内容无关,训练量仍然相当模糊。质量和数量不一定相互关联。然而,增加训练量是提高新驾驶人技能的一种方法。

训练的持续时间可能和数量相关,这可能只是简单意味着训练在很长一段时间内发生。例如,训练可以持续很长一段时间,但强度并不高（Sagberg,2000）。然而,持续时间也有一些独立的属性。比如,在一个较长的时间段内,合理分配可用的教学资源可以达到更好的学习效果。集中训练和分散训练的原则已在教学中被广泛使用。有研究表明,分散训练一般有较好的学习效果(Dempster 和 Farris,1990),在学习运动技能方面也取得了更好的效果(Shea、Lai、Black 和 Park,2000)。驾驶人经过一段时间的分散训练后能够更好地处理驾驶问题。分散训练的另一个好处在于可以结合不同的教学方法。例如,学习者可以在不同训练课之间被给予独立的学习任务。

增加训练的持续时间有两种方法:在多阶段模型中,从早期(16 岁)就开始训练并在 18 岁获得执照;或晚些开始并晚些获得执照。

非专业指导的基本理念是:驾驶是一种技能,并且可以通过自己练习获得。非专业指导者的角色用"老师"一词并不能准确地定义,但非专业指导者可以保证安全,并提供辅导和反馈。"边做边学"的想法很普遍,并且很多人认为驾驶技巧理论方面的作用是次要的。因此理论教育通常不会受到严格控制。

在本章中,术语"非专业指导""陪同驾驶"和"非专业教育"可以互换使用。这些概念之间没有明确的区别。但是,当重点是培训学习者的基本驾驶技能时,非专业指导和非专业教育在这里被提及。当非专业指导者为学员提供驾驶考试时就是这种情况,学习责任由非专业指导者承担。非专业指导者的角色更像是一个陪同人员,比如在法国 AAC 模式中。专业指导者教授基础知识,非专业指导者在练习时陪伴学员以确保安全。在新的德国体系(AD17)中也是如此,在该体系中,教学尤其被禁止。在瑞典、挪威和英国,在这个过程中,角色可能会有所不同。一开始,这个角色可能更像是指导者的角色,后来变成了陪同人员的角色。

非专业指导已被广泛接受作为训练的一部分,或作为驾驶学校培训的代替。在模型中非专业指导是一个重要组成部分,其目的是延长学习周期(如奥地利的 L17、法国的 AAC、挪威和瑞典从 16 岁开始练习、德国的 AD17)。

延长学习周期的教学理念认为驾驶是一个任务,需要技术和动机技能。这就是为什么新驾驶人的职业生涯的开始应该作为一个长期受保护的学习阶段。这是 GDL 中的基本概念(Waller,2003)。除了对车辆的控制和对交通情境的掌握,驾驶人应熟悉交通造成的风险,自己要有意识地规避这些风险。

在欧洲要获得驾驶证,更多采用延长学习期的方法,但 GDL 却不尽相同。这些国家(如瑞典、挪威、法国和奥地利)提供了早在 16 岁就开始训练的机会。除了增加驾驶的经验,驾驶人还可能会慢慢成长成为一名成熟和安全的驾驶人。获得驾驶证后的驾驶可能不再是一项新鲜和令人兴奋的活动。训练环境也可能对学习有影响:它影响如何有效地学习和学习什么样的技能。驾驶训练中也有冲突的情况。学习在城市地区驾驶可能会使后来的驾驶更舒适、简单,并且可能减少轻微事故。在城市地区驾驶也给人正在学习的感觉,并且学习处理交通情况就是最重要的练习。

另一方面,严重的事故(死亡、重伤)则经常发生在城市以外地区的农村公路和高速公路上。驾驶训练时可能较少在这些地方训练学习,驾驶学校培训(至少在芬兰)也没有将太多的时间花在这些地方。在非专业指导中,更多的时间则用在乡村公路(至少在芬兰、瑞典和法国)和前往遥远目的地的旅行中。

能够在自己的生活环境中安全驾驶同样很重要。然而,问题是这可能并不总是具有足够的挑战性。在瑞典对 16 岁驾驶人的研究(Gregersen 等,2000 年)和德国对 AD17 模型的评估研究中,学生都更多地生活在乡村和小城镇(Schade 和 Heinzmann,2009 年)。至少在瑞典,新驾驶人(16 岁开始驾驶)的交通事故发生特点(单车事故和动物事故)表明,驾驶人更经常在自己周围的生活环境驾驶(Gregersen 等,2000)。

然而,不言而喻的是,陪同驾驶有更大的自主权利选择驾驶环境的种类。比如,陪同人员为了个人安全,会尽量避免在最困难的条件下训练驾驶(夜间、湿滑路面、高峰时段),但这就使得学生难以获得复杂交通条件下的驾驶经验。

这里,训练氛围是指陪同指导者对其他交通参与者的态度,或者对安全的态度,或者是指导者关于驾驶和驾驶风格的动机。这也是驾驶文化中的一类,可以在教与学过程中教给学员。驾驶学校教练员更专注于考试评估的内容,而陪同的非专业指导者可能会提供各种反馈。他们可能支持属于自己驾驶特点的文化特征。这可能是一个优势,也可能是一个劣势,取决于陪同者的价值观、态度和动机。他可能是提倡安全的,但也可能提倡快速的和激进的驾驶风格。在德国驾驶人教育系统(AD17),高达 2/3 的陪同人员是新驾驶人的母亲(Schade 和 Heinzmann,2009)。在这里至少有 4 个有趣的发现。其中 40% 的男孩与母亲一起练习驾驶,并且与母亲有着良好的关系。"女性驾驶风格"有可能提高了青少年在其驾驶生涯中的安全性。此外,选择或接受他们的母亲来当他们的陪驾人员的孩子,可能在开始驾驶前就与母亲有着相同类型的价值观。最后,母亲可作为实际陪同人员的原因是:也许她们比自己的丈夫有更多的时间来做这件事情。

驾驶学校有可能创造一个积极和令人备受鼓舞的学习氛围,但却没有足够的时间来研究态度。然而,在陪同驾驶中至少也有可能创造积极的和更持久的学习氛围,鼓励学生学习态度和其他文化问题。文化和态度的内容对于最低层级的驾驶层级结构来说并不那么重要,但在交通情境层次上相当重要,而且在层级结构中变得更加重要。

29.4.3 合并和多阶段模型

一些驾驶人教育模型将非专业教学和专业教学相结合。在法国、奥地利和德国就存在该种明确的组合模型。在这些模型中的学习往往开始于专业指导,遵循课程目标的基本知识和技能,然后在非专业指导下进一步实践。专业培训通过非专业指导下获得的实践经验来扩展。驾驶学校也可能会为非专业指导者提供课程。专业指导者的职责是提供正规的信息以及指导和巩固培训。德国的模型(AD17)要求学员必须通过驾驶学校所有的驾驶人训练课程(17 岁),在这之后,他被允许进行陪同驾驶训练,直到 18 岁后最终获得驾驶证。

实际上,组合模型也存在于其他国家,而且该系统的实践更加自由。例如,在英国和瑞典,绝大多数学员不仅依靠非专业指导。然而,专业培训的成本、时间和内容都很市场化。

多阶段模型认为,在初步获得驾驶证后要经过强制性培训以获得永久性驾驶证。在奥地利、芬兰、卢森堡和瑞士都使用两阶段模型。还有一些国家正在研究包括两个或两个以上的阶段培训系统,比如欧洲正处于该研究阶段(Sanders 和 Keskinen,2004)。

29.5 如何将驾驶人许可模型有效运用到实践中

在汽车驾驶开始时,驾驶培训的目的是帮助新车主操纵汽车,然后集中教授交通规则和交通情景。然而,安全作为驾驶人教育的主要目标之一,出现得很晚。很长一段时间,驾驶人培训的总体目标是帮助考生准备驾驶考试。今天,当对驾驶人教育的效果进行评估和描述时,安全是最重要的,这点是不言而喻的。

交通心理学的困难任务之一是评估不同驾驶证的有效性。驾驶人教育项目的安全目标通常是为了减少新驾驶人在驾驶生涯开始时死亡或重伤交通事故的数量或风险(相比于里程暴露、人口或驾驶证)。然而,在这种评价中存在着许多问题。首先,意外交通事故,尤其是严重的交通事故,是罕见的。Berg(1994)称,大约只有1%的新驾驶人在第一年驾驶时卷入了严重的交通事故。其次,交通事故是由多因素造成的现象,通常很多因素影响着交通事故的因果关系。

除了驾驶人教育项目的安全影响,还有其他标准可以评估驾驶培训的效果(Hatakka, 2003;Keskinen 和 Baughan,2003)。首先,最重要的标准当然是安全,还有包括学员的培训满意度、即时学习效果(考试的通过率和质量合格率)、新驾驶人的态度和获得驾驶证后的交通行为(过错、驾驶风格评估以及驾驶次数)、驾驶行为的安全影响结果(交通事故的数量和严重程度)和交通事故发生时间(在学习阶段或中间阶段或获得驾驶证时)。在欧洲主要的评价指标是驾驶人获得驾驶证后发生的交通事故。当 GDL 评价研究已经完成时,主要关注的就是培训过程中的交通事故。

要作出可靠的评价是比较困难的,因为不太可能知道它在教育的过程中是否成功,尤其是该过程如何在个体层面上实现。教育的过程有几个步骤。首先,有可能是一个正式课程,或者至少是驾驶人教育的目标。其次,教师以自己的方式了解目标,并尝试教给学生。第三,学生以自己的方式理解目标,并学到一些东西。然后,独立驾驶时,新驾驶人以自己的方式(暴露、速度、车型选择、驾驶任务等)来表现。最后,新驾驶人可能会参与一个交通事故,交通事故可能是严重的,甚至是致命的。只有在极少数情况下,研究人员会一直对这个过程感兴趣,并且研究在教育过程中正式课程信息如何改变。Katila 等(1996)发现,在北欧比较湿滑路面的训练中,不论是官方的正式训练目标,还是老师在教学中所强调的,学生对在湿滑的道路环境下安全驾驶的重要因素持有相当不同的看法。HERMES 项目旨在使用支持学习的教学方法使学生承担学习和之后驾驶的责任,研究发现一个意想不到的结果。根据对学生分类的研究结果,新的教学方法更适合较为成熟的女学生和受过高等教育的学生,而不是较年轻和受教育程度较低的男性;而较年轻和受教育程度较低的男性有着更高的交通事故发生率(HERMES,2010)。

还有很多文献评论驾驶人教育的作用和影响(Christie,2001;Engström、Gregersen、Hernetkoski、Keskinen 和 Nyberg,2003;OECD,2006;Senserrick 和 Haworth,2005)。比如,GDL已经激发了美国、加拿大和澳大利亚的大量研究者的兴趣,但它的变体,例如陪同驾驶,也被频繁地评估(法国、瑞典、挪威和奥地利)。被评估的第二组程序包括不同种类的多阶段或多模式程序(芬兰、奥地利和德国)。

29.5.1 驾驶证的有效性

2003年1月的 *Journal of Safety Research* 专刊专门讨论了GDL。前12篇论文是为2002年的GDL研讨会撰写并提交的,这些论文对截至该日有关青少年驾驶问题的研究进行了全面回顾,尤其是GDL。Hedlund、Shults和Compton(2003年)以及Hedlund和Compon(2005年)总结了早期关于GDL对安全性影响的研究结果。后来,Senserrick和Hawworth(2005)发表了一篇关于驾驶人培训和许可制度的优秀评论。

Hedlund等(2003)的研究表明,不管其具体细节如何,GDL程序是有效的,尽管GDL程序及其评估方法在不同的司法管辖区存在差异。作者表示,GDL减少青少年驾驶,改善驾驶知识和行为。Begg和Stephenson(2003)以及Lin和Fearn(2003)表明,GDL计划要求学员许可证持有一段最短的时间,从而延迟了年轻驾驶人获得无监督驾驶执照的年龄。根据Hedlund等的说法,同样的机制,既减少驾驶,也大大减少了夜间交通事故。McKnight和Peck(2003)认为,如果通过良好指导和高度控制,那么延长学习可以大大减少交通事故的发生。GDL的长期影响仍然有待于研究(Hedlund等,2003)。

Hedlund和Compton(2005)研究了GDL的一些概述(Engström等,2003;Senserrick和Haworth,2004),而且他们也描述了GDL的评价研究和实施领域。来自7个司法管辖区以及个别研究的主要结果可以总结如下:在几乎所有的被研究的司法管辖区中,如果驾驶人处在16或17岁,交通事故都会减少。当把这个交通事故数量和人口相比较时,减少的幅度更大;然而与有驾驶证的驾驶人相比,减少的幅度较低。有证据表明,GDL政策实施后,驾驶证的数量逐渐减少(Hyde、Cook、Knight和Olson,2005)。

Vanlaar(2009)发表的一项研究,使用了元分析方法来分析GDL程序在北美的执行情况。他们发现了强有力的证据来支持GDL。GDL对于降低16岁驾驶人的相对交通事故死亡率有显著的正面影响。然而,当只考虑总体影响时,没有证据表明GDL对于减少17~19岁的驾驶人的相对交通事故死亡率有整体的影响。这与Mayhew、Simpson、Williams和Desmond(2002)的研究成果一致。他们发现了GDL对于16~18岁的驾驶人的积极影响(减少交通事故)。然而,驾驶人在18岁时,这种影响只产生在处于被监督的学习阶段,而不是不受监督时。在得到驾驶证后,对18岁驾驶人的积极影响迅速减弱,在接下来的两年驾驶中,交通事故率上升。另外,当16、17岁的驾驶人拿到驾驶证后,这个政策也没有产生长期效果(Nova Scotia、Canada)。对16、17岁驾驶人来说,改善的情况大部分发生在受限制的夜间时间。

Vanlaar(2009)还报告了其他有趣发现,他们发现,按年龄分组的研究有特别的效果。对于16岁的驾驶人,无论他们搭载的是家庭成员或其他人,在不载客的中间阶段更为安全。在其他年龄组中,没有这样的联系。在18岁的年龄组中,在初学阶段接受强制性驾驶人教育增加了安全性。一般情况,结果是相反的,可能有两个因素影响这一结果。首先,其效果只出现在18岁组,而不是在整个人群。强制驾驶人教育在初学阶段能提升18岁组的驾驶安全性,可能是因为他们本身年龄更大。其次,有令人信服的证据表明,如果正式的或以学校为基础的驾驶人教育被应用在较小年龄的无人监督的驾驶上,安全性会受影响(Mayhew等,2002)。然而,研究结果没有表明以学校为基础的驾驶人教育是有害的,结果只是表明选择受教育(如果不是强制性)的驾驶人通常有更强烈的动机不受监督地驾驶。Vanlaar 等的研究结果是驾驶人教育成为初学阶段的强制部分,但是,正如作者指出,对于 19 岁的驾驶人,在中期阶段接受强制性驾驶教育并没有对安全性产生积极影响。

Vanlaar 等(2009)只关注重大发现。然而,他们也分析一些有趣的却没有带来显著结果的自变量。有些结果可能会因为作者按年龄分组分析他们的材料而"丢失"。至少还有一些基于年龄的问题仍然没有答案,如学习者最低入学年龄和中间阶段学习年龄的影响。另外,强制性的学习阶段的持续时间也可能与使用的年龄分组有关系。并且,初学阶段受监督的驾驶最低小时数和夜间受监督驾驶小时数与年龄无关,这是很重要的自变量,但是在这个研究中没有表现出影响。通过研究可以得到一个结论,这些变量并不重要,GDL 的效果主要基于限制,限制的结果可能是减少暴露(Shope 和 Molnar,2003;Wil-liams,2007),而不是在这个程序中学到什么。然而,令人惊奇的是,高速公路安全协会(IIHS)对于 GDL 程序(分为 3 类)的质量评价并没有产生任何效果。这就提出了一个问题,即 GDL 程序之间的差异有多重要。

此外,一个对 GDL 的评价认为,GDL 政策是通过限制青少年驾驶而非提升青少年驾驶能力来减少 15~17 岁的人的交通事故(根据警方报告的致命和非致命交通事故)数量。交通事故减少主要发生在夜间,更严格的 GDL 政策(尤其是对那些夜间行车的限制)是更有效的。作者还发现,在 GDL 政策实施下,青少年的驾驶质量没有改善:GDL 政策没有使青少年在以后的时间里成为更好的驾驶人。

McCartt、Teoh、Fields、Braitman 和 Hellinga(2010)得出类似的结论:包含严厉的夜间和载客限制,以及延迟初学许可年龄和驾驶证颁发许可年龄的法律,可以降低青少年的致命交通事故率(15~17 岁的青少年的致命交通事故)。然而,与 Vanlaar 等(2009)的研究相反,McCartt 等(2010)发现,好的和差的 GDL 法律差别高达 30%。二者间的差异主要是在限制的程度上:好的条例比差的条例有更多的限制。

29.5.2　陪同驾驶的效果

一项与 GDL 有关的驾驶人教育计划首先在法国(1987),然后在瑞典(1993)和挪威(1994 年)开始执行,并且将学员的年龄限制降低到了 16 岁。这种许可制度的通用名称为陪同驾驶,其目的与 GDL 一样,是为驾驶学员提供一个长期的受保护的练习阶段。此外,因为在大多数欧洲国家获取驾驶证的最低年龄是 18 岁,所以尽量早地开始练习以保证新手拿到驾驶证前有足够的经验是相当必要的。在法国(Page,2000),除了有人陪同驾驶,学员和陪同驾驶的人还要接受驾驶学校的指导。在瑞典和挪威,这是没有必要的,有人陪同驾驶就足够了,但也有很多学生在驾驶学校上过课。在芬兰,一个外行人可以从有关部门得到许可来教自己的孩子开车。然而在欧洲,人们似乎对陪同驾驶的教学方法有越来越大的兴趣(Twisk 和 Stacey,2007),尽管这种方法的有效性的评价结果并不能令人信服。

经过多次评估研究,唯一的成功模式是瑞典的陪同系统(Gregersen 等,2000)。在法国(Page,2000;Page、Ouimet 和 Cuny,2004)和挪威(Sagberg,2000),当一个新驾驶人持驾驶证开始独立上路后,他接受的陪同驾驶训练并没有表现出安全效益。

和挪威一样(Sagberg,2000),法国(Page 等,2004)的评价结果也是令人失望的。在新驾驶人拿到驾驶证后,交通事故数量并没有减少。在挪威,甚至有研究表明,在此期间交通事故率增加(Sagberg,2000)。

当瑞典将陪同练习的年龄限制降低到 16 岁时,评价结果是积极的(Gregersen 等,2000)。增加练习后交通事故数量下降了 15%。与法国原来的模型相比,瑞典的陪同训练是非常宽松的:陪同人员与专业驾驶教练之间没有强制性的合作。后来,瑞典推出了对开始陪同驾驶训练的人的短期强制指示。然而,有利的结果可能受到自我选择偏差的影响。虽然从 16 岁开始的陪同驾驶的选择是自由的,但来自更高年龄层的驾驶学员群体更多。社会经济地位和取得驾驶证年龄是可控的,但是自我选择偏差的原因是不可能控制的。

奥地利在 1999 年针对驾驶人教育推出了新的政策(L17)。申请 B 类驾驶证的学员可以在 16 岁开始在驾驶学校学习标准理论和实践。然后,后续的教育是一个专业与非专业训练平行的阶段(最少 3000km 的练习),包括在驾驶学校的完善练习。当驾驶人达到 17 岁时可以参加考试,并且在 17 岁时就可以独自上路,而不是通常的 18 岁。对于奥地利 L17 模式的评价结果是复杂的。有正面的评价(Winkelbauer、Christ 和 Smuc,2004),也有负面的评价(Bartl 和 Hager,2006)。根据 Winkelbauer 等的研究,L17 模式下的驾驶人比传统教学下的驾驶人更少涉及交通事故,但是奥地利中央许可文件显示,L17 模式下的驾驶人与传统驾驶人之间没有显著的交通事故率的差异。与奥地利许可证文件的数据比较,交通事故自评报告显示两个群体间有显著差异:L17 降低了交通事故数量,特别是在获得驾驶证后 2~3 年。更具体的数据表明,男性驾驶人是使交通事故数量减少的主要原因(Winkelbauer 等,2004)。但是,这项数据主要是指涉及财产损失的轻微交通事故。在 Bartl 和 Hager(2006)的研究中,也采访了 L17 驾驶人和传统教学下的驾驶人,获得了更丰富的样本,但是这项研究并没有发现正面的结果。

29.5.3 多阶段驾驶人教育程序的效果

在欧洲,多阶段模型也很受欢迎。一个简单的想法是将驾驶学校和独立驾驶学习相结合。第二甚至第三阶段是得到独立驾驶许可后的继续教育。这种模型首先在挪威(1979)和芬兰(1989)被引进,其次是卢森堡和奥地利。通常来说,第二个教育阶段的重点是复杂条件下的驾驶,但现在也越来越多地集中在自我评估和危险感知。

多阶段的驾驶人教育程序的研究结果因不同国家和不同研究而不同。在奥地利多阶段模型(始于 2003)中,所有驾驶学员必须在取得驾驶证后的一年内分别完成基于轨迹的安全驾驶课程、一次心理分组讨论和有驾驶指导者的两次反馈驾驶。Bartl 和 Esberger(2005)报告,在 18~19 岁的年轻人中涉及伤亡的交通事故数量明显减少。2005 年上半年(全面引入多阶段教学程序后)与 2003 年上半年(全面引入多阶段教学程序前)相比,18~19 岁的年轻人出现交通事故的数量减少了 11%。相比之下,在同一时期,在所有其他年龄组,交通事故减少了 2%。然而,在研究设计中也存在一些缺陷。此外,一项关于奥地利多阶段系统的评估研究(Gatscha 和 Brandstaetter,2008)发现年轻的新驾驶人发生严重交通事故有希望减少。

在芬兰,新驾驶人只要通过了驾驶考试就可以获得初步许可,在接下来的 6~24 个月,所有驾驶人都必须参加第二阶段的驾驶培训。在此之后,他们才被授予正式的驾驶许可。第二阶段的训练地点安排在得到授权的驾驶学校,并且被划分成分析个人驾驶技巧和风格(在道路上驾驶的反馈)、轨迹培训和课堂培训3个部分,但是并没有第二次考试。

近几年有多项评价研究出现(Katila 等,1996;Katila、Keskinen、Hatakka 和 Laapotti,2001;Keskinen 等,1992;Laapotti 和 Keskinen,1998;Laapotti、Keskinen 和 Rajalin,2003;Peräaho、Keskinen、Hatakka 和 Katila,2000),但是都无法评价芬兰第二阶段课程的明确效果。并且,研究结果也没有显示交通事故明显减少。原因之一可能是,相比于 Gregersen 对 16 岁青少年的研究(Gregersen 等,2000)、Willmes-Lenz 等对 AD17 的研究(Willmes-Lenz、Prücher 和 Grossmann,2010)、Winkelbauer 对 L17 的研究(Winkelbauer,2004)等(这些研究中交通事故数量看起来有较大程度减少),在芬兰的研究中,学员不是自主选择的。这些全国性的课程是所有芬兰驾驶学员的必修课。这甚至涉及选择陪同驾驶教学方式的学员。

Laapotti 等(2003)的研究(问卷调查:样本数量为 9305 个;回收率为 48%)提供了关于年轻的和年长的新驾驶人在驾驶生涯开始阶段(最长驾驶时间是 4 年)发生的交通事故的有趣结果。因为样本中所有驾驶人都是在不同年龄获得驾驶证的新驾驶人,所以有可能看到微小的年龄差异(动机差异)带来的安全差异。在独立驾驶的最初阶段,交通事故率急剧下降(每 100 个驾驶人出现的交通事故率)的情况只出现在 22 岁以及更年轻的人群中。23 岁以及更年长的驾驶人中没有出现这样的下降。这种差异至少在两个方面是很重要的。选择比 18 岁的年龄限制晚 4 年接受驾驶教育的人,形成一个自主选择的群体。他们不仅在年龄上有差异,而且在一些重要变量上也有差异,比如驾驶的动机,这也影响到驾驶安全。第二项发现是新驾驶人有可能在没有经历高风险的情况下开始驾驶生涯。

德国模式 AD17(在驾驶学校学习后,17 岁开始陪同驾驶,18 岁参加驾驶考试),已经成为多项研究的主题(Funk 等,2009a,2009b;Schade 和 Heinzmann,2007,2009;Stiensmeier-Pelster,2008;Willmes-Lenz 等,2010)。与大多北美的 GDL 研究相反,关于 AD17 的评价研究都集中在取得驾驶证(驾驶人年龄达到 18 岁)后的时间。这段后续研究的时间有 3 个月的(Schade 和 Heinzmann,2007),也有 18 个月的(Stiensmeier-Pelster,2008)。收集的数据结果(交通事故和违法行为)来自交通违法者中央登记册以及重复 4 次的问卷调查。研究对象的数量根据不同研究有所变化(包括自我报告的交通事故和违法行为,也包括行驶里程),但 AD17 和常规训练的新驾驶人的这两个对照群体都有至少 1000 个研究对象。主要研究结果表明 AD17 是成功的。接受 AD17 培训的驾驶人比常规训练的新驾驶人的交通事故和违法率低 15%~17%(Willmes-Lenz 等,2010)。基于这一成功经验,在 2007 年,AD17 模型成为 18 岁新驾驶人教育的主要形式,在 2008 年被德国所有联邦州采用。

根据问卷调查(Willmes-Lenz 等,2010),选择 AD17 教育的研究对象通常有更好的教育和经济背景。实际陪同驾驶的持续时间为 7~8 个月。参与者平均驾驶 2400km(1491mile)。陪同阶段的持续时间和之后交通事故的发生没有联系,但是练习的强度与之是有联系的:那些驾驶练习少于 1000km(621mile)的驾驶人比多于 1000km 的驾驶人在每百万 km 内出现的交通事故更多。作者也应该报告驾驶少于或多于 1000km 的驾驶人发生交通事故的比例,因为如果他们驾驶的里程差异显著,那么比较每千米的事故数并不是一个可靠的方法。

总结近几十年来大西洋两岸多样的评价研究发现是不容易的。然而,有些研究可以归类为质量方面的评价研究设计,有些研究可以归类为一般研究结果。

研究设计大多是前后对照类型或干预组/对照组比较。最近还没有有关驾驶教育的实验研究。例如，前后对照的设计要比较培训系统更新前后的交通事故，并且这些数据收集自官方发布的数据。有时，数据的收集甚至是在不知道系统更新前后新驾驶人数量的情况下完成。绝对数量提供了关于特定期间道路上伤亡情况的重要信息，但是却没有提供任何关于伤亡减少（如果情况是这样）原因的说明。这样的结果没有提供任何基于学习培训的安全性影响的信息。交通事故的减少可能是因为暴露的减少。只使用前后对照设计研究几乎不可能确定当所有新驾驶人都必须参加新系统训练时，训练中哪些要素是有效的。

比较干预组和通过正常的或传统教学的群体，存在着自我选择的风险，有可能毁掉整个研究。正如在实验研究中，实验组和对照组的设计用于确定干扰效果，首要原则是实验组和对照组必须来自同一个群体。唯一的区别应该是实验组所接受的干扰因素。当一个组的学员选择了一个特定的驾驶培训系统，两组之间的差异就产生了。并且，这个差异会持续存在，即使这些组之间没有年龄、性别和社会经济水平或者在校成绩方面的差异。可以尝试控制这些变量，但是控制不了选择差异。Glad（1988）在挪威评估挪威驾驶人的第二阶段教育时，有真实的对照组和实验组。在挪威的一些地区，系统更新投入使用比别的地方早，这样就可以用来比较不同的组别。

北美和欧洲开展的对 GDL 的方法效果的研究显示，这个系统已成功防止 16~17 岁的年轻人中意外交通事故的发生，但 GDL 没有教育出得到驾驶证后的更好的驾驶人。在欧洲，研究主要集中在得到驾驶证的驾驶人和不同类型的培训系统相结合的结果。有一件事是明确的：只提高技术技能不能帮助驾驶人提升驾驶安全性，而通常相反的情况会发生。同样，只增加驾驶经验也不能帮助获得驾驶证的新驾驶人。然而，在过去的几年，人们对使用具体的目的和方法来实现主要目标的兴趣越来越浓厚。GDE 模型作为驾驶培训的完美模型被广泛推行（Twisk 和 Stacey，2007）。

29.6　驾驶教育的目标和内容：GDE

GDE 框架是由 Hatakka 等（2002）首次提出的。四层级结构（Keskinen，1996）是在欧盟项目 GADGET（1999）的范围内扩展的一个框架，将 4 个层级结构划分为 3 个栏目：知识和技能、风险增加因素、自我评价（自我评估）技能。由此，创造出一个结构来定义驾驶人培训中应该关注的内容。

GDE 框架中的单元用于定义成为一个安全的驾驶人所需的具体能力。它是对驾驶情况的一般描述，而不适用于解释某些特殊驾驶人的行为，也不是一个可以用经验数据验证的理论，这个框架中的所有部分甚至都是基于经验发现的。Peräaho 等（2003）按以下方式来描述 GDE。

29.6.1　知识和技能

框架中的第一栏（知识和技能）描述了一个好的驾驶人为了驾驶汽车以及应付正常驾驶情况在每个层级需要知道的知识和技能。这包括如何操纵汽车、如何驾驶汽车、需要遵守的交通"规则"（低级技能）以及如何计划出行、个人的事先准备如何影响驾驶表现和安全（高级技能）。"知识"这个术语包括实践和理论知识。

至于最高的两个层次,驾驶训练的目的应该是向驾驶人介绍驾驶的概念:驾驶是一种超越人类和机器交互作用的技能。因此,一个人的动机特性和选择的驾驶策略决定了驾驶的成功还是失败。

29.6.2 风险增加因素

框架的第二栏(风险增加因素)与第一栏紧密联系,但是它强调与增加或降低风险因素相关的特殊知识和技能。第二栏的内容因为安全因素的重要性而自成一体。在驾驶学校的教学中,必须将其纳入通用技能和知识的教学中。还应该重点强调和描述典型风险因素的更多细节。在不同层级结构,这些风险也不同。常用的概念"危险感知"是一个需要分析的很好的例子。通过应用 GDE 框架,很容易发现危险感知作为"驾驶技巧"(Road-craft)相当有限。

几项研究已经表明,在一般的情况下,故意冒险、违反规则、低估风险、高估个人能力是年轻驾驶人共同的特质,尤其是年轻的男性驾驶人(Jonah,1986,1990;Keskinen,1996),并且这些行为随着年龄的增加而减少。然而,正如 Jessor(1987)和 Twisk(1994)指出,这种行为作为向成熟阶段过渡的一个部分,也有其功能。驾驶人教育应该能够解决这两个方面问题,但这一任务在任何国家都没有完全成功,年轻男性驾驶人的超速和酒驾事故就是明证。

提到驾驶,需要对技能培训和风险认知培训做一个区分。以技能为基础的培训首先是学习汽车控制和操作。另一方面,风险认知练习是用于增加知识、经验和在道路上的危险意识。虽然二者彼此相似,但是这两种练习的信息和关注点完全不同。

29.6.3 自我评价,自我评估和自我意识

第 3 栏("自我评估")是现代教学思想的一个核心的和关键的元素。自我评价可能会被定义为一个个体试图从内心评价自己的行为的过程。在驾驶的情境下,就是关于知道或者想要知道个人的事先准备和倾向,以及与驾驶操纵、交通状况处理、驾驶计划和一般生活相关的技能和能力。

自我评价不仅在驾驶训练中被看作重要工具,而且在驾驶培训后,驾驶技能发展过程也需要不断评价。一项关于技能提升的研究表明,元认知技能和反馈思考是专家的重要特征(Kolb,1984;Mezirov,1981)。

29.7 驾驶人教育和培训的未来

本章的主要信息是:①驾驶技能可以被概念化为根据驾驶人的目标和动机使用的一系列广泛的技能;②由此产生了对教学方法的广泛使用的需求。没有一个单独的理论或者方法能够覆盖驾驶行为的所有层级。应该根据教育和培训的目标以及关注的层级来确定最佳的学习方法。

达到更高层级和增加自我评价技能的关键是学员自身的努力。近期教学理论的趋势是强调建构性的学习方法、基于问题的学习和体验式学习,也就是说,学习是学员利用个人体验通过学习活动来开展的。

简单的训练方法、传统的课堂讲授、重复和记忆(例如交通规则或交通标志)可能会在框架中的较低层级产生良好的效果。然而,这些方法可以通过良好的反馈来提升效果,例如通过讨论某个交通规则的安全作用,将其与广泛的应用场景联系起来。

综上所述,根据层级结构方法和GDE框架,应该牢记以下驾驶教育的几个方面(Peräaho等,2003):

(1)技能培训和风险认知练习应该相平衡。

(2)传授技能、认识到这些技能所涉及的风险,以及对这些技能和风险的个人方面的自我评价应该交替进行和互补。

(3)课程和训练应该涵盖层级结构中所有的4个层级。

(4)驾驶人培训应促进将驾驶人行为视为自我调整的多层级的任务。

(5)虽然汽车操纵技能和掌握交通状况技能是驾驶成功的基础,但这些技能应该与更高层级相联系来避免负面的作用。

(6)驾驶人的任务不仅是复杂的心理运动技能的挑战(包括低层级的心理运动技能),也是一个与驾驶人目标、动机和策略计划以及自我控制技能相关的操作(可能安全也可能不安全)。

(7)通过以教师为中心的方法(如讲课)或仅通过增加培训量无法达到层级中的最高级别。需要利用学习者自身经验的积极学习方法。

(8)自我评价和元认知技能的训练也要包括在内,这有利于提升训练后的专业技能,以达到和调整在最高层级的动机和目标。

GDE框架的主要内容是增加基础技能的训练,此外,驾驶人训练还应该处理驾驶人在不同驾驶条件下的动机和目标,例如处在社会压力下的驾驶技能。汽车操纵技能和掌握交通状况的技能是驾驶成功的基础。但是,如果这些技能和使用技能的动机之间的联系没有建立好,那么教育的作用可能适得其反。如果驾驶人的动机层面无法促成安全驾驶策略,那么掌握交通情况和车辆操作的技巧层面就不能够弥补这种安全导向的不足。

本章参考文献

ALLPORT G V, 1985. The historical background of social psychology[M]. In G LINDZEY, E ARONSON (Eds.) 3rd ed. Handbook of social psychology, Vol. 1 New York: Random House.

BARTL G, ESBERGER R, 2005. Multiphase driver licensing: First analysis of effectiveness [R]. Vienna: Institut Gute Fahrt/Statistik Austria.

BARTL G, HAGER B, 2006. L17 evaluation: A study in the framework of the VISA project[R]. Vienna: Institut Gute Fahrt.

BAUGHAN C, GREGERSEN N P, HENDRIX M, et al, 2005. TEST: Towards European Standards for Testing: Final report[R]. Rijs-wijk: CIECA.

BEGG D, STEPHENSON S, 2003. Graduated licensing: The New Zealand experience[J].

Journal of Safety Research, 34: 99-105.

BERG H Y, 1994. Lifestyle, traffic and young drivers. An interview study. (VTI-Report No. 389 A) [R]. Linköping, Sweden: Swedish National Road and Transport Research Institute.

BRUËHNING E, KUËHNEN M, 1993. Strukturvergleich des Unfallgesche-hens in den neuen und alten Bundesländern [R]. In Verkehrssicherheit im vereinten Deutschland. Mensch und Sicherheit. Heft M 10. Bergish Gladbach: Berichte der Bundesanstalt fur Strassenwesen.

CHRISTENSEN P, GLAD A, 1996. Mandatory course of driving on slippery roads does not reduce the accident risk[J]. Nordic Road & Transport Research, 8: 22-23.

CHRISTIE R, 2001. The effectiveness of driver training as a road safety measure: A review of the literature. (No. 01/03) [C]. Melbourne: Royal Automobile Club of Victoria.

CLARKE D D, WARD P, TRUMAN W, 2002. In-depth accident causation study of young drivers. (Report No. TRL542) [R]. Crowthorne: Transport Research Laboratory.

DEMPSTER F, FARRIS R, 1990. The spacing effect: Research and practice[J]. Journal of Research & Development in Education, 23(2): 97-101.

ENGSTRÖM I, GREGERSEN N P, HERNETKOSKI K, et al, 2003. Young novice drivers, driver education and training: Literature review. (VTI Report No. 491A) [R]. Linkping, Sweden: VTI.

EVANS L, 1991. Traffic safety and the driver[M]. New York: Van Nostrand Reinhold.

FARROW J A, 1987. Young driver risk taking: A description of dangerous driving situations among 16- and 19-year-old drivers [J]. International Journal of Addictions, 22 (12): 1255-1267.

FULLER R, 1984. A conceptualization of driving behaviour as threat avoidance[J]. Ergonomics, 27(11): 1139-1155.

FULLER R, 2008. Driver training and assessment: Implications of the task-difficulty homeostatis model[M]. In L Dorn (Ed.), Driver behaviour and training Ⅲ. Aldershot: Ashgate: 337-348.

FUNK W, et al, 2009a. Begleitetes Fahren ab 17 JahredProzesseva-lution des bundesweiten Modellversuchs[R]. (Abschlussbericht zum Forschungprojekt FE 82. 298/2005). Bergish Gladbach: Bundesanstalt für Straßenwesen.

Funk W, et al, 2009b. Gestaltung der Ubungspraxis im Begleiteten " Fahren [R]. (Abschlussbericht zum Forschungprojekt FE 89. 221/2009). Bergish Gladbach: Bundesanstalt für Straßenwesen.

GANDOLFI J, 2009. Driver education-A blueprint for success[M]. A review of the current state of driver education. Milton Keyne: Driving Research.

GATSCHA M, BRANDSTAETTER C, 2008. Evaluation der zweiten Ausbil-dungsphase in Osterreich [Evaluation of the Second Phase system in Austria] (Forschungsarbeiten aus dem Verkehrswesen, Vol. 173)[R]. Vienna: Austrian Federal Ministry of Transport, Innovation and Technology.

GLAD A, 1988. Fase 2 I föreoppläringen. Effect paulykkes risikoen [Phase 2 in driver education. Effect on the risk] (No. 0015) [R]. Oslo: Transportøkonomisk institutt.

GOLDENBELD C, BAUGHAN C J, HATAKKA M, 1999. Driver testing. (Bfu Report No. 40) [R]. In S SIEGRIST (Ed.), Driver training, testing and licensing-Towards a theory-based management of young drivers' injury risk in road traffic. Results of EU-Project GADGET, Work Package 3. Berne: Swiss Council for Accident Prevention.

LAAPOTTI S, 1994. Fatal car accidents of novice drivers[C]. In Proceedings of the First Interdisciplinary Conference on Young Drivers, December 12-14, Cologne.

LAAPOTTI S, KESKINEN E, 1998. Differences in fatal loss-of-control accidents between young male and female drivers[J]. Accident Analysis and Prevention, 30(4): 435-442.

LAAPOTTI S, KESKINEN E, HATAKKA M, et al, 2009. Driving circumstances and accidents among novice drivers [M]. In Fit to Drive, Proceedings. Bonn: Kirschbaum Verlag:31-37.

LAAPOTTI S, KESKINEN E, RAJALIN E, 2003. Comparison of young male and female drivers' attitude and self-reported traffic behaviour in Finland in 1978 and 2001[J]. Journal of Safety Research, 34: 579-587.

LEWIS C, 1985. Adolescents' traffic casualties: Causes and interventions[J]. In L EVANS, R SCHWING (Eds.), Human behavior and traffic safety. New York: Plenum.

Lin M-L, Fearn, K T, 2003. The provisional license: Nighttime and passenger restrictions- A literature review[J]. Journal of Safety Research, 34: 51-61.

LONERO L, CLINTON K, BROCK J, et al, 1995. Novice driver education model curriculum outline[M]. Washington, DC: AAA Foundation for Traffic Safety.

MARTHIENS W, SCHULZE H, 1989. Analyse nächtlicher Freizeitunfälle junger Fahrer in Disco-Unfälle, Fakten un Lösungsstrategien [R]. Bergish Gladbach: Bundesanstalt für Strassenwesen.

MAYCOCK G, LOCKWOOD C R, LESTER J F, 1991. The accident liability of car drivers. (Report No. 315) [R]. Crowthorne: Transport and Road Research Laboratory.

MAYHEW D R, SIMPSON H M, 2002. The safety value of driver education and training[J]. Injury Prevention, 8(Suppl. 2): ii1-ii8.

MAYHEW D R, SIMPSON H M, PAK A, 2003. Changes in collision rates among novice drivers during the first months of driving[J]. Accident Analysis and Prevention, 35: 683-691.

MAYHEW D R, SIMPSON H M, WILLIAMS A F, et al, 2002. Specific and long-term effects of Nova Scotia's graduated licensing program[J]. Arlington: Insurance Institute for Highway Safety.

MCCARTT A T, MAYHEW D, BRAITMAN K A, et al, 2009. Effects of age and experience on young driver crashes: Review of recent literature[J]. Traffic Injury Prevention, 10: 209-219.

MCCARTT A T, TEOH E R, FIELDS M, et al, 2010. Graduated licensing laws and fatal crashes of teenage drivers: A national study[J]. Traffic Injury Prevention, 11(3): 240-248.

MCKENNA F, 2010, September. Education in road safety. Are we getting it right? (Report No. 10/113) [R]. London: RAC Foundation.

MCKNIGHT A J, PECK R C, 2003. Graduated driver licensing and safer driving [J]. Journal of Safety Research, 34: 85-89.

MEZIROV J A, 1981. Critical theory of adult learning and experience[J]. Adult Education, 32 (1): 3-24.

MICHON J A, 1985. A critical view of driver behavior models: What do we know, what should we do? [M]. In L Evans, R Schwing (Eds.), Human behavior and traffic safety New York: Plenum.

MICHON J A, 1989. Explanatory pitfalls and rule-based driver models[J]. Accident Analysis and Prevention, 21(4): 341-353.

MIKKONEN V, KESKINEN E, 1980. Sisäisten mallien teoria liikennekäytta¨ ytymisestä. Helsingin yliopisto, yleinen psykologia[M]. General Psychology Monographs B1.

MILLER M, GALANTER E, PRIBRAM K H, 1960. Plans and the structure of behavior[M]. New York: Holt, Rinehart and Winston.

MOE D, 1999. Dybdeanalyse av møteog utforkjøringsulykker pärettestrekninger i 80-og 90-soner med død eller allvorlig skade. (ReportNo. STF A99559) [R]. Trondheim: SINTEF.

NÄÄTÄNEN R, SUMMALA H, 1974. A model for the role of motivational factors in drivers' decision-making[J]. Accident Analysis and Prevention, 6: 243-261.

NÄÄTÄNEN R, SUMMALA H, 1976. Road user behavior and traffic accidents [M]. Amsterdam: North-Holland.

National Highway Traffic Safety Administration, 1997. 2 Status report Vol. 32, No. 1[R]. Arlington, VA: Insurance Institute for Highway Safety.

NYBERG A, 2003. The impact of different licensing systems on young novice drivers' safety. (VTI Report No. 491A) [R]. In I ENGSTRÖM, N P GREGERSEN, K HERNETKOSKI, E KESKINEN, A NYBERG (Eds.), Young novice drivers, driver education and training. Literature review. Linköping, Sweden: VTI.

NYBERG A, GREGERSEN N P, WIKLUND M, 2007. Practicing in relation to the outcome of the driving test[J]. Accident Analysis and Prevention, 39(1): 159-168.

Organisation for Economic Cooperation and Development, 2006. Young drivers: The road to safety [R]. Paris:OECD.

PAGE Y, 2000. Young drivers, "apprentissage anticipé de la conduite" and road accidents. Observatoire National Interministériel deSécurité Routiére[R]. Unpublished paper.

PAGE Y, OUIMET M C, CUNY S, 2004. An evaluation of the effectiveness of the supervised driver training system in France[J]. Annual Proceedings-Association for the Advancement of Automotive Medicine, 48: 131-145.

PARKER P, REASON J, MANSTEAD A, et al, 1995. Driving errors, driving violations and accident involvement[J]. Ergonomics, 38: 1036-1048.

PERÄAHO M, KESKINEN E, HATAKKA M, 2003. Driver competence in a hierarchical perspective: Implications for driver education [R]. Turku: University of Turku/Traffic Research.

PERÄAHO M, KESKINEN E, HATAKKA M, et al, 2000. Finnish driving school students evaluate their training [R]. In G BARTL (Ed.), DAN-Report. Results of EU-project: Description and analysis of post licensing measures for novice drivers. Vienna: Kuratorium für Verkehrs-sicherheit (KfV) (Austrian Safety Board).

RANNEY T A, 1994. Models of driving behavior: A review of their evolution [J]. Accident Analysis and Prevention, 26(6): 733-750.

RASMUSSEN J, 1980. What can be learned from human error reports? [M]. In K Duncan, M Grunenberg, D Wallis (Eds.), Changes in working life London: Wiley.

REASON J, 1990. Human error [M]. New York: Cambridge University Press.

REASON J, MANSTEAD A, STRADLING S, et al, 1990. Errors and violations on the roads: A real distinction? [J]. Ergonomics, 33: 1315-1332.

RENGE K, 1983. Junge Kraftfahrer in Japan [R]. (Young drivers in Japan) (Bericht zum Forschungsprojekt 8215). Bergish Gladbach: Bundenanstalt für Strassenwesen.

RIMMÖ P-A, 1999. Modelling self-reported aberrant driving behaviour [D]. Uppsala: Uppsala University.

ROTHENGATTER T, 1997. Editorial preface [J]. Applied Psychology: An International Review, 46(3): 221-222.

SAGBERG F, 1998. Month-by-month changes in accident risk among novice drivers [C]. In Proceedings of the 24th International Congress of Applied Psychology, San Francisco, 9-14 August.

SAGBERG F, 2000. Evaluering av 16-årsgrense for øvelseskjøring med personbil [R]. (Ulykkesrisiko etter førerprøven. TØI Rapport 498/2000). Oslo: Transportøkonomisk Institutt.

SANDERS N, KESKINEN E, 2004. EU NovEV project: Evaluation of post license training schemes for novice drivers [J]. Amsterdam: CIECA.

SCHADE F D, HEINZMANN H J, 2007. Summative evaluation des Begleiteten Fahrens ab 17. Zwischenbericht. (Forschungprojekt FE82. 0316/2006) [R]. Bergish Gladbach: Bundesanstalt fürStraßenwesen.

SCHADE F D, HEINZMANN H J, 2009. Summative evaluation of "Accompanied driving from 17". Special evaluation: First evaluation results on the basis of self-reported driving behaviour. (Research Project FE 82. 0316/2006) [R]. Bergish Gladbach: Federal Highway Research Institute.

SCHULZE H, 1990. Life-style, leisure style and traffic behaviour of young drivers. (VTI Report No. 364A) [R]. Linköping: Swedish National Road and Transport Research Institute.

SENSERRICK T, HAWORTH N, 2004. Young driver research: Where are we now? What do we still need to know[M]. Victoria: Monash University Accident Research Centre.

SENSERRICK T, HAWORTH N, 2005. Review of literature regarding national and international young driver training, licensing and regulatory systems. Report to Western Australia Road Safety Council Commissioned by the WA Office of Road Safety. (Report No. 239) [R]. Victoria: Monash University Accident Research Centre.

SHEA C, LAI Q, BLACK C, et al, 2000. Spacing practice sessions across days benefits the learning of motor skills[J]. Human Movement Science, 19(5): 737-760.

SHOPE J T, 2007. Graduated driver licensing: Review of evaluation results since 2002[J]. Journal of Safety Research, 38: 165-175.

SHOPE J T, MOLNAR L J, 2003. Graduated driver licensing in the United States: Evaluation results from the early programs[J]. Journal of Safety Research, 34: 63-69.

STIENSMEIER-PELSTER J, 2008. Abschlussbericht zum Niedersächsischen Modellversuch " Begleitetes Fahren ab 17. "[R]. Giessen: Justus-Leibig-Universität.

SUMMALA H, 1985. Modeling driver task: A pessimistic prediction[M]. In L EVANS, R C SCHWING (Eds.), Human behavior and traffic safety New York: Plenum.

SUMMALA H, 1996. Accident risk and driver behaviour[J]. Safety Science, 22 (1-3): 103-117.

TRONSMOEN T, 2010. Associations between driver training, determinants of risky driving behaviour and crash involvement[J]. Safety Science, 48: 35-45.

TWISK D, 1994a. Improving safety of young drivers: In search of possible solutions [R]. Leidschendam: SWOV Institute for Road Safety Research.

TWISK D, 1994b. Young driver accidents in Europe[R]. Leidschendam: SWOV Institute for Road Safety Research.

TWISK D A M, STACEY C, 2007. Trends in young driver risk and countermeasures in European countries[J]. Journal of Safety Research, 38: 245-257.

VAN DER MOLEN H, BÖTTICHER A, 1988. A hierarchical risk model for traffic participants [J]. Ergonomics, 31(4): 537-555.

VANLAAR W, MAYHEW D, MARCOUX K, et al, 2009. An evaluation of graduated licensing programs in North America using meta-analytic approach [J]. Accident Analysis and Prevention, 41: 1104-1111.

WALLER P F, 2003. The genesis of GDL[J]. Journal of Safety Research, 34: 17-23.

WILDE G, 1982. The theory of risk homeostasis: Implications for safety and health[J]. Risk Analysis, 2(4): 209-225.

WILDE G, 1994. Target risk[R]. Toronto: PDE.

WILLIAMS A F, 2007. Contribution of the components of graduated licensing to crash reduction [J]. Journal of Safety Research, 38: 177-184.

WILLIAMS A F, FERGUSON S, 2004. Driver education renaissance[J]. Injury Prevention, 10: 4-7.

WILLIAMS A F, O'NEILL B, 1974. On-the-road driving records of licensed race drivers[J]. Accident Analysis and Prevention, 6: 263-270.

WILLMES-LENZ G, PRÜCHER F, GROSSMANN H, 2010. Evaluation of the novice driver training models "Accompanied driving from 17" and "Voluntary further training seminars for holders of probationary driving licences." Results up to November 2009. (Third report on AP Project F1100-4408016 "Evaluation of novice driver training models")[R]. Bergisch Gladbach: Federal Highway Research Institute.

WINKELBAUER M, CHRIST R, SMUC M, 2004. "L 17": Combined professional and layman driver training model in Austria[R]. Vienna: Austrian Road Safety Board.

第 30 章 说服和动机信息

戴维 S. 安德森(David S. Anderson)
美国弗吉尼亚州,费尔法克斯,乔治·梅森大学(George Mason University,Fairfax,VA,USA)

30.1 引言

需要三管齐下的方法来促进交通安全,包括交通工程、安全执法和交通教育("3E")。这 3 个元素中的每一项对于"安全社区-交通安全"的期望结果都有着重要意义。本章重点针对"教育",探索如何最终最大限度地提高个人的安全行为水平。本章主要为项目策划者、研究人员和其他策划人员提供更有意义的策略,以保引导更加安全的交通行为。

提高对交通安全的认识,关键是辨明那些传达交通安全信息的人以何种具有说服力和感染力的方式进行宣传,达到以安全为导向的预期结果。本章讨论了有效教育方式,包括何种合适的方式能够最大化影响、如何分配有限资源、如何建立先前学习机制并做出合理的策划。

本章旨在为政策决策者和其他中介机构提供一系列的宣传策略,希望通过共同努力实现交通安全最大化。事实上,有些策略已经在各国成功开展,并获得一定成效。无论目的是增加安全带的使用,减少驾驶障碍,正确使用儿童安全座椅,还是提高礼貌驾驶的意识,都可以通过有说服力的宣传策略实现这些目标。有效的宣传策略有很多,包括但不限于小册子、海报、公共服务广告、访谈、广告牌、媒体宣传及研讨会等。因此,本章的重点就是建立类似于以上措施的多种方法,但也并不仅限于交通安全活动,如"不系安全带吃罚单"或"朋友不让朋友醉酒驾车"。

第一个重要步骤是通过文献检索了解哪些策略有说服力。第二是策略建议和实施流程,从教育或人的角度帮助个人,或用一系列策略来加强交通安全教育(即不是"工程"或"法律"部分)。本篇文献的一个重要提示是:虽然无法保证期望获得的结果都能够实现,但是,如果关注策略实施的过程,就有可能实现所期望的结果。

30.2 文献回顾

一篇关于评估交通安全宣传策略的专业文献的综述表明,关于交通安全宣传策略的结论性证据并不多见。在有限的文献中,尽管没有发现压倒性的证据表明交通安全宣传必然有效,但还是有一些结论。仔细评价文献中对交通安全评价的各种宣传策略,可以看出这些策略的影响力是有限的。尽管此部分和整个章节引用了一些具体的研究,但这里有几个重点。

首先，交通安全宣传工作虽然精心策划，但其目的不是进行严格或简单的评估。文献表明，这些交通安全措施的有效性缺乏研究。例如，Wundersitz、Hutchinson 和 Woolley（2010，第4页）的报告称："由于缺乏科学评估、方法设计普遍较差、因素较为复杂以及缺乏活动记录，导致难以确定哪些道路安全的宣传教育方法是有效的。"Whittam、Dwyer、Simpson 和 Leeming（2006，第616页）在研究中提出了评价交通安全活动是否成功的6个标准，随后他们指出"公开的交通安全宣传评估中都没有覆盖这6个标准"。

第二，针对特定群体的交通安全宣传策略很重要。研究表明（Berg, 2006; Goldenbeld、Twisk 和 Houwing, 2008），男性和女性在相同事件中有不同的反应。年轻驾驶人在面对各种交通安全措施时也有不同的反应，如罚款、超速摄像机、酒精呼气测试等力图减少危险驾驶的安全措施（Ramos 等，2008）。然而，年轻人并不是完全相同的，基于一些心理因素，包括急躁、寻求刺激、友善等，对待年轻驾驶人与摩托车骑行者需要不同的策略（Wong、Chung 和 Huang, 2010）。Tay 和 Ozanne（2002）发现，虽然令人恐惧的公共卫生宣传图片被广泛使用，但是这种教育方法并不能降低观看人群的交通事故死亡率（针对年轻男性驾驶人）。因此，有效的安全教育的关键点是根据特定人群的需要和对周围世界的认识，以及在特定问题下对特定群体最有效的方法来确定目标群体。换句话说，不要期望大众化的交通安全宣传对这些特定人群是有效的，因为他们有特定的群体反应模式和特殊需求。

第三，许多策划者为了实现改善交通安全的理想目标付出了各种努力。他们采用了多种策略，包括宣传和其他工作，如政策协调、执法或改善环境来实现他们的目标。结果很难分辨出安全宣传工作的相对贡献。因为交通中个体行为的变化可能是政策改变的结果，也可能反过来影响政策改变（Yanovitzky 和 Bennett, 1999）。因此，宣传策略已经成功地影响到了决策者，他们最终改变政策并影响了公众行为（而不是宣传策略直接影响行为）。

与此相关的是，人们倾向于关注行为改变的最终或长期结果。根据文献，更合适的方法是检查可直接归因于宣传努力的近似结果。这与最初关注的最终行为改变（不闯红灯、不超速、不妨碍驾驶等）形成对比。

文献中提到的最后一个重点——复杂性。人类行为的变化是极其复杂的，即使是在关注特定的子群体时，也很难确定导致个体行为差异的因素。此外，要实现持久的变革，需要保持对更广泛文化背景的视角。McNeely 和 Gifford（2007）表示："应考虑文化再生产的模式及其可能受到的影响，而不仅是解决交通问题本身的特点，以改善交通安全的结果。"保持成本效益和合理策略的需求很重要；还有一点很重要，那就是要有能改变行为的策略。行为改变的复杂性并非交通安全所独有，当前的研究强调了从其他研究领域学习的机会。

30.3　巩固基础

关于有说服力和激励的宣传，本章强调了以交通安全教育为核心的人际互动。3个"E"往往是相辅相成的，因为教育可以作为执法及工程信息传递的途径。本章针对各种特定群体提出一系列交通安全问题的教育方法。这一章的内容可以比作一本食谱书，有各种厨房用具提供帮助。在厨房里，食谱提供了如何把各种配料混合在一起的说明，以便适当地准备所需的可食用产品。各种原料需配合工具和设备使用（如工程组件）。同样，本章提供了旨在帮助获得高质量产品和交通安全目标结果的资源。说服性宣传工作也是一样的，为了实现目标，需要组织项目策划者有计划地向前推进。本章旨在提供这种计划以及一些补充措施和有用的工具。

不论是交通安全问题还是公共健康的其他领域，最有用的起点就是终点。在设计有关各种交通安全主题的信息时，对于各种交通安全受众来说，关键问题是"你希望受众知道、感受或做什么"，也就是说，作为交流努力的结果，你希望他们拥有什么知识，你希望他们有什么态度或感受，以及你希望他们参与什么行为。

再比如，什么知识对于受众是重要的？是否让他们知道超速的法律后果，是否让他们认识与日俱增的超速行驶的危险，还是让他们了解与超速行驶交通事故的物理联系，或是让他们了解可影响速度及驾驶人对车辆的安全控制的车辆条件（如轮胎条件），或是让受众领略到例如道路条件、天气、能见度及交通情况等可能会影响合理安全速度的各种情景。

同样，交通安全宣传可以重视态度宣传，来帮助受众了解正确安装儿童安全座椅的重要性，或让其理解遵从限速法规的重要性。这种对态度的重视可以帮助一个人减少罚款与出庭的麻烦；同样，它可能是重视文明驾驶的整个社会伦理氛围。如何触及受众是重要的考虑因素：是选择实用的（避免麻烦）还是更广泛的（包括社会道德文明）载体。

基于最初的理论和态度考虑暴露出两个问题。首先，一些策划人员希望所有的理论知识或态度项目都可以实现。这虽然有可取之处，但并不代表一切都可行。有说服力的宣传的关键是分清事项的轻重缓急，明确定义重点有利于宣传计划。其次，虽然单独的理论知识或态度是有帮助的，但最终的目的是行为的变化。策划者受益于阐明他们关于拟议战略将如何影响行为的信念和假设。这有助于他们思考宣传什么才能最大可能地实现预期的行为结果。通过前面的例子可知，只有在它最终影响周围的超速行为、攻击性驾驶行为或其他驾驶行为时，增加关于交通事故危险的知识才是有帮助的。同样，只要态度的改变有助于达到预期的行为结果，那么态度的改变也是有益的。

虽然大多数的公共健康和交通安全的项目策划者最终想要改变行为，但具体的宣传策略可能只有一个更有限的和直接的结果。一个集中、有限、接近的结果可能是趋近于最终预期结果的核心。例如，仅传播理论知识不足以作为一个终极目标；但当知识作为实现行为变化的基础时，就是合理的。重要的是，项目策划者要明确界定说服沟通宣传工作及其设计目标的各方面内容。

与这种对知识和态度的关注相辅相成的是理论上的构建。宣传倡议受益于一个基础，即明确为什么所选择的战略会产生预期的结果的假设。这样做的理由是，传达信息的人通常不清楚期望的结果，并且不会考虑与结束点相关的假设，也没有想到需要什么载体来实现它。尽管交通安全与公共健康策略常怀有善意，但关注点有限。因此，仔细策划和宣传与交通安全相关的各种问题的有效信息，可能更恰当有效，能取得更积极的成果。

为实现目的，专家提出了7步策划过程。这些步骤从理解受众开始，关注他们的需求和问题，并尽可能地了解他们的"内心世界"。完整的策划包含具体的内容、宣传方法以及全部的宣传策略。这7步策划过程包括印刷材料（如宣传册、海报、传单和广告牌）、音像资料（如广播和电视公益广告）、人际宣传策略（如访谈和研讨会）。无论采用何种方法，概念流程和倡议策划都是一致的。无论是设计一本小册子，准备一个研讨会，做一个广播公共服务公告,还是参与另一个传播活动,策划者都应关注他们希望读者知道、感受或做什么。这些事项的流程与上文所提及的策划流程大致相同;具体策略因受众、信息和策略类型等因素而异(图 30-1)。

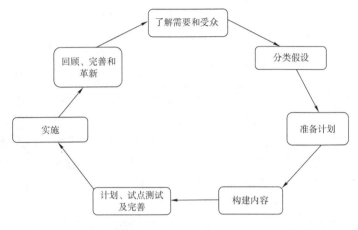

图 30-1　说服宣传计划模型

本章定义了这 7 个步骤中的每一个步骤,以及适用于一系列交通安全问题的具体考虑和应用。方案策划者应根据具体的因素去满足其独特的需求和情况,并会根据现有资源进行修改。简单地说,"千篇一律"的做法是不合理的。适合一个受众的东西可能适合也可能不适合另一个,但可以审查和考虑其他人的工作成果,这有助于项目策划者设计适合其需求和问题的方案。

最后要考虑的是,即使有周密的策划和实施方法,实现预期的目标也并非易事。但这一过程也不一定过于困难。虽然这个过程富有具有挑战性、费时又需要思考,但也可以很有趣、很有吸引力。最重要的是,这个过程为有意义且成功的结果奠定了基础。

30.4　第一步:了解需要和受众

为受众准备的必要的信息的第一步是定义问题。需要注意的问题有:在社区中存在哪些问题需要改进(如高风险交叉口处行人面临更大的风险)、一天的特定时间内发生的交通事故量、最近的交通事故或某些地区的交通事故趋势是否可以为说服一群人改变出行习惯提供基础。认识问题是关键的第一步。

与认识问题相关的是了解要接触的受众,这群人的组成以及他们的特点是什么。他们的年龄、性别、识字率、兴趣以及可能引起他们注意的因素是有效策划的关键基础。在这个过程中,目标受众可能不止一类;如果是这种情况,则可以使用不同的标准,从而可能获得针对同一问题的不同信息。

表 30-1 阐述了西班牙裔男性在穿过某些确定区域的繁忙道路受到汽车撞击的情况。这发生在郊区和农村地区。在郊区,行人酒后从非人行横道位置穿过公路;在农村,行人沿着一条双车道的公路行走,偶尔走到路中被汽车撞到。在各种情况下,交通事故的发生受酒精影响,通常发生在收到工资后。

理解受众 表 30-1

因素	关注问题	特征	激励因素
受众例子	行人穿过交通量大的区域	西班牙裔男性	享受足球
	行为发生在人们喝酒的时候	19~30 岁	庆祝发薪日
	行为通常发生在发薪日	工作中	喜欢彩色图像
		英语是第二语言	重视家庭
		晚上穿深色服装	虔诚的；不介意冒险

关注特定区域及目标受众,有利于策划者获取信息和制定战略。这些宣传工作能补充其他交通安全策略,如那些交通设施或执法活动。例如,交通标志可以引导行人前往行人过街通道、信号控制交叉口或公路上的行人坡道,这些设计都是为了减少行人受伤。

在确定受众及其需求后,确定的特征将作为准备说服工作的基础,以便更容易与受众产生共鸣。例如,在之前提到的西班牙裔男性受众中,研究小组告知项目策划者:采用限制语言的视觉方法效果最好。最后的方案是举行一场限制英文词语的活动,并加入了对受众有意义的图像。这种方法应纳入吸引目标受众的策略,最初是为了吸引他们的注意,最终是为了使他们能够理解活动的意义并形成思考框架。

另外两个考虑也是很重要的。首先,信息清晰易懂是非常重要的。针对于此,使用由美国国家癌症研究所提出的"SMOG"评级是一个有用的策略。这个策略的目的是保持语言简单易懂,尽量减少大多数文档中 3 个或 3 个以上音节的单词数量。通过保持语言简单,使不同受众可以更清楚地理解信息。而且必须确保材料在文化上是合适的,这意味着信息和材料的设计必须针对目标受众,并考虑到与特定社区有关的各种因素。因此,即使有种族或文化相似性,也必须考虑到与原籍国、国家区域和城市/农村/郊区等因素有关的具体细微差别。当地人最能理解这一点,他们可以帮助辨明适合当地的因素,以便计划的信息最有可能以期望的方式传达给受众。为了进一步确保材料和其语言适当且能够传递所需的信息,要选择合适的试点测试。

对与需求领域相关的受众有充分的了解是有效沟通的必要基础。这有助于项目策划者确定信息的目标,并根据相关受众量身定制信息。这个问题越具有普遍性,越普通的方法越恰当。因此,详细策划的水平可能要低得多。例如,如果目的是让社区中所有的驾驶人在学校区域内驾驶时多注意速度,传达的信息对所有受众来说都是相同的。然而,如果关注这个问题的人都很年轻或是新驾驶人,信息可能直接吸引他们且与老驾驶人无关。同样,目标受众可能是以英语为第二语言地区的多种居民;一组多种语言版本的书签可能会比较恰当,这可以使对每个群体都有自己语言的交通安全提醒信息。这个精心设计的基础对后续发展有很大的帮助。

30.5 第二步:分类假设

第二步强调明确围绕目标的假设。这是更为正式的理论建设的一步。在此步骤中,关注的是支撑受众行为的假设,以及修改这种行为的适当方法。虽然关于行为变化的理论很多,但有 3 个模型框架最有助于交通安全宣传:变化阶段模型,健康信念模式和亚里士多德的理性、情感与精神概念。此外,接下来的第三步是通过对医学研究协会的通用、选择性和指示性方法的回顾,提出对要触达对象的考虑因素。每一个基础问题都要考虑,因为每一个宣传策划都可以相辅相成地解决宣传问题。使用这些或其他框架最重要的是有意识地决定哪些方法是最相关的,以及哪些最有可能对目标受众产生预期影响。也就是说,对受众需求和特点(第一步)的良好理解有助于确定关于受众对问题的看法以及可能的"触发因素"(Trigger,即变化动机)的理论假设。

第一个主要理论是变化阶段模型,它由 Prochaska 和 DiClemente(1983)提出。这个模型基于"人在哪儿"问题的评估。新兴策略能提高个人对期望行为的认识,然后促使人努力做到特定行为。例如,如果一个人不知道具体的安全措施(例如,在不利条件下以正常速度行驶,或发短信、打免提手机会引起的分心的风险),那么他不太可能认为有必要改变行为,这个人将处于前意向阶段。然而,如果一个人意识到这种不安全行为的风险,但仍然进行冒险行为,那么他就处在考虑阶段,可以进入准备阶段。此外,如果一个人正在实践安全行为(在保持阶段),则适当的策略能够维持这种行为。例如奖励那些系安全带的人获得了良好效果,特别是当安全带在汽车中相对较新的时候。方案策划者确定目标受众关于期望行为的状态,然后精心制作最合适的信息和材料。由美国国家癌症研究所(Glanz、Rimer 和 Su,2005)提出的变化模型阶段见表30-2。

变化模型阶段　　　　　　　　　　　　　　　　　　　　　表30-2

阶段	定义	潜在改变策略
沉思前期	在未来6个月内无意采取行动	增加改变意识:风险和收益的个性化信息
沉思阶段	打算在未来6个月内采取行动	动机,鼓励提出具体计划
准备阶段	打算在未来30d之内采取行动,并已在这个方向采取了一些行动	协助制订和实施具体的行动计划;帮助制订阶段性目标
行动阶段	行为改变小于6个月	协助反馈,解决问题,社会支持和增援
保持阶段	行为改变超过6个月	协助应对,提醒,寻找替代方案,避免失误/复发(如适用)

注:来源于 Glanz 等(2005)。

另一种有助于确定信息的模型是健康信念模型。该模型有利于策划者思考什么样的策略可能有助于激励目标受众参与预期的行动。通过了解一些受众的问题,可以更清楚地发现这个模型中的某些方面比其他模型更适合目标受众。这个模型主要关注可能会妨碍个人安全行为的态度、信念或观点。

在使用这个模型时,要考虑个人经常不采取安全行为的原因。以下陈述在不同的群体和个人中并不少见:

(1)我不担心超速,因为大家都这样。
(2)警方从不执法。
(3)只要不超过法定上限,喝几杯酒是可以的。
(4)驾驶时用免提打电话是安全的,因为双手是空闲的。
(5)我从17岁开始已经开车65年了,我知道我在做什么。
(6)我驾驶时戴着耳机,因为音乐可以让我享受。

(7)当我在开放的道路上骑自行车时,我喜欢微风拂过我的头那种自由自在的感觉。
(8)我的孩子够大了,他(她)并不需要儿童座椅。
(9)我只是在附近驾驶,总系安全带很麻烦。
(10)我不知道从校车旁通过的法律规定,因为学校现在不上课。
(11)天气使得道路危险,但我要跟上其他车辆。
(12)我真不敢相信那个人,他竟然别我的车,所以我要给他点颜色瞧瞧!

这些人缺乏安全意识的背后原因是什么?一个因素是个人运作的决策框架;每个人都对周围的世界有自己的看法,并且各种各样的事物都影响着自身的决定。在总体决策的背景下,个人会对情境问题做出风险评估。他们如何看待风险、风险的严重程度、可能涉及的有害行为和规避风险的相关因素都影响他们的决定。正如 Paul Slovic(2000)的书中所说:"人类已经发明了风险的概念来帮助他们应对生活中的危险和不确定性。"

在交通安全的背景下,专家和策划者很容易知道什么是不安全或不健康的行为。使用健康信念模型等框架有助于通过对风险的认知进行思考,并有助于进一步完善这些可用于激励活动和信息传递的潜在重点领域。例如,活动策划者可通过确定对受众所关心的问题是基于敏感性的感知还是严重程度的感知的(或两者兼有)来完善信息传递,这种辨别方法有助于使工作更加集中,并且信息的接收者(目标受众)能更清楚地了解所需的行动。当受众听到的信息更准确时,才更有可能表现出期望的行为。表 30-3 表示的是由美国国家癌症研究所(Glanz 等,2005)提出的健康信念模型。

健康信念模型　　　　　　　　　　　　　　表 30-3

概念	定义	潜在改变策略
敏感性感知	获取一个条件的机会认知	定义什么样的人处于危险和危险程度 基于个体特征或行为的个性化风险信息 帮助个人准确认识自身风险
严重程度感知	关于状况严重性及其后果的认知	具体说明某种情况的后果和建议行动
利益感知	采取行动以降低风险严重程度的有效性认知	解释如何、在何处、何时采取行动,潜在的积极结果将是什么
障碍感知	采取行动的生理和心理成本认知	提供安慰、鼓励、帮助,纠正错误信息,提供行动的指导
行动线索	激发改变的准备因素	提供如何做信息,提高认识,并采用提醒系统
自我效能感	行动能力信心	提供培训和指导 使用渐进目标设定 给予口头强化 表现出预期的行为

注:来源于 Glanz 等(2005)。

将交通安全考虑因素应用到健康信念模型中,可说明这种理论基础是如何起作用的。表 30-4 说明了如何将每个概念嵌入该框架的背景中,进一步阐明了这些问题能帮助项目策划者,因为他们可以更清楚地了解所关注的具体问题和可能有利于安全宣传策略解决的具体因素。

运用交通安全的健康信念模型　　　　　　　　　　　　　　　　表 30-4

概念	定义	说明
感知敏感性	速度	关于卷入交通事故、受伤或死亡及被警察抓住的可能性的看法
严重感知度	酒后驾驶	如监禁时间、财务成本、驾驶证吊销带来的不便以及公开出丑等执法带来的消极后果有多严重
利益感知	摩托车头盔	若涉及交通事故可以减少伤害
障碍感知	手机	驾驶人想打电话和便利损失感
行动线索	安全带	用标志、灯或蜂鸣器提醒驾驶人/乘客系安全带(在客运车辆或公共交通)
自我效能感	儿童安全座椅	学习如何最快地正确安装儿童座椅

同样,健康信念模型可用于单一的问题,如酒后驾驶。归根结底,关注的单一问题更可能是与交通安全管理者感兴趣的突出话题相关,如超速、闯红灯、行人、校车、工作区等。该框架通过指定各概念是否相关的方式来体现其作用。表 30-5 提供了一个该类交通安全问题的例子。

聚焦交通安全问题的健康信念模型:酒后驾驶　　　　　　　　　　表 30-5

概念	说明
感知敏感性	感知到的驾驶判断或行为受限的,或发生与酒精有关的交通事故、受伤、自杀,或被警察抓住的可能性
严重程度感知	如监禁时间、财务成本、驾驶证吊销带来的不便以及公开出丑等执法带来的消极后果有多严重
利益感知	作为一个对自我和他人的安全抱有平和心态的、清醒的驾驶人,乘坐具有指定驾驶人的公共交通工具,降低与安全运输有关的成本
障碍感知	为安全运输做出安排,认识短期成本(财政、时间),享受清醒的驾驶过程
行动线索	指定清醒的驾驶人,当被劝酒时大胆地说"我要开车"或"谁要开车?"
自我效能感	有信心公开表态并参与规划安全运输活动

第 3 种理论方法可用于构建具有说服性的宣传框架。这种做法已经存在了几个世纪,可追溯到亚里士多德的时代。他说,要说服他人朝着一个特定的方向前进,重要的是要考虑 3 个不同的重点领域:理性或逻辑(逻辑诉诸)、个性化的激情或兴趣(情感诉诸)以及对什么是正确的或道德上可取的感觉(人格诉诸)。表 30-6 强调了这 3 个领域。

平衡方法　　　　　　　　　　　　　　　　　　　　　　　　表 30-6

概念	解释	说明
逻辑诉诸 (Logos)	强调建立在科学的基础上的理性和逻辑方法,经常被用来强调作出决定的假设,包括具有挑战性的错误假设	基于错误假设的行为:一个人决定不系安全带,因为他或她想在发生交通事故时被抛出车外,而不是被困在车辆内
情感诉诸 (Pathos)	处理个人的情绪、目标、情感和社会欲望,可称之为不安全感。常与悲惨事件相联系,不重视理性论据	悲情影响行动:一个社区希望在孩子惨死在学校区域后严厉打击超速
人格诉诸 (Ethos)	通过可信来源,提高受众品质。它有利于唤起良好的意识,良好的品德,知识和权威,进而收获受众的信心	信心由权威推动:通过执法、医疗和科研人员的宣扬促进交通安全活动

这3个框架或模型对于交通安全专业人员的资源"工具包"是有帮助的。虽然它们并不代表所有潜在的方法，但在解决健康行为方面占主导地位。此外，值得注意的是，任何一个框架都不足以准备合适的信息用于传递。最重要的就是要突出具体的关注领域，尽可能多地了解目标受众，然后确定这些理论建构中有助于设计最合适的信息和消息策略的部分。为了有效传达信息，必须尽可能具体地阐明这些因素，以便计划的工作有良好的基础。

综上所述，改变的阶段模型可以用来确定目标受众在一个连续体中的位置（从前期模板到维护），健康信念模型可以帮助确定可能激励他们采取行动的方法类型，亚里士多德的框架可以评估可能用来影响他们思维的策略。融合这3个基础是适当准备信息的关键。

30.6 第三步：准备计划

第三步是组织步骤。此步骤建立在前两个步骤的基础上，通过检查准备动机信息传递时可能使用的策略类型。这一步中重要的是首先向受众介绍这一工作是"一条面向所有人的信息"还是更加专注于某个群体。这将基于第一步中定义的需求。有些消息可能最适合整个社区，有些则从更具体的目标中受益。引用 Gordon(1987)的论文与《药物滥用预防：什么起作用》(1997)的话：药物协会的三部分框架有助于思考这一步骤。虽然这个框架最初是为心理健康的设置及预防设计的，但它也很容易用于交通安全。它的三个组成部分，即通用的、特定的、指导性的，可以帮助引导信息传递。就该理论而言，这些组成之间的重叠可能是恰当的。

第一部分的通用方法是专为社区内的一切设计的，涉及国家、州或地方一级的所有人群。就交通安全而言，这将包括父母和子女、老年人和年轻人以及行人和汽车驾驶人。通用方法在本质上通常是一般性的，不会耗费时间或干扰受众。与此同时，它们的总体性质可能被视为与一些接收信息的人无关。

特定的方法针对人群中的一个亚组；这一分组基于受众的一组独特特征，这些特征使受众更容易受到风险的影响或更适合特定的信息。分组可能基于年龄、性别、经验、角色或情况等因素。例如，针对年龄的选定方法会导致新老驾驶人接受目标信息的方式不同。在性别上，男性和女性可能会因为不同的驾驶模式或观念而获取不同的信息。经验是一种有用的分类，针对新驾驶人的信息与针对经验丰富者的信息不同。角色的考虑将导致基于驾驶汽车、摩托车、货车或自行车的不同信息；对于那些从事公共交通或长途驾驶的人来说，这个信息也可能不同。信息根据具体情况而异，如夜间驾驶、恶劣天气、工作区、拥堵区和学校区。基于这些或其他确定的因素，能确定子群和亚群的信息以集中的方式准备。由于一些确定因素在人之间是常见的，却又与其他个体不同，要选定恰当的信息。例如，据推测，基于子群成员身份，适用于成熟、高龄驾驶人的信息必然不同于针对年轻驾驶人的信息。

框架中的第三类为指导性策略。这个分组是建立在确定性需求或个人具体问题上的，包括超速违规、醉酒驾驶定罪或多次收到停车罚单的个人。可能还有其他群体，例如那些没有通过驾驶证考试的人，或者拥有驾驶汽车专用设备的个人或家庭成员。这种分类有助于准备针对这些情况的信息和宣传。例如，一个人酒后驾车被定罪后可能会收到不同于大众群体（通用方法）或年轻驾驶人（特定方法）的一些消息。同样，第二次违法被定罪的人和第一次违法被定罪的人收到不同的信息也是合适的。这些指示信息中可能包含不参与指定行为的其他原因、有助于抵消该行为的替代策略、之前参与该行为的其他人的推荐以及提供当地资源参考的信息。通常,指示策略是防止个人重复有问题的行为的个性化工作。指示策略是整个策略的重要组成部分,因为它们侧重于与受众更直接相关的需求和问题。表 30-7 总结了这 3 个重点。

基于关注点的策略　　　　　　　　　　　　　　　　　　　　　　　　　　　表 30-7

概念	解释	说明
通用的	将群体作为一个整体来设计,而不考虑亚组或子群	酒驾法律变化的有关信息 冬季安全驾驶意识 攻击性驾驶行为 拥堵区域的行人安全倡议
特定的	针对建立在确定的需求、具体问题或较高风险基础上的特定组亚组	新驾驶人的安全驾驶信息 夜间行车的老年驾驶人 中小学生家长信息 为购买摩托车的人提供的特殊材料
指导性的	针对有特定问题行为的个人的工作	酒驾者首次定罪后的材料 青年犯罪驾驶人的家长手册 多次违法超速者的信息 为残疾驾驶人的家庭提供的资源

这个基础可以帮助策划者仔细考虑他们希望受众"了解、感觉、做什么"。基于对受众的需求和特性的理解(来自第一步)以及什么适合受众的思考(通过第二步的理论),策划者可以构建更具体和适当的信息。表 30-8 阐明如何在特定时间考虑与受众有关的问题,针对 3 种受众展示了不同的例子,包括通用情况、选择情况和指示情况。策划者可能会发现,调整规划资源以适应其社区的具体宣传工作十分有用。

交通安全信息策划资源　　　　　　　　　　　　　　　　　　　　　　　　　表 30-8

陈述问题或关注	什么是所需的 (认识、感觉、行动)	有助于解决这个问题 的理论要素
例如:酒驾的法律变更	认识:新的法律意识和后果	感知敏感性
受众:大众(通用)	认识:守法的重要性	严重性感知 逻辑诉诸
例如:不系安全带	认识:未系安全带事故中增加身体伤害	感知敏感性
受众:青年(选择)	感受:个人伤害 感觉:自我保护责任 (自我不必要伤害)	严重性感知 情感诉诸
例如:闯红灯	行动:经常系安全带 认识:当地法律和后果	行动线索 意图
受众:违法者(指示)	感觉:进入交叉口前准备停止的重要性 行动:准备停止的预变信号及低速	人格诉诸 行动线索

在制订有效宣传和信息传递的总体计划时，最后一个考虑因素是时间安排。宣传策划者经常发现，将他们的倡议与某些特定的外部事件联系起来是很有帮助的。一些例子是显而易见的，包括计划在秋季返校时开展的校车安全宣传活动，在节假日或特殊节日活动期间提高对驾驶障碍的认识工作，以及在刚发放驾驶执照时向青少年和家长提供的材料。对于其他情况，根据当地或具体确定的需求或问题，确定与倡议相关的内容可能会有所帮助。例如，如果一个社区有闯红灯问题，强调重要法律和安全问题的时间安排就需要与一些项目相联系，例如发布新数据、悲惨的当地情况、一年中发生更严重拥堵的时间或者一家新店开业等事件。这种类型的本地联动，可以帮助提供一条"纽带"，使媒体和公众可以想象参与这个事件的个人关联。

交通安全问题面临的挑战之一是目标受众可能无法清楚地了解策划者觉得显而易见的内容。为了帮助大众或目标受众理解，达到最终期望的安全行为，需要寻找出其他因素引起的具体问题相关的方法。例如：

(1) 将发布关于某一具体问题的法律的信息与该法律通过的周年纪念日联系起来（例如关于酒后驾车新法律通过的十周年）。

(2) 根据一定数量的学生（例如第一万名学生）的入学情况，组织有关校车安全或学校附近行驶速度等问题的活动。

(3) 准备与日期相关联的信息，如7月4日（如"第四天的四个提示"）。

交通安全活动或信息传递计划的策划是一项重要任务，因为它有助于以最能满足已确定受众需求的方式集中实现目标。具有总体策划或重点信息的基础和设计是内容开发的重要准备策略。

30.7 第四步：构建内容

交通安全信息中组织的具体方法受益于以各种方式实施的方法。也就是说，项目策划者不能指望使用单一方法的独立信息就产生广泛影响。因此，这一步的重点在于考虑多种信息传递策略，因为单一信息策略会导致目标受众不理解信息的风险。使用多种方法的优势是几个策略可以相互补充，使得更多受众参与其中。每一种方法都可以在"工程、执行和教育"框架内补充其他交通安全措施，例如：

(1) 为一个关注超速行驶的社区准备标语和海报。

(2) 为了帮助个人更安全地安装儿童安全座椅，准备资料手册。

(3) 针对青年在驾驶时用手机发短信的行为，采用图形化公共服务公告在社交网络上宣传。

(4) 通过定期发短信提升高中生毕业季的交通安全。

(5) 增加攻击性驾驶的电视提示和无线电广播公共服务公告。

(6) 通过医疗、执法专业人员与听众电话交流的电台谈话节目来使大家关注交叉口行人的安全问题。

(7) 开展在商店和企业设置引导标志、在当地餐馆设置标语及在当地的公交车站张贴海报等针对性的活动，解决残疾行人问题。

在传递信息时,要考虑目标受众可能访问和经常使用的信息源类型。此外,所寻求的信息的性质和理论支持,可能有助于指导这方面的工作。一些受众会对报纸上的文章或者特别的电视节目做出反应,而其他人则会从公交车站的海报或社交网站上的广告中受益。

表30-9中阐述了可被视为信息传递过程中的部分方法。这些方法并不都适用于所有的问题,目标群众访问信息的方式使一些方法变得更为合适。策划者可以审查什么办法最适合受众和感兴趣的问题。其他方法可以被补充到清单中,重要的是找到最适合受众的策略。

策略清单　　　　　　　　　　　　　　　　　　　　　　　　　　表30-9

手册	小册子	传单
海报	实况报道	旗帜
广告牌	无线电广播	电视公益广告
网络广告	报纸广告	杂志广告
脱口秀	电视台采访	新闻发布
提示表	事实与数据	记事本
日历	调查结果	奖励
检查表	冰箱磁贴	策划人员
自我评估表	本地会谈概要	DVD
广播剧	计算机鼠标垫	屏幕保护程序
节目策划	课程大纲	个人感言
有信息的铅笔/笔	淋浴衣架信息卡	传单的信封
研讨会	公开讲话	网站

除了有多种策略外,重要的是要以补充信息并适合受众的方式准备方法(Bensley和Brookins-Fisher,2009)。思考受众的所知、所感、所做有助于选择可达到期望的策略。对于特别严重的问题,应该采取严肃的语气,因此,传达的信息应该有与之相应的图片和颜色。同样,如果其目的是启发受众,风格上应该与这个主题适配。此外,对于达到一定年龄的目标受众(例如年长或年轻的驾驶人),所使用的图像应该代表这个群体。虽然这些建议似乎显而易见,但策划往往不能反映它们。具体的建议包括以下内容:

(1)加入鲜艳的色彩吸引注意力。
(2)包括有关主题和/或受众的背景设置。
(3)融合动物或物体(如足球和校舍)以引起特定受众的注意。
(4)通过各种方法重复信息,如一个口号、标语或朗朗上口的短语。
(5)包括符合期望结果需求的数据或统计。
(6)加入赞助机构及其标志。
(7)引用一位权威人士的话(如首席警察、研究员)。
(8)加入所寻求结果价值的证明。
(9)把人放在相关的实际情况中。
(10)呼吁理智和情感。
(11)创新性和创造性。

(12) 与文化相关的内容,体现多样性。
(13) 显示"事件发生之前与之后"的场景。
(14) 呼吁情感、爱国主义及与个人相关的程度。
(15) 本地化的数据。
(16) 推荐资源。
(17) 联系信息,如电话号码、网站和地址。

不论是主题或问题,还是所使用的策略,内容的准备涉及许多相同的流程。为了最大限度地让信息被所寻求的受众听到、尊重和最终采纳,需要仔细注意选择适当的策略。例如,当使用宣传册或广告牌时,该消息必须是明确的,指出下一步的同时包含认证信息(如赞助商),并指出更多信息的获取途径(如电话号码或网站)。同样,如果活动涉及媒体采访或研讨会,演讲者的信息必须清晰简洁,指出下一步,并纳入资源。尽管具体细节和流程可能有所不同,但总体策略保持不变。

30.8 第五步:计划、试点测试及完善

在这一阶段,细节已初见成效。相比于采用已起草好的材料并直接实施,进行一次"演练"来测试这些方法是很重要的。根据所期望的结果(受众通过参与策略或资源而知道、感受到或做什么),关注受众获取这一信息的方式。这一策划和审查步骤的重点是如何接收信息和方法。

测试消息和方法的一个主要途径是开展焦点小组讨论或与那些将被触及的人的代表进行讨论。例如,如果目标受众是年轻的拉丁裔男性,初步测试的消息和方法应主要针对受众代表,以获得他们的反馈和建议。如果目标是要得到他们的特定消息(他们可能知道什么、感觉如何或将要做什么),首先要对其进行初步测试,然后向他们询问代表性问题并观察他们的反应。主要问题包括以下内容:

(1) 它是可信的吗?
(2) 它代表你的团体吗?
(3) 你觉得自己被邀请了吗?
(4) 它让你产生共鸣了吗?
(5) 这让你想去做什么?
(6) 你感觉如何?
(7) 它对你说了什么?

这种类型的审查过程,可以在某种程度上评估策划的宣传与目标人群产生多大的"共鸣"。首先,以类似的背景和态度的小样本目标人群来测试它,并进行修改。在开发过程中,选取若干个点执行试点测试非常重要。方案策划者应该让样本组参与想法、信息、措辞、图像和其他策略讨论,同时考虑尽早取得他们的反馈,以便在发展过程中的各个阶段进行修改。一旦准备好一些模型(例如草案的材料、故事、脚本),就可以获得更多结构化的反应。

试点准备过程中另一个需要重点考虑的是举办研讨会以及其他公开活动,如演讲。为了最大限度地运用这些机会的影响,它们的情况需要特别注意。有一个建议对任何情况都

很有帮助,那就是遵循"告诉他们你将要告诉他们的信息,然后告诉他们,最后告诉他们你已经告诉过他们的信息"。虽然这可能听起来简单,但是有助于在工作、演讲甚至是一个脱口秀节目上提供一个清晰的框架。在准备研讨会或其他发言时,不论长短,表 30-10 中的内容都有益于最大限度地提高组织方法的影响力。

研讨会的开展和实施 表 30-10

(1)了解你的受众
(2)排列设置
(3)清晰定义学习目标
(4)有适合的材料
(5)为言论和活动提供"书柜"
(6)不同形式
讲座
活动
讨论
可视化
案例
视频
角色扮演
(7)让受众参与

同样,公共演讲得益于多种类型,这使受众保持参与,并有明确的预期成果(感知、感觉和行动)。这可以通过感言、引用、例子和视觉图表来完成。即使是一段简短的电视或电台采访,都有助于涵盖一些要素,例如一个口号、网站和电话号码。

最后,需要考虑的重点是障碍或挑战。方案策划考虑 7 个"P":"适当的事先策划,防止不佳的表现。"(Proper prior planning prevents pathetically poor performance.)最大化这一点的一种方法是制定时间表、备选策略以及应急预案。例如,在准备活动时,提前准备好材料(允许延迟交付),准备备用交付机制(如果设备不工作),并经常备份文件(如果文件损坏或计算机崩溃)。这也有利于确定其他可选地点(如果天气条件有问题,可以解决问题),并准备一份备用演讲者名单(如果选定的演讲者不在或最后时刻无法出席)。使用甘特图或一个项目评审技术(Program Evaluation and Review Technique,PERT)图表可以帮助编制时间表,这些说明了在策划和准备阶段一个项目的各个方面如何结合在一起。这些可以辅助说明在什么时候需要做什么来满足最后期限要求。通常,各种任务可以相互重叠,而不是按顺序执行。例如,如果在某一个活动上分发活动内容光盘,那么从交付时间开始,反推构思、设计、筹备、测试、修改和生产,同步进行的是为供应商或具体技术支持厂家准备合适的批文。在策划阶段,这对考虑活动的逻辑顺序是有帮助的,同时也有利于顺利制定项目的应急预案。

30.9 第六步:实施

正是在实施阶段,所有在需求评估、理论基础、创意工作、规划和组织方面所付出的努力都得到了回报。这正是事情发生,且活动、资源或倡议与受众联系在一起的地方。宣传活动或出版物发布(如广告牌、海报、宣传册或传单)将受众与作品联系起来,这让目标人群看到信息,开始思考,并在理想情况下开始改变行为。说服性宣传的全部目标就是对行为产生影响,然而,如前所述,行为改变并没有那么简单。尽管计划实施的目的是尽可能有效(尽可能有说服力),但其最终影响得益于目标受众从各种来源获得的多次曝光。因此,宣传活动的价值在于,它以一致、清晰的信息从多种途径吸引受众。

正如前面所强调的,交流活动融合了能够独立使用的多种元素。例如,举办主题周、主题日或宣传月,适用于任何一系列交通安全问题。"系好安全带"主题周的重点可能包括在当地店铺张贴传单、在报纸上刊登广告、在广播或电视上发布公共服务公告、在公共汽车上和公共汽车站张贴横幅、为家长和年轻驾驶人举办的讲习班、检查安全带使用情况并分发书签、在当地脱口秀以及媒体报道上出现。

随着宣传的实施,或一个特定活动(例如张贴海报)的开始,媒体报道有助于进一步加深受众对问题的认知。这可能始于启动事件,比如新闻发布会、邀请媒体采访地方领导人、报道学术界的研究和数据、报道本地人或名人推荐和报道活动的亮点。媒体报道也可以包括本地媒体(无论是印刷品、广播、电视或网络),为目标受众接收信息提供一个额外的渠道。媒体代表可以报道一项倡议的发布,这为交流争议和与活动相关的不同观点提供了机会(即关于交通安全问题是否重要的不同看法)。

令人兴奋的是,有关媒体报道相较于直接的纲领性资源,当地媒体的参与能够向更广泛的受众提供信息。此外,这种媒体的报道没有直接增加项目的成本。例如,如果正在开展一项用于推广有关开车时使用手机的新法律的活动,其直接成本包括材料制备、印刷、配送、邮资和广告。如果当地媒体参与其中,更多人会知道这个消息;此外,任何媒体报道使用的图像都将作为补充分发材料,从而提高消息的影响力。这种策略也可以用在有争议的交通安全措施中;例如,如果正在考虑新的事物(例如通过法律、强制制裁、教育活动),可能会听到不同的观点,并提高公众意识。

无论是以积极主动的方式共享信息、解决争议,还是在危急情况下作出反应,平衡的方法都是有益的。美国能源部卫生与公众服务部[《在危机中的宣传》(*Communicating in a Crisis*),2002]官员在处理危机活动时突出3个"宣传基础"来应对这些情况,这些适用于所有类型的情况。首先,制定目标和处理关键信息都极为重要。处理媒体关系的人应该努力缓解人们的担忧,同时提供应对策略。其次,保持信息的准确性至关重要;发言者应强调要点,但不要过度重复。第三,提供的信息应准确及时,包含数据、信息来源、解释和任何结论。

通过精心策划和实施此步骤,可以使交通安全教育和宣传工作策略的作用得到最大限度发挥。最后一个问题就是这些努力是否会有其他影响,这在第七步中提出了解决方法。

30.10 第七步:回顾、完善和革新

准备和传递消息的最后一步是评估性的。这评估了工作的完成度,并确定了可以实施的改进,以最大限度地实现预期目标。这一步包括信息收集,之后是信息回顾及和未来决策。从本质上讲,这个过程对项目应该保存的部分和应该改善的部分进行了回顾。这是基

于所取得的成果,以便获得更全面的认识,确定哪些项目因素能取得预期的效果。总体目标是在消息发布、接收和影响方面不断完善项目。

在策划评估阶段,项目策划者可以从两个方面进行思考。首先,考虑过程评估情况,即项目完成程度。其次,考虑结果评估,即取得的成果。在通常情况下,项目策划者主要侧重于过程性评价,主要是因为它更容易进行。他们问受众是否喜欢研讨会,是否看到这些资源,分发了多少种物品(如讲义、传单、小册子和海报),或采取其他类似措施。虽然记录这一点非常重要且有价值,但其最终目的在于这些工作是否产生了一定的影响。当然,如果有些项目没有发布,它自然不会被看到;如果天气或设备出现了问题,以致无法按计划进行,那么结果将受限。需要认识到其重要性,以便能够在项目的策划及实施阶段和突发事件过程中作出修改。

越是困难的评估越侧重于结果或成果。Lonero(2007)简洁地总结道:"只有通过客观的经验评估,才能获得不断完善行为技术所需的不断扩大的知识储备。"如果指定的结果是关于社区法律知识的变化,那么记录知识是否发生变化很重要。这是具有挑战性的,并且策划者将在从事评估工作或知道如何收集必要信息的人身上获益,无论结果是否取得成效。更难以记录的是,如果已经实现了变更,那么这些变更是否可以归因于项目或已经实施的倡议。关于评价的基本主旨,项目策划者越是精确清晰地了解想要得到的是什么(受众应该知道什么、感觉如何以及如何做),就会越容易实现。

通过评估,可以采取多种方法(Anderson,2008)。一个简单的回顾方法可分为"定量"方法和"定性"方法。在通常情况下,定量方法涉及数据,定性的方法涉及与其他事物的相互作用。虽然存在重叠(即评估人员可以将观察结果或定性回答编成代码),但它有助于收集关于宣传工作的两种类型信息。思考评价什么和如何评价的方法之一就是确定数据,因为政策制定者和决策者希望能够掌握"数据"。增加插图或例子也很有帮助,例如个人提供的故事、证明和引用,这些有助于让数据更有趣。同时使用这两种数据类型十分有用。

收集信息有很多方法,重要的是设计评价方法,这不仅有利于证明项目结果,也可以发现现有的资源、时间和后勤方面的不足。因为没有任何一个方法是最好的,由于经验水平和预算有所不同,每一种方法都有自己的长处和短处,设计评价方法有助于兼顾各种各样的评价策略。表30-11 记录了6种常用的评估方法的优缺点,这有助于策划者根据评估的使用方式、所需内容、可用资源和时间要求做出适当的选择。

评估策略   表30-11

	优势	劣势
调查问卷	轻松完成 被试可快速完成 计分简单 可提供定量结果 易于保持匿名性 可与当前的数据资源相比较 自动计分(得分可视化,在线) 低成本	无法捕捉被试的感受 一些答复可能无法准确反映情况 问题可能有不同的解释 亚组分析,需要专业技能 如果冒犯了被试者可能会被拒绝回答 定性的数据需要数据编码和分析

续上表

	优势	劣势
在线调查问卷	在现有的调查中可以轻松包括附加问题 轻松使问题与本地开展的调查结合 问题可以简短且数量有限 易产生随机个人名单 快速轻松地完成数据审查 易保持匿名性 低成本	如果过于冗长则被试者不愿意完成 可能需要激励来鼓励参与 可能无法获得被试者的感受 如果问题具有冒犯性或不相关,被试者可能会拒绝回答 定性数据需要数据录入工作 需要编码和分析
访谈	提供丰富的洞察力 被试者可以解释 被试者可能更诚实地表达 被试者可能因为被采访而感到荣幸 提供一个调查想法的机会	需要有技巧的访谈者 被试者可能会不诚实 花费时间 被试者的时间有限 编码和数据分析有挑战性

一旦得到评估结果,方案策划者可以评估哪些进行顺利,还有哪些可以改进。在检查过程评估后,评估者可以对关于方法,对效率、成本、精力和分布等因素的潜在变化进行评估。评估可以提供需要的结果("感知、感受和做"3个因素),这包含了有关的知识、态度、表现、动机、观念和其他所有被方案策划者监控的因素的文件。

图 30-2 为评估工具的一个具体例子。这是为收集影响交流活动的范围和信息而准备的。它可以作为另一个方法(例如添加到现有的纸质或在线调查问卷中)的一部分,或可以被用来作为一个独立的方法收集有关的活动信息。该工具的结果表明社区中的个人能否看到特定主题活动,如果看到了,他们认为会产生什么样的影响。虽然这并不能反映实际的影响,但它确实可以评估被试者对影响的看法。这种类型的信息可以帮助方案策划者审核和改善所使用的策略。

宣传活动	今年您见过关于"交通安全主题"的宣传吗?		如果您见过"交通安全主题"的宣传,对您来说有什么影响		
	在社区见过	未见过	没影响	会让我考虑我的行为	使我改变我的行为
海报					
电视广告					
报纸广告或文章					
信息展示					
演讲/关于危险驾驶的研讨会					
网址或邮箱					
其他:_____					

图 30-2 宣传活动评估

总体而言,对从各种渠道获得的所有结果进行审查都是有帮助的,因为方案策划者可以因此决定是否需要改变,以及哪里需要改变。因此,如果要开展一个交通安全意识活动,且评估表明社区成员没有这方面的意识,这将有助于理解为什么出现这种情况。同样,如果就儿童安全座椅的正确和安全安装举行了研讨会,并且参与者在研讨会结束时的准备情况并不比开始时更好,那么就有必要修改研讨会的召开方法。目标是越来越接近获得与正在实施的意识工作相关的预期结果(相对于"感知、感受和做")。

30.11 小结

开展有关交通安全的有效宣传,有时似乎是一项艰巨的挑战。尽管在一些交通安全问题上取得了进展(如因酒后驾车而死亡的交通事故率降低),但也会出现新的关注领域(例如开车时发短信)。在为任何具体问题取得成果所做的所有努力中,变化往往是有限的,需要很长的时间来实现。其中一个原因是,说服人们改变他们的行为实际上是一种挑战。另一个原因是,许多策略虽然预期是好的,但没有充分的基础或合理的计划实施。本章介绍的说服性传播策划模型旨在帮项目策划者组织思维。

该模型的第一步是关注需求和目标受众,这是基础,受众策略因一系列人口因素以及对其需求和兴趣的理解而有所不同。第二步,强调了获得坚实理论基础的重要性,即什么可能影响目标受众,包括了解有关这些人的基本假设。第三步,为最合适的策略和信息制订计划是至关重要的。第四步,涉及内容的开发,包括一系列在整体活动范围内有用的方法。第五步涉及总体策划活动,帮助组织如何及何时实施具体策略,这还涉及测试如何与目标受众产生共鸣的信息和方法。第六步和第七步涉及活动的开展和监测它们如何进行,以及人们的体验如何。这些结果都很重要,特别是因为它们可以帮助确定哪些值得继续,哪些需要改进。因此,审查过程直接导致产品和过程的更新,以及对理解受众的初始步骤以及什么可能对他们"起作用"的反思。

当然,通过说服其他人实现交通安全的理想结果不是一蹴而就的。风险认知和决策过程是这个过程的核心。交通安全领导者和方案策划者的责任对于提高安全意识、技能和改善公众服务的行为至关重要。因此,需要更清晰地定义和策划公众"感知、感觉和行动"所需的内容。

 本章参考文献

ANDERSON D S, 2008. IMPACT evaluation resource[R]. Fairfax: George Mason University, Center for the Advancement of Public Health.

BENSLEY R, BROOKINS-FISHER J, 2009. Community health education methods: A practical guide (3rd ed.)[M]. Boston: Jones & Bartlett.

BERG H Y, 2006. Reducing crashes and injuries among young drivers: What kind of prevention should we be focusing on[J]. Injury Prevention, 12: 15-18.

NCA. Clear & simple Developing effective print materials for low-literate readers, 1994[R]. Washington. DC: National Cancer Institute, National Institutes of Health.

DHHS. Communicating in a crisis: Risk communication guidelines for public officials, 2002[R]. Washington. DC: U. S. Department of Health and Human Services.

ROCKVILLE,1997. Drug abuse prevention: What works [R]. MD: National Institute of Drug Abuse.

GLANZ K, RIMER B K, SU S M, 2005. Theory at a glance: A guide for health promotion practice (2nd ed.)[M]. Washington, DC: National Cancer Institute, National Institutes of Health.

GOLDENBELD C, TWISK D, HOUWING S, 2008. Effects of persuasive communication and group discussions on acceptability of anti-speeding policies for male and female drivers[J]. Transportation Research Part F: Traffic Psychology and Behaviour, 11(3): 207-220.

GORDON R, 1987. An operational classification of disease prevention[J]. In J A Steinberg, M M Silverman (Eds.), Preventing mental disorders. Rockville: U. S. Department of Health and Human Services.

LONERO L P, 2007. Finding the next cultural paradigm for road safety[M]. In improving traffic safety culture in the United States: The journey forward. Washington, DC: AAA Foundation for Traffic Safety.

MCNEELY C L, GIFFORD J L, 2007. Effecting a traffic safety culture: Lessons from cultural change initiatives[M]. In improving traffic safety culture in the United States: The journey forward. Washington, DC: AAA Foundation for Traffic Safety.

PROCHASKA J O, DICLEMENTE C C, 1983. Stages and processes of self-change of smoking: Toward an integrative model of change[J]. Journal of Consulting and Clinical Psychology, 51(3): 390-395.

RAMOS P, DIEZ E, PEREZ K, et al, 2008. Young people's perceptions of traffic injury risks, prevention and enforcement measures: A qualitative study [J]. Accident Analysis and Prevention, 40(4): 1313-1319.

SLOVIC P, 2000. The perception of risk[M]. London: Earthscan.

TAY R S, OZANNE L,2002, Summer. Who are we scaring with high fear road safety advertising campaigns[J]. Asia Pacific Journal of Transport 1-12.

WHITTAM K P, DWYER W O, SIMPSON P W, et al, 2006. Effectiveness of a media campaign to reduce traffic crashes involving young drivers[J]. Journal of Applied Social Psychology, 36(3): 614-628.

WONG J T, CHUNG Y S, HUANG S H, 2010. Determinants behind young motorcyclists' risky riding behavior[J]. Accident Analysis and Prevention, 42(1): 275-281.

WUNDERSITZ L N, HUTCHINSON T P, WOOLLEY J E, 2010. Best practice in road safety mass media campaigns: A literature review[J]. Adelaide: Centre for Automotive Safety Research.

YANOVITZKY I, BENNETT C, 1999. Media attention, institutional response, and health behavior change: The case of drunk driving, 1978-1996[J]. Communication Research, 26(4): 429-453.

第31章 强制执法

布莱恩 E. 波特(Bryan E. Porter)
美国弗吉尼亚州,诺福克,欧道明大学(Old Dominion University,Norfolk,VA,USA)

31.1 引言

Ken Burns 是我喜欢的纪录片制片人之一。最近,我发现了 Burns 的一部不太知名的关于 Horatio Nelson Jackson 的纪录片。Jackson 和他的驾驶员兼机械师 Sewell Crocker 是第一个在美国驾驶"无马马车"的人(Burn,2003)。那是 1903 年,Jackson 以 50 美元的赌注承诺他将在 3 个月内从加利福尼亚的旧金山开车到纽约(在当时几乎没有道路可以行驶)。最终,Jackson 和 Crocker 仅用 63d 就完成了这一几乎没有道路可行驶的驾驶壮举。途中,他们经历了无数次代价高昂的汽车故障,无论在哪发生故障,车的零件都需要从 Vemonter 这个地方用船运送过去。他们的坚持改变了历史。

1903 年,美国的主要运输工具是马车和火车。Jackson 的创举让全国将注意力放在了汽车上,并为未来人们依赖汽车运输奠定了坚实基础。

人们除了着迷于 Jackson 的故事外,也对他因超速而被捕的事感到惊讶和好笑。他是在回到家乡佛蒙特州伯灵顿一段时间后被抓捕的,并由于 6mile/h(约合 9.6km/h)的速度被要求支付 5 美元的罚款和诉讼费用。超速法律的制定是为了防止在城市环境中出现比马车和早期运输工具还快的运输工具。因此他被罚仅是因为 6mile/h 这个速度本身,而不是因为 6mile/h 超过限速值。这让我不禁思考,交警前 1min 给违反马车规则的人开罚单,下 1min 却看到杰克逊开着一辆汽车以 6mile/h 的速度飞驰而过,这是多么奇怪的事情。

当时和现在一样,执法控制是驾驶人行为的基石,因为一旦没有了强制执法,驾驶人的行为将很难控制。执行交通法规是一项重要的后果干预措施,针对的是被认为不安全和危险的驾驶行为,因为它们会增加驾驶人或他人受伤的概率。然而,在 Jackson 那个年代,执法效力因执法强度而异。本章可供有兴趣学习或研究强制执法在社会中扮演的角色的读者阅读,其中还包括强制执法的效力及其挑战。本章建议继续将强制执法作为未来的研究方向。

首先,本章简要介绍强制执法的组成。首先,立法是执法的开始,且所确立的不同法律有不同的效力。紧接着,警察依据法律传唤违规者,对其进行罚款或逮捕。其次、法院有机会公正地审查案件,以司法结果执行判决或驳回指控,或者在这两者之间提供一些决策(如减少刑罚)。以上三部分构成了执法系统,但本章主要关注执法人员的角色,这一角色是学者们研究最多的。同时,由于交通心理学家可以在道路干预中与这一角色合作,所以他们可能是最容易受交通心理学家引导的。

为了更好地说明执法是如何影响整个交通系统的,本章将花更大的篇幅来继续介绍与执法过程密切相关的两个主要理论。在本章末尾提出了一些可替代的执法技术,所以前面多花些时间是值得的。

理论介绍完后,接着介绍两类执法类型:传统执法(警察对违规者开罚单)和自动化执法。也许世界上研究最多,有时也有争议的执法领域是自动化执法,它的具体步骤如下:识别违规者,通知警方审查,发传票。近年来,用于超速检测的"雷达摄像"和用于闯红灯检测的"红外摄像"在国际上受到了越来越多的关注,至少在美国,它们常常是重大政治辩论的焦点。

本章将结合传统和自动化执法的研究,继续简要回顾执法对主要交通违规行为产生的影响。在本文之前已经有很好的相关文献,在这里只做简要概述,供读者参考。执法对碰撞、伤害和死亡的影响也都分别被当作独立的部分被考虑。在笔者看来,掌握一些关于减少交通事故的信息至关重要,它可以让立法者考虑制定法律或完善现有的法律制度,以加强执法选择。对于立法者而言,要让他们明白执法是不能减少危险行为的,立法才是真正能减少悲剧的措施。

最后,本章以强制执法的挑战和未来对执法替代方案的考虑和研究来结束本章。说实话,对于在不久的将来交通心理学家是否有意愿或支持从经验上考虑这些挑战、替代方案或未来的方向,我不抱太大的希望。至少在美国,对执法活动的主要支持来自各州,作为回报,各州得到联邦政府交通部下属的美国国家公路交通安全管理局(NHTSA)的委托授权。NHTSA完全有理由推动执法现状,这在很大程度上依赖于大众媒体节目和社区成员所支持的可见度高的交警开罚单行为。毕竟,这个被称为"Click It or Ticket"(不扣吃罚单)的项目已经获得了很大的成功(Reinfurt,2004;Tison和Williams,2010)。尽管这些项目还有很大的改进空间,但就目前而言,执法是大规模交通安全计划的一个关键组成部分。

31.2 执法系统

执法系统开始于立法。法律决定了违法行为的条件,以及可以评估的罚款金额。在交通管制中,法律效力显得尤为重要。

在美国,一级和二级法律有着重大利益关系。一级法律允许警察拦下违规的驾驶人,并且开罚单(标准执法;Eby、Vivoda和Fordyce,2002)。从另一方面讲,二级法律要求执法人员要先对另一个主要或者说被认为是更重要的违规行为开出罚单(在针对驾驶人的其他某些违规行为发出传唤之前)。各州对哪些行为进行一级强制执法、对哪些行为进行二级强制执法的规定有所不同。其中最受关注的是安全带的使用。

目前,31个州和哥伦比亚区执行成人安全带使用的一级法律。其他所有州都有针对成年人安全带使用的二级法律,除了新罕布什尔州,它没有成人安全带使用的法律(该州只强制要求5岁以内的儿童系安全带,对超过这个年龄的人没有法律规定)[高速公路安全保险学会(IIHS),2011a,2011b]。请注意,这些法律与儿童安全座椅法律是不同的,儿童安全座椅法涵盖的地区包括所有州和哥伦比亚地区。

有充足的证据证明,在一级法律的执法系统下有着更高的安全带使用率。那些有一级法律的州的安全带平均使用率比只有二级法律的州高出约10%(Beck和Shults,2009;

Houston 和 Richardson,2006)。Eby 等(2002)称,密歇根州的安全带使用率在一级法律生效后立即增加了 13%。一年后,其安全带使用率仍然比只有二级法律的时候要高出 10%。

第二个例子是执行酒后驾驶的法律同样重要。Maldonado-Molina、Ma、Tobler 和 Komro(2007)的研究结果表明,如果将血液酒精浓度法律限值从 0.10g/dL 降到 0.08g/dL,那么美国 28 个州每年的死亡人数将减少 360 人。他们还估计,如果将血液酒精浓度限值进一步下调到 0.05g/dL,那么每年可以挽救 538 人的生命。

执法系统的第二个组成部分是公路执法,也是本章的重点,将在后续讨论。

司法系统是第三个组成部分。法律是通过警察开罚单或者实行逮捕来执法的,然后由法院决定是否对此前的执法决定给予支持。在执法系统的三个组成部分中,交通心理学对司法系统的关注最少。到目前为止,笔者在自己的研究中都忽略了这一部分,不是因为它不重要,而是因为司法系统是很难被我们所改变的。交通心理学家可以通过提供不同政策有效性的科学证据来影响立法,也可以通过协助识别高危人群、说服大众媒体和改善执法技术来影响执法。然而,根据我的经验,法官大多有很好的理由来坚持己见。他们听从将案件带到法庭的系统科学,但他们也会在法律范围内维护自己的自由裁判权。无论心理学家是否认为高速鲁莽驾驶应该受到严重惩罚,法官都会根据违法者生活的许多方面来决定对其给予什么样的惩罚是公平的,但从理论上讲,这种惩罚可能无法有效防止未来的违规行为(例如,如果驾驶人同意让人校准车速表,就可以减少因为设备故障而收取的超速费用,但这很难阻止超速行驶)。

法律和法院是执法系统的重要组成部分,执法人员工作的有效性取决于法律的效度(例如,一级与二级法律以及罚款水平)和法院的具体行动(罚单是维持原判,还是驳回,或是减轻惩罚)。然而,笔者现在主要关注对执法人员和违规行为的文献研究,暂不考虑立法和司法部分的研究。大部分文献研究主要关注执法人员的工作,这是强制执法理论适用的地方。

31.3 执法的理论基础

31.3.1 威慑理论

执法作为一种社会控制活动,可以由两个主要的理论结构来解释,一个来自社会学/犯罪学,另一个来自心理学。威慑理论来自社会学/犯罪学,它阐述了惩罚和惩罚规避对阻止非法活动发生的重要性(Stafford 和 War,1993)。

学习理论的范围更大,它包含了威慑理论,自 20 世纪初以来,该理论一直是心理学实验和准实验应用的焦点。具体来说,它根据惩罚和惩罚规避的后果来定义威慑,并将"威慑"纳入更大的学习理论体系中,在该体系中讨论惩罚和强化惩罚的威慑力。此外,社会学习也有一定贡献性(Akers,1990)。简单来说,在这个章节里,威慑理论让位于学习理论。

31.3.2 学习理论

从心理学角度来说,学习理论和操作性条件反射理论最能精准并全面地解释强制执法的有效性。行为是由初始原因(行为发生的初始条件)和结果(行为发生后的情况,它会增加或减少行为再次发生的可能性)所塑造的(Kazdin,2001)。

操作性条件反射的一个更具描述性的例子来自 Mattaini(1996),他提出了连锁应急模型。该模型借鉴了行为分析文献中研究的 5 种常见初始条件。表 31-1 列出了这些初始条件及其一般描述。本节将举例说明这些初始条件如何应用于交通设置。

影响特定交通设置实例行为的初始条件　　　　　　　　　表 31-1

初始条件	描述	交通实例
场合	向个体发出适当的可强化行为的信号或执法该行为将会受到处罚的信号	红灯:指示驾驶人停车,否则可能会受到惩罚
规则	已经通过的法律;在文化中逐渐形成的社会规范	安全带一级法律
模型	个体见证了其他人因其行为而受到的后果	收到过闯红灯的罚单,以后就不会闯红灯了
结构化前提	目睹一名警察让一名超速驾驶的驾驶人靠边停车;有一个朋友收到了自动化执法的罚单	驾驶人的心理健康或情绪影响驾驶(参见本书第 13 章);较窄的道路会减慢车速(例如交通稳静化:降低机动车速度以改善生活质量)
建立操作/激励条件	影响结果敏感性的情境;影响动机	疲劳造成闯红灯的可能性

其中 3 个初始条件对于执法的效力具有重大的影响:

第一个是"规则"。规则是由社会和文化驱动的,包含习俗、社会规范和法律法规所禁止的行为。正如上文提到的,法律是有效执法的第一步。更重要的是,很多人为了避免收到罚单,会改变他们的行为去适应法律规定(Dinh-Zarr 等,2001)。此外,行为心理学对"受规则控制的行为"特别感兴趣,认为它是解释是个体在没有被直接强制要求或受到惩罚的情况下改变自己的行为的因素。因为规则可以潜在地影响行动的后果。有兴趣的读者可以参阅 Baum(2005)的著作,了解规则如何影响人类行为的改变。

第二个是"模式"。目睹别人的经历会提高我们的学习能力。这种来自社会学习理论的"替代性条件反射"是对操作性条件反射的补充,因为它承认我们可以通过观察他人行为的后果来强化或惩罚自己(Akers 和 Jensen,2003)。而且,这种社会学习具有威慑性(Akers,1990)。

第三个是执法人员提供的判别信号。执法者在公路上提供安全驾驶的信号,比如减速等信号。如果他们给驾驶人可能要被开罚单的信号,驾驶人会迅速将脚从加速踏板上移开,或者按照已经学会或已经习惯了的行为踩下制动踏板,这样驾驶人就可以避免受罚。

驾驶人逃避罚单的行为,以及在收到罚单后继续做出或不做出先前违法行为的实际行为,可以用做出这些行为所带来的结果来解释。影响行为的两个后果是强化和惩罚。

首先,有必要对"强化"和"惩罚"这两个术语进行定义,因为心理学家很容易甚至经常误用它们。强化是指任何可以加强某种行为的刺激,通常情况下,这意味着它会增加该行为再次发生的可能性(Skinner,1953)。强化有两种类型:积极的和消极的。积极强化通过在期望的行为之后应用令人愉快或期望的刺激来增加行为。Daniels 和 Daniels(2004)将其描述为从行为中得到想要的东西。消极强化也会增加行为,但它通过消除痛苦或者有害刺激实现。比如,当看到交警(在其岗位上),驾驶人会扣紧安全带以防止被开罚单。威慑理论有时候也依赖于消极强化,例如,由于驾驶人担心收到罚单后不开心,所以会避免一些会收到罚单的驾驶行为。

惩罚是一种刺激,它能降低以前的偶然行为再次发生的可能性。积极惩罚通过在目标行为发生后呈现接下来不希望发生的事情来减少行为(Daniels 等,2004)。一个简单的例子是收到超速罚单。需要注意的是,当且仅当超速行为不太可能再次发生时,收到罚单才算是惩罚。消极惩罚也会减少违规行为,但它是通过消除一些人们想要的东西来实现的。出于交通安全考虑,对酒后驾车的消极处罚可能是吊销驾驶证或扣押车辆。Daniels 和 Daniels (2004)用缩写来表示上述 4 种不同类型的行为后果(表 31-2)。

4 种类型的行为后果的缩写与特定交通的例子 表 31-2

代码	描述	交通例子
R+	积极强化(例如提供想要的东西以增加行为)	若在加速时感到愉悦,未来会在驾驶时加速更多
R-	消极强化(例如带走一些不良东西以增加行为)	当看到交警时,放慢速度以避免被开超速罚单,在将来也会更加注意
P+	积极惩罚(例如放弃不想要的以减少行为)	收到过闯红灯的罚单,以后就不会闯红灯
P-	消极处罚(例如带走想要的东西以减少行为)	曾经由于酒后驾驶而被扣押,以后就不敢酒后驾驶了

关于哪种技术能更有效地产生目标行为,已经有很多文献进行了研究。行为学文献支持更直接地使用 R+实践来塑造和创造期望的行为。人们为了自己想要的东西而行动(在高速公路上自由行驶,以求更快到达目的地),这种动机可能比避免被抓住的动机(R-)更强大,毕竟努力得到自己想要的可能比担心惩罚(罚款或监禁;P+)更能激励人。Daniels 等(2004)认为,当 R+被操纵并应用于强化人们期望的行为时,驾驶表现会提高。此时,无论是否操纵 R+,人们的偏好行为都得到了积极的强化,这种控制措施可能比通过 P+和 R-实行的措施更有效。

Skinner(1953)警告说,惩罚只能暂时抑制不良行为。因此,如果有人不系安全带,对其的惩罚不一定会增加其使用安全带的习惯。相反,其他一些行为(例如看见执法人员时就系上安全带,否则就不系安全带)可能会得到加强。惩罚应作为最后的手段,"在惩罚前采用其他程序"(Kazdin,2001,第 238 页)。如果社会希望人们做出更多适当的驾驶行为和养成更安全的驾驶习惯,应该部署 R+技术来补充较传统的 P+执法途径。

然而,有些执法依赖于 P+技术,因为罚单可以减少未来行为的发生概率。罚款或是针对个别恶劣违规驾驶行为的监狱刑罚也是必要的。因此,为了保证道路安全,惩罚是常态,而不是例外。因此,驾驶人学会了避免惩罚(R-)。最后,从执法效果中获得的驾驶人行为的改变可能只是暂时的(Skinner,1953),而且要不断依赖于持续执法来保持行为。执法的重大挑战是要不断抑制不良行为,更重要的挑战是产生持久的行为变化和建立新的安全习惯。

即便如此,在整个社区广泛部署的 P+策略的副作用是增加被抓到的可能性(Siegrist,2004)。Fuller and Farrell(2004)的研究进一步支持了这个观点。他们发现,与控制地点相比,驾驶人的高执法意识在更大程度上与因超速和未系安全带而被抓的感觉有关。然而控制组对酒后驾车被逮住的感觉更敏感,但 Fuller and Farrell 认为这可能是由于控制组对该项目了解不多,但受到了其他国家为减少酒驾所做出的努力的影响。无论哪种方式,驾驶人都认为他们容易受到 P-策略的影响,因此可能受到 R-的控制,以避免被抓。换言之,如果驾驶人意识到有重大的减少超速的执法措施在实施,他们可能会以更慢的速度驾驶以应对该执法措施,且这种更慢的减速驾驶行为将会一直保持,即使在被抓的概率非常小的驾驶情景中也是如此。

31.4 执法技术:现场执法还是自动执法

交通执法人员、政策制定者和公众媒体之间较常见的争论之一是自动执法在交通执法中的作用。通过摄像机自动拍摄交通违法行为和现场巡逻并签罚单的执法行为这两种执法行为通常被人们用来比较利弊。虽然公众普遍认为自动执法是没有现场人员的执法,但这是一种误解(在弗吉尼亚州和其他许多司法管辖区,执法人员必须审查自动执法所开的罚单的有效性)。此外,人们更关心的是这种自动拍照执法是否是对个人隐私的侵犯(这种担忧参见 Harper,1991),是否不公平(Wells,2008),或者是否会增加某些交通事故(例如追尾碰撞,Erke,2009)的概率。实际上,自动执法有利于减少违法行为和降低交通事故严重性(例如减少闯红灯的伤害;Hu McCartt 和 Teoh,2011;Rettingn、Ferguson 和 Hakkert,2003)。

自动执法,从理论到实践应用都获得了支持。从理论上讲,自动化可以让驾驶人更快地学习并认知到每次做出的非法行为都会被抓拍。这种学习在刺激、行为和后果的一致性和偶然性关联中进行的效果最有效(Chance,2009;Daniels 等,2004)。现实中,自动化执法也有利于执法人员的安全。有些路段和路口太繁忙、太大、太危险,导致执法人员无法有效遏制违规行为,如闯红灯。如果执法人员尝试在这样的地段冒险执法,交通流动性也会受到现场执法的影响,这样的执法也许适得其反。

人们关于自动执法带来的某些不便的考虑也不无道理。居住在伦敦(包括其行政区)的公民,无论他们违法与否,都被大约 7400 台自动摄像机所监控。在美国的居民,被数不清的安全摄像机监控,包括商店、加油站、公共和私人建筑以及银行等地。尽管人们已经习惯了这些摄像头,它们不再会引起公怒。当超过某个界限时,自动化执法就会启动,无论该界限是车速还是由车辆在红灯亮时进入交叉口环路。违法行为是拍摄的重点,合法行为通常不会被拍摄并记录下来。此外,安装自动执法系统后导致的交通事故,是由于新驾驶人对于这个执法技术很敏感,而提前踩了制动踏板,造成跟车驾驶人追尾,尽管如此,驾驶人还是学会了控制驾驶行为。同样,追尾事故常常发生在安装了交通信号灯以后,但很少有人质疑交通信号灯的作用,公众也不会对由于信号灯导致的意外感到愤怒(Short、Woelfl 和 Chang,1982)。

本章由于篇幅有限,无法对所有的自动执法系统做全面的评述。笔者认为自动化执法和传统现场执法同样重要,而且自动化执法更加有效。目前在美国有超过 500 个社区使用闯红灯摄像机,80 多个社区使用超速摄像机(IIHS,2011A)。此外,全世界至少有 12 个国家采用自动执法的超速或闯红灯摄像机(Wilson、Willis、Hendrikz、Le Brocque 和 Bellamy,2010)。

31.5 执法的成效在于减少危险行为

执法作为一种工具,已被广泛研究,并且已经成为专门讨论其有效性的非常好的书籍中部分章节的主题。本章只强调主要的调查结果,包括执法行为如何影响不使用安全带、酒后驾驶和超速这3种驾驶行为。

31.5.1 安全带的使用

值得注意的是,我们经常希望增加的一种行为是使用安全带和儿童保护装置。执法技术并没有增加安全带的使用。且其作为一种惩罚,也没有降低不使用安全带的概率。这种细微的差别虽然在技术上是准确的,但在实践中却难以解释。我们更习惯于读到有关增加安全带使用所带来的安全效果,而不是减少不使用安全带而导致的后果。因此,本章将讨论安全带使用率如何随着执法程序的增加而增加,但这只是为了安慰读者,而不是为了无视学习理论的复杂性。实际上,安全带的使用应该是我们首要需要重视的安全行为。

使用安全带降低了45%~50%的伤害和死亡风险(Elvik和Vaa,2004)。Vivoda和Eby(见第16章)也证明了安全带的使用使得生命得到了保障。由于使用安全带能带来高收益,所以这种行为成为世界各地的执法项目的主要焦点。

回顾几个特殊的安全带执法效果。Dinh-Zarr等(2001)回顾了执法人员增加巡逻时间后的多项调查研究,通过测量安全带使用的15项指标,研究发现加强执法巡逻后,安全带的使用率增加了8%~24%。还有两项研究发现死亡率减少了7%~15%。Elvik Vaa(2004)从《交通安全措施手册》中也发现安全带的使用率增加了13%~20%不等。

除了研究日常驾驶过程中驾驶人和乘客使用安全带的行为,执法者还研究了夜间乘员安全带的使用行为。开展夜间执法项目后,Chaudhary、Alonge、Preusser(2005)记录了6%的增长(从50%到56%)。夜间安全带的使用率往往低于白天。此外,Vivoda、Eby、St. Louis和Kostyniuk(2007)还发现,在白天的执法效果不会延续到夜间,因此,他们认为需要单独设置夜间执法程序并评估其执法效果。

此外,即使在使用二级安全带法律而非一级安全带法律的州,执法也可能有效(Asudavan、Nambisan、Singh和Pearl,2009)。回想一下,在使用二级安全带法律的州,执法者必须先使用另一个主要违规行为作为让驾驶人停车的理由。

强制执法策略和大众媒体的宣传是大多数社会层面的项目增加安全带使用的支柱。从文献中可以清楚地看到,这些高知名度的执法措施由于经常使用且有足够的法律支持罚款,已经成功地提高了安全带的使用率。因不使用而造成的惩罚可能会促使驾驶人系安全带以避免罚单和罚款。虽然采用惩罚的执法方法可能有些问题,但执法能够促进安全带使用率的增加。实际上 Williams 和 Wells(2004)认为,公开执法同时"强化刑罚"(第179页)给那些至今不使用安全带的人群敲响了警钟。

31.5.2 酒后驾驶

Shults 等(2001)概述了11项在检查站收集的驾驶人酒精呼气检测数据,证据显示所有的交通事故中有 13%~27% 是由于酒精的作用。Elvik 和 Vaa's(2004)概述了从 20 世纪 70 年代末到 90 年代共 26 项的元分析,研究显示,交通执法使得酒后驾驶致死交通事故减少 9%,致伤交通事故减少 7%。他们同时也发现了吊销驾驶人的驾驶执照可以减少近 18% 的交通事故。

严重酒后驾驶,除了会被罚款还会被判监禁,其他执法结果还可能包括吊销驾驶证和扣留车辆。是否吊销驾驶证或扣留车辆在一定程度上取决于司法诉讼的结果,而不是工作人员的意愿。执法人员的角色以及他们逮捕酒后驾驶的权力受到行政许可法(ALR)的影响。

人们对 ALR 的一个担忧是关于经济方面的:被告知不能开车的驾驶人会因为被处罚而遭受经济损失吗? 也就是说,他们的工作保障是否会因此受到不应有的损失? 具有讽刺意味的是,Knoebel 和 Ross(1997)认为,人们根本不需要担心驾驶人的工作问题,因为许多驾驶人即使被吊销驾驶证还是会继续驾驶,因为他们认为无证驾驶被抓到的可能性低。Daniels 等(2004)强调"确定性"因素是控制行为的关键所在。执法确定性,或者至少感知到风险的确定性,特别是对酒后驾驶的惩罚,是决定行为的关键。

Voas 和 DeYoung(2002)称,75% 被吊销驾驶证的驾驶人继续开车。他们调查了美国一些州针对违法车辆采取的行政方法,发现它们与扣留和没收等其他相关的政策略有不同。显然,许多州都有针对违法车辆的法律,但很少有州能以可评估的方式执行这些法律。于是 Voas 和 DeYoung 尝试评估加拿大和美国的不同方案。例如,在加利福尼亚州实行扣押车辆法律将首次犯罪者的重复犯罪率减少了 24%,惯犯也受到影响。拘留一年后,定罪人数减少了 34%。在俄勒冈州的波特兰市,车辆被扣留与未被扣留相比,再次被捕的人数减少了 50%。Voas 和 DeYoung 指出,虽然这些调查结果都是积极的,更多的社区和州已经制定了影响车辆使用的法律,但还没有很好地实施这些法律以降低评估风险。在未来的研究中,这一执法领域非常值得关注。

31.5.3 超速

Elvik 和 Vaa's(2004)对超速惩罚的综述研究表明,超速与其他行为一样,采用适当的执法对策对其是有效的。具体而言,在 16 个回顾性研究中发现,对超速行为的严厉执法可以减少 14% 的致命交通事故和 6% 的伤害事故。

更有趣的是,现在对超速的执法采用自动化技术。例如,Stradling、Martin 和 Campbell (2005)研究苏格兰格拉斯哥的驾驶人对于高速摄像机的态度和行为的关系,结果发现,高速摄像机被引入一年后,超速的百分比从 64% 减少到 31%。

Retting、Farmer 和 McCartt(2008)的研究结果同样支持高速摄像机执法。他们比较了三种街道条件:第一种是安装高速摄像机和标志提示的道路,第二种是只有道路限速标志提示,第三种是既没有标志也没有高速摄像机。结果发现,在第一种道路条件下,速度高于 10mi/h(16km/h)的行为减少了 70%,在第二种道路条件下的超速行为减少了 39%,而在第三种道路条件下的超速行为只减少了 16%。Tomas、Srinivasan、Decina 和 Staplin(2008)发现,高速摄像机的安装减少了 20%~25% 的事故伤害。

最后,Chen(2005)记录了一个不列颠哥伦比亚省的激光雷达项目的成本效益,他估计该项目能在交通事故保险索赔方面节省近 3200 万美元(以 2005 年的汇率换算)。

31.6 执法有效性：减少事故和伤亡

除了强制执法能减少不安全行为之外，政策制定者和政府机构还经常询问应用研究人员，强制执法是否直接导致受伤害和死亡人数的减少。要回答这个问题，通常需要大量的数据和纵向设计，这两者都相对昂贵，难以通过它们来提高完成该任务所需工作的价值。幸运的是，这个领域的文献在收集了大量的研究成果后，得出了执法除了减少了风险行为，也减少了伤亡人数的研究结论。

除了上文提到的一些文献，Wells、Preusser 和 Williams（1992）研究发现设置关卡能减少6%的交通事故和16%的事故伤害。Williams、Reinfurt 和 Wells（1996）发现，如果没有在北卡罗来纳州实施安全带强制执法项目（系上安全带或收到罚单），那么在该项目实施后的6个月内，将有45人死亡，320人受伤。

自然实验法可以检测执法对交通意外伤亡的影响。例如，2010年弗吉尼亚州费尔法克斯警察局发现，采用了计算机程序替代人工填写罚单后，签发的罚单数量明显减少了，因为执法人员并不熟悉计算机程序。虽然还需要继续研究计算机程序对执法人员的干扰是否就是罚单数量减少的直接原因，但是在魁北克省的研究中，也发现了类似的结果（Jackman，2010）。

一项具体的研究结果很有意思。Blais 和 Gagne（2010）调查发现魁北克省交通执法人员签发的罚单减少了61%。原因是执法人员在与工会协商薪资的21个月期间减少了执法，因此减少了罚单签发，导致每个月平均多发生了8起致伤交通事故，总的来说，比正常罚单率下预期的多出了239起致伤交通事故。

不间断地执法也能降低死亡人数。Redelmeier、Tibshirani 和 Evans（2003）在加拿大一项大数据样本研究（$N=8975$）中发现了收到交通违章罚单后的一个月，死亡的相对风险降低了35%，在接下来的3~4个月里，这个数据再次下降了。笔者认为这是持续执法的效果。数据还表明，每执法8万次，交通事故死亡人数就能减少1人；每执法1.3万次，就能减少1人因为交通事故进入急诊室；每定罪13次，就能避免1000美元的损失。

并非所有的研究都对执法能减少交通事故的影响持积极态度。Dula、Dwyer 和 LeVenre（2007）指出，20世纪90年代末以来，酒驾人数一直变化不大。此外，他们在田纳西州收集数据后发现，酒驾后被执法逮捕的人数和酒驾事故数量之间缺乏明显的关联。众多的建议一致认为，必须加强执法和提高逮捕率，以提高驾驶人被逮捕的风险意识，具体而言，社会宣传和大众媒体宣传是引导公众风险意识的关键。

尽管如此，大量的证据还是倾向于表明执法确实能降低交通事故、受伤率和死亡率。更重要的是要通过持续执法来提高公众对被逮捕风险的认识。提高公众对执法普遍性的认识是执法程序和理论面临的挑战之一，接下来将对执法有效性面临的挑战进行阐述。

31.7 执法有效性所面临的挑战

31.7.1 风险知觉

前文提到，有效执法的一个关键是要帮助公众树立"违法必被抓"的信念。然而，如果一个驾驶人违法了却能逃避执法人员的处罚,这会导致什么样的结局呢?例如,许多驾驶人超速行驶,但只有少数驾驶人被传统的执法所处罚。由于道路上的违法行为数量过多,执法人员很难一一对其进行处罚。这就变成了驾驶人和警察之间的博弈游戏,而驾驶人的胜算往往更高。Evans(1991)回顾个人违法被抓的概率,大约是每6年一次,这可能不足以提高驾驶人的风险认知。

Beck和Moser(2006)发现,个体亲自接受检查站执法人员的驾驶检查可以减少博弈认知,而这比从他人处听说检查站的作用更有威慑力,这种差异可能是检查站的特殊运行方式所导致的。作者认为,驾驶人在道路上快速行驶可能会留下检查站无效的印象。具有挑战性的是,只有12%的人接触过检查站,只有21%的人听说过针对酒驾的区域计划(来自检查站的打击行动)。这些数据表明,执法程序并没有在大众中普及,这将不利于改变公众的风险知觉。

鉴于以上原因,自动化的执法程序将成为重点。与传统的执法策略相比,设计良好的摄像机自动化执法系统能够在每次发生违法行为时更好地捕捉到违法行为,并为执法人员记录每次违法行为创造条件。从理论上说,这种将结果与行为联系起来的过程将更有效地改变行为。然而,目前对酒后驾驶的自动执法系统不够完善,无法保证其执法效力。例如,通过车辆点火联锁自动装置可以在驾驶人的酒精浓度高于设定值时限制汽车的起动,但这仅是一种对驾驶人的惩罚,并不会导致进一步的法律后果,如收到罚单、被罚款、被扣减驾驶证分数或司法裁决等。此外,这种装置对驾驶人来说是不方便的,它还可能会使驾驶人的行为产生持久的变化。

31.7.2 逃避

执法还有一个特殊的挑战——它无法真正"教"会驾驶人安全驾驶(Daniels和Daniels,2004)。例如,对超速的执法不会让驾驶人学会减速驾驶。驾驶人学会的是为了避免惩罚而在特定区域(执法区域)减速,或者是驾驶人意识到超速可能受罚时才被迫减速。诸如执法人员在道路一侧提示驾驶人减速,或在十字路口的红灯时刻进行摄像提示驾驶人不要闯红灯,这些设置都是Mattaini(1996)所描述的"情景",以此告诫驾驶人要学会避开某些行为才不会受罚。

实践数据表明,驾驶人更愿意学习一种可以逃避惩罚的行为,而不是学习一种安全的行为。例如,Stradling等(2005)报道,54%~56%的受访驾驶人的自我报告的结果显示,他们通常在道路摄像机前会减速,然而,30%~32%的驾驶人的报告结果是只有在知晓有摄像机存在时才会减速,在没有摄像机的地方就不会减速。

逃避行为的动机似乎足够了。毕竟,如果驾驶人在应对执法行为时表现出来的行为是为了减少风险,那还有什么可追究的呢?然而,由于不同政治事务有不同的优先次序,全年的执法活动强度会随着优先次序有所波动。执法活动强度还会随着城市预算的波动而波动(例如,新泽西州卡姆登市由于预算赤字正在削减超过40%的警力,Luhby,2011)。惩罚性执法对于道路交通安全是有必要的,虽然这将导致更多逃避行为,而不是养成安全行为习惯。然而,这也并不意味着交通心理学家和其他人应该认为惩罚性执法是控制行为的唯一可行方案。必须采取其他干预措施来创造新的、持久的行为,以此补充之前那些不具备持久性的执法活动。尽管如此,"逃避威胁"和 R-技术可能仍然很重要,它们可以通过进行结构化改变以产生更大的影响。感兴趣的读者可以学习 Fuller(1984)提出的模型,以及他在书中第二章里关于风险异稳态理论对规避和其他概念的改进。

31.7.3 处罚的不公平效果

执法有利弊。Chang、Woo、Tseng(2006)发现行政吊销驾驶执照的结果好坏参半。有趣的是,ALR 法律实行终生吊销行驶执照。首先,这条法律似乎对于那些富人无效,因为富人可以交保证金,避免受罚并继续驾驶。而那些穷人却需要接受法律制裁。这条法律的执行效果是,还有 1/4 的驾驶人继续驾驶,60% 的驾驶人有减少驾驶,只有 17% 的驾驶人终生放弃驾驶。

Chang 等(2006)认为,这些驾驶人继续开车,是因为他们认为被抓到的风险很低。采用经济处罚对这类驾驶人也是有一定作用的。这个处罚对于驾驶人的经济影响也值得关注。但是,ALR 的法律(Knoebel 与 Rose,1997)对这类驾驶人的职业生涯并没有约束力,假如驾驶人认为被抓住的概率高到足以改变他们的行为,那么应该鼓励考虑在其他司法管辖区应用 ALR 法律。

31.7.4 处罚还是治疗

驾驶人应该被处罚还是被治疗?通常情况下,需要进行这种选择的行为往往最常出现在酒驾行为中,而与未使用安全带、超速或闯红灯等更常见的违规行为无关。Taxman 和 Piquero(1998)认为,对于酒后驾驶,选择治疗驾驶人是为了试图发掘并解决酒驾行为背后的酒精问题。他们采用马里兰州的实例数据进行研究并发现,对酒驾驾驶人进行教育后,他们的再犯罪率减少了 22%,对他们采用酒精治疗后,再犯率减少了 17%。对于初犯,法律很宽容地没有立即宣判执法而是判决缓刑,如果初犯提前完成了法官的判决且刑期已满,定罪将被"中止"(第 133 页)。

除了酒后驾驶,是否应该为其他违规行为提供某种类型的治疗?例如,弗吉尼亚州为违法者提供参加治疗以改善驾驶的机会,以便删除驾驶证扣分记录。这些违法驾驶人的驾驶行为会因此得到改善吗?事实上,多数的证据表明,对违法驾驶人的再教育和培训的效果并不明显。Wahlberg(2010)在一项研究中发现了一个有趣的现象,对首次违规的驾驶人进行培训至少可以让他们更诚实地回答自己的违法行为。

31.8 未来的研究思路

执法方面的挑战当然值得今后研究,它们当中的每个方面都为执法研究提供了丰富的选择方向。然而,迄今为止,还有其他一些重要的研究领域没有受到重视。比如,对自动执法的看法和罚金问题、执法人员的行为问题以及以惩罚为基础的传统执法的替代方案。

31.8.1 对自动执法的看法和罚金

公众对自动执法的公开批评之一是,该技术就是为了赚钱,而不是保障公众安全。

Evans(2004)认为,这种看法可能会降低自动执法的有效性。Blais 和 Dupont(2005)也这样认为,如果摄像机被认为是用于增加财政收入或被认为不公平,那么这样的执法将不会被社会所接受。他们的文献发现,社会接受程度有非常重要的威慑性。公平是执法的有效性和公众感知的一个重要因素(Sherman,1993)。

31.8.2 执法者的行为

在这次讨论中,有一个执法方面没有涉及,即执法人员及其行为。执法人员和其他人一样,有态度、情绪、行为和感知,这些都会影响执法人员对违法行为的应对,同样也会影响其驾驶行为。因此,研究人员应该像关注驾驶人的安全驾驶行为一样关注执法人员的驾驶行为。

之所以如此,主要有两个原因。首先,很多执法人员的工作地点就是他们所在的社区(特别较小的司法管辖区内的执法人员),从个人的经验来看,这些执法人员和社区民众彼此认识。执法人员的行为就是公众行为的榜样。甚至在较大的城市,驾驶人发现执法人员的某些驾驶行为违反公众必须要遵守的法律(例如不开紧急信号灯就超速和闯红灯)。关于安全带的使用问题,公众和执法人员存在不同观点。执法人员可以不必系安全带,是因为他们在执法过程中,要随时准备逃离警车,以躲避犯罪嫌疑人的攻击。但是,怎样才能让公众明白这样的信息呢?在法律面前,为什么某些群体的行为就能免于被罚呢?

一个尚未探索的研究问题是,执法人员在安全行为中扮演好榜样还是坏榜样的角色。前面提到,Mattaini(1996)把对榜样的模仿作用作为促进驾驶安全行为干预系统的初始条件之一。执法人员的行为在社区是被期望和被模仿的,他们也可能是有效的变革推动者,帮助那些研究人员和实践人员在社区推广项目。Rogers(1995)认为,这些充当执法人员的社区成员完全可以引领社区的榜样行为,以改变社区其他民众的行为,而且这将非常有效。

还有一个重要的研究领域,是研究如何在交通事故中保护执法人员的生命安全。Noh(2011)报道,20 世纪 90 年代中期,执法人员死于交通事故的数量高于其他类型的事故。1980—2008 年,在因事故死亡的执法人员中,有 39.4%的执法人员在紧急事故中丧生,60%以上的死亡发生在未使用紧急信号的情况下。此外,42%的执法人员因在驾驶摩托车执法的过程中没有遵守交规而丧生。虽然执法人员的安全带使用率比非执法人员低,但是还是要高度注意执法人员的自身安全。如果执法人员系安全带,那么 42%未使用安全带的死亡人数中,有多少人能够获救?这样的研究也很有价值。鉴于交通事故是当今执法人员死亡的主要原因,应该对执法人员的驾驶行为、乘客保护、冲突性的规范标准以及提高执法人员工伤津贴等因素给予更多的研究。

31.8.3 传统惩罚执法的替代方案

回顾一下,前文讨论了惩罚不会创造持久的安全行为,而教育驾驶人避免某些不良行为才是有效的执法。是否有一种方法能够强化那些预期行为,而不是强化或惩罚非法行为呢?R+的干预措施是一种理想的方法,它能帮助人们保持长久的预期良好行为(Daniels 和 Daniels,2004)。

在交通心理学过去的研究历史中有一系列研究在关注这些问题。虽然这类研究自 20

世纪90年代以来逐渐减少了,笔者还是认为,理论上,研究人员要设计一些替代惩罚的执法技术,这些技术不仅可以监控驾驶人行为,而且可以与公众互动并影响公众行为。虽然不是所有学者都关注厌恶性条件反射对行为改变的影响,本书还是回顾了交通心理学历史研究中提出的一些积极的执法方法。

Elman和Killebrew(1978)在最早的研究中发现,赢取奖品的方式能有效增加使用安全带的行为概率。Geller、Johnson和Pelton(1982)也提出了类似的建议,实验为驾驶人提供了这样一个机会:如果他们系紧安全带,就有可能赢得比赛。这些研究表明,奖励可以达到和传统惩罚一样的效果(Hagenzieker,1991;Johnston、Hendricks和Fike,1994;Kalsher、Geller和Lehman,1989)。一项元分析表明,提高安全带使用动机的项目在短期内能提高12%的效应,长期效应是9.6%(加权效应大小;Hagenzieker、Bijleveld和Davidse,1997)。

下面列举4项重要的关键实例研究。第1项研究:Rudd和Geller(1985)报道了大学校园警察记录的那些系好安全带的驾驶人的车牌,并给他们抽奖机会。他们发现,这样的执法保证了系安全带行为的持久性,而且获得了良好的成本效益,并将项目研究对象从最初的研究人员扩大到警察等执法人员和其他学生群体身上。执法方也积极响应了该项目的要求,比如增加了执法人员的安全带使用行为。

第2项研究:Kalsher等(1989)进一步比较了为期4周的奖励计划(有机会赢得奖品)和为期4周的抑制计划(P+的形式并处罚),来观察使用安全带的驾驶人的行为是否改变。研究群体是两个海军基地的驾驶人。第一个研究群体采用奖励计划,执法人员写下系好安全带的驾驶人的车牌号以便进行抽奖。第二个研究群体采用抑制计划,执法人员把罚单发给那些没有系好安全带的驾驶人。最后Kalsher等发现,这两种奖惩计划对提高安全带的使用率都有效。

第3项研究:纵向比较研究(Hagenzieker,1991)的作者比较了荷兰几个军事基地不使用安全带的2个月的P+执法计划和R+执法计划的效果。第一个月面向公众,在R+计划下,警方记录使用了安全带的驾驶人并告知他们有机会获奖。结果发现,两种计划都同时增加了使用安全带的行为概率。随后,他们对公众的态度进行比较研究,以评估执法人员给予奖励的执法效果。有趣的是,60%的受访者完全认可R+计划,认为给予奖励来提高安全带使用率是应该的,42%的受访者完全同意"执法人员对使用安全带的奖励方案"(第202页)。然而,也有一些不太积极的结果。首先,比起P+受访者,R+受访者不太可能完全同意安全带使用的奖励方案。其次,这两个群体都有50%的人群认为奖励计划有点"夸张",特别是那些认为驾驶时必须要系安全带的人。最后,这两个群体中的很多人都相信"执法人员(警察)有更重要的事情要做,而不是花时间来检查安全带使用"(第202页)。公众的这些不同反应很重要,且值得更深入地探索。

最后一项研究:Ludwig和Geller(1999)尝试将法律程序作为干预计划的一部分。他们在6周内,让比萨送货员利用优惠券或无线电台来鼓励安全带的使用,如果人们在车上展示比萨盒上的提醒卡,就有机会赢得免费比萨。当比萨送货员和当地执法部门看到这些卡时记下车牌号码,广播合作伙伴会广播这些号码让车主过来领取免费的比萨券。作者只关注安全带的使用,并发现这样的执法提高了安全带的使用率,在事后的随访评估中安全带的使用率也保持在平均水平上。在社区的电话采访中发现,大部分人(58%)说参加了比萨计划后,安全带的使用率提高了。

上述例子中,只有一例是执法人员直接提供奖励的执法计划。只有 Hagenzieker 的研究是让执法人员在两个计划下直接给系好安全带的驾驶人奖励。而另外两个研究是执法人员记录下车牌号,并没有直接给予奖励。无论是奖励还是惩罚,及时后果都比延迟后果更有效果(Daniels 等,2004)。未来的研究应该着重于研究执法人员和驾驶人的及时互动过程,并进行更深入的有效性试验。

交通安全文献研究已经不再那么关注对强化执法的研究,而更关注惩罚模型。大部分评估执法和交通安全的文献都将重点放在要提出和颁布更强有力的法律和提高罚款金额(P+)并使罚单和罚款更加统一。Williams 和 Wells(2004)认为严格的法律及更高的惩罚是很重要的,它们可以改变"不使用安全带的驾驶人群的信念"(第 179 页)。此外,Shults、Elder、Sleet、Thompson 和 Nichols(2004)建议法律允许安全带执法作为首要执法任务(即一级安全带法律,执法人员可以单独针对没有系好安全带这一行为进行罚款)。Dinh-Zarr 等(2001)进一步验证了 P+倾向。

对于改变交通执法中使用 P+的传统做法,人们不甚乐观。尽管之前报道了一些成功案例,但许多研究人员和执法人员似乎并没有解决 20 世纪 80 年代初提出的关于如何有效使用强化措施的困难和问题。Hurst(1980)和 Warren(1982)之间发生了最早且至今仍然重要的辩论之一。Hurst 虽然承认学习理论的预测,但也承认加强安全驾驶即使能够大规模实施,也是很困难的。他指出,危险驾驶人可能会因为其冒险行为而获得同伴的认可。不受尊敬的执法人员不太可能提供有意义的强化措施来抵消这种由同伴给予的强化措施。Warren 更为乐观,他指出,执法机构之所以使用惩罚措施而不是强化措施,是因为目标行为的定义方式。如果目标行为是违法行为,那么很可能使用惩罚作为对策。如果目标行为是合法的替代行为,则可能会有所不同。此外,Warren 指出,如果执法人员首先让公众相信他们的工作能真正带来有关安全的好处,他们可能会变得更受信任,进而允许对安全驾驶强化行为的分配,以更有效地与风险承担强化行为竞争。有证据表明 Warren 可能是正确的;Rudd 和 Geller(1985)、Hagenzieker(1992)的调查表明,执法人员通过参与增援活动可能会得到一些积极的推动。此外,社会控制文献中在"威慑"方面倾向于关注非法活动,而不是创造和维持一些合法的替代行为。

31.9 小结

一般来说,执法在减少道路上的危险行为、受伤和死亡人数方面是有效的,它有犯罪学(威慑理论)和心理学(学习理论)的理论支持。本章回顾了行为改变的理论基础和执法如何适应更大的理论,还有执法机构如何有效地应对不使用安全带、酒后驾驶、超速等情况,以及对执法效力的挑战。本章还就自动化执法展开讨论。自动化执法可以减少危险行为,但仅采用自动化执法并不能说服公众。事实上,公众对执法的看法是很重要的。执法要有一致性、一贯性和公平性。在笔者看来,执法的未来取决于这些领域。

此外,未来的目标在于将执法人员作为榜样,采用其他积极的强化措施等替代手段加强基于惩罚的传统执法。执法人员在交通事故中受伤的可能性比在其他活动中更大,他们自己的驾驶行为（如不使用安全带）对其也没有帮助（Noh，2011），他们执法时有时也违反法律，使得公平性问题再次成为大众关注的焦点。此外，理论上基于强化的替代方法可能更适合于引发持久的行为改变，而创造规避行为的基于惩罚的传统方法不能做到这一点。

减少危险驾驶、碰撞、受伤、死亡的执法计划的顺利实施取决于许多因素，其中有许多因素在本手册中已经提及。在可预见的未来，社区将依靠有效的执法活动来控制道路的使用，这是需要结构化保护的共享空间（Poter 和 Berry，2004）。本章的目标是通过理论和评估结果，竭尽所能改进我们在社区中设计和部署执法项目的方式。

致谢

感谢东弗吉尼亚医学院 Kelli EnglandWill 博士和奥多明尼昂大学的 Randy Gainey 博士对原稿提出的宝贵意见。

本章参考文献

AKERS R L, 1990. Rational choice, deterrence, and social learning theory in criminology: The path not taken[J]. Journal of Criminal Law and Criminology, 81: 653-676.

AKER R. L, JENSEN G F, et al, 2003. Social learning theory and the explanation of crime[M]. New Brunswick: Transaction Publishers.

BAUM W M, 2005. Understanding behaviorism: Behavior, culture, and evolution[J]. Malden: Blackwell.

BECK K H, MOSER M L, 2006. Does the type of exposure to a roadside sobriety checkpoint influence driver perceptions regarding drunk driving[J]. American Journal of Health Behavior, 30: 268-277.

BECK L F, SHULTS R A, 2009. Seat belt use in states and territories with primary and secondary laws - United States, 2006[J]. Journal of Safety Research, 40: 469-472.

BLAIS E, DUPONT B, 2005. Assessing the capability of intensive police programmes to prevent severe road accidents[J]. British Journal of Criminology, 45: 914-937.

BLAIS E, GAGNE MP, 2010. The effect on collision with injuries of a reduction in traffic citations issued by police officers[J]. Injury Prevention, 16: 393-397.

BURNS K, 2003. Horatio's drive: America's first road trip[R]. (Documentary). Walpole: Florentine Films.

CHANCE P, 2009. Learning and behavior: Active learning edition (6th ed.)[R]. Belmont: WADSWORTH.

CHAUDHARY N K, ALONGE M, PREUSSER D F, 2005. Evaluation of the Reading, PA nighttime safety belt enforcement campaign: September 2004[J]. Journal of Safety Research,

36: 321-326.

CHEN G, 2005. Safety and economic impacts of photo radar program [J]. Traffic Injury Prevention, 6: 299-307.

DANIELS A C, DANIELS J E, 2004. Performance management: Changing behavior that drives organizational effectiveness (4th ed. revised) [J]. Atlanta: Performance Management publications.

DINH-ZARR T B, SLEET D A, SHULTS R A, et al, the Task Force on Community Preventive Services, 2001. Reviews of evidence regarding interventions to increase the use of safety belts [J]. American Journal of Preventive Medicine, 21(4S): 48-65.

DULA C S, DWYER W O, LEVERNE G, 2007. Policing the drunk driver: Measuring law enforcement involvement in reducing alcohol-impaired driving[J]. Journal of Safety Research, 38: 267-272.

EBY D W, VIVODA J M, FORDYCE T A, 2002. The effects of standard enforcement on Michigan safety belt use[J]. Accident Analysis and Prevention, 34: 815-823.

ELMAN D, KILLEBREW T J, 1978. Incentives and seat belts: Changing a resistant behavior through extrinsic motivation[J]. Journal of Applied Social Psychology, 8: 72-83.

ELVIK R, VAA T, 2004. The handbook of road safety measures[M]. Amsterdam: Elsevier.

ERKE A, 2009. Red light for red-light cameras[J]. A meta-analysis of the effects of red-light cameras on crashes. Accident Analysis and Prevention, 41: 897-905.

EVANS L, 2004. Traffic safety[M]. Bloomfield Hills: Science Serving Society.

EVANS L, 1991. Traffic safety and the driver[M]. New York: Van Nostrand.

FULLER R, 1984. A conceptualization of driving behaviour as threat avoidance[J]. Ergonomics, 27: 1139-1155.

FULLER R, FARRELL E, 2004. Evidence for the effectiveness of a high enforcement strategy: A case study from the Republic of Ireland[M]. In T ROTHENGATTER, R D HUGUENIN (Eds.), Traffic and transport psychology: Theory and application. Amsterdam: Elsevier.

GELLER E S, JOHNSON R P, PELTON S L, 1982. Community-based interventions for encouraging safety belt use[J]. American Journal of Community Psychology, 10: 183-195.

HAGENZIEKER M P, 1991. Enforcement or incentives[J]? Promoting safety belt use among military personnel in The Netherlands. Journal of Applied Behavior Analysis, 24: 23-30.

HAGENZIEKER M P, 1992. Drivers' opinions of enforcement and incentive strategies to promote safety belt use[J]. Journal of Safety Research, 23: 199-206.

HAGENZIEKER M P, BIJLEVELD F D, DAVIDSE R J, 1997. Effects of incentive programs to stimulate safety belt use: A meta-analysis [J]. Accident Analysis and Prevention, 29: 759-777.

HARPER J, 1991. Traffic violation detection and deterrence: Implications for automatic policing [J]. Applied Ergonomics, 22: 189-197.

HOUSTON D J, RICHARDSON L E, 2006. Safety belt use and the switch to primary enforcement, 1991-2003[J]. Government, Politics, and Law, 96: 1949-1954.

HU W, MCCARTT A T, TEOH E R, 2011. Effects of red light camera enforcement on fatal crashes in large U. S. cities[EB/OL]. [2010-05-16]. Arlington: Insurance Institute for Highway Safety. http://www.iihs.org/research/topics/pdf/r1151.pdf.

HURST P M, 1980. Can anyone reward safe driving[J]. Accident Analysis and Prevention, 12: 217-220.

Insurance Institute for Highway Safety, 2011a. Communities using red light and/or speed cameras: February 2011[EB/OL]. [2010-05-16]. http://www.iihs.org/laws/auto_enforce_cities.aspx.

Insurance Institute for Highway Safety, 2011b. Safety belt use laws: February 2011[EB/OL]. [2010-05-16]. http://www.iihs.org/laws/safetybeltuse.aspx.

JACKMAN T, 2010-6-7. Fairfax police writing fewer tickets because of problematic computer system[EB/OL]. [2010-05-16]. The Washington Post. http://www.washingtonpost.com/wp-dyn/content/article/2010/06/06/AR2010060603219.html.

JOHNSTON J J, HENDRICKS S A, FIKE J M, 1994. Effectiveness of behavioral safety belt interventions[J]. Accident Analysis and Prevention, 26: 315-323.

KALSHER M J, GELLER E S, LEHMAN G R, 1989. Safety belt promotion on a naval base: A comparison of incentives vs. disincentives[J]. Journal of Safety Research, 20: 103-113.

KAZDIN A E, 2001. Behavior modification in applied settings (6th ed.)[M]. Belmont: Wadsworth.

LUDWIG T D, GELLER E S, 1999. Behavior change among agents of a community safety program: Pizza deliverers advocate community safety belt use[J]. Journal of Organizational Behavior Management, 19: 3-24.

LUHBY T, 2011-1-17. CAMDEN N J, to lose nearly half its cops [EB/OL]. [2010-05-16]. CNN Money. com. http://money.cnn.com/2011/01/17/news/economy/camden_police_layoffs/index.htm.

MALOTT R W, 2001. Occupational safety and response maintenance: An alternate view[J]. Journal of Organizational Behavior Management, 21: 85-102.

MATTAINI M A, 1996. Public issues, human behavior, and cultural design[M]. In M A MATTAINI, B A THYER (Eds.), Finding solutions to social problems: Behavioral strategies for change. Washington, DC: American Psychological Association.

NOH E Y, 2011. Characteristics of law enforcement officers' fatalities in motor vehicle crashes (DOT HS 811 411)[R]. Washington, DC: National Highway Traffic Safety Administration.

PORTER B E, BERRY T D, 2004. Abusing the roadway "commons": Understanding driving through an environmental preservation theory[J]. In T ROTHENGATTER, D HUGUENIN (Eds.), Traffic and transport psychology: Theory and practice. Amsterdam: Elsevier: 165-175.

REDELMEIER D A, TIBSHIRANI R J, EVANS L, 2003. Traffic-law enforcement and risk of death from motor-vehicle crashes: Case-crossover study[J]. Lancet, 361: 2177-2182.

REINFURT D W, 2004. Documenting the sustainability of a mature Click It or Ticket program: The North Carolina experience[J]. Journal of Safety Research, 35: 181-188.

RETTIN R A, FARMER C M, MCCARTT A T, 2008. Evaluation of automated speed enforcement in Montgomery County, Maryland[J]. Traffic Injury Prevention, 9: 440-445.

RETTING R A, FERGUSON S A, HAKKERT A S, 2003. Effects of red light cameras on violations and crashes: A review of the international literature[J]. Traffic Injury Prevention, 4: 17-23.

ROGERS E M, 1995. Diffusion of innovations (4th ed.) [M]. New York: Free Press.

RUDD J R, GELLER E S, 1985. A university-based incentive program to increase safety belt use: Toward cost-effective institutionalization[J]. Journal of Applied Behavior Analysis, 18: 215-226.

SHERMAN L W, 1993. Defiance, deterrence, and irrelevance: A theory of the criminal sanction [J]. Journal of Research in Crime and Delinquency, 30: 445-473.

SHORT M S, WOELFL G A, CHANG C J, 1982. Effects of traffic signal installation on accidents [J]. Accident Analysis and Prevention, 14: 135145.

SHULTS R A, ELDE R W, SLEET D A, et al, the Task Force on Community Preventive Services, 2001. Reviews of evidence regarding interventions to reduce alcohol-impaired driving [J]. American Journal of Preventive Medicine, 22(4S): 66-88.

SHULTS R A, ELDER R W, SLEET D A, et al, 2004. Primary enforcement seat belt laws are effective even in the face of rising belt use rates[J]. Accident Analysis and Prevention, 36: 491-493.

SIEGRIST S, 2004. Questions for psychologists related to enforcement strategies [M]. In T ROTHENGATTER, R D HUGUENIN (Eds.), Traffic and transport psychology: Theory and application. Amsterdam: Elsevier.

SKINNER B F, 953. Science and human behavior[M]. New York: Free Press.

STAFFORD M C, WARR M, 1993. A reconstruction of general and specific deterrence [J]. Journal of Research in Crime and Delinquency, 30: 123-135.

STRADLING S G, MARTIN L, CAMPBELL M, 2005. Effects of speed cameras on driver attitude and behavior[M]. In G UNDERWOOD (Ed.), Traffic and transport psychology: Theory and application. Amsterdam: Elsevier.

TAXMAN F S, PIQUERO A, 1998. On preventing drunk driving recidivism: An examination of rehabilitation and punishment approaches[J]. Journal of Criminal Justice, 26: 129-143.

The statistics of CCTV [EB/OL]. [2009-7-20]. BBC News. http://news.bbc.co.uk/2/hi/uk_news/8159141.stm.

THOMAS L J, SRINIVASAN R, DECINA L E, et al, 2008. Safety effects of automated speed enforcement programs: Critical review of international literature[J]. Transportation Research Record, 2078: 117-126.

TISON J, WILLIAMS A F, 2010. Analyzing the first years of the Click It or Ticket mobilizations [J]. (DTNH22-05-D-15043, Task Order No. 001). Washington, DC: National Highway Traffic Safety Administration.

VASUDEVAN V, NAMBISAN S S, SINGH A K, et al, 2009. Effectiveness of media and enforcement campaigns in increasing seat belt usage rates in a state with a secondary seat belt law[J]. Traffic Injury Prevention, 10: 330-339.

VIVODA J M, EBY D W, ST LOUIS R M, et al, 2007. A direct observation study of nighttime safety belt use in Indiana[J]. Journal of Safety Research, 38: 423-429.

VOAS R B, DEYOUNG D J, 2002. Vehicle action: Effective policy for controlling drunk and other high-risk drivers[J]. Accident Analysis and Prevention, 34: 263-270.

WAGENAAR A C, MALDONADO-MOLINA M M, MA L, et al, 2007. Effects of legal BAC limits on fatal crash involvement: Analyses of 28 states from 1976 through 2002[J]. Journal of Safety Research, 38: 493-499.

WÅHLBERG A E, 2010. Re-education of young driving offenders: Effects on self-reports of driver behavior[J]. Journal of Safety Research, 41: 331-338.

WARREN R A, 1982. Rewards for unsafe driving? A rejoiner to P. M. Hurst[J]. Re-education of young driving offenders: Effects on self-reports of driver behavior. Accident Analysis and Prevention, 14: 169-172.

WELL H, 2008. The techno-fix versus the fair cop: Procedural (in)justice and automated speed limit enforcement[J]. British Journal of Criminology, 48: 798-817.

WELLS J K, PREUSSER D F, WILLIAMS A F, 1992. Enforcing alcohol-impaired driving and seat belt use laws[J]. Journal of Safety Research, 23: 63-71.

WILLIAMS A F, REINFURT D, WELLS J K, 1996. Increasing seat belt use in North Carolina. [J] Journal of Safety Research, 27: 33-41.

WILLIAMS A F, WELLS J K, 2004. The role of enforcement programs in increasing seat belt use [J]. Journal of Safety Research, 35: 175-180.

WILSON C, WILLIS C, HENDRIKZ J K, et al, 2010. Speed cameras for the prevention of road traffic injuries and deaths[J]. Cochrane Database of Systematic Reviews, 11, CD004607.

第六部分　交叉领域研究事务

第32章 道路交通安全与公共卫生学的交集

戴维 A. 斯利特(David A. Sleet),安 M. 德林杰(Ann M. Dellinger)和丽贝卡 B. 诺曼(Rebecca B. Naumann)

美国佐治亚州,亚特兰大,疾病控制和预防中心(Centers for Disease Control and Prevention,Atlanta,GA,USA)

"目前我们可以预防治愈大部分致命的疾病,然而世界每年有超过一百万的人口死于交通事故。"

——Sleet、Dinh-Zarr 和 Dellinger(2007,第 41 页)

32.1 引言

美国人的健康状况在 20 世纪发生巨大的变化。在 1900 年,导致人类死亡的主要原因是呼吸道传染病和痢疾(Waed 和 Warren, 2006)。其他传染性疾病,诸如天花和小儿麻痹症,也是导致死亡的重要因素。在 20 世纪的前半个世纪里,公共卫生以及医疗条件的发展使传染病的致死率急剧下降。如今,免疫项目的普及,从根本上降低了小儿麻痹症、白喉及风疹的威胁。随着医疗水平的提升,传染性疾病开始逐渐被抑制,慢性疾病和人身伤害成为美国人死亡的主要原因,而大部分伤害与机动车驾驶有关系。

本章将交通伤害视为公共卫生问题,并讨论此问题的历史,从交通安全中普遍存在的交通心理学角度和交通安全中的公共卫生视角,探讨解决交通安全问题的方法如何应用,关注经典的成功案例,同时,在公共健康领域和交通心理学领域朝着共同努力改善道路安全方向发展的基础上,讨论了未来研究需求。

32.2 交通伤害问题的历史及负担

相比于 20 世纪初的其他健康问题,交通工具相关的(在本章接下来的内容中用"交通"来指代)伤害和死亡是由于汽车这种新型技术的飞速发展和普及。在 1900 年,汽车非常新奇,其存在的健康和安全隐患也被忽视,汽车是那个时代重要的私人交通工具代表(其他的私人交通工具有马车),随后汽车制造技术的不断完善和提高,使大众也能买得起车,因此刺激了汽车商业市场,交通设施得到发展,实现了人们出行的便捷。

1900 年,美国约有 8000 人登记成为有车一族(Ritter, 1994),到 1950 年,数量达到了 5000 万人[美国联邦公路管理局(FHWA),2000]。2008 年,有超过 2 亿 800 万名驾驶人持有驾驶证,道路上有数不胜数的自行车、行人、车辆(FHWA, 2010)。急速的"机动化"发展滋长了车辆碰撞和人员伤害的潜在危险(全球交通安全信托基金,1998)。随着车辆和驾驶人的增加,死亡和受伤人数从1900年的10万分之1升至1937年的10万分之31[美国国家安全委员会(NSC),2002]。机动性的增加引发了风险的增加和安全性的下降:这就是美国机动化的悖论。

交通伤害仍然是巨大的社会问题[美国医药研究所(IOM),1999]。在过去的100年,交通事故导致超过280万人死亡,将近1亿人受伤[美国卫生与公共服务部(DHHS),1992]。目前,交通事故引起的伤害是导致儿童、青少年及青年人死亡的主要原因,也是致使其他年龄段人群死亡的主要原因。2009年,车辆碰撞导致33808人死亡、2217000人伤害及至少5505000起交通事故[美国国家公路交通安全管理局(NHTSA),2010]。交通事故引起的伤害所需的医药费和劳动力损失在2005年已达99亿美元(Naumann、Dellinger、Zaloshnja、Lawrence和Miller,2010),据估计,这些损失等同于每个驾驶人每年需要分摊500美元,还有的研究发现交通事故导致的损失相当于2.3%的GDP(Blincoe等,2002;Naumann等,2010)。在美国,上班和下班时的交通事故伤害给雇主造成了近600亿美元的损失(NHTSA,2006)。

32.3 公共卫生学视角

公共卫生学是一门保障和提高人口健康的实践性科学,它运用教育、社会政策、环境保护、食品安全及管理实现人口健康的目标(美国公共卫生学院学会,2011)。从可预防的发病率和死亡率的角度来看,公共卫生在交通安全方面大有可为。公共卫生领域拥有资源、技术工人及与社区的密切联系。大多数人认为公共卫生是政府的一项基本职能,它承担着保护公众健康免受不合理威胁的责任(Shaw和Ogolla,2006)。这些特征可以用来证明减少交通伤害的努力是合理的,但前提是要认识到交通伤害和疾病一样是可以预测的,因此是可以预防的。

虽然交通事故显然对个人和社会都有公共健康影响,但它们往往被视为交通问题,而不是公共健康问题。Sue Baker(1972)认识到这点,并写道:

"伤害是一个重大而紧迫的公共卫生问题,与其他健康问题密切相关,但长期以来被大多数公共卫生专业人员所忽视。成功控制疾病的根本性方法与控制伤害的方法类似。"(第1002页)

世界卫生组织(WHO)证实交通安全应被看成一项共同责任,而不是任何单一部门、学科或机构的专属责任(Peden等,2004)。交通事故影响的不仅是交通系统,还有经济系统、卫生系统、工作、家庭及社会。在贫困的国家,一个家庭的经济支柱由于交通事故意外死亡,就意味着整个家庭丧失经济收入,甚至导致孩子成为孤儿。实质上这也会影响到中低收入的国家(Peden等,2004)。

反映交通伤害的公共卫生来源有很多方面——医疗专家、公共卫生组织、消费者的倡议、道路权威、通信专家、交通心理学家及联邦卫生部门。美国疾病控制与预防中心[CDC,美国卫生与公众服务部(DHHS)提供公共卫生服务的子组织]和联邦卫生组织共同负责此项任务。因为交通事故对医疗系统的大量需求及预防措施在解决此类问题时有显著的效果,美国公共卫生署(PHS)在20世纪初就开始涉足该领域,并从那时起在组织公共卫生响应方面发挥了关键作用。

通过使用描述流行病学、风险因素鉴别、干预发展及评估以及广泛落实和宣传有效的对策,公共卫生促进了预防方法,也促进了以州为基础的预防计划、大众教育和训练、创伤治疗系统的改进以及康复医疗水平的进步(Von Holst、Nygren 和 Andersson,1997)。

32.3.1 解决交通安全问题

在20世纪初的几十年里,汽车的增长带来的不利结果让胡佛总统在1924年召开首届关于道路和高速公路安全的全国性会议。这是一系列总统倡议中的第一个,旨在建立一套统一的交通法规,以防止交通事故和保护公众免受不必要的伤亡[美国公共卫生协会(APHA),1961]。在此期间,国家科学学会、国家研究委员会、人类学和心理学会组织了公路心理学委员会研究驾驶机动车时的心理学原则(1930)及对驾驶人进行测评(1934)(美国国家科学院,2011)。

在1924—1934年,医疗工作者也被邀请参与这项全国性的项目,正式的委员被派遣到各个交通安全地区工作。然而,交通事故死亡人数持续攀升,驾驶人及车辆面临的危险攀升速度远比设计的保护他们的安全对策的效益增长快得多。据报道,在1934年,死亡人数达到36101人,每10万人中有28.6人死亡(NSC,2002)。罗斯福总统要号召48个州的相关人员协力合作共同解决该问题。1935年1月,罗斯福总统在致各州政府人员的一封信中写道(Roosevelt,1938):

"我相当关注交通事故所造成的死亡和伤害问题。初步的数据显示,1934年一整年的总损失额远远超过了过往。我们这样的民族,应该有能力解决这个严重影响我们生命和公民幸福感的问题……措施实行的责任在于各个州,需要法律保障和相关组织加强管制,也需要加强公民交通安全意识教育。还需要在教育公众安全使用机动车方面发挥领导作用,机动车已成为不可或缺的交通工具。"(第62~63页)

这种参与交通安全的声明和请求以及州长随后的行动就是今天的州长公路安全办公室的起源,该办公室存在于每个州,以帮助改善交通安全。

1945年4月13日,艾森豪威尔总统成立了一个非正式的交通安全委员会。1960年1月13日,他通过签署第10858号行政命令"推进街道和公路安全事业"(Weingroff,2003,第120页),为该委员会(由 William Randolph Hearst Jr. 领导)奠定了正式地位。该行政命令描述了其目的:

"委员会代表总统,应促进州和社区对1946年总统公路安全会议制定的、1949年修订的交通安全措施行动计划的应用,并应根据进一步研究的结果和经验进一步修订和完善该行动计划。它还应在各州和社区发展有效的公民组织,支持承担行动计划责任的公职人员。"

NHTSA 的诞生是为了应对20世纪60年代初不断上升的交通死亡率和社会改革的大环境。约翰逊总统于1966年签署了《国家交通和机动车安全法》和《公路安全法》。这些法案为政府加大力度制定标准及管理车辆和公路,以提高驾驶人、乘客、行人和骑自行车者的安全性铺平了道路[美国交通研究委员会(TRB),1990]。这使得国家公路安全局(NHSB)成立并在1970年变为 NHTSA。这两个始于1968年的法案给予了 NHSB/NHTSA 设立公路及新车辆安全标准的权力。

32.3.2 将公共卫生模式应用于预防

在不同的传染性及慢性疾病的预防工作中,公共卫生学模式起到显著的效果。尽管工程学、环境健康学和急救医学等许多学科促进了人们对交通伤害及其原因和后果的理解,但公共卫生学带来了交通安全领域所缺少的新工具、方法、应用和系统。

根据定义,公共卫生不是关于单个病人的,而是关于人群的。公共卫生侧重于对健康的持续监测,侧重于识别、预防和管理影响健康的疾病和状况,目的是最大限度地造福于全体人民。这就是公共卫生对社会贡献的独特之处。要做到这一点,公共卫生(必要时)必须借鉴许多学科,包括流行病学、卫生服务、健康促进、心理学、人为因素、健康教育、经济学、医学和社会学。

公共卫生的独特优势之一是它与社区的联系,它有能力通过一个协调的护理系统来解决健康问题。公共卫生对人口的关注有助于开发识别、预防、治疗疾病和伤害的工具和方法。这些特点植根于公共卫生文化,可以成功地应用于(或适应于)交通伤害这一特殊"疾病"和促进安全水平提升。公共卫生可以有效地使用这些工具及国家基础设施来识别、跟踪和监测交通伤害和死亡,并设计短期和长期解决方案来帮助应对交通伤害风险的上升。

交通伤害预防系统的公共卫生方法开始于 NHSB 第一任领导者——William Haddon(IOM,1985)。公共卫生医生和流行病学家 Haddon 将科学方法应用于预防交通伤害,该方法植根于公共卫生方法(Haddon,1968)。Haddon 的理论建立在 John E. Gordon 博士的工作的基础上,John E. Gordon 博士认为伤害就像典型的传染性疾病,以流行性发作、季节性变化和长期趋势为特征(Gordon,1949)。Haddon 进一步描述了导致交通伤害发生的 3 个阶段:碰撞前阶段、碰撞阶段和碰撞后阶段(Haddon,1968)。目前,NHTSA 的一系列活动仍持续受 Haddon 的理论的影响,即强调对驾驶人、交通工具及道路环境的全面了解。

1959 年,实验心理学家 James Gibson 采用传统的流行病学方法研究伤害。他认为对生物体的伤害只能通过某种能量交换的形式产生(Gibson,1961)。伤害就好比吸烟导致的疾病一样,至少是以下这 3 个方面的产物:宿主(如烟瘾者和酒驾驾驶人)、环境(如诱发吸烟的情景,危险的道路和天气)以及媒介(如烟草中的致癌物及当一辆高速运动的车辆碰撞时移动的能量转移到个体身上)(图 32-1)。对个体的干预(改变行为以降低危险)和控制环境(降低暴露于危险中的概率)及媒介(减少烟草中的有害化学物质或降低交通事故中的能量转换)可以单独或者联合降低吸烟导致的发病率和交通事故导致的死亡率。

为了减少引起交通伤害的主要因素,人们引入了限速,通过了酒后驾驶法,并对驾驶人和行人进行了安全行为教育和培训。为完善交通环境,多元化策略被用于提高道路条件,包括曲线半径设计、道路边缘条件及中线条纹及反射物、分离标志和电线杆,以及公路照明设施;使用栅栏分隔车道、护栏和沟槽路面,以及增加恶劣天气下的轮胎摩擦力;将左转车流引导至单独车道;增加隆声带,在出口斜坡处增加碰撞冲击的空间(DHHS,1992;Rice 等,1989;Waller,2001)。为了控制碰撞中释放的动能,制造商开始制造具有改进安全设备的车辆,包括头枕、能量吸收转向盘、翻车保护装置、双制动器、防破碎风窗玻璃和安全带(Rice 等,1989;TRB,1990)。车辆安全规定由政府引入和颁布,由厂商采纳,以满足发生交通事故时的车辆性能和人身伤害容限标准(Evans,1991;Shinar,1978)。制定并实施法规控制车辆、道路及人们的交通行为,通过大众教育强化人们的交通意识,能使政策更加强大,保障了路上千千万万生命的安全(Dellinger、Sleet和Jones,2007)。

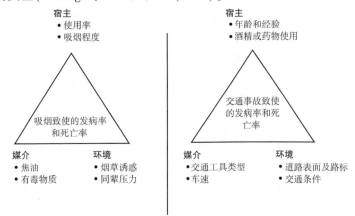

图32-1 应用流行病学逻辑三角减少吸烟及与交通事故有关的发病率和死亡率
注:来源于转载自Sleet and Gielen(1998)。

32.3.3 预防中的领导者

32.3.3.1 美国交通局的角色

交通伤害可以被预防这一认识激发了联邦、州政府、学术研究所、社区组织及行业机构的研究和项目。在运输方面,美国交通部下属的NHTSA及FHWA在20世纪60年代开始就在交通安全方面付出许多努力,而且这些努力仍在当今的交通安全方面起到有利作用(IOM,1999)。在道路设施方面,FHWA对所有街道、公路及自行车道的一切交通设施进行全国性标准化(FHWA,2003)。如果不是政府做出的这些工作,美国的交通伤害率及死亡率肯定会比现在的高。

32.3.3.2 疾病控制与预防中心的角色

1986年,由于美国国家科学院题为《全美意外伤害问题》(*Injury in America*)(IOM,1985)的报告,国会授权拨款在CDC建立一个国家伤害预防研究项目,这推动了交通安全在联邦层面的发展。CDC为交通伤害预防带来了公共卫生框架和流行病学观点,包括监测、风险因素研究、干预措施开发和传播。在四步模型中,首先通过监测(交通伤害数据的系统收集、分析和解释)确定问题的严重程度,然后确定交通事故与伤害的风险和保护因素,接着制定和测试干预措施以减少风险因素,最后实施和传播有效的计划(图32-2)。

这种公共卫生模式很快被应用

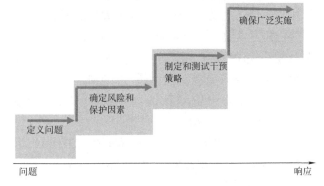

图32-2 CDC和公共卫生预防
注:来源于疾病控制和预防中心(2001)。

到交通安全项目中,重点是从使用监控来识别问题,转向传播已知有效的预防项目和政策。CDC还资助州和地方卫生部门开展交通伤害预防项目(Sleet、Bonzo和Branche,1998)。此外,CDC资助了"卓越中心"(Centers of Excellence)进行伤害控制研究,最初要求一半的资金用于与交通伤害预防和控制相关的研究。今天,这些中心继续进行重要的交通相关的研究。

32.3.3.3 州及地方公共卫生部门

在一定程度上说,由于州卫生部门在开展疾病预防和健康促进活动中的作用,它们在交通安全方面也发挥了重要作用。然而,它们的作用已经落后于州公路安全办公室,后者是通过NHTSA资助的。由于公共卫生在保护和促进州和地方人口健康方面的作用,卫生部门是减少交通伤害工作的关键组成部分。卫生部门对公共卫生负有法定责任,提供社区卫生服务,向得不到充分服务的人口提供计划,并且通常在与各种社区团体和机构合作方面经验丰富(Sleet,1990)。预防与交通事故有关的伤害(如酒后驾车、使用安全带、行人和自行车安全)被视为卫生部门越来越大的责任。

32.3.3.4 公共卫生和医学领域的合作者

在许多方面,交通安全和公共卫生在预防交通伤害方面的合作源于双方对共同目标的共同认识。虽然解决问题的言语和系统可能不同,但它们都带来了重要和独特的视角。当地的联盟、私有机构、志愿者组织及非营利组织都为交通安全提供了重要的支持及促进作用。州级儿童安全协会及美国儿科学会无论在州还是地方的交通安全领域都起到重要支持作用。反对酒后驾车母亲协会(Mothers Against Drunk Driving)、汽车安全医师协会(Physicians for Automotive Safety)、汽车和公路安全倡导者协会(Advocates for Auto and Highway Safety)以及高速公路安全保险协会(Insurance Institute for Highway Safety)等组织为车辆安全驾驶、交通行为规范等方面提供了非政府性的支持。地方公共卫生环境中的合作在激发公共辩论、鼓励立法和公共政策、支持受害者权利以及支持政府以外的研究方面发挥了关键作用。这些努力,加上联邦和公共卫生机构和医疗团体的努力,已经在交通安全的公共利益和政治行动方面引发了巨大的变化。

医疗专业人员内的合作,尤其是大型会员协会间的合作,为交通伤害预防的发展做出了贡献,部分原因是他们的集体观点代表了成千上万名会员。早在1950年,美国医学会和美国外科学会就建议汽车制造商为了大众的安全设计汽车,并配备安全带。1961年APHA和美国公共卫生服务事故预防部(Public Health Service Division of Accident Prevention)共同合作出版了《事故预防:医学和公共卫生工作者的作用》。在这段时间,美国国家安全委员会、美国总统交通安全委员会以及PHS协力减少交通伤害的增加。PHS事故预防部的主席Paul V. Joliet博士曾对他的同事说,"对于解决交通伤害问题没有简单易行的办法"(Weingroff,2003,第67页)。

1971年,佛罗里达州诺曼研究实验室主任H. J. Roberts与美国汽车医学协会、汽车安全医师协会及国家事故和交通医学协会合作共同出版了一本先锋级医学著作《交通事故的成因、生态与预防》(Roberts,1971)。一些专业协会,诸如美国预防医学学会、美国创伤协会、国际健康促进与教育联盟、美国公共卫生协会,都号召成员投身于建设交通安全事业中。

随着时间的推移,这些合作努力促进了交通安全公共卫生部门的建立,强化了交通安全和交通伤害预防是民间社会优先健康目标的观念。交通安全法的变化、公众对车辆安全的看法以及执法力度的加强导致了对鲁莽驾驶、酒后驾驶和不使用儿童安全座椅的文化不容忍。这种不容忍促成了有利于安全的新社会规范。人们在海外也观察到了类似的变化,例如,公众接受了通过引入随机呼气测试来减少酒后驾驶的工作(Job、Prabhakar 和 Lee,1997)。

32.4 记录进展

公共卫生在预防伤害方面的贡献是多学科的杰作,也是各个部门机构共同努力的结果(Fisher,1988)。公共卫生在预防交通伤害方面的目标有很多,包括评估(监控健康行为,识别危害健康的因素)、保障(强化法律法规保护人们免遭伤害,预防及创伤康复)还有健康卫生政策(出台保障人们健康的环境及行为等方面的政策及计划)(IOM,1988)。公共卫生领域不仅预防工作做得很多,而且在急救医疗服务的完善、创伤康复系统的发展、完善及评估工作方面也取得了重要进展。这是预防工作的第三防线,当第一道和第二道防线失效时,这道防线会起到将伤害结果降至最低的作用。

自 1966 年以来,通过政府部门(交通部门及卫生部门)和各个私人组织的共同努力,交通事故的 10 万人死亡率降低了 43%,而单位车英里(VMT)死亡率降低了 72%(图 32-3)(NSC,2010)。这些数据意味着,过去 30 年中,328000 多条生命被挽救,无数人避免了伤害(Kahane,2004)。而这些结果来源于不同的因素,包括驾驶行为的改变、车辆设计及道路设计日趋合理化。在汽车拥有者日益增多的阶段,美国实现交通事故死亡率的降低是在车辆保有量和 VMT 增加的时期实现的,这有力地证明了预防工作避免了 VMT 增加带来的风险增加。若不是预防措施的实行,我们可能将会看到更多的伤亡者。交通伤害的预防措施的成功是 20 世纪 CDC 十大成就之一(CDC,2001;Dellinger、Sleet、Shults 和 Rinehart,2006)。

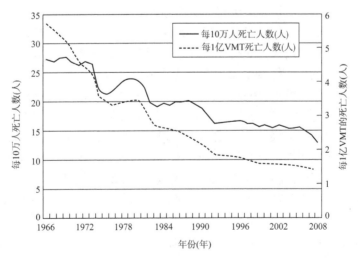

图 32-3 1966—2008 年美国每 10 万人和每 1 亿 VMT 的死亡人数
注:来源于美国安全委员会(2010)。

尽管如此,还有很多事情还要继续完成。比如,在1999—2007年,其他交通车辆类型的死亡率降低,但摩托车驾驶者的死亡率却上升了100%(图32-4)。未来的预防工作将需要交通安全、公共卫生和交通心理学的合作。

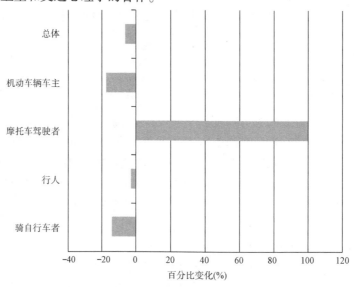

图32-4 每10万人机动车相关死亡率的百分比(美国,1999—2007年)

32.5 应用公共卫生学和交通心理学提高交通安全水平

人类自身行为在交通伤害预防中也是一个重要的因素(Evans,2004;Lonero、Clinton和Sleet,2006)。长期的人为因素研究和工程应用已经证明了人类行为、环境和改善人类健康与安全的技术之间不可分割的联系(Fuller,2002;Summala,2005)。然而,这一信息在公共卫生中的用途没有得到充分的认识和重视。交通心理学家在理解车辆碰撞和伤害中个体行为与社会因素方面做出了重要的贡献(Evans,2004;Frank,1997),这是健康心理学家所没法做到的。健康心理学的权威期刊,如《健康心理学》《健康心理学杂志》《英国健康心理学杂志》《应用心理学:健康与福祉》等,很少发表与交通伤害预防和行为相关的文章。有一本比较权威的关于健康心理学的教科书(Brannon和Feist,2009)用了26页的篇幅探讨了运动的行为维度,但没有一页内容讲到了交通伤害的行为维度,而交通伤害是美国人生命中前40年的主要死亡原因。英国的一本很受欢迎的健康心理学书籍(Morrison和Bennett,2009)的封面画着一名攀岩者在离地面数百英尺(注:1ft≈0.3m)的地方楔入两块巨石之间,没有系安全带,然而这本书甚至没有将"意外伤害"或"事故"包括在其主题索引中。

保障道路安全需要研究交通运输心理学、健康心理学、环境心理学和公共健康。改善道路安全需要这些专业人员转变对交通危险、个人与公共健康行为、风险控制和预防价值的看法。为了减少交通伤害,行为和环境的改变都是必要的,但这需要时间,也需要专业合作和多方面的资源。

公共卫生的历史揭示了行为的改变可以提高健康水平,通过个体和社会的努力可以减少危害健康的因素。比如:抽烟曾被认为是一种无害的行为习惯,是健康、积极生活方式的一部分。烟草广告铺天盖地,经常得到医生和运动员的支持。随着越来越多的科学证据表明吸烟的危害,公众开始消极地看待吸烟,烟草控制成为一个主要的健康目标,吸烟人数大幅下降。需要类似的转变来促成对交通伤害看法的变化。公共卫生和交通心理学可以通过以下方式促进这种转变:

(1)在健康教育中加入交通安全内容,让孩子将安全与生活的方方面面联系起来。
(2)用行为数据鉴别出对交通伤害影响最大的危害因素。
(3)对交通事故的行为维度及相关心理后遗症进行研究。
(4)采用公共卫生学的方法帮助交通部门的工作人员鉴别危险的道路环境。
(5)在健康改善和疾病预防活动中加入道路安全的内容。
(6)确保穷人和获取服务不足的人群平等地获得儿童安全座椅、自行车头盔和社区人行道等社区预防服务,从而减小健康差距。
(7)关注老年人的行动需求,特别是当他们放弃驾驶时,从而将安全性和机动性纳入健康老龄化。
(8)使用现代化的评估技术来测量道路交通安全项目和预防措施的影响力。
(9)估计交通事故导致的所有医疗花费。
(10)应用可靠有效的干预手段节约费用。
(11)根据各州和社区的伤害情况及监测系统给予合理的救助资源。
(12)在全国范围内建立治疗系统,对伤者进行治疗。
(13)以行为理论为基础设计干预方法,从而影响决策者制定保护人们免遭交通伤害的决策。
(14)在重要的公共卫生学杂志和书本中发表相关的研究。

交通安全措施能否成功还需要教育、交通运输、商业、经济、法律、人为因素及社会设施的相互配合。从多学科的视角入手,交通安全和健康可以进入城市规划、建筑环境、社会生态、道路交通管理、伤害监测和社会营销领域,作为其维护健康和安全工作的必要延伸,共同保护群众的健康和安全。

32.6 未来的机遇和挑战

在减少交通伤害中起到里程碑作用的是 DHHS 在《全国健康人群目标》(*Healthy People Objectives for the Nation*)政策框架下的指南集(DHHS,2010)。《健康人群 2020》(*Healthy People 2020*)的内容是 DHHS 指导制定的一套全国性目标。这些目标旨在通过减少可预防的健康威胁,包括交通伤害,以提高全民健康。全国各地的公共卫生学的专业人员通过这些干预方法和政策的改变,实现甚至超越了这些目标。《健康人群》为提高健康水平和预防疾病提供了有科学基础的 10 年国家性目标。自从 1979 年开始,《健康人群》就设置及监测全国健康目标来满足大范围健康需求,激励所有部门及个人力量合作共创健康生活,及测量预防工作的效果(美国卫生局、教育和福利局,1979)。目前,《健康人群 2020》是带领人们走向健康生活的先锋。

从 1979 年开始,《健康人群》就把降低机动车事故引起的创伤设为目标之一。减少交通伤害负担的目标分别在 1990 年、2010 年及 2020 年的计划中被提及。人们每 5 年评估一次目标,设定新的一轮目标并延续到 2010 年及 2020 年。《健康人群 2020》包括很多具体的目标,如降低伤亡率、普及安全带、儿童安全座椅、头盔的使用,完善驾驶证及自行车头盔相关的法律(DHHS,2010)(表 32-1)。其余目标不再一一列出,比如降低非致命头部创伤、脊柱受伤及增加可替代性交通工具的使用。

美国《健康人群 2020》中与机动车辆相关的目标(部分例子)　　表 32-1

目标编号	目标	基线	2020 年的指标
IVP-13.1 和 IVP-13.2	减少车辆碰撞致死人数	2007 年,每 10 万人中有 13.8 人死亡 2008 年,每 1 亿车英里有 1.3 人死亡	每 10 万人中有 12.4 人死亡 每 1 亿车英里有 2 人死亡
IVP-14	减少车辆碰撞导致的非致命损伤	2008 年,每 10 万人中有 771.5 人受伤	每 1 万人中有 694.4 人受伤
IVP-15	增加安全带的使用率	2009 年,84.0% 的驾驶人和副驾驶乘客使用安全带	92.4%
IVP-17	完善有关驾驶证的法律及向更多的州(包括哥伦比亚特区)普及	35 个州(包括哥伦比亚特区)已经拥有相对健全的有关驾驶证的法律	所有州(包括哥伦比亚特区)
IVP-18	减少行人死亡人数	2008 年,每 10 万人中有 1.4 名行人死亡	每 10 万人中有 1.3 名行人死亡
IVP-20	减少骑自行车者死亡人数	2008 年,每 10 万人中有 0.24 人死亡	每 10 万人中有 0.22 人死亡
IVP-20	增加摩托车驾驶人和乘客的安全使用头盔的比例	2009 年,67% 的摩托车驾驶人和乘客使用安全头盔	73.7%

注:来源于美国卫生与公众服务部(2010)。

CDC 负责建立和追踪伤亡状况,而 NHTSA 从 1979 年《健康人群》开始实行起就一直为设定目标和监测伤亡数据工作做出巨大贡献。

尽管在过去的 100 年里,交通伤害的预防取得了实质性的进步,但交通事故及其造成的伤害仍然是 21 世纪的一个主要公共健康问题。在交通心理学和公共卫生领域,综合研究和监视、干预和评估合作项目的可能性几乎是无限的。

在这个汽车时代里,从个人安全到环境污染,汽车已成为导致健康问题的重要源头。随着出行的增加、人口的增长、社会的老龄化以及日常生活对汽车的日益依赖,这些问题只会与日俱增。与交通伤害相关的全球性问题持续增长,尤其在中低收入的国家。交通事故在全球范围内导致 130 万人死亡、200 万～500 万人受到严重非致命伤害,这些损失预计会持续上升(WHO,2009)。

机动性目标和安全性目标之间总是存在冲突,必须不断地重新评估这种平衡。比如,在美国,限速 55mile/h(88km/h)是为了节省燃料,这也导致了更少的交通事故和更少的交通事故死亡人数。当燃料利用率提高时,车速和死亡率降低,人们也会权衡车速和交通安全,不再愿意维持原有的速度,因为限速能带来这么多好处(Dellinger、Sleet 和 Jones,2007)。另外,"自动化"与交通安全目标和公共卫生之间正在出现新的冲突。比如有人号召父母为了孩子增加体育活动而让他们步行,但是考虑到交通安全,父母可能不愿意让他们的孩子步行,即使是很短的距离(Dellinger 和 Staunton,2002)。成年人可能很难选择步行或骑自行车,而不选择开车去上班。节能汽车可能对环境更好,对哮喘的影响更小,这实现了一个公共健康目标,但驾驶节能汽车不会降低心血管疾病的风险,也不会促进健康和形体变化,这是另一个公共健康目标(Kelter,2006)。

目前,82%的美国成年人拥有并使用移动通信设备,约47%的成年人和34%的青少年在开车时发短信(Madden,2010)。此外,75%的成年人和52%的青少年承认在开车时打电话(Madden,2010)。这些额外的注意力需求将为未来带来独特的挑战,交通心理学家可以在研究中发挥关键作用,为这些和其他新兴的行为问题带来新的解决方案。

32.6.1 新型技术

新型车辆和远程通信技术能提高安全性能,但也会带来新的风险,给交通心理学和公共健康带来了特殊挑战。数字地图、通信及图像加工和车辆定位追踪设备对驾驶人的行为及注意力提出了新要求。驾驶过程中的注意力分散,比如打电话、发短信及车内的娱乐活动及上网都带来新的挑战,这些都会影响交通安全。随着石油资源的短缺、油价增长及车辆规模的变化(如小型车辆和大型车),交通拥堵情况将会越来越严重。

用于监测碰撞的早期自动化警报系统目前面临着新的安全挑战,需要革新性的解决方案。通过提高汽车安全性、减少酒后驾驶、降低车速和增加安全带使用而获得的安全改进可能会被与驾驶人行为相关的新危险所抵消,包括分心、疲劳或感官过载。如果技术文化开始超越安全文化,那么提高机动性的呼声必须与提高安全性的需求相平衡。

根据 Noy(1997)的说法,针对推进人机交互科学的研究太少,对系统设计师有用的出版物也太少。智能驾驶界面的发展可能比其背后的技术更能提高安全性。Parkes 和 Franzen(1993)证明,纯技术驱动的交通安全方法是"灾难性的处方"。在一个复杂系统设计中协同整合,多元化的创新精神对于完善驾驶人操作系统的高效性、可接受性及安全性是必不可少的。目前,对于这些挑战的解释需要建立系统的方法(Porter、Bliss 和 Sleet,2010;Shinar,2007)。

32.6.2 特殊人群

特殊人群将是研究的焦点。需要继续干预酒驾者及长期饮酒者,因为这些措施对交通安全有利而无害。对个人分心的研究及儿童安全座椅的使用应继续推广,因为其使用率很低,所以需要研究改善注意力分配和采用增加儿童安全座椅正确使用率的策略。青少年驾驶风险也是一个问题,因为一群缺乏经验的新驾驶人加入了驾驶人群。对分级驾驶执照计划的有效性的研究仍然很重要,同样重要的还有对驾驶教育和培训的改进。因为神经科学揭示了关于青少年大脑的新信息,对青少年驾驶的认知将在研究中发挥越来越重要的作用。

随着人口老龄化,老年驾驶人交通事故和受伤预防将成为优先级更高的事项。预计2010—2040 年间,美国 64 岁以上的老年人数量将增加一倍以上(美国人口调查局,2008)。由于人们的寿命越来越长,老年人驾驶车辆的时间也越来越长,从而增加了他们遭遇交通事故和受伤的风险。帮助老年人成功地平衡安全性和机动性将是未来的一个重要挑战,并将涉及卫生、社会服务机构和交通安全。车辆的变化(使安全带便于使用,易读到可见内容,踏板容易踩到)、道路的变化(使交通标识容易看到,交叉口容易通行)及驾驶行为的变化(改进驾驶功能和认知筛查和评估,以识别那些应该限制或停止驾驶的人)需考虑到位。为老年人提供切实可行的替代交通选择应该是一个高度优先事项,因为人们的机动性需求随着寿命的延长而增加。

32.6.3 移居

移居给交通安全带来新的挑战,因为人们迁居到新的地方时也把他们在之前住所的驾驶和行走习惯迁移来,这可能与新环境的交通规则矛盾。道路安全领域、公共卫生学和交通心理学需要共同合作研究人口统计数据的变化及经济的变化是如何影响道路安全及下一代人的健康的,以确保即使存在着人口迁移,也能使不同人群在保持机动性的同时保持安全。社区的健康和交通安全教育可以改善移居者的交通安全行为(AAA Foundation,2007a,2007b;IOM,2009)。

道路交通安全面临着许许多多的问题,应采用一个综合性的方法,即提高整体人口的安全水平,而不是简单地解决每个行为风险,这是至关重要的。需要培养更多的交通心理学研究者和实践者解决交通安全问题。

32.6.4 监督

数据系统在交通安全中起到至关重要的作用。这些数据可以被很多相关人员使用到,包括警察、交通部门、卫生部门及保险公司。可靠的数据对于说服管理者交通伤害是一个优先问题,非常重要。交通心理学家可以用这些数据告知媒体及群众注意驾驶行为,以保障交通安全。综合性的监督系统可以定时给决策者、策划者及公共卫生工作者提供交通事故、伤害及死亡数据。

交通事故数据是识别风险、制定干预策略和评估项目影响的关键。这使得项目负责人能够设定现实的优先事项,并实施已被证明有效的预防策略(Espitia-Hardeman 和 Paulozzi,2005;Holder 等,2001;Thacker、Stroup、Parrish 和 Anderson,1996)。人为因素的细节是导致车辆碰撞和伤害的重要因素,交通事故调查团队可以通过收集常规的人为因素及行为数据协助监督工作。对于正在发短信的驾驶人、行人等可见的威胁因素,需要特别的监督。

32.6.5 以证据为基础的干预手段

由于交通事故涉及许多相关的因素,因此干预手段也必须是综合性和有针对性的(Dellinger 和 Sleet,2010;Dellinger 等,2006)。大多数公共卫生领域的预防工作依赖于多种干预措施的结合。生态学方法(Allegrante、Marks 和 Hanson,2006)为此提供了一个有用的框架,因为它是集合教育学、行为学及环境和政策的方法(Lonero 等,2006;Sleet,1984;Sleet、Wagenaar 和 Waller,1989)。采用生态学方法的干预手段通常包含经济学、组织学、政策学及健康教育的干预方法(大众媒体、学校及社区教育项目的应用)(Allegrante、Hanson、Marks 和 Sleet,2010;Howat、Sleet、Elder 和 Maycock,2004)。应用于交通伤害的综合化的健康促进方法(比如成功干预烟草控制及慢性疾病的方法)能转变为同样能获得成功的跨学科方法(Gielen、Sleet 和 DiClemente,2006)。

通过改变车辆和道路基础设施设计，许多简单的风险点已经被弥补，然而，仍有许多漏洞需要被发现。剩余更多的是比较难解决的，例如关于驾驶人、行人行为习惯的问题，因为实际的要求超过了他们做出安全行为的能力（Porter 等，2010）。

32.6.6 公众态度和看法

剩下的障碍之一是公众的误解，即伤害是偶然发生的事故。一个未被认识到的问题是，交通伤害很难唤起公众的情绪，因为交通伤害没有单一的原因或治疗方法，大多数人认为这是"事故"的结果，超出了他们的控制范围。对许多人来说，交通伤害只是人们为机动性付出的代价。虽然人们在交通伤害是可预测、可预防的事件的观念方面取得了一些进展，但还需要做更多的工作。

公共卫生在一定程度上对交通伤害所造成的死亡及病患的原因整理出了框架。医学界人士很快就认识到他们作为交通安全倡导者的角色，以及强调包括安全行为在内的生活方式改变的重要性（Sleet、Ballesteros 和 Baldwin，2010）。交通心理学成功地强调了人为因素在交通事故中的作用，以及从安全系统的角度解决预防问题的必要性（Wagmant 和 Aart，2006），这种方法意味着，为了防止伤害，环境必须适应大多数道路使用者能够应对的水平。本研究将交通伤害问题定义为可预测和可预防的，提供了一种工具来教育公众和影响决策者，让他们相信交通伤害像许多疾病一样是可以预防的。

32.7 小结

在近50年里，公共卫生部门通过数据处理分析、监测工具的使用、教育和培训相关人员、政策方针的发展及公共卫生学的实践等一系列工作，对美国的交通安全事业做出了巨大的贡献。自从1921年起，美国每1亿VMT死亡率下降了95%以上（从1921年每1亿VMT有24.08人死亡，到2009年的1.16人死亡），但2009年仍有33808人在交通事故中丧命。据估计，全球每年有130万人死于道路交通事故，2000万~5000万人遭受严重的非致命伤害（WHO，2009）。这些交通事故严重伤害家庭乃至整个社会的经济、公共卫生发展，并加重社会负担。

提高交通安全水平就意味着提高公共卫生水平。公共卫生学及交通心理学在提高交通安全水平及降低全球交通事故伤害和死亡率中发挥重要的作用，二者的合力可以创造出巨大的效益。在社区一级，交通事故的预防措施可以纳入社区公共卫生、心理学、基础护理及日常预防措施的常规工作中。通过改变人们的行为方式和制度，交通心理学可以倡导强化交通安全法规，将实验中对人为因素方面的研究迅速转化为实际应用中的新方法和程序。因此，交通心理学和公共卫生学可以共同致力于解决交通安全问题，减少交通伤害，提高人们的生活质量。

本章参考文献

AAA Foundation for Traffic Safety, 2007a. The Car Occupant Safety Awareness Project：Lessons for English language learners on the benefits of seat belt and child safety seat usage[J]. Washington, DC.

AAA Foundation for Traffic Safety, 2007b. Improving traffic safety culture in the United states: The journey forward[J]. Washington, DC.

ALLEGRANTE J P, HANSON D, MARKS R, et al, 2010. Ecological approaches to the prevention of unintentional injuries[J]. Italian Journal of Public Health, 7(2): 24-31.

ALLEGRANTE J P, MARKS R, HANSON D W, 2006. Ecological models for the prevention and control of unintentional injury[M]. In A GIELEN, D A SLEET, R DICLEMENTE (Eds.), Injury and violence prevention: Behavioral science theories, methods, and applications. San Francisco: Jossey-Bass.

American Public Health Association, 1961. Accident prevention: The role of physicians and public health workers[R]. New York: McGraw-Hill.

Association of Schools of Public Health, 2011. What is public health? [EB/OL]. [2011-01-31]. http://www.whatispublichealth.org.

BAKER S P, 1972. Injury control: Accident prevention and other approaches to reduction of injury[M]. In P E SARTWELL (Ed.), Preventive medicine and public health (10th ed.). (: 987-1005) New York: Appleton-Century.

BLINCOE L J, SEAY A G, ZALOSHNJA E, et al, 2002. The economic impact of motor vehicle crashes 2000 (Report No. DOT HS 809 446) [R]. Washington, DC: National Highway Traffic Safety Administration, U.S. Departmentof Transportation.

BRANNON L, FEIST J, 2009. Health psychology: An introduction to behavior and health[M]. Belmont: Wadsworth.

Centers for Disease Control and Prevention, 2001. Motor-vehicle safety: A 20th century public health achievement[J]. Morbidity and Mortality Weekly Report, 48(18): 369-374.

DELLINGER A, SLEET, D A, 2010. Preventing traffic injuries: Strategies that work [J]. American Journal of Lifestyle Medicine, 4(1): 82-89.

DELLINGER A, SLEET, D A, JONES B H, 2007. Drivers, wheels, and roads: Motor vehicle safety in the twentieth century[M]. In J Ward, C Warren, et al, Silent victories: The history and practice of public health in twentieth-century America. New York: Oxford University Press.

DELLINGER A M, SLEET D A, SHULTS R, et al, 2006. Preventing motor vehicle-related injuries[M]. In L DOLL, S BONZO, J MERCY, D SLEET (Eds.), Handbook of injury and violence prevention. New York: Springer.

DELLINGER A M, STAUNTON C E, 2002. Barriers to children walking and biking to school: United States, 1999[J]. Morbidity and Mortality Weekly Report, 51(32): 701-704.

ESPITIA-HARDEMAN V, PAULOZZI L, 2005. Injury surveillance training manual [M]. Atlanta: National Center for Injury Prevention and Control, Centers for Disease Control and Prevention.

EVANS L, 1991. Traffic safety and the driver[M]. New York: Van Nostrand Reinhold.

EVANS L, 2004. Traffic safety[M]. Bloomfield Hills: Science Serving Society.

Federal Highway Administration, 2000. Our nation's highways 2000[M]. Washington, DC: Author.

Federal Highway Administration, 2003. Manual on uniform traffic control devices for streets and highways[M]. Washington, DC: U. S. Department of Transportation. In accordance with Title 23 US Code, Sections 109(d), 114(a), 217, 315, and 402(a), 23 CFR 655, and 49 CFR 1.48(b)(33) and 1.48(c)(2).

Federal Highway Administration, 2010. Highway statistics 2008 (Tables MV-1 & DL-20) [EB/OL]. [2011-1-31]. Washington, DC: FHA. http://www.fhwa.dot.gov/policyinformation/statistics/2008/index.cfm#dl.

FISHER L, 1988. Childhood injuries-Causes, preventive theories and case studies: An overview on the role for sanitarians and other health professionals[J]. Journal of Environmental Health, 50(6): 355-360.

FRANK R G, 1997. Accidents: Psychological influences[M]. In A Baum, S Newman, J Weinman, R West, C McManus (Eds.), Cambridge handbook of psychology, health and medicine. New York: Cambridge University Press.

FULLER R, 2002. Human factors for highway engineers[J]. Oxford: Emerald Group.

GIBSON J J, 1961. The contribution of experimental psychology to the formulation of the problem of safety: A brief for basic researchr[R]. In Behavioral approaches to accident research. New York: Association for the Aid of Crippled Children.

GIELEN A, SLEET D A, DICLEMENTE R, et al, 2006. Injury and violence prevention: Behavioral science theories, methods and applications[J]. San Francisco: Jossey-Bass.

Global Traffic Safety Trust, 1998. Reflections on the transfer of traffic safety knowledge to motorizing nations[J]. Melbourne: Author.

GORDON J E, 1949. The epidemiology of accidents[J]. American Journal of Public Health, 39: 504-515.

HADDON W, 1968. The changing approach to the epidemiology, prevention, and amelioration of trauma: The transition to approaches epidemiologically rather than descriptively based[J]. American Journal of Public Health, 58: 1431-1438.

HOLDER Y, PEDEN M, KRUG E, et al, 2001. Injury surveillance guidelines[M]. Geneva: World Health Organization.

HOWAT P, SLEET, D A, ELDER R, et al, 2004. Preventing alcohol-related traffic injury: A health promotion approach[J]. Traffic Injury Prevention, 5: 208-219.

Institute of Medicine, 1985. Injury in America: A continuing public health problem [M]. Washington, DC: National Academies Press.

Institute of Medicine, 1988. The future of public health[M]. Washington, DC: National Academies Press.

Institute of Medicine, 1999. Reducing the burden of injury: Advancing prevention and treatment [M]. Washington, DC: National Academies Press.

Institute of Medicine, 2009. Health literacy, eHealth, and communication: Putting the consumer first (Workshop summary) [M]. Washington, DC: National Academies Press.

JOB R F S, PRABHAKAR T, LEE S H V, 1997. The long term benefits of random breath testing in NSW (Australia): Deterrence and social disapproval of drink-driving[M]. In C Mercier-Guyon, et al, Proceedings of the 14th International Conference on Alcohol, Drugs and Traffic Safety, 1997. Annecy: CERMT.

KAHANE C J, 2004. Lives saved by the federal motor vehicle safety standards and other vehicle safety technologies, 1960-2002d. Passenger cars and light trucks-with a review of 19 FMVSS and their effectiveness in reducing fatalities, injuries and crashes (Report No. DOT HS 809 833) [R]. Washington, DC: U. S. Department of Transportation, National Highway Traffic Safety Administration.

KELTER A, 2006. Think medically, act socially[C]. Presentation at New Partners for Smart Growth 5th Annual Conference. Denver: Colorado.

LONERO L, CLINTON K, SLEET D A, 2006. Behavior change interventions in road safety[M]. In A C Gielen, D A Sleet, R DiClemente (Eds.), Injury and violence prevention: Behavior change theories, methods and applications. San Francisco: Jossey-Bass.

MADDEN M, 2010. Adults and cell phone distractions [EB/OL]. Washington, DC: Pew Research Center. [2011-1-31]. http://pewinternet.org/reports/2010/cell-phonedistractions.aspx.

MORRISON V, BENNETT P, 2009. An introduction to health psychology (2nd ed.) [EB/OL]. Upper Saddle River, NJ: Pearson National Academy of Sciences, 2011. Division of Anthropology and Psychology,1919-1939. [2011-1-31]. http://www7.nationalacademies.org/archives/Anthropology_and_psych_1919-1939.html.

National Highway Traffic Safety Administration, 2006. The economic burden of traffic crashes on employers (Report No. DOT HS 809 682) [R]. Washington, DC.

National Highway Traffic Safety Administration, 2010. Traffic safety facts: Highlights of 2009 motor vehicle crashes (Report No. DOT HS 811) [R]. Washington, DC.

National Highway Traffic Safety Administration, 2002. Injury facts, 2002 edition [R]. Itasca, IL.

National Highway Traffic Safety Administration, 2010. Injury facts, 2010 edition [R]. Itasca, IL.

NAUMANN R B, DELLINGER A M, ZALOSHNJA E, et al, 2010. Incidence and total lifetime costs of motor vehicle-related fatal and nonfatal injury by road user type, United States, 2005 [J]. Traffic Injury Prevention, 11(4): 353-360.

NOY I, 1997. Ergonomics and safety of intelligent driver interfaces[M]. Sussex: Psychology Press.

PARKES A M, FRANZEN S, 1993. Driving future vehicles[M]. London: Taylor & Francis.

PEDEN M, SCURFIELD R, SLEET D, et al, 2004. World report on road traffic injury prevention[R]. Geneva: World Health Organization.

PORTER B E, BLISS J P, SLEET D A, 2010. Human factors in injury control[J]. American Journal of Lifestyle Medicine, 4(1): 90-97.

RICE D P, MACKENZIE E P, JONES A S, et al, 1989. Cost of injury in the United States: A report to Congress[R]. San Francisco: University of California, Institute for Health and Aging; The Johns Hopkins University, Injury Prevention Center.

RITTER J N, 1994. The history of highway statistics. In Federal Highway Administration, Office of Highway Information Management, 1994 Highway Statistics[R]. Washington, DC: Federal Highway Administration.

ROBERTS H J, 1971. The causes, ecology and prevention of traffic accidents[J]. Springfield: Charles C Thomas.

ROOSEVELT F D, 1938. A plea for state cooperation to reduce automobile accidents[M]. [1935-1-24]. In Public papers and addresses of Franklin D Roosevelt, Vol. 4: The court disapproves, 1935. New York: Random House. President's Official File 71: Safety Matters, 1935; Official letter courtesy of Bob Clark, Franklin D Roosevelt Presidential Library, Hyde Park, NY.

SHAW F E, OGOLLA C P, 2006. Law, behavior, and injury prevention[M]. In A C GIELEN, D A SLEET, R J DICLEMENTE (Eds.), Injury and violence prevention: Behavioral science theories, methods, and applications. San Francisco: Jossey-Bass.

SHINAR D, 1978. Psychology on the road[M]. New York: Wiley.

SHINAR D, 2007. Traffic safety and human behavior[M]. Oxford: Elsevier.

SLEET D A, 1984. Occupant protection and health promotion[J]. Health Education Quarterly, 11(2): 109-111.

SLEET D A, 1990. Reducing traffic injuries in America: U.S. objectives and strategies[M]. In Proceedings of Inaugural Conference of Roadwatch. Perth: Road Accident Prevention Research Unit. Perth: University of Western Australia.

SLEET D A, BALLESTEROS M F, BALDWIN G T, 2010. Injuries: An underrecognized lifestyle problem[J]. American Journal of Lifestyle Medicine, 4(1): 8-15.

SLEET D A, BONZO S, BRANCHE C, 1998. An overview of the National Center for Injury Prevention and Control at the Centers for Disease Control and Prevention[J]. Injury Prevention, 4: 308-312.

SLEET D A, DINH-ZARR B, DELLINGER A M, 2007. Traffic safety in the context of public health and medicine[M]. In Improving traffic safety culture in the United States: The journey forward. Washington, DC: AAA Foundation for Traffic Safety.

SLEET D A, GIELEN A, 1998. Healthy behavior: Injury prevention[M]. In J ARNOLD, S GORIN (Eds.), Health promotion handbook. St. Louis: Mosby.

SLEET D A, WAGENAAR A C, WALLER P F, 1989. Drinking, driving and health promotion [J]. Health Education Quarterly, 16(3): 329-333.

SUMMALA H, 2005. Traffic psychology theories: Toward understanding driving behavior and safety efforts[M]. In G Underwood (Ed.), Traffic & Transport Psychology: Theory and Application. Amsterdam: Elsevier.

THACKER S B, STROUP D F, PARRISH R G, et al, 1996. Surveillance in environmental public health: Issues, systems, and sources[J]. American Journal of Public Health, 86: 633-638.

Transportation Research Board, 1990. Safety research for a changing highway environment (Special Report No. 229) [R]. Washington, DC: National Research Council, Transportation Research Board.

U. S. Census Bureau, Population Division, 2008. National population projections: Projections of the population by selected age groups and sex for the United States: 2010 to 2050 (Table 2) [R]. Washington, DC: Author.

U. S. Department of Health and Human Services, 1992. Position papers from the Third National Injury Control Conference: Setting the national agenda for injury control in the 1990's (Publication No. 1992-634-666) [R]. Washington, DC: U. S. Government Printing Office.

U. S. Department of Health and Human Services, 2010. Healthy people 2020 [EB/OL]. Washington, DC: Author. [2011-1-31]. http://www.healthypeople.gov.

U. S. Department of Health, Education and Welfare, 1979. Healthy people: The Surgeon General's report on health promotion and disease prevention (Publication No. 79-55071) [R]. Washington, DC: U. S. Government Printing Office.

VON HOLST H, NYGREN A, ANDERSSON A E, et al, 1997. Transportation, traffic safety and health (Vol. 3): Proceedings of the third international conference[J]. Washington, DC. Stockholm: Karolinska Institute.

WALLER P F, 2001. Public health's contribution to motor vehicle injury prevention [J]. American Journal of Preventive Medicine, 21(4S): 3-4.

WARD J W, WARREN C, 2006. Preface. In Silent victories: The history and practice of public health in twentieth-century America[M]. New York: Oxford University Press.

WEGMAN F, AART L, et al, 2006. Advancing sustainable safety[M]. Leidschendam: SWOV.

WEINGROFF R F, 2003. President Dwight D Eisenhower and the federal role in highway safety [M]. Washington, DC: Federal Highway Administration.

World Health Organization, 2009. Global status report on road safety[R]. Geneva: World Health Organization.

第33章 公共政策

鲁尼·埃尔维克（Rune Elvik）
挪威,奥斯陆,交通经济研究所（Institute of Transport Economics, Oslo, Norway）

公共机构为了提高道路安全所采取的一切措施称为公共政策。公共政策包括多个方面,本章重点阐述与提高交通安全水平有关的公共政策,主要讨论交通心理学对制定有效道路安全政策的贡献。本章将解决以下主要问题：

(1) 道路安全政策的核心因素有哪些？交通心理学可以在政策制定的哪个阶段发挥作用？

(2) 应用交通心理学和相关学科知识能在多大程度上改善道路安全？

本章表明,交通心理学可以为公共政策提供相关信息,进而提高交通安全水平。

33.1 政策制定的分析模型

图33-1给出了道路安全政策制定的一个分析模型（Elvik 和 Veisten, 2005）。该模型并不是对现实中已制定政策的描述,而是一个纯粹作为逻辑框架的分析模型,旨在识别组成政策的活动及政策制定的推理类型。按模型识别阶段形成一个逻辑序列,而不是按照时间顺序排列。

阶段1	找出问题并评估其对伤害或死亡的影响程度
阶段2	确定安全目标并量化目标
阶段3	对潜在有效的措施进行调研并确定有效措施
阶段4	阐述政策的局限并建立可选方案分析框架
阶段5	开发备选方案,确定政策的主要方向
阶段6	评估每条备选方案对道路使用者伤亡人数的预期效力
阶段7	评估不确定性因素的来源并讨论解决方法
阶段8	确定选择政策方案的条件并最终裁定优先政策
阶段9	完善所选政策并评估政策效力

图33-1 道路安全政策制定的分析模型

政策制定的阶段1是提出问题并确定产生原因。简单来说,道路安全最重要的问题是找出引起这些问题的最重要的原因是什么。阶段2是制定提高安全性的目标,并决定是否量化这些目标。一旦目标确定下来,就需要对潜在有效的安全措施进行大量调研(阶段 3),以确定能够对减少伤亡人数做出最大贡献的措施。然而由于种种原因,不可能实施所有的措施,因此明确的限制条件可以帮助制定现实的政策方案(阶段 4)。通常解决一个特定安全问题的安全措施不止一种,因此有必要制定可比较的政策备选方法(阶段 5)。

政策制定的一个关键环节是评估安全措施对事故数量或道路使用者伤亡数量的预期影响(阶段 6)。评估方法应建立在最有效的理论知识上,但事实上任何预测都具有不确定性,需要思考不确定因素的来源及怎样降低不确定因素(阶段 7)。正如之前提到的,政策总是在决策者不一定选择或想要的约束条件下制定的,因此,在政策抉择时通常需要充分考虑和权衡(阶段 8)。一旦这些措施付诸实践,就应该评估这些措施的效力,增加对其影响的了解,作为日后政策制定的参考(阶段 9)。

交通心理学对政策制定的每个阶段的贡献不同,其对前 3 个阶段及阶段 6、阶段 9 贡献较大。下面对交通心理学在政策制定过程中的潜在贡献做简要的概述。

33.2 交通心理学在政策制定中的潜在贡献

33.2.1 交通安全的隐患:个体的不安全行为(阶段 1)

道路交通事故受许多因素影响,其中一个重要的因素就是个体的不安全行为,包括超速、酒驾、不系安全带、驾驶期间打电话及其他行为。没有研究评估所有这些不安全行为对交通事故的危害程度。然而,Elvik(2010a)试图评估 15 项违反挪威交通法规的行为的危险程度(表 33-1)。尽管这些评估具有很大的不确定性,但也不可能对每个估计的不确定性进行统计估计。因此没有提供置信区间。

表 33-1 违反挪威交通法规的行为的危险程度

行为	意外死亡和伤残的归因风险评估:按对死亡的相关度划分	
	意外死亡	伤残
超速	0.230	0.094
酒驾	0.166	0.034
没系安全带	0.133	0.032
驾驶人健康问题	0.093	0.080
滥用违法药物	0.072	0.027
运行和停止小时数	0.050	0.022
横冲入十字路口	0.038	0.038
车不让人	0.026	0.025
使用手机	0.024	0.024
闯红灯	0.019	0.019
超载	0.010	0.003

续上表

行为	意外死亡和伤残的归因风险评估：按对死亡的相关度划分	
	意外死亡	伤残
摩托车发动机调校	0.006	0.007
车距过近	0.002	0.012
车内缺少儿童安全设施	0.002	0.001
没使用日间行车灯等	0.002	0.002

注：来源于 Elvik(2010a)。

归因风险结果显示，受伤和死亡人数会随着违规行为数量的减少而减少，计算公式如下（Rothman 和 Greenland，1998）：

$$归因风险 = \frac{PE \cdot (RR-1)}{[PE \cdot (RR-1)+1]}$$

其中，PE 表示可见危险因子的比重，比如超速的比重；RR 指与违规行为相关的危险值，比如危险加倍时，RR 记为 2。如果违规行为占交通总量的 20%，且风险加倍，那么归因于它的风险为 0.167。也就是说在出行总量不变的情况下，通过消除风险因素，交通事故数量可减少 16.7%。

将表中的归因风险估计值相加并没有任何意义。为了估计通过消除所有违规行为来提高安全性的潜力，可以应用所谓的"残差法"（Elvik，2009a）。可归因风险估计值的残差是其补充值，该残差值代表没有通过消除风险因素而消除的死亡或受伤的道路使用者的比例。例如，对于超速，伤害方面的残差值为 1−0.230＝0.770。通过此法可以估计出消除表 33-1 所列出的违规行为后，死亡人数可减少 61%，伤害人数可减少 35%。对所减少的死亡人数比例的估计计算如下：

1−(0.770×0.834×0.867×0.907×0.928×0.950×0.962×0.974×

0.976×0.981×0.990×0.994×0.998×0.998×0.998)＝1−0.390＝0.610

这些估计值显然过于乐观，因为各违规行为之间往往是相互作用的。残差法试图解释各个违规行为间的相关性，是一种更保守的估计方法，它表明消除表中所列出的违规行为，可以使死亡人数估计值降低 52%（$1-0.390^{0.770} = 1-0.484 = 0.516$），受伤人数降低 32%。虽然这些估计值并不是很精确，但大致的趋势是正确的，因为它们表明，通过减少或消除不安全的道路使用者行为，公路安全有可能得到重大改善。因此从交通心理学的角度可以为政策提供关于个体道路使用者交通行为方面的建议，具体内容如下：

（1）识别和描述各种潜在不安全道路使用者行为的普遍程度。隐蔽性的观察技术的进步，如大规模车内自然研究（例如 N＝100 辆汽车；Klauer、Dingus、Neale、Sudweeks 和 Ramsey，2006），使得调查过去难以观察的行为成为可能。

（2）评估与不安全行为相关的风险，提供风险因子及其贡献值。

（3）研究交通不安全行为普遍性的原因：该行为的动机是什么？从道路使用者的角度来看，不安全行为能否被合理地建模？如果道路使用者的不安全行为是出于他们认为好的原因，这是否意味着旨在改变行为的努力将是无效的？

(4)不安全的道路使用者行为在多大程度上会受到技术解决方案的影响？

这些只是与政策制定相关的部分问题。

33.2.2 制定激励性的目标（阶段2）

许多国家已经制定了基于改善道路安全量化目标的国家安全计划[经济合作与发展组织(OECD),2008]。像OECD这样的国际性机构也建议为保障交通安全设定量化的目标。然而,要制定能够激励公共机构和其他影响公路安全的机构付出额外努力的目标涉及许多复杂因素(Elvik,2008)：

(1)这些目标需要得到政府的支持、考虑所有的利益相关者,以确保达成共识,并承诺采取后续行动。

(2)设定的目标应该具有挑战性,但原则上是可实现的——它们应该具有"适当"的雄心。

(3)由于现有资源的局限,目标不应该太多,以确保目标能完成。

(4)应建立机制,以确保相关责任单位有充足的资源来实现这些目标。

(5)在实施过程中要有监测系统关注目标进展,并给相关部门提供反馈。

(6)建立激励机制,以确保所有负责实现目标的机构对目标的承诺。

另外,普通心理学和交通心理学都有助于确保这些目标尽可能顺利完成。例如,心理学研究(Locke和Latham)发现,有野心、富有挑战性的目标能充分提高人的绩效,但如果目标太难,人就会产生无助感,从而降低绩效,这样的效果就会大打折扣,无法得到满意的结果(Anderson和Vedung,2005)。

设定富有挑战性的目标,并通过引入各种安全措施来了解其提高安全性的潜力。一方面,所谓的"自下而上"的目标设定方法是通过将可实施的若干安全措施的估计安全效果相加,得出一个"现实的"目标。另一方面,"自上而下"的方法是从一个更理想的角度来设定目标。但实际上,好的目标应该是理想主义和现实主义的结合。

33.2.3 寻找潜在有效的措施（阶段3）

提高道路安全的方法很多,在《道路安全措施手册》(Elvik、Hoye、Vaa和Sorensen,2009)中详细描述了128种用于解决交通安全问题的方法：

(1)公路设计(20种)。

(2)公路养护(9种)。

(3)交通控制(22种)。

(4)车辆设计、安全标准及保护设备(29种)。

(5)车检(4种)。

(6)驾驶人培训和专业驾驶管理制度(12种)。

(7)民众教育(3种)。

(8)交通管制及处罚(13种)。

(9)交通事故后处理(3种)。

(10)多功能交通仪器(13种)。

针对行为因素的安全措施,如驾驶人培训、信息宣传或警察执法,交通心理学往往会受到责备或表扬。交通心理学参与了许多这些措施的制定,这是正确的,但认为交通心理学对涉及系统技术组件的措施没有贡献则是一种误解。由人为因素专家提出的例如反应时间、认知能力、视觉表现、人因工程学和许多其他专业的概念,对高速公路、交通控制设备和汽车的当前设计标准做出了重要贡献。比如,高速公路被设计成使驾驶人的工作负荷最小的情况,它没有一切普通道路上的东西,没有十字路口,没有弯道或陡坡,也没有行人及骑自行车的人,路面很平坦。中央隔离设施分隔对向驶来的车流,缓冲设施降低了撞击碰撞的风险。总之,高速公路是心理学家最想要设计的道路类型,以达到驾驶尽可能简单的目的,从而减少事故危害。道路使用者的表现和行为的针对性措施对安全性的影响,在第3章已经进行了具体的解释(第16章也是关于人为因素方面的内容)。

33.2.4 评估安全措施的预期效果(阶段6)

《道路交通安全措施手册》(Elvik、Hoye、Vaa和Sorensen,2009)讲到很多关于保障交通安全的方法,但在制定政策及评估交通安全措施的效力上就显得不够权威了。主要问题在于:

(1)这本书往往只说明一项措施的平均效果,尽管可以合理地假设这种效果会有系统的变化,如效果会随着措施的特点的变化而变化。

(2)评估措施效力的研究质量一般,各不相同,对效果的简要评估要建立在最好的研究基础之上。

(3)并不是所有的措施都根据其对事故的影响进行了评估;特别是对于新措施,这种影响将是未知的,但又必须预测。

交通心理学在第二、三点中的贡献很大。心理学有着悠久的实验研究传统,心理学家为评估研究质量的综合方法的发展做出了贡献(Shadish、Cook和Campbell,2002)。道路安全评估研究结果的任何应用都应依赖于对该研究质量的严格评估,因为设计不当的研究往往会产生对道路安全措施效果的误导性估计。这个主题将在第3节中详细讨论。

完善的道路交通安全措施的效力可以通过其对交通事故的影响反映。特别地,道路使用者的行为适应会对交通事故产生内生性影响,对交通事故的影响总是反映任何道路使用者行为适应的影响。安全的驾驶行为是减少交通事故的保障。换句话说,当措施对交通事故影响的效力被广泛评估时,调节行为就显得没那么必要了。然而,道路使用者调整行为这一事实并非没有问题,因为它通常会降低甚至消除某项措施的预期安全效果。

对于新的道路安全措施,情况有所不同。为了预测它们对事故的影响,有必要预测行为适应是否可能发生。Elvik(2004)提出了一个分析和预测交通安全措施效果的框架(图33-2)。

道路交通安全措施通过改变一个或多个风险因子来影响安全,这些风险因子包括车速、车辆质量、路面摩擦力、能见度、兼容性(车辆之间质量和耐撞性的差异)、复杂性(驾驶环境丰富的信息)、可预测性(测量精度)、道路使用者的合理行为与脆弱性及系统空间的合理性(系统设置的安全裕度)。这些因素的改变影响结构化安全裕度,即车辆和道路的内置安全裕度。这些改变从某种程度上指的是交通安全措施的"工程效应"(Evans,1985)。然而,道路交通安全措施的影响力也受到行为适应的控制。

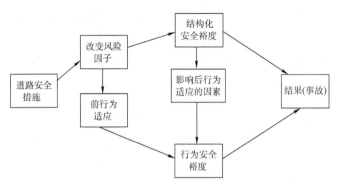

图 33-2　道路交通安全措施对事故产生影响的因果关系链模式

注：来源于 Elvik（2004）。

行为适应是对风险因子的反映，但发生在措施实施之前。在图 33-2 中，此类的行为适应是先行行为适应，举个例子：驾驶人可能会根据他们汽车的技术状况调整行为。因此，技术缺陷可能不会增加交通事故风险；一旦这些缺陷在定期的机动车辆检查后被修复，驾驶人知道汽车处于良好的技术状态，就会再次适应行为。最终结果可能是定期的机动车辆检查对交通事故没有影响。行为适应有时也是安全措施的结果，特别地，如果该措施与大的工程效应相关，且容易被注意到，那么道路使用者就会通过改变行为来保障交通安全（Amundsen 和 Bjornskau，2003；Bjornskau，1994）。

随着新的交通安全措施的出现，比如智能化车速适应（ISA）、智能导航、车道偏离警报或疲劳监测，这些也会导致行为适应吗？ISA 是一套防止驾驶人超速的系统，有几种版本，其中一种是通过减少燃油的供应迫使驾驶人减速到所允许的范围内。超速是造成交通事故和伤害的一个重要风险因素（Elvik，2009b），因此 ISA 将会是潜在有效的交通安全措施。然而，人们需要通过改变行为来适应 ISA 吗？一种常见的行为适应形式——加速，因为 ISA 的存在而被限制。驾驶人可以通过降低警觉性来适应。一些行为，比如超车，可能需要花更多的时间来适应，从而增加了风险。车速是一个如此强大的危险因素，以至于很难相信行为适应会完全消除 ISA 的影响，但它可以降低其影响。

智能导航也有很多个版本，最先进的版本是如果驾驶人没做出反应，只要航线稍微有一点变化就会马上提醒驾驶人并激活制动踏板；尽管追尾事故很多，但驾驶人通常也很擅长保持与前方车辆的安全距离。在跟车情况下，驾驶人制动并安全停车的可靠性达到 99.9%。智能导航仪器面临的挑战在于要设计出一个比一般的驾驶人更可靠的系统。驾驶人可以考虑诸如光滑的路面、下坡以及通过向左或向右转向来避免碰撞的可能性等因素，但技术系统可能无法充分处理这些复杂的情况。如果驾驶人开始完全依赖智能巡航控制来执行当前手动完成的任务，则系统存在无法提高安全性的重大风险。

车道偏离警告装置存在类似的局限性。车道偏离警告系统基本上不能确定车道偏离是否是有意的。如果是故意的，不一定会涉及任何额外的风险。驾驶人在高速公路上改变车道时，可能已经仔细检查并确认可以安全地完成变道行为，但是忘记使用变道指示灯。警告系统可能因此被激活且激怒驾驶人。另一个问题是，当车道标志或边缘线被雪覆盖或磨损时，车道偏离警告系统可能就不起作用了。简而言之，该系统可能不可靠，并且可能会让驾驶人以为是假警报，从而忽略该系统，降低其对安全的潜在影响。

关于疲劳监测系统,主要的问题仍是系统的可靠性。如果这种系统可靠性得到保障,驾驶人疲劳时就会使用这个设备并相信这个设备可以及时唤醒他。简而言之,交通心理学的一个重要任务是试图预测新的道路交通安全措施是否以及在多大程度上与行为适应有关,这些行为适应可能减少或完全抵消这些措施对安全的预期影响。

33.2.5 道路交通安全措施效果的评估(阶段9)

为了持续提高道路交通安全,对交通安全措施进行评估尤为重要。交通心理学以其长期的实验研究为基础,通过设计评估实验为安全措施效果评估工作做出贡献。目前关于这方面的研究还很少(Elvik,1998),但如果随机对照试验的巨大优势得到更广泛的认可,道路交通安全评估可能会成为一门更严格的学科,不像现在这样依赖不完善的对照观察研究。心理学家应该把提倡使用随机、对照试验作为他们的职业职责之一,只要他们认为有可能实施这种设计。当实验研究设计无法实施时,研究人员应尽可能选择最佳的准实验设计(Shadish 等,2002)。

33.3 提高道路交通安全:对交通安全措施的概述和讨论

33.3.1 一项关于挪威政策的分析

在过去的35~40年期间,道路安全在汽车普及率较高的国家得到显著的提高(Elvik,2010b)。然而,道路交通安全还有完善的空间。一项来自挪威的政策分析(Elvik,2007)指出,如果所有有用的交通安全措施都付诸实践,到2020年道路交通事故死亡人数将降低至少50%。"成本效益"一词是指一种道路交通安全措施,根据成本效益分析,其效益大于其成本。挪威的交通安全政策分析制定了4种主要的道路交通安全政策选项。表33-2显示了每个政策选项中包含的主要交通安全措施类别对预期死亡人数的估计影响。

表33-2 挪威死亡人数预期潜在减少量(单位:人)

基准值和主要促成因素	预计每年道路交通事故死亡人数:主要道路交通安全措施类别对减少死亡人数的贡献			
	政策选项A:优化使用道路安全措施	政策选项B:优化使用由挪威政府控制的措施	政策选项C:继续执行现有政策	政策选项D:加强现有政策
预计2020年死亡人数基准(对所有措施适用)				
2003—2006年平均值	250	250	250	250
随交通不断发展2020年预计值	285	285	285	285
采取不同措施后降低的死亡人数				
外在的车辆安全特点	49	55	58	55
新的车辆安全特点	42	0	0	0
道路相关的措施	26	28	34	39

续上表

基准值和主要促成因素	预计每年道路交通事故死亡人数：主要道路交通安全措施类别对减少死亡人数的贡献			
	政策选项 A：优化使用道路安全措施	政策选项 B：优化使用由挪威政府控制的措施	政策选项 C：继续执行现有政策	政策选项 D：加强现有政策
采取不同措施后降低的死亡人数				
强制性措施	24	29	3	43
新的法规	4	0	0	5
道路使用者相关措施	2	2	0	0
所有措施总贡献值	147	114	95	142
2020 年预计值	138	171	190	143

2003—2006 年,平均每年的死亡人数为 250 人。在没有新的交通安全措施实施的情况下,预计到 2020 年,死亡人数将达到 285 人。这些假设普遍适应于所有的政策,表 33-2 显示了到 2020 年,主要类别的交通安全措施对减少挪威道路交通事故死亡人数的贡献。

一些交通安全产品,如安全气囊、电子稳定控制系统、安全带提醒、颈部损伤保护系统及新车高级评估方法、ISA、智能导航、碰撞自动警报仪(eCall)、交通事故数据记录仪等已投放市场,预计其使用量将不断增加。与道路相关的措施包括各种类型的公路改进,如绕行道路、照明、护栏和将十字路口改为环形路口。执法包括高速摄像机和由穿制服的警察执行的传统执法。新的立法包括强制使用自行车头盔和行人反光警示装置。与道路使用者相关的措施包括对老年驾驶人进行再培训,并鼓励年轻驾驶人在获得驾驶执照前进行更多的练习。

政策作为最佳的交通安全措施,并不是非常贴合现实的。它的制定需要了解许多新的车辆安全标准,而这些统一的标准不是挪威政府单方可以做出决定的,在欧洲,这些标准是要通过许多国际组织,比如联合国欧洲经济委员会以及欧盟(挪威并非其成员国)的一致同认。新型的交通安全设备投放市场将有助于减少受伤人数,但最有效的方法还是政府的宏观调控及道路上的安全执法。

驾驶人培训的效果如何?改善驾驶人培训能否提高交通安全?怎么看待在北美被广泛认为是成功的驾驶证考试?只有通过管制和制裁驾驶人行为才能保障交通安全的观点是否正确?这些问题在接下来的篇章中,将结合已有的知识做详细的介绍。本文的综述主要基于《道路交通安全措施手册》(Elvik 等,2009)。

33.3.2 驾驶人基础培训

Elvik 等(2009)总结了 16 个关于评估驾驶人培训对交通事故影响的研究结果。基础驾驶人培训是指机动车驾驶人首次持证驾驶前的正式培训。根据不同的年龄限制,大部分第一次接受培训的驾驶人年龄在 15~18 岁。

图 33-3 给出了驾驶人培训对交通事故影响的 45 个评估值的漏斗点图,横坐标为效力评估值,纵坐标为每个效力估计值的统计权重(在交通事故数的基础上,基于大量交通事故的

影响效力比基于少量交通事故的效力有更多的权重)。具体而言,如果这些估计值来源于相同的样本,那它们的分布应该呈一个倒置的漏斗状;样本量越小,分布就越松散。

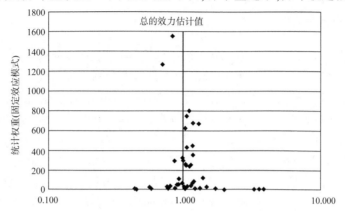

图 33-3 驾驶人培训对交通事故影响的评估漏斗图

总的效力估计值为 0.97,相当于交通事故率降低了 3%。从图 33-3 中可以看出,估计值越大,交通事故率增加越多。图 33-4 为不同实验研究设计的驾驶人培训对交通事故率的影响,从图中可以看出驾驶人培训的效力,在很大程度上受实验设计的影响。研究设计从最强到最弱依次排列。只有在非实验研究中才能发现对交通事故率的有利影响。Elvik 等(2009)对结果做出多种可能解释,认为方法论的解释是不正确的,因为其解释与实际实验估计值不一致。最有可能的解释是驾驶人通过调节行为来证明自己的驾驶技术,换句话说,对自己驾驶技术很自信的驾驶人比不太自信的驾驶人会更多地选择难度更大的驾驶行为。

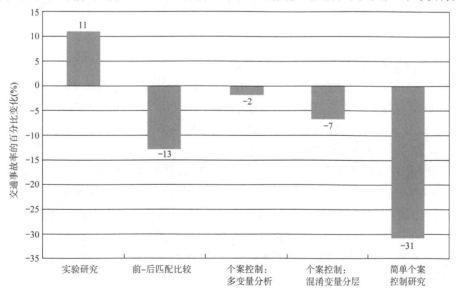

图 33-4 不同实验研究设计的驾驶人培训对交通事故率的影响

总之,驾驶人培训的挑战在于告诉人们,他们在获得驾驶证时所学习到的安全知识,只是实际驾驶时将面临的很小一部分。事实是,学会如何开车很容易,很多青少年甚至短短的数小时就能学会,但是要掌握高要求的认知技能恐怕很难。

33.3.3 分级驾驶执照

　　分级驾驶执照(GDL)已经作为一种手段被引入,通过限制涉及高风险的驾驶,如夜间驾驶或搭载青少年乘客,使新驾驶人明白他们还不是成熟的驾驶人。大量研究评估了 GDL 项目的效果。这些研究大多报告称,GDL 项目与交通事故数量的减少有关(Elvik 等,2009)。然而,根据剪贴技术的检验,存在发表偏倚的证据(Duval,2005)。发表偏倚指在某些情况下(如研究结果在统计上不显著,或被认为是异常的,难以解释或说明的,甚至是不需要的),研究者不发表研究报告的倾向。剪贴法是一种基于漏斗图分析检测和调整发表偏倚的非参数统计技术。该技术基于这样一个假设,即在没有发表偏倚的情况下,漏斗图中的数据点应围绕汇总估计值对称分布。如果存在不对称性,就表明存在发表偏倚,通过添加可能因发表偏倚而缺失的数据点来恢复对称性(Hoye 和 Elvik,2010)。

　　在调整发表偏倚前,对所有交通事故影响的粗略综合估计是减少 18%;而调整发表偏倚后,这一比例降至 11%。对于伤害事故,偏差似乎更大。粗略估计调整发表偏倚前交通事故减少 14%;根据发表偏倚进行调整后,交通事故减少 6%。此外,与其他不能很好控制潜在混杂因素的研究相比,GDL 受此影响的程度要更大。尽管存在这些保留意见,文献也确实表明 GDL 项目与新驾驶人安全性的适度改善有关。然而,这种影响太小,不足以消除新驾驶人和有经验的驾驶人之间的交通事故率差异。

33.3.4 车速管制:交通事故管理职能

　　对车速的管制是毋庸置疑的,因为超速带来的风险众所周知。但是交警和高速摄像头无法每时每刻都监控到每个角落的车辆。因此,要想更好地管制车速,需要解决以下两个问题:

　　(1)车速管制力度在交通事故中起怎样的作用?
　　(2)怎样使车速管制效果在有限的时空中达到最大化?

　　关于第一个问题的解决办法,Elvik(2010a)提出一个交通事故改善系统,用于安排交警进行车速管制,履行这个职责需要收集大量的数据,图 33-5 呈现了交通事故管理职能。

　　从某一基线水平开始减少的执法数量与交通事故数量的增加有关。执法数量的增加与交通事故数量的减少有关,但边际效应迅速下降。

　　为了最大限度地提高超速执法的效果,应该随机部署警察。也就是说,应该随机选择执法的地点和时间,这样,从长远来看,每个驾驶人遇到警察的概率就是相同的(Bjornskau 和 Elvik,1992)。这背后的基本原理是,执法的随机部署将阻止道路使用者发现执法中的任何系统模式,并使他们的行为适应这种模式。此外,从长远来看,针对特定地点的执法往往会弄巧成拙:一旦警察成功地威慑住了大多数违法者,执法就有减少的趋势。违规情况可能会回到基线水平。

　　关于高速摄像机,它们的效果往往具有局限性(Ragnoy,2002),为了在更长的路段发挥高速摄像机的效果,可能需要通过电子方式连接几个测速摄像机,并测量连接的摄像机所覆盖的整个路段的平均速度。

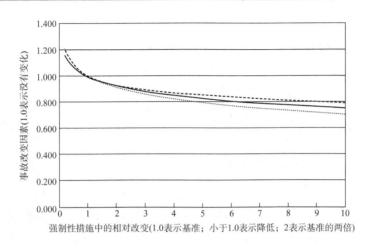

图 33-5　车速强制措施的事故改变功能

注：来源于 Elvik(2010a)。

33.3.5　限速的必要性及背景

如果限速法规不存在的话就没有强制限速的必要。为什么不把对车速的选择权给驾驶人呢？限速有必要吗？Elvik(2010c)讨论了这个问题，他认为尽管大多数驾驶人可能认为他们选择了正确的速度，并且认为没有必要改变，但如果不存在速度限制，从社会角度来看，驾驶人做出的速度选择可能不会导致最佳结果。Elvik 总结了以下必须实施速度限制的原因：

(1) 驾驶人往往忽视或不太重视那些他们没有立即注意到或不会直接影响其个人效用的速度影响。具体来说，速度选择对环境的影响在很大程度上被驾驶人所忽视。

(2) 驾驶人无法精确估计车速和时间之间的关系，高速行驶时较小的速度增加所带来的出行时间收益被高估了，同时与之相对的低速行驶时的小的速度增加所带来的出行时间收益被低估了。这两种误解可能会导致驾驶人比违反高速限制更严重地违反低速限制，因为驾驶人错误地认为如果起动速度过低需要持续地加速以节省时间，然后高速行驶时较小的速度增加并不会产生驾驶人所认为的出行时间收益。一项瑞典的超速数据研究提供了相关的证据以支持上述观点。

(3) 驾驶人低估了超速带来的危险。

(4) 驾驶人低估了在无法避免的交通事故中车速的作用，但实际上可以通过制动避免悲剧。

(5) 驾驶人对安全车速的偏好不同，因而很难对标准车速做出规定。

简言之，驾驶人的速度选择不是客观合理的，事实上，它不是基于对所有超速影响的正确评估，从而会导致关于最佳速度的偏好趋同。这并不意味着驾驶人的速度选择不能被合理地模拟成主观理性的速度，也就是说，在给定驾驶人偏好和对速度选择影响的感知的情况下，可以将驾驶人的速度选择通过建模调整为最优的。现代分析假设道路使用者的行为是理性的，但几乎从未区分主观理性和客观理性。然而，就速度选择而言，应该进行这种合理的区分。

主观理性和客观理性之间的分歧具有深远的意义。从这个角度来看，认为自己的选择是合理的人很难去做出改变,毕竟做出不同的选择会说明最初的选择是愚蠢或错误的。大多数人不喜欢别人说他们愚蠢。在某种程度上,如果驾驶人对他们的速度选择感到满意,说服他们做出不同的选择可能是困难的。此外,由于驾驶人对速度的偏好差异很大,任何速度限制都可能不受欢迎,并被相当比例的驾驶人视为太高或太低,这种情况至少会出现在速度限制接近驾驶人偏好的中位数时(即限制的设定使得50%的驾驶人认为它们太低,50%的驾驶人认为它们太高)。

33.3.6 奖励安全行为的前景及其代价

奖励可以激发驾驶人的安全行为吗?到目前为止,无法可靠地观察道路使用者的行为使得奖励安全行为的系统的引入有些困难。今天,不引人注目地观察道路使用者行为的技术正在迅速发展,使得迄今为止不可能引入的奖励系统成为可能。例如,包含数字地图的车载计算机可以记录以下内容:

(1)路线选择。
(2)速度。
(3)白天使用车灯的情况。
(4)跟车距离。
(5)转向灯的使用情况。
(6)交通事故情景下的车速。

记录这些数据所需的设备成本正在迅速下降。记录数据可以带来巨大的好处。例如,原则上可以消除交通事故报告不完整和交通事故发生地点信息不准确的问题。如果除了计算机,还在汽车上安装小型摄像头,就有可能监控驾驶人的警觉性和注意力分散情况。

原则上,道路收费系统可以设计成通过给超速或跟车等行为贴上价格标签来奖励安全行为的系统(Elvik,2010d)。有了这样一个系统,驾驶人很快就会发现安全的行为会带来回报,即使用高速公路的费用会降低。瑞典的一个实验对没有超速的驾驶人给予奖励,发现人们因为经济奖励做出了良好反应(Lindgerg,2006)。然而,很多驾驶人会认为该系统侵犯了隐私,并且可能不会将与安全行为相关的较低收费视为一种奖励,因为他们依然需要为使用高速公路而付费。可以考虑对超速行驶收取比其产生的社会成本更高的费用,以获得盈余。这一盈余可以返还给守法的驾驶人,让安全行为的回报更加实实在在。

如果驾驶人同意用行车记录仪监控他们的行为,并且有可能被摄像头捕捉到脸部,他们可以因为做出安全行为获得金钱奖励。因为很多驾驶人可能完全可以接受当前的交通事故风险水平,所以他们不太可能看到引入一种侵入性技术的任何优势,尽管这种技术旨在阻止他们超速行驶、疲劳驾驶或犯下简单的错误,如转弯时忘记使用转向灯。

33.4 讨论与小结

在过去的四五十年里,在汽车高度发达的国家,道路交通安全得到全面提高。尽管每个国家的发展速度不同,但毫无疑问,比起1970—1972年交通死亡达到顶峰的时期,如今的交通安全水平确实提高了很多。什么措施提高了交通安全水平?交通心理学的贡献有多大?

对于这些问题很难给出准确的答案,道路交通安全的改善无疑是大量交通安全措施影响的结果,但也可能是一些不太明显的因素的结果,如文化的微妙变化或财富增加导致的人们对安全的更高要求和重视。

从某种程度上看,在交通安全领域中,交通心理学被看作是一门悲观学科。"悲观学科"这个术语常常在经济学中出现,因为经济学家常常跟我们说资源匮乏、我们无法获得一切我们想要的、人是贪婪自私的、繁荣和萧条的循环将会重演等。同理,交通心理学家提醒我们,交通安全领域最难改变的是人,驾驶人会做出错误的判断、错误的事,比如酒驾、超速等,这些是无法控制和改变的,这些观点都太悲观了。

在过去的四五十年间,道路使用者行为的一些重要变化有助于提高安全性。在所有高度机动化的国家,安全带的使用率都有所增加。与过去相比,车里孩子系安全带的概率更高了。酒后驾驶在许多国家可能已经减少,尽管证实这一点的数据不如关于系安全带和使用儿童约束装置的数据完整。在许多高度机动化的国家,与40年前相比,如今有更多的摩托车驾驶人戴头盔。然而,在美国,强制摩托车驾驶人使用头盔的法律仍然存在争议,甚至许多州已经废除了该法律。

尽管有进步,但道路使用者的不安全行为仍然是一个主要的道路交通安全问题。驾驶人的行为对交通安全的贡献有多大,取决于所采取的措施对驾驶人行为的影响有多大。仅进行劝说的作用不大,有的驾驶人认为自己的行为很好,无须改变,让他们改变是不可能的。强制管制似乎更有效,比如对超速或其他不安全行为的制裁,但交警不可能在每个角落、每时每刻都执行任务,因此这对驾驶人的威慑力还不足。从理论角度看,奖励良好安全行为对提高交通安全水平似乎很有效,但该方法需要对驾驶人的驾驶行为进行细致的观察,且对技术设备的要求很高,虽然它能改善交通安全,但可能会被驾驶人排斥。

交通心理学最重要的贡献在于它以一种悲观学科的方式为制定交通政策提供了很多建议,并赋予很大的期望,期望驾驶人突然之间意识到自己行为的过失并进行改变,期望大规模的警察执法可以解决不安全问题,尽管这并不现实。法律政策可以解决问题,新技术如智能速度调节器、智能导航、路线偏离警报器及疲劳监控器能帮助人们安全驾驶并降低交通风险,驾驶培训能降低交通事故率,人们能接受新技术及奖励制度继续监视自己的交通行为以降低交通事故率。

交通心理学的职责在于给决策者提供人在交通安全中的有用信息,提供改善人的行为的有效方法。在道路安全政策中,交通心理学的主要贡献如下:

(1)鼓励和促进对驾驶人的交通行为进行全面系统的调查,特别是与安全密切相关的行为。

(2)分析特定行为类型和道路交通安全的关系。

(3)模拟驾驶人的行为,特别是鉴别导致不安全行为的因素。

(4)分析人的能力及潜力,为道路、交通控制设备和汽车的设计提供指导方针。

(5)评估交通安全措施的效果,尤其是能引发驾驶人行为变化的新交通安全措施。

(6)认真评估交通安全测评研究的质量及倡导使用随机对照的实验。

(7)完善、提高交通安全的目标,让更多的相关人员参与进来。

本章参考文献

AMUNDSEN A H, BJØRNSKAU T, 2003. Utrygghet og risikokompensasjon i transport systemet (Report No. 622)[R]. Oslo, Norway: Transportøkonomisk Institutt.

ANDERSON M, VEDUNG E, 2005. Målstyrning påvillovägar. Om det trafiksäkerhetspolitiska etappm ålet för år 2007[R]. Uppsala: Cajoma Consulting.

BJØRNSKAU T, 1994. Hypotheses on risk compensation[J]. In Proceedings of the Conference Road Safety in Europe and Strategic Highway Research Program (SHRP), Lille, France, September 26-28, 1994, Vol. 4. Linköping: Swedish Road and Transport Research Institute: 81-98.

BJØRNSKAU T, ELVIK R, 1992. Can road traffic law enforcement permanently reduce the number of accidents[J]. Accident Analysis and Prevention, 24: 507-520.

DUVAL S, 2005. The trim and fill method[M]. In H R ROTHSTEIN, A J SUTTON, M BORENSTEIN (Eds.), Publication bias in meta-analysis Prevention, assessment and adjustments Chichester: Wiley.

ELVIK R, 1998. Are road safety evaluation studies published in peer reviewed journals more valid than similar studies not published in peer reviewed journals[J]. Accident Analysis and Prevention, 30: 101-118.

ELVIK R, 2004. To what extent can theory account for the findings of road safety evaluation studies[J]? Accident Analysis and Prevention, 36: 841-849.

ELVIK R, 2007. Prospects for improving road safety in Norway. (Report No. 897)[R]. Oslo: Institute of Transport Economics.

ELVIK R, 2008. Road safety management by objectives: A critical analysis of the Norwegian approach[J]. Accident Analysis and Prevention, 40: 1115-1122.

ELVIK R, 2009a. An exploratory analysis of models for estimating the combined effects of road safety measures[J]. Accident Analysis and Prevention, 41: 876-880.

ELVIK R, 2009b. The power model of the relationship between speed and road safety. Update and new analyses[R]. (Report No. 1034). Oslo, Norway: Institute of Transport Economics.

ELVIK R, 2010a. Utviklingen i oppdagelsesrisiko for trafikkforseelser (Report No. 1059)[R]. Oslo, Norway: Transportøkonomisk Institutt.

ELVIK R, 2010b. The stability of long-term trends in the number of traffic fatalities in a sample of highly motorised countries[J]. Accident Analysis and Prevention, 42: 245-260.

ELVIK R, 2010c. A restatement of the case for speed limits[J]. Transport Policy, 17: 196-204.

ELVIK R, 2010d. Strengthening incentives for efficient road safety policy priorities: The roles of cost-benefit analysis and road pricing. Safety Science, 48: 1189-1196.

ELVIK R, HØYE A, VAA T, SØRENSEN M, 2009. The handbook of road safety measures [M]. 2nd ed. Bingley, UK: Emerald.

ELVIK R, VEISTEN K, 2005. Barriers to the use of efficiency assessment tools in road safety policy. (Report No. 785) [R]. Oslo: Institute of Transport Economics.

EVANS L, 1985. Human behaviour feedback and traffic safety [J]. Human Factors, 27: 555-576.

HØYE A, ELVIK R, 2010. Publication bias in road safety evaluation: How can it be detected and how common is it[J]? Transportation Research Record, 2147: 1-8.

KLAUER S G, DINGUS T A, NEALE V L, et al, 2006. The impact of driver inattention on near-crash/crash RISK: An analysis using the 100-car naturalistic driving study data. (Report No. DOT HS 810 594) [R]. Washington, DC: U. S. Department of Transportation, National Highway Traffic Safety Administration.

LINDBERG G, 2006. Valuation and pricing of traffic safety [M]. Örebro: PhD dissertation, Örebro Studies in Economics 13, Örebro University.

LOCKE E A, LATHAM G P, 2002. Building a practically useful theory of goal setting and task motivation[J]. A 35-year odyssey. American Psychologist, 57: 705-717.

Organisation for Economic Co-operation and Development, 2008. Towards zero: Ambitious road safety targets and the safe system approach[M]. Paris: OECD.

RAGNØY A, 2002. Automatisk trafikkontroll (ATK): Effekt påkjørefart (Report No. 573) [R]. Oslo: Transportøkonomisk Institutt.

ROTHMAN K J, GREENLAND S, 1998. Modern epidemiology[M]. Philadelphia: Lippincott Williams & Wilkins.

SHADISH W R, COOK T D, CAMPBELL D T, 2002. Experimental and quasi-experimental designs for generalized causal inference[M]. Boston: Houghton Mifflin.

第34章 出行方式的选择

斯蒂芬 G. 斯特拉德林(Stephen G. Stradling)
英国,爱丁堡,爱丁堡纳皮尔大学(Edinburgh Napier University,Edinburgh,UK)

34.1 引言和历史介绍

前面的章节介绍了驾驶时人们的行为,本章着重介绍"为什么我们要驾驶"及"交通心理学如何减少车辆碰撞、确保交通更畅通"。本章将首先介绍相关概念及人类出行方式的历史背景,并将运输方式的变化置于消费模式变化的大背景下来考虑,以减少化石燃料的使用对地球环境的影响;其次,将总结有关英国人出行态度变化的研究成果,从能源消耗和生活方式两方面考虑这些变化带来的个人成本;接着简要考察汽车、摩托车和城市公共汽车这3种出行方式的出行体验,以确定不同的出行方式选择所能满足的心理需求;此外,本章还调查了驾驶人对汽车使用和环境的态度,并将他们分为4种类型:顽固驾驶人、对汽车满意的驾驶人、不满足的驾驶人和有抱负的倡导环保主义的驾驶人;最后,本文考虑人们用可持续性高的出行方式替代汽车出行的可行性,调查区分了那些愿意改变出行方式的人和不愿改变的人,并总结了目前能使人接受改变的方法,其中一些方法来自心理学研究成果及理论。

我们为什么要出行? 因为我们有能力,因为我们必须这么做,因为我们喜欢,这些是最简单的理由,据此也可以划分出不同驱动力下的出行行为和交通方式的选择。所有的生命形式都在移动,即使只是每天朝向太阳,而仍然扎根于大地的植物。动物的生存通常需要出行活动来获得食物、选择住所和配偶,以提高个体和物种的生存能力。由此产生的一种推论是,如果我们想改变个人的出行行为,我们需要改变出行机会、生活方式、生存义务或能够塑造个人活动空间的个人倾向。

交通心理学在研究影响交通出行方式的选择和行为的心理因素方面,提出了至少存在3个方面的因素:

A_1:出行是一个富有表现力的活动,能够表现出行行为和交通方式选择的情感。

A_2:认知、观念及价值观的不同导致人们在出行方式上的选择各不相同,这种差异既存在于不同类型的人之间(人口统计学的组别和以不同态度划分的组别),也存在于同一个体具有不同出行目的的情况下。

A_3:个体对于改变同时存在适应和抵触两种情绪,一方面个体能够应对不断变化的环境或操作条件(例如新车、装有辅助驾驶系统的汽车、拥堵、燃油危机和恶劣天气),另一方面个体重视习惯和惯例带来的舒适性和便利性,所以通常会花费一些精力来获取它们。

人类是大脑十分发达的两足动物,虽然很难保存完美信息,但能通过启发法做出快速、聪明的选择,这样能够节省时间,避免大脑停滞,且有足够的精力开拓世界。然而,也正如

Aronson 在《社会心理学》中所言,社会性动物需要参与社会和人际互动,需要社会支持系统来处理日常生活中的压力,同时我们也喜欢在公共场所展示身份时的自主感和掌控感。

Garling(2005)列出了个体出行行为的主要决定因素(图34-1)。在他的模型中,各个出行选择项的时间排序如下:

(1)活动选择:我应该做什么?
(2)目的地选择:我应该去哪?
(3)交通方式选择:我应该怎么去?
(4)出发时间选择:我应该什么时候出发?

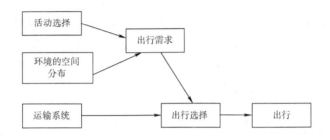

图 34-1　出行行为的核心决定因素
注:来源于 Garling(2005)。

活动选择是该模式中的初级问题,这里强调的"我"意味着活动的选择反映了人的复杂的生理与社会身份。人们需要或想要做的事情以及他们必须去的地方,即他们所感知的出行义务,驱动了出行需求。交通系统决定了他们到达目的地的方式,以及他们应该为自己的出行机会分配多少时间。有些人喜欢,有些人不喜欢(A_1 和 A_2;另请参见"出行经历"一节),这塑造了他们对不同出行方式的倾向。活动选择、目的地选择、模式选择、出发时间选择或交通基础设施的智能化等方面的变化,将被视为一种挑战或烦恼,或是两者的结合体(A_2 和 A_3)(这一分析适用于个人出行选择。而燃烧大量化石燃料的货物运输需要一个不同的、更有效的解释)。

1964 年,俄罗斯考古学家在西伯利亚泥炭沼泽的酸性土壤中发现了一块木制滑雪板的遗迹,其年代可追溯到公元前 6000 年左右(Woods 和 Woods,2000)。在挪威,一个拥有 4500 年历史的石雕上展现了一个滑雪的人使用一个简单的杆子可以在雪地上滑行 3m。雪橇应该是最早用于提高人类出行速度的技术创新,其速度远远超出人行走速度(约 6km/h)和短跑速度(约 25km/h)。

生活在河流之间的美索不达米亚平原的陶工们被认为至少在 5000 年前就发明了"水平旋转的木制圆盘",用于将黏土块制造成容器(Woods 和 Woods,2000,第 34 页)。有证据表明,车轮从水平旋转到垂直旋转并被用于雪橇上,以方便苏美尔人公元前 3500 后不久在印度以及公元前 2500 年在埃及的货运。到公元前 1400 年,埃及工匠制造了"坚固、轻便的车轮",它们带有独立的轮辋、辐条和轮毂(Woods 和 Woods,第 35 页),精英士兵和富有的平民在战车与马车上使用它们。因此,大约 3500 年前,技术创新正在推动形式和功能的专业化,而对快速轮式车辆的应用是阶级差异的标志,并将阶级差异不断放大。

交通工具一般可以分为 3 种类型:完全自行式,比如行走、跑步和游泳;增强身体力量式,比如划船、骑车、滑雪,或利用自然资源,比如帆船和滑翔伞;燃料式,包括干草动力模式(比如马车、农家马车)和机动模式(如摩托车、汽车、SUV、货车、公交车、电车、轮渡、火车和飞机),这些交通工具正在消耗自然化石燃料资源。随着科学技术和专业知识的不断深入和进步,我们逐步开发出更多的能源,比如生物能源、氢能源、风能、太阳能,在不久的未来,这些能源将为交通工具提供动力。

之前提到的所有交通工具,如马、骡子、骆驼、火车、有轨电车、公交车、地铁、汽车及商务飞机都与基础设施有着密切的联系,交通工具的飞速发展使我们的生活圈日益扩大,但每人每年的出行时间却保持不变,英国全国旅行调查数据显示,在过去的30年里[英国交通局(DfT),2006,表2-1],平均每人每年的出行时间为350~380h不等,约合每天1h;国际汇编的数据显示,全世界人均每年出行时间差距在1h上下浮动,而且国家之间的发展程度可以从该数据中看出(Metz,2004)。Metz和Marchetti(1994)研究发现,平均每人每天1h的出行时间是来源于早期的人们生活模式,那时的乡村面积约为20m^2(半径为2.5km),以6mile/h(注:1mile≈1.6km)的速度从中心走到边缘,或是从农场走到市场和家再返回大约需要1h。

34.2 交通运输对环境的影响

Ponting(2007)指出,农业革命逐渐又不可避免地促进了全球人口的增长:

"人类历史上第二次伟大的变革是对自然能源的开发,它创造了能源的新时代,这是一个本质上的突变——直到19世纪,世界上对能源的开采和使用还不多,这种转变至少与农耕文明的意义等同,它使得社会越来越稳定。它在极短时间里对环境产生非常深远的影响,直到可再生能源的出现才替代了该能源的地位。对于不可再生的化石燃料(天然气、石油、煤)的广泛使用已有2个世纪之久,而且能源消耗大幅增加。"(第265页)

交通工具对环境的直接影响包括:燃料使用后排放的温室气体使全球变暖,排放的污染物影响人们的健康和产生环境污染、交通噪声,车道、停车位及其他基础设施占用空间,报废车辆造成资源浪费。为了保护地球,交通工具设计应该趋于小型化。交通心理学作为一门应用学科,对交通运输选择有着深远影响。

以下是社会中存在的真实情况(Gore,2006,2007):

(1)全球变暖,如果气温再上升3℃或4℃,将会影响人类居住的陆地。

(2)温室气体(GHG)的排放是全球变暖的部分原因。

(3)温室气体是由化石燃料驱动的交通工具排放的[不要忘记更高效的柴油燃料的颗粒物排放问题,以及车辆和配套基础设施(包括未来的电动汽车)的制造、分销和处置的碳排放成本]。

(4)减少GHG的排放,为人类留下适度的生存空间。

随着我们进入石油峰值时代,能源安全和稀缺问题引发外交事件和石油战争,排放增加加剧人为气候变化,道路拥堵加剧,国内和国际航空快速增长,使得我们迫切需要在日常业务中减少碳基燃料的燃烧(石油降值行业工作组和能源安全,2008;改变苏格兰信托,2008)。

表34-1是为减低GHG的排放量,人类需要做出一系列行为改变的"心愿单"(Hounsham,2005),其中包含了交通运输方式的改变。

第六部分 / 第34章 出行方式的选择

人类为减低 GHG 的排放量需做出的一系列行为改变"心愿单"　　　表 34-1

(1) 交通工具：降低汽车使用量，提倡使用公共汽车、步行或骑自行车
(2) 节假日、休闲及旅行：从环保着眼选择旅游地点、活动及交通方式
(3) 垃圾：将浪费降到最低，循环利用及恰当处理废品
(4) 食物购买：购买当地的、有机、当季、素食、不含野生动植物的食品
(5) 家用能源：及时关掉暖气及家用电器，使用节能电灯，通过减少家用电器实现节能
(6) 化学品：减少洗涤剂、漂白剂及花园农药剂的使用，降低其带来的污染源
(7) 原材料：拒绝使用不可再生能源加工的材料(如热带木材)，使用可再生能源生产的材料
(8) 水资源使用：杜绝浪费，循环利用水资源
(9) 消费者硬件：维修而不是替换，将没用的东西送给其他人使用，做到物尽其用
(10) 绿色投资：选择环境友好型投资项目、抵押项目
(11) 积极参与：积极献身环保事业
(12) 选举投票：支持环保组织
(13) 见证：促进大家的环保行为

注：来源于 Hounsham(2005)。

如何改变人类的行为方式以减少能源的使用？2007 年，DfT 指出英国政府完全意识到需要迫切处理二氧化碳排放问题，相关措施如下：

(1) 鼓励更环保的交通方式。

(2) 提高能源利用率。

(3) 降低燃料中的碳含量。

(4) 提高驾驶时人们对燃料消耗量的关注(DfT，2007b，第 2 页)。

提高燃料的利用率和降低燃料中的碳含量(图 34-2)是针对供应方的措施，鼓励使用绿色环保型交通工具才是针对需求方的措施。2010 年，英国议会交通部副大臣 Paul Clark 在伯明翰举行的最佳车队安全论坛上发表演讲时指出：

"我们对减少二氧化碳排放的措施十分关注，私家车的二氧化碳排放量占总排放量的 58% 以上，公交车和商务车约占 40%，私家车的比重最高。

"如果环保型驾驶成为重型货车驾驶人专业能力证书获得的训练项目，那么每年将会减少 3 亿英镑的燃料开支及 60 万 t 二氧化碳的排放。这是一个有说服力的统计数据，我们将很快就如何实现这一目标进行研究。如安全和节油驾驶计划(SAFED)能为我们节省不少燃料，很多有关驾驶技巧的经典案例证实：技巧性的驾驶技术确实节省了许多燃料。"

不幸的是，一些研究者(Midden、Kaiser 和 McCalley，2007；Vlek 和 Steg，2007)指出，采用更清洁的汽车仍然可能通过活动量的纯粹增长以及成功实施更有效的技术所产生的反弹效应导致环境负担的总体增加，这种反弹效应补偿了一些环境收益，甚至通过刺激额外的、意想不到的资源消耗和/或技术的使用而完全抵消这些收益。

因此，供应方面的措施，如提高车辆的燃料效率或减少运输燃料的化石碳含量，实际上可能会诱发驾驶人更长距离的驾驶需求。事实上，在最糟糕的情况下，如果有更环保的汽车和燃料，驾驶人可能会认为他们可以开得更频繁、更远、更快(自我对话的形式是："如果我驾驶一辆对环境更好的汽车，我就可以开得更频繁/更远/更快，而不会比以前对环境造成任何更多的破坏。如果我开得更频繁/更远/更快一点,我仍然会比以前造成更少的损害。")。这有点类似于风险补偿或者行为调整型驾驶人,牺牲汽车安全以获得绩效("有 ABS 和安全气囊的保护,我能减少交通事故带来的危险,同时也能肆无忌惮地驾驶!")(经济合作与发展组织,1990;Stradling 和 Anable,2008)。

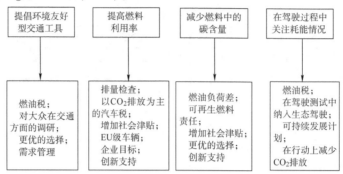

图 34-2　英国交通 CO_2 排放的政策措施

注:来源于英国交通局(2007)。

在 Moser 和 Dilling(2007)的《引起气候变化:传播气候变化和促进社会变化》一书的前言中,Robert W. Kates(2007)这样写道:

"我和我的同事 Anthony Leiaerowitz、Tom Parris 近来提出:促进一项活动至少要有 4 个条件,分别是社会观念的改变、真实的焦点事件、能够鼓励和促进行动的现有机构和组织以及问题的有效解决办法。"

本章接下来整理了一些来自苏格兰和英国的证据,证明改变需求方特别是关于减少驾驶人使用汽车的意愿是必要的,重点放在 Kates 的第一个条件——公众价值观和态度的改变。

34.3　英国人对汽车使用和气候变化的价值观和态度

国家统计局 2006 年 8 月的综合调查(DfT,2007 年)包含了一个关于公众对气候变化的态度和交通影响的问题模块,调查结果显示:

(1) 81% 的英国人认为他们非常关心气候变化。

(2) 62% 的人认为每个人都应该控制车辆的使用来保护环境。

(3) 44% 的人赞成限制航空出行来保护环境。

当问及"你认为哪一种交通工具对气候的影响最大"时,80% 的人回答汽车,78% 的人认为是小型货车和大型货车,75% 的人认为是飞机,62% 的人认为是公交车和长途公共汽车,30% 的人认为是摩托车,25% 的人认为是轮船和渡船,24% 的人认为是火车,仅有 1% 的人认为交通工具对气候环境没有影响。他们的反应从污染最严重到污染最小的相对等级顺序大致符合客观证据,但也许最关键的是,几乎没有人认为"这些"机动化交通方式不是气候变化的主要贡献者。

就个人采取补救行动的意愿而言,78% 的受访者同意他们将以某种方式改变自己的行为,以帮助限制气候变化。非常或相当关心气候变化的人比那些不太关心或根本不关心的人更有可能承诺改变自己的行为。

当问及"在接下来的12个月中你将可能做以下哪些事来缓解气候变化"时,90%的人将循环利用家庭废品,71%的人将节约使用家中的能源(例如:使电视处于待机状态),66%的人将使用节能灯,51%的人将在短途出行时选择步行,44%的人将购买节能产品,40%的人将减少不必要的汽车使用,32%的人将在短途出行时采用公交车,29%的人将和他人拼车以减少出行总次数,18%的人将在短途出行时骑自行车,12%的人将使用其他交通方式代替飞机,9%的人将减少乘坐飞机的次数。

该研究还显示:
(1)循环利用行为的改变倾向占90%。
(2)减少家庭耗能的倾向占89%。
(3)与车相关的行为改变倾向占77%。
(4)与飞机相关的行为改变倾向占17%。

2006年8月,在此调查开展的过程中,《难以忽视的真相》(Gore,2006)及大量媒体对此做出全面的报道,90%和89%的英国民众被劝服循环利用能源及节约家庭耗能量,77%的人愿意减少车辆使用,17%的人选择减少飞机出行。

34.4　改变的成本

一位交通经济学家认为改变的速度取决于改变的成本。个体改变的成本是什么呢? Strading认为,所有出行选择是义务(我必须去哪儿)、机会(我能怎么去)及倾向(我是否喜欢这种出行方式)这三个因素的相互作用。出行方式的改变首先需要明确当前这些问题及计划——表现"出行意识",其次是生活方式的改变(义务)、可供选择的方案(机会)及偏好(倾向性)。

Joseph(2008,第15页)指出,在交通基础设施工程的评估中,"经济评估提供金钱和时间的最优化考虑(即便调查方和企业称他们更关注可靠性)"。当涉及个体行为改变的成本时,交通心理学认为,首先需要考虑卡路里、注意力和关注方面的成本(Strading和Anable,2008),除"能量成本"外,还有时间金钱成本,在经济学家看来,所有能想到的成本是决定出行和出行方式可能性的"条件"。

有人提出了出行中的3种"个人能量成本"类型(Stradling,2002a,2007):

(1)出行时为了维持走路、等待及提东西时的身体姿势的体力消耗。舒适的座椅可以减少体力消耗量,抱着小孩或者背着行李会增加体能的消耗。在苏格兰,11%的成年人站10min后感觉很累,12%的人走10min后感觉疲劳(Stradling等,2005),这些限制了他们的出行方式偏好。

(2)在出行之前及途中,认知需要不断地收集和加工信息,一般来说,相似的信息将会减少认知资源的消耗。经常性的出行只需较少的认知资源,这就是为什么人们对习惯性的出行感到很轻松。如果一次出行需要个体不断地检索、寻找解释信息,那就会不断增加认知负荷。包含过多和过少的认知负荷的出行方式都是不吸引人的,但一名精心打扮的金发姑娘就会使人的出行感到有趣(Stradling,2001)。

(3)担心能否顺利安全抵达目的地会使人产生紧张的情绪。对目的地充满不确定性("我不喜欢这次出行,我很匆忙,担忧公交车会不会及时来,我上班会不会迟到")或者个人易感性["每当天黑了我就不喜欢待在这儿(公交站)"]会增加个体出行所消耗的情绪耗能量(Stradling,2002a)。

上文提到的为什么"调查方和企业说他们更关注可靠性"是人类普遍的心理学现象,服务的可靠性能满足出行者的出行计划和需求。人们通常会选择他们所信任的交通工具,否则一个不可靠的交通服务会使人产生以下负担:

①感到不确定和担忧及由此产生附加情感负担。
②制订补救计划需要额外的脑力劳动。
③采取补救措施需要额外的体力劳动。

34.5 出行经历

34.5.1 汽车

与不同交通工具相关的实际或预期出行经历会影响出行方式的选择。尽管小汽车出行的负面影响和小汽车交通对生活质量的威胁越来越明显[Adams,2000;Engwicht,1999;Garling、Garling 和 Loukopoulos,2002;Garling 和 Steg,2007;Goodwin,2001;Litman,1999;Newman 和 Kenworthy,1999;Royal Automobile Club(RAC),1995;Semlyen,2000;Sloman,2003;Stradling,2002b,2002c],同时相关政策也正在努力减小对小汽车的依赖及改变交通方式,但汽车保有量仍然不断上升。

如果把汽车比作器官,那么我们认为它已经成功植入我们体内,并会为它的需求调节我们的行为。汽车已经出现有将近一个世纪之久了,未来的史学家将把20世纪写成是汽车时代,因为在这个时代里大约有10亿辆汽车被生产出来(Urry,1999),并且有5亿辆分布在世界各地的街道、加油站、停车场和草坪边缘(Shove,1998)。

那么哪种技术的发展最捕获人心,使人产生"汽车依赖"的心理呢(Newman 和 Kenworthy,1999;RAC,1995)?20世纪的后半叶,无论从里程、使用频率还是出行时长来看,汽车都是发达国家最重要的交通方式。尽管如此,英国的一项数据显示,60%的汽车的使用时间为平均每天 1h(Stradling,2001),平均每辆车每天闲置超过23h,消耗了停车空间的同时会带来汽车的贬值,但实际上这些汽车并没有被充分使用。然而,尽管一天中超过95%的时间是静止的,但在某个方便的位置等待时,汽车体现了出行和到达遥远目的地的潜力。"如果我想,我可以开上汽车就走。"这种自发式出行的潜力是汽车的心理吸引力之一(Stradling,2002a;Stradling、Meadows 和 Beatty,1998,1999,2000)。

许多研究证明,汽车是一个象征性的物体(Maxwell,2001;Sachs,1984),拥有作为情感动机的重要性而不是工具性动机,如在选择汽车而不是其他交通方式时的可用性和直接性(Abrahamse、Steg、Gifford 和 Vlek,2004;Bamberg 和 Schmidt,2003;Ellaway、Macintyre、Hiscock 和 Hearns,2003;Exley 和 Christie,2002;Gatersleben,2004;Gatersleben 和 Uzzell,2003;Jensen,1999;Mann 和 Abraham,2006;Maxwell,2001;Reid、Armitage 和 Spencer,2004;Steg,2004;Steg

和Gatersleben,2000;Steg、Geurs和Ras,2001a,2001b;Steg和Tertoolen,1999;Steg和Uneken,2002;Steg、Vlek和Slotegraaf,2001;Stradling,2002a,2002b,2002c,2003;Stradling、Carreno、Rye和Noble,2007;Stradling、Hine和Wardman,2000;Stradling等,1998;Stradling、Meadows和Beatty,2001;Tertoolen、Van Kreveld和Verstraten,1998;Wall、Devine-Wright和Mill,2004;Wardman、Hine和Stradling,2001;Wright和Egan,2000)以及对驾驶风格的影响(Lajunen、Parker和Stradling,1998;Stradling,2003)。

在英国,11~18岁的年轻人是使用和拥有汽车的主流人群(Derek Halden Consultancy,2003;Line、Chatterjee和Lyons,2010;Storey和Brannen,2000)。一位渴望驾驶的14岁男孩说:"开车可以使你自由地控制速度,不是吗?"

对汽车吸引力的研究表明,人们之所以对汽车如此迷恋,是因为汽车能让他们有控制感。很多开过汽车的人都很享受这种控制感:"我喜欢开车,因为它可以让我到达我想去的地方";"我喜欢开车的一个原因是开车能让我感觉到控制感的存在"(Stradling,2007);"你最享受开车过程中的什么?""它能让我感到很独立,很自由及体会到自我驾驭感、速度感……我喜欢控制汽车的感觉"(Stradling等,1998)。很多乘坐公共交通工具的人痛惜没有自我控制感:"我对公共交通的不满是,我觉得自己无法掌控它";"在公共交通上,你根本感觉不到自己的掌控力,而且你一直担心接驳问题,所以你必须时刻注意时间";"去年,我乘公共交通工具大约两周,这简直是地狱,因为我在等晚点火车的站台上差点冻死";"你无法控制你的生活,这是我唯一能描述的方式,公共交通就无法控制"(Stradling等,1998)。

17~24岁的年轻驾驶人在衡量成为驾驶人时所获得的认同感的量表中得分最高,这是驾驶表现的一部分(A1;Stradling,2007),具体内容如下:

当自己在开车时:
(1)表现美好自我形象的一种方式。
(2)为自己感到骄傲。
(3)通过去我想去的地方表达自我。
(4)给我力量感。
(5)给我控制感。
(6)给我自信感。
(7)给我一种个人安全感(Stradling等,2001)。

汽车不仅能给人带来控制感,而且能带我们前往我们想去的地方,即赋予人们自主性和机动性。在苏格兰,97%的中高收入家庭拥有汽车,低收入家庭拥有汽车的比例为32%(Stradling,2005)。来自有车家庭的人出行频率更高、出行距离更远、持续时间也更长,从而增加了他们可以访问的目的地的数量和种类。对于有汽车的人来说,从家里出发获得当地的生活支持和服务更加便利,如货币(银行或建筑协会)、食品(超市和当地商店)和健康(全科诊所和医院门诊部);他们喜欢与亲友进行更频繁的社交互动,因此不太可能遭受社会孤立;他们中的更多人利用体育和文化设施,因此他们的健康状况更好,因残疾导致出行困难的人更少;他们在公民参与指数上对自己的评价更高;他们中有更多人住在更好的社区;在过去的一个月里,他们中使用当地公交服务的人更少(Stradling等,2005年)。

这些只是工具性、象征性和情感性的好处(Steg、Vlek等,2001)中的一部分,如果汽车使用受到限制,这些好处就会减少,而且它们可能会成为驾驶人计算改变出行方式成本的核心部分。

当然,这种好处并非没有成本。在一个汽车高度可靠的时代,我们常常遇到交通拥堵,导致行程时间不可靠,正如 Featherstone(2004)指出的那样:

"机动化使家庭与工作场所、商业和工业区、零售店与市中心的划分成为可能。它鼓励并要求人们在变幻莫测的交通流量的基础上,兼顾和安排他们的日常工作、家庭和休闲行程。"(第2页)

此外,为了寻求心理上的满足,驾驶人在汽车旅行中需要处理的任务量也很大。驾驶是一个以技术为基础,且需要交通规则辅助管制的表达性活动,驾驶人需要和其他道路使用者交互信息,同时驾驶人与这些临时人员共享公共道路,并避免轨迹交叉,进而保证安全、准时抵达目的地,这在驾驶策略及控制水平上对驾驶人有一定要求。当驾驶人感知到的任务难度发生变化时,他们通常会改变自己的车速(Fuller, 2005)。Panou、Bekiaris 和 Papakostopoulaos(2005)提出了8个操作任务,表34-2中又增加了2个。尽管驾驶消耗体力、需要集中注意力、关注不同东西(Stradling 和 Anable, 2008)及对驾驶人有很多要求,但驾驶是一项十分有趣的活动。

驾驶任务的十大组成部分   表34-2

任务	描述
(1)战略任务	活动、模式及出发时间选择,识别可选择路线及行驶时间
(2)驾驶任务	寻找及遵从所选或改变的路线,辨认路标及其他线索
(3)道路任务	选择并保持正确的行驶位置
(4)交通任务	在避免碰撞的同时维持驾驶("进步")
(5)规则任务	遵守交通规则、信号及路标
(6)手部操作任务	正确和恰当地使用车内控制器
(7)次要任务	在分散驾驶的情况下使用车内的设备,如导航控制器、空调、收音机、电话
(8)速度任务	根据条件维持某一恰当的驾驶速度
(9)情绪管理任务	驾驶人保持主观上的愉快心情,避免疲劳及紧张
(10)能力维持任务	避免饮酒或滥用其他药物(包括非法和处方药)、疲劳或注意分散

注:来源于 Panou 等(2005)。

34.5.2 摩托车

驾驶汽车和骑摩托车还是有很大的区别,其中包括心理满足感的来源以及由此带来的出行体验(Broughton, 2006, 2007, 2008; Broughton 和 Walker, 2009; Broughton 等, 2009; Mannering 和 Grodsky, 1995)。Broughton(2007)给摩托车驾驶人展示了不同道路场景的照片,要求他们对不同场景的风险性和愉悦性给予评分,满分为5分,以此区分3类摩托车驾驶人,如图34-3所示。

约有8%的被试者表示,随着危险性的增大,愉悦性也随之增大,这类人被称为"冒险者"。他们骑行时的动机与危险承受者(大约占48%,对于他们来说,享受的程度在中等风险水平达到顶峰)和危险厌恶者(大约占48%,对于他们来说,享受的程度在低风险水平达到顶峰)不同。尽管接受危险的程度不同,但他们都是不顾风险骑行,而不是因为风险而骑行的。

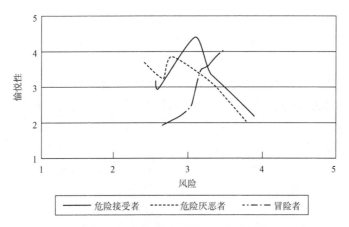

图34-3 估计摩托车驾驶人的风险和愉悦性

注:来源于Broughton(2007)。

对照片特征评分进行因素分析(Broughton,2005;Broughton和Stradling,2005),显示了摩托车驾驶人通常有两个愉悦来源:直线道路的加速和在转弯处通过弯道体验驾驶乐趣(有的喜欢其中一个,有的两个都喜欢)。骑手很容易证明加速和弯道"让他们感觉良好",并且享受骑行是骑摩托车的主要动力,这表明骑行具有很高的表现力(A1)。

34.5.3 城市公交车

阻碍公共汽车乘客量增加的一个障碍被认为是公交车服务是作为"一种与年轻人、老年人和低收入人群联系在一起的交通方式"的形象(公交车伙伴论坛,2003,第9页)。然而,一项在爱丁堡和苏格兰的调查发现,形象是城市公交用户最不关心的因素,在认可度的降序排列中,导致不喜欢或对乘客们的排斥的原因如下:

(1)感到不安全(如"晚上,在公交车上有喝醉酒的人,让我不想坐")。

(2)更喜欢走路或骑车(如"我更喜欢走路")。

(3)服务方面的问题(如"没有直接的路线,即需要绕行")。

(4)感到被侵犯(如"公交车太拥挤""座位太窄""公交车驾驶员制动太急促")。

(5)成本(如"车票太贵")。

(6)更喜欢开车(如"当我开车的时候能感觉到更多的控制感")。

(7)不舒适感(如"公交车上没有足够多的扶手")。

(8)自我形象(如"乘坐公交车会给他人留下不好的印象")。

这些都是乘客不喜欢乘坐公交车的社会和情感方面的因素,更多的是对公交车客观服务的不满,青年人和酗酒者是公交车乘客中的威胁者,尤其是天黑的时候这种威胁感更强烈。在晚上等车的不确定性也让乘客们尤为担忧。在极端情况下,这些因素可能会诱发不利行为:"在晚上,我拒绝坐公交去利斯或者西爱丁堡市,因为我感到很不安全,其他人对我来说是个威胁"(女性,28岁);"我想在晚上往返利斯,但我不能坐公交车,因为直达公交车不多,我害怕公交车站的醉汉"(女性,56岁)。

Stradling等(2007)在研究中发现了真正不喜欢公共交通工具的主要原因:"你在爱丁堡乘坐公交车时喜欢或不喜欢什么?""一般不喜欢乘坐公交车的原因在于要和一般民众待在

一起"(女性,26岁)。然而,一些评论显示,对一些人来说,乘坐公共交通是与其他乘客进行积极人际互动的机会,无论是与朋友、熟人还是坐在一起的陌生人互动:"我喜欢在爱丁堡乘公交车,你可以看到正在发生的一切,有时你还可以和身边的人闲聊"(女性,58岁)。Engwhicht(1993,1999)在将城市描述为最大限度地增加交流机会和减少漂泊的地方时,将街道定义为流动和互换的双重空间(Engwhicht,1999,第19页),它伴随着从行人到公交车站点之间自发的互动(第9页)。然而,对公交车或其他形式的交通工具来说,互动和流动之间保持着永久性的紧张关系。在公交车上,包括共处礼仪在内的社会交流规则适用于"不得不与公众一起旅行"的情况,并在尊重私人空间的同时忍受强制接近,而对于作为运动空间占用者的公交车来说,目的地选择受到路线的限制,服务频率和旅程持续时间由时间表确定,车费收取和出行权利的核实取决于进入的地点和速度。

Russell(1980,2003)引入两个情感维度,即愉快/不愉快和活跃/不活跃,由此形成4个情感象限。在描述爱丁堡公交车出行的乐趣时,一些受访者表明了一种思维状态,这种思维状态是不希望被其他事物所干扰,沉浸于自身世界的幻想,与烦恼相矛盾。当车门关闭时,这种思维状态似乎随之而来。它是平稳的、宁静的、不受干扰的、放松的、沉浸其中的,享受于当下的环境但似乎思绪又在远方的,愉快而不狂喜。这种思维状态体现了乘客的被动性。

图34-4采用Rusell的策略表示出愉快和不愉快之间的转化——旅途兴奋度的高低可能影响乘客心理的满意度和乘坐频率的高低。理想的搭乘体验是愉快且不活跃的,但也会掺杂不愉快且活跃的成分。

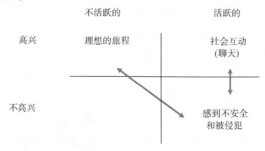

图34-4　Russell(1980,2003)提出的情感分类方法及公交车搭乘体验类型

34.6　对汽车使用和环境的态度

当前英国人对汽车使用的看法很矛盾,表34-3从许多调查中发现,这种矛盾有惊人的一致性(Dudleston、Hewitt、Stradling 和 Anable,2005;Stradling,2006;Stradling 等,2001)。表34-4是2006年夏天英国社会态度调查数据(Stradling、Anable、Anderson 和 Cronberg,2008)中呈现的一致性和差异性。绝大多数普通成年人("所有成年人")和英国驾驶人都非常关注交通对气候变化的影响。有2/3的被试者同意"为保护环境,每个人都有义务减少使用汽车"的倡议,仅1/10的人反对此观点;对"个人要付出努力来为环保做贡献"表示赞同的人数与之类似;但是约有1/4的人支持"人们要尽可能地使用汽车,即使会造成环境污染"。高里程数的驾驶人可能更容易受汽车使用限制的影响,在面对支持无限制使用汽车这一观

点时，35%的高里程驾驶人(每年超过10000mile/16000km)同意这一说法，而低里程驾驶人(每年<5000mile/8000km)中只有15%认可。即便如此，这意味着有很多，事实上是大多数(62%；3%的人回答"不知道")高里程驾驶人不认为人们应该被允许尽可能多地使用他们的汽车，尽管这会带来不便。

英国人对汽车使用的矛盾态度($n=656 \sim 791$)(单位：%)　　表34-3

开车能满足我随时随地想去任何地方的需求	95
汽车是一种便捷的交通方式	93
我喜欢开车	84
但是	
因为堵车，所以开车是一件很有压力的事	53
因为他人的冒险行为，所以开车是件很有压力的事	53
同时	
我正尝试尽量少用汽车	43
我可以减少使用汽车，但没有其他可替代的交通工具	57

英国人对汽车使用及环境的态度(单位：%)　　表34-4

		所有成年人	驾驶人
		$n=3220$	$n=2233$
目前汽车使用水平严重影响气候变化	同意	80	82
担忧交通问题会给气候带来影响	关心	81	84
		$n=930$	$n=540$
为保护环境，每个人要尽可能减少汽车使用	同意	66	66
	不同意	10	11
减少汽车使用能提升环保的想法是错的——个体无法做出贡献	不同意	59	62
人们应该尽可能使用汽车，即使对环境造成严重破坏	不同意	23	24
高里程驾驶人[>10000mile(16000km)/年]	同意	—	35

注：同意=非常同意+同意；关心=非常关心+关心；不同意=非常不同意+不同意。资料来源于Stradling等(2008)。

Anable(2005)对一系列汽车使用和环境看法的调查数据做聚类分析，得出4类不同的驾驶者(Dudleston等，2005；Stradling，2007a)：顽固驾驶人、对汽车满意的驾驶人、不满的驾驶人和有抱负的倡导环保的驾驶人。这是根据他们对汽车的态度、考虑其他交通方式的意愿、是否愿意降低对汽车的使用频率、是否意识到交通问题、是否承诺为环保做出贡献以及是否愿意为继续使用汽车而付出更多代价而划分的。

顽固的驾驶人(DHD)(占24%英国驾驶人)：喜欢开车并只愿意在不得已的情况下搭公交车。很少有人赞同为了环保通过高额税降低汽车的使用，很多人支持道路建设改善交通拥堵。

对汽车满意的驾驶人(CC)(占29%)：很少使用车但不愿选择除汽车外的交通工具。

不满的驾驶人(MM)(占23%)：当前交通状况很糟糕(堵车和其他违规行为)，使开车很有压力。他们愿意降低汽车的使用,但不知道怎么做;他们也表示降低汽车的使用率能使他们感到舒服,但没有适合的交通工具取而代之。在苏格兰,很多像这样的人搬迁到郊外生活。

有抱负的倡导环保的驾驶人(AE)(占23%):为降低汽车使用做出积极的反应,并且已经开始使用多种交通工具,有保护环境的意识,对地球环境恶化具有高度的责任感(Anable,2005;Dudleston 等,2005;Stradling,2007)。表34-5给出关于这4类人群的具体例子。

每类驾驶人同意环境有关内容的比重(单位:%)　　　　　　　　表34-5

类别	DHD	CC	MM	AE
4 个样本的权重百分比 n = 3471	24	29	23	23
非常同意+同意的百分比				
我喜欢开车	98	82	82	73
有时我觉得开车很有压力	25	28	66	67
我在尝试尽量少用汽车	8	29	62	83
少使用汽车使我感觉良好	5	21	65	78
我想少使用汽车但没有可替代的交通工具	49	54	81	46
为环保承担责任对我来说很重要	61	76	85	89
环境威胁(比如全球变暖)夸大其词	39	19	20	9
应该允许人们随心所欲地使用汽车,即使破坏环境	48	13	19	7
汽车持有者应为环保问题付更高的税	4	5	17	39
如果税收用于公共交通视野的建设,我愿缴纳更多税	11	9	38	46
为避免堵车有必要建设更多的道路	72	23	60	30

注:AE 指有抱负的倡导环保的驾驶人;CC 指对汽车满意的驾驶人;DHD 指顽固的驾驶人;MM 指不满的驾驶人。

大多数驾驶人,尤其是顽固的驾驶人,甚至是热衷于减少汽车使用的有抱负的倡导环保的驾驶人都喜欢开车,因为汽车舒适、方便、快速,满足自主性和机动性的需求,这就解释了为什么减少汽车使用是一项艰巨的挑战。然而,除了顽固的驾驶人和对汽车满意的驾驶人之外,许多驾驶人发现使用汽车可能会给自己带来压力,因此可能需要避免驾驶。大多数对汽车满意的驾驶人不考虑其他模式选项,而是简单地选择驾驶汽车。不满的驾驶人和有抱负的倡导环保的驾驶人希望减少汽车的使用,但不同的是,几乎没有不满的驾驶人认为这很容易实现。不满的驾驶人认为自己愿意但无能为力,他们倾向于减少汽车使用,但缺乏机会。

顽固的驾驶人和对汽车满意的驾驶人希望建设更多的道路使交通畅通,顽固的驾驶人反对限制汽车使用,他们认为每个人都有使用汽车的权利,并认为汽车导致全球气候变暖的说法太过夸张,另一方面,很多有抱负的倡导环保的驾驶人认为汽车用户应该支付更高的税款,顽固的驾驶人表示如果这些税款用于交通建设,他们是愿意交这些税款的。

聚类分析还从1/3没有汽车的苏格兰家庭中确定了3类非驾驶人:

(1)汽车怀疑者(占成人的8%):有出行和环保意识,没有车但更喜欢骑自行车,反对不加限制地使用汽车。

(2)勉强者(占成人的7%):年龄较老,不太富裕,不愿意乘坐公交车,更倾向于搭顺风车。

(3)汽车渴望者(占成人的7%):失业群体,社会地位低,无环保意识,频繁乘坐公交车,但希望有更好的交通工具及拥有自己的汽车。

34.7　取代汽车的可持续发展型交通工具

所有人出行都使用汽车吗?他们愿意使用其他环保型的交通工具吗?一项研究表明(Strading,2005,2007):96%的苏格兰人每周使用汽车1~2次或者更多次,46%的人每周搭顺风车1~2次或者更多次,9%的人经常乘坐出租汽车,56%的人乘公交车和火车,1/6的人每月骑自行车1次以上,4/5的人每周至少有1次步行10min以上,仅有1.1%的驾驶人只使用1种交通工具,3/5的人使用5种以上的交通工具。

在3项对出行意识的研究中(Dudleston等,2005;NFO世界集团和纳皮尔大学运输研究所,2001,2003),苏格兰驾驶人被问及他们从事不同生活活动及使用交通工具的频率,并对其中采用汽车交通方式的驾驶人进行追加提问他们是否愿意替换到走路、骑自行车、乘坐公交车及火车这4种方式。表34-6给出了人们愿意将使用汽车出行替换成其他4种交通方式完成特定活动的比重(各行相加大于100%的原因是人们不只选择一种替代的交通方式)。数据按升序排列,"都不选择"也作为可选项目。结果显示,有1/4接送孩子的父母认为一定要用汽车接送,略多于一半的人表示不能乘坐其他交通工具购物,有43%的人表示愿意乘坐其他交通工具。

愿意将使用汽车的出行用其他交通工具替代的百分比(单位:%)　　表34-6

n = 392 ~ 1598	步行	自行车	公交车	火车	都不选择
接送孩子上学*	29	3	16	<1	28
去城镇购物	23	2	43	13	31
看望亲戚朋友	39	9	28	11	35
晚间出门游玩	26	1	34	9	42
周末出游	21	9	27	12	48
带孩子出门游玩*	29	4	27	4	49
周末出门	<1	<1	20	40	53
上班+	15	10	28	9	55
超市购物	19	3	26	<1	57

注:*表示被调查者在家中接受调查且有孩子;+表示被调查者是开车上班族。

Farrington、Gray、Martin和Robert(1998,第3页)认为在选择中偏好选择汽车的是"依赖者"。"由于没有可替代的交通工具"和意识上依赖车,即"在现实中有可替代的交通工具但仍然使用汽车"这两者中,前者是没有能力改变而后者是不愿意改变。

总体上,在苏格兰只有11%的人不愿意乘公交车、火车、自行车及步行,属于本质上依赖汽车,他们认为没有能替换汽车的交通工具。7%的人是意识上依赖汽车:他们可以做到使用其他的交通工具,但是他们不愿这么做。两个数据建立了两种不同的潜在模式改变分布,一种是不能做的,一种是不愿意。对驾驶人类型的分割分析解释了先前图表的差异性。

34.8 需求型行为的改变

英国交通领域的研究者(Cairns、Davies、Newson 和 Swiderska,2002;Cairns 等,2004;Government Operational Research Service,2005;Rye,2002;Steer、Davies 和 Gleave,2003)已评估出了机动性管理措施对未来汽车使用的影响。机动性管理措施是一种劝服及帮助人们改变出行习惯和模式的技术。Cairns 等(2004)认为如果国家能够对这些需求管理措施给予更大的政策优先力度,它们有可能减少城市约 21% 的高峰交通出行比例(非高峰减少 13%),英国全国范围内所有交通出行减少约 11%。他们建议,工作场所出行计划可以减少 10%~30% 的私家车使用,学校出行计划可以减少 8%~15%,个性化旅行计划可以减少 7%~15%。另一方面,Moser 和 Bamberg(2008)通过元分析得出实际情况比理想的效果要低的结论,因为交通评估有以下一个或多个问题:

(1)单组前后测实验设计。
(2)采用弱相关性分析技术整合数据(如叙事性数据分析法)。
(3)样本量太少,无法建立数据统计效应,因为缺少具有代表性的样本。
(4)倾向报告有显著效果的研究。

健康心理学研究者为有效改变个人行为筛选了很多检验技术(Abraham 和 Michie,2008)。这些技术成功转变为措施——为调研提供与经验主义相关的措施。表 34-7 介绍了 26 种被证明有效的技术。

健康预防中有效的行为改变技术　　　　　　　　　　　　表 34-7

技术	详细内容
(1)提供行为-健康链的相关信息	行为风险的一般信息,比如不健康问题的敏感性或与行为有关的死亡风险
(2)提供结果的相关信息	行动与不行动的利弊,关注如果做出或不做出行动的结果
(3)他人认可的相关信息	他人对某人行为的看法,是否认可行为改变
(4)激起意图形式	鼓励大家制定目标,比如,想出一个行为解决办法,如"下周我要做更多的运动"
(5)明确困难点	区分阻碍履行行为的障碍物并想办法克服
(6)提供普遍的支持	表彰做出努力的个体而且该行为不是偶然发生的
(7)制定等级任务	设定由简到难的任务直到完成行为
(8)提供指南	告诉某人如何做更恰当
(9)模拟或演示行为	请专家演示正确的行为(比如在课堂上播放录像)
(10)创建具体的目标情景	涉及具体该做的内容,包括该行为的定义、频率、强度、持续时间、说明书或者至少涵盖一项内容(如:地点、时间、人物、和谁及如何)
(11)回顾行为目标	回顾之前设定的目标
(12)促进行为的自我监控	要求记录所规定的行为(如写日记)
(13)提供行为反馈	提供有关的记录行为的数据,或者评估标准化的行为或他人的行为表现,即对其行为的反馈

续上表

技术	详细内容
(14)给予意外的奖励	表彰指定行为有明显进步的个体
(15)教授使用提示线索	教授个人识别能够提醒自己的环境线索,包括次数或者环境中的其他因素
(16)同意签署行为合同	签署一致的行为合同以确保能有效执行,以此作为他人监督其是否履行的凭据
(17)提示练习	激励个体排练及不断演练恰当的行为
(18)使用后续提示语	等主要干预任务完成之后再次回访个体
(19)为社会比较提供机会	帮助新手观察他人的行为表现
(20)提供社会支持/社会改变	思考个体如何改变他们的行为,提供帮助、社会支持,包括"伙伴"组织或者社会支持
(21)促进角色认同	引导大家如何成为榜样并影响他人的行为,或者为该人提供树立榜样的机会
(22)鼓励自我独白	鼓励使用自我指导和自我鼓励(大声说出口或者默默许诺)来坚持履行行为
(23)预防不良行为重复出现	跟随最初的改变,辨别可能导致重复接纳风险行为或者无法维持新行为的情境并帮助个体树立好榜样
(24)压力管理	可能涉及不同的特殊技术(比如渐进式放松法),虽然没有直接针对行为,但能缓解紧张和压力
(25)激励性会谈	给个体提供自我激励的言语和对自我行为进行评估,以将对行为改变的抵触降到最低
(26)时间管理	帮助个体对行为进行合理的时间管理

注:来源于 Abraham 和 Michie(2008)。

  Abraham 和 Michie(2008)还给出了每种技术的理论由来,但对于出行方式选择的变化问题,在交通心理学界至今还没有一个最佳理论框架(Anable、Lane 和 Kelay,2006;Darnton,2008)。统计分析通常采用规范激活模型(Hunecke、Blobaum、Matthies 和 Hoger,2001)、计划行为理论(Bamberg、Ajzen 和 Schmidt,2003;Heath 和 Gifford,2002)、扎根理论(Gardner 和 Abraham,2007)、行动阶段模型(Bamberg,2007)及跨理论模型(Gatersleben 和 Appleton,2007)。

  图 34-5 是 MaxSem 模型内容(Carreno、Bamberg 和 Rye,2009),它将每阶段的方法和社会心理学相结合,值得一提的是该社会心理学设计采用表 34-7 中所列的技术,比如目标意图(技术 4),行为意图(技术 10)和执行意图(技术 16)(Bamberg,2000)。每一个结构假设在变化过程中的特殊阶段最适用,而在其他阶段其适用性是多余的或者错误的。因此,这个模型是为了找出哪一个向量能让个体在考虑中形成的目标转变为行为意图;与准备/检验阶段的执行意图相一致,在维护阶段建立一个新的出行习惯过程中,防止重复发生(表 34-7,技术 23)。

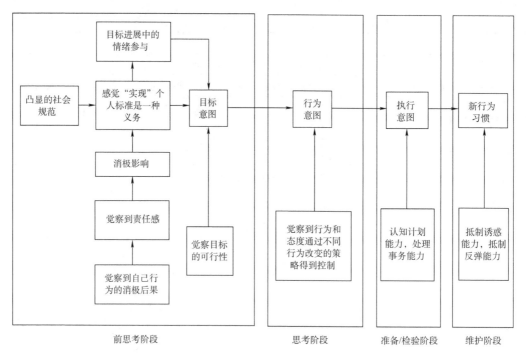

图 34-5 出行方式改变的 MaxSem 模型
注:来源于 Carreno 等(2009)。

34.9 小结

本章讨论了关于出行方式的选择。不同年龄、性别及是否残疾等个体特征,家庭收入,社会地位,社会交通发展状况,出行目的及价值观念,道路状况,出发地和目的地等因素深刻影响人们对出行交通方式的选择。出行将人们想去的地方联系起来,满足了人们的需求(Stradling, 2002a, 2002b; Stradling 等, 2000)。Linda 及其同事(Steg, 2004; Steg 和 Gatersleben, 2000; Steg 等, 2001a, 2001b; Steg 和 Tertoolen, 1999; Steg 和 Uneken, 2002; Steg 等, 2001)研究了人们对不同交通方式的心理满意度(比如不同的风险偏好)、对不同汽车使用和环境的态度,结果表明影响人们出行方式的原因是高社会关注度。

尽管改变存在障碍,依赖汽车的地方、依赖汽车的出行和依赖汽车的人需要不同的详细补救措施,从"硬"工程和基础设施措施(例如建造更多专用自行车道以增加骑自行车的机会)到"软"心理措施(例如根据公民的改变倾向将其划分开来,并设计有针对性的说服措施),但在英国,在降低汽车使用需求方面是有前景的。

现实往往不那么令人兴奋,世界上有很多人想拥有汽车但买不起车,发展中国家人民生活水平的提高意味着有更多的人会拥有汽车。ACNlelsen(2005)的报告表明,诸如印度和菲律宾等大国机动化水平还很低,但人们对汽车的渴望却很高。汽车影响力等于保有量乘以消耗量(图 34-6),燃料 GHG 排放的全球影响力等于车辆保有量乘以 GHG 平均排放率。然而辅助性改变方法,比如提高燃料使用率及降低燃料使用量和 GHG 排放量,远远无法抵消碳排放的反弹效应及汽车需求量飞速增长的效应。这就是交通心理学在致力于降低化石燃料使用（不久后将成为需要解决的问题之一）问题上的难点所在。

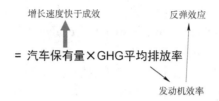

图34-6　化石燃料车辆的全球GHG排放量

本章参考文献

ABRAHAM C, Michie S, 2008. A taxonomy of behavior change techniques used in interventions [J]. Health Psychology, 27(3): 379-387.

ABRAHAMSE W, STEG L, GIFFORD R, et al, 2004. Psychological factors influencing car use for commuting [C]. Nottingham: Paper presented at the third International Conference on Traffic & Transport Psychology.

ADAMS J. Hypermobility [EB/OL]. [2008-08-08]. http://www2.acnielsen.com/pubs/2005_q1_ap_cars.html.

ANABLE J, 2005. Complacent car addicts or aspiring environmentalists [J]. Identifying travel behaviour segments using attitude theory. Transport Policy, 12(1): 65-78.

ANABLE J, LANE B, KELAY T, 2006. An evidence base review of public attitudes to climate change and transport [C]. London: HMSO.

ARONSON E, 2008. The social animal (10th ed.) [C]. New York: Worth/Freeman.

BAMBERG S, 2000. The promotion of new behaviour by forming an implementation intention: Results of a field experiment in the domain of travel mode choice [J]. Journal of Applied Social Psychology, 30(9): 1903-1922.

BAMBERG S, 2007. Is a stage model a useful approach to explain car drivers' willingness to use public transportation [J]. Journal of Applied Social Psychology, 37(8): 1757-1783.

BAMBERG S, AJZEN I, SCHMIDT P, 2003. Choice of travel mode in the theory of planned behaviour: The roles of past behaviour, habit and reasoned action [J]. Basic and Applied Social Psychology, 25(3): 175-187.

BAMBERG S, SCHMIDT P, 2003. Incentives, morality or habit? Predicting students' car use for university routes with the models of Ajzen, Schwartz and Triandis [J]. Environment and Behavior, 35(2): 264-285.

BROUGHTON P S, 2005. Designing PTW training to match rider goals [C]. Edinburgh: Paper presented at the second International Conference on Driver Behaviour and Training. November

15-17, 2005.

BROUGHTON P S, 2006. The implication of the flow state for PTW training[C]. Behavioural research in road safety: Sixteenth seminar. London: Department for Transport.

BROUGHTON P S, 2007. Risk and enjoyment in powered two wheeler use[D]. (PhD thesis). Edinburgh: Transport Research Institute, Napier University.

BROUGHTON P S, 2008. Flow, task capability and powered-two-wheeler (PTW) rider training [J]. In L DORN (Ed.), Driver behaviour and training, Vol. 3. Aldershot: Ashgate.

BROUGHTON P S, FULLER R, STRADLING S, et al, 2009. Conditions for speeding behaviour: A comparison of car drivers and powered two wheeled riders[J]. Transportation Research Part F: Traffic Psychology and Behaviour, 12: 417-427.

BROUGHTON P S, STRADLING S, 2005. Why ride powered two wheelers[R]. In Behavioural research in road safety: Fifteenth seminar. London: Department for Transport.

BROUGHTON P S, WALKER L, 2009. Motorcycling and leisure: Understanding the recreational PTW rider[M]. Aldershot: Ashgate.

Bus Partnership Forum, 2003. Understanding customer needs[C]. London.

CAIRNS S, DAVIES A, NEWSON C, et al, 2002. Making travel plans work[J]. London: Department for Transport, Local Government and the Regions.

CAIRNS S, SLOMAN L, NEWSON C, et al, 2004. Smarter choices-Changing the way we travel. Final report of the research project: The influence of soft factor interventions on travel demand [J]. London: Department of Transport.

CARRENO M, BAMBERG S, RYE T, 2009. MAXimising success: A new approach to the evaluation of mobility management projects[C]. Leeuwenhorst, The Netherlands: Paper presented at the European Transport Conference. October 5-7.

DARNTON A, 2008. Practical guide: An overview of behavioural change models and their uses [C]. London: HMT.

Department for Transport, 2006. Transport statistics Great Britain 2005[C]. London: TSO.

Department for Transport, 2007. Attitudes to climate change and the impact of transport[C]. London.

Derek Halden Consultancy, 2003. Children's attitudes to sustainable transport[C]. Edinburgh: Scottish Executive Social Research.

DUDLESTON A, HEWITT E, STRADLING S, et al, 2005. Public perceptions of travel awareness-Phase three[R]. Edinburgh: Scottish Executive Research Unit.

ELLAWAY A, MACINTYRE S, HISCOCK R, et al, 2003. In the driving seat: Psychosocial benefits from private motor vehicle transport compared to public transport[J]. Transportation Research Part F: Traffic Psychology and Behaviour, 6: 217-231.

ENGWICHT D, 1993. Reclaiming our cities and towns (towards an eco-city) [M]. Philadelphia: New Society.

ENGWICHT D, 1999. Street reclaiming. Creating livable streets and vibrant communities[M].

Annandale: Pluto Press Australia.

EXLEY S, CHRISTIE I, 2002. Off the buses[M]. In A PARK, J CURTICE, K THOMSON, L JARVIS, C BROMLEY (Eds.), British social attitudes: The 19th report London: Sage.

FARRINGTON J, GRAY D, MARTIN S, et al, 1998. Car dependence in rural Scotland. (Development Department Research Programme Research Findings No. 53)[R]. Edinburgh: The Scottish Office.

FEATHERSTONE M, 2004. Automobilities. An introduction[J]. Theory, Culture and Society, 21(4/5): 1-24.

FULLER R, 2005. Towards a general theory of driver behaviour[J]. Accident Analysis and Prevention, 37: 461-472.

GARDNER B, ABRAHAM A, 2007. What drives car use? A grounded theory analysis of commuters' reasons for driving[J]. Transportation Research Part F: Traffic Psychology and Behaviour, 10: 187-200.

GARLING T, 2005. Changes of private car use in response to travel demand management[M]. In G UNDERWOOD (Ed.), Traffic and transport psychology. Theory and application. Proceedings of the ICTTP 2004. Oxford: Elsevier.

GARLING T, GARLING A, LOUKOPOULOS P, 2002. Forecasting psychological consequences of car use reduction: A challenge to an environmental psychology of transportation[J]. Applied Psychology: An International Review, 51: 90-106.

GARLING T, STEG L, et al, 2007. Threats from car traffic to the quality of urban life: Problems, causes and solutions[M]. Oxford: Elsevier.

GATERSLEBEN B, 2004. Affective, social and instrumental aspects of the commute to work: Comparing perceptions of drivers, public transport users, walkers and cyclists[C]. Nottingham: Paper presented at the third International Conference on Traffic & Transport Psychology.

GATERSLEBEN B, APPLETON K, 2007. Contemplating cycling to work: Attitudes and perceptions in different stages of change[J]. Transportation Research Part A: Policy and Practice, 41: 302-312.

GATERSLEBEN B, UZZELL D, 2003. Local transport problems and possible solutions: Comparing perceptions of residents, elected members, officers and organisations[J]. Local Environment, 8(4): 387-405.

GOODWIN P B, 2001. Traffic reduction[M]. In K BUTTON, D HENSHER (Eds.), Handbook of transport systems and traffic control. Oxford: Elsevier.

GORE A JR, 2006. An inconvenient truth: The planetary emergency of global warming and what we can do about it[M]. London: Bloomsbury.

GORE A JR, 2007. An inconvenient truth: The crisis of global warming[M]. London: Bloomsbury.

Government Operational Research Service, 2005. Travelling to school initiative. Annexes to the report on the finding of the initial evaluation [R]. London: Operational Research Unit for Sustainable Travel Initiatives Branch, Government Operational Research Service.

HEATH Y, GIFFORD R, 2002. Extending the theory of planned behaviour: Predicting the use of public transportation[J]. Journal of Applied Psychology, 32(10): 2154-2189.

HOUNSHAM S, 2005. Key thinkers brief for the green-engage project [R]. London: Green-Engage Project.

HUNECKE M, BLOBAUM A, MATTHIES E, et al, 2001. Responsibility and environment: Ecological norm orientation and external factors in the domain of travel mode choice behaviour [J]. Environment and Behaviour, 33: 830-852.

Industry Taskforce on Peak Oil, Energy Security, 2008. The oil crunch. Securing the UK's energy future[R]. First report of the UK Industry Taskforce on Peak Oil & Energy Security (ITPOES). London.

Intergovernmental Panel on Climate Change, 2007. Summary for policymakers [M]. In M L PARRY, O F CANZIANI, J P PALUTIKOF, P J VAN DER LINDEN, C E HANSON (Eds.), Climate change 2007: Impacts, adaptation and vulnerability. Contribution of working group Ⅱ to the fourth assessment report of the Intergovernmental Panel on Climate Change. Cambridge: Cambridge University Press.

JENSEN M, 1999. Passion and heart in transport: A sociological analysison transport behaviour [J]. Transport Policy, 6(1): 19-33.

JOSEPH S, 2008. Transport's clash of civilisations[J]. In LTT500. Celebrating 20 years and 500 issues of Local Transport Today magazine. London: Local Transport Today.

KATES R W, 2007. Foreword[M]. In S C MOSER, L DILLING (Eds.), Creating a climate for change: Communicating climate change and facilitating social change. Cambridge: Cambridge University Press.

LAJUNEN T, PARKER D, STRADLING S G, 1998. Dimensions of driver anger, aggressive and highway code violations and their mediation by safety orientation in UK drivers [J]. Transportation Research Part F: Traffic Psychology and Behaviour, 1: 107-121.

LINE T, CHATTERJEE K, LYONS, G, 2010. The travel behaviour intentions of young people in the context of climate change[J]. Journal of Transport Geography, 18: 238-246.

LITMAN T, 1999. The costs of automobile dependency and the benefits of balanced transport [R]. Victoria, BC: Victoria Transport Policy Institute.

MANN E, ABRAHAM S C S, 2006. The role of affect in UK commuters' travel mode choices: An interpretative phenomenological analysis[J]. British Journal of Psychology, 97: 155-176.

MANNERING F L, GRODSKY L L, 1995. Statistical analysis of motorcyclists' perceived accident risk[J]. Accident Analysis and Prevention, 27(1): 21-31.

MARCHETTI C, 1994. Anthropological invariants in travel behavior [J]. Technological Forecasting and Social Change, 47: 75-88.

MAXWELL S, 2001. Negotiating car use in everyday life[J]. In D MILLER (Ed.), Car cultures. Oxford: Berg.

METZ D, 2004. Human mobility and transport policy[J]. Ingenia, 18: 37-42.

MIDDEN C J H, KAISER F G, MCCALLEY L T, 2007. Technology's four roles in understanding individuals' conservation of natural resources[J]. Journal of Social Issues, 63(1): 155-174.

MÖSER G, BAMBERG S, 2008. The effectiveness of soft transport policy measures: A critical assessment and meta-analysis of empirical evidence[J]. Journal of Environmental Psychology, 28: 10-26.

MOSER S C, DILLING L, 2007. Creating a climate for change: Communicating climate change and facilitating social change[M]. Cambridge: Cambridge University Press.

NEWMAN P, KENWORTHY J, 1999. Sustainability and cities: Overcoming automobile dependence[M]. Washington, DC: Island Press.

NFO World Group & Napier University Transport Research Institute, 2001. Public perceptions of travel awareness: Final report to Central Research Unit[R]. Edinburgh: Scottish Executive.

NFO World Group & Napier University Transport Research Institute, 2003. Public perceptions of travel awareness-Stage 2: Final report to Central Research Unit[R]. Edinburgh: Scottish Executive.

Organisation for Economic Co-operation and Development, 1990. Behavioural adaptations to changes in the road transport system[R]. Paris: OECD.

PANOU M, BEKIARIS E, PAPAKOSTOPOULOS V, 2005. Modeling driver behaviour in EU and international projects [R]. In L MACCHI, C RE, P C CACCIABUE (Eds.), Proceedings of the international workshop on modelling driver behaviour in automotive environments, Ispra, May 25-27. Luxembourg: Office for Official Publication of the European Communities.

PONTING C, 2007. A new green history of the world[J]. The environment and the collapse of great civilisations. London: Vintage.

REID J C, ARMITAGE C J, SPENCER C P, 2004. The theory of planned behaviour applied to reducing single occupancy driving: A feasibility study[C]. Nottingham: Paper presented at the third International Conference on Traffic & Transport Psychology.

Royal Automobile Club, 1995. In P GOODWINET AL (Eds.), Car dependence[R]. London: Royal Automobile Club Foundation for Motoring and the Environment.

RUSSELL J A, 1980. A circumplex model of affect[J]. Journal of Personality and Social Psychology, 39: 1161-1178.

RUSSELL J A, 2003. Core affect and the psychological construction of emotion[J]. Psychological Review, 110(1): 145-172.

Rye T, 2002. Travel plans: Do they work[J]. Transport Policy, 9(4): 287-298.

SACHS W, 1984. For love of the automobile: Looking back into the history of our desires[M]. Berkeley: University of California Press.

SEMLYEN A, 2000. Cutting your car use. Save money, be healthy, be green[M]. Dartington

Totnes: Green Books.

SHOVE E Z, 1998. Consuming automobility (Scene Sus Tech discussion paper) [R]. Lancaster: Department of Sociology, Lancaster University.

SLOMAN L, 2003. Less traffic where people live: How local transport schemes can help cut traffic[R]. Machynlleth: Transport for Quality of Life.

STEER DAVIES GLEAVE, 2003. Evaluation of first yellow bus[R]. London: Department for Transport.

STEG L, 2004. Instrumental, social and affective values of car use[C]. Nottingham: Paper presented at the third International Conference on Traffic & Transport Psychology.

STEG L, GATERSLEBEN B, 2000. A social dilemma analysis of car use: A comparison between UK and The Netherlands[C]. Bern: Paper presented at the second International Conference on Traffic and Transport Psychology.

STEG L, GEURS K, RAS M, 2001a. The effects of motivational factors on car use: A multidisciplinary modelling approach [J]. Transportation Research Part A: Policy and Practice, 35: 789-806.

STEG L, GEURS K, RAS M, 2001b. Motives in transport models: Can they be ignored[R]. In D HENSHER (Ed.), Travel behavior research: The leading edge Amsterdam: Pergamon.

STEG L, TERTOOLEN G, 1999. Affective motives for car use[J]. In Transport policy, planning and practice. London: PTRC.

STEG L, UNEKEN E, 2002. Car use: Lust and must [R]. In J ROTHENGATTER, D HUGUENIN (Eds.), Traffic and transport psychology: ICTTP 2000 proceedings. Oxford: Pergamon.

S STEG L, VLEK C, SLOTEGRAAF G, 2001. Instrumental-reasoned and symbolic-affective motives for using a motor car[J]. Transportation Research Part F: Traffic Psychology and Behaviour, 4: 151-169.

STEP BEYOND, 2006. Drivers' attitude study (unpublished report to Midland Safety Camera Partnership Group)[R]. Stone.

STOREY P, BRANNEN J, 2000. Young people and transport in rural areas [M]. Leicester: National Youth Agency.

STRADLING S G, 2001. Measuring individual car dependence[C]. Oxford: Paper presented at the Universities Transport Studies Group 33rd annual conference. January 3-5.

STRADLING S G, 2002a. Transport user needs and marketing public transport[J]. Municipal Engineer, 151(1): 23-28.

STRADLING S G, 2002b. Combating car dependence[R]. In G B Grayson (Ed.), Behavioural research in road safety XII. Crowthorne, UK: Transport Research Laboratory.

STRADLING S G, 2002c. Persuading people out of their cars [C]. [2002-3-27]. Napier University: Inaugural lecture.

STRADLING S G, 2003. Reducing car dependence[M]. In J HINE, J PRESTON (Eds.),

Integrated futures and transport choices. Aldershot: Ashgate.

STRADLING S G, 2005. Readiness for modal shift in Scotland[J]. Scottish Geographical Journal, 120(4): 265-275.

STRADLING S G, 2006. Cutting down and slowing down: Changes in car use and speeding on Scotland's roads[C]. In Behavioural research in road safety: Sixteenth seminar. London: Department for Transport.

STRADLING S G, 2007. Determinants of car dependence[M]. In T GARLING, L STEG (Eds.), Threats from car traffic to the quality of urban life: Problems, causes and solutions. Oxford: Elsevier.

STRADLING S G, ANABLE J, 2008. Individual travel patterns[M]. In R D Knowles, J Shaw, I Docherty (Eds.), Transport geographies: An introduction. Oxford: Blackwell.

STRADLING S G, ANABLE J, Anderson T, et al, 2008. Car use and climate change: Do we practise what we preach[R]. British social attitudes: The 24th report. London: Sage.

STRADLING S G, CARRENO M, FERGUSON N, et al, 2005. Scottish household survey analytical topic report: Accessibility and transport[R]. Edinburgh: Scottish Executive.

STRADLING S G, CARRENO M, RYE T, et al, 2007. Passenger perceptions and the ideal urban bus journey experience[J]. Transport Policy, 14: 283-229.

STRADLING S G, HINE J, WARDMAN M, 2000. Physical, cognitive and affective effort in travel mode choices. Paper presented at the Symposium on Travel Mode Choice[C]. Bern: Second International Conference on Traffic & Transport Psychology.

STRADLING S G, MEADOWS M L, BEATTY S, 1998. Psychological benefits and disbenefits of driving[C]. In G B GRAYSON (Ed.), Behavioural research in road safety Ⅷ. Crowthorne: Transport Research Laboratory.

STRADLING S G, MEADOWS M L, BEATTY S, 1999. Factors affecting car use choices[R]. Report to the Department of the Environment, Transport and he Regions. Edinburgh: Transport Research Institute, Napier University.

STRADLING S G, MEADOWS M L, BEATTY S, 2000. Helping drivers out of their cars: Integrating transport policy and social psychology[J]. Transport Policy, 7(3): 207-215.

STRADLING S G, MEADOWS M L, BEATTY S, 2001. Identity and independence: Two dimensions of driver autonomy[C]. In G B GRAYSON (Ed.), Behavioural Research in Road Safety X. Crowthorne: Transport Research Laboratory.

TERTOOLEN G, VAN KREVELD D, VERSTRATEN B, 1998. Psychological resistance against attempts to reduce private car use[J]. Transportation Research Part A, 32: 171-181.

Transform Scotland Trust, 2008. Peak oil. Edinburgh: Author rry J, 1999. Automobility, car culture and weightless travel (draft) [R]. ancaster: Department of Sociology, Lancaster University.

VLEK C, STEG L, 2007. Human behavior and environmental sustainability: Problems, driving forces, and research topics[J]. Journal f Social Issues, 63(1): 1-19.

WALL R, DEVINE-WRIGHT P, MILL G, 2004. Psychological predictors n context: Travel intentions among university staff and students[C]. Nottingham: Paper presented at the third International Conference on Traffic & Transport Psychology.

WARDMAN M, HINE J, STRADLING S G, 2001. Interchange and travel choice[R]. Edinburgh: Scottish Executive Central Research Unit.

WOODS M, WOODS M B, 2000. Ancient transportation: From camels to canals[M]. Minneapolis, MN: Runestone.

WRIGHT C, EGAN J, 2000. De-marketing the car[J]. Transport Policy, 7: 287-294.

第35章 撒哈拉以南非洲的道路使用行为

卡尔·佩尔策(Karl Peltzer)

南非,比勒陀利亚,人文科学研究委员会;南非,布隆方丹,自由大学

35.1 引言

世界卫生组织(WHO,2007)预测,到2020年(编者注:本书英文版首次出版于2011年),道路交通事故将在导致人们寿命减少的原因中高居第3位。道路交通伤害死亡率在非洲最高(经漏报校正后为每10万人口28.3人,而欧洲为11.0人)(Peden等,2004)。表35-1给出了从世界卫生组织非洲地区数据库获得的非洲国家道路交通事故死亡率及车辆保有量的相关数据。非洲的道路交通事故死亡率(28.3人/10万人)比所有其他中低收入国家(20.2人/10万人)高40%,比世界水平(19.0人/10万人)高50%(Peden等,2004;WHO,2010),使交通伤害成为该地区第十大死亡原因(WHO,2010)。在比较万车的死亡人数时,对比显得更加鲜明,全世界高收入国家万车死亡人数为1.7人,大多数低收入非洲国家超过50人。

撒哈拉以南地区交通死亡率相关数据(WHO AFRO地区)　　　表35-1

收入水平	国家	2007年国民收入(美元)	10万人死亡人数(人)	万车死亡人数(人)
低收入	布隆迪	110	23.4	649
	津巴布韦	131	27.5	23.6
	刚果	140	32.2	649
	利比里亚	150	32.9	1122.7
	赤道几内亚	200	34.4	100.9
	埃塞俄比亚	220	35.0	1193.2
	厄立特里亚	230	48.4	383.2
	马拉维	250	26.0	278.0
	塞拉利昂	260	28.3	425.9
	尼日尔	280	37.7	704.9
	冈比亚	320	36.6	434.0
	马达加斯加	320	33.7	335.6
	莫桑比克	320	34.7	287.3
	卢旺达	320	31.6	504.4

续上表

收入水平	国家	2007年国民收入（美元）	10万人死亡人数（人）	万车死亡人数（人）
低收入	乌干达	340	24.7	209.7
	多哥	360	28.1	385.6
	坦桑尼亚	400	34.3	240.2
	布基纳法索	430	31.1	89.2
	马里	500	32.1	237.1
	乍得	540	34.3	298.1
	贝宁	570	31.1	126.2
	加纳	590	29.6	74.6
	肯尼亚	680	34.4	37.5
	赞比亚	800	27.5	137.7
	塞内加尔	820	32.5	143.2
	毛里塔尼亚	840	35.5	31.7
	尼日利亚	930	32.3	63.0
中等收入	喀麦隆	1050	28.1	166.9
	刚果	1540	28.8	108.4
	安哥拉	2560	37.7	95.8
	斯威士兰	2580	22.8	29.8
	纳米比亚	3360	16.9	20.4
	毛里求斯	5450	11.1	4.2
	南非	5760	26.8	18.6
	博茨瓦纳	5840	33.8	21.6
高收入	非洲以外		10.8	1.7

注：数据来源于WHO(2010)。

在大多数低收入非洲国家，每100名居民拥有的车辆数量不足1辆，而发达国家这一数字达到60辆(Lagarde,2007)。车辆数量增长导致发展中国家的道路不安全状况加剧。例如，尼日利亚20世纪80年代的道路交通事故死亡人数比20世纪60年代高出400%(Oluwasanmi,1993)。另外，在非洲,1990年有5.9万人在交通事故中丧命，到2020年将达到14.4万人，增长144%。同一模型预测,2000—2020年期间高收入国家的交通事故死亡人数将会降低27%(Kopits和Cropper,2005;Peden,2005)(表35-2)。

2000—2020年各地区道路交通死亡人数预测(单位:千人)　　表35-2

地区	变化率(%)		
世界银行地区	2000年	2020年	2000—2020年
南非(7)	135	330	144
撒哈拉以南的非洲(46)	46	80	80

续上表

地区	变化率(%)		
东亚和太平洋(15)	188	337	79
中东和北非(13)	56	94	68
拉丁美洲和加勒比(31)	122	180	48
东欧和中亚(9)	32	38	19
小计(121)	613	1124	83
高收入国家(35)	110	80	-27
总计(156)	723	1204	67

注：数据来源于 Kopits 和 Cropper(2005)。括号中的数字表示被调查的国家数目。

本综述的目的是研究：①道路使用行为；②道路交通事故的原因；③行为因素；④旨在预防撒哈拉以南非洲道路交通伤害的干预措施。这些信息为撒哈拉以南地区未来的工作提供了指导，也可能为协助制定对策提供帮助，以降低交通事故数量和死亡率。

35.2 方法

本章关于该地区道路使用行为研究所用到的数据来自电子数据库(Cochrane 数据库、MEDLINE,Embase 及 CINAHL)及先前的文献资料[尤其是《伤害预防》(Injury Prevention)、《创伤杂志》(Journal of Trauma)、《事故分析与预防》(Accident Analysis and Prevention)、《伤害控制和安全促进国际杂志》(International Journal of Injury Control and Safety Promotion)、《伤害控制及安全提升》(Injury Control and Safety Promotion)、《交通事故预防》(Traffic Injury Prevention)、《碰撞预防及事故控制期刊》(Journal of Crash Prevention and Injury Control)、《交通研究 E 部分：交通心理及行为》(Transportation Research Part F: Traffic Psychology and Behavior)、《非洲安全提升》(African Safety Promotion)、《非洲创伤期刊》(African Journal of Trauma)]，还有2004年出版的《世界预防道路交通伤害报告》(World Report on Road Traffic Injury Prevention,WHO,2004)。笔者及同事、合作者对所有有用的资料进行了筛选。

本章的关键词有驾驶人、行人、摩托车骑行者、自行车骑行者、驾驶文化、驾驶人对速度的感知力、异常行为维度、驾驶人情绪、超速、酒驾及高风险驾驶行为。这些关键词的研究从属于哪个国家以及后期的研究追踪也涵盖在文中。笔者审查了选定文章的摘要，并获得了提供道路使用行为的文章的全文，从选定文章的参考列表中确定了其他出版物。1980—2008年间以英文和法文发表的文章包括在本章中。文章的选择仅限于那些有撒哈拉以南非洲信息和道路使用行为相关信息的人。

读者可通过谷歌搜索引擎及相关的网站，比如 SafetyLit: Injury Research and Prevention Literature Update (安全文献：伤害研究和预防文献更新, www.safetylit.org)、Transport Research Laboratory (交通研究图书馆, http://www.trl.co.uk)、the U.S. Department of Transportation (美国交通署, http://trisonline.bts.gov/search.cfm)、the World Health Organization(世界健康组织, www.who.int)、the World Bank (世界银行, www.worldbank.org)、Global Road Safety Partnership (全球道路安全联盟, http://www.grsproadsafety.org)、

Road Traffic Injuries Research Network（道路交通伤害研究网，www.rtirn.net）以及 DFID Transport Links（DFID 交通链接，http：//www.transport-links.org/transport_links/index.asp）查找有关的资料。

35.3 结果

35.3.1 道路使用行为

35.3.1.1 道路使用类型

基于 24 项研究的数据，在非洲行人使用道路的频率最高，也是死亡人数最多的，超过 40%，只有博茨瓦纳（29%）及津巴布韦（31%）低于 40%。乘客位居第二，在大多数国家死亡率达到 30%；驾驶人占 10%以下，除了博茨瓦纳、南非及津巴布韦超过 20%（表 35-3）。

根据国家来源及道路使用者的类型计算交通事故死亡百分比　　　　表 35-3

国家	参考来源	道路使用者类型			
		行人	乘客	驾驶人	骑摩托/自行车者
博茨瓦纳（1998）	Jacobs 和 Aeron-Thomas（2000）	29	46	23	2
埃塞俄比亚（1997—1998）	Jacobs 和 Aeron-Thomas（2000）	51	53	5	2
加纳（1989—1991）	Gorell（1997）	67			
加纳（1994—1998）	Afukaar 等（2003）	46.2		5.7	
肯尼亚	Odero（1995）	42	38	12	8
肯尼亚（1998）	Jacobs 和 Aeron-Thomas（2000）	43	11	9	37
肯尼亚	Odero 等（2003）	80			
莫桑比克	Romao 等（2003）	55			
南非（1998）	Jacobs 和 Aeron-Thomas（2000）	38	37	30	
南非	Butchart 等（2001）	41.9	14.6	13.1	2.2
南非	Road Traffic Management Cooperation（2008）	38.5	32.2	22.3	
南非	Road Traffic Management Cooperation（2008）	36	34.4	22.3	
坦桑尼亚（1997）	Jacobs 和 Aeron-Thomas（2000）	41	36	6	16
坦桑尼亚	Moshiro 等（2001）	45、37 和 61			
赞比亚（1996）	Jacobs 和 Aeron-Thomas（2000）	46	38	8	8
津巴布韦（1998）	Jacobs 和 Aeron-Thoma（2000）	31	37	25	7

大多数行人及骑自行车者会选择更短、更容易通过的道路，即使这样不太安全（Peden 等，2004）。在巴西、墨西哥和乌干达进行的研究发现，行人宁愿穿过危险的道路，也不愿走

人行天桥(Forjuoh,2003;Mutto、Kobusingye 和 Lett,2002)。

35.3.1.2 车辆类型

各种不同的研究都表明,公交车、小型公交、小型货车及大型货车发生交通事故的可能性远远高于汽车。比如,2006—2007 年期间,南非的公交车事故次数超过 100 次/10000 辆,其次是小型公交车 60 次/10000 辆,货车 58 次/10000 辆,小汽车 18 次/10000 辆[道路交通管理机构(Road Traffic Management Cooperation),2008]。2003 年公交车平均每次事故的死亡人数是 1.31 人,出租汽车为 1.23 人,小型公交车为 1.10 人,摩托车为 1.00 人,小货运车为 0.97 人,汽车为 0.96 人,货车为 0.61 人[道路交通管理机构(Road Traffic Management Cooperation),2008]。

乘客是道路使用中重要的群体,也是收集交通事故信息不可忽视的数据来源(Afukaar、Antwi 和 Ofosu-Amah,2003;Odero、Khayesi 和 Heda,2003;Romao 等,2003)。发生交通事故的车辆通常是私家车、小型公交车、货车和出租汽车。原因可能是驾驶人疲劳、危险驾驶、车辆拥挤、车的质量低劣、道路设计不合理,而如果出现这些危险行为,行人的风险就会大大增大(Ameatunga、Hijar 和 Norton,2006)。Afukaar(2001)发现,有 37.8%的行人交通事故是由于与汽车及出租汽车发生冲突,与大型货车发生冲突的占 18.6%,致使 42%的行人死亡(表 35-4)。

加纳 1998—2000 年不同类型车辆造成行人死亡的频率　　　表 35-4

车辆类型	涉及致命交通事故的比例(%)	每 100 起交通事故中的死亡人数(人)
大型货车	18.6	42
大/小公交车	31.8	22.2
小型货车	7.6	19.5
摩托车	2.1	12.1
汽车/出租汽车	37.8	11.4
自行车	0.8	2.5
其他	1.3	23.5

注:数据来源于 Afukaar(2001)。

35.3.1.3 道路使用的社会特点

1)性别和年龄

在其他发展中国家,在事故中死亡的男性比例为 67%(Odero、Garner 和 Zwi,1997),原因在于男性作为驾驶人和经常乘坐机动车辆进行工作和休闲活动的人更多地接触交通,女性则主要作为乘客和行人参与交通。TRL 全球伤亡研究表明,在发展中国家,女性的交通事故死亡率很少超过 25%~30%。根据医院的相关研究(Jacobs 和 Aeron-Thomas,2000),埃塞俄比亚女性道路交通事故死亡人数比例(34%)比津巴布韦(14%)高(1998)。女性作为行人发生交通事故的比例更高,博茨瓦纳的研究发现,女性占所有行人死亡人数的 1/3,占所有行人伤亡人数的 43%。而埃塞俄比亚的伤亡驾驶人中只有 6%是女性(Jacobs 和 Aeron-Thomas,2000)。

伤亡者中超过 75%人的年龄在 16~65 岁,65 岁以上的占比很小,部分原因是老年人在人口中的比例小。儿童常常作为行人而受伤,博茨瓦纳超过 30%的行人年龄低于 16 岁(Jacobs 和 Aeron-Thomas,2000)。

2)社会经济地位

一些研究(Evans 和 Brown,2003;Nantulya 和 MuliMusiime,2001;Nantulya 和 Reich,2002;Odero 等,2003)表明,经济地位越低的人受伤的可能性越大(Peden 等,2004)。比如,2002 年在肯尼亚的研究(Odero 等,2003)发现,没有接受正式教育的人有 27%选择步行,55%的人选择乘公交,8%的人选择开车,而受过高等教育的人有 81%选择开车,19%选择乘公交,无人步行。

住所影响人们暴露在交通中的风险大小,生活在农村的人比生活在城市的人发生交通事故的概率高,因为车辆在农村开得很快。在很多中低收入的国家,新的道路开通意味着人们面临新的交通危险(Nantulya 等,2003)。

很少有国家会监测其道路交通伤亡人员的收入水平或职业状况。一个现实的假设是:虽然不是所有的行人都是穷人,但穷人往往是行人。英国国际开发部(DFID)资助的行人脆弱性/事故研究调查了行人受伤者及行人(作为控制组),以确定社会经济特征。研究结果发现从南非两个城市的行人受伤数据来看,相对于控制组两个城市(Accra 和 Harare)的行人受伤水平,无论是个人还是家庭,其经济水平越低,行人受伤人数越多(Jacobs 和 Aeron-Thomas,2000)。

35.3.2 交通事故的原因

从不同国家(肯尼亚、乌干达、埃塞俄比亚、坦桑尼亚、加纳、南非和津巴布韦)获得的报告分析显示,大部分交通事故是由于人的失误、道路及车辆因素造成的,包括:①超速;②酒驾及药物滥用;③忽视危险以及糟糕的车技;④超载;⑤没维修车辆;⑥路况险要;⑦忽视行人;⑧驾驶人分心(驾驶时打电话)。Odero(1995)在肯尼亚的调查研究显示,人为因素造成 85%的事故,车辆与行人碰撞的事故最严重,导致 24%的死亡,而车车相撞事故只有 12%是致命的。62%的伤害事故涉及多用途车、"微型公交车"(Matatus)和公交车(Odero,1995)。南非、坦桑尼亚和尼日利亚警方报告的研究也表明,行为因素、道路环境和车辆因素是道路交通事故的主要原因(表 35-5)。

交通事故的重要原因   表 35-5

交通要素(2001)	南非道路交通事故及死亡情况:重要因素		
驾驶人	80%~90%		
车辆	10%~30%		
道路环境	5%~15%		
Nzegwu 和 Nzegwu(2007)	贝宁湾和尼日利亚的交通事故原因统计(2003 年 8 月—2004 年 7 月)		
	原因	发病率(%)	死亡率(%)
行为因素	酒驾	23.3	53.9
	车胎爆炸	28.3	23
	违规	31.1	7.7
	超速	3.1	0
车辆硬件	制动失灵	1.4	0
环境	恶劣的道路环境	7.1	7.7

续上表

Barengo、Mkamba、Mshana 和 Miettola(2006)	达累斯萨拉姆地区 2001 年交通事故 (N=5985)原因统计	
原因		比例(%)
行为因素	超速	25.1
	粗心驾驶	20.1
	超车	12
	横冲行人或骑自行车者	12
	中毒	5
车辆和设备	机械故障	14
环境	恶劣的道路环境；迷路的动物	4.4

车辆交通事故的原因是多方面的，包括人、车辆及道路环境的相互作用。在发展中国家，人为因素占 64%~95%(Petridou 和 Moustaki,2000)。Dagona 和 Beat(1996)认为在尼日利亚，人、车辆及道路环境是导致事故的重要原因。此外，老旧车辆普遍超载，不使用安全带、头盔，道路设计不合理、缺乏维护等，都是导致欠发达国家高交通事故率的其他因素(Odero 等,1997)。Forjuoh、Zwi 及 Mock(1998)指出，交通事故的主要原因是超速、超载、违反交通规则、缺乏有效持久的交通执法、颁发驾驶证及驾驶考试的方法不规范、道路设计不合理、维护不善、酒驾及毒驾。

需要在文化背景下理解非洲公众对道路交通伤害的风险认知，以便在其他地方实施已被证明成功的干预措施(Lagarde,2007)。关于风险和事故的判断中可能存在的偏见来源之一可能是文化。文化影响可能在很大程度上起作用，正如 Kouabenan(1998)在科特迪瓦(西非)的研究结果中指出的那样，职业驾驶员表达了特别高的宿命论信仰，这可能导致在评估道路交通事故的风险和可能原因时出现系统性错误。在南非的一项研究中，Peltzer(2002)发现 16%的黑人和 21%的白人驾驶人有宿命论信念，而且非宿命论的态度和安全带的使用之间存在着显著的关系。Peltzer 和 Renner(2003)发现南非的出租汽车驾驶员在很大程度上具有宿命论的态度，并对道路交通事故表现出高度的冒险行为。在南非的文化背景下，应该考虑到驾驶人的高度迷信，比如：

"我认为巫术是交通事故发生的原因之一。当我买了一辆新车，我的邻居就会不高兴，于是他们就会施巫术使我的车被毁，甚至想让我死。有时候可以在车上发现一些棍子(Dikotana)，这样在第二天你就会出交通事故，这表明他们在棍子上做了手脚导致交通事故的发生。有时候，驾驶人可能声称自己看到一头奶牛因而导致事故，但乘客却没有看到。或者一只苍蝇飞进车内，即使你试图去杀死它，它也不会死。它会在驾驶人的眼前飞来飞去，因而事故发生了。"(Passenger;Peltzer 和 Mashego,2003,第 36 页)

Åstrøm、Moshiro、Hemed、Heuch 及 Kvale(2006)发现，坦桑尼亚成年人的风险感知与已知的实际风险估计存在差异，这与认为风险感知通常与流行病学伤害统计数据不太相符的观点一致。尽管男性对其道路交通脆弱性的评价与女性相似，但根据达累斯萨拉姆和海县的交通事故伤害率统计，男性遭受此类伤害的风险高于女性(Moshiro 等,2005)。对这一结果的一个合理解释是,男性低估所面临的交通风险,而女性却高估该风险。很明显,虽然女性比男性更倾向于判断可能存在的风险,但男性更乐观地避免受伤,并认为受伤是由于不幸造成的(Millstein 和 Halpern-Felsher,2002)。

Museru、Leshabari 及 Mbembati(2002)研究了坦桑尼亚达累斯萨拉姆学龄儿童($N=286$)的道路交通伤害模式和相关因素,研究群体中52%是小学生,23.4%是学龄前儿童。超过95%的受伤儿童是在行走时受伤,其中有1/3的受害者及36%的监护人不知道在道路上更安全地行走的方法,比如面对来车沿街行走以及横穿道路行走。父母或监护人认为道路交通伤害的风险很低,2/3的人认为儿童遇到的交通事故无法避免。

Vanlaar 和 Yannis(2006)对23个欧洲国家的24372名被试者开展了交通事故原因调查,发现驾驶人感知到的高风险与高风险性驾驶行为(吸毒和驾驶、饮酒和驾驶、服药和驾驶)相关,同时也与车辆不良特征(转向不良、制动不良、轮胎磨损和车灯故障)有关。研究还发现,高事故风险与驾驶人低感知风险驾驶行为(疲劳驾驶、驾驶速度过快、跟车太近、手持手机)相关,同时,驾驶人对道路不良特征(恶劣天气条件、道路维护不善和交通拥堵)的较低感知,也导致对事故风险的低感知。

表35-6总结了不同研究中道路交通事故的感知原因。非洲国家的大多数研究将行为因素列为导致道路交通事故的最主要因素,其次是道路环境和车辆因素。在一项涵盖23个欧洲国家及两个非洲国家的大型研究中,车辆因素位居第二,而环境因素位居第三。

能觉察到的交通事故原因排序(1最高,3最低)　　　　　　　　表35-6

参考资料	国家	回答方式	人(基本信息、伤残情况及政府措施)	环境(路标、道路结构、限速及路人基本设施)*	车辆和设备(性能、车灯、制动、扶手及速度控制器)
Mock、Amegeshi 等(1999);Mock、forjuoh 和 Rivara(1999)	加纳	结构化	1	2	
Kouabenan(2002)	科特迪瓦	结构化	3	1	2
Abiero-Gariy(2007)	肯尼亚	结构化	1	2	3
Ndwigah(2003)	肯尼亚,驾驶人($N=200$)	结构化	1	3	2
Romao 等(2003)	莫桑比克	结构化	1	2	
Butchart、Kruger 和 Lekoba(2000)	南非	开放结尾	1	2	3
Peltzer 和 Mashego(2003)	南非	开放结尾	1	3	2
Peltzer 和 Renner(2003)	南非	结构化	1	2	3
Astrom 等(2006)	坦桑尼亚	开放结尾	1	2	3
Kobusingye、Hyder 和 Ali(2006)	乌干达	结构化	1		
Vanlaar 和 Yannis(2006)	23个欧洲国家	结构化	1	3	2

注:*表示该哈登(Haddon)矩阵适用于道路交通伤害分析(碰撞前阶段)(Haddon,1980)。

35.3.3 行为因素:道路使用者(信息、态度、障碍和警察执法)

35.3.3.1 超速

主要在高收入国家进行的研究表明,对于机动车乘员和易受伤害的道路使用者,尤其是行人,车速的提高与其发生交通事故和受伤风险的增加之间存在密切关系(Norton、Hyder、Bishai 和 Paden,2004)。这个结果在非洲国家同样存在。事实上,从一些非洲国家定期收集的警方报告中获得的数据表明,超速是道路交通事故的主要原因,占所有事故的 50%(Afukaar,2003;Department of Transport,2001;Muhlrad,1987)(表 35-7)。

超速   表 35-7

参考资料	国家	过度超速
Afukaar(2003)	加纳	占加纳 1998—2000 年间的交通事故的 50%
Derry、Donkor 和 Mock(2007)	加纳	95%的车辆行驶超过限速 50km/h
Department of Transport(2001)	南非	30%的事故和大约 50%商业货运案件和公共交通工具
Department of Transport(2003)	南非	超过速度的百分比市区限速: 轻型车辆:61% 小型客车:59% 货车:31%
Sukhai、Seedat、Jordaan 和 Jackson(2005)	南非,德班	超过速度的百分比市区限速: 轻型车辆:61% 小型客车:59% 货车:31%

35.3.3.2 酒精和药物的使用

在高收入国家进行的几项对照研究发现,饮用酒精与交通事故风险增加之间存在相关关系(Peden 等,2004)。非洲国家的一些研究表明,在 33%~69%的驾驶人受致命伤的交通事故中,驾驶人曾饮酒[Butchart 等,2001 国家伤害死亡率监测系统(NIMSS),2002—2005],而在 8%~60%的交通事故中,驾驶人没受到致命伤(Odero,1998;Odero 和 Zwi,1997;Peden、Van der Spuy、Smith 和 Bautz,2000)。在非洲国家,行人饮酒也会增加受伤的风险。例如,在南非,约有 60%在交通事故中受致命伤的行人喝过酒(NIMSS,2005)。

Hedden 和 Wannenburg(1994)在南非(德班)一家医院的事故和急救室发现,在 530 名因事故而送来就诊的驾驶人、乘客和行人中,52%的人员血液酒精含量大于 0.08g/100ml,35%吸食大麻,19%二者都有。驾驶人最常喝酒,行人则经常同时喝酒和吸食大麻(表 35-8)。一些驾驶人喝了酒,认为酒精能提高驾驶水平,或者使用非处方的安非他命或可乐果(Kola nuts)来保持清醒,而不知道其负面后果。

酒驾引起的交通事故及死亡情况　　　　　　　　　　　　　　　　表35-8

国家	参考资料	驾驶人	行人	骑自行车者	所有道路使用者
喝酒引起的交通事故死亡率					
BAC 阳性率(平均 BAC,单位为 g/dL)					
南非	Butchart 等(2001)	54.9%	33.3%	3.1%	56.7%
南非	NIMSS(2002)	55.3%(0.17)	59.4%(0.22)	36.9%(0.2)	
南非	NIMSS(2003)	58.2%(0.18)	60.8%(0.22)	40.0%(0.14)	
南非	NIMSS(2004)	50.9%(0.17)	59.7%(0.21)	38.7%(0.15)	52.4%(0.19)
南非	NIMSS(2005)	53.5%(0.16)	58.7%(0.15)	45.0%(0.16)	51.8%(0.18)
酒精及其他药物滥用造成非致命事故伤残(通过血液测试和呼吸测试)					
南非	Hedden 和 Wannenburg(1994)				$N=530$ 52% BAC>0.08g/dL 35%使用大麻 19%摄入酒精和大麻
南非	Peden 等(1996)		$N=196;61.2\%$		
克里亚	Odero(1998)	$N=25;60\%$	$N=30;33.3\%$	$N=24;8.3\%$	
南非	Peden 等(2000)	$N=44;50.4\%$	$N=14;50.7\%$		$N=188$ 23.4% BAC 呈阳性 12.2% BAC≥0.5 g/dL
南非	Peden 等(2000)				$N=281$ 32.5%使用大麻 14.5%使用安眠药 4.2%使用可卡因

注:BAC 表示血液酒精含量;NIMSS 表示国家伤害死亡率监测系统。

1981—1985 年,De Jager(1988)在南非随机对路人做呼吸测试,发现有 7% 的驾驶人和 16% 的行人的呼吸测试 BAC 水平都高于 0.08g/dL 的法定限值。南非交通局的一项调查研究表明,全国在酒精影响下驾驶的日平均人数从 2002 年的 1.8% 增加到了 2003 年的 2.1%(Arrive Alive,2005)。Mock、Asiamah 和 Amegashie(2001)对阿克拉 722 名在路边停车的驾驶人进行了呼气酒精测试,21% 的驾驶人检测到 BAC,而 7.3% 的驾驶人的 BAC 超过 0.08g/dL。在肯尼亚,在 Odero 和 Zwi(1997)进行的路边调查中,479 名驾驶人接受了呼气酒精测试,其中 19.9% 的驾驶人酒精检测呈阳性,8.3% 的驾驶人的 BAC 超过 0.05g/dL,4% 超过了 0.08g/dL。

35.3.3.3 信息、培训和驾驶证

很多研究调查了驾驶证的持有情况,比如,南非交通局(2003)发现,16.5%的货车、公交车、小型公交车和出租汽车驾驶员没有专业的驾驶证。Amoran、Eme、Giwa 和 Gbolahan(2005/2006)发现,38.8%的 Nigerian 摩托车驾驶人没有相关的驾驶证(表 35-9)。

基本信息、培训及驾驶证　　　　　　　　表 35-9

参考资料	国家	交通违规
Mtinistry of Works(1992) cited in Oldiran 和 heko(1995)	博茨瓦纳	死亡人数中的 36%属于无证驾驶
Flisher 等(1993)	南非,在开普半岛的高中生	63.2%有过驾驶经验的人没有驾驶证
Abane(1994)	加纳,阿克拉的驾驶人(N=107)。64.3%职业驾驶员(N=302)(478 个人违规)	40%的人没有通过考试便取得驾驶证
Department of Transport(2003)	南非	开货车、公交车及迷你公交车的驾驶员无专业驾驶证
Ndwigah(2003)	肯尼亚,驾驶人(N=200)	13%的人无驾驶证
Nuntsu(2004)	南非,大学生驾驶人(N=110)(60 名男性和 50 名女性,17~24 岁)	89.2%的人没有驾驶证仍可以开车
Amoran 等(2005/2006)	尼日利亚,职业摩托车驾驶员(N=299),乡间小镇	38.8%的人无驾驶证 75.9%无法按要求获得驾驶证

35.3.3.4 疲劳、压力和攻击性

在非洲的一些国家,导致交通事故数量增长的原因还有驾驶人疲劳驾驶、压力和攻击性。许多对非洲国家的商业和道路运输方面开展的调查显示,驾驶员经常工作很长时间,并且精疲力竭地去上班(Mock、Amegeshi 和 Darteh,1999)。例如,Maldonado、Mitchell、Taylaor 和 Driver(2002)发现,在南非,驾驶员在驾驶期间打瞌睡导致 24%的重型车辆道路交通事故。在中低收入的国家开展的调查(Mock、Amegeshi 等,1999;Nafukho 和 Khayesi,2002;Nantulya 和 Muli-Musiime,2001)显示,一些运输公司经常强迫驾驶员长时间工作、疲劳驾驶及超速驾驶。Marcus(1997)指出,南非夸祖鲁-纳塔尔中部地区的货车驾驶人每天工作 16h,大约有 70%的人每月在家休息不到 2.5d。在加纳,对增加回报的需求迫使驾驶员在精疲力竭时超速(Mock 等,2001)。Peltzer 和 Mashego(2003)在南非的定性研究中发现,货车驾驶员经常要在缺乏睡眠的情况下长途驾驶(当人们感到疲劳时,往往很没有耐心,对其他驾驶员漠不关心),并经常迫于老板的压力不休不眠地驾驶。此外,一些参与者认为,兴奋(很多长途运输的货车驾驶员"即使感到疲劳也不休息")和愤怒("他们往往把车开得很快")会导致交通事故。Khoza 和 Potgiter(2005)发现南非的职业驾驶员经常很鲁莽地驾驶,并且更多地做出攻击性驾驶行为(表 35-10)。

驾驶人的疲劳、紧张及攻击性　　　　　　　　　　　　　　　表 35-10

参考资料	国家	研究测量方法	结果
Booysen(1988)	南非,公交车驾驶员(有色人种,混血儿)(N＝199),根据事故轻重程度划分 3 个小组	测试组、态度量表、16 项人格因素问卷图画情景测验、攻击性测验、信息加工测验	事故风险者与攻击性、冲动性有正相关
Maldonado 等(2002)	南非,男性货车驾驶员(N＝102)	驾驶、睡觉及与事故报告有关的社会行为习惯	58% 每天至少工作 10.5h,58% 的工作 70h 以上
Sukhai 等(2005)	南非,摩托车驾驶人(N＝1006),德班(石油)地区	路怒症及具有攻击性的驾驶人	酒驾(20.6%),携带武器(11.4%),酒驾时变得有攻击性

35.3.3.5　不使用安全带

关于安全带使用的报告表明,肯尼亚有 99% 的驾驶人不使用安全带(Nantulya 和 Muli-Musiime,2001),尼日利亚(Iribhogbe 和 Osime,2008;Sangowawa 等,2006)和南非(Peltzer,2003)有 50% 的驾驶人不使用安全带。正如尼日利亚的一项研究所报告所述(Sangowa 等,2006 年),乘客(尤其是后排乘客)的安全带使用率普遍较低,几乎没有人使用儿童约束装置。Peltzer(2003)发现,在南非的驾驶人中,非宿命主义倾向(更容易将事故归因于驾驶人控制的因素,如超速)与观察到的安全带使用和自我报告的安全带使用显著相关(表 35-11)。

没系安全带　　　　　　　　　　　　　　　　　　　　　　　表 35-11

参考资料	国家	没系安全带
Nantulya 和 Muli-Musiime(2001)	肯尼亚	99% 的人在交通事故中受伤
Peltzer(2003)	南非	56% 黑人和 50% 白人驾驶人
Department of Transport (2003) Olukoga 和 Mongezi(2005)	南非,农村道路	未观察到的驾驶人＝67.5% 驾驶人＝14.2% 前方乘客＝33.3% 后方乘客＝92.3%
Sangowawa 等(2006)	尼日利亚,440 辆车,城市,伊巴丹	52% 驾驶人 95.9% 儿童
Iribhogbe 和 Osime(2008)	尼日利亚	47.7% 驾驶人 81.6% 前座乘客 93.9% 后座乘客

在没使用安全带的调查中发现,车辆乘员的安全带使用率较低(表 35-12)。

自我报告没系安全带　　　　　　　　　　　　　　表35-12

参考资料	国家	没系安全带(自我报告)
Flisher等(1993)	南非,在开普半岛的高中生	37.3%的人在最近一次交通事故中坐在前排,但没系安全带
Andrews、Kobusinggye和Lett(1999)	乌干达	所有车辆乘员都没系安全带
Reckly等(2003)	南非,学生	85.7%的人乘车时不系安全带,其中有过驾驶经验的人中78.6%在驾驶时不总是系安全带
Flisher等(2006)	南非,学生	52.8%的前排乘员没系安全带

35.3.3.6　不戴头盔

两轮机动车辆使用者交通事故受伤严重程度增加的一个重要因素是骑行者未戴头盔(Norton等,2004)。在许多非洲国家进行的研究表明,不使用头盔、使用非标准头盔和不正确使用头盔的现象并不罕见,即使在有强制性头盔法的国家也是如此(Flisher等,1993)(表35-13)。对于骑自行车者,没有使用头盔也是导致交通事故受伤严重程度增加的重要原因(Norton等,2004)。

骑摩托车不戴头盔　　　　　　　　　　　　　　表35-13

参考资料	国家	不戴头盔的比例
Asogwa(1980)	尼日利亚,摩托车驾驶人	8%
Flisher等(1993)	南非,在学儿童	在这些有过骑摩托车经验的人当中47.9%不戴头盔
Amoran等(2005/2006)	尼日利亚,营利性摩托车驾驶员($N=299$)	100%
Flisher等(2006)	南非,8、9、11年级儿童,城市,开普敦,伊丽莎白港口,曼昆,德班东部港市	18.9%
Oginni、Ugboko和Adewole(2007)	尼日利亚,营利性摩托车驾驶员($N=224$),拉各斯和伊尔法	82.4%
Oluwadiya等(2009)	在尼日利亚西南部363名因摩托车伤残者	96.5%

35.3.4　预防措施

需要在考虑不同成分之间相互作用的系统框架中分析道路使用者、车辆和道路环境的风险和干预成分(Peden等,2004)。旨在改善道路使用者行为的干预策略,包括一些发展中国家的干预策略,越来越多地将重点放在引入和执行相关法律法规上,例如增加罚款和吊销驾驶证,而不是教育工作上(Norton等,2004)。在考虑将一些有效的措施迁移到非洲国家时,仔细评估它们在这些环境下可能起到的作用至关重要,因为在高收入环境中有效的策略在低收入环境中未必有效。在某些情况下,可能需要对干预措施进行一些修改或调整,以最大限度地提高在非洲国家取得成功的可能性(Forjuoh,2003)。

35.3.4.1 限速和交通稳静化

限速必须与严格执行的限速规定以及减速带、减速丘等交通稳静化策略齐头并进（Forjuoh，2003）。

控制速度可能是拯救生命的"最大潜力股"，交通法规有效性的关键因素是驾驶人认为有很高的风险被发现并因违规而受到惩罚（O'Neull 和 Mohan，2002）。但在非洲，执法水平低、警察经常腐败、人们的交通安全意识薄弱。来自加纳的一份报告说明了如何在认识到执法缺陷的情况下增设路面减速装置和缓冲带，并使交通事故死亡率降低了 55%（Afukaar，2003）。速度摄像设备和车辆减速措施的实行使很多发展中国家的车速管制取得显著的效果，但在非洲国家却效果不好（Richter、Berman、Friedman 和 Ben-David，2006）。"由于缺乏交通警察资源、贿赂和腐败行为、交通政策的缺陷、对道路交通伤害预防和控制的政治支持薄弱，以及公众对速度控制措施的认识和参与程度较低，执法人员的失误可能会对超速违规者产生威慑作用。"（Afukaar，2003，第 82 页）在非洲国家使用物理限速措施可能比较有效，例如，研究证明缓冲路拱和减速带的使用在加纳的公路上有效（Afukaar，2003）。道路交通安全部门应考虑到超速往往与预期的特定情况后果无关，尤其是在撒哈拉以南非洲，交通事故往往归因于非理性原因。因此，强调超速可能造成的后果不会像预期的那么有效。相反，超速本身是一种普遍行为，应该通过加强交通控制和管理措施来解决（Renner 和 Peltzer，2004）。

35.3.4.2 酒驾

大量研究（尽管在中低收入国家开展的研究很少）表明，通过设定和执行法定血液酒精含量（BAC）限制和最低饮酒年龄法律、开展酒驾检查以及开展旨在减少酒驾的大众媒体宣传活动，道路交通伤害在不同程度上得到了降低（Peden 等，2004）。提供 BAC 客观证据的呼吸测试设备是最有效的执法工具。虽然它们在发达国家得到普遍应用，但在中低收入的国家应用率仍很低。无论怎样，呼吸测试的威慑效果取决于法律赋予它的权重（Zaal，1994）。不同司法管辖区的警察权力各不相同。平均每年有 1/10 的驾驶人接受广泛的随机呼吸测试，并被判定达到酒驾标准。此项措施的执行应不受时空的限制，因而驾驶人无论何时何地都能被测试（Elder 等，2004）。在 BAC 超过法律限制的情况下，如果同时开展大众媒体宣传活动，提高公众对酒驾被抓获风险的认识，降低公众对酒驾的接受度，并提高公众对执法的接受度，那么执法在降低酒驾频率方面最为有效（Elder 等，2004）。

35.3.4.3 安全带的使用

在低收入国家，安全带是一种很有效的交通安全预防措施，因为它成本低廉、使用简便（Stevenson 等，2008）。然而，为了让安全带发挥其最大的效用，必须采取一些严格的措施，比如强制落实使用安全带的法律、宣传安全带的安全价值及立法强制车辆安装安全带。安全带法的执行可以通过几种策略来实施。初级执法，即执法人员可以完全根据违反安全带法的情况来拦截驾驶人；二级执法，执法人员只有在出于其他目的拦下驾驶人后，才会处理未系安全带的行为。在非洲国家，缺乏安全带相关法律的执行（Forjuoh，2003）。

35.3.4.4 头盔的使用

自行车头盔和摩托车头盔的使用可以使骑手减少 85% 的头部损伤。虽然头盔使用的宣传教育很有效,但正如很多发展中国家所证明的那样,教育与立法和执法相结合的效果最好(Norton等,2004)。关于头盔的法律可以迁移到低收入的国家。在这些国家,购买摩托车头盔的费用可能在有能力购买摩托车的人的预算之内(Forjuoh,2003)。当与其他经证实或有前途的干预措施或策略相结合时,比如修建自行车道、自行车安全计划、自行车技能培训计划及提高头盔认可度的措施(在一些文化中不允许戴头盔),使用头盔的好处会增加。执行的障碍包括人们的态度(戴头盔很不舒服或感觉很热)及头盔的高成本(Forjuoh,2003)。

35.3.4.5 对易受伤者的保护

Nantulya和Reich(2002)描述了保护行人、乘坐容易发生交通事故的公交车的乘客以及骑自行车者的策略,因为这些人占易受伤害道路使用者的80%以上。应通过提供人行道、安全人行横道和交通稳静化设施,将行人与车辆隔开。需要采取提高公众意识和参与性的方法来实施,例如,为行人修建立交桥,以及开展有参与性、针对性的公众教育计划。乘坐容易发生事故的公共汽车、小型公共汽车和货车的乘客可以通过规范该行业并将其纳入安全和有组织的运输系统供公众使用而得到保护。例如,如果公交车的私营业主使用的薪酬制度导致驾驶员过度疲劳,那么驾驶员和乘客就可能被置于危险之中。可以通过保护公交车驾驶员的劳动权利,使其工作条件得到保障,规范公交车驾驶员的工作时间,以及通过使用速度调节器来调节车辆速度,来加强乘客安全。表35-14根据已证实的证据和对非洲国家的适用性,总结出了使人更安全的干预措施。

安全措施　　　　　　　　　　　　　　　　　　　　　　表35-14

预防对象	检查相关设施	非洲国家适应度
居民	安全带* 气囊 儿童安全带 安全带使用法 儿童座椅使用法	可承受/可行 结合策略(法律、公民教育) 缺乏强制性(重要和次要)
骑摩托车者	头盔*	可承受/可行
骑自行车者	头盔*	使用便捷 结合策略 政策障碍(态度/成本)
行人	人行道 路障 交叉口行人信号灯 除车辆外的安全措施教育	可行 结合公民教育
道路	限速* 减速带 杜绝酒驾 完善BAC法律 重新规定饮酒法定年龄	可行 需要和其他减速措施一起严格执行

注:1. BAC表示血液酒精浓度。数据来源于Reproduced with permission from Forjuoh(2003)。
　　2. *表示对于低收入国家干预措施及评估。

35.4 小结

低收入国家实施道路交通安全措施的障碍总结如下(Forjuoh,2003;WHO,2010):
(1)经济(安全措施效力低)。
(2)人们的政治态度。
(3)文化信仰(认为受伤是命运的一部分)。
(4)文化水平(公众教育和对交通标志的理解力)低。
(5)健康问题(艾滋病和肺结核)。
(6)混合交通(机动车、非机动车、牲畜)。
(7)缺乏数据收集系统。
(8)缺乏对预防道路交通伤害项目的研究和实施。

Ribbens(2003,第29页)提出了以下措施来促进非洲国家的道路交通安全:
(1)增强政治意愿和远见卓识,以采用适当的道路安全政策和战略。
(2)增加财政和人力资源对交通安全工作的投入。
(3)各级政府和私营部门就改善道路交通安全,特别是弱势道路使用者安全的综合、协调方法达成更多共识。
(4)制定国家交通和道路交通安全政策框架。
(5)制定有目标的道路交通安全战略。
(6)制定国家行人和自行车标准和指南。
(7)与各省、地区和私营部门建立协调机构。
(8)制定国家弱势道路使用者行动计划,包括:
①政府人员培训。
②社会意识和参与性。
③政府和私营部门之间的伙伴关系发展。
④弱势道路使用者的商业计划,重点确定危险地点、应对措施和实施成本。
⑤为解决弱势道路使用者安全问题提供专项资金。

本章参考文献

ABANE A M,1994. Driver behaviour and city traffic: Empirical observations from Acrra, Ghana [J]. Research Review, 10(1/2): 1-13.

ABIERO GARIY Z, 2007. The role of speed control in prevention of road traffic crashes: Experience from Kenya[C]. Paper presented at the Africa Road Safety Conference, Accra, Ghana, February 5-7, 2007.

AFUKAAR F K, 2001. The characteristics of pedestrian accidents in Ghana[J]. Bi-Annual Journal of Building & Road Research Institute, 7: 1-5.

AFUKAAR F K, 2003. Speed control in developing countries: Issues, challenges and opportunities in reducing road traffic injuries[J]. Injury Control and Safety Promotion, 10:77-81.

AFUKAAR F K, ANTWI P, OFOSU A S, 2003. Pattern of road traffic injuries in Ghana: Implications for control[J]. Injury Control and Safety Promotion, 10: 69-76.

AMERATUNGA S, HIJAR M, NORTON R, 2006. Road-traffic injuries: Confronting disparities to address a global-health problem[J]. Lancet, 367(6): 1533-1539.

AMORAN O E, EME O, GIWA O A, et al, 2005/2006. Road safety practices among commercial motorcyclists in a rural town in Nigeria: Implications for health education[J]. International Quarterly of Community Health Education, 24(1): 55-64.

ANDREWS C N, KOBUSINGGYE O C, LETT R, 1999. Road traffic accident injuries in Kampala[J]. East African Medical Journal, 76(4): 189-194.

ARRIVE ALIVE, 2005. Drinking and driving reaches alarming proportions [EB/OL]. [2005-8-30]. Retrieved from http://www.arrivealive.co.

ASOGWA S E, 1980. The crash helmet legislation in Nigeria: Before and after study[J]. Accident Analysis and Prevention, 12: 213-216.

ASTRØM A N, MOSHIRO C, HEMED Y, et al, 2006. Perceived susceptibility to and perceived causes of road traffic injuries in an urban and rural area of Tanzania[J]. Accident Analysis and Prevention, 38, 54-62.

BARENGO N C, MKAMBA M, MSHANA S M, et al, 2006. Road traffic accidents in Dar-es-Salaam, Tanzania during 1999 and 2001[J]. Injury Control and Safety Promotion, 13: 52-54.

BEKIBELE A M, FAWOLE O I, BAMGBOYE A E, et al, 2007. Risk factors for road traffic accidents among drivers of public institutions in Ibadan, Nigeria[J]. African Journal of Health Sciences, 14: 137-142.

BOOYSEN A E, 1988. Die Verband tussen Persoonlikheidsaspekte enroekelose of nalatige bestuur (The relationship between aspects of personality and reckless or negligent driving) [D]. Master's thesis, University of Pretoria, Fakulteit Lettere en Wysbegeerte.

BUTCHART A, KRUGER J, LEKOBA R, 2000. Perceptions of injury causes and solutions in a Johannesburg township: Implications for prevention[J]. Social Science & Medicine, 50: 331-344.

BHAGWANDIN N, SAAYMAN G, COOPER A, 2001. The South African national non-natural mortality surveillance system Rationale, pilot results and evaluation[J]. South African Medical Journal, 91(5): 408-417.

DAGONA Z K, BEST E, 1996. Psychological factors in road traffic accidents in Nigeria[J]. IFE Psychologia: An International Journal, 4(1): 122-132.

DE JAGER J P D, 1988. Alkohol: Die Monitering van diealgeheledrinkkoers vir die RSA gedurende 1987 (Technical Report No. NVVR/30) [R]. Pretoria: CSIR, National Institute for Transport and Road Research.

Department of Transport, 2001. The road to safety, 2001-2005: Building the foundations of a safe and secure road traffic environment in South Africa [EB/OL]. [2008-07-20]. http://www.

transport. gov. za/projects/ rts/setting. html.

Department of Transport, 2003. 2003 traffic offence survey: Comprehensive report on fatal crash statistics and road traffic information [EB/OL]. [2008-07-20]. http://www. arrivealive. co. za/pages. aspx. nc1/4statsp art16.

DERRY J D, DONKOR P, MOCK C, 2007. Study of vehicle speeds on a major highway in Ghana: Implications for monitoring and control[J]. Traffic Injury Prevention, 8: 142-146.

ELDER R W, SHULTS R A, SLEET D A, et al, 2004. Effectiveness of mass media campaigns for reducing drinking and driving and alcohol-involved crashes: A systematic review[J]. American Journal of Preventive Medicine, 27(1): 57-65.

EVANS T, BROWN H, 2003. Road traffic crashes: Operationalizing equity in the context of health SECTOR REFORM[J]. Injury Control and Safety Promotion, 10: 11-12.

FLISHER A J, LIANG H, WARD C L, et al, 2006. Injury-related behaviour among South African high-school students at six sites[J]. South African Medical Journal, 96(9): 825-830.

FLISHER A J, ZIERVOGEL C F, CHALTON D O, et al, 1993. Risk-taking behaviour of Cape Peninsula high-school students. Part VI: Road-related behaviour[J]. South African Medical Journal, 83: 486-490.

FORJUOH S N, 2003. Traffic-related injury prevention interventions for low-income countries [J]. Injury Control and Safety Promotion, 10: 109-118.

FORJUOH S N, ZWI A B, MOCK C N, 1998. Injury control in Africa: Getting governments to do more[J]. Tropical Medicine and International Health, 3(5): 349-356.

GORELL R, 1997. Accident data collection and analysis: The use of MAAP in the sub-Saharan region of Africa[EB/OL]. 3rd African Road Safety Congress, Pretoria, 14-17 April 1997. [2009-05-22]. http://www. transport-links. org/transport_links/filearea/publications/1_560_PA3230_1997. pdf.

HADDON W, 1980. Advances in the epidemiology of injuries as a basis for public policy[J]. Public Health Reports, 95: 411-421.

HEDDEN F J, WANNENBURG P J D, 1994, July/August. Results of a survey on use of marijuana and alcohol amongst accident victims attended to at Addington Hospital Accident and Emergency Unit[M]. Trauma & Emergency Medicine, 1074-1078.

IRIBHOGBE P E, OSIME C O, 2008. Compliance with seat belt use in Benin City, Nigeria[J]. Prehospital Disaster Medicine, 23(1): 16-19.

JACOBS G, AERON THOMAS A, 2000. Africa road safety review: Final report[EB/OL]. [2009-05-20]. www. scribd. com/doc/388/077/africa-safety-review.

KHOZA V, POTGIETER P J, 2005. Deviant driving behavior: An epidemiological study[J]. Acta Criminologica, 18(2): 56-70.

KOBUSINGYE O, HYDER A, ALI N, 2006. Exploring the perceived causes of road traffic crashes in Uganda and Pakistan: A pilot study[J]. African Safety Promotion, 4(3): 69-76.

KOPITS E, CROPPER M, 2005. Traffic fatalities and economic growth[J]. Accident Analysis and Prevention, 27: 169-178.

KOUABENAN D R, 1998. Beliefs and the perception of risks and accidents[J]. Risk Analysis, 18(3): 243-252.

KOUABENAN D R, 2002. Occupation, driving experience, and risk and accident perception [J]. Journal of Risk Research, 5(1): 49-68.

LAGARDE E, 2007. Road traffic injury is an escalating burden in Africa and deserves proportionate research efforts [J]. PLoS Medicine, 4(6): 170, doi: 10. 1371/journal. pmed. 0040170.

MALDONADO C C, MITCHELL D, TAYLOR S R, et al, 2002. Sleep, work schedules and accident risk in South African long-haul truck drivers[J]. South African Journal of Science, 98: 310-324.

MARCUS T, 1997. Interpreting the risks of AIDS: A case study of long distance truck drivers [J]. Development Southern Africa, 14(3):425-445.

MILLSTEIN S G, HALPERN F B L, 2002. Perceptions of risk and vulnerability[J]. Journal of Adolescent Health, 31(Suppl. 1): 10-27.

MOCK C, AMEGESHI J, DARTEH K, 1999. Role of commercial drivers in motor vehicle related injuries in Ghana[J]. Injury Prevention, 5: 268-271.

MOCK C N, ASIAMAH G, AMEGASHIE J A, 2001. A random, road-side breathalyzer survey of alcohol impaired drivers in Ghana [J]. Journal of Crash Prevention and Injury Control, 2: 193-202.

MOCK C N, FORJUOH S N, RIVARA F P, 1999. Epidemiology of transport-related injuries in Ghana[J]. Accident Analysis and Prevenion, 31: 359-370.

MOSHIRO C, HEUCH I, ASTROM A N, et al, 2005. Injury morbidity in an urban and a rural area in Tanzania: An epidemiological survey[J]. BMC Public Health, 5(1): 11.

MOSHIRO C, MSWIA R, ALBERTI K G, et al, 2001. The importance of injury as a cause of death insub-Saharan Africa: Results of a community-based study in Tanzania [J]. Public Health, 115(2): 96-102.

Muhlrad N, 1987. Traffic safety research for developing countries: Methodologies and first results (No. 7) [R]. Paris: INRETS.

MUSERU L M, LESHABARI M T, MBEMBATI N A A, 2002. Patterns of road traffic injuries and associated factors among school-aged children in Dar Es Salaam, Tanzania[J]. African Safety Promotion, 1(1): 37-41.

MUTTO M, KOBUSINGYE O C, LETT R R, 2002. The effect of an overpass on pedestrian injuries on a major highway in Kampala e Uganda[J]. African Health Science, 2: 89-93.

NAFUKHO F M, KHAYESI M, 2002. Livelihood, conditions of work, regulation and road safety in the small-scale public transport sector: A case of the Matatu mode of transport in Kenya [M]. In X GODARD, I FATONZOUN (Eds.), Urban mobility for all. Proceedings of the Tenth International CODATU Conference, Lome, Togo, November 12-15, 2002.

NANTULYA V M, MULI-MUSIIME F, 2001. Uncovering the social determinants of road traffic accidents in Kenya[M]. In T EVANS, M WHITEHEAD, F DIDERICHSEN, A BHUIYA, M WIRTH (Eds.), Challenging inequities: From ethics to action. Oxford: Oxford University Press.

NANTULYA V M, REICH M R, 2002. The neglected epidemic: Road traffic injuries in developing countries[J]. British Medical Journal, 324(7346): 1139-1141.

NANTULYA V M, SLEET D A, REICH M R, et al, 2003. Introduction: The global challenge of road traffic injuries: Can we achieve equity in safety[J]. Injury Control and Safety Promotion, 10: 3-7.

National Injury Mortality Surveillance System, 2001-2005. A profile of fatal injuries in South Africa[R]. Cape Town: South Africa: Medical Research Council.

NDWIGAH K R, 2003. A study of accident victims' and drivers' knowledge and practices on road traffic accidents in Thika and Machakos hospitals. Master of Public Health[R]. Nairobi, Kenya: Kenyatta University.

NORTON R, HYDER A A, BISHAI D, et al, 2004. Unintentional injuries-In Disease control priorities in developing countries (2nd ed.) [M]. 737-754. New York: Oxford University Press.

NUNTSU N, 2004. Drinking and driving behaviour, knowledge, attitudes and perceived risks among university students[J]. Acta Criminologica, 17(3): 14-27.

NZEGWU M A, NZEGWU C O, 2007. Review of causes of road traffic accidents in Benin City, Nigeria: A 1-year study, August 2003-July 2004[J]. Emergency Medicine Australasia, 19 (1): 77-78.

ODERO W, 1995. Road traffic accidents in Kenya: An epidemiological appraisal[J]. East African Medical Journal, 72(5): 299-305.

ODERO W, 1998. Alcohol-related road traffic injuries in Eldoret, Kenya[J]. East African Medical Journal, 75: 708-711.

ODERO W, GARNER P, ZWI A, 1997. Road traffic injuries in developing countries: A comprehensive review of epidemiological studies [J]. Tropical Medicine and International Health, 97(2): 445-460.

ODERO W, KHAYESI M, HEDA P, 2003. Road traffic injuries in Kenya: Magnitude, causes and status of intervention[J]. Injury Control and Safety Promotion, 10: 53-61.

ODER W, ZWI A B, 1997. Drinking and driving in an urban setting in Kenya[J]. East African Medical Journal, 74(11): 675-679.

OGINNI F O, UGBOKO V L, ADEWOLE R A, 2007. Knowledge, attitude, and practice of Nigerian commercial motorcyclists in the use of crash helmet and other safety measures[J]. Traffic Injury Prevention, 8: 137-141.

OLADIRA M T, PHEKO H, 1995. Some implications of driver training for road accidents in Gabarone[J]. Accident Analysis & Prevention, 27(4): 583-590.

OLUKOGA A, MONGEZI N, 2005. The use of seat belts by motor vehicle occupants in South

Africa[J]. Traffic Injury Prevention, 6: 398-400.

OLUWADIYA K S, KOLAWOLE I K, ADEGBEHINGBE O O, et al, 2009. Motorcycle crash characteristics in Nigeria: Implication for control[J]. Accident Analysis &Prevention, 41(2): 294-298.

OLUWASANMI A J, 1993. Road accident trends in Nigeria [J]. Accident Analysis & Prevention, 25: 485-487.

O'NEILL B, MOHAN D, 2002. Reducing motor vehicle crash deaths and injuries in newly motorising countries[J]. British Medical Journal, 324: 1142-1145.

PEDEN M, 2005. Global collaboration on road traffic injury prevention[J]. International Journal of Injury Control and Safety Promotion, 12(2): 85-91.

PEDEN M, KNOTTENBELT D, VAN DER SPUY J, et al, 1996. Injured pedestrians in Cape Town: The role of alcohol[J]. South African Medical Journal, 86(9): 1103-1105.

PEDEN M, SCURFIELD R, SLEET D, et al, 2004. World report on road traffic injury prevention [R]. Geneva: World Health Organization.

KOBUSINGYE O, HYDER A, ALI N, 2006. Exploring the perceived causes of road traffic crashes in Uganda and Pakistan: A pilot study[J]. African Safety Promotion, 4(3): 69-76.

KOPITS E, CROPPER M, 2005. Traffic fatalities and economic growth[J]. Accident Analysis and Prevention, 27: 169-178.

KOUABENAN D R, 1998. Beliefs and the perception of risks and accidents[J]. Risk Analysis, 18(3): 243-252.

KOUABENAN D R, 2002. Occupation, driving experience, and risk and accident perception [J]. Journal of Risk Research, 5(1): 49-68.

LAGARDE E, 2007. Road traffic injury is an escalating burden in Africa and deserves proportionate research efforts [J]. PLoS Medicine, 4 (6): 170. doi: 10. 1371/journal. pmed. 0040170.

MALDONADO C C, MITCHELL D, TAYLOR S R, et al, 2002. Sleep, work schedules and accident risk in South African long-haul truck drivers[J]. South African Journal of Science, 98: 310-324.

MARCUS T, 1997. Interpreting the risks of AIDS: A case study of long distance truck drivers [J]. Development Southern Africa, 14(3):425-445.

MILLSTEIN S G, HALPERN-FELSHER B L, 2002. Perceptions of risk and vulnerability[J]. Journal of Adolescent Health, 31(Suppl. 1):10-27.

MOCK C, AMEGESHI J, DARTEH K, 1999. Role of commercial drivers in motor vehicle related injuries in Ghana[J]. Injury Prevention, 5:268-271.

MOCK C N, ASIAMAH G, AMEGASHIE J A, 2001. A random, road-side breathalyzer survey of alcohol impaired drivers in Ghana[J]. Journal of Crash Prevention and Injury Control, 2: 193-202.

MOCK C N, FORJUOH S N, RIVARA F P, 1999. Epidemiology of transport-related injuries in Ghana[J]. Accident Analysis and Prevention, 31: 359-370.

MOSHIRO C, HEUCH I, ASTROM A N, et al, 2005. Injury morbidity in an urban and a rural area in Tanzania: An epidemiological survey[J]. BMC Public Health, 5(1): 11.

MOSHIRO C, MSWIA R, ALBERTI K G, et al, 2001. The importance of injury as a cause of death in sub-Saharan Africa: Results of a community-based study in Tanzania[J]. Public Health, 115(2): 96-102.

MUHLRAD N, 1987. Traffic safety research for developing countries: Methodologies and first results (No. 7) [R]. Paris: INRETS.

MUSERU L M, LESHABARI M T, MBEMBATI N A A, 2002. Patterns of road traffic injuries and associated factors among school-aged children in Dar Es Salaam, Tanzania[J]. African Safety Promotion, 1(1): 37-41.

MUTTO M, KOBUSINGYE O C, LETT R R, 2002. The effect of an overpass on pedestrian injuries on a major highway in Kampala e Uganda[J]. African Health Science, 2: 89-93.

NAFUKHO F M, KHAYESI M, 2002. Livelihood, conditions of work, regulation and road safety in the small-scale public transport sector: A case of the Matatu mode of transport in Kenya [M]. In X GODARD, I FATONZOUN (Eds.), Urban mobility for all. Proceedings of the Tenth International CODATU Conference, Lome, Togo, November 12-15,2002.

NANTULYA V M, MULI-MUSIIME F, 2001. Uncovering the social determinants of road traffic accidents in Kenya[M]. In T EVANS, M WHITEHEAD, F DIDERICHSEN, A BHUIYA, M WIRTH (Eds.), Challenging inequities: From ethics to action: 211-225. Oxford: Oxford University Press.

NANTULYA V M, REICH M R, 2002. The neglected epidemic: Road traffic injuries in developing countries[J]. British Medical Journal,324(7346): 1139-1141.

NANTULYA V M, SLEET D A, REICH M R, et al, 2003. Introduction: The global challenge of road traffic injuries: Can we achieve equity in safety[J]. Injury Control and Safety Promotion, 10: 3-7.

National Injury Mortality Surveillance System, 2001-2005. A profile of fatal injuries in South Africa Cape Town[R]. South Africa: Medical Research Council.

NDWIGAH K R, 2003. A study of accident victims' and drivers' knowledge and practices on road traffic accidents in Thika and Machakos hospitals. Master of Public Health[R]. Nairobi, Kenya: KENYATTA UNIVERSITY.

NORTON R, HYDER A A, BISHAI D, et al, 2004. Unintentional injuries-In Disease control priorities in developing countries (2nd ed.) [M]. New York: Oxford University Press.

NUNTSU N, 2004. Drinking and driving behaviour, knowledge, attitudes and perceived risks among university students[J]. Acta Criminologica,17(3): 14-27.

NZEGWU M A, NZEGWU C O, 2007. Review of causes of road traffic accidents in Benin City, Nigeria: A 1-year study, August 2003-July 2004[J]. Emergency Medicine Australasia, 19 (1): 77-78.

ODERO W, 1995. Road traffic accidents in Kenya: An epidemiological appraisal[J]. East African Medical Journal, 72(5): 299-305.

ODERO W, 1998. Alcohol-related road traffic injuries in Eldoret, Kenya[J]. East African Medical Journal, 75: 708-711.

ODERO W, GARNER P, ZWI A, 1997. Road traffic injuries in developing countries: A comprehensive review of epidemiological studies[J]. Tropical Medicine and International Health, 97(2): 445-460.

ODERO W, KHAYESI M, HEDA P, 2003. Road traffic injuries in Kenya: Magnitude, causes and status of intervention[J]. Injury Control and Safety Promotion, 10: 53-61.

ODERO W, ZWI A B, 1997. Drinking and driving in an urban setting in Kenya[J]. East African Medical Journal, 74(11): 675-679.

OGINNI F O, UGBOKO V L, ADEWOLE R A, 2007. Knowledge, attitude, and practice of Nigerian commercial motorcyclists in the use of crash helmet and other safety measures[J]. Traffic Injury Prevention, 8: 137-141.

OLADIRAN M T, PHEKO H, 1995. Some implications of driver training for road accidents in Gabarone[J]. Accident Analysis & Prevention, 27(4), 583-590.

OLUKOGA A, MONGEZI N, 2005. The use of seat belts by motor vehicle occupants in South Africa[J]. Traffic Injury Prevention, 6: 398-400.

OLUWADIYA K S, KOLAWOLE I K, ADEGBEHINGBE O O, et al, 2009. Motorcycle crash characteristics in Nigeria: Implication for control[J]. Accident Analysis &Prevention, 41(2): 294-298.

OLUWASANMI A J, 1993. Road accident trends in Nigeria[J]. Accident Analysis & Prevention, 25: 485-487.

O'NEILL B, MOHAN D, 2002. Reducing motor vehicle crash deaths and injuries in newly motorising countries[J]. British Medical Journal, 324: 1142-1145.

PEDEN M, 2005. Global collaboration on road traffic injury prevention[J]. International Journal of Injury Control and Safety Promotion, 12(2): 85-91.

PEDEN M, KNOTTENBELT D, VAN DER SPUY J, et al, 1996. Injured pedestrians in Cape Town: The role of alcohol[J]. South African Medical Journal, 86(9): 1103-1105.

PEDEN M, SCURFIELD R, SLEET D, MOHAN D, et al, 2004. World report on road traffic injury prevention[R]. Geneva: World Health Organization.

PEDEN M, VAN DER SPUY J, SMITH P, et al, 2000. Substance abuse and trauma in Cape Town[J]. South African Medical Journal, 90: 251-255.

PELTZER K, 2002. Avoiding drunk driving: The behaviour of South African general drivers[J]. Acta ACADEMICA, 34(2): 203-216.

PELTZER K, 2003. Seatbelt use and belief in destiny in a sample of South African Black and White drivers[J]. Psychological Reports, 93: 732-734.

PELTZER K, MASHEGO T A B, 2003. Perceptions of road traffic injury causes and interventions in the Limpopo Province, South Africa: Implications for prevention[J]. Acta Criminologica, 16(2): 30-42.

PELTZER K, RENNER W, 2003. Superstition, risk taking and risk perception of accidents among South African taxi drivers[J]. Accident Analysis & Prevention, 35: 619-623.

PETRIDOU E, MOUSTAKI M, 2000. Human factors in the causation of road traffic crashes[J]. European Journal of Epidemiology, 16(9):819-826.

REDDY S P, PANDAY S, SWART D, et al, 2003. Umthenthe uhlaba usamilad: The South African youth risk behaviour survey 2002[R]. CapeTown: South Africa: Medical Research Council.

RENNER W, PELTZER K, 2004. Self-reported speeding intention and expected consequences of speeding among South African drivers: An exploratory study[J]. Acta Criminologica, 17(1): 34-41.

RIBBENS H, 2003. Strategies to promote the safety of vulnerable road users in developing and emerging countries: South African experience [M]. In Transportation research record No. 1846, Paper No. 03-3044. Washington, DC: Transportation Research Board.

RICHTER E D, BERMAN T, FRIEDMAN L, et al, 2006. Speed, road injury, and public health [J]. Annual Review of Public Health, 27: 125-152.

Road Traffic Management Cooperation, 2008. Road traffic report 2008[EB/OL]. [2009-05-16]. http://www.arrivealive.co.za/documents/March_2008_-_Road_Traffic_Report_-_March_2008.pdf.

ROMÃO F, NIZAMO H, MAPASSE D, et al, 2003. Road traffic injuries in Mozambique[J]. Injury Control and Safety Promotion, 10(1-2), 63-67.

SANGOWAWA A, ALAGH B, EBONG I, et al, 2006. Child seating position and restraint use in the Ibadan metropolis, South Western Nigeria[J]. African Safety Promotion, 4(3): 37-49.

STEVENSON M, YU J, HENDRIE D, et al, 2008. Reducing the burden of road traffic injury: Translating high-income country interventions to middle-income and low-income countries[J]. Injury Prevention, 14: 284-289.

SUKHAI A, SEEDAT M, JORDAAN E, et al, 2005. A city-level study of aggressive road behaviours: Magnitude and predictors and implications for traffic safety[J]. South African Journal of Psychology, 35(2): 244-269.

VANLAAR W, YANNIS G, 2006. Perception of road accident causes[J]. Accident Analysis and Prevention, 38: 155-161.

World Health Organization, 2004. World report on road traffic injury prevention [C]. Geneva: WHO.

World Health Organization, 2007. Ad hoc committee on health research relating to future intervention options investing in health research and development[C]. Geneva: WHO.

World Health Organization, 2010. Vehicles, road traffic deaths and proportion of road users by country[EB/OL]. [2010-06-02]. http://www.afro.who.int/en/divisions-a-programmes/ddc/violence-injuries-and-disability/vid-country-profiles.html.

ZAAL D, 1994. Traffic law enforcement: A review of the literature (Report No. 53) [R]. Victoria: Monash University Accident Research Centre.